JACOB GRIMM

# DEUTSCHE RECHTSALTERTHÜMER

## BAND II

Elibron Classics
www.elibron.com

Elibron Classics series.



ISBN 1-4212-0280-8 (paperback)
ISBN 1-4212-0279-4 (hardcover)

This Elibron Classics Replica Edition is an unabridged facsimile of the edition published in 1899 by Theodor Weicher, Leipzig.

# DEUTSCHE
# RECHTSALTERTHÜMER

VON JACOB GRIMM.

VIERTE VERMEHRTE AUSGABE

BESORGT DURCH ANDREAS HEUSLER UND RUDOLF HÜBNER.

BAND II.

LEIPZIG
DIETERICH'SCHE VERLAGSBUCHHANDLUNG
THEODOR WEICHER.
1899.

# DRITTES BUCH.

## EIGENTHUM.

Allgemeine benennungen für den begriff von dominium 491
ſind 1. goth. *aigin* (οὐσία), ahd. eikan, nhd. eigen von aigan (ἔχειν, tenere, habere), woher auch das ahd. *êht,* agſ. æht, [ahd. in êht gehalôn acquirere. T. 90.] 2. das adj. goth. *ſvês* oder ſvêſata (proprium), ahd. ſuâs, ſuâſaȥ *). 3. ahd. *hapa,* hapida, mhd. habe, nhd. habe, von hapên (habere); [auch *hebe:* mit allen ire heben (opibus). cod. Vind. 653, 108ª, gewinnen hebe grôȥe. ibid. 170ª.] 4. ahd. *kuot,* guot, mhd. guot, nhd. gut, pl. güter (bona), vgl. ſchwed. dän. gods. 5. goth. *auds*, ahd. ôt, agſ. eád, altn. audr (opes), wovon die adj. audags, ôtak, eádig, audugr (opulentus, begütert). 6. das nhd. *vermögen* iſt dem lat. facultas nachgebildet und in dieſem ſinn früher ungebräuchlich. [7. altſ. *welo,* agſ. vela opes; welac dives. 8. goth. *ſkatts,* ahd. ſcaz, agſ. ſceat, altn. ſkatr. 9. agſ. *âr* (honor) für opes, ſubſtantia. l. Cnut. 46 [49]. 64 [66]. — Für eigenthum findet ſich mhd. (Freid. 74, 19) und noch im 16. 17. jh. zuweilen *eigenſchaft.*] Bemerkenswerth ſcheint, daß der altdeutſchen ſprache ſubſtantiviſche ausdrücke für dominus im ſinne von eigenthümer mangeln, ſie muß ſich der participien aigands, eikanti, eigandi oder habands, hapênti bedienen; [doch altſ. *êcſo* dominus. Hel. 73, 17, weſtph. exe, ſieh unten ſ. 504; ahd. Ehſo als n. pr. MB. 7, 373 (a. 792);] das ſchwed. egare, dän. ejer, isl. eignarmaðr, nhd. eigenthümer ſind ſpäteren urſprungs; älter könnte eigner, eigenære ſein; altn. handhafi iſt der bloße beſitzer (mantenedor), [ebenſo goth. gaſtalds;] frauja und hêriro, hêrro bezeichnen ſtets dominus (gebieter) im gegen-

---

*) Soeſt in Weſtphalen, lat. Suſatum, altſächſ. Suâſat.

ſatz zu ſervus und wir dürfen wohl heute ſagen: der herr des ackers, des pferdes (le propriétaire du champ, du cheval), nicht aber ahd. hêriro des acchares, des hroſſes. *Sahha* für res, als gegenſtand des eigenthums, findet ſich ſchon in der alten überſetzung des capit. von 819 § 6, die gewöhnlichere bedeutung iſt cauſa; wahrſcheinlich galt auch *wiht*, goth. *vaihts* in jenem ſinn.

Alle habe zerfällt in zwei hauptarten, in *liegende* (feſte, unbewegliche) und *fahrende* (loſe, bewegliche)[1], jene nach altſtrengem recht kann nur freien, dieſe auch unfreien zuſtehen, jene nur feierlich, dieſe auch unfeierlich auf andere übergehen, jene nur von männern, dieſe auch von frauen ererbt werden.

[Alles beginnt mit dem eigenthum an *fahrender* habe; der apfel gehört mir, den ich breche, das rind, das ich weide. Das grundeigenthum beginnt mit dem *geſamten;* der wald gehört uns, in dem ich den apfel brach, die wieſe, auf der ich weidete. Das land gehört uns, das wir gegen die feinde wehren, grund und boden iſt wie die welt, wie die luft, in der wir leben, niemand kann ein ſtück davon für ſich beſitzen, ſie ſind gemein, wie feuer, waßer, allen gemein ſind[2].]

## CAP. I. LIEGENDES EIGEN.

492 A. *Namen.* Ich gehe von den einfachen aus, dann auf die zuſammengeſetzten und umſchreibenden über.

1. goth. *airþa*, ahd. *erda*, allgemein für terra, das altn. *iörð* aber in den ſchwed. geſetzen noch für fundus, ſolum.

[1] [vgl. wegelicheȥ und unbeweglicheȥ. Diut. 1, 456. 457, erbe und varnde guot. a. Heinr. 247, erb oder mubel (möbel). weisth. 2, 242. 246. 248, liggende fä. danſk. viſ. 1, 31. 2, 37, ligendes, wagendes, varendes. MB. 25, 190.]

[2] [Weiſke Germ. p. 217 hält fahrende habe für älter als grundeigenthum; luft, waßer, feuer, *erde* ſind gemeinſchaftlich und leiden kein volles eigenthum; das recht der nutzung eines ackers wurde geſichert, damit aber nicht grund und boden ſelbſt gemeint. Wenigſtens bewieſe dies, daß markeigenthum früher war als ſondereigenthum. Im ganzen aber tritt ein ähnlicher unterſchied zwiſchen benutzung und ſtoff auch bei den meiſten beweglichen ſachen ein.]

2. *land* in allen deutſchen mundarten; landeigenthum; [z. b. nânes monnes lond. Kemble 3 p. 377. 385.]

3. *grundus*, ahd. krunt; grundeigenthum, grundſtück.

4. ahd. *podum*, nhd. boden; tautologiſch grund u. boden.

5. *eigen* bezeichnet zuweilen das grundeigenthum, im gegenſatz zur fahrenden habe, vgl. Gutalag cap. 38. 62. gl. flor. 989[b] eigan praedium, wie wir gut für landgut, grundſtück gebrauchen; *proprium*, proprietas, kommen im mittelalter auf gleiche weiſe gebraucht vor; [doch GA. 3, 737: ir eigen *und* ir ligend guot;]

6. auch *arbi, erbe* ſteht für ererbtes grundeigenthum, erbgut, wie das ſpan. heredad und franz. héritage*), ſo ſcheint das altn. *arf* liegendes gut, orf fahrendes zu bedeuten, im agſ. weiß ich keine ſolche unterſcheidung zwiſchen erfe und yrfe zu beweiſen. Etwas anders iſt das hochd. eigan joh erbi (ſ. 6), entweder tautologie oder zwiſchen ererbten und ſonſt erworbnen grundſtücken unterſcheidend. [Altn. *arftekjuland.* Ol. Tr. 1, 117. fornm. 11, 306.]

7. ahd. *uodil*, uodal, agſ. *êđel*, altn. *ôdal* praedium avitum, vielleicht mit nebenbeziehung auf den beſitz edler (oben ſ. 265), adliches ſtammgut, vgl. adalerbi. O. III. 1, 80; [altn. adalbôl; uadillant. Meichelb. nr. 981 als n. pr.

7a. ahd. *kihreſp* praedia, fundi, ſubſtantia (Graff 4, 1181), von hreſpan vellere, colligere.]

8. altfränk. *alodis* (fem.; das neutr. und die ſchreibung mit doppeltem l allodium iſt ſpätere verderbnis); de alode, de alode terrae contentio. lex ſal. 62 [59]; de alodibus. lex rip. 56; ſi quis alodem ſuam dare voluerit. lex Bajuv. 1, 1; in alodem. ibid. 11, 5 [12, 8]; de his, qui propriam alodem vendiderunt. ibid. 17, 2 [app. 4]; a propria alode alienus efficiatur. decr. Taſſil. 16; de alodibus. lex Angl. et Ver. 6 [26]; de alode parentum. Marc. 1, 12; tam de alode paterna quam de com-

---

*) tradidi hereditatem meam, quam habui ad Seȥpah. Ried nr. 18 (a. 814); quidquid ibidem genitor meus mihi in ereditatem dimiſit. Neug. nr. 35 (a. 761); de terris juris mei, quas mihi genitor meus dereliquit ibid. 29 (a. 760).

parato. ibid. 2, 7. 12; in den capitularien mehrmals alodis, acc.
493 alodem, abl. alode (Georg. | 738. 870. 1318. 1350. 1364 [MG Capitularia I p. 136. 362. 411. 428. 433]); de alode parentum. trad. fuld. 1, 49; ex alode, de alode, de alodo meo. Neugart nr. 69. 96. 103 (a. 778. 786. 788) etc.; [alodis eigin. Diut. 3, 420.] Zusammensetzung von al (totus, integer) und ôd (bonum), soviel wie al-eigen, mere proprium; die ahd. form wäre alaôt oder alôt, die ags. äleád, die altn. alaudr, aber keine derselben begegnet*). [Für den langen vocal in alôt, alôd entscheidet die form *alaudes* (masc.), die sich in urk. aus westgoth. gegenden vom jahr 888 und 893 findet, bei Baluz 2, 1515. 1522. Gothisch demnach *alauds*.] Das wort verbreitete sich aus den fränkischen gesetzen in das thüringische, bairische und in alamannische urkunden, welche daher d nicht mit t vertauschten. Französ. aleu, franc aleu. Das fränk. od, odis mag fem. gewesen sein, das altn. und ags. ist masc., in dem capitul. a. 807 § 7 wirklich auch alodis männlich gebraucht.

9. *terra salica.* lex sal. 62 [59]; der einfluß fränkischer herrschaft und gesetzgebung scheint es freilich zu rechtfertigen, daß dieser ausdruck auch in andern ländern für den begriff des reinen eigenthums gebraucht wurde. Beispiele: de terra salica. Neug. nr. 70 (a. 778); unum agrum salicum. ibid. nr. 244 (a. 830); hobam unam cum terra salica. ibid. nr. 356 (a. 854); terram salicam et mansos II. ibid. nr. 505 (a. 877); cum salica terra. ibid. nr. 531 (a. 882); salice telluris III. mansos. Spilckers beitr. 1, 133 (a. 1033); [salica terra. Lacomblet 308 (a. 1130); cum decimis terre salice. ibid. 478 (a. 1181);] de salica terra. Wigands arch. 2, 5; vgl. Haltaus 1582. Indessen wird dies terra salica in gloss. flor. 982ª übersetzt *selilant* und so liest man auch in alten urkunden, z. b. duos selilant. Meichelb. nr. 464; de pratis carradas LXXX, de salilant jugeres CXX. ibid. 562; [salica terra, sellant. Lacomblet 391 (a 1157); seliland u. selihova. Werdener hebereg.; sellant. weisth. 1, 162. 164; sellant. Lacomblet 367 (a. 1149), selelant. Seibertz 54 (a. 1165);] es mag also, wenigstens in den meisten fällen, nicht das echte

*) wäre es romanisch? aber wie folgt es aus lat. adlocare, adlaudare?

eigenthum bedeuten, ſondern die terra curialis, dominicalis*); vgl. ſelehof (curtis). gl. Lindenbr. 994ª, ſalhof, ſalland. Oberl. 1350; ſelhube. cod. laurish. nr. 2257; [ſelguot. weisth. 1, 337;] ſeliſôchan (hausſuchen). lex Bajuv. 10 [11], und was unten über ſala (traditio) geſagt werden ſoll.

10. *terra aviatica*, hereditas aviatica. lex ripuar. 56, 3; hereditas *paterna*. lex Alam. 57 [55]; agſ. *fäderêdel,* ahd. vatereigan patrimonium; [altn. *födurleifd*, ager paternus, dem lauſafê entgegengeſtellt. Laxd. 104, vgl. 156.]

11. *folcland* im gegenſatz zu bôcland. leges Edv. 2; d. i. reine alod, im gegenſatz zu beneficium, lehen; [bôcland iſt durch urkunde, bôc, übertragenes land, bôcian chartâ donare, z. b. Kemble nr. 305;] vgl. das frieſ. câplond und bôclond. Aſ. p. 15.

12. im mittelalter bediente man ſich des verſtärkten *durchſlacht eigen;* ahd. iſt zi durſlahti, duruhſlahti | omnino, es wäre 494 folglich mere proprium, omnino proprium, übertragung von alod nach der vorhin gegebnen erklärung: legitimum allodium, quod vulgo dicitur *thurſlacht egen*. Kindl. 3, 192 (a. 1251); mera proprietate, quod vulgo dicitur *thurſlaht egen*. ibid. 3, 190 (a. 1253); [*dorſlachtig* eigen. Sudendorf 113. 116. 119. 129. 156;] *dorſchlacht egen* gut. Kindl. 3, 336 (a. 1320); [*doreſlacht egen*. ded. von Wulften nr. 19 (a. 1358);] *vri dorſlachtig eghen*. Kindl. 3, 452 (a. 1359). Nieſert 2, 129 (a. 1361); [*vri durſlacht egen*. ded. von Wulften nr. 11 (a. 1415). nr. 12 (a. 1416).]

13. ähnlich lautend und doch anders iſt das gleichbedeutige *torfaht egen*, wörtlich ceſpititium**), von torf (ceſpes); ſei es, daß man torf ſelbſt für praedium, fundus, hereditas ſetzte (brem. wb. 5, 86) oder an die förmliche übergabe mit torf u. twige (oben ſ. 114) dachte: praedium fundale quod vulgo dicitur *torfhaht egen*. ſtat. ſuſat. bei Häberlin anal. p. 510; [hereditaria bona, i. e. *torfacht eghen*. Lüb. r. bei Weſtphalen 3, 619;] heft einer *torfacht egen* binnen dieſer ſtad. Rigiſches recht

---

*) Eichhorn rechtsg. § 84ᵇ not. e.

**) aht iſt bloße ableitungsſilbe (torficht); daher Dreyer irrt, wenn er ein compoſitum aus torf und fach annimmt.

p. 30, vgl. 320. Bei Meichelb. nr. 369 ſtehet caſas dominicales ſeu *ceſpitales.*

14. *vrîgez eigen* (franc aleu) haben die minneſänger (Ben. 22 [MSH. 1, 44[b]]); [jure liberi allodii, quod *vrigis aigen* vulgariter nuncupatur. Pupikofer nr. 17 (a. 1284); ſo gebraucht noch *freieigen* Abele künſtl. unordn. 5, 235;] Schmeller 1, 35 führt *grundeigen, freieigen, ludeigen* für allodial an; [ſeinen *ludeigenen* hof. Lang reg. 4, 359 (a. 1288);] der letzte ausdruck iſt dunkel; im Babenhauſer w. ſtehet *lotheigen* (auch iſt die mark lotheigen), *loteigen.* Meichſner 2, 869; im Burgjoſſer w. von 1451 *luter-eigen,* [ebenſo Arnsb. urk. a. 1143, dîn *lûter eigen* man. Altſw. 114, 10, *lautereigen.* Schwarzenfelſer w., mein *lauter eigen.* Ayrer 403[c],] und das ſcheint richtiger (lauter eigen, mere proprium), wo nicht jenes entſtellung aus alodeigen? [ſo Schmeller 2, 441; *ledig eigen.* Haltaus 1218. 1219;] *rechtes freies lediges eigen* häuft eine urk. von 1385. MB. 12, 210; *rechtlich eigen.* Oberurſeler w. Bibrauer w.

15. für *echtes eigen,* welcher benennung ſich die heutigen germaniſten füglich bedienen, habe ich keinen alten beleg, doch kann es vorkommen, weil ſonſt echt und recht verbunden werden und in niederd. urkunden *echtwort, echtwert* (achtwort bei Wenk 2 nr. 286 a. 1322) ſteht, worüber Haltaus 251-253, [Wigand III. 3, 97] und das brem. wb. 1, 281-291 nachzuſehen. [Vgl. auch *einwart.* heſſ. zeitſchr. 4, 61. 62.]

16. wichtigſte unterſcheidung des grundeigenthums iſt die in *getheiltes* und *ungetheiltes;* von letzterem hebe ich an.

B. *Geſammteigenthum. Mark.*

1. ſippe und nachbarſchaft ſtifteten das natürliche band
495 unter freien männern, aus ihnen entſprang erbrecht, | blutrache, gegenſeitiger ſchutz und friede, gleiches recht und gericht, aus ihnen kann man auch die älteſte gemeinſchaft des grundeigenthums leiten. Nur darf dieſe nicht zu viel ausgedehnt werden. In der vermehrung und ausbreitung der familien liegt zwar ein bindendes, zugleich aber ein trennendes princip; je mehr nächſte verwandte geboren werden, deſto weiter ab rücken die fernen, jeder ſohn, der ſeinen eignen haushalt beginnt, ſtrebt nach abſonderung; jede erbſchaft zwiſchen gleich berufnen zieht

theilung der habe nach ſich, und eben weil die fahrende getheilt werden muß, wird auch die liegende der gemeinſchaft willig entbunden. Ich nehme darum ſchon in dem früheſten Deutſchland zwei gleich nothwendige richtungen an, die eine geht auf erhaltung der genoßenſchaft am grundeigenthum, auf deſſen vereinzelung die andere.

2. in dieſen widerſtreit greifen grade noch zwei verſchiedene triebe ein. Das volk lebt von *viehzucht* und *ackerbau* und auf ſie bezieht ſich alle weſentliche arbeit[1]). Nun iſt es einleuchtend, daß dem hirten an der ganzheit des landeigenthums gelegen ſein muß, dem bauer an der vertheilung. Jener braucht unveränderliche triften, wieſen und wälder zu weide und maſt, gleich ſeiner herde gedeiht die mark nur durch zuſammenhalten. Dem ackermann liegt die flur recht, welche ſeinen hof umgibt und die er durch zäune vor allen nachbarn einfriedigen kann; ſein pflug fährt einſam, das gelingen ſeiner wirtſchaft hängt von verſuchen ab, die er auf eigne hand anſtellt. Beider des viehzüchters und pflügers verhältnis hat dieſelbe naturnothwendigkeit, nur daß geſchichtlich jenes vorausgieng, dieſes nachfolgte*). Wir treffen alſo ungetheiltes eigen-

---

[1]) [bei Jul. Caeſar 6, 29 heißt es noch: minime omnes Germani agriculturae ſtudent, und nach 4, 1 leben die Suebi, nach 6, 22 die Germani insgeſamt mehr von milch und vieh als von getreide, obwohl jenen die agricultura nicht fehlt. Auch Plin. hiſt. nat. 17, 3 hebt die germaniſchen viehtriften hervor: quid laudatius Germaniae pabulis? Auf hohes alter des ackerbaus weiſen doch auch einige maße, z. b. das umpflügen, die circumductio aratri. — Das hirtenleben erhält freier, friſcher und geſunder als der ackerbau, der die kräfte mehr mitnimmt. Pferde und rinder zieht der hirte auf alpen und in fetten wieſengründen; ſchafvieh gedeiht nur auf quellenloſen gebirgen, wo ſparſames gras wächſt; ſchweine gedeihen erſt ackerbauenden; die maſt in den wäldern deutet alſo auch auf ackerbau neben viehzucht.]

*) aus Tacitus läßt ſich dieſe anſicht nicht beweiſen; aber ſeine dunkle ſtelle über der Deutſchen feldwirtſchaft Germ. 26, vgl. mit Caeſar B. G. 4, 1. 6, 22 beſteht überhaupt nicht vor der aus vielen gründen wahrſcheinlichen annahme, daß ſchon damals unter den Deutſchen feſtes und geregeltes grundeigenthum galt. Die agri ab univerſis per vices occupati, die arva per annos mutata ſind kaum anders zu erklären als durch gemeinland.

thum und getheiltes nebeneinander an, das ungetheilte alterthümlicher und veraltender; im verlauf der zeiten weicht der wald dem acker, das vieh dem getreide. Für unſer rechtsalterthum hat die betrachtung des geſammteigenthums offenbar höheren reiz. |

496 3. um den begriff der mark feſtzuſtellen, gehe ich wieder einige benennungen durch. Das *land* überhaupt zerfällt in *gaue*, der gau in *marken;* dies ſind die gewöhnlichſten ausdrücke. Gleichbedeutig mit goth. gavi, ahd. kouwi, gouwi, gewi, das der agſ. und altn. mundart mangelt, iſt agſ. *ſcire,* altn. *herad* [ſieh auch altn. *hreppr* bezirk]. Ein anderes ahd. wort des ſelben ſinnes ſcheint *eiba*, erhalten in den zuſammenſetzungen wetareiba. cod. lauresh. nr. 2911-3030, ſpäter wedereiba. Schannat vind. 1, 41 (a. 1024), endlich verderbt in wetterau; wîngarteiba, benennung eines odenwalder gaus (acta pal. 7, 29), und hierher rechne ich die langobardiſchen anthaib, banthaib, wurgonthaib bei Paul. Diac.; ferner das ahd. *panz*, niederd. bant, in den compoſ. brabant, teiſterbant, [pagus bragbantenſis, oſtrebantenſis. Binterim 1, 74 (a. 1107);] bloß in alam. urk. findet man *pâra* [verw. mit paro nemus, vgl. Ker. 226], z. b. Albunes para u. a. m., [in pago Pâra. Neugart 653 (a. 905).] *Marka**) iſt bei Ulf. limes, ſo wie das agſ. *mearc* ſignum, terminus, mearcland confinium, das ahd. *maracha* confinium. Diut. 1, 499[b]. 515[a], marca. T. 10, 1, marcha. N. 73, 17; [der die marchôn huoteta, qui finibus praefuit. N. Cap. 54; altſ. thero marca giwald êgan. Hel. 23, 8; mhd. marke grenzland, auch allgemeiner gebiet: dirre mark herre der iſt Elſe genant. Nib. 1485, 4; eine wite marke, die Nuodunc ê beſaȥ. ibid. 1840, 3, vgl. 1844, 3;] extra marcham vendere. lex Alam. 47, 1 [46], gleichviel mit extra terminos oder extra provinciam. ibid. 46, 1. 48, 1 [45. 47]; fines vel marcas. Neug. nr. 124 (a. 796); es bezeichnet alſo örtliche abgrenzung, ohne nothwendig den begriff von gemeinſchaftlichem grund und boden zu enthalten. So heißt es in Eccards Fr. or. 1, 674 circumducere marcham (fines) wirziburganenſium; ſelbſt der gau hat ſeine eigne mark, z. b. trad. fuld.

---

*) vgl. lat. margo (imperii, fluminis, terrae); das roman. marca, marque (ſignum) ſtammt aus dem deutſchen wort.

1, 72 in pago ſalagewe et in marcu ſalagewono. Gewöhnlich aber liegen im gau mehrere einzelne marken, z. b. im genannten Salagewi fanden ſich die villae Wintgraba und Hranunga, darum wird geſagt: in wintgrabono marcu, in hrannungero marcu. tr. fuld. 1, 14. 15. 16. 20; in pago ſalagewe, in villa kizziche et in marcu ejus. Nicht in allen deutſchen gegenden ſcheint der name gangbar. Alamanniſche urkunden, oſtfränkiſche und wetterauiſche gewähren ihn allenthalben, vgl. herichun maracha, chezinwilare marca, haſinchavarro m., chuchelebacharro m., forahero m., cilleſlatarro m., keberates wilarro m., cozzoſovarra m., chezelincheimarro m., eilikovarro m. Neugart nr. 348. 380. 512. 554. 568. 631. 657. 671. 683. 693. Bairiſche diplome hingegen (die ſtatt des alam. villa lieber locus ſetzen) reden ſelten von
marken, oft von | *commarchien*, wie auch ſchon die lex Bajuv. 497
11, 5 [12, 8]. 16, 2 [17, 3]. 21, 11 [22, 11] vom commarchanus; alii commarcani. Meichelb. nr. 129; tradimus commarchiam noſtram in loco qui dr. Ried nr. 14 (a. 808); haec ſunt nomina eorum, qui cavallicaverunt illam commarcam. ibid. 20 (a. 819), mehr das wort für die ſache, als örtlicher name, weshalb kein genitiv vorausſteht; es deutet auf gemeinſchaft hin, kann aber auch was unſer heutiges gemarkung ausdrücken; tannaro marcha hat Meichelb. nr. 837. [Marke gemeinland. weſterwold. landr. art. 54. 60. 97, buermarke. ibid. art. 139; in alten Würzburger urkunden (Langs reg.) ſteht marchia für *feldflur*, ſo auch häufig mark in Steier und Kärnthen.]

4. natürliche, älteſte grenze war aber der *wald* und in eichen wurde das zeichen gehauen. Ungeheure waldungen erſtreckten ſich durch die meiſten theile des landes, an mancher ſtelle lief das eichhörnchen ſieben meilen über die bäume*).

---

*) volksmäßige umſchreibung hier in Heſſen für einen großen wald, [vgl. Neoc. 1, 256: dat ein ekern ut Meldorp bet in dem ende des landes ſpringen konnen up bomen und nicht up de erde dorven (Dahlmanns vorrede XIX); auch von Irland ſagte man einſt, es habe ein eichhorn von Dingle de Couch bis nach der ſtadt Cork reiſen können, ohne einmal den boden zu berühren. legendes of the lake by Crofton Croker. London 1829;] in ſchwed. volksliedern häufig *trettimila* ſkog. 1, 6. 9. 19; *tolfmila* ſkog. 1, 116. [In Wärmeland ein *tolfmils, tiomils, fyramils* ſkog; Eidaſkôgr er tôlf raſta lângr. Hak. Hak. c. 112; vgl. Jul. Caeſar 6, 10

[Während die wälder mäßiger größe im gesammteigenthum der mark standen (unten s. 501), müßen die großen urwälder, ehe sie später regal wurden, als unoccupierter grund betrachtet werden, den sich einzelne oder gemeinden zusammen durch niederlaßung aneignen durften. Zwei merkwürdige urkunden lehren das noch vom Buchenwald im 8. und 9. jh.: Amalungus relinquens locum nativitatis suae . . . venit ad villam cujus est vocabulum Vulvisangar, quam tunc temporis Franci et Saxones inhabitare videbantur, cupiens ibi cum eis manere, sed minime potuit. tunc pergens ad locum qui dicitur Waldisbecchi, inter Wiseraa et Fuldaa, proprisit sibi partem de silva quae vocatur Bocchonia, quam moriens dereliquit filio suo Bennit. Dieser Bennit läßt sich vom könig Carl in dem eigenthum des bivangs bestätigen. urk. a. 811 bei Ekhart 2, 864. Falke trad. Corb. p. 234, urk. a. 812 bei Mabillon nr. 64. Falke trad. Corb. p. 377.] Zwischen den wäldern auf dem gefilde siedelten leute an. Darum nähert sich der ausdruck marca von selbst dem begriffe silva: ego trado terram, silvam et illam *marcam* sicut est mea. trad. fuld. 1, 5; in villa pleihfeld *marcam* in silvis juxta ripam fluminis moins. ibid. 1, 14; de silva apud Selem sita, quae vulgariter *marcha* vocatur. Wenk 2, 160 (a. 1261); in communem silvam civium, vulgariter vocatam *holtmark*. Vogt mon. ined. p. 572; [pratis, agris ac *marchia* libera. Arnsb. urk. 580;] Haltaus 1316 hat mehrere belege gesammelt, worin marcha geradezu für wald steht, ich erinnere an die silva marciana; [in locis silvosis, quod vulgato nomine dicitur *marcha*. Wenk 2 nr. 80 (um 1178); nemorum seu rubetorum dictorum teutunice *marke*. Wig. arch. III. 3, 44 (a. 1296)]. Völlig entscheidend ist das altn. *mörk* (gen. markar), das nicht mehr terminus, sondern eben silva, nemus bedeutet. Da nun bis auf die letzte zeit die überbleibsel alter gemeinschaft an grund und boden vorzugsweise *marken, markeinigungen, markgenoßenschaften* heißen, so kann über den schicklichsten ausdruck für das verhältnis des gesammteigenthums kein bedenken walten.

5. es war nicht der einzige. Altn. sagte man *almennîngr*

---

über die silva Bacenis, 6, 25 über die silva Hercynia. Im Hel. 33, 20 der ausdruck *sinweldi* urwald.]

für communitas überhaupt, dann auch für fundus communis.
Gulaþ. 450-455, [at almennîng gerr, zum gemeineigen gemacht.
Ol. helg. c. 134,] in den ſchwed. geſetzen *allmänning* paſcua aut
ſilvae communes, *almennîngs mörk* ſilva publica. Gulaþ. 454;
*almennîngs vegr* via publica. Dem ſinne nach: allra manna
mörk*), vegr, aller leute weg, wald, ähnlich dem þiodvegr
(volksweg). In Schwaben und in der Schweiz heißt nun *all-*
*mende, allmeinde* ebenfalls compaſcuum und via publica, welches 498
mehrere, z. b. Friſch 1, $17^{b}$. $19^{a}$ vielleicht richtig mit dem namen
der Alamannen in verbindung bringen. Es iſt nur ſonderbar,
daß wir in alam. urkunden keinem alamannida begegnen, erſt
aus dem mittelalter finden ſich belege: [communio quae vulgo
*almenda* vocatur. Wenk Katzenelnbg. urk. p. 16 (a. 1234);]
communio, quae vulgariter *almeinde* dicitur. weisth. von Wetter
(a. 1239); [in communibus paſcuis, quae *almeinde* vulgari vocabulo
nuncupantur . . . ſed omnes aliae ſilvae ſunt communes et
*almeinde* vulgari vocabulo. Schöpflin nr. 698 (a. 1275); ir
waßer, das ir reht *almende* iſt. Freib. urk. nr. 138 (a. 1327);
*almeinde.* trad. wizenb. 332; erbe und *almende.* ibid. 309;
*almenda.* Berner handfeſte in Sav. zeitſchr. 3, 219; *almentge-*
*welde.* quellen und forſch. 2, 26; *algmenda, algmande.* ch. a. 1241
Jägers Ulm 722; vgl. auch *alemêne.* Rother 5130.] Die form
*almein*, *almeinde* (Stald. 1, 96) führt auf eine ganz andere her-
leitung von *gemein*, ſo daß es gemeintrift, gemeinweide bedeutete,
wozu auch das niederſächſ. *meente* (brem. wb. 3, 147) und diet-
marſiſche *meenmark* ſtimmt, [*mênemarke.* Sudendorf p. 58.
Möſer nr. 286 (a. 1229);]**) vgl. Haltaus 18. 19. [Freid. 120,
27, unten ſ. 522 not.] Den Angelſachſen hieß *læſo*, læſu (gen.
læſve) paſcuum, on *gemænre læſe* in communi paſcuo. leges
In. 41. Edg. ſuppl. § 17 [Edg. IV, 8. App. III. 12]; [ſeo *læs*
*gemæne.* Kemble 3, 419; ſeo *mæd gemæne.* ibid. 3, 456. 457;
vgl. gärstûn *gemæne*, compaſcuus, dem gedâle land entgegen-
geſtellt. leges In. 42;] gramm. 2, 735 habe ich das calaſneo
der lex Bajuv. 21, 11 [22, 11] in *calaſuco* emendiert, welches

*) aldra Götha mark. Veſtg. mandr. 12.

**) gilt die benennung almende auch in Baiern? Schmeller und Höfer haben ſie nicht, wohl aber Weſtenrieder.

dann genau dem commarcanus entſpräche, Graff hat bei ſeiner vergleichung Diut. 1, 338 dieſes wort überſehen.

6. *was gehört nun zu der mark?*

wald, flüße und bäche durch den wald, viehtriften und ungebaute wieſen in ihm und um ihn her gelegen, wild, gevögel und bienen. Nicht in ihr begriffen ſind aber *wohin pflug und ſenſe gehet* (oben ſ. 36), ackerland, gärten, obſtbäume, der an den wohnungen liegende wiesgrund, die häuſer ſelbſt. Oft iſt die grenze zwiſchen mark und acker ſtreitig und was bald dahin bald dorthin gerechnet werden ſollte war ohne zweifel in verſchiednen gegenden ſehr abweichend beſtimmt. Dazu kommen mehrfache benennungen einzelner beſtandtheile, deren ſinn und gebrauch nach ort und zeit noch nicht gehörig unterſucht worden iſt; andere pflegen ſo allgemein zu gelten, daß ſie zu mark oder zu acker gerechnet werden dürften. Ich will hier nur die ausdrücke *heide, feld*, *anger* und *aue* anführen. Wie hätte wohl Ulfilas verdeutſcht, was die lex Viſig. X. 1, 13 unterſcheidet, *ager, campus**), *ſilva?* unbedenklich die beiden erſten *akrs* und *haiþi*, wie ihm der wald hieß wißen wir nicht, ſchwerlich marka; den ἀγρός des N. T. gibt er ſehr richtig bald
499 durch akrs. Matth. 27, 7. 8. | Luc. 15, 25; bald durch land. Luc. 14, 18; bald durch haiþi. Matth. 6, 28. 30. Luc. 15, 15. 17, 7; [für ἀγρός auch *þaurp*, ahd. dorf, praedium, villa, vicus.] Irre ich nicht, ſo hat *heide* ſtets den begriff von unbebautem land, worauf gras und wilde blumen wachſen (Walth. 75, 13), *feld* iſt allgemeiner und kann auch urbarem lande zukommen; [weide an dem velde und an der heide. Maria 17;] beide feld und heide ſtehen dem wald entgegen (heide u. walt. Walth. 35, 22. 42, 20. 22; heide, walt u. velt. ibid. 64, 13-16; in felde joh in walde. O. I. 1, 123. [11, 27;] ze velde u. niht ze walde. Walth. 35, 18. Lampr. Alex. 4966; [feld u. holz. Schmeller 1, 526]). *Anger* ſcheint grasbewachſen, wie die heide, nur geringeres umfangs, [vgl. MS. 1, 200[a]: anger grüenet wie diu

---

*) campus vacans oder *apertus*. Viſig. VIII. 3, 9. 4, 26 iſt die altn. iörd ôunnin oc ôſâin, auch *opin*. Gulaþ 285; [mit ôunnin vgl. *gewunnen* (beſtelltes) land. Sſp. 2, 27.]

liehte heide;] das altn. *engi* (pratum) das ſelbe; vielleicht ſtehen beide mehr in anbau und pflege, als die wilde heide. Das altn. *vângr* ſoll ein gehegter weideplatz ſein, ihm entſpricht das alam. *wang* in vielen ortsnamen, z. b. affaltrawangun, nur lehrt ſchon dieſes beiſpiel, daß der wang mit obſtbäumen angepflanzt wurde; [doch vgl. auch: in poſſeſſione *ſilvae* vulgo *heidwanch* dictae, *ſilva heidenwanc.* Lang 4, 478 (a. 1291), *holzwanga* campi nemorei. gl. emm. 407.] Auf das getheilte eigenthum würde ich daher acker, wang und anger, auf das markverhältnis wald und heide, auf beide nach umſtänden feld und wieſe beziehen. [Bei Möſer 1, 14 erſtreckt ſich der markfriede nur auf holz und grasanger; die heide bleibt frei.] Den markgerichten ſtehen waldgerichte und in Weſtphalen auch heidengerichte zur ſeite. In der Wetterau wird das markgut in *boden* und *ſchar* unterſchieden. Meichſner 2, 725. 932; manſus qui *ſcharhube* dicitur bei Gudenus 1, 760 (a. 1277); vergleicht man *ſcara* in den oben ſ. 317. 318 beigebrachten urkunden, ſo erhellt zwar beziehung auf wald und mark, aber nicht die verſchiedenheit vom *boden;* ſollte letzterer den eigentlichen wilden grund, ſchar den theil der mark ausdrücken, welchem einige pflege und arbeit (z. b. bepflanzung mit jungen ſtämmen) zu theil wird? [ſieh unten ſ. 506.] Ebenfalls in wetterauiſchen marken finde ich abgeſteinte äcker und wieſen unter dem namen *ſchutzband*, *ſchutzbann* [wie auch wildband neben wildbann] der mark entgegengeſetzt. Meichſner 2, 688. 692; mit ſchutzbann ſoll landſiedelgut gleichviel ſein. ibid. 917. 918; es haben die Gröſchlag eigen *ſchutzbann* außer der mark abgeſteint, aber in der mark nichts das abgeſteint ſei. ibid. 2, 895; die ſchöffen antworten: was *mark* und *wald* ſei, das wollen ſie handfeſtigen und helfen es halten, was aber *ſchutzband*, als wieſen und äcker ſeien, da wüſten ſie in märkergericht nicht antwort über zu geben. ibid. 2, 690; holz ſei *mark*, aber äcker u. wieſen ſei *ſchutzband*, ſolches mög einer dem andern zu kaufen geben. ibid. 2, 706; es ſei die brücke *mark*, denn das waßer und boden, darüber die brücke gelegt, mark u. nicht *ſchutzbann* ſei. ibid. 2, 891;
das | waßer ſei *mark*, ergo auch die brück. ibid. 2, 894; es 500
werde dieſe wieſe ein *markgut* genant, denn es daſelbſt um die wieſen her allenthalben mark und ſtehen auch etliche bäum uf

der wieſen, die mark ſeien. ibid. 2, 691; verum, denn es gerings umb die wieſen lauter *mark* iſt, wie man auch von bäumen, ſo daruf ſtehen, nicht holzen darf u. dieſelbige für wald gehalten werden. ibid. 2, 692; es treiben alle der ſechs flecken marker u. inwohner ihr vieh daruf, wann das gras darvon ſei und werde rings umb und oben für *mark* gehalten, wie auch die bäum u. geſträuch, ſo uf der mark ſtehen, *mark* ſeien. ibid. 2, 697; es werde ſolche bach, die Gerſtprenz, auch das *markwaßer* genant u. zur mark gehörig und habe comes in ſolchen waßern uf die untage zu ruegen, zu gebieten u. zu verbieten. ibid. 2, 880; der acker ſei in der mark gelegen und *mark.* ibid. 2, 896; daß ſie *vier ſtemme* in der weid hegen ſollen, als in der mark, u. ſoll man inen die weid hegen gleich andern *almen;* were, daß *acker darin würde*, deſſen ſollen die gemeinen marker ſich gebrauchen, gleich als in der mark, iſt inen auch ſolchermaßen beſteckt u. beſteint. ibid. 2, 725. Alle dieſe angaben betreffen die Babenhäuſer mark und beruhen auf zum theil unklarer zeugenausſage, doch lehren ſie unverkennbar, daß die märker außer dem bach und der brücke darüber auch noch mit waldbäumen bepflanzte wieſen und einzelne von der mark eingeſchloßne äcker für ſie in anſpruch nahmen. Was hier ſchutzbann, hieß in Weſtphalen *heemſnaat* (von ſnaat, grenze). Strodtmann hannov. anz. 1753. p. 10: außer der gemeinen mark hat jedes dorf ſein proprium, das heißt heemſchnaat, worauf die gemeine bauerſchaft ihr vieh nicht treiben darf. Wenn ich auf dieſe weiſe geſtrebt habe, einen ſcharfen begriff der mark zu gewinnen und ſie im ſtrengern ſinn auf das geſammteigenthum an wald und weide einſchränke, ſo iſt gleichwohl einzuräumen, 1. daß in gewiſſen fällen die gemeinſchaft der mark ſich auf einzelnes, urbar gewordnes ackerland erſtreckt haben kann; 2. daß die markgeſellſchaft auch über das vertheilte haus und ackereigenthum ihrer mitglieder eine gewiſſe oberherrſchaft behauptete, welches namentlich aus der geführten aufſicht über die erbauten häuſer (nr. 13, $\beta$), aus der geforderten were (nr. 11) und aus der behandlung fremder wegen ihrer äcker in der mark (nr. 13, $\zeta$) hervorgehen wird. Es ſetzt alſo beinahe jede |
501 *waldmark* eine *weitere gaumark* oder *feldmark* voraus, die mit ihr zuſammenhängt.

7. es ift fchwer die einrichtung der alten markvereine zu fchildern; unfere gefetze enthalten nur fparfame andeutungen, das recht bildete fich zwar nach dem herkommen aber autonomifch fort. Erft als das mittelalter vorüber war wurden markweisthümer aufgefchrieben und von ihnen ift wahrfcheinlich nur ein geringer theil erhalten und bekannt gemacht. Zu diefer armuth der quellen tritt geographifche unficherheit. Niemand hat unterfucht, wie viel und welche markgemeinfchaften denen an feite gefetzt werden können, die wir aus den weisthümern erfahren, niemand nach kennzeichen geforfcht, an welchen fie vielleicht noch zu errathen wären. Es ift weder glaublich, daß in jeder unterabtheilung der gauen, welcher alte urkunden den namen marca beilegen, auch gemeines waldeigenthum gegolten habe, noch daß es in gegenden, die folcher benennung entbehren, völlig unbekannt gewefen fei. In jenem fall kann marca fehr oft nichts als grenze ganz vertheilter grundftücke bezeichnen, oder wenigftens oft den unter 6 entwickelten weiteren finn neben dem engeren haben. Von befonderm nutzen müfte fein, wollte jemand alle ausgemachten marken auf einer landcarte zufammenftellen; unfehlbar zeigen fich die meiften in Weftphalen, am Rhein, in der Wetterau und im nördlichen theile Frankens. [In Franken und in der Wetterau hatte nie, wie in Sachfen, Baiern, Alemannien, ein herzog geherfcht, alles konnte fich in der unmittelbaren abhängigkeit vom reich alterthümlicher bewahren. Erft in unfern tagen ift die markgemeinfchaft aufgelöft worden.]

8. wefentliche grundlage jeder folchen mark ift ein *wald*, nehme ich an. Die meiften großen waldungen Deutfchlands, die hernach von den fürften als regal behandelt wurden (oben f. 247. 248), mögen früher gemeines markgut gewefen fein, denn ihre austheilung in privatbefitz ift nicht wohl denkbar und würde, wenn fie eingetreten wäre, ihre fpätere regalität unmöglich gemacht haben. [*Silvae communes.* Seibertz nr. 3 (a. 833); *communio filvarum* et pafcuarum. Lacomblet 329. 409; *communio in filvis.* Kemble 5, 88. Eine merkwürdige ftelle über das gemeineigenthum am walde im eilften jh. hat Norberti vita Bennonis (von 1068-88): Benno erhält die verwüftete burg Iburg, um darauf ein klofter zu bauen; fed obftabat, quod

montem utpote arboribus confitum tanquam *commune pafcuum* ruftici vendicare praefumerent . . . cum enim aliquando fertilitas regionem iftam cum ceteris rebus tum etiam glandibus repleffet et jam mons ifte ex antiquiffimo fitu fimilis fuiffet circumftantibus denfitate filvarum, circummanentes rustici, quos hic *commarchiones* appellant, porcos fuos hic immittere glandesque faccis afportare et rem epifcopo propriam *communi ufui* mancipare coeperunt. Heinrich dem vierten klagt Meginfrid im namen der Sachfen:

pupillus et advena quivis
indigenas prohibent *filvis communibus* uti,
pafcua praeripiunt, abigunt armenta gregesque,
heredes circumveniunt, vi praedia tollunt.

Henrici IV. bellum contra Saxones lib. 1, 48-51 (Reuber p. 202). *Confocii* hoc juris habent, quod in faltu vofago ipfi ac famuli libere faciunt ligna incidere et porcos pafcere. Mauermünfterer w. (1144). Volumus itaque, ut praenominata curtis . . . permaneat in . . Vefelenfium *filvarum communione* fupradicta Demmerwald et in communione quoque earum quae trans Lupiam funt fylvarum. ch. a. 1163 bei Binterim 1, 136. *Sylvam* eorum *communem,* quae Ofterverde dicitur. ibid. 1, 155 (a. 1188). In *communibus filvis*, pafcuis et locis paluftribus. ibid. 1, 182 (a. 1224). In hac *filva* nullus noftrûm privatum habebat aliquid, fed *communiter* pertinebat *ad omnes* ville noftre incolas. ch. a. 1173. Bodm. p. 453.] Ohne zweifel gab es auch in frühfter zeit fchon vertheiltes waldeigenthum, zumal in den händen der edeln und vieler freien, wie zahllofe urkunden darthun, worin wälder veräußert werden. In der lex Vifig. laßen fich die worte: filvae dominus. VIII. 4, 27, filvam alienam. VIII. 2, 2, de filva fua. VIII. 3, 8. 5, 1 nicht misverftehen; auch de alterius filva in lex Bajuv. 21, 11 [22, 11], in filva alt. l. fal. 8, 4 [7 add. 11] eben fo wenig; filvula aliorum poteftate fegregata. Neug. 554 (a. 885). Allein der gegenfatz bleibt nicht aus, diefem alterius filva folgt: nifi *commarchanus* fit; in filva
502 *com-* | *muni* feu regis heißt es lex rip. 76; [filva communis. l. Burg. 13, vgl. 54. 67 (dazu Savigny 3, 656);] filvam *communem.* Caroli breviarium (Bruns p. 67 [MG Capitularia I p. 253]); filvae *indivifae.* Vifig. X. 1, 9; portio *confortis.* X. 1, 6; *con-*

*ſortes.* VIII. 5, 2 (aber in territorio in quo conſors non eſt. X. 1, 7). [Gemein und ſondereigen ſcharf geſchieden bei Schöpflin nr. 698 (a. 1275): praeterea pronuntiamus, quod tres montes ſilveſtres ſc. bannholz, dowelberg et bremelberg ad abbatis cameram debent perpetuo *ſpecialiter* pertinere, ſed omnes aliae ſilvae, quas monaſterium S. Petri in Wißenburgenſi territorio poſſidet, ſint *communes et almeinde.*] Bedeutend heißt es im Altenhaſlauer w.: auch weiſet man im gerichte *niemand keinen eignen wald* (oben ſ. 82). Das Guledingsrecht p. 368 kennt ſowohl eine mörk annars (ſilva alterius) als einen ſkogr *at ûſcipto* (ſilvam indiviſam), vgl. 366: at ûſciptri iördo; und Gutalag. cap. 25 ſkogr *oſchiptr*, myr (moor) *oſchipt*, cap. 32 aign *oſchipt.* Merkwürdig ſtellt Saxo gramm. lib. 10 p. 492 die ſeeländiſchen und ſchoniſchen gemeinwälder dem jütiſchen nach familien vertheilten eigenthum entgegen, ſo fabelhaft ſein mag, daß könig Sveno die wälder verkauft habe, um ſein löſegeld daraus zu bereiten: Scani ac Sialandenſes *communes ſilvas* publico aere comparaverunt, apud Jutiam vero non niſi familiis propinquitatis ſerie cohaerentibus emptionis communio fuit. Vgl. Veſtg. fornäm. 2, 6 über theilung der *gemeinwälder.*

9. die geſammteigenthümer der mark heißen *märker* [im Altenhaſl. w. unterſchieden von den landmännern], *inmärker* (entgegengeſetzt den fremden ausmärkern, [inmerkir, ußmerkir. Wenk 2, 430 (a. 1396)]), *mitmärker, markgenoßen*, weſtph. *markgenote,* [auch *ſchernote* (von ſcher weide?); die ſchernoten und gemenen buren. Kindlinger 37, 52 (a. 1533); eſchen de ſchernoten der dernekamper marke. ibid. 37, 58 (a. 1498); ſo ſint de ſchernoten int gerichte gekomen. ibid.; ferner niederſächſ. die *holten,* für ausmärker: unholten;] oft auch bloß: die *nachbarn,* die *männer*, z. b. im Rheingau, *menner* im Nortrupper markgeding, die *manns* im Gegner holzgeding. [Das Mauermünſterer w. von 1144 gebraucht *conſocii* von den markgenoßen in ſaltu voſago und nennt ſie vor den ſchöffen, ſcabiniones; dieſe conſocii nimmt es ſtets von den dienſten und abgaben aus (exceptis conſociis), denen die übrigen einwohner der gegend unterliegen. In gleicher bedeutung *compagenſes.* MB. 29[a], 32, *comprovinciales.* ibid. Die vita Bennonis hat *commarchiones.* Bei Möſer n. 49 (a. 1118) *marchiotae.*] Sie nennen in den

weisthümern ihr gebiet *die freie mark* (Banſcheuer w.) und ihr rechtes eigenthum: weiſen, daß die mark der obgeſchr. dörfer und merker *rechtlich eigen* ſi. Oberurſeler w.; wir wiſen uf unſern eid Biger mark, walt, waßer und weide, als wite als ſie begriffen hat, den merkern *zu rechtlichem eigen* u. han die von niemand zu lehen weder von könige oder von keiſer, noch von burgen oder von ſteden, dan ſie ir *recht eigen* iſt. Bibrauer w.; item theilen wir alle auf den eid, als es vor hundert jaren herkommen von unſern eltern, unſern herrn für ein oberſten marker durch alle wälde und niemand mehr, *auch iſt die mark lotheigen.* Babenhauſer w. Dieſer herr iſt nicht wahrer eigenthümer der mark, der ſie damit beliehen hätte, er iſt bloßer mitmärker, dem ſie durch freie wahl den vorſitz in der mark und im markgericht einräumen oder der durch herkommen ein erbrecht auf dieſe ſtelle hat. Meiſt pflegte ein edler, deſſen burg zunächſt der mark (oder in der gaumark) lag, gewählt zu werden, auf der burg ruhte das recht und gieng mit deren beſitz her-
503 nach auch in die hand fern | gelegner edler oder fürſten über. Er hieß *herr* oder *vogt* der mark, *oberſter märker*, *oberſter markrichter*, in Weſtphalen auch *holtgreve;* [ſilvae comes qui dicitur holtgreve. Wigands arch. I. 4, 107 (a. 1297).] Oberſter herr und waldbote der Oberurſeler mark war z. b. der herr von Epſtein und zwar ein geborner. Wir wiſen min herren von Falkenſtein fur einen rechten *gekoren foid, nit vor einen geboren foid*, die wile das er den merkern recht u. ebin tut, ſo han ſie in lieb u. wert, dede er aber den merkern nit recht u. ebin, ſie mochtin einen andern ſetzen. Bibrauer w.; er (zeuge) halte comitem (hanovienſem) für keinen *erkieſten* ſondern einen *gebornen* markerherrn (der babenhauſer m.) von ſeinen uralten hero. Meichſner 2, 895. [Halbe gebrauchswälder hießen in Heſſen gemeindewälder, an welchen der landesherr mitberechtigt iſt; vgl. auch den ausdruck halbe nutz bei Lang 4, 495 (a. 1291): vendit jus ſecandi ligna in ſilva villae Kürnach, quod jus vulgo vocatur *eine halbe nutz.*] Große marken, die ſich wohl aus mehrern kleinen zuſammengezogen hatten, erkannten oft zwei herrn und vögte über ſich, mit gleichem rang oder verſchiednem; ſo waren viele marken gemeinſchaftlich zwiſchen Heſſen und Naſſau. Unter gewählten vögten blieb die markverfaßung im

ganzen freier, als unter gebornen, die wahl fiel nicht einmal immer auf edele, ſondern auch auf bloß freie; zuweilen kor man zwei vögte neben einander, einen aus edelm ſtand, den andern aus dem der freien: item iſt zu Bellersheim brauch u. alt herkommen, daß jedes jahr *einer vom adel* von den gemeinen markern gezogen werden ſoll und hinwiederumb, daß die von adel einen aus *den gemeinen markern* zu ziehen macht haben, welche *beide markermeiſter* das jahr alle ſachen handeln. Bellersheimer w. In den weſtphäliſchen marken blieb die gewalt mehr bei den gemeinen märkern, eine wetterauiſche wird man nicht leicht ohne herrn und vogt aus dem adelſtand finden. Unter den märkern ſelbſt genoßen nicht alle gleiches befugnis, welches zwei urſachen hat: einmal wurden kleinere und ſchwächere marken in den verband größerer aufgenommen und den theilhabern jener nicht alle rechte dieſer bewilligt; dann erforderte die aufſicht und das gericht jeder mark gewiſſe ämter, die nur einer auswahl der markgenoßen zufielen und mit vorzügen begleitet waren. Daher *markmeiſter*, *holzmeiſter*, *förſter*, *holzweiſer**), *ſchützen*, *markſcheffen*, auch | bloß *weiſer*. [Vgl. 504
magiſter marchiae. Arnsb. urk. 28, magiſter ſilve, merkere meſter. ibid. 195. Nach dem Oberurſeler w. (Wetteravia p. 142) geſchieht die wahl der *merkermeiſter* aus edeln, prieſter und landmann. Denn er ein *markermeiſter* geweſt und gehe das ampt zu Bobenhauſen unter inen fünfen umb und müße ein ieder dasſelb zwölf jahr verweſen. Meichſner 2, 892; die gemeinde ſoll den *holzförſter* wählen und dieſer dem herrn ſchwören, daß er alle tage in den wald gehen wolle; nur am freitag mag er nach Conſtanz gehen, leder zu kaufen, womit er ſeine ſchuh flicken könne. Tägerwyler öffn.] So finden wir in Weſtphalen zwiſchen dem holtrichter und den

---

*) dieſen namen meine ich ſchon in einem liede meiſter Alexanders zu erkennen:

ſêt, dô liefe wir ertbern ſuochen
von der tannen ze der buochen
über ſtoc u. über ſtein,
der wîle, daȥ diu ſunne ſchein.
dô rief ein *waltwîſer*
durch diu rîſer:
wol dan kinder unde gêt hein!

eigentlichen markenoten ſogenannte *erfexen* (erbäxte), denen ein erbliches recht holz zu fällen gebührt; ſie trugen vermuthlich zum zeichen ihrer würde holzäxte, oder hatten ſie in ihren häuſern hängen*), daher die benennung**). [Vielmehr iſt der zweite beſtandtheil des wortes das oben ſ. 491 aus dem Hel. beigebrachte *êcſo*, eigenthümer, erfex alſo erblicher eigenthümer; vgl. meine anzeige des Lacomblet in gött. gel. anz. 1832. p. 398. 399.] Piper p. 83 erklärt: *erfexen*, denen die axt, das recht bauholz in der mark zu fällen, angeboren und angeerbt iſt; Lodtman de jure holzgrav. p. 233: *erbexae*, quae in ſingulis fere marcis occurrunt, eminentiore jure prae ceteris gaudentes, hinc inde illimitatum, alibi jus reſtrictum habent ligna caedendi, qua de re nomen derivatur. [*Erfexen*. Wigand I. 4, 107; hereditarii cives hamelenſes vulgari nomine *erefexen*. Spilker 2, 288 (a. 1324); cum eis qui dicuntur *ervexſen*. ibid. 1, 319. Daneben in Niederſachſen auch bloß: *erben*, *holterben*.] Sie ſcheinen anderwärts auch anerben, ganerben zu heißen: der wermeiſter wiſet op *waltſeißen* (waldſaßen) ind op *anerfen* ind op *vorſter*. Ritz 1, 144. [In Weſtphalen iſt der name der gewählten und geſchwornen markaufſichter *mallüde*, mahlleute; ſie werden jährlich erwählt, zwei aus den erbexen, zwei aus den gemeinen markgenoßen. Andere ausdrücke: lutarii (? hutarii) ſeu cuſtodes nemoris dicti *ſcarende*. Wigand arch. III. 3, 44 (a. 1296). *Superſilvatores* in einer urk. von 908. Joh. Müller Schweiz 1, 236. In den langob. geſetzen ein *ſaltarius* und *ſilvituus*.]

10. ich habe ſchon ſ. 233 eine ähnlichkeit zwiſchen der markverfaßung und der des volks überhaupt geltend gemacht. Die mark hatte *gekorne* oder *geborne vögte* wie das ganze reich

*) im Norden heißt *bolöx* (oben ſ. 65) ein großes, beſonders geformtes waldbeil, von bol (truncus); in Schweden findet es ſich bei allen großen gütern *zum zeichen* ihrer berechtigung holz im wald zu fällen.

**) nach einer bekannten figur, wie die Franzoſen pique, lance, die Spanier lanza für ſpeerträger, ſoldat ſetzen, und im 16. jh. 60 glavien 60 landsknechte bedeuten [ſo auch flegel, zunächſt vom dreſchbauer]; Möſer 1, 18 (welchem Eichhorn privatr. § 157 p. 408 folgt) hat eine unſtatthafte etymologie von erbecht erſonnen; das richtige ſtehet ſchon im brem. wb. 1, 327.

gekorne oder geborne könige und die unmündigen gekorne oder geborne vormünder; es gab marken ohne vogt, wie altdeutfche volksftämme ohne könig. In diefen grundzügen fcheint mir die *markeinrichtung uralt* und durchaus nicht der öffentlichen nachgebildet, umgekehrt, was die freien märker in ihrem engen befang, das thaten eben darum die freien männer des volks im lande nach. Auch der könig in älteſter zeit war nicht eigner des landes, bloßer pfleger, richter, anführer; erft im verfolg warf er fich, wie der oberfte märker in den wäldern, zum ftrengern gebieter auf. Ift aber das hohe alter der marken keine täufchung, | fo verbürgt es zugleich den alterthümlichen 505 grund mancher rechtsgebräuche, die faft nur in fpät aufgefchriebnen markweisthümern erhalten worden find.

11. jeder theilhaber der mark, fcheint es, mufte zugleich in der gaumark, worin die waldung lag, privateigenthum befitzen, d. h. ein *gewerter, begüterter, angefeßner* mann fein, eigen feuer und rauch in der gemeinde haben: wer in der mark *gegutet* ift und eignen rauch hat; die in der mark wonhaftig find und eigen rauch darinnen haben. Rodheimer markw.; markenote, de in der marke fit unde *ware* befetten heft. Kindl. 3, 378 (a. 1335). Man unterfchied den *vulwarigen* (vollwerigen) von dem *halfwarigen*, den *vulfpennigen* (vollfpänner) von dem *halffpennigen*. Einzelne leute ohne haus und hof, *unwerige*, wurden nicht in gemeinfchaft gelaßen: auch wifen wir, daȥ der *einleftiger* kein recht enfal han in der marke, dan witer er gnade von den merkern hat. Bibrauer w.*) [Bei Kindlinger hörigk. p. 417 (a. 1340) heißen *ungewert lute*, *einluftige* folche, qui non habent nec tenent agriculturam in campis, de quibus decimam folvant.] Diefem privatvermögen war vermuthlich eine nach zeit und ort abweichende größe vorgezeichnet: wir wifen me, daß ein iglicher *gewerter* man, der gewert wil fin, der fal han *zwene* und *drißig morgen* wefen u.

*) die Schweinheimer mark zählte nach ihrem weisth. 42 weren: da wifeten die fcheffen daȥ *zwo und vierzig were* da fin, der mit namen XXI zu gehoren gein Sweinheim u. zum Goltftein u. ouch befaget u. beweret wart, daȥ der XV were gehorten zum Goltftein u. VI were dem Arberger gute u. I were Clas Schrimpfen von Sweinheim; fo gehorten die andern XXI were den von Niderrade u. zun guden luden.

eckir, eine hobeſtat u. uf die hobeſtat mag er bauwen hus u. ſchuren, bakhus, gaden und einen wenſchopp (wagenremiſe), ob er iȥ bedarf u. mag ſinen hof befreden *uß der marg*, als er ſich truhit dinne zu behalden; auch wiſen wir, das ein *gewert* man in ſime hofe mag han *zwei u. drißig* ſchafe u. ſal die triben vor ſinen rechten jarhirten; wir wiſen dem *gewerten* man, wan foleckern iſt, *zwei u. drißig* ſwine zu driben vor ſinen rechten jarhirten, wer iȥ aber nit foleckern, wie dan die merker zu rade wurden, alſo ſulde man iȥ halden. Bibrauer w. Das Riedweisth. bewilligt jedem nachbarn *zwanzig* ſchafe und ihre jungen, *vier* alte gänſe u. einen ganſer. [Nach Reichsmark § 12-39 war das markrecht abhängig von der *betimmerden ſalſtede*.] Oben ſ. 290 wurde dargethan, daß die theilnahme an freiem volksrecht überhaupt, alſo auch außer dem engeren markverhältnis, bedingt war durch grundeigenthum, deſſen minimum verſchiedenartig beſtimmt wurde. | [Das maß des grundbeſitzes beſtimmte daher auch den umfang der berechtigung an der mark: quicumque agrum aut colonicas tenent, ſecundum terrarum modum vel poſſeſſionis ſuae ratam ſic ſilvam inter ſe noverint dividendam. l. Burg. 67; ebenſo wurde darnach die anzahl der ſchweine berechnet, die zur maſt getrieben werden dürfen:
506 l. Viſig. VIII. 5, 2.] Merkwürdig iſt das maß in Weſtgothland *attunda lot attungs* (achter theil des achtels). Veſtg. kirk. 2, 1. iord. 9, 4. 5. bygd. 5, 4, weil es an die hube von ſieben ſchuhen und die ſcythiſchen *achtfüßler* (ſ. 291) erinnert, wer unter dieſem maß begütert war, hatte kein volles markrecht: ſi quis fundum in pago habeat et ſolidum in terra et pratum ſex vehum foeni et octavam partem octavae fundi, ... poteſtatem probandi habet diſtributionem partium agri et *ſilvae* et legitimae in ea lignorum caedis, prout partes poſſeſſionis ejus admittunt. ſi quis non plus poſſideat, quam octavam partem octavae fundi, non habet poteſtatem caedendi ſilvam, ſed folia ſolum et gramen et cremialia ligna. Veſtg. iord. 9, 4. 5 (nach Loccenius überſ.). [Der antheil der markgenoßen an der mark heißt ſcara: in ſilva, quae dicitur Puthem, *ſcaras* viginti octo, in villa Irmenlo in illa ſilva *ſcaras* ſexaginta, in villa Thri paſtus porcorum triginta quinque. Binterim p. 28 (a. 855). Bei Lang reg. 4, 165 (a. 1281) entſpricht die größe des antheils dem maße des

eigenbeſitzes: Iringo dicto Creſſe jus ſecandi ligna in hochheimenſi nemore non niſi de portione manſorum, quos ibidem poſſidet, adjudicatur. Die 64 ſchuppiſſen haben in holz und feld gleiches recht; die bloßen hofſtätten aber mögen die ſtöcke der abgehaunen holzſtumpfen heim nehmen. baut einer ein haus auf eine bloße hofſtätte, ſo erhält er ſechs ſtumpen zur ſteuer: wollt aber einer auf ein ſchuppis bauen, ſo ſoll man ihm 12 ſtumpen geben, dahin er dann bauen will. Tägerwyler öffn.]

12. eintheilung der bäume.

Edelſter baum der mark ſind *eiche**) und *buche*, weil ſie das beſte holz, dem vieh die reichſte maſt geben; ſie heißen *hartholz*, alle übrigen *weichholz*, vgl. marb. beitr. 5, 56. 59; hartholt: eken, eſchen, böken. weekholt: ellern, barken, haſeln. Rugian 97. 98; wekholt: elſen, berken, hageboken, widen, âne eken u. boeken. Kindl. 3, 383 (a. 1335); wohlgewachſner weicher baum. Sandweller göding (oben ſ. 105); [weicher buſch oben ſ. 93;] *hartira* eih, quercus. gl. monſ. 365; [*weiheih* ilex? Graff 1, 127. Hel. 165, 24 *hardes* bômes, agſ. beſchwörungsformel *hearde* beámas.] In den weſtph. marken wird für hartholz *blumware*, für weichholz geſagt *duſtware***). Möſer 1, 17. 18. Piper p. 160; cum una *warandia* dicta *florum* et tribus minutis *doſtwar*. Nieſert abth. 2 p. 125 (a. 1241); cum libera habitatione et plenum jus in noſtris et comitis juribus prope Nortbrokesmarke et aliis ſcilicet creſcentibus eine *bloemwar*, drie quateer *duſtwar*. ibid. p. 126 (a. 1249); [*duſtware*. Sudendorf p. 128;] mit einem weddewagen *duſtholtes*. Weſter-

*) agſ. *äcerſpranca* (agri ſtirps). Lye im ſuppl.; eine gewiſſe gattung eichen hieß *eisbäume*. marb. beitr. 5, 59; eichen von 80. 90. 100 jahren *oberbäume*, von 30-50 jahren *angehende*, noch jüngere *vorſtänder* und ſo ſtufenweiſe herunter *ſommerlatten* und *laſsreiſer*. ibid. 5, 60. In den franz. contumes wird die älteſte eiche genannt großvater, die alte vater: *perot*, chêne, quand il a deux aages de la coupe et *tayon*, quand il a les trois aages. cout. de Montroeul art. 56. d'Amiens art. 83. 119; cheſne, qui ſoit *tayon* ou *perot*, ceſt a ſavoir tayon de trois coppes et de trois aages. cout. de Boulenois art. 11.

**) über *ware* eine anm. unten buch IV. I, 7 [ſ. 603].

walder w.; *duft* bedeutet ſonſt ſtaub, was hier auf das kleine (minutum) unterholz, ſtrauchwerk, ſpäne und kehricht bezogen wird; | [auch altn. *duft* pulvis wird von den auf der erde liegenden abgefallnen äpfeln gebraucht: funa ok verda at *dufti.*
507 fornm. ſög. 11, 12;] *blume* bedeutet wahrſcheinlich hier die eßbare frucht (eicheln und eckern)*), vgl. [*blom-ekere.* Sudendorf p. 128,] die arbor *glandifera* major et minor, die arbores majores vel *glandiferae.* lex Viſig. VIII. 3, 1. 4, 27, [die arbores portantes et non portantes. Fantuzzi 6, 272 (a. 840),] das portat eſcam, portant fructum der lex Bajuv. 21, 2. 3 [22, 2. 3] (gegenſatz: de minutis ſilvis. 21, 3 [22, 3]) und das altn. *aldinbær* (glandifer, fructifer) von aldin: omnes arborum fructus edules, ſp. glans fagea; [die *frugifera* arbor bei Tacitus, die die virga für das zweigurtheil hergibt, iſt die eiche;] eine urk. von 1493. 1497: *fruchtber* und *ſlacholt* (wovon man früchte ſchlägt? [wohl das als brennholz gefällt wird]). Kindl. hörigk. p. 633. 638; [*bärenden* baum abhauen. Pupikofer nr. 78.] Niederrheiniſche und niederländiſche marken nennen das duſtholt oder weekholt *doufholt*, *doufhout.* Bondam 1, 545^b (gegenſatz hardhout), Kilian erklärt doofhout lignum carioſum; de jure foreſtariorum nemoris dicunt ſcabini, quod foreſtarii jurati ligna, quae in vulgo vocantur *doufhout*, ſecare poſſunt de jure in nemore, quantum comburere poſſunt in feodo ipſorum. w. van Sueſteren; *doufholz* und berrunge, birrunge, beringe. Ritz 1, 134. 135. 136. 149. [Vgl. noch *eichenware*, *erlenware.* Sudendorf oſn. urk. p. 47; portio lignorum quam vocant *wara.* Erhard 2, 92. 144; *ſtufholt.* Sandw. urth. § 49.] In den ſchwed. geſetzen heißt unfruchtbares holz (was nicht eiche und buche) *gallvid.* Oſtg. bygn. 31 und *dödvid.* Upl. vidherb. 14, d. i. taubes und todtes[1]), *undirvid.* Veſtg. iord. 9, 5 kleines buſchwerk und reiſich; womit das mhd. *urholz* ſtimmt: de arboribus quae fructiferae non ſunt, quae in vulgari *urholz* appellantur. Fichard 2, 90 (a. 1193); *ohrholz*, unfruchtbare bäume, z. b. birken, eſpen. Lennep p. 500 (a. 1539). Eine alam. urk. von 905, bei

---

*) etwas anders iſt in Oberdeutſchland *blumebeſuch* (hernach nr. 14).

[1]) [wie franz. *mortbois* toutes ſortes de bois hormis le chêne et le foug. cout. de Metz 14, 13.]

Neug. nr. 653 nennt *fterilia* et *jacentia* ligna, die lex Burg. 28, 1 ligna *jacentiva* et *arbores fine fructu;* vgl. oben f. 404 urholz und *ligendes.* [*underholt.* Kindlinger 37, 69 (a. 1502) civibus noftris licet in gracia deducere *legede* et *uneholt* de marka Brenken. Wigand arch. III. 3, 32 (a. 1310).]

Holz, das *der wind gefällt* und gebrochen hat, kommt unter folgenden namen vor: *gefäll*, *wintfall*, wintwerf, windbläfe, windfchläge, windbrüchte, windbrüde, windwehung, windbraken, winddürres, windbläfiges holz; es heißt auch bloß wetterfchlag, fturmwetter. Wenn es mehr kleine abgefchlagne dürre äfte find oder fpäne, die beim hauen der ftämme liegen bleiben: *afterfchläge*, *afterzagel*, *zagel*)*, *zeil*, *zagelholz*, *abholz*, *endholz*, *fprokware*[1], *gipfel* und *wipfel*, *ftecken;* [altn. *lág*, trê þat er fellr î fkôgi. Sn. 157.]

13. *holzverbrauch* in der mark. 508

*a.* jeder volle markgenoße hat freies holz für *brand* und *bau.* Bodm. p. 478. [Die merker follen holz gebrauchen *fonder fchaufel* und *hauen* i. e. quovis modo nifi per plenariam devaftationem. Gärteshecken w.; *meißhau* (von meiȥan) heißt das recht, mit der axt oder dem gertel in den wald zu gehen. Stalder 2, 206; unam fecurem in forefto habere. notizenbl. 6, 239.] In Weftgothland durften aber die geringeren grundbefitzer (vorhin f. 506) nur laub, dürres reifich und abfall nehmen: tha a han ei vitu til fkogs utan til löfs ok lök ok undervidhu hugga. iord. 9, 5; in Weftphalen find einzelne genoßen nur zur blomware, andere nur zur duftware gewert, jene heißen blomwarige, diefe duftwarige. Speller wolde ord., vgl. Möfer 1, 17, [auch Kindlinger 2 p. 3: in filva domini jus habent caedendi omne lignum *praeter quercum et fagum.*] Ich weiß nicht, ob das verbot, *grüne* blumware zu hauen in der f. 82 angeführten Oftbeverner formel allgemein alle markgenoßen aus-

---

*) und mag man hauwen biß an den Goltftein, das der *zagil* in den grabin fallit. Sweinheimer vogtsr.

[1] [fprokwahr des vervallen holzes. Ofterwalder markenprot.; et ligna dicta vulgo ficut mos eft ftock et fprock. Kindlinger 37, 126 (a. 1316).]

ſchließen ſoll oder nur einzelne (die dieſſeits der Ah)? Erbäxte,
förſter, markmeiſter, holzgrafen, vögte und ihre beamten haben
höhere anſprüche. Kein holz ſoll jedoch aus der mark geführt
und verkauft werden: item der merker hat auch geweiſt, hätte
ein merker holz gehauen u. woll das unterſtehen aus der mark
zu führen und daß er dan die *deiſſel zum fallardhor ußkere,*
ſo ſei er brüchig vor 5 mark, ſo oft das geſchehe. Foſſen-
helder w.

*β.* über *bauholz.* [Si habin ouch daʒ recht, wenn ir
dheiner *bewholzs* bedarf, der ſal *mit hanginden henden* gehin
vor den ubirſten vorſter, daʒ iſt in ieder hende ein hun u. einen
ſchilling pfenge in der andern hant, ſo ſal er huwen wes er
bedarf zu ſime gebuwė. Hornii vita Frider. bellic. p. 668
(a. 1384).] Auch haben die merker ſolche freiheiten und rechte,
daß ſie mögen hauen zu ihrem bauen *zwei theil* des holzes
hinder dem berg und das *drittheil* hier vorwärts. Altenhaſl. w.;
wir wiſen auch, welch merker buwen wil, der ſal laub bidden.
gibit man ime laube, ſo mag er zu walde gen u. mag hauwen
buweholze, alſo daʒ iß zimmerlich ſi u. ſal iʒ *binne eim mande*
nider hauwen, *binne eim mande* ußfaren, *binne eim mande* uf-
ſlahen u. *binne einre jarfriſt* decken, wer daʒ nit endede, der
hette der merker recht gebrochen. Bibrauer w.; item, es liegen
dri holzer da, die gehören zu dem obg. dorfe u. guten zu Zelle
u. ſonſt in kein andere mark, mit namen die Hart, das ander
das Urlos u. das dritte der Corelnberg, und wo man einem
*buholz* daruß gebe, der ſoll es darnach in den nechſten *vierzehen
tagen* verbuen oder ſoll das ungefehrlichen büßen. Zeller w.
Das Speller wolde ordel verwilligt holz für *twe fak* huiſes (zwei
geſächer); das Oſterwalder markprotoc., wenn ein markgenoße
verunglückt und im krieg abgebrennt iſt: dem ſollen die mahel-
lude u. holtknechte ſo viel holtes wiſen, dat he *ver vak* huiſes
u. ein kemerken wedder bouwen kann; vgl. das vorhin ſ. 505
angezogne Bibrauer w. *Nothholz* und *ſchwellen* wurden nicht
509 geweigert. Nach | dem Dreieicher wildbann darf der hübner aus
dem holz haus und hof bauen, in der noth ſie verkaufen und
von neuem bauen: u. ſol das zwirnt thun, zu dem drittenmal
ſoll der hübner ein *ſchwell* hauen, da ein thor ufgehe und ſoll
das ander (?holz) in der erden ſtecken und ein erlin firſtbalke

uf zwo ſeulen. Nach dem Büdinger w. ſoll ein ieglich geforſt man hauen zu ſeinem ſedelhaus vier *ſchwellen*, vier pfeden (? niederd. paat, junger weidenſtamm), zwei firſtſeule u. einen firſtbalken, welcherlei ſie wollen und was er drüber darf von poſten u. von banden, die ſoll er hauen aus den zeilen u. von urholz; [die *vier ſchwellen ſchrenken* heißt ſo viel wie bauen. Dornſtetter w.] Ein protocoll von 1620 bei Dahl Lorſch p. 65 ordnet, das *ſtammrecht* (vgl. hernach ſ. 511) ſolle aufhören, nothhölzer und ſchwellen aber den leuten umſonſt geliefert werden. Ich bin unſicher, ob die nachfolgenden auszüge über bauholz reines markrecht oder ſchon mehr hofrecht enthalten: item alle, die zu Peitigo ſitzent, die mugent wol holz hauen, wes ſi ſein durfen, *daß der told felt* gen Preiſenberg an den purkgraben. Peitigauer ehehaft § 35; die huber, die uf dem eigen ſitzen, hant reht in dem walt, wer bowen wil, zu howende zu eime huſe *fünf* große *böme*, zu einer ſchüren alſe vil, zu eime ſchopfe drige *böme*, zu eime korbe (? in der müle) eine ſüle, zu einre mulen einen wendelbom u. zwene grundböme. Capeller dingrotul; welcher einen bau machet, der einen giebel hat, der ſoll davon einen bauſchilling geben dem förſter u. wer einen backofen macht u. darzu holz hauet zu eiden (dachſparren) u. einen ſchoppen daruber macht, der keinen giebel hat, der ſol einen halben ſchilling geben. Kirburger w.; [item libere liceat cuivis homini civitatis ipſius opus habenti in ſilvis ipſis ſecare *tres arbores* ad torcular. Schöpflin nr. 698 (a. 1275);] item dicimus, quod dom. abbas debet dare unicuique oppidano novam domum aedificanti 7 ligna, ad horreum novum 4 ligna et ad reſtaurationem veteris domus 3 ligna. Steiner Seligenſtadt p. 585 (a. 1329); volenti aedificare domum novam *ſeptem* ligna, horreum novum *quinque* ligna, ad reſtaurationem veteris domus *tria* ligna abbas gratis dabit. atteſtatio jurium monaſterii in Seligenſtatt a. 1293 (Weinkens Eginhartus p. 118-124), vgl. Kindl. hörigk. p. 421 (a. 1339), wo auch nur vier ligna zur ſcheuer*). Gehauenes bauholz ſollte der märker *binnen* | *jahres-* 510

*) wegen dieſes aus der mark bezognen bauholzes ſteht den märkern *aufſicht über die erbauten häuſer* zu, daß ſie gehörig unter dach und fach erhalten werden: die förſter rüegen alle *lücken auf dächern*, dadurch

*frift* verarbeiten, f. Bibrauer w. (f. 508), innerhalb *einem jahr* u. *einem tag* verbauen, Hofftetter w. und nicht länger unberührt im wald laßen, aber er durfte es *umwenden* und dann wieder ohne gefahr *liegen laßen:* wer das angewiefene bauholz nicht verbaut über die beftimmte zeit, kann es umwenden auf die ander feiten u. dann wieder fo lang liegen laßen. Altenftatter w.; auch were es, daß derfelbe man das holz in einem jahre nicht verbauet, fo er dan dasfelbe holz *eins im jahre umbgewandt*, fo fol man ihn nicht büßen. Altenhafl. w. (a. 1461); wer bauholz abhauet u. in einem jahr nichts verbauen kann, dem foll man es ein ander jahr fchützen, er foll aber folches *einmahl im jahr umbwenden* oder geftraft werden bei verluft des holzes. Altenhafl. w. (a. 1570); [verbaut ers nicht, fo follen denfelbigen unfer gn. h. und ein erbares gericht zu ftrafen haben alle 14 tag und fo lang bis er den bau vollbringe. Hofftetter w.;] merkwürdige einftimmung mit dem norwegifchen gefetz: timbr oc fiallvidr mâ *liggia*, ef þefs þarf vid, *innan tôlf mânada* i allmenningi; enn ef vidr fâ verdr tekinn innan tôlf mânada, er âđr var fcilt at liggia mâtti, þâ fekizt fâ er tôk fex aurom filfrs vid konong. Gulaþ. p. 455. 456. Eigenthümlich ift die f. 59 nr. 28 mitgetheilte auskunft über das *liegenlaßen* des gefpänten holzes.

γ. *brennholz* und was zu andern zwecken gefällt ift muß hingegen fofort aus dem wald gefchafft werden. Enn um allt annat, þâ fê þat eina i höggit at or komi *at aptni*, ella fê öllom iam heimölt. Gulaþ. p. 455; und was er den tag gemacht, das foll er *des abends* auf feinem hals heraustragen. Büdinger w. Auch beim hauen des buchenholzes zur feuerung die bekannte vorfchrift für das *ftehen* und *reichen* (oben f. 71 nr. 18[b]). *Eldividr* (feuerholz) im gemeinwald ift jedermann zu hauen befugt.

---

es auf poften, balken, riegel, kepper, huinen regnet u. zählen fie in häufern u. fcheunen. doch nicht an freihäufern; folche freiheit haben alle bäue, fo nit aus des kirchfpiels *gemeinem wald*, fondern aus des manns eignem gehölz u. baumen, fo in feinen eignen hecken gewachfen fein, gehauen worden. Winden und Weinährer w. Seltfame formel des Hofftetter w. oben f. 93; vgl. Reinhard de jure foreft. p. 167: vifitatio aedium intra marcam fitarum.

Gulaþ. p. 369, und ſo viel, als er für ſeine hausleute bedarf (vida at hiuna tali), nach dem rechtsſpruch: þviat hiun þurfa eldíngar enn eigi iörd. Gulaþ. p. 358. Die weisthümer beſtimmen aber zuweilen, wie viel: auch han ſie gewiſet ieder were (jedem gewerten märker) VIII fuder holzes, die ſullen die | ſcheffen ſchetzen, daʒ ſie als gut ſullen ſin als XII fuder holzes, 511
der man ie einen mit *IV noßern* gefuren moge u. ieder were LXXX gebunde phele, und ſulle iglich holz u. phale *ein ſtam* ſin und keins me dan eins in zwei gehauwen und ſulle man die ungebunden heruß füren und die afterſlege laßen liegen. Sweinheimer w.; mit einem weddewagen duſtholtes tor vüringe, des tages ein voder und die *rungen* nicht hoher to ſein, dan die rhader. Weſterwalder w. (a. 1530); und ſoll auch der hubner . . . hawen einen baum, der ungekerbt in die *rung* gehe. Lorſcher w. (a. 1423); in des gerichts waldung haben die inwohner des ziegelhauſes die gerechtigkeit im wald, daß ſie mit einer *handheppen* hauen u. auf dem reff heraustragen dorfen. Altenhaſl. w. (a. 1570); þriu löſs vidar oc tvâ ſcaps (drei laſt holz und zwei laſt reiſich). Gulaþ. p. 344. Beſtimmung über das laden des *rechholzes* oben ſ. 93. Tali uſu ſilvatico, ut, qui illic ſedent, ſterilia et jacentia ligna licenter colligant. Neug. nr. 653. [Das brennholz wird jährlich *angewieſen*, *gegeben*, daher heißt es *gabe;* einer hat eine, der andere zwei oder drei gaben. Holthuſer hölting § 14; die *ſommergabe* wird im april gegeben und vor Johannis gehauen; die *wintergabe* wird auf Martini gegeben und vor Chriſtag gehauen. ibid. § 15. 16. Der zu brennholz angewieſne baum heißt in Weſtphalen die *brandboeke.*]

*δ. vorrechte.* Wann keine maſt iſt gebühren dem *holzgreven* zwen bäume, einer *bei laube*, einer *bei reiſe;* zu maſtzeiten gebührt ihm nur allein ein baum, doch ſoll er ausſuchen. Gümmerwalder holzgeding (a. 1674); [dem holzgreven gewiſet den overſten ſtoel, den witſten beker, einen koelhop to rechte und einen up gnaden, ſeine eigen upgetogen trochſweine und ſeine ſchultſchweine binnen landes und ſo vern ſeine lude de in erer maſt nicht vett maken konnen, den der den pennink alles vervalls, den andern den gemeinen markgenoten, de vorderſten ſchulderen eines verbiſterden ſweines, de *ſprokwar des vervallen* *holzes.* Ofterwalder prot., vgl. Wefterwalder w. (a. 1530); gefragt: was die holten dem haufe Equord auf dem walde geftändig? eingebracht: ein fchock fchweine mit einem kempen, die follen ein fleifchmahl haben und auf eigener dehl gezogen fein. auch erkennen demfelben zu nothdürftige *feuerung* nachbarsgleich, und wann der eine wagen hineinfährt, foll der andere von des haufes brücke erft hinaus fahren, der eine frei, der andere aber, wenn widerlich gehandelt, auf ein pfand. Hämeler holzger. prot. § 10;] dem clofter fint zu erkant jährlich zwei bäume, 1 *bei loffe* und 1 *bei riefe* u. die telgen und fpone müßen fie zu der ftelle laßen. Großenmünzeler holzger.; [ihrem holtgreven geftehen die holten des jahrs vier bäume, zwei *in reife* und zwei *in laube.* Hämeler holzger. prot. § 29; ein herr, der in der mark holz hauen läßt, foll den ftamm dritthalb fchuh über der erden hauen und alsdann *14 fchuh* lang nehmen, das übrige gehört als urholz den märkern. Carber w. § 3, vgl. § 5 über axthelm vorfchlagen. Cuftos nemoris nihil juris habet in camerali nemore, nifi ceciderit ibi arbor, aut a vento aut aliquo modo per fe; tunc *feptem pedes* in groffiori parte pertinent ad abbatem, reliquum eft cuftodis. Mauermünfterer w.] Der *abt* hat zu nehmen einen wagen mit *vier rädern* und zu ieglichem rad einen knecht und *vier ungezäumter füllen* und mag fahren in der Sulzbacher forft u. foll laden *fchwer und viel* (vgl. fchwer und ful, oben f. 93), doch als dick er bleibt halten, fo hat er die buß verloren. Solzbacher w.; item ift ein hof gelegen zu Petterweil, der ift vor zeiten gewefen eines *apts* von Fulda u. hat recht in der marke ein iegliche wochen auf zwen tage mit einem wagen holz zu holen, *under der hanbuchen* u. anders nirgend. Rodheimer w.*); auch wifeten fie .... gauch gukte und nit lenger (oben

*) aber nicht einmal eine ruthe von hartholz hauen durfte des *abts* von Prüm diener in der Goarer mark: erkennet man dem abt von Prüm, ob es fach wäre, daß er käme geritten durch S. Goars wälde, fo möchte fein fäumerknechte einer eine ruthe hauen, die *weder eichen noch buchen wäre*, und feinen fäumer damit treiben. S. Goarer w. (a. 1640) § 12. [Wat vor recht hebben die papen van Derneburg up den vorholte? antwort: wenn fe in fommerdagen overt holt riet, fo drövet fe fek *enen quaft afbreken* und damidde de fleigen afwehren; wenn fe avers ut den

ſ. 36) und da ſulde der *apt* VI tage vorhauwen mit VI knechten mit *exen* oder *hepen* und daȥ auch zu ſlode | uf hauwen u. 512
darnach ein *herre* von Eppinſtein auch VI tage bevor in ſolicher maße und wilchen tag einer daȥ ſumete, ſo ſulde er daȥ den andern tag nit erholen. Sweinheimer w.; darnach fragete der *amptman*, waȥ ime u. eime iclichen amptmanne zu gehorte zu den drin gerichten von rechts wegen? da deilte der ſcheffin, drü ding fuder holzes die ſal der amptman hauwen zu iedem gericht dri tage ie ein fuder holzes in den welden, die hauwenlichen ſin, die zu dem gerichte horent, ieder wain mit *vier ackerpferden*, als ſi den pflug ziehen u. gezogen han. wanne der wain geladen iſt, ſo ſal her anefarn u. anetriben *eines, zwirnt*, blibet her zu dem *drittenmale* halden u. mag nit furbaȥ gefarn, ſo ſin *waine* u. *perde verlorn**) u. ſin der nachgebore u. der gemeine. auch hant die ſcheffen geteilet, wan der amptman daȥ holz wil hauwen, ſo ſal der *merkermeiſter* derbi ſin, mochte der nit derbi geſin, ſo ſal her ſine gewalt derbi ſenden und ſchicken, und waȥ *blibet ligen von eſten*, wer darzu komet der nachgebure, die han dazu recht; auch han ſi gewiſet, wan her ane tribit zu dem *drittenmale* und fert für ſich glich uȥ u. nit behalt mit den vier perden u. komit in die vier geleiſe des riches (d. i. aus der mark heraus), ſo mag her halden u. mag furſpannen als vil perde als her wil u. gehaben mag; dut her das nit und ledet abe u. lichtet den perden, waȥ her abe wirfet, daȥ iſt der nachgebure u. ſin niht. Berger w.; anderwerbe zu iglichen den drien faudesgerichten ſi den *ſcheffen* ſchuldig der herren ſchultheiß zwene wagen holzes zu füren, der ſal *einer grüne* ſin unde *der ander wintdürre*. Crotzenburger w.; auch theilen wir den herrn von Groſchlag, nach unſerm herrn von Hanau, *oberſten märker*, der hat jährlich zu weinachten mit

---

holte komet, mötet ſe ön van ſek ſmiten un drövet ön nicht mit ſek nehmen. Vorholter markdingsprot. (mitgeth. von Hammerſtein). Was die holten dem paſtori zu Sievershauſen vor gerechtigkeiten geſtändig? eingebracht: *was die krähe vom baume tritt* und mit der halben barte. wenn er zu holze ziehet, ſoll er, ein zeitbuch (i. e. horas) am gürtel tragend, vor dem wagen hergehen, ſollte er aber nicht ſo befunden werden, iſt er pfandbar. Hämeler holzger. prot. § 16.]

*) vgl. oben ſ. 185. 186.

ſeinen landſiedelen zu holen ein weinachtholz. w. bei Meichſner 2, 933; iſt der *oberſte märkermeiſter* in der mark geſeßen, ſo ſoll man ihme geben alle wochen ein trockenen wagen voll holz, urholz. Altenſtetter w.; ein *geforſter* brödeman mag hauen ein *buchen*, die *hol* iſt, als fern als er von der erden mit ſeiner axt gereichen mag und mag hauen ein buchen, die *zwene grüne eſte* hat u. *anders dürre* iſt. Büdinger w.; item, of et geſelle, dat einen *ſchulten* des von nöthen were, ſo mag hei in
513 dat Konigſundern ſo | vele unſchädliches holtes hauen u. verkopen, dair hei ein *verdel* of ten hogſten ein *half vat botteren* vor ſine geſinde mede kopen mag und niet mehr. Brakeler gerechtigk. Dieſe letztere beſtimmung leſe ich auch in dem Loener hofrecht (ed. Nieſert p. 109): hie (de hofman) mach houwen tot behoef ſines timmers ende to behoef ein ſchepel ſaetes eder ein *vierden deil botteren* tkopen.

ε. wem gehört der *windfall?*

Dem *förſter* gehören von amtswegen gipfel, wintfäll und *was die rinde läßt*, dürres und grünes, das *dann* (nieder) *gelegen* iſt (die ligna *jacentia*, *jacentiva* ſ. 507). MB. 17, 368 (a. 1482); item die *forſter* habent die recht, was afterſleg iſt, die ſullen ſie ſelbe auswurken mit der hant und was ſturmwetter oder wintwerf iſt, die gehornt an das *gotteshaus*. Altenmünſterer vogtr.; den *förſtern* gehöret doufhout u. watertelgen (oben ſ. 71 nr. 19); item, ſwetig paum, die nit gut ſint zu einem zimmer oder türre päum oder apfterſleg oder wintwerfen, die der forſter nit auswirken wil mit der hant, dieſelben päum ſullen die *purger in der mark* hacken zu prenholz, ob ſie des bedurfen. Altenmünſterer vogtr.; item, wann ein windwehung oder groß gefell im walde geſchähe, ſoll ieglich *markmeiſter* ein wagen mit holz haben, das ander der *mark* zu gut kommen. Bellersheimer markgeding; was die buttner u. ſchindelmacher von afterzegel machen, ſoll man zu klafter hauben u. den *unterthanen* geben. Benshauſer holzordn. 1569; und ſollen die Sunnern auf S. Stephansabend zween wagen mit holz windſchlege holen u. ſollen ihre wagen iſenbeißel (beile) und ſchlägel mitbringen und finden ſie der windſchläg nit, ſo ſollen ſie unholz (? urholz) hauen, *als andere merkere*. Banſcheuer w.; der windfall im wald ſteht

an manchen orten dem *pfarrer* zu, der dafür dem ſchulz und
ſchöffen auf Martini den tiſch decken, ein weiß und rockenbrot
auflegen und den pferden rauhfutter geben muß. Cramer wezl.
nebenſt. 5, 123; da die wind holt umweiede, das zur zimmerunge
müge, dasſelbe mogen die beſitzer des hauſes Söglen als *holz-
greve* zu ſich nehmen und gebrauchen. was aber von holz
niedergefallen, ſo zur zimmerunge nicht müge, wer von den
*markgenoßen* ſolches ehr gefunden u. zeichnet, der ſoll es
mächtig ſein. Sögler holzgeding; wem die windbrüchte in der
mark zufallen? | reſp. was mit der wurzel umbgewehet, gehöre 514
denen *holzgraven*, was aber oben abgeſchlagen, den *mahlleuten.*
Jegger mark § 10; wem die markgenoßen die wintbrüde, ſo ſich
zutrügen, geſtändig? eingebracht: wenn ein baum mit der
wurzel uß der erden umbweie, gehöre der baum dem *holzgreven,*
der pott aber den *markgenoßen.* Geyener holzger. § 9 p. 108;
item dicunt ſcabini quod ramos, qui per impetum venti deji-
ciuntur, qui wintbraken appellantur, tollere poſſunt, in feodo
ipſorum comburere et non vendere. Sueſterner w. [Oft iſt die
waldgerechtigkeit auf leſeholz beſchränkt; gefragt: was die holten
denen von Schwichelds leuten, deren 12 zu Sievershauſen, für
gerechtigkeit auf dem Hämeler walde geſtändig? eingebracht:
gahr nichts allein einen tag in der woche, als des freitages,
*leſcholz*, nicht größer als eines daumes dicke und müßen weder
axten noch barten oder meſſer bei ſich haben, und müßen des
jahrs einen körtling geben darum daß ſie ſich vor unholten auf
dem Hämeler walde bekennen. Hämeler holzger. prot. § 15;
gefragt: was denen von Lütken Solſchen für gerechtigkeit auf
dem Hämeler walde zuſtändig ſei? eingebracht: nichts als *leſe-
holz* und dieſelben ſollen keine axte, barte oder meſſer bei ſich
haben, ſondern das leſeholz in ſtrohernen ſeilbändern weg-
bringen. ibid. § 23.] Endlich darf der markgenoß auch für
ſeine *kindbetterin* urholz und liegendes holen (oben ſ. 403. 404).

ζ. verhältnis der *ausmärker* oder der *fremden.*

Die Burgunden geſtatteten jedermann, weichholz oder duft-
ware für ſein bedürfnis in dem wald eines andern zu *hauen,*
nicht aber hartholz oder blumware: ſi quis Burgundio aut
Romanus ſilvam non habeat, incidendi ligna ad uſus ſuos de

*jacentivis* et *ſine fructu arboribus* in cujuslibet ſilva habeat liberam poteſtatem. neque ab illo cujus ſilva eſt repellatur. ſi quis vero arborem *fructiferam* in aliena ſilva non permittente domino fortaſſe inciderit, per ſingulas arbores, quas incidit, ſingulos ſolidos domino ſilvae inferat. quod etiam de pinis et abietibus praecipimus cuſtodiri. l. Burg. 28, 1. 2. Was der privateigenthümer duldete, ließen ſich die markgenoßen in jener zeit der dichten wälder wohl noch eher gefallen. Lautet ja ein viel ſpäterer ſpruch:

dem rîchen walt lützel ſchadet,
ob ſich ein man mit holze ladet. Freiged. 1807 [Freid. 42, 27]. Dürren *abfall* und *afterſchlag*, eine *ſaumlaſt leſeholz* bewilligen urkunden (Haltaus 1261) und auch die weisthümer dem ausmärker (oben ſ. 70 nr. 16), einige ſogar *hartes holz*, er muſte es nur offen *bei lichtem tage hauen*, ruhig aufladen und abfahren, gehauen liegendes holz durfte nicht ungeſtraft weggebracht werden. Die merkwürdige alte formel iſt ſchon oben ſ. 47 ausgehoben; ich füge ſie hier auch noch aus dem Fiſchbacher w. hinzu: wird einer im wald über holzhauen betroffen, ſo ſoll er beiden herrn (dem pfalzgrafen und abt von Hornbach) 5 ſchill. 2 pf. ſtrafe zahlen, doch wenn er während dem hauen *ruft*, während dem laden *peitſcht*[1]) und dann unentdeckt *von der ſtelle fährt*, ſoll ihm die buße erlaßen ſein. Auf der ſtelle ſelbſt konnte er noch gepfändet werden, nicht wann er *an-*
515 *gefahren* war; dies erkennt | das Sulzbacher w. ganz deutlich: weil auch die mark an andere märker ſtoßet, wer es denn ſach daß die ſchützen ausmärker finden, die in der mark uf dem ſcheidewege gehauen u. das holz aus der mark genommen hetten, ſo ſollen ſie *pferde* und *reder des wagens*, *die gegen der mark ſtünden*, nehmen und gen Sulzbach unter die linden führen u. darauf trinken. wann aber die ſchützen kommen, als der ausmärker *angefahren* hat u. der *hinterſte wage kommt*, *da der forderſte geſtanden hat* (vgl. oben ſ. 347), ſo ſollen ihn die ſchützen nicht pfänden, aus urſach: (die formel). Das Melrichſtädter fährt nach anführung der formel weiter fort: ſo er komt über die ſtraß, mag er ihme ein pfand geben oder laßen; führet

[1]) [ſcheint misverſtanden aus *peitet*, *beitet* (wartet)].

aber einer in einem *gehauen holz* (gegenſatz zum gehegten wald) und komt der des (es) iſt, mag er *nachfolgen bis hindern herde* u. im wege, wie er will, doch ſoll er wißen, daß das gehauet holz ſein ſei. Das Hernbreitinger: mer, ſo einer iemants holz, ſo abgehauen, entpfrembdt u. hinweg führt oder trägt, ob man es für ein dieberei? oder aber glich als viel, als ob er es von dem ſtamme gehauen rechen ſolle? (hierauf die formel) urteil: gehauen holz genommen iſt ein dieberei, das ungehauen, wie vorſtet (d. i. nach der formel), aber *hufholz*, das einem auf ſeinem erb (auf ſeiner eignen hube) gewachſen iſt, dem mag einer *nachfolgen bis in eines andern hof.* [Das Dietzer w.: item haint die amplute dem landman geſtalt, ſo wo ein man in einen wald fore in der graveſchaft u. *holz da inne hübe, bi deme dage,* und er das enweg forte in ein ander marke, was der darumb gebrochen habe? daruf hat der landman gewiſet: *wan er heuwet, ſo ruft er, wan er ledit, ſo beidet er* u. wan er uß der mark kompt in ein ander, ſo eniſt er nit pandtbar.]

Allein dieſe freigebigkeit zeigt ſich nicht in allen marken, namentlich nicht in den weſtphäliſchen, welche nachfolge, pfändung und ſtrafe wie bei privatwäldern verordneten. Ich führe zuvor die verfügung der lex Viſig. VIII. 3, 8 an: ſi quis aliquem comprehenderit, dum de *ſilva ſua* cum vehiculo vadit, et *circulos ad cupas* aut *quaecunque ligna* ſine domini juſſione aut permiſſione aſportare praeſumpſerit, et *boves* et *vehiculum* alienae ſilvae praeſumptor amittat et quae dominus ſilvae cum fure aut violento comprehenderit indubitanter obtineat. Soe wanner iemantz unberechtiget ut ſinen huſe umb *bloemholt* to hauwen geit, vorbört he *van ideren tredde, bis he uf den ſtam kumt*, vif ſchillinge und wanner he dat holt gehouwen heft und daraver befunden werd, mag der befinder dem ſelven houwer *ſine rechter hand uf den ſtam leggen u. afhouwen* oder he mote handloſunge doen u. ſo he uf der daet nicht befunden wurde, ſo *manigen tredde*, als he | tuiſchen ſinen huſe u. den ſtamme 516
wedder *to rugge geit*, ſo mannichmal broeke he dem herren vif mark u. den woltmarken van den bloemholte eine tunne beers. Linger bauerſprache. Zwei ähnliche ſtellen oben ſ. 105 nr. 3. 1554 wurde im Alberger holtding über einen, der als *unbewahrter mann*, eine *eiche* gehauen hatte erkannt: derhalven

ſall he den holtrichter, u. nicht der hoicheit, gebroken hebben einen *olden ſchild**) u. den buren eine tunne beers u. dit allent nach olden gebruik u. markenrechte. Kindl. 2, 382. Item, es mogen de Nortruppermenne ſambt u. beſonders dem holte oder ſunſten anders wes, ſo ut erer marke gehouwen u. entforet wert, na holtinges recht, *bi der dridden ſonnen folgen* und dar ſe ſulchs befinden, up ein recht penden. Nortrupper markged. § 9. Item ſoe wie befonden wort met *groenen hout* in der marken gehouwen, is IV pont. item ſal die boſchhierde hem dat groene holt nemen end wroegen hem op der Lottinge mit der broeke voerſz. end wolde hy oek des to *markenrecht* ſtaen, zal men hem *markrecht* laten wedervaren. merkenr. van Dieren. Die ſchwerſte ſtrafe trifft den bei *nächtlicher weile* hauenden: meer, weer ſake, dat men wen vunde *nachtweiſe bloomwaere* to hauwen, den geenen, alſo befunden, ſall men medenehmen und den *ſtam*, daer he an gehauwen heft, u. brengen den man u. ſtam under die linde te Spelle und *hauwen den hauwer op den ſtamme ſein havet af* bi enem blaſe (auf einen hieb? einen athemzug?). Spellerwolde ordele. Folgende weisthümer ſind aus anderer gegend: daß die merker iren ußmerker, der holz gehauwen hette in der mark, daß ſie deme *nachfolgen* mögen *als ferre die graveſchaft* (Diez) *gehet* u. bliebe da iemands tod, daß ſie den nicht wettebrüchig ſullen ſein. Kaltenholzhauſer w.; wäre es ſach, daß ein *ausmann* auf der that betreten würde, der hätte *verloren wagen* u. *pferd.* Obercleener w.; *ausmärker*, die der mark ſchaden thun, darf der märker greifen u. fahen u. mag ihnen *nachfolgen* zu Main u. zu Rhein. Dieburger w.; item weiſen die märker, ob ein *ausmärker* hiebe in der marke Rodheim, daß man dem mag *nachfolgen* bis uf den Rhein u. bis uf
517 den Heſſenfurt, und ſo man in begreift, ſo | hette er verloren ein *helbeling* und *zwanzig pfund* u. dazu *wagen* u. *pferde*, die pferde weren der märker und der wagen der förſter. Rodheimer markerged.; queme aber he uf eine *ſleifen**), da man den wald usgefürt hette, der *ſleifen* mag he *nachfolgen* bis an

---

*) eine geldmünze, vgl. Kindl. 2, 383 pene van vif olde ſchilde.

**) enger weg zum ſchleifen des holzes? (vgl. oben ſ. 368) oder vielmehr die traha ſelbſt?

die porten der vier riches ſtette (in der Wetterau: Frankfurt, Wezlar, Friedberg, Gelnhauſen), und hette he ſchedelich gehauwen, ſo mugen ſie in pfenden, was uʒwendig der pforten were. Büdinger w.; item hat der merker vor ein recht geweiſt, das man den *ſtemmen* und *ſchleifen* uß der mark *nachfolgen* ſoll und was merker beſtimmen mögen ſoll er ruegen und wer es zu Limburg an der ſtadt uf der brücken. Foſſenhelder w.; ein ausmärker, der ein *aichenſtamm* freventlich abhauet, ſoll geben 10 pf. heller. ein inmärker, der ein ſtamm freventlich abhauet, ſoll geben 5 pf. heller. ein ſtamm, *den man tragen kann*, 5 ſchilling. ein aſt, der grün iſt, 3 ſch., ein dorr aſt 1 tornes, ein gebund gerten 3 alb., ein gebund wiede 1 tornes, ein gebund grünholz 1 tornes, ein gehegt gebund dorr holz zwölf pfenning. Bellersheimer merkergeding; auch hat der marker geweiſt, wer *endholz* hauet, der ſol der märker gnad erwerben. Kirburger w.; [nimmet einer holz bi tage oder bi nacht in dem walde, kommet der forſter und vindet en in dem walde, her vorleuſet pferd und alles das her bi im hat und nimmet en mit dem halſe. kommet er aber us dem walde uf eines andern herren grenitz, her mag im nicht angehaben mit rechte. worumme wenne her hat gehowen offentlich und hat ſein pferd u. ſin gut gewaget. Böhme 2, 26; wär es ſach, daß ein förſter einem alſo gram wäre, den er erwiſchet, daß er ihm nicht wolte zukoſen, ſo ſoll der förſter klopfen wider den ſtumpf und ſprechen: hierumb muß ich dich rugen. Altenſtatter w.; ſi in eodem camerali nemore arbor noviter abſciſa fuerit et hoc in trunco apparuerit, ſi cuſtos abliſorem non prodiderit, ipſe reus erit. ſi autem per veſtigia eum reppererit, etiam in domo ſua ei pignus accipiet. Mauermünſterer w.] Aus Sudhermannalagh bygn. 15 mag noch hier ſtehen: hogger man *eek* i ſkoghe annärs minnä, *än i fiughur klyvä ma* (kleiner als man in vier ſpalten kann), böte III. örä, hogger tha i fiughur klyvä ma, ſva at *axul ämni nyter af göra loti hvarium*, böte VI örä. [Nach Veſtg. fornäm. 3, 2 wurde dem holz hauenden axt und kleid genommen.]

*Pflug* und *wagenholz*, für augenblickliche nothdurft, darf in jedem fremden wald ſtraflos gefällt werden. Beweisſtellen ſtehen ſchon ſ. 402, hier noch andere: auch were ihrer einem not zu ſeinem wagen eine *achſe* oder eines *pflugheubten*, das mag er

hauwen und *binden uf ſeinen wagen;* bunde er es aber *under das ſeil* und funde einen der furſter, ſo wäre er pfandbar um zehen pfennig. Erbacher w.; wann einem eine *pflugweide* bricht in anderer feldmark u. er ruthen hauen muß von der weiden, der ſoll *die alten pflugweiden wieder in die ſtätte hängen,* da er die ruthen hauet, damit man ſiehet, wozu ſie gebrauchet iſt. Wendhager bauerrecht; [auch were ire einem not in ſeinem wagen ein achſe oder eines pflugheubts, das mochte er hawen und binden uf ſein wan, bond ers aber under das ſeil u. fund in der forſter, ſo were er pfantwer zeben pfenning. Camberger w.] Auch aus dem altn. recht: breſtr *axul* a gatu eþa annat
518 raiþi, | þa haggi ſaclauſt i annars aign, en hann ai ſielfr a ſo ner, et han ſia (ſehen, videre) ma oycvagn eþa rus oc kerru. Gutalag cap. 35; aker madher gönom ſkogh mans, bräſter *axſul* mans ellar *andurſtang,* huggi at ſaklöſa badhi. Veſtg. fornäm. 4; enn höggva mâ madr ſer til *plôgs* oc til *ards* î hvers mans mörko, er hann vill, þoat hann bidi eigi leyfis til. Gulaþ. 360; engi ſcal högga î annars mans mörko, nema umferdarmenn farar greida bôt, hvart ſem heldr bûar at ſlæda eda ſcipi eda til eldneytis, ef ûti byr um nætr ſakir î ſama ſtad. Gulaþ. p. 369. 370.

Fremde, die ohne in der mark anſäßig zu ſein, ackerland in ihr erworben hatten, durften, um es zu beſtellen, nicht mit dem pflug in die mark fahren, ſondern muſten ihn *ſchleifen,* ſo ſtolz waren dieſe märker: auch weiſen ſie vor ein alt herkommen recht, wäre ein mann, der güter in Altenſtätter gemark hätte und *ſäße nicht in der mark* und wolte ſolche güter ſelber ackern und bauen, ſo mag er ſeinen *pflug ſchleifen* und ſein *vieh derſelben ſchleife nachtreiben* und mag ſich der gemein gebrauchen, alſo lange er da zu ackern gienge; und das vieh, das er nicht an dem pflug hätte, das ſoll er treiben unter die gemeine heerde . . . und wan er ſeinen acker bereit, ſoll er ſeinen *pflug* wieder *ſchleifen* u. ſein vieh wieder ſeiner ſchleifen nachtreiben u. die märker ungeirret laßen. Altenſtatter w.

*η. alterthümliche ſtrafen* der markfrevel.

Des *enthauptens* und *handabſchlagens auf dem ſtamm* iſt ſo eben gedacht worden; gleichharte drohen die weisthümer dem

*waldbrennen* und *baumſchälen:* aber des vorſters reht iſt, ſwen er uf dem walde vindet *burnen kolen* von grüneme ſtandeme holze, den phendet er vor ein phunt. iſt das er der phenninge nit mac han, ſo ſol er ime die *hant uf dem ſtumpfe abeſlahen.* Sigolzheimer hofesrecht 369ᵃ; wär es auch, das man einen *eſchenbrenner**) oder einen der den *wald brennte* begriffe, den ſal man nemen und ſaln in eine wanne binden u. ſall ihn ſetzen gemeiner fuhren (?gen eime fure), da ſollen ain fuder holz an ſein, und ſoll ihn ſetzen *neun ſchuhe vor dem feuer barfuß* u. ſol in *laßen ſitzen, biß ihme die ſohlen von füßen fallen.* Lorſcher wildbann a. 1423; auch ſol er (der ſaut der mark) wehren *eſchenbornen*, | wer das thete u. begriffen würde, 519
dem ſoll ein forſtmeiſter binden ſin hende uf ſinen rucke u. ſin bein zu hauf u. einen pfal zwiſchen ſin bein ſchlagen u. ein *feuer vor ſin fuße machen, biß im ſin ſolen verbrennen von ſinen füßen* u. *nit von ſinen ſchuhen.* Dreieicher wildbann; und ob der *wald* von jemand freſentlich *angeſtocken* wird, dem ſoll man hände u. füße binden u. zu *dreienmalen in das größeſt und dickiſt feuer werfen*, kompt er dan daraus, ſo iſt der frevel gebüßt. Oberurſeler w.; auch weiſt man, wer die *mark freventlich anſteckt* u. *verbrennt*, denſelben ſoll man in eine *rauhe kuh* oder *ochſenhaut* thun u. ihn drei ſchritt *vor das feuer, da es am allerheftigſten brennet, legen*, bis das feuer über ihn brennet u. das ſoll man zum zweiten und drittenmal thun an dem ort, da es am heftigſten brennet, und wenn dies geſchehen u. bleibt lebendig oder nicht, ſo hat er gebüßet. Altenhaſlauer w. [vgl. unten ſ. 700]; auch weiſt man, wer einen *ſtehenden baum ſchelet*, den ſol man aufgraben an ſeinem *nabel* und ihn mit einem hufnagel *mit dem darme* an die flecke anheften, da er hat angehoben zu ſchelen und ihn, ſo lang bis er dasjenige bedeckt, das er geſchelet, *um den baum treiben* und ſollte er keinen darm mehr haben, ohne gefehrte. Altenhaſl. w.; item, es ſoll niemand bäume in der mark *ſchelen*, wer das thäte, dem ſoll man ſein *nabel* aus ſeinem bauch ſchneiden u. ihn mit dem ſelben *an den baum nageln* u. denſelben baumſcheler *um den baum führen*, ſo lang bis ihm ſein gedärm alle aus dem

*) d. i. aſchenbrenner, äſcherer (cinerarius). Friſch 1, 38ᵇ· ᶜ·

bauch um den baum gewunden ſeien. Oberurſeler w.; auch abe
imant einen baume *ſchelete*, wird der betreden, ſo ſal man ime
einen *darme* uß ſinem libe ziehen u. den *an den baume binden*
u. ine *umb den baume füren* ſo lange der darme ußgeet. Ober-
urſeler w. (a. 1401); und wo der begriffen wird, der einen
*ſtehenden baum ſchälet*, dem wäre gnad nützer dan recht u.
wann man deme ſol recht thun, ſoll man ihm ſeinen *nabel bei*
*ſeinem bauch* auffſchneiden u. ein darm daraus thun, denſelbigen
nagel an den ſtamm u. mit der perſon *herumgehen*, ſo lang er
ein darm in ſeinem leib hat. Eichelberger markordn.; wann
einem eine paat (brem. wb. 3, 299) weide würde *abgeſchellet*,
was dem ſeine ſtrafe ſein ſoll, der es thuet? antw. dem ſoll
man den bauch auffſchneiden u. nehmen ſein *gedärme* u. laßen
520 ihn den *ſchaden be-* | *winden*, kann er das verwinden, ſo kann
es die weide auch verwinden. Wendhager bauernr.

Frage, wenn die holzgeſchworen jemand befunden, der en fruchtbaren baum truttelde, was ſeine ſtrafe ſei? antw. ſoll mit ſeinen dermen nach ufgeſchnittenem bauche umb den ſchaden gebunden und darmit zugehelen werden. Fr. wenn jemand einen fruchtbaren baum abhauete und den ſtamm verdeckete dieblicher weiſe, was ſeine ſtrafe ſei? antw. der ſolches thut, dem ſoll ſeine rechte hand uf den rucken gebunden u. ſein gemechte uf den ſtammen genegelt werden und in die linke hand ein axe geben, ſich damit zu löſen. Schaumburger altes landr., angeführt von Funk zu den XII taf. p. 198.

Strafen ſolcher art begegnen bei dem ausgraben der grenzſteine und noch in andern fällen; im fünften buch werde ich darthun, daß von ihrer wirklichen vollziehung in Deutſchland*) durchaus kein geſchichtliches beiſpiel nachzuweiſen iſt [vgl. Piper p. 57. 163]. Deſto unverwerflicheres zeugnis legen ſie ab für den uralten, lange jahrhunderte fortgeführten inhalt der markweisthümer.

---

*) bloß die altn. Niala enthält cap. 158 p. 275, daß im jahr 1014 in Irland und nicht wegen markfrevels einem gefangnen die eingeweide um einen eichbaum gewunden worden ſeien: reiſt â honom qviđinn, ok leiddi hann um eik ok rakti ſvâ or honom þarmana. ok dô hann ecki fyrr enn allir voro or honom raknir. [Weiteres unten ſ. 690.]

ϑ. *handwerker* in der mark.

Geduldet wurde dagegen von den märkern, daß aus holz und rinden geräthe verfertigt, lohe für das leder bereitet oder ſich des holzes zum brennen irdener töpfe bedient würde. Wäre es ſach, daß ein inmärker *lind geſchlißen* hett u. hett *ſeiler* daruß gemacht*), ſolche ſeiler ſol he nit aus der mark tragen. Altenſtatter w.; item die *lindſchleißer*, die ſeile u. ſtrenge machen u. aus der mark tragen. Rodheimer w.; auch ſoll er (der faut) wehren *rindenſlißen*, an (praeter) einem *ſchuchart* (ſchuhmacher), der in der mark ſitzet, der ſol ſie ſlizen von ſtücken unter ſeinem knihe oder von zimmerholz, das er oder ſeine nachbarn gehauen hetten zu buwe, davon ſoll er ſein leder lowen, daß er davon ſeinen nachbarn ſchuh mache. Dreieicher wildb.; ſecatores facientes *ſcutellas, lignipedes* . . . quicquid de | tali opere 521
fecerint, debent facere *juxta truncum* et non devehere ad domus eorum. Kindl. 1, 21 (a. 1316); item *weiſt man der herſchaft* zu Covern einen *wehenner* (wagner) u. einen *dreſſeler* uf die hohe welde ſich zu fueren. Polcher w.; item, die *ſchmide* zu Rodheim ſollen ieglicher im jahre zwei kole haben, im lenzen ein wagen volle u. im herbſt zween wagen volle, darumb ſol ir ieglicher einem *märkermeiſter ein pferd neubeſchlagen* an allen vier füßen u. ſoll auch langen mit dem haugk mit einem ende auf den pfhole under den hanbuchen**). Rodheimer w.; [auch ſal man *keinen eichen phale* hauwen und auch hinſit des berges nit kolen, und ſal man darzu keine andere gehulcze nemen, dan *ligende orholcze.* Oberurſeler w.;] item ſollen die *eulner* eulen mit *keinem grünen holze,* ſondern mit *dürren windbläſigen* holze, item ſollen die eulner einem ieglichen inmärker, der döpfen umb ſie kauft, in ſein haus zu gebrauchen, zwei pfennigwert vor ſiben ſchilling geben u. nicht hoher; item ſoll ieglich eulner dem ſchloß in Rodheim alle jahr machen *zwei hörner auf die wachte.* Rodh. w.; die *euler* in der mark mögen alle jahr u. eines ieglichen jahrs dreizehenmal (d. i. alle vier wochen) eulen ihre döpfen oder eulen u. nicht mehr u.

---

*) vgl. oben ſ. 261.

**) der letzte ſatz mir unverſtändlich, etwa: der hacken, womit er buchenäſte abreißt, muß unten auf einem pfahl ſtehen?

ſollen die eulen mit *liegendem urholz;* u. können ſie die dan nit verkaufen in der mark, ſo mögen ſie die uf ihr geſchirr, wagen oder karn laden u. ſollen verfahren gen Helmelshauſen und ſollen da rufen: ein dreiling umb ein helbling! können ſie die da nicht verkaufen, ſollen ſie fahren gen Altenſtatt under die linden und da rufen: ein dreiling umb ein helbling! u. ſ. w. Altenſtatter w.

14. *wonne und weide* (vgl. Haltaus 2126-29).

Wonne, ahd. wunna iſt das goth. vinja, *νομή*, welcher griech. ausdruck dem lat. nemus nahverwandt ſcheint; nemus, die *weidetrift**) im wald, dem ſilva, *ὕλη*, d. h. den bäumen entgegenſtehend, führt daher wieder auf den begriff der deutſchen mark. [Daneben: *trata* compaſcuus ager, koppelweide, altn. *tröd*, pl. tradir; nach Schmeller 1, 503 das brachfeld bei der dreifelderwirtſchaft, weil das weidende vieh darauf *tritt;* vgl. trat. Arx Buchsg. 113; wieſen im walde ſollen acht tage nach Jacobi bis zu Waldburge tag offen bleiben. äpfel-, birn- und eichbäume ſind allzeit verbannt bei fünf ſz. pfen.; was in den ſaten und rechten hofſtellen liegt, iſt einander recht *tratt*, und wo einer mit ſeinem vieh treibt, mag auch der ander hintreiben, ausg. in ewige einfänge. Tägerwyler öffn. *Woldemene, waldemei*, weideplatz im wald, campi communes paſcuales. Wigands arch. I. 4, 100 (a. 1344). 43 (a. 1450). II. 363 (a. 1345). III. 3, 44 (a. 1296); ad uſum communitatis, quod *waldemene* dicitur. Spilker 2, 285 (a. 1323); *woldemene.* Scheidt mantiſſa p. 332 (a. 1376); *eſpan.* Tägerwyler öffn. p. 131, *eſpam* i. e. fronwiſen. Lang 4, 763 (a. 1269), *eßban, eſpen* gemeindetrift. Meuſels geſchichtf. 3, 248, vgl. Haltaus 414; *vrunte*, ager compaſcuus, qui non colitur et ſcinditur. Kilian; thi *fene* (weideland) und tilad lond (gebautes land). Brokm. 169.] In der Schweiz, in Baiern und andern gegenden Oberdeutſchlands bis nach Heſſen findet ſich die wohl ſehr alte benennung *blueme, blumbeſuch* für grasweide zu der jahrszeit, wo der wald voll gras und blumen ſteht, im gegenſatz zu der maſtungsweide im herbſt,
522 vgl. Stalder 1, 188. 189. | Schmeller 1, 236 und Cramer wezl.

*) compaſcuus ager, relictus ad paſcendum communiter vicinis. Feſtus.

nebenſt. 23, 104; trib und *blumbſuch.* MB. 9, 306 (a. 1493); blumbeſuch u. holzſchlag. Lori Lechrain p. 311 (a. 1543); denkt man an die weſtph. *blumware*, ſo möchte blumbeſuch grade umgekehrt die maſtweide unter eichen und buchen bezeichnen. Das agſ. *læſo* und alamanniſche *almende* gelten vorzugsweiſe von weideplätzen im oder am wald. [*Finſtere waid*, weide im wald, im gegenſatz der feld oder flurweide; oder weide in finſterm, d. h. nadelholze, als gegenſatz des lichten oder laubholzes. Schmeller 1, 545. In Ditmarſen heißt *mulſcher* weidegerechtigkeit auf unbezäunten feldern, eig. was das vieh mit dem maul abfrißt, wie dort auch *ſcheren* für weiden, abfreßen, *beſcheren, upſcheren* für vieh in die weide treiben geſagt wird. Ziegler idiot. ditm. p. 422 und brem. wb. 4, 641, daher auch ſchernoten oben ſ. 502.] Die norwegiſchen geſetze haben *ſetr* für ſommerweide, ſetr â ſömu, ſetr î almenningi für compaſcuum. Gulaþ. 404. 405. 454; *ûthagi* für paſcuum a domo remotum. ibid. 368. 452. Weſentlich gehört zum begriff gemeiner markweide*), daß *ſichel und ſenſe nicht darauf dürfen*, ſie ſollen bloß vom vieh abgeäßt werden**). Auch zu *heuen* iſt verboten: item ſo man gras ausgibt, ſol niemand keines dorren; ob imand gras dorret, als vil neue heller, als gebund er dorret, ſoll er den markern geben. Bellersheimer w. Der ſchafhirt durfte ſich mit ſeinen ſchafen und ziegen dem wald nur bis auf beſtimmte ferne nähern; die formel oben ſ. 60 nr. 42. [Vgl. auch Stiſſer beil. p. 55 a. 1350: mee ſprechin ich umb das holz zu Rabenhain, wann das holz dem phee entweſſet, das nuwe verhauwen iſt, das fehe widder drin ſal gan, als es vor det.] Beſtimmungen über die anzahl der graſenden rinder und des ſchmalviehs werden nicht gefehlt haben, vgl. ſ. 505.

Die hauptſorgfalt der märker war darauf gerichtet, wann es *eckern* gab†), zu ordnen, wie viel ſchweine jeder genoße in die maſt treiben durfte. S. Goarer w. § 14 (a. 1640); twelf

---

*) ſweliche wiſe iſt gemeine
der gras iſt gerne kleine. Friged. 10b [Freid. 120, 27].

**) uſum herbarum (des graſes), quae concluſae non fuerant, conſtat eſſe *communem.* lex Viſig. VIII. 5, 5.

†) frucht an eichen und buchen; goth. akran überhaupt frucht.

ſwine u. een beer. Speller wolde ordele. Auch hier waren die beamten, obermärker und vögte mit einer größern zahl begünſtigt*), formeln oben ſ. 106 nr. 8. 9; ſelbſt der bäume umfang nach den ſchweinen beſtimmt, oben ſ. 82 nr. 1. Einige märker hatten nur rindviehtrift, nicht die maſt, z. B. Goarer w. § 10 (a. 1640). Den ſcheffen wurde zuweilen das beſte maſtſchwein geliefert: item dicunt, quod *melior porcus*, qui provenit *de paſtu* porcorum, ſcilicet vedema, eſt ſcabinorum. w. van
523 Sueſteren. Ausmärker durften, gegen | vergütung an die mark, ihre ſchweine in die maſt geben, wahrſcheinlich vor alters gegen verabfolgung des *zehnten* thiers, worauf ich den ausdruck beziehe: die ſchweine zur maſt *dechen, dechmen***), im angeführten Goarer w., wofür ſpäter eine abgabe, genannt *dechgelt*, dechsgelt gezahlt wurde [der *dehnde*. Burgjoſſer w. a. 1451]. Hierher gehören die *decimae porcorum* der lex Viſig. VIII. 5. Wer tempore glandis ſchweine in ſeinem wald antraf, durfte zuerſt den hirten pfänden, das zweitemal ein ſchwein tödten, das dritte mal ſie decimieren. Si vero aliquis ſub *pactione decimarum* porcos in ſilvam intromittat alienam et usque *ad brumas* (bis zu mittwinter, zur ſonnenwende) porci in ſilva alterius paverint, *decimas* ſine ulla contradictione perſolvat. nam ſi *poſt brumae tempus* porcos ſuos in ſilva, quam conduxerat, noluerit (? voluerit) retinere, *viceſimum caput*, ſicut eſt conſuetudo, domino ſilvae cogatur exſolvere. Man dürfte ſchon dieſe ſtelle, die (wie l. In. 49) nur von privatwald redet, als allgemeineres gewohnheitsrecht zugleich auf die mark beziehen; beſtimmter wird aber in folgender ausdrücklich letztere gemeint: ſi inter *conſortes* de glandibus fuerit orta contentio, pro eo quod unus ab alio plures porcos habeat; tunc qui minus habuerit liceat ei ſecundum quod terram

---

*) darzu theilen wir demſelben Groſchlag (dem zweiten oberſten märker) daß er treiben mag ſeine ſchwein, ſo er zeuhet auf ſeiner miſt, als andere märker thun. Meichſner 2, 933.

**) [techamôn decimare. Diut. 1, 506b; uſum glandium, quod vulgariter dicitur deheme. cod. dipl. Zaringob. nr. 229 (a. 1332); burglehen auf dem dehem zu Lautern, das heißt das ecker. Widder 4, 189; techſwin. rationar. Stiriae a. 1265, Rauch 2, 143. 144. 173. Vgl. Schmeller 1, 361. 362 ſ. v. dehel, dehem;] dehemen geben, verdehemen. Raſtädter hoferecht p. 275. 277. 280; deichtem (zehnte) bei Ritz.

dividet porcos ad glandem in portione ſua ſuſcipere, dummodo aequalis numerus ab utraque parte ponatur. et poſtmodum *decimas* dividant, ſicut et terras diviſerunt. Vgl. auch Caroli capit. de villis § 6*). [Statt des zehnten ſchweines konnte auch der zehnte pfenning der taxation entrichtet werden: eſt autem jus curtis illius, ut in omni ſilva, que ad curtim comitis pertinet, in eadem villa, dum poſt paſtionem porci taxantur, officialis fratrum decimationem omnium porcorum, quicunque taxandi ſunt, vel decimum denarium accipiat. Binterim 1, 83 (a. 1119); eſt autem jus curtis illius, ut in omni ſilva, quae ad curtim comitis in eadem villa pertinet, dum poſt paſtionem glandium porci taxantur, quod crannan vocatur, officialis fratrum decimam omnium porcorum, vel denarios pro porcis accipiat. ibid. 1, 123 (a. 1144).]

Außer den eicheln und bücheln werden holzäpfel, ſchlehen, hainbutten und haſelnüße zur mark gerechnet. Goarer w. § 14. Über die vorgeſchriebene ſtellung der füße beim eckern ſchlagen oben ſ. 71 nr. 17. Die ſchwed. geſetze erlauben dem fremden, welchen ſein weg durch den wald führt, *nüße in den hut bis ans hutband* oder in den *handſchuh bis an den däumling* zu pflücken: nu far man at ſinum rättum vägh ginum aldinſkogh älla nutaſkogh, häntir i hatt til hattabands äller i want til thumulfinger, vari ſaklös. Oſtg. bygd. 41; taker mera än han giter i handzſka ſinum burit, böte III. öra. Sudherm. bygn. 28 (oben ſ. 401). |

15. *widerſtreit der mark und des ackers.* 524

*a.* die mark lichten, bäume vertilgen und den boden urbar machen, was Plinius *interlucare* nennt, heißt in der lex Viſig. X. 1, 9 *cultura ſilvarum, ad culturam ſcindere, culturam facere;* in der lex Burg. 13 (vgl. 41, 1. 54, 2) *exartum facere;* in der lex Bajuv. 16, 2 [17, 3] *exartare, mundare;* franzöſ. *eſſarter* (Roquef. 1, 530[b]), wahrſcheinlich vom lat. ſarrire, jäten; [eſſart du vilain. Ren. 16849. 16939; en une lande ourent ars li vilans eſſart. Tritr. 3040;] im capit. de villis § 36 *ſtirpare* f. exſtir-

---

*) weisthümerformeln über die menge der ſchweine, die getrieben werden dürfen, oben ſ. 106 nr. 8. 9.

pare; [duces Bawariae . . . concedunt *exſtirpationem* ſilvae. Lang 4, 594 (a. 1295); apriſio pars terrae incultae quam quis ex conceſſione regis vel comitis excolendam ſumſit. Baluz 2, 27. 28.] Das deutſche wort iſt *riutan, reuten* (bûwen u. riuten. Parc. 117, 17; mit bûwe u. geriute der wilden welde pflegen. troj. 6257; riutâre, cultor. fragm. bell. 4080); ein *geriute, niuriute, niulende, neubruch*, iſt das exartum, die terra novalis; [vgl. novalia ex viridi ſilva facere. Lang gauen 1, 29 (a. 996). MB. 29ª, 34. 99; in ſilva Branvirſt coepit novare novale. trad. fuld. 3, 35;] tres laboraturas ſilvae, quod nos dicimus *thriu rothe.* trad. fuld. 2, 80; in loco qui dicitur: aʒ *riute* (wie ſonſt aʒ waldiu, aʒ reode, aʒ holze). Meichelb. nr. 59; [vgl. noch dieſe belege und formen: daʒ breite geriute. a. Heinr. 1443, ein breiteʒ geriute. Iw. 401. Greg. 2630; niuwe riute. ibid. 3285; ze walde ûf wilden riuten. troj. 891; niuriote, niulenti. Diut. 2, 341ª; niuwipruht. N. Bth. 110, in niwipruhtim. Diut. 1, 523ᵇ;] ſpäter ſagte man *rotten*, roden und *rottland.* Altn. *rydja mörk.* [Yngl. cap. 37. Ol. helg. cap. 147; auch *höggva riodr* i ſkôgi. Laxd. p. 96. In nemore novale ad prata facienda quod *aſche* dicitur (a. 1196). Koch Sternf. beitr. 1, 297.] Häufig geſchah es durch niederbrennen der ſtämme, daher ſolche grundſtücke altn. *ſvidjur* (von ſvîda, adurere) heißen, ſchwed. *ſvedjor*, tractus ſilvae caeſae et aduſtae. Noch eines ahd. ausdruckes *ſuentan* habe ich gramm. 2, 528 erwähnt; [an walde oder an *ſwande.* Kremer cod. dipl. ard. nr. 174 (a. 1362); in ſilva nuncupante archin*ſwenti.* Meichelb. 49. Sua rura colens *exuſta* novalia ſulcat. Ven. Fortun. p. 163 ed. Brower; einen verbrenden wald zu *jhane* abhauen. Benshauſer holzordn.] — Sobald nun ein waldſtück gerottet war, wurde es der kirche *zehntpflichtig* (rotzehnten, decimae novalium), verlor alſo dadurch ſeine alte freiheit: eccleſia praetaxata decimas percipiat novalium, ſi qua in arbuſtis Vrikenhuſen nunc coluntur. Wenk 3, 100 (a. 1218); et ſi dicta ſilva excolitur et novatur, ut fiat frugifera medema (? wedema) nobis cedat. ibid. 3, 172 (a. 1282); [nach trad. fuld. 3, 35 (a. 1126) ſollen die coloni im novale zwölf jahre lang abgaben frei und nur dem beſthaupt unterworfen ſein, nach den zwölf jahren aber jährlich XX talenta entrichten;] anno 1353 am tage mauritii haben ſich dechant u. capitel zu

Frizlar mit landgr. Henriche u. junker Otten ſeinem ſohne umb
die *rottzehnten* dermaßen vertragen: was von ackern aus den
*holzen* u. *ſtreuchen*, die *gemeine marken ſeien* u. zu den dorfern,
darüber der ſtift den veltzehenden hat, gehoren, gerodet, das
doran der ſtift den rottzehenden haben u. behalten ſolle; was
aber aus den gefürſteten welden u. holzen (d. i. den ſchon
regaliſierten) hochermelter fürſten gerodet, dorvon ſoll der rod-
zehent iren fürſtl. gn. pleiben. Ziegenh. repert. Niederheſſen
nr. 641. So haben die Thenner (einwohner des dorfes Thann)
ein orts feld an der Haarbrückner feld, desgl. vil ecker am Kulm
und auf den Rödern gelegen, darauf wir den zehenden haben
u. wo die Thenner und Haarbrückner etwas *roden*, oder *wüſt
ecker*, deren ſie vil haben, und *mit holz angepflogen ſeind*, mit
*dem pflug* | *umbreißen*, in der mark unſerer zehenden gelegen, 525
davon müßen ſie alsbald den zehenden geben. Gruner ber. der
coburg. topogr. Cob. 1782. p. 33, vgl. eine ſtelle vom jahr 1219
in Rommels heſſ. geſch. 1. anm. p. 293: [a. 1219 multa nemora
exſtirpabantur in Haſſia, area vero ejus ſub certo pretio colonis
locabatur, ita ut certis annis pro dimidio haberent; poſtea cum
exculta eſſet totum ſolvebant. Ein anderes beiſpiel, von Herſtelle,
Wigands arch. 2, 144 (a. 1165).]

*β.* dieſes reuten und rotten bedrohte den verband, die gewohnheiten und rechte, wohl auch die freiheit der markgenoßen. Nichts war natürlicher, als daß ſie ihm entgegenſtrebten, wo und ſo lange ſie ſich ſtark genug dazu fühlten. [So ſteht der märker dem ackerbauer entgegen wie der alte rieſe.] Hierher gehören folgende auszüge aus den weisthümern, welche darthun, daß die verwandlung der mark in cultur auf alle weiſe gehindert und ſelbſt hube oder urbarer grund, wenn er eine zeitlang verlaßen blieb *), wiederum mark wurde. Aus einer wieſen darf kein acker gemacht werden. Meichſner 2, 697; [donavimus prata,

---

*) herrnlos liegen, *treiſch* u. *bewildert* werden. Stadoldendorfer hegegericht; mir hât gemachet ein riſe mîne *huobe* zeiner *wiſe*. Iw. 4463; [vgl. ſîn acker ofte truogen klê. Lichtenſt. 475, 8; hubas que adhuc virgultis erant cooperte. notizenbl. 6, 334; eckere, die zu walde oder ſtruchen worden weren. Arnsb. urk. a. 1181; bei Saxo gr. p. 419. 420 verwachſen die ungebauten äcker Dänmarks zu wald, worin man noch die ſteinhaufen von der alten ackerbeſtellung her ſieht.]

gramina, largam pafcuorumque amplitudinem cum nemore noftro adjacente . . . ftatuentes ipforum infra circulum pafcuorum nulla agrorum feu pratorum fieri novalia. MB. 8, 178 (a. 1231); fie wifeten auch, daß niemand, in welchem wefen der fei, die marke zackern, mewen noch roden fol, in kein weg, fonder argelift. Dieburger w.;] auch foll er (der vogt) weren alles raden, alfo lang, es feien wiefen oder ecker, bis daß einer finen *zehenden driwerbe* davon *gegibt*, alfo (dann erft) mag er den acker geren mit dem pfluge u. die wiefen gemehen mit der fenfen. Dreieicher wildbann. Im zeugenverhör der Babenhaufer mark wurde articuliert: da die wiefe wiederumb *mit bäumen* von neuem gar *überwüchfe**), ob zeug alsdann den platz für mark oder fchutzband halte? (Meichfner 2, 699.) es wird überwiegend für mark bejaht (703. 708. 709. 710. 712) und nur von einigen verneint (707. 711). Die *wichtigften formeln* find fchon oben f. 82 nr. 2; f. 92. 93 mitgetheilt worden. Auch ftünd ein holz, eichen oder büchen, zwifchen den zweien wäßern Art und Dürft, uf weme (auf weffen grund) das ftünd, *das der hepen* (farpa) *entwachfen wäre, foll mark fein* u. bedurft ein merker des zu hauwen und künde das abhauen funder fchaden des manns, da (auf deffen grund) es uf ftünde. Banfcheuer w.; [alfo *was mit holz verwachfen ift ader noch verwifchet,* domit fo fol ich auch mein erben nichts zu fchaffen haben funder dem gedachtem meinem gnedigen herrn und feinem clofter volgen on hindernus mein und meiner erben, es wer dan fach das ichz reuten wolte und mit dem pflug pauen, desfelbigen fol ich macht haben, doch alfo das ich dem g. m. gn. herren feinem clofter den zehenden davon gebe. MB. 25, 290.] Was fich alfo auf dem gerotteten feld von bäumen über ftrauches höhe erhob, wird wieder markmäßig **). |

---

*) campos de filva increfcere non permittant. capit. de villis § 36; ftat begriffen von ruwen walde. Cronberg. ded. p. 98.

**) der grundeigenthümer feiner feits durfte den ihm zu nahe wachfenden wald wegräumen: wachfen einem die hagen zu nahe, fo foll man die *barte trocken wetzen, durch eine zwiebel ziehen* (d. h. recht beißend fcharf machen) u. dann wegräumen bis auf den alten ftamm. Wendhager bauernrecht.

γ. ungetheiltes eigen leidet keinen *zaun*. l. In. 40. 42. 526
Gutalag 25, 11; es dürfen bloß zäune in die mark hinein vertheidigt werden. [Wer, nach altſchwediſchem recht, etwas in der mark *umzäunte*, ohne widerſpruch zu erfahren, erwarb das ſtück, ſobald *zwei zäune verfault* waren und der dritte angelegt wurde. Stjernhöök p. 268: praeſcriptio currebat, cum ſepibus aliquid in communi ſilva comprehenſum eſſet et ad conniventiam vel taciturnitatem eorum, quorum interfuit, tamdiu uſurpatum, donec putrefactis duabus tertiam reſtauraſſent. Nach Helſingalag erwirbt einer vom gemeinland, quousque jumentum agere poſſet *cum dies eſt breviſſimus*, ſic ut domo abiens paulo ante ſolis exortum cum caeſorum palorum vehiculo redire poſſit ad meridiem. Stjernh. p. 269.]

δ. *obſtbäume* werden von den märkern feindlich angeſehen und nicht gelitten. Johann Schmidt auf die gemeine *apfelbäume* geſetzet, welches ihm die markgenoßen nicht geſtehen. Piper p. 241. Dagegen ſind die markgenoßen an einigen orten (ich finde es nur in Weſtphalen) verpflichtet, an die ſtelle gehauner eichen junge ſtämme zu pflanzen: die markgenoten, ſo oft ſie einen alten baum fällen, ſind an einigen orten gehalten, einige junge dafür zu ſetzen und *in das dritte laub* zu liefern (drei jahre lang zu hegen[1]). Piper p. 92; ſal een ider nu voortaen ſine geſettede *poten* ofte *heſters* wachten en waeren, en *in dat derde blad* leveren. Linger holtings inſtructie; [für jeden (gefällten) ſtamm ſollen zwei bekliebene heiſtern *gepottet* und *ins dritte laub* geliefert werden. Kindlinger 37, 152; ſtatt der verſorten (verdorrten) telgen beklevene levern. ibid. 35, 399;] u. welchem alſo ein ſtücke zimmerholz zu ſeiner notdurft angewieſen, ſoll zu rechter zeit des jahrs mit *dreien* tüchtigen *potten* den ſtamm wieder bepflanzen u. wenigſtens *ins dritte laub* liefern. Oſnabr. holzordn. p. 102; womit die markgenoßen jährlich die mark beßern? in alten zeiten muſte jeder *fullſpennige* jährlich *drei potten* ſetzen. Lippinkhauſer holzd.; widers verkort und verabſcheidet, dat jarlichs ein jeder *erſmann up der wahr* (ein gewerter genoße) *vif eiken* oder *boeken telgen*

[1] [wie franz. bois en defenſe jusques à la troiſieme feuille. cout. de Metz 14, 17.]

in de marke potten ſoll. Horſeler holting; item, ein *vulwarich* erve ſal alle jaer ſetten u. ein ieder bi ſinen ende to ſetten pflichtig ſein, up einen dag wan gude planteltid is, *vif* gude unſtrafbare *eikentelgen* und ein *halfwarig* erve *dre telgen*, alles to verbeterunge der mark. Nortrupper markgeding § 20.

16. *grenzrecht der mark.*

Als vorzüglich wichtiges zeugnis für das höhere alterthum der markeinrichtung betrachte ich die eigenthümliche art und weiſe, ihre grenze auszumitteln. Inwendig ungeſchieden, ungezäunt, ein wahres latifundium arcifinium im ſinne der alten, hatte die mark nur einfache und natürliche ſcheiden gegen außen nöthig. Der grenzbezeichnung durch baumeinſchnitte und mahlſteine nach ausmeßung mit ruthe, ſtange und ſeil, wobei auf die lage der grundſtücke gegen die vier ſeiten des himmels rückſicht genommen wurde, iſt, ſcheint es, eine ältere, freiere beſtimmung
527 vorausgegangen, welche ich *ham-* | *mertheilung* nennen will. Sie gründet ſich auf den axt oder hammerwurf. Prüft man nun die ſ. 55-63 mitgetheilten auszüge, ſo ergibt ſich, daß die meiſten aus markweisthümern entnommen ſind und eben davon die rede iſt, wie weit ſich der boden und das gebiet der mark in die übrige feldflur hinein erſtrecke und behaupten laße, oder wie viel von der mark an den einzelnen privatmann abgetreten werden ſolle. Der vogt und markherr wirft aus der mark in den ſtrom (nr. 2. 3. 4. 5. 33. 34. 35) oder ins feld (27. 36); der fiſcher der mark in das feld (52). Umgekehrt, der urbar machende feldbauer wirft in die mark (12. 13. 20. 46. 48)*); der hirte in den wald (42. 43); der imker in die mark (50. 51). Gerade ſo werden im Norden byr (fundus) und allmänning (compaſcuum) durch den wurf geſchieden (30. 44). Da nun auch beiſpiele aus dem Orient angeführt worden ſind (ſ. 68), der ge-

*) zuzufügen aus dem Rietberger landrecht § 30: wie weit eines von ſeinem lande die gemeine market (l. mark) verthätigen könne? R. ſo weit einer mit ſeiner rechten hand unter dem linken beine her mit einem langen pflugeiſen werfen kann, ſo er den einen fuß im graben haltet, kann er die market mit torf u. plaggemath *verthätigen* (d. i. behaupten, für ſich gebrauchen).

brauch unſerer marken aber weniger auf fortdauernde ausübung
als auf treu bewahrte unausgeübte tradition geſtützt wird, ſo
darf man dieſe hammertheilung für ein denkmal des älteſten
deutſchen rechts, zu dem faſt keine geſchichte hinauf reicht,
halten. Hierzu habe ich noch eine beſtätigung aus der ſchwed.
geſetzgebung aufgeſpart. Uplandsl. vidherb. 1 heißt es: by
liggr *i hambri* ok *forni ſkipt;* landzlag bygn. 1: by ligger i
*forno ſkipt* och *hambre;* und Sudherm. bygd. 11: all *hamarſkipt*
vari aflagd. Den gothländiſchen geſetzen mangelt alles dieſes.
Jene worte überſetzt Loccenius: pagus jacet in veteri diviſione
et aſperitate ſoli ac deſolatione quadam, dem Verelius folgend,
welcher 106[b] hamar terra ſcopulis et arboribus conſita, hamar-
ſkipt ſilvae diviſio, by liggr i hambri incultus et deſolatus fun-
dus (åkren igen vuxen och bya öde), die worte des ſüderm. geſ.
aber überträgt: ſkogsdelning emellan grannarna är forbuden.
Ihre hat hamarſkipt gar nicht aufgenommen. Ob nun gleich
hamar allerdings einen felſenſtein bedeutet (ich zweifle, einen
baumbewachſnen); ſo iſt doch eine theilung (ſkipt) des grund
und bodens durch felſen, die | ſich nicht einmal in allen gegen- 528
den vorfanden, kaum gedenkbar und was ſoll hier die aſperitas
ſoli ac deſolatio quaedam? hamar iſt ebenwohl malleus und da
in dem upländ. geſetz ſelbſt *kaſta hambri* zu einer örtlichen
beſtimmung dient (ſ. 55 nr. 1), da in dem oſtgothl. geſetz *kaſta
ſkapti* gerade zur theilung von byr und allmänning verfügt iſt;
ſo ſtehe ich gar nicht an, *hamarſkipt* für *hammertheilung* im
ſinn unſerer markweisthümer zu nehmen. Merkwürdig heißt
aber dieſe hammertheilung die *alte,* welche das ſüdermanl. geſetz
ausdrücklich *abſchafft* und an deren ſtelle *ſonnentheilung* (ſôſkipt)
eingeführt werden ſoll: dela tve um tompter, havi then vitzord
*ſolſkipt* vil hava, vari al *hamarſkipt* aflagd ok havi engin
vitzord. Von der ſonnentheilung wird noch unten gehandelt
werden.

Das jütiſche recht 1, 53 beſtimmt die grenze des waldes
nach dem *überhang der äſte* und dem *lauf der wurzeln:*
mötes een manns ſcogh oc annen mans mark, tha a hin, ther
ſcogh a, ſua langt ens limä lutä oc root renner. Nach dem
*ſchattenfall* wurde ſie oben ſ. 57 nr. 16 und ſ. 105 nr. 6 er-
mittelt.

Wo waldung, bäume u. geſträuche ſich wenden und wo baugüter und wieſen wieder anfangen (Meichſner 2, 908), d. i. wo mark und privateigenthum aneinander grenzen, braucht ſich nicht jene zu *verzäunen*, ſondern dieſes: item, ſo *eigenthumb* u. *allmen* im feld zu hauf ſtoßen, ob das eigenthum dem allmen ſoll frid geben oder das allmen dem eigenthum? hat der bergſchöff geweiſt, derjenige der eigenthum auf das allmen ſtoßen hat, ſoll ſein eigenthum befriden; ſo er das nit thete, nehme er den ſchaden, ſoll ihme niemand kehren noch pflichtig ſein. Erfelder w.

17. *geſellſchaftliches verhältnis.*

Bisher iſt mehr die rede geweſen von dem was die mark ſelbſt angeht, als von dem geſelligen verband unter den theilnehmern, der, gegründet auf ſo weſentliche bedürfniſſe, wie holznutzung und viehzucht, in früheren zeiten kräftig und belebt geweſen ſein muß, im verfolg aber, nach ſteigender ausbreitung landesherrlicher rechte, immer ſchwächer wurde. Doch das weſentlichſte element dieſer genoßenſchaft*), die *märker-*
529 *gerichte*, kann | zuſammenhängend erſt im ſechſten buche dargeſtellt werden. Die feierlichen dingtage wurden zur wahl oder beſtätigung der vögte und amtleute**), verleſung der weisthümer, anbringung und erledigung der rügen ſo wie zur einnahme der bußen verwendet, gewöhnlich mit *fröhlicher zeche* und *gelag* beendigt. Welcher märker ſeine pflicht verſäumte, ſei es, daß er ohne ehaften ſich dem gebot nicht ſtellte, oder nicht lieferte, was ihm zu liefern oblag, der wurde aus der gemeinſchaft ge-

---

*) ich halte mich an den engern begriff von *markgenoßenſchaft*, wie er aus dem geſammteigenthum des waldes hervorgeht, und möchte ihn nicht verwiſchen mit dem viel allgemeinern von *geſamtbürgſchaft* (ſ. 291), der das freie volk überhaupt umfaßt, ohne rückſicht auf ungetheiltes grundeigenthum. Der gaugenoße (pagenſis), markgenoße (marcanus), centgenoße iſt darum noch kein markgenoße in dem hier verhandelten ſinn.

**) und wan foid u. meiſter beſtediget ſin, ſo ſal *der walt acht tage fri ſin*, biß die förſter zukommen, welcher nit zu enqueme, den mochten die andern *virdrinken* vor drißig ſchillinge als dicke als iȥ not dut.

ſtoßen, das hieß, *aus der mark verwieſen, geſagt, verſchalten.*
Welcher marker ußbleibt, der ſoll der mark darafter *entweiſt* ſein.
Foſſenhelder w.; wäre der mark *verſchalden.* Oberurſeler w.;
item hant die merker geweiſt, wurde ein merkergeding beſcheiden
u. die inmerker und ußmerker verbotet an das merkergeding,
und welche da ußbliben, den hant ſi der marken *verweiſet* u.
ſoll furter kein recht mehr in der marken haben. Erbacher w.;
verſehen mit irem fleieſch u. ihren fladen u. eiern, ſo ſie her-
lichſt können und welcher das nicht enthete unter den merkern,
den *ſagt* man *aus der marke.* Erbacher w. *Verbrecher* und
*ſchmäher* wurden nicht geduldet: der verbrecher ſoll der mark
nicht genießen, bis er ſich wieder eingedungen. Dehmer w.;
wäre auch ein märker, welcher die mark ſchmähete mit worten
oder mit werken, der ſoll der märker gnad erwerben. Kirburger
w. Härteſte ſtrafe wider einen ungehorſamen märker war, daß
ihm ſein *brunnen gefüllt* und ſein *backofen eingeſchlagen* wurde[1]):
de gemeinen bueren erkennen, ſo we dem holtinge alhie un-
gehorſam wer u. nicht erſchenne, demſelven ſollen de gemeinen
bueren den *baikaven inſlaen* u. de *pütten diken* u. ſoll daerto
ſiner gerechticheit in der marke ein jaer verluſtig ſin. Linger
bauerſprache, von 1562, vgl. Piper 179; wann nun einer in
dieſer bauerſchaft erfunden würde, der nicht thäte, was ſich |
eignet und gebühret, was die bauerſchaft thun ſoll daß er wieder 530
zum gehorſam gebracht würde? antw. dem ſoll man einen
*graben vor dem thore aufwerfen,* das *thor zupfahlen,* den *eimern
über dem brunnen weghauen*, den *backofen zumachen* u. kein
*feuer leihen,* kuh und ſchweinehirten verbieten u. in ſolche noth
bringen, daß er thun muß, was recht und gemäß iſt. Wend-
hager bauernr. Hierbei fällt jedem die röm. *interdictio tecti,
aquae et ignis* ein*), ſo wie das verweiſen aus der mark eine
ademtio civitatis war. Wahrſcheinlich aber gilt von dieſer ſtrafe
die ſ. 520 gemachte bemerkung, ſie war bloß im rechtsglauben

---

[1]) [vgl. das einſchlagen des backofens. hausmärch. 3, 111.]

*) *aqua et ignis* interdici ſolet damnatis, . . . . videlicet, quia hae duae humanam vitam maxime continent. Feſtus. Der ehrloſe darf bei niemand feuer anzünden, ſeines heerdes *flamme erliſcht.* O. Müller Dorier 2, 223.

vorhanden, ſie wurde gedroht, nie vollführt; ich werde buch V ſ. 729 zeigen, daß eine ſperrung des thors und löſchung des feuers noch in andern fällen, außer dem markverhältnis, vorkommt. Wurde der oberſte vogt und markrichter läßig befunden, ſo erklärten die märker *die mark offen* und *alle bußen ab*, namentlich, wenn einem einzelnen erbetenes gericht verweigert war: mehr, ſo weiſete auch der märker einmütiglich u. ungezweiet zum rechten, wann m. obgen. herrn gn. oder ſeine amptleute ſich nicht wollen begnügen laßen an ſolchem gebotenen*), deren man den überkäme und überführe die und auch das, des die merker zum rechten geweiſet hetten, ſo *ſtünde die mark offen* und weren auch alle bußen ab, als lang bis man ein märkerding hätte u. die mark mit gebot beſtellte ohn gefehrde. Dieburger w.; ſie weiſten auch, daß man einem ieglichen märker, er ſei arm oder reich, wann ers begehret, ein märkerding machen ſoll ungefährlich, u. wo man das nicht thäte, ſo ſolte die *mark offen* u. *alle bußen abe ſein.* ibid.

[So viel ähnliches ſich in verſchiednen marken findet, ſcheinen doch die markgenoßen benachbarter bezirke oft nichts mit einander gemein gehabt zu haben: es haben die bobenhäuſer märker ihren brauch für ſich und mit andern frembden märkern nichts zu thun. Meichſner 2, 955. Auf der andern ſeite gab es ſchwächere marken, die ſich an ſtärkere anſchloßen (oben ſ. 503); in Weſtphalen finden ſich höhere marken, bei denen ſich die geringeren rechts erholten: vermöge der markenrechte in der Lutte, *als de hoeſte marke.* Kindlinger 37, 18; als dat in andern marken nedden und baven geſchud (geſchieht) und inſunderheit in der Lutte, als de hoeſte marke in dem lande, darin alle andere marken rechtes to gebruiken ſchuldich. Alberger holtink a. 1554, Kindlinger 37, 20.]

18. *verkauf und näherrecht.*

An dem wald ſelbſt hatte jeder märker nur *ideellen antheil***), wir haben jedoch oben ſ. 505 geſehen, daß auch ſein haus, hof

---

*) dieſe ſtelle iſt verderbt.

**) zielt auf ihn in den alten urkunden die formel: quidquid in illa marca proprietatis viſus ſum habere? ich glaube nicht.

und acker zu der mark in weiterem | ſinn geſchlagen wurden. 531
Wollte er beide verkaufen oder abtreten, ſo durfte ers nur in der mark und allen markgenoßen ſtand *näherrecht*, *markloſung* und *abtrieb* zu. Item, ſprechen wir auf den eid, was man der wälde, in dieſer mark beſchloßen und begriffen, verkaufen jemand wolte, der ſol ſie ufgeben und bieten in dem märkerdinge. Meichſner 2, 953; der merkerſcheffen hat zu recht geweiſt a. 1441, daß kein marker *kein markgut*, es ſei *boden* oder *ſchare*, beklagen oder nirgend anderſtwo vergiften oder wehren ſoll, dann am markergeding. ibid. 2, 725; kein *markgut*, es ſei *bodem* oder *ſchar**), ſoll nirgend anders verklagt, vergift, vergeben oder gewehrt werden, dann am markergericht zu Bobenhauſen. ibid. 2, 932. Auch der vogt der mark hatte *nach* den markgenoßen den vorkauf vor fremden: wenn der graf (zu Hanau) die wälder, ſo feil werden, nicht kaufen wil, ſo mögens die Gröſchlag thun. Meichſner 2, 893; item teilen wir, das das *holz* niemand kaufen mag oder ſol, dann die *marker gemeinlich und keiner beſonder;* were auch das ſie das nicht thun wolten, ſo ſprechen wir vor recht, das den wald niemand billicher kauft und behelt, dann der graf, wolte ſein auch der nit, ſo hette der Groſchlag, nach unſerm herren u. ſeinen herren, recht zum kaufe. ibid. 2, 932; item wiſen wir, wenn die märker in und auswendig des gerichts ire güter und höfe zu verkaufen noth angienge, die einwohner und leut in dem gericht ſeßhaft die nechſten u. zu allen zeiten ein ewigen *abtrieb* hergebracht. Altenhaſl. w.

19. ich will am ſchluß die züge zuſammendrängen, die aus der markeinrichtung als beſonders alterthümlich hervorleuchten: der gekorne oder geborne vogt (ſ. 504), die hammertheilung (ſ. 527), die rückkehr des überfluges zur mark (ſ. 525), der laute ruf der holzaxt (ſ. 514), die wegräumung des bauholzes binnen jahr und tag (ſ. 510), die decimae porcorum (ſ. 523), die ſchwere ſtrafe des markfrevels (ſ. 516. 519) und die interdictio aqua et igni (ſ. 530); das ſechſte buch wird zeigen, daß ſich auch ein

---

*) ſollte *boden* den wald, *ſchar* den acker im wald bedeuten? ſchar erinnert wörtlich an theilung, diviſio [ſieh oben ſ. 506].

gottesurtheil (durch waßer) in der tradition der markgenoßen forterhalten hat. — |

532 C. *Sondereigenthum* an grund u. boden.

Sondereigen nehme ich hier für getheiltes (ager privatus), im gegenſatz zur mark, wiewohl es auch allod bedeuten könnte, im gegenſatz zum lehen (vgl. Triſt. 5623 lêhen u. ſunderlant). [Aus Norberts vita Bennonis: Bennos advocat ſchwört, daß der berg nicht mark, vielmehr *ſunder* ſei: quod hic vulgo *ſunder* appellatur, eo quod ſeorſum privato alicujus uſui ſeparatum a communi hominum utilitate ſecernit.] In drei abſchnitten werde ich I. die grundverhältniſſe, II. übergabe und gewer, III. das unvollkommene eigenthum abhandeln.

I. *Grundverhältniſſe.*

1. *Vertheilung.*

Um auf die eintheilung der felder und äcker zu gelangen, muß wieder von der des landes überhaupt (gawimez. gl. Jun. 219) ausgegangen werden. Ein germaniſches centeſimalſyſtem, das auch in andern rückſichten waltete (bei wahl der krieger und der gefährten des princeps: *centeni* ex ſingulis pagis ſunt; centeni ſingulis ex plebe comites, conſilium ſimul et auctoritas adſunt. Tac. cap. 6. 12), läßt ſich hier erkennen. Das gebiet der Semnonen zerfiel in hundert bezirke, welche Tacitus pagi nennt: centum pagis habitant (codd. habitantur). Germ. 39; [vgl. Jul. Caeſ. 1, 37. 4, 1: centum pagi Sueborum.] Dieſe pagi könnten nun das ſein, was wir in alam. urk. *huntari* genannt finden, und zwar deutlich als unterabtheilung größerer landſchaften, nämlich der *gaue*, zu latein heißen ſie bald pagi, bald pagelli, einigemal centenae und marchae: in pago Haltenhuntari. Neug. 107 (a. 789); in pago Munterihes huntere. ibid. 585 (a. 889); in pago Turgaugenſi, quod tamen ſpecialiter dicitur Waldhramnis huntari. ibid. 318 (a. 847); in pagello Suercenhuntare. ibid. 356 (a. 854); in pagello Goldineshuntare. ibid.; in pago Albunespâra, in centena Ruadoltes huntre. ibid. 283 (a. 838); infra marcha illa, quae vocatur Muntharihes huntari. ibid. 118 (a. 792). Immer ſteht der gen. ſg. eines eigennamens voraus, welcher den vornehmſten beſitzer oder den erſten an-

bauer*), vielleicht den gravio, judex des huntari (centenarius) anzeigt**). Wie verhalten ſich huntari und marcha? in dem letzten beleg ſcheinen ſie gleichbedeutig, allein | vor marcha 533
ſteht gewöhnlich der gen. ſg. eines ortes oder gen. pl. der ortsbewohner (oben ſ. 496), marcha wäre alſo mehr die örtliche, dauernde benennung, huntari mehr adminiſtrative, vorübergehende***)? Paſſender wird aber huntari anders gedeutet und nicht für den hundertſten theil des ganzen, ſondern ſelbſt für ein ganzes, welches hundert villae oder praedia in ſich begriff, genommen. Hierzu ſtimmen das altn. hundari und agſ. hundred. *Hundari* war nach Verelius $128^a$ ett härat, ſom beſtod af hundrade hemman, nach Ihre 1, 821. 930 dicebatur, quia centum villas continebat. Der name findet ſich meines wißens nur im upländ. geſetz und nach dieſem (kong. 10) zerfällt es in *fiardhungar* und *åttungar* (viertel und achtel), folglich beſtand das viertel aus 25, das achtel aus $12^1/_2$ villis†). Da nun ein gewerter eigenthümer wiederum mindeſtens $^1/_8$ des åttungs beſitzen ſollte (oben ſ. 506), hätte das $^1/_{64}$ des ganzen betragen, was ſich mit den hunderteln nicht recht verträgt, vielleicht auch nur gothländiſch, nicht ſchwediſch war. Der gothländ. åttung wurde in *tolftungar* (zwölftel) zerlegt (Stjernhöök p. 262), acht åttungar würden 96 zwölftel bilden, d. h. eben ſo viel, als ohne den bruch die zwölf villae des åttungs ergäben. Das verhältnis des

---

*) etwa wie beim röm. fundus? Niebuhr 2, 392. 393; aber es iſt noch ununterſucht, ob die deutſchen namen veränderlich waren oder lange dauerten.

**) vgl. den ausdruck *miniſterium* Frumaldi, Karamanni comitis etc. Neug. nr. 191 (a. 817); der centenarius heißt ſelbſt *hunteri*. T. 201, 1 (goth. hundafaþs).

***) ein chuningeshuntari nicht bloß im Rheingau (kunigeshuntra, kunigeſundra), auch in Weſtphalen: dat konigſondern (oben ſ. 512), welches Haltaus 1697 ganz anders nimmt.

†) Upland ſelbſt bildet (nach kongab. 1) drei *folkland:* 1. tiundaland (zehntland), 2. attundaland (achtland), 3. fiadhrundaland (viertland, von altſchwed. fiadhur, fiädhur, vier). Nach Olafs helga ſaga cap. 76 zerfällt Sviþiod überhaupt in fünf landſchaften: 1. ſudrmannaland, 2. fiadhrundaland = Veſtmannaland, 3. tiundaland = Upland, 4. attundaland, 5. ſialand.

hundari zum herad iſt noch unermittelt, Ihre hält beide für gleichviel, doch mag herad dem hochd. gau entſprechen. [Auch herad (dän. herred, nordfrieſ. harde. Heimreich 1, 88. 94) weiſt auf hundert, da *herr* die zahl hundert iſt, ſieh oben ſ. 207*, vgl. Geijer 1, 502; centurionatus bei Saxo gr. p. 216 überſetzt herad.] Den Angelſachſen hieß der unſerm gau vergleichbare bezirk eine *ſcire* (engl. ſhire), was kirchliche anordnung verräth*), *hundred* bildete wieder die unterabtheilung, dergeſtalt, daß es zehn zehntel, jedes einzelne zehntel (*teođing*) zehn tûnas,
534 d. i. villen | in ſich vereinigte. Wie alſo das agſ. hundred hundert tûnas, das altn. hundari hundert praedia, ſo enthielt höchſt wahrſcheinlich auch das alam. oder ahd. huntari hundert weiler (*wîlari*). Der gau aber begriff mehrere huntari, die ſcire mehrere hundredu, in unbeſtimmter anzahl. Zugleich hieß das agſ. zehntel *tûnſcipe*, ſein rector *tûngerêfa*, villicus, der vorſteher des hundreds *hundredescaldor;* beide ſind offenbar der *tunginus* und *centenarius* der lex ſal. (47, 1. 49, 1. 53, 2 [44, 1. 46, 1. 50, 2]), es muß demnach auch der altfränk. ausdruck für villa, praedium tûn gelautet haben und er war ein ſehr paſſender.

*Tûn* (engl. town) iſt das ahd. *zûn*, nhd. zaun, und bezeichnet ein durch weidengeflecht eingehegtes, gefriedigtes grundſtück, praedium, villa, [cynelîc tûn, villa regia. Beda 146;] grade wie das altn. *gardr* zugleich ſepimentum und praedium urbanum**). Im altn. hat *tûn* die bedeutung von pratum und oppidum; ahd. mundarten bieten *zûn* nur für das einfriedigende, nicht für das eingefriedigte dar, letzteren begriff drücken ſie aus durch *wîlari* (villare), *heim, hûſir, dorf, ſtat* u. a. wörter, welche ſämmtlich von *bewohnten* grundſtücken und angehäuften

---

*) eine beſtätigung des auch im innern Deutſchland unzweifelhaften zuſammenhangs der gemeintheilung mit der kirchlichen. *ſcire* negotium, procuratio, in ſolchem ſinn auch provincia, parochia (wie noch jetzt franz. *cure* pfarrei); ahd. *ſcira*, vgl. gl. ker. 25 ſcira habet, procurat (Diut. 1, 148 fehlerhaft ſcerco habet), ſcirono negotiorum. ibid. 279.

**) curtem cingere. lex Bajuv. 11. 6, 2 [12, 10]; ſortem concludere. Viſigoth. VIII. 5, 5; curtem tunimo (ſ. tunino) munire, intercludere. Bruns beitr. 69. 71. 72. 74 [MG Capitularia I p. 254. 255]; in Bunahu talem ſeptum, qualem ibi habuimus. tr. fuld. 2, 79.

wohnungen zu verſtehen ſind, ſo wie villa und town zuletzt auch in die heutige bedeutung von ſtadt übergiengen.

Abgezogener ſcheint die benennung *ſors* für praedium, territorium, d. h. urſprünglich der durch loß ermittelte theil eines grundſtücks. lex Burg. 84, 1. Viſig. X. 1, 14. 2, 1. VIII. 5, 5; das goth. wort wäre *hluts* (altn. hlutr), und es iſt auch in bairiſchen urk. zu treffen: territorium, quod vulgo dicitur Einanhluz (l. dicunt einen *hluȥ*). Meichelb. nr. 311; de pratis unum quod dicimus *luȥ*. ibid. nr. 493 (a. 826); unum *luzzum*. ibid. nr. 500; unum *hluzzum*. ibid. nr. 508. [Schmeller 2, 505.] Ob es von *beſtimmter* größe war? kaum, da lat. diplome jener zeit den ausdruck *ſors* überhaupt für antheil und beſitzthum gebrauchen, gleichbedeutend mit *portio*. Neug. nr. 130. 155 (a. 797. 805). [Doch ſieh Stenzel urk. 282.]

Geregeltes, wiewohl ſchwankend geregeltes landmaß zeigen *huoba* und *manſus* an, welche beide meiſtentheils zuſammenfallen, daher auch manſus durch huoba gloſſiert (florent. 989ª. Lindenbr. 997ᵇ) und noch das | hufe des Sſp. vom lat. überſetzer 535
ſtets durch manſus gegeben wird. Die entſprechendſte lat. benennung wäre *fundus*.

*Huopa*, altſächſ. *hôva*, mhd. huobe, nhd. hufe (f. hube) bedeutet ein gemeßnes und gehegtes landſtück; [mhd. huobe auch in der dichtung: im dienten ſîne huobe, daȥ kreftige guot. Gudr. 21, 1; die wîl ich ein huobe hân. Dietr. fl. 1004, vgl. 1612; armman, der nie huobe gewan. kl. 520;] es mangelt der agſ. und altn. mundart, ſeine abkunft iſt dunkel*). Alamanniſche urk. des 7. 8. 9. jh. (zuerſt bei Neug. nr. 4 a. 680) geben hoba d. i. *hôba*, die trad. fuld. *huoba*, das ſtrengahd. *huopa* erhellt aus einer wiener gl. huopa (manſus). Denis I. 1, 147 und aus widam huopo (domum primitiae). monſ. 373**). Gemeßen ſein

---

*) ans goth. hôha (aratrum) darf nicht gedacht werden, dies würde ahd. huoho lauten, wovon wirklich huohili (aratiunculas). monſ. 329. Doc. 220ª herſtammt; eher verwandt ſcheint das altn. hôf, modus, [zu heben. gramm. 2, 9, ſieh auch captura unten ſ. 538.]

**) einmal findet ſich *hobones*. Neug. 496 (a. 876) und *hobunnae* (coloniae). tr. fuld. 2, 26 (Schann. nr. 98). 2, 27 (Schann. nr. 78), wofür 1, 13 (Schann. nr. 177) *haftunnae* geleſen wird; [*haftunna*. cod. laur. nr.

muß die hube, denn es heißt hobam *plenam*. Neug. nr. 554 (a. 885); hobas III *pleniter emenſas*. ibid. nr. 394 (a. 861) und unam hobam *pleniter emenſam*. ibid. nr. 485 (a. 875). Beſtimmungen beigefügt ſind in folgenden ſtellen: hobam 1, hoc eſt XL jugera. Neug. 646 (a. 904); unam hobam et XIX jugera. ibid. 530 (a. 882); una hoba, quod eſt XXX jugera terrae aratoriae. tr. fuld. 2, 14 (Schann. nr. 61 a. 779); ad unamquamque huobam XXX jugera. tr. fuld. Schann. nr. 580; alſo in Alamannien 40, in Buchonien 30 jugera; die volle hube betrug im Rheingau, Lahngau, Lobdengau 30 morgen, anderwärts anders. Bodm. 726. 728. [Wigand (von den dienſten. Hamm 1828. p. 22-24) weiſt nach, daß das *jugerum* (juchart) auf ackerland, die *jurnalis* (tagewerch) aber auf nach den huben eingetheiltes *weideland* (und auf weinberge) beziehung hat. Damit ſtimmt überein, wenn es in Langs reg. 4, 163 (a. 1281) XXIV *prata* vel *tagwerk* und 4, 219 (a. 1283) *tagwerch in prato* heißt. Jugeris *kicer* ſaxonice, unius diei opus aratoris. Hatt. 1, $262^b$ (zu agſ. geoc joch). Schon ahd. findet ſich *morgan* als ackermaß. Graff 2, 854; ebenſo ſlav. jutro, böhm. gjtro, die tageszeit und das maß, Jungmann 1, 625; ſieh auch oben ſ. 87.] Übrigens konnte die hube in der flur und in wald liegen; duas hobas, unam in campis, alteram in ſilvis. tr. fuld. 2, 83; meiſt war es ackerland: hobas tres de arativa terra. Neug. 84 (a. 783) und von einem colon bewohntes: hobam, quam Perehtinc incolebat. Neug. 554 (a. 885); una hoba cum ſervo in ea ſedente. ibid. 557 (a. 885); trado ſervum meum cum hoba ſua. ibid. 150 (a. 805); Richolfum cum hoba ſua. ibid. 70 (a. 778); ſervum unum cum ſua hoba. tr. fuld. 2, 133; zuweilen wird die *area* domus*) oder die *arealis* von der hube unterſchieden: unam arialem cum ſua ſtructura et ad illam pertinentem hobam. tr. fuld. 1, 23; duas huobas et tres ariales. 1, 26; duas hobas et unam
536 aria- | lem. 1, 31. Saßen unfreie auf der hube, ſo hieß ſie *huoba ſervilis* (? ſcalches huoba): duas hobas ſerviles. tr. fuld. 2, 79;

---

2570. 3428; portionem meam de tribus *aftunnis*. ibid. 2162; unam aphtunnam. ibid. 2817, fehlerhaft aber haſtunna. ibid. 256. 2312.]

*) *hovaſtat*, area, curtis von hof (domus, aula), wörtlich mit huoba gar nicht verwandt.

duas huobas ſervi. ibid. 2, 73; hobones ſerviles V. Neug. 496 (a. 876); [lazes huoba. cod. lauresh. 3661;] es konnten aber auch freie ſeiñ und beide führen den namen *hubarii*, *hübner*. Ererbtes land wurde bis in neuere zeit *althubiges* (altgemeßenes) genannt, vgl. oben ſ. 185. 186*).

*Manſus* hat ſich aus dem fränkiſchen reich in das übrige Deutſchland und durch das ganze mittelalter verbreitet; doch finde ich es nur unter den Carolingern und in den capitularien, nicht in den älteren geſetzen**). Bei Neugart zuerſt nr. 52 (a. 773) und auch da ſtehet es zufällig, die echtalam. diplome gebrauchen hoba, die königlichen manſus, namentlich nr. 191 (a. 817); [manſi vel hôve. corv. regiſt. Wigands arch. I. 2, 14. 3, 49; manſus huve. gl. Jun. 306; meiſt enthielten ſie 30 jugera, aber auch 60. Wigands arch. I. 3, 49.] Mit größter wahrſcheinlichkeit wird manſus von *manere* geleitet, da die coloni auf dem grundſtück zu wohnen pflegten; [eine paßauer urk. des 8. jh. (Freyberg nr. 67) hat für manſos überall *manſas*, dominicales et veſtitas, nr. 72 (a. 805) hingegen *manſos*, *plenos* (d. i. pleniter emenſos); abwechſelnd ſteht *manſos* und *maſos* in einer catalon. urk. a. 983 (Villanueva 10, 263-271), ebenſo *maſas* und *manſos* in einer urk. a. 991 (mon. Aquenſia 1, 11. 12); manſum pl. manſa bei Schöpflin nr. 249 (a. 1120);] die franzöſ. provinzialmundarten haben es in *mas*, *mes*, *meis*, *meix* verwandelt [wie meſa aus menſa, mes, mois aus menſis] (Roquef. 2, 149[b]. 164[a]), gerade wie aus manſio meſon, maiſon gebildet***); ſo iſt auch das franz. maiſnil, meſnil, mênil aus manſionile, manſile†). Die manſi ſind, gleich den huben, gemeßnes land; über die abweichungen des maßes vgl. Ducange 4, 436 und Huydecoper 1.

---

*) wie in Oſtg. bygd. 28. *höga byr* oc *hedno byr;* Veſtg. bygn. 6. hoga byr oc af hedna bygdr, d. i. fundus tantae vetuſtatis ut jam tumulorum aetate et in gentiliſmo ſint culti.

**) form. Marc. 1, 22 manſoarii; 2, 36 manſum, manſellum.

***) Huydecoper op Melis Stoke 2, 590-613 verſchwendet gelehrſamkeit um darzuthun, daß der name nicht aus dem particip von manere, ſondern aus dem von metiri gebildet ſei, manſus für menſus ſtehe.

†) zu welcher zeit verſchwindet die benennung manſus in Deutſchland? ſie findet ſich noch häufig in dem regiſtr. feudorum oſnabr. von 1350 bis 1361 (bei Lodtmann acta oſn. 1, 161 ff.).

c. pag. 495; es gab *integri* und *dimidii*, [manſi *integri*, *pleni*, *dimidii*. Wigand arch. 2, 4-6;] gleich den huben begreifen ſie zuweilen haus und hof, zuweilen werden ſie der curtis oder area entgegengeſtellt. In der regel hatte jeder manſus ſeinen beſitzer (*manſuarius*, oben ſ. 317), man ſehe die beigefügten genitive in den dipl. bei Neug. nr. 191, die bebauten hießen *veſtiti*, *culti*, die ungebaut liegenden (aber doch ſchon ver-
537 meßenen und vertheilten) *abſi* *), | *nudi*, *inculti;* [manſi veſtiti,

---

*) Ducange 1, 66: vineas cultas et incultas *ſeu abſas;* manſos duos *penitus abſos* et omni cultura deſtitutos, paſcuis ſolummodo animalium aptos; territorium, quod nunc jacet *abſum;* deſtructum et ſicut dicitur *abſatum;* [et unum vaſtum = abſum. Erhard p. 132 (a. 1097), vgl. ahd. *abſa* legerhuoba. zwetl. 109$^{a}$. Diut. 3, 416. Graff. 4, 753, legerhuve. gl. Jun. 306, brach liegendes feld;] abſare heißt alſo mettre en friche, brach liegen laßen. Der *abſarius* hatte von dem ihm verliehenen land eben ſo wohl zins und heerſchilling zu entrichten, als der manſuarius veſtitus, nur geringeren: manſionarius 5 ſol., abſarius 30 den., bunatarius 15 ſuppleant. (conſt. Caroli craſſi? de feudis); er nutzte das grundſtück wahrſcheinlich zur viehweide. Aus abſens oder gar abſum, dem praeſ. von abeſſe, kann dieſer romaniſche ausdruck nicht erklärt werden, [obwohl auch der ausdruck terra abſens vorkommt. Fumagalli nr. 41; vgl. deſſen erklärung p. 177: terra ſeparata dalla villa;] ich habe ans franz. àbas (herunter), ital. abbaſſo, ſpan. abaxo, port. abaixo und an die verba abaiſſer (altfr. abaſſir), abaxar, abaixar gedacht, [vgl. auch abais decadence. Raynouard 1, 191$^{a}$;] abſus für abaſus wäre ein im bau heruntergekommnes, verfallenes grundſtück, nämlich man findet auch in alten gloſſen, bei voller und verkürzter form, abaſa, abſa, abaſo, aboſo, abſo, abbaſo für domus infirma [Pertz 2, 803], mit der unwahrſcheinlichen deutung: quaſi ſine baſe. Ducange 1, 12. 32. Indeſſen müſte erſt ein manſus abaſus ausdrücklich nachgewieſen werden. — Eichhorn zeitſchr. 1, 152 hatte *veſtiti* für die mit einzelnen perſonen beſetzten, *abſi* für die nicht beſetzten genommen; allein beſitzer und inhaber kommen beim abſus, wie beim veſtitus vor, was ſchon der name abſarius zeigt und die unterſcheidung in ſervilis und ingenuilis, nachdem ſein beſitzer unfrei oder frei war. Späterhin wurde rechtsg. § 84$^{b}$ das weſen des abſus nicht in die abgehende cultur, ſondern in die art der verleihung geſetzt: *veſtiti* ſeien die nach hofrecht beſetzten, *abſi* die auf lebenszeit, pachtweiſe oder ſelbſt widerruflich verliehenen. Beweiſe für dieſe anſicht kenne ich nicht. Eine gloſſe des Caeſarius zum regiſtr. prumienſe, bei Honth. 662$^{b}$ ſagt: manſi abſi ſunt, qui non habent cultores, ſed dominus eos habet in ſua poteſtate, qui vulgariter appellantur *wroinde;* dieſes wroinde wird auch 666$^{a}$ hinter abſa eingeklammert und daß der gloſſator frongüter, herrn-

abſi. tr. Wizenb. p. 286. 296; eine urk. vom j. 893 bei Baluz 2, 1523 gebraucht die mit veſtitus und abſus gleichbedeutigen ausdrücke manſus *coopertus* und *discoopertus;* ebenſo manſi *in poſſeſſione* und *manſi deſolati.* landbuch der mark Brandenburg p. 158. 159. 166; huobae *deſertae et poſſeſſae.* tr. Wizenb. p. 298; fundus deſertus. Seibertz 1, 76 (a. 1179); blôȥe huobe, wüeſte lant. MS. 2, 229ª; auch das n. pr. Johan dictus *Wuſtehube.* cod. Mor. 6, 223;] der ungebauten manſi war weit die geringſte zahl, ein breviarium (Bruns beitr. p. 65 [MG. Capitularia I p. 252]) rechnet auf 1427 veſtitos 80 abſos. Beide konnten nach dem ſtand ihrer beſitzer entw. *ingenuiles* oder *ſerviles* ſein. [In einer charta Theoderici I. regis Neuſtriae (a. 673): manſos *dominicales* et manſos *ſerviles.* Binterim 1, 2; manſa *fiſcalia* et *ſervilia.* Schöpflin nr. 249 (a. 1120); manſi *litonum* im fritzl. reg. ſaec. 14. ineunt.] In Deutſchland abgefaßte urk. nehmen nicht ſelten manſus für den bewohnten theil des grundſtücks (für area, curtis), und ſetzen ihm die dazu gehörige hube, als ackerland gegenüber: VIII manſos et hobas ad ipſos pertinentes. cod. | laureſham. 1, 312; manſum habentem 538
hobas tres. ibid. 1, 68; V hobas cum V manſis. Schannat nr. 580.

Das ganze fränkiſche reich war im neunten jh. nach manſen eingetheilt, denn bei erhebung öffentlicher *auflagen* dienten ſie zur richtſchnur*) und zwar dergeſtalt, daß vom manſus ingenuilis mehr, vom ſervilis weniger genommen wurde,

---

güter meint, beſtätigt 673ª: ſi autem ipſi iſta et alia jura non fideliter peregerint, abbas feoda eorum debet *abſare* id eſt *vronen*, nämlich einziehen, zu ſich nehmen, allein dies widerſpricht dem, was ich vorhin ausgeführt habe, eingezogne ländereien konnten in gutem bau ſtehen; wahrſcheinlich verſtand Caeſarius, im jahr 1222, das alte wort nicht mehr. Merkwürdig heißt es im regiſt. von Prüm ſelbſt 680ª: *abſi homines* (? heruntergekommne leute) ex noſtra familia, qui infra poteſtatem noſtram *ſine manſis* ſunt, und darauf auch, mit gleicher ſchilderung, *abſae feminae.* Die abſi homines können keine abſarii ſein, denn dieſe haben einen manſus abſus, jene ſind ohne manſen.

*) das geſamteigenthum der waldungen blieb bei ſolchen anläßen unbelaſtet, ſo wie auch die gewöhnlichen zehnten nur das ackerland trafen.

grundherr und manſuarius aber die laſt zu gleichen theilen trugen. Ann. Hincmari remenſ. ad a. 866 (Pertz 1, 471): indicta per regnum ſuum conlatione ad exſolvendum tributum de unoquoque manſo ingenuili exiguntur ſex denarii, de ſervili tres; iid. ad a. 877 (Pertz 501): ſcilicet de manſis indominicatis ſolidus unus, de unoquoque manſo ingenuili quatuor denarii de cenſu dominico et quatuor de facultate manſuarii, de manſo vero ſervili duo denarii de cenſu dominico et duo de facultate manſuarii. Noch eine ſtelle in dieſen annalen beſtätigt auch das centeſimalſyſtem: de *centum manſis* unum haiſtaldum et de *mille manſis* unum carrum cum duobus bobus . . . ad Piſtas mitti praecepit. ad a. 866 (Pertz 481).

Gleichbedeutig mit manſus wird in fränk. urkunden bisweilen auch *factus* (d. i. conſtructus, diſpoſitus, [vgl. cod. laureſh. nr. 262 terra *facta* et adhuc in ſilva *facienda*]) gebraucht, z. b. im polypticus foſſatenſis col. 1389: factos id eſt manſos; belege mehr liefert Ducange 3, 299 und 301. In andern gegenden waren ſicher noch andere namen der feldvertheilung im ſchwang, z. b. *captura* oder *bifanc:* pifanc (ſeptum). gl. Jun. 183; unum ambitum, quem nos bifanc appellamus. tr. fuld. 1, 33; [porpriſum quod eorum lingua bivanc vocatur. Falke tr. corb. 377 (a. 816); in heidu bivange. Schannat nr. 567; ſtatt bifang ſteht comprehenſio. Binterim p. 28 (a. 855); vgl. Schmeller 1, 490. 540. 541;] dimidiam partem unius capturae. tr. fuld. 1, 34; partem capturae meae. ibid. 1, 72; *ſcôpoȥa*, ſpäter *ſchuppiße*. Arx S. Gallen 1, 156; [ſcopoſa, ſcuopoſſa. Arx Buchsgau p. 72; ſcopoȥa. Schöpflin nr. 334 (a. 1185); ſcuopoſa. Wackernagel kl. 24 (a. 1257); in duabus ſcopozis. Neugart nr. 1010 (a. 1271); ſcopoȥe. Pupikofer nr. 13 (a. 1276); in quatuor ſcopoſis. Füßli ſchweiz. muſ. 1786 p. 574 (a. 1376); ſchuppuſſe. Pupik. nr. 74 (a. 1404); ſchupiſſe = hube. Tägerwyler öffn.; ſchuchbuȥe. Scherz gloſſar 720[b]; ſchuchbos bei Oberlin aus den jahren 1428. 1444. 1445. 1453;] auch *colonia:* novem trado colonias integras, hoc ſunt hobunnae. Arx S. Gallen 2, 27; *colonia veſtita* cum mancipiis. Meichelb. nr. 142, was einerlei ſein wird mit huoba veſtita. Der deutſche ausdruck lautete wohl *giuopida*, guopida (gl. monſ. 368. Doc. 217[a]), denn uopan iſt colere. Man müſte die maße wißen.

[Ferner finden ſich die ausdrücke *word* = hoveſtat (mit ſolum überſetzt). Sſp. 1, 34, eine *word.* Haltaus 2133; mit der *wurth.* ibid.; *wuord.* weisth. 3, 73. 74. 75; endi imu (dem korn) thiu *wurđ* bihagod. Hel. 75, 22; auf ragender *wurte.* Voſs 3, 121; *wurt.* Gildemeiſter 2, 239; niederdeutſch *wurth* bedeutet hügel, auf dem das haus ſteht (vgl. altn. urđ ſaxetum, agſ. varođ littus); mid liſtan fađarwurđe. Pertz 2, 388; (vgl. oben ſ. 494 echtwort;) nordfrieſ. *demth, demath, dagmath.* Heimreich 2, 201, *dagmathon.* Freckenh. heberolle, vgl. ſchweiz. *tagwan.* Stalder 1, 258; *zelga, zelge.* Schmeller 1, 526 und oben ſ. 353; *gebreite* (area). Herrad $181^a$. Mone 8, 467; vgl. thiꝫ lant breita. O. II. 2, 35, ſi wâren *breiten* huoben holt. Frauend. $47^a$.]

Die agſ. benennung *hŷd* oder *hŷde* (wenn dieſe genauere ſchreibung richtig iſt, denn bei Beda finde ich faſt nur den gen. pl. hida; das engl. *hide* entſcheidet nicht) bedeutet *haut* und ſcheint ſich urſprünglich auf landmeßung | mit riemen bezogen 539
zu haben (oben ſ. 90. 91), ſo viel landes als mit einer haut riemen gemeßen wird; ſpäterhin ein pflug landes, vierzig morgen.

Altn. bedeutet *bôl* praedium, villa und Andr. Sun. 4, 1 vergleicht es ausdrücklich dem manſus: funiculi dimenſione tota villa in aequales redigitur portiones, quas materna lingua vulgariter *boel* appellant et nos in latino ſermone *manſos* poſſumus appellare, earum fundis inter ſe praediisque inter ſe fundis ipſis adjacentibus adaequandis. Nächſtdem heißt altn. *tôpt*, dän. toft, ſchwed. tomt, tompt was in unſern urkunden area, ahd. hovaſtat, nämlich der fundus, worauf die wohnung ſteht und die altſchwed. geſetze ſtellen die regel auf: *tompt är ackers* (tegs) *modhir*, area mater eſt agri, d. i. nach der theilung des tomt richtet ſich die des ackerlands. Verelius $253^b$. $257^a$. Ihre 2, 922, vgl. Falck jüt. geſ. p. 82. *Tegr* (Suderm. bygn. 11) iſt das altn. *teigr* (arvum, tractus terrae). [Altn. *trôda* terra culta, ſubacta; ſchwed. *hemman* praedium, *mantal* praedium ruſticum.]

2. *Ausmeßung.*

Nach aufhebung der alten *hamarſkipt* wurde im Norden *ſolſkipt* (fem.) oder ſolſkipti (neutr.) gehandhabt, wovon nur in den ſchwed. und dän. geſetzen die rede iſt, nicht in den nor-

wegiſchisländiſchen. *Solſkipt* (Upl. vidherb. 1. landsl. bygn. 6) erklärt Verelius 239[a]: agri ſecundum ſolis et coeli regiones collocati diviſio, ut fundus ad meridiem ſitus meridionales, ad ſeptentrionem collocatus ſeptentrionales portiones habeat ac ſic in reliquis; Ihre 2, 696: terminus legalis, reſpiciens illam veterum ſanctionem, ut in villa, ubi plures ſunt coloni, illi qui verſus orientem aedes ſuas habent, etiam orientales plagas inter dividendum fundum nanciſcantur, quique verſus occidentem occidentales. *Soldragen* by (Dalal. bygn. 24) wird eine auf ſolche weiſe abgetheilte villa genannt. Nu är by til iamföris kumin ok til rättri *ſolſkipt*, tha är tompt ackers modhir, tha ſkal aker äpte tompt läggiä ok ändakarli gödhning givä, fiät fran fughla ren, tu fran gangu ren ok thry fran allmanna vägh, ſum ligger mällän kirkiu ok kiöpunga . . aker a ängi tilſighia, ängtegher ſkogteghi, ſkogtegher rörteghi, rörtegher a vatn a varpum ſkipta. thär ſum äi gita ſtena lighat, ſva at ſea ma, ſkili thär ſtang ällä ſtokker rörtegha ſunder. Upl. vidherb. 7, d. h. iſt ein land zur gleichſtellung und rechten ſonntheilung gelangt, ſo iſt das wohn-
540 grundſtück (tompt) des ackers mutter, da wird | der acker nach dem tompt abgetheilt und dem angrenzer (ändakarl, anterminus) vergütung gegeben, einen fuß vom vogelrein, zwei fuß vom gangrein und drei vom heerweg, der zwiſchen kirche und markt liegt. der acker beſtimmt den wiestheil, der wiestheil den waldtheil, der waldtheil den rohrtheil, der rohrtheil ſcheidet das waßer nach den netzen, da wo ſteine nicht ſo liegen können, daß man ſie ſieht, ſoll ſtock oder ſtange den rohrtheil theilen. Faſt gleichlautend Veſtmannal. bygn. 14. Landslag bygn. 6; fugla rên iſt der ſchmalſte rand am feld, worauf ſich die vögel ſetzen, gangurên der fußpfad. Auch das jütiſche geſetz 1, 55 (von *ſolſkift*) ſpricht den grundſatz aus, daß nach dem toft alles übrige feld acker und wieſe getheilt werden ſoll; [über das ſeeländiſche geſetz 2, 55 vgl. Kolderup Roſenvinge 367-369.] Im innern Deutſchland ſcheinen alle grundſätze der alten landtheilung nach ſonne und himmelsgegend verloren. Erwäge ich aber den zuſammenhang der *ſolſikpt* mit der altrömiſchen *limitation**),

---

*) *decumanus* appellatur limes, qui fit *ab ortu ſolis ad occaſum*, alter ex transverſo currens appellatur *cardo*. Feſtus. Eigentlich lag der cardo

ſo blicken dennoch einzelne ſpuren durch, die richtung *gegen morgen* bei dem ſonnenlehn (ſ. 254), bei der einweihung des herzogs (ſ. 254) und, wie das ſechſte buch zeigen ſoll, die einrichtung der gerichtsplätze*).

Werkzeuge zur theilung waren *ſeil* (rieme) und *ſtange*; jenes heißt altn. *reip*, altſchwed. *rêp* (reif), repa iord. Veſtg., til reps ſik biuda. Oſtg. bygd. 1, vgl. Jüt. 1, 39; [auch altn. *ſnœri*, davon *ſnœrur* termini funibus dimenſi; auch fornm. 11, 441. 442 wird der acker mit der ſchnur getheilt;] altn. *âlburdr* (ſeilführung) von âl (lorum) und *taumburdr*; nach Gulaþ. p. 286. 287 wird das land mit *ſcapt* und *âlburdr* getheilt. Fünfellenlanger ſtangen gedenkt Oſtg. bygd. 2, 1: taka *fämalna ſtang* ok leggia tvar a attung. |

Des *funiculus* hereditatis, wonach die Vandalen grundſtücke 541 theilten, iſt ſ. 479 meldung gethan. [Auch bei Phillips engl. rechtsgeſch. 1, 35: terram ſuis fidelibus *funiculo* diviſit, aus Dudo 2, 85 und Guil. Gemet. 2, 19.] Der langob. könig Liutprand, berichtet das chron. novalicienſe 3, 1, ſoll ſo lange füße gehabt haben, daß ſie das maß eines ellenbogens erreichten; nach ſeinem *fuß*, deſſen vierzehn auf *ſtange* oder *ſeil* eine *tabula* (ruthe) ausmachten, maßen die Langobarden ihre äcker. [Über den piede liprando, aliprando, eliprando vgl. Fumagalli p. 455; die erſte ſpur begegnet in einer urk. von Mailand a. 991: pedes legitimos, qui dicuntur de Liutprando. Außer dieſen pedes Liutprandi gab es auch pedes Munegiſi, Munechis. Brunetti p. 350, indice

als hauptlinie zu grund, die von dem decumanus durchſchnitten wurde. Niebuhr 2, 386. Der augur ſchaute bei der feldmeßung nach den himmelsgegenden, wie bei der inauguration des königs und conſuls. Niebuhr 2, 384. 385. Die limitation und agrimenſur als gegenſatz zur arcifinalität des gemeinlandes vergleicht ſich überraſchend unſerer ſonntheilung im gegenſatz zu dem hammerwurf der marken; [ſieh auch die vorſchrift der l. Bajuv. oben ſ. 57 unter nr. 15.]

*) vielleicht die theilung des kampfplatzes *bei duellen* nach der ſonne. Sſp. 1, 63: die *ſunnen* ſal man in gelike delen, alſe irſt to ſamene gat; ſchwäb. landr. 386, 18: die *ſunnen* ſol man in gelich tailen, als ſie erſt zeſamen gant; poema del Cid 3623: ſorteabanles el *campo*, ya les partien el *ſol;* vechten zwiſchen zwo ſunnenſchinen. cod. pal. 132.

p. 721.] Meßſeile aus ahd. urkunden habe ich mir nicht angemerkt, ſie reden von *ruthen* und *ſtangen:* tres virgas hovaſteti. tr. fuld. 2, 80; terra ad *perticam* menſurata. Neug. 106 (a. 788); [ahd. *juhruota* pertica. Hattemer 1, 305[b]; *iukruoda.* Werdener hebereg. p. 219. Doch ſieh auch N. 77, 5: nâh keworfenemo lozze teilta er daz lant mit *mâzſeile*, alſô man nû tuot mit ruoto; ibid. 104, 11: ze *mâzſeile* iuweres erbes, daz ir iz teilent mit *ſeile;* ibid. 15, 6: in zorften teilen ſint mir gevallen diu *lantmezſeil,* funes ceciderunt mihi in praeclaris; MS. 2, 227[b]: mezzen nâch der *ſnüere.* Auch ſpaniſch: partir a *piertega* medida. fuero viejo de Caſt. 133. Hierher noch: *andecingas* (al. andecenas) legitimas, hoc eſt perticam decem pedes habentem, quatuor perticas in transverſo, quadraginta in longo. l. Bajuv. 1. 14, 2 [1. 13, 2]; manſa fiſcalia LXXXI cum anzingis totidem, ſervilia XLV cum anzingis appendentibus XVII. Schöpflin nr. 249 c. a. 1120; über andecingae vgl. Ducange 1, 425. 426; ſcaramez andecenas. Diut. 1, 342[a]; hunc (actum) boetici hrindirarae arapentem ſcaramez dicunt, ab arando ſcilicet. MB. VII, 374.] Was bedeutet de pratis duodecim *worpa?* bei Meichelb. nr. 295.

[Die feierliche abſteckung einer grenze zwiſchen zwei beſitzthümern wird Isl. ſögur 2, 208 ausführlich beſchrieben: der vermeßende ſchreitet die grenze ab, indem er einen ſtein, dann den fluß als richtpunkt ins auge faßt (taka ſionhendîng).]

Höchſt eigenthümlich iſt die altwalliſiſche weiſe land zu meßen, die man bei Probert p. 177. 187. 241 nachleſen kann; ſie geht aus von der größe des gerſtenkorns (oben ſ. 103)*).

---

*) hält man einrichtungen, formeln und ausdrücke der römiſchen *agrimenſoren* zu unſern deutſchen, ſo ergibt ſich ähnlichkeit, obgleich noch niemals für die ſache geſammelt worden iſt, viele begriffe und wörter entſtellt und verdunkelt ſind. Die röm. meßer wandten z. b. auf die geſtalt der berge die des menſchlichen oder thieriſchen leibs an, daher vertex, caput, ſupercilium, collum, jugum, dorſum, ſura, pes und andere mehr von beiden gelten; ebenſo ſagen wir noch heute gipfel, rücken, fuß des bergs, fuß des markſteins, [kopf des berges. Schmeller 2, 318.]. Das möchte nachgeahmt ſcheinen, aber im altn. findet ſich auch fialls brûn, fialls öxl, fialls bak, fialls nes; ahd. hnol, hnollo (vertex), mehrere berge heißen horn, elnboge, rück (hundsrück, katzenelnbogen, [ruggebain, ein berg in der Schweiz. appenz. urk. nr. 31]) und die

3. *Grenze.* War die größe eines landes, entw. durch außerordentliche mittel oder durch gewöhnliche meßung beftimmt, fo mufte fie *bezeichnet* und für die fortdauer gefichert werden. Wo die grenze *endete* u. *wendete**) wurde das zeichen gefetzt; [daher lapides qui *wantftene* nuncupantur. Spilker 2, 285 (a. 1323).] Scheide zwifchen völkern machten felten *flüße*, gewöhnlich waldung oder hohes *gebirge*. Beifpiel eines flußes nehme ich aus der Edda:

Ifing heitir â, er deilir međ iötna fonom
grund oc međ gođom;
opin renna hon fcal um aldrdaga,
verđrat îs â â. Sæm. $33^{a}$,

nie gefriert er, die trennung zwifchen beiden völkern dauert 542
beftändig fort. [Die einzelnen frief. ftämme fchieden fich nach ihrer wohnung zwifchen Wifara, Laubachi, Sincfala und Flehus; hinc ad *fontem*, ubi duae provinciae dividuntur, Suevia quidem et Franconia. Schultes hift. fchr. p. 346 nr. 17 (a. 1053).] Ein großer wald, Eydafkôgr, fonderte Vermaland ab von Gautland. Har. hârf. cap. 15; [Kolmerkr fkilr Sviþiod ok Eyftragautland. fornald. 1, 378; Eyfkoga mörk, hun fkilr Geftrekaland ok Helfingjaland. ibid. 2, 132; Myrkvidr fkilr Hûnaland ok Reidgotaland. ibid. 1, 496;] filva, quae Polonos et Ungaros fejungit. Otto frifing. 7, 21; [filva, quae Scotiam Britanniamque fecernit. Saxo gr. p. 78; termini (Francorum et Saxonum) pene ubique in plano contigui, praeter pauca loca, in quibus vel filvae majores vel montium juga interjecta utrorumque agros certo limite disterminant. Eginh. vita Caroli c. 7;] ein fels am Rheinftrom trennte Burgund und Rhätien. Gaue und kleinere bezirke wurden fchon öfter durch flüße und bäche**), noch

---

gleichftellung der berge mit riefen ift in der deutfchen fabel wenigftens eben fo eigenthümlich begründet, als in der griechifchen. Andere benennungen werden von haus und hausgeräth entlehnt, z. b. bergftuhl, fchwelle (Stalder 1, 315 trüfchhübel), fcamnum; vgl. die formeln f. 36. 84.

*) technifche ausdrücke für das grenzrecht; man fagte auch *keren* und *wenden* und *ftoßen;* [auch *ftreichen, ftrich.* Haltaus 1757, vgl. *landftrich* tractus terrae; mhd. *zil* feldmark. Barl. 255, 13, vgl. Frifch f. v. zeil.]

**) Hafslækr (ein bach) rêđ þar landamerkum at fornu fari. Egilsfaga p. 711. 736.

häufiger durch wälder geſchieden; [das territorium von Altenhaſlau geht bis mitten auf die creuzbrücken und werden die todten, die nach Gelnhauſen begraben werden, jedesmal mitten auf der brücken abgenommen. Altenh. w. von 1570;] privatgrundſtücke muſten, wo nicht waßer, wald oder ein landweg zu hülfe kam, durch zäune, hügel, graben, furchen, pfäle, ſteine begrenzt werden. Die auserſehenen felſen, ſteine und bäume erhielten eingehaune oder eingeſchnittne zeichen, auf ahd. *mahal, hlâh,* vielleicht auch *marcha* genannt. In Rothars geſetzen 242. 243. 244. 245 *theclatura* und *ſinaida,* jenes ſcheint taliatura (einſchnitt), dieſes ſignata, ſignatura*); et deinde per ipſa via decurrentes per arbores *teclatas* habentes literas omega. charta Deſiderii regis in bullario caſinenſi 2, 14. In der lex Viſig. X. 3, 3 (vgl. VIII. 6, 1) und daraus lex Bajuv. 11. 3, 2 [12, 4]: ſigna vel notae in arboribus, quas *decurias* (das zeichen X) vocant; *evidentia ſigna* (ſva *at ſia ma.* Upl. vidherb. 7) in arboribus, montibus, fluminibus. lex Bajuv. 11, 5 [12, 8]; [*fixuriae* vel *terminia,* quinque *petras fictas.* Baluz 2, 1512 (a. 884); ein *eiſerner wegge* in den felſen geſchlagen. Arx Buchsgau 132.]

*Grenzſteine.* Lex Viſig. X. 3: *aggeres***) terrae ſive *arcas,* quas propter fines fundorum antiquitus apparuerit fuiſſe conſtructas atque congeſtas, *lapides* etiam, quos propter indicia terminorum *notis evidentibus* conſtiterit eſſe defixos. Eine urk. von 1155 bei Neug. nr. 866 enthält folgende merkwürdige ſtelle: inde ad Rhenum, ubi in vertice rupis *ſimilitudo lunae,* juſſu Dagoberti regis ipſo praeſente ſculpta cernitur, ad discernendos terminos Burgundiae et curienſis Rhetiae[1]. [Ein *halfmondsſtein* bei der grenze. ded. von Wulften beilage p. 162.]

---

*) ſo ſcheinbar ähnlich das ahd. *ſneida* iſt, und gerade bei grenzen vorkommt. trad. fuld. 2, 9.

**) in Schleſien: *koppitzen* aufwerfen und die grenze beſtätigen. [Böhme 1, 76 (a. 1587 zu Brieg).] Schweinichen 3, 179; *kupſen.* 3, 237, vom poln. kopiec, böhm. kopec, hügel. Auf deutſch heißt ein ſolcher hügel *rein.*

[1]) [die echtheit dieſer urk. wird angefochten, vgl. Joh. Müller Schweiz 1, 98. 99.]

Bei dem altſchwed. *ra* oc *rör* war es hauptſächlich an der zahl der ſteine gelegen; die deutlichſte ſtelle iſt Upl. vidherb. 18: thät är *rör*, ſum fäm ſtenar äru, fiurir utan oc ein i midhiu. fiuri ſtenar ok thrir ſtenar mughu *rör* heta. äi mughu färi ſtena bolſtadha ſkiäl heta. fäm ſtena ſkulu i hvarium | tompta 543
*ra* liggia. i farvägx *ra* mughu thre ſtena liggia, ſva ok i urfiälds ra. i akra ſkiptum ok tegha thär ma tve ſtena *ra* kalla. ſtaka ok ſten ma *ra* kalla. ben ok ſten ma *ra* kalla. enum ſteni gifs ängin vitzord. Hieraus ergibt ſich: *ein* bloßer ſtein hat keine beweiskraft, doch *pfahl und ſtein* oder *bein und ſtein* heißen ra, *zwei ſteine* ebenfalls; ein fahrweg und ein urfiäld fordern *drei ſteine;* jeder winkel des tompt *fünf ſteine; fünf ſteine* ſo geſtellt, daß einer in der mitte, vier außen um ihn herum liegen, heißen rör, auch *vier* und *drei ſteine. Ra* iſt das altn. râ, ſchwed. dän. vrå, *winkel**), ſoll aber nach Ihre auch pfal bedeuten; *rör* erklärt er ſtein, röra ſteinigen, verwandt ſcheint das altn. reira (oder reyra?) bei Biörn ligare, vincire. Auf Island und in Norwegen werden die grenzſteine *lîrittar* genannt, nach Biörn: bodones, lapides ſacri, *tres lapides*, limitum indices; andere ſchreiben lŷrittar, lærittar, es werden ſehr verſchiedene herleitungen gegeben, deren keine befriedigt. Merkwürdig iſt, daß ein von drei männern abgelegter eid bei dem isländ. gericht lŷrittar eiđr hieß, ihr zeugnis bewies gleich den drei markſteinen (Arneſen p. 258-260); *markſteina* ſcal þar nidr ſetia oc grafa, ſem menn verda âſâttir, oc leggia îhiâ *þria ſteina* oc ero þeir kalladir *lyrittar.* Gulaþ. p. 286**). Auch im innern Deutſchland herſcht die *dreizahl* der grenzſteine vor, eine urk. bei Kindl. 3, 639 gedenkt der *drei ſteine* beieinander; das Winterbacher und Plüdershauſer untergangsrecht (Fiſcher erbf. 2, 261. 274) hat vier oder fünf: wann wir *ein ſtein* ſetzen, hawen wir ein *creutz* daran und *legen vier ſteine darzue* zue ainer zeugnus und *verſchlagen* die ſtein, das ſie ſich wider zuſammen ſchicken und wann zwen nachburen ein ſtein ſetzen

*) [vgl. *rârecht* modus directus. Haltaus 1499. 1500;] ſteine in den winkeln der limites. Niebuhr 2, 383.

**) eine variante fügt hinter þria noch *ađra* (alias), wonach die lyrittar die den markſteinen *zugelegten* ſteine wären.

wöllen zwiſchen zwen ſtein, ſetzen wir inen auch ein ſtein, das
iſt unſer brauch. [Und ſoll ein jeder ſtein ehlenhoch boben
erden geſatzt und mit *kreuzer* boben auch unden in der erd
gehauen ſein, auch bei einem ieglichen drei kleine ſtein und
kohlen gethan und gelegt, auch wie margſteins recht und ge-
wohnheit iſt, werden. ch. a. 1535 in Zangen beitr. zum d. recht
p. 215.] Rugian. 156 ſtehet: under den *ſcheidelſtein* gehören
kohlen, glas u. *geſammelte ſteine;* und im Monjoier w.: weiter
wird gefragt, es iſt ein fenn (moor) gelegen zwiſchen m. gn. h.
und den herrn von Burgonie, geheißen das *markvenn*, in dem-
544 ſelben venn ſoll man finden (einen) *reinen* | u. *genägelten ſtein.*
Eine gehörig beſtellte grenze heißt: *verſteinet* u. *vermalet*; [vgl.
der ſchnad iſt *beſteinigt* (Corvei); *underſteint* und *underſtockt.*
cod. dipl. Zaringob. 357 (a. 1421), ſieh unten ſ. 546.]

*Grenzbäume.* Es wurden *kreuze* eingehauen*) und *nägel* eingeſchlagen, inciſiones factae in arboribus, clavi fixi. Ducange ſ. v. arbor und crux. Haltaus 213. 214, gewöhnlich auch *ſteine* daneben geſetzt. In vallem, ubi *cruces in arbore* et lapides ſubtus infigere juſſimus, *clavos* in arboribus figere. Bouquet tom. 4 nr. 4 (a. 528); ubi in duabus arboribus *evidentia ſigna* monſtrantur. Ried nr. 26 (a. 830). Die inciſion hieß ahd. *lah* [butina *lach.* Diut. 1, 342[a]], welches genauer zu ſchreiben ſein wird *hlâh***), eine laureshamer urk. von 770 (bei Eccard Fr. or. 1, 610 [cod. lauresh. nr. 10]) beſagt: terram et ſilvam, quae eſt in illa marcha de Birſtat, ſeu in eo fine, de eccleſia ſancti Nazarii ad partem meridianam inter partem ſancti Petri per Agilolfum et ſuos conſortes *pro ſigno inciſa;* et inde ad partem orientalem usque in fluvium dictum Wisgoz, ubi marcha de Baſinheim conjungit, et de ipſo rubero (robore) ad partem aqui-

---

*) eingehauene *wolfsangel* in einer urk. von 1557 bei Haltaus 1300; gehörte ſie ins wappen der herrſchaft? oder erinnert ſie an die *wolfsklauen, bärenklauen* auf grenzſteinen? (agrimenſores ed. Rigaltius p. 315. 316).

**) â folgere ich aus dem ſpäteren o, *hl* aus dem weſtphäl. *hlac,* in dem Hlacbergon der freckenhorſter urkunde; [vgl. in loco Hlaginpach. Meichelb. nr. 462; hleginpah. ibid. nr. 226;] unſer leck (für lech) rimoſus, ſpaltig, rißig und lechzen, vor dürre riße bekommen, erklären ſich ſo leichter, als auf dem gramm. 2, 27 nr. 300 verſuchten wege.

lonis, ſicut ipſa *inciſio arborum* in ipſa die facta fuit, quae vulgo *lachus* appellatur ſive *diviſio;* et ſic ad illam ligneam crucem, quae eſt poſita juxta illam viam, quae venit de Birſtat et inde ad partem aquilonis (? occidentis), ſicut illa *inciſio arborum* ſive *lachus* in ipſa die facta fuit, usque ad illum monticulum, usque in dictum Wisgoz, ubi marcha de Baſinheim conjungit; quicquid intra illam *inciſionem arborum* ſeu *lachum* ſive diviſionem usque ad marcham de Baſinheim de dote Angilae vel de qualibet parte Cancoris ibidem videbatur eſſe portio ſive poſſeſſio vel dominatio. In einer andern grenzbeſchreibung trad. fuld. 2, 49: et ſic per noſtra ſigna, id eſt *laha**); [usque ad magnum rubum qui vulgo dicitur *dar pi deru lachin* (? lâchi), *zo der(u) michilin eichi.* Meichelb. 111.] Die langobardiſchen theclaturae ſind an | *bäumen* im wald angebracht; nach der lex Viſig. X. 3, 3: ſi 545
haec ſigna (aggeres, arcae, lapides) defuerint, tunc in *arboribus* notas quas *decurias***) vocant convenit obſervari, ſed illas, quae antiquitus probantur *inciſae.* Man wählte *eichen, buchen, tannen:* in pago Salagewe et in marcu Salagewono partem capturae meae de illis arboribus, quae nuncupantur *lahbouma.* tr. fuld. 1, 72; usque ad arborem *lachbuocha* dictam. Freher orig. pal. 1 app. p. 43; mark (ſignum) das geſlagen iſt in die *tanne* under dem ſtein. MB. 1, 440 (a. 1341); die *heiſterc* iſt gehowen mit eim *krütze.* Kindl. 3, 682 (a. 1537); ind vort van eime ſteine to dem andern ind van eime *malbome* to dem andern, wente up dat hogeſte an de *boken*, dar ſteit de rechte hovetſtein ind dar ſteit *kruce* an die *boken* ind *berken* gehowen. Kindl. 3, 639. 640 (ſec. 15); [Wolfelinus ad memoriale ſculpſit *crucem*, Cunradus in alia *arbore*, Folchelinus aſſignavit *lapidem* in via publica et alium *lapidem* in clivo, cui duae *cruces* ſunt intextae. *ligneam* vero *crucem* poſuerunt in Cochenheimer brucca. Schöpflin nr. 451 (a. 1227);] termini et fines per lapides terrae infixos ac ſigna videlicet *crucem* et cervi cornu (wappen der

---

*) die ſpäteren formen lochbaum, lochſtein, lochen (incidere) bei Oberlin; loch (foramen) iſt gar nicht verwandt. Dahl Lorſch p. 86 hat: bi den alten undergengen, *glachen* u. markſteinen bleiben.

**) die *kreuzform* der decurien und ohne zweifel des lachus kann uralt vorchriſtlich ſein; ſie erſcheint ja bei durchſchneidung des röm. cardo. Niebuhr 2, 386.

grafen von Reinſtein) arboribus inſculpta. Delius Elbingerode p. 16. 23 (a. 1483); an den *baum* zeichen und unter den graben geſetzte ſteine. Rugian. 156. Außer *lachbaum*, lochbaum gelten die benennungen *mahlbaum* (malbom. Haltaus 1299. 1300. Sſp. 2, 50. Ölrichs rig. recht p. 82. Delius Elbingerode p. 25. 26. 31), *ſcheidelbaum* und in Niederdeutſchland *ſnaatbom*, nach dem brem. wb. 4, 891 von ſnaat für ſnede, ſchneide, ſchnitt (vgl. heemſnaat oben ſ. 500 [und Arx Buchsgau 128 (a. 1442): da die tann *geſneitet* iſt]).

Die legung der grenzzeichen geſchah *feierlich*, zumal wenn ſie für ganze örter, marken und gaue eintrat, in gegenwart des volks und beiderſeitiger nachbarn. *Kinder* wurden zugezogen und in die *ohren gepfetzt* (ſ. 144) oder erhielten *maulſchellen*, damit ihnen zeitlebens die erinnerung des vorgangs eingeprägt bliebe. In manchen gemeinden war der gebrauch, knaben auf die neugeſetzten ſteine zu *ſtauchen*. Mone bad. arch. 1, 272. Jährlich oder von zeit zu zeit wurden die marken begangen, beſichtigt und erneuert. Die grenzlegung und begehung heißt in den alten urkunden *circumducere, peragrare*, auch *cavallicare* (man beritt weit ausgeſtreckte marken): circumducere marcham Wirziburganenſium, *optimates* et *ſenes* fines circumducunt et |
546 praeeunt juramento aſtricti, ut juſtitiam non occultarent, ſed proderent. Ecc. Fr. or. 1, 674; terminationem peragrare, demonſtrare et aſſignare. Meichelb. nr. 1256; haec ſunt nomina eorum qui audierunt rationem iſtam et *cavallicaverunt* illam commarcham et fuerunt in iſta pireiſa. Ried nr. 20 (a. 819); [et poſtea illam (marcam) in giro circumduxerunt. tradit. patavienſ. nr. 20 (a. 818-838); auch *ambitus:* tradit in ſilva ambitum, ſlavonice ugehel (lies ugezd umritt, umfahrt von böhm. ugizdėti) dictum . . . ſicut more ſilvarum, quod vulgo gelachet dicitur, demonſtratum eſt. Lang reg. 1, 252 (a. 1165);] deutſch, außer *pireiſa* (bereiſung), *lantleita* (Haltaus 1168. 1169), *undergane*, *umbeganc;* landleitung u. ſcheide ziehen; die marke undergehen; ein undergang gegangen u. *beſteinct* haben. Dahl Lorſch p. 93 (a. 1431); undergenge die *beſtockt* u. *beſteint* ſind. ibid. p. 86 (a. 1474); [den rein hin *ern,* die grenze abpflügen. Helbl. 7, 773;] de *ſneide* getogen, ſe togen de ſneide. Delius Elbingerode p. 24. 26. 31; umbgang. Kindl. 3, 681 (a. 1537); [*under-*

*gang* tun von der benne (wildbanne) wegen. cod. dipl. Zaringob. 7, 307 (a. 1444);] mit den gemeinden einen *gemeinen gang* um die mark gehen, kauten (gruben) ſchlagen und große eichenpfäl in die kauten. Gärteshecken w.; anno 1490 in die Viti haben die burger u. underſaßen des gerichts zu Homberg uf der Ohm ein *landſcheidung gegangen* zwiſchen dem landgrafen und denen von Schenk zu Schweinsberg . . . u. haben dieſelbige angefangen zu gehen bei der wuſtenunge Finkenhain u. ſo vortan gangen bis an das Genſeholz u. ſagen, wie das gen. Genſeholz u. das gericht zu Homberg ſo nahe zuſammen toßen, als wan ein *wagen mit vier pferden* nach Finkenhainſ aus dem Genſeholz am ende (l. anwende, kehre), ſo ſollen die *furderſten zwei pferde* im gericht zu hoen berg ſtehen. Ziegenh. repert. vol. 8; am S. Georgstag (23. apr.) werden zu Treiſa vom burgermeiſter, zwei vorſtehern, den *jüngſten* bürgern, *ſchulknaben*, feldhütern und hirten die grenzen der ſtadtgemarkung und zwar jährlich ein theil derſelben *begangen.* Kulenkamp Treiſa p. 140. [Über den grenzbegang, der zu Lügde, einer kleinen ſtadt im Paderborniſchen unweit Pyrmont, noch in neueren zeiten alljährlich geübt wurde, theilt Wigand mit: unweit einer müle ſtand ein grenzſtein, nahte ſich ihm der zug, ſo muſte der müller herzu eilen und mit einem aus dem zug auf dem ſtein karten ſpielen; hierbei hatte er jedesmal anzugeben, welche karte das jahr zuvor trumpf geweſen war, und eine ſtrafe zu erlegen, wenn er ſich irrte. Hat das kartenſpiel eine ältere ſitte verdrängt?]

Solche ſteine und bäume waren *heilig* und *unverletzlich*, von den bäumen durfte nicht laub, nicht zweig gehauen werden*). Volksſagen gedenken verwünſchter geiſter, die als irwiſche auf den feldern ſchweifen, weil ſie bei ihrem leben die markſteine verrückt haben. [Vgl. Möſer verm. ſchr. 1, 333. 334. Beim pflügen einer zweifelhaften ſchnat hört man unterm volk ſagen: ik mag nüt ſpüken gân.] Auf *ausackern der mahl-*

---

*) *antemiſſae* arbores dicuntur, quas nonnulli inante poſſeſſionum ſuarum fines dimittere ſolent intactas, ex quibus neque frondem neque lignum neque cremium caedant, ut magnitudine ceteras antiſtent et ſic obſervationem finium praeſtent. Rigault zu den agrimenſoren.

547 *ſteine* ſetzen die weisthümer grau- | ſame ſtrafe*): man ſpricht, es ſi ein recht, daß man denſelben ſull graben in das loch, dain der malſtein geſtanden hait in die erden biß an ſinen görtel unde ſull dan *mit eime pluge unde vier pferden ober en faren*, das ſi ſin recht. Frankenb. gewonh. bei Schminke 2, 746; wer einen grenzſtein verſetzt, dem ſoll der *hals mit dem pflug abgefahren werden*, indem man ihn in die erde gräbt bis an den kopf. da ſoll der enke nicht mehr geahren u. der pflughalter nicht mehr den pflug halten**) u. ihm nach dem hals ahren. Knichen de ſuperior. territ. cap. 4 nr. 375; wer wißentlich rein, ſtein und markung ausgrebt, der hat ſein unrecht. forter: was ſein unrecht ſei? denſelben ſol man in die erden graben bis an den hals und ſol dan *vier pferde, die des ackers nit gewon* ſind, an einen *pflug, der da neu iſt*, ſpannen und ſollen die *pferde nit mer gezogen* u. der *enke nit mer geern* u. der *pflughabe nit mer den pflug gehalten haben;* und ſol man im als lang nach dem hals ern, bis man im *den hals abgeern* hat. Hernbreitinger Petersgericht; auch ob iemants ſi vermeßen, der markſtein auß öer oder gröbe, was der vermacht? daruf weiſt der ſcheffen: man ſoll innen gleichs dem gurdel in die erd graben u. ſoll ime *mit einem ploich durch ſein herze fahren*, damit ſull ime genöch u. recht geſchehen ſein. Niedermendiger w. Vgl. was ſ. 520 von dem alterthum und der unwirklichkeit***) ſolcher ſtrafen geſagt worden iſt; die alten geſetze verfügen zwar anſehnliche, immer aber verhältnismäßig weit geringere geldbußen, die langob. 80 ſol. (Roth. 242), die viſig. (X. 3, 2) 20 ſol., die bairiſchen (11, 1 [12, 1]) 26 ſol. per

*) geſchah es unabſichtlich, ſo muſte bloß in gegenwart der nachbarn der grenzſtein hergeſtellt werden: ſi quis, dum arat, terminum *caſu non voluntate* (altn. af vada oc ei med vilia, oben ſ. 31) convellat, vicinis praeſentibus reſtituat terminum. Viſig. X. 3, 2.

**) ſoll heißen: gehalten haben, wie das folgende w. lehrt; pflug, pferde, knecht u. pflüger dürfen zum ackern noch nicht gebraucht worden ſein; vgl. Heinecc. elem. 2, 303.

***) volksſage erklärt ein bei Nordheim auf der landſtraße eingehaunes kreuz für eine pflugſchar, weil dort einem frevler, der einen pflug vom felde geſtolen, der kopf abgepflügt worden ſei. Spiels archiv 1, 64.

ſingula ſigna vel notas, der Sſp. 2, 28 dreißig ſchill. Näher ſteht die walliſiſche verordnung: | wer grenze abpflügt, deſſen 548 ochs, pflug und ſchar verfällt dem könig. auch ſoll dem könig der werth von des pflügers rechtem fuß und des treibers linker hand entrichtet werden. Probert p. 193. 194.

*Grenzſtreit*, wenn die bezeichnung unſichtbar und zweifelhaft war, ſchlichtete das alterthum durch gottesurtheile. Hierher zähle ich auch den *lauf* der männer und thiere (ſ. 85. 86). Das bairiſche geſetz 11, 5 [12, 8] und das alamanniſche 84 verordneten *zweikampf* unter beſondern feierlichkeiten. Im mittelalter pflegten oft *ſieben* ſchiedsmänner zu entſcheiden: ſind die vom adel um ſcheiden zwiſtig, der älteſte lehnmann machet die ſcheiden ſelbſiebende mit vier vom adel und drei bauern. Rugian. 156; noch ein beleg folgt ſogleich.

4. *Anſchutt* und *abtrieb* (alluvio, avulſio).

Der ſtrom kann einem grundeigenthümer *land* oder *ſand*, (*waſen* oder *grieß*) anſchütten*) und abtreiben. Ein merkwürdiges weisthum über anſchot iſt ſ. 184-186 mitgetheilt. MB. 22, 348. 349 geben eine urk. von 1367 über den grenzſtreit zwiſchen Möringen und Hauſteten; *ſieben alte bauern* ſprachen recht, ſie *ritten* nahen ein meil auf bei dem Leche u. do hin wider dan auf daȥ Lechvelt zu einem groȥen ſtain u. ſprachen; und wurd mit recht auȥbracht, daȥ der *Lech* ie dem man, *als daȥ ruder gat*, geben u. nemen mag, ganzer *waſen weis* oder *grießweis*. [Ein rechtsſtreit über alluvion auch bei Lacomblet 303 (a. 1128).] Die ſpätere bair. landesordn. von 1516 (Haltaus 41) unterſcheidet gerade zwiſchen waſen und grieß, wurzhafter *waſen* verbleibe dem, von deſſen grund er abgebrochen ſei, der *grieß*anſchutt gehöre dem, deſſen boden er

*) bei der *anſchüt*, als die Tunaw *geſchüt* hat. MB. 12, 203. 266. 13, 250. [Jus ſuum alluvionis in ripa Danubii cum tribus pratis, quae wr. (vulgariter? bavarice?) *anſchut* nuncupantur. Lang 4, 528 (a. 1293); ſieh Klöntrup ſ. v. *anſchutt* (anſchuß ſcheint falſche hochdeutſche form); *anfluȥ*. Diut. 2, 194[b]; rheiniſch heißt es *anhang*. Meurens forſtrecht. Frankfurt 1576. p. 76[a. b]; *anfall*, ſanfel (? ſamfall). Twanner rebrecht; *ſandewürp*. br. wb. 1, 391; ahd. vielleicht ſcahho, lingula maris. Vgl. Stalder 1, 305 und Arx Buchsgau p. 23.]

ſich anſetze. Nach dem Ruhrrecht von 1452 darf der eigner
des abgebrochnen grundſtücks, ſo lange es noch in der flut los
umhertreibt, ihm folgen und ſich ſeiner wieder zu bemächtigen
ſuchen: wem dei twiflot van ſinem lande afgebroken, dei mag
em ouch, als ſin land *werdt* u. *wendt*, dar ein ſülx afgedreven
u. entflotten, *volgen* u. ſich des undernemen, wan hei darbi
komen könne. Hat es aber an eines andern boden angetrieben,
ſo gehört es dieſem und jener darf nicht mehr folgen, wogegen
549 ihm zu ſtatten | kommt, was ſich an ſein behaltenes noch ſo
kleines ſtück ſetzt. Der text iſt ſ. 80 ausgezogen*). [Eine
ſpätere nordfrieſ. verordnung beſtimmt: alles *aufgeworfen* land,
es *werfe* wo es ſei und *hechte* an welchem lande es hechte, ſoll
der herſchaft zu gebrauchen beikommen. Heimreich 1, 323.]

5. *Tropffall, zaun, überhang.*

It ne mut nieman ſine *ovefe***) hengen in enes anderen mannes hof; nulli licet ſtillicidium aedificiorum ſuorum immittere fundo alieno. Sſp. 2, 49; daʒ traef (l. *tröufe*) und *tropfſtal*, traufe und tropffall. MB. 19, 66 (a. 1394); eine lebendige hecke hat an des nachbarn grunde einen *tropfenfall* von $1^1/_2$ fuß, weil ihr anpflanzer ſo viel von ſeinem eignen grunde liegen laßen muß, daher er auch, vor dem zaun ſtehend, ſo weit er mit *ellenlangem bardenhelf darüber reichen* kann, befugt iſt, wegzuhauen; bei ſetzung einer todten hecke braucht er dem nachbarn nichts zu reichen, darf aber auch keinen tropfenfall verlangen. Delbrücker landr. p. 24; ein ieglicher mann, der haus und hof hat, der hat gewalt u. friede, *als ferne ſeine traufe fället*, daß da niemand gehen noch gefahren

---

*) dem limitierten land bei den Römern fehlte alluvion. Nieb. 2, 391. Auch bei uns ſcheinen die wichtigſten vorſchriften über den anſchutt von gemeinland ausgehend.

**) *ovefe* das goth. ubizva, ahd. opaſa, altn. ufs, ups, agſ. efeſe, engl. eaves (ſg., kein pl.) und Weber (bilder des Sſp. taf. 8, 2) hätte es nicht für *obſt* (ſächſ. ovet) nehmen ſollen. Aber ſchon der verfaßer des ſchwäb. landr. verſtand das wort nicht, indem er ein ſinnloſes *hofſache* daraus machte. 378, 2 Schilt., 92 Senkenb.; [*hoveſache.* MB. 18, 111 (a. 1325), ir gute und *hoveſache* zu dem phale. Lang 4, 763 (a. 1269).] Auch altſchwed. opſädrup (ſtillicidium). Veſtg. bygd. 2 und nnl. oosdruip.

mag wider ſeinen willen. Freiberger ſtat. (Walch 3, 179); an welchem ort einer den *drüppelfall* hat, muß nach ſtadtrechten demſelben drittehalb fuß gewichen werden. Unner ſtat. (v. Steinen 2, 1080); nû ſâ madr er ſetr hûs vid eng annars manz, þâ ſcal hann gera *droparûm* um hverfis af ſinu oc ſetia ſvo vid gards lîd eda þiodvegh, at hann geri veg eigi ôfœran. nû ef madr ſetr hûs hiâ akri mans eda ſvo nær nauta tûni oc gerir eigi *droparûm*, þâ fœri îfrâ oc bæri mörk ſilfrs, hâlfa konongi enn hâlfa eiganda. Gulaþ. p. 433.

*Zäune,* [goth. faþa φραγμός, ſchweiz. êfade.] Sepem rumpere. lex ſal. 10, 8 [9 add. 2]; conciſa vel ſepes. ibid. 19, 4 [16, 1]; conciſa aliena. ibid. 37, 5 [34 add. 1]; tres virgae unde ſepes ligata eſt. ibid. 37, 1 [34, 1]; retortae cambortae. lex rip. 43; ſepes mentonalis. ibid. 70, 3; ezifczûn, etarchartea (ezifc iſt ſeges, etar ſepes). lex Bajuv. 9, 11 [10, 16]; de ſepibus et palis. lex Burg. 27; derzon (ederzûn), ſepes aſſiata, ſtantaria. Roth. 290. 91. 92; ſepes texta vimine. Roth. 308; | de ſepibus 550
inciſis et incenſis, de palis ſepium. lex Viſig. VIII. 3, 6. 7; von zäunen. Gutalag cap. 32. 33. 34. 35. Gulaþ. p. 350. 380-385; grîſa ſmuga (oben ſ. 94); nu är gilder garder, ſum man bär medh allum folkvapnum, ſva högher ſum *laghliker madher taker* annan vägh *a iord* medh *alna langu ſkapte.* Oſtg. bygd. 14; benken herbſtzune und meizune. Sweinheimer vogtr.; ſve ſo tünt, die ſal die eſte keren in ſinen hof. Sſp. 2, 50; angeſtelt, ſo jemand wieſen auf dieſe weide ſtoßen hette u. die verzeunen ſoll, wie feſt er den *frieden* ſoll machen? iſt geweiſt, daß der *friede* ſoll gemacht werden alſo hoch und feſt, daß *zwei geſpannte pferde nit können darüber kommen.* Riedweisth. von 1509; ein *wall* um einen zuſag (? zuſlag) oder kamp, worauf eine todte hecke geſetzet wird, muß wenigſtens 3 waſſen und 2 *ervezaun* hoch und dermaßen ſtark ſein, daß er *von einem ſtarken manne drei fußſtöße aushalten* könne. Delbrücker landr. p. 24; ſo einer einen zaun zwiſchen erbland machen muß, wie weit er über den zaun das erbland verthätigen könne? R. ſo weit er mit einer *bardenhelft einer ellen lang*, ſo er vor den zaun ſteht, *über den zaun langen kann,* kann er das zaunholz verthätigen (oben ſ. 66), große bäume ausbeſchieden. Rietberger landr. 31; wie hoch ein wahrhafter zaun ſeil ſoll? R. wen man eine *barde mit dem*

*heft einer ellen lang* nehmen u. *über den zaun auf die erde reichen* könne. auch ſoll er ſo ſtark ſein, daß *ein gewafneter mann dreimal mit einem fuß dagegen* laufen könne, da er das ausſteht iſt er ſtark genug. ibid. § 36; [man mag auch wol veſten einen hof mit zunen adir mit ſtecken als hoch als man gewichin (l. gereichin) mag *uf eime roſſe ſitzende.* ſchleſ. landr. bei Böhme 5, 55;] andere formeln über die *ſtärke des zauns* oben ſ. 72 nr. 27. ſ. 94. 106 nr. 11; mit den nachbarn hebt man den zaun auf. Agricola ſprichw. 589.

*Überhang und überfall* [im berner oberland *herdfel.* Stalder 2, 39]. Wem die eicheln zugehören ſo von des nachbarn baume, deſſen zweiger auf des andern nachbarn grund hengen, fallen? R. *der den böſen tropfen genießet, genießet auch den guten.* Rietberger landr. § 35; item, dar twee te hope tünen, ſollen ok te hope leſen. item der allene tünet, ſall ok allene leſen, dar die boeme *overhangen* thut. Benker heidenr. § 18. 19; item Jaſper Struck leit fragen eins rechten ordels, oft ein boem ſtonde up eins anderen mans ſtucke oft lande, oft up dei marke, wem de *overfall* tokome? darup wort gewiſet vor recht: iſſet ſake, dat de gemeinen buren eme gewiſet hebbet u. togelaten, dat he
551 dat | moge toſlaen, ſo ſall he den *overfall* einlene beholden, is dat nicht, ſo ſollen de buren den overfall intſamet gebruken. Letter markenprotoc. von 1522 (dies entſcheidet bloß den letzten der in der frage geſtellten beiden fälle, wenn der baum auf die gemeine mark überhängt; haben die märker dem eigenthümer des baums verſtattet, ſein angrenzendes grundſtück einzuhegen und zu verzäunen, ſo behält er den überfall, ſonſt aber genießt deſſen gemeine mark); die früchte gehören dem, auf deſſen grund ſie gefunden werden, auch beim *holzfall* nicht nur die abgefallnen äſte, ſondern der baum ſelbſt, wie weit er des nachbars grund rührt, folgt den enden, muß alſo auf der ſchnatſcheidung durchſchnitten werden; fällt ein gehauner oder umgeſchlagner baum auf gemeinen fahrweg, ſo eignet ſich der landesgograf zu, was *zwiſchen wagenſpur und nabel* (nabe) befunden wird. Delbrücker landr. p. 25; mer, ſo zwen baum zwiſchen iren gütern hetten, u. das obs, es were zam oder wilde, *auf den andern fiele*, wie der ſich darmit halden ſoll? urtheil: wo baum uf einem felde ſten, was dan uf einen iden felt, das ſall im

folgen. wo ſie aber in garten ſtehen, was alsdan uf den andern fellet, das obs ſol er dem andern dem ſtamme nach halb wieder geben. Hernbreitinger Petersger.; *abhauen des überhangs*, oben ſ. 70; der *überhang* ſoll zwiſchen dem herrn des baumes u. dem nachbarn gleich getheilt werden. Frankenhauſer ſtat. von 1558 (Walch 1, 349); *hanget ein baum* auf eines andern mannes gut, was des obſtes iſt, das über ſein gut hanget, das iſt ſein, dieweil er will, will er aber ſein nit, ſo mag er dem vogt wol klagen u. ſoll das der vogt tuon *abhauen*, was über ſein gut hanget, welcher hand baum das iſt. Augsb. ſtat. 283 (Walch 4, 286); welch man hot bi ſinen nackebern einen baumgarten legen, was denne obir des andern gewen (? gewere) kompt mit ſinen eſten u. mit ſinen erſten zwigen, wer denne den ſtam adir die wurzil in ſiner gewere hot, der zihe ſich der irſte zwige an u. grife denne, ſo her veſte moge, was im denne volgit, das iſt ſin, das do nu adir nicht gevolgin mag, das ſal ienes ſin. Schleſ. landr. (Böhme beitr. 1, 4 p. 48); [alle obſtbäume, die auf den grenzen ſtehen oder zum nachbar überhengen, ſollen unverdächtig geſchüttelt und waß jeden auf ſeinen grund fället, zu eigen bleiben. oberſchleſ. ſtatut bei Böhme 6, 83;] welch man had ein garten bi ſim nachkebur legende, was dann zwelgen hangen in ſins nachkeburs hof, di zihe, der den ſtam adir di worzeln in ſiner gewere had, zu em, ſo er meiſt mag, waȥ em danne nicht gevolgen en mag, daȥ iſt jenis. wann nimandes boime hangen | ſullen in ſins nachkeburs hofe, eȥ 552
geſche danne mit ſim willen. Caſſeler hſ. eines rechtsbuchs 3, 22 *).

Wann ein *baum* zwiſchen zwei nachbarn *in der zaunſtätte* ſtünde, ſoll ieglicher eine ſcharfe axen nehmen u. den baum *auf beiden ſeiten anhauen*, dem er dann zufällt, der kann ihn brauchen. Wendhager bauernr.; dies hauen gilt auch von andern bäumen, außer dem grenzverhältnis: item es iſt zu wißen, ob der herſchaft man einer u. des von Staingaden mann einer an einen pawm koment, ſo mugen ſi *pede hawen ieder*

---

*) nach allen dieſen ſtellen vom überhang (wobei ich die markweisthümer den ſtatuten vorausgeſchickt habe) iſt mein auffatz in Savignys zeitſchr. 3, 349-357 zu erweitern.

*zu einer ſeiten;* u. auf welchen tail der pawn felt, ſo ſoll der ander davon gen. Peitingauer ehehaft § 52.

6. *Weg.*

*Straße* iſt der öffentliche heerweg, diotwec, chuningis wec, helwec*), ſchmälere, engere wege heißen *pfad* [dietwech und path. Wigand arch. 2, 83], *ſteg,* ahd. *ſtigilla.* O. II. 4, 17, mhd. ſtigele. MS. 2, 228[a], *ſtigel* (oben ſ. 106). Formeln über *wegbreite* oben ſ. 69. 104; hier noch andere: wie weit ein gemeiner *hellweg* mit zäunen und graben zu räumen ſei? R. der ſoll ſo weit und breit ſein, daß ein mann *mit einem weſebaum dadurch reiten* kann. Rietb. landr. § 40; wie weit ein weg ſein ſoll, dadurch man korn und heu fährt? R. er ſoll ſo weit ſein, daß drei *pferde voraus* und *zwei hinten* mit einem knecht unbeſchädigt durchgehen können. ibid. § 41; item ein *nothweg* ſoll ſo weit ſein, ſo da ein *todter leichnam* auf einem wagen oder karren käme gefahren und deme eine braut oder andere *frau mit einer heiken* begegnete, daß die unbefleckt dabei herkommen könne. Bochumer landr. § 26; le *chemin ſigneurial* ſera large et devra l'être deux verges à navets (twee raeproyen) et chaque verge à navets ſera large 19½ pieds de mouton. rec. de Nyel § 36; nach dem Weſterwolder landr. ſollen *likweg* u. brücke 6, *kerkweg* 12, *jokweg* 16, die *herſtrate* 32 fuß breit ſein; ein feldweg: doit eſtre large pour y paſſer avec herſe et rouleau. rec. de Nyel; dem *landwege* gebört twe vullekamene *wagenwege* u. drei *votſtige;* dar de eine menſche be dem andern, wenn de wagen weddereinander ſik möten, kan hengan, wit to ſinde. ein wagenweg hölt VI vot u. ein votſtig III vot, de
553 landweg | XXI vot. Rugian. 10; dar en *düngelweg* twiſchen tween erwen herget, ſo ſall men foiren, dat auf jeder ſeiten des erfes twe rader gan u. dat ſtellperdt in der foir. Benker heidenr. § 7; item, wer ſein land düngen will u. hat dazu keinen *düngweg*, der ſoll klimmen auf ſein *achterſte haus* oder *bergfrid* und ſuchen den *näheſten weg*, den *minſten ſchaden* und belegen den weg mit garben. Bochumer landr. § 31; alles ſol dem *miſtwagen* raumen, ſunder der *kolwagen*, welcher aber am

*) helvius ſive ſtrata publica. Ritz 1, 19 (a. 890).

beſten geraumen kan, der ſol es thun. Hernbreitinger Petersger.; ein *jukweg* (jochweg) ofte *drefweg*, dar men henne driven u. miſten ſal, ſal weſen VII. voet wit. Schwelmer veſtenr.; ligger *vägher* ginum akra, han ſkal vara ſva bredher, at *twe vägni moghu mötes* a hanum. ligger *ren* ginum akra, the man ridher at, hon ſkal ſva bred vara, at twe moghu mötes a hänni. Sudherm. bygn. 10; zehn ellen breit, tha ma vaghn vaghne möta. Oſtg. bygd. 4.

Schöpfenweisthümer des Eltviller oberhofs an die gemeinden Erbach und Mittelheim von 1374 verordnen, wer ſeinen feldwegs antheil nicht unterhalte, ſolle zahlen was die obrigkeit andern für deſſen herſtellung bedingt, und halb ſo viel als ſtrafe. Bodm. p. 624, der dies auch aus holländ. deichrechten nachweiſt und von den röm. colonien herleitet. Mazocchi tab. Heracl. 2, 345. Fr. C. Conradi parerga 3, 352.

7. *Flur* und *feldrechte; feldſchaden.*

Ich reihe einzelne alterthümer an, die auf feld und ackerbau bezug haben und ſich hierher fügen; magere überbleibſel aus der fülle des alten landlebens und gewis einer menge von zuſätzen fähig.

In einigen fällen kann *über fremden acker gefahren* werden, ſ. vorhin das Bochumer landr. vom düngweg; im herbſt darf ein nachbar mit einem krautkeßel über den andern faren. Walch 2, 177; geſchieht es ohne recht, ſo wird die buße *nach den wagenrädern* ermeßen: ſwe ſo unrechten wech ſleit over gewunnen land, vor iewelk rat ſal he geven 1. penning. Sſp. 2, 27; [wer ubir gewunnen lant fert, der muez von ideme rade geben ſechs phenge und den ſchaden irlegin nach lantrechte. abir nach der ſtad rechte, ſo gebit her von ideme rade zwene phenige. Eiſenacher rechtsb. 3, 69;] nu akär han ivir aker ällar äng, rinder innan hiul, giäldi firi öra, rinder i annat, gialda firi tva öra, rinder i thridia, böte threa öra, rinna i all fiughur, böte ſiax ora ok ater ſpiällin. Oſtg. bygd. 18, 1, womit man oben ſ. 105 die ſtrafe nach dem *umgehen der räder* vergleiche. Sonderbar iſt der gebrauch, in Vermandois, | einer picardiſchen 554
landſchaft, daß *umgeworfne wagen* nicht ohne erlaubnis des gutsherrn aufgerichtet werden ſollen: dominus rex praecepit,

quod quaedam mala conſuetudo, quae eſt in quibusdam partibus Viromandiae, amoveatur, qua quis *quadrigam* ſuam, quando verſatur, *non audet levare*, niſi de aſſenſu domini, cujus eſt fundus ipſius terrae, et ſi aliter levet, ſolvet ſexaginta ſol. ipſi domino. ch. a. 1257. Carpentier ſ. v. quadriga, 3; [auch in Mecklenburg galt ſtrandrecht an *wagen*, die auf der landſtraße brechen. Fr. Aug. Rudlof handb. der mekl. geſch. 2, 640 ff.] *Feldſchade* wurde ſchon bei den Viſigothen durch die nachbarn geſchätzt. VIII. 3, 13. 15; unter nachbarn, um vermeidung willen der eide, mähet man das ſtroh, das vom *ſchaden* nachgeblieben iſt, bindet es in garben und legt gute garben desſelben in die ſtätte. Rugian. 153. Auf zugefügten ſchaden an pflugthier und ackergeräth ſtand zur frühlingszeit im Norden höhere buße, â *varsdegi* (tempore verno). Gulaþ. p. 358, vgl. Gutalag cap. 10 über *varfriþr*, lenzfrieden.

*Drei äpfel* mochte ein vorübergehender ungeſtraft an fremdem baume brechen, *drei rüben* auf fremdem acker graben (oben ſ. 209); ob ein *traubenſchneider* ein böſewicht? hat er *dri* oder *fiere in ſine hant* geſniden u. die geßen, darumb iſt er nit ein boſewicht. hette er aber *in ſinen buſen*, in ſine erme, in ſinen ſchoiß oder in ſine kogeln druben geſniden, daz ſich daz an deme ſchutzen erfunde (durch den feldſchützen wahrmachen ließe), ſo were der beclaget iſt dem andern umb die worte (daß er ihn böſewicht geſcholten hat) nicht ſchuldig u. were dan der ander deſte beßer nit. Bodm. 672. So wies im 15. jh. der rheingauer ſchöffen, ohne die einſtimmende vorſchrift des langob. geſetzes zu ahnen: ſi quis *ſuper tres uvas* de vinea aliena tulerit, nulla ſit ei culpa. Roth. 301. [Gehit ein man bi adir durch ein wingarten und ſnidit ein trubel an ſine hant, her blibet des wol ane wandel, alſo daz er den uz dem wege von ſtocken zen ſtocken nicht enſuche. ſnidit her me wan einen adir gehit in den garten zu ſuchene, her muez wandel darumme thun, ab man en des nicht irlaßen wil. Eiſenacher rechtsb. 3, 93.] Wie viel einer *nüße* pflücken darf, oben ſ. 523. Die Griechen verſtatteten von fremdem obſt ſo viel zu nehmen, daß es nur kein *ἀνδραχθές* (altn. mansbyrdi) ausmachte: *ἐκ τοῦ ἀλλοτρίου χωρίου καρπὸν ἀνδραχθῆ μὴ ἐπιφορτισάτω.* Legibus Laurentium ſancitum eſt, ne pomum ex alieno legatur in armum, id eſt, quod *humeri onus* ſit. Feſtus ſ. v. armata; das iſt unſer: in den buſen, in die erme, in den ſchoß ſniden.

II. *Übergabe und gewer.* Sobald grundeigenthum aus einer hand in die andere übergehen ſoll, ſind beſtimmte formen der auflaßung, übergabe und übernahme zu beobachten. |

1. der alte ausdruck für übergeben war *ſaljan* *), ahd. agſ. 555
ſellan, altn. ſelja; die tradition ſelbſt hieß ahd. *ſala, ſalunga,* in der überſ. des cap. von 819 legitimam traditionem: wizzetahtia ſala **); andere beiſpiele bei Haltaus 1583; mit ſale geben. Parc. 494, 25; [in iwer handen ſtêt diu ſal. Wh. 83, 13; ûf ſeln aufgeben. Hartm. 2. büchl. 770; ir eigen ſi ſît ûf ſelte. Servat. 1388; ûf ſeln daz rîche. Krone 17026.] Es gab zweierlei ſala, eine die bloß zwiſchen dem alten und neuen eigenthümer des grundes ſtatt fand, und eine wozu mittelsleute gebraucht wurden. Beide konnten hintereinander eintreten. Die mittler hießen *ſalaman* (ſalmänner). Haltaus 1584-86; und was per manum ſalamanni gegeben war (mit ſalmans hand, freilich und ganzlich. MB. 3, 178 a. 1291; 5, 41 a. 1361) ſalmaniſch eigen (MB. 4, 188); [mit der *ſallüte* hant und munt und mit ir willen. Schreiber nr. 47 (a. 1291); ich widerſitze dem *ſalman*, in des handen ſi dâ ſtât, er *ſel* ſich anderthalben danne ich gebit. MSH. 2, 120ᵇ; diu iſt der frowen *ſalman.* Germania 8, 298.] Die frage wäre, ob ſalilant, ſelilant zuweilen hierauf, nicht auf ſal, curtis (oben ſ. 493) bezogen werden dürfte? Zu ſalmännern wurden verwandte, erben, freunde und angeſehne leute erwählt,

---

*) das goth. ſaljan hat zwei bedeutungen, die intransitive von manere, divertere, die transitive von dare, tradere, vendere. Dieſe iſt ſämmtlichen übrigen mundarten erhalten, jene erloſchen, obgleich ſal (manſio), ſalida, ſelida (diverſorium), goth. ſaliþva fortdauern. Andere wörter beſtätigen die verbindung beider begriffe, des einkehrens und gebens, z. b. thun, das ſowohl ire bezeichnet als dare. [Genauer ſteht goth. ſaljan nur für darbringen, opfern, dagegen heißt lêvjan, galêvjan. Luc. 6, 29 tradere, darreichen, gewöhnlich in böſem ſinn prodere (wie tradere frz. trahir, traître), vgl. agſ. læwan tradere, prodere; bei Tat. hat ſelen auch die beiden bedeutungen, bei Otfr. firlâti, gilâti proderet, von lâwan.]

**) legaliter tradere, oben ſ. 152; donare legaliter, ſ. 196.

ſie bezeugten, billigten, bekräftigten das *durch ihre hand gehende* geſchäft *).

2. aber noch ein anderes wort bezeichnet den förmlichen act der übergabe, ahd. *werjan,* in lat. urkunden *veſtire,* inveſtire; *giwerî, giwerida* iſt *inveſtitura.* Identität beider ausdrücke bezeugen vorerſt folgende ſtellen: item teſtes, qui *veſtitionem* viderunt. tr. fuld. 1, 91; et iſti ſunt teſtes, qui hoc audierunt et viderunt *giweridam.* ibid. 1, 92; der ſatz des capit. von 819 et coram eis rerum ſuarum traditionem faciat et fidejuſſores *veſtiturae* donet ei, qui illam traditionem accipit, ut *veſtituram* faciat lautet verdeutſcht: inde vora hin ſachano ſinero ſalunga gedue inde burigun theru *geweri* geve himo, ther thia ſala infahit, *geweri* gedue; [*ungaweritan* non veſtitum. fr. theot. 22, 11.] Aufs genauſte entſpricht hier der deutſche dem lat. ausdruck, ahd. warjan, werjan iſt nämlich das goth. *vaſjan*
556 veſtire**), *ga-* | *vaſeins* iſt veſtitio, *vaſti*, veſtis***), auch die agſ. mundart kennt verjan (veſtire) und die engl. wear; altn. heißt ver induvium. *Gewer* drückt alſo die förmliche einkleidung in den beſitz des grundſtücks aus, der abtretende wird *exutus*, der antretende *indutus*, *veſtitus* †); manu veſtita poſſidere. Neug. 23 (a. 758); de veſtitura S. Galli per vim abſtulerunt. ibid. 189 (a. 816); [*gewerte* in *in* den hof (inveſtivit). Arnsb. urk. 806.] Dieſes veſtire wird nun wiederum bald ſynonym mit

---

*) erinnert an die freilaßung durch die hände mehrerer, oben ſ. 179. 332.

**) uralte wurzel, die auch im ſanſkrit *vas* lautet und wozu ἐσϑής (für ἑσϑής) gehört. [O. II. 22, 26: mit *wâti werien.*]

***) *vaſjan,* gavaſeins wird ahd. zu werjan, kiwerî (wie naſjan, naſeins zu nerjan, nerî); aber auch das von jenem ganz verſchiedne *varjan*, prohibere, kann ahd. nur lauten werjan (an letzteres iſt bei entwickelung unſeres begriffs gar nicht zu denken, noch weniger an *vairan*, wërên praeſtare, wovon buch IV ſ. 602), *veſtire* ſcheint mir baare übertragung des deutſchen worts und nicht aus röm. formeln entlehnt, in welchen es kaum gebraucht wird, denn die oben ſ. 137 berührte iſt wohl unecht.

†) vgl. manſus *veſtitus* (kiwertiu huoba?), land mit einem colon beſetzt; *were*, *ware* iſt grundbeſitz (oben ſ. 505); [ſale und ware. Weſtph. mon. II, 183; zelandia et warandia. Suhm hiſt. af Danm. 13, 352.]

tradere genommen, z. b. es heißt ſowohl veſtire per feſtucam, per waſonem als tradere, bald aber auch für einen von der tradition verſchiednen, ihr nachfolgenden moment, vgl. oben ſ. 174 tradere atque inveſtire; igitur ne hujus traditionis aliquid imperfectum remaneret, juſſit praedictus Eſic comes illarum rerum fieri conſignationem et *manus veſtituram.* Falke trad. corb. p. 266; conſignavit, juſſit et *manus* veſtituram inde fecit. ibid. 271; tradidit atque *manus veſtituram* de ea fecit. ibid. 477; *manus veſtita.* l. Bajuv. 17, 2 [app. 4]; *inveſtire* et *disveſtire.* Georgiſch 1262. 1263 [MGLL IV p. 570. 571]; [tradidit et veſtivit. MB. 28[b] nr. 19; reddidit et veſtivit. ibid. nr. 37; veſtitura traditionis. Hamelb. urk. a. 777. Auch der beſitz ſelbſt als durch die einkleidung bewirkt heißt gewer: ein dinc in gewalt u. *gewer* hân. MS. 1, 89[b]. Schwanritter 335; behalten in *gewer.* Erlöſung 1376; gebe ûƷ mîner *wer.* troj. 18169; ich bringes (die frau) ûƷer ſîner *wer.* herzmære 97; nach eigens *gewer.* MB. 7, 153; dedit ei *gewere.* ibid. 7, 479.] Der purigo deru kiwerî (gewermann) kann ſich wohl mit dem ſalaman berühren?

3. einen neuen ausdruck für wiederholung und vollendung der tradition [auch von mancipien] lehrt das bair. recht, nämlich *firmare*, ſo wie in urkunden dem tradere ein *confirmare* traditionem eodem ordine, ein ſubſequenti die *firmare* (oben ſ. 131) hinterher folgt; zu deutſch *ſuirôn.* lex Bajuv. 15, 11 [16, 12] und *farſuirôn* injuſte firmare. 17, 2 [app. 4], wobei mir das ſchweizer. ſchwirre (pfal). Stald. 2, 366 und oben ſ. 370 einfällt*).

4. von dem abtretenden gelten ferner: *abdicare, abnegare, renuntiare*, *werpire***), *exutum* ſe *werpire*, *aufgeben*, *auflaßen,* ſich *quit, ledig* und *los ſagen,* | [*ſich abthun:* alſus ſô tet er ſich abe beſcheidenlîchen ſîner habe. a. Heinr. 257; vom gut *gân, traben.* Kellers erz. 308, 25. 31;] von dem antretenden: *ſich* 557
*underwinden.* Parc. 146, 21. 25. [Wigal. gloſſ. 730. Servat.

*) ſehr falſch iſt es, inveſtire aus dem deutſchen feſt zu leiten und es dann dieſem firmare zu vergleichen; die begriffe ſind, die worte gar nicht, verwandt.

**) Eccards angebliche foraſmitio (von ſmiten!). Fr. or. 1, 572, als einem traditionis complementum, iſt misverſtand.

2806. Heidenfelder w.,] *ſich anwinden.* Haltaus 50. [Sieh Fumagalli nr. 73 (a. 855): fecimus traditionem et veſtituram tibi proprietario abendum et poſſidendum et nos ex his omnibus rebus foris exitus (foras exutus) fecimus et eſſedimus. — Altfranz. iſt ſaiſir ausdruck für in beſitz ſetzen und beſitz ergreifen: ſeiſir du brachet, canem tradere. Triſtr. 2730; fu de lanel ſaiſie, in beſitz des rings geſetzt. Méon 3, 317; ſeroiz de moi ſaiſie. ibid. 3, 314; de ceſte terre vos ſaiſis (inveſtio vos). rom. de Rou, Roquef. 2, 510ᵇ; guerpir et ſaiſir. rom. de Rou 15020; ſaiſir et reveſtir, deſſaiſir et desveſtir. Méon 4, 478; ſaiſine und veſt (auch vêture), deſſaiſine und deveſt. c. d. Reims 160-165. c. d. Laon 126, vgl. Godet zu c. d. Châlons 123; ſaiſina. Mittermaier p. 329 (ed. 4.).]

5. tradition, veſtition und firmation erfolgten, wie es ſcheint, unter denſelben formen, nur zu verſchiedner zeit, an verſchiednem ort und in gegenwart anderer männer. Ich glaube, daß jede veſtitio und firmatio, nicht aber jede förmliche ſale vor gericht zu geſchehen brauchte. Das capit. von 819 zeigt, daß ſie ſogar außerhalb lands vor zeugen vorgenommen werden konnte. Allmählich wurde aber auch die handhabung der ſymbole, die urſprünglich nur unter den parteien, wenn ſchon vor gericht, ſtatt hatte (ſ. 201), durch den richter oder gerichtsboten vollzogen.

6. die auf grundeigenthum anwendbaren ſymbole ſind im vierten cap. der einleitung abgehandelt. Einige gehen zugleich auf beide eigenthümer, den alten, wie den neuen, jener reicht den waſen, halm, aſt; dieſer empfängt ſie. Andere betreffen bloß den antretenden, z. b. der ſtuhl, auf dem er in das gut rutſcht, der wagen, womit er es befährt, das feuer, welches er darauf zündet. Das wichtigſte unter dieſen iſt die *dreinächtige ſeſſion* (ſ. 190), wofür ich hier noch eine urk. aus Neugart nr. 45 (a. 766) anführen will: et poſthac nos exuti de omni re paterna noſtra reveſtivimus Wolframmum monachum et miſſum ipſorum monachorum *per tribus diebus* et per *tribus noctibus.* [Im Servat. 2806 ff. wird das antreten des lehens feſtlich begangen:

der Kölner *ſich underwant,*
daȥ er mit wîbe unt mit kinde
unt mit allem ſîme geſinde

füere ûf daȥ felbe lêhen;
fîne vriunt begunde er vlêhen,
daȥ fi mit im wæren über naht;
grôȥ was ir fchal unde ir braht,
dô fi *daȥ guot befâȥen.*

Auf die befondere form des abtretens geht eine beftimmung der weftgothländ. gefetze: fie erlaubt dem könig, von einer gefchloßnen fkiötning abzugehen, folange er noch den fuß nicht über den thürpfoften hinausgefetzt hatte: idras konunger fyr än han kommer at döran, tha är hans wald at taka ater fkiötning än han will. kommer annan foter iwir träfkolla, tha är fkiötning med laghum fanghin. Veftg. lag iordbalk 3; nach oftgothländ. gefetz ftand es ihm fogar offen, bis er mit beiden füßen über die fchwelle hinaus war. Oftg. lag eghnafal. 1.]

7. urfprünglich gehörte es nicht zur vollftändigkeit der tradition, daß darüber ein *fchriftliches inftrument* verfaßt würde[1]. Die geiftlichkeit und der einfluß römifcher notare führte es aber fchon feit dem vierten, fünften jh. bei verfchiednen deutfchen völkern ein, im fiebenten, achten erfcheint eine menge fränkifcher, alamannifcher, langobardifcher traditionsurkunden. Dabei wurde es nun fitte, die zur übergabe verwandten fymbole fämmtlich *auf das befchriebene pergament niederzulegen* und während der gerichtlichen handlung emporzuhalten; das hieß *cartam levare;* ja man fetzte feder und dintenfaß mit auf die urkunde; [durch die levatio wurde der notar feierlich zur aufzeichnung der urkunde eingeladen.] Beweife hierfür bieten die veroner formeln bei Canciani 2, in welchen auch eine wichtige, oben f. 196 überfehne ftelle vom andelang enthalten ift; 474ª [MGLL IV p. 595]: mitte atramentum (l. atramentarium) fuper cartulam; 476ª [MGLL IV p. 597]: levent cartam de terra cum atramentario; 476ᵇ [MGLL IV p. 598]: levant cartam de terra cum omnibus, que fuperius diximus; 474ª [MGLL IV p. 595]: fi eft Roboarius | (Ripuarius), 558
fi eft Francus, fi eft Gothus vel Alemannus venditor, pone

---

[1]) [conferebantur etiam primo multa praedia nudo verbo, absque fcripto vel charta, tantum cum domini gladio vel galea vel cornu vel cratera et plurima tenementa cum calcari, cum ftriguli, cum arcu et nonnulla cum fagitta. Ingulphus hiftoriar. lib. p. 901.]

cartam in terra et ſuper cartam mitte cultellum, feſtucam nodata, wantonem, waſonem terre et ramum arboris et atramentarium et Alamanni *wandelabc* (l. wandelanc) et levet de terra et, eo cartam tenente, dic tradictionem, ut ſupra diximus, et adde in iſtorum carta ed Bajoariorum et Gundebaldorum, nam in Gundebalda et Bojoaria non ponitur inſuper cultellum; 475ᵇ [MGLL IV p. 597]: ſi Salichus et cetera (l. ceteri) elevent atramentarium tantum ſupra pergamena de terra, ſi non tribuunt eis terram, ſi vero tribuunt, tunc elevent cultellum et cetera, exceptis Bajoariis et Gundebaldis; 477ᵇ [MGLL IV p. 602]: carta in terra poſita, et ſuper calamario, cultello, feſtuca nodata, wantone, cleba, ramo arboris donatio ſalicha ita fit, carta cum omnibus ſupra ſcriptis rebus ſurſum levata ad (l. a) donatore teneatur et orator dicat etc. [Fumagalli nr. 63 et 64 (a. 848): ego ipſe Gunzius mano poteſtative preſente pergamena cum atramentarium de terra levavi et Ambroſii notarius dedi hac (ac) tradidi et preſens cartula omnia qualiter ſuperius legitur ſcrivere et rovorare rogavi; ibid. nr. 73 (a. 855): preſens pergamila cum adrementario et penna manus poteſtativa de terra levamus et Garibaldi notario dedimus; Pez theſ. anecd. VI. 1 p. 79 (a. 870): quia pagina et calamo cum pinna de terra levavi et Wlfari notario ſcribere ſic rogavi; Neugart nr. 821 (a. 1036): hec charta traditionis acta et levata eſt in publico mallo Rore.] Hierher auch eine urk. bei Lami 3, 162 (a. 1079): ſecundum legem ſaligam cum atramentario, pinna et pergamena manibus meis de terra levavit . . . et tradidit per waſonem terrae et fiſtucum nodatum ſeu ramo arborum atque cultellum et wantonettonem ſeu *andilaginem.* Baiern und Burgunder legten alſo die ſymbole nicht auf die charta, wohl aber thaten es Franken, Gothen*), Alamannen. Merkwürdig iſt die beſondere beziehung des wandelanc auf Alamannen, was ich doch für unrichtig halte, da die ſ. 196. 197 ausgezognen diplome meiſt fränkiſche, burgundiſche und langobardiſche ſind und bei Neu-

*) ? Weſtgothen; dann gienge die abfaßung der formelſammlung mindeſtens ins 7. jh. hinauf, was doch aus andern gründen zu leugnen iſt, vgl. Cancianis anm. 1 p. 472ᵃ; ein theil Südfrankreichs (Septimania) hieß noch ſpäter Gothia.

gart grade kein einziges mal andelanc oder wandelanc angetroffen wird.

8. der beſitz des *ererbten* echten eigenthums brauchte durch keine feierlichkeit erworben zu werden, ſondern gieng von ſelbſt über (ſ. 481); anders bei dem unvollkommnen eigenthum, in welches ſich der erbende vaſall und colon erſt von dem lehns und gutsherrn einſetzen laßen müßen. In der mitte ſteht die inauguration des erblichen königs in ſein reich (ſ. 234. 237) und des ſonnbelehnten in ſein gut (ſ. 278. 279); beide leiten ihr eigenthum von keinem andern, als dem erblaßer ab, treten es aber, in bezug auf ihre untergebnen, förmlich | an. Wahre 559
ausnahme des obigen grundſatzes gilt alsdann, wenn ein fremder echtes eigenthum in dem gau, deſſen genoß er nicht war, erbte; dieſer muſte ſich gerichtlich einweiſen laßen. Ich habe keinen älteren beleg als folgenden: item, hette ein *ußwendig* man erfſchaft, ſal er entphangen vur einem vaide u. ſchultißen, dabi ſollent auch ſin ſcheffen. der ſchultiß ſal eme *den halme lievern* u. geben, der vaidt ſal eme banne u. freden gebeden, die ſcheffen ſollen den man beſcheiden, wat er darumb liden ſolle. Retterather w.

9. *erſitzung* durch bloßen zeitverlauf ſcheint ungermaniſch und erſt durch das röm. recht herbeigeführt (Eichh. rechtsg. § 59. 200). Das decr. Childeberti (Georg. 474 [MG Capitularia I p. 15. 16]) kennt eine praeſcription von 10. 20. 30 jahren, ebenſo capitul. lib. 5 cap. 389 (Georg. 1509 [MGLL II 2 p. 69]); die lex Burg. 79 von 15 und 30 jahren; die lex Roth. 230. 231 von fünf jahren und Liutpr. 6, 1. 16. 24. 62 [54. 70. 78. 115] von 30. 40. 60; die lex Viſig. X. 2 von 30 und 50 jahren; de iſta parte *triginta et uno anno* fere amplius ſemper exinde fui *veſtitus*. form. vet. Bign. p. 143 [MG Formulae p. 194], vgl. oben ſ. 224; beſitzen: pei nutz u. pei *gewer* dreiȝich jar u. mer in gutem gericht, in ſtille u. ru u. reſt, on alle anſprach. MB. 24, 101 (a. 1355); [beſitzen in der ſtillen gewere jar und tag. Böhme 6, 110; an ſtiller und an ſanfter gewere. ibid. (gedr. ſteht: ſaller und ſamſter); erbe beſitzen in das XXI. jar in sampfter gewere an anſprache. ibid. 6, 112.] Unter dem *ſchreijahr* (annus reclamationis), deſſen ablauf den beſitzer am gut *hebendig* macht, verſteht man 1 j. und 6 w. Bodm. p. 673, vgl. oben ſ. 222. Im Norden wurde ein gut, das 60 jahre in einer familie bleibt, ôđal:

ef iörđ liggr undir ſama ættlegg ſextigi vetra eđa leingr, þâ verđr þeim er hefir ſu iörđ at ôđali. Gulaþ. p. 284.

III. *Unvollkommnes, abgeleitetes eigenthum.*

Desjenigen grundbeſitz iſt eingeſchränkt und unvollkommen, der ihn von dem fortbeſtehenden obereigenthum eines andern ableitet. Kennzeichen dieſer ableitung ſind: auf dem gut laſtende dienſte und zinſen, widerruflichkeit der verleihung, unveräußerlichkeit, unvererblichkeit.

Die älteſten deutſchen namen für ſolche landverleihungen kennen wir nicht. *Colonus* wird ahd. uobo, lantpûwo, accharpikengeo überſetzt, allein dieſe ausdrücke bezeichnen allgemein den bauer, landbauer, ohne rückſicht auf das verhältnis, in welchem er ein feld beſtellt. Aber ſchon zu Tacitus zeit (oben ſ. 350) wurde den knechten, als *colonen*, land, das ſie ihrem herrn verzinſten, überlaßen. Die lex Alam. 22. 23 [21. 22]
560 (vgl. 8. 9), | indem ſie von den hörigen der kirche redet, denen land verliehen iſt, unterſcheidet *ſervi* eccleſiae und *liberi* eccleſiaſtici, *quos colonos vocant;* in gleichem ſinn ſcheint auch lex Bajuv. 1, 14 [1, 13] den *ſervus* und *colonus* eccleſiae zu nehmen. Es konnten alſo damals liberi, ihrer freiheit unbeſchadet, abhängiges eigenthum beſitzen. Die lex Viſig. X. 1, 11-13 ſagt: terram *ad placitum canonis* dare und ſuſcipere und zwar per *precariam* epiſtolam; die verleihung konnte auf beſtimmte jahre geſchehen, nach deren ablauf das grundſtück völlig in das echte eigenthum des herrn zurückkehrte. *Precarium* oder *precaria* (epiſtola), *precariae* (epiſtolae) findet ſich nicht in den altfränkiſchen geſetzen, deſto häufiger in den capitularien (Georg. 491. 544. 605. 1173. 1409. 1451. 1612. 1832 [MG Capitularia I p. 28. 50. 203. 50. LL II 2 p. 46. 56. 97. 155]), in fränk. und alam. urkunden*); [jure precario, quod vulgo

---

*) es kommt auch *praeſtaria* vor: pro beneficio in cenſum praeſtare, in cenſum vel beneficium praeſtare, in cenſum repraeſtare. Neug. nr. 134. 135 (a. 797. 798). [Der name precaria rührt daher, daß der übertragende *bittet*, ihm das gut wiederum als beneficium zu leihen; der name praeſtaria rührt von dieſer, der precaria entſprechenden verleihung. Oft wurde dem übergebenden außer ſeinem gut auch noch ein anderes,

phragera dicitur. Lang reg. 1, 130 (a. 1130).] Es gibt zwei arten des precariums, die eine, wenn der echte eigenthümer ſein grundſtück einem andern precario verleiht und ſelbſt oberherr bleibt; die zweite, wenn er es dem andern unter der bedingung abtritt, daß er damit precariſch beliehen werde. Beiſpiele der zweiten gattung, die ſehr häufig zu gunſten der kirchen und geiſtlichen ſtifte vorkommt, ſind die precariae Batonis und Managolti bei Neug. nr. 55. 77 (a. 773. 779); Ratprahti. tr. fuld. 1, 24; Hartwici in Bruns beitr. p. 65. 66 [MG Capitularia I p. 253]; [Ansfridi bei Freher orig. pal. p. 31 (a. 862).] In dieſem letzten fall ſind beide theile nothwendig aus dem ſtande der freien. Ob im erſten fall precariſches eigenthum auch einem unfreien verliehen werden durfte, weiß ich nicht und bezweifle es. Geht es nicht an, ſo bezog ſich das precar überhaupt nur auf freie colonen, nicht auf verleihung der grundſtücke an leibeigne und knechte. Aber die letztere fand unbedenklich ſtatt und ſogar früher, als erſtere; unbekannt, unter welchem namen.

Gegen das neunte jh. iſt im fränkiſchen reich die eintheilung alles baulandes in manſen gangbar (oben ſ. 536); manſi *ſerviles*, *litiles* (im reg. Prumienſe lediles) und *ingenuiles**) hießen die einem ſervus, litus oder in- | genuus mit unvoll- 561
kommnem eigenthumsrecht verliehnen hufen, manſus *dominicus*, *indominicatus* (terra ſalica) hieß das dem echten eigenthümer ganz verbleibende grundſtück, zu welchem jene *gehörten*, von dem ſie *abhiengen:* van thes meiras hûſe ende van then hôvan (hufen, manſis), *the tharin hâred.* Freckenhorſter heberolle; habet in Floriaco unum manſum indominicatum, *ad quem reſpiciunt* manſi XIX. polyptychus Foſſatenſis. Auf dieſem manſus dominicus lag die wohnung, der *hof* (curtis, aula, auch der

---

ihm gelegnes grundſtück von dem ſtift precariſch verliehen, vgl. Binterim nr. 7. 8 (a. 862). Neller diſſ. de precariis ex chartis maxime trevirenſibus in Ant. Schmidt thes. jur. eccl. 12, 253.]

*) ingenuiles konnten aber auch heißen die unhofhörigen manſi im echten eigenthum einzelner freier; es gab alſo zweierlei ingenuiles, ſolche die mit vollem recht und ſolche die mit abgeleiteten beſeßen wurden, nur von letzteren iſt hier die rede; ſerviles und litiles weiſen ſtets auf abgeleitetes eigenthum.

ſal, fronhof, edelhof, dinghof) des gutsherrn, um ihn herum jene *hofhörigen* manſi ſerviles und ingenuiles. Die verleihbedingungen waren ohne zweifel ſehr ungleich und abweichend, entw. auf beſtimmte jahre, oder auf lebenszeit, allmälich erſt auf vererbung; daß dieſes die benennungen *abſi* und *veſtiti* nicht angeht, habe ich ſ. 537 vermuthet. In den polyptychen*) oder heberollen wurden die einzelnen dienſte und zinſen genau verzeichnet und hiernach ergeben ſich noch andere eintheilungen, z. b. die manſi *carroperarii* und *manoperarii***); [decimae manſorum, qui vulgariter *ſeleguto* (l. ſeleguot), *hengeſtube* (hengeſthuobe?), *viſcerhube* dicuntur. Schöpflin nr. 421 (a. 1220); das mauermünſterer inſtr. unterſcheidet dreierlei: 1. manſi *liberi* (ingenui) = baronibus inbeneficiati, die gar keine dienſte, 2. *ſerviles,* die einige dienſte, 3. *proprii,* die alle dienſte leiſten.] Von der natur der leiſtungen habe ich im erſten buch gehandelt; im ganzen waren die ingenuiles geringer belaſtet (Eichhorn zeitſchr. p. 161) und ihre arbeiten weniger knechtiſch, z. b. debet etiam (manſus ing.) de ſuis diebus fimum ducere in campum et expandere de ſuo carro, et ſervilis manſus debet levare fimum ſuper carrum; das aufladen iſt beſchwerlicher, als das führen und abladen; [nach dem mauermünſterer w. (Schöpflin Alſatia diplomatica 1, 227) ſollen die manſi proprii (die leibeignen) den miſt aus dem ſtall werfen, die manſi ſerviles (die hörigen) unter freiem himmel häufen, laden und wegfahren.] Dagegen trug auch von öffentlichen ſteuern der manſus ſervilis nur halb ſo viel wie der ingenuilis (oben ſ. 538). Wenig auskunft gewähren ſolche regiſter über die befugniſſe des colonen, d. h. bis zu welcher ſchranke er mit dem grundſtück ſchalten und walten darf; ſicher herſchte hier große verſchiedenheit, manches enthalten ſpätere weisthümer***).

---

*) πολύπτυχος, vielgefaltetes pergament, wie ſpäter gerolltes; z. b. der polypticus monaſterii Foſſatenſis bei Baluz 2, 1387.

**) eine ſammlung, vergleichung und erläuterung aller ſolcher alten regiſter iſt bedürfnis und würde vieles aufhellen.

***) im Twenter hofrecht heißt es z. b.: ende die eigene of hofhörige man ofte wif en mogen die eigene of hofhörige guederen niet beargen, nog dat getimmer van den hove breken nog eikenholt van den ſtamme houwen, dan mit orlof eres heeren.

Füglich hat man die beſtimmung dieſes verhältniſſes zwiſchen gutsherrn und ſeinen hofhörigen *hofrecht* (jus | curtis), [bair. 562
*hofmarkrecht.* Schmeller 2, 613] genannt; nur ſcheint es mir misbrauchen einige*) namen und ſache, wenn ſie daraus unſere ganze alte güterverfaßung herleiten wollen. Offenbar iſt die hofhörigkeit verglichen mit der markgenoßenſchaft, nehme man dieſe allgemein von dem zuſammenleben aller begüterten freien, oder enger bloß von dem ungetheilten wald und weideeigenthum, etwas neueres. Zugegeben, daß ſich unter den hofhörigen nicht allein leibeigne, ſondern auch dem ſtande nach wahrhaft freie, denen ſogar die ausübung einzelner dem gute anhängender gemeinde und markrechte**) übergeben war, befunden haben; ſo dürfen ſie immer nicht den vollfreien, die zugleich echtes, ungehemmtes eigenthum im ſchutz des volksrechts beſaßen, an ſeite geſtellt werden. Man hüte ſich, hobarii d. i. hübner, manſuarii im weitern ſinn, für einerlei mit hofsleuten zu nehmen; ſie können hofhörig ſein oder nicht.

Mit der zeit entſprangen mannigfaltige gemiſchte abſtufungen des grundeigenthums unter den namen *meiergüter*, *vogteigüter****), *landſiedelrecht* und andern mehr†), welche ich

---

*) z. b. Nieſert in der einleitung zum recht des hofes zu Loen. Coesfeld 1818. p. 1-36.

**) das ſetzen ſtellen der weisthümer in gewisheit: item ſo iſt des *hovesmans* recht, dat he uf der gemeinden mach hauwen, was he wilt u. zu marct voeren u. den ſtock außer der erden graven, umb das he zu bas ſeinem gerechten heren dienen mag. waldw. bei Ritz 1, 149.

***) *vogtei* (advocatia, protectio) ein vieldeutiger ausdruck; wir haben ſ. 503 geſehen, daß die ſchutzherrn der freien mark, denen gar kein obereigenthum zuſtand, *vögte* heißen; geiſtliche gutsherrn pflegen dieſen namen zu führen; für kirchvogtei war die ältere benennung *kirchſatz.* Haltaus 1089; ſie quedent, daȥ in dero marchu ſî iegiwedar joh *chirihſazza* ſancti Kilianes, joh frôno joh frîero Francono erbi. Ecc. Fr. or. 1, 675.

†) in Baiern und Öſtreich ſcheint während des 12. 13. 14. jh. der ausdruck *inwert aigen*, inwerts aigen das obereigenthum beſonders der geiſtlichkeit zu bezeichnen; vgl. Haltaus 1033 und MB. 2, 3. 4 (a. 1343). 2, 9 (a. 1355). 3, 181 (a. 1295); [proprietates eccleſiae patavienſis quae dicuntur *inwert aigen.* Wien. jb. XLIII anz. bl. p. 24; proprietates *wartes eigen* dictae. Lang 3, 50 (a. 1254); vgl. Schmeller 4, 161. 162.]

hier nicht berühre. Indem ſich die lage der unfreien milderte, verſchlimmerte ſich zugleich die der gemeinen freien und beide ſtände liefen auf gewiſſen puncten in einander über. Die höchſte ſpitze echten eigenthums hatte in den augen der ärmeren menge des freien volks minderen werth, als der breite
563 ſchatten, unter dem ſichs im ſchutze des mächtigen | ruhte; daher freie theils durch darbietung ihrer güter, theils durch übernahme verliehener, endlich durch unvermerkten misbrauch oder misverſtand zu hörigen wurden. Während urſprünglich die ſtandesverhältniſſe auf grund und boden eingefloßen hatten, gestalteten ſich ſpäterhin güterverhältniſſe unabhängig vom unterſchied der ſtände, welchen ſie abſtumpften. Es iſt daher bei einzelnen dienſtleiſtungen ſehr ſchwer zu ſagen, ob ſie für knechtiſch oder nur dem gut anklebend erachtet wurden.

Ganz ähnlich den verleihungen der bauergüter waren die *beneficien* (agſ. bôcland), womit der könig oder landesherr den miniſterialen adel belohnte und aus welchen hernach die beſtimmtere form der *lehen* (feuda) hervorgieng. Auch hier erſcheinen *vergabte* (data) und *dargebotene* (aufgetragne, oblata)*) lehen und der lehnsherr verhält ſich zum vaſallen wie der hofsherr zu dem manſuar, nur daß die laſten und leiſtungen anders beſchaffen, hauptſächlich auf huldigung und kriegsdienſt gerichtet waren. Den adel beeinträchtigten ſie aber ſo wenig, als die verpflichtungen des hofhörigen freien deſſen freiheit. Die *inveſtitur* bei übertragung der lehen erinnert an die alte veſtitur bei dem echten eigenthum; daß auch für verleihung der manſen

*) burglehen wurden mit der formel aufgetragen, daß der vaſall dem herrn ſeine burg *öffnen* oder *offen halten* wolle (feudum aperturae, aperibile); [und inen mit den veſtinun ze wartend und ſi uf und ab, us und in ze laßend. Freib. urk. nr. 182 (a. 1343); und ſi in die vorg. veſtina in, us, uf und abe laßen. ibid. nr. 187 (a. 1346). 212 (a. 1352), vgl. nr. 166 (a. 1337);] ich finde auch die formel: von grund auf bis zur höchſten thurmſpitze; darumbe han wir unſerm herren von Triere ufgetragen und ufgegeben daȥ *höſte von dem turne* uf der burg zu Virneburg *von grunde auf*. Günther 3, 250 (a. 1339); daȥ *aldeſte dach* der *oberſten burg* Kirburg. ibid. 4 p. 115 (a. 1406); [dem baſeler biſchof, wenn er zu Olten übernachtete, muſten zur anerkennung des burgſäß oder öfnungsrechts die thorſchlüßel unter das hauptkiſſen gelegt werden. Arx Buchsg. p. 56.]

an den colon eine form galt, wenigſtens ſpäter, nachdem ſich die *erblichkeit* mehr geſichert hatte, iſt wahrſcheinlich, aus der benennung manſi *veſtiti* aber nicht zu entſcheiden. Neuere weisthümer enthalten genug beiſpiele förmlicher veräußerungen, die der colon „na hovesrechte" vorzunehmen berechtigt iſt, vgl. die oben ſ. 97 ausgezognen ſtellen; zu Reklinghauſen übergab der hörige ſeinem nachfolger das gut noch bei lebzeiten: der inhaber des hobshörigen guts muß ſich außerhalb des guts und ſeiner grundſtücke begeben und in gegenwart des hobsgerichtſchreibers, des hobsfronen und zweier hobsgeſchwornen ſeinen willen erklären; ſodann, nachdem ſie | aufs gut zurückgekehrt 564
ſind, überreicht er ſeinem nachfolger torf und zweig, durch deren annahme dieſer beſitz ergreift, das alte feuer wird ausgelöſcht, ein neues entzündet, das vieh berührt u. ſ. w. Trat der fall ein, daß nicht ein alter, lebensmüder, ſondern ein rüſtiger, ſtarker mann unerwartet von ſchwerer krankheit befallen wurde und die gefahr den gipfel erreichte, ſo wurde der ſterbende in leintüchern, decken und betten aufgepackt und eilands vom hof getragen, um die herkömmliche feierlichkeit zu vollziehen; oft gab er den geiſt vor beendigtem geſchäft auf, zuweilen ließ man den wirklich todten noch die rolle des lebenden ſpielen. Rive p. 229-231. Jene formen gleichen denen bei übergabe und antretung des echten eigenthums; vielleicht aber erſt nach ſpäterer anwendung. Denn an ſich bedürfen nur echte verhältniſſe ſtrenger feierlichkeit, das volle eigenthum, wie die volle ehe; beſitz nach hofsrecht oder nach lehnrecht ſteht ſo wenig im ſchutze des volksrechts, als das concubinat (oben ſ. 438) und bei den Römern prätoriſches eigenthum.

---

## CAP. II. FAHRENDES EIGEN.

*Fahrende* habe, im gegenſatz zu der liegenden, iſt die von ort zu ort bewegliche, fahren in der alten weitern bedeutung von ire, moveri genommen; *varende* gut, häufig im Sſp., andere belege bei Haltaus 442, [*varantêr ſcaz*, mobilia. gl. emm. 382, unvarenta ſcaza immobiles. ibid. 383. Schmeller 1, 548;] gewis

eine lang hergebrachte benennung, die auch den mhd. dichtern geläufig iſt, z. b. [*varnde habe* teilen. Parc. 9, 21; liute, lant noch *varende guot.* ibid. 267, 10; *varnde guot* teilen. MS. 1, 63[a];] *varnde* guot. Walth. 8, 14; *varnde* guot u. eigen. ibid. 60, 35; ſo wie er ſagt: *varnde* bluomen unde blat. 13, 23, entweder im wind bewegliche oder lieber vergängliche; [ein blœde varnde guot. Haupt 7, 325;] *fahrende* beute gebraucht Anshelm 3, 16 von ſolcher, die fortgeſchleppt werden kann. Späterhin heißt es *fahrnis*, aber das particip iſt alterthümlicher, denn die Frieſen ſagten in gleichem ſinn *drîvanda* a. *dreganda* (oben ſ. 12), treibendes und tragendes gut, was getrieben und getragen werden kann; [daʒ man mohte getrîben unde getragen. En. 4808;] das ſchwäb. landr. 268 Senkenb., 161 Schilt.: fahrende habe iſt, die man getrieben u. getragen mag; [und ſol triben und tragen ſwaʒ ich auf dem gut han. MB. 27, 95 (a. 1319);] pfand, die man tragen und treiben möge. Gemeiner regensb. chr. 2, 14 (a. 1342), wofür auch *farendes* pfand (Haltaus 442); dreghet ether drift. bremer ſtat. p. 56; [dat men driven, dreghen eder varen mach. Wigands arch. 4, 419 (a. 1426);] andere belege oben ſ. 11. 12; *fliegendes* erbe, heritage *volant.* Oberl. 397;
565 pand, dat men flotten u. foren mag. ſtat | verdenſ. b. Pufend. app. 1, 92. 96; wat he achter lete, *veltvlegende* ende *veltgande.* Kindl. hörigk. p. 383 (a. 1324); *rührende* habe (rorende have, oben ſ. 483) gleichviel mit fahrender; [holl. roerende en onroerende goedern, mobilia et immobilia; frieſ. *reppelik* inde onreppelik; *tillbares* gut, mobile, von tillen heben. oſtfrieſ. landr. 2 cap. 263, vgl. br. wb. 5, 68.]

Treibendes iſt *vieh* und weil in vieh hauptſächlich der reichthum der vorzeit beſtand, wird auch dieſer ausdruck für geld und fahrende habe insgemein gebraucht*): quorum verborum frequens uſus non mirum, ſi ex pecoribus pendet. cum apud antiquos opes et patrimonia ex his praecipue conſtiterint, ut adhuc etiam *pecunias* et *peculia* dicimus. Feſtus ſ. v. abgregare; [*peculium* = vieh. Roth. 308. 309. 315. 327;] *pecus* buchſtäblich das goth. *faihu*, ahd. *vihu.* Das goth. maiþms (donum), ver-

*) die bilder zum Sſp. bezeichnen fahrendes gut durch vieh oder durch frucht u. vieh. taf. 27, 10. 30, 6.

glichen mit dem altſ. mêthmas, altn. meidmar (res pretioſae), führt auf das ahd. meidan (f. meidam) equus, armentum, [vgl. agſ. mearas and mâdmas. Beov. 80. 143. 162;] das frieſ. *ſket* ſcheint das ahd. ſcaz, goth. ſcatts (numus, pecunia), bedeutet aber vieh, der vierfüßige ſchatz iſt das vieh, merkwürdig ſtimmt das ſlav. *ſkot* (Ewers 269. 273 [Dobr. inſt. 163]); vgl. auch κτῆνος und altn. *gripr, naut;* [ſtôrgripir armenta; in Weſtphalen iſt *have* = vieh, in Dietmarſen vorzüglich = rindvieh. Neoc. 1, 246.] Im jütiſchen geſetz 2, 103 wird unterſchieden *quikfä*, thet yvär dorthärſkild ma gangä (das über die thürſchwelle gehen kann), alſo wiederum das fahrende, treibende, von *athälbit* (al. otelbyt, ich denke ôđalbŷ, dem praedium), thet äi ma fiälf ut at dyr gangä; vgl. Falck p. 155. Dem agſ. *cvicfeoh*, altn. *qvikfê* (pecora), [qvickaſte fä. ſv. viſ. 3, 145] entſpricht das niederländ. *queckenoot* (Huyd. op St. 2, 556) und das tyroliſche *lebvieh*, *lebwaare*; [vgl. *quick* in Weſtphalen. Wigand arch. III. 3, 80;] *blodige* have. Haltaus 176; [agſ. *gangende feoh* and gläd ſeolfor. Cädm. 164, 23; altn. audigr madr at *gânganda fê*. Ol. Tr. 3, 102. Laxd. p. 120;] überhaupt dachte man ſich die bewegliche ſache *belebt*, die unbewegliche todt, daher Biörn unter daudr auch *daudir* aurar, res immobiles anführt*). Das agſ. *yrfe*, altſchwed. *orf* (pecus) ſcheint fahrendes gut, im gegenſatz zu erfe, arf, dem liegenden erbe (ſpan. heredad) auszudrücken (oben ſ. 467). Im ſterbfall wird dem hörigen colon das werthvollſte ſtück ſeiner fahrenden habe, das *beſtehaupt* (ſ. 364)[1]) weggenommen. Altn. *lauſafê*, ſchwed. dän. *lösöre*, loſe, fahrende habe, altn. *aurar, eyrir*, [lauſir aurar, häufig den lönd entgegengeſtellt,] ſo wie unſer *gelt* früherhin nicht nur münze, ſondern auch anderes bewegliches gut war, z. b. Wigal. 5296; | [Wh. 256, 23: bereitez *gelt*, pecunia parata. Altn. frîdr *penîngr* für lebendes vieh. Biörn ſ. v. Geijer 1, 513; vgl. *denrée* = denariata, geld und frucht; denrée de vin, deniers giſants, ruhendes

*) warum den Griechen die res mobilis ἀφανής, die immobilis φανερά hieß (Meier u. Schömann att. proc. p. 490), weiß ich nicht, denn ſcheinbar iſt das bewegliche allerdings, ja ſcheinbarer.

[1]) [mit beſtehaupt ſind zu vergleichen die ausdrücke jung*hövde*, junge rinder. Neoc. 1, 322, engl. *cattle* (capitale), griech. κάρηνον, litth. galvijas vieh, von galva haupt.]

geld. Ren. 15730. Dichterifch werden die ringe dem liegenden eigen entgegengeftellt, z. b. hund þûfenda *landes* and locenra *beága.* Beov. 222.]

566 Außer diefen benennungen, die an fich fchon zu erkennen geben, was unter einer res mobilis rechtlich zu denken fei, kommen ausdrückliche beftimmungen darüber vor, theils im allgemeinen, theils für befondere fälle der anwendung. Zu jenen gehört das fprüchwort: was die fackel verzehrt ift fahrnis. Eifenh. p. 189. Beifpiele der andern art: wan der win in den zober komet, daʒ korn in daʒ feil, fo ift iʒ *farende hab.* Bodm. p. 672; wanne getreide oder fame uffe den ackir geworfen wirt unde eʒ di eide (eggide, egge) beftrichet, fo fal iʒ *varnde habe* fin. Erfurter ftat. von 1306 bei Walch 1, 120; was uf lengute ftet, daʒ der wint bubet (bauet fcheint unpaffend, vielleicht bewet, bewehet) u. di funne befchinet, daʒ ift *varnde habe.* Salfelder ftat. b. Walch 2, 29. [In den meierdingen heißen die auf dem lande ftehenden früchte haar; gebäude, zäune, hecken, inventarium und verbeßerungen aber wolkenflüchtige güter. v. Gülich von den meierdingen (in Hildesheim) p. 120.] Manche von natur bewegliche fachen werden als zubehör von grundftück und haus für unbewegliche genommen, was *erd* und *wand*, *band* und *mauer*, *niet* und *nagelfeft* ift; erdfeft und pfalfeft; [alles min varend guot, das nüt *nagel* noch *niete* hat. Freib. urk. nr. 189 (a. 1347); niet und nagel. Mone 3, 81. 82; geniett und gewidt. Schmeller 2, 715.] Im Gulaþ. p. 345. 346 heißt das: þat er *greiping* hefir *numit* oder *naglat* undir bita eda bialka; *naglafaft* vordit.

*Hausvieh*, *waffen* und *kleider* waren im alterthum die hauptgegenftände des beweglichen vermögens (vgl. boves, equus, fcutum, framea, gladius oben f. 427. 428); [fie waren dem hirten und jäger das werthvollfte feiner fahrenden habe, der ackerbauer rechnete vor allem fein *getraide* dazu. Die alten bußen wurden in *vieh* und *getraide* angefchlagen. In einer paßauer urk. nr. 85 fchenkt ein begüterter fein liegendes eigen (terram et aedificia) dem ftift, feinen erben das fahrende vorbehaltend (*granum*, five in area, five in campis, et *pecudes*). Weiter fpiegelt fich der beftand der fahrenden habe in ausdrücken wie *fchatz, ros und gewant.* En. 6253, *pferd, filber und gewand.* Wigal. 1681, *roffecleit und vanen.* Rother 403, *fihe joch gvant.* cod. vind. 653, 108ª, in *ſcaze noh gewante.* ibid. 112ª, *ſcaz und eigen joch daȥ fëhe.* ibid. 160ª.] Es mag unterſcheidungen nach claſſen gegeben haben, deren gepräge ſich ſpäter verwiſchte, die aber auf die förmlichkeit des erwerbs und das recht der vererbung einfloßen. Spuren einer ſolchen eintheilung wird das folgende buch beim kauf angeben, weil ſie theilweiſe auch auf liegendes eigen bezogen werden muß. Eine andere gehört ganz hierher, ich werde zuerſt von ihr und dann von dem eigenthumsrecht an thieren handeln.

I. wichtige, unſerm recht eigenthümliche unterſcheidung eines theils der fahrenden habe iſt die in *heergewäte* und *gerade.* Ihre früheſte ſpur wird aus der lex Anglior. et Werin. beigebracht werden [1]), die übrigen geſetze ſchweigen, namentlich lex Saxonum, obgleich faſt nicht zu zweifeln iſt, daß beide ſchon damals in Altſachſen im ſchwang waren. Sagenhaft erſcheint, was Gobelin Perſona aet. 6 cap. 47 behauptet und ſpätere wiederholen*), daß Heinrich der vogler das heergewäte | zuerſt ein- 567
geführt habe. *Heergewäte* bedeutet kriegsrüſtung und kann von nichts anderm abgeleitet werden, als von wât (veſtis), die ſächſ. form herwede**), d. i. herwêde von wâd, wie der lat. ausdruck *veſtis bellica.* lex Angl. et Werin. 6, 5 [31] außer allen zweifel ſetzt. Die verſion des Sſp. gibt es durch *res expeditoriae*, ahd. form wäre herigiwâti***), mhd. hergewæte. An wette (pignus), ſächſ. wedde iſt nicht zu denken (vgl. oben ſ. 204) und die ſchreibung hergewette, hergewedde verwerflich†). Mehr ſchwierig-

---

[1]) [wenn nicht ſchon Tac. Germ. cap. 18 und beſonders cap. 32 (von dem equus bei den Tenchteren) darauf hinweiſen.]

*) et mandavit, quod ſenior inter fratres quoscunque deberet eſſe in exercitu regis, et propter hoc ipſe ſolus tolleret patris *exuvias,* inter quas arma maxime reputabantur. et inde vulgo *herewede* adhuc nominantur. Botho im chr. pictur. ad a. 907: de keiſer ſatte, dat de öldeſte ſone ſcholde in dat here varen unde ſatte, dat de *herewede* ſcholde vallen an den öldeſten ſone efte an den negeſten mach van der ſchwerdhalven.

**) in ſpätern urk. auch: das *geherwede.* Kindl. hörigk. nr. 197. 218ª. ᵇ und in verſchiedenen der hernach folgenden auszüge.

***) agſ. herevæd oder -væde ſteht Beov. 143. Jud. 11; altn. hervodir (arma protectoria).

†) was ſich Kindl. hörigk. p. 129. 131 und nach ihm Nieſert Loen p. 51 von *löſen* und *wedden* des heergewätes einbilden, hat gar keinen grund.

keit macht *gerade,* im Sſp. *rade,* im lat. *utenſilia,* was auf geräthe (apparatus) führt, nur iſt dieſes ein neutrum (ahd. girâti, mhd. geræte), gerade hingegen unumgelautetes fem. und weder ein ahd. girâta, râta noch mhd. gerâte, râte nachzuweiſen, wohl aber findet ein hochd. maſc. rât, in der bedeutung des heutigen vorrath ſtatt. Auch irrt das rh in dem augenſcheinlich identiſchen *ornamenta muliebria,* quod *rhedo dicunt,* der lex Angl. et Werin. 7, 3 [38, cod. corb. rhēdo]; man hätte einen ſchreibfehler anzunehmen für *redho* und zwar rêdho (nom. pl.)? kurzes a und die vergleichung des goth. fem. raþjô (numerus, ordo), ahd. reda ſcheint unpaſſend, das hochd. gereite (ebenfalls apparatus, aber nicht muliebris) kommt gar nicht in betracht. Ich entſcheide mich alſo für die ſchreibung râde, gerâde und die bedeutung des hochd. maſc. rât (ſuppellex); ſpätere niederdeutſche urk. brauchen auch gerade neutral; *radeleve,* was zuweilen vorkommt (Haltaus 661. 1499), bedeutet hinterlaßenſchaft an gerade und iſt wie buleve (ſ. 365) gebildet (genau geſchrieben râdelêve, hochd. râtleibe, [radoleiba. Graff 3, 855]). [Vgl. auch: de exuviis ſive *radhewagio* tollendo. Wigands arch. III. 3, 33 (a. 1310). Mit rade verwandt ſcheint das *beraden, ausraden,* d. i. ausſtatten der töchter. Haltaus 134, vgl. Herforder ſtadtr. art. 52. 60 *utberaden;* gilt *unberaten* kind im Ermatinger w. auch von ſöhnen?]

Wie ſich nun der ausdruck râde als beſonderheit der ſächſiſchthüringiſchen ſprache darſtellt, weiſen auch die |
568 beſchreibungen beider des heergewätes und der gerade immer auf Sachſen*) und Weſtphalen, ſelten auf Thüringen, kaum auf Friesland. Den Franken, ſelbſt den Angelſachſen ſind ſie unbekannt; das nordiſche recht weiß nichts davon. In Hochdeutſchland hätte die benennnung hergewæte keinen anſtoß und für râde könnte das maſc. rât oder das neutr. geræte gelten. Herwede ſchreibt der Sſp. ſelbſt 1, 19 den Schwaben zu, rade findet ſich erwähnt im ſchwäb. landr. cap. 258 (Senkenb.): von des prieſters gut nimt man keinen *rate*, die ungeraten tochter

*) und was von ſächſiſchem recht abhängt, Meißen, Lauſitz, Schleſien, Pommern, die brandenb. Mark; in Heſſen kennt ſie bloß der theil von Niederheſſen, der den ſächſiſchen gau bildete.

teilet nicht den *rate* und cap. 287 (Senkenb.): erbe, hergewatte oder *ratt.* Allein der Schilterſchen ausg. mangeln dieſe ſtellen ſämmtlich, ſie ſcheinen bloß aus dem Sſp. entlehnt. Dagegen andere, zwar eben daher geborgte ſtellen den echtſchwäb. ausdruck *totleibe* (hinterlaßenſchaft, analog jenem radeleve) für hergewæte haben, cap. 270. 273 Senkenb., 27. 369 Schilt., vgl. 413 Senk., 270 Schilt. Auch kommen in einigen ſchwäbiſchen oder bairiſchen ſtatuten u. verordnungen (Mittermaier § 395, 4) beſtimmungen vor, die der ſächſ. einrichtung gleichen, doch meiſt ohne den namen oder mit anderm (vgl. Schmeller 1, 77 *end und gebend)*; offenbar ſind ſie nicht ſo volksmäßig wie in Niederdeutſchland. [Etwas der gerade analoges ſcheint das langob. *ſcerpha.* Lupi 1, 528 (a. 774): mobilibus vero rebus meis, hoc eſt *ſcherpha* mea aurum et argentum ſimul et veſtes et cavalli. Fumagalli nr. 69 (a. 853): et *ſcerfa* quale ipſas ſivi adquiſtare potuerit; ibid. nr. 73 (a. 855): *ſcerva*, auro et argento; ibid. nr. 100 (a. 870): aurum, argentum, *ſcirfa;* der herausgeber bemerkt p. 287: la *ſcerfa* o *ſcherfa*, volgarmente or detta ſchirpa, conſiſteva nella biancheria, negli abiti e nel reſto del mondo muliebre, che i parenti e gli amici della ſpoſa concorrevano a regorlarle; vgl. ſcherba bei Brunetti indice p. 729 und herrad. 188ᵇ: minuta ſc. dona viduae medile, *ſcherpf.*]

*Heergewäte* iſt die fahrende habe, welche ſich auf bewaffnung und rüſtung des mannes, *gerade,* die ſich auf ſchmuck und zierrath der frauen bezieht; ſpäter wurden zu beiden andere geräthſchaften, die ſich für den friedlichen bürger und landmann ſchickten, gerechnet. Beide begreifen nicht das geſammte fahrende gut, ſondern nur auserleſne ſtücke desſelben. Ihr weſen beſteht darin, daß ſie ein außerordentliches erbrecht gründen (oben ſ. 479), heergewäte geht nur auf mannsſtamm und ſchwertmage, gerade nur auf frau, frauenſtamm und ſpillmage über. [Sieh bei Böhme 6, 130: da keine tochter vorhanden, erbt der mutter ſchweſter die gerade, mit ausſchließung des ſohnes, deſſen weibes und tochter.]

Ins *heergewäte* gehört urſprünglich pferd, ſchwert und kriegsgewand des erblaßers. Dieſe ſtücke, wenn ein held gefallen war, wurden heimgeſandt (klage 1288. [En. 8041. 8170]) [oder vom

ſterbenden dem ſohn übergeben (Beov. 203: gûđgevædu ſunu
569 ſyllan)]; ſie | eignete ſich, nach des vaſallen tode, der lehnsherr zu*), nach dem des hörigen, wenn er waffenfähig war, auch der grundherr**). Wo aber das nächſte blut das hergewäte erbt, da iſt perſönliche freiheit***). Folgende ſtelle iſt die älteſte: ad quemcunque hereditas terrae pervenerit (dies kann nur einer aus dem mannsſtamm ſein), ad illum *veſtis bellica*, id eſt *lorica*, et ultio proximi et ſolutio leudis debet pertinere. lex Angl. et Wer. 6, 5 [31]; [loricae, ocreae, galeae quae filiis ſervantur. MB. 7, 502;] iewelk man von ridderes art erft twier wegene, dat erve an den neſten evenbürdigen mach unde it herwede an den neſten ſvertmach. Sſp. 1, 27; ſve ſo herwede vorderet, die ſal al ut von ſverdhalven darto geboren ſin. ibid. 3, 15; ſvar de ſone binnen iren jaren ſin, ir eldeſte evenburdige ſvertmach nimt dat herwede alene unde is der kindere vormunde daran, wante ſe to iren jaren komet, ſo ſal het in weder geven. ibid. 1, 23; ſvar tvene man oder dre to eneme herwede geboren ſin, de eldeſte nimt dat *ſvert* to voren, dat andere delet ſe gelike under ſik (das ſchwert galt alſo für das beſte ſtück)†). ibid.

*) außer den oben ſ. 373. 374 und bei Haltaus 883. 884 angeführten belegen gehört hierher eine ſtelle über die lehen der abtei Werthen: poſt mortem vaſalli miniſterialis cedit domino abbati Werthinenſi herwædium, vulgo hergeweide, quod praeſentabitur abbati binnen ſechs wochen u. drei tagen a die mortis defuncti. eſt autem herwadium *equus*, in quo defunctus in vita ſua inſedit, una cum *armis bellicis*, i. e. harniſch, panzer, ſchild, kurrutz, ſchwert, glavige, lerſen oder ſtiefeln, ſporn u. ganz gerüſte zu dem pferde u. perſon; hat der vaſall dergleichen im leben nicht gehabt, ſo vertragen ſich die erben darüber mit dem abt um eine ſumme gelds. Weſtphalia 1824. p. 133.

**) eine äbtiſſin zu Eſſen ſtellte das in ihrem ſtift ab; die urk. bei Kindl. hörigk. nr. 86 (a. 1338).

***) der Sſp. 1, 27 ſchränkt herwede auf ritterbürtige ein, aber unrichtig.

†) daher auch der bildner auf taf. 16, 7 hergewäte mit dem *ſchwert* ausdrückt. — [Ähnlich die beſtimmung im nordfrieſ. landrecht: der älteſte ſohn nahm voraus des vaters *ſchwert*, in das übrige theilte er ſich mit den andern brüdern; nach den ſöhnen kamen die übrigen ſchwertmage; ſind keine ſchwertmage zweiten glieds da, ſo *ſtirbt* das herwäte *mit ins grab*. Heimreich 307, 308.]

1, 22; zum herwede gehört: en *ſverd*, dat beſte *ors* oder *perd* geſadelet unde dat beſte *harnaſch*, dat he hadde to enes mannes live, do he ſtarf binnen ſinen weren, darto en *herpole*, dat is en bedde unde en küſſen unde en lilaken, en diſchlaken, twei beckene u. ene dvele. dit is en gemene herwede to gevene unde recht, al ſettet die lüde dar mangerhande ding to, dat dar nicht to ne hort. ibid. 1, 22. Was andere noch dazu ſetzen, ergeben die nachſtehenden auszüge: dar ein man verſtorven is, ſine hern, ſine fründe oder ſine maghe, | dei ſin herwede in rechte hebben 570
ſollen, dei nemen ſin hoſen en ſchoe u. alle ſine *ſchapene* (gemachte) kleider*), darto ſin taſche, gordel u. mes up der ſiden, ſinen ſtoel, ſin küſſen, ſin bret under ſinen voten, ein watervat, ein twelen, einen ſack, ein ſekelen (ſichel), ein flegel, dar he mede gedroſchen hevet, einen preen (pfriem), dar he mede geſurvet (? geſuwet, genäht) hevet, einen wann, ein warpſchuvelen, ſin müdde (ſcheffel, modium) u. ſinen bom (ſtreichholz?), ſine lerſen (ocreas)**) u. ſine ſporen, ſin *ſwert* u. einen kaſten *dar met* (man es) *inne beſlüten kunde*, einen pott, *dar een hoen inne ſeede*, einen ketel, *dar ein ſchulder vleiſches van einen vullwaſſen ſwin inne ſeede*, ein buck (caprum) u. ein bere (verrem), ſinen oſſen u. wedder (arietem) u. alle ſine getointen (? [Lang: gezahnten, bidentes]) ſchape, die twiſchnit (zweimal geſchnitten?) ſin, flas up den balken, *dat dei trate* (brem. wb. 5, 102 treite) *unbegaen hevet* (d. i. flachs, der noch nicht in der breche war), flas van der hekelen, dat in einen kloven geſchlagen is u. nicht ingeſteken is, kloven dei ane holl gewunden ſind. vort ſall men geven ſinen *ſadel* und ſinen *beſten pagen* (equum), ſinen vorderplochtowe, ſinen vorderen wagen, ſine halfteren u. ſine wage (deichſelwage), wat vleiſch in wedem (wiem. brem. wb. 5, 259) gehangen is, ſin *bedde*, wal togemaket. vort ſall men geven ſin heerbilen (ſtreitaxt), ſine barden, dar he ſine roden mede gehowen heft, ſine bilen, dar he ſine wagen u. ſwengele mede gehowen heft, eine harken, dar he mede in dem berge is geweſt,

*) altn. *ſkapat klädhe.* Oſtg. vins. 1. Veſtg. thiuv. 22, 4; frieſ. clâthar makad. Br. 175.

**) leerſe f. *lederſe.* Limburger chron. p. 18. 44; *lerſner* lederhoſenmacher.

ein garlin (? kleinen ſper), dar he mede to velde ut jagede, ein büdel, dar ſie ſin brod inne geboden (? geboren getragen) hevet, ſin ſtaff, dar he mede gegan hevet, ſin hund, des hei *ſo lendich* (? für levendich, keck oder *bendich* kirre[1])) ſi, *dat ein unbekant man negen vote ſunder widerwere ute deme hove liede* (einen hund, vor dem jeder fremde neun ſchritt aus dem hofe weicht). wat der alle dar is, dat ſal men geven, wes dar nicht is, des darf me nicht kopen. mitgetheilt aus einer hſ., angeblich des 14. jh., in Troſs Weſtphalia 1824. nr. 27 p. 134*). — Merk-
571 würdige beſtimmungen | über heergewäte aus dem Witzenmühlenrecht § 21 ſind ſ. 107 ausgehoben, es kommt darin auch noch vor: ein *poll* (pfühl), *dar he up liggen könde, wen de fruwe in den weken is*, entw. weil ſie ihm dann das bett einnimmt, oder gar ſpur der alten, weitverbreiteten ſitte, daß der ehmann ſich niederlegt, wenn die frau kindes entbunden wird**). — Ein urtel, was in das heergeweide gehöret? antw.: das *beſte pferd* mit ſattel, zaum u. *ſchwert*, alle *kleider* die zu des mannes leib gehöret u. *geſchnitten* ſind, en keßel, wo man mit *einer ſporen eintreten* ***) kann, ein pott, da man *ein huhn in braten* kann, eine kiſte, da man ein *ſchwert in hueten* kann, ein bette mit küſſen, laken u. all ſeiner zubehörung, ein ſack, eine ſickel, darnach alle gereitſchaft, die zu eines mannes hande gemach iſt nach gelegenheit ſeiner hande, ein hausmann ſeine zaunholzbarde u. ein kötter ſeine ſegede. Marienfelder hausgenoßenr. — In ein heergeweth eines mannes gehörig: ein diſch, darop man *ein ſchwein kan ſchlachten* u. eine twehle darup, einen ſack u. eine natel darin, ſein ſtuel, darauf ein küſſen, dat in ſeinem

---

[1]) [*bendig*. hürn. Seifr. 3, 3, *bendiger* hund. H. Sachs Göz 1, 41. 95, *bendig* eifrig. Meinert 106.]

*) der alte ſchreiber fügt hinzu: haec inveni in antiqua cedula de verbo ad verbum.

**) vgl. Aucaſin et Nicolete bei Méon 1, 408; Laborde itiner. de l'Eſpagne 2, 150 (von Biscaya u. Navarra); nachr. aus Suriname. Görliz 1809. p. 252. 253; und was Beckmann lit. der ält. reiſebeſchr. 1, 30 anführt; [ferner Meiners 2, 470. 471; Bertuch reiſebeſchr. 14, 193 aus Braſilien.]

***) formel bei Hoffmann p. 601: keßel, darin einer mit ſtiefel und ſporn *waten* kann.

*brutdage* to ſinen ehren heft geſtanden tom hövede, und ſine kleder. wenn nun der bröder oder fründe mer is den einer, ſo mag de oldeſte broder dat beſte kleid vor af nehmen u. tom andern hören ſe alltoſamen gelik. ſin *beſte perdt*, ſo it ein *hengſtperdt* is, ein *mäerperdt* gehöret nicht darin (vgl. oben ſ. 368). ſtefel u. ſporen, ein *ſchwerdt,* eine büſſe eder ein ſpeitt, eine halfſtöveken kanne. ein voerwage, ein . . . im ploge u. eine vorkge. ein ruderſtock, ein pott darinnen man *ein hoen ſeden* kan, einen ketel, darin man mit *ſporen kan treden*, eine exe, eine barde, ein *hövetpöel*, ein overbedde u. ein laken. zu Fallersleben a. 1607. Spiels archiv 3, 153. 154. — Das heergewedde gehöret dem älteſten ledigen unverheiratheten ſohne und begreift: des mannes kleider zu ſeinem leibe, das *beſte pferd* mit ſattel u. zaum, ſofern es vorhanden, ein bette mit zubehör im falle mehr als eines vorhanden, eine ſichel, einen ſack, eine barde, eine ſage, eine | kiſte, *darin ein ſchwert liegen* 572
*kann*, einen keßel, darin einer *mit gewehrtem fuß treten* kann, einen pott, worin man *ein huhn ſieden* kann, ochs und bär. Rietberger landr. § 10. — Under brödern hefft dat heergewehde des vaders keine ſtede, aver ſin dar bröder u. bröder kinder u. de ſtervet, leevet nene ſöhns, de broder nimpt dat heergewehde vor den brodern kindern, idt is ok fri van allen ſchulden, he mag dat nehmen u. laten dat erve under wegen. dat heergewede in Ruigen is des varſtorvenen *beſte hingſtpferd*, idt ſi klein edder grot, ſadel, thoem, ſpieß u. ſchwerd, edder ſin *beſte meſſer*, dollich u. *beſte rock*, dat ſeegel u. ſignetsring. in diſſem hefft nemand alleine de oldeſte broder u. vedder recht, is ok aller dracht fri. Rugian. 73. — Des haushern ſtuel, görtel, meſſer, beutel oder taſche, das gelt, da er ſein *bedefart* mit halten wolte, alle die kleidere zu ſeinem leib gehörig, die ſeve (ſieb), wanne, das ſcheppel, darein ein ſack, ein klüggen mit einer nathelen, darnach eiſchet man die axe, *und heuwet ſie in einen ſtäpel* (vgl. oben ſ. 97) und leßet man ſie auf der wehr (auf dem gut), alle eggethauwe (ſpitzige werkzeuge), exen, bilen u. barten, efferbor (bohrer), item ſein *harniſch*, *meſſer*, *ſchwert*, de zu ſeinem leib gehoret hebben, ſein efferſpieß, armbruſt, büſſen u. alle gewehren, item ein bedde zu ſeinem *harpolle* (heerpfühl), *dat ſall man unter den arm nemmen u. tragen van der wehr*, af

men kan, item ein keßel, *dar men mit einer ſporen eintreten* kan, ein pott, darin man *ein hun brüten* kan, ein kaſten, dar man ein *ſchwert in beſchließen* kan, dan eiſchet man einen achterſilden (hintergeriem, ſonſt ſille. Friſch 2, 277[c]) und ein *pferd* negſt dem beſten etc. (ſchon oben ſ. 107 ausgezogen); item alle ſpeck dat in den widden henget. landr. des amtes Hamm, bei Steinen 1, 1804. 1805. Eine andere aufzeichnung lautet: wann ein mann verſtirbt im amte Hamm, darvan fället to heergeweide, iſt er fri, ſinen nächſten agnaten, is er eigen, ſinen herren, wie folget: ſein ſtoel mit einem küſſen bekleidet, ſein gordel, taſche u. meſſer daran gehangen. alle kleider to ſinem live gehorig u. gemaket, dat *bedde* nechſt dem beſten mit ſiner tobehorung geſpreiet u. gerüſtet, ohne die beddeſtede, die nit erfolgt. ſin kaſte, da er täglichs to geit u. in beſchluit gehatt heft. ein koppern ketel, darin ein man *mit ſtevel u. ſporen intredden* u. ein eernen pott, darin *ein hoen gebraden werden*
573 kan. | alle *wapen* u. gewehr, utgeſcheiden ein harniſch blift bi der wehr. alle eggetauw, utgeſat eine exe blivet bi der wehr. dat beſte *pferd* mit dem zillen u. die mollenkare, wer dei dar nicht, alsdan den beſten vorwagen. Steinen 1, 1808. — Dat *beſte pferd*, den vürwagen, ein pott, dar men *ein hoen in brett*, ein keßel, dar ein mann *mit einer ſporen in trett;* alle ſein egeſten (äxte), ſein dar zwei, dan gehet eine in das gerade, ſo mit zwei ſchuten; dat *bedde* negſt dem beſten, das *poell*, ſo dar ein iſt, ein hovetküſſen, ſo dar ein iſt, twee laken, ſo dar zwei ſeint, eine decke dar ſie iſt; alle *kleider* die zu ſeinem leibe gehorich, ein ſtoel mit einem küſſen, dar ein iſt; ſein gordel, ſeine taſche; ſein paternoſter, ſo dar ein iſt u. alle ſein gewehr, ausbeſcheiden ſein harniſch. hofsr. zu Pilkum (a. 1571), bei v. Steinen 4, 657. — Item, wo ein geherwede utgelanget ſal werden: ein *bockeler* (ſchild), ein *ſwerd*, ein ſtoel, ein ſtoelküſſen, ein tafel, ein tafellaken, ein quarte kanne darop, det beſte *bedde* neſt dem beſten, to gemakt, als men daroppe ſlapen ſal, averſt dei weir (die were, das gut) behelt dat beſte, ein handfat, ein legenbecken, eine handdwele, alle geſneden kleder dei geſcheirt ſin to des mans live, alle ſin handgetowe aller dele ein, einen ketel, dar men *mit einem ſpoer intredt*, eine kiſte, dar men *ein ſwert inlegt* u. dat *ſtellperd* helt men vor dat beſte, einen vorderen

wagen, eine marketkar, ſin taſche, al ſin getroffet gelt, dar hei ſine *bedefart* mede gain wolde. zu Hagen, b. v. Steinen 3, 1525. — Dit gehöret dem heergeweth: item dat *beſte pferd* geſadelt. ein furderwagen. all des doden mannes ſchapene gewand, dat to ſinem live hort u. mit ſinem live ſchlieden (ſliten, zerreißen) ſolde u. al datjene, dar hei mede plegte arbeiden u. to gebruken. ein ketel, dar in man mit *einer ſporen kan intreden.* ein pott, dar man ein *hoen konne inne brügen oder braden.* ein bedde, is dar gein bedde, mag man mit einem *poele* betaelen, de ſeven foet lang iſt. twee laken. eene twele. en dislaken. gericht Lüdenſcheid, v. Steinen 2, 83. — Folget wat in een geheerweide gewiſt moet werden u. vri op de köninklike ſtrate geſtalt. dit is des richs geheerweide, dat bort de alſte ſon van der ſwertſiden. ten erſten, des mans taſche und gordel met dem gelde dat daerin iſt, daer de man ſin *bedefart* mede gaet. een wan u. ſchepel met eenem ſacke u. een kloin gardens (garns) met een neinatel, daer hi in ſteckt u. | toe neihet. waet daer gewiſt wert. item dar mot gewiſt 574
werden alles wat des mans live gehort heft, *harnis*, *ſchwert* u. geweer, daer hei ſinen heeren mede gedient heft. item ein kettel daer men *met eene geſpoorden voet in tredden* kan. een pott, daer *een hoen in gebraden* kan worden. item alle bow u. egde getouw, ſeiffen, ſigden u. bilen, dar dei reiſchap mede gemakt wert, uterhalf de fleßbile (fleiſchbeil) u. exe dar men dat vuerholz met hoit, dat iſt vri vant utwiſen. item dat *ſtellperd* met ſiner treckreiſchap (ziehgeräthe) u. den *halven wagen,* dar men dat perd in ſpannen kan. item een *heerpüll* met twe laken u. een decke met een kiſte, dar men een *ſwert in leggen kan* u. den rink dar de fruwe hem mede getruwet heft. item alle des mans kleeder, waren daer kleeder vor der make u. geſchneden de moten gelooſt u. geleevert werden; dit moet vri ane genige ſchult van der weer gelebbert werden. Weſthofer freiheit b. v. Steinen 1, 1567. 1568. — Geherwede in der ſtadt zu Unna: dei gevet alle geſchapene kleider, dei to des verſtorvens live gehören. item alle *wapene* u. wehr, utbeſcheden die beſten wapen, dei to des verſtorvens live gehören, dei bliven in der wehr. einen kaſten, dar hei taglichs to gehet. item einen *ſchuldermate* ketel (ſchultermäßigen, der eine ſchulter vom

ſchwein faßt. brem. wb. 2, 764. [Bruns beitr. 344]). item ein *bedde*, ein *poll* u. ein küſſen allernegeſt dem beſten. eine tafel u. darauf ein laken gedecket. item einen ſtoil u. ein küſſen darauf. it. eine handdwelle. it. iſt der verſtorvener ein zimmerman geweſt, ſo gevet hei ein winnelbor (al. wemmel) u. ein handbeil. item iſt hei ein ſchmid geweſen, ſo gevet hei ein ſchortfell, einen hoefhamer, ein hoeftange u. ein neitiſern (nieteiſen) indem dat id dar iſt. item wei dit ſall geven, dei eget (hat) veirtein nacht to einem berade, ſo wanner dei ümme kommet, ſo ſall hei ſeine recht doen, ſo ferne dat geeiſchet werd. und dar en geet keine beweiſunge boven. v. Steinen 1, 1793. 1794 und beinahe wörtlich übereinſtimmend in der ſtadt Hamm. ibid. 1, 1800; vgl. Häberlins anal. med. aevi p. 475. 476. — Geherwede in dem amt Unna: item die fraue ſall to dem geherwede ires mans geven ſein *ſchwert* ofte deggen. dat *beſte pferd* geſadelt ofte dat ſtellpferd. einen halven iſern wagen, alle eggegetaw. einen ketel negeſt dem beſten. einen pot negeſt dem beſten. dat beſte *harniſch*, dat hei hadde u. to ſeinem
575 leib horde, do hei ſtarf u. dei | wehr die hei hadde. alle ſeine kleider. darnae ſall ſie geven oire *haerpoele*, dat is ein bedde negſt dem beſten, ein küſſen, ein laken, ein diſchlaken. twe becken u. twe dwelene. dit is ein gemeine geherwede to geven u. is recht, doch ſetten dei luide dar manig dink und recht to, dat dar nicht to gehort. v. Steinen 1, 1795. — [Ein pott, darinne man ein jung hoin kochen, item ſo der verſtorbene einen guldenen ring gehapt, welchen er an ſeinem leibe getragen, ein geldkaſten, den er ſelbſt auf und zuſchloß und deſſen ſchlüßel er bei ſich trug. herweide zu Dortmund. Wigand arch. 2, 218. —] Item, weret dat ein man ſtorve in dem ampte, de hienrecht hedde (oben ſ. 305), daer hefft min heer anne herweide u. wes ſin recht is u. die hof ſin (d. i. des hofes) vordeel, alle ſine kleder u. alle ſin ſchapene wanth, ſin handgetouwe u. dat derto horet u. ſine kiſte, dar he ſelven den ſlottel to drecht. Loener hofsrecht § 11; item ſtorve ein man, die amptsrechte hedde, he gift ein herweide, dat is ſcapene wand, u. ſin handgetouwe, eine bile, einen wiemel (vgl. vorhin wemmel, bohrer), die (nämlich die eiſenwerkzeuge) *men mit einer hand dregen mach* und eine kiſten, als vorgeſcreven is, u. anders nicht.

ibid. § 13. — Ein *pferd* gefattelt u. gezäumet, fo zum krieg gebraucht oder folch pferd mit 10 fl. zu löfen, und nicht wagen oder karnpferde, ein *fchwert*, der befte rock, hofen, wambs u. leibrock, als der verftorbene *an einem feiertage getragen**), item ein herzfüel (l. *herpfüel*) d. i. ein bette, ein küffen, ein leinlach, ein tifchtuch, eine handquele, ein handbecken, ein keßel mit keßelhacken; filberwerk, do das vorhanden, fechs loth; ein tafchenbeutel oder wetzfchker, gürtel, hut, kappen u. handfchuh. Altenburger ftat. von 1555 b. Walch 3, 90-92. — Das heergewette d. i. des mannes befte *pfert* gefattelt u. gezeumet, fein *fchwert* u. *fchilt*, fein befter *harnifch* den er gehabt hat zu feinem leibe, feine tegliche kleider u. ein *heerpfül*, d. i. ein bette neheft dem beften, ein küffen, zwei leilach, ein tifchtuch, zwei becken oder fchüßeln, ein handquel, ein keßelin oder fifchkeßel u. ein keßelhacken oder holring. Leipziger fchöpfenurteil. — [Nach nordfrief. landrecht war eines hausmanns herwede alles *geräth*, womit er feinen leib, fein haus und feinen hof pflegte zu bewahren und womit er in den ftreit gieng, panzer, fchild, eifen, fpeer, ein tägliches ftechmeffer, armbruft und zubehör; eines ritters und rittergenoßen herwede war ein gefattelt pferd, helm und fchild. Heimreich 1, 307. —] Ein der witwengerade analog ftehendes *witwersheergewäte* ift infofern undenkbar, als der ehmann vor dem tode der frau eigenthümer folcher fachen war und es nachher bleibt. Wohl aber kann, wenn die frau ein abgefondertes vermögen befaß, aus ihrer verlaßen- | fchaft 576
dem überlebenden mann ein gewiffes *voraus* zuftehen (Mittermaier § 391). Hiervon werden hernach in den geradeformeln beifpiele vorkommen, die für den vater betttuch, tifchtuch und handtuch aus der gerade vorbehalten. Einige friefifche rechte, denen fonft das eigentliche heergewäte fremd ift, fcheinen ein folches praecipuum zu gewähren: item wan einer der eltern mit den kindern verftirbet und die güter zu theile gehen, lebet dann der *mann*, fo gebühret ihm *voraus* fein brautbett, fein ftuhl mit den küffen, darauf foll er feinen beften rock

---

*) formeln bei Hoffm. p. 429: mannsgeräthe, wie er *zum fifchmarkt* gehet; p. 745: kleider darinnen der mann auf den fifchmarkt gehet.

hängen und ſothane kleider, damit er ehrlich durchs land gehen mag, dazu ſein gewehr u. eine dwele, ſo längſt den tiſch recket, mit den küſſen ſo bei dem tiſche auf der bank liegen. Wurſter landr. b. Pufend. app. 1, 69; der überlebende mann zieht, bevor zur erbtheilung geſchritten wird, *voraus:* das brautbette mit dem zubehör, ſeinen ſtuhl mit dem küſſen, ſeinen beſten rock u. ſolche kleider, worin er ſich anſtändig kleiden kann, ſeinen *bogen* und einen *langen ſpieß* und eine *ſehne*, ferner ein tiſchtuch, das den ganzen tiſch bedeckt mit den küſſen, die bei dem tiſch auf der bank liegen. alles übrige geht zur theilung. plattd. umarbeitung des Aſegabuchs (Wiarda p. 319. 320).

Die *gerade* (wiverade, frauenrade) begreift den weiblichen ſchmuck, *ornamenta muliebria*, was ſie in ihrer kiſte beſchließt (*kiſtenwand*, kiſtengeräthe. Haltaus 1091), in einer brem. urk. von 1206 *muliebres reliquiae* (br. wb. 3, 459). Man unterſcheidet eine doppelte, die welche *nach des mannes tod* die witwe aus der verlaßenſchaft erbt oder für ſich behält (*wiverade* im engern ſinn) und die welche *nach der frauen tod* von der tochter und den weiteren ſpillmagen geerbt wird (*jungfrauengerade*, *niftelgerade*, *mumengerade*. Haltaus 1730; [der mutter *niftelgut*, aus kleid, bettzeug, wäſche und ſchmuck beſtehend. Günther 451]). Bloß von letzterer redet die älteſte, der gerade meldung thuende ſtelle: mater moriens dimittat filiae *ſpolia colli*, id eſt murenas, nuſcas, monilia, inaures, veſtes, armillas vel quidquid ornamenti proprii videbatur habuiſſe. lex Angl. et Werin. 6, 6 [32]. [Doch auch ſchon lex Burg. 51, 3: ornamenta et veſtimenta matrimonialia ad filias absque ullo fratris conſortio pertinebunt.] Späterhin wurde noch anderes geräthe und einige hausthiere zugefügt. Der Sſp. zählt folgende gegenſtände 1, 24 auf: allet dat to der rade hort, dat ſin alle ſcap unde genſe unde kaſten mit upgehavenen leden (ciſtae ſuperius gibboſae, in der lat. überſ. columnatae), al garn, bedde,
577 pole, küſſene, lilakene, diſchlakene, dvelen, badelakene, | beckene, lüchtere, lin u. alle wiflike kledere, *vingerne*, *armgolt*, tzapel, ſaltere u. alle *böke*, die to godes deneſte horet, die *vrowen pleget to leſene*, ſedelen (ciſtae parvae), lade, teppede, ummehange, rüggelakene unde al gebende. dit is dat to vrowen rade hort. noch is mangerhande klenode, dat ihn gehort, al ne nenne

ik is nicht ſunderliken, als borſte, *ſchere**), ſpegele. unde al laken ungeſneden to vrowen kleidere unde golt u. ſilver *ungewercht* dat ne hort den vrowen nicht. Hiermit iſt die etwas ausführlichere, die benennung rade vermeidende aufzählung im ſchwäb. landr. 270 Senkenb., 27 Schilt. zu vergleichen. — Aus dem Witzenmülenr. § 21 hebe ich aus: ein kettel, *dar men ein kind inne baden kan;* dat flas, dat up dem felde ſteit unde *ſo lang is, dat it de wind weiet* (p. 35 aber heißt es: alles ungeknochet flachs, flachs das im felde ſteht, das der wind wehen kann, ſo gehöret es nicht darin), flas dat under dem kinne knaket is (richtiger p. 35 flachs, das unter dem knie geknochet iſt); garn *dat nicht waſchen is,* dat linnewand, *dar keine ſchere inne weſen is* (? macht keinen beſtandtheil der gerade). tom junferngerade gehöret, wat ſe anne heft, wen ſe ſik geſchmücket heft, *ob ſe mit einem in danz gan* wolde. — Alle die kleider, die zu einer frauen leib gehöret u. *geſchnitten* ſeind, bettewand, linnewand oder linnentuch u. alles *was die ſcheere begangen* hat, das flachs, linnen, hanf, gördel, *geſchmiedet***) gold u. ſilber, ein bette mit ſeiner zubehörung, kaſten u. ſchrein u. was darin verſchloßen iſt, darnach ſie iſt von handwerk, ihr gereitſchaft, braubodde u. hole fäßer, einer neierſchen nadeln, *ſcheere,* ſpillen, verſel, bündel. Marienfelder hausgen. r. — 1 ſtoll u. 1 küſſen daruf, 1 diſch worauf eine frowe waſchen kan u. 1 dwelle druf, 1 ſack, 1 natel, 1 *ſcheer*, 1 bedde, 1 underbedde, 1 pöll, 1 par laken u. ehre beſte laken, das *im bruttage uf dem bette gelegen,* ſo es noch da iſt, ehre kleder, mantel u. die kiſte, darein die kleder *am bruttage* gelegen, 1 ſtanden, 1 kopfatt, 1 botteremmer, 1 botterfat, 1 mehle, 1 ſchußel, 1 lepfel, 1 flöete (? laßeiſen, flitte. brem. wb. | 1, 413), 1 haſpel, 1 garenwinde, 1 heckel, 578
1 dortapfe, 1 ſchußelkorf, 1 büdde, warein ein taphel (zapfe) iſt, offen garne u. was uf den ſpillen iſt offen flas, dan (? das) baven nicht zu geknuppet iſt; das flas van rein line, das rein lin gehort auch darein, linewand *das ufgeſchnitten iſt;* 1 lepel-

*) mit der ſcheere ſymboliſiert der mahler taf. 16, 7. 27, 7 die gerade; [vgl. Kopp 1 p. 73 (ſcheere, kaſten, weiblicher ſchmuck u. bürſte).]

**) ſonſt auch: gewercht, gebogen, gebeuget; altn. giort gull ok ſilver. Oſtg. vins. 1.

bort, 1 ſchlef, 1 degel, 1 ketel *darin man ein kint baden kan,* 1 halb ſtubichenkanne, 1 ſpille, 1 werfel, 1 heſpe, 1 brake (flachsbreche), 1 ſchwingelbret und 1 ſchwinge. Fallersleben a. a. o. — Zum gerade einer frouwen gehört: imme, ſchape, genſe, alle weibliche kleider, alle ſilber u. golt das *gebeuget* (gebogen, verarbeitet) iſt, alle döſinge (gürtel, vgl. Schuirens teutoniſta ſ. v. duyſynk), vatinge, worpel, halsbende, ringe, vorſpanne, ſchruven, wallien, natelen, eine kleiderkiſte, alle kiſten mit ufgehobenen ledden, eine ſchrien, alle laken das *die ſcheere begangen* heft, beddelaken, tafellaken, vorlaken, handlaken, umbhängelaken, dweelen, rüggelaken, banklaken, gardinen, alle federwerk, ausgeſagt ein bette mit ſeiner zubehörung bleibt bei der wehr, alle ſtoelküſſen, alle pluemküſſen, außerhalb eine uf des husherrn ſtuhl u. eine unter ſein hövet; alle geboget flachs, alles garn u. lin, handfaß, lövelbecken, ein keßel *dar men ein kind in baden kan,* ein kinderbehrpott, borſten, ſpiegel, ſcheeren, perlenſchnör, geebe deelen (?), alle ſilberne ſchalen, lepel, forken, gürtel u. büdel, viftige (? [roſenkranz zum paternoſter]), weiße hoſen (?), ſchue, ſchloßen, trippen, alle laden u. alle böker, *dar die frouwe in leſt.* wegen gerades im wiegbold (weichbild) wird nachfolgendes gezogen: alle weibskleider, ſo ſie zu ihrem leibe hat machen laßen und getragen, es ſei wüllen oder linnen; ein bette mit ſeinem zubehör, als bettelaken, pfüle, küſſen u. decken; tiſchlaken u. handtuch; linnentuch ſo verſchnitten zu weiblichen kleidern, welche frauen zu tragen pflegen; alles gewürkte ſilber und gold zu frauenkleidern; eine kiſte u. ein ſchrein, darin die frau die kleider geleget; ein keßel *darin man ein kind baden* kann; ein pott darin man *ein huen ſieden* kann; ein klein pöttchen, darin man ein warmbier machen kann; eine zinnerne kanne; alles gebeugte flachs oder hanf; geſponnen garn geſotten oder ungeſotten, ſo die frau gedachte zu ihrer nothdurft zu zeugen u. in ihrer gewehr gehabt; immen u. ſchafe *ſo die frau zu ihrem manne gebracht;* eine bibel, poſtille u. betebuch. Lodtmann acta oſnabrug. 2, 172. 173. — [Ein ketel, *da man ein kind inne baden kann,* und ein degel, darin ein ſeſswekensfrawe ein berenbrod in maken kann. hſ. des 16. jhs. Spangenberg vaterl. arch. 17, 96. —] Der frauen kleider,
579 kleinodien, alles ſo *die ſcheere be- | ſcheeret,* imme, ſchafe, flachs,

wachs, ſilber u. gold *ſo gebogen*, ein bette mit ſeiner zubehör, ſo mehr als eins vorhanden, ein keßel, ein pott. Rietberg a. a. o. — Soll man nemmen den frawen ſtuel oder *ſettel, daran ein gurtel;* ihr meſſer, ihr beutel u. alle ihre geſchmeide, kleidere u. clenudien, die zu ihrem leib gehoret haben darob nichts ausbeſcheiden. item ein ſack, ein klüggen u. ein natel darein, ein *ſchere* u. *alle dat die ſchere begehet.* alle ſchäpe, immen, alle flas das gebraket iſt. item alle dat laken, das auf dem ſtelle iſt, alle garden (garn), das gewunnen (gewunden) iſt, dar halle (?) ein ſein. ein pott, dar ſie täglichs pflegte mus oder gürten (grütze) in zu ſeiden, ihren kramdiegel, alle holzerne väßer, alle kiſten. ein bedde negſt dem beſten, ihren haſpel u. was dazu gehört. item ſechs göſe, ein gante, zwölf hoener, ein hane. amt Hamm b. Steinen 1, 1806. Vollſtändiger lautet eine andere aufzeichnung ebendaher: wann eine frau ſtirbt in dem ambte von dem Hamme, darvan fellet to gerade, is ſie frei ihren nächſten anverwandtinnen von der ſpillſeiten, is ſie aber eigenhörig ihrem herren, als folget: ihre *ſtoel* mit einem küſſen darup, mit ihrem *gordel u. büdel daran gehangen* u. ihren *ſpinnrocken dafür geſetzt.* alle kleider u. rüſtung to ehren live gehörig u. gemacht. dat beſte bedde mit ſiner tobehorunge geſpreiet u. gerüſtet, ohne die beddeſtede, die nicht erfolget. ihre kaſten darin ihre kinder (l. kleider) in beſchlotten geweſen u. ein ſchrein, darin ihre mauen (ermel), kragen u. doeken ihres lives behalden worden*). alle holle vette, als büdden, tonnen, becken, küven, leppel u. ſchüttelen, uitgeſat ein ſchenkbiervat blift bei der wehr. ein hane u. twelf hoener, ein gante u. ſes göſe. alle immen, ſchape u. leinengewand, *wat die ſcher gegangen heft.* alle ungebraket flas. v. Steinen 1, 1807. 1808. — Dis gehört zu einem gerhade von einer frauwen, die dar hört in den hof zu Pelkum. ein ſtoel, ein küſſen, ein rockenſpinde, ein haſpel, ein bedde, negſt dem bedde ein poel, ein
küſſenziehen, ſchlafelachen, ein ſchluen (?)**) u. | alle dat lachen 580

*) irrthümlich folgt hierauf in einer abſchrift der kupferne keßel u. eherne pott (wie oben ſ. 572) aus dem heergewäte.

**) vielleicht ſchalunen? *ſchalune, ſchalaune* in andern geradeverzeichniſſen häufig, bei Hoffmann p. 738 auch ſcharlaune (aber ſchaudat die *ſcher begaen heft*, die ſchafe, die dar af geſchoren ſint, zwölf höner, ſechs genſe, alle holde, veßer, das ſchüßelſchap mit den ſchüßelen (hier folgen wieder keßel und pott aus dem heergewäte), alle dat flas dat geboket (gebaucht, geröſtet? [nach Wigand gebrochen, geſchlagen]) is, alle die kleider die zu ihrem leibe gehört haben, ein kaſte, ſo dar zwei ſein, ein ſchrein mit den doeken, ein gördel negſt dem beſten, ein büdel, ein paternoſter, ein reppe mit tennen (riffel mit zähnen. brem. wb. 3, 482). v. Steinen 2, 656. — ein ſpeigel, ein kam, ein ſchrein, der frawen handgetaw, all eir klenodie tot eirem live, der frawen ringe, umbgehenge; alle bede, utgeſcheden dat beſte behald dei weir; decken, küſſen, dwelen, ſlaplaken, tafellaken, alle *geſcherde* kleder, ein waſcheketel, ein waſcheringel, ein degel, dar men *ein ſupen inne ſeide*, ein pot, dar men ein *hoin inne ſeide*, eine kanne, alle geſcheirt linnenwand to huisgerade, garnewinde, alle gewunden garne, flas *dat dei ſappe* (jauche, röſte?) *begangen* heft; der frawen handgetauwe, darmit ſei ſich heft genert, eir klederkiſte, alle getroffet geld, dar ſei eir *bedefart* mit gain wolde. v. Steinen 3, 1525. — Dit gehöret in dat gerade. item ein ſack u. eine nadel, daer man ſein dings in packe, alle dat to eren live gehoret u. mit eren live ſchliten ſolde u. dat er to gefüget were. alle geſchneden laken to frawenklederen, alle bedde, utgeſcheden ein bedde ſall man *dem manne* to maken u. twee laken darauf decken u. twee an den ſchacht hangen, de man wedder uflege, wanner dat man de erſte weſchet; u. ein hovetpoel under ſin hovet u. eine uf ſine voete, ein twel uf ſin tafel u. eine an ſinen ſchacht, dar er ſine hande an droget*); u. wat dar enboven iſt gehöret to gerade als garn, ſpiet, linelaken, diſchlaken, linekleder, twelen, beddelaken, bebrecken lin, vingerlinge, alle *boke* to godesdienſte u. *frauen plegen to leſen*. ſedelenlaken. kapote umbhange. rüggelaken. ſpegel. bürſten. *ſcheren*. ein kettel, dar men mede

---

leuenlepte. Hoffm. p. 45. Regner p. 68 iſt in ſchalaunen, tepte zu beßern; vgl. Hoffm. p. 132. 632); es ſcheint ein zu Chalons gewebter ſtoff. Friſch 2, 158c.

*) formel bei Hoffm. p. 387: was dem *vater* den *tiſch bedeckt* und das *handwaßer behängt*.

büke oder brogede. u. alle kaſten die der frauen to gefüget
ſein u. alle holle vätte mit einem boden. zu Lüdenſcheid,
v. Steinen 2, 83. 84. — Folget wat in | een gerade gehört. 581
daer wert gewiſt alle der vrouwen kledinge vant hooft bet tot
den voeten u. alles daer de vrouwe mede omgaen heft, als hare
craempott, de waſchekettel, hare brutkiſte u. ſchrein, een *ſcher,*
nainatel, vingerhoet, alle gewunden garden, alle wulle ſo bi der
vrouwen leven geſchoren is, gepakt flas ok flas *dat de ſappe
begaen* heft, der vrouwen ſtoel met een küſſen. item, wan de
vrouwe een webbe hedde ſcheren laeten, dat moet van den
wever volgen, alle gebeikt laken, dat *de ſchere begaen* heft, alle
de bedde, ſo op der weer ſin, uterhalf dat beſte bedde, dat moet
to geſpreiet werden, als *de man met ſin vrouw darop geſlapen*
heft, met een par laken op dat reck bi dat bedde. item een
tafellaken, een handtwelle, een küſſen op den ſtoel, die grotſte
pott u. grotſte kettel blift op der weer. voert wert gewiſt alle
halle vette, dei leddich ſin, keerne (handmülen?), becken, düppen,
haſpelen, rocken, ſpindelen, bracken, ſchwingen, heckelen. item
der frouwen paternoſter, hare ſilveren u. gülden ringe, ook den
daer haer man ſe mede getrouwet heft. item haren gördel,
büdel u. dat geld ſo darin iſt, daer ſie hare *bedefart* mede gaen
wolde; ook wan daer kleeder vor dem ſchnider waren tot der
vrouwen live gehorig, die ſall men loſen u. vri ſtellen op de
köninclike vrie ſtrate, fleiten u. faren laten, ſonder eenige ſchulde
of beletſel. Weſthover freih. b. Steinen 1, 1571. — Item wer
ſall geven ein gerade, die ſall geven alle *ſchapene* kleider mit
alle dem geſchmidde, dat darto gehoirt u. darto geveſtet iſt u.
dat beſte gulden ringerlein, dat beſte bedde mit dem beſten
polle, mit dem beſten laiken, mit den beſten decken u. mit
dem beſten hovetküſſen u. dat beſte küſſen op dem ſtoil. oik
wer dar ein umbhank den ſold men |geven u. alle die ſtickede
huven und ein *boich dar ſie teglichs ut leſet,* den beſten kaſten,
ein beerlegelen, ein ſchenkbeerslegelen, ein paternoſter, ein gordel
u. ſchrein, dar ihr klenodie als huven u. ſtrickede in beſchlotten
plach to weſen. u. dis gelt alſo binnen der ſtad Hamm. v.
Steinen 1, 1801 und Häberlin anal. p. 475. — Item ſtorve en
frouwe, de des ampts recht hadde u. hedde ſie ene dochter,
*de men mochte hören dor ene eikene planke,* de en geve noch

erve noch gerade, mer hedde ſie gelt oft buntwerk ofte buckene ſcho ofte ſidenwand, dat geve ſie to recht. und enhadde ſie gene dochter, ſo gift ſie ein gerade den hove ſin vordel,
582 ör kleidunge u. *wat die natel begaen.* heft ſie | einen man achter gelaten, die beholt ſin bedde u. als ſolk darto horet, men let ſie ören echten man nicht achter, alſo dat ſie voir ör doit was, ſo nimpt men dat alink, als von einen einlück wive. Loener hofr. § 12. — Zu gerade gehören alle ſchaf, genſe, enten, kiſten, kaſten, laden u. truhen, darinne de frawen ir gezierde und geſchmeide beſchließen, alles garn rohe u. geſotten, lein, flachs, leinwat geſchnitten u. ungeſchnitten, alle betten, pfüle, küſſen, leilach, tiſchlach, handquelen, ſchlöier, kittele, badekappen, die die frawen tragen u. in ihren geweren haben, decklache, badelache, rinklache, fürhenge, umbhenge, ſperlachen, kultern, teppicht, ſchalaunen, becken, leuchter die nicht angenagelt oder anhangen u. ein waſchkeßel, ein brawpfanne die man ausmietet und nicht eingemauret iſt, milchgefeße, weibliche kleider u. gezierde, fürſpan, ringe, fingerlein, heftlein, geſelſchaft (? [nach Lang medaillon, zeichen geiſtlicher brüderſchaft, nach Laßberg ehring, allianzring]), halsband, ketten ſilbern u. gülden, berlen, krenze u. berlenbendlen, karellen (korallen) u. andre ſchnüre die die frawen tragen, ſilbern gürtel und ſeiden borten mit golde oder ſilber beſchlagen, pacifical (gehenkelte thaler) ſo die frawe an ir getragen, der rollwagen, darauf die frawe gefaren, alle weibliche gebende, gerethe, ſcheren, ſpiegel, weifen, bürſten und wirkremen. Leipziger ſchöpfenurteil. — Gerade in der ſtadt Unna bei v. Steinen 1, 1794, im amt Unna. 1797, in Riga (gerede) bei Ölrichs p. 86, in Altenburg b. Walch 3, 92. 93; vgl. die auszüge bei Haltaus 661. 1499. — Dem oben ſ. 576 aus frieſiſchen rechten beigebrachten *voraus* des mannes ſteht zur ſeite: lebet dann die frau, ſo gehöret ihr *voraus* ihr brautbette, ihr ſtuhl mit dem küſſen, darauf ſoll ſie legen eine *netze* (frauenkleid. Wiarda wb. p. 278), nicht die beſte ſondern die nächſte der beſten mit den ſilbern knöpfen; die übrigen güter gehen alle zur theilung. Wurſter landr.; die den mann überlebende frau nimmt von der erbtheilung zu ſich: eine *netſe* mit den ſülveren knopen, ſo to den mouwen (ermeln) hören. plattd. Aſ. buch. — [Ähnlich dem heergewäte und gerade ſcheint im

Ermatinger w. die beſtimmung über *begoßes* (begoßenes, gebrauchtes) *geſchirr*, geſchmide, gürtelgewand, daſchen, hoſen, hempli und was gefalten iſt (für männer) und über gürtelgewand, dücher, hendſchuoch und was gefalten iſt von linin tuoch (für frauen).]

*Anmerkungen* über heergewäte u. gerade.

a. reichliche mittheilung der verſchiednen angaben*) ſchien unerläßlich, theils um das übereinſtimmende und | ab- 583
weichende ſichtbar zu machen, theils der einzelnen ausdrücke wegen, die ſich oft nur in wiederholungen durcheinander erklären. So unmöglich es iſt, überall das ſpätere von dem früheren zu ſondern, weiſt doch die grundlage der meiſten beſtimmungen über die zeit hinaus, wo der Sſp. abgefaßt wurde. Namentlich zähle ich dahin die ihm großentheils abgehenden, in den übrigen verzeichniſſen aber ſo oft wiederkehrenden *poetiſchen wendungen*. Ferner ſtimmt anderes in die ſitte des frühen mittelalters, z. b. daß nicht bei dem hergewäte, wohl aber bei der gerade von *büchern* die rede iſt; bekanntlich konnten im 13. jh. ſelbſt die feiner gebildeten ritter nicht leſen, ſogar die meiſten dichter nicht, während unter den frauen dieſe fertigkeit ganz gewöhnlich war**). So hoch hinauf reichen auch die *betfahrten* (rogationen, proceſſionen), vgl. Parc. 446-450. Triſt. 13690. 13731. Friged. 3702 [Freid. 133, 17]; der geiſtlichkeit lag daran, daß das von männern und frauen für

*) abſichtlich habe ich lauter ſolche gewählt, die den hauptſchriftſtellern über dieſen gegenſtand *fehlen:* Gottfr. *Barth* von gerade u. heergeräthe. Leipz. 1721. 4.; Gottfr. Aug. *Hoffmann* ſtatuta localia d. i beſchreibung der gerade u. des heergeräthes. Ff. u. Lpz. 1733. 2 theile in 4.; Joh. Chriſtoph *Regner* handbuch von der gerade u. dem heergeräthe. Lpz. 1781. Bei aller breite u. ausführlichkeit ſehr unbefriedigende bücher, die faſt nur den oberſächſ. gebrauch, weniger den niederſächſ. und noch weniger den weſtphäliſchen verzeichnen, der mir der alterthümlichſte u. wichtigſte ſcheint. Hoffmann liefert das meiſte material, Regner hat ihn ausgeſchrieben aber durchaus nicht nachgeſammelt, obgleich ihm ſchon beinahe alle von mir genutzten quellen offen ſtanden.

**) Lichtenſteins frauendienſt p. 14. 31. 33. 48. [Wigal. 8757. MS. 1, 27b.]

dieſen zweck beſtimmte geld geſondert bliebe und auch von dem erben in heergewäte und gerade dafür verwendet würde.

b. leitende idee war, aus der allgemeinheit fahrender habe alle ſtücke abzuſcheiden, die von dem erblaßer (oder bei der witwengerade von der ehfrau ſelbſt ſchon) *gebraucht*, *getragen*, und *verwendet* waren, ſeien es nun waffen, kleider, ſchmuck, haus und hofgeräthe. Selbſt bei den thieren, die zu heergewäte oder gerade geſchlagen wurden, kam es darauf an, daß der mann auf dem pferd geritten, wahrſcheinlich daß die frau die hüner und gänſe gefüttert, die ſchafe geſchoren, der bienen ge-
584 wartet hatte*). So bildete ſich der begriff | gleichſam eines vertrauteren, privateren vermögens, wofür auch eine engere nachfolge gelten ſollte. Was einmal im nähern beſitz von männern geweſen war, gieng, wie grundeigenthum, nur auf männliche verwandten über; was frauen beſonders gehört hatte, blieb unter der hand weiblicher. Heergewäte war bloß jenen, gerade bloß dieſen vollſtändig brauchbar und ſollte beiden für den bedarf geſichert werden. [So ſehe ich (wie auch Weiſke zur Germ. p. 247) in der gerade deutſches zartgefühl: weiber hängen am geräth, das ſie täglich gebrauchen; noch jetzt in Thüringen behält die witwe eigenthümlich ihre kleider, ſchmuck, putz und nahes geräth; noch jetzt verlangen töchter bei erbtheilungen die kleider der mutter, allen entgegenſtehenden geſetzen zum trotz.] Es liegt aber in dieſer eintheilung der ſachen in *männliche* und *fräuliche* vielleicht noch nachwirkung der ſtrengeren ſcheidung beider geſchlechter im alterthum**). Aus einer bloßen vorſorge für hilfloſe witwen oder töchter läßt ſich die gerade nicht erklären, wie hätten ſöhne einer be-

---

*) nach der aus Lodtmann angeführten ſtelle werden die von der frau *eingebrachten* bienen und ſchafe gemeint; ſonſt aber iſt gerade von eingebrachtem gut unterſchieden.

**) den männern im heergewäte wurden *männliche thiere* (oben ſ. 571), den weibern in der gerade *weibliche* zugetheilt. Zwar iſt das nicht in allen ſtatuten ſtreng beachtet und den ſechs gänſen oft ein ganſert, den zwölf hünern ein han beigegeben z. b. oben ſ. 579; andere aber beſtätigen deſto mehr die regel, z. b. Regner p. 123. 124. 142. 143 ausdrücklich: ſchafe weiblichen geſchlechts; gänſe, enten, nicht gänſriche, entriche, truthüner nicht häne.

günſtigung durch heergewäte bedurft? Zwiſchen vater und ſohn, zwiſchen mutter und tochter beſtand ein ſtärkeres band, welches auch den für das deutſche recht überhaupt bedeutungsvollen unterſchied in *ſchwert* und *ſpillmagen* veranlaßt hat.

[Auch bei dem *heergewäte*, wie bei dem beſthaupt, könnte man ſich erinnern, daß unſere heidniſche vorfahren *pferd und waffen* des todten helden *mit ihm begruben*, alſo von dem erbgut *ſonderten.* Nach Vatnsdœla cap. 3 wurde alles, was der held im krieg erobert hatte, *nicht vererbt,* vielmehr mit begraben, er nahm dieſes eigenſte eigen mit in die unterwelt; vgl. Geijer ſv. häfv. 1, 285. Die *ſonderung* dieſer gegenſtände war hergebracht und durch ſitte geheiligt; wem ſtand, nachdem das mitbegraben aufhörte, mehr anſpruch auf ſie zu, als dem *ſohn?* In nord. ſagen gräbt der ſohn des vaters hügel auf, um ſich ſeines *ſchwerts* zu bemächtigen. Zum *beſthaupt* wie zum *beſten pferd* des heergewätes wurden männliche pferde verlangt (ſ. 368. 571).]

c. ausnahmsweiſe können zu h. oder g. gerechnete ſachen ihre eigenſchaft wieder verlieren und die natur des gewöhnlichen erbes annehmen, z. b. wenn unter lebendigen etwas aus dem h. an frauen, etwas aus der g. an männer geſchenkt oder verkauft wird.

d. wer zu heergewäte u. gerade berechtigt iſt, erbt ſie in der regel auch ſchon *unmündig;* nach dem Sſp. nimmt dann bloß der älteſte ſchwertmage das heergewäte in empfang und iſt dem kind darüber vormund; nach dem Loener hofrecht erbt das durch die planken ſchreiende mädchen die gerade. An einigen orten war aber der unmündige ausgeſchloßen: *blötlinge,* das iſt eine tochter unter zwölf, ein ſohn unter vierzehn jahren, haben kein gerade noch heergewette u. können auch das nicht erben. Hammer verordn. von 1636 bei v. Steinen 1, 1803.

e. misbrauch ſcheint, wenn in ermanglung der ſchwert und ſpillmagen, oder gar der ſöhne und töchter, die | *gutsherrſchaft* heergewäte und gerade nahm. Sie hatte nur ein recht 585
auf das beſtehaupt oder die beſte wat (oben ſ. 364 ff.), ſelbſt

wenn kinder vorhanden waren. Weil aber die gegenſtände des mortuariums und die des heergewätes (ſeltner die der gerade) oft dieſelben ſein konnten, erſtreckte man erſteres durch anmaßung auf alle beſtandtheile des letztern. [Vgl. eine paderborner urk. a. 1118: firmatum eſt etiam multorum teſtimonio, ut ſi vir prior obiſſet, mulier daret ad cameram ea que vulgo dicuntur *herigewede*, cetera ſibi retinens cum prebenda absque tribus ſolidis. ſi vero mulier prius moreretur, vir univerſa cum prebenda retinens ea que vulgo dicunt *giratha* dare non moraretur, ambobus vero mortuis univerſa que habuiſſent monaſterio provenirent.] In einigen gegenden verabfolgte man heergewäte u. gerade nicht an auswärts wohnende erben: gerade und hergewäte *gehen nicht über die brücke.* Haltaus 662. Einzelne landſchaften und ſtädte retorquierten widereinander; ſo ließen z. b. die Niederheſſen u. Paderborner h. und g. gegenſeitig nicht über die Diemel folgen. Die Altenburger ſtat. a. a. o. 88. 89 verordnen: ſtirbet ein mann oder weib und laßen im weichbilde keinen ſchwert oder ſpillmagen, ſo ſoll heergeräthe oder gerade von wegen der ſtadt auf das rathhaus zu beßerung des gemeinen nutzes nach altem herkommen gefordert u. genommen u. aus der ſtatt keineswegs gegeben werden. Billiger hätte in ſolchem fall heergewäte auf die vorhandnen ſpillmagen, gerade auf die ſchwertmagen übergehen, d. h. beides die natur des gemeinen vermögens wieder annehmen ſollen.

f. es wurde davon ausgegangen (ſ. 568), daß dieſe beſondere erbfolge auf Sachſen und Weſtphalen hauptſächlich zu beſchränken ſei; wegen Friesland und Scandinavien erörtere ich aber hier noch einiges. Die älteren frieſ. geſetze geſchweigen der einrichtung völlig; ein ſolches ſchweigen iſt freilich nicht entſcheidend. In dem landr. von Wedde ende Weſterwoldingeland § 44 (pro excol. IV. 2, 50) findet ſich: item weert ſake, dat een man hadde een dochter und hadde anders geen kindt u. die vader ſtorve, ſo ſal die dochter des vaders *kleder* u. *herwede* beholden u. ſullen bliven op den herde, daar ſie ghetuget ſint u. desgeliken ofte die moeder einen ſone hadde unde die moeder ſtorve, ſo ſolde die ſone der moeder *kleder* u. *gerade* u. *klenodie* up den herde bliven. Offenbar erſcheinen hier die ausdrücke herwede u. gerade; man könnte aber ſagen, in ihrem

natürlichen ſinn, nicht im techniſchen, denn wozu wäre ſonſt nöthig, kleder und klenodie beizufügen? ſodann wird hier gegen den ſächſiſchen grundſatz der tochter das herwede des vaters, dem ſohne die gerade der mutter zugeſichert, mit ausſchließung der ſchwert u. ſpillmagen. Es mag alſo bei den Weſtwoldingern
ein analo- | ges verhältnis, für den ſohn vorrecht auf das heer- 586
gewäte, für die tochter auf die gerade, in ermangelung der bevorrechteten aber gewöhnliche erbfolge gegolten haben. Des voraus, welches einige halbſächſiſche landrechte Frieslands überlebenden ehgatten bewilligen, iſt ſ. 576 und 582 gedacht. Was den Norden betrifft, hat Schildener (beitr. zum germ. recht. 1, 84-100) neulich einige ähnlichkeit des gothländ. *hogſl* und *iþ* mit der gerade nachgewieſen; inzwiſchen ſcheinen doch die quinna lutar (feminarum ſortes), wofür Gutalag cap. 21 § 22 erbfolge der töchter und ſpillmagen anordnet, verſchieden von hogſl und iþ § 20, und es fehlt an aller näheren angabe der einzelnen gegenſtände dieſes vermögens, woraus man ihre einſtimmung mit der gerade beurtheilen könnte. § 29 desſelben cap., aber für ganz andern fall, nämlich die ausſtattung unechter kinder, werden ſachen aufgezählt, die dem hergewäte und der gerade gleichen; warum hätte ſich das geſetz dieſe aufzählung bei dem hogſl und iþ erſpart?

II. Beſtimmungen über *eigenthum an thieren.*

1. die fahrende habe beſtand hauptſächlich aus vieh; *hausthiere**) gaben daher nicht nur den *preis* an, um welchen andere ſachen erhandelt wurden, ſondern auch oft die zu entrichtenden *bußen* und *zinſe.* Die alten wergelder waren in vieh angeſchlagen und konnten, als ſchon die münze herſchte, immer noch in vieh abgetragen werden, weshalb l. rip. 36, 11 und

*) man könnte das hausvieh, wie die bäume in majores et minores (ſ. 507), eintheilen in *majus* (pferde, rinder) und *minus* (ſchafe, ziegen, ſchweine), vgl. l. Burgund. addit. 1, 2 [89, 2] und l. Viſig. VIII. 3, 15 capita *majora* et *minora.* [Fumagalli nr. 29 (a. 807) peculias majores adque minores (beſtiame groſſo e minuto); vgl. ſmalvihe, altn. ſmali, engl. ſmall cattle. gramm. 2, 639, gal. min-callach. Leo malb. 1, 71.] Die förmliche vindication (nachher nr. 3) ſcheint doch hauptſächlich nur vom majus zu gelten.

l. Sax. 19 [66] eine reduction des geldes auf vieh (und waffen)
anführen. Urkunden des 7. 8. jh. nennen *pferde* als kauf oder
tauſchpreis: unde conſtat me a vobis . . . accepiſſe in precium
unum *cavallum* et una ſpada. Neug. nr. 15 (a. 761); unciam
auri et *caballum* unum valentem libram unam. ibid. nr. 185
(a. 816); pro hoc acceperunt *caballum* unum et aliam pecuniam.
Meichelb. nr. 552; vgl. oben ſ. 343 das beiſpiel aus den trad.
fuld. [und trad. patav. nr. 70 (ſec. 8): pretium aut in *caballis*
vel in veſtimentis aut in aliis utenſilibus; bei Meichelbeck nr.
327 wird für ein pferd ein wald verkauft. Sieh auch Jornand.
cap. 5: unius *caballi* pretio redemptos.] Von dem viehzins iſt
oben ſ. 362 gehandelt worden. Bußen wurden häufig noch in
587 vieh entrichtet*): condemnavit (Otto I.) | Everhardum centum
talentis aeſtimatione *equorum*. Witech. corb. p. 23; einzelne in
vieh abzulegende ſtrafen und bußen haben ſich bis in ſpäte
zeiten erhalten, namentlich für jagdfrevel: und wer einen hirz
fienge, der ſoll in antworten uf die nechſten wildhube, der
hubner ſoll die vier ſtück das heupt u. die hut antworten zu hof,
thete er das nit, ſo ſoll er büßen ſechzig ſchilling geber pfenninge
u. einen helbeling u. einen *falen ochſen mit ufgerachten
hörnern***) u. mit einem *zinnelechten****) *zaile;* wer es aber
ein hinde, ſo ſoll er geben ein *fale kue mit ufgerachten
hörnern* u. mit einem *zinnelechten zaile* u. 60 ſch. pf. u. einen
helbeling; vor ein reh ſoll man geben 60 ſch. pf. u. e. h. und
eine *fale geiß;* iſt es ein bock, ſo ſoll er geben einen *falen
bock*, 60 ſch. pf. u. e. h.; wer da fehet eine bermeiſen, der ſoll
geben eine *koppechte*†) *hennen* und *zwölf hinkeln* und 60 ſch.
pf. u. e. h. Dreieicher w. Und wo auch einer jagte auf dem
büdinger wald, der nicht drauf jagen ſoll, der ſoll büßen von
einem hirſchen einen *bunten ochſen* u. zehen pfund pfenning

*) Feſtus ſ. v. multam.

**) bovem *cornutum*, videntem et ſanum, vaccam cornutam, vid. et ſanam. l. rip. 36, 11; *patalem* bovem Plautus appellat, cujus cornua diverſa ſunt ac late patent. Feſtus; three bullocks whoſe horns are as long as their ears. Probert p. 133.

***) auseinander gekämmt. Maria 102.

†) *haubicht;* im Reinaert de vos heißt die henne *coppe*.

und jedem förſter fünf ſchilling pfenning und von einem haſen drei pfund pfenning und iedem förſter 20 pfenning. Büdinger w. Auch wer in dem vorg. waldbann einen hirzen fienge, der ſal unſerme herrn einen *falen ochſen* geben u. hait zwo mark verbrochen zu frevel, u. wer eine hinde fienge, der ſ. u. h. geben eine *falbe kuwe* und hait auch zw. m. v.; wer ein rehe fienge, d. ſ. u. h. g. eine *falbe geiß* u. h. a. z. m. v.; und wer eine kolemeiſe fienge mit limen ader mit ſlagegarn, d. ſ. u. h. g. eine *falbe henne* mit *ſieben hünkeln* u. h. a. z. m. v. zu frevel. Rheingauer w. Bodm. p. 285. Wär aber iemand anders der in dem wildbann jagte ane des biſchofs laube von Mainz u. fienge dar ein hirſch, der iſt ſchuldig für den hirſch dri pund pündiſcher penninge u. einen *zindelſtin ochſen mit offrichten hörnern* und für eine hinde ein *kuhe* u. drei pfund des vorg. geldes dazu,
und für ein rehe ein *geiß* u. d. | pf. d. v. g.; vor ein bock ein 588
*bock* u. d. v. g. 3 pf. dazu und vor ein baummeiſe*) ein *hubenrechte henne* mit 12 hinkeln u. 3 pf. p. p. dazu. Lorſcher wildb. von 1423. [Wer in dem vurg. gerichte roder machte, das ein man mit eime ſeche ubirwerfen mag, als dick das geſchit, der ſal der herrſchafft zu Schonecke einen *wilthanen* geben; und mechte ein man zwene odir dri morgen roder auseinander, davon ſal und mag er mit eime *hanen* bezalen als dick ſich das geburte. Galgenſcheider w. Für den haushan ſoll gebüßt werden mit *neun hennen und einem han.* Sſp. 3, 51.] Schon die höhe der hier angedrohten ſtrafen zeigt, daß ſie, nach art der weisthümer, unpractiſch waren; deſto alterthümlicher ſcheinen ſie. Warum immer *fahles* oder *buntes* vieh (vgl. das weißgraue pferd ſ. 185, den fehen ſtier ſ. 254 not.) geliefert werden ſoll? weiß ich nicht genügend zu erläutern; erhöhte die ſeltenheit dieſer farbe den werth? [Vgl. auch unten ſ. 667.]

2. die hausthiere wurden als weſentlicher beſtandtheil des haushalts und der wohnung betrachtet; vorzüglich *hund*, *han* und *katze*, die dem menſchen am geſelligſten ſind; [MS. 2, 133ª werden dieſe drei thiere *hûsgeræte* genannt.] Acht zu-

*) daß, wie Dahl meint, unter der baummeiſe ein auerhan oder feldhun zu verſtehen ſei, bezweifle ich, vgl. die kolmeiſe (fringilla) und bermeiſe (bergmeiſe?) der andern weisthümer.

ſammen und der *hund der neunte*, heißt es Froſtedingsl. 3, 22; wer ſich wo niederläßt, nimmt hund u. han mit:

han tager med ſig baade *hund* og *hane*,
han agter der länger at väre. danſke viſ. 1, 175;

ein burgund. edelmann, in einer urk. von 1251, verbindet ſich die burg Arconciel im frieden mit einem knecht (cliens), einem *han* und einem *hunde* (catulus) zu hüten. Joh. Müller Schweiz 1, 482; wird ein ganz ohne hausgeſinde lebender mann nach der nachtglocke mörderlich angefallen u. tödtet den frevler, ſo nimmt er *drei halme* vom ſtrohdach, ſeinen *hund* vom ſeil (oder die *katze* vom heerd*), den *han* von der hünerſtange) mit vor den richter, ſchwört und iſt des todſchlags ſchuldlos (im glauben, daß ihn gott lügen ſtrafen könne durch die kleinſte creatur). ibid. 3, 258**). [Auch Hallman p. 96: tog *hund* och *katt* til vitne. Vgl. Il. 23, 584. 585: *ἵππων ἁψάμενος ὄμνυθι.*]

3. wie hier in gegenwart der thiere geſchworen wird, ſo muſte bei *vindication* des entfremdeten hausviehes der ſchwörende
589 eigenthümer es *mit hand und fuß be-* | *rühren.* Dies ſcheint ſchon das ripuariſche conjurare cum dextera armata et *cum ſiniſtra* ipſam *rem tenere.* l. rip. 33, 1; wiewohl da von jeder beweglichen ſache, nicht bloß von vieh die rede iſt. Das ganze verfahren erläutert Rogge (gerichtsweſen p. 227); ſpäter kommen dabei die ausdrücke anefâhen, verfâhen, widerfâhen und ſchieben techniſch vor; [vgl. interciavit anafangeda. Diut. 1, 341, auch drittehantôn tertiare. gl. emm. 412.] Schilter im gloſſ. 720. 721 bringt aus dem augsb. ſtadtr. (vgl. Walch 4, 148. [Freyberg p. 60]) folgende ſtelle bei: ſwa ain man ſin diupiges oder ſin raubiges vih vindet, es ſi *ros* oder *rint* oder *ander vih*, das

*) *katze* ſchläft am herd. Bon. 43, 40. 67; weder *hunt* noch *hane* vernemen. Eilh. Triſt. 4716; dâ ne kræt diu *henne* noch der *hane* (alles iſt ausgeſtorben u. öde). MS. 2, 229a. [*Hanbalken* heißt der oberſte balken im haus.]

**) in der alten ſitte war mehr naturgefühl. Gekaufte hausthiere wurden feierlich über die ſchwelle eingeführt und an feſttagen geſchmückt; an einigen orten, wenn ſich eine hochzeit oder ein todesfall im hauſe zutrug, behieng man die bienenſtöcke mit rothen oder ſchwarzen tüchern.

ſol er *anvahen* mit des richters boten. mag er des richters boten nicht gehaben, ſo ſol er es ſelb *anvahen* unz an den richter u. ſol man das vih antwurten in des richters gewalt u. ſol es fur gerichte furen u. ſol es *vervahen* als recht iſt. dem recht iſt alſo, das er im *grifen* ſol *an das zeſin ore* u. ſol ze den hailgen bereden, das es im diuplich verſtolen ſi oder geraubet. darnach ſol er es *ſchieben* hinz dem in des gewalt er es funden hat. der ſol es denn auch *widervahen* mit gelerten worten: ich widervah das ros oder rint u. tun es dahin dannan es mir komen iſt, ob ich mac. Der Sſp. 2, 36 kennt zwar auch den ausdruck *anevangen* (vindicare), aber nicht die berührung des rechten ohrs; die gloſſe fügt hinzu: hie ſagen etliche leut, wenn ſich einer etwas unterwindt, ſo ſoll er im *tretten auf den rechten fuß* und es *nehmen bei dem rechten ohre*, obs viehe iſt, da kere dich nicht an*). Andere ſächſ. rechtsbücher wißen allerdings davon, namentlich das magdeburger (Gaupp p. 250, vgl. 288): he ſal *mit ſime rechten voȝe* deme *pherde treten uffe den linken voȝ vorne* und ſal *mit ſiner linken hant* dem pferde *grifen an ſin rechte ore;* vgl. weichbild art. 133. [Kulmiſch r. p. 93. Ortloff rechtsb. n. diſtinct. 261. Böhme 6, 124;] ferner das lüneburger (Dreyer nebenſt. p. 381. 382): he ſchal gahn dem perde an die vordern halve u. ſchal ſinen *lüchtern voet ſetten up des perdes vordervoet* u. ſchal aver (über) dat pert taſten u. nemen *mit der lüchtern hant dat pert bi dem lüchtern ore* u. leggen de vordern hant up de hilligen u. ſweren, dat it pert ſin were, do he it leſt ſege. *ſo vake alſo one dat entrücket den voet edder dat ore,* ſo vaken weddet he 8 ſs. (vgl. ein protoc. von 1632 in Dähnert pomm. bibl. 3, 23); | des- 590
gleichen auf der inſel Rügen: he trett *mit dem rechtern vote up den luchtern des vehes* u. *lecht em twei finger ut der rechtern hant up dat hövet,* ſweret, it ſi ſin. Rugian. 91; ſo mag de here des vehes mit *ſinem rechtern vote treden up den luchtern* des vehes u. leggen dem vehe *de hand up dat hövet* u. bedüren mit ſinem lifliken eide etc. ibid. 166. Iſt iȝ aber ein phert daȝ ein man anſprichet, daȝ ime abgeſtolen oder geroubet ſi, da ſol her ſich mit rechte zuzien alſus: her ſol mit ſime *rechten*

*) am rande: mos livonicus (in Oelrichs rigiſchem r. unerwähnt).

*vuʒe* deme *pherde* treten *uffe den linken vuʒ vorne* u. ſol mit ſiner *linken hant* deme pherde *grifen an ſin recht ore* unde ſol geren der heiligen unde des ſteberes unde ſol uffe den heiligen deme pherde uber deme houbete ſweren, daʒ daʒ phert do ſin were u. noch ſin ſi. Schott 1, 65. 66. Er ſoll *greifen* mit *der linken hand* dem pferd über ſeinen hals *an ſein ohr* u. ſoll *treten mit dem linken fuß* (auf des pferdes rechten) u. ſoll ſchwören mit der rechten hand. Freiberger ſtat. (Walch 3, 207); beim anfangen der *kühe* thut man wie mit den pferden, allein ſoll er *nehmen die kuhe mit dem ſeil in die linke hand* und ſoll ſchwören mit der rechten hand (ibid. p. 210). Kumert man aber *phert* oder *ander vihe* vor diepſtal, daʒ ſal kein ander gerichte tun dan daʒ waldpodengericht. ſo ſal der kleger dem pherde treten *mit ſeinem rechten fuße* des phertes *linken fuß* u. ſal mit *ſiner linken hant* dem pherde *grifen an ſin rechtes ore* u. ſal die rechten hant uf die heiligen legen u. ſal ſchwören daʒ das vih oder phert ſin geweſt ſi, daʒ er mit handen anrure. Mainzer waldpodenrecht bei Gudenus 2, 498 und Siebenkees beitr. 1, 53. — Dieſe berührung des gerichtlich angeſprochenen thiers und während geſchworen wurde ſcheint vom höchſten alterthum. Sie gleicht dem anrühren der erde oder des waſens bei dem ſtreit über ein grundſtück (oben ſ. 115. 120); wie grund und boden ſelbſt muſte auch das hausvieh leiblich mit in den rechtshandel gezogen werden; man glaubte, nach der merkwürdigen ſtelle des lüneburger rechts, durch ſtillhalten des ohres und fußes beſtätige, durch wegrücken entkräfte das vieh den geleiſteten eid, denn der ſchwörende ſollte für jedes entrücken (er durfte alſo von neuem anfaßen) wette zahlen. Auch die ſtellung der hände und füße iſt bemerkenswerth. Mit der rechten wurde das ſchwert gehalten (dextera armata) oder das
591 heilthum gefaßt; mit der linken hand an des thiers | rechtes ohr gegriffen, zugleich mit dem rechten fuß auf ſein linkes vorderbein getreten. Der ſchwörende ſtand folglich an der linken ſeite des thiers. Einige laßen mit dem linken auf den rechten fuß treten, dann ſtellte ſich der vindicierende dem thiere rechts und griff ihm über den hals ans ohr. Beide ſtellungen müßen denen bei dem hammerwurf (oben ſ. 65. 66) verglichen werden und ſcheinen deſto alterthümlicher. [Auch in einer

weftph. urk. von 1570 (Kindlinger 37, 233) wird gewiefen, daß einer nutgud, padengud und pillengave aus dem erbhaufe ziehen darf: is die mans of frowes perfoine, fo follich guit anfprekt, frig, fall he dat mit finer *luchtern* hand bi dem *vordern ohre* darut tehen und bewahrden des mit finer vordern hand bi finem ehede; is he averft eigen, fall he dat bewahrden mit dren handen und mit dren eheden.] Der brauch mag durch ganz Deutfchland geherfcht haben, wiewohl die angeführten belege nur für den Rhein, Schwaben und Sachfen zeugen; denn ich finde ihn auch im Norden und in Wales*), eine unabweisliche beftätigung feines alters und feiner verbreitung. Eriks feeländ. gefetz 5, 15 verordnet: wer fein *ros* oder *rint* verloren (und wieder gefunden) hat, foll dazu gehn und *feine hand auf des viehs hals legen* und ein andrer mann foll ihm gegenüber treten und feine *rechte hand* in des eigenthümers *rechte hand über den hals des viehs legen* u. der eigenthümer gott u. feine heiligen anrufen, daß fie ihm helfen, fo wahr er des viehs rechter eigenthümer fei und der andre mann, der mit ihm die hände hält, foll bezeugen, daß er einen rechten aufrichtigen eid fchwöre. Wotton leg. Walliae lib. 3 cap. 2 § 39 p. 215: fi animal vivum fub juramento vindicat, *auri animalis dextrae finiftram manum imponet* et manum dextram fuper reliquias, et reus *dextram auri finiftrae animalis* imponet, et tunc per reliquias actor jurabit, animalis nullum dominum praeter fe. Auch bei der vindication unbelebter fachen mufte fie der fchwörende mit der linken berühren. Probert p. 215. 216. Eigenthümlich ift, daß nach nordifchem recht auch der eideshelfer die hand über des thieres hals in die des fchwörenden eigenthümers legen, nach wallififchem aber der, gegen welchen vindiciert wurde, der beklagte, während dem der kläger fchwur, mit feiner rechten hand des thiers linkes ohr ergriff. Das ift früher vielleicht auch in Deutfchland fo beobachtet worden. [Man vgl. noch damit, daß auch beim viehverkauf nach Tobler 402[a] der *fchwanz* in die hand gegeben wurde. — In einem kindermärchen foll der teufel, der fich eines ihm verfallnen knaben bemächtigen

*) nach Mähren (acta liter. Moraviae 1, 47) könnte er aus Schlefien und Sachfen gedrungen fein.

will, ihm auf den *linken fuß* treten und über die *rechte ſchulter* ſchauen; was ein kreuzzeichen bewirkt. Im Pinzgauer ſalzſpiel treten der käufer und verkäufer mit dem *rechten fuß* auf eine markſtange und der käufer ergreift mit der *linken hand* die rechte des verkäufers. die Deutſchen 2, 184. Der beichtende tritt dem einſiedler *auf den fuß*. Lſ. 1, 593. *Ûf den fuoȥ* er ir trat heißt es vom bräutigam bei der vermählung. Helmbr. 1534.]

4. in den hofsinventarien wird die art und anzahl des hausviehs beſtimmt, das beim räumen des hofs zurückgelaßen werden muß, z. b. in einer urk. von 1338 bei Kindl. hörigk.
592 p. 414: in qualibet curte remanere debent | aedificia, ſepes, ſtramina, paleae, duo currus, una biga vulgariter ſtortcare, unum aratrum, quatuor trahae (egeden), *quinque equi*, non meliores nec pejores, de his qui fuerant in ipſa curte, *duo tauri*, *duo apri* (zahme eber), duo ſervi, una ancilla, tres lecti, prout ſervi et ancilla in illis dormire ſolebant, una olla, unum menſale, unum manutergium, *unus canis, duo catti.* Wer uf demſelben hofe ſitzet büwelich u. heblich u. ſin eigin rouch hat, der ſol han *ſiben ziehender vihes houpt.* daȥ ſibend vihes houpt ſol er darumb han, ob im eines hinken würde, daȥ im ſin buwe fürgienge. dieſelben ſtuck vihes ſollent betfrige ſin, doch ſol er damit unſerm gn. h. fronen alſo ein ander armer man, der hinder im geſeßen iſt. er ſol ouch han *vier kuege* u. *ſes ſwin*, die ſollent ouch betfri ſin. was er übrigens hat, das ſol er verbeten, als ein ander unſ. h. armman. Raſtädter hoferecht. Der gutsherrliche hof hielt die zur fortpflanzung nöthigen *faſelthiere*, welche in der gemeinde flur große freiheit genießen: das capitel zu Aich muß halten in jeder nachbarſchaft im veldgeleit im land Monjoye einen *neudoll* oder *ſtierren* u. zhwein *widder*, einen *weißen* u. einen *ſchwarzen*, womit nachbaren zufrieden ſint. dafür hat capitel den zehnten im ganzen lande. Conzer w.; auch ſullen die nachbern uf dieſem hofe han ein *farne*, ein *wedel*, ein *eber* u. wen ſie das nit finden, ſo mogen ſie grifen zu dieſem hofe, als lange bis genug geſchieht. Niederſteinheimer w.; den *farren*, den *eber* und den *ſterren* zügen u. halten. Hanauer ded. gegen Bernsdorf p. 71 (a. 1393); *varre*, *beer* u. *ſchapebock.* Herdicker w.; holden ein *rynsperd* mit einem

manne daruppe, einen *bullen*, *beren*, *hanen* u. *kater* u. alle dat kloet (teſtikel) heft. Spilcker 1, 287; [der keller ſoll einen *ſtier* und ein *faſelſchwein* halten, wo nicht, mag man ihm den zehnten weigern, den er dafür bezieht. Tägerwyler öffn.; einen *ſtier* und zwen *widder* halten. Becheler w.; in einer heſſiſchen urk. von 1539 bei Lennep p. 505: der hofmann in dem hof ſoll halten ein *ochſen* u. ein *beeren*, ane der menner ſchaden. der *ochſe* ſol gehen in der winterfrucht bis Walpurgis u. in der ſommerfrucht bis S. Johannis tag zu mitten im ſommer und *der junge ſol dem alten folgen;*] und hette der *ſchel* (admiſſarius) darmit nit gnug zu eßen, ſo ſoll er fahren uf des widemguts acker einen, weder uf den beſten noch uf den böſten, u. alda ſol er den *ſchel* weiden. Geiſpolzheimer dinkrodel; auch ſo hat bemelter mair die macht, wan ein *ochs* abſpilt*), hat er den in den flor zue ſlagen (auf der flur zu weiden) u. wan der ochs durch das falter kumbt, hat ine kainer weiter zu treiben, dan aus ſeinem acker oder wismad uber den negſten rain. Köſchinger ehhaftd.; wenn einem | ein *bulle* oder *bähre* (aper) im korn 593
gienge, der ſoll ſie fürder (d. h. aus ſeinem feld) treiben, wolte der andere ſie nicht leiden, der ſoll es eben ſo machen, auf daß ſie ihre nahrung haben oder er treibe ſie in den ſtall u. gebe ihnen ſatt zu eßen. Wendhager bauernr. — Zuchtvieh oder hausvieh, das von dem hofsherrn oder von dem pachter beſtändig erhalten, d. h. nach dem tod alsbald wieder durch ein gleiches ſtück erſetzt werden muſte**), hieß *eiſernes*, *ſtählernes*, *ewiges*. *Eiſern vieh ſtirbt nicht;* [vgl. a. Heinr. 781: dâ ne ſtirbet weder ros noch rint.] Es iſt zu wißen, daß der Sibotinhof zu Raſtetten ſol geben dem dorf zu Raſtetten ein *ſtehelin rint* und daʒ ſol *bluotrot* ſin. und ſol ouch daʒ ſelb rint in dem dorf gen, winter u. ſumer, u. ſol der hofman daʒ ſelb rint nieman weren u. ſol an dem wege gen u. ſol frige ſin u. ſol ſchrigen much much! u. welcher burger kem ab der Rinouwe

*) ſpiln, laſcivire, coire (ſpilohſe, taurus), abſpiln remittere ardorem coeundi? [beßer deſilire, abſpringen.]

**) wie der ägyptiſche Apis und der Dalailama in Tibet; [auch im ritualgeſetz der Juden p. 158. 179. 184. 192. 194 eiſernes vieh im gegenſatz zu rupfgut.]

u. fuert ein rint an einer kauwen (?), der hofman ſol im nit weren u. ſol in daȥ rint laßen bruchen nach der notdorft. Raſtedter hoferecht; [ſtählin viehe, ſtähline gült. Schilter gl. 759ᵇ;] *immerkue*, *immerrint* (vaccae perpetuae). MB. 10, 500 (a. 1346). 11, 45. 46 (a. 1253); *ewigkuh*. Haltaus 416; belege über *eiſern* kuh, eiſern vieh. Haltaus 310; vergleichbar ſcheint das dän. *halzfä*, *holdsfä* (Kolderup-Roſenvinge u. Homeyer § *60*); [auch dän. *iernfä*. — Auf *pferde* angewandt: der für ſich ſoll ſetzen ein azzend pferd, daȥ nicht abe gê. Lang 4, 505 (a. 1291); ſo heißt es auch im Rother 423 bei der gefangenſchaft der helden: ſwâ ein ros irſturbe, daȥ ein ander wider gewunnen wurde. — Vgl. noch die ausdrücke *ewig gans*. Thomas p. 303, *ewiger iferngulde*. Arnsb. urk. 1169.]

5. wer ſonſt fremdes vieh in gewahrſam hatte, ſei es der hirte oder ein dritter, dem es aus andern gründen übergeben worden war (mittere in tertiam manum, intertiare); der muſte, wenn das thier ſtarb, deſſen *kopf und haut vorzeigen*. Dieſe alte rechtsſitte iſt ſchon aus der l. rip. 72, 6 darzuthun: ſi animal intertiatum infra placitum mortuum fuerit, tunc ille . . . ſuper quem intertiatur, *corio cum capite decorticato* in praeſentia judicis auctorem ſuum oſtendere debet; lex Roth. 348 von dem der ein fremdes pferd auf ſeinem felde gefunden hat und es in gewahr behält: et ſi mortuus fuerit, *ſigna de corio conſervet*, ut cum venerit certus dominus habeat quod ei oſtendat*);
594 formel b. Canciani | 2, 468ᵇ [MGLL IV p. 380]: aut *oſtendat ſignum de corio* aut juret; lex Bajuv. 14, 1. 3 [15, 1]: tamen ratio eſt, ut praebeat ſacramenta ille qui commendata (animalia) ſuſceperat, quod non per ſuam culpam neque per negligentiam mortua conſumpta ſint, et *reddat corium***). Auf den bildern

---

*) ähnlich iſt, daß bei den Angelſachſen fleiſcher zwar der üblichen förmlichkeit beim einkauf des ſchlachtviehs überhoben, dafür aber angewieſen waren, *kopf und haut* der geſchlachteten rinder u. ſchafe drei tage lang zu bewahren: nân man hryđer ne fleá buton he habbe tvegra tryvra manna gevitneſſe, and he healde III niht *hŷde and heáfod*, and ſceapes eall ſvâ. Concil. Vanetung. § 16 [9] aus dem anf. des 11. jh. (Wilk. p. 118. Canciani 295ᵇ [Schmid² p. 216]), vgl. Phillips p. 151, der des Wilkins ſinnloſe überſ. richtig verbeßert hat.

**) zuſatz zur l. Viſig. V. 5, 1, aus welcher die bairiſche verfügung ſonſt entlehnt iſt.

zum Sſp. taf. 15, 1 iſt dargeſtellt, wie das *fell* des umgekommnen thiers, und taf. 16, 2. 3, wie der *leichnam* und das *fell* gebracht wird. Hier wuſte der bildner mehr, als ihm ſein text angab, denn Sſp. 2, 48. 54. 3, 5 enthalten nichts davon. Wohl aber andere ſächſ. rechtsbücher, z. b. das Hamburger ſtadtr. von 1497 (Walch 6, 78): ſtervet *perd* efte *quik* dat geborget is, de man *bringe de hut vore* u. weſe ledig; Ölrichs rigiſches r. p. 136: ſtervet *perde* edder *vee*, de börgen *bringen de hut* unde bliven leddich; Rugian. 169: der wenner muß das *fell des geſtorbnen lamms* überbringen. [Nach Wigand iſt in Weſtphalen immer noch das vorzeigen der haut legitimation der gemeindeſchäfer. Hierher noch folgendes: geſchicht iemand ſchaden zu dem viehe, des er hüter iſt, ſo hat der hirt drei tag löſung das aufzuſuchen und wieder zu antworten, ſo fern er das finden kan. findet er das aber nit und hette ſchaden genhomen, oder wer ſonſten verloren, ſo ſolte er des ein *warzeichen* bringen und weiſen. thete er aber der keines, ſo ſolt ein hirt denjenen, den alſo an ihrem viehe ſchaden geſchehen, ſolch viehe bezahlen und ein genügen darfür thun und ſo ein hirt in einem ieglichen dorf, die hierher an das landgericht gehören, uf der . . . (unleſerlich) das viehe umbzehlet und eines zu wenig oder zu viel gezahlet, darumb iſt derſelbig hirt kein ſchalk oder böswicht, und niemand ſoll ihn darumb ſtrafen, daß er unrecht gethan hab. Bücherthaler ordnung des landſcheids und landſiedelrechts (a. 1451).] Auch das altnord. recht kennt den gebrauch, der hirt muß für das vom wolf geraubte vieh buße zahlen, geht ihr aber ledig, wenn er *ein ſtück des zerrißenen thiers vorzeigen* kann. Veſtg. rätl. 8, 4. 5. Geräth ihm ein vieh in den ſumpf und kommt um, ſo ſoll er ſeinen *ſtab dabei ſtecken*, ihm ſeinen hut oder die kappe unters haupt legen oder reiſer unterlegen, zum zeugnis, daß es ohne ſeine fahrläßigkeit geſchehen iſt (ligger ſä i dya döt, tha ſkal hirdingi ſtaf ſin hos ſtingä, hatt ſin undir hovod läggiä ellar kapu, ellar ris undir brytä; ther ſkulu vitni bära, at vangömſlä hans gek ther eigh at). Veſtg. rätl. 8, 6. Der miether ſoll die *haut* des geſtorbnen *pferds bringen*. Erichs ſchon. geſetz 6, 4. [Sieh unten ſ. 744. 881.]

6. die weisthümer enthalten einige merkwürdige beſtimmungen darüber, wie weit die *hausthiere recht* haben, d. h.

freiheit zu gehen und zu fliegen. Ene *ſchneewitte faſelſugge* mit ihren ſeven ſchneewitten jungen beerferken wiſen ſie, dait ſie recht hebben, war ſie kombt. Benker heidenr. § 14 (vgl. oben ſ. 261). Wo aber einer ſein hof ziemlich befriedete vor kühen u. pferden, flüge alsdann ein *gans* hinüber, die ſtünde ihr ebenteuer. Hernbreitinger w.; ich frage, wie lange ein
595 *gans* ge- | rechtigkeit im felde hat? antw. nicht länger als von einer bohnen bis zur andern, d. i. wenn die bohnen werden eingeführt und wiederum ausgeſäet; wird ſie ſonſten auf dem felde bei dem korne angetroffen, ſo ſoll es dem die gänſe gehören ein oder zweimal geſagt werden; wo er ſie denn nicht in acht nimmt u. weiter angetroffen wird, ſo ſoll man ſie todtſchlagen*) u. die oberſte ahrruthe zwiſchen ſeinen nachbarn ausziehen u. ſtecken der gans den kopf darunter und werfen ihr den ars über den zaun, ſo ſie ſich denn löſen kann, ſo hat ſie ihr leben errettet. Wendhager bauernr.; *göſe*, da ſie betreten werden, da ſie *ſchaden***) don, ſall man nemen enen ſtok u. ſpliten den an einem ende entwe u. ſteken der gos den kop tüſchen den ſtok u. ſteken denſelben ſtok in die erde. kan ſei ſik los maken, ſo mag ſei wier weg loupen, dar ſall wieter keine frake over gan. Benker w. § 21; item, of daer *ganſe* gingen in ein mans koren, dat ſal men den ghenen kundich doen, den ſie to horen, ofte hi des nicht en achtede, ſoo mach men die *ganſen* bi den voeten uphangen, dat dat hovet moge

---

*) auch die geſetze von Wales verordnen über ſolche pauperies: qui *anſeres in ſegete ſua ceperit,* virgam excidat a cubito ad digiti minimi extremitatem pertingentem cujuslibet craſſitudinis et anſeres in ſegete ſua iſta virga interficiat licet. Si anſeres frumentum horreo vel area incluſum per crates corruperint, *deprimatur vimen* aliquod *cratis in colla eorum* et ibi maneant dum moriantur. Wotton l. wall. II cap. 10 § 70. 71. [Hibernenſes dicunt, *gallinae*, ſi devaſtaverint meſſem aut vineam aut hortulum in civitate *ſepe* circumdatum, *quae altitudinem habet usque ad mentum viri et coronam ſpinarum habuerit,* reddet dominus earum, ſin vero, non reddet. ſi vero foras exierint *ultra ſiccatorium,* dominus reddet ſi quid mali fecerint. capitula ſelecta ex lege Hibern. (e libro 51 cap. 9), in d'Achery ſpicil. Paris 1723. tom. 1.]

**) in Schwaben ſagt man: die gans *lauft ſchaden, fliegt ſchaden;* vgl. Wagners köſtliche ſatyre: madame Juſtitia. Heilbronn 1826. p. 25; [bei Rupr. p. 84 *ze ſchaden fliegen.*]

an der erden hanghen und die *aendt* ſal men uphangen aen einen kloveden ſtock u. ſperen oer den beck up u. ſie daer nicht van to nemen ſunder orloff. Weſterwoldinge landr. p. 110; item, de *ende*, wat ſe durch den tun mit dem ſchnavel kan winnen u. werfen (werben), wider heft ſei kein recht. Benker w. § 22; wie weit ein *ente* gerechtigkeit hat von ihres herren hof zu gehen? antw. nicht weiter als unter dem ſchratſtaken (l. ſchnatſt.). Wendh. bauernr. Wie weit ein *hun* macht hat ſeine nahrung zu ſuchen? antw. ein *hun* ſoll macht haben, über einen neunehrden zaun ſeine nahrung zu ſuchen, wanns aber todt geſchlagen wird, ſoll der todſchläger demjenigen dem das hun gehöret, (es) über den zaun werfen und ſo viel kräuter dabei, daß es könnte einem edelmann zu tiſche getragen | werden*). ebend.; item, ſo wiſe ik ok vor recht, dat en *hoen* 596
nicht mehr recht heft, als ein guet man mit bairvoiten vorth ein oft tween tunſtaken ſtünde u. worfe twiſchen den benen hin. Benker w. § 23; item, inden *hoenderen* in ander mans lande ſchade doen, dien ſal men mogen dodtſlaen, als die here eins vermaent is, die nicht en wil ſturen. Weſterwold. landr. p. 110, vgl. die oben ſ. 61 beigebrachten formeln. Item, den *duven* wirt ihr freiheit gewiſt, ſo ſei op enem heke ſete u. geſchoten würde, felt ſei buten huſes, ſal ſei dem, ſo ſie geſchoten, up to nemen verfallen ſin, felt ſei in dat hus, dem gefallen, in deſſen hus ſei fallen wird. Benker w.; eine *taube* hat nicht weiter gerechtigkeit, als auf der hecke. wird ſie todt geſchoßen u. fället ins haus, ſo gehört ſie dem der ſie gehabt hat, fällt ſie aber heraus, ſo mag ſie hinnehmen der ſie geſchoßen hat. Wendhager b.; angeſtalt, wer *tuben* halden ſoll u. wie viel er halten ſoll? urteil: ſo manch pferd ſo einer hat an dem acker gehn, als viel *paar tuben* mag einer halten, helt aber einer tuben, der kein pferd hat, der ſte ſein ebenture, als (ob es) die herrn liden. Hernbreitinger w.; [vgl. auch oben ſ. 57 nr. 14ᵃ.]

7. *Bienen.* Lex Viſig. VIII. 6, 1: ſi quis *apes* in ſilva ſua aut in rupibus vel in ſaxo aut in arboribus invenerit, faciat *tres decurias*, quae vocantur characteres (oben ſ. 542) unde

*) von alterthümlichen bußen für getödtetes hausvieh unten buch 5 cap. 2 ſ. 667 ff.

potius non per unum characterem fraus naſcatur. et ſi quis contra hoc fecerit atque alienum *ſignatum* invenerit et irruperit, duplum reſtituat: lex Roth. 324: ſi quis de *arbore ſignata**) in ſilva alterius *apes* tulerit, componat ſol. VI. nam ſi ſignata non fuerit, tunc quicumque invenerit jure naturali habeat ſibi, excepto de *gaio***) regis. et ſi contigerit, ut dominus, cujus ſilva eſt, ſupervenerit, *tollat mel* et amplius non requiratur ei calumnia; lex Bajuv. 21, 8-10 [22, 8-10]: ſi *apes*, id eſt examen alicujus ex apili elapſum fuerit et in alterius nemoris arborem intraverit et ille *conſecutus fuerit*, tunc interpellat eum cujus
597 arbor eſt, | et cum *fumo* et *percuſſionibus ternis de transverſa ſecure*, ſi poteſt, ſuum ejiciat examen, veruntamen ita ut arbor non laedatur. et quod remanſerit, hujus ſit cujus arbor eſt. Si autem in capturis, quae ad capiendas apes ponuntur, id eſt, vaſculis apum, ſimili modo interpellat eum cujus vaſculum eſt et ſtudeat ſuum ejicere examen. veruntamen vaſculum non aperietur nec laedetur. ſi ligneum eſt, *ternis vicibus* lidat eum terris. ſi ex corticibus aut ex ſurculis compoſitum fuerit, *cum pugillo ternis vicibus percutiatur* vaſculum et non amplius, et quos ejecerit, ſua erunt et quae remanſerint, ipſius erunt cujus vaſculum eſt. Si autem dominum arboris vel vaſculi non interpellaverit et ſine illius conſcientia ejectum domino reſtituerit et ille cujus vaſculum fuerat eum compellaverit, ut ex ſuo opere vel arbore res tuliſſet et ad reſtituendum compellaverit, quod *untprut* (al. unterprut) vocant, et ille alius ſi negare voluerit et dicit ſuum conſecutum fuiſſe, tunc cum ſex ſacramentalibus juret, quod ex ſuo opere ipſum examen injuſte non tuliſſet nec illud ad judicium reſtituere deberet. Schwäb. landr. 356 Schilt., 374 Senkenb.: u. fliegent *binen* uz u. vallent uf

*) vgl. Petri except. legum Rom. 3, 45 Savigny rechtsg. 2, 360, wo auch vom *zeichnen der baume*, deſſen Juſtinians inſtitut. II. 1, 14 nicht erwähnen; [bienenbäume mit eingeſchnittnen kreuzen. Vuk wb. 197.]

**) l. *gahajo*. Bruns beitr. p. 116; vgl. *kaheio*. l. Bajuv. 21, 6 [22, 5]; unſer *gehege*; [*gehey*. Lang 3, 298 (1268). 342 (1270); vgl. Schmeller 2, 128. 129; noch in einer ſchleſ. urk. a. 1396: agris, pratis, paſcuis, vir gultis, *gaijs*, rubetis, quercetis. Böhme 1, 65.]

einen baum u. er in inner *dri tagen nachvolget*, ſo ſol er jenem ſagen, des der baum iſt, daȥ er mit im gange u. im ſin *immen* gewinne. ſi ſullen mit einander dar gan u. mit *exten* (al. mit *axtes örten*, nicht mit der ſniden) *an den baum ſlahen* u. mit kolben u. mit ſwiu ſi mugen. ſwaȥ der binen herab fellet, die ſint ſin u. ſwaȥ daruf belibet, die ſint jenes, des der baum iſt; [vgl. Rupr. p. 84. 85.] Witzenmülenrecht p. 29: wann ein ander käme u. *jagte* einen *ſchwarm* u. wolte ſagen, der wäre von ſeinen *immen* geflogen u. der ſchwarm hätte ſich in ein ander *gehege* geſetzet, ſo ſoll derſelbe der *nachjaget* des ein beweis bringen, das ihm der ſchwarm entflogen iſt, oder *den ſtrauch mit ſich bringen*, da der ſchwarm auf geſeßen hat. Helfanter w.: würde auch ein *beie* in unſers ehrw. herrn wälden gefangen, ſo gehört derſelbe unſerm ehrw. herrn zu. [Rommersheimer w.: vort ſo hait der ſcheffen gewieſt eime abte den *bienvunt* und dem vaide nit.] Weſterwold. landr. p. 78-82 art. 85-91: item, of jemant vonde *ein ſworm* u. *volgede* hem u. ein ander *in den weghe* were, dat hem die ſworm overvloge, die mach oik den ſworm *volgen half to holden*, mer wie *van der ſyd* ankomt, die heeft daer nicht an. item, wie einen *ſworm* vindt in den velde of op enen bome, die ſal daer een *teeken bi laten*, al eer hi wederkompt, anders hoort hie den vinder toe, die hem leſt vint. | item, of daer een *ſworm* vloge op eins anderen 598
mans holt of grund, ſo mach men daer einen *penning bi leggen* u. laden (locken) den ſworm ſonder broke, wanner he *volget*, is ſinen ſworm. item, of daer ein ſinen eigen *ſworm volgede* van ſinen *immen* und hie dat bewiſen konde u. *volgede* in eins ander mans immen, daer ſal hi den erſten *ſworm* weder hen ut hebben, of wer dat genen *ſworm* en hadde, ſo ſal dat weſen *half u. half*. item, daer enſal nemant ghene *lockhuven* (lockekorb, agſ. hyfe, engl. hive, alveare) ſetten in dat moer of in dat velt of in dat broek, bi ſinen halſe, wie ſie vint mach ſie den richter ſien laten. item, wie daer *navolget immen*, alſo lange als hie hem volget, ſoe hoort hi hem to, waer hi hem vint in wes boome of ſtede. [Bücherthaler landgerichtsurtheil um a. 1509: wan einem ein *bien* entfleugt in eines andern gut oder garten, ſo ſol er dem *nachvolgen* und anzeigen, daß er ſein ſei, auch dem jhenigen des der garten iſt geben drei ₰

für ſeine gerechtigkeit und alsdan den bien faßen. fleugt er in wald, ſo ſol er im *nachvolgen*, drei ſtaffel in baum hawen, daran er ſich angehengt hat und daran faßen. leſt er in darüber drei tag ungefaßt, wer in dan findet, des iſt er.] Sueſterer w.: dicunt etiam, ſi *examen apum* in *trunco* alicujus *arboris* inventum fuerit, hoc foreſtarii ad aures dominorum perducant. ſi dominis placuerit, ut *illa arbor deponatur* ad acquirendum illud examen, rami illius arboris foreſtariis cedunt de jure. ſi vero arborem illam non ſuſtinent deponi, examen apum in arbore ſtante ad uſus dominorum permanebit. ſi etiam foreſtarii aliqua *examina apum* in *frondibus* ſeu in *ramis* arborum invenerint, illa tollere in uſus eorum de jure licebit. Veſtg. fornäm. 13: ſi quis reperiat *apes* (koppofund) in alterius prato vel communi poſſeſſione, indicabit hoc in pago quibus velit et qui pratum poſſident. ſi inter eos conveniat, *dimidium* capiet, qui alveare apum invenit, *dimidium* poſſeſſores prati. ſi inter ſe diſſentiant, ille cujus eſt pratum, probabit cum duodecim virorum juramento et duorum virorum teſtimonio, quod alveare controverſum *prius ſignarit*, ideoque illius poſſeſſio ipſi non alteri debeatur. ſi quis inveniat *apes* in proprio ſuo fundo omnes ipſe poſſidebit. ſi ille reperiat apes, qui legitimam partem in ſilva poſſidet, omnes habebit, et *tantum ex arbore, quantum in ea occuparunt apes*, et arbor in ejus parte computabitur; non autem *quercus ſuccidetur* absque vicinorum venia. Jüt. geſetz 3, 40: findet jemand *bienen* in einem wilden walde, der auf der feldmark weder land noch holz hat, und iſt ihnen niemand *gefolget*, ſo gehören ſie dem, der ſie am erſten findet. findet einer bienen in eines andern mannes gehölz, da ſie in einen baum geflogen wären, da mag er ſie nicht wegnehmen, hat auch kein theil daran, es wäre dann, daß ſie aus ſeinem hofe entflogen u. er ihnen *gefolget* wäre, bis an die ſtätte da ſie ſich ſetzen, ſo gebührt ihm davon der *dritte theil.* ſobald
599 einem *immen aus den* | *augen entfliegen*, gehören ſie dem, der ſie am erſten findet. S. Louis eſtabl. 1, 165: ſe aucun a *es* (apes. Roquef. 1, 487[a]) et elles ſenfuient, et cil à qui elles ſeront les en voye aler et il les *ſuit toujours à veue et ſans perdre* et eles ſaſſieent en aucun lieu el manoir a aucuns preudhons, et cil, en qui porpris elles ſont aſſiſes, les preigne

avant que il viegne et cil die apres, *ces es ſont moies*, et li autres die, *je ne vous en croi mie;* hierauf gehen ſie vor gericht und der erſte ſchwört, daß es ſeine bienen; et par itant aura les *es* et rendra à lautre la *value du vaiſſel*, ou il les a cueillies. Die *theilung* der bienen zwiſchen eigenthümer, finder und herrn des baums, an den ſie ſchwärmen, gleicht der des obſtüberfalls (oben ſ. 551) und beruht auf ähnlichem grund. |

# VIERTES BUCH.

## GEDINGE.

600 I. *Benennungen.*

1. dem römiſchen ausdruck *obligatio* (überſetzt: obliegenheit, verbindlichkeit) entſpricht kein altdeutſcher von gleichem ſinn. *Pflicht* (ſtammwort pflegen) nehmen wir jetzt mehr im ſittlichen, als im rechtlichen und das mittelalter brauchte es für conſuetudo, communio, commercium. Haltaus 1486, wiewohl ahd. auch ſchon die bedeutung von auflage, mandatum galt. N. 102, 18, vgl. flihtland. 49, 8 und inphliht (cura). 134, 4, [fliht (cura). N. Cap. 108,] dem Sſp. 3, 85 iſt *plichtich* rechtlich verbunden. Wie ſich die begriffe umgang und vertrag begegnen, lehrt z. b. *συναλλαγή*. *Fordern**) hieß poſtulare, accuſare, agere, [*fordro* auctor. lex rip. 33, 4,] *fordrung* würde mehr die aus der obligation entſpringende actio, als das verhältnis zwiſchen creditor und debitor bezeichnen [1]), allein recht der forderungen klingt noch undeutſcher und ſteifer, als jus actionum unlateiniſch. Unſer gewöhnliches *vertrag* für conventio iſt auch nicht in der älteren ſprache, vertragen bedeutete eigentlich ausſöhnen, nach dem ſtreit ruhe und frieden herſtellen, wie freilich pactum und pax einander nahe liegen.

---

*) die ſchlechte form *fodern* läßt ſich etwa durch köder f. kerder vertheidigen; wer ſie aber und das lächerliche *befödern* ſchreibt, um unſere ſprache weicher zu machen, könnte auch mörder, ſchwerter, härter, wörter, örter, erörtern und wie viel anderes? verderben wollen. [Bürger reimt *fodern* auf *lodern*, *modern*, vgl. Hugo gött. anz. 1830 p. 244.]

[1]) [Walther 26, 26: mîn *vorderunge* iſt ûf in kleiner danne ein bône.]

Allgemeiner gebrauchte man wohl *einunga* (*ἁρμονία*, unio) oder *gizumpht* (pactum), übereinkunft; [*gizunftigôn* *συμφωνεῖν*. T. in Matth. 20, 13.]

2. älteſter name für pactum, rechtlich genommen, ſcheint *gidinc*, agſ. *geþing**), für paciſci ahd. *gidingôn*, [*dîngôn*. Diut. 2, 327ª,] agſ. *geþingjan*, langob. *thingare*, und wiederum mit der nebenbedeutung conciliare, weil dinc zugleich cauſa, concilium ausdrückt**). Dieſe benennung wähle ich | für die ganze 611
claſſe, weil ſie leicht verſtändlich und durch das angrenzende beding, bedingen geläufig iſt, ja *bedingen* heißt uns noch im vertrag feſtſetzen und *dingen* hat ſich für das miethen der dienſtboten und löhnlinge erhalten. In der frühern ſprache bedeutete gedinge zugleich hofnung, was man erwartete, in der ferne ſah***), worauf man ſich rechnung machte, anwartſchaft (oben ſ. 203), ſo wie obligatio nicht bloß das bindende verhältnis ausdrückt, ſondern auch das bedungene, die künftige leiſtung. Beide bedeutungen ſondert aber meiſtens grammatiſche form und conſtruction (eines dingen, ſperare; einez dingen, paciſci).

3. gleich alt iſt das [goth. *vadi*,] ahd. *wetti* (gen. wettes), agſ. *ved* (gen. veddes), mittellat. vadium, woher das franz. gage; zwar mit der ſpeciellen bedeutung pignus, aber auch der allgemeinen von pactum, ungefähr wie ſ'engager überhaupt heißt ſich verpflichten, obligare ſe, wir noch heute wetten für ſpondere brauchen; [arras wetti. Diut. 1, 532ª; wette, chouf vadi-

---

*) mhd. *gedinge brechent lantrecht*. Bon. 72, 48. Eiſenh. p. 1; mit gedinge (vertragsmäßig). Bon. 72, 11. 93, 13; [guot gedinge ûz lônes rehte nie gebrach. MS. 1, 76ᵇ. Auch ahd. *gedinga*, gen. -ûn. N. 77, 57, mhd. die gedinge (fem.). Schreiber nr. 52 (a. 1296). Bei Lang 4, 403 (a. 1289): diz *dinc* iſt geſchehen.]

**) ähnlich *mahal*, *mâl* concilium, cauſa, ſermo und dann auch ſponſio, gelübde, [mahal pactum. gl. Ker. 226. Diut. 1, 266ª;] beſonders auf den heirathsvertrag bezogen (oben ſ. 433), aber jeder vertrag iſt gelöbnis und beredung; [vgl. *fidem facere*, geloben, paciſci; cum feſtuca *fidem facere*. l. rip. 30, 1. l. ſal. 53 [50] (oben ſ. 122. 123), ſowie Sn. 46: at kaupi þeirra voru ſterk *vitni* ok mörg *fœri*.]

***) ſpes zu ſpecio (unſer altes ſpihu, ſpähe), ſpecto, exſpecto, wie erwarten zu warten, ſehen.

monium. ibid. 2, 353ª.] Daher ahd. wetti compoſitio, mulcta, gâpun wetti, dederunt manus; [goth. gavadjôn. 2. Cor. 11, 12,] agſ. veddjan ſpondere, paciſci, veddung pactio, ved healdan pactum ſervare; mhd. ein wette hân (ein gedinge behaupten). Walth. 110, 31; [erwetton. exodus 98, 23; erwetten. Schwabenehe.] Wette (fem.) iſt uns jetzt eine beſondere, vom pfand verſchiedne, vertragsart. [Sieh unten ſ. 618. 621. 657.]

4. *kauf* wird früherhin oft allgemein für vertrag genommen, für den handel, der das geſchäft ſchloß und ſo könnte ſelbſt das kaufen der ehfrau (oben ſ. 421) bloß vertragsmäßigen erwerb bezeichnen; vgl. frid caupa. Sæm. edda 83ᵇ. Im altn. ſprachgebrauch kann *kaup* geradezu pactum überhaupt bedeuten, z. b. [Laxd. p. 44.] Gulaþ. p. 329; der kaupmalabalkr des upländ. und ſüdermanl. geſetzes umfaßt zugleich die vorſchriften über darlehn, pfand, miethe, ebenſo im Guledings geſetz der kaupabolkr; im oſtgothiſchen heißt dieſer titel vinsordabalkr, im weſtg. mangelt er ganz, doch wird einiges dahin gehörige im thiuvabalkr 22 vorgetragen. [Allgemeiner: kaupa ſaman, paciſci. Laxd. p. 156; kaupa vel vid einn, wohl umgehen, verfahren mit einem. Vatnsd. p. 224. Goth. kaupôn handeln; agſ. ceâp auch heerde, pecus. Schmid ſ. v.]

5. auf ähnliche weiſe ſcheint auch *gelt* bald enger das darlehn (mutuum), bald allgemeiner die durch den vertrag begründete leiſtung auszudrücken, und *geltære* kann, ungefähr wie
602 das lat. reus, beides den haftenden | creditor und debitor bezeichnen, obgleich meiſt der letztere darunter verſtanden wird. *Gelten* heißt die pflicht des eingegangnen vertrags erfüllen, ſve icht borget oder lovet, die ſalt *gelten.* Sſp. 1, 7; alle ſcult mot man wol *gelden.* ibid. 1, 65; [einen gelten, jemand wie ware abſchätzen. Wh. 257, 15; *vergelten* bezahlen. Walth. 100, 25. 32. Gute frau 1772. Die *gülte* abe ſlân, die ſchuld entrichten. Walth. 100, 26.] *Gläubiger* iſt erſt ſpät dem lat. creditor nachgebildet worden, *ſchuldner* für debitor älter, die frühſte ahd. form lautet *ſculo* (reus), goth. *ſkula;* [mîn rehter *ſchol.* Kchr. 5986; ſô iſt er mîn *geſchol,* er muoȥ mir hiute *gelden.* Gudr. 1406, 1. 2. *Schuldner* bedeutet auch creditor, z. b. Gellerts ſchr. 10, 140 (wo der herausgeber glaubiger vermuthet); ſchul-

diger creditores. Schweinichen 1, 274. 275. Goth. dulgi*ſkula* debitor, dulga*haitja* creditor, unten ſ. 611.]

6. *leiſten* bezeichnet die eingegangne verbindlichkeit erfüllen, eigentlich folgen, der ſpur folgen, folge thun, folge leiſten, goth. laiſtjan, agſ. læſtan, altſ. lêſtan, frieſ. lêſta (Br. 15), ahd. leiſtan; goth. galaiſta, der folger, agſ. lâſt veſtigium. Im ſchwur von 842: oba Karl then eid, then er ſinemo bruodher Hludhwige geſuor, geleiſtit. Daher ſteht es häufig dem *gahaitan*, geheiȥan (ſpondere) gegenüber; er leiſtet iedoh alſer gehieȥ. W. LI, 23; geleiſtet werde ſamo geheiȥan iſt. LXVIII, 17; triuwa u. genâda leiſtan. LII, 3. 4, vgl. Haltaus 1258; [nemugen ſiu aber geleiſten daȥ ſiu geheiȥent. N. Bth. 119; bei N. 75, 12 *leiſten* gleich viel wie *wëren;* geleiſten. fragm. 21ᶜ; da funde ichs, da leiſt ichs. weisth 2, 93.] Späterhin wird leiſten beſonders von der verbindlichkeit der bürgen gebraucht. [Vgl. noch GA. 3, 580: daȥ ſi leiſten ſolten, die da halten wolten ir triuwe u. ir wârheit; Fw. 294. 302: mitter ena hand *weddia* ende mitter ander hand *lâſta;* agſ. være *læſtan* fidem exſequi, ſieh unter 7. Das gegentheil von leiſten: daȥ ich ê dâ lobete, des wil ich *abe gân.* Nib. 1732, 2.]

7. etymologiſchſchwieriger iſt das ſich mit gelten und leiſten berührende, aber doch davon unterſchiedne mhd. *wërn, gewërn*, nhd. gewähren: leiſten, ſichern, erfüllen; gelter und gewer (leiſter und bürge) ſtehen z. b. MB. 20, 92 nebeneinander. Leſern des Sſp. iſt bekannt, wie ſich in dieſem rechtsbuch mehrfache begriffe von *were* und *gewere* mengen, vgl. Homeyers regiſter p. 209. 210. Es ſind dreierlei wörter, welche grammatiſch und ihrem ſinne nach nichts gemein haben: *α. wern,* goth. *varjan,* prohibere, defendere; davon were, arma, munitio (Homeyers a), ein unjuriſtiſcher begriff. *β. wern* (veſtire), goth. *vaſjan;* davon were, gewere (Hom. d. e. f. g), welcher begriff ſchon oben ſ. 555 erörtert worden iſt; der lat. text des Sſp. hat dafür poſſeſſio, poteſtas, clauſura; es wird dadurch zuweilen auch beſitz ohne feierliche auflaßung verſtanden. *γ. wërn* (praeſtare), wovon wëre, gewëre praeſtatio, cautio, was aber die überſetzung gibt durch *waranda*[1]), *warandatio* (Hom. b. c). Bloß dieſes

[1]) [*warandiam* facere. Wigand arch. 2, 83 (a. 1298); ſuper juſta warandia facienda. Arnsb. urk. 112; warandiam (plenam od. juſtam)

letztere gehört hierher in die abhandlung der verträge; der
vokal ë (während α und β ein e, umgelautetes a haben) wird
durch die mhd. gedichte, in welchen das wort häufig und ſtets
auf -ër, nie auf -er reimt, außer zweifel geſetzt*); ahd. form
603 ſcheint | wërên, wërêta, da ſich gl. emm. 392 giwërata fecit
(= giwërêta) findet, obgleich monſ. 323. 354 giwëran, nicht
giwërên, facere; W. LXVIII, 20 wëret (dat, praeſtat), aber W.
ſchreibt auch habet f. habêt; [ne wëreton iro gedingûn, non
ſervaverunt pactum. N. 77, 57; wërendo daȥ er gehieȥ. ibid.
266[b], 72; die iro fater gebot wëreton. ibid. 70, 1; daȥ kebot
wëren. N. Bth. 28;] auf gothiſch müſte es *vairan*, vairaida
lauten**); die bedeutung iſt: thun, leiſten, gewährleiſten, verbürgen, und von ihm ſtammt das franz. *garantir*, engl. *warrant****), der ahd. *wëro* (?), mhd. *wër* iſt der franz. garant, engl.

---

praeſtare (= gewër leiſten). Wigand arch. I. 4, 108 (a. 1298). III. 3, 104 (a. 1331). Arnsb. urk. 150. 238. 246. 247. Seibertz 289. 384. 389.]

*) übele gewërt. Nib. 94, 2; ſô habt ir übele gëltes mich gewërt. Nib. 2309, 1; wol gewërt. Walth. 82, 22; ich bin gewërt. fragm. 22[a]; [nieman weiȥ, ob ſi mich wërt. MS. 1, 81[a]; ich wil dich wërn. ibid. 2, 80[a];] wër mich. Parc. 154, 10; hât er mich gewërt vil wol. Parc. 154, 20; ſîner vröude wër. Wh. 280, 12; ſtrîtes wër. Parc. 37, 28; endes wër. Parc. 159, 9. 161, 5; mîn wër. Parc. 546, 15. 560, 16; des bin ich mit der volge wër. Parc. 550, 22; [nu ſolt dû des ſîn mîn wër. MS. 1, 89[b]; ſi iſt ſælden wër. ibid. 1, 83[b]. Der hât nit gewërt. Berth. 57. Ich pin ouch der gar gewert. mon. zoll. 2, 374 (a. 1292); der wir gar und genzlichen gewert ſein. ibid. 3, 81, vgl. 3, 8; thut ſein ſchuldiger gewern (die gläubiger bezahlen). H. Sachs 1, 446[b]; die gewehr (probe) halten. hebamme 386.] Das mhd. wërn hat den acc. der perſon und gen. der ſache bei ſich (wie Sſp. 3, 77); das nhd. gewähren den dat. der perſon und acc. der ſache.

**) es fehlt auch im altn. und agſ.; oder ſollte das være gelæſtan bei Lye, da es auffallend zu unſerm gewer leiſten ſtimmt, für vere gelæſtan ſtehen? være iſt ſonſt foedus, fides, ahd. wâra? være brecan fidem frangere. Beov. 84; alſo være læſtan was fidem facere (lex ſal. 53, 3 [50, 3]); [auch være ſellan. Cädm. 1328. 2200. 2305, wie treova ſellan. ibid. 1533, treova and væra ſellan. ibid. 2813, være healdan. ibid. 3350. Ahd. federis dera wâra. Diut. 1, 503[b]; pepigit kiſazta edo kiwârta. ibid. 1, 508[b].]

***) daß die romaniſchen wörter ein a haben, kann nicht irren; wurde doch auch wërra (ſeditio, bellum) den Engländern zu war, die Franzoſen behielten guerre. Übrigens findet ſich *warens* f. guarant, warranter; [des koufes recht wër und tröſter. Pupikofer nr. 71 (a. 1404). Haltaus 1310. Dem wëren ſteht *intwëren*, entwërn gegenüber (gramm. 2, 815. 816): êa wëren u. intwëren, legem adimplere et ſolvere. N. 18, 8 aus Matth. 25, 4; ſi hât mich entwërt gewalteclîche herzen, lîbes u. dar zuo der ſinne. MS. 1, 14ᵇ.] Im Sſp. hat man folglich die beiden begriffe were (poſſeſſio) und wëre, gewëre (praeſtatio, cautio) ſorgſam zu ſcheiden; were (gavaſeins) iſt immer etwas factiſches, wëre hingegen ein abſtracter rechtsbegriff; manchmal ſtehen ſich beide wörter dicht zur ſeite, z. b. 1, 9 § 5: ſve ok dem anderen gut in ſiner *were* let, ir het ime up late, he ſal ine in der *gewëre* vorſtan, de wile het ime nicht up gelaten ne hevet, ſvenne he ſiner *wërſcap* bedarf. Der lat. text iſt hier deutlich, der deutſche, wenn man jene unterſcheidung vernachläßigt, kaum zu faßen*).

[Weitere ausdrücke: *faſtinodh* ſtipulatio. gl. Ker. 9; feſtenôn ſancire. N. Cap. 82, der feſtenâre, qui ſancit. ibid. 54; ſtipulatione, feſti vel gewârido. Diut. 3, 197; taka feſtar oc ſœri, exigere ſtipulationes et juramenta. Vegtamsqv. 4; vgl. *ſtrickunge* foedus. Haltaus 1757. Auch *gewerft* ſcheint pactum, doch eigentlich allgemeiner negotium, geſchäft, handel; der gewerft iſt geſchehen etc. (actum eſt). Lang reg. 4, 414 (a. 1289); dieſer gewerf iſt geſchehen. Altenerding b. München a. 1326. Altn. *ſkildagi* pactum, conditio pacti (vgl. ſvardagi); *ordtak* conventio. Laxd. p. 184.]

II. *Form des gedinges.*

1. kein zweifel, daß im alterthum alle wichtigen verträge,

---

wërêntêr ſchon bei den ſpätern Langobarden, Georg. 1269. 1270 [MGLL IV p. 578].

*) [zu wërſcap vgl. Wenk 2 nr. 257 (a. 1305): ſatisfactio que vulgo dicitur *wereſcaf*.] Wenn in der urk. von 1241 (oben ſ. 506) der alte notar *warandia* florum richtig für blom*ware* ſetzt, ſo hätte man darunter die *gewährung*, das recht auf hartholz zu verſtehen; were (poſſeſſio) ſcheint hier bei bäumen des gemeinwalds nur dann denkbar, wenn man es auf die were der markenoten (ſ. 505) beziehen und blomwarige (ſ. 508) für vulwarige nehmen wollte; dann wäre aber warandia tadelhaft. Vgl. auch leb*ware* oben ſ. 565.

604 namentlich die, welche abtretung von grund und | boden oder auch werthvoller gegenſtände der fahrenden habe enthielten, feierlich geſchloßen wurden. Dieſe feier beſtand nun theils in der anwendung von ſymbolen, theils im gebrauch gelehrter worte, theils in der zuziehung von zeugen. [Vgl. Keiſersberg ſ. d. m. $65^{a}$: aber wie wol die juriſten in iren büchern haben, daß ein *bloß und ſchlechte verheißung*, *nuda promiſſio* non dat actionem, müg darumb keiner den andern mit recht anziehen, darumb nemen die bauern den mantel in die hand, ut promiſſio ſit *veſtita.*]

2. da ſich bei bedeutenden verträgen zwei momente ergeben, das der eingehung und das der vollziehung des geſchäfts, iſt oft ſchwer zu entſcheiden, welchem von beiden das angewendete ſymbol gebührt, z. b. beim ehvertrag, ob dem verlöbnis oder der heirath. Gedinge über grundſtücke pflegt erſt im augenblick der tradition ſeine feierlichkeit zu zeigen.

3. das merkwürdigſte ſymbol auch für verträge über fahrende habe iſt der *halm* (ſtipula, feſtuca); beiſpiele ſeiner anwendung beim verkauf von knechten, pferden u. a. ſachen ſind ſ. 123. 130 gegeben. Meine anſicht, daß auch die römiſche ſtipulation früher mit halm, nicht bloß mit mund (ore et calamo) eingegangen wurde, gewinnt nun auch aus dem indiſchen brauch beſtätigung. Indiſche an alter ſitte haltende bergbewohner *brechen* bei ſchließung ihrer verträge einen *ſtrohhalm* zwiſchen beiden theilen*); wahrſcheinlich geſchieht es noch anderwärts in Aſien und die gemeinſchaft einer rechtsform unter Indern, Römern, Deutſchen, deren ſprache und ſage in ſo viel einzelnem zuſammentrifft, kann nicht überraſchen [1]). Urkunden des mittelalters gewähren den ausdruck *ſtupfen*, geloben und ſtupfen, von feierlicher befeſtigung des gedinges. Haltaus 1762. Oberlin 1592, das dürfte wörtlich auf ſtipulari gezogen werden, nämlich *ſtupfe* heißt genau ſtipula, nhd. ſtopfel, ſtoppel. Allein dieſes ſtupfen wurde, wenigſtens ſpäterhin, bloß mit den fingern, *ohne*

---

*) aſiatic reſ. vol. 15. Serampore 1825; vgl. gött. anz. 1828. p. 18.

[1]) [kann mit dem *brechen* des halms das ſpätere *durchſchneiden* oder *auseinanderſchneiden* ſchriftlicher urkunden, z. b. bei meierbriefen, in verbindung ſtehen?]

*halm*, vorgenommen, wie ſogleich unter 4 angegeben werden ſoll, und ich kann nur vermuthen, nicht beweiſen, daß es wirklich mit der frühern feſtucation zuſammen hieng; vielleicht iſt das *verſtoßen* (oben ſ. 125) nicht in verſchoßen zu ändern? Endlich erinnert das *frangere* und *jungere* der ſtipula bei Iſidor an die ſitte der *kerbhölzer*. Haltaus 1082*). | Nach ver- 605
ſchiedenheit des materials und der anwendung konnte ſich ein und dasſelbe ſymbol leicht auf abweichende weiſe äußern, die feſtuca oder ſtipula bald geworfen werden, bald gereicht, bald gebrochen.

4. das ſtipulari *manu* iſt ſ. 138 berührt; unſer *handſchlag* könnte gothiſch ſlahs lôfin**) heißen, was aber Ulfilas für alapa gebraucht, ahd. finde ich *hantprutto* für contractus (Diut. 2, 40 farſlizzana huntprutten, reſciſſo contractu, l. farſlizzanu hantprutten) von prettan ſtringere, rapere; [*hantpraht* contractus. gl. Sletſt. 22, 64; doch ſieh Graff 4, 970.] In lat. urk. fides *manu* data, *manufirmatio;* [qui hanc traditionem fecerunt et cum caeteris *manuum impoſitione* confirmantes ſuper altare poſuerunt. Neug. nr. 825 (a. 1083).] Altn. ausdrücke ſind *handſal*, *handaband*, *handfeſti;* im verbo handſelja oder handſala, handleggja: ſættir handſaladar. Nial. cap. 51; [handſelja grid oc ſætt. ibid. cap. 71; handſöl, pactum dextris datis et acceptis firmatum. Vigagl. p. 40;] heita med vitni ok handfeſti. Ol. Tr. 2, 129. Noch heute wird bei feierlichen verträgen und gelübden *hand in hand geſchlagen;* [ſchlugen die hände ineinander. unw. doct. anhang 73. Daher auch *handeln*, ahd. hantalôn manu tractare.] Früher geſchah auch die form durch berühren oder *anſtoßen mit den fingern* (fingerſpitzen) oder dem bloßen daumen; das hieß *ſtupfen*, ſtüpfen, ſtipfen, aufſtupfen. Haltaus

---

*) den Serben heißt das kerbholz *raboſch*, die hälfte, welche der gläubiger behält, *kvotzka* (gluckhenne), die andre *pile* (küchlein). Vuk im wb. 695. 302. 555. [An das kerbholz hat auch Schrader erinnert im civil. mag. 5, 174; man vergleiche die ſpartaniſche σκυτάλη.]

**) man würde es wagen, lôfa (manus), altn. lôfi mit unſerm geloben zuſammenzuſtellen, hinderte nicht die unvereinbare abweichung der vocale. Richtiger ſcheint alſo *geloben* das *ore laudare* der alten urkunden, z. b. Lindenbrog. privil. hamb. nr. 33. [Frauend. 434, 8: der ich dâ *lobt* in ir *hant*.]

68. 69, [ſtippen toſamen in den rink. Soeſter Daniel 28, in die hand tupfen beim pinzgauer ſalzkaufſpiel,] und es wäre möglich, daß die gebärde von der alten feſtucation herrührte*). Hiervon iſt noch die interjection *topp!* [*tob!* Schelmufsky 1, 18] übrig, welche unſerm *ſchlag ein!* gleichgilt und *topſchilling* für handgeld. Haltaus 1794**); [vgl. *zuſchlagen*, *darſchlagen*. Eulenſp. p. 140; *losſchlagen* und verſtechen. Felſenb. 2, 529. 530; ſus *ſluog* er ſi im in die *hant*. Amîs 2135. Quant du *brachet* mavez *ſciſi*, tenez l'anel de guerredon. Triſtr. Michel 1, 131; die altfranzöſ. ſprache hat für *handſchlagen* in dieſem ſinn *ferir la paumée*, *palmoier le marché* (von palma, manus). Méon nouv. rec. 1, 297. 298 und oben ſ. 138. Handſchlag und trinken. unw. doct. 340. Schließen die Ehſten einen handel, ſo reichen ſie einander die hand und bedecken ſie mit dem rockzipfel; beide theile rufen dabei nach art eines wiehernden pferdes *hihaha!* Hupels topogr. nachr. von Lief und Ehſtland. Riga 1777. 2, 149. 150. Über handſchlag auch Spiegel Aveſta 2, LV.]

5. das ſtipulari *ore* (mit gelehrten, gemeßenen worten) bezeugen formeln genug. Grundregel war, daß die feierliche antwort der feierlichen frage entſprechen und eine runde bejahung enthalten muſte. Häufig ſchließen daher die formeln mit der partikel *ja* (z. b. oben ſ. 126). Unterholzner im arch. für civ. prax. 9, 430. 431 hat die ähnlichkeit eines gedinges zwiſchen ſchleſiſchen bergleuten u. dem ſteiger (einer locatio operis) mit der ſtipulation hervorgehoben. Der ſteiger muß jede
606 einzelne | frage mit den worten ſchließen: ſeid ihrs zufrieden? und der gefragte ein beſtimmtes *ja* antworten; die zuſage in geſtalt einer antwort macht den beſchluß, da die annahme ſchon

*) ſtüpfen iſt tupfen, einſtippen, eintippen, [doppen. Müllenhoff ſagen p. 110. 529,] vgl. oben ſ. 148-151 das greifen, taſten, tupfen in den hut und die redensart des Sſp. 1, 3. 1, 17 ſik to der ſibbe *geſtuppen* (durch tupfendes zählen); dupet an den lif. Wigands feme p. 232; vgl. riȥ vel *ſtuph* (apex). emm. 409.

**) etwa gründen ſich auch die benennungen *συμβάλλειν*, *contrahere*, *pangere* (wovon pactum) urſprünglich auf ſymbole, die ſich nur nicht beſtimmt nachweiſen laßen. Freilich in faſt jedem abſtracten wort ruht ein alter concreter ſinn. [Kanne führt polliceri auf *pollex* daumen.]

in der vorhergehenden frage liegt. Feierlichſtes *ja* iſt, wenn der antwortende das hauptwort des fragenden wiederholt, ſpondesne? ſpondeo *). Dieſes antworten mit dem fragwort findet ſich in der grammatik aller ſprachen gegründet, bis auf unſer mhd. jâ ich, jâ er und das altfranz. oïl **) herunter.

[Auch wohl bei andern verträgen als denen, die grundeigenthum betrafen, ſcheint ein *firmare* und *confirmare* zu gelten: cartam dedit ſcriptam et *confirmatam* ſecundum legem Longobardorum et Bajoariorum. Hanſiz Germ. ſacr. 2, 935 (a. 1058).

*Übermacht*, altn. *ofurefli*, *vis major*, entbindet von der vertragsmäßigen verbindlichkeit. Hierher die *alten formeln*, die hauptſächlich bei der pacht und miethe in betracht kommen, wenn die bedungne fruchtlieferung oder die rückgabe der geliehnen ſache nicht erfolgen kann. Sie pflegen beim abſchluß des vertrags gleich als *ausnahme* namhaft gemacht und von einem oder dem andern theil übernommen zu werden. Quodſi *Reni effuſio*, aut *inſperata perſecutio*, vel *aëris* etiam *mutatio*, ut eſt *grando*, praedictum territorium vaſtaverint. Gudenus 1, 401 (a. 1150); cum exceptione *grandinis* et *publici exercitus*. ibid. 1, 308 (a. 1191); ſi *flagellum* aliquod ſeu *evidens neceſſitas* ingruerit. Schöttgen et Kreys. 1, 761 (a. 1268); non obſtante *aliqua occaſione* vel *infortunio*. ibid. 1, 802 (a. 1283); non obſtante etiam *grandine exercitu, ſterilitate* ſeu alio *caſu fortuito* qualicunque. Lehmann ſpeir. chron. lib. 4 p. 303 (a. 1291); preterea *grandines*, *expeditiones* et *pericula*, quecunque in ipſis bonis eveniant, in noſtrum damnum redundabunt. Kuchenb. anal. haſſ. p. 298; *violento* potentum *exercituali invaſione* vel *transitu* aut *grandinis* vel *aurae intemperie*. Hontheim 2, 239 (a. 1367); ex *ſterilitate anni* vel ex *expeditione publica* vel ex

*) langob. formeln bei Canc. 2, 465[b] [MGLL IV p. 313]: ſpondes ita? ſic facio (das franz. ſi fais; ital ſi); 469[b]. 471[a] [MGLL IV p. 433. 456]: vis ei ardire? volo; 476[a] [MGLL IV p. 597]: habes launechild? habeo. [Sic poſſum. Baluz 2, 1490 (a. 869). Villtu â hönd gânga? þat vil ec. Ol. helg. c. 186. In kirchlichen formeln: gilôbiſtu in got? ec gilôbo; forſachiſtu diabole? ec forſachu.]

**) bedeutete *jâ er*, galt aber dann auch für jâ ich, jâ ſi etc., wie ſi fait für ſi fais.

alia *aura*, quod vulgariter dicitur *hagel und her.* ch. argentin. a. 1340 bei Schilter im gloſſ. p. 452. Wehner obſerv. pract. ſ. v. ausgenommen (Ff. 1615. p. 43) gibt folgende beiſpiele: ausg. *hagel, wind, heierreis* (heerreiſe) u. *flugfeuer* (ſcintillae vento diſperſae, vgl. Königshoven p. 865); *hagel, heier* u. *wetterſchad; miswachs, krig, reif, ungewitter, brand, raub;* Senkenberg ſel. 2, 603 (a. 1316): ſchaden an *hele*, an *here* ader von *miſſewas.* Das weſtgoth. geſetz (rätlöſ. 2, 3) verordnet von dem hirten, deſſen aufſicht ein thier übergeben war: ex caſu fortuito vel fatali nemo tenebitur, quales ſunt *incendium, rapina, urſorum incurſus* aut ſi *bos cornu* aliquem *petat* et *mortalitas;* griff aber ein wolf die heerde an, ſo muſte der ſchäfer ein ſtück des zerrißnen thiers vorzeigen (vgl. oben ſ. 594 über das mitbringen der thierhaut). Incendium drückt der text aus durch *aſikkiä eldhar*, ſchwed. åſkeeld, åſkeld, d. h. donnerſtrahl, blitzſtrahl; aſikkia, ſchwed. åſka (tonitru) hat Ihre 1, 58 treffend aus asickia, des aſen (d. i. Thors) wagenfahrt erklärt. Den Gothländern heißt der donner thorsåkan, den Angelſachſen þunorrâd (von râd, currus).]

III. *Einzelne verträge.*

1. *Schenkung.* Schenken, urſprünglich propinare, miniſtrare pocula, bezeichnete ſpäter auch largiri, weil der becher die erſte gabe für den eintretenden gaſt war, vielleicht auch weil wichtige vergebungen durch zutrinken gefeiert wurden; das alte wort für donum iſt goth. *giba*, ahd. kepa, agſ. gifu, mhd. gebe und gâbe, noch im Sſp. wird geven für ſchenken gebraucht, z. b. 1, 52. Den Langobarden hieß *thingare* donare, ſobald es öffentlich im thinx geſchah. Roth. 173. 174. 175; [ſie forderten feierliche ſchenkung, entweder vor gericht, im thinx, oder mit *launegild*, ſo daß eine kleinigkeit, zum beweis der annahme, als lohn dafür gegeben wurde. Roth. 172. 184. Liutpr. 5, 14. 6, 1. 19 [40. 54. 73], *donatio per ſuſceptum launechild;* in langob. urk. daher häufig: accepi ego *launechilt.* Fumag. nr. 16 (a. 781); acepi ego *laoneghild.* ibid. nr. 18 (a. 789). Es beſtand in handſchuhen, ring, geld, croſna. Fumag. p. 69; accepi a te launechi(l)d witta una. ibid. nr. 21 (a. 792); ſecundum ritus gentis noſtre catholice Langobardorum et tuam am-

pliorem firmitatem accepi a te exinde launechild witta una da dorſum (nach Fumagalli p. 147 un pallio), ut hec mea donatio in te tuisque heredibus firmis (firma) maneat atque perſiſtat. ibid. nr. 34 (a. 824); accepi loaunechild . . . manucias pars uno. ibid. nr. 39 (a. 833); recepi launechildo pars uno manicias. ibid. nr. 50 (a. 839); launegild manicias pars uno. ibid. nr. 84 (a. 861). nr. 94 (a. 865); camiſa launegilt. urk. von Cava (a. 973) b. Pertz. Launegild begegnet auch bei andern ſponſionen, die nicht oneros waren, bei verſprechen. Lupi 2, 375 (a. 985). 2, 389 (a. 991). 2, 395 (a. 993); vgl. überhaupt Fumagalli delle antichita longob. milan. vol. 2 (Milano 1792) p. 368. 369. Altſ. *lôngeld* vergeltung. Hel. 71, 21, ahd. *lôngelt.* gl. emm. 410; agſ. leânum gife gildan. Cädm. 10, 23. Vgl. prata quae vulgariter *widerlôn* dicuntur. MB. 9, 499; ital. *guiderdone*, franz. *guerredon*, prov. *gazardo*, ſpan. *galardon; widerlage*, *widerlegen* oben ſ. 430.] Niemand kann dem andern etwas gegen ſeinen willen ſchenken (Tieks Lichtenſtein p. 115: [ich hân gehœret her al mîn leben, daz iemen dem andern muge geben iht guotes *under ſînen danc.* frauend. 230, 29]).

2. *Kauf.* Goth. *bugjan* (emere), frabugjan (vendere), agſ. bycgan, höchſt wahrſcheinlich mit biugan (biegen, brechen) verwandt und aus einem dabei gebrauchten ſymbol (des halms?) erklärbar [1]), vgl. gramm. 2, 23. *Kaupôn* iſt dem Ulf. *πραγματεύεσθαι*, muß aber wiederum ſinnlicher bedeutung geweſen ſein, etwa der von ſchlagen, denn kaupatjan iſt *κολαφίζειν*. Dazu kommt, daß man altn. *ſlâ kaupi* vid einn findet, z. b. Ol. Tr. 2, 80. [Laxd. p. 30. 58] und in deutſchen urkunden *kauffchlagen* [2]), [kouf *anſlahen.* Muſkatpl. 89, 69; engl. *ſtrike* a bargain. Thoms anecd. 100; auch: der kouf wirt *geſtôzen ûf.* Lſ. 2, 451; den kouf *mezzan.* O. II. 11, 27; ſi *gewurden* des kaufs, wurden des kaufs einig. Eulenſp. p. 140.] Verkaufen pflegt agſ. durch *ſellan*, altn. durch *ſelja* ausgedrückt zu werden, das

---

1) [*biegen* wird auch vom behandeln edlen *metalles* gebraucht. Diut. 1, 359. Vgl. auch gl. francof. Maßmann denkm. p. 87: ſi quis epiſcopus per pecuniam fecerit ordinationem et *ſub pretio redegerit (gepiugit)* gratiam, que non poteſt vendi.]

2) [*cauffſlagôn* deſiſtere. Diut. 1, 202 wohl ga-ûf-ſlagôn.]

urſprünglich tradere, praeſtare, alſo die vollziehung des kaufgedinges von ſeiten des verkäufers bezeichnet; [*ſliten* u. *vurkopen* ute der einer hand in die andern. ded. von Wulften nr. 11 (a. 1415).] Käufer und verkäufer wird Gulaþ. 493. 496. 408 umſchrieben durch: ſâ er keypti, ſâ er ſeldi. *Tauſch* war in der alten zeit kein beſonderes geſchäft, aller kauf war tauſch,
607 ſo lang es noch kein beſtimmtes | geld gab und vieh, frucht oder waffen die ſtelle der münze vertraten*); [ſogar die alte conſtruction mit *umbe* bei kaufen (gramm. 4, 841) weiſt auf den urſprünglichen tauſch. In den freiburger urk. ſteht für tauſchen (mutare) *verferwen* (verfärben), z. b. nr. 162 (a. 1336). nr. 166 (a. 1337). nr. 199 (a. 1350); verkoufen, verwihſelen, *ververwen*, verwandeln. ibid. nr. 135 (a. 1327); verkaufen oder *verwandeln*. ibid. nr. 81 (a. 1310); vgl. MSH. 3, 167[b]: er *verbte* umb ſie alle; *wehſelkouf*. fragm. 24[a]; plattd. *büte*, *kute*, *kutebüte; kudt* u. weſſel. Arnsb. urk. 1188, virküt und gegeben. ibid. 1174; nordfrieſ. land*prang*. Heimreich 1, 300. 310.

Nach geſchloßenem verkauf einer kuh gibt der käufer dem verkäufer noch einen *milchpfennig* für die milch der verkauften kuh. Jäger briefe über die hohe Rhön 3, 5; vgl. oben ſ. 606 unter 1. — Koufet ein man ein rint, ſo iſt ouch daȥ *bintſeil* oder die *kauwe* ſîn am rinde. predigm. 8, 33; der ausdruck *etwas in den kauf geben*. *Zaumgeld* beim pferdekauf. Schweinichen 2, 67. unw. doct. 866; *zaumrecht*. Freyberg 2, 111, *ſeilrecht* bei hunden. ibid. 2, 113.]

Verkauf *liegender gründe* u. *ererbter* güter forderte außer den gewöhnlichen feierlichkeiten oft auch noch rückſicht auf *erben* und *nachbarn*, die ſonſt ein *näherrecht* geltend machen und den verkäufer *abtreiben* durften; de lande wil ſellen, de ſchall lude bellen (laut bellen) heißt es im nordfrieſ. landr. von 1426 (Dreyer verm. abh. p. 478); hwaſa welle mith ſine londe huerua, ſa *biade* hit ur ſine eina burar. lit. Brocm. 89. In Island muſten käufer und verkäufer eine zuſammenkunft auf das land ſelbſt anſtellen, *merki gânga* (vgl. oben ſ. 545 das cavallicare marcham), wozu ſich alle umliegenden grundbeſitzer einfanden. *Mâlaland* hieß das grundſtück, worauf jemand vorkaufs-

*) vgl. die in Juſtinians inſtit. 3, 23 angeführten verſe aus Il. 7, 472.

recht hatte. Grâgâs landabr. cap. 3. 13, vgl. Arnesen p. 338. Nach dem altschwed. landsl. iordab. 2. 5 soll der verkäufer dreimal in offnem ding seinen freunden vorher das land *anbieten* upbiuda), ob sie es lösen wollen; ähnliche vorschriften enthält das norweg. Guledingsl. p. 289. 290. Unsern markgenoßen stand *marklosung* zu (vergl. oben s. 531), weisthümer und hofsrechte enthalten oft darüber bestimmungen. Gefragt, da ein mann verarmete oder verbrant were oder sonst durch gefängnis mitgenommen würde u. keinen trost mehr hätte, ob er nicht sich zu retten sein hägergut *versetzen* oder verkaufen möge u. was desfalls recht sei? gefunden, alsdann mag er in seiner not mit wißen seiner erben ihnen das gut *anbieten*, wann es die nicht begehrten, mag ers dem hägerschen junkern anbieten, wenn ders auch nicht begehrte, mag ers einem freunde versetzen u. verkaufen. Hägergericht § 30. Wollte jemand sein gut *versetzen* oder *verkaufen*, dem soll der rechte erbe der nechste sein und mag es von stücken zu stücken *versetzen* oder verkaufen, mer der abspliß (das abgespleißte, abgerißne stück) sal wider gelten in die sael (soll dem hof zinsig bleiben), auf das die herren dem weisbaum mogen folgen. Schwelmer hofr., vgl. Schöplenburger hofr. p. 1401 *). | [Vorkaufsrecht der verwandten (profincos, propinquos) beim landverkauf. fuero de los hijos dalgo de Vizc. tit. 17; über den vorkauf des burgund. hospes. Sav. 1, 256; in Norwegen hatte der herscher, in Island die häuptlinge vorkaufsrecht auf waaren. Müller sagabibl. 3, 215.]

*Zuziehung von zeugen* beim verkauf werthvoller sachen, um 608
dadurch unredlichkeit zu verhindern und gegen die ansprüche dritter zu sichern, war, ehe der einfluß der gerichte und gerichtlicher urkunden überhand nahm, allgemeine vorschrift des altdeutschen rechts; nur die bestimmungen wichen ab, welcherlei gegenstände mit oder ohne zeugen verkäuflich sein sollten. Bei grundstücken waren wohl immer zeugen nöthig **), nicht bei

*) vom retract überhaupt. Eichh. privatr. § 99-106. Mittermaier § 196.

**) das gesetz des Charondas forderte für die veräußerung von grundstücken gegenwart *dreier nachbarn*, denen eine kleine münze zur

jeder fahrenden habe, nach einigen geſetzen, wie es ſcheint, nur bei *knechten.* Quicquid vendiderit homo aut comparaverit qualemcunque rem, omnia ſint firmata aut per chartas aut *per teſtes*, qui hoc probare poſſint, hoc eſt, de *mancipiis*, de terra, caſis vel ſilvis, ut poſtea non ſit contentio. l. Bajuv. 15, 12 [16, 15]; de *mancipiis* quae venduntur, ut in praeſentia epiſcopi vel comitis ſit, . . . aut ante *bene nota teſtimonia.* capit. a. 779 § 19; gif Cantvara ænig in Lundenvîc *feoh* (d. i. hier pecus) gebycge, häbbe him þonne *tvegen* oþþe *þreo ceorlas* tô gevitneſſe. l. Loth. et Eadr. 16; and nân man ne ceápige bûtan porte ac häbbe þäs portgerêfan gevitneſſe oþþe *oþera* ungeligenra *manna*, þe man gelŷfan mäge. l. Edov. 1; prohibitum erat, ne quis emeret *vivum animal* vel *pannum uſatum* ſine plegiis et *bonis teſtibus.* l. Edov. confeſſ. 38. Viel beſtimmter ſind die altn. und beſonders die altſchwed. geſetze, ſie unterſcheiden feierlichen und unfeierlichen kauf nach den gegenſtänden. Feierlich kaufen hieß *med vin ok vitni* kiöpa, in gegenwart eines mittlers (freundes, vin) und zweier zeugen; [davon in den geſetzen ein beſondrer *vins*orda balkr.] Nach Oſtg. vinsord. 1 ſollen feierlich gekauft und verkauft werden: knecht, vieh mit horn und huf*) (nicht hüner und gänſe, hund u. katze), geſchaffnes kleid, geſchaftetes waffen, geſcheidetes ſchwert (ſpata cum ſcogilo. l. rip. 36, 11), gewirktes gold u. ſilber, mit ſchloß und thüre verſehnes haus; ohne dieſe form hingegen: nacktes ſchwert, ungeſchaffne wat, alles was in krambuden und auf
609 dem markte liegt. Veſtg. thiuv. | 22, 4, vgl. landsl. kaupm.

---

*erinnerung* gegeben wurde. Meier u. Schömann pag. 522; vgl. die bairiſche aurium tractio. [Kein grundſtück iſt nachts und a puertas cerradas zu verkaufen. fuero viejo de Caſt. p. 103. Nach einem neugriechiſchen brauch, wenn eine hypothek auf ein grundſtück errichtet wird, binden ſie dem gläubiger einen *ſtein* auf den rücken, damit muß er dreimal um das grundſtück gehen und den ſtein hinein werfen, zwei zugezogne *zeugen* werfen *zwei ſteine* dazu.]

**) landsl. l. c. fä *hofvat* eller *klofvat* (gehuftes oder geklautes vieh), was in oberdeutſchen urk. des 16. jh. der *runde* u. der *geſpaltne* fuß heißt (ungulae ſolidae vel bifidae); [*geſpalten* vuoȥ, gekloben vuoȥ. Rudolf weltchr. Schütze 2, 22; *runder* fuß, *geſchlipter* fuß. Birresborner w. Rommel 4 anm. 111. 177; *klovieh* rinder, ſchafe, ſchweine. Schm. 2, 348.]

1*); ingen man ma köpa heſt ey ko ey oghxa oc ey ſkapath kläthe oc ey fätlat ſverth oc ey ſkaftöxe oc ey hors oc ey unct fä *udan vin.* Helſingborgr. (b. Kofod Ancher 2, 224); hvervetna þar ſem menn kaupa iarder eda garda eda ſkiptazt vid hûſom eda ſkipom eda ödrom *gôdom* gripom, þâ ſkal kaupa med *handſölom* ok med *vattom.* Gulaþ. 490. 491; [*lŷſa* kaupi undir *votta.* Islend. ſög. 2, 141. Die Laxd. ſaga erzählt p. 210: var mælt til kaups, en þvî var kaupit ei *vattum bundit*, at ei voru menn ſva margir hia, at þat þœtti vera *lögfult;* darauf p. 212: ecki kalla ek þat landkaup, er ei er *vattum bundit.* Vgl. auch die übergabe des gekauften pferds mit dem ſteigbügelhalten bei Schweinichen 2, 90. 92. Bei Indianern kauf mit goldlegen und ſalzholen. Seb. Frank weltb. 213ᵇ.]

Verkauf der *knechte außer lands* (in England *ofer ſæ*, [Ol. Tr. 1, 289: ſeldr manſali *til fiarlægra landa*]) war in ſpätern geſetzen oft verboten, aus ſchonung und milde oder um ſie im reich zu behalten? vgl. oben ſ. 343. l. Roth. 222. l. In. 11 (Phillips p. 152. 153); ſie waren nebſt den pferden koſtbarſte fahrnis und auch pferde auszuführen unterſagt l. Aethelſt. 1, 18; kehrte der *zweimal verkaufte knecht* heim, ſo erwachte ſeine freiheit. l. Viſig. IX. 1, 10**). Beim verkauf von knechten, pferden, rindern wurde drei tage (l. Bajuv. 15. 9, 2 [16, 9]), nach agſ. recht dreißig tage lang (l. In. 56) eingeſtanden für gewiſſe nicht gleich ſichtbare *hauptmängel* (agſ. unhælo, ungeſundheit): nyſte ic on þâm þingum, betheuert der verkäufer, *fûl ne fâcn, ne vâcne vom*, ac hit ægþer väs ge *hâl ge clæne bûtan älcre fâcne.* l. Aethelſt. 2 app. § 9. Der *knecht* ſollte ſanus ſein und weder fur, fugitivus noch cadivus (oben ſ. 343); das bair. geſetz 15. 9, 2 [16, 9]: vitium in *mancipio* aut caballo, coecus,

---

*) mir ſcheint dieſe unterſcheidung einige analogie zu haben mit der altrömiſchen in *res mancipi* und *nec mancipi.* Grundſtücke, knechte, die *koſtbarſten* hausthiere [quadrupedes quae dorſo collove domantur, pferde, nicht rinder] müßen mit mancipation, wie med vin ok vitni verkauft werden. Einzelnes weicht freilich ab und die mancipation iſt eine ganz andere form, aber die *ältere* form kann in Schweden erloſchen und nun bloß durch die zeugen vertreten ſein.

**) ähnlich die XII tafeln 4, 2 vom ſohn: ſi pater filium *ter venum dederit,* filius a patre liber eſto.

hernioſus, caducus, leproſus. Gutalag p. 68 nennt neben dem fallenden übel zwei andere laſter. [Als ſclavenmängel gelten in Ägypten: 1. ſchnarchen, 2. ſi mingit dormiens, 3. zahnknirſchen im ſchlaf, 4. unheilbare krankheit. Burckhardt reiſe nach Nubien. Weimar 1820. p. 461. In der Laxd. p. 30 läßt der händler den käufer wißen, daß an der ſclavin ein *liodr* (defectus) ſei: ſie ſei ômâla, ſtumm.] Die *pferde*mängel werden in den geſetzen des mittelalters verſchiedentlich beſtimmt: ſtetig, ſtarblind, herzſchlechtig (nd. hartſlechtig); ſtetig, ſtarblind, unrechtes anfanges (d. i. geraubt oder geſtolen; über anfang oben ſ. 589). weichb. 70; hovetſeek, ſtaerblind, unrechten anfankes. ſtat. verdenſ. Pufend. 1, 97; mordiſch, buchbleſig, ſpedig (ſpat, eine pferdekrankheit[1])). frankenb. gewonh. b. Schminke 2, 752; ſchlebauch. Odenwälder recht p. 454. 467; bauchbläſig oder ſchlehbäuchig. wirzb.
610 verordn. | (Schmeller 1, 145); [ſnuvige, ſtediſche, ambörſtige u. ſchorfede peerde. Rugian. 165; bluotſchweinig, ſalzſchedig. landb. von Davos 79; floȥgellich. Suchenwirt 4, 472, flôȥgalle. Eracl. Maßmann 375. 376; nasſnitec u. verbrant (von einem mûl). Parc. 312, 9; anlaſter eines pferdes. Mones anz. 3, 175, viele benennungen bei Schneidt de vitiis pecorum, im theſ. jur. franconici heft 14, zumal 2595-2600;] die franzöſ. formel lautet: garantir de pouſſe, morve et courbature. Rindvieh ſoll frei ſein von ſchwerer noth, darmfäule, drüſe; das odenwälder recht a. a. o. hat auch: ſchwindelhörnicht. Gutalag p. 68. 69 nennt am pferde drei mängel: en hann ſtarblindr ier, en hann bitz (nicht beißt, was bitr forderte; die alte verdeutſchung hat biſet, das an biſen Schmell. 1, 208 erinnert), en hann frembru fotum ſparcas; am ochſen zwei: en hann ai dragr, en hann briautr (ſtößt, briota iſt frangere, tundere, Snorraedda p. 62 ein ochſe himinbriotr); an der kuh zwei: en han ſparcas, ſo et ai ma mulca, en han mielcſtulin ier (durch zauberei ihr die milch benommen?); vgl. Froſtedingsgeſ. 12, 43. [Vieh *halfterlang verkaufen*, d. i. ohne vorbehalt, ſelbſt der hauptmängel, wofür auch *vom ſtecken weg, dehin und deweg* verkaufen. Stalder 2, 14. — *Bletſchkauf* (überſtürzter kauf), venditio doloſa. Oberlin ſ. v.; *vürkouf.* mhd. wb. 1, 867$^b$; koufen *âne vâr.* Amîs 1823.]

---

1) [beinwahſt, ſpat. Helbl. 7, 743.]

Gewiſſe ſachen durften nicht gekauft, noch durfte auf ſie geliehen werden; namentlich *getreide auf dem halm*, *wein an der rebe* u. *blutige kleidung:* quicunque tempore meſſis vel vindemiae propter cupiditatem comparat annonam vel vinum, verbi gratia de duobus denariis comparat modium unum et ſervat usque dum iterum venundari poſſit contra denarios quatuor aut ſex ſeu amplius, hoc turpe lucrum*) dicimus. capit. 5 a. 806 (Georg. 731 [MG Capitularia I p. 132]), vgl. leg. Langob. 2, 31 (Georg. 1148 [MGLL IV p. 498]); ungewundeten (?) traid, genützten zeug u. blutige klaid ſol man nicht kaufen. Salzb. täding b. Walch 2, 166; [ein wirt mag ſchenken was er will und löſen was man ihm gibt, ausg. ungewunnes korn, blutende pfand, roth garn. Tägerwyler öffn.;] den juden wird verboten zu leihen auf naße häute, gemiſchte kelche, blutig heſs und ungereiftes korn. Oberl. 665; [juden mögen geld leihen auf allerlei pfand: utgeſecht verbrokene kelike und blodige cledere. Kindl. ſamml. von urk. p. 139 (a. 1409); . . . ane uf blutige pfand und naße gewand, und kilche und miſſegewand. ibid. p. 141 (a. 1383); andere ſtellen bei Schmeller 2, 642, wo *gemüſcht* chelich.]

Verkäufe auf *jahrmärkten* wurden frühe begünſtigt, ſie galten, wenn ſie auch ſonſt nicht gegolten hätten, d. h. ohne beobachtung der üblichen förmlichkeiten, Notker im Boethius 58 ſagt: chouſliute ſtrîtent, taz ter chouf ſule weſen ſtâte, der ze jârmercate getân wirdet, er ſî reht alde unreht. wande iz iro gewoneheite iſt. Vgl. Phillips p. 151: animalia in foro mercari *ſine plegio* circa S. Martini feſtum.

[*Beſchränkung des feilverkaufs:* auch das ſie (die herrn von Eſchwege) ein recht haben, wer auf dem markte zu Eſchewege fiſche feil habe, und ſich bei die fiſche *ſetze*, der habe die fiſche verloren und die fiſche gebüren inen, es were dann

---

*) ſolche turpia lucra galten im mittelalter oft weniger für unrechtlich als für unſittlich und gottlos; dahin gehört auch das *dinges* (auf geding) *geben* inz jâr umbe tiuwerrez, wogegen Berthold predigt, ſ. 69. 224. 289. 418; [den kouf *dinges geben.* Griesh. 1, 317. 2, 70. 72. 85; dings geben = borgen. faſtn. 828. 846, dings nemen. ibid. 841; dingsgeber. teufels netz 9113, gewinnsnemer. ibid. 13325.]

das ein fraw ſchwanger gienge . . . das wir ihnen auch alſo leihen. landgr. lehnbrief von 1593 in Ledderhoſe kl. ſchr. 5, 289, vgl. Rommel 5, 396. Sonnenfels polizei, Wien 1786 p. 389, bemerkt, daß zu Athen die fiſcher nicht auf dem markt *ſitzen* durften; nach einer alten Wiener ordnung war ihnen im winter *mantel* und *handſchuhe zu tragen* unterſagt; müdigkeit und kälte ſollten mittel ſein, die preiſe niedrig zu halten. Zedler univ. lex. 9, 997: kein fiſcher darf in Verona *ſitzen* und das *haupt bedecken.*]

Verkauf an den meiſtbietenden, *verſteigerung*, *gant* (aus dem roman. inquantus, incanto, encans), [*auction*, auch *ſteilkauf.* Hontheim 3, 672[b]. 673[a]] kommt ſchon im 15. jh. vor (Haltaus 585. Oberl. 470). MB. 19, 201. 202 (a. 1483), wann aber zu-
611 erſt? und wie alt ſind | die hin und wieder dabei beobachteten feierlichkeiten? der zuſchlag erfolgte z. b. in dem augenblick, wo ein angezündetes lichtende erloſch*) oder das ins licht geſteckte geldſtück beim herunterbrennen zu boden fiel. [Von A. E. Roſsmann erlang. gel. anz. 1750 nr. 36 (und daraus in Siebenkees jur. mag. 1, 242-254) wird angeführt Ant. Matthaei de auctionibus lib. 1 cap. 12: fiebant olim hae adjectiones addictionesque fiuntque hodie multis in locis *accenſa candela*, vulgo *by de brandende kaerſe.* ſed ea ſolemnitas apud nos (Batavos) ſicut et in Gallia uſu eſſe deſiit, ut enim Choppinus 3. pariſ. ult. nr. II teſtatur, captioſa erat iſta *candela.* In den bremer wöch. nachr. 3. nov. 1828: immobilien, welche . . . auf dem rathhauſe *bei brennender kerze* zum öffentlichen verkauf gebracht werden. In Frankfurt wurde am 2. nov. 1792 ein haus: offentlich *bei dem licht* und der *ſchällen* an den meiſtbietenden verkauft. In Franken heißt die verſteigerung *ſtrich*, *aufſtrich;* die üblichen formen ſind 1. *verlöſchen* eines angeſteckten *lichts*, 2. *abfallen* eines ins licht geſteckten *geldſtücks*, 3. *anklopfen* des an einen beſtimmten ort ausgeſchickten rück-

---

*) vgl. geſta Roman. cap. 96 und 98. [Die canonici zu Biſanz compromittierten auf einige ihrer mitglieder, daß ſie binnen der zeit, *wo die kerze brannte*, einen erzbiſchof wählen ſollten, und wie die wahl nicht vollbracht war, nahm ſie pabſt Gregor IX. ganz allein vor (alſo 1. hälfte des 13. jh.). c. 53 cum in vet. X. de elect. 1, 6.]

kehrenden gerichtsdieners an die *thür;* von ſeiten des verkäufers wird *wein* geſchenkt, daher: ſich einen muth trinken; man hört: trink und *ſtreich!* journ. von und für Franken 6. Nürnberg 1793. p. 43 ff. Licht bei auctionen auch Liebrecht pentam 1, 406.]

3. *Darlehen* (ahd. analêhan, altn. lânfê). Wie tauſch und ſchenkung bilden im alterthum commodatum und mutuum nur *ein* geſchäft, leihen ſchon bei Ulf. *leihvan* (mutuare), ahd. lîhan, die geliehene ſache lêhan (goth. laihvan?), wovon wieder das verbum lêhanôn, lehnen [dazu lehnære. warnung 1373. 1386] abgeleitet iſt; beide verba ſind für den geber und empfänger gerecht, ſoll das verhältnis des erſtern hervorgehoben werden, ſo heißt es *antlîhan,* entlîhen. Iw. 7143. 7165; [geld aufnehmen iſt goth. *andniman,* mhd. entnemen. Erec 865. warnung 1375. 1408. weisth. 3, 456.] Auf das gelddarlehen beziehen ſich in engerm ſinn die ausdrücke *ſkuld* (debitum), *ſkula* (debitor) ſchuldner, mhd. *geltære* (gewöhnlich debitor, zuweilen creditor), nhd. *gläubiger* (creditor), glauber, gleuber hat Haltaus 726. Ulfilas braucht faihuſkula und dulgisſkula für debitor χρεωφειλέτης, dulgahaitja für creditor, *δανειστής;* dieſes *dulg* (debitum) ſcheint undeutſch und altſlaviſch. Da haitan rufen, fordern, die ſchuld einfordern bedeutet, entſpräche *dulgahaitja* vollkommen dem ahd. *ſcultheizo,* das ich aber nicht im ſinne von creditor, nur in dem von judex, der freilich auch zu erfüllung eingegangner verbindlichkeiten mahnt, kenne; [aber ahd. *ſculdſuohho* creditor. gl. monſ. 349. emm. 397. elwang. 32[b].] Gulaþingsl. umſchreibt wiederum gläubiger durch: er ſculd â at *heimta.* 478; ſchuldner durch: er ſkuld â at *gialda.* 479. 484, oder: er luka â. 478; [hann â fê *at þeim,* hat geld zu fordern. Finnb. 272; *af gieldum,* von ſchulden. Gutal. p. 65.] *Gild* iſt bei Ulf. allgemein tributum, *gildan* tribuere, *fragildan* retribuere, altn. gefa ok *gialda* (Sæm. edda 113[a]. [150[b]]); und ſo kann auch das ahd. *kelt,* gelt auf jede zahlungs und leiſtungsverbindlichkeit gehen, mhd. findet man häufig *gelten* allein, z. b. Iw. pag. 262, oder *gelten und wider geben* für bezahlen, ſchuld abtragen, z. b. Friged. 3156 [Freid. 150, 13]. Lſ. 3, 451. Suchenw. 42, 173; oft auch *vergelten.* Iw. 7146. 7158. Walth. 100, 25. 32. MS. 2, 256[b]; [*ze gelte bringen.* warnung 1376;] *geltære* bezeichnet den debitor [Grieshaber 1,

36], zuweilen den creditor, z. b. im augsb. recht bei Schilter gloſſar 352[a]. [Rupr. 123. Schm. 2, 41.] Capital hieß im gegenſatz zu den zinſen *houbetgelt*, houbetſtuol, die uſura *urbor;* [ze *geſuoche*, ze gewinne ûȥ lihen (an zins legen). Diut. 1, 456, geſuoch. Lſ. 3, 493. Haltaus 693, geſuochære wucherer. Helbl. 8, 980; ahd. *wuohhar* uſura. Diut. 1, 229, *praſma.* gl. francof. 84. 89 (phraſamo? gramm. 2, 147), priſma. gl. Lipſ., mnl. perſeme; bei Agricola nr. 153 *umbſchlag* eine beſondre art des darlehens;] *borgen*, zeinem borgen, ſteht mhd. von dem debitor, gegenüber dem entlîhen. Iw. pag. 262. Walth. 100, 29; ze
612 borge tuon iſt | mutuo dare. grave Rudolf C, 15; [einem ſînen borc gelten. Ulr. Triſt. 1773;] heute gebrauchen wir borgen von debitor u. creditor; urſprünglich ſetzt es ein mit bürgſchaft geſchloßnes darlehn voraus. Noch bemerke ich die alten redensarten: eine ſchuld *verebnen* (unverebenet lân. Walth. 16, 20), alſo wieder die idee von ſühnen und ſchlichten, die bei benennung des gedinges überhaupt waltet (oben ſ. 600). Haltaus 1843; *gleich* machen (componere), *abtragen* (wie: einen berg abtragen, ebnen), *wett* machen; [daȥ er mich *von dem brieve ſchabe* (der gläubiger den ſchuldner, der vergolten hât). Walth. 100, 27;] und die ſprichwörter: ſchulde *ligent* u. *fûlent nit.* Triſt. 5462*); [ſchulde mugen *niht rôȥen.* Servat. 3532; ſchuld *frißt mit.* littge hoop p. 37; haber und zinſen *ſchlafen nicht.* Körte nr. 2527; lett. ſchuld geht *nie ſchlafen.* Bergmann p. 104;] ſchulden *wachen* auf. Schweinichen 1, 323 (wie heil und ſchade wachen oder ſchlafen, oben ſ. 5).

[*Beſchränkte darlehensfreiheit:* wer ouch das, das deheiner wölte ſîn guot verſetzen umb phenninge, der ſols nüt lenger verſetzen denne zwei jar u. verſetzet er es lenger, ſo iſt der dritte phenning unſer. und wil ers aber lihen umb die lang garbun, das ſün wir im nůt weren. Günthersthaler w.]

Für unſere rechtsalterthümer iſt bei dem darlehen hauptaugenmerk die ſtrenge behandlung der *böſen ſchuldner* **).

---

*) ähnlich im alten Guledingsgeſetz kaufb. 6: *i ſalte ligge* ſok, ef ſokkende duga.

**) der bœſe geltære. MS. 1, 8[b]. Iw. 7164.

*α.* ſie verloren ehre und guten ruf, der gläubiger durfte ſie vor aller welt *ſchelme ſchelten.* Im mittelalter war es ſitte, treubrüchigen, meineidigen leuten ehrenrührige *ſcheltbriefe* zu ſenden oder ſie öffentlich anſchlagen zu laßen: die zwen edleut ſchlugen ſcheltbrief aneinander. öſtr. chron. in Senkenbergs ſel. 5, 248. Abgeſchloßne verträge enthielten häufig die formel, daß den wortbrüchigen ein ſolches ſchelten treffen ſolle, wie noch heutzutage unter dem volk die betheuerung: du ſollſt mich einen *ſpitzbuben heißen*, wenn ich das nicht thue, gewöhnlich iſt. [Daher: etwas *auf ſchelmſchelten* geloben. Reutter kriegsordn. p. 76; vertrag *auf ſchelmenſchelten.* Abele gerichtsh. 1 caſus 147. Das *ſchelten* des meineidigen und treuloſen im Alphart 219. 255. Wenn ſie ſich deſſen weigern würden, heiße er ſie *rechtlos, brieflos, ſiegellos* u. *ehrlos* lüt und werde ihre ſchild, wappen und ſiegel aller orten (wo ich wone, rit, ſtand, gang) unter über ſich kehren. Arx Buchsg. 177 (a. 1467). Nach der ſtettiner landtagsſitzung von 1681 ſoll wer ſeine briefe und ſiegel nicht hält, in keinen ehrlichen geſellſchaften gelitten werden; wobei alle gegenwärtigen vom adel heilig verſprechen, daß ſie den für einen *unmann, ſchelm* und *böſewicht* halten und mit ihm weder freßen noch ſaufen wollen. Schwarze verſuch einer pomm. lehenshiſt. p. 917.] Joannes Rufo ververſpricht im jahr 1276 ſeinen gläubigern, ſe nunquam discedere velle de Kylo niſi prius ſolviſſet omnibus, quod deberet, ſi autem recederet, omnibus *fur* in debitis illis debeat eſſe. Weſtph. mon. ined. 3, 638; quandocunque in his violaverimus fidem noſtram, reputabimur et erimus ipſo facto infames, quod vulgariter dr. *erlos* u. *rechtlos.* Gudenus 1, 565 (a. 1240); obligans me quod ſi contra aliquam praedictorum fecero, extunc ſim exlex, quod in vulgari dr. *erlos* u. *rechtlos.* Ludewig reliq. 2, 222 (a. 1237); were aber dat ſache dat wir einige wis hierwider deden, ſo ſolin wir *trewlos, erlos* u. *meineidig* ſin. Gudedenus 3, 291 (a. 1336); ſo wir die ſtücke nit inheldin, ſo mag man uns haldin we *meineidig, truwe- | los* u. *erelos.* ibid. 2, 613
1037 (a. 1327). Daß das ſchelten nicht erſt durch dieſe formel bedingt wurde und daß es hauptſächlich gegen treuloſe ſchuldner ergieng, bedarf keiner ausführung. Iw. 7163 werden die *ſcheltære bœſer geltære* ſo genannt, daß man annehmen muß,

der gläubiger habe ſich eines ſeiner leute oder eines gerichtsboten bedient, um die ſchande des ſchuldners öffentlich zu verkündigen. [Gein den luten, die man nennet *ſcheldere.* Fichards Wetteravia 1, 191; hat derſelbe biſchof Johans *ſcheldbrieve* ubir uns geſant. ibid. 196; ſunderlichen, die wile in *die gernden lude, die man ſchelter nennet*, die warheit umb forchte willen nicht gedorrin ſagen. ibid. p. 204 (a. 1405), gernde liute ſind herumziehende ſänger; ſpilleute u. *ſchelter.* Grieshaber 1, 323. Vgl. Schweinichen 1, 308 (ad a. 1577): da ſagt der drommeter, ſie ſolten Schüttlern *vor einen ſchelmen ausblaſen* auf allen vierteln und da hätten ſie den zettel ſeines verbrechens.] Scelta iſt ſchon in ahd. gloſſen ignominia, oft ſteht auch ſchelten bloß für rufen, ſprechen, z. b. quit ſchelten bedeutet losſprechen, in dem ſchelten der urtheile hingegen liegt widerſpruch und tadel. Man vergleiche mit dem ſchelmſchelten den altn. gebrauch, einem zu hohn und ſchimpf die *neidſtange* aufzuſtecken, oder die ſitte der *ſchandgemählde* im mittelalter*). [Der inſolvente ſchuldner muß ſich *öffentlich entblößen.* Liebrecht pentam. 2, 263; im Wallis zwang man ihn, ſich mit *bloßem hintern* auf einen *kalten ſtein* zu ſetzen. helvet. alm.; le débiteur, gentilhomme ou roturier, était obligé de frapper trois fois ſur la terre avec ſon derriere (nudis clunibus) en criant: je cède mes biens. Saintefoix ajoute, qu'on voit encore à Padoue la pierre du blâme (lapis vituperii) où ſ'infligeait cette pénitence. Jony l'hermite de la chauſſée d'Antin. tome 3. Paris 1816. p. 62; vgl. ſtat. von Rimini. Vademecum 1, 2.

Swer ouch dem andern gelten ſol u. er nit ze geltende hat, dem ſol man *husgemach verbieten* u. ſwenne im volgangen wirt mit gericht, ſwer in danne huſet oder hofet oder im ze eßende oder ze trinkenne git oder dehain husgemach, der ſol für in

*) [Sickingen läßt ſchandgemählde gegen den heſſiſchen adel anſchlagen. Lauze 1, 39; weitere beiſpiele b. Rommel 3 anm. p. 23. Arnoldi miſc. p. 112 ff. (darin: das gemählde *an der lanze* herumführen).] Philolaos verordnete in Böotien die ehrlos machende ſtrafe des korbs gegen inſolvente ſchuldner: *Βοιωτῶν ἔνιοι τοὺς χρέος οὐκ ἀποδιδόντας εἰς ἀγορὰν ἄγοντες κάθισαι κελεύουσιν, εἶτα κόφινον ἐπιβάλλουσιν αὐτῷ. ὃς δὲ ἂν κοφινωθῇ ἄτιμος γίνεται.* Nicol. Damaſc. p. 3853 Gronov. Vgl. Meier u. Schöm. a. a. o p. 512.

gelten dem, von dem im husgemach verboten iſt, tuot ers mit wiȥȥent. Dießenhover einung b. Pupikofer p. 52. Der gläubiger kann dem inſolventen ſchuldner *aus der ſtadt bieten.* Arx Buchsgau 110. Wurde ein hauptſchuldner in der ſtadt betroffen, ſo durfte der kläger, ohne klage und brüche, ihn *bekümmern*, den *ſchlagbaum zumachen* und ſo lange *harren laßen* bis er zahlte. echteding zu Neuſtadt am Rübenberge in Spang. neuem vaterl. arch. 1, 178.]

*β.* zahlungsunfähige ſchuldner geriethen in *knechtſchaft* der gläubiger. Aus einer marculfiſchen formel läßt ſich das nicht geradezu beweiſen, 2, 27: neceſſitati meae ſupplendo ſolidos veſtros mihi ad beneficium praeſtitiſtis. ideo juxta quod mihi aptificavit, taliter inter nos convenit, ut dum (ſolange bis) ipſos ſolidos de meo proprio reddere potuero, dies tantos in unaquaque hebdomada *ſervitio* veſtro, quale mihi vos aut agentes veſtri injunxeritis, facere debeam. quod ſi exinde negligens aut tardus (nämlich in leiſtung dieſer dienſte) apparuero, licentiam habeatis, ſicut et ceteris *ſervientibus* veſtris, diſciplinam corporalem imponere; denn hier gibt ſich gleich beim empfang des darlehns, bis zu deſſen rückerſtattung der ſchuldner in mäßige dienſtbarkeit, aus welcher er alſo, im falle der inſolvenz, nicht wieder frei ward. Da aber nach einer gleich darauf folgenden formel 2, 28 (oben ſ. 327. 328) auch bei andern veranlaßungen unvermögende leute ſich ihren wohlthätern oder wem ſie compoſition ſchuldig waren*), als *knechte hingaben*, ſo iſt zu vermuthen, daß ſelbſt ohne aus- | drückliche verabredung ungetreue 614
ſchuldner dem gläubiger verfielen und von ihm als *hörige*, *leibeigne* oder *gefangne* behandelt werden durften, bis ſie zahlungsmittel ausfindig machten oder von ihren verwandten und freunden gelöſt wurden. Zwar ſchweigen die alten geſetze[1]) und der ausdruck *tenere* im capit. von 744, 17: ſi quis contempto fidejuſſore debitorem ſuum *tenere* maluerit (Georg. 497 [MGLL

*) l. Bajuv. 2, 1: compouat ſecundum legem. ſi vero non habet, ipſe ſe *in ſervitio* deprimat et per ſingulos menſes vel annos quantum lucrare quiverit perſolvat cui deliquit, donec debitum univerſum reſtituat.

[1]) [vgl. jedoch l. Viſig. V. 6, 5.]

II 2 p. 123]) redet zu unbeſtimmt; man kann aber nicht wohl annehmen, daß ſich ſpäterhin eine größere ſtrenge hervorgethan habe, deren ganzer character vielmehr auf das alterthum zurückdeutet. Das mittelalter in dem alle harte knechtſchaft beinahe erloſchen war, kannte noch ein *ſtöcken* und *blöcken* der ſchuldner, die ihren gläubigern *zu hand und halfter* überantwortet waren. Wichtigſte verordnungen hierüber ſind folgende: ſve ſo ſcult vor gerichte vorderet up enen man, der he gelden nicht ne mach noch burgen ſetten, de richtere ſal ime den man antwerden vor dat gelt. den ſal he halden *gelik ſinem ingeſinde* mit *ſpiſe* unde mit *arbeide*. wil he ine *ſpannen mit ener helden**), dat mach he dun, anderes ne ſal he ine nicht pinen. Sſp. 3, 39; ebenſo im ſchwäb. landr. 133 (für helde ſteht *eiſenpant*); im magdeb. recht (mit einer *helden* oder *vezzeren*). Schott 1, 76, [mit ener *helden* ſpannen. Goſl. 54, 33. 70, 30. Ortl. diſt. 149. 150;] in den brem. ſtat. 120; in Ölrichs rigiſchem recht p. 141; im lübiſchen r. 1, 3; judices debent eundem debitorem cuſtodiae praeconis deputare per duas hebdomadas ſervandum et in illo tempore a praecone *modice paſcendum*, et poſt duas hebdomadas judicium tradet eundem in *manus et poteſtatem* illius, cujus debitor eſt, ita quod eundem *arctare* et *vinculis conſtringere* valeat, *non vexando corpus* ſuum aut *ut egrediatur anima de corpore* ipſius, dabitque ſibi (d. i. ei) *panem et aquam*, tam diu illum tenendo donec ſecum componat et debitum perſolvat aut remittatur eidem. rotulus jurium oppidi Miltenberg (ſec. 13). Bodm. p. 644, vgl. 637; der inſolvente ſchuldner wird dem gläubiger *bei dem geren* überantwortet. caſſeler ſtat. von 1384 und urk. von 1444 bei Kopp nr. 13 p. 32. Es ſcheint, daß einer ſolchen verhaftung keine zeit geſteckt
615 war**), ſondern ſie ſo | lange dauerte, bis zahlung geleiſtet wurde

---

*) ahd. îſanhalta, mhd. îſenhalte, compes, nervus.

**) bloß die vorausgehende haft beim praeco währte *vierzehn tage* und davon ſcheinen die *acht tage* zu verſtehen, die im ſchwäb. landr. erwähnt ſind. [Auch nach dem Augsb. ſt. p. 139 ſoll man den ſchuldner *aht tage* in ein iſen legen: unde ſwenne er aht tage darinne gelegen iſt, ſo ſol man in wider für gerihte fueren . . . . unde ſol er im (dem gläubiger) dienen *unz er im vergolten hat*. Sieh auch die *achttägige haft* beim waibel. ibid. p. 83.]

oder der gläubiger, um der hut und beköſtigung des gefangenen überhoben zu ſein, ihn wieder entließ. Let he ine oder untlopt he ime, dar mede nis he des geldes nicht ledich, die wile he ime nicht vergulden ne hevet unde he dat nicht vulbringen ne han, ſo is he immer ſin pand vor dat gelt. Sſp. 3, 39; der gläubiger durfte ſich ſeiner immer wieder bemächtigen; [weret dat he hadde noch geld edder pande, ſo moet he ſulven pand weſen; ſo ſchal de voged den, de aldus ſculdich is, deme anderen antwerden, deme he ſchuldich is; mer he ſchal eme eten unde drinken geven ghelyck ſyneme denſte, unde he mach ene wol vorwaren mid holte und yſerne, mer he ſchal eme nicht wee doen. Billw. r. § 34.] Das ganze verfahren erinnert an die *altrömiſche ſchuldknechtſchaft.* Wie nach dem miltenberger landr. der verurtheilte ſchuldner erſt vierzehn tage dem praeco in haft gegeben, dann aber ſeinem gläubiger in hand und halfter zugeſprochen und auf waßer und brot geſetzt wurde, um zahlung zu erzwingen; ſo kam zu Rom dreißig tage nach rechtskräftigem ſpruch der ſchuldner auf ſechzig tage lang in die gewalt des gläubigers, der ihm ſchwere feßel anlegen und täglich ein pfund korn zu ſeinem unterhalt geben muſte (ſecum ducito, vincito aut nervo aut compedibus quindecim pondo ne minore, aut ſi volet majore vincito. ſi volet ſuo vivito, ni ſuo vivit, qui dum vinctum habebit libras farris in dies dato, ſi volet plus dato)*). Der ſchuldner ſollte nach deutſchem wie nach römiſchem recht gequält werden, in erwartung, daß er oder die ſeinigen auf mittel der zahlung ſinnen würden.

*γ.* allein das römiſche verfahren hat einen beſtimmten erfolg. In der deutſchen geſetzgebung liegt etwas unbefriedigendes und unvollſtändiges; wenn der ſchuldner ſtandhaft blieb oder keine mittel erſchwingen konnte, erlangte er zuletzt wieder die freiheit, der gläubiger gieng leer aus, und dieſe möglichkeit konnte auf das benehmen des verhafteten einwirken [1]). Der

*) zwölf tafeln 3. Niebuhr 2, 311. 312; [ed. 2. 1 p. 600 (ed. 3. p. 638) unterſcheidet Niebuhr zwiſchen *nexus* und *adjudicatus* (addictus); vgl. O. Müller in der rec. Niebuhrs p. 372. Zimmern röm. civilproc. 3. th. Heidelberg 1829. p. 134. 135.]

[1]) [doch kann ja der gläubiger den ſchuldner zur arbeit anhalten. Homeyer. Vgl. das *dienen unz er im vergolten hat* im Augsb. ſt., vor.

römiſche, einmal zugeſprochne ſchuldner (addictus) hingegen erlangte, wenn keine zahlung geſchafft wurde, die freiheit niemals wieder; dem gläubiger, nach verlauf der ſechzig tage und nach *dreimaligem ausruf* der ſchuld, ſtand es zu ihn zu *tödten* oder zu *verkaufen* (poſtea de capite addicti poenas ſumito, aut ſi volet uls Tiberim*) venum dato). Konnte er ihn in fremde ſclaverei verkaufen, ſo durfte er ihn auch in eigner knechtſchaft
616 behalten und daß dieſer mildeſte fall gerade der | häufigſte war, hat Niebuhr dargethan. Sollte nicht auch in älterer zeit den deutſchen gläubigern befugnis zugeſtanden haben, ihre in hand und halfter ſitzenden ſchuldner nach verlauf einer geſetzten friſt zu *tödten*, zu *verkaufen* oder als *knechte* zu behalten?

*δ.* ein ſolches recht über tod und leben folgt vorerſt ſchon aus einer weiteren merkwürdigen einſtimmung. Si pluribus addictus ſit, ſagen die zwölf tafeln, tertiis nundinis *partes ſecanto, ſi plus minusve ſecuerunt, ſe fraude eſto*, d. h. haftete der verurtheilte mehrern gläubigern, ſo durften ſie ihn nach dem uncialverhältnis ihrer ſchuldforderung zerhauen, hieb einer mehr oder weniger ab, alles ohne gefährde. Jeder einzelne war befugt ſeine rache zu kühlen und unerbittlich zu verſtümmeln, den die mitſchuldherrn als werthloſen ſclaven nicht am leben erhalten konnten**). Dieſem grauſamen recht begegnen nun alte bis ins mittelalter fortgepflanzte, aber ſo verſchieden davon geſtaltete ſagen, daß ſie nothwendig aus anderer quelle hergefloßen ſein müßen. Eine findet ſich in dem um 1378 geſchriebenen pecorone des Giovanni fiorentino (giorn. 4 nov. 1) und faſt ebenſo in der deutſchen bearbeitung***) der geſta

---

ſeite not. Auch ſicherte den deutſchen gläubiger meiſt der *rentenkauf*, unter deſſen form das darlehn geſchloßen wurde, und die *genoßenſchaft* verbürgte den redlichen willen des ſchuldners. Unredliche ſchuldner wurden friedlos. boekholter ſtat. art. 25.]

*) wie oben ſ. 343 foras marcas, extra provinciam, in partes transmarinas.

**) die geſunde auslegung dieſes geſetzes hat Niebuhr 2, 313. 314 wieder geſichert; [als wirkliches zerhauen des ſchuldners verſtehen es Gellius 20, 1. Quinctil. 3, 6. Tertull. apolog. c. 4.]

***) nicht in dem lat. text; aber auch deutſche, dem alten druck um 50 jahre vorausgehende handſchriften haben die erzählung [altd. bl. 1,

Roman. (Augsb. 1489 cap. 67), wiewohl mit abweichenden namen. Die zweite geſtaltung der fabel hat ſich, ſo viel bis jetzt bekannt iſt, nur in einem Bamberg 1493 gedruckten meiſtergeſang unter dem titel: kaiſer Carls (des großen) recht erhalten *). Beide ſagen, ſo weſentlich ſie ſich in nebenumſtänden entfernen, treffen darin überein, daß ein jude geld unter der bedingung darleiht, im fall der nichtbezahlung dem ſchuldner ein feſtgeſetztes gewicht fleiſches irgendwo aus dem leibe ſchneiden zu dürfen, hernach aber durch den richterlichen ausſpruch, daß er bei verluſt ſeines eignen kopfes *nicht mehr und nicht weniger ſchneiden* ſolle, zu ſchanden gebracht wird. Offenbar iſt hier alles grundverſchieden von dem röm. geſetz, das die sectio corporis ohne vorhergegangne ſtipulation, nur für den fall
mehrerer gläu- | biger geſtattet und das mehr oder minder 617
hauen für *unſträflich* erklärt [1]). Es ſcheinen alſo einheimiſche volksmärchen, die ich für urſprünglich deutſch halte, weil ſie in Deutſchland und in der Lombardei zuerſt auftauchen. Hierzu kommt ein bedeutender umſtand. Das norwegiſche Guledingsgeſetz, von den zwölf tafeln wie von jenen ſpätern ſagen ababſeits liegend, enthält im leyſingsbalken **) cap. 15 nachſtehende vorſchrift: erweiſt ſich ein ſchuldner muthwillig gegen ſeinen gläubiger und will er nicht für ihn arbeiten, ſo darf dieſer *ihn vor gericht führen und ſeinen freunden entbieten, ihn von der ſchuld*

145-149]; Shakſpeare ſcheint aus dem pecorone entlehnt zu haben. [quellen des Shakſpeare 3, 188-198.]

*) Docen im altd. muſ. 2, 279-283. [Eine engl. ſage vom goldſchmid und dem juden, an die kreuzfindung unter Helena geknüpft, im Curſor mundi (mſ. gott. 285 ff.). Noch eine novelle, worin der jude in einen chriſt verkehrt wird, kennt Niebuhr röm. geſch. 1, 46 (ed. 3.). Ferner Holtzmann 1, 84, 85. pantſchatantra 1, 388. 392. 402. ägypt. ſage bei Lutfullah autobiogr. p. 155-163.]

[1]) [der jude konnte als *ungenoß* keine andere ſicherheit durch realrechte erlangen. Wigand.]

**) nach der ältern ungedruckten (nicht nach der neueren gedruckten) recenſion; daher ich nur dem Paus folgen kann. [Norges gamle love 1. Chri. 1846. p. 37: nû bŷđr mađr þriot þeim er ſkulld â at hânom oc vill eigi vinna firi hânom, fœre hann â þing oc biođe frendom at leyſa hann or ſkulld þeirri. nû vilia frendr eigi leyſa hann, þâ ſcal ſâ er ſkulld â at hânom eiga koſt at hoggva af hânom hvârt ſem hann vill ovan eđa neđan.]

*zu löſen;* wollen ihn die freunde nicht löſen, ſo habe der, welcher den ſchuldner bei ſich hat, macht, *von ihm zu hauen was er will, oben oder unten.* Der inſolvente ſchuldner gerieth alſo in gefangenſchaft des gläubigers und wurde von ihm zu knechtiſcher arbeit angehalten, wie nach Marculfs formel; das führen vor gericht gleicht dem röm. *ausbieten tribus nundinis*, blieb es erfolglos, ſo konnte der gläubiger den ſchuldner tödten oder verſtümmeln und zwar, wie in den volksſagen, er allein, ohne daß zur ausübung dieſes rechts mitgläubiger erforderlich geweſen wären. Und an die nord. gerichtsführung, an die röm. production (trinis nundinis continuis ad praetorem in comitium producebantur quantaeque pecuniae judicati eſſent praedicabatur) knüpft ſich endlich eine für meine meinung faſt entſcheidende ſtelle des ſaliſchen geſetzes, die zwar nicht von dem darlehnsſchuldner, ſondern dem wergeldsſchuldner handelt. War er nämlich inſolvent, war ſchon die förmlichkeit der chrenecruda vorgenommen und konnten auch ſeine dadurch verpflichteten verwandten nicht zahlen: tunc illum, qui homicidium fecit, ille qui eum in fide ſua habet (der zum wergeld berechtigte, alſo der gläubiger) *per quatuor mallos praeſentem faciat;* et ſi eum *nullus ſuorum* per compoſitionem *voluerit redimere*, de vita componat (dann durfte ihm der gläubiger *ans leben gehen*) [1]). l. ſal. 61 [58]. Das ſtückhafte der geſetze des mittelalters über die behandlung gefangner ſchuldner kann man ſich aus dieſer analogie des ſaliſchen rechts, aus jenen erzählungen, aus dem
618 nordiſchen und röm. rechtsalterthum im geiſt er- | gänzen; bloß ſagenhaft geweſen ſein mag aber der frevel des zerhauens ſchon zur zeit unſerer älteſten geſetze, deſſen ſie mit keinem worte gedenken *).

---

[1]) [Vgl. warnung 1391: ſô ſol mir gelten dîn leben. In nord. ſage die zum wergeld pflichtigen gefangen und gebunden. Sæm. 180. Sn. 135.]

*) vgl. oben ſ. 516. 519 über andere grauſame ſtrafen, deren nur die ſpäten weisthümer, nicht die alten geſetze erwähnen. [Daß dem inſolventen ſchuldner ein *kind weggenommen* wurde, ſchließt Brower in den noten zu Ven. Fortun. p. 235 aus vier gedichten (text p. 255. 256), die ſich auf eine verhaftete tochter beziehen. Ein verſetzen von töchtern und ehfrauen ins frauenhaus. Jägers Ulm p. 550.]

4. Darlehn gefchahen oft auf bloße treu und glauben ohne weitere ficherheit, oft aber wurden fie durch pfand und bürgen verfichert *).

*Pfand* wurde ahd. *wetti*, agf. und altn. *ved* genannt [1]), bald aber diefer ausdruck mehr allgemein gebraucht, fo daß mhd. felbft gefagt werden konnte: daz *pfant ftât wettes.* Friged. 2754 [Freid. 48, 17] für das pfand fteht verhaftet; *pfandes ftên* heißt zu pfande ftehen, verpfändet ftehen; *pfandes verftên*, über die beftimmte zeit hinaus**), daß das pfand dem inhaber verfällt. Lohengr. p. 80; [biz daz fîn beftez pfant *verftêt.* Renner 16928;] *verftanden pfant.* MS. 2, 219ᵇ; [dem find *verftanden* feine pfand. H. Sachs Göz 1, 211;] pfant *fetzen*, pignus conftituere; [ze wette *fetzen.* fragm. 42ᵃ; *verfetzen,* Parc. 365, 5: verfetzet und verfelt; *zi pfanta ginoman,* pignoratus. monf. 344; *pfantdragari* fequefter. Hoffm. 13, 4.] Das pfand ift *gæbe.* Wh. 47, 12. Wh. 1, 15ᵇ. Lohengr. p. 70. 127, tauglich, gut, unverwerflich; *nôtpfant.* Iw. 7220, wenn es gewaltfam gefordert***), nicht freiwillig gegeben wird. Ein verftandnes, verkäufliches pfand nannte man: *fahrendes.* Haltaus 442; ein in lebendigem vieh ausgefetztes: *eßendes* †), *zehrendes*, im gegenfatz zum *liegenden kiftenpfand:* ein *legenig* phant fal man dem armman zu gut halten vierzehen tage. gefragt, wie man fich halten folle, fo es ein *eßenig* phant were? urtheil, fo lange fo das pfant eßens,

---

*) entlîhen âne bürgen unde âne pfant. Iw. 7145; dort dâ er pfant noch bürgen hât. Walth. 16, 21.

[1]) [*wettun* edo *fantum.* Diut. 1, 501ᵇ; goth. *vadjabôka* pfandbrief; *af veþium,* von pfändern. Gutal. p. 65; leggja *at vedi,* verpfänden. Sn. p. 17; *pant.* lex Frif. add. fap. 9, 2; altn. *pantr*, dän. fchwed. *pant;* nnl. *pand;* vgl. mnl. *pant* leid. Huyd. 1, 460, fpan. *peño* (üblicher prenda), ital. *pegno*, altfranz. *pan*, engl. *pawn;* claufura, wohin das gepfändete vieh gebracht wird. Feuerbach fal. gef. 84.]

**) pignora omnia *decident* poft novem dies, praeter haec tria: cultrum, cacabum et fecurim lignatorum. haec nunquam decident, licet oppignorentur. Wotton II. 4, 46.

***) vgl. das agf. *næme.* l. Cnut. 18 [II 19] (Phillips p. 142. Kolderup Rofenv. p. 48); altn. nâm, ahd. nâma, eigentlich captio, captura, von niman, wie das fpan. prenda von prehendere.

†) prenda que *come*, ninguno la tome. refran.

trinkens enpern kan, ſo lang ſal man das inhalden. Herrnbreitinger petersger., vgl. Haltaus 414. Stehende oder verſtandene pfänder werden *gelöſt, erlöſt.* MS. 2, 219ᵇ. [Helbl. 4, 866. Nib. 1409, 2; auch diu phant *quît machen.* Wh. 186, 10;] *phantlœſe* bezeichnet aber im mittelalter häufig das geldgeſchenk, welches geringe, arme reiſende oder diener empfiengen, um damit ihr in der herberge verſetztes pfand einzulöſen. Parc. 651, 25. 652, 19. MS. 2, 4ª. 93ª; vgl. Ben. zu Bon. 446.

619 *Pfandære* kann ſowohl | den inhaber des pfandes (MS. 2, 256ᵇ) als den pfändenden gerichtsboten bedeuten; dieſer pflegte an einigen orten dem, für welchen er gepfändet hatte, eine keule ins haus zu bringen, *pfandkeule.* Haltaus 1473. [Die *thüre* wird zum pfand *ausgehoben.* Haltaus 1785.] Gerichtliche (*hinter das gericht gelegte*) pfänder wurden oft noch nach der veräußerung eine zeitlang öffentlich gehütet in erwartung der auslöſung: die (an die gerichtsſeul gelieferten) pfand ſollen der cleger u. der keufer hüten den tag über *an der ſaulen* u. warten ob iemand komme, der die pfänder löſen oder mehr darumb geben wolt und zu undergang der ſonnen ſoll der richter die pfänder wieder *von der ſeulen* in gerichts bewarnus nemen (bis 14 tage ſpäter das verfahren wiederholt iſt). Kremer cod. dipl. ardenn. p. 592.

[Weitere ausdrücke: agſ. *bâd* pignus, bâdian pignorare, *nêdbâd* = nôtpfant. Kemble nr. 95, nêdbâdere (nôtpeitari) pfänder. Thiere pfänden iſt *ſchutten.* keuren van Delfland 1656 art. 127-139, *ſchütten.* Löw markverf. p. 238. 242. 244. Oberlin 1457, von ſchütt vallum, zu hochd. ſchützen; have af ſchutten. bocholter r. Wigand arch. 3, 40. 41; *ſchüttung* pfändung. Eichhorn privatr. 341; *ſchutter* pfänder, der *pfantſchüter,* MB. 30ᵇ, 137 (a. 1330); *ſchutterecht, ſchutteſtall.* Wigand 4, 281; *ſchutzhof* pfandhof. Kilchzartener dingrodel; pfant *für ſchutz* in den hof legen. Zartener dingr. p. 113.]

Wer für ſeine eigne verbindlichkeit einſteht, heißt *ſelpſcolo,* mhd. *ſelbſchol;* wer für die eines andern *purigo,* mhd. *bürge* (praes, vas, fidejuſſor) [1]). Allgemeinern ſinn gibt der mhd. aus-

---

[1]) [der *ſelbſtſchuldige* fürſt (der debitor im gegenſatz zum bürgen). Schweinichen 2, 42.]

druck *ſicherbote*, ſicherheit leiſtender. ä. Tit. 170, 4. Parc. 741, 25; im ſchwäb. landr. 46 Schilt., 319 Senkenb. für pfleger, vormund. An den bürgen wird ſich, in entſtehung des hauptſchuldners gehalten, *bürgen ſoll man würgen.* Eiſenh. p. 356. Weiſens drei erznarren p. m. 421. [Agricola nr. 136] und ſchon bei Freidank 1241 [121, 12]: darumb hât man *bürge* daȥ man *die armen würge**). [Die bürgen werden in ketten gelegt. Karlmeinet p. 368. Bürgſchaft erliſcht mit dem tode des bürgen: *burgſchaft enerbit nieman.* Freib. urk. nr. 24 (a. 1275) p. 81. — Altn. iſt bürgen gânga i *vörðſlu*, bürge *vörðſlumaðr.*]

Der *geiſel* (obſes) unterſcheidet ſich vom bürgen darin, daß dieſer nur durch gedinge, er aber leiblich haftet und ſich in die gewalt des gläubigers bis zur zahlungsleiſtung begibt; ahd. kîſal, agſ. gîſl, langob. giſil. l. Roth. 172, mhd. gîſel. Nib. 189, 3. 249, 2 (maſc.). Parc. 323, 19 (neutr.); ſich ze gîſel geben. MS. 1, 151ᵃ. Wigal. 4145; [ze einem gîſel gewan (gefangen nahm). klage 1950;] gîſel u. ſicherheit. Iw. 6364; giſelſchaft. Triſt. 9983. Aber auch außer dem privatrechtlichen verhältnis bezeichnete gîſel, wie ſchon die angeführten ſtellen lehren, den gefangnen, der dem ſieger ſicherheit leiſtet oder der von volk an volk zur bekräftigung des geſchloßenen bundes überlaßen wird. [Puellae nobiles als geiſeln. Germ. cap. 8; Arioviſt hat von den Galliern obſides. J. Caeſar 1, 31. 33. 44. *In des kuniges hande ligen*, geiſel ſein. Bit. 3896.] Im alterthum ſcheint unter der geiſelſchaft auch die ingenuität des bürgen gelitten zu haben, | da ſich ein freier ſo wenig verpfänden als 620
verkaufen läßt, durch freiwilligen verkauf oder verpfändung aber der freiheit ſelbſt entſagt. Das capit. de part. Saxon. verbietet ein ſolches verpfänden: ut nullatenus alterum aliquis

*) die armen, geringen leute, die von den vornehmen dazu gebracht werden für ſie gut zu ſagen u. an die ſich der gläubiger hält, während die herrn aus der ſchlinge ſchlüpfen. Bürge iſt in dieſer ſtelle nicht das maſc. fidejuſſores, was bürgen fordern würde, ſondern das fem. fidejuſſionem, vgl. 2195 [73, 18] bürge machen, cautionem; [doch ſieh Freid. p. 350. 351: *bürge* ſcheint an der obigen ſtelle doch arces, raubſchlößer zum verderb der armen zu bedeuten, wie im Renner cod. frcf. 330ᵃ: in wüeſtenunge machent *bürge*, daȥ man arme liute gewürge.]

*pignorare* praeſumat (Georg. 583 [MG Capitularia I p. 70]); ein andres capit. von 803 geſtattet es: liber qui ſe loco *wadii* (pignoris) in alterius poteſtatem commiſerit etc. (Georg 661 und 1353 [MG Capitularia I p. 114. 429]), ſeine vorher (usque dum in pignus exſtiterit) gezeugten kinder bleiben frei.

Im mittelalter war das *einlager obſtagium* (f. obſidagium? altfranz. oſtaige) ſehr gewöhnlich. Hauptſchuldner, oft auch ſeine bürgen, verpflichteten ſich, in eine beſtimmte ſtadt, burg, wohnung, herberge als *geiſel einzureiten* oder *einzufahren* (zu *leiſten*. Friſch 1, 604$^{c}$. [Schmeller 2, 508]) und bis zur befriedigung des gläubigers da zu verharren. Die urkunden des 13. 14. jh. ſind voll davon, im 15. nimmt die verderbliche, mit dem geiſte des ritterthums engverwebte ſitte ab [1]). Belege bei Grupen in Spangenbergs beitr. p. 90-96, bei Haltaus 620. 621. 1259; [ſich antwurten ze rehter *giſelſchefte* an dem ahtoden tage ze Coſtenze *ze vailem guote*. Pupikofer nr. 14 (a. 1282), vgl. ibid. nr. 15 (a. 1282). nr. 34 (a. 1331);] die bürgen ſollen *infaren* in ein kuntliche herberge u. *leiſten* iglicher mit eime knechte u. mit eime pferde. Wenk 2 nr. 315 (a. 1331); MB. 8, 244 (a. 1346); in geiſelweis, als laiſtens recht iſt. ibid. 15, 410 (a. 1360); auch der Sſp. 2, 11 gedenkt dieſes gelobens: *in to ridene;* [*intrare, inire*. ch. a. 1278 mindner cod. dipl. p. 17; obſtagium. Glutzblotzh. p. 461; *inneliegen*. Schweinichen 1, 61.] Da die meiſten ritter im einlager verſchwenderiſch lebten und ihre beſuchenden freunde bewirteten, entſprang das ſprichwort: *geiſelmahl* köſtliche mahl. Eiſenh. p. 402 und Keiſersb. bei Oberl. 553. Die älteſte bekannte urkunde, worin obſtagium vorkommt, iſt eine franzöſ. vom j. 1134*); Grupen a. a. o. behauptet ein weit höheres

---

[1]) [bei Anaſt. Neander von dem in Niederſachſen üblich geweſenen einlager (hannöv. gel. anz. 1750 7. ſt. und wiederholt in Schotts jur. wochenbl. 3, 1-18) werden aber noch mehrere beiſpiele aus den jahren 1553. 1560. 1572. 1588 verzeichnet. Der reichsabſchied von 1577 tit. 17 § 10 verbot die einlager; allein der adel hielt an der gewohnheit, bis in den anfang des 30j. kriegs. Den Holſteinern wurde die gewohnheit noch im inſtr. pacis weſtph. art. 8 § 4 und im reichsabſchied von 1654 § 171 gelaßen; vgl. Mittermaier § 192. Erhard zeitſchr. f. archive 1, 259 ff.]

*) Jung de pacto obſtagii p. 11; [die älteſte in alam. gegenden hat Neugart erſt a. 1236 gefunden. epiſc. conſtant. 2 § 43.]

alter, allein niemand bezweifelt, daß geiſeln, leiblich verpfändete bürgen in früherer, ja der frühſten zeit nachgewieſen werden können, das einreiten (introire civitatem fidejuſſorio more) vor dem 12. jh. hätte er nachweiſen ſollen. Übrigens muſte der gläubiger für ſpeiſe und trank der eingerittenen männer (nicht ihrer gäſte) und für futter ihrer pferde ſorgen, auch den ſchaden erſetzen, der dieſe am ort des einlagers ſelbſt traf: wenne der leiſter leiſtet mit pferden, die pfert ſten uf den man leiſtet, *zwiſchen der krippen* und *rechter trenke*. ſchleſ. landr. 2, 20 (dieſe formel ſchon oben ſ. 37). |

5. *Wette*, außer der allgemeinen bedeutung von ſponſio 621
und der beſondern von pignus, hatte auch die noch eingeſchränktere, heute allein übrig gebliebene von alea*); die dingenden ſetzen gut, freiheit und ſelbſt das leben auf ungewiſſen erfolg, der von einem ſpiel, von einem lauf (wettlauf, vgl. Nib. 914, 3), von vollendung einer arbeit oder von andern umſtänden abhieng. Es war nicht nöthig, daß beide theile dasſelbe ſetzten, einer durfte höheres, der andere geringeres verwetten. [Ol. Tr. 2, 275 wettet der eine krieger Olafs um einen goldring, der andere um ſein leben.] Eine hierher gehörige ſtelle des Tacitus iſt ſ. 327 angeführt. In den ſagen und liedern kommen viele fälle vor, Vilk. ſaga cap. 21 wetten Velent u. Amilias, wer von ihnen das beſte geräth ſchmieden könne und ſetzen ihr haupt zu pfand; [ibid. cap. 104. 105 wetten Valtari u. þetleifr um ihr leben, wer den andern im ſtein und ſpeerwurf beſiege;] Loki wettet um ſein haupt mit dem zwerg Brockr über die verfertigung von drei koſtbarkeiten, als Loki verliert und der zwerg den vertrag erfüllen will, begegnet ihm jener mit der einrede, daß er das haupt, nicht den hals habe**), worauf ihm Brockr den mund zuſammennäht. Snorraedda p. 130-133; [Odin ſetzt gegen den rieſen Hrûngnir ſein haupt zu pfande, daß ſeinem roſſe Sleipnir kein anderes gleichkomme. ibid. p. 107.] Auch um geſang und liederweisheit wurde gewettet: haufdi

---

*) ſponſionem, quam Longobardi gaudias (l. guadias) vocant. Placentini ſumma codicis. Mogunt. 1536. p. 129.

**) ähnlich der gegen den fleiſchſchneidenden juden geltend gemachten, daß er nur fleiſch, nicht das blut habe.

veþja um geþſpeki. Sæm. edd. p. 33ᵇ; [der überwundene wird von der aufgehenden ſonne verſteinert. ibid. p. 51ᵇ.] Morolf beim ſchachſpiel mit der königin ſetzt ſein haupt, ſie aber dreißig mark goldes dagegen. Mor. 13ᵃ. [Der vater verſpielt den ſohn beim wein. Hoffmann ſchleſ. lied. p. 16 [1]). Vgl. die ausdrücke: daʒ gelte ein ouge! MS. 1, 64ᵇ; ich biute dir mîn wette, daʒ wette gewinnen, einem ſîn wette verlieſen (ihn verlieren machen). Kchr. 4483. 4574. 4666; ich verwette meinen kopf. Felſenb. 1, 4; ich verwette mein leben. irrg. d. l. 294; ſo haben wir nicht gewettet. ibid. 263; *widerwette* gegenſatz. Morolt 1221. Franzöſ. *fermaille* wette. Méon 3, 37. 432. 435.] Es iſt zeichen der ſittenmilderung, daß ſchon unſere älteſten geſetze keinen anlaß finden, der gefährlichen wetten zu erwähnen; zu der zeit, wo es den treubrüchigen ſchuldner das haupt koſtete, mag es dem wettefälligen ſpieler an den hals gegangen ſein.

---

[1]) [berühmt ſind die indiſchen würfelſpiele, wobei alles verwettet wird, habe, kinder und frau, die eigne freiheit und das leben. Holtzmann 3, 109. 116. 131. 134. 138. Die hirten bei Theocrit büßen bloß die geſetzten pfänder ein.]

# FÜNFTES BUCH.

## VERBRECHEN.

Wie aus gedinge kann auch aus unerlaubten handlungen 622
ſchuld und verbindlichkeit erwachſen. Wer ſich vergreift an leib, gut und ehre des andern, *höhnt**), ſchmälert, ſchädigt ihn und die ſeinigen. Hohn und ſchmach duldete kein freier auf ſich, ungehindert durfte er mit ſeiner freunde beiſtand gegen den beleidiger fehde erheben, rache nehmen oder ſühne**) erzwingen. Größe dieſer ſühne hieng vom erfolg und der willkür des ſiegers ab. Gezügelt wurde die ausübung des fehderechts durch das volksgeſetz, welches für jede verletzung *beſtimmte* buße ordnend in des verletzten wahl ſtellte, ob er ſich auf ſelbſtgewalt einlaßen, oder die angewieſne vergeltung fordern wollte. Forderte und erhielt er ſie, ſo war alle feindſchaft niedergelegt***). Zweck alſo des volksrechts konnte weder ſein zu drohen noch vor ungeſchehnen beleidigungen zu ſichern; die kraft roher

---

*) will man abſehen von der jetzt ſehr eingeſchränkten bedeutung des wortes hohn (ſpott, ironie) u. erwägen, daß das ahd. gihônan, agſ. gehŷnan viel allgemeiner hieß: kränken, ſchädigen, erniedrigen, unterdrücken; ſo werden die ausdrücke des frieſ. rechts *hâna* (Br. 46. 70. 71. 75) für den verletzten, *hâne* (Br. 15) für den verletzer, ſchuldner, bezeichnend erſcheinen [doch ſieh Richthofen wb. p. 796b]; jenes ahd. hôno, dieſes hôni? agſ. heána und hŷne? goth. hauna u. hauneis? ahd. hônida crimen, macula; [vgl. hœnen. Reinh. 1840. 1849; hœnen u. ſtrâfen. fragm. 18a; wart hœne. ibid. 18b.]

**) *ſühne* (expiatio), ahd. ſuona, ſuana, altn. ſôn, übergehend in den begriff von judicium; warum aber Ulf. Marc. 10, 45 ſaun (λύτρον) ſchreibt und nicht ſôn? [durſuna reconciliatio. Lacomblet 414 (a. 1166).]

***) das alterthum hatte feierliche *ſühnformeln*, beiſpiele oben ſ. 39. 53.

freiheit ſittigte es und wollte nichts anders als *ausſöhnung* der geſchehnen that [1]). Weil aber die verletzende handlung zugleich den gemeinen frieden brach, eignete das volk ſich einen theil der buße zu, der anfänglich in der vergeltung mitbegriffen, hernach von ihr geſondert, endlich die natur einer öffentlichen
623 ſtrafe annahm. | *Strafen* für gewiſſe ſchwere verbrechen, inſofern ſie weniger den einzelnen verletzten als das gemeine volk, müßen gleichwohl auch ſchon für die früheſte zeit behauptet werden. Der gang der geſchichte iſt nun, daß ſtufenweiſe die idee von bußen ſchwächer, die von ſtrafen ſchärfer wird, daß auch verbrechen, die früher nicht öffentliche waren, ihren privatcharacter aufgeben und daß manche bußen, an deren ſtelle ſtrafen treten, gänzlich verſchwinden.

[Die unvollbrachte handlung, das bloße *attentat*, zu beſtrafen, ſcheint deutſcher ſinnesart nicht gemäß. Indeſſen findet ſich doch ſchon in der wormſer lex familiae § 28: lex erit, ſi quis in civitate ad aliquem occidendum gladium ſuum evaginaverit aut arcum tetenderit et ſagittam nervo impoſuerit vel lanceam ſuam ad feriendum protenderit, LX ſol. componat. Im Mörfelder w.: ſo einer die hand mit einem ſtein beßert und ſtärkt und doch nicht wirft.]

Ich werde in vier capiteln von den verbrechen ſelbſt, dann von den bußen und ſtrafen, zuletzt von buß und ſtrafloſen miſſethaten handeln.

---

## CAP. I. EINZELNE VERBRECHEN.

Kaum jahrhunderte hergebracht iſt die benennung *verbrechen* (infractio, violatio legis) und auf die älteſte zeit bezogen ungenügend, da das geſetz nicht ſowohl die unerlaubte handlung verbot, als für den fall ihres eintritts eine gerichtlich forderbare buße verfügte. Den ſpätern Angelſachſen hieß *lahſlite*, *lahbryce* (ruptio legis) entrichtung für den friedensbruch, ähnlichen ſinn einer mulcta, *brüchte,* hat das altſchwed. *lagſlit.* Upl. manh. 23.

---

[1]) [til thiu, thet ma *tha ergon ſtiore.* Aſ. 21.]

Suderm. manh. 11. Indeſſen fehlt es an einem andern den begriff von delictum genau füllenden wort. *Schuld* und *ſache* (altn. ſök culpa), obgleich ſie auf ſculo (ſchuldiger) und ſacho (auctor) wie res auf reus führen, ſcheinen zu allgemein, in allen ſolchen wörtern rührt der allgemeine ſinn an einen ſchärferen beſonderen. Der echtdeutſche ausdruck goth. *fairina* (Matth. 5, 32 für das milde λόγος und Marc. 15, 26. Joh. 18, 38. 19, 6 für *αἰτία*), ahd. *firina* (ſcelus), altn. *firn* (flagitium), agſ. *firen* (cauſa, crimen) iſt längſt verloren, wiewohl unſer heutiges gefährde (dolus, fraus) und gefahr (periculum) derſelben wurzel angehören; das ahd. *mein* (ſcelus, perverſitas), agſ. *mân*, altn. *mein* (noxa) nur noch in meineidig übrig. Alt ſind auch die zuſammenſetzungen goth. *miſſadêds*, *vaidêds*, ahd. *miſſitât*, *ubiltât* *), *meintât*, *firintât*, wovon ſich miſſethat, übelthat erhalten haben, gelten aber mehr für das bibliſche ſünde (goth. fravaurhts, verwirkung) und | drücken den begriff bloß negativ aus. Eben dies thun das altn. 624
*misgörd*, das franz. *forfait* (mittelalt. forisfactura), *forfactus*. l. rip. 77 entſpricht dem ahd. partic. *firtân* (reus, ſchuldig, verurtheilt), ein ahd. ſubſt. firtât kenne ich nicht, wohl aber *fratât* (ſcelus), wie jenes fravaurhts; [vgl. den leib *vermachen*. weisth. 2, 525; ferner: *overdaet*. Reinaert 137. 469. 498. 1330 ff.; agſ. *undæd*, mhd. *untât*. Parc. 160, 13. Lichtenſtein 366, 20. 369, 27, nhd. unthat. Ahd. *unpilid* informia. Graff 3, 101, mhd. unbilde unrecht. mhd. wb. 1, 122. 123, unbill ſtößt auf die thür. Fiſchart b. Vilmar p. 4 (dazu altn. *ôbilgiarn*); mhd. *unfuoc* oben ſ. 218, unfuge. weisth. 1, 691, *unwæge*. Ben. p. 432.] Im mittelalter brauchte man *ungerihte* (Sſp. und Haltaus 1937), *unfride* für verbrechen und friedensbruch. *Laſter*, ahd. laſtar iſt crimen im ſinne von vorwurf, calumnia; *frevel* (vgl. markfrevel, jagdfrevel, feldfrevel), ahd. fravali [farfalius. Graff 3, 823] (temeritas, protervia) geht bloß auf geringere muthwillige vergehen.

Ein *verbrecher* hieße goth. fairineis? Ulf. braucht vaidêdja; ahd. findet ſich firinari und ubiltâto; übelthäter, miſſethäter nennt noch das heutige peinliche recht den verurtheilten armen ſünder. [*Undedig* man. weisth. 2, 215; *unman* miſſethäter. ibid. 2, 539, unmenſch. 2, 530. 535, das *ungebe* menſch. 2, 379.

*) maleficium iſt l. ſal. 22 [19]. rip. 83 zauberei.

Altn. *vargr* in brennivargr, gorvargr.] Üben mehrere zuſammen ein verbrechen aus, ſo wird der *auctor facti* (lex rip. 64), *urheber, anſtifter* (ahd. ſahho?), ille qui in capite fuerit. l. Roth. 285 [280] von dem bloßen *theilnehmer* u. *genoß* (z. b. diebsgenoß, þiofsnautr) unterſchieden; vgl. Sſp. 3, 46 über *that, rath* und *hilfe;* [*ratende, fuogende* u. *heiȥende.* Schreiber 2, 77 (a. 1391); der recht *ſächer* und *höbtman* der ſache. ibid.; bei Neocorus *hövetſake;* altn. verks *valdr*, auctor facinoris. Ol. Tr. 1, 289, valdr. Ol. helg. c. 145; *expoſitor.* lex Friſ. 2 forreſni.] Die erſt nach dem mittelalter aufgekommne benennung *rädelsführer* (Haltaus 1500) ſcheint aus dem kreiß oder rad zu deuten, welches ausrückende bewaffnete haufen bildeten*); [gleichbedeutend *fanelfuerer.* Schm. 1, 533.] Die zahl der theilnehmer wuſte das alterthum gleich durch beſondere namen für jede bande oder rotte auszudrücken, vgl. oben ſ. 207 ff. *Dolus* und *culpa* laßen ſich zwar, erſteres durch das ahd. fâra (goth. fêrja, inſidiator), mhd. vâr, geværde, nhd. gefährde und *argliſt* (die lat. geſetze haben zuweilen *malum ingenium*, altfranz. engin, liſt), auch durch das ahd. feihhan (fraus), agſ. fâcen [1]; letzteres durch das goth. fairina**), ahd. ſahha und ſculd genau verdeutſchen, ſind aber keine techniſchen begriffe unſeres alten rechts. In den ſchwed. geſetzen erſcheinen als ſolche *vili* (dolus, vorſatz, böſer wille) und *vadhi* (caſus); *vadaverk.* Gulaþ. p. 161; den Frieſen heißen *urwalda* dêda. Br. 182 unvorſätzliche, über menſchliche gewalt gehende.

Alle verbrechen verletzen entw. an leib oder an gut oder
625 an ehre und nach dieſer ordnung ſollen hier die | wichtigſten für das rechtsalterthum, nicht aber alle einzelnen hervorgehoben werden. Beſchädigungen an gut betreffen zumeiſt die fahrende habe, obgleich auch einige die liegende, z. b. gewaltſamer ein-

*) erläuternd iſt hier das ſlav. kolo (rad); ſ. Kopitar wien. jb. XXX, 202.

[1]) [Diut. 1, 203: doloſus *faihanîc*, inſidioſus *fârîc*, fraudulentus *ſcatal* (bei N. *ſcadel* pravus); *âne vâr.* Parc. 696, 16. 699, 7. 716, 2, daȥ mir daȥ âne vâre ſtê. Ernſt 358, ân allen vâr. Parc. 431, 22; ân *arge liſte.* ibid. 425, 3. Agſ. *invid*, ahd. *inwit* dolus, inwittêr doloſus.]

**) firina und fâra im ablautsverhältnis. gramm. 2, 56 nr. 573.

bruch, mordbrand, feldfrevel. Fleiſchliche verbrechen, ehbruch und unzucht taſten zugleich leib und ehre an.

[*Verbrechen gegen den ſtaat* iſt die verſchwörung, conjuratio. Vgl. die ausdrücke: *hantreichida*, kihantreichida conjuratio. Diut. 1, 528ª. 532ª; *kihantreihta* conjuravit. ibid. 1, 514ª, kihantreihtin conjuraſſent. ibid. 1, 522ᵇ; ſieh hand reichen oben ſ. 138. *Einôdôn* conſpirare. gl. emm. 398. In den hut tupfen, oben ſ. 151. Si quis ſeditionem excitaverit contra ducem ſuum, quod Bajuvarii *carmulum* dicunt, per quem imprimis fuerit levatum etc. lex Bajuv. 2, 3; Pernhardus rex *carmalum* levavit. ann. emmeran. a. 818 Pertz 1, 93; ahd. gloſſen (Schmellers gl. a. 508. 650) deuten *carmula* durch urluge; vgl. ruſſ. kramola, griech. χάϱμη, agſ. cyrm ſtrepitus, clamor und Schm. 2, 109.]

1. *Todſchlag.* Man unterſchied offenen und heimlichen, jener, das eigentliche homicidium, hieß ahd. *ſlahta, manſlahta,* agſ. ſlege, altn. *vîg* oder *drâp*, mandrâp*); der heimliche hingegen goth. *maurþr*, ahd. *mordar* (ſpäter mord), [*mordi.* l. Roth. 372 [369]. 373 [370],] agſ. morđor, engl. murther, franz. meurtre, altn. morđ. Für den bloßen interfector diente außer dem namen *ſlaho*, manſlecco, agſ. ſlaga auch ahd. *pano*, agſ. bana, frieſ. bona, altn. bani (genau das gr. φονεύς); für den heimlichen goth. *maurþrja*, ahd. murdrjo, franz. meurtrier; [*mordige* man (mörder). troj. 481; *mordritae* (maſc.). Rudl. 6, 20.] Wir ſagen *meuchelmörder*, weil mord allgemeinern ſinn erhalten hat, ahd. iſt mûhheo latro, graſſator, mûhhilſuert ſica (gramm. 2, 471); altn. findet ſich *fluga* für aſſaſinium**), [dän. *ſnigmord* meuchelmord.] Die alten geſetze legen aber den begriff der heimlichkeit nicht ſowohl in den anfall, als in das verbergen***) des leichnams:

---

*) die norwegiſchisländ. geſetze brauchen *vîg*, die ſchwediſchen *drap;* [*drep* ictus, caeſio, *drâp* occiſio, vgl. ſchlagen: erſchlagen, caedere: occidere.]

**) eine art des mords bezeichnet *würgen*, ahd. wurgen (ſtrangulare, ſuffocare). emm. 399. 412; frieſ. *werga.* Br. 181. *Nächtlicher* todſchlag galt für mord: [nâttvîg ero morđvîg. Egilsſ. 416, vgl. Ol. helg. c. 126.]

***) bera i fiälſtr. Oſtg. edz. 25; [hylja hræ. Laxd. 150; huldo lik med *vidom* (das ramis cooperire oben). Ol. helg. c. 249; dyljar likit î ſniofönn. Völſ. c. 1; *laub* und *erde* wird auf den nackten ermordeten geworfen. Diut. 1, 13, vgl. Parc. 159, 13.]

in *puteum**) aut ſub *aquam* mittere, de *hallis* (dürren reiſern) aut de *ramis* cooperire aut incendere. l. ſal. 44, 2. 5 [41, 2]; interfecerit et eum cum *ramo* cooperuerit, vel in *puteo* ſeu in quocunque loco *celare* voluerit, quod dicitur *mordridus* (clam interfectus, goth. maurþriþs von maurþrjan?). l. rip. 15; ſi quis liberum occiderit *furtivo modo* et in *flumen* ejecerit vel in talem locum, ut cadaver redire non quiverit, quod Bajuvarii *murdridam* (ein weibl. ſubſt. murdarida, murdrida?) dicunt. l. Bajuv. 18, 2 [19, 2]; ſi quis hominem occiderit et abſconderit, quod *mordritum* vocant. l. Friſ. 20, 2; ſi quis hominem occiderit quod Alamanni *mordtôto* (mordtodt, vgl. Graff Diut. 1, 334. [Schmeller
626 2, 615]) dicunt. l. Alam. | 49, 1 [48, 1]; ſi quis *morttaudit* barum. ibid. 76 [69]; ſi *mortumtotum* (al. murdrum) quis fecerit. l. Sax. 2, 6 [19]; [eſt aliqua femina, quae in fornicatione concipiens, timens ne manifeſtaretur, infantem proprium in *aquam* projecerit, aut in *terra occultaverit*, quod *morth* dicunt. Regino de eccleſiaſt. diſcipl. 3 § 5;] þat er oc nîđîngs vîg ef madr *myrđir* man (clam interficit). Gulaþ. p. 135; [drepa međ *morđvîgi*, heimlich umbringen. fornm. 11, 199;] homecide eſt quant home eſt tué en apert devant la gent en meſlée, *murtre* eſt fait *en repos*. aſſiſes de Jeruſal. cap. 91. 94. So nehmen auch die gedichte des 13. jh. *mort* für ehrloſen todſchlag, z. b. hie wirt *mort* getân. Gudr. 888, 1; [daʒ man niht ſprichet, eʒ wære ein *mort*. Flore 1519;] ich hân chein *mort* begangen. Karl 127ᵇ; daʒ geſchach unmortlîche. ibid. 128ᵃ, für die ſpätern geſetze hat Haltaus 1364 belege geſammelt. Auch im Sſp. 2, 13 ſind *mordere* ſicarii, *doden* aber iſt occidere 3, 84 und im rigiſchen recht wird der *morder* vom *ſlachtigen man* unterſchieden. Ölrichs p. 301. [Ulr. Triſtan 1076 iſt *tœter:* der berechtigt iſt einen zu tödten.] Im Norden muſte der todſchläger, wollte er für keinen mörder angeſehen werden, ſich öffentlich zu der geſchehnen that bekennen, *vîg lŷſa:* ef hann lŷſir eigi ſvâ vîgi, þâ er hann morđîngi rêttr. Gulaþ. p. 152; [vîg lŷſa. Sæm. 160ᵃ. 259ᵇ. Laxd. 282. Finnb. 282, lŷſti vîgit â hendr ſer.

*) lîk hans þeir drôu â leynigötu
ok brytiuđu î *brunn* niđr,
dylja þeir vildu. Sæm. edd. 123ᵇ.

Laxd. 224. Isl. ſögur 2, 213;] vgl. *liuſa*. Upl. manh. 12, 8. Nach dieſem bekenntnis tritt dann die buße ein, welche *ſporgiäld*[1]) hieß und vom *mordgiäld* unterſchieden war. Upl. manh. 9. 2. 12, 2. 16, 2. Sudherm. manh. 23. [Nicht als mord gilt es, wenn der thäter *huch geſchrien* hat. Schmeller 2, 147. 258. Wer die *waffe* in der wunde des umgebrachten *ſtecken läßt*, iſt kein meuchelmörder. Müller ſagabibl. 1, 171.] — Der den todſchlag räth und ſtiftet, hieß agſ. *rædbana* (altn. râdbani [2])). der ihn verübt *dædbana*. l. Cnuti ed. Kold. Roſ. p. 15 [Schmid [2] p. 256]. Dieſe ausdrücke finden ſich noch näher im altſchwediſchen: kumu *tiu* män äller flere dräpä en man, *thri* af them *banamän* heta, en *radhbani*, annär *haldbani* ok thridhi *ſander drapare* (erſchlagen zehn männer oder mehr einen mann, ſo heißen drei von ihnen tödter, einer der räth, der andere der hält, nämlich den erſchlagenen, daß er ſich nicht wehren kann, der dritte der wirkliche tödter). Suderm. manh. 24; vgl. landsl. drapm. med vilia 20, wo nur der *halsbani* (cooperans) und *ſanbani* (verus auctor) unterſchieden ſind. Merkwürdige einſtimmung mit dem *contubernium* der l. ſal. 44 [41]. 45 [42] und rip. 64, das gleichfalls aus zehn männern (nicht aus dreien, wonach oben ſ. 208 aller zweifel aufhört) beſteht. Nur ſonderten die Franken den auctor facti von den *drei erſten*, die nächſt ihm bußfällig wurden und nahmen dann noch zwei abſtufungen, wiederum jede von drei theilnehmern an, während jene ſtelle aus dem ganzen haufen nur drei zur buße zieht und unter ihnen den auctor (ſandbani) ſelbſt begreift. Ohne zweifel fehlte es auch den Saliern und Ripuariern nicht an deutſchen namen für jede claſſe der theilnehmer, wer ſtellt ſie aus den verzweifelten malb. gloſſen her? Später im mittel- | alter hieß der râdbani 627
*mortræte*. Triſt. 12727, 12877, in Wales: die *blutige zunge* (Probert p. 204), wie man den ausführenden die *blutige hand* nennen dürfte, vgl. Haltaus 176; [*handbano*. Hel. 158, 20, hondbana. Beov. 37. 101. 186; der mit *râte* noch mit *henden*

---

[1]) [vgl. Athis A 100: volgitin der *irſlândin vart*, der mordſpur, blutſpur.]

[2]) [Thôr heißt *Þurs râdbani*. Sæm. 54b. vgl. ſlâ *banarâdum*. Laxd. 218; *höfutbani*. Sæm. 117b.]

nie deheine ſchult gewan an Sîfrit. klage 240, deutlich râdbano und handbano.]

Die verwandten des erſchlagenen pflegten den *leichnam* ſolange nicht zu begraben, bis ſie rache oder ſühne erhalten hatten, vgl. Parc. 51, 12; auch muſten ſie ihn beim gericht, wenn ſie klagten, vorweiſen (der *ſchein*, der *blickende ſchein*, corpus delicti. Haltaus 1607). Später wurde die bloße abgeſchnittne *hand* ſymboliſch gebraucht und nach erlangung des wergeldes zu dem leib beerdigt (die *todte hand*, das *leibzeichen*), zuletzt reichte das *blutige kleid* hin. Haltaus 1248. 1791, vgl. Bodm. p. 627 und Wigands archiv I. 4, 111. Bei todſchlag (oder auch bloßer blutrunſt) kam es oft auf die *richtung des kopfs und der füße* des gefallenen*) an, theils um auf der grenze zweier gerichtsgebiete die behörde, welcher buße verfiel, theils um ſtrafloſigkeit oder ſtattfindende buße überhaupt darnach zu beſtimmen. Jenes wird in vielen wetterauiſchen weisthümern gewahrt: geſchähe ein todſchlag in dieſem gericht und ſo daß *das haupt hinaus fiele*, ſo fiele das beſtheupt auch hinaus, *bliebe aber das haupt hierinne*, ſo bliebe das beſthaupt auch hierinne. Salzſchlirfer w.; da auch fiſchens wegen gezenk in der bach entſtünde u. ſie ſich ſchlügen, *gefiele dan* der oder die *auf dieſe ſeiten* gegen Rodenſtein, ſo were der frevel den junkherrn zu Rodenſtein verfallen; *gefiele er aber auf jene ſeiten*, ſo were er der graveſchaft Erbach verfallen. Crumbacher w.; darauf weiſete der landmann, das m. gn. junkern von Epſtein gerichtsherrlichkeit hebe an oben an Caſtell und wäre es, das ſich zween ſchlügen in den graben, die umb Caſtell gehend u. *fiele ihr einer heraus auf dieſe ſeiten* gen dem landgericht, der ſolt das m. gn. j. v. Epſt. büßen; *fiele er aber auf jene ſeiten* des grabens zu Caſtell zu, der ſolte m. gn. h. von Münze büßen, *fielen ſie mitten* in die graben, ſo ſollen ſie beiden herrn bueßen, alſo ſei es von alter herkommen. Mechtelnshauſer w.; auch wiſen wir, were iß ſache, daß ſich zween ſchlugen uf dem geſcheide, *wo dann der mann hinefiele*, da fiele auch die buße hin. Geinsheimer w.; item wurde iemants plutrünſtig geruget in dem |

*) worauf auch das epos achtet, vgl. Sæm. 219a. b. [fornald. ſög. 1, 200. Auch in geſchichtlichen erzählungen: fornm. ſög. 11, 277. Isl. ſög. 2, 126.]

dorf u. ſchlugen ſich bis in die Heinbach, dieſelbige ſeien zu- 628
vorderſt verfallen dem hern zu Epſtein mit 60 ſchill. meinzer wehrunge u. hern Hanſen von Cronberg auch mit 60 ſchill.; weren aber die geruegten *gefallen in die Heinbach*, ſo ſollen ſie beiden herrn bueßen; *fallen ſie uf die ſeiten zu Epſtein zu*, ſo ſeien ſie dem hern von Epſt. allein verfallen u. ſtehen ime allein u. ſonſtet niemants zu ſtrafen. Ickſtadter w.; er weiſet auch, wer es ſach, daß zween hinaus giengen u. zweiten oder zankten ſich an der ſteinbrücken, reißen ſie kolbe oder ſchwert, *fiel der kopf auf die ſeiten* gegen Weinheim zu, gehört auf m. gn. h. zent auf Starkenberg, *felt er auf die* (ander) *ſeiten*, ſo gehet es auf m. gn. h. Öppelbacher zent. Virnheimer w.; [item wer es auch ſache, daß einer mit gerichte angeſprochen würde mit zu Elſe an der falderſulen und würde der ermordet, daß er *half fiele* in die graveſchaft und *half* zu Elſe zu, daß *er of der mitte* lege, den enſolden die von Elſe nit ofheben, ſie en hieſchen den laube an den herren der graffchaft oder iren amptleuten. Dietzer w. In der Schweiz: wenn es beſcheche, daz der ſiglos (ermordete) man *fiel über die ſtapfen hinus*, ſo ſollt man ob im richten ze Trimbach, *fiel er aber wider Olten*, ſo ſollt man ob im richten z'Olten. Arx Buchsgau p. 132.] Aber auch in Pommern: würde einer dod geſlagen up einem landwege edder feldſcheide u. bleve beligen, *dar des doden vöte werden gefunden*, dar is de grundbröke gefallen. Rugian. 49. Im Norden, bei gewaltſamem hauseinbruch, wenn der thäter erſchlagen wurde, blieb ſein tod ungebüßt, ſobald die füße innerhalb, das haupt außerhalb des hofzauns fielen; fielen aber die füße außenhin, das haupt innenhin, ſo muſte buße gezahlt werden, denn es wird angenommen, der kopf fällt dahin, wo die füße ſtanden: nu än ther agas vidher i gardslidhi ok *falla fötär innan ok huvdh uthan* a thöm hemſokn giorde, vari ogilt. *falla fötär uthan ok huvdh innan*, vari gildär, thy at thädhan fiöll huvdh, ſum fötär ſtodhu. Oſtg. edhz. 1, 4. Dieſelbe vorſchrift in der ruſſiſchen pravda: wenn ein dieb erſchlagen iſt und man findet *die füße innerhalb des hofs**), ſo iſt er (ungeſtraft)

*) vo dvorje; dvor" iſt das nord. gardslid und die lesart vo dverje ſchon deshalb verwerflich, weil der local von dver' lauten würde dveri.

erschlagen; findet man aber die füße außerhalb des thors, so zahlt man für ihn. Ewers p. 309.

2. *Leibsverletzung.* Die alten gesetze unterscheiden vulnera und debilitates. lex sal. 20 [17] und 32 [29], wunde und lähmung; beide arten sind in ihnen genau nach allen gliedern
629 verzeichnet*), am genausten in dem salischen, | alam., langob. und friesischen, weniger in den nordischen, am wenigsten in dem burgund. und visigothischen. Jede verletzung hat technischen namen und es wäre hiervon, von ihrer eintheilung, meßung und der darauf gesetzten buße eine vergleichende abhandlung zu wünschen; hier beschränke ich mich darauf nur einiges hervorzuheben. Der streich oder schlag heißt *plaga, colpus,* den Langobarden auch *ferita*, goth. *slahs* (ictus), ahd. *slac*, altn. *drep* [nhd. *treff*]; geht blut danach, so wird auch wohl plaga (franz. playe) gebraucht [plagiare. l. Visig. VII. 3, 2], gewöhnlich vulnus, zuweilen livor, die deutschen ausdrücke sind goth. *vunduſni*, ahd. wunta, altn. und; goth. *bani* (φόνος), ahd. penni? ags. benn, altn. ben; ahd. *tolc***) (livor), ags. fries. dolg, [ags. feorhdolg vulnus lethale, vgl. verchwunde. Rupr. 27;] ahd. *sêr* (versehrung, dolor), ags. sâr (dolor vulneris), altn. sâr (vulnus); [altn. *skeina*, altschwed. skena; altn. *âverki* vulnus. Laxd. p. 140; mhd. *vlerre.* Diut. 1, 106; *bauderling* vulnus levius. Haltaus 1458. Af *eno hugge* kunnu *tu sar* varda. Ostg. vadham. 1.] Geschahen auch mehr schläge und wunden, so wurden doch nur *drei* berücksichtigt: usque ad tres colpos, ter percutere (oben s. 209). l. sal. 20, 7. 9 [17, 6. 9]. rip. 19, 1; tres plagae vel amplius. sal. 45, 3 [42, 3]. 46, 3 [43, 3]; si amplius quam tres plagas fecerit, non numerentur. l. Roth. 46. 61. Eine knochenverletzende wunde hieß mhd. *beinschrœte,*

*) lex sal. 20 [17]. 32 [29]; rip. 5; Alam. 59-65 [57]; Bajuv. 3. 5 [4. 6]; Burg. 5. 11. 26. 48; Angl. et Wer. 2-5 [4-25]; Sax. 1 [1-13]; Aethelb. 33-71; Aelfr. 40; Rothar. 45-128; Fris. 22 addit 3; As. 177-185; Br. 183-204; Fw. 339-389; Westerwoldinge landr. 201-231; [nordfries. Heimreich 1, 313;] Gutalag p. 26-34; [fuero viejo de Cast. pag. 64;] vgl. Ewers russ. recht 265-267. Probert p. 239. 240. Wie mager schon Ssp. 1, 68. 2, 16.

**) noh *tolc* noh *tôt houpit* gituon, weder verwunden noch tödten. Wackernagel Wessobr. p. 70.

[peinſchrœt. Rupr. 25. 27,] ſpäter beinſchrötig, es kam wieder auf *drei* ſplitter an (l. ſal. 20, 5 [17, 5]. Roth. 47) und auf im ſchild hallende (oben ſ. 77. 78)*); [*fleiſchwunde.* Sſp. 1, 68; *clâdolg* nagelwunde. l. Friſ. add. 3, 44;] floß nur blut, ſo war die benennung ahd. *pluotruns* (blutfluß), ſpäter blutrunſt, auch blutronne, *fließende*, *blutfließende* wunde [1]), frieſ. blôdriſene, [altn. blôdrâs. Laxd. p. 140,] das blut muſte aber zu boden tröpfeln (ut ſanguis terram tangat). l. Alam. 59, 2 [57, 2] (vgl. oben ſ. 94. 95), wenn eine beſtimmte buße ſtatt haben ſollte. *Bogende wunde*, *bog*wunde ſcheint gleichviel mit fließender (Haltaus 177. Schmeller 1, 158), vielleicht die bloß *gliedwaßer* (liduwâg, humor aquoſus) gibt? vgl. frieſ. *liduwagi.* l. Friſ. 22, 35. addit. 3, 32; [doch *bogendiu* u. *vliezendiu* wunde unterſchieden. MB. 35, 17 (a. 1294);] *meiſelwunde*, die meiſels und heftens bedarf (MB. 23, 228, wo waiſſels f. maiſſels. Haltaus 1337, [mhd. weizel charpie. Engelhard 1925]), meißelwunde. Günther 4, 373 (a. 1437). [Schmeller 2, 628. 4, 173;] wonde die man wyken muß (Bodm. 622 a. 1387), wozu wiche (charpie) nöthig iſt, medicamento aut ſirico ſtupare. l. Alam. 59, 7 [57, 7]. In den altſchwed. geſetzen *fullſæri* (volle wunde), er thorf | 630
vidher lin ok läker, ſpik ok ſpiär (wozu man bedarf linnen und arzt, ſalbe und inſtrument). Oſtg. vadham. 6; lin ok läkirsgiäf. Upl. manh. 23, 7. [Eine wunde ſchlagen, daß: man mocht den ellenden man mit widen zamen punden han. Diut. 2, 88 (von Metzen hochzeit).] Niala cap. 136. 142. 143 werden heilundar ſâr eđa holundar eđa mergundar (hirn, hohl und markwunden) genannt. Trockne**) ſchläge ohne ſcharfe waffen (eggetouwe,

---

*) *kampfbare* wunde. Haltaus 1065; [*kampfwürdig.* Böhme 6, 91. 94. 95; campordich. Bruns 348.]

[1]) [*minſchenbludende* wunden, vulnera humana. Sſp. 1, 2; der *bluotende ſlag.* Freib. urk. nr. 279 (a. 1368); blutender ſlag, der durch hût gât u. durch brâten. ibid. nr. 24 (a 1275); judicium de vulneribus ſeu effuſione ſanguinis, quod *plutiger pfenninch* dicitur. Meichelb. 2, 64 (a. 1265).]

**) [Schmeller 1, 474. 475. Haltaus 1807; verbera *ſicca.* probra mul. 305. 307;] *durſlegi* der l. Friſ. 22, 3 aus dürre ſiccus zu erklären, iſt gewagt; doch ſcheint es einerlei mit *duſtſlek.* Fw. 339. 347, welches an *duſtware* (oben ſ. 506) gemahnt; [vgl. auch *dumſlag*, *dunſlag.* niederſ. verein 1858 p. 248.]

ſcharfe ort, [ſonder egetaw u. bloidrinninge. Brakeler gerechtigk.]), ahd. *pûliſlac,* mhd. bûlſlac, beulen [zu goth. ufbauljan]; *braun und blau* ſchlagen, [engl. beaten *black and blue;* einen *bloen ſlag* ſlahen. Böhme 2, 6. 7. 8; machten den heiden ire köpfe *blâ.* Livl. 4273,] dagegen beulen und blut: *blau und blutig.* Haltaus 170; krovav" ili ſin'. Ewers p. 265. [Wunde mit *egge unde orde* gewraht. Michelſen oberhof p. 290 (a. 1492); ſchlag, ſchmeiß oder hau mit einem wehr, *daran eiſen iſt.* Hirzenacher w.] Meßbare wunde, frieſ. *metedolg.* Br. 194. Fw. 376; [*brekende* wunde. Rol. 175, 14.] Auf beſchaffenheit der *narbe* (altn. ſârs höfud, wundenhaupt), ob ſie viel oder wenig entſtelle, wurde ſorgſam geachtet, cicatrix depreſſa, *ſpido.* l. Friſ. add. 3, 34. Roth. 55: [ahd. *lihhloi* cicatrix, vgl. Graff 2, 162;] die entſtellung hieß den Sachſen *wlitiwam* (vultus macula, von wlit antlitz und wam naevus). l. Sax. 1, 5 [5]. Angl. et Wer. 5, 10 [23]; agſ. *vlitevam.* l. Aethelb. 56, wonach das verderbte witilitiuam. l. Friſ. add. 3, 16 zu beßern, im Aſ. 179 *wlitiwlemmelſe.* Allen geſetzen gemein iſt dabei die rückſicht auf das augenfällige oder das bedecken der narbe durch haar und kleid: plaga in facie, quam *capilli* vel *barba* non operiant. l. Alam. 65, 3 [57, 31]; cutica quam *capilli* cooperiunt. Roth. 46. 103; vulnera quae *veſtibus* conteguntur. l. Burg. 11, 2; werſâ hit ne mey nauder *hêr* ni *halsdôk* bihella. Br. 194, vgl. 205; liklawen, de noch *kleid* noch *haar* bedecken kann u. ſtede anſchierende is, dat het *wlitewlemelſa.* oſtfr. landr. 3, 1; vardher man hoggin i anliti ſit, folgher lyti ſva, at thet ſynis *ivir thvärt thing* (wie oben ſ. 78 deformitas, quae de *duodecim pedum longitudine* poſſit agnoſci) ok hyl hvarke *hatter* äller *huva.* Sudherm. manh. 5; ma er eþa licvan ſia *yfir þvera gatu,* ſum ai *hyl hattr* eþa *hufa* millan barz eþa brunar. Gutal. p. 27; hyliä meth *hufä* oc meth *har.* Jüt. 3, 20. Die bair. und alam. lähmungsformel iſt oben ſ. 94 angeführt, man kann in dem ut pes ejus ros tangat, *tautragil* weder tau, ros (für rorem) noch tangat (wie: ut ſanguis terram tangat, ut medicus cervella tangat, [l. Alam. add. 4. 8 [pactus 2, 9. 14]: ſi nervora tangit]) verkennen [1];

---

[1] [vgl. Saxo gramm. p. 123: nam earum fugam *roſcida* prodidere *veſtigia.* Die *thaustreicher.* mythol. p. 1026.]

aber die fchreibung *dragil*, dregil (Diut. 1, 335. 337) verdient den vorzug und fcheint aus dem goth. þragjan*) (ahd. dragjan?) erklärbar; [anders Glück kelt. namen p. 36. 37; Schmeller 3, 64 vermuthet *taud-ragil* todfteif.] Bei den Friefen | finde 631 ich *ftrichalt* (ftricklahm), *ftefgenfa* (ftabgängig) und vom arm naut *homerhaldande* (wenn er keinen hammer halten kann). Br. 210.

3. *Waßertauche.* Ein verbrechen, das im alterthum häufig, fpäterhin felten war und darin beftand daß einer unverfehens ins waßer geftürzt wurde, aber mit dem leben davon kam. Si quis hominem in *puteum* aut in *vipida* jactaverit et vivus inde evaferit ut ad cafam fuam poffit accedere. l. fal. 44, 3 [41, 9] (malb. gl. chalip fub dupio, chalîp deutlich vivus das folgende fub aber lateinifch, ub, goth. uf, wäre deutfcher und zu dem dupio paffend, worin der begriff von tauchen zu liegen fcheint; vielleicht chalips ubdupio?); fi quis hominem in *puteum* jactaverit et is eundo vivus evadit, fimili modo, qui in *pelagus* hominem impinxerit et exinde evaferit. ibid. 11 [10]. 13 [12]; fi quis alium de ripa vel de ponte in *aquam* inpinxerit, quod Bajuvarii *in unwan* dicunt. l. Bajuv. 3. 1, 2 [4, 2]; in unwân, in unwâni ift: lebensgefährlich, in defperationem vitae, vgl. ibid. 9, 4 [10, 4]. 3. 1, 3. 5 [4, 3. 5]; fi quis alium de ponte vel navi vel ripa in *flumen* impinxerit et ille evaferit. l. Sax. 1, 9 [9]; fi quis alium juxta aquam ftantem impinxerit et in aquam ita ut fubmergatur projecerit. l. Frif. 22, 83; qui alium in flumine vel in qualibet aqua in *profundum* impinxerit, ut pedibus terram tangere non poffit, fed natare debeat. addit. 3, 66; thiu *hâgera wepeldêpene*, jef him hêr and halsdôk wet (naß) werthat, thiu *legere*, werfa him fine clâthar wet werthat. Br. 207; das jus vet. frif. conft. 14 erwähnt der *fubmerfio* id eft *wapeldêpene* und Af. p. 94 there *hâgofta wapuldêpene*, ohne fie näher zu fchildern, defto umftändlicher find die fchon oben f. 49 aus Fw. u. Emf. angeführten formeln, worin der ausdruck *in onwad* weter an den bairifchen erinnert; *fliveswerp*. Fw.

*) þragjan ift dem Ulf. das buchftäblich identifche τρέχειν, currere; hlaupan aber falire, fpringen. [Vgl. das n. pr. *Wolfdregil* = Wolfgang.]

347. 348; *wapeldrank.* 390; *wapuldêpene* iſt aus dêpa, agſ. dŷpan immergere und wapul, wepel, agſ. vapul (ſcaturgio, πομφόλυξ) zu erklären, dem weſterwold. landr. § 233 fehlt ſchon der techniſche ausdruck, er redet bloß von ſtoten in ein *grope* of in einen diepen *ſlyk* ofte in *water.* Im nordfrieſiſchen aber hat ſich die benennung *quabeltrank* erhalten. Dreyer verm. abh. p. 205-360, vgl. brem. wb. u. quabbeln = wabbeln. Und bis nach Oberheſſen kann ich ſie aus dem mittelalter nachweiſen, das Wetterer w. von 1239 handelt de *wapele:* item quicunque
632 impigerit concivem | ſuum in *wapele.* Der ſache, ohne den namen, geſchieht in einem mhd. gedicht erwähnung:

> dô wart der arm gôʒ (?)
> geworfen *in den mülbach*
> daʒ man im kûme daʒ houbet ſach.

Diut. 2, 89. Lſ. 3, 413; [hierher auch die waßertauche des pfaffen. Nib. 1516-1520;] im j. 1480 wurde zu Bern verordnet: daß fürohin ſollte abgeſtellt ſin das werfen der jungfrauen *in die bäch.* Anshelm 1, 227; ein vater läßt ſeinen ſohn zur drohung mit angebundnem ſeil *in die bach,* zieht ihn aber nachher wieder aus. Bodm. p. 703; [in den *drek* oder *beke* werpen. Höxt. ſtat. v. 1403; wenn einer dem andern ins gehege geht, wird ihm aufgelauert und wenn ihn die burſche erwiſchen, tragen ſie ihn zum *brunnen* und tauchen ihn in das eiskalte *waßer.* Jäger hohe Rhön 2, 143; das volk taucht einen ertappten hurer in die *miſtpfütze* oder in *brunnenwaßer.* Stalder Entlibuch 1, 108. 2, 7; in Kärnten werfen die hausknechte den brentelnden (fenſternden) in einen *waßertrog.* Sartori 2, 319; fremde burſche, die ein mädchen im dorf beſuchen, werden im *teich* abgekühlt. ſächſ. prov. bl. 4, 320. 6, 8. 9.] Im Norden heißts: rinda *â kaf, kafſtöyting.* Gulaþ. p. 177. 180. 186, [fœra î kaf. fornm. ſög. 7, 165,] von kaf (profundum), das mit quab verwandt iſt, wie das ſchwed. *qvaf, kvaf* lehrt.

4. andere leibliche *gewaltthätigkeiten,* die nicht verſehren. Dahin gehört, was das alterthum durch *fang, ſchwang, griff* und *band* bezeichnet, z. b. das agſ. feaxfang, beardfang, frieſ. faxfang, berdfang, weil es ſchimpflich war einen mann an haar und bart zu berühren oder gar zu ziehen; vgl. Gutalag p. 31.

32 [1]). Unzüchtige griffe: l. fal. 23 [20]. rip. 39. Bajuv. 7, 3. 4. 5 [8, 3. 4. 5]. Frif. 22, 88. 89. [Burg. 33, 1.] Gutalag p. 47. 48. Aus der höhe der bußen geht gerade die größere zucht des zeitalters hervor, einer freien frau wider ihren willen die hand oder nur den finger anzurühren (ftringere) war gegen die fitte; fi homo ingenuus feminae ingenuae *digitum* aut *manum* ftrinxerit, XV fol. culpabilis judicetur, fo viel als z. b. für den diebftahl eines jährigen ochfen gezahlt wurde; tacr þu cunu um *baugliþ*, byt half marc. Gutal. p. 46. [Wigalois 1511 von Gawein:

ein maget wolgetân,
die *greif* er über ir willen *an*,
daz fie weinde u. fchrê;

deswegen konnte Gawein den zauberftein nur mit der hand reichen.] Paul. Diac. 3, 30 erzählt von Theudelind: deinde cum Authari, quem fuum effe fponfum nefciebat, porrexiffet, ille poftquam bibit ac poculum redderet, ejus *manum* nemine advertente *digito tetigit*, dextramque fuam fibi a fronte per nafum ac faciem produxit. illa hoc fuae nutrici *rubore perfufa* nuntiavit. cui nutrix fua ait, ifte nifi ipfe rex et fponfus tuus effet, te omnino *tangere non auderet* [2]). Noch im fpätern mittelalter weigert fich eine frau zu berühren, was vorher die hand eines mannes angefaßt hatte. Parc. 512, 17. [Von Kormakr, der feine geliebte, die frau eines andern, *geküft* hat, wird eine buße (zwei ringe) gefordert. Müller fagabibl. 1, 142.] De *ligaminibus*.

---

[1]) [andere thätliche beleidigungen (vgl. unten f. 643): colaphus, alapa, ahd. *ôrflac*, fpäter *backenftreich*, *ohrfeige;* goth. *kaupatjan* colaphizare; talitrum bei Frifch: ftirnnippel, nafenftüber, klick, fchilling; *klik* auch bei Alberus, zu vgl. klak fchall; *fchilling*. Schweinichen 1, 26. Weifens comöd. probe 319; ohrfeige, fchillig, maulfchelle. drei erznarren. 426; eine wichtige *fchelle* reichen. Polidor 1728 p. 91; *fkellr* ictus fonorus. Þrymskv. 32 *maulfchreck* (maulfchelle). ungew. apotheker 66; fchwed. *munnfifk* (maulfifch). Hallman p. 415; vor die nafe fchnippen, einen fuchs grünfen laßen. Schamberg de jure digit. p. 39. 54; ein *brümchen* fchlagen, de juvene virginis labrum inferius digito percutiente. ibid.; eine haarrupfe geben. H. Sachs IV. 3, 11b.]

[2]) [vgl. bei Saxo gramm. p. 330 ff. die fitte, daß die jungfrauen die augen niederfchlugen und die freier nicht anfchauten. Vilk. faga c. 213 foll niemand der königstochter ins auge blicken.]

l. fal. 35 [32]. rip. 41. Bajuv. 3. 1, 7 [4, 7]. Burg. 32. Frif. 22, 82. Br. 143. 144. 145; *benda.* Af. p. 276. Gulaþ. p. 179. Die meiften gefetze handeln von der *wegirrung;* l. fal. 16, 4 [14, 4]. 34, 1. 4 [31, 1. add. 2]. rip. 80 de *via lacina* ahd. wegalâgî? [*wegelage.* ftat. huxar. a. 1403,] lâgôn ift infidiari, auflauern, wozu die lat. aus-
633 drücke ftimmen: migrantem reftare facere, viam | claudere, viam obftare, de via obftare; viam contradicere. l. Alam. 66 [58]; obviare fe in itinere. 58, 1 [56, 1]; [lacina *wegewahta.* Diut. 1, 342ᵇ;] de *vegoveri,* al. *wegworfin.* l. Roth. 26. 27. 376 [371] in via fe anteponere, viam anteftare; in via manus injicere, viam contradicere. l. Frif. addit. 4, 1 [3ᵇ]; *weiwendene.* Hunf. landr.; *weifchettinge, weimeringe.* Fw. 398; *wegwendung.* brem. ftat.; einer hat auf den andern *geweglagt.* Kopp nr. 117; [wegelogunge. Böhme 2, 6. 7;] vgl. *wegewern,* fich ûf den wec legen. Walth. 26, 19. 20; [werte ir den wec. Er. 51;] wer irret uns den wec? Parc. 121, 28; [im fîne wege irren. Rudolf weltchr. 6, Vilmar 76; ftuont fur in in den weck mit einem blozen fwerte und irret in. Grieshaber 2, 130; die ftîge verträten im. Haupt 6, 522; vergên ich dir den ftîc. Ben. 365; er hab in ein *hute* gemacht u. habe *gehut* uf ir leib, uf ir ere u. uf ir gut. Sattler würt. gr. 2 nr. 130 (a. 1362); den wec verfâzen. Letanie 342; wege verfat. Barl. 195, 1; ftrâze verfat. ibid. 366, 19. Ulr. Trift. 2734; Wegefaz ein ort, frief. Vifet. Pertz 8, 235.] Altn. fitja fyrir, fyrirfätt. Niala cap. 71. 72. [Laxd. p. 218. 348. 358; fetja fyrir. Finnb. p. 328. 330;] *vegþvera,* takr riþandi man i baizl eþa gangandi man i acflar. Gutal. p. 34. [*Quebrantamiento de camino.* fuero viejo de Caft. 66. 70.]

5. *Nothzucht.* Per virtutem (mit gewalt) moechari. l. fal. 15, 2 [25, 1]; den namen nòtzuht kann ich nicht aus der älteren fprache darthun, [doch das verbum: *ginôtzogôta* devirginavit. monf. 356, nôtzogen. Parc. 264, 2. 407, 19; fubft. *nôtzüge.* Lanz. 6893;] *nôt* und *nôtnumft* bedeuten allgemeiner vis oder raptus. l. Frif. 8, ftehen aber auch insbefondere für frauenraub und nothzucht. Parc. 122, 18 und Sfp. 3, 1. Haltaus 1427; [roub nôtes nemen. Lanz. 7380; *notzern,* notzerren. faftn. 1203. 1205;] der Sfp. 3, 46 fagt: an varendeme wive

unde an ſiner amien mach die man *not dun* (vim inferre), of he ſi ane iren dank beleget. Der frieſ. ausdruck iſt *nêdmond.* Br. 106. [Puellae reptae, *fordunſan.* gl. francof. 85.] Es fällt auf, daß die alten geſetze der im mittelalter allgemeinen regel, die genothzüchtigte ſolle zum beweis der that alſogleich mit *zerrißenem gewand* und *ſtruppigem haar lautes geſchrei erheben,* gar nicht gedenken. Wif oder maget, die *not* vor gerichte klaget, die ſolen klagen *mit gerüchte* durch die hanthaften dat u. durch die *not,* die ſie dar bewiſen ſolen. Sſp. 2, 64, vgl. das bild bei Kopp 1, 87; es ſoll ein elich frau, die *genotzogt* wird, wenn ſie aus ſeinen henden u. aus ſeiner gewalt kommt, mit *zerbrochnem leib, flatterndem haar* u. *zerrißnem gebend* zu hand hingehend laufen, das gericht ſuchen u. ir laſter weinend und ſchreiend klagen. jus bavar. vetus (Heumann opuſc. p. 69); *nodighet* en man en wif, wil ſe dhat beclagen, dhat ſchal ſe don *an dher ſtunde* the it ir beſchen is, vrowen unde mannen, we that ir begeghenet, alſo dhat ſe betughen moghe. brem. ſtat. p. 33; die *notzwungen* jungfrau ſoll mit *zerfallnem haar* u. *traurigem anſehen,* wie ſie von im iſt gangen u. zu dem erſten menſch, ſo ſi zukommen mag, desgl. zu dem andern, denſelben ir ſchmach u. unwird anzeigen. Walch 2, 159; wo eine *genothzucht* würde, ſo ſoll ſie laufen mit *geſträubtem haare,* .... ihren *ſchleier an der hand* tragen, allermenniglich wer ihr | begegnet umb hülfe *anſchreien* über den thäter, ſchweigt ſie 634
aber dismal ſtill, ſoll ſie hinfür auch ſtill ſchweigen. Melrichſtadter w.; [kommen mit *zetergeſchre,* mit *geſtroubetem hore, zukrummen* unter den *ougen.* Böhme 2, 8;] vgl. Dreyer zu Rein. vos 67. 68 und Bodm. p. 629. [Mülhauſer ſtat. Graſshof or. mulh. 235.] Aus dem frieſ. recht gehört hierher: hwerſama nimth êne frowa *mith wald* and *mith unwilla* and breith hia inur dura and inur dreppel and hiu thet *birôpe.* Br. 106; alia (cauſa) eſt, ubicunque matrona accipitur *lacrimans* et *clamans* et ſequitur eam ſcultetus cum plebe, quidquid ei factum fuerit eſt notorium. jus vet. friſ. (Aſ. p. 22); hweerſoma ên wîf an *nêde* nimpt end ma hia befint binna doram ende binna drompel end ma hia dêr ût wint, mit lioda tuangh ende mit frâna ban ende hio *wopen rôpende* is. Fw. 198; wan men ein frouwesperſona *vorkreftiget,* dat ſe *ſchriet, ropt* u. dat *wapengerüfte*

folgt, de luide hoeren id u. de richter u. dat volk ſe reddet, wat oir den geſcheen is openbair u. darto darf man nene tuigen. oſtfr. landr. 1, 62; [das nordfrieſ. landr. bei Heimreich 1, 306. 307.] Aus dem nord. recht: verþr cuna *ſchiemd i ſcogi* oc til ſymnis *noyd*, eþa annan ſtaþ, þa laiþi mann *miþ opi*, en han ai vil ſcam þulä oc fari þengat eptir ſum hann far firir. Gutal. p. 46; þat er enn ôbôtamâl, ef madr *tekr kono naudga*, ef þar ero tvö löglig vitni til, at þat er ſatt. nû ero eigi löglig vitni til, enn hun ſegiz *naudog tekin*, oc ſegir hon þat *ſamdögris* (denſelben tag) u. ſ. w. Gulaþ. 140; qui feminam ſtuprare tentaverit, ſi *auxilium conclamantis* vox audiatur, *caroque nuda* apparuerit aut *veſtimentum laceratum* appareat, ſupplicio capitali ſubjacebit. Chriſtian V. dän. geſ. 6, 13. Auch ein beleg aus Frankreich: ſi puella dicit, ſibi fuiſſe *violentiam* illatam ab aliquo in tali loco, ubi potuit *clamare* et audiri ab aliquibus, ſi non *clamaverit*, non debet ei credi. ſtat. Bellevillae (a. 1282), Achery ſpic. 3, 612. Wirnt im Wigal. p. 78. 79:

dâ hôrten ſi eine ſtimme
klagelîche u. grimme
in dem walde bî einem ſê
vaſte ruofen wê wê wê!
als daȥ dâ fürhtet den tôt.

6. *Raub* (agſ. reáfleác) war ſo wenig als todſchlag im alterthum ſtets entehrende handlung, man kann ihn, wie todſchlag dem mord, dem heimlichen diebſtal entgegenſetzen [1]) und hauptſächlich letzterer galt dem alterthum ein verbrechen. Nur ein übermaß von gewalt oder an wehrloſen, abweſenden, verübte
635 gewalt machte den | raub unrechtlich; wer in offener fehde, mann gegen mann ſiegte, durfte *beute* (*herihunta*. gl. jun. 219) nehmen [2]), der held durfte ſeinen erlegten feind berauben (*ſpolia* detrahere), das hieß ahd. *hrêoraup* (mhd. rêroup), *walaraup*, *heriraup*, agſ. välreáf, herereáf, ja die urbedeutung von raup, reáf ſcheint keine andre als veſtis (franz. robe) zu ſein und das

[1]) [Rupr. p. 58. 59: *offen* raup u. *ſtel*raup; vgl. *nôdrôf* raub. Hel. 100, 20; *übel ſtraȥraup*. Augsb. ſt. p. 56. 57.]

[2]) [Tac. Germ. c. 14: materia munificentiae per bella et *raptus*.]

lat. rapina unverwandt. Buße ſteht im bair. geſetz 18, 3 [19, 4] auf wegnahme der walaraupa (veſtitus mortuorum) und l. Roth. 16 auf einem beſondern fall des rhairaub (ſ. hrairaub), der an Wigalois p. 197. 198 erinnert. [Bei Helmold chron. Slav. 1, 47: furari et largiri apud Holzatos oſtentatio eſt, qui vero *praedari* neſciat, hebes et inglorius eſt. Noch bei Bebelius facet. p. 180. 181: eſt tamen hodie provincia Germaniae, ubi etiam nunc nobiles citra infamiam volunt eſſe *praedones*. in ea provincia lis eſt orta inter duos natalibus inſignes: quorum unus alterum furem criminabatur, quod ei non indicto bello *gregem armentorum abegiſſet*; der angeklagte: alterum ad revocationem depoſcit, quod nihil fecerit, niſi quod licitum fuerit ſemper in patria ſua a majoribus ſuis in hunc usque diem habitum, quodque nulli unquam in eadem cauſa irrogata fuerit infamia.] Für ehrenvoll galt auch im Norden das *nesnâm* (küſtenraub): nâmu nesnâm ok hiuggu ſtrandhögg. Egilsſ. p. 81; im ahd. mhd. iſt *nâma* (praeda) fem. Haltaus 1405. [Schmeller 2, 692] und wird häufig neben prant genannt, z. b. die armen lude mit brande und *name* beſchedigen. ded. vom Joßgrund nr. 33 (a. 1473), ſo auch: *roub* u. brant erheben. Karl 9ᵇ; rouben mit dem brande. Gudr. 683, 4. Früh veraltete das ahd. *rahan* (ſpolium), altn. *rân*, wovon noch im Hild. birahanen (ſpoliare), altn. ræna. Vom ahd. *ſcâh* (praeda) iſt ſcâhhari (praedator), unſer ſchächer; [ſchâch u. roup. Lichtenſt. 412, 9; ſchâchmordære. warnung 364;] frieſ. *ſcâcrâf*. Br. 70; von ſtruot (ſilva) *ſtruotari*? waldräuber, ſtrauchdieb, doch ſtimmt nicht das u im agſ. ſtrudan (ſpoliare), *ſtrudere* (graſſator); eine urk. von 1395 bei Gudenus 3, 609 hat *ſtruder* u. fußräuber, *ſtruderie* und rauberie, vgl. Haltaus 1757. 1758 und die *ſtrudis* der l. rip. 32. 51; [*ſtroders* u. morders. Lubeker poſt. von 1493 b. Bruns 188, nuſtrotere. Theophil. 204; *ſtrukrovere*. Alex. b. Bruns 347, ſtrukhôn. ibid. 348; *ſtrauch*mörder, *wald*fiſcher. Simplic. 2, 271; altn. *markamenn*, ſtigamenn, râusmenn. Ol. helg. c. 230. 212; pfadhauche, pfadehuche. Bruns 53.] In l. Roth. 5 muß *ſcamera* raub oder räuber bedeuten, diebſtal oder dieb, die gloſſen geben furtum und furo; erläutert wird es durch eine ſtelle bei Jornandes (Lindenbr. p. 142): abactoribus *ſcamaris*que et latronibus undecunque collectis, und bei Eugippius cap. 10: latrones, quos vulgus *ſcamaros* appellabat*). Menander (fragm. bei Höſchel de legation.) hat σκαμάρεις. Ulfilas kennt zwar biraubôn (ſpoliare), braucht aber *vilvan*, fravilvan für rapere, *vilva* für raptor, *vaidêdja* für latro, wie in den capitularien (Georg. 1316 [MG Capitularia I p. 410]) latrones und malefactores zuſ. ſtehen; [ſtigamadr ok illvirki. Ol. helg. c. 151; utilegumadr, latro. Laxd. p. 154; vargus latro, ſieh unten ſ. 733; ahd. *ſcado*, altn. ſcađi; *hlanna* rapere, hlennimađr. Sæm. 75[b]; *hûsprehho* praedator. Diut. 1, 234[a]; *muhhari* graſſator, muhhan graſſari. ibid.; *zucken* in roubes wis. troj. 13203, dannen zucken unde ſteln. ibid. 22286, ûf gezucket und genomen. ibid. 22378, die liebe zucket mir kein dieb. MS. 1, 197[a]; *Zuckmantel*, ein räubername. chron. rotenburg. b. Duellius miſc. 2, 265.]

7. *Diebſtal,* ein pleonaſmus, das agſ. *ſtalu* für ſich drückt ſchon furtum aus [altſ. *ſtulina.* Hel. 100, 19], *dieb* fur und das altn. *þauf* actus furtivus; altfrieſ. *thiubda,* agſ. *þeofd,* [*diufte.*
636 cod. vind. 428 nr. 212.] Die wörter | dieb und ſtelen gehen durch alle deutſchen mundarten, doch gilt in der gothiſchen dicht neben *þiubs* u. *ſtilan, hliftus* und *hlifan* (Matth. 6, 19. 20), offenbar κλέπτης und κλοπεῖν. Unſere lat. geſetze brauchen *furari* und *involare;* ein kleiner dieb heißt altn. *hvinn,* [dazu *hvinngeſtr.* fornm. ſög. 6, 193. 194; *ſnatta* im Öſtg. iſt kleinen diebſtal begehn (an hund, katze, hun u. gans);] das mhd. *diube* (furtum und res furtiva). Triſt. 12298, ſpäter *deube* erhielt ſich bis ins 15. jh. Haltaus 221. 222. [Vgl. noch *taxaga*, texaca, *ſtalacha.* lex ſal.; altn. *taka* furtum, ablatio.] Wie bei dem todſchlag unterſcheiden die alten geſetze den dieb und ſeine helfer: thrir äru thiuvar, en radher, annar ſtiäl ok thridi taker vidh (*drei ſind diebe,* einer räth, der andere ſtilt, der dritte hebt auf). Oſtg. vadham. 32, 7. Veſtg. thiuf. 1; [*deductor, tutor* et *index* praedae. Reinardus 5493.] Jeder helfer heißt *diebsgenoß*, altn. *þiofsnautr.* Nial. cap. 48 p. 75. Gulaþ. p. 417;

*) die Langobarden nennen *walapauz* (al. gualapauz, walapaoz) wenn ſich einer latrocinandi animo das geſicht entſtellt u. diebsgewand anzieht, wie noch heutzutage räuber larven vornehmen und ihr antlitz ſchwärzen. l. Roth. 31.

agſ. þeofðe *gevita*. In. 7, [auch *geſtala;*] *collega furis*. Roth. 271 [266]; fur aut *collega furis*. l. Ottonis II. (Georg. 1269 [MGLL IV p. 576]); [neque fur, neque *furis ſocius*. Caeſ. heiſt. 8, 58;] *furti conſcius*. Viſig. VII. 1, 3. Saxon. 4, 8 [36]; über *ſieben* theilnehmer hinaus nahmen die Angelſachſen keine diebe an (oben ſ. 213). Stelen und *ſack aufheben* (taka vid, recipere, beithun) iſt eines wie das andere. Eiſenh. p. 458; der *heler* iſt wie der *ſteler*. Eiſenh. p. 456, ſchon bei Berthold p. 422: der dô *verhilt* der iſt ein dieb als wol, als iener der dô *ſtilt*, und in einem ungedruckten Stricker p. m. 168 [aus Freid. 46, 23]:

ſwelich dieb den andern hilt,
ich weiʒ niht welicher mê ſtilt*);

[lex eſt Longobardiae, ut vel furem *prodas* vel furis *poenam ſubeas*. Caeſ. heiſt. 6, 33; eandem quoque in furtorum *conſcios* mulctam extendi curavit (Frotho). Saxo gramm. p. 248. Vgl. auch: *hil* du mir, ſo *hil* ich dir.] *Viehdiebſtal* (abigeat) und *getreidediebſtal* waren vor alters die wichtigſten und verrufenſten (Veſtg. thiuf. 1, 3), daher ſie auch in den geſetzen zumeiſt ausgeführt werden, z. b. lex ſal. 2. 3. 4. 5. 6. 7. 9 [8]; *majora* furta betreffen knechte, pferde und rinder (letztere heißen animalia. l. ſal. 3); *minora* porcum, berbicem, capram, apem. l. Burg. 70, 3; [caballorum fures. ibid. 89 [conſt. extrav. 19]; abactor animalium. ed. Theod. 56. 57; bienendiebſtal. l. Sax. 4, 2. 3 [30. 31]. l. ſal. 9 [8]. Rupr. p. 83. 84. Bütenerrecht § 17; furtum equi. Caeſ. heiſt. 6, 24. 25; ſekir um roſſa ſtuld. Ol. Tr. 3, 147, reka hroſs (abigere equos). Laxd. p. 148; hvörf â nautom ok ſvînom. Ol. helg. c. 173;] roſſedieb und bienendieb erſcheinen als gangbare epitheta. gramm. 2, 532**); in

*) auch wer fahrende habe *findet* und nicht anzeigt, wird dem dieb gleich geachtet. Die Schweden haben die ſprichwörter: *hitta*balken och tiufa balken ſtå näſt ihop (Verel. 119b); tiufver *hitter* gierna, ſom klokare kalken (Stjernhöök p. 375, der dieb findet ſo leicht, wie der glöckner den kelch). Lex Roth. 265 [260] verordnet: ſi quis aurum aut veſtem aut quamlibet rem in viam (via) *invenerit, et ſuper genuculum levaverit* (d. h. mitnimmt) et non manifeſtaverit aut ad judicem non dixerit, nonum reddat. [Auch Dig. 47. 2, 43: qui alienum quid *jacens* lucri faciendi cauſa *ſuſtulit*, furti obſtringitur.]

**) Roſtiophus. Saxo gr. p. 126; heſtetyv. danſke viſ. 2, [31.] 45; [hroſſa þiofa flytja. Sæm. 75b.]

den ſchwed. geſetzen heißt der abigeus *gorthiuf* (Landsl. tiuf. 2),
es ſcheint ſchimpflich, vom ſchlachten und ausnehmen der thier-
därme (gor); wer getreide auf dem acker ſtielt, *agna bak* (Upl.
637 manh. 49. Suderm. manh. 34), d. i. | ſpreurücken, weil ihm die
ſtoppeln von dem weggetragnen korn auf dem rücken hängen,
dän. *avnebag**). Den *kühen die milch* ſtelen, machte ehrlos:
ef madr leggzt undir kŷr manna ok dreckr, ſâ madr â engann
rêtt â ſer. Gulaþ. p. 543. [Unterſcheidung nach dem werthe
der geſtolenen ſache: den dief ſal man hengen, geſchiet aver
inme dorpe des dages en düve, die min den *drier ſchillinge* wert
is, dat mut de burmeiſter wol richten des ſelven dages to hut
unde to hare. Sſp. 2, 13; item ſi aliquis deprehenſus fuerit in
furto, non ſuſpendatur, niſi res excedat valorem *XIII denariorum*.
Deuzer recht; wer *einen ſchilling* oder darunter geſtolen, dem
ſoll das ohr abgeſchnitten werden, wer mehr als einen ſchilling,
der ſoll hangen. Heimreich nordfrieſ. landr. 1, 302; keinen
dieb mag man gehengen nicht mit hab, die under *einem halben
vierdung* iſt. Böhme 2, 19; den def ſcalme hangen umme dufte,
de beter is alſe *XVI. ſʒ.*, unde beneden XVI ſʒ. ſchalme ene to
der ſtupe ſlan u. ſchal de ſtad vorſweren. hamb. ſtadr. a. 1497,
Walch 6, 145; wer ſo viel ſtielt als ein *ſtrick* werth iſt, ſoll
ohne gnade hängen. Joh. Müller Schweiz V. 2 anm. 321. 322.
Aliquid abſtulerit *usque ad pullum*. l. Burg. 9; qui *duorum
ſolidorum* pretium abſtulerit. l. Sax. 4, 4 [32], uno denario
minus tribus ſolidis. ibid. 4, 8 [36]; weniger als ein *þveiti*
(bruchtheil eines pfennings) ſtelen. Froſted. 15, 37; der dieb
einer *geringen ſache* kann zweimal die haut löſen, beim dritten
mal muß er ſie laßen. Gulaþ. p. 531. 532. Um *zweier pfenninge*
willen gehängt. Diez troub. p. 401.] Ein hauptunterſchied
beſtand ferner zwiſchen *tagdieb* und *nachtdieb* [1]). Sſp. 2, 13
und die gloſſe dazu; holzentwendung bei tag und mit lauter
axt war kein diebſtal (oben ſ. 47 und 514), wohl aber ſtille

---

*) qui frugem aratro quaeſitam furtim mox pavit ſecuitque, ſi pubes eſcit, ſuſpenſus Cereri necator. XII. tab. 7, 4.

[1]) [furtum noctium. Unibos 27, 3; vgl. Hel. 163, 30: them *thiobe*, thie oft *an thiuſtria naht* wam giwarahta; ibid. 133, 5: cumid *an thiuſtrea naht*, alſô *thiof* ferid darno mid is dâdiun.]

baumabbrennung: *fŷr bid þeof.* l. In. 43, und es iſt bemerkenswerth, daß, wie nur drei wunden, nicht die weiteren gebüßt werden (oben ſ. 629), nach dieſem agſ. geſetz der waldfrevler nur die *drei erſtgehaunen bäume*, nicht die übrigen, ſeien ihrer noch ſo viele, zu zahlen hat. Endlich kommt darauf an, ob der diebſtal ein *offenbarer* (furtum manifeſtum) war oder nicht (nec manifeſtum); *offenbarer* dieb, agſ. *open* þeof, *æbere* þeof, hieß der auf *friſcher that* (ἐπ' αὐτοφώρῳ, [ſchwed. å *färſke gerning*, auch auf *friſcher fahrt.* felſenburg 2, 504]) betretene, der tentus in furto, ſupra furtum tentus, langob. *fegangi.* l. Roth. 258 [253]. 259 [254]. 296 [291]. 375 [372]. (vielleicht der mit dem vieh, d. i. der fahrenden habe gehende, der ambulans in furto? vgl. l. Roth. 266 [261]; doch leſen andere fegandi, figandi), wurde aber nur angenommen, wenn die geſtolne ſache usque ad decem ſiliquas werth war. [*Hanthafte tat* iſt, wenne man deube oder roub in eines gewere findet, da er ſelbe den ſlüȥel zuo treit und ſolcher ware keinen gewern hat (keinen auctor nennen kann); eȥ en ſî denne alſo kleine, daȥ man im daȥ in ein fenſter gewerfen mochte . . . da mag man unſchult umbe tuon. Böhme 6, 139.] Die rechtsalterthümer verlangen hier erörterung zweier puncte, des *bindens* offenbarer diebe und der *hausſuchung*, deren erfolg offenbarem diebſtal gleich geachtet wurde.

Im mittelalter muſte, wie beim todſchlag, beim diebſtal der *blickende ſchein* vor gericht gebracht werden, man *band* dem in *friſcher that* ergriffnen diebe das geſtolne tragbare gut *hinten auf den rücken.* Der Sſp. 2, 64 ſagt bloß, daß die *handhafte that* vor gericht zu bringen ſei, deutlicher iſt das bild (bei Kopp 1, 87); und ſal ime die *hende hinder ſinen ruke binden* u. *die diube darauf* u. ſal in alſo gebunden u. mit geſchrei vor den richter vueren. Mülhauſer ſtat. (Grashof origg. mulh. p. 236); wereth dath ein mahn den andern begrepe mith duve, des were lüttich edder vele u. beholde ehme darbi, den ſchal men vangen u. gebunden vor dem gerichte bringen u. ſchal ehme *de duve up den ruggen binden.* Lüneb. ſtat.; [den viehräubern werden rinderhäute *auf den hals gebunden*, ſie kriechen für gerihte mit ir *bürden.* Helmbr. 165-168;] andere belege bei Kopp p. 90 und Dreyer zu R. d. vos p. 124. 155. [Leyſers pred. 42, 3; dem dieb *an beke* und *an bôſme* die geſtolne ſache

638 abnehmen. Aſ. 224.] Der | gebrauch, obgleich ihn die älteſten lat. geſetze nicht erwähnen, muß höher hinauf reichen, da er ſich auch im Norden zeigt und bei den Angelſachſen. Dieſe nannten einen ſolchen offenen dieb *bäcberend* und der gegenſatz war: clæne bäc habban (reinen rücken haben). Nû ef þiofr er fundinn, þâ ſcal *binda fôla**) *â bak hönum*, ok fœra umbodsmanni bundinn. Gulaþ. p. 533; thiuf *a bake binda* ok til things förä. Veſtg. thiuf. 6, 5, wodurch bloß die bindung des ergriffnen diebs geſtattet wird. Nach andern nord. geſetzen ſollen dem ſchweren dieb die hände *rückwärts*, dem geringeren *vorwärts* gebunden werden, vgl. das *manus dare ad ligandum.* l. Roth. 32. 33. [Si bunden uf den rücke im ſîn hende *als einem dieb*. paſſ. 215, 35.] Härtere behandlung galt wohl für ertappte felddiebe an frucht oder ackergeräth, den rohen ſcherz weſtphäliſcher weisthümer will ich nicht vorenthalten, da er ſehr alt ſein könnte: ſo iemand *garben* entfrembdt werden u. der thäter *uf ſcheinender* |*that* betreten würde, ſtraft he dan denſelben, dat he ihm nit na enliepe, ſall he denſelben *up de entfrombdede garven entwers leggen*, dar ſall wider keine frake (rüge) over gahn. ſo de thäter betreten, de den *wagenrep* von dem wagen entfrömbden thäte, ſall derjenige, dem de rep gehorig denſelben deme, ſo ihme den zu entfrömbden vorhabens, *umb den hals binden* u. *mit dem wagen fortfahren*, ſtrukelt hei dann, ſo ſall glikwohl herover keine frake gahn. ſo de theter betreten, de dem wagen des *lünſes* to entfrömbden vorhabens, mag hei dieſes *theters finger in des lünſes platz inpfählen* und *fortfahren*, ſtrukelt hei darover, dar ſall glikwohl keine frake over gahn. Benker heidenr. § 3. 4. 5. Item ein dieb, der einem manne ſein *herſtells nagel* abſtielet und er in darüber bekäme, ſo ſoll er über das herſtell mit ſeinem leibe gehen ligen u. ſtecken ſeinen *eilften daumen***) vor das ſtell, bis ſo lange er bei einem ſchmid kommt und ſtellet einen andern nagel davor, ohne des fuhrmanns ſchaden. item ein dieb der *garben* ſtielt, u. der ihn darüber kriegt, ſoll ihn von dem ſtück gehen laßen und *ſchlagen* ihn *dreimal* mit einem klüppel

---

*) *fôli*, res furtiva, verwandt mit unſerm *fühlen*, berühren, greifen.

**) der eilfte vinger. fragm. $41^a$, 284.

vor die ſcheenen und rufen wapen! daß ihm die nachbarn zu hülf komen u. bringen ihn an den amptman. item ein dieb, der einem die *lünſe* vor dem wagen her- | ſtielet, dar man ihn 639 over kriegt, ſoll ſeinen *eilften daumen* vor das rad ſtechen, bis ſo lange er bei einen ſchmid komt und ſtellet einen andern nagel davor, außer des fuhrmanns ſchaden. Bochumer landr. § 48. 49. 50.

[*Beſchreien* des diebes: mit chrademe *beſchrirn*, als man immer den tuot, der dem andern *ſtilt* ſîn guot. Anegenge 38, 22; als einen *dieb* man in *beſchrê.* paſſ. 217, 71; vgl. unten ſ. 876.]

War man einer geſtolnen ſache auf der ſpur, ſo durfte der ſonſt heilige hausfriede gebrochen werden, das hieß ahd. *ſaliſuochan*[1]. lex Bajuv. (Georg. 330 [MGLL III p. 466]), mhd. *heimſuochen*, ſpäter auch *hausſuchen.* Haltaus 851. 868. 69. Entw. geſchah es nach einer durch geſetz und ſitte gebilligten form und dann galt, wenn die diube im haus vorhanden war, der diebſtal für einen offenbaren, es brauchte aber auch, wenn nichts gefunden wurde, keine buße erlegt zu werden; dieſer form geſchweigen unſere alten geſetze, worin ſie beſtand, läßt ſich bloß aus den nordiſchen ahnen. Oder es wurde dazu einſeitige gewalt gebraucht, dann waren wiederum zwei fälle möglich: fand der heimſuchende ſein entfremdetes gut, ſo durfte ers nehmen oder den ſchuldigen darum belangen, ohne buße zu entrichten, ſchwerlich aber wurde der dieb gleich einem offenbaren angeſehen; fand hingegen jener nichts, ſo zahlte er dem hauseigenthümer buße, und dieſen letztern fall, wie es mir ſcheint, allein behandelt lex Bajuv. 10, 2 [9, 2. 4]: ſi quis in domum per violentiam intraverit*) et *ibi ſuum nihil invenerit*,

---

1) [vgl. Hel. 64, 20: *ſôkeas* mîna *ſelida.*]

*) gewaltſamer einbruch in ein fremdes haus, ohne rückſicht auf diebſuchung, hieß den Langobarden: in curte aliena aſto animo intrare, curtis rupturam, quod eſt *oberos* facere. l. Roth. 282 [278]. 283 [279]. 376 [372]. 383 [380]; quicunque alienam domum violenter disturbaverit et domus ſi pro firmamento *iberus* habuiſſe probatur. l. ſal. 13, 3 [12 add. 1]. [Auch *heimſuoche* kann bedeuten irruptio aedium alienarum manu armata. Haltaus 868; mit ſtarker heimſuoche. MS. 1, 80b. Über gewaltſamen einbruch und contubernium vgl. Rogge p. 64; über die ſtrafe, die darauf

cum ſex ſol. componat. et poſtquam intraverit et ſe cognoverit reum, injuſte quod intraſſet, *det wadium* domino domus, et ſi ille de fuiſſet, *mittat ipſum wadium ſupra liminare*, et non cogatur amplius ſolvere quam tres ſolidos; welches ich ſo verſtehe: der nichts findende heimſucher ſoll 6 ſchill. büßen; erklärt er jedoch gleich beim eintritt ins haus, daß er unbefugt komme und bietet dem hausherrn ein pfand oder legt es, in deſſen abweſenheit, auf die ſchwelle nieder, ſo verbricht er nur drei ſchillinge (und verliert dazu das pfand, das begreiflich weniger betrug als die drei außerdem mehr zu zahlenden ſch.)*).
640 Offenbare ähnlichkeit mit dieſem ver- | fahren hat das in einem ſpäteren rechtsbuch der hausſuchung vorgeſchriebene: will einer was ihm weggekommen iſt in eines andern haus oder hof ſuchen, ſo *legt er fünf mark auf die ſchwelle* und ſucht; findet er die ſache nicht, verliert er die fünf mark, findet er aber, ſo nimmt er ſeine fünf mark und verklagt den ſchuldigen um die ſache. Rugian. 215. Item ſi quis a domino domus petierit, ut exploret in domo ejus de furto, negante hoſpite (weigert ſich der hausherr), non praeſente exactore (und iſt keine gerichtsperſon zugegen), III *marcas in limine ponat* et domum intret; ſi adſit exactor, nihil ponat; ſi ingreſſus domum furtum non invenerit, *pecuniam in limine poſitam amittat.* jus ſleſvicenſe antiq. 6, 21 (in Kofod Anchers farrago). Die hinlegung des gelds auf die ſchwelle ſcheint mir nur einzelnes überbleibſel einer alten feierlichen hausſuchung.

---

ſtand, ſieh z. b. Günthersth. rechte: der den andern *ſucht in ſim huſe*, bi naht u. bi nebel, mit gewäffenter hant, das iſt (ſc. verbrochen) lib u. guot und vert deheiner dem andern in ſin guot in der naht, der ſol es beßeren mit drin phunden u. ſol im ſin ſchaden ablegen; Gültinger dorföfn.: wer dem andern frevelhaft *ins haus* oder *unter das vordach lauft*, oder ihn herausfordert, ſoll 3 pfd. pf. ſtrafe geben; vgl. die frieſiſchen heimſuchungsformeln oben ſ. 48. 49.]

*) lex ſal. 40 [38]. rip. 47. Burg. 16 reden de veſtigio minando, de inquirendis animalibus, ohne eine förmlichkeit der hausſuchung anzugeben; gewaltſame ſoll gebüßt, erbetene bei ſtrafe der ehrloſigkeit nicht *geweigert* werden quod ſi in domo fuerit et ei *ſcrutinium* cujus eſt domus contradixerit, *ut fur habeatur.* Vgl. lex Bajuv. de popular. leg. 14 (Georg. 330 [MGLL III p. 466]).

Die altn. rechtsförmliche hausſuchung heißt *ranſak* (von
rann domus, goth. razn) und wird in den ſchwed. geſetzen
folgendermaßen geſchildert: der hauseigenthümer ſoll haus und
hof auffchließen, der beſtolne mit noch einem andern ein-
treten, *badhir* ſkulu ther *ivirlöſir* (?ivinlöſir, altn. ofanlauſir)
värä ok *lösgiurdir* ok *barfötter*, *bundit brokä vidh knä* ok ſva
ingangä. ther ſkulu letä i them huſum (beide ſollen oben
los, d. i. barhaupt ſein und losgegürtet und barfuß, die hoſen
ans knie zurückgebunden und ſo eingehen und in den häuſern
ſuchen). Veſtg. thiuf. 6, 3; ſidhän ſkulu *thrir* män inganga.
the ſkulu *lösgiurdir* ok *ivinaxladhir* (obengeachſelt, d. i. den
mantel vom kopf über die ſchulter zurückgeworfen)*) vara ok
fyrra letas, at ther äi bondanum abyrd giörin. Upl. manh. 47,
1 und beinahe wörtlich ſo Sudherm. thiufn. 12; das weſt-
manniſche geſetz manh. 96 hat *ovoaxlade*, das helſingiſche ibid.
31: the ſkulu *uthan kapu* ok *bälti* inganga; varder ſtulit af
bonda, thå ſkal han thet fore ſinom grannom lyſa, hvat han hafver
miſt. nu hafver han vån å, hvart thet är kommit, thå ſkal han
thijt fara medh *fyra* mannom och bedhas laghlika at *ranſaka*,
thå må ei honom ran- | ſakan ſönias. thå ſkulo the två män 641
til taka hvar thera ſin. tha ſkal han ſighia ſom ranſakan be-
dhis, hvat han hafver miſt eller hurudant, thå ſkal hin ſighia
hvat inne är fore them. thå ſkulo the *lösgiorde* ingånga och
ſvå ranſaka at bonde hafver ei vådha af them. Landsl. tiufv.
13; cuma menn manni til garz oc baiþas at *ranzſaki*, þa man
engin ranzſaka ſynia. vil han granna ſina viþr hafa, þa ſcal
biþa þaira, en ai vill manni oſchiel biauþa, nemni ſin mann
huar in at ganga. *lausgyrtr* ſcal in at ganga oc *capulaus*, ſiþan
ranzſaka ſcal. þa en mandr ſyniar aþrum ranzſakan, *þa iru
ohailig dur hans* oc far enga bot firir, þauet ai hittis fuli inni.
Gutalag p. 71. 72. Die meiſten dieſer geſetze fordern noch
andere vorſichtsmaßregeln, z. b. es ſoll nachgeſehen werden, ob
keine öffnung in der wand oder unter der ſchwelle iſt, wodurch
der fôli heimlich hätte ins haus geſchafft werden können. —
Das norweg. recht ſtimmt mit dem ſchwed. überein: nû er madr

---

*) *axla* hetto äller hatt heißt die kappe vom haupt über die achſel
zurückfallen laßen. Ihre 1, 1014.

ſtolinn fê ſîno oc ſer hann manna farveg liggia frâ gardi, þâ ſcal hann gera eptir heradsmönnom ſînom oc lyſa torreke ſîno oc ſer lids til eptirferdar oc ſpyria til garz manz. þâ ſcolo þeir ſitia uttan gardz oc gera einn man til hûs oc ſegia til erindis oc æſta *ranzſaks*. ef hann (der hausherr) bydr þat, þâ gangi hann eptir grönnom ſînom, þâ eigo þeir at ganga î *ſcyrtom einom* oc *lausgyrdir* (im bloßen hemd und gürtellos). Gulaþ. p. 539. 540. Eine umſtändliche beſchreibung des ranſaks aus der isländ. Graugans findet ſich bei Arneſen p. 345-47, es ſollen vier männer eingehen und ſuchen, aber daß ſie nacket und entkleidet ſein müßen, iſt in dieſem rechtsbuch ſchon weggelaßen. Man vgl. auch Eyrbygg. p. 56. 58, wo eine hausſuchung verweigert wird.

[Auch den Frieſen war die nord. weiſe der hausſuchung bekannt: aldeerma een man ſin gued of ſtelt ende mitta frana comt to ſines bures hus ende deer in ſeka wil, ſo ſchil hi oerlef bidde ende dat gued naemna, det hi ſeka wil. jef hit ſodeen gued ſi, datmet moege *oen der hand biluka* jefta *onder dae ſchaet bihiella*, ſoe ſchil di frana in gaen ende ſaun dis koninges orkenen mit hem, *al gripende aermen ende ongert ende onbroket ende berfoet*, dat hia *neen gued in draga moge*, deer hia mede ſchadigie da onſchieldiga manne. Fw. 84. 85. Dieſe frieſiſche redaction beſeitigt den einen einwurf des Gajus (folg. ſeite: ſi id quod quaeratur ejus magnitudinis etc.), da die hausſuchung nur dann eintreten ſoll, wenn ſich die entwendete ſache in der hand bergen oder im ſchoß verhüllen läßt.]

Die identität des ganzen gebrauchs mit dem griech. und röm. alterthum leuchtet ins auge. Beim φωρᾷν ſollte der ſuchende γυμνὸς καὶ ἄζωστος eintreten, oder ohne oberkleid, im bloßen χιτών*). Das altröm. furtum *per lancem et licium conceptum* **) iſt neuerdings durch Gajus und eine turiner Inſtitutionengloſſe deutlicher geworden. Feſtus ſ. v. lance et licio ſagt bloß: qui furtum ibat quaerere in domo aliena, *licio cinctus*
642 intrabat | *lancem*que *ante oculos tenebat* propter matrumfam.

---

*) Ariſtoph. νεφ. 497-99 und die ſcholien dazu, βατρ. 1402; Plato de legib. 12, 7; Meier u. Schöm. p. 485.

**) Gellius N. A. 11, 18. 16, 10; concipere iſt faßen, fangen.

aut virginum praeſentiam *). Das *licium* gürtete nur die lenden, Gajus nennt dafür *linteum:* hoc ſolum praecepit, ut qui quaerere velit, *nudus* quaerat *linteo cinctus*, *lancem habens*, qui ſi quid invenerit, jubet id lex furtum manifeſtum eſſe. quid ſit autem linteum quaeſitum eſt, ſed verius eſt, *conſuti* genus eſſe, quo neceſſarias partes tegerent. Quae lex tota ridicula eſt, nam quem veſtitum quaerere prohibet, is et nudus quaerere prohibitus eſt, eo magis quod ita quaeſita res inventa majori poenae ſubjiciatur, deinde quod *lancem* ſive ideo haberi jubeat, ut manibus occupantis nihil ſubjiciatur, ſive ideo, ut quod invenerit ibi imponat, neutrum eorum procedit, ſi id quod quaeratur ejus magnitudinis aut naturae ſit, ut neque ſubjici neque ibi imponi poſſit. certe non dubitatur, cujuscunque materiae ſit ea lanx, ſatis legi fieri. 3, 192. 193. Den letzten unweſentlichen punct beſtimmt die turiner gloſſe auch: ita enim fiebat, ut is qui in alienam domum introibat ad requirendam rem furtivam *nudus* ingrediebatur *diſcum fictile* (fictilem) *in capite portans utrisque manibus detentus* (? detentum) **). Ich habe des Gajus ganze ſtelle hergeſchrieben, weil ſie zeigt, daß ſchon er den alten gebrauch misverſtand und verſpottete. Die naktheit und das emporhalten einer ſchüßel mit beiden händen auf dem haupt (vor den augen) ſollte verſichern, daß der hausſuchende nichts unterm gewand noch in den händen mit ſich hineintrage, was angeblich vorgefunden den hauseigenthümer verdächtigen könne, wie es in den nord. geſetzen ausdrücklich heißt, at bonde hafver ei vådha af them, at ther äi bondanum abyrd giörin, und bei dem griech. ſcholiaſten, *ἵνα μὴ τὶ ὑπὸ τὰ ἱμάτια κρύψαντες λάθωσιν, ἢ ἵνα μὴ τὶ ὑπὸ ἔχθρας λάθωσιν ὑποβαλόντες τὸ ζητούμενον.* Auch ſcheint es mir nicht, daß die naktheit bloß die heimſuchung

*) da die fünf letzten worte ſich nur auf licio cinctus beziehen, die formel aber ſtets lance et licio, nie licio et lance lautet, ſo ſchließt Hugo mit grund, daß umgeſtellt werden müße: lancem a. o. t. licioque c. i. p. m. a. v. p. Doch handelt auch Gajus erſt vom linteum, dann von der lanx. [Mit der röm. lanx vergleicht Hartknoch alt u. neu Preußen 165 die *ſchüßel*, der ſich weiſe männer, zauberer der alten Preußen beim aufſuchen des diebs bedienten.]

**) Savigny rechtsg. 3, 716, vgl. 667, [2. ausg. 2, 203. 475. Dirkſen. abh. der Berl. akad. 1847 p. 185.]

erſchweren und ſeltner machen ſollte, indem ſich niemand gern dazu verſtehen würde, ein fremdes haus auf ſolche weiſe zu betreten; dieſer grund ſchickt ſich nicht für die alte, nur für die
643 verfeinerte | zeit, welcher überhaupt das ganze geſetz nicht mehr zuſagte. Daß ein dem unſchuldig befundnen hausherrn verfallendes pfand auf die ſchwelle gelegt werde, enthält weder die nordiſche noch die griech. u. röm. ſitte.

8. *Schelte.* Ich bediene mich dieſes alten wortes (ahd. diu ſcelta), weil es kürzer iſt als läſterung und viel beßer als das unbeſtimmte lat. injurie. Zwar iſt die ſ. g. realinjurie nicht darin begriffen, allein unſer altes recht rechnet thätliche beſchimpfung lieber zu den unter 4 abgehandelten gewaltthätigkeiten*). [Noch Göthe ſagt (ausg. letzter hand 4, 235):

höre jeglicher *ſchelte* drohn.

Die ganze Lokaſenna enthält ausgeführte ſchelten.] *Scheltworte.* Maria 152 (*ſnöde*, *verkorn wort*, [*flôchum* injuriis. gl. francof. 84,] altn. *ordtak*, *firnar ord*, *klækis ord*, *ôqvædis ord*, *ἀπόῤῥητα*, [*laſtmæli*, *ragmæli*]) ſind nun alle ſolche, welche die ehre des freien mannes angreifen [1]), ſie mögen allgemein gefaßt ſein oder einen beſonderen vorwurf enthalten, der ſich auf ſtand, geburt, ſitte oder handlung richten kann. Nicht jede ſchelte zog geſetzliche buße nach ſich, noch allerwärts, noch zu jeder zeit.

a. allgemeine ſcheltworte: du biſt *ehrlos*, *rechtlos! böſe, ſnöde! ellende! böſewicht* (oben ſ. 554)! [*pöſewicht!* Rupr. 189;] *ſchelm!* altn. *mannfŷla!* Nial. cap. 37. 51; *bœſez âs!* Herb. 63[c]. 90[d]; [du lügſt, du *roter*, du *ſchelm*, du *gehigen ſun!* Pupikofer p. 54; *laſterbalc, ſchandolf, hagedorn.* Wiener jb. 32, 244; du vil *quâdige galle!* Morolf 1379;] ir ungetriuwer *hunt!* Parc.

---

*) unter *injuria* zählt die l. Alam. 12-16 [11-15] außer fuſtare ſelbſt mancare u. occidere; freilich ἀδικία und zugleich ὕβρις. [Eine *ſchelte* mit thätlicher beſchimpfung. Wh. 147, 12 ff., vgl. 153, 7.]

1) [worte ſprechen, die einem *an leib oder ehre* gehen. ſtat. huxar. a. 1403; böswicht, diep, morder, ketzer, das fünft: wer dem andern ſin wip *ze laſter ufhept* under ougen (die frau ins geſicht ſchilt). Pupikofer p. 54; einen *beſchalken.* ibid. p. 52. 54. *Verleumdung* iſt bakword, afterrede, hinterchôſe; Kilian hat *klikſteen*, *klicker* corycaeus, inſidiator, delator; *klicken* deferre, accuſare. brem. wb. 2, 784.]

693, 22; ſtinkender *hunt!* Herb. 63$^{c}$; *canis, cauda canis!* jus tremonenſe. Dreyer p. 419; *bikkiu hvalp.* Veſtg. rätl. 10, anderwärts *grey* und *greybaka;* tumber *gouch!* MS. 2, 3$^{a}$; [ir *gans!* Parc. 515, 13. 247, 27;] leige *ſnipfenſnapf!* MS. 2, 10$^{a}$, vgl. altn. ſnâpr; [*œder krage* (ſchnöder hals). MS. 2, 3$^{b}$; *nagelfreßer! naſenſtieberjunge!* du haſt naſenſtieber für geld gelitten. Schamberg de jure digit. p. 42; dummer teufel, der nicht weiß, wie viel er finger hat! ibid.] Dunkle ſchimpfwörter der älteren ſprache hatten vielleicht beſtimmtere beziehung, z. b. du *ſlûch! du giudel!* fragm. 16$^{b}$. $^{c}$; *ſnuedel!* Maerl. 2, 240, [mhd. *ſnüdel.* MS. 2, 234$^{b}$, vgl. gr. 1, 294; *verſcroven drût!* Reinaert 924 [1]).]

b. vorwurf leiblicher misgeſtalt; [*lahme hutſche! blindſchleiche! ſchielwippe!* Hans *ohne finger! neunfinger!* kleiner *däumling!* Schamberg l. c. p. 42;] oft zu ganzen redensarten ausgeſponnen, z. b.: [dir ecket laſterlich ein zan! Lſ. 1, 270;] wolle ein ſuberlicher antlitze in ein unſlech (? unſchlitt) grifen. Bodm. 702.

c. vorwurf der unfreiheit. *knecht! ſchalk! müedinc! fauler knecht! lazze!* (vgl. oben ſ. 308. 309.) Im Norden nannte man die knechte *vândr* (nequam): þrællinn mælti, *vândr* hefi ek verit, en aldrei hefi ek þiofr verit. Nial. cap. 48; [ykkr *vonda þræla!* Ol. Tr. 2, 160;] *vândr* munk heitinn Sigurðr með ſeggjom. Sæm. 178$^{a}$; þræll faſtr â fôtum! Nial. cap. 17. Auch das vorhalten knechtiſcher verrichtungen beſchimpfte, vgl. oben ſ. 351.

d. vorwurf unehlicher geburt, vgl. oben ſ. 476; *hurenſohn!* ſpan. *hideputa* (das oft bloße interj. admirantis); [*putenſone.*

---

[1]) [in der flur Welsdorf bei Weida wächſt das unkraut Hederich (irio vulg.) ſehr häufig, das weibliche geſinde muß es im frühjahr ausjäten, die vorübergehenden jungen bauerburſche riefen ſpöttiſch: *Hederich, Hederich!* Dadurch wurde das wort den weibern ſo verhaßt, daß es niemand in ihrer gegenwart ausſprechen darf, ohne mit rechen, hacken und was ſie in der hand haben, angegriffen zu werden; dabei zwingen ſie ſich mit einer geldbuße zu löſen. Dies iſt gewohnheitsrecht. ſächſ. provinz. bl. 1797 bd. 1 p. 145. 146. In einem kleinen ſtädtchen Frankreichs darf niemand das wort *l'orge* (gerſte) verlauten laßen, ohne von den einwohnern in einen brunnen getaucht zu werden, weil in alten zeiten ein feindlicher general dieſes namens alle weiber und mädchen dieſes orts durch ſeine ſoldaten öffentlich ſchänden ließ. ibid. p. 147.]

Reinaert 918;] ahd. *merihûn ſun, zagûnſun.* monſ. 330 (equae,
644 ca- | niculae filius), *merhen ſun, zohen ſun.* augsb. ſtat. 196; [vgl. den ort Zohenſunsdorf. arch. der Wien. ak. 1849 p. 129; *hundis ſon!* Wetteravia 1, 254;] quicunque alteri dixerit *fili meretricis!* judici dabit 60 den., de *filio caniculae* tres ſolidos. ſtatr. zu Ens von 1212 in Kurz Albrecht I. p. 256, wo die deutſche überſ. *hurrenſun* und *huntinſun;* kueſertinſun? huntſertinſun? *merhenſun.* jus bavar. bei Hofmann obſ. jur. germ. p. 122; min mutter ſelge ſolle *nicht fromme* ſin u. ſolle ein *koccze* ſin u. ich ſolle ein *kocczinſon* ſin*). Kopp nr. 110 (a. 1458); *kotzenſun*, hurenſun. ſtat. v. Gera (Walch 2, 96); *horenſone, dytherenſone.* jus tremonenſe l. c.; *ſchökenſone.* Bruns beitr. 193. 222; [dieff, mörder, *horenſohn*, klickſtein (verleumder)! Acher kuhrrecht b. Noppius buch 3 p. 76. Erwin von Gleichen mahnt ſeinen bürgen Werner von Hanſtein und nennt ihn: ein ſelbwachſen, rotbertig, rot ritter, ſchalk und böſewicht, der do treuebrüchig wirt an ſime eide, briefe und ſigel, und wir werden underricht, wie daȥ dich ein *hure* uß der metergaßen zu Erfurt *verwechſelt* habe in der wigin. urk. c. a. 1470.]

e. ehrenrührigſter ſchimpf im alterthum war vorwurf der feigheit**). Goth. *arga!* ahd. *argo!* der ſî doh nû *argôſto* Oſtarliuto! Hild.; mic muno Æſir *argan* kalla! Sæm. 72ᵇ; *args* aþal. ibid. 63ᵃ; [ſkâlkr *argr!* fornald. ſög. 2, 370;] ſi quis aliam (l. alium) *argam* per furorem clamaverit. l. Roth. 384 [381]; quod me eſſe inertem et inutilem dixeris et vulgari verbo *arga!* vocaveris. Paul. Diac. 6, 24***); [und die altn. nebenform *ragi!* Grâg. 2, 147; Ulfr enn *ragi!* Ol. helg. c. 163; enn *ragi* Urdarköttr! Finnb. 228; ek þolda eigi, er þeir kölludu okkr *raga.* Ol. Tr. 1, 270; vgl. heimila *rag*mæli. Isl. ſög. 2, 151. 153.] Im mittelalter wird gewöhnlich *zage* geſcholten, wohl auch noch *arge* daneben: biſtû niht ein *zage.* Iw. 562;

---

*) umgekehrt pries man durch die mutter; in den gedichten häufig: ſælec diu muoter, diu in gebar!

**) *feige* ſelbſt war der alten ſprache nie timidus, ſondern morti deſtinatus, fato obnoxius.

***) das froſchgeſchrei *arg, arg!* könnte man doch hieraus beßer erklären als mit Rogge ſ. 255 aus vargus!

ich wil des iemer ſîn ein *zage.* Iw. 869; des lîbes ein *zage.* Iw. 4914; [diſen *zagen* den künec. Wh. 139, 1;] ein *rechter zage.* Friged. 298 [Freid. 2, 1]; [ein vil *erchener zage.* Turlin 81;] er ſî ein *zage!* MS. 1, 120$^{b}$; *bœſer zage* phî! amgb. 32$^{a}$; dû biſt ein *zage bœſe!* Karl 55$^{a}$; dû *arger zage!* Karl 74$^{b}$; dû *bœſe zage!* troj. 6592; *zage bœſe!* Gudr. 1476, 1; denſelben *argen zagen.* m. Stolle 149$^{b}$. MS. 2, 164$^{b}$. [241$^{a}$]; *bœſe zagen.* Lampr. Alex. 85. 141; [ein *bôſe zage.* Rother 2775; dû *zage* mære! Nib. 2080, 1;] *zage* ungetriuwer! Rav. 390; *dietzage!* Herb. 90$^{d}$; [ein *zage* unendelich. fragm. 28$^{a}$; *verzagetlîche* ein *zage.* Parc. 419, 5;] nû wiʒʒet ir wol, daʒ eʒ ein ſchentlich wort iſt, der zuo eim andern ſprichet: dû biſt ein *rechter zage!* Berth. p. 123; nach der redensweiſe oben ſ. 29: der ellenhafte, *niht der zage!* Wh. 161, 8. Der feige, nach dem furchtſamſten thier, hieß auch *haſe**), ſchon l. ſal. 33, 4 [30, 5]: ſi quis alterum *leporem* clamaverit; *lepore* timidior. Pertz mon. 1, 389. Ausführung dieſes vorwurfs iſt aber die beſchuldigung der flucht aus dem kampf, des ſchildwerfens, der wunden | im rücken: 645
[Arminius nennt den Maroboduus *fugax* und *proditor* Tac. ann. 2, 45;] ſi quis homo ingenuus alio (i. e. alii) improperaverit (improbraverit), quod *ſcutum ſuum jactaſſet***) et fuga lapſus fuiſſet. l. ſal. 33, 5 [30, 6]; *ſcutum reliquiſſe* praecipuum flagitium, nec aut ſacris adeſſe aut concilium inire, ignominioſo fas. Tac. Germ. 6; iak ſa, at thu rant en firi enom ok hafdi *ſpiut a baki!* Veſtg. rätl. 10, 3; quam fortiter ſaepe feceris, quas fugiendo declinaſti, cicatrices indicant corporis. Liutpr. 5, 2; er zage, ſwer hie *den rücke flühtic wende!* MS. 2, 9$^{b}$ ***); [vgl. altn. *ras*ragr, arſchfeige; þû ert *vid vîg varaſtr* oc ſciarraſtr vid ſcot. Sæm. 61$^{b}$; ê ich ſô *leſterlîche vlühe.* Nib. 2280, 2.] Eine andere umſchreibung der feigheit liegt in dem vorwurf kein herz zu haben, es nicht auf der rechten ſtelle zu haben: ecki

---

*) aus mehrern gründen ſcheint das ahd. *zago,* mhd. zage ſlaviſch; ruſſich zajatz", böhm. zagic heißt der *haſe.*

**) griech. *ῥιψασπίς.* Meier u. Schöm. p. 365. 482.

***) ein held heißt daher flaugtraudr. Sæm. 154$^{a}$, altraudr flugar. 157$^{a}$, flôttatraudr. 163$^{a}$, [gleygr flugar. 173$^{a}$,] und auf runſteinen findet ſich die inſchrift: er floh nicht im kampf. Bautil 1169. 1172; [der ungerne vlôch. Parc. 20, 1.]

hiarta hafa. Sæm. 78ᵃ; þû hinn mikli madr, þer *î brioſti liggr hâlmsviſk* (ſtrohwiſch) þar er hiartat ſkyldi vera. Ol. Tr. 2, 208; thu är *ai mans maki* ok äi madher i bryſti. Upl. in fine; *madr, at verri!* Gulaþ. 204. Auch wird der feige *weib*, *altes weib* und *memme* geſcholten;

> [ſwâ man ie gein ſtrîte dranc,
> dâ tæt ir *wîbes* widerwanc. Parc. 417, 27;

ſchelden ſam diu *alden wîp*. Nib. 2282, 2;] *ôncis* ſem kattar ſon. Sæm. 151ᵇ.

f. andern *laſtern* folgten beſondere ſcheltnamen, z. b. dem meineid, verrath, geiz, der trunkenheit, unkeuſchheit, lüge, untreue; *ſubdulum* clamare. l. Alam. add. 21 [pactus fr. 2, 32]; *cinitum* (cinaedum), *falſatorem*, *concacatum* aut *vulpeculam* vocare. l. ſal. 33, 1. 2. 3 [30, 1. 2. 3]; [*valſchære!* Erec 9026; *conchiez* (concacatus). Renart 6646; *gridnîdîngr* ok *drôttinsſviki*. Ol. helg. c. 243; hvers mans *nîdîngr* ok aldri heita dugandi madr. Vilk. ſaga p. 386; *verräther*, fuchsſchwänzer u. merleins träger. Bamb. verein 8, 111. 112; *lügevaȥ*, hellenſtrick, triegel. MS. 2, 211ᵃ; einen *liegen* heiȥen (lügen ſtrafen). Nib. 2167, 2;] wer von ſeinem grasüberfluß nicht mittheilte, hieß *gräsſpari* (graminis parcus). Veſtg. bygd. 7. Vom ſchelten *böſer ſchuldner* oben ſ. 612.

g. vorgeworfne verbrechen waren ſchwere ſchelte; gewöhnlich werden bezeichnende oder erhöhende epitheta zugefügt: *mörder!* vatermörder, muttermörder (*πατϱαλοίας*, *μητϱαλοίας*); *räuber! mordbrenner!* [*fiurſcurgo!* vgl. Graff 6, 542;] altſchwed. *kaxnavargr* (von kaxn, kaſn, feuerzunder). Oſtg. edz. 31. Upl. vidh. 25. Gutal. 77; *dieb!* bediuben u. dieb heiȥen. Tröltſch 1, 86; [du ungehangen *deef!* Staps luſtſp. 1749 p. 80; du ſchelmiſcher, diebiſcher, nimmer tüchtiger edelmann, ſiehe ich dürfte dich wol ſchießen, daß dir der rauch zum rücken hinaus gienge! urk. von 1662 in einer deduction;] *gorthiuf* und *agnabak* (oben ſ. 636), *fidelndieb*. Fries pfeifergericht p. 130 (a. 1388). Hierher auch beſchuldigungen der zauberei, ketzerei, des umgangs mit elfen und geiſtern: *vâlant! werwolf!* ahd. *ſcînleih* (portentum, monſtrum), agſ. ſcînlâc; ketzer, unchriſt, heide. Si quis alterum *chervioburgum*, hoc eſt ſtrioportium clamaverit, aut illum qui

inium (aeneum) dicitur portaſſe, ubi ſtrias (ſtriae) concinunt*). l. ſal. | 67, 1 [64, 1]. Skarpheđinn wirft dem Floſi vor: þû' ert 646
*brûdr Svînfellsâſs* ſem ſagt er hverja ina niundu nôtt at hann geri þik at konu. Niala cap. 124; [ef madr kallar mann ragan eda *ſtrodinn* eda *ſordinn*. Grâg. 2, 147; *kühdiern! nahterin! henne!* als ſchimpf für männer. tirol. ſamml. 3, 38.]

h. für frauen gab es eine menge eigner ſchimpfwörter: kerlînga *örmuzt!* Vigagl. p. 158 (wie manna armaztr. Iomsv. p. 47, [allra manna armaſtr! Ol. helg. c. 186, þræla armaſtr. Finnb. 306]); [allra kvenna *örmuzt* ok *veſöluſt*. Isl. ſög. 2, 172;] *vergiörn* (manntolle)! Sæm. 62ª. 63ª. 72ª; [du *frech ungetriuwez* wîp! Morolt 1380. 2871;] *hure! ehbrecherin!* böſe ſnode hur! Fries l. c. 121; hurſack, peckin, hutinne. ſpeiriſche ſtat. § 37 [Lehmann ſpeir. chr. 286ª]; *böſe haut*. Berth. 253. 359. 384; diebſche hure! Bodm. p. 907 (a. 1511); [verſchamtiu *umbetrîbe, ſünden reizel, klobe, lôſiu hoverîbe*. Ben. 338; abgerittene böswichtin, inprünſtige kotz! und andre ſchelten. Hätzlerin LXVIIᵇ; hoere! quade ſchite! Fergût 404; du bœſe *lottervalle!* v. d. wîbe liſt 205; ubele *hornblâſe*. cod. pal. 361, 73ᵈ; dich *krot* (kröte). Ben. 365; adultera, malefica, ſepulcrorum violatrix. l. Burg 34, 3;] *hexe! zauberin! vâlandinne! wettermacherin! nachtreiterin!* [*qveldrida! fâla! gîfr!* Sæm. 143ᵇ; *ſkaſs*. ibid. 144ᵇ. 154ᵇ.] Si quis mulierem ingenuam *ſtriam* clamaverit aut *meretricem*. l. ſal. 67, 2 [64, 2]; *ſtriga*, quae dicitur *maſca*. l. Roth. 379 [376]; *ſtrigam* quod eſt *maſca* clamare, *fornicariam* aut *ſtrigam* clamare. ibid. 197. 198; vgl. *ſtria* aut *herbaria*. l. Alam. addit. 22 [pactus fr. 2, 31. 33]; kono, iak ſa, at thu reet a quigrindu lösharädh ok i *trolsham*, tha alt var iamrift nat ok dagher (frau, ich ſah dich auf einer zaungerte reiten, die

---

*) cherviоburgum (al. chereburgum, hereburgum. Diut. 1, 331) emendiere ich in *chverioburgum*, chverioburium d. i. keßelträger, der den hexen den keßel in ihre küche getragen hat; agſ. hver (engl. ewer). altn. hver (lebes), [hvera (lebeta). Diut. 1, 495ª,] mithin altfränk. chver und burjo, buro (träger); ahd. form wäre hueraporo, altn. hverberi? die goth. kaum hvairus, hvairis, weil ſonſt altn. hviör ſtünde; darf ich kühner rathen *ahvaris?* (von ahva) waßergefäß, lat. aquarium, franz. aiguiere und hver = hvari entſpränge durch aphäreſis aus ahvari?

haare gelöſt und in einer hexe gewand, als es war gleich zwiſchen nacht und tag). Veſtg. rätl. 10, 5; andere frauenſchimpfnamen ſind *firigärä kona*, *ko* und *hortuta* (proſtibulum). ebendaſ.; das letzte wäre ahd. huorzuȥa.

---

## CAP. II. BUSZEN.

A. *Begriffe.* Das natürliche gefühl nach empfangner beleidigung war rache, vergeltung, ſühne; der flecken ſollte getilgt und abgewaſchen *) werden, dem beleidiger eine wenigſtens gleich hohe oder höhere ſchmach widerfahren, es entſprang offene fehde und feindſchaft **). Auch die *bußen*, welche das
647 geſetz ſtatt der ſelbſtrache | erlaubt zu nehmen und zwingt zu entrichten, ruhen auf dem grundſatz der vergeltung, die aber in Deutſchland niemals ſtrenge talion ***) war, ſondern zurück-

---

*) am deutlichſten bei der mordſühne: morth môt ma mith morthe *kêla* (kühlen). Aſ. 21 [wo es jedoch von der hinrichtung des *diebs* gilt! anders aber Aſ. 101]; [ſô gelt ein tôt den andern tôt. Parc. 417, 7;] vitam cognati quaero peremti. Waltharius 698; ut caeſos *mundet* vindicta ſodales. ibid. 923; nunc ardete, viri, fuſum *mundare* cruorem, ut mors *abſtergat* mortem, ſanguis quoque ſanguem, ſoleturque necem ſociorum plaga necantis. ibid. 947; [ahd. *furban* mundare, auch expiare. Graff 3, 680, furbida expiatio, mnd. *forſe.* Wernh. v. N. 39, 22; *fejrings*bod (ſühnbuße). danſke viſ. 2, 127.]

**) inimicitias pati. l. Friſ. 2, 2; [generationes ruſticorum inter ſe inimicitias exercentes. Caeſ. heiſt. 10, 7. 11, 56. Vægit födur mînum ok drepit hann eigi, þvîat hann er ættſtôrr ok frændmargr, ok munut þer hafa margt ſtôrmenni â môti ydr, ef hann er af lîfi tekinn. Ol. Tr. 2, 159.]

***) wie ſie nach moſaiſchem und altröm. recht für todſchlag und leibsverletzungen galt; ſeele um ſeele, auge um auge, zahn um zahn, wunde um wunde. Exod. 21, 23-25; ſi membrum rupſit, ni cum eo pacit, talio eſto. XII. tab. 7, 9. Unter Deutſchen war dies nur im fehdezuſtand möglich, d. h. wenn der beleidigte keine buße forderte, oder der beleidiger die geforderte nicht zahlte. [In den ſtat. tremon. § 9 heißt es: ſi aliquis invadit alium violenter manu ledens cum gladio vel alio inſtrumento . . . ſi deprehenditur in recenti facto habens inſtrumentum führung des schadens auf geld und geldeswerth. Dadurch *erleichtert* es das volksrecht beiden theilen; dem verletzer, indem es die seinem haupt oder seiner ehre drohende gefahr abwendet und in ein übel verwandelt, das bloß sein vermögen trifft; dem verletzten, weil es ihm für die unsichere rache eine sichere genugthuung schafft, welche zugleich seine gekränkte ehre herstellt und sein gut vermehrt. Den erlittenen schaden, insoweit er ersetzbar ist, ersetzt die buße völlig und nicht selten gewährt sie überhin; bei unersetzlichem verlust, namentlich todschlag des verwandten oder leiblicher verunstaltung, läßt sich nicht leugnen, hat die ausgleichung der buße etwas unedles und widerstrebendes, das auch schon im alterthum von einzelnen menschen gefühlt*), für die menge durch allgemeinheit der sitte gemildert wurde und endlich nach dem fortschritt unserer ausbildung die abschaffung solcher bußen verursachte. Roherer zeit waren sie heilsam und unentbehrlich. [Zulängst dauerten bußen für leibliche verletzungen; die für schelte finden sich noch in weisthümern, z. b. bei Hallwachs p. 137. Geldbuße für mörder noch im 16. 17. jh. lit. anz. 1807 p. 588-590. Auch als die todesstrafe eingeführt war, dauerte das wergeld fort für tödtung

in manu, pari talione punitur, hoc est collum pro collo, manum pro manu. Eine talion ist die *vieh*buße für genommnes wild, oben s. 587. 588.]

*) ich will meinen todten sohn nicht im geldbeutel tragen, sagt ein vater, das gebotene wergeld verschmähend. Müller sagabibl. 1, 344. [Starcather bei Saxo gramm. p. 312 singt gegen das wergeld:

aere quis sumpto toleraret unquam
funus amissi redimi parentis,
aut loco patris peteret necati
munus ab hoste?

vgl. Sæm. 260a: bana mundu mer brœdra bœta aldregi. Von dem sohne wurde erwartet, daß er den vater räche, daher: ûlfr er î ûngom syni. Sæm. 198b, vgl. 217b, das weib kann nur einen rächenden sohn zeugen. ibid. 182b; du heves van mi ontfaen ênen wrekeren, ênen sone. Maerl. 1, 262, vgl. 274;

jeg tager for ham (fader min) ingen anden bod,
du böde for hannem med dit blod. danske vis. 1, 86;

Renart 4683 (von den kindern des getödteten): l'ame du cors vos trairoient, se hors du pais ne fuiez.]

durch nothwehr, unachtſamkeit, durch kinder, wahnſinnige, thiere. Eine miſchung des ältern zuſtandes (der *verbüßung* und *fehde*) und des jüngern (der *todesſtrafe*) ſpricht ſich aus in ſtellen wie Simler eidg. p. 438: zu Lucern richtet man *bar umb bar*. derhalben, welcher einen burger zu Lucern leiblos thut und ergriffen wird, ſo *muß er auch ſterben*, ob er gleich recht gehabt und ſich ſeines leibs und lebens müßen erwehren. ſo er aber entrinnt, muß er ewiglich leiſten, doch wann er ſich *vertragt und verſühnt* mit des entleibten kindern und freunden, mag ihm von einem rath die ſtatt wiederumb aufgethan werden; vgl. auch dingrodel von Kilchzarten: ſleht ouch einer den andern ze tode und wirt der begriffen, da ſol man *bare gen bare ſtoßen*, iſt das man klaget. iſt aber das einer hinkomet, ſo iſt *dem heren das guot gevallen* und *den fründen der libe*.]

Zweierlei iſt alſo weſentlich bei jeder buße, daß ſie den ausbruch der fehde unterdrückt*) und die freiheit des verbrechers ſchützt. Will der beleidigte ſeine rache hintanſetzen und buße nehmen (nicht hefna, ſondern vid bôtum taka); ſo bleibt dem beleidiger nichts übrig als ſich mit geld zu *löſen* (die haut zu löſen, leben und friede zu *kaufen*), aber nachher war er frei und ſicher: alle Friſa mugun hiare feitha mith thâ fia câpja. Aſ. 20. Kann oder mag**) er die buße nicht zahlen,
648 ſo erwacht | die fehde und er wird der gewalt des beleidigten und ſeiner freunde preisgegeben***). [Noch ein ſpätes ſprich-

*) componatur ceſſante faida. l. Roth. 45. 74.

**) in den nord. ſagen kommt der zug mehrmals vor, daß rauhe männer aus grundſatz gar keine buße zahlen wollen, z. b. Hrafnkel. Müller ſagabibl. 1. 104. [Danſke viſ. 1, 63:

du fanger aldrig for din faders död
enten pending eller pendings värd.

Anbieten (*bioda*) der buße. Sæm. 242a. Sn. 84.]

***) dann ſteht die rache offen und gleiches darf mit gleichem vergolten werden: giäldi tha lif gen livi, lim gen limi; aber: giäldi ok ängin thän lif fori lif, ällä lim gen limi, ſum botum orkar ällär borghan til fuldra bota. Upl. manh. 31. 2. 3. [Es iſt auch lantrecht bei uns inme Ringawe, ſo als dheine ſune oder fride zuſchen den magen des doden mannes und dem manſchlachter binnen lande geſchehe; ſo ſal dieſelbe ſune ſtet u. feſte verliben under den partien . . . ſo lang der wind weit etc. (oben ſ. 38). Rheingauer landr. art. 59.]

wort ſagt: wer hände hat mag ſchlan, wer geld hat mag bezaln; bei Heimreich 1, 302: de dar füſte hefft, mag ſchlan, u. de dar gelt u. gut hefft, ſchal betalen (1, 321: ſchal böten); vgl. die formeln oben ſ. 34. Daß nach gezahltem wergeld dennoch blutrache genommen wird, z. b. Niala c. 36-45. Ein verarmen durch zahlen der buße: hann hefir lìtit lauſafê, ſìdan hann galt þeim Bolla ſonum î födurbœtr. Laxd. p. 320; vgl. unten ſ. 663.

Wird der todſchläger in der fehde erſchlagen: ſo ſchal *de ene jegenſt den anderen liggen.* Hadeler urk. von 1475. Spangenberg arch. 1828. 2, 184; im Norden: er *ſamaniafnat vîgum*, die todſchläge auf beiden ſeiten heben ſich gegen einander auf. Laxd. p. 258. 360, vgl. Niala c. 56. 66; der beleidiger fällt *ôgildr* (für den keine buße gezahlt wird). Ol. helg. c. 115. Laxd. p. 360, *bôtalauſs.* Ol. helg c. 150, der beleidigte kann ihn *ôhelga* (jure caeſum proclamare). Niala c. 64. 65, vgl. unten ſ. 679. 735.]

Neben der vom verletzten bezogenen *privatbuße* erſcheint ſchon in der älteſten zeit für die meiſten verbrechen noch eine *öffentliche*, welche der könig, das volk und das gericht, wegen des gebrochnen friedens, in empfang nahm. Sie iſt bald unter einem allgemeinen namen der buße mitbegriffen, die dann nur nach verſchiednen quoten unter kläger, volk und richter vertheilt wird, bald aber auch durch beſondere benennungen ausgezeichnet. Man muß aber doch in dieſer öffentlichen buße. ſo alt ſie iſt, immer etwas ſpäteres, dem eigentlichen begriff der buße hinzugetretenes annehmen. Denn in der ausübung des fehderechts, welches mord mit mord galt und geſetzliche buße unnöthig machte, lag ebenwohl friedensbruch und ſtörung, aber weder der rächer noch auch in dieſem fall der beleidiger verfielen in ein fredum. Die öffentliche buße zeugt alſo von einer milderen zeit, in welcher fehde ſelten, compoſition bereits regel *) geworden war und der ſchuldner ſich in die nothwendigkeit fügte, mehr zu zahlen, als er geſchadet hatte; es war ein anhang zur buße, keine ſtrafe. Unter *ſtrafe* (poena, pein) verſtehe

*) ſonſt könnte ſchon Tacitus nicht den *nutzen* der compoſition in anſchlag bringen: quia periculoſiores ſunt inimicitiae juxta libertatem. Germ. cap. 21.

ich eine vom volksgericht ausgeſprochne verurtheilung an leib, leben und ehre des verbrechers, die nichts gemein hat mit der ſtets in geld und geldeswerth beſtehenden buße. Geldſtrafen, in dieſem genaueren ſinn, hat das alterthum nicht. Zuſammenhang beider, der bußen und ſtrafen, mit altheidniſchen *opfern* können wir vermuthen, nicht mehr nachweiſen.

B. *Benennungen.*

1. Tacitus braucht, wo er von abbüßung geringerer verbrechen redet, paſſend *mulcta:* pars mulctae regi vel civitati, pars ipſi, qui vindicatur (dem frieſ. hâna) vel propinquis ejus exſolvitur. Germ. 12; bei erwähnung des todſchlags aber *ſatisfactio:* luitur enim homicidium . . . recipitque ſatisfactionem
649 univerſa domus. | ibid. 21; [über *multa* Plin. 18, 3.] *Mulcta, mulctare* findet ſich verſchiedentlich in deutſchen geſetzen, z. b. rip. 34, 3. 35, 1. 39. 52. 54, 2. Burg. 33. 38. 45. Angl. et Wer. 7, 1 [35]. Saxon. 11 [50-53]. 12 [54-56]. 14 [60]; ſeltner *ſatisfactio.* Viſig. VIII. 1, 1. 3, 13; tripla ſatisfactione. l. Burg. 76, wofür aber überall das den ſinn unſeres rechts noch bezeichnendere *compoſitio* ſteht, auch z. b. bei Greg. turon. 9, 19*); [*compoſuit* filiis mortem ejus. ibid. 7, 3;] *componere* kann auf beilegen der fehde bezogen werden oder auf das verebnen der ſchuld (oben ſ. 612). *Emenda* und *emendare* ſcheint erſt ſpäter in den capitularien vorzukommen (Georg. 783 [l. Franc. Cham. 20. 22. 23]. 1145 [MGLL IV p. 494]. 1461 [MGLL II 2 p. 58]), und l. Saxon. 11, 1 [50], erreicht aber die bedeutung des deutſchen *buße* und *büßen* am allernächſten. *Bôtjan* heißt goth. juvare, prodeſſe, gabôtjan reſarcire**) und iſt ablaut von bat (batizô, melius), folglich *beßern*, das ſubſt. bôta kommt nicht vor; ahd. puoȥa (emendatio), puoȥan (emendare); agſ. bôt und bêtan, altn. bôt und bœta; mhd. buoȥe, büeȥen; [beȥȥerunge. troj. 17 900. 18 063. Renner 24 596. 24 604; buoȥe u. beȥȥerunge. troj. 18 094.]

*) compoſitionem componat. l. ſal. 46, 3 [43, 3]; für *compoſitio* hat der altn. und agſ. dialect *ſætt* und *ſæht;* [taka ſættir. Ol. helg. c. 107; giöra ſætt, ſættargerd. Sn. 82.]

**) den bruch herſtellen, ſi rupſit . . . *ſarcito.* XII. tab. 7, 2.

Mhd. zuweilen in gleichem ſinn *wandel* (reparatio). Parc. 287, 25. [443, 19.] 798, 8. Wh. 159, 25. gr. Ruod. $G^b$, 24. [Helbl. 2, 505. 559.] Sſp. 2, 28. Haltaus 2026 und *wandeln* [Parc. 255, 23. Walth. 105, 28. Helbl. 2, 285], auch *kêre* und *kêren* (reparare, reſtituere). Haltaus 1083. 84; [*holung*, *erholung* und *wandel*. Ortloff diſt. 264; ſchaden *abelegen*. Helbl. 2, 719. Frieſ. *geia* emendare, geie emendatio.]

2. *Schuld* (culpa, debitum) iſt bußfälligkeit, die fränk. geſetze ſagen noch häufiger als componat, mit beifügung der verwirkten geldſumme, *culpabilis* judicetur, die agſ. ſŷ he *ſcyldig* = gebête. So auch l. Alam. 36, 3 und Roth. 271 [266] *culpabilis* ſit und 263. 272 [258. 267] pro *culpa* componere. Selten ſteht *noxius* ſtatt culpabilis. rip. 34, 1.

3. noch ein ſehr allgemeiner ausdruck für die begriffe genugthuung, zahlung, erſatz iſt *geld* und *gelten*, zumal drückt das altn. *giald* (pl. giöld) und *gialda* luere, pendere, ſolvere, reparare aus; den Frieſen heißt *jeld* jede buße. [*Gëltan* iſt luere, *geltan* punire, emendam imponere.] Häufig erſcheint in den alten geſetzen *geldum* oder *geldus* mit vorgeſetzten zahlen, als: duos geldos, novem geldos, wovon hernach noch. Wie oben ſ. 611 beim gedinge *gelten* und *widergeben* (ſolvere et reſtituere), ſo wird in den agſ. geſetzen bei büßung der verbrechen *âgifan* (ahd. arkepan) und *forgildan* reddere und perſolvere verbunden, z. b. Cnut. 60. 64 [66]; ſcaden *gelden*. Sſp. 2, 28. 46. 47; [du *gilteſt* mînen œhein. Triſt. 10157.] Hierher gehören nun auch viele beſtimmtere compoſita, altn. *fêgiald*. Nial. | cap. 75. 81 (gleichviel fêſætt. cap. 124), *manngiald*. 650
Nial. cap. 56. 146 (p. 250), *brôđrgiald*. Eigla p. 312, *ſonargiald*. ibid., *naudgiald*. Snorra edda p. 137; *nefgiald*. Sæm. $150^b$; [*ſnâpsgiöld*. Biörn ſ. v.;] in den altſchwed. geſ. *mordgiäld*, *ſporgiäld;* [*torfogiäld*, mulcta pro ſemimortuo in inſulis a navigantibus ſepulto. Upl. manh. 12. Suderm. manh. 30, vgl. Stjernhöök 363;] ahd. *werigelt* und *widrigelt*, [*houpitkelt* ſumma capitis. Doc. $219^b$;] agſ. *vergild*, *cynegild*, *leodgild;* neuer ſind die benennungen *blutgeld*, *löſegeld*; [über langob. *launegild* remuneratio oben ſ. 606.]

4. *löſen* (ſolvere) drückt ebenfalls, wiewohl ſeltner, den be-

griff von büßen und gelten aus, der büßende entbindet ſich von der fehde und der leiblichen ſtrafe; daher in den alten geſetzen: *de vita componere**), *die haut löſen* (leyſa hûd. Gulaþ. 532), *redimere* ſe, *animam redimere* (Roth. 285 [280]) und altn. *fiörlauſn.* Snorraedda p. 135. Sæm. 180; agſ. *lŷſing* (*λύτρον*), löſegeld.

5. *Werigelt* iſt compoſitio homicidii, grammatiſch genau wërigelt (alſo nicht wehrgeld, was auf wehren prohibere abführt); das ë zu behaupten, weil in den älteſten denkmälern nie *wari* erſcheint und weil nicht ſelten *wiri* geſchrieben ſteht, z. b. wirigelt, wirgelt. Diut. 1, 334. 337; wiregildum. l. Alam. add. 22 [pactus fr. 2, 35]; wirigildus. Georg. 836. 837 [MG Capitularia I p. 281]; wirgildum, wirgildi. ibid. 839 [MG Capitularia I p. 282]. 1429. 1461. 1463 [MGLL II, 2 p. 51. 58], ja das i in weri könnte bloß durch die aſſimilation wiri entſprungen ſein und das einigemal [trad. fuld. Dronke nr. 89 (a. 788)] vorhandene *weragelt* älteſte form. Ein goth. vairagild iſt zu vermuthen, agſ. findet ſich *vergeld*, virgeld, häufig aber auch das unzuſammengeſetzte maſc. *vere* (gen. veres; ahd. wëri, wiri?) mit derſelben bedeutung; [þone ver. Phillips 103.] Die altn. geſetze haben weder compoſitum noch ſimplex, außer Gutal. p. 19-21 *vereldi*, es könnte dahin aus Deutſchland gedrungen ſein, wie vermuthlich nach Rußland, wo es *vira* lautet**); neue beſtätigung des ë. Im ſal. geſetz wird weregeldum nur ein einzigesmal geleſen, 54, 2 [51, 2], wo es noch dazu interpoliert ſcheint, dem ſinne nach entbehrlich fehlt es auch der andern textrecenſion. Die lex rip. hat *wergildus* (maſc.). 36, 11. 46. 63. 64. 67; die l. Alam. 29 [28]. 34. 45, 1. 2 [44, 1. 2]. 46, 2 [45]. 49, 2 [48]. 50 [49]. 51, 2 [50, 2]. 54, 3 [53, 2]. 76 [69]. 103 [96, 4]; die l. Bajuv. VII. 1, 1. 2, 1. 19, 3 [8, 1. 2. 19]. XVIII. 2 [19, 2]; die l. Friſ. 1, 10. 3. 7, 2. 9. 15. 20. add. 10

---

*) vgl. das frieſ. ſtonde oppa ſinne hals. Br. 70. 139. 180; das ſubſt. *hâvedlêſen* (redemtio capitis). Aſ. 100 189; [*lîf* wergeld. Richthofen wb. p. 900. Vuldôn vor den *dôden hals.* Hadeler urk. von 1475. Spangenberg arch. 1828. 2, 180.]

**) in einer nowgoroder hſ. des Neſtor (Ewers p. 213. 219. 275); die ſerb. benennung iſt *krvnina*, blutgeld. Vuk p. 338.

[9]; die lit. Br. haben das einfache *jeld* f. wergeld, vgl. 47. 54. 63. 71. | 73. 110. 111. 131. 148. 182. 186. 190. 219. Im Sſp. 651
*wercgeld* (lat. verſ. *werigeldus*), vgl. Haltaus 2081. Unverſtändliche abſtraction war ſchon im 10. jh. werigeldum, wie die gloſſe zeigt, welche ich oben ſ. 1 mitgetheilt habe; andere gloſſen verdeutſchen ſchief damit das lat. fiſcus. zwetl. 122ᵃ. doc. 243ᵇ, beßer braucht es N. 93, 2 für pretium: fuderunt precium ſuum, ſie guȥȥen ûȥ daȥ iro heiliga werigelt; bibant precium ſuum, ſie trinchên iro werigelt. Es iſt wirklich der preis des erſchlagnen *mannes*, das wort wër (homo, lat. vir, litth. wyras, lett. wihrs, goth. vair, altn. verr) hatte ſich aus der ahd. mundart frühe verloren. Daß aber wergelt mit nichts anderem zuſammengeſetzt iſt, geht aus vielem hervor. In der Edda heißt es einmal ausdrücklich: *ver* (maritum) veginn *gialda*. Sæm. 233ᵃ, die analogie des altn. manngiald (mulcta homicidii), des ſpäteren mangeld (Haltaus 1304), des agſ. manbôt (luitio hominis), [des dän. mandebod] und vollends des alten liudi, agſ. leodgeld entſcheidet[1]). Zwar ließe ſich an wërên (praeſtare, oben ſ. 603) denken und der begriff von währung, werthung annehmen, allein die allgemeinere bedeutung thut ſich erſt ſpäter hervor und die ältere iſt durchaus capitis aeſtimatio*). Noch weniger darf man werigelt, wirgelt für abkürzung des freilich gleichbedeutigen und ſelbſt als lesart damit wechſelnden widrigelt halten. Der rechtsgebrauch trug ganz dazu bei, den ſinn von werigelt unbeſtimmt zu machen. Unter allen bußen der geſetze war die capitis aeſtimatio weit die bedeutendſte, jeder menſch nach ſtand, geſchlecht und alter hatte ſeine taxe und dieſe taxe regelte mehrere geſchäfte des lebens, ſelbſt die buße anderer verbrechen, die gar kein todſchlag waren. So konnte für gewiſſe verſtümmlungen das ganze oder halbe wergeld gefordert werden oder der fredus in dem wergeld (des thäters) beſtehen (l. Friſ. 3, 2)[2]) oder auch ſich einer durch gedinge verbinden,

[1]) [*vennegave*, freundesgabe im ſinn von wergeld. danſke viſ. 1, 111.]

*) wie wenn umgekehrt wërên aus wëri (aeſtimatio, pretium capitis) abſtrahiert ſein könnte und wërt (goth. vairþs) dignus aus pretioſus, aeſtimatus?

[2]) [vgl. die berechnung nach manngiöld. Ol. Tr. 2, 113.]

im fall einer nichtleiſtung, eines nichterfolgs, ſein wergeld zu entrichten, ein doppeltes, dreifaches: obnoxius duorum werigeldorum. Neug. nr. 87 (a. 784); res redimere cum weregeldos tres. ibid. 97 (a. 786); res cum weregeldo redimere, cum alio
652 weregeldo, ſimiliter | cum weregeldo. ibid. 193 (a. 817); cum duobus weregeldis redimere. ibid. 303 (a. 842); tradiderunt propriae hereditatis ſilvam . . . et pro hoc acceperunt caballum 1. et alia pecunia wergeldum reddendum. Meichelb. nr. 552. Da ein theil der buße für den erſchlagenen dem richter oder dem oberherrn zufiel, begreift es ſich, warum werigelt auch für fiſcus genommen wurde und da es den preis des lebens überhaupt ausdrückt, wie auch von einem wergeld der frauen, ja der vögel und thiere (Sſp. 3, 51) die rede ſein konnte.

6. gleichbedeutend mit wergeld in ſeinem urſprünglichen ſinn iſt die nicht weniger alte benennung *leudus, leudis:* leudus ejus jacet finitus, id eſt weregildus. Bruns beitr. p. 40 [MG Capitularia I p. 91]; leudem ſolvere. l ſal. 38, 7 [35, 5]; medietate leodis ejus componat. 44, 16 [41 add. 7]; de ipſo leudi. 56, 1 [53, 6]; usque ad leudem, de leude. 76 [capit. 2 ad leg. ſal. § 8]; auch die malb. gloſſe gewährt deutlich *leudi.* 19, 9 [16, 4] 22, 1 [19, 1]. 44, 1. 4. 6 [41, 1. 3. 5]. Die rip., alam., bair. geſetze haben dieſen ausdruck nicht, ſondern dafür werigeld, wohl aber die capitularien: liudem ipſam. Georg. 737 [MG Capitularia I p. 139]; de ſua leode. 783. 784 [l. Franc. Cham. 20. 32]; usque ad ſuperplenam leudem liberi hominis. 673 [MG Capitularia I p. 143]; leudem interfecti. 905 [MG Capitularia II p. 18]. 1229 [MGLL IV p. 548]; leudum ipſum 1180 [MGLL IV p. 517]. Die l. Friſ. 2 mehrmals tertiam portionem leudis componat; 14, 5 ſolvat leudem occiſi*); die Angelſachſen *leode* (maſc.): ealne leode forgeldan, healfne leode. l. Aethelb. 22. 23, gleichbedeutend mit *leodgeld.* ibid. 7. 21. Dieſer leudis, agſ. leode, altfränk. leudi (ahd. liuti?) iſt abgeleitet

*) in dieſen beiden titeln braucht die lex Friſ. leudis, in den übrigen, alſo weit häufiger, weregildus; die ausdrücke ſind aber ſynonym. Denn was Rogge p. 6 anm. 7 ſagt, halte ich für einen irrthum; die compoſition des falſchſchwörenden heißt nicht weregild, ſondern beſteht darin, daß er ſo viel entrichten ſoll, als *ſein* weregild beträgt.

aus leod (populus, aber auch homo, civis, comes)[1]) gerade ſo wie der vere aus ver. Warum heißt aber in einem langob. geſetze Carls d. gr. (Georg. 1153 [MGLL IV p. 501]) der Frieſe und Sachſe *leudes* im gegenſatz zum Salier: excepto ſi leudes id eſt Saxo aut Friſo Salicum occiderit? man leſe unbedenklich mit einer andern hſ. excepto leudem; ſi Saxo aut Friſo etc.

7. die langob. geſetze haben nie werigild, vielmehr *widrigild, guidrigild.* l. Roth. 9. 11. 198, formeln bei Georg. 1198. 1255-1269 [MGLL IV p. 527. 560-579] oder das lat. pretium und appretiare. Roth. 48. 54. 63; dieſes widrigeld erſcheint | auch hin und wieder bei den Franken, eine var. zu l. rip. 63 653
gewährt *wedregildo*, das decr. Childeberti widrigildum. Georg. 475. 476 [MG Capitularia I p. 16. 17] und einzelne capitularien widrigildum, widrigildus. Georg. 661. 906 [MG Capitularia I p. 114. II p. 18]; desgl. l. Alam. 4 und *withirjeld.* Aſ. p. 20; wederjeld. ibid. 73; [noch Günther 870 *wiedergeld.*] Die ähnlichkeit mit werigeld ſcheint zufällig, es iſt aus der partikel widari, widri zu erklären (vgl. guidrebora, widrebora. Roth. 223 [222]) und drückt recompenſatio aus, wiedervergeltung; ein in der alten ſprache auch außer dem rechtsgebrauch gar nicht ſeltnes wort: [viđergild äfter häleđa hryre. Beov. 154;] gulten widergelt (retribuerunt). Lampr. Alex. 4374, [dâ gît vröude widergelt. MS. 2, $70^{a}$, vgl. 1, $203^{a}$. En. 7334; hete es widergelt genomen. Herb. 5889;] widirgelt. Diut. 1, 13 [Athis A, 13], ſonſt widerlôn, [widirweſil. Arnsb. urk. nr. 190 (a. 1282), vgl. weſil wider nemen. ibid. nr. 823 (a. 1354);] itlôn, agſ. edgild, edleán, das aber auch in gutem ſinn remuneratio bedeutet; [altn. idgiöld. Sæm. $23^{b}$.]

8. einfache buße hieß *volle, ganze: pleniter* componat. l. ſal. 44, 16 [41 add. 7]; *tota* leude. l. ſal. 44, 11 [41 add. 3]; *calne* leode (acc. ſg.); *totum* werigeldum. l. Friſ. 22, 58. l. Alam. 102. 103 [96, 3. 4]; agſ. *fulbôt,* [mid *fulre* dædbôte. Kemble 5, 331;] *ſuperplena* leudis. Georg. 673 [MG Capitularia I p. 143]; mit *fulle* jelde. lit. Br. 63; *fulbôt,* fuljeld. ibid. 182;

---

[1]) [bei Fredegar häufig *leudes* für homines, ahd. liuti, z. b. cap. 43. 46. 53. 54.]

mit *vulleme* weregelde gelden. Ssp. 3, 48; cum *uno* weregildo solvant. l. Alam. 45, 1 [44, 1]; *simpla* solutione. l. Burg. 4, 2. Visig. VIII. 3, 13; *ênbêt.* Fw. 341. Den gegensatz bildet die *halbe: medietate* leudis. l. sal. 44, 16 [41 add. 6], compositionis *medietas*. 45, 3 [42, 4]. Visig. VII. 2, 4; *medietas* weregildi. l. rip. 46; *medium* weregildum. l. Alam. 102 [96, 3]; *medium* pretium. ibid. 103 [96, 4]; *medietas* pretii. Roth. 48. 68. 140; *dimidium* weregildum. l. Fris. 22, 58; agf. *meduman* (dimidio, nicht moderato, wie Wilk. übersetzt) leodgelde. l. Aethelb. 7. 21; *healfne* leode. ibid. 22. 23; mit *halvem* weregelde. Ssp. 3, 48; *halfom* bôtom. Nial. c. 56; *half*jeld. Br. 186. 190*); [en *half* lîf (wergeld), en *thrimen* lîf. Richthofen wb. p. 900.] Vervielfachungen: *dupla* compositio. l. Visig. VI. 2, 9. l. Bajuv. II. 20, 1 [3, 1]; *tvifcyldig.* l. In. 3; in *duplo* restituat. l. Fris. 3 und add. 10 [9]; *duos* geldos. Georg. 783 [l. Franc. Cham. 26]; mith *twiujeldum.* Br. 73; *twigeld.* As. p. 326; liggi i *tveböte.* Upl. manh. 11, 4; *tväbötis* drap. Sudherm. manh. 26; in *triplo* componere. sal. 66, 2 [63, 1]; *tripla* compositione. 66, 1 [63, 1]; *triplici* wergildo. rip. 63. 64. Alam. 29 [28]; *tripliciter* restituat. Alam. 34; in *triplum* solvat. Burg. 4, 3; *tripla* satisfactione. Burg. 75; *tripla* solutione. addit. 14 [101]; in *triplum* componat. l. Angl. et Wer. 7 [35-38. 44]; *triplo*
654 damnum | sarciat. Angl. et Wer. 8 [43]; *triplo* componatur. Georg. 1461 [MGLL II 2 p. 58]; agf. *þrygild;* bœta *þrennum* manngiöldum. Nial. p. 250; mit *thrium jeldum.* Br. 47. 71. 157; *thribête* tô bêtande. ibid. 50. 52. 59; *thriujeld.* ibid. 148; *threbötis* drap. Sudherm. manh. 26; *þrigilda* (tripliciter componere). Gulaþ. 359. *Sextupla* compositio. l. Visig. VII. 1, 1. 2, 6. 23; *sexies* puellae pretium exsolvat. l. Burg. 12, 1. In Rothars gesetzen wird häufig *octogilt* (eine alte hs. hat immer *actogild*, nach Blume) angetroffen, z. b. in octogilt reddere. 252 [248]. 268 [263]. 320 [315]. 321 [316]. 322 [317]. 345 [340]. 346 [341]. 347 [342]. 375 [372]; in octogilt componere. 288

---

*) *twedejeld* 2/3. Br. 141. 143; *thrimnejeld* 1/3. Br. 185. 210; der beweis As. p. 20, vgl. thrimne further, 1/3 mehr. Br. 128. 190. 194; *fiardan* dêles jeld 1/4. Br. 188. 192, vgl. quartam partem pretii. l. Roth. 54. 68; sextam partem. ibid. 63.

[283]. 293 [288]. 352 [347]. 363 [358], aber daß dieſes achtgeld dem neungeld anderer geſetze identiſch ſei, folgt ſchon aus 9—1 (oben ſ. 215) und wird durch den zuſatz einer hſ. zu lex 346 [341] octogilt, id eſt *ſibinonum* beſtätigt; *ſibinonum* reddat. l. 258 [253]. 259 [254]. 260 [255] bedeutet alſo gleichviel mit in octogilt reddat; *ſibinonus* iſt ein germaniſmus und will ſo viel ſagen als *ſelbneunte* (gramm. 2, 950), der ſatz und acht andere dazu; gerade ſo wie l. rip. 66 *ſibiſeptimus* ſtudeat conjurare heißt ſelbſiebente, nämlich mit 6 eideshelfern ſchwören, [ebenſo ibid. 58, 5] und l. Burg. 8, 1 *ſibiduodecimus*, [ebenſo ſibitertius, ſibiſextus. Roth. 364 [359], ſibitertiam. ibid. 382 [379], ſelve dridde. Sſp. 1, 15. 54, ſelve ſevede. ibid. 1, 8. 18. 63.] *Novem* weregildos componat hat lex Alam. 45, 2 [44, 2]. 49 [48]. 50 [49]; ſecundum legitimum weregildum *novem geldos* ſolvere. 76 [69]. 99, 15. 19 [95, 12. 13]; *novempliciter*. 5, 1; *niungeldos* ſolvat id eſt *novem* capita reſtituat. l. Bajuv. I. 3, 1 [1, 3]; in *novigeldo* ſecundum pretia conſtituta ſolvere. l. Burg. 8, 2. 9; *novies* componat. l. Sax. 4, 8 [36]; in fredum *novies* componit weregeldum ſuum. l. Friſ. 7, 2. 17, 2; *novem* weregildos. 20; und ſo auch bei den Angelſachſen *neunfache* buße. l. Aethelb. 4, bei den Viſigothen *novecupla* compoſitio. VII. 1, 1. 11; *novies* reſarcietur. VIII. 1, 9; [in *novecuplum* reddat. ibid. IX. 2, 1.] Ein achtzehengeld zeigt l. Alam. 49, 2 [48, 2] *octodecim* weregeldos, womit das langob. *duplum octogild*. Liutpr. 6, 6 [59] eins iſt, häufiger erſcheint das ſiebenundzwanziggeld: *tres novigeldos*. Alam. 7, 1 [6]. 27 [26]; *ter novigeldos* componat. 32 [31]; *trimniungeldo* ſolvat, hoc eſt ter novem reſtituat. Bajuv. I. 3, 3 [1, 3]; *tripla novigildi* ſolutione. Burg. 75; und auch altn. *threnni niu* markar. Veſtg. rätl. 1; [*ter* quamvis ſolidos redderet ipſe *novem*. Iſangr. 1, 1502; *drei* ſtund *nün* ſchilling. weisth. 1, 39.] Außer dieſer doppelung und verdreifachung des neungeldes*) begegnen keine multiplicationen der buße weiter und alle bußen zeigen, neben dem einfachen und doppelten anſatz, nur den 3, 6, 9, 18 und 27 fachen; man vgl. die | drei und neunfache erhöhung des 655
ſaliſchen wergeldes (oben ſ. 272), die ſechsfache des bairiſchen (ſ. 273). Eine merkwürdige übereinſtimmung unſerer alten

*) die vielen 26 (oben ſ. 218) ſcheinen 27—1.

gefetze*), wodurch die im Norden entfchieden waltende heiligkeit der dreizahl und neunzahl vollkommen beftätigt wird.

9. *Zurückgabe*, jenes agf. âgifan, ift bloß auf die durch raub oder diebftal entfremdete perfon oder fache anwendbar. Daher reden die fränkifchen gefetze nur bei diefen verbrechen, nicht bei todfchlag, wunde oder lähmung, von *capitale.* Die bedeutung kann nicht zweifelhaft fein, nach dem was in der decretio Chlotarii II. fteht: *capitale* qui perdiderat recipiat; *capitale* ei qui perdiderit reformare feftinet et latronem perquirat. Georg. 477. 479 [MG Capitularia I p. 5. 7]; *capitale* in locum reftituat. l. fal 13, 2 [12, 2]; namentlich gilt es von knechten, die für fachen angefehen werden: *capitale* in locum reftituat. l. fal. 29, 6 [25, 7]; *capitale* domino reftituat. 30, 1. 3 [26, 1. 2]. Der ausdruck felbft, fcheint es, ift von *caput* (houbit) hergenommen urfprünglich nur auf geraubte frauen (l. fal. 14 [13]), mancipia und pecora bezüglich, vgl. *capita.* l. Bajuv. I. 3, 1 [1, 3]; nachher aber auch für erftattung leblofer fachen, z. b. des holzes. l. fal. 8, 4 [7 add. 11] gebraucht. In den übrigen gefetzen verfchwindet diefe benennung, das langob. fetzt: *mancipium* (manahoubit) reftituat et aliud fimile fub aeftimatione pretii componat. Roth. 275 [270]. 276 [271]. 277 [272]; das vifigoth.: duos *cum eodem* (fervo) paris meriti domino reformare. IX. 1, 5; ejusdem meriti *cum eo* (bove) alium domino reddat. VIII. 4, 9**). Die falifche und ripuarifche compofitionsformel verbindet insgemein *capitale* und *delatura;* [auch *damnum* und *delatura.* l. rip. 17 [1]).] Delatura ift was der melder (anzeiger, proditor, i. e. certus indicator. l. Roth. 260 [255]) für die an-

*) ich möchte darum die vifigothifche *quadrupli* fatisfactio. VIII. 1, 9 (in quadruplum. ed. Theod. 109), *feptupla.* VII. 2, 6. 23 und *undecupli* compofitio. VIII. 1, 10 für ungermanifch halten.

**) die erftattung des viehs heißt in den fchwed. gefetzen *filafylli* (gleichfam füllung des zaums). Helf. viderb. 23. Upl. viderb. 28. Dalal. bygn. 57. Suderm. bygn. 32. [Vgl. Sfp. 3, 47: fingende vogele unde klemmende unde winde unde heffelhunde unde bracken mach man wol gelden mit eneme irme geliken, die alfo gut fi.]

[1]) [wie im Sfp. 2, 46. 47: *fcaden* gelden un *bote* geven (bei feldfchaden), 2, 28: *fchaden* gelden un *wandel.*]

gabe der entfremdeten ſache empfängt, wie viel? konnte beſonders ausgemacht werden (eine alam. urk. bei Goldaſt 2, 55 ſagt: occulte ſibi pactum fieri petiit de pretio duorum librarum *pro delatura*, ut haec *patefaceret*), ein ſolches gedinge aber nur den beſtolnen, nicht den dieb binden, dem die geſetze geregeltes anbringegeld aufer- | legten. In der l. Viſig. VII. 1. 4 heißt es 656
*merces indicis*, [in der l. Burg. 77, 3 pretium quod infertur pro indiciis, vgl. ibid. 16, 3. addit. 1, 8 [95]], agſ. *meldfeoh:* ſe þe hit offpyrađ, he âh þät meldfeoh. l. In. 17[1]). Delatura erſtreckt ſich jedoch weiter als capitale und kann auch beim homicidium eintreten. l. ſal. 79, 1 [extravag. A 6]. Das wort ſtehet außer dem ſal. u. rip. geſetz l. Angl. et Wer. 7, 2. 3 [37. 38] und Georg. 479 [MG Capitularia I p. 7].

10. *Fredus* hieß was dem könig oder volk alſo dem fiſcus *für den gebrochenen frieden* entrichtet wurde, er begleitet nicht jede privatbuße: ſi quis puer infra XII. annos aliquam culpam commiſerit, *fredus ei non requiratur*. l. ſal. 28, 6 [24, 5]; quod quadrupedes faciunt *fredus* exinde *non exigitur*. l. rip. 46. l. Roth. 331 [326]*) und gerade ſo noch bei den ſpätern Frieſen: alle wrwalda dêda, diares dêda, ſpildêda, alle becwarda dêda full jeld and fulle bôta and *nenne fretha*. Br. 182; desgl. im Norden: ſalle niđr frændbœtor oc *rêttr konongs*. Gulaþ. p. 190. Der fredus kann aber umgekehrt auch ohne eigentliche compoſition vorkommen: quod ſi ſervus ſervum percuſſerit, nihil eſt (braucht weder der herr des thäters zu zahlen, noch kann der des geſchlagenen etwas fordern), ſed tamen *propter pacis ſtudium* 4 den. componat. l. rip. 23; [vgl. Georg. 784 [l. Franc. Cham. 31. 33-41]; das wergeld für einen fremden iſt *ganz* fredus. cap. 3 a. 813 § 8, aber nach l. In. 22, wird ein fremder erſchlagen, ſo hat der könig zwei drittel, die mage ein drittel des veres; iſt der fremde maglos, der könig eine hälfte, der geſiđ die

[1]) [frieſiſch *onbring, onbrinſe*. Fw. 341. 342. 344. 347 (vgl. die anm. ſ. 342) gehört nicht hierher, ſieh Richthofen wb. p. 960. 961.]

*) vielleicht l. Saxon. 13 [57] (ſo wie 12, 5 [59]) excepta faida zu beßern in *excepta freda* (doch ſcheint auch im langob. geſetz faida zuweilen fredus auszudrücken); und excepta bedeutet hier *absque*, nicht, wie in der fränk. formel excepto capitali *praeter*.

andre.] In der regel tritt der fredus neben der compoſition ein, ſoll aber erſt nach deren berichtigung erhoben werden. rip. 89 [1]). Die Alamannen ſcheinen den fredus durch die Franken kennen gelernt zu haben, ſonſt hätten ſie ihn wohl fridus genannt, jenen ausdruck (l. Alam. 3, 3. 4. 32 [31]. 36, 3 [36, 2]) fand daher ſchon ein gloſſator des 10. jh. antiquiert (oben ſ. 1); [gl. der ſtraßb. hſ.: pro *fredo*, zi *frevele*. Diut. 1, 342ª, vgl. Schmeller 1, 604 und unten nr. 14.] Aus den capitularien iſt Georg. 479. 781. 783. 1462 [MG Capitularia I p. 6. l. Franc. Cham.! 3. 17. 18. 20. 21. 22. 23. 24. 26-29. 31. 33-41. 47. MGLL II 2 p. 58] zu vergleichen. Bei den Angelſachſen finde ich *friđes-bôt*. Cnut. 8; die l. Angl. et Wer. 7, 2. 3 [37. 38] und 8 [44] unterſcheidet *fredum* von compoſition und delatur, ebenſo l. Friſ. ad partem regis pro *fredo*. 3, 2; pro *freda*. 8, 16; die ſpätern frieſ. geſetze haben *frethe* (maſc.). Br. 148, fretho. Aſ. 236, thene frethe fella. Br. 64, enne frethe reſza. 209, tô fretha 44. 45. 59. Aſ. 189, thrê frethar. Br. 71, nur daß ihn ſtatt
657 das königs wieder das volk empfängt, da- | her *liudefrethe*. Br. 133 und *liodeſkeld*. Aſ. 20, welche nicht mit dem unter 6 abgehandelten leudis zu verwechſeln ſind. [Der fredus, weil vom herrn oder könig bezogen, heißt auch *dominicum*, *opus dominicum*. Georg. 781. 782 [l. Franc. Cham. 3. 4. 5. 9. 12. 19. 20]. — Der fredus war im mittelalter zuweilen ganz gering: zum andern ſoll die mark ſo frihe ſein, ſchlüg einer einen tod darauf, ſoll er den obgen. zweien herrn von Heſſen u. Naſſau mit *dreien hellern* gebeßert haben, er ſehe furter, *wie er von den freunden komme* (wie er die verwandten des getödteten abfinde). Banſcheuer w.]

11. *Bannus*, *bannum*, die von dem richter zu beziehende buße (Haltaus 94, c); *bannos* exigere hat ſchon Greg. tur. 5, 26, aber nicht für richterliche ſtrafe, auch die alten fränk. geſetze ſchweigen davon unter dieſem namen. In den capitularien und den ſpätern langob. geſetzen erſcheint er häufig: Georg. 672.

---

[1]) [Savigny 1, 187 ſtellt auf, daß der fredus von der als compoſition ausgedrückten ſumme *abgezogen* werden müße und nicht darüber hin entrichtet worden ſei.]

1230. 1260. 1262 ff. 1429. 1462 [MG Capitularia I p. 257. MGLL IV p. 548. 567. 568 ff. MGLL II 2 p. 51. 58], desgl. in den frieſiſchen: l. Friſ. 17 de banno; lêſte thet *bon.* Br. 51; thi biſcop nime ſîne *bonnar.* Br. 54; vgl. das gothl. *banda* vereldi. Gutal. p. 22. Mehr hiervon buch VI.

12. den Angelſachſen hieß der fränkiſche fredus und bannus mit einem worte *vîte* (neutr.), was eigentlich poena, ſupplicium bedeutet und auch in der ahd. form *wîzi*, mhd. wîze dieſen ſinn hat, nicht aber den von buße, geldbuße. Die agſ. geſetze ſtellen vîte dem vere gegenüber: gebêtan ſvâ be *vere* ſvâ be *vîte.* Cnut. 46. 48 [49. 51], d. h. ſowohl den leudis als den fredus des fränk. rechts entrichten; geſylle ſe ſlaga *vere* and *vîte.* l. Aelfr. 26 [29]. Zuſammenſetzungen bezeichnen die art des vîte, als blôdvîte, flîtvîte, legervîte, mulcta effuſionis ſang., rixae, concubitus. Spätere geſetze brauchen für vîte: forisfactura, overſevenniſſe, overhyrniſſe (ungehorſamsgeld).

13. *Wette,* urſprünglich pactum, pignus (oben ſ. 601), drückte im mittelalter häufig den begriff des agſ. vîte aus, mit welchem es wörtlich unverwandt iſt. Der Sſp. ſtellt *gewedde* der bote (die lat. verſion *mulcta* der emenda) entgegen: 1, 53. 3, 53; [ſo auch ſchleſ. landr. b. Böhme 5, 56: der richter hat *gewette* und keine buße, man gibt keine buße als dem kläger.] Andere belege bei Haltaus 202. 2089. 2090, in denen aber oft wette dem lat. compoſitio oder emenda gleichgeſtellt wird; emendae quae dicuntur *wethe* hat auch eine urk. bei Wenk 3 nr. 182 (a. 1289).

14. endlich heißt die dem richter zu zahlende buße in ſpäterer zeit *bruch*, *brüchte* (fractio legis und mulcta delicti). Haltaus 188; den Frieſen *brefze.* Br. 54 oder *brecma.* B. 71. So ſteht auch *frevel* bald für das vergehen, bald für deſſen buße, vgl. oben ſ. 587 was außer der buße zu *frevel verbrochen* wird.

*Anmerkung.* Nach zeit und ort ſchwanken dieſe namen, laufen ineinander über oder beſtimmen ſich eigenthüm- | lich; 658
die älteſte einfachheit faßte alle arten unter einem worte zuſammen, wie Tacitus unter mulcta, und ſo ſcheint im Norden alles bôt oder giald zu heißen, das beſondere durch vorgeſetzte ſubſt. herausgehoben zu werden. Die bôt wird zwiſchen kläger (malsäghande), könig und gau (hundari) vertheilt. Sudherm.

manh. 23. 26. 27. Upl. manh. 14, wie nach Tacitus. Hauptſächlich kommt es auf unterſcheidung der vom verletzten und von der obrigkeit bezognen buße an. Jene heißt compoſitio, ſatisfactio, emenda, werigeld, leudi, vere, widrigeld; dieſe fredus, bannus, vite, wette, brüchte. Zuweilen iſt aber wergeld und buße im engern ſinn zweierlei, nämlich jenes eigentliche entſchädigung, buße die dem beſchädigten außerdem gebührende genugthuung. So in der Lombardei: *widrigeld* ſolvere, et victori ſecundum legem *emendare.* Georg. 1265 [MGLL IV p. 570]; [in der lex Sax. 2, 1 [14] *praemium* neben *ruoda;*] in Friesland *jeld* und *bôte.* Br. 182 und im Sſp. 3, 45 *weregeld* und *bote* (werigeldus et emenda), beide für den verletzten und beide außer der obrigkeitlichen buße (bannus, frethe, gewedde, mulcta). Das weregeld iſt in dieſem fall bedeutend höher als die buße; dieſe im Sſp. für den freien 30 ſchill., jenes 18 pfund, folglich 360 ſchill. [Gewiſſe leute haben kein wergeld, nur buße. Sſp. 3, 45 § 9-11, wie auch gewiſſe thiere kein wergeld, bloße ſchätzung haben. 3, 51.] Des gloſſators zu 3, 45 anſicht, mit buße werde dem mann ſelbſt, mit wergeld dem, des der mann iſt, gebeßert, hat gar keinen grund. Warum aber nach dem Sſp. die laten etwas höhere buße haben als die biergelden und lantſeten, denen ſie im weregeld nachſtehen, weiß ich nicht zu erklären. [Der Schwabenſpiegel kennt kein wergeld, nur buße, und ſtatt des wergelds hat er ſtrafe. Vgl. auch Snorra edda p. 82: nachdem der Skadi die *ſætt* geleiſtet iſt, gerdi Odinn þat *til yfirbôta* vid hana.

Bisweilen war geldbuße in *verſchiedener münze* zu entrichten: ind ſolen dat beßeren deme heren von Guilche mit ſesich ſchellinge *drier künne münze*, dat is zo wißen colſcher, eiſcher ind treiſcher penninge (Cöln, Achen, Trier?). Ritz p. 131, vgl. 139; 60 ſolid. trium monetarum, colonienſis ſc. leodienſis et trevirenſis. acta acad. palat. 3, 303 (a. 1237).]

C. *Standes und geſchlechtsverhältniſſe.*

Auf größe und leiſtung der bußen (wie der ſtrafen, ſ. das folg. cap.) hatten einfluß ſtand, alter und geſchlecht des verletzenden ſowohl als des verletzten; geſichtspuncte, die unſerm heutigen peinlichen recht faſt alle fremd geworden ſind.

1. rückſicht auf den *thäter.*

Die meiſten geſetze unterſcheiden ſorgſam, ob das verbrechen einem unfreien oder freien zur laſt fällt, einige auch zwiſchen den ſtufen der freiheit. Hauptſächlich in betracht kommt der diebſtal, der herr des knechts muß zwar den ſchaden erſetzen, wie wenn ein freier geſtolen hätte, aber die fernere buße iſt verſchieden und ſie pflegt mit in leibliche ſtrafe übergehen; auch den todſchlag verübenden knecht trifft ſtrafe, lebensſtrafe, | handabhauen, prügel (bei den Burgunden centum 659
fuſtes, bei den Viſigothen centum flagella). Dagegen iſt die compoſition und der fredus oft ſchwerer für den freien als den knecht, ab ingenuo *novies* reſarcietur, a ſervo *ſexies.* Viſig. VII. 2, 13. 14. VII. 1, 1; liber ſit culpabilis in curte regis ſol. 20, ſervus aut aldius ſol. 10. lex Roth. 248 [244]; der liber fegangi componiert 80 ſol., der ſervus fegangi 40 (beide aber geben neunfach zurück). Roth. 258. 259 [253. 254]; [der tabularius, der ſich mit einer ancilla vergeht, zahlt $7^1/_2$ ſol., der ingenuus 15, der ſervus 3. lex rip. 58, 9. 17.] Nicht überall; bricht ein ripuariſcher knecht einem freien den knochen, ſo hat der herr 36 ſol. zu zahlen, was auch der freie thäter zahlt. l. rip. 3 und 22; bei verletzung an leib und leben ſcheint ſich die taxe nach dem verletzten, bei der an vermögen nach dem verletzenden zu richten. Man vgl. über verbrechen der knechte l. ſal. 13 [12]. 29, 3. 6 [25, 7. 8. 9]. 38, 1 [35, 1]. 43 [40]; rip. 17, 2. 22. 24 bis 29; Burg. 2, 3. 4, 2. 25, 2. 26, 4 und noch an andern ſtellen; Viſig. VII. 2; Saxon. 11 [50-53]; Friſ. 1. 13-21. 3, 5-7. 9, 17. 12, 1. 20, 3. [Ein freier, der das meſſer zuckt, büßt 3 ſchill., ein unfreier 5. Dornſtetter w.; ein wirt büßt den meineid mit 10 pfunt, ein knecht mit 5. Augsb. ſt. 75.] Ähnliche verſchiedenheiten will ich nun auch für die freien ſtände nachweiſen: novies componat, quod abſtulit, et pro fredo, ſi *nobilis* fuerit 12 ſol., ſi *liber* 6, ſi *litus* 4. lex Saxon. 4, 8 [4, 8. cap. de part. Sax. 19. 20. 21;] ſi *liber et inferioris loci perſona* eſt, pro duobus capitibus (viehſtücken, die auf eine fremde wieſe gelaßen ſind) tremiſſen unum reddat, ſi vero *major perſona* eſt, ſolidum unum, beide müßen den werth des heus außerdem erſtatten. l. Viſig. VIII. 3, 12; ſi quis expellenti de frugibus pecora excuſſerit, ſi *honeſtior* eſt forte *per-*

*ſona*, det ſol. 5 et duplum dampnum, quod fuerit aeſtimatum, cogatur exſolvere. ſi certe *humilioris loci perſona* fuerit, (componat ſolidum, ſollte es ungefähr heißen, et ſi) non habuerit unde componat, 50 flagella ſuscipiat et duplum dampnum exſ. compellatur. ibid. VIII. 3, 14. Es gab verbrechen, die man *knechten* oder *frauen* gar nicht aufrückte. So ſcheint es die ehre eines freien nicht zu rühren, daß ihn ein knecht ſchalt, darum heißt es l. ſal. 33, 5 [30, 6]: ſi quis *ingenuus* alteri improbraverit; eine frau brauchte gewaltſamen einbruch nicht zu büßen: mulier curtis rupturam facere non poteſt, quod abſurdum eſſe videtur, ut mulier libera aut ancilla, quaſi vir, cum armis vim facere poſſit. Roth. 283 [278]; das wurde ſpäter doch abgeſchafft, vgl. Rogge p. 16. 17. Über die zurechnungsfähigkeit *unmündiger kinder* gelten grundſätze, die den noch heute beſtehenden gleichen. |

660 2. rückſicht auf den *beſchädigten.*

Beſchädigungen an leib und leben wurden nach ſtand und geſchlecht der beſchädigten geringer oder höher gebüßt. Concubitus mit einer bloßen ancilla koſtete 15 ſol., mit einer ancilla regia 30 ſol. l. ſal. 29, 1. 2 [25, 3. 4]; genauer noch bei den Angelſachſen, mit einer magd des königs 50 ſcill., mit einer malmagd 25, mit einer dritten rangs 12, mit der ſchenkmagd (pocillatrix) eines bloßen freien 6 ſcill., mit der zweiten und dritten rangs 50 oder 30 ſcättas. lex Aethelb. 10. 11. 16. Si quis hominem ingenuum innocentem ligaverit et hoc ingenuus fecerit, inferat ei, quem ligaverit, ſol. 12 et mulctae nomine ſol. 12; ſi libertum ligaverit, ſol. 6 et m. n. ſol. 6; ſi ſervum lig. ſol. 3 et m. n. ſol. 3. l. Burg. 32. Si quis feminam ingenuam colpo percuſſerit, ſolvat ſol. 2, ſi lita fuerit ſol. $1^1/_3$, ſi ancilla fuerit ſol. unum. l. Alam. 95 [92]. Wer einen freien Franken band, zahlte 30 ſol., wer einen Römer, nur 15. l. ſal. 35 [32]; wer einen freien caſtrierte, 200, wer einen antruſtio, 600 ſol. ibid. 32 [29]; wer einem knecht den knochen brach, 9 ſol., wer einem freien Franken, 36 ſol. l. rip. 3. 21*). Vorzüglich bei den wergeldern

---

*) Die zwölf tafeln, welche ſonſt talio für leibliche verſtümmlung (oben ſ. 647), aber geldbuße für zahnausbruch anordnen, *unterſcheiden*

tritt die verſchiedenheit hervor, todſchlag eines ſervus, litus, ingenuus, nobilis wurde ungleich componiert; ebenſo eines manns oder einer frau, eines pfaffen oder laien. Die näheren angaben ſind bereits im erſten buch gebracht worden und von compoſition der weiber handelt das zweite ſ. 404-406. Ich muß hier einiges hinzufügen und berichtigen. Wenn auch die alten Frieſen mann und weib gleichſtellen (ſ. 405 unten), findet doch ſpäterhin unterſchied ſtatt, die lit. Br. geben der frau $^1/_3$ *höhere* buße: wîfcaſe on thrimne further. 72; thâ wîf thrimne further. 181; delefel ſex penningar, there wîve niugen. 206; there wîve thrimne further. 207; nach Fw. 347 is her bôte dâ *fiarda penningh mâra.* Über das wergeld der pfaffen | (ſ. 274. 275) iſt wahr- 661
ſcheinlich noch viel zu ſammeln; in einem ungedruckten Stricker (p. m. 113) heißt es:

> ſwer einem pfaffen nimt den lip,
> eȥ tuo man oder wîp,
> der ſol die buoȥe dar tragen
> ſam er *ſiben leien* habe erſlagen.

So viel bewilligten die alten geſetze noch nicht; der monachus ſollte nach dem bair. I. 9 [1, 8] und alam. 15 [14] mit dem doppelten wergeld ſeines geburtsſtandes, der bairiſche clericus mit dem einfachen, der alam. mit einem nur um das drittel erhöhten gebüßt werden. [Auch bei verbrechen, die nicht an leib und leben giengen, galt rückſicht auf den ſtand des beſchädigten: ſi quis hominis franci curtem infregerit, ſol. 6, ſi ingenui, ſol. 8, liti 4, ſervi 2. Georg. 782. 783 [l. Franc. Cham. 20-23]; der fredus bleibt ſich immer gleich, in dieſen fällen ſtets 4 ſol.]

D. *Wergeld.* Unter allen bußen*) iſt die capitis aeſti-

---

dabei gleichfalls *zwiſchen knecht und freiem:* ſi oſſa fregit ex genetali (d. i. gingiva. Feſtus ſ. v. genitalis), libero 300, ſervo 150 aeris poenae ſunto. 7, 10; beſtätigt durch Gajus 3, 223: poena autem injuriarum ex lege XII. tab. propter membrum quidem ruptum talio erat, propter os vero fractum aut colliſum 300 aſſium poena erat, velut ſi libero os fractum erat, at ſi ſervo, 150; vgl. moſ. et rom. leg. collatio 2, 5.

*) eine vergleichende zuſammenſtellung *aller* bußen, nicht bloß des wergelds, nach verſchiedenheit der völker, zeiten und münzverhältniſſe, kann nur in einer beſondern ſchrift geleiſtet werden.

matio die wichtigſte und nach ihr wurden viele andere bußen beſtimmt, für welche man entw. den einfachen ſatz oder verminderung und erhöhung des wergelds annahm. So beſtand die compoſition des ehbruchs in dem wergeld des beleidigten ehmannes. l. Bajuv. 7, 1 [8, 1]. Daß die *baſis* des wergelds in dem anſatz des *freien* mannes zu ſuchen iſt, lehrt deutlich der epilog des frieſ. geſetzes: haec omnia ad liberum hominem pertinent, nobilis vero hominis compoſitio . . . tertia parte major efficitur, liti vero . . . medietate minor eſt, quam liberi hominis. Bloß ein anderes verhältnis, aber dieſelbe regel, enthalten die judicia Saxmundi, addit. 3, 71-73. Hier will ich das freienwergeld nach den verſchiednen völkern zuſammenſtellen. Höchſter anſchlag findet ſich bei den Viſigothen, 300 ſol. (VIII. 4, 16), ja nach einer andern ſtelle ſogar 500 (VII. 3, 3), was ich nur durch einen ſchreibfehler erklären kann, man leſe trecentos und CL medietatem homicidii. Dann folgen die Sachſen mit 240, Franken (ſaliſche und ripuariſche) 200 (l. ſal. 19, 6 [16 add. 1]. 44 [41]); Angelſachſen (In. 33 und foedus Aelfr. 2), Angeln und Weriner auch 200; letztere ſcheinen früher 160 zu haben (oben ſ. 289. 405); 160 war anſatz der Baiern und Alamannen. Das burgundiſche wergeld betrug 150, wenn minor ausgemacht der freie iſt (oben ſ. 269. 273); zur zeit ihres geſetzes war für vorſätzliche tödtung bereits alle geldbuße abgeſchafft[1]), für |
662 unvorſätzliche aber das alte pretium zur hälfte beibehalten. Mit dieſen 150 ſtimmt wahrſcheinlich die langobard. taxe, ich kann ſie nicht aus den geſetzen[2]), aber aus einer gloſſe des cod. cavenſis beweiſen: guidrigild CL ſolidos. Geringſte compoſition iſt die frieſiſche, nur $53\frac{1}{3}$, inter Fli et Sincfalam ſogar 50*). Im mittelalter ſchlägt der Sſp. 3, 45 das wergeld des freien auf

---

[1]) [doch für unfreie galt noch compoſition l. Burg. 10, 1-6. 50, 1. 2; vgl. die lex romana Burg. (ed. Barkow p. 11 [MG Legum ſectio I 2 p. 126]), wo dieſe pretia beibehalten ſind, quia de pretiis occiſorum nihil evidenter lex romana ſtatuit.]

[2]) [ſie ſteht klar Liutpr. 6, 9 [62].]

*) der frieſ. litus galt 26 2/3, inter Fli et Sincf. nur 25; der nobilis galt gewöhnlich 80, inter Fli et Sincf. 100, inter Laubachi et Wiſaram 106 2/3, nämlich beide letztere landſchaften gaben dem edeln doppelten ſatz, die übrigen bloß anderthalben.

18 pfund an, was, jedes zu 20 schill. gerechnet, 360 schill. ergäbe, die sich nicht sicher den alten 240 sol. vergleichen laßen, aber doch damit zus. hängen, weil 360 eben die dreifache sächsische *ruoda* (120 sol.) beträgt; über den ausdruck ruoda werde ich nachher s. 676 eine vermuthung wagen. [Homicidium cum octo libris persolvit. vita Meinw. 128. Nach dem Augsb. st. 50 betrug das wergeld 50 pfunt, und bei einem, der weniger als 150 pf. besaß, ein dritteil des vermögens; das sächsische wergeld 60 mark. Michelsen oberh. p. 349 (a. 1598); das goslarer 18 pfund pfündiger pfenninge. Leibn. p. 524; mit einem gantzen wergelde, das sein 24 alte schock. Haltaus 2081. In dem gedicht von der Wiener merfart 640 werden dem aus dem fenster geworfnen 200 pfunt silbers zugewogen [1].] Die altn. preise bedürfen näherer ausmittelung, als ich sie zu geben vermag. Auf Island galt der freie 100 (unzen) silbers, denn 50 machten ein halbes wergeld (Müller sagab. 1, 96. [Isl. sög. 2, 209. 213]), 200 ein doppeltes (Niala cap. 43). Inzwischen wurden für vornehme freie 200 als einfacher satz gezahlt, das hieß ein gutes wergeld: fyrir vîg þorvallz geri ek CC silfrs; þat þôtti þâ gôd manngiöld (Nial. cap. 12 p. 22. [Vatnsd. p. 190. Isl. sög. 2, 215. 225. 227]), und in dieser beziehung beträgt ein doppeltes 400, ein dreifaches 600 (Nial. cap. 146 p. 250. [Isl. sög. 2, 143-145]), ein vierfaches 800 (Nial. p. 251); [eine todschlagsbuße von 12 hundruđ. Isl. sög. 2, 144.] Wie die isländ. 100 und 200 silbers auf marken oder schillinge zurückzuführen sind, weiß ich nicht sicher, 8 unzen auf die mark gerechnet, betrügen die 200 silbers 25 mark, folglich die mark zu $^2/_3$ pfund angenommen, $333^1/_3$ schillinge. Das gothländ. vereldi macht 3 mark goldes, = 24 mark silbers, wozu aber noch 12 mark bandavereldi treten, folglich 36 mark. Gutal. cap. 15. 16; das sudermanländ. sporgiäld 40 mark, ebensoviel das ostgothländische, das vestgoth., wie es scheint, 39 mark silbers, das upländische aber 140 mark (pfenninge), das jütländische 54 mark pfennige ohne giörsum, d. i. zubuße, mit giörsum 108. Jüt. 3, 21.

---

[1]) [$^1/_{10}$ wergeld für fingerlemde. schöffenurth. bei Waßerschleben 1. 192. 193. Für eine abgeschlagne hand 20 pfund. Renner 24596.]

[Du vejed vor morbroder, böd os ei bod . . .
*ti mark guld* ligger i mit ſkrin,
det er bod for morbroder din. danſke viſ. 4, 252[1]).]

Die *erlegung* und *austheilung* des wahren wergeldes, d. h. des für einen todſchlag ſchuldigen (nicht des andere geldbußen beſtimmenden oder gar conventionellen) hängt mit dem band der verwandtſchaft zuſammen. Alle ſchwert- und ſpillmage, die
663 an der fehde theil hätten | nehmen müßen, waren zum wergeld mitverbunden und mitberechtigt, ſie heißen altn. *bauggildismenn;* ad quemcunque hereditas terrae pervenerit, ad illum veſtis bellica et *ultio proximi* et *ſolutio leudis* debet pertinere. l. Angl. et Wer. 6, 5 [31]. Es war gemeinſchaftliche, heilige verpflichtung, ganze geſchlechter konnten dadurch verarmen oder wohlhabend werden. Über die zuziehung der einzelnen verwandtſchaftsgrade geben uns die geſetze nicht hinreichende auskunft; [*ausführlich* handelt jedoch davon das frieſiſche recht. Fw. 261-266; vgl. Neocorus 2, 545 und Probert p. 260. Spätere geſetze befreien die verwandtſchaft von zahlung des wergelds: de handdadige ſchal dat beteren mit ſinem egenen gude odder live und mit nemandes anderen gude, unde ſine frund, brodere efte vedderen ſcholen des nicht entgelden. Hadeler urk. von 1475, Spangenberg arch. 1828 p. 179.]

Von *entrichtung* des wergeldes iſt eine hauptſtelle lex ſal. 61 [58] (oben ſ. 111); der todſchläger, wenn ſein vermögen nicht hinreichte, zog durch ein feierliches ſymbol ſeine verwandten, erſt die nächſten, dann ſtufenweiſe die ferneren*) in zahlungsverbindlichkeit; wer ſelbſt unvermögend war, konnte wieder auf einen andern chrenecruda werfen. Fand ſich die ganze verwandtſchaft unfähig, die buße zu erfüllen, ſo haftete der thäter mit leib und leben, es trat dann das oben ſ. 617

---

1) [über das wergeld der Preußen vgl. Voigts geſch. von Pr. 4, 594-602; es betrug 60 mark für einen *withung* (alten Litthauer), 30 mark und 16 mark für andre freilehnsleute. In Polen: pro occiſo homine XII marcas argenti. Szczygielſki Tinecia 2, 138. Bei den Iren hieß das wergeld *eric.* transact. of the ir. acad. 14, 183 ff. Okearney 132.]

*) man vergleiche die ordnung mit der beim empfang des reipus. l. ſal. 47 [44].

geſchilderte verfahren ein. Ein vermögender todſchläger brauchte ſchwerlich auf ſolche art ſein geſchlecht aufzufordern, es kam ihm von ſelbſt zu hilfe; das recht hatte er aber auch dann, glaube ich, deſſen theilnahme zu begehren. Die altn. ſitte wird Nial. cap. 124 erläutert, von einem ſymbol iſt keine rede; als die gerdarmenn die buße angeſetzt (gert) haben, erbieten ſie ſich ſelbſt die hälfte herbei zu ſchaffen, ja das umſtehende volk wird ermahnt etwas beizutragen (nû er þat bœnarſtaðr minn till allrar alþýdu, at nokkurn hlut gefi til, fyrir guds ſakir. þvî ſvörudu allir vel). Schnell wird der geldhaufen zuſammengebracht.

Den *empfang* des wergelds für den erſchlagnen verwandten könnte man eine art erbrecht nennen, doch nach anderer folge, als ſie in gewöhnlicher erbſchaft ſtatt findet. Denn der nächſte erbe, ſcheint es, ſchloß nicht geradezu die entfernten aus, ſondern das ganze geſchlecht*) machte ſofort ſeinen anſpruch, wenn auch auf ungleiche theile geltend. Das war höchſt billig, da auch die fehde und rache, ſo wie die bezahlung der geldbuße auf allen verwandten laſtete[1]). Die altſchwed. | geſetze unter- 664
ſcheiden daher erbenbuße und geſchlechtsbuße, *arfvabot* und *ättarbot.* Veſtg. drap. 1, 3. Nach dem alten Guledingsl. zog der ſohn 12 mark, der bruder 6, der vaterbruder 4; von austheilung des wergelds unter die verwandtſchaft handelt auch die 5. 6. 7. 8. abtheilung des Froſtedingsl. Die l. Friſ. 1, 1 bewilligt dem heres occiſi zwei theile, den dritten den verwandten. [Snorra edda 137 heißt es, nachdem das wergeld für Otr gezahlt iſt: Hreidmarr tôk þâ gullit *at ſonargiöldum*, en Fâfnir ok Reginn beidduſt af nokkurs *î brôdurgiöld.* Spätere mordſühnen, wobei auch noch die verwandten ihr theil erhalten, aber auch ſeelmeſſen u. a. angeordnet werden, bei Haupt 6, 21-26.]

E. *Tödtung durch hausthiere.* Die frieſ. formel *pferdes* huf, *rindes* horn, *ſchweines* zahn, *hundes* biß (oben ſ. 48) ſchimmert durch in den worten des langob. geſetzes: ſi *caballus*

---

*) wie ſchon Tacitus ſagt, recipit ſatisfactionem *univerſa domus.*

[1]) [nach dem Augsb. ſt. 52 waren bloß die *manns*freunde bis zum 7. grad zur blutrache gehalten.]

cum *pede*, *bos cornu* damnum fecerit, vel ſi *porcus* cum *dente* hominem intricaverit aut ſi *canis momorderit*. l. Roth. 331 [326]. Dem herrn des thieres wird ganzes oder halbes wergeld auferlegt, fredus aber ausdrücklich erlaßen (oben ſ. 656), einige geſetze haben ſehr eigenthümliche beſtimmungen. Die l. Viſig. VIII. 4, 16. Roth. 331 [326] legen *ganzes* wergeld, die fränkiſchen nur *halbes* auf und für die andere hälfte ſoll das quadrupes dem zum wergeld berechtigten *hingegeben**) werden: ſi quis *quadrupes* hominem occiderit, ipſe quadrupes, qui eum interfecit, in medietatem weregildi ſuscipiatur et aliam medietatem dominus quadrupedis ſolvere ſtudeat. l. rip. 46; ſi quis homo a qualibet *pecude domeſtica* fuerit occiſus; . . . medietatem compoſitionis dominus ipſius quadrupedis cogatur exſolvere, ipſum vero quadrupedem, qui eſt auctor criminis, pro medietate compoſitionis reſtituat (donet) requirenti. l. ſal. 39 [36]; wahrſcheinlich damit die verwandten des getödteten das verhaßte thier umbringen könnten, mit deſſen lebendigem beſitz ihnen gewis nicht gedient war**). Merkwürdig iſt die *antiqua calumnia*, welche das burgund. geſetz aufhebt, und wofür es bloße *hingabe* des thiers, ohne wergeld, verordnet: ſi quodcunque animal quolibet caſu aut *morſus canis* homini mortem intulerit, jubemus etiam inter Burgundiones antiquam exinde calumpniam removeri, quia quod caſus operatur non debet ad damnum aut inquietudinem hominis
665 pertinere. ita ut | ſi de animalibus ſubito *caballus* caballum occiderit aut *bos* bovem percuſſerit aut *canis* momorderit, ut debilitetur, *ipſum animal* aut canis per quem damnum videtur admiſſum, *tradatur* illi, qui damnum pertulit. l. Burg. 18, 1. Das alam. geſetz bewilligt, wenn pferd, rind und eber tödten, *ganzes* wergeld: ſi *caballus*, *porcus* aut *bos* hominem occiderit, totum werigeldum (dominus ejus) ſolvat; ſi ſervus (occiſus) fuerit medium pretium ſolvat. l. 103 [96, 4]. Hinſichtlich des hundes aber heißt es: ſi *canis* alienus hominem occiderit, *medium* were-

---

*) die röm. *noxae datio:* ſi quadrupes pauperiem fecerit, dominus noxae aeſtimationem offerto, ſi nolit, *quod nocuit dato*. XII. tab. 7, 1 und bei den Griechen: κύνα δακόντα παραδοῦναι κλοιῷ τετραπήχει δεδεμένον. Plutarch im Solon.

**) vgl. das *noxae dare* im edict. Theoderici 109. 117.

gildum ſolvat (dominus ejus). et ſi *totum* weregildum quaerat (heres occiſi), omnia *oſtia ſua claudantur et per unum oſtium ſemper intret et exeat, et de illo limitare novem pedes ſuſpendatur* (canis) *usque dum totus putreſcat et ibi putridus cadat et oſſa ipſius ibi jaceant et per alium oſtium non intret nec exeat.* et ſi canem inde jactaverit aut per alium oſtium intraverit in caſam, ipſum weregildum medium reddat. l. 102 [96, 3]. Sicher eine verfügung des höchſten alterthums. Der verwandte des getödteten ſoll ſich mit halbem wergeld begnügen, fordert er das ganze, ſo wird ihm (für die andere hälfte, wie bei den Franken) der hund ausgeliefert, den er aber über ſeine hausthür aufhängen muß und, bei verluſt des in geld empfangnen halben wergelds, nicht abnehmen noch zu einer andern thüre aus und eingehen darf, bis das thier verfault und die knochen herunterfallen. Geſtank und widriger anblick, die ihm das ganze haus verleidet haben würden, ſollten den betheiligten im voraus bewegen, ſeine forderung bei der hälfte bewenden zu laßen. Was aber das wichtigſte iſt, der alamanniſche rechtsgebrauch hängt ſichtbar mit einem altnordiſchen zuſammen, weſentlicher verſchiedenheit beider ungeachtet. Nämlich die rede iſt nicht von tödtendem hund, ſondern von tödtendem knecht, mancipia gelten jedoch den thieren gleich, und was ſpäter für dieſe recht iſt, kann es früher für jene geweſen ſein; ferner, dem herrn des knechts liegt verbindlichkeit ob, das ganze wergeld (40 mark) zu zahlen, zahlt er nicht, ſo ſoll, und dies iſt die hauptabweichung, *ihm* der knecht an die hausthüre gehangen werden, bis er fault und abfällt: haut er ihn herunter, ſo zahlt er die 40 mark. Des geſetzes worte lauten: nu vil egh bondin böta firi han i thingum, tha ſkal dom a thingi taka til thäs, at *taka ekevidhiu ok binda um hals thrälinum ok uphängia vidh lidhſtulpa bondans.* hugger för | nidher, än vidhian 666
rutnar, hätte vidh fiuratighi markum. Oſtg. drap. 13, 2. Daß dem buße weigernden herrn der ſervus noxius vor die thüre gehängt wird, ſcheint weit natürlicher, als daß der canis noxius dem zuviel fordernden heres occiſi; beinahe möchte man eine verwirrung der alamanniſchen tradition vermuthen. Das aufhängen von thieren über die thür ſoll noch im folgenden capitel (unter A. 1 ſ. 685. 686) erläuter:

werden [1]. Bei der pauperies ſchreiben auch die nord. geſetze noxae traditio vor: enn ef *þior* verðr manni at bana, þâ ſcal erfîngi beida ût hans, enn eigandi *leggi band â oc fâi hönom î höndor.* enn ef *hundr* bîtr mann, þâ ſcal ſâ beidazt hunds er bitinn var, enn eigandi *leggi band â* oc fœri hönom î hendor er bitinn var; ebenſo ef *heſtr* eða ros bîtr eða lŷſtr mann eða *naut* ſtângar eða *ſvîn* höggr. Gulaþ. 190. 191.

F. *Alterthümlicher bußanſchlag.*

Bisher iſt von den bußen unter vorausſetzung der geldmünze gehandelt worden; daß aber vor zahlung und zuwägung des geldes, als noch das vermögen hauptſächlich in vieh und getraide beſtand [2], *eigenthümliche gebräuche* die entrichtung der bußen regelten, läßt ſich erwarten. Einige derſelben wurden ſelbſt in ſpäterer zeit, nachdem längſt die verwandlung in geldbußen eingetreten war, für beſondere fälle, ganz oder theilweiſe, wirklich oder nur noch formelhaft, beibehalten. Alle ſpuren ſolcher bußen zeugen von hohem alter. Characteriſtiſch pflegt dabei zu ſein theils die erſchwerung der buße durch ſeltenheit der zu leiſtenden ſache, theils die ermittlung des betrags durch einen gewiſſen ſinnlichen bezug auf das corpus delicti.

1. alterthümlich in letzterer hinſicht ſcheinen daher auch verſchiedne geldbußen, namentlich für *feld* und *waldſchäden,* wobei auf das leibliche verhältnis des frevelnden und gefrevelten geſehen wird. So richtet ſich die buße nach den *ſchritten* des gehenden (oben ſ. 105. 515), nach dem *umdrehen der räder*

---

[1] [in Stralſund hängten büttelknechte im 16. jh. einem bürger einen *todten hund vor die thür*, wenn ſie glaubten, daß der andere ihnen ins handwerk gefallen ſei. balt. ſtud. 7, 2, 14; vgl. auch Lambertus p. 213 (a. 1074): arreptum quendam de turba *ſuper portam* urbis ad ignominiam archiepiſcopi *ſuſpendunt.* Nach der im franz. Simpl. 2, 230 erzählten ſage ließ Joh. Baſilides (Iwan Waſiljewitſch a. 1578) frauen *über ihrer männer tiſch* oder *unter ihrer hausthür* aufhenken und ſo lange hangen, bis die erlaubnis ertheilt wurde, das ſtinkende aas zu begraben.]

[2] [ſowie in kleidern, daher *öln* (ulna panni) nê pennîngr als buße. Sæm. 65b; vgl. O. V. 19, 45:

ni lôſent thar in nôti gold noh *diuro wâti,*
ni hilfit *gotowebbi* thar noh thaꝫ ſilabar in wâr.]

oder nach ihrem einſchreiten (ſ. 553); ſo werden die ſchillinge nach *furchen und zaunſtecken* gezählt. Frankenb. gew. (Schminke 2, 746); alſo dick als ſie da *ufwendeten* uf dem marklande, alſo dick hetten ſie 10 pf. verloren den förſtern. Camberger w. Beſteht die buße nicht in geld, ſondern in ſachen, ſo pflegen dieſe dem gegenſtand des ſchadens *gleichartig* zu ſein, ihn aber zu *überbieten;* ein bei- | ſpiel l. Burg. 27, 10: ſi quis ingenuus 667
vomerem furto abſtulerit, *duos boves cum junctura et adparatu aratri* domino tradere compellatur. [L. Bajuv. 6, 2 [app. 1]: ſi quis die dominico liber homo boves junxerit aut cum carro ambulaverit, *dextrum bovem* perdat.]

2. der alten *viehbußen**) iſt ſ. 587 meldung geſchehen, es muſte oft mit ſtücken von ausgezeichneter *färbung***) und größe vergolten werden, vielleicht weil es ſo althergebracht war, ungefähr wie geldſtrafen in veralteter, ſeltner münze vorkommen. [Noch im 17. jh.: wenn ein hofcavalier wider das ſechſte gebot ſündigte, muſte er, an kleinen höfen, der fürſtin eine *rothe kuh* zinſen. irrg. d. l. p. 407.] Einen beleg, wie die zahl des viehs nach dem vergehen ſinnlich ermeßen wird, gibt Dietmar von Merſeb. 2, 22: ob haec Caeſar auguſtus maſcule ſuccenſens Alberto per epiſtolam mandavit epiſcopo, ut *tot* ſibi *equos* mitteret, quot duci campanas ſonare vel quot lucernas accendi praeceperit; in dieſem beiſpiel freilich nur übertreibende, unausführbare formel. Bei einigen gerichten erhielt ſich lange die abgabe von *ſchweinfüßen* oder *hünern* als einer mulcta:

---

*) der zuſammenhang der buße und ſühne mit dem *opfer* läßt nicht zweifeln, daß auch beziehungen zwiſchen den ſühn und opferthieren der Griechen oder Römer und unſern wergeldern in vieh oder getraide vorhanden ſind Der unvorſätzliche todſchläger muſte z. b. den ſöhnen einen *widder* zur ſühne darbringen: ſi quis hominem liberum dolo ſciens morti duit, paricida eſto, ſi imprudens ſe (ſine) dolo malo occiſit, pro capite occiſi et natis ejus in concione *arietem* ſubigito. XII. taf. 7, 13.

**) mulcta pro injuria regi illata: reus ſolvat centum vaccas pro qualibet centuria et cum ſingulis centenis unum taurum *auribus rufis* praeditum cum virga aurea ejusdem cum rege longitudinis. magnitudine digiti ejus minimi et craſſitudine unguis aratoris, qui per novem annos araverit. Wotton l. Wall. 1, 6. [Bei den Kalmuken 500 *ſchwarzköpfige* 100 *grauköpfige weiße* ſchafe als buße. Lepechins reiſe 1, 278.]

ſcultetus de planis et ſimplicibus emendis recipiet *duos pedes porcinos* vel *duos pullos* . . . quicunque juramento expurgandus fuerit et relaxationem juramenti ab actore aſſecutus fuerit, ſcultetus vero relaxare et ſupportare ipſum gratis noluerit, reus *duos pedes porcinos* ei dabit vel *duos pullos.* Liebe nachleſe zur hiſt. Henrici illuſtr. marchion. miſn. (a. 1256); von ſchlechten u. einfeltigen bußen ſol er (der ſchultheiß) *zwei hüner* oder *zwehn ſchweinfüße* oder davor einen neuen groſchen nehmen. ch. a. 1470 bei Haltaus 1665. [Dem richter *zwen aichorn* geben. MB. 2, 107 (a. 1466); ein *haſen* verfallen. weisth. 2, 197. Habichte und ſchwerter ſcheinen bei wergeldern häufig vorgekommen zu ſein: in compoſitionem wirgildi volumus ut ea dentur, quae in lege continentur, excepto *accipitre* et *ſpata*, quia propter illa duo aliquoties perjurium committitur, quando majoris pretii quam illa ſint eſſe jurantur. capit. a. 819 § 8 (Georg. 839, repet. 1373 [MG Capitularia I p. 282. 439]). Für Begon bietet Fromont als mordſühne an: gold und ſilber ſo viel als 15 pferde tragen können, 80 *muctes de faucons*, und 10 000 meſſen ſingen zu laßen. Garins le Loh. ed. Paris 2, 246,. b. Mone p. 235. In einer weſtphäliſchen ſage fordert der graf von Teklenburg als wergeld für ſeinen boten: einen ſcheffel Wevlinghöfer (eine kleine ſilbermünze), *drei himmelblaue windhunde* und drei eichenſtäbe ohne knoten, ſo groß wie ich ſelber bin. weſtph. prov. bl. 1 heft 4 pag. 58.]

3. vorzüglich merkwürdig ſind die *getraidebußen.* Auch ſie dauerten bis in ſpätere zeit für einzelne beſtimmte fälle, namentlich war in Sachſen hergebracht, daß frauen leichtere vergehen mit einem *ſack voll haber* abbüßten: wo ſich nun weibesperſonen mit einander ſchelten, ſchmähen oder ſchlagen
668 würden, die ſollen hinfüro u. | künftig dem rathe einen *ſack voll hafer mit einem ſeidenen bande zugebunden* zur ſtrafe geben. Eiſenberger ſtat. (Walch 2, 249); ſchlagen ſich weibsperſonen, ſo ſollen ſie an das halseiſen treten oder jede einen *ſack voll hafer mit einem rothen bande zugebunden* zur ſtrafe vor den rath bringen, wovon die hälfte gn. obrigkeit zu liefern. ſtat. von Teichel (Walch 5, 175); es iſt gemeinlich was frawen ſache belangen, es ſei ſlahen, ſchelden oder blutruſt, ein *ſack vul habern* ihre bruche. protoc. a. 1599 bei Pufend. obſerv. 2, 228;

wan ein weib einen andern ſchilt oder eine frau oder magd einen andern raufen, ſchlagen oder ſchelten u. keine wunden werden, ſoll die frau einen *neuen ſack* von 6 ellen u. *ein malter habern* nebſt einem *rothen ſeidenen band* von 2 ellen, womit der ſack wird zugebunden, ſtrafe geben. hanover. landgerichts-artikel § 63 bei Pufend. a. a. o.; ſo ſollen dieſelben ſchuldig befunden mit einem *newen ſacke* u. ein *malder habern* dazu zur ſtrafe verfallen ſein. Leinenberger landger. ordn. § 41 bei Grupen diſcept. for. p. 835 *); [eine *tonne haber*. Heimreich 1, 327; wat ſin broke darumme ſi? dat ordel wart beſtadet an Krumpell, de dar up wiſede: ein *olt ſchepel gerſten*. Kindlinger 37, 89 (a. 1520); wenn jemand eine dirne ſchwängert, muß er zur kramſteuer geben ein *faß butter*, das ſind zwölf pfund, eine *tonne bier* oder *zwei ſcheffel malz*, *zwei brot* oder *zwei ſcheffel rocken*. altoſnabr. geſetz, Kreſs archidiaconatweſen p. 40. 141; in einem Höxterſchen gerichtsbuch von 1733 in gleichem falle die ſtrafe einer *tonne butter;* daher der ausdruck *buttern* müßen für buße geben, wie blechen. Umb drei ſchilling *haſelnüß*. Schimpf u. ernſt 34[a].]

4. allein jenen haber bezogen bloß die gerichte, nicht der verletzte theil. Wichtiger iſt daher der folgende alterthümliche gebrauch. In ſächſiſchen bauerweisthümern hat ſich eine buße erhalten, welche der eigenthümer für ſeinen *getödteten hund* zu fordern berechtigt iſt: ich frage, wann ein hausmann einen guten hund hätte und würde ihm todt geſchlagen muthwilliger weiſe, womit derſelbe ſoll gebeßert ſein? antw. den *getödteten hund ſoll man bei dem ſchwanze aufhangen, daß ihm die naſe auf die erde ſtehet und ſoll mit rothem waizen begoßen werden, bis er bedeckt iſt*, das ſoll ſein beßerung ſein. Wendhager bauernr. p. 200; Peter Harmens von Oldershauſen klagt, daß Henneke Make des küſters ſohn von Bardowigk ihme ſeinen hund auf der hofſtedte erſchoßen. hierauf haben die gerichts-

---

*) [daher der perſonenname *kipfhaber* (zankhaber)? MB. 25, 374;] ſpätere verwandlung dieſer gerichtsbuße: die ſcheltenden weiber ſollen dem rath ein rieß gutes *ſchreibpapiers* und für einen ſchilling *grün ſiegelwachs* ſelbſteigen aufs rathhaus bringen. Blankenburger ſtat. b. Walch 5, 87. Um *drei neue kornſäcke* ſtrafen. Haltaus 1124.

leute verfunden und eingebracht: ſei ein recht daß man *den erſchoßenen hund bei dem ſchwanze aufhange, daß er mit dem maule an die erde rühre, und müße der theter ſo viel rotes*
669 *weizen umb den hund gießen,* | *daß er bedauchet oder behufet werde*, und dem kleger ein jahrlang den hof bewachen*) und der herren willen machen (d. i. dem landesherrn noch einen fredus erlegen). Lüneburger marſchrechtsprot. von 1602 (annal. der braunſchw. lüneb. kurlande 8, 140); flöge edder huwe einer den andern ſine jagthunde edder winde to dode — de olden ſeden: he ſcholde den *windhund* mit *weten* edder *roggen*, den *jagthund mit hafern, up den kop geſettet* u. *in de höge dat de ſwanz ein quartier blot bleve, begeten u. bedecken* u. to bote geven. dat erſte hebbe ik höret erkennen, dat ander ſeggen. Rugian. cap. 93; du ſolt aber wißen, daß das narrentheidinge ſind, welches etliche ſagen, daß wer des andern hund todt ſchlegt, muß ihn ſeinem herrn mit *ſo viel weizen* gelten, *daß man ihn beſchütten mög*, alſo daß er *nach der länge von der erden aufgehangen* ſei. gloſſe zu Sſp. 3, 49. [Nach einer ſchwediſchen ſage wird gegen bauern, die einen hirtenhund getödtet haben, der ſpruch gefällt, den klägern *ſo viel korn* zu geben, daß *der todte hund, in einer leeren ſcheune aufgeſtellt*, davon *bedeckt* werde. Dybeck runa 4, 7 (Haupt 4, 506).] In folgender ausſage ſcheint dieſe tradition verwirrt, da ſie ſtatt auf den getödteten, auf einen ſchaden thuenden hund bezogen wird: clegerin ſagt es ſei ein alt Hollerrecht, welches allzeit ſo gefunden werde, wie ſie von alten leuthen berichtet worden, das wer einen hund hat, ſo ſchaden thuet u. iemand gebißen hat, der ſchal denſelbigen *bei dem ſchwanze aufhangen u. mit weizen begießen, das men nichtes von dem hunde ſehen kan* und ſothaner weize u. hund gehor darnach dem beſchedigten zu. Hollerlander gohgräfenprot. von 1604 (Gildemeiſter beitr. 2, 259. 260). Ein lebendiger hund würde ſich nicht ſo

*) dieſer zug findet ſich auch in den ſchottiſchen ſtatuten könig Davids II: ſi quis injuſte et contra legem alterius canem interfecerit, vigilabit et cuſtodiet ejus ſimarium per annum et diem. Skenaei reg. majeſtas Scotiae p. 51. Den *miſthaufen* heißt was den hof bewachen, vgl. *miſtbella*. gramm. 2, 434.

beſchütten laßen und die annahme, daß man ihn vorher getödtet, dann beſchüttet und ſammt dem getraide dem beſchädigten zugetheilt habe, iſt völlig unwahrſcheinlich, weil für den biß des hunds dieſe buße viel zu hoch wäre. Das wird auch durch die überraſchende einſtimmung fremder rechtsgebräuche, die nur von verbüßung des getödteten thiers reden, beſtätigt: ſi quis *felem* horrei cuſtodem vel occiderit vel furto abſtulerit, *felis ſumma cauda ſuſpendatur, capite aream mundam et planam attingente, et in eam grana tritici effundentur, usque dum ſummitas caudae tritico cooperia- | tur.* Wotton leges Walliae 3, 5, der bemerkt, 670
daß nach ſpätern verordnungen in England wer einen *ſchwan* getödtet ihn *beim ſchnabel aufhängen und mit korn beſchütten* muſte. [Blackſtone ed. 1783. 2, 394. Hones daybook 2, 964. proceedings p. 178. 179.] Seetzen verzeichnet folgende rechtsgewohnheit nomadiſcher Araber: hat einer des andern *hund* getödtet, ſo nimmt der eigenthümer vor dem ſcheik (oberrichter) den hund, *hält ihn am ſchwanz* dergeſtalt, daß die ſchnautze genau den boden berührt, *in die höhe* und der thäter muß nun ſo lange *gerſte* oder *korn aufſchütten, bis die letzte ſpitze des ſchwanzes zugedeckt iſt.* Zach monatl. correſp. 1809 band 19 p. 130. [Ähnlich bei John Lewis Burckhardt notes on the Bedouins and Wahabys. London 1830 4. p. 71 (Klemm 4, 192): the dead dog is *held up by the tail*, ſo that his mouth juſt touches the ground; its length is then meaſured, and a *ſtick* (as long from the ſurface of the ground as the dog) is fixed into the earth. The perſon who killed the dog is then obliged to *pour out* over the ſtick *as much wheat as will wholly cover it,* and this heap of wheat is the fine due to the owner of the dog. I have heard that the kady of Conſtantinople exacts the ſame fine for the ſame offence, if the dog has not been killed by a man in ſelfdefence.] Und wie in dieſen beiſpielen der werth des hundes, des ſchwans, der katze durch *beſchüttung* ermittelt wird, ſo findet ſich im Norden eine ganz analoge ſchätzung durch innere *ausfüllung* der abgezognen thierhaut: der balg eines geſtolnen *ochſen mit mehl gefüllt* wird dem beſchädigten zur buße gegeben (belgr hans fullr af miöle, ok ætla ek þer þat î uxaverdit). Brandkroſſa þâttr ed. B. Thorlacius 1816 cap. 2, vgl. Müller ſagabibl. 1, 296. [Nach einer mit-

theilung von Laßberg in Mones anzeiger 1836 p. 42. 43 (weisth. 3, 222) berief ſich zu Erlenbach am Zürcher ſee, in den 1780er jahren, ein bauer auf das *katzenrecht*: wenn jemand dem andern eine katze todſchlage, ſo *ziehe man ihr den balg ab* und ſpanne ihn mit 4 ſtecken auf dem boden aus, dann müße der todſchläger *ſo viel korn auf den balg ſchütten*, bis dieſer ganz damit *bedeckt* ſei, und dieſes korn gehöre dem eigenthümer der katze.]

5. alles führt aber noch weiter. Nicht bloß für *erſchlagne thiere**), auch für *menſchen* kannte unſer alterthum ein ſolches wergeld, ſtatt des *rothen waizens* läßt die fabel *rothes gold* aufſchütten über den leichnam. Zwar die eddiſche ſage, welche hierher gehört, geht auch noch von einem menſchen in *thiersgeſtalt* aus. Hreidmarr hatte drei ſöhne Fâfnir, Otr und Reginn. Otr wandelte ſich in die geſtalt einer otter, wie ſchon
671 ſein | name zeigt, ſtieg in den fluß und fieng fiſche. Eines tags ſaß er am ufer und verzehrte blinzäugelnd einen lachs, als drei wandernde Aſen Odinn, Loki und Hœnir des wegs kamen. Loki ſah die otter ſitzen, griff einen ſtein und warf ſie todt. Froh ihres fangs ſtreiften ſie dem thiere die haut ab und zogen weiter. Aber am abend nahmen ſie herberge grade in Hreidmars haus und zeigten, nichts von Otrs verwandtſchaft wißend, den waidfang vor. Alsbald erkannten Hreidmarr und ſeine

---

*) es lag ganz in der anſicht des alterthums, nicht nur *knechte* wie *hausthiere*, ſondern auch *hausthiere* wie *knechte* zu behandeln, dem thier alſo gewiſſe menſchliche rechte, namentlich in art und weiſe der buße und des wergeldes einzuräumen. In einem fall wurde ſogar das thier gleich dem freien ſelbſt gebüßt, nämlich *das pferd, auf dem ſein herr ritt;* wer ihm wunden ſchlug, muſte ſie bei den Alamannen componieren, als wären ſie dem herrn geſchlagen: ſi quis homo in equo ſuo caballicaverit et aliquis eum ſuper ipſum plagare voluerit et dum illum plagare voluerit, caballum ejus plagaverit, ita plagam caballi componat, quemadmodum componere debuit, ſi dominum ejus plagaſſet. lex Alam. 71 [64]. Dies iſt auch ins ſchwäb. landr. übergegangen: ſitzet ein man uf ſinem roſſe u. wil riten an ſin geſchefte, ein ander man ritet gen im u. ziuhet ſin ſwert uʒ u. wil in ſlahen u. triffet daʒ ros daʒ (eʒ) ſtirbet, nach künig Karles reht (d. i. der alten lex Alam.) ſol er im bueʒen, als ob er in ſelben troffen hete; daʒ iſt davon geſetzet, daʒ er imʒ het gemeint, daʒ er dem ros tet. Schilt. 321. Senkenb. 234.

ſöhne den balg, legten hand an die Aſen und begehrten *fiörlaufn* (löſegeld), welches darin beſtehen ſollte, daß der ganze balg inwendig *mit rothem gold ausgefüllt, aufgerichtet* und auswendig wieder *mit gold zugehüllt* würde (at *fylla* otrbelginn međ gulli ok *hylja* ûtan međ raudo gulli. Sæm. 180; at *fylla* belginn af raudu gulli oc ſvâ *hylja* hann allann. Snorri p. 136). In der gewalt ihrer feinde, muſten ſich die Aſen den anſatz gefallen laßen, ſandten Loki aus, das gold herbeizuſchaffen und begannen, als er es gebracht hatte, zu füllen und zu hüllen. Æſir trâdo upp otrbelginn ok *reiſto â fœtr*, þâ ſcyldo þeir hlađa upp gullino ok *hylja.* Als ſie gehüllt hatten, gieng Hreidmarr zum goldhaufen und beſchaute ihn, er ſah ein einziges unbedecktes barthaar hervorragen und verlangte, daß es noch gehüllt würde. Das gold war aufgegangen, Odinn muſte einen koſtbaren ring hergeben, den er gern behalten hätte und mit ihm das haar zudecken. Dieſer mythus, in beiden edden auf verſchiedne weiſe erzählt, auch bei Sämund nur in proſa, aber in ſolcher, die nothwendigen ſinn zwiſchen liedern ergänzt, ſcheint mir uralt und bietet die merkwürdigſten beziehungen dar. Er hat ſogar poetiſche namen des *goldes* herbeigeführt, das die ſcalden *otrgiöld* nennen oder *Aſa naudgiöld.* Jene weisthümer reden bloß vom begießen, bedecken, d. i. *hüllen* des hundes, die ſtelle aus Brandkroſſaþâttr umgedreht bloß vom *füllen* des ochſenbalgs; hier beim Otr erſcheinen beide weiſen verbunden, erſt *füllen*, dann *hüllen**). Beim hüllen laßen alle andern ſtellen das thier am ſchwanz nehmen und die ſchnautze den boden berühren, hier wird die otter auf die füße und der kopf nach oben gerichtet (reiſa â fœtr), daher | iſt dort die 672
*äußerſte ſchwanzſpitze*, hier das *äußerſte granhaar* zu decken. Es iſt ein bloß epiſcher ausdruck, daß nach vollendung des goldhaufens noch ein köſtlicher ring, gleichſam als *zugabe*, oben darauf gelegt werden muß[1]). Gerade ſo wirft Niâll auf

*) die *hülle und fülle*, noch heute formel; [hulle u. vulle. Neoc. 1, 163;] mhd. *behüllet* und *erfüllet.* Maria 188.

[1]) [ähnlich in einem litthauiſchen märchen bei Schleicher p. 7: der herr, der dem bauer ſeinen ſohn, den däumling, abkaufen will, ſoll dieſen *mit geld bedecken;* nachdem er den zweiten ſack voll auf ihn ge-

den vollen haufen (rûga) des entrichteten wergelds zuletzt noch ſeidentücher und leerſen (tôk þâ ſilkiſlædur ok bôta ok lagdi â rûguna ofan). Niala cap. 124, um jede einrede abzuſchneiden, und dies iſt der grund aller *zugaben* im alten recht. *Waize* und *gold* vertreten einander ſehr natürlich und beide haben ſelbſt in den formeln dasſelbe epitheton *). Nach der Edda iſt das *gold* nicht bloß *mehl*, ſondern auch *korn* und *ſame*.

6. dem *gold* und *geld* begegnen wir daher auch und nicht dem waizen in andern deutſchen ſagen, die ausdrücklich das *menſchliche*, nicht das thieriſche wergeld angehen; die bedeutendſte **) ſtelle findet ſich bei Fredegar († um 658) oder dem ungenannten verf. der angeblichen excerpte aus der chronik des Idatius († 468) cap. 60 (Bouquet 2, 463, [vgl. chron. de S. Denis 1, 21. Bouquet 3, 173]): der weſtgothiſche könig Alarich und der fränkiſche Chlodowig wollten nach langem zwiſt friede ſtiften. Bei einer verabredeten zuſammenkunft erſchienen die Gothen gegen den vertrag heimlich bewafnet (fraudulenter uxos ***) pro baculis in manibus ferentes), Paternus der fränkiſche botſchafter ſah darin einen mordanſchlag auf Chlodowig und die Franken und führte beſchwerde. Man kam überein, dem oſtgothiſchen könig Theodorich die entſcheidung des handels anheimzuſtellen. Dieſer: talem inter eosdem judicium termenavit, ut difficile Gotthis, quos Alaricus regebat, hujus culpae compoſitio ſuppleretur, ut veniret legatarius Francorum *ſedens ſuper equum, contum erectum tenens in manum* ante aulam palatii Alarici et tam diu Alaricus et Gotthi *ſuper eum ſolidos jactarent, quousque legatum et equum et cacumine conti cum ſolidis cooperirent.* Hier wird auf einen bloßen anſchlag fabelhaft die volle buße angewandt; es wäre eben ſo unthunlich, den zu
673 pferd ſitzenden lebendigen reiter | mit gold zu bedecken, als den

---

worfen hatte, war däumling noch oben auf, bis er ihn endlich *mit einem thaler zudeckte.*]

*) der waize heißt auch der *goldne*, agſ. *goldhvæte*. Beov. 228; darum glaube ich noch nicht, daß πυρός von πῦρ ſtamme, denn dieſes hat kurzen vocal, jenes langen.

**) zuerſt von Hudtwalker (zeitſchr. 2, 137) nachgewieſen.

***) äxte oder meſſer? vgl. Ducange ſ. v. uxus.

lebenden hund mit waizen. Aimoin 1, 20 wollte die ſage wahrſcheinlicher machen, wenn er ſich ausdrückt: Theodoricus, utriusque partis agnita cauſa, ſtatuit ut legatus Francorum equo aſcenſo ante fores palatii regis Alarici ſtans elevatam teneret haſtam manu, ſuper *quam* Alaricus et Gothi eo usque copiam jacerent nummorum argenti, quo usque ſummitas operiretur conti, quorum ſumma ſolidorum ad dominium deveniret regis Francorum. Es läßt ſich eher denken, daß bloß um die von dem reiter gehaltene lanze ein haufen geldes aufgeſchüttet werde. Nichts deſtoweniger iſt eine ſolche deutung falſch und die wahrheit, Theodorich mag nun den ausſpruch gethan haben oder dieſer völlig ſagenhaft ſein, bricht aus der ſache hervor [1]). Ich bezweifle nicht, daß es bei den Gothen in früher zeit rechtsbräuchlich geweſen, den leichnam des erſchlagnen helden, auf ſeinem (getödteten oder lebendig feſtgebundnen) pferde errichtet, mit edelm getraide zu beſchütten*) und ſo zu verbüßen. Der dem todten in die hand gebundne hohe *ſpeer* bezeichnete dann den *gipfel des bergs* (wie bei den thieren die ſpitze des ſchweifs oder des ſchnautzhaars) und der ſo gethürmte hohe waizenhaufen muß ein ſtattliches, der wohlhabenheit des alterthums angemeßenes wergeld gebildet haben. Ehe ich noch einen waizenberg aus dem recht des mittelalters zur beſtätigung anführe, iſt einer andern ähnlichen ausmittelung des wergelds zu erwähnen.

7. in liedern und chroniken geſchieht es nicht ſelten, daß die dargebotne vergeltung und ſühne ermeßen wird *nach dem*

---

[1]) [ein ganz ähnlicher ausſpruch des markgr. Otto IV. von Brandenburg im chron. Magdeb., Meibom ſcript. rer. germ. 2, 332. MSH. 4, 26. Haupt 9, 158. 159. Crane 2828 ſpricht ein ritter zum andern: ich wil ûch *begêȥen* einen *man* mit *geſteine* (edelſteinen) ind dat *ros* ſin, als kaufpreis für das ros des ritters.]

*) *füllen* wäre an menſchen nur denkbar, inſofern die kleider des todten mit gold ausgeſtopft würden, wobei mir eine ſtelle aus Wippo (Piſtorius 3, 472) einfällt: ibi rex Chuonradus maximam munificentiam in quendam ſauciatum teutonicum more ſolito oſtendit, cui pes cum magna parte ſupra talum in pugna penitus abſcindebatur, cujus *ocreas* de corio factas rex afferri praecipiens utramque *nummis juſſit impleri* et ſuper grabatulum ſauciati militis juxta illum poni. Eine alterthümliche gliederbuße. [Vgl. das *füllen* der ſchuhe mit *gold* im Rother 2058.]

*gewicht* des todten, gefangnen oder kranken, ja dies verfahren gilt auch für einzelne glieder. Hierher gehört ſchon das griech. *χρυσῷ ἐρύσασθαι.* Il. 22, 351, das einige für aufwägen, andere für loskaufen nehmen, es erinnert auch an bedecken (vgl. *ἔρυμα*, decke); [Plautus mil. glor. 3, 1, 63: cedo tris mi homines aurichalco contra cum iſtis moribus;] in einem ſpaniſchen volkslied (ſilva p. 223):

ſi tu lo tienes preſo, *a oro lo peſaran.* |

674 Im gedicht von den Haimonskindern erbietet ſich Carl dem Haimon, ſeinen erſchlagnen vetter Hugo *neunmal mit gold aufzuwiegen;* hernach als Reinolt des königs eignen ſohn Ludwig getödtet hat, bietet er an, ihn *neunmal in gold zu zahlen* und außer andern bußen und ſtiftungen, einen *goldnen mann ſo groß als Ludwig geweſen*, machen zu laßen, was zu der *neunfachen* geldbuße (oben ſ. 654) ſtimmt. [Für den todten zur beßerung einen *gülden mann* oder 10 000 fl. fordern. Stüve geſch. von Oſnabrück 413. Als Hechlingen im 16. jh. noch ein freidorf war, erſchoßen die daſigen bauern einen mann des markgr. von Brandenburg. Dieſer verlangte, daß ſie ihm dagegen einen *andern mann von ſilber* ſtellen ſollten. Auf vermittlung der Öttingiſchen mitherrſchaft kam es dahin, daß der gemeinde dieſe buße nachgelaßen wurde, doch ſollten künftig die frevelſtrafen nicht mehr der gemeinde ſondern der herrſchaft verrechnet werden. Hierüber iſt bei den acten eine alte zeugenausſage vorhanden, auch ſoll ſich eine alte Hechlinger ehhaft finden, die 1563 ins kloſter Heidenheim kam. Öttinger wochenbl. 1787 nr. 16.] Pf. Chuonrat 4383:

vil gewis ſoltu des ſîn,
der dich *mit golde wâge*,
daȥ ich eȥ dâfure nine nâme;

[Flore 6535: daȥ ich mir ſelben eine maget
koufte harte tiure . . . .
wan ich ſi hâte *widerwegen*
zwênzic ſtunt *mit golde*;

van roden *golde* ſîn *evenwech* (gleichgewicht) nemen. Makaris 30; heiſchet *ſilber alſo ſwære ich bin.* Dietr. drachenk. 325. 333; noch mehrere beiſpiele aus dichtern gibt Wackernagel b.

Haupt 7, 134 ff.; franz. tu vaux ton *peſant d'or.* Dumas père prodigue 105;] wat vergoeding wy den hertog ſullen doen? men ſal hem preſenteren ſyn ſoons lighaam *met goud* en koſtelike geſteentens *op te wegen even ſwaar.* Margar. van Limburg cap. 51. 52; dum autem iſta et alia nonnulla hujusmodi litigando proſequerentur, inſinuabant, ut niſi *auro argentove,* quantum ſui *corpus aequa lance penſitaret,* redimeret, non fore dimiſſurum. chron. novalic. ap. Muratori col. 764; [(Hadingus) Handuvanum cepit eique redemptionis nomine *corpus* ſuum *auro rependendi* poteſtatem fecit. Saxo gramm. p. 42;] Chararicus, könig der Sueven, deſſen ſohn erkrankt war, von der wunderkraft der gebeine des heil. Martinus hörend, *penſato auro argentoque ad filii ſui pondus* transmiſit ad venerabilem locum ſepulcri. Gregor. turon. de mir. S. Mart. 1, 11*); ein vatermörder ſoll ſich mit ſo viel *golde,* als er ſelbſt ſchwer iſt, mit ſo viel *ſilber,* als ihn zweimal aufwiegen könnte, löſen. Micrälius Pommern 2, 41 ad a. 980; [(Sveno) captus, facta ſibi redimendi poteſtate, corpus ſuum *auro* ſemel, *argento* bis *rependendum* promiſit. Saxo gramm. p. 491;] ſi quis epiſcopum occiderit, fiat *tunica plumbea* ſecundum ſtatum [ſtaturam] ejus, et *quod* [quantum] *ipſa penſaverit, auri tantum* donet, qui eum occidit, et ſi aurum non habet, donet aliam pecuniam, mancipia, terram, villas, vel quicquid habet usque dum impleat debitum. et ſi non habet tantam pecuniam, ſe ipſum et uxorem et filios tradat ad eccleſiam illam in ſervitium usque dum ſe redimere poſſit. l. Bajuv. I. 11, 1 [1, 10]. Dieſe letzte ſtelle ſetzt die rechtsgewohnheit leiblicher abwägung des löſegelds außer zweifel, für den höchſten geiſtlichen ſollte ſie fortdauern, nachdem ſchon alle übrigen wergelder in geld fixiert waren. |

*) Ruinart bemerkt hierzu, daß ärmere leute *wachskerzen* zu opfern pflegten, deren ſchwere das gewicht des kranken, oder deren höhe die ſeiner geſtalt gerade austrug; [ein krankes kind *umb als ſchwer wachs* wiederumb löſen. Scheible 6, 988; hat er ſich zu unſer frawen mit *ſo viel wachs, als er ſchwer ſei,* verheißen. ibid. 997; o chandoile *de voſtre lonc.* Méon 3, 281.] So wurden auch *hände* und *füße* in *wachs* den kirchen dargebracht. [In Hindoſtan ſollen braut und bräutigam zwei finger ihrer hand der gottheit opfern; ſie kaufen dies ab durch *goldene abbildungen* der finger. Meiners 2, 472.]

675 8. zuweilen iſt endlich, ohne die idee von hüllung oder abwägung des leichnams, bloße *erfüllung* eines bezeichneten *raums**) oder dazu aufgeſchlagnen *gerüſtes* das, was den betrag des löſegelds ermittelt. Hierauf möchte ich das bild eines dichters des 12. jh. ziehen (Maria p. 37):

ſwer dir, hêrre, mæʒe
diſen irdiſken gibel
hôhe ûf unz an den himel
mit *rôtguldînen ſpelten*,
der enmöhte dir daʒ kint niht vergelten.

Was *ſpëlte* genau iſt, weiß ich nicht, es muß aber ein werkzeug, brett oder ſtange ſein, vgl. ä. Tit. 91, 4. [Diut. 2, 123] und das goth. *ſpilda* (tabula); an ſolche ſpelten, glaube ich, wurde das wergeld befeſtigt oder aufgehangen. Der Sſp. 3, 45 bewahrt uns folgende merkwürdige angabe: der dagewerchten weregelt is en *barch vul weites* von twelf *ruden*, alſo iewelk *rude* von der anderen ſta enes vedemes lang, iewelk *rude* ſal hebben twelf *negele* upwart, iewelk *nagel* ſal von dem anderen ſtan als en man lang is bit an die ſculderen, durch dat man den *barch* geboren moge von nagele to nagele, iewelk *nagel* ſal hebben twelf *büdele*, iewelk *budel* twelf *ſchillinge*. Sicher ein uraltes wergeldsgerüſte**), innerhalb ausgefüllt mit weizen, ſein umfang beſtimmt durch zwölf ruthen in fadenweitem zwiſchenraum und jede ruthe zwölf nägel hoch, jeder nagel mannslang über dem andern; ein ſolcher *getraideberg* muß noch den übertreffen, der auf den reiter zu pferd geſchüttet wird. Es ſollen

*) Atabaliba verhieß dem Pizarro zum *löſegeld* ſo viel goldes aufzubringen, als das gemach, worin ſich der gefangne könig befand, *ſo weit er mit ſeiner hand in die höhe reichen könnte*, faßen würde; hiernach ward an der wand ein rother ſtrich gezogen und die Peruaner trugen gold, krüge, becher und gefäße von allen ſeiten her. Näheres in Franciſco Lopez de Gomara hiſt. general de las Indias. Amberes 1554. 8. cap. 114 fol. 151 und in Happel rel. cur. 3, 759. [Wenn mir Balak ſein *haus voll ſilbers und golds* gäbe. 4. Moſ. 22, 18 und dazu Rudolf weltchr. b. Vilmar $75^{a}$. Der mir gæbe *türne von rôtem golde* guot. Nib. 1733, 2.]

**) das ſchon die zeichner des Sſp. in keinem bild anſchaulich zu machen wagten. [Die gleiche beſtimmung bei Böhme 5, 3. Ortloff p. 244.]

aber noch zwölf beutel an jedem nagel hängen und in jedem beutel zwölf ſchillinge ſein. Rechnet man bloß dieſe ſchillinge in 1728 beuteln an 144 nägeln, ſo ſind ihrer 20736, und es liegt am tage, daß ein ſolches, das wergeld des freien mannes beinahe 60 mal über- | ſteigendes dem taglöhner, der noch 676
unter dem laten ſteht [1]), ſpottweiſe geboten wird: er empfängt es, das heißt, er empfängt gar keins. Aber auf Eiken von Repgowe muß die tradition des alten, ſonſt in keinem einzigen geſetzbuch enthaltenen waizenbergs gelangt ſein und vermuthlich hatten noch ſpätere ſächſiſche ſchöffen davon einige kundſchaft. In dieſer beziehung ſcheint es mir wichtig anzuführen, was einzelne gloſſen beibringen. Eine bemerkt, daß man ſich einen haufen unausgedroſchen, noch im geſtröhde ſteckenden waizens zu denken habe; eine andere ſagt: vernimm (wie ich es denn in einem *ſehr alten buch* ausgelegt gefunden hab), das dieſe *nagel* ſind geweſt *ruten* uber quer gelegt über eine ſchicht weizens, erſtlich von der erden auf, *als lang der man bis an die ſchuldern geweſt iſt* *) u. denn wider weizen darauf gelegt worden, ſo hoch als der man lang geweſt u. denn aber *ruten* uberquer die uber den weizen heraus gereicht u. an ider *ruten* ein beutel gehangen als an einem nagel. Ob dieſe vorſtellungen richtig ſind, laße ich dahin geſtellt, bedeutender ſcheint es wahrzunehmen, daß in der alten l. Saxonum 2, 1 [14] gerade beim wergeld der techniſche ausdruck ruthe gilt: *ruoda* dicitur apud Saxones CXX ſol. et in praemium CXX ſolidi. Alle dieſe zahlen ſind duodecimale 120, 240, wergeld des edeln 1440 (120×12), des freien im Sſp. 360 (120×3) und jene 144 nägel des bergs wiederum das zwölfquadrat oder das zehntel der compoſition des nobilis [2]). Zuſammenhang hierin iſt unverkennbar.

---

[1]) [nach den trad. wizenb. 303 iſt das wergeld des cenſualis 36 ſol., des *dagowarto* 14 unc.]

*) beſtimmter als das: en man lang, im texte des Sſp. und wieder auf ein maß nach dem todten leichnam weiſend.

[2]) [vgl. die 12 ochſenhäute, in jeder 1200 nägel. norſke folkeev. 1. 263; die zahl 144. 1440 in Kannes urk. 503-520; *pfund*, zahl von 240 ſtücken. Schm. 1, 318. 319. Über das duodecimalſyſtem gramm. 2, 946.]

Es lag in der ſinnesart unſerer vorfahren, für gewiſſe feier-
liche handlungen *bühnen* oder *gerüſte* aufzurichten und ſie mit
677 ſchmuck zu behängen *). Ich kann noch | ein beiſpiel aus dem
büdinger weisthum geben. Die *höchſte buße*, welche dem forſt-
meiſter zu entrichten iſt, ſoll beſtehen in einem fränkiſchen
*fuder weins* und *auf jeden reif einen weißen becher;* bei voll-
ſtändiger aufzählung werden auch ſchillinge in jedem becher
vorgekommen ſein, wie durch ein andres weisthum (oben ſ. 381)
beſtätigt wird. Dieſe becher auf den reifen und ſchillinge in den
bechern gleichen den ſächſiſchen nägeln, beuteln und ſchillingen.
[Eines ſonderbaren bußanſatzes gedenkt das Wendhager bauern-
recht: der junge bauer ſoll die bauerſchaft erkennen mit einer halben
tonne bier oder zwei henkelmanns; ſo er ſich des wegerte, ſoll
er eine *halbe tonne haſelnüße* geben und *bei jeder nuß eine
keule, damit man ſie aufſchlägt.*] Bemerkenswerth ſcheinen end-
lich hier die verſe, in welchen Angantyr ſeinem bruder Hlödr
zwar nicht buße, ſondern einen theil der erbſchaft anbietet
(Hervararſ. p. 192. [fornald. ſög. 1, 494]):

ek mun bioda þer ítrar veigar
ok fiöld meiðma, ſem framaſt tiðir;
tôlf hundrud gef ek þer manna, 1200 mara,
1200 ſkalka þeirra, er ſkiöld bera.
manna gef ek hverjum margt at þiggja,
mey gef ek hverjum manni at þiggja;
*meyju ſpenni ek hverri men at hâlſi,*
mun ek *um þik ſitjanda ſilfri vela,*

---

*) namentlich gehört dahin die ſitte der *leichenbühne* (mittellat. cadafalus, altfranz. cadefaut, ſpan. cadahalſo, ital. catafalco) und des ſpätern *paradebettes*. Man vgl. die anordnung des *ſcheiterhaufens* der Brynhild. Sæm. 225b, die *ſtrava* auf dem grabe Attilas bei Jornandes p. m. 132 [Schaffarik 1, 252], die pira *equinis ſellis* conſtructa. ibid. p. 122, [den *rogus navigiis* exſtructus des Gelderus. Saxo gr. p. 119, Beovulfs ſcheiterhaufen, behangen mit helmen, ſchilden, brunien. Beov. 232, das grabgerüſte des Iron. Vilk. ſaga c. 245. 246] und vor allem die beſchreibung Herodots 4, 71. 72 von dem *σῆμα* der *ſcythiſchen könige*, das aus halben *wagenrädern* und den ausgeſtopften leichnamen getödteter *pferde* und *knechte* künſtlich errichtet wurde. Dieſe todten aufgeſtellten reiter erinnern vollkommen ans gothiſche wergeld. [Vgl. noch Jul. Caeſar 6, 16 über die *ſimulacra* mit den *membra viminibus contexta.*]

*enn gânganda þik gulli ſteypa,*
*ſvâ â alla vega velti baugar;*

man erkennt auf welche weiſe im alterthum *gezahlt* wurde, mit knechten, mägden, halsbändern, gold und ſilbergeräth und rollenden ringen. [Nah verwandt die verſe im Waltharius 405-7:

hunc ego mox *auro veſtirem* ſaepe recocto
et *tellure* quidem *ſtantem* hinc inde *onerarem*
atque *viam penitus clauſiſſem vivo talentis.*]

G. *Scheinbußen.*

Unfreie, unehrliche, verächtliche leute haben auf gar keine genugthuung anſpruch, oder nur auf ſpöttiſche und ganz geringe; ſie waren im grunde rechtlos, jeder durfte ſie ungeahndet beleidigen. Solche ſind: pfaffenkinder, huren, gaukler, ſpielleute, kempfen (im land herumziehende kunſtfechter), ſchwerer verbrechen überwieſene; [loterpfaffen mit langem har und ſpilleute ſind uz dem fride. Rudolfs landfriede a. 1281. Pertz 4, 430, vgl. Olenſchlagers gold. bulle beil. p. 156;] *campionem* (ſine compoſitione occidere licet). l. Friſ. 5, 1. Welches wergeld den *dagewerchten* geſetzt war, iſt vorhin verhandelt worden, ihre buße ſind: *twene wüllene hantſcho* unde en *mesgrepe.* Sſp. 3, 45. Ferner ebendaſelbſt: *papenkindere* unde die *unecht* geboren ſin, den gift man to bote en *vuder houwes alſe twene jarge oſſen getien mogen. ſpelluden* unde alle den, die ſik to egene geven, den gift man to bote den *ſcaden enes mannes. kempen* u. iren kinderen den gift man to bote den *blik von eme kampſcilde jegen die ſunnen. twene beſmen* u. en *ſchere* is der bote, | die ire recht mit düve oder mit rove oder mit anderen dingen 678
verwerken; [vgl. richtſt. 38.] Übereinſtimmend hiermit das ſchwäb. landr. 305 Schilt., 402 Senkenb., mit näherer ausführung: ſpillüten u. allen den, die gut für ere nement u. die ſich ze aigen geben hant, den git man ains *mannes ſchaten von der ſunnen,* daz iſt alſo geſprochen, ſwer in iht laides tut, daz man in bezzern ſol, der *ſol zu ainer wende ſtan, da diu ſunne an ſchinet* u. ſol der ſpilman dar gan oder der ſich ze aigen ergeben hat, u. ſol den *ſchaten an der wende an den hals ſlahen,* mit der rach ſol im gebezzert ſin; nach einer andern hſ.: oder ſwaz ich im tun, daz ſol er minem ſchaten tun. Vom *blinken-*

*den ſchild* oben ſ. 74; der geſchlagne ſchatten gemahnt an eine ſtelle in Luthers tiſchreden cap. 9, wo eines von kaiſer Maximilian gemilderten todesurtheils erwähnung geſchieht: wenn man den übelthäter zum richtplatz bringe, ſolle ihm die *erde* (?) *ſeines ſchattens weggeſtochen* oder weggeſtoßen und er darauf landes verwieſen werden; das heißt ein *gemahlter tod* [1]). [Bei Stricker, Hahn p. 6. 7, wird dem könig angeboten, die buße für erträumte kränkung an dem *ſchatten* der ritter zu nehmen.] Eigenthümlich ſind die altſchwediſchen bußen für den todſchlag der ſpielleute: nu varder *lekare* dräpin, tha böte arva hans *thriggia iämlanga gambla qvighu* ok köpa hanum *nyia handſka ok nyia ſkoa ok ſmyria badhe.* tha ſkal han taka qvighuna ok *ledha up a högh ok halan i hand arva* lekarans ſätia. tha ſkal bondin *til hugga medh giſl thre hugg. far han haldit, havi at botum ſinum,* ſlipper hanum qvighan, tha ſlippe hanum alder faghnadher. Oſtg. drap. 18, 1; vardher *lekari* bardär, thet ſkal e ugilt värä. vardher *lekari* ſarghadher then ſum medh gigu ganger ellar medh fidlu far ellar bambu, tha ſkal *kuigu* taka *otamä* ok *flytia up a bäſing.* tha ſkal *alt har af roppo rakä* ok ſidhän ſmyria. tha ſkal hanum *fa ſko nyſmurdä,* tha ſkal lekarin taka kuiguna um roppo, madher ſkal *til hugga medh huaſſi geſl; giter han haldit, tha ſkal han havä then goda grip* ok niutä ſum hunder gräſs; giter han eigh haldit, havi ok thole thet ſum han fek ſkama ok ſkadä. bidhi aldrigh häldär rät än huskonä hudſtrukin. Veſtg. bard. 7. Da es unmöglich iſt, mit friſchgeöltem handſchuh den glattgeſchornen ſchweif einer jungen, ungezähmten, den hügel herab gepeitſchten kuh feſtzuhalten, ſo wird niemals ein ſpielmann auf dieſe buße anſpruch gemacht haben. Auch in den walliſchen geſetzen, aber bei anderer veranlaßung, begegnet der nämliche zug, nämlich wenn

---

[1]) [dies iſt vielmehr ſchein*ſtrafe.* Auch bei Livius 1, 26: dem Horatius wird der ſchweſtermord verziehen, doch ſoll er *eingehüllten haupts unterm galgen hergehen* (tigillum ſororium). Vgl. Götz von Berlichingen p. 133: und ſtellet ich mich, als wollt ich ihnen (den kaufleuten) allen die köpf und händ abhauen, aber es war mein ernſt nit, und muſten *niederknien* und *die händ auf die ſtöck legen,* da trat ich etwa ein mit dem fuß auf den hindern und gab dem andern eines an ein ohr, das war mein *ſtraf* gegen ihnen.]

ein | bräutigam ſeine braut nicht reine jungfrau findet: ſed ſi 679
illa ſeipſam purgare noluerit, camiſia ejus inguinum tenus dilacerabitur et *juvencus anniculus, cauda prius uncta, in manus ejus tradetur,* quem ſi per caudam tenere potuerit, pro parte dotis ſuae accipiet, ſin autem detinere nequiverit, nihil accipiet. Und dann: ſi *tauri trimi caudam detonſam et ſebo inunctam, per januam vimineam immiſſam, pedibus limini innixis, manibus prehendens* detinere potuerit, licet taurus *a duobus hominibus utrinque ſtimulis urgeatur,* pro ſuo habebit in compenſationem ob infamiam violatae pudicitiae; ſin aliter, habebit tantum ſebi, quantum manibus adhaeſerit. Wotton 2, 42. 43, vgl. Probert p. 132. 133. *Scheinbuße* iſt ferner das, was in gewiſſen fällen für den todſchlag deſſen entrichtet werden ſoll, den man zu tödten berechtigt iſt; ein ſolcher hieß altn. *ôbôtamadr* (impune necandus). Egilsſ. 737. [fornm. ſög. 11, 253; vgl. unten ſ. 736.] So darf der hausherr den in ſein haus einbrechenden frevler, der ehmann den auf der that betretenen ehbrecher, der verwandte den in bann gethanen, vogelfreien mörder ſeines magen ungeſtraft todſchlagen [unten ſ. 742-744]. Zum ſchein *legt* er eine *geringe münze* oder einen *hanenkopf auf den leichnam* u. weiter kann keine genugthuung gefordert werden. Item, is iſt ein landrecht, wer es, das der ſchedelich man verzalit were mit füer u. mit brant, ſo enmochten dan alle magen des doden, binnen achter ſuſterkinder, den misdedigen man ſlan, u. ſlugen ſi ine doit, ſi mochten ſich des enweren mit *vier pfening* u. mit dem *wapen,* domite ſi in ſlugen u. ſulen *die pfeninge u. die wapen legen off ſine borſt;* hetten ſie der pfeninge nit, ſi mochten *phant daroff legen,* die alſe gut vor weren u. weren des quit, ledig u. lois, als die ſunn offget u. der wint wait u. der regen ſpreit. Bodm. 627. 628; desgleichen wer in ſeinem haus überfallen die hausſucher erſchlägt, zahlt bloß *vier pfennige* für einen jeden. daſ. 628 art. 72; ſo jemand bei nachte einen in ſeinem hauſe würde finden, dem he nicht beſcheden hedde u. des huſes beſitzer denſelben alſo vort darover ſtraffen wurde, dat he im nit na enliepe, mag de hushelder *en hoel unter die ſoelen* desſelvigen huſes untergraven u. *unter der ſoelen hertreken* u. *legen ihme enen cruzpfening op ſin borſt,* darup ſal wieder keine frake gahn. Benker heidenr. § 25; den der einem gewalt thut

auf dem ſeinen ſoll der hauswirt todſchlagen u. *unter dem ſülle*
680 *ein loch graben* u. *ziehen den* | *thäter darunter durch* u. legen ihm einen *dreier auf die bruſt*, oder kann er den nicht haben, ſo *haue er dem hanen den kopf ab u. lege ihm denſelben auf die bruſt*, damit ſol er gebeßert ſein. Wendhagner bauernr. 200; mos in comitatu atrebatenſi receptus, quo ab occiſione banniti ſeu proſcripti immanis erat interfector, modo *illius capiti*, quem intra limites comitatus occiderat, *denarium argenti ſupponeret:* par la coutume notoire de ladite conté d'Artois cellui ou ceulx, qui treuvent bannis es mettes de ladite conté, et les mettent à mort, ſont et doivent eſtre de ce quittes et tenuz paiſibles, *en mettant un denier dargent ſoubz la teſte du banni mort.* Carpentier 1, 453.

---

## CAP. III. STRAFEN.

Buße greift das vermögen, ſtrafe leib und ehre des verbrechers an. Wo ſtrafe eintritt, findet keine buße ſtatt: ſvar die düdeſche man ſinen lif oder ſine hant verwercht, he loſe ſe oder ne du, dar ne dar he geven noch gewedde noch bote to. Sſp. 3, 50. Der *benennungen* ſind begreiflich weniger für die ſtrafen als für die bußen, weil gewöhnlich gleich die einzelne ſtrafart ſelbſt genannt zu werden pflegt. Doch verdienen folgende allgemeine namen erwägung:

1. die lat. geſetze brauchen *poena* (*ποινή* [1]), das gar nicht mit *φόνος* verwandt ſcheint) und *punire;* aus dieſem fremden worte iſt das ahd. *pîna* (bei N. pîna und bîna), mhd. pîne, nhd. pein gefloßen, das uns noch jetzt den begriff von tormentum, mrter hat; vgl.a *pîna.* Aſ. 20.

2. *caſtigare*, züchtigen, ahd. *reſſan*, was urſprünglich verberare, mit der ruthe ſtrafen ſcheint, denn *reſſan* hat neben der abſtracten bedeutung von increpare, animadvertere, corripere

---

[1]) [*ποινή* iſt dem Griechen löſegeld, buße (wie auch *ἄποινα* pl.), vgl. *ποινὴ παιδός, κασιγνήτοιο. ἀνδρὸς ἀποφθιμένου.* Il. 5, 266. 9, 633. 13, 659. 14, 483. 18, 498. 21, 28. Od. 23, 312.]

auch noch die ſinnliche von percutere, ſo wie *raffunga* geradezu virga gloſſiert. Ich halte darum reffan (früher hreffan?) genau für ῥαπίζειν; [reffen *mit ſlegen.* cod. vind. 653, 164ᵃ;] es kommt aber auch ein reffan *mit worten* (verbis increpare) vor und die lex Alam. 38, 2 da, wo ſie dem unfreien ſchläge zuerkennt, verordnet dem freien bloße dreimalige correption: *corripiatur* usque ad tertiam vicem; [*bereffen.* myſt. 335, 16; ſchwed. *räſſt* ſtrafe.]

3. *ſtrafe* und *ſtrafen* ſind zwar ſchon mhd. (vgl. ſtrâphin. Diut. 1, 8, ſtrâfen. Nib. 2186, 4. klage 426. [Gudr. 963, 3. Iw. 171.] Geo. 3578. Lohengr. p. 57, [beſtrâfen. myſt. 335, 17]), aber unhäufig und faſt nur mit der | bedeutung reprehen- 681 ſio, reprehendere, corripere (vgl. Haltaus 1752. 1753), in ahd. denkmälern hab ich ſie noch nicht geleſen, auch mangelt ein agſ. ſtræpan oder altn. ſtrâpa; das ſchwed., dän. und ſelbſt isländ.[1]) *ſtraffa* iſt offenbar aus dem hochdeutſchen entlehnt.

4. das ahd. *wîʒi*, mhd. wîʒe iſt ſupplicium und höllenſtrafe hieß hellawîʒi, altn. helvîti, das im ſchwed. helvete, dän. helvede jetzt den bloßen begriff von hölle ausdrückt; [lôn unde *wîʒe*, premium atque poena. N. Bth. 197; *wîʒinôn* damnare. hymn. 1, 4. 19, 5.] Daß das agſ. *vîte* außer ſupplicium auch den ſinn von obrigkeitlicher buße hat, iſt ſ. 657 gezeigt.

5. eine verbreitete benennung war ahd. *haramſcara*, altſ. harmſcara, agſ. *hearmſceare*, das ahd. verbum *haramſcarôn* ſcheint faſt ſynonym mit reffan und heißt gleichfalls percutere, flagellare; [*giharamſcarôt* tunſus, percuſſus, perforatus, contritus. gl. monſ.; *geharſcart* ſive gecrupelt (contractus). gl. Jun. 322.] Scara iſt auflage, herrnauflage, frohne (oben ſ. 317), harmſcara folglich was zur pein und qual (von der obrigkeit) *auferlegt* wird[2]); [that *wîti* was thô âgangan, hard *haramſcara.* Hel. 7, 18; vgl. Hahn zu Otto p. 106.] Auch die fränk. capitularien kennen das wort: aut illum bannum perſolvant aut aliam *harmiſcaram* ſuſtineant. Georg. 1428. 1822 [MGLL II 2 p. 50. 153]; andere lat. urk. geben *armiſcara*, die langob. geſetze Lothars 43 *harniſcara.* Im 12. 13. jh. kommt der ausdruck zwar noch vor fängt aber an ſelten zu werden: wette dem kunige ſine *harnſcar.*

---

[1]) [ſubſt. *ſtraff* ſchon Hervar. ſ., fornald. ſög. 1, 449.]

[2]) [oder wäre *harm* corium, ſkr. tſcharman?]

cod. pal. 361, 39c; der tiuvel hât in her geraht mir ze einer *harmſchar.* Gregor 1123; der herre mit der *harnſchar*, der die rotte auf dem rücken trug. Triſt. 13177; [ich wil den lîp mînen . . . alſô *harnſcharn.* Reinh. fuchs p. 322.] Einige ſpätere belege, namentlich ein cölner *harſcharengericht* führt Haltaus 824. 825 an, der nur auf die ganz falſche ableitung von haar und ſcheren verfallen iſt. Man darf ſich unter harmſchar keine beſtimmte ſtrafe denken, es kann von jeder gelten, obgleich es einzelne urkunden vorzüglich auf die geiſelung und das hund oder ſatteltragen beziehen. [Vgl. unten ſ. 714. 717.]

6. *feme* (genauer *fëme*, nach einem reim zu urtheilen) ſcheint zuweilen ſtrafe, zuweilen ſtrafgericht zu bedeuten; die ſtellen, wo dieſes wort ſeit dem 12. jh. vorkommt, finden ſich geſammelt in Wigands femgericht Weſtphalens p. 308 und in deſſen archiv I. 4, 114. 115. II. 1, 108. 109; [*veme.* Athis A 148. 154; der *femer*, *fememeiſter.* h. Ludw. 9, 26. 10, 1; *vemer*, *vemeſtat.* myſt. 156, 40. 157, 1.]

7. ahd. *anado*, anto (zelus) ahndung, *andôn* ſculde (punire). N. Bth. 58; [*geandôt* werden (corrigi ultione). ibid. 203.

Ferner: agſ. *þreât* correptio, poena, minae. Mhd. *zuht* ſtrafe. Benecke gloſſ. zu Iwein.]

Wie bei den bußen kommt bei den ſtrafen *ſtand*, *geſchlecht* und *alter* in betracht. Den *knecht* treffen härtere als den *freien* und er wird zuweilen geſtraft, wo der freie bloß büßt. Einzelne
682 ſtrafen gelten aus- | ſchließlich für *männer*, andere für *frauen*, z. b. galgen, landesverweiſung geht nur männer an. Dem *unmündigen* können gewiſſe ſtrafen nicht zuerkannt werden. Endlich richtet ſich auch die art einzelner ſtrafen nach dem verbrechen (diſtinctio poenarum ex delicto. Tac. Germ. 12). Alle ſtrafen beziehen ſich entweder auf leben oder auf leib oder auf ehre oder auf landesrecht.

A. *Todesſtrafen*, d. h. die an das leben gehen, des lebens berauben; in den alten geſetzen oft allgemein ausgedrückt, morte puniatur, occidatur, tradatur ad mortem, vitae periculo feriatur und ſelbſt das capite puniatur (l. Saxon. 2, 10. 3, 1. 4 [23. 24. 27]), das ſanguinis effuſione componat (l. Burg. 2, 3) iſt nicht gerade auf enthauptung zu beziehen, ſo wenig als das heutige:

es ſoll ihm den kopf koſten, an den hals gehen*); [were es das es ging *an den hals* oder *an halsgebeine.* Kremer cod. dipl. ardenn. p. 468 (a. 1348); daȥ eȥ in *an den lîp* gât. Iw. 4078, vgl. 4100; unfertig menſch, das *den hals verwirkt* hat. Kleinheidb. w.; *houbethafte* ſchulde (capitales). Barl. 368, 17, houbethafte miſſetât. poeta mellicenſis b. Pez.] Auch die nord. geſetze brauchen zuweilen drepa (occidere) ohne beſtimmung der todesart: voro þat lög at þann mann ſkyldi *drepa*, er vægi mann î konûngs herbergi. Ol. Tr. cap. 171; oder es heißt: *ſê feigr* (moriatur), varin badhin *fegh.* Upl. manh. 13, 2. Veſtm. manh. 28; [þû ert *ôlîfismadr.* fornm. ſög. 11, 241; þôttu þat *ôlîfismenn.* Laxd. p. 142; *daudaſök* crimen capitale. Ol. helg. c. 125; wenn die ſtrafe leib und leben ſchont, heißt es: lîfs grid ok lima. Ol. Tr. 2, 110. Ol. helg. c. 148.] Einzelne *grauſame* ſtrafen, wie das todtpflügen, exenterieren, das fleiſchhauen vom ſchuldner, das fleiſch freßen von der bruſt waren alte rechtsſage, wurden aber niemals vollſtreckt.

1. *Hängen*, goth. hahan, ahd. hâhan und hangan.

Die alte poeſie iſt reich an bildlichen ausdrücken für dieſe allgemein verbreitete todesart: in der luft reiten, die luft über ſich zuſammenſchlagen laßen, den *aſt* bauen, den *dürren baum* reiten; [mis au vent, mettre à la biſe. Ren. 17684. 17792; *kaiſer Rudolfs gerechtigkeit.* unw. doct. 362;] vgl. die ſormeln ſ. 41. 42. Durch alle deutſchen mundarten die benennung goth. *galga*, ahd. galgo, altn. gâlgi (vgl. ἕλιξ und ἑλκω, vom aufwinden, aufſchnellen, aufziehen); [agſ. *galgtreov.* Beov. 218; altſ. *ruoda*, agſ. rôd; *waragtreo.* Hel. 166, 27, *vargtrê.* Sæm. 271ᵃ;] daneben *wîȥipoum* (arbor ſupplicii). gl. jun. 242 oder bloß *baum*, ûf einen boum hâhen (gr. Ruod. Eᵇ, 27) wie hinûȥ hâhen an den galgen. Berth. 86; [hiengen ſie alle ûf ein *zwîc.* Diemer 204, 13;] proditores et transfugas *arboribus* ſuſpendunt. Tac. Germ. 12.

*) *vom leben zum tode bringen*, [*vom leben tuon.* Rab. 1117.] *entleiben*, mnl. *ontlîven.* Reinaert d. vos 1997; [*den lîp nemen.* Iw. 4070; *von dem lîbe tuon.* Herb. 10929; *von den tagen tuon.* Haupt 4, 292; *von der erde tun.* Bodm. Rheing. 424 (a. 1511); wolte ihr (ſich) *ſîben töde laßen anthun.* ibid.;] ſtrafen *von der ſcheitel biß auf die ſolen.* Reutter kriegsordn. p. 70.

Sicher aber wurde nicht der erſte beſte baum im wald dazu erleſen, ſondern es waren beſtimmte *laubloſe* bäume*), an be- |
683 ſtimmter ſtelle, oder wenn dieſe ausſtarben, eingerammelte ſtämme und pfähle**); [var farit med Egil til *ſkôgar*, var *þar reiſtr gâlgi.* fornm. ſög. 11, 242; ut latro ſiccandus *ſtipite* pendi. Reinardus 165.] Spätere weisthümer ſchildern das herbeifahren, eingraben und errichten des galgens aufs genauſte. Über die ſtelle gibt das frieſ. recht einige auskunft, es heißt Aſ. 21. bi thâ *wie* hongath, am wege, alſo an *offener heerſtraße*, und Br. 147. oppa enne *northhaldne bâm*, auf einen nordwärts gerichteten; mitternacht war die ſchauerliche ſeite, der northhalda bâm gleichſam die *arbor infelix* der röm. formel. Cic. pro C. Rabirio cap. 4, vgl. Macrobius ſaturn. 3 cap. ult. Bekannt iſt, daß galgen an *wegſcheiden* gebaut wurden: an daz *gewicke*, dar die erhangen und erſlagen ligent. Berth. 291. [Reiſto þar gâlga ok hengdo þâ, er ſiâ mâtti utan af firdi *af þiodleid.* Ol. helg. c. 57. Hagbarthus wird auf einem *berg* erhängt. Saxo gramm. p. 345, vgl. *Haborshöj.* danſke viſ. 3, 404.] Das ſal. geſetz braucht für galgen die ausdrücke *bargus* und *furca.* 44, 9. 69, 3. 4 [41 add. 1. cap. ad l. ſal. 1, 3. 2, 10]; *palus.* 44, 10 [41 add. 2]. Die ſchwed. geſetze unterſcheiden *galge* und *ſtegl*, letzteres ſcheint palus cum rota, nämlich oben am pfahl wurde ein rad befeſtigt, worauf die leichname der hingerichteten zur ſchau lagen, Ihre 2, 764 erklärt *ſtegel* durch furca, Biörn *ſtegla* durch rota; [Danir tôku höfud hans ok *ſtegldu* vid

---

*) [in arbore *diu arida* ſuſpenſus. Ditm. merſeb. p. 246;] an einen *dürren* baum hängen u. *an keinen grünen.* Reutters kriegsordn. p. 74. 75; hânga *vindga meidi* â. Sæm. 27[b], [vargtrê *vindköld.* ibid. 271[a]; an einen *dürren* baum henken, des *grünen* ſei er nicht werth. Schärtlin p. 216; bei Vuk nr. 175: *am dürren ahorn.* Aber auch: den ſall men bei dem halſe nemen u. thuen ihm en ſtrick an hals u. hangen in *an den nechſten baum*, dar man bi kumpt. Soeſter ſkraa. Weſtph. 4, 3105.]

**) die lat. wörter *furca, crux, patibulum* (von pati? oder von patere, am offnen wege ſtehen?) werden in lat. geſetzen und urk. gleichgültig gebraucht. Ich finde nichts darüber, ob der älteſte galge die geſtalt des T oder Π hatte? glaublich letztere, denn ſo erſcheint er in bildern des mittelalters. Im Reinaert vos wird das galgengeräth ſo beſchrieben: hets êne *lîne* (ſeil) ende ên *vorſt* (firſtbalke) en twê *micken* (zwei gabelbalken). 3141; [daher *driholz.* ſchleiertuch p. 215.]

trê eitt hiâ borginni. fornm. ſög. 11, 375; lägges paa *ſteile* og hiul. danſke viſ. 2, 26. 158. 176. 217. 232. 308. 3, 46. 388. 396, gewöhnlich kläde ſteil og hiul.] Ich finde *ſteil* auch in deutſchen weisthümern: füret man in (den miſſethäter) aus zu dem gericht auf den berg, genant Exenbuwel, alda ſol ein *ſteyl* ſtehen *mit einem arm*, dann ſoll die gemeinde dem miſſethätigen den ſchlopf in (? an, um) den hals thun *unter einem mantel* und das ſeil gengt u. gemeinlich zuſammen überziehen u. das ſeil um den *pal* winden, der unterm ſeile (? ſteile) ſtehen ſoll u. alſo den miſſethätigen würgen laßen. Dreyßer w.; [vgl. unten ſ. 884. 885.] Was hier *ſchlopf* (ſchlupf) heißt iſt der *ſtrang* oder *ſtrick* (die *leine*), die dem verbrecher zum aufwinden und erwürgen um den hals gelegt werden; [hnêg thô an *heruſêl* an henginna, warag an *wurgil*. Hel. 157, 20; einem *den drüßel abwürgen*. ring 226 (n. pr. *Würgendrüßel*); *des ſeilers tochter* für ſtrang. Abele unordn. 1, 307;] das einfache alterthum drehte ſtatt der hänfenen ſeile *zweige von friſchem, zähem* (eichen oder weiden) *holz*, daher die formel: *ekevidhiu* (altn. eikiviđju) binda um hals. Oſtg. drap. 13, 2*); lata a *galgha* ok *gren*. Upl. manh. 38, das altn. *grein* (ramus), [hänge i *galge* og *gren*. danſke viſ. 3, 70, vgl. 2, 305; lade hänge i *gren* i höjeſte eg. ibid.
3, 14;] und hiernach iſt der *ramus* ubi incrocatur. l. ſal. | 69, 4 684
[cap. ad l. ſal. 1, 2] (pendus et encroés au vent, oben ſ. 22, [al vent encrozier. Ferabr. 13]) zu verſtehen. Mhd. *rîs* (ramus), *wit* (lignum), *wide* (vinculum ligneum, *retorta*):

man verteilte imȥ leben u. ſînen prîs
und daȥ man *winden* ſolt ein *rîs*,
daran im ſterben würd erkant
âne bluotige hant. Parc. 527, 19;
[ſwer mir ſchade an mîner frouwen,
dem wünſche ich des *rîſes*,
daran die diebe nement ir ende. MS. 1, 18ᵇ;]

im wære alze ſenfte *ein eichîn wit umb ſînen kragen*. Walth. 85, 13; [ein *wide eichîn* und ein hôher galgen. Morolt 2886;] *eichen wied* und *hagedorn knebel* (oben ſ. 41), vgl. Friſch 446ª:

---

*) binda međ boga ſtrengjom, â gâlga feſta. Sæm. 272ª.

[*eichen wied* links gedreht und ein *hanbüchen knebel.* weisth. 2, 15; *haimbuchen wied, hagendorn knebel.* ibid. 2, 280;] hâhen an ein *wit.* Ecke 251; lœſen von der *wide.* MS. 2, 164ᵇ; gebieten bî dem halſe u. bî der *wide* (bei ſtrafe des ſtrangs). cod. pal. 361, 60ᵈ. Walth. 12, 19; mit der *wide.* Am. 16ᵇ. Parc. 524, 28; [*wid* und *ſeil* im ſchaffe balde ein hâher her. MS. 2, 1ᵇ; ein *wide* ich hân getragen umb mînen ungetriuwen kragen. kater freier 247;] richten mit der *weden* (aufhängen). Sſp. 2, 28; da *holtena witta* ſandâ hals ſpannen. Fw. 114; [*eichenſtrang* und neun fuß achter rugge. Wigand feme 371.] Servi cum *torquibus vimineis* circa collum. Wippo p. 473 (Piſt.). Franzöſ. gedichte des mittelalters haben das gleichbedeutige *hart* (retorta, lien de fagot): pendre à une *hart;* [les iex bender et puis el col metre la *hart.* Ren. 27389;] ſur le *hart* (ſub poena ſuſpendii)*). [Vgl. noch: ein boum wære wol *mit in gekleidet.* MS. 2, 132ᵇ; das man in richten ſol *mit trockner hant* (Haltaus 1807), henken ſol *zwiſchen hymel und erd* an den *liechten galgen.* MB. 34ᵇ, 104 (a. 1470); mit ſeinem *allerbeſten hals* an einen baum geknüpft. Simpl. Courage c. 8 (vgl. oben ſ. 42); langhe heden wiſte ſîn crop, wat ſîn achterhende mochte weghen (der rumpf weiß, was der leib wiegt). Reinaert 1936;

miuſe ſol man vâhen,
diebe ſol man hâhen. Freid. 47, 19.]

*Verhüllung des antlitzes* ſcheint uralte ſitte. Schon in jenem von Cicero angeführten cruciatus carmen: *caput obnubito,* arbori infelici ſuſpendito, und nach den zwölf taf. 7, 15: qui parentem necaſſit, *caput obnubito* coleoque inſutus in profluentem mergitor. Die Frieſen nannten es das *ſchwarze tuch:* hi âch bî riuchte thene *ſwarte dôc* and thene *northhalda bâm,* alle liudem jelde te thonke, thi ther honget. Hunſing. landr. p. 44; [dem ein *tuoch* der *ougen ſchîn* het *benomen* (der zum galgen geführt wird). d. blôȥe keiſer 394.] Noch heute verbindet man bei vielen hinrichtungen mit einer *binde* die augen. In einer femgerichtsformel heißt es: einen der die geheimniſſe der feme

*) die grauſamkeit, kinder an ihren ſehnen aufzuhängen, war keine gerichtliche ſtrafe: pueros per nervum femoris ad arbores appendentes crudeli nece interfecerunt. Greg. tur. 3, 7.

verräth, ſoll der freigrafe greifen laßen unverzaget u. binden ihm ſeine hände zuſammen, *ein tuch vor ſeine augen*, werfen ihn auf ſeinen bauch und ziehen ihm ſeine zunge zum nacken heraus, thun ihm einen *dreiſträngigen ſtrick* um ſeinen hals u. laßen ihn *ſieben fuß höher* henken denn einen andern dieb. Dies höherhängen war ſteigerung der ſtrafe und für die überlebenden verwandten ſchimpflicher, es ſind die ſ. 42 aus einem gedicht beigebrachten *funfzehn ſchuh;* ghawi, en hang- | hene *ſo* 685
*hoghe*, dats lachter hebben al ſine vrient. Reinaert v. 1960; [hengen *hoer* dan einen diep. altd. bl. 1, 256; *ſuâ hätt* ſkolu þeir hânga, at eingi madr ſkal hânga *hærra*. Vilk. ſaga c. 255; þâ ſkulu þit *î þvî trê* hânga î dag, er ec finn *hæſt*. ibid. c. 256; pendre au *plus haut cheſne* du bois. Ren. 17599.]

Eine andere erſchwerung der ſtrafe war, daß man *wölfe* oder *hunde* dem armen ſünder *zur ſeite hieng*. Das weiß noch ein dichter des 13. jh., der ſich böſer weiber zu entledigen räth, Lſ. 2, 531:

ſwer ein übel wîp habe
der tuo ſich ir enzît abe,
enpfelhe ſi dem ritten
u. lege ſi ûf ein ſlitten,
u. kouf ir ein beſtli
u. heng ſi an ein eſtli
und *henge dabî*
*zwên wolve oder drî.*
wer geſach ie galgen
mit wirſern balgen?
eȥ enwære, ob man den tiuvel vienge
u. in ouch dazuo hienge;

[vgl. Hätzlerin p. 219, 61. Kellers erz. p. 90. faſtn. ſp. 511.] Bis ins 14. 15. jh. wurden verbrecheriſche *juden* wirklich *zwiſchen hunden* (mit unterwärts gekehrtem haupt[1])) aufgehängt, z. b. [1444 die juden Salomo und Joſeph als ertappte diebe. Kirchner Frankf. 1, 505;] 1462 zu Halle ein jude wegen dieberei. Dreyhaupt 2, 512; [1479 zu Stralſund 2 joden gehenget, en jewelck

[1]) [aus demuth laßen ſich heilige *verkehrt* aufhängen. paſſ. 290, 43.]

*mit twen hunden.* Zober alte Stralſ. chr. p. 15;] a. 1499 comes de Hanauw judaeum propter furtum ſolenniter *inter duos canes, capite transverſo*, ſuſpendi fecit apud Dörnicum. Herp. annal. francof. (Senkenb. ſel. 2, 26); [ein beiſpiel aus Holland a. 1326. v. Wyn huiſz. lev. 1, 101;] a. 1374 ward ein jude diebſtals halben zu Baſel an einen baum gehenkt und *ein hund zu ihm.* Münſter coſmogr. cap. 98; den juden *zwiſchen zwaien wütenden* oder *beißenden hunden* zu der gewonlichen richtſtat ziehen oder ſchlaifen mit ſtrang oder ketten, bei ſeinen füßen an einen beſondern galgen zwiſchen die hund, nach verkerter maß henken. Laienſpiegel Augsb. 1511. bl. 216;

> [den juden man uff ein brätte bandt,
> ſchleifft in zum thor uß do ze handt
> und thet im an vil ſchmach und ſchandt;
> an ſine füeß thet man jn do hencken,
> *zwen hund* die hangt man *näben in.* Gengenbach p. 52;

Khevenhiller ad a. 1624. 15. jul. iſt zu Neyſſe ein jude Manaſes *unter ſich* an die füße *mit zwei hunden* aufgehenket worden; als er nun etliche ſtunden gehangen und *von den hunden ziemlich zerbißen* worden, hat er gegen abend ein chriſt zu werden gebetten. Hoffmann monatsſchr. 1829. 1, 412; zu Wien 1642 hunde neben den juden gehängt, die ihn zerfleiſchen. ungew. apotheker 1227; große beißige hunde mit den verurtheilten juden angefeßelt. hebamme 742;] doce me quaeſo, quibus legibus romanogermanici imperii ſancitum ſit, ut *cum judaeis* noxiis ex patibulo *canes* ſuſpendantur? didici illud olim ex famoſiſſima hiſtoria furum, qui ... tabulam auream apud Lunaeburgenſes ... immani furto abſtulerunt. Giſb. Cuper epiſt. 9 ad Zach. Götzium oſnabr. Deutſche reichsgeſetze werden das freilich nicht enthalten, die ſitte geht aber viel höher hinauf und herſchte auch im Norden. Saxo gramm. lib. 8 (Steph. p. 155. [Müller p. 411]) erzählt von Iarmerich: quorum (Slavorum) quadraginta captos, *applicatis totidem lupis* laqueo adegit, quem ſupplicii modum *olim* parricidis debitum ob hoc circa hoſtes peragere voluit, ut
686 quantae | in Danos rapacitatis exſtiterint ex ipſa atrocium belluarum communione videntibus perſpicuum foret. Es war aber wieder nicht dieſes ſelbſt m y t h i ſ c h e n Iarmerichs erfindung, ſondern

althergebrachte gewohnheit. Auch ein könig Frode*) ſoll das geſetz gegeben haben: furem in furcam agi juſſit, tum praeterea *lupum vivum juxta eum alligari*, qui cadaver varie dilaceraret. Torfaeus hiſt. norv. 1, 355, wiewohl hier der lebendige zerfleiſchende wolf ungenau erſcheint [1]) und Suhm (nord. fabelz. 2, 181) das geſetz richtiger ſo faßt: ein dieb ſoll mit eiſernen, durch die arme geſchlagnen nägeln und *ein wolf an ſeine ſeite* gehangen werden, anzudeuten, daß ſie beide an raubgier einander gleich ſind; [nach Saxo gramm. p. 247. 248: furi, trajectis ferro nervis in ſuſpendium acto, *lupum collateralem* affigi praecepit, ut malitiam hominis acerbitati belluae ſimilitudo exaequaret poenae. Auch bei Adam. brem. 3, 8: Arnoldus miles per tibias *inter duos canes* ſuspenſus (um 1048). Vgl. auch: uno patibulo XXII *more lupino* ſuſpenſi. charta Frederici I. ad Heinricum, bullet. de l'ac. de Brux. 10, 377 (dazu unten ſ. 734).] Wir werden unten ſehen, daß der verurtheilte rechtloſe einem *wolf* (vargr) oder *hund* gleichgeachtet wurde. Ich habe geleſen, daß man im mittelalter neben wilddieben *hirſchgeweihe* zur bezeichnung ihres verbrechens aufhängte. Wölfe oder hunde aufzuhängen lag den gebräuchen der vorzeit auch bei andern gelegenheiten nahe, ſo *über der hausthür*, wie vorhin ſ. 665 gezeigt wurde. Es iſt noch jetzt ſitte der landleute und jäger, ſchädliche erlegte raubthiere, *eulen* und *habichte*, an das ſcheunenthor oder über die hausthür zu nageln. Nach der Edda ſoll ſogar in Odins (des hângatyr) himmliſcher wohnung vor der weſtthüre ein *wolf* und darüber ein *adler* hängen:

*vargr* hângir for veſtan dyr
ok drûpir *örn* yfir. Sæm. $41^b$,

worunter keine lebenden zu verſtehen ſind, wie das verbum drûpa zeigt, das auch anderwärts vom ſchweben am galgen gebraucht wird.

Zu vollerer genugthuung ſoll nach einem langob. geſetz der verbrecher nicht an baum oder galgen, ſondern auf dem grab

---

*) nach Suhm der ſiebente; aber man ſchrieb alle alten rechtsgebräuche einem könig Frode zu und ſicher einem fabelhaften. P. E. Müller om Saxos kilderne p. 66.

[1]) [doch ſieh die beiſpiele vorhin mit den zerfleiſchenden hunden.]

des ermordeten ſeine ſtrafe erleiden: ſervus regis *ſuper foſſam ipſius mortui* appendatur, ut in eo vindicta detur. Roth. 373 [370]; vermuthlich gibt es ſolcher beiſpiele mehr*). | [In antiqua Saxonia, ſi virgo paternam domum cum adulterio maculaverit, vel ſi mulier maritata, perdito foedere matrimonii, adulterium perpetraverit, aliquando cogunt eam propria manu per laqueum ſuſpenſam vitam finire et *ſuper buſtum illius* incenſae et concrematae *corruptorem ejus ſuſpendunt.* epiſt. Bonifacii Würdtw. nr. 72 p. 192. — Der diener *zu füßen des herrn* erhängt:

hannem fulgte ſaa när den liden ſmaadreng,
han hängtes ret under hans ben. danſke viſ. 2, 305.]

687 Es war *gegen die ſitte* des alterthums *frauen aufzuhängen*, und wo für männer dieſe ſtrafe ausgeſprochen iſt, wird für frauen eine andere todesart, verbrennen, ertränken, ſteinigen beſtimmt, z. b. qui furabitur per collum ſuſpendatur et, ſi ſit mulier, in igne comburatur. So erkennt CCC, 159. 162 den männern hinrichtung mit dem ſtrang, den frauen mit waßer; den dieb ſoll man henken u. die hur ertränken. Eiſenh. p. 459; äi ma kona ſtäghla ällär hängia a gren. Upl. manh. 49, 4; madhrin undir ſtäghl, kunan undi griut. ibid. 13, 2; den mann ſtäghla, die frau ſtenka. Oſtg. edhz. 17; der mann an den galgen, die frau unter den ſtein. Suderm. manh. 27. In einem ſchwed. volkslied 2, 190:

herr Redevall den ſkall jag låta hänga i qviſt,
och dig ſå vill jag låta ſteka på ſpett.

Indeſſen kommen beiſpiele vor, daß ſchwere verbrecherinnen auch gehängt werden: femina Lemovici damnata à eſtre et morir *pendue.* Carpentier 2, 492 (a. 1414); einen viel älteren fall haben ann. fuld. ad a. 899 (Pertz 1, 414): femina quoque Radpurc, quae ejusdem ſceleris (kaiſer Arnulf zu vergiften) auctrix deprehenſa certa examinatione inveniebatur, *in patibulo ſuſpenſa* interiit. Odyſſeus hatte die mägde zu enthaupten geboten,

*) in Lichtenſteins frauendienſt p. 265 wird gedroht, einen über das fenſter zu henken.

*ξίφεσιν ταννήκεσιν*, aber Telemach, den reinen tod ihnen misgönnend, hieng ſie auf. Od. 22, 465-73.

Überhaupt war die ſtrafe des galgens *ſchimpflicher* und *härter*, als die der enthauptung. Ein nachtdieb wurde gehängt, ein tagdieb bloß enthauptet. Sſp. 2, 28. Kopp heſſ. ger. 2, 19 [1]). Die kinder und freunde eines zum galgen verurtheilten bitten, daß man ihn begnade u. ihm das ſchwert gebe. Kindl. 1, 417 (a 1531), vgl. Dreyer zu Rein. vos p. 184; [nun hat das land die ſonderbare freiheit, wann ein edelman oder landman etwas ubels ſtiftet, daß er nicht *gehenkt* ſondern nur geköpft werde. Abele unordn. 1, 72.] In früherer zeit ſcheinen *knechte gehängt*, edele enthauptet zu werden: auctores conjurationis partim gladio caeſi, partim *patibulis ſuſpenſi*. ann. Einhardi ad a. 792 (Pertz 1, 179); 140 capitis amputatione plecteret, 14 *patibulo penderet*, innumeros membrorum praeciſione debiles redderet. ann. bertin. ad a. 842 (Pertz 1, 439); adprehenſum ſervum crudeliter caeſum truncatis manibus et pedibus *patibulo* damnaverunt. Greg. tur. 7, 47; ein herr, dem zwei diener entflohen waren, ſagt: ſi invenirentur, unum *patibulo condemnari* et alium gladiorum ictibus in fruſta discerpi juberem. Greg. tur. 3, 15, ohne zweifel, weil einer derſelben, Leo, von geringer, der andere, Attalus, von vornehmer abkunft war. |

2. *Rädern*; ahd. radaprehhôn? mhd. *radebrechen*. Lampr. 688
Alex. 3623; *radebraken*. Sſp. 2, 13, [vgl. Huyd. op St. 2, 378; *raetbraken*. Maerl. 1, 323; tom Naſenſtein *radebrechen*. Soeſter Daniel 27, vgl. 182; *breken* u. *raden*. Reinaert 531; altn. *briota í hioli*. fornm. ſög. 11, 372.] Der leib wurde mit einem rad zerſtoßen, hernach zwiſchen die radſpeichen geflochten und damit in die höhe auf einen pfal (oder den galgen) geſtellt: *mit dem rade zerbrechen* u. dar ûf *binden*. Walth. 85, 15; parrochianis omnibus convocatis, judicio habito, ſententia datur in eum (in) *rota confringendi* eum . . . inde circa radios rotae tortore membra colliſa volvente . . . eum *rotae* pro voto *implicitum in altum*

---

[1]) [Morolt 3863 ſagt Salomon: ſie fuorten mich unter den galgen, reht *als ich hæte ein lant verbrant*, alſo ſtrafe der mordbrenner. Empörer werden aufgeknüpft bei Witich. corb. a. 938, vgl. Leutſch Gero p. 29; heretici. Herm. contr. ad a. 1052.]

*crexit.* viſio Godeſchalki (a. 1188) bei Häberlin anal. p. 597. 598; iſt dem ſcharfrichter befohlen, der ihm ſine beid arm vor u. hinter den ellenbogen, auch ſine beide bein unter u. ob den knüwen, dazu ſinen rücken immitten, *mit einem rad zerſtoßen,* demnach ihn *in das rad flechten* u. *damit ufrichten,* auch einen galgen uff das rad machen u. ihn mit einem ſtrick an den galgen ſoll henken. Glutzblozheim p. 458; [rücke und bein im man *ab ſtieȥ* . . . (der künec) hieȥ bereiten ein *rat, darûf ſazt man* den ritter. Diut. 3, 392; *geſchweift* (geſchleift) und gerädert. Aretin ſage von Karl 122.] Inſofern das altn. *ſtegla* von hengia unterſchieden wird, ſcheint es zu bedeuten, daß der leichnam auf den pfal oben geſteckt wurde. Gewöhnlich heißt es bloß: einen zum *rad* verurtheilen, einem daȥ *rat* erteilen. Eilharts Triſt. 3354. Frib. Triſt. 3149, [*rotali* poena plectere. Caeſ. heiſt. 11, 55,] einen aufs rad ſetzen: ſetten op ein rath. Goſl. erkentn. bei Bruns p. 193; [man ſatzte in pînlich ûf ein rat. Livl. 711; in rota ponere. Caeſ. heiſt. 11, 54; ſæhe ſi mich *ûf dem rade,* ſi geſpræche niemer ach. Ben. 424. Die auf dem rade liegenden leben oft noch mehrere tage. Melander 2 nr. 461.] Das rad war *neunſpeichig* oder *zehnſpeichig* (oben ſ. 35).

An dem hohen alter dieſer ſtrafe iſt nicht zu zweifeln, Audoenus in der vita S. Eligii (der in der erſten hälfte des 7. jh. lebte) 2, 31 erzählt: hoc apud regem obtinuerat, ut omnia humana corpora, quae vel regis ſeveritate vel judicum cenſura perimebantur ſive per civitates ſive per villas, licentiam haberet et de bargis (vorhin ſ. 683) et *ex rotis* et de laqueis ſepelire. Ich ſtelle mir vor, daß das zerſtoßen mit einzelnen rädern erſt ſpäter in gebrauch kam, urſprünglich die tödtung durch *fahrende wagen* vollzogen wurde, wie es noch jetzt in Indien ſitte iſt, freiwilligen tod *unter wagenrädern* zu ſuchen. Wie wäre man ſonſt darauf verfallen, das einfache rad als marterwerkzeug zu verwenden[1]. Hierzu ſtimmt eine ſtelle des Greg. tur. 3, 7: aliis vero ſuper *orbitas viarum* extenſis ſudibusque in terram confixis, *plauſtra deſuper onerata transire fecerunt,* confractisque

[1] [nach Falck wäre die ſtrafe des rads ſymboliſche *talion;* wer den fahrenden mann angreift, den weg unſicher macht, den trifft ſie.]

oſſibus canibus avibusque eas in cibaria dederunt. Man vergleiche das *inligare in currus* bei Livius (hernach unter 8). Ixion wurde, nach griech. mythe, mit ſchlangen auf ein geflügeltes rad gefeßelt. |

Auch die ſtrafe des rads galt *nur für männer;* der mann 689
gerädert, die frau ertrenkt. CCC, 130; die aus Triſtan angeführten ſtellen erkennen ihm das rad zu, der Iſot die hurt. Eine ausnahme berichtet gleichwohl ſchon Greg. tur. 6, 35: alias (maleficas) *rotis*, oſſibus confractis, *innectit*. Rädern war noch ſchwerer und ſchimpflicher als hängen, von könig Ludwig dem frommen erzählt die kaiſerchronik cod. pal. 361, $92^{b}$: er gebôt gotes vride, nâch dem ſcâhroube erteilte man die wide, nâch dem morde daȥ *rat*, ganz vride dô wart.

3. *Enthauptęn*, *decollare*, *capite truncare*, [ahd. *forhoubitôn*. T. 79, altn. *afhöfda*. Ol. Tr. 1, 217,] ahd. auch *inthalſen*. N. 41, 1. Die alte ſprache liebt aber umſchreibungen: *höfdi ſcemra lâta* (einen um den kopf kürzen). Sæm. $54^{a}$. [$190^{b}$.] $191^{a}$; *des houbetes* er dâ *kürzer wart*. Wh. 113, 29*) und ſo findet ſich noch im Simpliciſſimus mehrmals: einen *des kopfes kürzer machen*, z. b. 2, 213, [auch noch heute in Schwaben.] Es war aber auch gerichtsformel: mit dem ſchwert gerichtet und *kopfs kürzer gemacht* werden. Wertheimer ded. nr. 97 (a. 1601). [Um den *ſchopf abkürzen*. Abele gerichtsh. 1, 20; *eine ſpanne kürzer* gemacht. Ettner entl. chymicus 308.] Noch ſinnlicher iſt: *zwei ſtücke aus einem machen*. Spiels archiv 4, 42: *an zwei ſtücken* da liegen (enthauptet). Kindl. münſt. beitr. 3, 702 (a. 1582), genau wie in ſerb. volksliedern: *dvojitzu od jednog* graditi. Vuk 2, 113 z. 209; [ſeinen leib *entzwei* ſchlagen mit dem ſchwert, daß *der leib das gröſte* und *der kopf das kleinſte* ſei (in einem plaſſenburger kriegsurtel von 1575). Spieß arch. nebenarb. 1, 188; mit dem ſwert uß irem lib machen *zwei ſtuck*, davon *der kopf der eini* und *der körper der anderi* ſin ſolli, und dann ſo wit und vollkommen *ein rad darzwiſchen durch* baſſieren mögi. geſchichtsfreund 10, 266 (a. 1459 in Urſeren); auch in einer formel bei Arx S. Gallen 2, 602: er

*) manic zunge müeȥe kürzer ſin (ausgeſchnitten werden). Friged. 2980 [anders erklärt Freid. p. 389].

ſoll das *haupt* vom körper *abſchlagen* ſo weit, daß ein wagenrad zwiſchen dem körper und haupte hingehen möge; ähnlich im landb. von Davos p. 103; altn. gânga *milli bols ok höfuds.* Laxd. 244.] *Haupites pilaoſit.* gl. hrab. 960; einen *houbetlôſen* tuon. Biter. $7^{b}$; agſ. heáfde beſleán; [daȥ houbet *abeſwingen.* Wh. 147, 21; den kopf *vor die füße* hauen. Schweinichen 2, 116; den kopf *ins feld* hauen. Arx Buchsg. 214. Lâta *hring blôdraudan um hals.* Ol. Tr. 1, 217.]

Die enthauptung geſchah vor alters mit *barte* und *ſchlegel*, der verurtheilte legte ſeinen hals auf einen block, die barte (das beil) wurde darüber gehalten und mit dem ſchlegel ein ſchlag gethan: eȥ wurde ſîn ſtrâfe der *ſlegel* u. diu *barte.* Lohengr. p. 57; ſie müeȥen mîner *barten* weiȥ got nû gebîȥen. Martina $7^{b}$. Nach dem ſächſ. weichbild art. 8 [Thüngen art. 9] wird ein könig mit *goldner barte* enthauptet, [oben ſ. 243. Dem (durch zweikampf überführten) dienſtmann das haupt abſchlagen mit einer *ſilberbarten* und mit einem *güldin ſchlegel.* Alzeier w.] Seit wann iſt das *ſchwert* zur enthauptung eingeführt? in England erfolgt ſie noch heute mit dem *beil.* Das ſchwert ſcheint
690 *kriegeriſcher* *) | und edler, die gefangnen Jomsvikinger werden mit dem *ſchwert* hingerichtet und bemerkenswerth iſt, daß ihnen nicht das haar abgeſchnitten, ſondern mit einem ſtäbchen zuſammengewunden wird, *ſnûin vöndr î hâr.* Jomsvik. ſaga cap. 15 p. 46; [vgl. oben ſ. 285. Bei der *barte* muſte der verbrecher zu boden liegen, beim ſchwert bloß *knien.* Enthauptung über dem eignen ſchild:

der hugged' de hannem hovedet fra
alt *over hans eget ſkiold.* danſke viſ. 3, 29. 4, 19.]

---

*) alte und edle ſtrafe *für krieger*, gleich dem heutigen erſchießen, war das *ſtoßen zwiſchen die langen ſpieße;* der fähnrich ſchlägt die fahne zuſammen und ſteckt ſie mit dem eiſen in die erde, die landsknechte *bilden eine gaße*, in welcher der miſſethäter dreimal auf u. nieder geführt wird, urlaub zu nehmen u. um verzeihung zu bitten, dann laßen ſie die ſpieße nieder richten die ſpitze gegen den armen ſünder, der fähnrich den rücken gegen die ſonne und nun erreichen die ſpieße die bruſt des verurtheilten. Dieſes ſpießrecht, nach hergang und formeln, beſchreibt ausführlich Andr. Reutter (Cöln 1595) p. 61-67 und daraus Schottel de ſing. jur. cap. 27.

Dem holzdieb wurde das haupt auf dem angehaunen ſtamme abgehauen (oben ſ. 516), alſo mit dem holzbeil.

Alte ſitte ſcheint es, daß das gefallene haupt *in die höhe gehoben* und dem volk gezeigt wurde; auch das *ſtecken auf einen ſpeer* und umhertragen mag, gleich der aufrichtung des geräderten, dieſen ſinn haben: cujus amputatum caput et *conto defixum clevant in ſublime.* Greg. tur. 3, 6.

Ich finde ein *halsabſtoßen* als beſondere ſtrafe: wirt ein man begriffen an der waren tat, daȥ her eine frouwen oder eine maget notzoget, man ſal ihm *den hals abe ſtoȥen* mit einer winbrechen dele. Saalfelder ſtat. b. Walch 1, 13; die winbreche diele verſtehe ich nicht, vielleicht windbreche (oben ſ. 507)? [diu *dille* manegen edeln man den tac ſin houbet an gewan. d. blôȥe keiſer 397; vgl. *twele.* Kopp 1, 79. Der hals enzwei *gewunden.* Lſ. 1, 260.] Von der ſtrafe des *halsabpflügens* für grenzſteinfrevler oben ſ. 547.

4. *Ausdärmen* (exenterare) galt für baumſchäler und pflugräuber (oben ſ. 519. 520); man vergl. noch Winkelmanns heſſ. chron. p. 139 u. Emmerichs frankenb. recht bei Schminke 2, 755: man ſoll ihm den bauch aufſchneiden, ihn an eine ſeule binden u. mit den därmen darum treiben, bis er keinen mehr in ſich behält; [Büthener recht § 17: wer ſeine eigene oder fremde bienen aus der büthen ganz ausnimmt, der ſoll ohne einige gnade dem henker überantwortet werden, welcher ihm alles ſein gedärme und eingeweide umb die beſtolne fichte herumbwinden u. ihn hernach an ebenſelbiger erhenken ſoll. Im Norden außer der ſ. 520 angeführten ſtelle der Niala ein beiſpiel in der rieſenſage fornm. ſög. 3, 217. 218, ein anderes bei Saxo gramm. p. 605 aus der zeit des Ericus bonus: revinctis poſt terga manibus palis primum affigendos curabant, deinde ventrium cava cultro rimati, nudatis extis primaque viſcerum parte protracta, cetera ſtipitibus explicabant, nec ante ſupplicium remiſerunt, quam tortos extis funditus alvo egeſtis ſpiritum profundere coëgiſſent. Brzetiſlaus ließ a. 1037 dem Kochan Wrſchowſky den nabel aufſchneiden, an eine ſeule nageln und ihn herumführen, bis ihm alle gedärme aus dem leib gezogen wurden. Hagek. Nürnb. 1697. 191ª; bei den alten Preußen. Jeroſchin 62ᵇ.

Tettau u. Temme p. 191; von den Ruſſen in Livland a. 1482: ſe ſneden mans up unde negelden ere dermen to den bomen unde jageden ſe darumme ſo lange, dat ſe alle ere ghedermete togen unde wunden uth erem lichname umme de bome. Detmar 2, 421. Noch im krieg des praetendenten von England a. 1745: another Scotchmans belly rept up and the end of his ſmall guts tied to a tree, then he was drawn about till his guts were pulled out, that they might try (they ſayd) whether a dogs or a Scotchmans guts were the longeſt. Popiſh cruelty displayd by facts. London 1745. 8. pag. 10.]

5. *Fleiſchſchneiden* aus der bruſt*), ſtrafe des böſen ſchuldners (oben ſ. 616); ſie erinnert an eine ſtrafe des burgund. geſetzes für den *habichtdieb:* ſi quis acceptorem alienum involare praeſumpſerit, aut *ſex uncias carnis acceptor* ipſe (l. *ipſi*) *ſuper teſtones***) *comedat*, aut certe ſi noluerit, ſex ſolidos illi cujus
691 acceptor eſt, | cogatur exſolvere. addit. tit. 11 [98], d. h. dem dieb ſollen ſechs unzen fleiſch, womit der habicht gefüttert wird, auf die bloße bruſt gelegt werden und der raubvogel ſie von da wegfreßen. Der gefahr, daß der habicht hierbei auch in die bruſt hacken könne, ſetzte ſich niemand aus, ſondern bezahlte die ſechs ſchillinge

6. *Pfälen.* Die vita Ludgeri 1, 26 (ed Brower) erzählt: ferebant autem veraciſſimi viri de diſcipulis ejus, quod quodam tempore, dum ad comitatum pergens per provinciales, qui Haſſi dicuntur, iter ageret, per orationes ejus homo mortuus revixerit; qui ſcilicet *propter furtum caballorum* Widukindi Saxonum ducis huic morti adjudicatus ſit, ut in campo ad ſtipitem ligatus *jactatis* in eum *ſudibus acutis* et lapidibus necaretur***). Auch

---

*) das *herzausſchneiden* iſt nur in den liedern und ſagen, z. b. Sæm. [230. 243ª.] 247ª; le cuer do ventre li ota. Garin le loherens. [Doch auch Müller des hauſes Sachſen annales p. 149: dem Grumbach muſte der ſcharfrichter *das herz ausreißen*, ums maul ſchlagen und rufen: ſieh Grumbach dein falſches herz!]

**) *teſtones* kann nichts anders ſein als das franz. *tetons*, obgleich nicht têtons, teſtons geſchrieben wird, vgl. ital. tetta, ſpan. teta (zitze); [oder iſt es hoden, *teſtes*?]

***) quod dum factum eſſet, corpus exanime in campo relictum eſt. veniens autem Ludgerus ſecus locum et comperto, quod chriſtianus fuerit, die folgenden ſupplicia für den nothzüchtiger und die kindsmörderin ſind aus Heſſen, wobei aber der ſpitze pfal nicht geworfen, ſondern ins herz geſchlagen wird: man ſoll einen *dürren eichen pfal ſpitzen* und dem nothzüchtiger *auf ſein herz ſetzen*, den erſten, andern und dritten ſchlag darauf ſoll die genothzüchtigte thun, die übrigen der henker. Emmerichs frankenb. recht a. a o.; noch Philipps verordn. von 1554 beſtimmt: die ſo kinder gehabt u. gefehrlich umbbracht hetten . . . die ſol man lebendig in ein grab, ein dornen heck uf ihren leib legen [unten ſ. 695], ſie mit erde beſchutten u. ir *ein eichnen pfol durch ir herz ſchlogen.* [Den notzoger deilt man in den *pal*, im den *durch den buch ze ſlahen.* eltviller ger. b. Bodm. p. 622.] Dieſes pfälen wurde auch bei den hexen angewendet. [Bei Saxo gramm. p. 43 ein *transfigere* pectus *ſtipite* acuto, wodurch des zauberers leiche zur ruhe gebracht werden ſoll.]

7. *Adler ſchneiden.* Eine im alten Norden herkömmliche todesart, die ich nicht beſtimmt als ſtrafe nachweiſen kann; dem beſiegten feinde wurden einſchnitte, in geſtalt eines adlers, auf den rücken gemacht, das hieß *örn rîſta.* Der grund dieſer grauſamen ſitte iſt noch unaufgeklärt, ließ man früher die dem tod ge- | weihten durch raubvögel zerfleiſchen und ſollten ſpäter 692
deren biße wenigſtens bildlich dargeſtellt werden?

nû er *blôdigr örn* bitrom hiörvi
bana Sigmundar *â baki riſtinn.* Sæm. 185;

þâ geck Einar iarl til Hâlfdanar, hann *reiſt örn â bak* hönum við þeima hætti, at hann lagdi ſverdi â hol við hrygginn oc reiſt rifin öll ofan allt â lendar oc drô þar ût lûngun, var þat bani Hâlfdanar. Har. hârf. ſaga cap. 31; [ähnlich fornm. ſög. 3, 225 (rîſta *blôdörn* â baki). Ipſius dorſum *plagâ aquilam figurante* affici jubent, ſaeviſſimum hoſtem *atrociſſimi alitis*

---

mittens ad Widukindum impetravit veniam ad humandum corpus. der heilige bringt nun den leichnam wieder zum leben. ſtat adhuc in eo loco lapidea crux in monumentum miraculi ejus ab incolis erecta et ex nomine ejusdem viri, qui Buddo vocatus eſt, campus ille *Buddonfeld* usque hodie nominatur. Dieſen erfolg führe ich an, weil ſchon vorhin (ſ. 688) das beiſpiel des heil. Eligius lehrt, daß ſich angeſehne geiſtliche die leichname der hingerichteten zur beerdigung erbaten.

*ſigno* profligare gaudentes; nec vulnus impreſſiſſe contenti, laceratam *ſalivere* carnem. Saxo gramm. p. 463.] Man ſchnitt auch die figur einer *cule* oder andere linien in die rückenhaut, vgl. Biörn ſ. v. *blôdrefill* und *blôdugla**), [unten ſ. 704 nr. 3.]

8. *Viertheilen* ſchreibt noch die CCC, 124 vor; es hieß im mittelalter *zerliden* (zergliedern, zerſtücken). Walth. 85, 14, vgl. Stalder 2, 171; [vierteilen oder hâhen. Mai 149, 12; vierteilen und vor vier thor hängen. Mich. Beheim 258, 31; den verreder ſol man vierdeilen. eltviller ger. b. Bodm. p. 622.] Häufig geſchah es im alterthum ſo, daß einzelne glieder des miſſethäters an den *ſchweif eines* wilden *roſſes* gebunden und zerſchleift oder daß *arme und füße an mehrere pferde* befeſtigt und dieſe nach verſchiednen ſeiten hin getrieben wurden. Ich wære wert, daz mich *zevuorte* ein phert! Herbort 53[b]; puellas ita interfecerunt, ut ligatis brachiis ſuper *equorum cervicibus* ipſique acerrimo moti ſtimulo per diverſa petentes diverſas in partes feminas diviſerunt. Greg. tur. 3, 7. Brunechild wurde, nach Fredegar, mit ihrem haupthaar, arm und bein an den *ſchweif eines pferdes* geknüpft, calcibusque et velocitate curſus membratim disrupta. Brunechildem indomitorum *equorum caudis ligatam* miſerabiliter vita privavit. Jonas vita S. Columbani cap. 58; vgl. chron. moiſſiac. b. Pertz 1, 286. [Aimoin. 4, 1. Duces eorum captos, trajectis fune tibiis, *equis in diverſa raptantibus* praebuit lacerandos. Saxo gramm. p. 412.] Carpentier ſ. v. adulterium führt aus den ann. victorianis ad a. 1314 als ſtrafe der verführer königlicher töchter an: excoriati coram populo, eorum virilia amputata, poſtea *ad caudas equorum* diſtracti, in patibulo ſuſpenſi. [Coſtumas de Bordeu § 43: *roſſegat*, traîné au ſupplice à la queue d'un cheval.] In den gedichten und vorzüglich des kerlingiſchen fabelkreiſes wird dieſe ſtrafe oft verhängt. Nachdem durch ein gottesurtheil des zweikampfs Gannalons verrath offenbar geworden war, juſſit illum Carolus *quatuor equis* ferociſſimis totius exercitus alligari et ſuper eos quatuor ſeſſores agitantes contra quatuor plagas coeli, et ſic

---

*) Ragn. Lodbr. ſaga cap. 21 ed. Biörner läßt Ivar dem könig Ella marka *orm* â bake; es iſt aber *örn* zu leſen; vgl. [fornald. ſög. 1, 292.] Rafns kämpe hiſtorier I. 3, 246 und Suhms fabelzeit 2, 362.

digna morte diſcerptus interiit. Turpinus cap. 26. Beim pfaffen Chuonrat heißt es: |

> Genelûnen ſie bunden 693
> mit fuoȥen unde mit handen
> wilden roſſen zuo then zagelen;
> thurh thorne unde thurh hagene,
> an theme bûke u. an theme rucke,
> brâchen ſie in ze ſtucken;

[ähnlich die Kchr. 6374 ff. von S. Yppolitus; zwiſchen zwölf ungezähmte pferde ſpannen. norſke folkeev. 1, 217.] Daß die Römer dieſes ſupplicium kannten, zeigt Livius 1, 28: deinde (Tullus Hoſtilius) duobus admotis quadrigis in currus earum diſtentum inligat Mettium, deinde in *diverſum iter equi concitati* lacerum in utroque curru corpus, qua inhaeſerant vinculis membra portantes. [Sieh auch Plautus Menaech. V. 2, 109-115. Von *ſtieren ſchleifen* laßen: jungantur *boves* indomiti, qui eum colligatis funibus perducant ubi ego praecepi. Victor utic. 599; tibias loris trajectos et immanium *taurorum* ungulis alligatos moloſſisque inceſſantibus raptim in coenum voraginesque pertractos. Saxo gramm. p. 411.]

9. *Zertreten von pferden.* Sæm. edda 265[b]. 269[a]:

> ſyſtir var yckur Svanhildur um heitin,
> ſû er Iormunrekr iom um traddi
> hvîtom ok ſvörtom, â hervegi,
> grâm gângtömom gotna hroſſom;

auf den *öffentlichen heerweg* wurde ſie gelegt und die roſſehufe traten ſie todt, gerade wie in der ſtelle ſ. 688 mit wagenrädern über die ſuper orbitas viarum extenſas gefahren wurde. Hierdurch wird meine erklärung des räderns beſtätigt. Von anbinden an die ſchweife der pferde redet die Edda nicht, Jornandes aber läßt Sonilda nicht zertreten, ſondern ſchleifen: rex furore commotus, equis ferocibus illigatam incitatisque curſibus per diverſa divelli praecepit. cap. 24. Das iſt die unter 8 von der fränkiſchen Brunechild berichtete todesart. Snorri erzählt, gleich den liedern: þa ridu þeir â hana oc trôdu hana *undir heſta fôtum* til bana. p. 143; und die Völſûngaſaga: ſidan var hon bundin î *borgar hlidi* (in porta publica) ok *hleypt heſtum* at henni; mit dem ſchönen zuſatz: enn er hon brâ ſundr augum, þâ þordu eigi heſtarnir at ſpora hana. Saxo gramm. lib. 8 p. 414: reginam firmiſſimo nexu humo aſtrictam *equinis obterendam calcibus* praebuit. hanc tantae fuiſſe pulcritudinis fama eſt, ut ipſis quoque jumentis horrori foret, artus eximio decore praeditos ſordidis lacerare veſtigiis; ſie wird auf das geſicht gelegt, in hunc modum collocatum reginae corpus adactus jumentorum grex crebris alte veſtigiis fodit.

10. *Steinigen,* [goth. *ſtainjan.* 2. Cor. 11, 25; ahd. *ſteinôn.* O. V. 1, 23. T. 134,] mhd. *ſteinen.* cod. pal. 361, 7[d]. 27[c], [*verſteinen.* Barl. 113, 11. Lichtenſt. 616, 18; ſteinum bivellan, lapidibus obruere. Diut. 1, 497[b];] altſchwed. *ſtenka.* Oſtg. edhz. 17, [dän. *ſtene ihiel.* danſke viſ. 3, 238; agſ. *hænan.* Joh. 10, 32. 33. 11, 8, *torfian.* Joh. 8, 59. 10, 31;] altn. *berja grioti* î hel [Laxd. p. 152. 156] oder auch *grŷta.* Sæm. 272[b];

brend mundu â bâli oc barid grioti âðr. ibid. 262[a] [1]). |

694 Der miſſethäter wurde an einen ſtamm oder pfal gebunden und mit ſteinen nach ihm geworfen, vgl. das beiſpiel von dem pferdedieb ſ. 691; andere bietet die fränk. geſchichte: tunc caedentes eum pugnis, ſputisque perungentes, vinctis poſt tergum manibus ad columnam *lapidibus obruunt.* Greg. tur. 3, 36; multos ex eis poſtea *lapidibus obrui* praecipiens. ibid. 4, 49; [ruens ad terram . . . *lapidibus obrui* coepit. ibid. 9, 35;] vinctus ad ſtipitem *lapidibus* eſt *obrutus.* ibid. 10, 10. [Se Götvaram celati criminis conſciam *ſilicibus obruturum.* Saxo gramm. p. 217; reginam *lapideo obruere congeſtu.* ibid. p. 322.] Nach den norwegiſchen geſetzen hingegen wird der verbrecher nicht angebunden, ſondern vom volk *eine gaße gebildet,* durch die er laufen muß, während jeder mit ſteinen, torf oder andern dingen auf ihn wirft. altes Guled. diebsb. 1. Froſted. 15, 37. [Ein ſack wird dem verurtheilten über den kopf gezogen: lêt hann Grîmhildi verda tekna ok *færdan belg â höfud* henni ok *barda grioti* î hel. fornald. ſög. 2, 153.]

11. *Lebendig begraben* war noch bis ſpät ins mittelalter

---

1) [mit dem λάϊνον ἕσσο χιτῶνα. Il. 3, 57 vgl. die tunica plumbea der lex Bajuv. I. 11, 1 [1, 10].]

(neben verbrennen und erſäufen) gewöhnliche todesſtrafe der frauen für die verbrechen, um derentwillen männer gehängt oder gerädert wurden, z. b. nach dem baireuther ſtadtbuch (Langs Baireuth 1, 85); ein beiſpiel aus dem 16. jh. beſingt Hans Sachs II. 3, 192ª. [Von dem rathe zu Stolberg wurden im j. 1453 dem nachrichter drei ſchock groſchen dafür gezahlt, daß er die frau *lebendig begrub*, die dem marienbilde in der kapelle zum heiligen kreuze vor der ſtadt die ſpangen abgeſchnitten hatte. thüring. ſächſ. verein VII. 3, 97.] Ward bei den Dietmarſen eine jungfrau geſchwängert, ſo ſtand nichts im wege, ſie mit dem rath und beiſtand der geſchlechtsfreunde *lebendig unter der erde* zu verbergen oder unterm eiſe. Neocorus 2, 547. [Als ſtrafe für männer und frauen bei Quix Schonau 4: it. weert ouch ſache, dat ein misdedich man off wiff gevangen wurde op die guede zo Schonouwen die *under die erde* geburde *zo richten*, die ſall der her van Schonouwen op ſine erde doin grauen ind richten.] In ſchwed. volksliedern 1, 67:

> falſke tärnan ſkall *ſättas lefvande i jord;*
> och ſätten henne *qvick i jord.* 1, 147;
> lät ſätta falſka tärnan *qvicker i jord.* 2, 19;

[in däniſchen 3, 18:

> de toge den terne i hals og haar . . . .
> de ſatte hende *levende i jord.*]

Drivende meghede (kupplerinnen), de andere vrowen verſchündet, ſcal me *levendich begraven.* ſtat. brunſv. Leibnitz 3, 439. Schärfung war dabei ihnen einen *pfal* durch die bruſt zu ſtoßen und *dornen* aufs grab zu legen (vorhin ſ. 691). Indeſſen wurden auch männer auf dieſe weiſe hingerichtet: ſwer notnunft begat an megden, an wiben oder an varnden wiben, wirt der gevangen an der hantgetat, ſo iſt reht, daȥ man in *lebendic begraben* ſol. Augsb. ſtat. cap. 112. [Caeſ. heiſt. 6 cap. 23 de praepoſito Pariſienſi, quem rex Philippus *vivum infodi* juſſit, eo quod mortuo doloſe vineam abſtuliſſet; alſô *lebentic* ſi in (Vitellius) in die erde *begruoben.* Kchr. 5118.] Nach einigen franzöſ. gewohnheiten begrub man den mörder *unter* den ermordeten, wie er bei den Langobarden über dem grab des er-

mordeten aufgehängt wurde (vorhin ſ. 686) [1]): homicida ſepeliatur *ſubtus mortuum.* ſtat. fori morlanenſis art. 31. 32; interfector *ſub mortuo vivus ſepeliatur.* charta comitis bigorenſis a. 1238. Ducange 6, 389; [coſtuma et uſatge es en Bordalés, que ſi un home auſit (occit) un autre et es conogut de la mort, ſera *reboſt tot viu deſotz lo mort*, e ſi lo cortz es reboſt abant que ſia conoguda la mort, ſera pendut. coſtumas de Bordeu § 21. Auch bei den Koſacken wurde der todſchläger unter dem ſarge des todten lebendig beerdigt. Bodenſtedt Ukraine p. 13.] Eine art des lebendigbegrabens iſt das *einmauern*, das nicht un-
695 mittelbar tödtete. Zu Zürch wurden 1489 zwei | männer eingemauert: daß ſie ſonn u. mond nie mehr ſehen u. kein luftloch ſei, als um ſpeiſe herein zu reichen. Joh. Müller 5, 403; vgl. das ſerb. volkslied die erbauung Skutaris. [Bei Aretin ſage von Karl 51. 123 wird die betrügerin *vermauert.* A. 1502 hat m. gn. h. herzog Georg ſ. gn. kanzler graf Wolfgangen von Kolberg in Winkhofen *einmauern* laßen. Vetteri faſti landshut. Oefele 2, 778; in einen thurm *vermauern.* Pfiſter Schwaben 4, 430 (a. 1437). E liez ich mich *vermûren*, ſagt ein mädchen. MSH. 3, 215[a]; daz ich wære *vermûrt* in ein ſteinwant. Ecke ſtr. 143.]

Noch alterthümlicher iſt die beſtrafung *feiger männer*, ſie wurden in *koth* oder *ſumpf* geſenkt und *dorngeflecht* darauf geworfen: ignavos et imbelles et corpore infames *coeno* ac *palude, injecta inſuper crate*, mergunt. Tac. Germ. cap. 12 *). Davon weiß noch das mittelalter und ſelbſt das ſpätere ſprichwort:

> man ſprichet wer von *vorhten ſtirbet*,
> daz der im ſelber daz erwirbet,
> daz man in ſol *in mel* **) *begraben.* Bon. 32, 27;

---

[1]) [vgl. bei Witech. corb. 1, 13 in der ſage von Iring und Dietrich: ſumensque corpus domini, *poſuit ſuper cadaver* Thiadrici, ut vinceret ſaltem mortuus, qui vincebatur vivus.]

*) auch bei den alten Römern: novo genere lethi, dejectus ad caput aquae ferentinae, *crate ſuperne injecta*, ſaxisque congeſtis mergeretur. Liv. 1, 51.

**) *mel* iſt hier ſtaub, melm, kehricht (gramm. 2, 54 nr. 560); in der Schweiz mehlbürſte, ſtaubbeſen. Stald. 2, 204.

dann welcher *ſtirbet* gleich *vor ſchrecken*,
den ſoll man *mit kukat bedecken* [1])

in Fiſcharts flohhatz 36[a] und mit abweichungen anderwärts [2]). Auch für frauen galt dieſe ſtrafe: ſi qua mulier maritum ſuum, cui legitime juncta eſt, dimiſerit, *necetur in luto*. lex Burg. 34, 1, [*mergere cloaca* (von der ehbrecherin). Rudl. 6, 59,] und in Herborts troj. krieg 97[c] [vgl. Frommann p. 317]:

ich wil, daȥ Pentheſileam
freȥȥen die hunde,
oder *in einen fûlen grunde*
werde *geſenket*, als ein hunt.

[Die norwegiſche königswitwe Gunnhildr wird von dem Dänenkönig Haraldr *im ſumpf ertränkt*. fornm. ſög. 11, 25. 26;

leiddo þâ mey *î mŷri fûla*. Sæm. 238;

þat dœmdi landsfôlkit, at Æſu væri *drekkt î mŷri*. fornald. ſög. 2, 35.]

12. *Vom felſen ſtürzen*. Dieſer todesart iſt oben ſ. 486 erwähnt. Lamb. ſchafnab. ad a. 1066 erzählt, wie der comes Diedericus dem biſchof von Trier habe auflauern laßen: ipſumque captum traditumque in manus carnificum *de rupe altiſſima praecipitari* et ſic interfici juſſit. [*Verfellen*, von einem bret in den abgrund ſchnellen, als todesſtrafe. Schm. 1, 522. 523.]

13. *Mülſtein aufs haupt fallen* laßen. Eine bloß mythiſche ſtrafe, deren in kindermärchen (1, 240), aber auch in der Edda gedacht wird: at hann ſkal fara upp yfir dyrnar, er hon gengi ût, oc *lâta qvernſtein falla î höfut* henni. Snorri p. 84. Ähnlich iſt die tödtung durch eine *überfallende wand*: quem in carcere poſitum nocte extrahi juſſit, ligatumque juxta parietem an- | tiquum, ipſum parietem ſuper eum elidi juſſit. 696
Greg. turon. 2, 20.

---

[1]) [den erſchlagnen werfen in einen *rinderzwec*. Kolocz. 187.]

[2]) [ſwelch man *von dröuwen ſtirbet*, den ſol niemen klagen. Frauenlob 83, 1; wer für dräuen ſtirbt, dem ſoll man mit fürtzen zu grabe läuten. Luthers ſprichw. nr. 68, vgl. Burc. Waldis 52[a]. Zinkgreff apophth. 1, 30. drei erznarren 416; die van drieghen ſterft, zalmen met veeſten beluyen. Gruter prov. belg. 100.]

14. *Ertränken*, [*mit wazaru irquellan.* O. V. 1, 22; mnl. *verdrinken.* Karel 2, 1299;] ſtrafe vorzüglich der frauen und zauberinnen. Gerberga, filia quondam Willelmi comitis tanquam venefica *aquis praefocata* eſt (a. 834). Aſtronomus bei Ducheſne 2, 312 [vgl. unten ſ. 925]; adprehenſam per comam capitis puellam in terram conlidit et diu calcibus verberatam juſſit ſpoliari (entkleiden) et *piſcinae immergi.* Greg. tur. 5, 38; *in baſterna poſitam*, indomitis bobus conjunctis, eam *de ponte praecipitavit.* Greg. tur. 3, 26; ſororem Bernardi ſanctimonialem *in cupa poſitam* in Ararim *demergi* fecit. ann. bertin. ad a. 834 (Pertz 1, 428), [bei Theganus 52 (Pertz 2, 601): juſſit *in vaſe vinatico claudere* et proicere in flumen Ararim. Irtrenken in deme mere. Rother 3864. 3965.] In altfranz. liedern: *en une eaue noiée.* Ein beiſpiel aus der ſpäteren deutſchen geſchichte iſt Agnes Bernauerin; die CCC verordnet ſtrafe des ertränkens art. 131. 133. 159, noch im 18. jh. wurden verbrecherinnen erſäuft. hannöv. mag. 1797 nr. 11. 12. Seltner männer: Jehan de Champin ravi et priſt à force Jehanne de la Broce, pour lequel fait il a eſté noyé. Carpentier ſ. v. ſubmergium.

Das ſchwimmen der ertränkten zu verhindern, band man ihnen *ſteine, mülſteine um den hals* [vgl. Matth. 18, 6]: Gundobaldus Chilpericum fratrem ſuum interfecit gladio uxoremque ejus, *ligato ad collum lapide aquis immerſit.* Greg. tur. 2, 28; quem *ligato ad collum molari ſaxo* in fluminis gurgitem ſaevitia impulit paganorum. ibid. 1, 35; [feminam *ligato pondere lapidum* in Amſagum fluvium *demergere.* Victor utic. 597;] umb ir keln ein *ſwæren ſtein.* Wh. 109, 25, vgl. unten ſchlußanm. h;

[chaſcun *liier au col une grant pierre* biſe
et *geter enz el Rin* d'une haute faliſe. Guitecl. 1, 136.]

Ein rührendes beiſpiel in der ſage von den Haimonskindern, wo dem ros Bayart erſt ein mülſtein um den hals und dann vier an jeden fuß gebunden werden.

Gleiche abſicht hatte das ſetzen in den *wagen* oder in die *kufe*, ſo wie das *einnähen in einen ſack*, das für *elternmörder* und verwandtenmörder verordnet war: ſwer ſinen geborneu mage ertœtet, man ſoll im machen einen *liderin ſack* u. ſol in *darin verneigen* u. ſol in verſenken in einen *wage* (aquam), der ſi reine oder unreine u. ſol in als tief ſenken, daȥ im daȥ haupt

u. aller ſin lip an dem grunde lige; man ſol in in dem waʒʒer lan ligen einen halben tag, iſt er nit tot, ſo laʒʒe man in langer darinne ligen. daʒ iſt davon geſetzet, daʒ ſin lichnam des nit wert iſt, daʒ weder liute noch ſunne noch mane, noch tag noch naht ſinen tot nit ſehen ſulen. ſchwäb. landr. 340 Schilt., 235 Senkenb. So rihtet man mit dem *ſack*, daʒ man einen *ertrenket*, ſagt Keiſersperg (Oberlin 1344). Der Sſp. weiß nichts hiervon, | die gloſſe zu 2, 14 aber noch mehr, nämlich 697
ſie ſagt: elternmörder ſoll man erſt laßen ſchleifen u. darnach *nehen in ein haut* mit einem *hunde* u. mit einem *affen* u. mit einer *natern* u. mit einem *hanen*. Auch iſt dieſe todesart wirklich ausgeübt worden, noch im jahr 1734 wurde in Sachſen eine kindsmörderin mit *hund, katze* und *ſchlange im ſack* ertränkt*). [Im jahr 1576 wurde zu Caſſel gegen einen muttermörder die ſtrafe des *ledernen ſacks* mit *affe*, *hund*, *hahn* und *ſchlange* erkannt, aber nicht vollzogen. mſſ. haſſ. 4°. 11.] Das rügiſche recht berichtet von kindern, die ſich an ihren eltern vergreifen: men let ſe dot hungeren, edder men brende ſe, edder *ſackede ſe in einem wilden ſtrome*, edder men raderde ſe van under up. Rugian 131. Die ganze ſtrafe ſcheint aber beinahe undeutſch, ſie läßt ſich beſtimmt aus dem röm. recht nachweiſen, XII. taf. 7, 15: qui parentem necaſſit, caput obnubito *coleoque inſutus* in *profluentem mergitor;* [cod. Theod. IX. 15, 1 (imp. Conſtantinus 319): ſi quis in parentis aut filii aut omnino affectionis ejus, quae nuncupatione parricidii continetur, fata properaverit ſive clam ſive palam id fuerit eniſus, neque gladio neque ignibus neque ulla alia ſollemni poena ſubjugetur, ſed *inſutus culleo* et inter ejus ferales anguſtias comprehenſus, *ſerpentum contuberniis miſceatur* et ut regionis qualitas tulerit, *vel in vicinum mare vel amnem proiciatur*, ut omni elementorum uſu vivus carere incipiat ut ei caelum ſuperſtiti terra mortuo auferatur:] Dig. XLIII. 9, 9 (Modeſtinus libro XII pandect.): poena parricidii *more majorum* haec inſtituta eſt, ut parricida virgis ſanguineis**)

---

*) J. Chr. Piſtorius de proceſſu crim. Tub. 1764. p. 4. Beyer ad CCC. art. 131 poſ. 12.

**) frutex ſanguineus, der hartriegel, mit blutrothen ſtielen und zweigen, vgl. Popowitſch wb. p. 185.

verberatus deinde *culleo inſuatur* cum *cane, gallo gallinaceo* et *vipera* et *ſimia*, deinde in mare profundum culleus jactatur. hoc ita ſi mare proximum ſit, alioquin beſtiis objicitur; Inſtit. IV. 18, 6: neque gladio neque ignibus neque ulla alia ſolemni pœna ſubjiciatur, ſed *inſutus culeo* cum *cane* et *gallo gallinaceo* et *vipera* et *ſimia* et inter eas ferales anguſtias comprehenſus, ſecundum quod regionis qualitas tulerit, vel in vicinum mare vel in amnem projiciatur, ut omnium elementorum uſu vivus carere incipiat et ei coelum ſuperſtiti et terra mortuo auferatur. Paulus rec. ſent. 5, 24 hat bloß: hi etſi antea *inſuti culleo* in *mare praecipitabantur*, hodie tamen vivi exuruntur vel ad beſtias dantur und auch Cicero pro Roſcio 25. 26 erwähnt des ſackens, nicht der thiere: qui (majores noſtri) quum intelligerent nihil eſſe tam ſanctum, quod non aliquando violaret audacia, ſupplicium in parricidas ſingulare excogitaverunt, ut quos natura ipſa retinere in officio non potuiſſet, ii magnitudine poenae maleficio ſummoverentur. *inſui* voluerunt *in culeum vivos*, atque ita *in flumen dejici.* o ſingularem ſapientiam! nonne videntur hunc hominem ex rerum natura ſuſtuliſſe et eripuiſſe, cui repente coelum, ſolem, aquam terramque ademerint, welche letzten worte,
698 gleich denen der Inſtitutionen, an | den ſchluß der ſtelle aus dem ſchwäb. landr. gemahnen (vgl. oben ſ. 49 die frieſ. formel der waßertauche)*). Aus Iſidors orig. 5, 27 konnte die römiſche rechtsgewohnheit ſchon vor dem mittelalter in Deutſchland bekannt ſein: culleus eſt parricidale vaſculum in quo rei cum gallo et ſerpente in mare praecipitantur. gl. Lindenbr. 994; culleus eſt ſaccus, in quo parricidae incluſi cum ſimia, ſerpente et gallo mergebantur in mare. gl. Jun. 340. Gleichwohl wage ich nicht entſchieden über ihre undeutſchheit abzuſprechen. Der affe iſt fremdartig und ſchickt ſich nicht in ein deutſches geſetz, daher ihn auch die ſächſiſche praxis mit einer katze vertauſcht; aber *hund und hahn* ſtehen oft zuſammen (oben ſ. 237. 588) und das *mitverſenken* von thieren erinnert an die mitgehängten wölfe und hunde (ſ. 685), das *vernähen in die haut* an einen unleugbar

---

*) vgl. Plautus in fragm. Vitulariae, Juvenal. 3, 8. 5, 13. Doſitheus grammat. ſent. Hadrian. lib. 3 (der auch eines mit ſchwarzen ochſen beſpannten wagens dabei erwähnt).

deutſchen gebrauch, wovon hernach unter 15 die rede ſein wird. Auch könnte man die thiere, deren zumal die meiſten deutſchen verordnungen hier nicht erwähnen, aus Iſidor und dem röm. geſetz herleiten und doch die vernähung des vatermörders in den ſack und die verſenkung in den ſtrom als ein analoges urdeutſches recht behaupten. Das *ertränken im ſack* war entſchieden eine ſtrafe des mittelalters, von thieren kommt dabei nichts vor und ſie galt noch für andere fälle als das parricidium. [Dem nothzüchtiger ſoll man, inner der dritten flut, die hände zurückbinden, ihm einen *ſack* über den kopf ziehen und ſo *ſchwere ſteine* als er ſchwer iſt an den hals binden, ihn an die ſee führen und *in den ſtrom werfen*, daß ers nicht mehr thue. Heimreich 1, 307.] In Reutters kriegsordn. p. 70 lautet die formel zur hinrichtung einer diebiſchen, ehrloſen weibsperſon: der nachrichter ſoll ſie hinaus führen bei das nächſte waßer u. ſie *in einen ſack ſtoßen*, darnach in das waßer, wo es am tiefſten iſt, verſenken und nicht herausziehen, biß ſie vom leben zum tode gebracht iſt. Ein ſpruch Teichners aus dem 14. jh. (Lſ. 3, 434) nennt *geſecket* neben erſtocken und erhenget, ohne das verbrechen; die älteſte bearbeitung des ſchwäb. landr. reicht nicht über die zweite hälfte des 13. jh. zurück. Höher hinauf würde eine erwähnung bei Wolfram gehen, wenn ſie ſich auf die ſtrafe des ſackens beziehen ließe, Wh. 185, 17 [vgl. Haltaus 1575]:

> des rîches gebot u. urteil
> tet kunt, *ein ſac u. ein ſeil*
> wære ſchiere *ûf gebunden;* |

kann das heißen, *feige* dem aufgebot ſich entziehende krieger 699
ſollen ſchimpflich ertränkt (wie nach Tacitus in den ſumpf getaucht) werden? oder enthalten die worte gar keine ſtrafdrohung, ſondern das bloße ſymbol des heeraufbruchs? aber dienen aufgebundner ſack und ſeil ſonſt zum zeichen der heerfahrt? Spelman hat ſ. v. brochia folgende ſtelle aus Bracton: ſi quis teneat per ſervitium inveniendi domino regi, certis locis et certis temporibus, unum hominem et unum equum, et *ſaccum cum brochia* pro aliqua neceſſitate vel utilitate exercitum ſuum contingentem. Brochia (franz. broche) iſt ein haken, heftel zum befeſtigen. [Vgl. noch: den bode *in enen ſac ſteken* ende werpene *in die*

*reviere.* Karel 2, 1282; ſo ſei ein *ſack* mein grab. Mones anz. 8, 570. Renart 24272: *boter en un ſac* et jeter *en l'eve* del pont; Holberg barſelſtue 4, 5: *ſtikkes i en ſäk* og *druknes* (als ſtrafe des ehbrechers).

Der ſchuldige wird in einem inwendig *mit meſſern beſteckten faße* gerollt:

kongen han lader en *tönde* gjöre,
med *hvaſſe jernknive beſlaae,*
det var Folker Lovmanſön,
han maatte der levende indgaae. danſke viſ. 2, 257;
ſaa ſat han liden Karen i *ſpigertönden* ind,
og ſelver rulled' kongen den tönde omkring. ibid. 3, 398.

In einem *durchlöcherten faß* ins waßer rollen. haus und kindermärchen nr. 61.]

15. *Verbrennen**). Die lex Viſig. beſtraft mit dem feuertod *knechte* für ehbruch und hurerei mit freien frauen und für beraubung der gräber, doch ſoll auch die ehbrecherin verbrannt werden: adulter et adultera ante judicem publice fuſtigentur et *ignibus concrementur.* III. 2, 2; ſervus comprehenſus a judice *ignibus concremetur.* III. 4, 14; ſervus ducenta flagella ſuſcipiat et inſuper *flammis ardentibus exuratur.* XI. 2, 1. Einen freien Gothen konnte dieſer tod nicht treffen. Auch in den gedichten des mittelalters trifft er vorzüglich ehbrecherinnen; dem Triſtan wird rad, der Iſot die *hurt* erteilt (vorhin ſ. 689), doch bei Ulrich 2721 heißt es: *er* unt diu küneginne ſuln *brinnen* ûf eime *rôſte. Hurt* iſt das reisholz (crates); *brennen* ûf einer *hürde.* Eracl. 4095. [Ortnit 166; ûf den *hürden brennen.* Lichtenſt. 616, 18; du muoſt wærlich ûf ein *hurt!* MSH. 3, 239ª;] nd. op ein *hord bernen.* Oelrichs rig. recht p. 116; *verbernen* op de *hort.* Maerlant 1, 184; [*î bâli* brinna. Upl. l. p. 150. 254; altfranz. ardoir *en ré.* rom. de Triſtan (Michel gl. 2, 259). In *clida* mittere. lex Alam. addit. 22 [pactus fr.

*) bei den Römern häufige ſtrafe, z. b. in den zwölf tafeln 7, 8: qui aedes acervumque frumenti ad aedes poſitum dolo ſciens incenſit, vinctus verberatusque *igni necator.* Wie bei den Gothen giengen verbera voraus. [Bei den Helvetiern: damnatum (Orgetorigem) poenam ſequi oportebat, ut *igni cremaretur.* Jul. Caeſar 1, 4.]

2, 33], mlat. *clida*, *cleda* crates.] Ketzer, zauberer und giftmiſcher wurden auch verbrannt, [die zauberer ſchon nach lex ſal. 19, 1; vgl. l. Viſig. VI. 2, 2;] in Teutonia multae haereſes deteguntur et haeretici *flammis puniuntur*. ann. Godefridi monachi ad a. 1232; [judices . . . tanquam magum et maleficum *miſerunt in ignem*. Caeſ. heiſt. 4, 99;] ſwelk kerſtenman ungelovich is unde mit tovere ummegat oder mit vorgiftniſſe, den ſal men upper *hort bernen*. Sſp. 2, 13. Andere belege bei Haltaus 959. Bei Herbort 87[a] : ich wære wert, daȥ man mich *wurfe in einen hert* u. verbrente darinne. [Auch falſchmünzer erlitten dieſe ſtrafe. Felſenb. 2, 244 (auf dem *ſterbebett von ſtroh und holz*, wie faire lit de vif charbon. Ren. 12884).] Mordbrenner ſollen von unten auf gerädert!, weiber und unmündige *ins feuer geworfen* werden. Rugian. 241. [Die als verrâtærinne beſchuldigte Lûnete ſpricht: *verbrant* ode erhangen wird ich morgen an dem tage. Iw. 4040.] Der ſcharfrichter ſoll ihn (den der vermiſchung mit thieren überführten) an ein | ſtud 700
ſchlahen, in und ummuren u. ſin fleiſch u. blut *zu äſchen u. pulver brennen*. Glutzblozheim p. 457; [ein beiſpiel von 1708 in Thudichum Kaichen 91-96; *verbernen* ende *t pulver wechwerpen* mettem winde. Walewein 5569. 5667; daȥ ich lebende hie zehant *ze pulver wurde verbrant* und man den *zeſæte*. Erec 3818; mit dem *feuwer* vom leben zum tod richten, die *äſchen* dem *waßer, luft* oder *erden befehlen*. landb. von Davos p. 103; poſt triduum corpus (der gehängten frau) *comburatis*, in *aquam cinerem jaciatis*. Rudl. 6, 48; kopf und leib der enthaupteten zauberin ſoll man *zu pulver* und *aſche verbrennen*, alle aſche ſauber ſammeln und *in die Reuß ſtreuen*. geſchichtsfreund 10, 266.] *Im feuer* ſoltu *reiten*, das haar dem *rauch*, den leib dem *feuer* (oben ſ. 41). [Bei Greg. tur. 6, 36 verbrennen die verwandten ein ſchuldiges weib ihres geſchlechts; ibid. 5, 40: mulier qua ſuper Chlodovechum locuta fuerat . . . ligata ad ſtipitem *vivens exuritur flammis*. Victor utic. p. 621: (Hunericus) navim imperat lignorum aridorum manipulis adimpleri atque in eadem omnibus alligatis in medio pelago *igne ſuppoſito concremari*.]

Eigenthümlich iſt die beſtimmung der markweisthümer (oben ſ. 518. 519), den übelthäter nicht auf das feuer, ſondern *nebenhin* zu ſetzen, *mit entblößten*, gegen die flamme gekehrten *fußſohlen*, [vgl. Simplic. 1, 4.] Hervorgehoben werden muß hierbei das *einnähen* des miſſethäters in eine *rauche ochſenhaut* (ſ. 519), wie ſie auch bei anderm anlaß wiederkehrt, z. b. in herzog Ernſts ſage 35[a], es ſcheint genau das römiſche *inſuere culleo* (vorhin ſ. 697), da culleus gloſſiert wird *ταύρειος ἀσκός*, corium bovinum. In der Edda läßt könig Geirrödr einen verdächtigen fremden mann namens Grimner, den kein hund anzugreifen wagt (vgl. oben ſ. 570), gefangen nehmen und weil er auf alle fragen ſchweigt: pîna til ſagna ok *ſetja î milli elda tveggja;* ſchweigend ſitzt Grimner acht tage zwiſchen beiden feuern, bis es ihm ſo nahe rückt, daß ſein mantel anfängt zu brennen, da bricht er in worte aus und beſpricht die flamme. Sæm. 40. Auf ſolche weiſe wurde Croeſus gebunden *ans feuer* gelegt: *ὁ δὲ (Κῦρος), ξυννήσας πυρὴν μεγάλην, ἀνεβίβασεν ἐπ' αὐτὴν τὸν Κροῖσόν τε ἐν πέδῃσι δεδεμένον*. Herod. 1, 86. [Hiörleifr konûngr var uppfeſtr î konûngs höll med ſkôþvengjum ſînum ſialfs *millum elda tveggja.* fornald. ſög. 2, 34. Hat ſich einer an eines andern beute (bienenſtock) vergriffen oder einem einen ſchwarm aufgefangen, ſo wird er gebunden und *hinter den ofen geſetzt*, und wer ihm einen trunk bier ſchenket, der muß eine tonne bier zur ſtrafe geben. Colerus hausbuch cap. 138 p. 561 (von den zeidlern in der mark Brandenburg).]

Nordiſche ſagen erzählen verſchiedentlich, daß einem das *haus* über dem kopf *angezündet* wird und er in den flammen umkommen muß; [das hauptbeiſpiel Niala cap. 130.] Quod cum Chlothario regi nuntiatum fuiſſet, juſſit eum cum uxore et filiabus *igni conſumi*, incluſisque in tugurio cujusdam pauperculae Chramnus ſuper ſcamnum extenſus orario ſuggillatus eſt et ſic poſtea ſuper eos *incenſa caſula* cum uxore et filiabus interiit. Greg. tur. 4, 20.

16. *Sieden.* Die ſtrafe in ſiedendem waßer zu tödten ſcheint an ketzern vollſtreckt worden zu ſein; [*verſoten* eime ketzer gelîch. Mai 165, 26;] im welſchen gaſt (cod. pal. 389, 194[a]) wird erzählt, der herzog von Oeſtreich laße ketzer *ſieden* und *braten*, damit ſich der teufel nicht die zähne verbeiße: [enwil niht daȥ der vâlant zebreche ſîne zend zehant. Als ſtrafe für falſchmünzer. Ortl. diſt. 207. hamb. ſtadr. 1497 b. Walch 6,

145; ſo ſol man in denn *verſieden.* Rupr. 95; dem felſcher deilt man den *keßel* in darinne zu *ſieden.* eltviller ger. b. Bodm. 622, beiſp. bei Kirchner Frankf. 1, 505. Wildi mi *ſieden* ofte *braden.* Reinaert 1842.] In früherer zeit kommt erſtickung in *heißen dampfbädern* vor: hic vero (Theodadus rex) cum didiciſſet quae meretrix illa (Chlodovei regis ſoror) commiſerat, qualiter propter ſervum, quem acceperat, in matrem exſtiterat parricida, *ſuccenſo* vehementer *balneo* eam in eodem cum una puella includi praecepit. quae nec mora inter arduos vapores ingreſſa in pavimento corruens mortua atque conſumpta 701
eſt. Greg. tur. 3, 31. Es galt für ein turpe ſupplicium.

17. *In ein ſteuerloſes, leckes ſchiff ſetzen.* Dieſer ſtrafe, welche nicht unmittelbaren tod zur folge hat, ſondern noch den zufall walten läßt, wird in den liedern und ſagen gedacht, eine reimchronik des mittelalters erzählt von Ovidius:

ein ſchif wart in kurzem zil
bereit, dar ûf ſatzt man dô
den meiſter Ovidiô;
ân ſegel, ân ruoder, ân ſtiure
muoſt er varn ungehiure
hin ûf des meres fluot.

[Sire, fet il, purnez (prenez) un de vos vielz chalanz,
metez icels valez, ki jo vei ici eſtanz,
kil naient avirum, dunt aſcient aidanz,
ſigle ne guvernal, dunt il ſeient vaianz.

roman de Horn z. 58, b. Douce 1, 2. 3, vgl. den altengl. king Horne 107. 197. Die vita Offae ſecundi (hinter Watts Matth. Pariſ.) p. 9ª erzählt: quaedam puella, facie venuſta, ſed mente nimis inhoneſta, ipſi regi (Francorum, Carolo magno) conſanguinea, pro quodam quod patraverat crimine flagitioſiſſimo, addicta eſt judicialiter morti, vero ob regiae dignitatis reverentiam igni vel ferro tradenda non judicatur, ſed in navicula armamentis carente, appoſito victu tenui, ventis et mari exponitur condemnata (um 760, aber alles ſagenhaft). In den kinder u. hausmärchen nr. 16 wird die verrätheriſche frau mit ihrem helfershelfer in ein durchlöchertes ſchiff geſetzt und hinaus ins meer getrieben, wo ſie bald in den wellen verſanken. Der Norweger

Rögnvaldr bindet ſein kind in einem boote feſt und läßt es hinaustreiben. Ol. Tr. 1, 293.]

Ich finde aber auch in den rechtsüberlieferungen, daß man diebe und mörder, deren hinrichtung vermieden werden ſollte, *in einem ſchiff ohne ruder rinnen ließ.* MB. 2, 507 (a. 1462). Noch ein beiſpiel unten ſchlußanm. h [ſ. 741]. Die ſitte ſcheint um ſo alterthümlicher, da zur heidniſchen zeit todte leichname auf ſchiffe ohne führer geſetzt, dem ſpiel der winde und wellen überlaßen wurden, von welchem gebrauch ich anderswo umſtändlicher handeln werde.

18. *Thieren vorwerfen,* feris objicere, dare ad beſtias. Von dieſer bei den Römern häufigen todesart hat das deutſche recht kein beiſpiel, wohl aber die ſage [1]). So werden die Völſungen im wald an einen ſtamm gebunden (ſettir î ſtok), ein *wildes thier* kommt nachts und verzehrt ſie nach einander. Völſ. cap. 9. [Ericus findet ſeinen tod, compeditus et ad *loca feris pervia* relegatus. Saxo gramm. p. 325.] Gunnarr wird in einen wurmgarten (ormgard) gelegt und von den *ſchlangen* tod gebißen. Sæm. 224ᵇ. 243ᵃ, [bioda til *ormom.* 258ᵇ;] ebenſo ſtirbt Ragnarr Lodbrok. cap. 16. [In den *âmeizſtoc* binden. Helmbr. 1245.

Quar iſſir les ferai de lor piax à retors,
*la char oindre de miel,* ſ'a donrai à mes *ors.*
Guitecl. 1, 48, vgl. 52.]

Des beſtreichens mit honig, um in brennender ſonne den ſtichen der *fliegen* preisgegeben zu werden (Plutarch im Artaxerxes; Anton. Liberal. metam. 2, 17 von Polytechnos; [Apulejus metam. lib. 8 p. 181. Lucian ed. bip. 8, 73 die ſcholie]), gedenken auch neuere ſagen (Decamerone 2, 9. Koſegarten legenden 2, 233. Olger danſke p. m. 178); [als neugriechiſche ſtrafe für diebſtal wird es erwähnt in Malte-Bruns ann. 2, 177;] ſelbſt ein cölner erzbiſchof ſoll auf dieſe weiſe einen grafen von Berg ums leben gebracht haben. Fiſcharts Gargantua p. m. 207ᵃ. [Die ſtatut.

---

1) [doch auch von könig Olaf Tryggvaſon heißt es: kvaldi miök ôvini ſina, . . . ſuma lêt hann *ôlma hunda rîfa î ſundr.* Ol. Tr. 2, 170, vgl. 173: konûngr bað hann afklæda ok ſagdi, at hann ſkyldi *beita hundum til bana.*]

des deutſch. ordens p. 229 von den beim diebſtal begriffenen knechten: unde alſe ſie ſint geſlagen, ſo ſal man ſie *ſmiren* unde *ſalben mit honige* unz an den mitten tac, dar nach ſal man ſie legen in die preſume unz an den dritten ſunnentac unde des dritten ſunnentages nach der iuſte ſol man ſie uȥȥe deme hove werfen.]

B. *Leibesſtrafen,*

die bloß leib und glieder verletzen, verwunden, verſtümmeln oder zuſammenziehen und belaſten (wie feßeln), aber nicht das leben nehmen; geringſter grad iſt geiſeln | und haarabſchneiden, 702
wovon es in allgemeiner formel heißt: die ſtrafe geht zu *haut und haar*, richten to *hut* u. to *hare*. Sſp. 2, 13; [ze *hûte* u. ze *hâre*. fragm. $32^a$; *huid* ende *haer* ſtrafe. Kilian ſ. v.;] (*hût* u. *hâr* abeſlân. Berth. 62. [Kchr. 14827; *hut* u. *har* abe ſchern zweier vinger breit. Freib. urk. nr. 24 (a. 1275); *behiuten* u. *behâren*. Ben. 332;] wê ir *hiuten* u. ir *hâren!* Walth. 24, 13;) *ſchern* und *villen* (tondere et verberare). [MS. 1, $81^a$. Rother 4314. Renner 18233;] ſi quis furtum fecerit, *corium* ſuum et *pilos* redimat. Kindl. hörigk. p. 231 (a. 1109); [ſervilis perſona *pilos* perdat cum *corio*. Schöpflin nr. 160 (a. 977).] Härter iſt das abſchneiden einzelner glieder.

1. *Scheren.* Wie ſehr auf den ſchmuck des haars und der locken geachtet wurde, hat das erſte buch gewieſen (ſ. 239. 283. 339). Es galt für ſchimpf und muſte gebüßt werden, wer einem nur an locken oder bart griff, weit ſchwerer, wer ſie abſchnitt, vgl. lex Burg. add. 1, 5 [92]. Doch nicht in allen fällen war es ehrenrührig, eine locke zu verlieren, dahin gehört das *ſymboliſche* ſcheren (oben ſ. 146) und haar ausreißen, zeugen zur erinnerung wurde ein wenig haar ausgerupft, wie das ohr gezupft: puero capillos pauliſper excuſſit. charta a. 1122 (zu Saumur), Carpentier 1, 788; die frau bricht dem ritter heimlich eine locke aus. Tieks Lichtenſtein p. 17. Beiſpiele der ſtrafe: juſſit *tonderi* comam capitis ejus. Gregor. turon. 6, 24; *dimidio capite tonderi*, poena ſervorum et latronum. capit. a. 809 cap. 11 [MG Capitularia I p. 150]; *tondere* in crucem, in modum furis. ch. a. 1273. Carpentier ſ. h. v.; der locke u. der hâre *ſtümmeln*. Diut. 1, 458; [ehbrecherinnen werden die haare abgeſchnitten.

Legrand fabl. 2, 85; je veux quon me *tonde,* ſi je fais cela. proverbiana 17;] *τὸν δὲ μέγιστα ἀδικήσαντα ὁ βασιλεὺς κελεύει κείρασθαι, ὡς ἐσχάτης οὔσης ταύτης ἀτιμίας.* Nicol. Damaſc. Gron. 3853.

Gewöhnlich kommt es mit dem fillen verbunden vor, auch mit noch härteren ſtrafen: luminibus orbatus, virgis caeſus, *detonſus.* Lambertus ad a. 1074 (Krauſe p. 139); alios *capillis* et cute detracta expulerunt. ann. fuld. ad a. 879 (Pertz 1, 393); ad palum vapulet et *tondeatur.* Georg. 843 [MG Capitularia I p. 284]; [ſervi flagellentur et *tundantur.* Pertz 3, 505; verberare, *decapillare.* ibid. 2, 123;] virgis verberabitur et *crines* ejus *abradentur.* Kindl. 3, 55 (a. 1165); *tollantur* corium et *capilli*, cute et *capillis* priventur. Wenk 3 nr. 49 (a. 1024); [. . . ut quando ego venero, omnia parata inveniam, ſi cutem et *capillos* habere volueris (ſchreibt der vicedom. dem procurator). form. alſaticae cap. 23 [MG Formulae p. 419];] ſi aliquis deprehenditur cum furto, quod valet dimidium fertonem, ſuſpenditur. ſi minoris valoris eſt, ſcopis punitur et buccas uritur et crines ſui per *medium caput* ſuum *tondentur.* jura tremonenſia; conſpirationis adjutores *capillos ſibi viciſſim detondeant,* nares ſibi invicem praecidant. Georg. 698. 1347 [MG Capitularia I p. 124. 441]; *crinibus turpiter abſciſſis* virgis excorietur. Kettner ant. quedlinb. p. 168 (a. 1068); corium et *capillos* amittat. Schannat hiſt. wormat. 2, 41 (a. 1014); [facti in tantum eum (Godefridum ducem) poenituit, ut publice ſe verberari faceret et *capillos* ſuos, *ne tonderentur,* multa pecunia redimeret. Lambertus ad a. 1046;]
703 gangar annärs | mans kunu a bulſtar ok bleo i annarä kunu ſiäng, tha miſſe *lokkä* ſinä ok örun ſin ok näſar ok hete ä horſtakka. Upl. ärfd. 6.

Zuweilen wurde das haar nicht abgeſchoren, ſondern *mit der haut abgezogen.* Die gloſſe zum Sſp. 2, 13 erklärt das haut u. haar folgendermaßen: das man einen zu der ſtaupen ſchlegt u. *windet im die haar mit einer kluppen oder knebel aus dem heupt;* [palis jactis in capite *capillos cum pellicula auferre.* Victor utic. lib. 2 p. 596b.] Das ſcheint das *decalvatus,* turpiter decalvatus der l. Viſig. [II. 2, 7.] III. 3, 9. 10. [XII. 3, 11;] *decalvare* et fruſtare. Liutpr. 6, 88 [141]; [*decalvet* eum (furem) et caedat per diſciplinam, ſicut decet furem, et ponat in eo ſignum in fronte et in facie. ibid. 6, 26 [80].] Den Angelſachſen hieß hŷdan oder behŷdan, behêdan (behäuten) capillos cum ipſa capitis pelle detrahere. lex Cnuti 27 [II 30 § 5] (hettian bei Kold. Roſ. p. 63 gewährt keinen ſinn).

2. *Geiſeln*, flagellare, verberare, virgis caedere, fuſte ferire (XII. tab. 7, 8), fuſtigare, [per fuſtuaria ſupplicia lacerare. Caſſiod. var. 9, 2;] goth. *bliggvan* [vandum usbluggvans. 2. Cor. 11, 25], ahd. pliuwan, nhd. bläuen; [altſ. *fillian*. Hel. 165, 15,] ahd. *villan*, fillan, mhd. villen (von fel, cutis); mhd. *bern* mit gerten oder mit ruoten; mhd. *beſemen*[1]), mit beſemen villen. Lampr. Alex. 1037; [mhd. *ſmitzen*. Kolocz. 134 (GA. 2, 162); mhd. *zer ſtûpen* ſlân. paſſ. 184, 24,] nhd. *ſtäupen* (ſtaupenſchlag), mit ruthen *ſtreichen* oder *hauen* (ruthenſtreich), *prügeln*, *ſchwingen*, auch der agſ. ausdruck iſt *ſvingan* und ſving ictus, ſvingle flagellum. Die ſtreiche wurden öffentlich mit ruthen oder riemen auf den nakten rücken gegeben und in beſtimmter zahl, die meiſt nach dem *decimalſyſtem* von 50 auf 100, 150, 200, 300 auffteigt: rumpatur dorſum ejus *quinquaginta* percuſſionibus. Bajuv. 6, 2 [app. 1]; [*quinquaginta* gamactas i. e. 50 percuſſiones accipiat. ibid. II. 4, 6 [2, 4];] *quinquaginta* verbera ferat. Viſig. III. 4, 15; *centenis* flagellorum ictibus verberetur. Viſig. III. 3, 9; *centum* fuſtes accipiat. Burg. 5, 5; *centenos* fuſtium ictus. Burg, 4, 6; *centum* verbera ferat. Viſig. III. 4, 15; *centum quinquaginta* flagella ſuſcipiat. Burg. 30; *ducentos* ictus flagellorum extenſus publice accipiat. Bajuv. 8, 6 [9, 6]. 11, 4 [12, 7]; *ducentos* in conſpectu omnium publice ictus accipiat flagellorum. Viſig. III. 1, 3; *trecentos* fuſtium ictus. Burg. 4, 4; *trecentenis* flagellis publice verberetur. Viſig. III. 4, 17. Bloß das ſaliſche geſetz hat auch hier *duodecimalzahlen:* ſervus ipſe aut 120 ictus accipiat, aut 120 den. cogatur perſolvere. 29, 6 [25, 8]; ſervus 120 ictus accipiat tenſus. 42, 3 [40, 3] (der pactus leg. ſal. hat hier einigemal CXX, einigemal CXXI, mit der zugabe von 1); der caſtration ſtanden 240 ictus gleich. 43, 7 [40, 11][2]). Die lex Alam. 38, 2 ſpricht unbe-

[1]) [zu Herbort 108ª vgl. Frommanns ausg. p. 329.]

[2]) [in Ägypten ſind, nach Leon von Laborde, 200 ſtreiche auf rücken oder fußſole ganz gewöhnlich; man geht bis zu 1500 ſtreichen; 2000 ſtreiche gelten der todesſtrafe gleich.]

ſtimmt: ſervus vapuletur fuſtibus. Vom königsmalter (32 ſchlägen) im folg. buch cap. I unter A, 21, | ſ. 767. [Impoſitis CL fuſtibus. Victor utic. p. 602; XXX ictus cum virga (deren größe u. dicke angegeben wird) patietur. thür. ſächſ. verein I. 4, 34. 35; geiſtliche abſolution mit 40 ruthenſchlägen. Reinaert 1675; ſchlagen mit fünf *ölſvöber.* danſke viſ. 2, 64, vgl. 2, 41; ictibus aut minutis virgis caſtigare. Pertz 3, 477; nudus cum
704 virgis vapulet. ibid. 3, 491.] Der ſträfling empfieng die ſtreiche entw. auf eine bank oder einen kloben (folterbank) ausgeſtreckt, oder an einen pfal gebunden: extenſum ad *trocleas* loricis (l. *loris*) *triplicibus* caedere. Greg. tur. 6, 35; juſſit eos ad *trocleas* extendi et fortiſſime caedi. ibid. 7, 32; ad *ſtipites* extenſos graviſſime caeſos. ibid. 10, 15; [juſſit eum ad *trocleas* extendi et fortiter caedi. Greg. tur. miracul. lib. 1 cap. 82.] Genauer das ſal. geſetz: et qui repetit (der kläger, der beſchädigte) *virgas* habeat paratas, quae in ſimilitudinem minimi digiti groſſitudinem habeant, et *ſcamnum* paratum habere debet et ibi ſervum ipſum extendere debet. 43, 4 [40, 6]; ſuper *ſcamno* tenſus ictus accipiat. ibid. [In ein *futterwanne* ſpannen und karbäitſchen. Simpl. 2, 3. Ein bild, wie einer geſtäupt wird, bei Grupen antiq. ad p. 123.]

Es war eine *knechtiſche* ſtrafe; was freie in geld büßten, muſten unfreie mit ihrer haut bezahlen, zuweilen war ihnen wahl gelaßen, das geld zu entrichten oder die ſtreiche zu dulden. Ein freier, mit dieſer ſtrafe belegt, verlor ſeine freiheit, careat ingenuitatis ſtatu. l. Viſig. III. 3, 1. Aber nicht nur leibeigene, auch coloni wurden gehauen: eſt aliquis qui contradicit epiſcopo aut ejus miniſtris, ne *coloni* aut ſervi pro commiſſis criminibus *virgis nudi caedantur.* Burchard. wormat. interrog. 73. [Frothos geſetz bei Saxo gramm. p. 228 verhängt dem diebsheler: in concione coram omnibus *vapularet.* Ebreker mit *geiſclen* ut der ſtat *ſtupen.* Gefken beil. 133.]

Wie lang iſt bei den ſoldaten die ſtrafe des *ſpießruthenlaufens* hergebracht? es wurde (wie beim ſpießrecht ſ. 689 und bei der ſteinigung ſ. 692) *eine gaße gebildet*, durch welche der verbrecher dreimal auf und niedergehend von jedem ſeiner kriegsgeſellen einen ruthenſtreich auf bloßen rücken empfieng; ſchwed. *gatlopp*, curſus per ordines militum virgis caedentium;

[vgl. l. Alam. Lantfr. 98, 2: abeat gadano, abire gadano = gaȥônô hlaufan; engl. run the *gauntlet.*]

3. *Schinden.* Walth. 85, 14. [Barl. 113, 15] von ſcint, altn. ſkinn (corium), excoriare, écorcher, die haut aufreißen, abziehen, [die hût abe rîȥen. Kchr. 6413,] daher oft gleichbedeutig mit *fillen* (von fel), weil ruthenſtreiche die haut ablöſen; agſ. *fleán*, befleán (praet. flôh), engl. flay, mnl. vlaen, glubere, decorticare. Hierher gehört auch das *decalvare*, das wegnehmen des haars mit der haut (ſ. 703). Außerdem war aber im alterthum noch ein beſonderes *riemenſchneiden* aus der haut als ſtrafe bekannt, die vielleicht mit dem *örn rîſta*, *refil rîſta* (ſ. 692) zuſammenhängt. Totila, könig der Gothen, befahl: epiſcopo *a vertice ad calcaneum corrigiam tollere* et tunc caput ejus amputare. dial. Gregorii magni 3, 13. Im Reinaert vos wird Brune dem bär geſchnitten:

*van ſinen rugghe* ên *velſpot* af
voets lanc en voets brêt. 2840. |

[*Drei rothe riemen* am rücken ſchneiden. norſke folkeev. 1, 193. 195. 196. Ich enlieȥe *ſenewe ûȥ ſîner hût* ſnîden ê daȥ ... Wh. 260, 18.] Dieſe ſtrafe war auch im Orient üblich, nach 705
dem geſetz der Perſer wurde einem, der unreine kleider berührt hatte, die *haut vom gürtel an* in die breite gelöſet. Vendidad, fargard. 3 (Kleuker 2, 312). [Vgl. auch Martius Braſil. 67.]

4. *Hand u. fuß abhauen*, [mhd. *ſtumbeln*, beſtumbeln. Kchr. 4990. 5872. 7468. MS. 2, 138[a]. warnung 895; altn. *meidſla* mutilatio. Ol. Tr. 2, 68.] Der mancus heißt goth. *hanfs*, ahd. *hamf* (vocab. S. Galli 198); der claudus goth. *halts*, ahd. *halz**). *Manuum* ac *pedum* abſciſſione mulctatur. Greg. tur. 7, 20; ſleá mon him *hand* of oþþe *fôt*. In. 37; þa loyſi undan *hand* eþa *fot*. Gutal. 42; [*hamla* at *höndum* edr *fôtum*. Ol. Tr. 1, 279. Ol. helg. cap. 72;] detruncare reis inhoneſto vulnere nares, iſte *pedem* perdit, perdit et ille *manum*. verſus de Thimone comite b. Meichelb. nr. 23; [*manuum* et *pedum* ſummitatibus amputatis. Pertz 1, 379; noſtrates ſilvam incidentes ... unus *pede* eſt mutilatus. ibid. 2, 171;] herz. Ernſt 17[a]:

---

*) halts iſt wörtlich claudus; hanfs verwandt mit *καμπτός*, *καμπύλος* (krumm).

ſwen man begreif, der muoſt ein pfant
den vrechen lâȥen ſâzehant,
die *hende* oder die *füeȥe*
daȥ ſint der Beiger grüeȥe*);
[ſi ne gât dar niemanne *an den vôȥ*,
man tuot im gare des lîbes bôȥ. Rother 4320,

d. h. es erfolgt härtere ſtrafe als verſtümmlung.]

Es pflegt aber in liedern und ſagen der *rechte arm* und das *linke bein* genannt zu werden, weil ſie höhern werth haben, als der linke arm und das rechte bein:

der *zeſwe arem* u. daȥ *winſter bein*
zebrach von diſem gevelle. Parc. 295, 24. [304, 21;]

Laurin fordert von allen, die ſeinen roſengarten zertreten haben, den *linken fuß* und die *rechte hand*; lui trencha le *pied gauche* et lui coupa le *bras droict*. Geoffroi de Mayence cap. 17; danſke viſer 2, 45:

hans *höjre haand* og *venſtre fod*
han og tillige afhugge lod;
jeg vil ikke have anden bod
end *höjre haand* og *venſtre fod*. 4, 252;

ein ſpaniſches volkslied (ſilva p. 4):

cortenle el *pie del eſtribo*, la *mano del gavilan*.

In Reutters kriegsordn. p. 56 heißt es: ich verbanne u. verbiete die bank, das mir keiner in das recht ſprechen ſoll bei verbußung der *rechten hand* u. des *linken fuß*; und p. 76 dem verbrecher peinliche ſchmerzen zuerkennen als mit der zungen und *rechten hand* oder *linken fuß* [1]). Aus dieſem grund wird auch beim hammerwurf (oben ſ. 65) mit der *rechten hand* unter *dem linken bein* her geworfen. | [Einem dieb, der zwei häne geſtolen, den *fuß* und die *rechte hand* abhauen. Diez troubad. p. 401.]

---

*) wer ſich an den heimbürgen vergreift, der *iſt um ein hand* u. *um ein fuß*. Meddersheimer w.

[1]) [auch bei den Kalmuken wird dem verbrecher die *rechte hand* und der *linke fuß* zerbrochen. Lepechins reiſe th. 1 pag. 278. Umgekehrt bei Probert 194 *right foot* and *left hand*.]

Der vorzug der rechten hand iſt einleuchtend, ſie führt 706
das ſchwert, ſchwingt den ſpeer, hält den falken[1]; darum nennt ſie das ſpan. lied mano del gavilan (ſperberhand), darum heißt bei Aeſchylus (Agam. 118) *χερὸς ἐκ δοριπάλτου* nichts als e manu dextera. Den höheren werth des linken fußes begründet aber, daß der reiter mit ihm in den ſtegreif tritt (pie del eſtribo), Triſt. 7046:

daʒ er den linken fuoʒ geſtieʒ
wol vaſte in den ſtegereif.

Zu verwundern iſt, daß die alten geſetze der rechten hand und dem linken fuß keine höhere buße beilegen, ſo ſorgfältig ſie den verſchiednen werth einzelner finger angeben. Erſt in dem ſpäteren frieſ. geſetz finde ich eine ſolche beſtimmung, die *rechte hand*, neidam dat hio da ſeininga ſchil duaen tojenſt da quade gâſt, wird mit 28 enzen (unzen) verbüßt, die linke mit 26; der *linke fuß*, neidam dat hi den inſtap duaen ſchil, mit 28, der rechte nur mit 27 enzen. Fw. 375. 376. Für den linken fuß iſt ganz jener grund angeführt (weil er den inſtap thut, in den ſteigbügel tritt), für die rechte hand der chriſtliche, weil ſie gegen den teufel ſegnet. [Aſ. 182 ſegnen die drei erſten finger der rechten hand. Auch der *zeigefinger* heißt in den alten geſetzen: quo ſagittatur, ſignatur; ſcytefinger, chetefinger.]

Auch wenn bloß von dem abhauen der hand, nicht des fußes die rede iſt, wird die rechte genannt oder gemeint[2]: qui ſolidos adulteraverit, . . . ſi ſervus fuerit, judex eidem *dextram manum* abſcindat. l. Viſig. VII. 6, 2; ſin *fora hand* op dae thingſtapele of to ſlaen. Fw. 144; einem heckenjeger die *rechte hand* abſlagen, einem luiſer den *rechten daumen*. Dreieicher w.; *pollex dexter* auferatur. l. rip. 59, 3. Folgende beiſpiele nennen ſie nicht: de falſa moneta jubemus, ut qui eam percuſſiſſe comprobatus fuerit, *manus* ei amputetur. Georg. 497 [MG Capitularia I p. 285]; ſi monetarius reus fuerit, *manus*

[1] [doch Vilk. ſaga c. 244 p. 346: â *vinſtri* hendi hefr hann einn *hauk*. Auch nach Döbel 2, 185 ſteht der falke oder habicht auf der *linken* fauſt. Bei Fredericus de arte ven. 2, 42 wird je nach der richtung des windes die rechte *oder* die linke vorgeſchrieben.]

[2] [auch bei den Scythen. Toxaris 11. 35.]

ejus abſcindatur, quacum reatum commiſit, et affigatur fabricae monetae. l. Aethelſt. 14; ſi quis ſine juſſione regis aurum figuraverit aut monetam confinxerit, *manus* ejus incidatur. l. Roth. 246 [243]; ſi quis chartam falſam ſcripſerit aut quodlibet membranum, *manus* ejus incidatur. ibid. 247 [244]; ſi quis res eccleſiae igne cremaverit per invidiam more furtivo in nocte, ſi ſervus fuerit, tollatur *manus* ejus et oculi. l. Bajuv. I. 6, 1 [1, 6]; ſi ingenuus ſciens fugitivo (ſervo) literas fecerit, *manus* inciſione damnetur. l. Burg. 6, 11 [6, 10]; hi qui ſignum adulterinum ſculpſerint vel impreſſerint, minor perſona *manum* perdat per quam tantum crimen admiſit. l. Viſig. VII. 5, 1; ſi inventus
707 fuerit | quis chartam falſam feciſſe aut falſum teſtimonium dixiſſe, *manum* perdat aut redimat. Georg. 673 [MG Capitularia I p. 143]; ſi quis ferro acuto quempiam vulneraverit, manu privabitur. ſtat. ſuſat. Häberlin p. 508; non debet *truncatio manuum* in pueris fieri, qui nondum XII annorum aetatem impleverunt. ſtat. colon. a. 1083 (Möſer 2, 258); [wer pflanzen abhaut, dem ſoll die *hand* wieder abgehauen werden. Lauenſteiner vogtgeding 36.] Abhauen des daumen kommt häufig in den waldweisthümern vor: der einen haſen fähet in dem büdinger wald u. drumme, der verwirkt ſeinen *rechten daumen.* büdinger w.; welches teils jeger uber die hochſtraße keme u. die hunde nit vor uf bünde, mag der ander teil den jeger vahen u. im den *dumen* uf dem fellbein abhowen. Schöpflin nr. 1364 (a. 1459); da erteilten die ritter, were das iemand wild oder vogel fieng, on ir wißend u. on ir wort, das der einen *daumen* verloren ſolte han oder den löſen ſolt umb ſie. ch. a. 1381, [ähnlich urk. a. 1333 bei Reynitzſch anlage 1; vorlüſet den *vinger*, weddet den *vinger.* Goſl. 81, 23. 31. In Stralſund wurden dem zum dritten mal aus der ſtadt ausgewieſenen *zwei finger* aus der hand geſchlagen und dieſe *an den kaak* (unten ſ. 725) *genagelt.* balt. ſtud. 7, 2, 15.]

Verbreitet war auch die ſtrafe, das meſſer *durch die hand zu ſchlagen*, die es gezückt hatte: enn konongs umbodsmadr ſkal taka knîf þann, er hann lagdi med oc keyra þar â þîngino *îgegnom hönd* þeſs er lagdi. Gulaþ. p. 165; tüt en man en metſet, ether en ander wapen upp enen borghere em mede to ſchathende binnen uſen wicbelethe, wert he thes vortucht mit twen borgheren umberopen eres rechtes men ſchal eme *that metſet dhor ſine hant ſlahn.* brem. ſtat. p. 34; und von welchem knechte die überfahrung geſchähe, ſo daß er ein meſſer zücte, ſolte man in *mit der thätigen hand an das thor* zu Löwenſtein *nägeln*, machte er aber einen blutrüſtig, mit welcher hand er das gethan hette, ſolte man ime ablöſen. Kopp nr. 108 (a. 1466).

*Durchſchneiden der fußſehnen* begegnet in nord. ſagen, z. b. Sæm. 136[a] und An bogſv. ſaga cap. 14 bei Völundr u. Ivar.

5. *Blenden*, [mhd. ſtumbeln bî den ougen. Kchr. 7489, an den ougen ſtumben. warnung 949.] Der verluſt *eines* auges galt zuweilen für geringere ſtrafe als der der naſe: de latronibus praecipimus obſervandum, ut pro prima culpa *unum oculum* perdat, de alia vero naſus ei truncetur. Georg. 498. 1145. 1155 [MG Capitularia I p. 51. LL IV p. 494. 503]. Indeſſen ſetzt lex rip. 5, 2. 3 auf auge und naſe gleiche buße, lex ſal. 32, 12 [29 add. 6] auf das auge ſogar höhere. Häufig werden *beide augen* zerſtört: *oculi evulſi.* ann. nazar. ad a. 786 (Pertz 1, 42); decernens (Carolus) quod hii, qui potiſſimum in hac conjuratione devicti ſunt, honoribus ſimul ac *luminibus* privarentur. ann. lauresh. ad | a. 786; auctores conſpirationis 708
contra regem partim morte, partim *coecitate* et exilio damnantur. Pertz 1, 350; *luminibus* orbatus. Lamb. ſchafnab. p. 139; [dux Henricus Saxo virum quendam nobilem pro ſuo ſcelere *exoculavit.* Caeſ. heiſt. 2, 35;] dô man ût his *eágan.* l. Cnut. 27 [II 30 § 5]; et ſi pietatis intuitu a principe illi fuerit vita conceſſa, *effoſionem* perferat oculorum. l. Viſig. II. 1, 7; operatricem criminis hujus (des kindermords) publica morte condemnet, aut, ſi vitae reſervare voluerit, *omnem viſionem oculorum* ejus non moretur extinguere. l. Viſig. VI. 3, 7. [Eilven diu *ougen ûʒ ſtechen*, dem zwelften ein ouge lâʒen. Kchr. 15921; *blenden* u. hâhen. Diemer 211, 11. 212, 2. Augen ausſtechen. Jäger jur. mag. 1, 335. 336; noch häufig im bauernkrieg. anm. zu Götz von Berl. p. 219. Im Norden, von Olaf dem heiligen: ſumum lêt hann *ſtînga augo* ût. Ol. helg. cap. 72, hann lêt *blinda* Hrœrek (einen unterkönig) bâdom augom. ibid. cap. 74; Harald gilli läßt dem mitkönig Magnus die *augen ausſtechen*, einen fuß abhauen und ihn entmannen. fornm. ſög. 7, 185. In Turko-

mannien das ausſtechen der augen und abſchneiden der ohren als ſtrafe der knechte. Murawiew reiſe p. 119; bei Herodot 8, 116 läßt ein thrakiſcher könig ſeinen ſöhnen die augen ausreißen.]

6. *Naſe abſchneiden.* Truncatis manibus auribusque et *naribus* variis ſunt mortibus interempti. Greg. tur. 8, 29; auribus *naribus*que amputatis. ibid. 10, 18; conſpirationis adjutores . . . *nares* ſibi invicem praecidant. Georg. 698. 1347 [MG Capitularia I p. 124. 441]; *naſus* truncetur. ibid. 498. 1145 [MG Capitularia I p. 51. LL IV p. 494]; *naribus abſciſſis* . . . lugebunt facinus ſuae praeſumptionis. l. Viſig. XII. 3, 4; detruncare reis inhoneſto vulnere *nares.* verſus de Thimone comite; [Hialto (pellicem) praeciſo *naſo* deformem reddidit. Saxo gramm. p. 90; warþer ok ſtyft af hænni (der ehbrecherin) *næſer* eller örun. Söderm. lag p. 58. Veſtm. lag p. 123;] ceorfe of his *noſu.* l. Cnut. 27 [II 30 § 5]; andere beiſpiele b. Ducange 2, 1404. [Der öffentlichen dirne, die zu verbotener zeit in der ſtadt betroffen wird, ſol man die *naſe* uʒ dem chopfe ſniden. Augsb. ſt. 115.] Nach dem alten Gulad. diebsb. 7 wurde ſtehlenden knechten die *naſe* abgeſchnitten, es iſt von dieſer knechtiſchen ſtrafe ſchon oben ſ. 339 gehandelt. [In Ungarn galt der erſte diebſtal des unfreien die *naſe*, der zweite die ohren, der dritte das leben. Engel 1, 68.

Swer ſich ſcheltens wil begân,
der muoʒ der *naſen* angeſt hân
und der zungen diu eʒ ſprichet,
an den beiden man eʒ richet. Freid. 63, 14.

Unter Friedrich I. wurde den deſerteurs die *naſe* und ein ohr abgeſchnitten. preuß. patent von 1711. heſſ. zeitſchr. 8, 182. Vgl. noch Od. 22, 475: *ῥῖνάς τε καὶ οὔατα τάμνον.* Darius läßt den beſiegten *naſe* und ohren abſchneiden: naham utá guſhá fràjhanam (abſcindebam). keilſchr. 2, 89.]

7. *Ohren. Auris unius* inciſione mulctatur. Greg. tur. 5, 48; ceorfe his *eáran.* l. Cnut. 27 [II 30 § 5]; *oron* af hanom ſkeria. Sudherm. thiufn. 2; tha miſſe lokkä ſinä ok *örun* ſin ok näſar. Upl. ärfd. 6; qui fanum effregerit et ibi aliquid de ſacris tulerit, ducitur ad mare et in ſabulo, quod acceſſus maris operire ſolet,

*finduntur aures* ejus et caſtratur et immolatur diis, quorum templa violavit. l. Friſ. add. 12 [11]. [Ein *öre* affniden, dat öre löſen mid twen marken penningen. Wigand arch. 4, 230 (a. 1363); daȥ im diu *ôren* wæren abgeſniten. Renner 18248; ſieh auch Jäger jur. mag. 1, 333. 334 (zu Nürnberg). Kirchner Frankf. 1, 503; markgraf Ludwig von Baden beſtimmt 1695, jedem übertreter der fouragierordnung das erſte und auch das zweite mal je ein *ohr* abzuſchneiden, das dritte mal ihn zu hängen. heſſ. zeitſchr. 8, 182. Der in diu *ôren* beiden abſnite, wie gerne ich daȥ ſæhe! MSH. 3, 214ᵇ.] Morgenländiſche und ſlaviſche ſagen erzählen oft, daß miſſethätern die ohren abgeſchnitten und in die hand gegeben oder in die taſche geſteckt werden. [Auch zu Ansbach a. 1589 ein befehl an den nachrichter zum ohren abſchneiden und *ſie ihm vorn in buſen ſtecken.* Rezatkreis 2, 20. Wallendes blei in die ohren gegoßen. ſtat. mulh. p. 236.]

8. *Lippen.* Florus 4, 12 von den Deutſchen, die ſich nach der niederlage des Varus an den römiſchen ſachwaltern rächten: aliis oculos, aliis manus amputabant, unius *os ſutum*, reciſa prius lingua, quam in manu tenens barbarus, tandem, inquit, vipera ſibilare deſiſte! Ein beiſpiel dieſes lippenvernähens gibt auch Snorraedda p. 133: þâ tôk dvergrinn þveng oc knif oc vill ſtînga rauf â *vörrum* Loka oc vill *rifa ſaman* munnin, en knîfrinn beit ecki. þâ mælti hann at betri væri þar alr brôdur hanns, en iafnſkiott ſem hann nefndi hann, þâ var þar alrinn oc beit hann varrarnar, *rifjadi* hann *ſaman varrarnar.* Abſchneiden der oberlippe war zu- | weilen mit dem der naſe ver- 709 bunden: ceorfe his noſu and þa *uferan lippan.* l. Cnut. 27 [II 30 § 5]; ſi aliquis produxerit falſum teſtem . . . amittat naſum *cum labro* usque ad dentes. ſtat. avenion. a. 1243 cap. 73 b. Carpentier ſ. v. denaſatus; [nares truncate quidquid ſit et *oris utrimque.* Rudl. 6, 79.]

9. *Zunge* ausſchneiden, in jener ſtelle des Florus, auch in den capitul. Georg. 1701 [MGLL II 2 p. 124]: delatori *lingua capuletur.* [Conſiliarius *lingua* privatus. Pertz 5, 461; nach Sſp. 1, 59 ſoll wer unberechtigt bei königsbann dingt, wedden ſine *tungen.* Auch in der Carolina wird dieſe ſtrafe angedroht.] Sonſt mehr in den ſagen, als in den geſetzen. [Von Olaf dem

heiligen: hann lêt *ſkera tungo* or Gudrödi Dalakonungi. Ol. helg. cap. 74. Dem beſiegten redner wird die *zunge* abgeſchnitten. Toxaris 11. 35. 62; der meineidige in der *zunge* verwundet. Athenaeus 2, 407.]

10. *Wange* durchbrennen, *brandmarken*, genam vel maxillam urere. Gunther in Ligur. 7, 274: *maxilla* ſervus *aduſta* vertice detonſo ſupponet terga flagello; verſus de Thimone comite:

ergo comes veniens cenſet pendere latrones
furibus et *furvas* ſemper habere *genas*;
[in crucis atque modum me comburatis in altum
per *geminas buccas* roſa ceu tenus hac rutilantes. Rudl. 6, 82;

cauteriis accenſis in facie vulnerata. Greg. tur. 9, 38;] illi, qui hujus audaciae et invaſionis dux et princeps fuerit, tollantur corium et capilli et inſuper in *utraque maxilla* ferro ad hoc facto etiam candenti bene cratetur et comburatur. Wenk 3 nr. 49 (a. 1024) [cod. lauresh. nr. 95 (a. 1023)]; auctor facti cute et capillis privetur et inſuper candenti ferro in *utraque maxilla* comburatur. Johannis res mog. 3, 55 (a. 1037); auf den kaex ſetzen u. *zu backen brennen.* ſtat. colon. a. 1437; op den kaik ſtaen ende hem enen *penningk in ſine wangen bernen.* acta ultraj. a. 1480; opten kaec ſetten, een oir offniden ende *en ſlotel in der wange drucken.* ibid. a. 1459; brennen durch das *wange.* MB. 6 237; [durch die *backen* gebrannt. Renner 18235; wer wunden an der *ſtirnen* treit (der gebrandmarkte). Bon. 65, 47; den heißen *denarius* auf die *ſtirne* brennen. Pertz 3, 477.] Mehr beiſpiele hat Grupen obſerv. p. 130. 131. [Schmeller 1, 259. Geſchmolzenes blei in den *mund* gießen. cod. Theodoſ. IX. 24, 1.]

11. *Zähne*, ausgebrochen: enn ſâ madr, er mann bîtr, þa ſcal ſyſlomadr lâta taka þann mann oc fœra â þîng oc lâta *briota framtennor* or höfdi hans. Gulaþ. p. 167; durchgebrannt: ſol man uber in richten mit der ſchraiat u. *durch die zen brennen.* augsb. ſtat. (Walch 4, 305. 311); *durch die zende prennen.* bair. r. bei Heumann opuſc. 1, 63. [Nîthart MSH. 3, 214[b];] *dor de tenen bernen* unde to der ſtupen ſlan. Goſlar. geſ. bei Leibn. 3, 500; *to den tenen bernen* oder or affniden. Ölrichs rig. recht p. 54.

12. *Entmannen*, ahd. arwiran (oder arſiuran), agſ. âſŷran, altn. gelda, engl. geld, altſchwed. ſnöpa; [altfrz. eſcoillier. Ren. 8806. Bei Wolfram: zeime kapûn mit eime ſnite machen, zwiſchen den beinen ſleht machen. Parc. 657, 8. 21.] Si ſervus furaverit, quod valent 40 denarii, aut *caſtretur* aut 240 den. qui faciunt ſol. 6 reddat. l. ſal. 13, 2 [12, 2]; ſi ſervus cum ancilla moechatus fuerit et de ipſo crimine ancilla mortua fuerit, ſervus ipſe aut *caſtretur* aut 240 den. culp. | judicetur. l. ſal. 29, 6 710
[25, 7]; ſi ſervus cum ancilla moechatus fuerit, tribus ſol. culpabilis judicetur aut *caſtretur*. l. rip. 58, 17*); qui fanum effregerit . . . finduntur aures ejus et *caſtratur* et immolatur diis. l. Friſ. addit. 12 [11]; *caſtrationem* virium perferat. l. Viſig. III. 5, 7; [bête mid his *covende* (teſticulis). l. Aelfr. 25;] auch wan ein waltpode einen juden bei einer chriſtenfrauen oder maide funde unkeuſchheit mit ir zu triben, die mag er beide halten. da ſol man dem juden *ſein ding abe ſniden* u. ein aug ausſtechen u. ſie (die frau) mit rüden usjagen. Mainzer waltp. r. Gudenus 2, 499. [Bei Paul. Diac. 5, 40 thut Alahis das gelübde, ut, ſi mihi Deus victoriam iterum dederit, quod unum puteum de *teſticulis* impleam *clericorum*. Bauern im krieg entmannt. Stälin 1, 509.]

13. *Feßeln*. Man legte bande an hände oder füße (nervo aut compedibus vincito), auch reife um den leib; [teta in *haft* u. in *bant*. N. Bth. 91; *vorveſten*. Bruns p. 184. 186. 189; verfeſten, veſtinge. Sſp.; gevangen ûf den lîp. Iw. 4016.] Die ſagen wißen vom *ſchmieden an felſen;* wie bei den Griechen Prometheus, wurde im Norden Loki grauſam mit den därmen ſeines kindes auf drei ſteine gebunden; jenem frißt ein adler jeden dritten tag die leber, dieſem fallen gifttropfen, ſo oft ein becken über ſeinem haupt davon voll wird, ins antlitz, daß ſeine zuckungen erdbeben hervorbringen. Snorraedda p. 70, vgl. Sæm. 66$^{b}$. 69. [Die frau im märchen wird bis an die brüſte *in die erde gegraben* und ein *hantvaȥ* (waſchbecken) auf ihr haupt geſetzt, die vorübergehenden ſollen ſich an ihrem haare trocknen. altd. bl. 1, 131. Setja *î ſtokk*. Völſ. ſaga cap. 5;

*) daß noch im j. 1545 ein edelmann in der Wetterau dieſe ſtrafe an ſeinem ſchalksknecht vollziehen ließ, lehrt Saſtrows leben 1, 290-293.

*ſtocken* und *plocken.* Duellii miſc. 2, 250, vgl. Haltaus 1746-48. Gefangne *in eine wanne* ſetzen, mit ſtricken knebeln, die hände an der wannen handhabe binden. ſtadt Straßburg gegenerklärung gegen die Lotringer. Straßb. 1592 4. bogen S III. S IIII; *plauſtro ſpinis ſuppleto* imponi. Greg. tur. 4, 26. Ins hechſenkämmerlein. Garg. 238ᵃ.]

Im mittelalter war es herkömmlich, unvorſätzliche mörder, mit ſchweren ketten oder ringen um den leib oder die arme belaſtet, wallfahrten thun zu laßen: *circuli ferrei* in poenitentiam ab epiſcopis aut presbyteris olim imponi ſolebant iis, qui crimina enormia commiſerant, qui eos *in brachiis* induebant, nec deponebant, donec poſt multas peregrinationes ad ſanctorum ſepulcra miraculo aliquo ſolverentur. Ducange ſ. h. v. hat viele belege aus ſchriftſtellern und urkunden. [Ein ritter, der mutter und bruder erſchlagen hat, läßt freiwillig *negla á ſik iarn*, ok fôr at vitja heilagra ſtada. fornm. ſög. 5, 224. Puella *circulis ferreis* aſtricta ob materni effuſionem ſanguinis (dabei auch eine reiſe nach Jeruſalem und zu andern heiligengräbern). Pertz 6, 514. 515 (a. 1009); mulier *vinctis ferreis brachia* utraque habens pro penitentia conſtricta. chart. ſithienſe p. 291. Auch geiſtliche caſteiten ſich mit ketten um den nakten leib. Caeſ. heiſterb. 11, 26. 28.] Hatte ein kind unvorſichtiger weiſe ſeine eltern ums leben gebracht: men let den deder *beſmeden mit iſernbanden umb hals, arm, lif u. beine*, moſte tom lande hinut, ſweren he wolde ſik nemand van den banden, ane gottes gnade alleine, laten helpen, ſlapen de eine nacht nicht, dar he de ander geſlapen hedde, wandern u. dwalen ſo lange, *dat em de bande ſülveſt affprungen.* Rugian. 131. Hatte er entſchuldigungen, muſte er ſich doch mit *einem* oder *zwein banden belegen* laßen, wöchentlich etliche tage bei waßer u. brot faſten,
711 an hohen feſten | entkleidet u. nacket bis zum gürtel vor der proceſſion ziehen, in jeder hand eine gebundne ruthe, u. ſich ſelbſt ſchlagen, daß es blutete, die menſchen mitleiden hätten und gott für ihn bäten, und die *bande tragen, bis ſie abfielen.* ebendaſ.

[Jâ will ich biȥ an mînen tôt
mit *îſen* zallen ſtunden
dar umbe ſîn *gebunden.* Engelh. 6160,

als ſtrafe für die tödtung der kinder; ſolde ich immir mit *reifen* gân *beſlagen*. Kchr. 12748;

Per Tyrſon går ſig åt ſmedjan,
han lät *ſmida* ſig *jern* om medjan. ſv. viſ. 3, 196.

Eine verbrecherin hat ein kleines *eiſen* an den *linken fuß* angeſchlagen, welches ſie doch mit dem rock verhüllte. Abele unordn. 1, 194.]

C. *Ehrenſtrafen.* Auch die ſtrafen an leib und leben ſind großentheils zugleich mehr oder weniger beſchimpfend und der ehre des freien ſchädlich. Hier ſoll nunmehr von ſolchen gehandelt werden, die ohne leib und leben zu gefährden, dem verbrecher ſchimpf zuziehen.

1. geringſter grad dieſer ſtrafen iſt *wörtlicher verweis* von ſeiten der obrigkeit, ein beiſpiel ſolcher *correption* aus dem alam. geſetz habe ich oben ſ. 680 angeführt. Die namen *refſunga* und *ſtrâfe* eignen ſich ganz hierher, auch das ahd. *itawîz*, ags. *edvît*, goth. *ïdveit* (opprobrium, exprobratio).

2. *Widerruf* und *abitte.* Wer den andern geſcholten, ihm ein verbrechen vorgeworfen hatte und es nicht bewähren kann, der ſoll: es ihm als lieb machen, als er es ihm leid gemacht hat. Hernbreitinger petersger.; [der hinderſprecher der ſal *keren* dem cleger *mit worten* nach der ſcheffen ſprache. eltviller gerichtsart. von 1387 b. Bodm. 622; dem beleidigten öffentlich *einen abtrag thun.* Schweinichen 2, 213.] Der injuriant muſte ſich öffentlich *auf den mund ſchlagen* u. ſagen: *mund, da du das wort redeteſt, logeſt du!* Rugian. 186; *mund, do du dat ſprekeſt, logeſt du dat!* [1]) Pufend. app. 3, 12. 1, 50; [daß ihme auferlegt worden, einen offentlichen *widerruf* zu thun und ſein falſches, untreues und boshaftiges *lügenmaul mit einem ſtarken ſtreich* zu beſtrafen . . . . weil ſich der injurant des ſchuldigen *widerrufs und maulſchlags* weigere, als ſoll der ſcharfrichter

---

[1]) [vgl. damit die redensarten: er hât *durch ſînen munt* gelogen. Engelh. 3764; *ins maul* heißen lügen. Anshelm 3, 471; ir habt gelogen *in iwern hals.* Kolocz. 233, du leugſt in hals. H. Sachs IV. 3, 80[b]; in thy ſouls throat thou lieſt. Shakeſpeare 424[a]; lüget in ſeinen rüßel, in ſein ſpeimaul hinein. Ansb. ber. p. 33; luget als wit ime ſîn alter hals iſt. Wetteravia 1, 200.]

ihme an die ſeiten geſtellt und demſelben auferlegt werden, im namen des injurantens den widerruf offentlich auszuſprechen und ſo dann dem ſchmäher einen harten *maulſtreich* zu geben. Abele gerichtsh. 2, 318. 319.] In Schweden zahlte der verläumder ein *läppegiäld* (lippengeld) zur buße, *ſchlug* ſich auf das *lügenmaul* und *gieng rückwärts* aus dem gericht. Loccenii antiq. p. 70. [Der widerrufende faßt ſich an der *naſe*, oben ſ. 143.] Formel der griech. *παλινῳδία* war: *οὐκ ἔστ' ἔτυμος λόγος οὗτος*. Platonis Phädr. Bekker 1, 33. Bisweilen geſchah die abbitte *kniend*, auf gebognen knien. [Der mörder muß dreimal mit gebundnen händen *fußfallen.* Fw. 267 not.;

> jeg vil dig give guld og ſölv for kiäre morbroder din
> og dertil *bön* og *knäfald* med dannemänd paa (til) ting.
> danſke viſ. 3, 317. 318.]

3. *Schimpfliche tracht.* Wie das abſchneiden des haars, ſo entehrte auch das *kürzen des langen gewandes*[1]), ein beiſpiel aus der bairiſchen ſage oben ſ. 285, [vgl. auch ſ. 450 und Wilda p. 824;] in einem ſchwed. volkslied 2, 188:

> han *ſkar af* hennes *kläder allt jemt efter knä*,
> förr var du en drottning, gå ock nu vall med fä.

Und die frawe (die ein unehliches kind geboren hat) ſal den ſun umb die kirchen tragen, wollen u. barfuß, u. ſal man ir har hinden an dem haubet abe ſniden u. *ir rock hinden abeſniden.* Seligenſtadter ſendrecht. Verſtegan (reſtitution of decayed
712 intelligence. Lond. 1634. p. 58) erzählt: if | eyther wife or maid were found in dishoneſty, her *clothes were cut off round about her*, beneath the girdleſtead and ſhe was whipped and turned out, to be derided of the people; [die quelle iſt ein brief des Bonifacius a. 745 (Würdtw. nr. 72), woraus auch Beatus Rhenanus rer. germ. lib. 1 p. 55 ſchöpfte: (in antiqua Saxonia) aliquando, congregato exercitu foemineo, flagellatam eam mulieres per pagos circumquaque ducunt, virgis caedentes et *veſtimenta ei abſcindentes juxta cingulum.*] Auch in Wales wurde einer

---

[1]) [die Ammoniter *ſcheren* Davids boten *den bart halb* und ſchneiden ihnen die *kleider halb* bis an den gürtel. II. reg. 10, 4. I. chron. 20, 4.]

frau, die ihre unſchuld nicht beweiſen konnte, das hemd angeſchnitten: *camiſia* ejus inguinum tenus *dilacerabitur*. Wotton 2, 42; let her *ſhift* be *cut off* as high as her buttocks. Probert p. 132; icellui Breton avoit menacé la chambriere, de lui *couper la robe* par deſſus le cul (a. 1468). Carpentier ſ. v. roba*); [wofern du dich wieder für eine pfalzgräfin ausgibſt, werde ich dir den *rock* an dem hintern *abſchneiden* laßen. anecd. der Eliſabeth v. Orleans 1789 p. 142. Im jahr 1450 ſchickten die Wirtemberger die aus Eßlingen geraubten weiber zurück: *abſciſſis* omnium *veſtimentis* ſurſum usque ad earum pudibunda. Stälin wirt. geſch. 3, 485; etliken (frauwen) *ſneden* ſe de *cledere aff* bis tom navell. Soeſter fehde p. 611, vgl. 648. 655. 657;

auch ſchniten ſi der frawen ab
ire klaider hinden und vor
hoh ob dem hindern, daʒ iſt war. Mich. Beheim 274, 1.

Ihr den *rock über den kopf* zuſammt den händen *binden* und ſie im geſicht ſeiner und der ganzen dorfſchaft peitſchen. Salinde p. 326; ehbrecher *nackend* durch die ſtadt getrieben. coſt. d'Aleſt. Roquefort ſ. v. aulteri; das ehbrecheriſche weib: mag ir man ûʒ ſîm hûſe trîben *in irre bôſten* (böſeſten) *wæte*. keyſerrecht 2, 23. Petiit rex (Chilpericus), ut aut *tunica* ejus (Praetextati epiſcopi) *ſcinderetur* aut centeſimus octavus pſalmus, qui maledictiones Iſchariothicas continet, ſuper caput ejus recitaretur. Greg. tur. 5, 19, vgl. Aimoin. 3, 27.] Außerdem entehrte das tragen beſtimmter mützen und abzeichen, vgl. oben ſ. 339. 340; wer da funten wirt für ein wucherer, der ſal drie ſuntage geen mit deme wichwaßer umb die kirchen, wollen u. barfuß u. ein *judenhut* uſhan. Seligenſt. ſendr. a. 1390; einem hinzurichtenden verbrecher wird eine *rothe mütze* auf den rock gebunden. Arnoldi beitr. p. 92 (a. 1467); ne autem rurſus fide publica abuterentur ii, qui ita bonis ſuis cedunt, *pileo viridi infamantur*, quod ex uſu factum, non aliqua lege ſtatutum eſt. Carpentier ſ. v. ceſſio bonor. [Die büßenden ſollen die demüthigende kleidung (nachtr. auf folg. ſ.) *jahr und tag* an ihrem leib *offentlich* tragen. Abele gerichtsh. 1, 735. Den zu fall gekommenen

---

*) der ehrloſe geht *halbgeſchoren* in *geflicktem rock*. O. Müllers Dorier 2, 223.

mädchen ſchickte der rath zu Wittenberg im 16. jh. einen *ſchleier*. thür. ſächſ. verein 2, 649.]

4. *Unterſagung der waffen* und *ritterlichen geräthes*. Habe er als ein dieb an ſeinem herrn leib u. gut verwirkt, ſoll für keinen bidermann mehr gelten, *keinen degen*, ſondern nur ein *abgebrochen meſſer* tragen, in keine ürthe ſitzen . . . und wenn er ſeinem herrn oder deſſen kindern begegnen ſollte, *ab dem wege treten* u. aus den augen gehen. urphede von Sax, bei Arx S. Gallen 2, 169. Ein ehrloſer ritter ſollte *ſtiefel ohne ſporn* tragen, ein *pferd ohne hufeiſen*, *ohne ſattel* und mit *baſtenem zaum* reiten. Se aucuns hons eſtoit chevalier et ne fuſt pas gentis hons de parage, ains le porroit prendre li rois ou li bers, en qui chaſtelerie ce ſeroit et *trencher ſes eſperons ſeur un fumier*. eſtabl. de S. Louis 1, 130; [*li eſperons coupés*. Garin 2, 145;] es iſt unter Heinrich des eiſernen, fürſten von Sagan, regierung der adel, ſo etwa einer ſich nicht rittermäßig gehalten, ſondern was verwürket, nicht umb geld geſtraft worden, ſondern mancher hat zur buße mit *barfüßigem pferde*, etliche mit einem, etliche mit zwei oder drei hufeiſen in die ſtadt reiſen, ihrer viel *ohn ſporn*, item *ohne ſattel* u. dergl., ja mancher hat auch gar nicht
713 in die ſtadt reiten, ſondern | zu fuße wie ein anderer ochſenpaur gehen u. einher treten müßen. handſchriftl. chron. von Sagan in Gräters Idunna 1812 p. 108. So reitet Jeſcute ein *barfuß pferd*, *ohne ſattel* mit *zaum von baſt*. Parc. 137, 1 ff. 256, 14 ff. Man vergleiche Kopps bilder und ſchr. 2, 17. 18 und Ducange ſ. v. calcar, wegen des baſtenen zaums aber oben ſ. 260. 261. Einen von *ſcildes ambet ſcheiden* u. rechtlôs ſagen. Parc. 524, 24. [Der dienſtman, der des pfalzgrafen huld verlieſet, ſoll kaufen ein pferd vor vier pfunt, ſeinem knecht eins vor drei pfunt und ein grauen rock u. ein mantel und ſoll darin ſein jar u. tag und ſoll dem pfalzgraf unter augen nit gehen. Alzeier w.] Edelleuten, die ſich vergangen hatten, wurde das *tiſchtuch zerſchnitten* u. das *brot verkehrt* gelegt: quiconque homme noble ſe fourfaiſoit reprochablement en ſon eſtat, on lui venoit au manger *trancher la nape* devant ſoi. Ducange ſ. v. menſale dividere; ſe aucun chevalier avoit fait trahiſon en aucune partie et eſtoit aſſis a table avec autres chevaliers, ledit roy darmes ou heraut lui doit aller *couper ſa touaille* devant lui et *lui virer*

*le pain au contraire.* tract. de officio heraldorum; fecialis *laceravit mantile* ante poſitum. Will. Heda ad a. 1395; ſupervenit quidam heraldus *ſcindens* et *dividens menſale* ante jam dictum comitem. Joh. a Leydis 31, 50;

[vor küngen, fürſten ſi (die herolde) niht vermiten,
daz ſi *diu tiſchtüecher* vor in *zeſniten*,
ſô ſi weſten ûf einen eine tât. prol. zu Freidank,

Wh. Grimm über Freid. p. 26;

wo ſi kamen für ſi (die laſterbæren adlichen) ze tiſch,
da *ſchnitten* ſi *das tiſchlach* friſch
den herren von der ſchoße,
daß ſi ſaßen rot und bloße. teufels netz 7788;

graf Eberhard von Würtemberg, als ſein beſiegter ſohn zur tafel kam, *ſchnitt das tiſchtuch* vor ihm *entzwei*. Pfiſter Schwaben 4, 142 (a. 1377). Und ſchon bei Greg. tur. 3, 4: (Hermenefridus) veniens ad convivium, *menſam mediam opertam* reperit. cumque uxorem quid ſibi hoc velit interrogaret, reſpondit: qui, inquit, a medio regno ſpoliatur, decet eum *menſae medium* habere *nudatum*. — Im j. 1556 wird eine verſchwörung des bairiſchen adels entdeckt; der herzog fordert die ſiegelringe der verſchwornen, läßt die mit ihren *wappen* bezeichneten ſteine herausnehmen und *zerſchlägt* ſie mit dem *hammer;* das war ihre ſtrafe. Adlzreitter annales boicae gentis 11, 273.]

5. *Symboliſche proceſſion.* Die miſſethäter muſten in demüthigendem anzug, ein zeichen der verwirkten ſtrafe auf ihrem hals oder rücken tragend, vor ihrem herrn erſcheinen und eine vorgeſchriebne ſtrecke, gewöhnlich bis zur grenze des gaus durchwandern, gleichſam damit ihre entehrung jedermann im lande bekannt würde*).

*α.* die älteſte ſtelle hierüber iſt l. Viſig. VI. 2, 3: verberati et decalvati deformiter *decem convicinas poſſeſſiones circuire* inviti cogantur. Daß ſie barfuß giengen und einen ſtrick um den hals trugen, wird hier nicht geſagt. In ipſa nuptiarum ſolennitate Lotharius dux Saxonum, *nudis pedibus*, *ſago indutus*, coram omnibus ad pedes ejus (Heinrich des V.) venit, ſeque ſibi

*) vgl. das wandern der eingeſchmiedeten mörder, vorhin ſ. 710.

(d. i. ei) tradidit. Otto friſing. 7, 15 *). [Im jahre 1222 muſten 50 aufrühriſche bürger von Paderborn *barfuß* und *im bloßen hemd* von Enenhus durch die weſtpforte zur biſchöflichen reſidenz an der domkirche gehen und um gnade bitten. Wigand arch. III. 3, 64; mit mînen *baren vuozen* wold ich zuo ſîme gezelte gân. En. 11335. Urteil von 1527 wider die von der wiedertaufferiſchen ſect freiwillig wiederum abgeſtandenen: ſollen die männer mit *entdeckten häubtern* und die weiber mit *fliegenden haaren*, in *grauer wollener kleidung*, darinnen ein *zeichen eines taufſteins* von weißer farb gemacht, vor dem creutz und proceſſion um die pfarrkirchen gehen, und eine jede perſon eine *brennende wachskertzen* in der rechten, und in der linken hand, zu offner buß und reuebezeugung, eine *geißel* oder diſciplin haben und tragen. Abele gerichtsh. 1, 735.] Folgende ſtellen laßen unentſchieden, *was* zum ſchimpf getragen wurde: qui (comes Stephanus, Gerardus frater ejus et Matfridus) venientes juxta Wormatiam, *per milliare unum ab urbe angarias* [1]) *ferentes*, veniam poſtulantes usque ad pedes Arnoldi epiſcopi tullenſis,
714 qui apud regem | (Arnulfum) erat, *ipſas angarias depoſuerunt* et 700 libras argenti pro capitularibus ablatis Arnoldo epiſcopo reſtituerunt et libertatem civitati ſe ſervaturos juraverunt, regis etiam ditioni ſe et ſua tradiderunt. Mabillon ann. bened. tom. 3 app. cap. 35; Albertus de Harneſten ex violenta detentione praepoſiti eccleſiaſticam cenſuram incurrit. tandem ad compoſitionem pro ſatisfactione praepoſito praeſtanda ſpontanei devenerunt, ut videlicet idem nobilis honorificentiam illi et ſibi verecundiam faciendo, cum ducentis militibus *a loco*, in quo eum captivavit, *usque ad* civitatem Magdeburg et *per omnes conventuales eccleſias portet opprobrium*, quod harmiſcare vulgariter appellatur. epiſt. Innocentii III. lib. 13 ep. 135 (a. 1210).

*β.* edle und freie trugen ein *bloßes ſchwert*, unfreie den *ſtrang* um ihren hals, zum ſymbol, daß ſie verdient hätten enthauptet oder gehangen zu werden. In *cilicio* et *nudis pedibus* atque *exertis gladiis*. Wippo p. 472; *nudatis pedibus*, liberi

---

*) *nudatus pedes* cum duodecim patribus discalceatis. Saxo gramm. p. 458.

[1]) [angarias = ſellas equeſtres? Ducange ſ. v.]

*cum nudis gladiis*, ſervi cum *torquibus vimineis circa collum*, quaſi ad ſuſpenſionem parati. Wippo p. 473; abjecta veſte, *pedibus nudis, exertos ſuper cervices* gladios ferentes. Radevic. friſing. de geſt. Frid. 1, 42; *ſacco indutus, nudis pedibus*, discooperto capite, *furcas ſuper humeros* ſuos et *laqueum ſuſpenſorium circa collum* ſuum, qui in ipſis furcis pendebat. Ducange ſ. v. harmiſcara col. 1062; [*nudi in camiſiis cum corrigiis in collo.* Böhmer font. 1, 91 (a. 1311);] et qui interfecerat patrem, filium, fratrem vel propinquum, ibat *cum corrigia in collo* ad eum, cui talem injuriam fecerat. chron. modoet. ap. Muratori ſcript. 12, 1164; franz. demander grace *la corde au cou,* [porte *la hart à ſa gole* pendre. Ren. 10452, vgl. 10726. 23652, porter *la hache ſur le cou.* Michel races maudites 2, 155. *Naect, baervoets*, met eener *brame ghegurt.* belg. muſ. 7, 228. *Fune collo injecto* ſe offerre. Caeſ. heiſterb. 7, 39;

nemt iuch ſelben an ein *brackenſeil*
und lât iuch für in (den künec) ziehen. Parc. 294, 4;

einen *hälſing* an den hals legen und um gnade bitten. Juſtinger p. 66; item welcher underthan m. gn. h. zu Blankenheim ſeiner gn. weispacht vorenthalten und verſtelen wurdt, der ſoll ein *ſeil umb ſein hals henken* und damit nacher Bl. gehen; alsdan ſollen ſr. gn. macht haben, inen zu henken oder ledig zu geben. weisth. 2, 693; der ſchuldige bietet ſich mit *drei ſtricken* der ſtrafe dar. geſt. Rom. Keller p. 164; begnadigte müßen zum zeichen ein ganz jahr lang öffentlich den *ſtrick am hals tragen.* Schmeller München p. 52. Sutner p. 118. Sieh auch oben ſ. 340. 345. Venerunt ad pedes ducis uniuscujusque *enſis ſuper verticem* ſuum. Helmold 1, 92;

ſie (die gnade ſuchenden) nâmen ir *ſwert diu blôȥen,*
ûf ir *kelen* ſie die legen ruohten. j. Tit. ſtr. 2777.

Hierher folgende *altſlaviſche mordſühne* (pokora), bei Polen und Böhmen: der vater und die kinder des gemordeten verſammelten ſich auf dem kirchhof, wo der erſchlagne beigeſetzt war; dahin begab ſich der mörder, *veſtimenta* ſua *ad cingulum* habens *demiſſa* (wie die ſtatute von Maſovien ſagen), *cum evaginato gladio*, mit zwölf freunden. Er und ſeine begleiter kauften *lichter*, die ſie in den händen trugen. Der mörder *kniete* vor dem vater des ermordeten, ſenkte ſein haupt in deſſen ſchooß, das *nakte ſchwert* wurde *über ſeinen hals gehalten;* er bat um verzeihung, als ob der begangne mord eine unverſchuldete that geweſen ſei. Dies wurde dreimal wiederholt. Zuletzt erklärte der vater, daß er und die verwandten die that nicht rächen wollten. Gegenſeitig abgeſungne heilige lieder beſchloßen das ganze. Hube berl. jb. 1830 p. 389. 390; vgl. oben ſ. 166 nr. 2.]

γ. miſſethäter trugen auch *ruthen* oder *beſen* in der hand, zum zeichen des verwirkten ſtaupenſchlags, wie dem ergriffnen, vor gericht geſchleppten dieb *ſchere* und *beſen* auf den rücken gebunden wurde (oben ſ. 637): cuncti primarii cives praedictae civitatis (tiburtinae) adſunt *nudi*, femorabilibus tantum tecti, *dextra gladios, laeva ſcopas* ad palatium (Otto des dritten) praetendentes, imperiali jure ſe ſubactos nil paciſci, nec ipſam quidem vitam, quos digne judicaverit *enſe feriat*, vel pro miſericordia *ad palum scopis exanimari* faciat [a. 1001]. vita Bernwardi hildeſ. (Brower ſidera p. 25. [Pertz 6, 769]);

nû ſulwir in daz münſter gân
mit *blôzen füezen* u. in *hærîn hemden* ſtân
und ſuln alle *beſem tragen.* Lohengr. 11; |

715 praedicti miles et armiger *facient proceſſiones*, quae vocantur vulgariter *hachées*, unam et primam *a loco*, in quo dicuntur maleficium perpetraſſe, *usque ad* ſepulturam praedicti prioris . . . alias proceſſiones facient in diebus dominicis vel in ſolennibus feſtivitatibus, *nudis pedibus*, induti braccis et camiſiis de *groſſiſſimo sacco*, et praedictus armiger (nämlich der unfreie, nicht der freie miles) habebit *in collo ſuo panellum ſuum perforatum* et caput ſuum emittet per foramen, et *virgas deferent in manibus* ſuis . . . . . et dicent ſic alta voce: nos facimus hoc pro facto, quod imponebatur nobis de morte Johannis prioris. ch. a. 1246 b. Ducange ſ. v. harmiſcara. Item, wer da funten wirt für ein wucherer, der ſal drie ſontage vur dem ama *geen* mit deme wichwaßer *umb die kirchen, wollen* u. *barfuß* u. ein judenhut uf han u. *ein beſemhe in ſiner hant* han. wan he umb die kirchen kompt, ſo ſal er drus ligen vor die kirchthur u. ſal *die lude obir ſich laßen geen.* item wer funten wird für ein ebrecher, der ſal drie ſontage vor deme ama mit deme wichwaßer, *wollen* u. *barfuß umb die kirchen geen, barhaupt* u. *eine beſemhe in ſiner hant tragen* u. wann he umb die kirchen kompt, ſo ſal er drus vor der tur ligen u. ſal *die lude ober ſich laßen geen* u.

*ſlagen* (d. h. ihn) *mit dem beſemhe*, wer will. Seligenſt. ſendrecht a. 1390; item da ſich zwo ſchelden in der kirche oder uf dem kirchhofe, welche dan unrecht hat, die ſal *den beſemhe barfuß umb die kirchen dragen* drie ſontage u. ſal vorgeen u. die ander nachgeen . . . u. lachet ſie, die ſal den beſemen dan dragen. ebend.

*δ.* edle verbrecher *trugen hunde.* Der frühſte beleg, weil die tuller begebenheit unter könig Arnulf nicht beſtimmt genug erzählt wird, iſt aus der erſten hälfte des 10. jh.: qua praeſumptione rex (Otto I.) audita condemnavit Eberhardum (Franconiae ducem) centum talentis aeſtimatione equorum, omnesque principes militum, qui eum ad hoc facinus (landfriedensbruch) adjuvarant, *dedecore canum*, quos *portabant usque ad urbem regiam*, quam vocitamus Magadaburg. Witich. corb. p. 25; haec autem fuit pacis conditio, quod venientes Mediolanum *tertio ab urbe milliario,* nudis incedendo veſtigiis, epiſcopus codicem, marchio *canem bajulans, ante fores eccleſiae* S. Ambroſii reatus proprios devotiſſime ſunt confeſſi. Arnulfus mediol. 1, 6 ad a. 1008; [Privitan quoque ſimiliter in eadem comprehenſus ſeditione, qui videbatur ſenior eſſe in urbe Praga, cujus *ſuper humeros alligato maximo cane* ſcabioſo et heſterno jure crapulato, raptus per barbam ter circa forum ductus eſt, cane reboante et ſuum demerdante bajulum, et praecone acclamante: talem honorem portat, qui Wladizlao duci promiſſam fidem derogat. Coſmas prag. lib. 3 c. 32 (ad a. 1110) Pertz 9, 118;] *vetus* | *conſuetudo* 716
pro lege apud *Francos* et *Suevos* inolevit, ut ſi quis nobilis, miniſterialis vel colonus coram ſuo judice pro hujusmodi exceſſibus (raub und brand) reus inventus fuerit, antequam mortis ſententia puniatur, ad confuſionis ſuae ignominiam, nobilis *canem,* miniſterialis *ſellam*, ruſticus *aratri rotam**), *de comitatu in proximum comitatum geſtare* cogatur. hunc morem imperator (Frid. I.) ſervans palatinum iſtum comitem, magnum imperii principem, cum decem comitibus complicibus ſuis, *canes per teutonicum miliare* portare coegit. Otto friſ. de geſt. Frid. 2, 28; und Gunther im Ligur. 5 (Reuber p. 351):

quippe *vetus mos* eſt, uti, ſi quis rege remoto,
ſanguine vel flamma vel ſeditionis apertae

---

*) dieſe drei worte fehlen ed. baſil. 1569 p. 257.

turbine, ſeu crebris regnum vexare rapinis
audeat, ante gravem quam fuſo ſanguine poenam
excipiat, ſi *liber* erit, de *more vetuſto*
*impoſitum ſcapulis* ad contigui comitatus
cogatur per rura *canem* confinia ferre;
ſin *alius*, *ſellam*. cujus diſpendia poenae
ille palatinae cuſtos celeberrimus aulae
non potuit vitare comes, *cunctisque videndus*
*portavit ſcapulis paſſus plus mille latrantem.*
hanc quoque tunc alii ſimili pro crimine poenam
ſuſtinuere decem comites, totidemque coacti
foeda tulere canes generoſo pondera collo.

Der beſtrafung des pfalzgrafen gedenken auch andere chroniſten, z. b. Dodechinus im appendix zu Marianus Scotus ad a. 1155*): ubi (zu Worms) Hermannus pal. comes et Emicho comes de Linengen et Gotfridus de Spanheim et Henricus de Katzenelnbogen et Conradus comes de Kirberg, Henricus comes de Didiſſen (Diedesheim oder Dietz?) et alii ex parte praedicti Hermanni *canes portaverunt* et ſic dominus Anoldus epiſcopus ab excommunicatione eos abſolvit, ex parte vero epiſcopi *canes portare* quidem coeperunt Ludovicus comes de Lohim et Gulielmus comes de Glisberg et alii, ſed ob reverentiam archiepiſcopi ceſſare ab imperatore juſſi ſunt. Noch ausführlicher der monachus Kirs-
717 gartenſis ad a. | 1181 (Ludewig rel. 2, 103) ex antiquo libro: Fridericus I. principes in moguntinum injurios Wormatiam evocavit, ubi in praeſentia totius curiae omnes in faciem ſuam ad pedes Arnoldi corruentes, in cinere et in cilicio ſatisfacientes, poenas tanto facinori congruas dederunt, et vindictam, quae vulgo dicitur arreſtara (l. harmſcara) in medio hiemis horrendiſſimi tempore quilibet in ordine ſuo, ſecundum ſuam dignitatem vel conditionem, *nudipes, ad terminum iis conſtitutum . . . proprio collo congeſtant.* inprimis palatinus Rheni comes, ſicut principalis tanti flagitii auctor, *canem per medium lutum* portavit, alii autem *ſellam aſinariam*, alii *ſubſellarii inſtrumentum*, atque alii alia, ſecundum ſuam convenientiam, rigidis plantis

---

*) es geſchah zwiſchen weihnachten 1155 und neujahr 1156. Raumer Hohenſt. 2, 53, vgl. 536.

algentibusque totius in conſpectu ferebat concilii. [Bei Abele gerichtsh. 1, 408 (aus Lauterbeck lib. 2 cap. 5): ein pfaltzgraf bei Rhein . . . vom kaiſer Friderico Barbaroſſa dahin verurteilt: daß er durch die gantze ſtadt Worms einen *hund* auf der achſel tragen und *mit den förderen beinen halten* müßen.] Als im j. 1205 Heinrich, decan von Magdeburg, ungerechter weiſe überfallen und geblendet worden war, wurde Gerhard, dem thäter, außer einer geldbuße auferlegt: ut cum quingentis militibus *militarem* ei *poenam* perſolveret, id eſt, ut ſinguli milites *de loco* perpetrati ſceleris *usque* ad fores eccleſiae *caniculum deferrent.* Arnold. lubec. chron. ſlav. 7, 2. Ein noch ſpäteres beiſpiel vom j. 1232 gibt eine urk. b. Herrgott 2, 241 [Schöpflin nr. 466]: ad emendationem tanti ſceleris comes (phirretenſis) et cum eo miniſteriales et liberi poenam, quae vulgo harneſcar dicitur, ſuſtinebunt, quam ante portam civitatis, quae Spalon dicitur, unusquisque prout ſui ſanguinis nobilitas ſeu generis conditio et terrae conſuetudo in talibus requirit, aſſumentes et per civitatem *via publica usque ad valvas baſilicae* b. Mariae *deferentes* ibi ſe proſternent. Aus der folgenden zeit ſind mir keine fälle bekannt, auch bei den dichtern des 13. 14. jh. habe ich keine erwähnung der ſitte gefunden; doch erhielten ſich unter dem volk einige ſprichwörter, die man auf ſie beziehen muß: das ding wird *den hund haben* (res redibit ad reſtim). Schilter gloſſ. 474[a]; *hunde führen bis Buſchendorf* (ein dorf bei Nürnberg), *hunde führen bis Bautzen*, d. h. bis zum grenzort des gaus (vgl. n. lit. anzeiger 1807 ſp. 319); [auch in der Pfalz: er muß *hunde tragen bis nach Enkenbach* (ein altes kloſter oberamts Lautern). Finauers bibl. 1, 48. 49. Widder Pfalz 4, 239.] Was war nun der grund dieſer rechtsgewohnheit, die bis zum 13. jh. von dem 10. an, und wahrſcheinlich ſchon früher, herſchte? Die deutungen bei Schilter 473[b] ſcheinen unbefriedigend*); ich

*) der hund war ein verächtliches thier: ſchebic als ein hunt. troj. 11013; *pinguiſſimum* pro munere eis projiciunt *canem*. Witek. corb. p. 18; einen *hofwart ohne ohren* ſenden. Lohengr. p. 65 [vgl. Görres vorrede p. LXXX]; coram omni populo poſteriora *canis* oſculari. lex Burg. addit. 10 [97]; zur ſtrafe mit den *hunden* aus ihrem trog eßen. Parc. 528, 27. [Lancel. 39369-76.]

718 glaube, | wie der verurtheilte das ſchwert, die ruthe, den ſtrang um den hals trug, ſollte er auch den hund tragen damit anzuzeigen, daß er werth ſei, *gleich einem hund erſchlagen* und aufgehängt, *an der ſeite eines hunds aufgehängt* zu werden, vgl. oben ſ. 685 [1]). Noch in der ſtiftiſchen fehde warth geſungen duſſe ſank (Leibnitz 3, 258):

ſe worden gemaket gemeine
grot u. cleine,
cleine u. grot
de mach me alle ſlan dot,
ſi ſint *gemeine ſo ein hunt*,
an ön ſchal me nicht breken tor ſtunt.

Mit recht iſt darauf gewieſen worden, daß bei den alten die kette, welche verurtheilte tragen muſten, nach dem hund benannt wird, vgl. Pollux ſ. v. *σκύλαξ*, Plautus (im Curculio V. 3, 13. delicatum te hodie faciam, cum *catello* ut accubes, *ferreo* ego dico; in der Caſina II. 6, 37. tu ut quidem hodie *canem* et *furcam feras*) und Lucilius (cum manicis, *catulo* collarique ut fugitivum deportem). Niemand wird hieraus folgern, daß die nobiles des mittelalters eiſerne ketten und nicht wirkliche hunde getragen hätten, noch weniger, daß durch misverſtändnis der ſtelle bei Plautus die ſtrafe des tragens lebendiger hunde eingeführt worden ſei. Umgekehrt *könnte* der name *σκύλαξ* und catulus für kette und das ſpätere ſymbol der kette auf eine ältere wirkliche *κυνοφορία* zurückdeuten, die ganz zu der altdeutſchen gewohnheit ſtimmte; ſo nahe es auch liegt, jene benennungen bloß von der kette, womit der haushund gebunden wird, herzuleiten*).

ε. bloße freie, oder edle die nicht fürſten, nur dienſtmänner waren, *trugen ſättel*, vermuthlich pferdeſättel, obſchon jener mönch von Kirsgarten *eſelſättel* meint. Daß aber auch höhere edle und ſelbſt fürſten den ſattel trugen, lehren die

---

1) [auch Fumagalli antich. lang. milan. 2, 302 bemerkt: preſſo molti antichi popoli ſi è coſtumato *il caricar ſulle ſpalle* dei medeſimi rei, e ſpecialmente dei ſervi *gl'iſtromenti del loro ſupplicio.* So muſte Chriſtus das kreuz tragen].

*) ſelbſt catena ſcheint verwandt mit catulus, catellus.

belege aus altfranz. gedichten, in welchen des hundetragens nie gedacht wird. Das älteſte zeugnis für das ſatteltragen reicht ins neunte jh., ein | capit. Ludwig II. vom jahr 867 bei Baluz 719
2, 360 [bei Pertz 3, 505 vom jahr 866. MG Capitularia II p. 96] ſagt: quicunque caballum, bovem, friſcingas, veſtes, arma vel alia mobilia tollere auſus fuerit, triplici lege componat et liberum (*liber* cum) armiſcara, id eſt *ſella et ſuum dorſum* ante nos a ſuis ſemotus [ſenioribus] bis dirigatur et usque ad noſtram indulgentiam ſuſtineatur; *ſervi* vero flagellentur et tundantur (tondeantur) et eorum domini, quae ipſi tulerunt, reſtituant. [Auch in den altdeutſchen geſprächen z. 66: woldiſtû aba de dînemo roſſe dir hût ze dînemo rugge? velles *corium de tuo equo* habere *in collo* tuo? vgl. altd. geſpr. nachtr. p. 245.] Die ſtellen aus Otto friſ. und Gunther, welche die *ſella**) dem miniſterialis anweiſen, ſind bereits angeführt; hier die aus altfranz. liedern, zuerſt aus Garin le loherens:

en*portera*, ſe vos le commandes
nue ſa *ſele* à Paris la cité,
treſtos *nus pies*, *ſans chauce* et *ſans ſoler*,
la *verge el poing*, come home eſcoupé.
en *portera* del borc de Saint Denis
nue ſa *ſele* deci que à Paris
*nus pies en langes*, come un autre chetis
*la verge el poing*, ſi come d'ome eſchis;

aus Gerard de Viane [ed. Tarbé p. 62]:

que voſtre *ſelle*, dont bel ſont li arçon,
*port ſor ſon chef*, *une lieue de randon*,
*nus pies en langes*, ce ſe ſemble raiſon. —
qui devant moi vendra agenoiller,
*nus piez en langes*, por la merci proier,
*la ſelle au col*, que *tendra per l'eſtrier;*

aus dem roman de rou [édit. 1, 368]:

quant à Richart vint li quens Hue,
une *ſelle à ſon col pendue*,

---

*) Lehmann ſpeir. chron. $464^{b}$ überſetzt falſch *feßel*.

*ſon dos offri a chevauchier;*
ne ſe pot plus humelier,
eſtoit couſtume à cel jour
de querre merchi à ſeignour; und weiter:
Guillaume vint à merchi
*nuz piez, une ſelle à ſon col;*

chron. Normanniae b. Ducange 6, 337: Hue prend *une ſelle* et la met *ſur ſon col* et tout à pied ſen vint à la porte, où les deux enfans du duc Richard eſtoient et *ſe laiſſa cheoir aux pieds* de Richard fils du duc, afin que Richard *le chevauchaſt*, ſil lui plaiſoit. Thomas Walſingham p. 430: nudis veſtigiis
720 *equeſtrem ſellam* | humeris ferret. Joh. Hocſemius in Hugone cabilonenſi epiſc. cap. 33 (ad a. 1296): et ipſorum quilibet *nudipes*, ſola ſupercinctus tunica, nudo *ſuperpoſitam capiti ſellam portavit equinam.* [Karel 2, 1435:

dies willic wullen ende barevoet,
om te hebbene haren goeden moet,
*dragen* haren *ſadel* fetijs
van Montmarters te Parijs;

Renner 2476:

man ſazte in ûf eins *eſels ſatel*
oder ein *gehürne* daʒ ein *hatel* (eine geiß)
wîlent ûf irm houpte truoc.]

Als ſinn dieſer demüthigung wird in den ausgehobnen ſtellen ſelbſt angegeben, daß der verurtheilte ſeinem beleidigten herrn ſich gleichſam *zum reiten* darbiete, wie der unterjochte ſich als ein ackerthier *unter das joch* gibt [unten 5[a]]. Auch erſcheint der *ſattel* anderwärts, wo von keiner ſtrafe die rede iſt, ein ſymbol der unterwerfung: capellum, lanceam et *ſellam* ſuper altare Petri ad perpetuam ſubjectionis memoriam offerre. Brompton ad a. 1176. Weder unſere rechtsgeſchichte noch unſere ſage kennen aber beiſpiele eines ſolchen bereitens zur ſtrafe und vielleicht iſt dieſer grund des ſatteltragens ganz falſch. Da die ſitte allem anſchein nach in ein weit höheres alter hinaufgeht, könnte ſie nämlich mit dem gebrauch der *pferdeſättel bei verbrennungen* (oben ſ. 676) zuſammenhängen und die verwirkte ſtrafe des feuertods anzeigen ſollen?

ζ. unfreie *tragen* ein *pflugrad;* einziger beleg hierfür iſt die ſtelle Ottos von Freiſingen. Beziehung auf die ſtrafe des räderns iſt mir nicht unwahrſcheinlich.

η. frauen *tragen ſteine* um den hals. Für dieſen gebrauch kenne ich zwar erſt zeugniſſe aus dem mittelalter, dagegen ſcheint er in allen theilen Deutſchlands, in Friesland, Flandern u. im Norden zu gelten. Ein frowe, die in peene fellet von worten oder von werken, git ſie die pfenninge nit, ſo ſoll ſie den *ſtein*, der dazu gemacht iſt, vom napfe bis an das alte burgethor *tragen*, ane mantel u. unverhenket zwiſchen prime und ſexte. ſtadtr. v. Speier (a. 1328) art. 1; ſtrafe den *ſchweren ſtein* zu tragen. Emsdorfer ger. ordn. MB. 24, 239; la fame qui dira vilanie à autre, ſi come de putage, paiera 5 ſols, ou *portera la pierre, toute nuë en ſa chemiſe* à la proceſſion. tabular. Campaniae b. Ducange 4, 52; were id, dat ene lichtferdige fruwesname ener erliken junkfruwen mid untuchtigen worden ſpreke jegen ere êre, der ſchalme bi dem kake *hangen an eren hals twe ſtene*, de darto denen unde ſchal van den fronen apenbar dorch de ſtad geleit werden unde de fronen ſcholen er *mit hornen vor u. achter blaſen*, er to hone u. ſmaheit unde ſcholen ſe alſo uter ſtad bringen | u. ſe ſchal de ſtad ver- 721
ſweren. Hamburger ſtadtr. a. 1497 bei Walch 6, 131; ſi duae mulieres rixantur ad invicem percutiendo ſe cum verbis contumelioſis, quae verkorene wort dicuntur, *portabunt duos lapides per catenas cohaerentes*, qui ambo ponderabunt unum centenarium, *per longitudinem civitatis* in communi via, prima portabit eos de orientali porta ad occidentalem et alia *ſtimulabit eam ſtimulo ferreo* fixo in baculo, et ambae ibunt *in camiſiis ſuis.* alia tunc *aſſumet eos in humeros ſuos* et reportabit eos ad orientalem portam et prima e converſo ſtimulabit eam. jura tremonenſia b. Dreyer p. 424. Wigand Höxter 2, 219; [videbat in foro *lapidem politum*, catena ferrea alligatum, quem adulterium perpetrantes *per civitatem* illam (Spiram?) *ferre* cogebantur, tam viri quam mulieres. Wolf lect. memor. 2, 429 aus den memorab. des Joh. Gaſt, der im 16. jh. zu Speier und Baſel lebte;] frauen, ſo einander ſchelten, werden mit der ſtrafe des alten ſchocks belegt u. nach den umſtänden ſoll ihnen der *krötenſtein*, *fiedel* oder *pfeife*, andern zum abſcheu angelegt werden. ſtat.

von Schleiz (a. 1625) Walch 8, 78; zu Oſnabrück hatten die beiden *ſchandſteene* die geſtalt einer *flaſche.* Strodtmann; ſtelle des braunſchweiger r. bei Pufendorf 4, 111, vgl. 225. [*Schandflaſchen* an den hals hängen. balt. ſtud. 7, 2, 15 (a. 1573). Die markthöken die ſten unter des purgermeiſters gerichte und wetten dem burgermeiſter haut u. har, ob ſie miſſeteten. ſchulden ſich auch hockenne (feminae inſtitorum) miteinander, ſie *trinken* pillich *aus des puttels flaſche*, das ſeint *zwene ſteine*, der ein ſol im hinden hangen, der ander vore, und ein iklich ſtein ſol einen gewegen ſtein behalden. den ſullen ſie *umb den ring tragen* und die hindreſte ſol die erſte *prikelen* in den ars *mit einer nalden*, die man in ein ſtecken ſchlehet. eines nagels lang ſol der ſtift aus dem ſtecken ſein, die lenge eines nagels ſol man nemen nach dem nagel des mittelſten vingers, und dis heißt auch zu haut u. zu hare gericht. Böhme 3, 74. 75 aus einem liegnitziſchen rechtsb. von 1399; verleumderinnen wird der *laſterſtein an den hals gehängt*, mit dem ſie vor dem volk um die kirche und vor den altar gehen, wo ſie ihn ablegen. Arx Buchsgau p. 109; *klapper* oder *laſterſtein* 25 pf. ſchwer *am hals zu tragen*, gebildet wie ein weibskopf, an ausgeſtreckter zunge ein malſchloß (zu Mülhauſen am Rhein). Simlers eidgen. p. 508; *klapperſtein.* anz. d. germ. muſ. 1857 p. 86; *laſterſtein* zu Nürnberg, unter dem tragen trommelt der löw. Jäger jur. mag. 1, 330; wie man den *pagſtein* (zankſtein) tragen ſol: er wird böſen weibern, die ehrſame bürgerinnen ſchalten, *an den hals gehängt.* Müldorfer ſtadtr. Koch Sternf. beitr. 2, 104; den *bagſtein* anhengen. Katzmair 108. 111; *rothe räder* zum ſchimpf tragen. ibid. 123, vgl. Schmeller München p. 35. 39; der *haderſtein.* Würdtwein dipl. magunt. 2, 567; ſieh noch Voigts preuß. geſch. 1, 518. Schmeller wb. 2, 507.]

Iſt ſaeke, dat twee man ſcheldet ende ſpreckan mannikanderen innaer ſin eere, de vrberth aider twa punt; iſt man ende wif, de man twa punt ende dat wif een punt. ende ſcheldet der twa wif, da ſullen *dreggen de ſtenen um den hals aling der bueren.* Franeker buurbrief van 1417, vgl. Fw. p. 393; ſi mulier mulierem percuſſerit, ſolvet 20 ſol. vel *portabit lapides catenatos* a ſua parochia ad aliam. ch. Henrici ducis Brabantiae a. 1229 bei Ducange 4, 52. [Im Reinaert 1594:

ende *bonden* hem (dem wolf) *an ſinen hals*
*enen ſtên*, ende lietene gaen.]

Et quaecunque mulieres invicem corrixantur, juris eſt, ipſas *per vicos civitatis ſurſum* et *deorſum* per collum *lapides bajulare*. jus civicum ripenſe in Kofod Anchers farrago p. 259. [Suhm hiſt. af Danm. 10, 632. 639; ſteintragen in Malmö (a. 1356). ibid. 13, 429;] gör ogift kona hor medh giftom manne, böten bådhe . . . orkar han eigh botum, tå ſkal *ſnära läggias um ſkap hans* ok å hona *ſtadſens ſtena* ok ſva ſkal hon han *um ſtaden ledha* ok ſidan ſtaden för ſväria. ſtadslagh giftom. 10. Im Biörköa rätt (jure bircenſi) 15, 2 heißt es: *bära ſtadſins mantol.*

Die ſtrafe des *ſteintragens* ſcheint der des *beſentragens*, die geradeſo für ſcheltende weiber galt (ſ. 714), analog*), folglich, wie dieſe den ſtaupenſchlag, ſteini- | gung zu ſymboliſieren. In- 722
zwiſchen führt die beſondere geſtalt ſolcher im mittelalter auf den ſtadthäuſern bewahrten ſtrafſteine und ihre anwendung für ehbrecherinnen in Schweden zu einer andern bedeutung. Ihre 2, 125. 765 hält ſie für in ſtein gehauene priape und der ausdruck mantol (inſtrumentum viri) ſcheint das zu beſtätigen [1]).

[So haſt du *tragen das bloch*,
da dir der löw die pauken ſchlug
und mit dir umb den mark rumb zug,
da loffen wol hundert buben mit. H. Sachs III. 3, 10[b];

die *ſchampar ſchellen* tragen. H. Sachs Göz 1, 24. Bei Detm. 2, 380. 395 die redensart: (do reth he wedder uth Hamborch) mit ſulken êren, alſe Heileke *den ſtên drôch;* (dit was en upſate) mit ſulker êre, alſe Heileke *den ſtên drôch.*

5[a]. *Ackern im pflug.* Ehmänner, die ihre frauen mishandelten, wurden in einigen niederländiſchen gegenden mit gewalt aus ihrem hauſe geholt, *vor den pflug geſpannt* und

*) vielleicht iſt auch der *ſack*, den ſie liefern ſollen (ſ. 668), ſtrafſymbol?

[1]) [nach dem Riber recht art. 26 (Suhm 10, 634) ſoll die ehbrecherin den ehbrecher an ſeinem heimlichen glied die gaßen auf und ab ſchleppen.]

muſten in gegenwart der weiber und kinder, unter dem ſchall eines hornes, *eine ſtrecke ackers pflügen;* 1763 verboten, aber noch 1829 zu Beek bei Nimwegen vollzogen. konſt en letterbode 1829 nr. 8. ausland 1829 nr. 64, vgl. Kok vaderlandſch wordenbook ſ. v. wijvenplagers. Landgraf Ludwig von Thüringen *ſpannte* ſeine halsſtarrigen edelleute *in den pflug* und *ackerte* mit ihnen ein feld. Bauern in pflug geſpannt. Geijers vorr. zu ſv. viſ. XLVIII, junge mädchen. Flögel grot. com. p. 220.

*Andare in ſulla carreta:* coſtume era nel reame di Francia, che l'uomo, che era giudicato deſſer disonorato e guaſto, ſi andava in ſulla carreta. e ſ'avveniſſe che campaſſe la morte, giammai non trovava chi voleſſe uſare nè ſtare con lui per niuna condizione. cento nov. ant. 27.]

6. *Eſelritt.* Eine frau, welche *ihren mann geſchlagen* hatte, muſte rückwärts auf einem eſel reiten und deſſen ſchwanz haltend *durch den ganzen ort* ziehen. Dieſer gebrauch herſchte namentlich zu Darmſtadt und in den umliegenden katzenelnbogiſchen ortſchaften; der dazu dienende eſel wurde von den herrn von Frankenſtein zu Beſſungen*) gehalten und, wenn ſich der fall ereignete, mit einem boten nach Darmſtadt, Pfungſtadt, Niederramſtadt u. in andere dörfer gebracht. Hatte die frau den mann hinterliſtig, ohne daß er ſich wehren konnte, geſchlagen, ſo führte der frankenſteiner bote den eſel, war er hingegen in offener fehde von ihr beſiegt worden, muſte er den eſel ſelbſt leiten. Wenk 1, 519 hat urkunden von 1536 und 1588; im 17. jh. erliſcht die gewohnheit. Sie galt auch in Oberheſſen, der amtskeller zu Homburg an der Ohm berichtete 1593 nach Marburg, die frau, welche *ihren mann geſchlagen,* müße altem brauch zufolge *auf einem eſel reiten,* und der mann, der ſich ſchlagen laßen, *den eſel leiten.* Wenk 1, 521. Ohne zweifel findet ſich dieſe ſtrafe noch an andern orten und nicht allein für die ſchlagende frau, ſondern auch für ehbrecherinnen**),

---

*) die ſtadt Darmſtadt entrichtete jährlich zwölf malter korn nach Beſſungen, die den herrn von Frankenſtein als inhaber des eſelslehens zufielen. Vermuthlich war Beſſungen in alter zeit der ſitz des gaugerichts.

**) vgl. oben ſ. 450 *per vicum* verbere *agit.*

ehbrecher, meineidige. Non ejus ſit memoria, ſet *in aſella retrorſum ſedeat* et *caudam in manu teneat* (a. 1131). Muratori ant. Ital. 2, 332; [*impoſitas aſinis* filias longius projicere. Victor utic. 597;] contrains et condempnez (männer, die ſich ſchlagen laßen) à *chevauchier un aſne*, le viſaige par devers la queue dudit aſne. couſt. de la ville de Senliz von 1375; andere urk. aus Saintonge u. Dreux von 1404. 1417 gibt Carpentier ſ. v. aſinus, 3; praeterea antiquae leges puniunt ſacramentum falſum, ut *ponantur ſuper aſinum cum cauda in* | *manu* et quod 723
a parvulis cum ovis*) lapidentur et *cum tympanis* (wie vorhin ſ. 720 mit hörnern) aſſocient *per civitatem*. Barleta (lebt um 1420) ſermones, fer. 5. hebdom. 3. quadrag.**). Ein gefangner zum ſchimpf *auf dem eſel geführt*. pf. Chuonr. 27ª. fragm. bell. 1101. [Gäher mann ſoll *eſel reiten*. H. Sachs IV. 3, 11ᶜ.] Es kommt auch vor, *hinterrücks auf einen weißen gaul* geſetzt zu werden (Bodm. p. 658), *verkehrt auf ein pferd* (Raumers Hohenſt. 3, 107 a. 1198), *rücklings* auf einen *ſchwarzen widder* (oben ſ. 453), [vgl. das treiben des *hirſches* um den markt, durch den ſcharfrichter zu Wittenberg. thür. ſächſ. verein 2, 649.] Nicol. Damaſc. de mor. gent. (Gronov. 3851) berichtet von den Piſiden in Kleinaſien gerade dieſe ſtrafart: *ΠΙΣΙΔΑΙ. ἐὰν δὲ μοιχὸς ἁλῷ, π ε ρ ι ά γ ε τ α ι τ ὴ ν π ό λ ι ν ἐ π ὶ ὄ ν ο υ μετὰ τῆς γυναικὸς, ἐπὶ ἡμέρας τακτάς.* [Auch in Indien galt dieſe ſtrafe für ehbrecherinnen. Schlegel ind. bibl. 2, 273.]

7. *Dachabdeckung.* Ein mainziſcher amtsbericht vom j. 1666 enthält: es iſt ein alter gebrauch hierumb in der nachbarſchaft, fals etwan ein *frauw ihren mann ſchlagen* ſollte, daß alle des fleckens oder dorfs, worin das factum geſchehen, angrenzende *gemärker* ſichs annehmen, doch wird die ſach uff

*) mit faulen wahrſcheinlich; Greg. tur. 7, 14 erzählt: tunc rex juſſit ſuper capita euntium projici equorum ſtercora, putrefactas haſtulas, paleas ac foenum putredine diſſolutum, ipſumque foetidum urbis lutum; und 3, 10: procedente illa (Chrothilde) ad ſanctam eccleſiam ſtercora et diverſos foetores ſuper eam projici imperavit.

**) ein neues beiſpiel aus Frankreich leſe ich eben in der allg. juriſt. zeitung. Gött. 1828. ſp. 20ᵇ. [Vgl. auch Fumagalli antich. lang. milan. 2, 297. 298.]

den letzten faßnachttag oder eſchermittwoch als ein recht faßnachtſpiel verſparet (alſo auch ἐπὶ ἡμ. τακτάς), da denn alle *gemärker*, nachdem ſie ſich 8 oder 14 tag zuvor angemeldet, jung u. alt, ſo luſt dazu haben, ſich verſammeln, mit trommen, pfeif und fliegenden fahnen zu pferd u. zu fuß dem ort zuziehen, wo das factum geſchehen, vor dem flecken ſich anmelden u. etliche aus ihren mitteln zu dem ſchultheßen ſchicken, welche ihre anklage wider den geſchlagnen mann thun, auch zugleich ihre zeugen, ſo ſie deswegen haben, vorſtellen. nachdem nun ſelbige abgehöret und ausfündig gemacht worden, daß die frau den mann geſchlagen, wird ihnen der einzug in den flecken gegönnt, da ſie dann alſobald ſich alleſambt vor des geſchlagnen manns haus verſammeln, das haus umbringen und falls der mann ſich mit ihnen nicht vergleicht und abfindet, ſchlagen ſie leitern an, *ſteigen auf das dach, hauwen ihme die firſt ein und*
724 *reißen das | dach biß uff die vierte latt von oben an ab;* vergleicht er ſich aber, ſo ziehen ſie wieder ohne verletzung des hauſes ab. falls aber der beweis nicht kann geführt werden, müßen ſie ohnverrichter ſach wieder abziehen (d. h. werden ſie nicht in den flecken eingelaßen). journal v. u. f. Deutſchl. 1787. 1, 194[1]). Im fürſtenthum Fulda: wird ein mann überwieſen *von ſeiner frau ſchläge empfangen zu haben*, ſo hat das fürſtl. hofmarſchallamt das recht die ſache zu unterſuchen und, wenn die that gegründet iſt, eine ganz außerordentliche ſtrafe zu erkennen, welche darin beſteht, daß das eigentliche *wohnhaus* des ehepaars durch ſämmtliche in fürſtlicher livrei ſtehende bedienten *abgedeckt* werde. noch im j. 1768 und 1769 vollzogen. journ. von u. für Deutſchl. 1784. 1, 136. Iſt ein man ſo

[1]) [ſo wie ein mann in Kühnhard (in Mittelfranken) *von ſeiner frau geſchlagen* oder auch nur geſtoßen wird, ſammelt ſich alt und jung des dorfes, nimmt den *ſchlegel* von der eiche herab, trägt ihn jubelnd zum hauſe des unterjochten ehemannes und *lehnt ihn an die hausthüre;* da bleibt er ſo lange, bis die eheleute ſich verſöhnt haben. Iſt der ſtreit geſchlichtet, ſo muß der ehemann *mehrere maß wein* reichen. Panzer beitr. 1, 252. Vgl. auch die verſpottung zankender ehleute durch lärmende umzüge der jugend: *het ölkjage* (das iltisjagen) in Xanten. Firmenich 1, 387, *das thierjagen* in Ahr und umgegend. Schmitz ſitten u. ſagen 1, 63.]

weibiſch, daß er ſich von *ſeinem eignen weibe raufen, ſchlagen u. ſchelten* läßt und ſolches nicht eifert und klaget, der ſoll des raths beide ſtadtknechte mit wüllen gewand kleiden*), oder da ers nicht vermag, mit gefängnis geſtraft u. ihm hierüber das *dach auf ſeinem hauſe abgehoben werden.* Blankenburger ſtat. von 1594 (Walch 5, 88). [Burkharts frau zanke ſich gern mit den leuten, ſie *ſchmeiße ihren mann*, und hetten die weiber jüngſt zu ihm geſagt, ſie wolten ihm *das dach abreißen;* darauf er geſagt, es ſolte ihm keine dran greifen, oder er wolt ihr den arm entzwei ſchmeißen. in acten vom Habichtswalder bergwerk bei Caſſel a. 1614.] Wan en gut man were, van deſſen frau he (d. i. ein gut mann, der von ſeiner frau) geſchlagen würde, dat he ut dem huſe möchte wiken, ſo ſall he en *ledder an dat huis ſetten* u. *maken en hohl durch den dak* u. *dan ſin hus to pahlen* u. nemen en pandt bi ſich enes goldgüldens werde u. nemen twee ſiner naberen bi ſik u. vertrinken dasſelvige pandt (die ſchlußworte oben ſ. 93. 94). Benker heidenr. § 26.

Sicher ein rechtsgebrauch von hohem alterthum. Die entehrung ihres nachbarn war den *markgenoßen* ſo unerträglich, daß ſie ihn nicht mehr unter ſich dulden konnten und ihm ſein haus zu grund richteten, welches ſymboliſch durch die *abtragung des dachs* geſchah. Wer ſich vor den ſchlägen ſeiner frau nicht bewahren konnte, der ſollte gleichſam nicht werth ſein, ſchutz und ſchirm vor wind und wetter zu haben. Eine förmliche interdictio tecti, die auch durch das *zupfälen des hauſes*, welches nach dem letztangeführten weisthum | der 725
geſchlagne mann ſelbſt vornehmen darf, noch offenbarer wird. Dieſe ſtrafe greift nicht bloß die ehre**), ſondern auch

*) buße ſtatt der ſtrafe; auch die Teichler ſtat. (Walch 5, 176): läßt ſich ein mann von ſeinem weibe ſchimpfen, raufen, ſchlagen, ſoll er den rathsdiener kleiden, ſie aber ans halseiſen treten u. dem mann öffentlich abbitten.

**) in der oſtfrieſ. ſtadt Norden befahl der landesherr zur ſchimpflichen beſtrafung der einwohner die *thürme abzudecken.* Wiarda oſtfr. geſch. 3, 421. [Als bei einem volkstumult in Zerbſt am 19. märz 1848 das haus des oberbürgermeiſters Sintenis geplündert wurde, *deckte* der haufe zuletzt *das dach ab*, um dem beſitzer einen ſchimpf zuzufügen. Vgl. bei Meinert volksl. p. 187:

das landrecht an, ich werde daher unter D auf ſie zurückkommen.

[Der ſtrafe des *dachabdeckens* gleicht, daß ſtädte, die ſich an ihrem oberherrn vergangen haben, ihr *thor ausheben,* worüber er beim einzug reitet: das *tor,* da er und die ſeinen eingefhüret (gefänglich eingebracht worden waren), *aus den heſpen heben* u. nidder legen u. *ime darüber reiten* laßen. Kantzow Pomerania 2, 195 (a. 1480); ähnliches bei Juſtinger p. 243. Vgl. den einzug kaiſer Friedrichs durch die *niedergerißene ſtadtmauer* Mailands. Raumer Hohenſt. 2, 144. Auch als ſtrafe für den einzelnen kommt das thürausheben vor: vors ander hat man die terkenſteuer in geburlicher zeit von ihme nicht bekommen können, alſo das man ime, neben andern nachleßigen burgern, *die thur ausgehaben,* welche ehr eigener gewalt trotzigen wider ingeſetzt. Hofgeismar a. 1568, ſtoßung des Joh. Schele aus dem rath.]

8. mit *pech beſtreichen* u. *in federn wälzen.* Latro de furto convictus tondeatur ad modum campionis et *pix bulliens* ſuper caput ejus effundatur et *pluma pulvinaris* ſuper caput ejus excutiatur ad cognoſcendum eum. ch. Richardi regis Angl. a. 1189 (Rymer 1, 65); deraſum caput *pice oblinctur* et *plumis* obſeretur. nord. Biarkolag (vgl. Jan. Bing de delicto furti jure norwegico vetuſto. Hafn. 1755. § 9); uppe den kak geſettet mit der *pikhuven* u. *feddern* u. mit der pikhuven gehangen Dreyer ad Rein. d. vos p. 185; eine nonne *mit honig beſtrichen, in federn gewälzt,* verkehrt aufs pferd geſetzt. Raumer Hohenſt. 3, 107 (a. 1198); contigit autem, dum rex Adolphus in Turingia quondam villam pertransiret, quae Sumeringen dicitur, juxta quam exſtructa eſt eccleſia S. Gangolfi, ut duae vetulae mulieres ad dictam eccleſiam cum rebus ſuis confugerent, quas quidam pedites de exercitu rebus et veſtibus ſpoliantes nudas *perunxerunt pice cum ſebo mixta,* deinde *in plumis volutantes* discurrere permiſerunt. Siffridus presbyt. ad a. 1294 (Piſtor. 1, 1050[b]). [Vgl. bei Méon 3, 323 die flucht der geprellten verführer aus dem faße:

---

ſe riße di ſchaebel (ſchauben) runter, dos ſtien de lotte bloß,
do ſchant die live frao ſounne dam maedle ouf dam ſchoß.]

tuit eſtoient *de plume enclos,*
il n'i paroit ventre ne dos,
teſte ne jambe, ne coſté,
que tuit ne fuſſent *enplumé.*]

9. *Pranger.* An einen auf dem gerichtsplatz oder ſonſt öffentlich ſtehenden *pfal*, *block*, *ſtein* wird der verbrecher gebunden, angeſchloßen, eingeſpannt und den blicken des volks ausgeſtellt; [*in den pranger geleit.* Diocl. 1660. 1926.] In Frankreich heißt dieſer ſchandpfal *pilori* (engl. pillory, aus dem deutſchen pfilære?) oder *carcan;* in Niederdeutſchland *kake*, kaek, kaik, dän. kag; im ſchwäb. landr. 188 Schilt., 218 Senk. die *ſchraiat* [ahd. *ſcreiâta.* Graff 6, 566]; nach verſchiedenheit der geſtalt an andern orten noch anders, z. b. in Baiern die *preche*, breche (Schmeller 1, 245), in Norddeutſchland die *fiedel*, in Schwaben die *geige;* [lat. *fidicula.* cod. Theod. IX. 35. Forcellini ſ. v. Weinhold ſchleſ. wb. ſ. v. *fiedel;* halspfeife oder *geige.* Ayrer 386[c].] Wer da hauet finnig fleiſch, der ſol treten bei Günther Brentings *fenſter*, wolt er aber da nicht ſtehen, ſo ſoll man in pfänden um 5 ſchilling. ſtat. von Remda (Walch 8, 241). [*Kakſteine.* Kold. Roſenv. ſaml. bd. 5. 1827 4. p. 638; ſtellung an den pranger, ausklingung mit becken. Pufend. 4, 225.] In vielen fällen iſt mit dem pranger noch eine andere ſtrafe verbunden, | namentlich zu haut u. haar. [Im canton 726
Appenzell wurde im j. 1850 ein mädchen mit *zaum im mund* und *ruthe in der hand* am *pranger* ausgeſtellt. *At ride træheſten*, rittlings auf einer planke ſitzen, dem volke zum ſpott, eine in Dänemark früher bräuchliche ſtrafe. Molbech dial. lex. p. 609. 610.] Eine beſondere art öffentlicher ausſtellung iſt der *ſchandkorb*, der für gartendiebe, zänkiſche weiber, ehbrecher gebraucht wurde, vgl. Haltaus und Oberlin ſ. v. *korb;* [der ſchandkorb für den becker. H. Sachs IV. 3, 96[b. c]; der *ſchnellkorb* für den obſtdieb (a. 1582). Roth und Schazmann beitr. zur geſch. der Wetterau. Frankf. 1801. p. 187;] hierher auch der boeotiſche *κόφινος* für böſe ſchuldner (oben ſ. 613), der ſchottiſche *cockſtool, cuckingſtool.* Verſchieden davon und härtere ſtrafe iſt das aufhängen in *keſiche;* cujus parentes congregati ſuper hunc inruunt incluſumque in *penſilem domum* interimunt. Greg. turon. 8, 18; [*machinis penſilibus* impoſitos ad ſolem torrere.

Pertz 2, 86. Im jahr 1409 wurden zu Augsburg vier prieſter am perlächthurn in vier *käfichen* herausgehängt; die ſturben hungers, die drei am donnerſtag, nachdem man ſie am ſamſtag hinaufgeſetzt, der vierte am freitag. Oefele 1, 618; anno 1411 do wart de van Soeſt up de *ledder* (leiter) geſettet . . . . moſte he up de *ledder* unde moſte darup dot hungern, wente he wart geſettet up den ſtal, dar wart he beſmedet, dar moſte he hungers ſterven. Mone anz. 2, 256 (aus einer Stralſunder chronik), vgl. ibid. 4, 304.]

10. *Prelle.* Ich wüſte nicht, daß ein prellen im ſinne des ſpan. *mantear* und des franz. *berner* üblich war; *ſchnellen*, aufſchnellen kommt vor: ſchenden, *uffſchnellen* oder ſunſt hertiglichen ſtrafen. Cronberger ded. p. 76 (a. 1432); [mit den vier zipfeln des leilachs *in die höhe ſchwingen* und wieder entpfahen (fränkiſcher brauch). Seb. Frank weltb. 51[a].] *Schupfen* ſcheint etwas dergleichen, im Teutoniſta finde ich *ſchupſtoil* neben *wrimp* (von wrimpen, rimpfen, zuſammenziehen); [*ſchuppeſtol* im lübſchen recht, wo andere texte *kaak* haben; einen *ſchupfin.* Freib. urk. nr. 24 p. 83 (a. 1275); diu *ſchupfe*, *ſchüpp.* Hoffmann geſellſch. lied. 60. Einen neunmal *in die luft ziehen.* Rommel 4, 421 anm.; vgl. die ſtrafe der *chorda* in Rom, wodurch dem auf und niedergezogenen die ſchultern aus den gelenken verrückt werden. Saſtrow 1, 364. 365; die *wippe*, *geige*, eine ſoldatenſtrafe. Phil. von Sittewald ſoldatenleben p. 234.] Nach Strodtmann und Richey werden gartendiebe in einer *wippe ins waßer* gelaßen und wieder in die höhe gezogen; [*waterwippe*, an ſtadtteichen angelegt, *drillhaus* (zu Caſſel am Druſelteich) für huren und gartendiebe. Wigand arch. 4, 230. 231; ſchwäbiſch *gishübel*, kaſten mit einem loch, worin leichtfertige weibsperſonen ins waßer getaucht wurden. Schm. 2, 75. Noch zu anfang des jahrhunderts war die prelle zu München bei den beckern üblich: man zog den becken, in einen korb geſteckt, an einem ſchnellgalgen hinauf und ſchnellte ihn in die Iſar. Delling ſ. v. ſchupfen, das *beckenſchutzen* bei Schm. 3, 423.] Ducange 6, 1337 hat *tumbrellum* (tombereau), inſtrumentum ad caſtigandas mulieres rixoſas, quo in aquam dejiciuntur, ſummerguntur et inde madidae et potae extrahuntur. Dies hängt offenbar mit der *waßertauche* (oben ſ. 631) zuſammen, les com-

paignons de la bachelerie de la Leu près de la Rochelle ont acouſtumé le dimanche de la trinité chacun an à *baignier en un foſſé plain deaue*, appellé Lorteniguet, hommes et femmes, demourant au dit lieu de la Leu, qui ont eu compaignie charnelle contre leur mariage avec autres (a. 1392). Carpentier ſ. v. adulterium.

11. *verluſt des ehrenſitzes.* Verbrecher verloren ihren kirchenſtuhl und muſten hinten in einer ecke, am thurm oder *an der thüre* ſtehen. So ſchon in Schweden. Gutal. p. 91 und in Friesland: *efta tha durum* ſtonda. Aſ. 321.

[11[a]. *knechtiſcher arbeit* unterziehen ſich edle zur ſtrafe. Herzog Gottfried von Lothringen, der das land verheert und verbrennt hatte, unterzog ſich der auferlegten ſtrafe, daß er öffentlich geſchlagen und geſchoren würde (letzteres kaufte er ab), ut ſumptus ad reaedificandam eccleſiam daret et *in opere caementario* per ſe ipſum plerumque *vilis mancipii miniſterio* functus deſerviret. Lamb. ſchafn. ad a. 1046; cum caprario et ruſtico ad *faciendas ſcrobes* vineis profuturas condemnare. Victor utic. 597; der herzog von Liegnitz verhängt einem junker die ſtrafe, drei tage das waßer zur *tränke der roſſe* im fürſtlichen marſtall zu ſchöpfen und zu tragen. Doroth. Sibylla p. 17.]

12. *unehrliches begräbnis.* Todte übelthäter und verbrecher wurden auf den *kreuzweg* begraben und nicht über die ſchwelle, deren *heiligkeit**) nicht entweiht werden durfte, aus dem haus getragen, ſondern *durch* | *ein loch unter der ſchwelle* her ge- 727
ſchleift [1]). So der beim einbruch erſchlagne *nachtdieb* (oben ſ. 679), der *ketzer:* ir ſult ſie niemer beſtaten an deheiner ſtat, diu gewîhet ſî, noch ſol ſie niemer halt dehein getoufte hant anrüeren, dâ ſult ir nemen ein ſeil u. machet einen ſtric daran u. leget im den ſtric an den fuoʒ *mit einem haken* u. ziehet in zer tür ûʒ, ob diu ſwelle danne hôch iſt, dâ ſult ir *durch die*

---

*) hiervon wäre viel zu ſagen; der ehrencruda werfende ſteht in *duropello* (al. durpilo). l. ſal. 61 [58]; *durpel* (limen). gl. Jun. 319 iſt das frieſ. *dreppel.* Br. 142, wo eine innere und äußere ſchwelle unterſchieden wird. Über einrichtung der ſchwellen oben ſ. 509.

[1]) [vgl. Egils ſaga p. 397. 398: Egil trägt den leichnam ſeines vaters durch eine in die hauswand gebrochene öffnung.]

*ſwelle* graben u. ſult in dar durch *ûʒ ziehen*, daʒ eht niemer getouftiu hant an in kume u. *bindet in eime roſſe an den zagel* u. füeret in ûʒ an daʒ *gewicke*, dar die erhangen u. die erſlagen ligent, gegen dem galgen u. gegen des galgen geſinde, des iſt er dannoch kûme wert. Berth. 291; [der *nothzüchtiger:* iſt der fridebrecher da, man ſol ir zu hant richten mit deme ſwerte, daʒ houpt heruʒwert, unde den corper *under der ſwellen uʒzien.* Ortloff diſt. p. 202.] Hauptſächlich wurde an dem leichnam der *ſelbſtmörder* dieſe ſtrafe vollzogen: de ok ſek ſulven dodet, dene ſchal men to der rechten doren nicht *utbringen*, mer *under deme ſülle* ſchall me one *utbringen*, eder *ut dem venſtere* unde one uppe dem velde bernen. leg. goſlar. b. Leibn. p. 501. Henget ſich einer ſülveſt binnen timmers, men houwet en los en greft en *under dem ſülle* edder *under der wand* ut, let gerichte over en ſitten, bind dat tow an einem ſehlen mit einem ſwengel und let en *mit einem perde hinſchlepen up den nechſten kreuzweg*, dar ſik twe edder tre feldmarken ſcheiden. men legt em dar dat hovet, dar de chriſtlichen doden de vote hebben, dat ſtrik, dar he ſik an gehenget, let men em overm halſe u. is dat nicht lang genog, ſo leget man dat binnen der erden, alſo *dat ein ende dre ſcho lang baven der erde kan liggen bliven.* hat er ſich erſtochen, ſo geſchieht ebenſo, nur daß man ihm einen baum oder ein holz zu haupten ſetzt und das meſſer ins holz ſchlägt; hat er ſich erſäuft, ſo gräbt man ihn fünf ſchuh vom waßer in den ſand; wars ein brunnen, man gräbt ihn außerhalb hofes auf einen berg oder an einen weg und ſetzt ihm drei ſteine, den einen aufs haupt, den andern auf den leib, den dritten auf die füße. Rugian. 247. [De frunde ſcholen den doden licham (der ſelbſtmörderin) *up eine egede edder ſlope leggen* unde in dat velt *bi einem ſchede edder cruce wege* varen unde dar begraven, unde de *egede* ſchal *up dat graff* boliggen bliven unde mit erde beſchoten werden, doch ſcholen *dre tinde* mit der erden *unbedecket bliven*, alſe dat men de ſtedes ſeen kann. Dittmer Saſſenr. p. 130 (a. 1547), ähnlich p. 157 (a. 1580).] Wo einer, de nicht pienlik beklaget were, ut mismode ſik ſulven umme brochte, de dode liechnam ſchall dorch den bödel efte racker *under den ſüllen* ut dem huſe gebracht u. int feld begraven werden. Ditmarſ. landr. art. 131. Wann einer

aus unſinnigkeit oder krankheit des haupts oder verzweiflung ſich ums leben bringet, alsdenn fallen ſeine güter zum halben theile an die herren, der körper aber wird durch den büttel *unter der ſchwellen* aus dem hauſe | gebracht u. *ins feld* be- 728
begraben. Neumünſter. gebr. art. 56 (Dreyer verm. abh. p. 1097). Een ſcoenmakers knecht . . . hem ſelfs aan een koort ofte lynde verhangen ende verdaan heeft . . . heeft daaromme die ſchout . . . geconcludeert, dat die voorſs. Cornelis Janſſen niet werdich en is gebracht te worden door den deur ende ingang van dat huis, daar hij inne gegaan is, dan dat men maiken ſal *een gat in den want des huis* vorſs. ende *ſlepen* hem daer door als een hont ende voorts geleit te worden op een horde ende dairmede hem ſlepen onder tgerecht, ende bedecken hem aldair onder die aarde als een hont. acta ultraject. a. 1548 (Matthaei tr. de jure gladii p. 620). [Die wegwarte heißt armeſünderblume, weil man ſelbſtmörder auf *ſcheidewegen* an der dorfgrenze begrub. Meinert volksl. p. 385.] Selbſtmörder *zieht* man *unter der ſchwellen hinaus*, *ſchlägt ſie in ein faß* und wirft ſie *ins waßer*. Keiſersperg narrenſch. 1520 fol. 192 (ed. lat. 1511. turba 98. XXXI, V: unde et merito tales per juſtitiam publicam dehoneſtantur, quia *ſub limine extrahuntur* a domibus, et aquis vaſis incluſi committuntur). [Selbſtmörder in ſchwimmende *fäßer* gelegt. Föringer im oberb. arch. 5, 407-416.] Die älteſte ſtelle über das begraben auf dem kreuzweg iſt l. rip. 72: in *quadrivio cum retorta in pede ſepelire;* und dieſe *retorta* (wide, vorhin ſ. 684) dem ſtrick identiſch, der nach rügiſchem recht aus der erde hervorſtehen ſoll. [In der jorczal vnſirs hirren geburt 1385. jore am freitage nach dem oſtirtage irhink ſich einir ſelbir an einen ſtrangk. do ſanten di ſcheppin u. rotmanne zu dem officiali des geiſtlichin gerichtis, froginde ab man den begraben ſulle unde wo unde wie unde was man mit en thun ſulle? hiruff wart her eine mit den meiſtern des rechtin u. ſantin deſe antwort, alzo das man en nicht begrabin ſulle *in keine treuge adir herte erde*, ſundir man ſal en *werfin in einen ſumph adir bruchecht*, wer andirs mit em thete, der were in dem banne, umb das das her unrecht gethon hatte. alzo volbrochte man is an im, ſundir man *warf en in ein bruchecht*. Böhme 6, 150. Chriſten ſind in heiliger erde, aber verräther,

mörder, diebe am *meeresufer* zu begraben, *wo ſich ſee und erde begegnen.* altes Guled. chriſtenb. 22, vgl. die ſtelle der lex Friſ. addit. 12 [11] oben ſ. 708. Der verbrecher kommt *i heden jord.* danſke viſ. 3, 242. 381. Die güter deſſen, der ſich in der bach ertrenkt, werden eingezogen. Meichſner 2, 913. Das holz, daran ſich einer erhenkt, ſoll altem gebrauch nach an die obrigkeit verfallen ſein. Hadeler r. (Pufend. 1, 57).]

D. *Benehmung des landrechts.*

Ein verbrecher, der die ihm auferlegte buße entrichtete, blieb in ſeiner ehre und würde ungekränkt; anders verhielt es ſich, wenn er ſie nicht entrichten wollte oder konnte, oder wenn er gar nicht zur buße gelaßen wurde. Dann trat ſtrafe ein und dadurch wurde in der regel auch die gemeinſchaft des freien mannes mit andern ſeines gleichen gefährdet. Todesſtrafe entrückte ihn ganz aus ihrer mitte, die meiſten ſtrafen an leib und ehre beſchimpften ihn und zogen verluſt oder beſchränkung ſeines landrechts nach ſich. Häufig hatten aber auch dieſe ſtatt, ohne 'daß eine andere ſtrafe daneben verhängt war; ſie waren ſelbſt die verhängte ſtrafe. Es gibt mancherlei abſtufungen.

1. hierher rechne ich vor allem die *entziehung der ſtandesfreiheit*, d. h. die herabwürdigung *des freien zum knecht.* Nie konnte ein edler *zur ſtrafe* wieder bloß freier werden, wohl aber gleich dem freien zur ſtrafe knecht; daraus ſieht man recht, daß die grundlage der freiheit zugleich die des adels iſt (ſ. 226.
729 281). | Den könig traf entſetzung von der herrſchaft, den edeln von ſeinem grafen oder herzogenamt, wie den freien von einem andern dienſt, den er verwaltete [1]); aber ein ſtaupenſchlag hätte den könig in knechtſchaft gedrückt wie den bloßen freien. Beiſpiele von verbrechen, wodurch freiheit verloren geht, oben ſ. 329; es läßt ſich nicht überall ſagen, bei welchen leibes und ehrenſtrafen ſie fortbeſtand oder nicht. Strafe an haut und haar machte im alterthum auch zu knecht (ſ. 704); allein der hundtragende edelmann, der ſatteltragende freie büßten nach ausgeſtandnem ſchimpf nichts von ihrer freiheit ein, denn für

---

[1]) [der centenar wird zum decan degradiert. l. Viſig. IX. 2, 1.]

das gleiche verbrechen ſollte ja der bauer ſein pflugrad tragen. Darum wurden auch gewiſſe unentehrende todesſtrafen, namentlich die der enthauptung, für freie und edle vorbehalten; ein freier wäre, wenigſtens in der älteſten zeit, an galgen und rad entehrt geſtorben.

2. zum zeichen, daß die markgenoßen, die gaubewohner den ſträfling aus ihrer gemeinſchaft ſchließen wollen', *zerſtören ſie ihm ſein haus* [1]). Das *dach wird abgetragen* (ſ. 723), das *thor verpfält*, der *brunnen* mit erde *zugedeckt*, der *ofen eingeſchlagen* (ſ. 529. 530). Noch im 17. jh., finde ich, wurde zu Leipzig gegen den ſäumigen und widerſpenſtigen mit *ſperrung der thüre* und *löſchung des feuers* verfahren. Haltaus 1785. [Geſchicht aber ain todſchlag auf den vorgen. aigen von dem gotzhausmanne, ſo ſol man im *zuſperren* in dem hawſe was er hat. MB. 6, 236 (a. 1299).] Die frieſ. Brokmänner *brannten* ihrem richter, der ſeine pflicht verletzt hatte, *das haus nieder.* Br. 24-32, man ſoll aber bloß *berna**) und nicht *walla demma* (den brunnen ſtopfen), *werf delva* (warf aufgraben), *fech uphawa* (fach, wand aufhauen), welche ſtrafen alſo bei andern gelegenheiten üblich geweſen ſein müßen. Br. 26 redet auch von *ſlîta wach* ieftha *hrôf* (zerreißen der wand u. des daches). Die Ditmarſen *brannten* ihrem beſtechlichen richter das *haus* ab. Weſtphalen mon. ined. 3, 1733. [Illius caſa *incendatur*. capit. Sax. § 8; über das brandrecht in Lille Warnkönig $II^b$, 267-269; altſchwed. *colbrännä*. Veſtg. lag p. 298.] Nach dem Hagener veſtenrecht ſoll dem ungehorſamen weinwirt *ſeine thür* jahr und tag *zugeſchlagen* werden, daß er nichts verſchleißen noch verzapfen | kann. 730
Dieſer geringſte grad der interdiction iſt noch heutzutag allerwärts im gebrauch; ſtrafbaren krämern und kaufleuten wird bude und laden geſperrt. — Im mittelalter *zerſtörte* man häufig

---

[1]) [*ſwenne der virſt gefallet*, ſo iſt im gerichtet umbe den burcfride. Augsb. ſt. 16.]

*) ein anderes frieſ. rechtsbuch verordnet nicht nur das haus des beſtochnen Aſega abzubrennen, ſondern auch auf dem, gleichſam verfluchten grund, kein neues zu bauen und *nachwachſendes gras auszuſtechen:* opa tha warve nen hus to makende, al hwenne opa there hirthſtede en grene turf waxt, ſo hach man thene turf op to grevande. Wiarda zu Aſ. p. 37.

die *wohnungen* von capitalverbrechern, außer der ſonſt über ſie verhängten ſtrafe, vgl. Ducange ſ. v. condemnare: domus damnatorum diruere, diruere vel incendere domum homicidae, mittere domum *ad hanot* (mettre à hanot, hanoter). urk. von 1207. 1212. 1376; [dem eloſen und rechtloſen alle ſeine häuſer nider brechen. ch. a. 1252 geſchichtsfreund 1, 180;] quod ſi ille qui maleficium perpetravit, aufugerit, *domus* ejus *deſtruetur* et ipſe proſcribetur. ſtat. ſuſat. (Häberlin anal. p. 509); item ſi aliquis conqueratur de hoc quod dr. ſchinber dait conquerens, conducere debet judicem ad domum vel domos illius, qui hoc factum commiſit, et judex eos *ſecabit* vel *confringet*, et quicquid *ſub trabibus* domorum (in weisthümern: unter dem ſchleifbalken) fuerit, hoc erit judicis. ch. a. 1279 Kindl. ſamml. p. 107, woſelbſt auch p. 135 in *excidio* domorum; [domus ejus funditus *deſtruetur.* Freib. urk. 1 pag. 21; domus ejus funditus *delebitur*, aedificia vero ab univerſis intacta jacebunt et poſt revolutionem unius anni heredes ejus deſtructam domum, ſi voluerint, reaedificabunt. Pupikofer nr. 7 (a. 1260); ſo ſal man ime ſin hus *nider ſlahen* u. ſol daz ein jar ligen ungebuwen, u. ſwenne daz jâr uz kumit, ſo ſun ſin erben ez wider buwen, ob ſi went. Freib. urk. nr. 24 (a. 1275) p. 77; dem ſal man ſin hus *nider ſlahin.* ibid. p. 81.] In die burg verurtheilter ritter wurde *ein creutz geriſsen*, d. h. die mauer von vier ſeiten her durchbrochen (oben ſ. 173). *Häuſer*, worin nothzucht verübt worden war*), ſoll man *niederhauen:* umme nenerhande ungerichte ne ſal man *up houwen dorpgebu*, it ne ſi dat dar maget oder wif inne genodeget werde oder genodeget ingevort ſi. Sſp. 3, 1; und daz hus, da ez (die notnunft) in geſchehen iſt, daz ſol man *uf die erde ſlahen.* ſchwäb. landr. 252 Schilt., 355 Senk. Die gloſſe zum Sſp. fügt hinzu: man hawet nichts abe denn die ſchloß u. die wende u. die ſtat die der frawen wereten, das ſie nicht wegkommen mochte. [Das haus, worinnen die gottloſigkeit (ſchändung einer hoſtie) geſchehen, ſolte biß auf den grund *niedergeriſsen* werden. hebamme p. 742; den hof oder daz hûs (worin der ächter oder geſtolenes gut betroffen wird) *ûf die erde ſlahen.* Augsb.

---

*) ſogar: al levende ding, dat in der notnumfte was (z. b. das pferd, worauf die frau entführt wurde), dat ſal man unthoveden.

ſt. 64. 105.] Das *haus* eines *geflüchteten* mörders ſoll *niedergerißen* werden. ſtat. ſuſat. b. Häberlin anal. p. 509; ob has cauſas (mord und nothzucht) permittimus *fracturas* et *combuſtiones domorum.* frieſ. edict von 1118 bei Schwarzenb. 1, 72; ſi quis homicidium poſt compoſitionem et oſculum pacis perpetrarit, a patria ſua per annum *proſcriptus* maneat, *caſtrum* autem, ſi quod habet, *deſtruatur*, domus vero lignea quam habuit, ſententia judicum publicetur. leg. opſtalb. art. 17.

3. der von der genoßenſchaft freier männer ausgeſchloßene
durfte fortan *keinen umgang* mit ihnen ha- | ben, ihren ver- 731
ſammlungen, gerichten und im heidenthum ihren opfern nicht beiwohnen, muſte, wenn er ihnen auf dem weg begegnete, ausweichen (vorhin ſ. 712, [unten ſ. 932]); nec ſacris adeſſe aut concilium inire *ignominioſo* fas. Tac. cap. 6; ignominioſus war der feige, der im kampf ſein ſchild weggeworfen hatte, multi ſuperſtites bellorum infamiam laqueo finierunt. Frotho ſoll nach Saxo gramm. p. 226. 227 verordnet haben: ſi quis in acie primus fugam capeſſeret, a *communi jure alienus* exiſteret*). Das heißt das *gemeine landrecht* wird ihm *genommen.* Vîglâf, im Beovulf 214, ſpricht über die feigen krieger, die ihren herrn im ſtich gelaßen, eine ſchöne formel aus:

nû ſceal ſincþego and ſveordgifu,
eall êđelvyn eovrum cynne
luſen âlicgean; *londrihtes* môt
þære mægburge monna æghvylc
*îdel hvearfan!* ſîþþan äđelingas
feorran gefricgean fleám eoverne,
dômleáſan dæld. deáđ biđ ſelra
eorla gehvylcum, þonne edvîtlîf**);

*) bei den Römern ſtand todesſtrafe darauf: qui in acie prior fugam fecit, ſpectantibus militibus, propter exemplum capite puniendus eſt. Dig. XLIX. 16, 6.

**) ich überſetze: jam opum largitio, enſium dona omnisque patriae laetitia et victus generi veſtro ceſſabunt, quilibet veſtrae cognationis alienus erit a jure communi, poſtquam homines compererint fugam veſtram, ignominioſam receſſionem (a domino veſtro). mors enim viro generoſo praeſtantior eſt quam vita probroſa. Luſen nehme ich für leoſen victus,

alſo nicht bloß die verbrecher, ihre ganze ſippe (mægburg) traf entehrung. Andere formeln ſind ſ. 40. 41. 42 mitgetheilt[1]. [Das *ſacrificiis interdicere* auch bei den Galliern. J. Caeſar 6, 13.] Wo der thäter ſol fride haben, der *von dem landrechte gethan* iſt? die ſchöffen theilen: *wo man ihn weder hört noch ſieht* (d. i. nirgends). Kopp nr. 116; anno 1388 iſt Wigel Clabelauche Keßeler ſin *lantrecht benomen*, als er den ſchernſmid ermordet had . . . iſt Henne Riſe von Bonameſe ſchefer ſin *lantrecht genommen*, als er Henne Sinder ermordet had . . . item Henne Zingraf ein webirknecht iſt ſin *landrecht wider geben*, des mordis wegin, den he begangen had an Heinzen von
732 Montebur u. hat uȥ geſworn II jar u. | einen tag anno 1380. Fries pfeiferger. p. 133; vgl. Haltaus 1174. 1175. Im norweg. Gulaþ. p. 542 heißt es: ſâ madr *â eingann rêtt â ſer.* Daher auch im mittelalter: einen *ehrlos und rechtlos ſagen:*

> von ſchildes ambet man dich ſchiet
> u. *ſagte dich gar rehtlôs*
> durch daȥ ein maget von dir verlôs
> ir reht, dazuo des landes vride*). Parc. 524, 24-27;
> di *ſagete man gar rehtelôs.* Wh. 185, 7;

[*rehtelôs gemachet.* Schreiber 2, 148. 164;] *erlos und rechtlos künden* (oben ſ. 40. 612); *friedlos ſetzen.* Haltaus 522; aus dem friede kündigen. ſchwäb. landr. 134 Schilt.; [*burgfrieds* und *landgerichts verweiſen.* Abele 5, 69. 73;] *êlôs* u. *rehte lôs ſagen* (aus der ê u. dem recht). Berth. p. 13, wie der proſcriptus altn. *ûtlægr*, agſ. *ûtlag*, engl. *outlaw* heißt, der aus dem geſetz gethane, lat. *exlex.* Andere ausdrücke ſind: *bannen, verbannen, verfeſten, verweiſen, verſchalten, verfemen, verzählen, ächten,* einen allermenniglichen *erlauben.* Haltaus 399; [mit finger und mit zungen *vorzeln* und *ſeinen vinden erlouben* und *ſeinen*

---

und dann entſpricht *vyn and lufen* ganz unſerer rechtsformel *wonne und weide*, oben ſ. 46. 521.

[1] [vgl. noch: der fürſt und ſeine amtleute ſollen die Delbrücker nie mit *unterſagung des waßers, der weide, des wagens und wanderns* beſtrafen. Beſſen geſch. Paderborns 2, 28.]

*) d. h. wegen verübter nothzucht, vgl. 525, 21: daȥ er mit der vrouwen ranc nâch ſînem willen, ân ir danc.

*frunden nemen.* Böhme 3, 75 (a. 1399); einen *echten*, ſein gut teilen den herren und dem gerichte und *den hals ſeinen veinden.* ibid. 2, 8;] lat. bannire, forbannire, relegare, proſcribere, excommunicare, exterminare, utlagare; [praecipitare. Gildemeiſter 1, 173 ff.; in exilium protrudere. Greg. tur. 4, 25.] Es iſt ſchwer, jedem dieſer wörter die beſtimmte ſtelle zu geben [1]).

4. Berthold a. a. o. nennt progreſſiviſch: *ze banne* tuon, *in die ahte* tuon, êlos u. rehtelôs ſagen; [im amgb. 1[a. b]: ſwer von dem *banne* in die *ehte* kumet.] Überall iſt auch im mittelalter bann weniger als acht, und werden ſie nebeneinander genannt, ſo geht jenes voraus, z. b. in *pan* u. *acht.* Suchenw. XLIV, 19; [doch MS. 1, 1[a]: *ze ahte* u. *ze banne,* ibid. 2, 136[b]: *ahte* u. *bannes;* Mone quellen 1, 237: hantfeſte *echt* u. *ban.*] Der Sſp. nimmt *bann* für *excommunicatio*, *ahte* aber für *proſcriptio: ban* ſcadet der ſele unde ne nimt doch niemanne den lif, noch ne krenket niemanne an lantrechte noch an lenrechte, dar ne volge des koninges *achte* na. 3, 63; die acht folgt, als weltliche ſtrafe, auf die geiſtliche, den bann; [cod pal. 89 fol. 151[b]: der vor geiſtlichem gerichte in den *bann* kumet und darinne ſehs wüchen lit, den tut man vor weltlichem gerihte in die *ehte.*] Allein dieſe unterſcheidung entſpricht nicht dem urſprünglichen wortſinn. *Bann* bedeutet eigentlich juſſio, mandatum, edictum, und dann auch interdictum, interdictio, warum nicht auch proſcriptio? O. IV. 8, 18 braucht *in banne* weſan von Jeſus, als ihn die judenprieſter wollten erſchlagen laßen; und in den alten geſetzen iſt der homo *forbannitus* nichts anders, als der expulſus und proſcriptus, vgl. l. rip. 87. capitul. Georg. 1357. 1572 [MG Capitularia I p. 431. LL II 2 p. 88]. [In ſtarken *bennen* varn. Walth. 26, 17; in gotes *ban.* Kchr. 12400; einem den *ban intſlahen.* ibid. 12636. 16935; mit *banne* und *vermeinſame.* Serv. 232; *banling.* Maerlant 1, 465; ên verwâten *balling.* Reinaert 2724.] Ein ahd. *ahta* für proſcriptio kenne ich | nicht, bloß *ahtunga* (per- 733

[1]) [ein merkwürdiges verzeichnis der *rechtloſen* zu Freiburg, in der zweiten hälfte des 14. jh., bei Schreiber urk. nr. 363. 364 (2, 135-167); meiſtens trat die rechtloſigkeit ein: *umb das mort,* oft auch: *an die hant* (wegen verwundung? vgl. Schreiber p. 135); *umbe unzuht.* p. 148; *umbe nahtbrant.* p. 150.]

ſequutio), ahtâri (perſequutor, apparitor), ahtjan, ehtan (perſequi, verſchieden von ahtôn, aeſtimare[1])); [mhd. in die âhte tuon. Diut. 2, 260. Bit. 7727; einen in æhte, ze æhte bieten. Gudr. 416, 1. 313, 1; in rîches æhte komen. klage 190; *æhter* wegelagerer. Walth. 26, 16. Ferner: *aberæhte.* Helbl. 8, 1012, *oberacht.* Haltaus ſ. v. aberacht, ſuprabannum; *oberzala* proſcriptio? vgl. urk. b. Möſer 1 nr. 6.]

5. nicht jeder rechtloſe und gebannte brauchte das *land zu räumen,* er muſte bloß den umgang und die verſammlung der freien männer meiden, durfte vor gericht weder klagen noch zeugen, aber der aufenthalt im land, der verkehr mit unfreien und mit ſeinen verwandten war ihm unbenommen. Doch gewöhnlich pflegte rechtloſigkeit auch *landesverweiſung, flucht aus dem lande**) nach ſich zu ziehen. Fern aus aller menſchlichen geſellſchaft floh der landräumige verbrecher (*rûmclant*) in wald und einöde, das alterthum nannte darum den härteſten grad der verbannung *waldgang*, agſ. *vealdgenge*, altn. *ſkôggângr***), und den exſul, extorris *waldmann*, *vealdgenga*, *ſkôgarmadr*, auch *urdarmadr* (von urd ſaxetum, aſpretum). Egilsſ. p. 728, wozu das lat. *latro* (von latere, vgl. latebrae, latibulum), franz. *larron* ſtimmt; [ûtlægr *î ſkôga.* Hervar. p. 448; vâgom *or ſkôgi*, armis liberavimus e ſilva (exſilio). Sæm. 263b; löfvirkinger, ligger *i ſkoghum.* Veſtg. p. 128; der todſchläger flieht in den *wald* und lebt da. Gaidon 2373-75.] Hiermit hängt noch ein andrer name der alten geſetze zuſammen. Die lex ſal. 58, 1 [55, 2].

---

[1]) [âhtjan, âhtâri, âhtunga hat langen vocal, ſieh wb. 1, 166.]

*) ein anderes deutſches wort für exſul ahd. *reccheo,* altſ. wrekkio, agſ. vrecca hat nicht die bedeutung eines gerichtlich verbannten, ſondern nur die von elilenti (peregrinus), elende, engl. wretch, vgl. oben ſ. 396; [doch Diut. 1, 269a: reckio profugus;] im mittelalter war recke ein vielgewanderter held. [Fluhtiger und *wadalere.* Diut. 3, 58, *wadal* pauper, egenus. Hrab. 962a; *ûȥtrippo* (exſul). N. 108, 11. Bth. 33. Das lat. *exilium* erſcheint ahd. als *ihſelî.* N. Bth. 72; *firihſelit* warth, exulat. Diut. 2, 352a.]

**) ſchuma ti mati (der wald iſt dir mutter) heißt dem Serben: rette dich durch flucht, birg dich im wald! [er hält nun zuletzt bei dir aus] Vuk wb. 926. [Ähnlich ſv. viſ. 1, 79: ride dit, ſom *ſkogen* ſkyler meſt (in exilium).] Die lieder und ſagen haben viele beiſpiele vom leben verbannter im wald, ich will nur an Triſtan und Iſot erinnern.

rip. 85, 2 hat *wargus*, hoc eſt expulſus de eodem pago, wargus
aber bedeutete *wolf* und räuber*), weil der verbannte gleich
dem raubthier ein bewohner des waldes iſt und gleich dem wolf
ungeſtraft erlegt werden darf. Auch die goth. ſprache muß
*vargs* in dieſem ſinne gekannt haben, Ulf. ſagt gavargjan
dauþau, damnare morte, [gavargeins condemnatio. 2. Cor. 7, 3,
vargiþa juſtitia. ibid. 3, 9;] die ahd. *warc*, ich finde ubiles warc
(tyrannus). gl. Jun. 253 und mhd. *warc* für latro, nequam.
Eneit 1131, [vgl. anm. zu Iwein p. 381, hellewark. Diut. 2, 291;
*wargida*, condemnatio im capit. Sax. § 4;] agſ. *vearg* furcifer[1]);
im altn. hat ſich die bedeutung *vargr* (lupus), vargynja (lupa)
am lebendigſten erhalten. *Vargr î veum* hieß ein vogelfreier
mann, der den frieden durch mord gebrochen hat und land-
flüchtig geworden | iſt, hann hafdi vegit î veum ok var *vargr* 734
ordinn. Egilsſ. p. 259; [þâ kalla þeir hann *varg î veum*, ok
mâ hann nû eigi heima vera med fedr ſînum. Völſ. cap. 1;
iarl ſkyldi heita *vargr î veum* (als tempelzerſtörer). fornm. ſög.
11, 40;] es ſcheint daß Saxo gramm. p. 630 durch coeleſtium
ſpoliorum raptor dieſen altn. ausdruck überſetzen wollte. Unter
den Angelſachſen war die redensart *vearges heáfod* oder *vulfes
heáfod* für exlex, extorris im ſchwang, wie ſich aus der lex 7
[6 § 2] Edowardi confeſſoris (Canciani 4, $334^b$ [Schmid$^2$ p. 494])
ergibt: *lupinum* enim gerit *caput*, quod anglice *wulfes heofod*
dicitur; aus einer ſtelle bei Bracton lib. 4 cap. 11: ex tunc
enim (utlagati) *gerunt caput lupinum*, itaque ſine judiciali in-
quiſitione rite pereunt, und aus mehrern bei Chaucer:

> tho was yong Gamelyn crounid the *king of the outlawes*,
> and among them walkid a while *undir the wode ſhawes*.
> the falſe knight his brothir now was ſhiregereve and ſire
> and lete his brothir be endite for hate and for ire.
> tho werin all his bondmeine ſory and nothing glad,
> whan that Gamelyn their lorde *wolveshede was cried and made*.

tale of Gamelyn 1376-87, vgl. 1407. 1431;

womit man verbinde, daß neben den hingerichteten miſſethätern
*wölfe aufgehängt* wurden (ſ. 6-5). [Excommunié comme un

*) *wargorum* nomine indigenae latrunculos nuncupant. Sidon. apollin. epiſt. 1, 4.

1) [böhm. *wrah*, ſerb. *vrag*.]

*loupgarou.* rom. comique 253; das n. pr. *Bannwolfus.* Lang 4, 651 (a. 1297); in der Lombardei hatte die gerichtsbehörde für verbannungsangelegenheiten das *abzeichen eines wolfs.* ſtatuta Bergomi p. 474 ſq. Hüllmann ſtädteweſen 3, 278.]

6. verwieſene räumten *barfuß*, *entgürtet* und einen *ſtab tragend* das land (vgl. ſ. 134. 157 und die ſatteltragenden ſ. 718); nacktheit hatten ſie auch gemein mit den hausſuchenden (ſ. 641) oder mit armen leuten, die aus dem lande giengen:

> ains *men irai fors du pais* à pié
> un pel au col, con autre pautonnier. rom. dOgier;

der pel au col iſt der palus in manu der l. ſal. 61 [58]; zu fuß *vom lande gehen*, wie ein armer mann. Tieks Lichtenſtein p. 142. 148; [ich wil ûf mînen füeȥen *in daȥ ellende gên.* Nib. 2094, 4; daȥ *lant* mit ſchanden *rûmen.* Renner 18246.] Ein ſolcher aufzug bezeugte armuth, demuth, reſignation*). [Einem den katen über dem kopfe umkehren und *den weg zum lande ausweiſen.* Kantzow 2, 217.] Den flüchtigen verbrecher ſoll *niemand herbergen und ſpeiſen:* et poſtea parentes defuncti judicem rogare debent, ut *inter homines non habitet* auctor ſceleris (der einen leichnam ausgegraben hat), et qui ei *hoſpitium dederit,* antequam parentibus ſatisfaciat, XV ſol. culp. judicetur. l. ſal. 17, 3 [14 add. 5]; ſi quis corpus jam ſepultum effoderit aut expoliaverit, wargus ſit h. e. e. d. e. p., usque dum parentibus defuncti convenerit, ut ipſi parentes rogati ſint pro eo, ut liceat ei infra patriam eſſe et quicunque antea *panem* aut *hoſpitalitatem* ei dederit, *etiam ſi uxor ejus hoc fecerit*, 15 ſol. culp. jud. l.
735 ſal. 58, 5 [55, 2]; vgl. rip. | 85, 2. Si ille, qui admallatur, ad nullum placitum venerit, tunc rex, ad quem mannitus eſt, *extra ſermonem ſuum* eum eſſe dijudicet, . . . et quicunque ei *panem dederit* aut *in hoſpitium collegerit, etiam ſi uxor ejus propria ſit,* 15 ſol. culp. jud., donec omnia quae ei legibus imputantur, ſecundum legem componat. l. ſal. 59 [56]. De *meȥiban* id eſt de latrone forbannito, ut unusquisque comes alio (alii) mandet, ut nullus eum *recipere* audeat, ſi liber eum ſuſceperit, ſol. 15 componat (alſo die alte buße), ſi ſervus 120 ictus accipiat et

---

*) vgl. das folgende buch beim eidſchwur [ſ. 903].

inſuper dimidium caput ejus tondeatur. capit. 1 a. 809 § 11 [MG Capitularia I p. 150]; *meʒiban* kann nicht latro forb. heißen, ſondern, denke ich, interdictum cibi, von meʒi (agſ. mete) cibus. Spätere capitulare wiederholen (Georg. 745. 1357 [MG Capitularia I p. 148. 431]). Die vorhin angeführte agſ. formel ſagt *êđelvyn* and *lufen* ſceal âlicgean, wonne und weide, *hoſpitium* et *victus* ſollen geweigert werden.

7. die altnordiſche und vorzüglich isländiſche geſetzgebung enthält ſehr viel eigenthümliches über die verbannung und ihre arten. Das wichtigſte aus der Grâgâs vîgſl. cap. 117. 118. 119 und andern quellen ſoll hier nach Arneſen p. 616-632 mitgetheilt werden. Die ſkôgarmenn dürfen nicht länger unter menſchen hauſen (wie das ſaliſche diutius i. h. non habitare), ſie müßen ſich auf flüchtigen fuß nach wald und gebirge ſetzen*). Sie heißen *landflôttamenn* (landflüchtige), haben ihr gut und ihren frieden verwirkt (fyrigert fê oc friđ, landi oc lauſum eyrum), *niemand* darf ſie *ſpeiſen* noch *herbergen*, ihnen zu waßer oder zu land helfen**); wer ſie in oder außerhalb lands trifft, kann ſie *ungeſtraft erſchlagen*. Wurde der verwieſne auf eines mannes grund gefangen, ſo durfte man ihn erſchlagen und ſeinen leib daſelbſt begraben, nur nicht auf acker u. wieſe, noch auf einer ſtätte, von der waßer in den gard rinnt, noch pfeilſchuß weit vom gard. Wer den leichnam bloß liegen ließ, oder über pfeilſchußweite von der ſtelle, wo er erſchlagen wurde, führte, büßte drei mark. Ins waßer durfte er auch nicht geworfen werden, | das hieß: einen todten morden, at hann hafdi 736
myrđann dauđann mann oc ſeykt î ſio oc hulit eigi moldo. Wer einen friedloſen fieng, konnte ihn gleichwohl auch gebunden zu dem, der ihn friedlos gemacht hatte, führen, muſte ſich aber erbieten mit zu der ſtätte zu gehen, wo er umgebracht werden ſollte. Ließ er ihn mit willen entrinnen, ſo verlor er das recht, andere zur hülfe in ſeiner eignen angelegenheit aufzufordern.

---

*) gewöhnlich erſt nach verlauf einer beſtimmten friſt (fardagi); falla ôheilagr eptir fardaga. Egilsſ. p. 737.

**) ôæll oder ôalandi (non cibandus), ôferjandi (non vehendus), ôrâdandi (non juvandus), vgl. oben ſ. 42; dræpr hverjum manni (a quolibet occidendus). Egilsſ. p. 368.

Flüchtete der verbannte in ein leeres haus auf freiem feld, durfte der verfolger es anzünden, falls er ſeiner nicht anders konnte habhaft werden; unſchuldige leute, die ſich darin befanden, forderte er auf herauszugehen, thaten ſies nicht, ſo wurden ſie auch friedlos. Ein landflüchtiger, friedloſer knecht wurde nicht getödtet, ſondern auf einem kreuzweg an händen u. füßen behauen und dann liegen gelaßen, er mochte leben, ſo lang er konnte. Wer einen friedloſen erſchlug, erhielt den preis gezahlt, der auf deſſen haupt ſtand, der *kleine preis* war 8 aurar oder 1 mark, der *große* 3 mark; ſolche preiſe galten ſchon vor der Grâgâs, vgl. Grettisſaga cap. 48. 53; in ältern zeiten ſcheint der kläger ſelbſt den preis beſtimmt zu haben, den nachher die Graugans feſtſetzte*). Aufgehoben wurde der bann dadurch, daß der friedloſe andere friedloſe erlegte, diebe und mörder ausgenommen. Tödtete er *einen*, auf dem der kleine preis ſtand, ſo wurde er ſelbſt fiörbaugsmadr, tödtete er ihrer *drei*, oder nur *einen* mit dem großen preis belegten, ſo wurde er ganz frei; vgl. Landnâmaſ. app. 175. Grettisſ. cap. 57. 58. Ja andere freie konnten durch tödtung friedloſer einen friedloſen loskaufen und dann bekamen ſie keinen preis gezahlt. Wer zwanzig jahr friedlos geweſen war, erlangte nach einem geſetz des jahres 1030 von ſelbſt die freiheit [1]). *Fiörbaugsmadr* hieß ein verbannter geringeren grades, d. i. der ſich durch entrichtung einer mark (fiörbaugr, lebensgeld) aus dem höheren bann gelöſt hatte, im gegenſatz zum *ôbôtamadr*, der durch keine buße geſühnt werden konnte**); [z. b. Laxd. p. 230: urdu þeir allir ſekir; var *geſit fê* til at þeir ſkyldi vera *ferjandi*, ſie erkaufen das recht, ſich ungehindert aus dem lande ſchaffen zu laßen.] Man |
737 unterſcheidet daher *fiörbaugsſakir* und *ſkôggângsſakir*. Egilsſ.

---

*) ich wüſte nicht, daß in andern geſetzen preiſe für die tödtung flüchtiger verbrecher *beſtimmt* wären, obgleich ſie auch anderwärts zuweilen von der obrigkeit ausgeſetzt ſind. Ein ſolcher preis iſt eine art wergeld, mit dem unterſchied, daß es dem thäter gezahlt, das eigentliche wergeld von ihm entrichtet wird.

[1]) [auch nach dem deutſchen peinlichen recht verjähren verbrechen *nach zwanzig jahren*. Meiſter § 467.]

**) eine abweichende bedeutung von ôbôtamadr oben ſ. 679.

p. 723; [vardar honum *fiörbaugsgard* (der thäter wird fiörbaugsmadr). Ol. Tr. 2, 242 und: vardar *ſkôggâng* (er wird ſkôgarmadr). Laxd. 142. 350.]

8. die ausſchließung aus der gemeinſchaft gieng zunächſt nur das engere verhältnis an, worin ſich der miſſethäter befand, er hatte die *mark*, den *gau* zu meiden, welchen er zugehörte; daher heißt es *aus der mark verſchalten* (ſ. 529); [einem *daz geu verbieten*. Ben. 324; hann hafdi *flyit or bygdi* (aus der bewohnten gegend) fyrir vîga ſakir. Ol. helg. c. 151.] Im mittelalter verwieſen die *ſtädte* aus ihrem gebiet, in deſſen nachbarſchaft der flüchtling wohnen durfte; [einem *die ſtat widerteiln* mit der gloggen. Freib. urk. nr. 24 (a. 1275) p. 83. 100[1].] Unſtreitig gab es aber auch viele fälle, in denen der verbrecher nicht nur des friedens in ort, mark und gau, ſondern *im ganzen volk* verluſtig ward[2]) und es kam dann auf die ſ. 397 berührten verhältniſſe an, ob er ſich bei einem verwandten volksſtamm oder nur bei einem fernen und vielleicht feindlichen ſicher befand. So war Ekevrid der Sachſe nach Worms in Franken geflohen: en a ſaxonicis oris Ekevrid generatus quartus (ſo iſt zu leſen) temptavit bellum, qui pro nece facta cujusdam primatis eo diffugerat exul. Walthar. 756; [ein helt guot, der durch vîentſchefte rûmte dize lant. Nib. 1488, 3.] Auch in der fremde war ein verbannter unſtät und verlaßen; manche zogen vor, ſich in den wäldern der heimath zu bergen, manchen wurde flucht in die ferne abgeſchnitten. Geringe grade der verweiſung waren *auf kürzere zeit* eingeſchränkt; ſo heißt es im mittelalter oft: exterminabitur *ad annum et diem*. Wetterer w. (a. 1239); Niala cap. 75: ſkyldi fara ûtan ok vera î brottu *III vetr*. [Die mörder ſollen wandern ad partes transmarinas, dort *per annum et diem* bleiben und darüber zeugnis mitbringen,

---

[1]) [die Freiburger urk. nr. 89 (a. 1314) gibt genau die *ſchwellen* an, über welche einer, dem *die ſtat verboten* wird, nicht herein kommen ſoll; desgleichen nr. 122 (a. 1324).]

[2]) [konûngr gerdi Egil ûtlaga *fyrir endilângan Noreg*. Egilsſ. p. 368. Die Vandalen verwieſen verbrecher nach Sicilien und Sardinien. Victor utic. 598; Deſiderius in inſulam quamdam exſilio retruditur. Fredegar. 24.]

ſonſt verfallen ihre leiber und güter. Wenk 1 nr. 386 (a. 1309).]

9. einfluß des chriſtenthums. Nicht nur führte die kirche einen eignen bann, der nicht von dem weltlichen gericht verkündet wurde, ein, ſondern auch der weltliche bann verband ſich mit kirchlichen gebräuchen. Namentlich legte man dem verwieſnen *wallfahrt* an heilige örter auf, wo er entſündigt werden ſollte, d. h. die wallfahrt war die verbannung; die *bande* und *ketten*, welche ihm während der reiſe zu tragen auferlegt wurde (ſ. 710), ſcheinen gleichfalls geiſtliche ſtrafe. *Peregrinationes in poenam* a judice *indictae*. Ducange und Carp. ſ. v.; pilgerfahrten nach Rom, Achen und Trier für den mörder (a. 1406). Bodm. 618. 619; der *wegfertig* was umbe miſſetât u. *gerûmet* het. Bodm. 673; [*gebetert* met heleger *bedevart*. Maßmann denkm. 154[a], hêft ſine *bedevaert* gedaen en daermede *ſi quite*. 154[b], vgl. Morolt 1085. 2143; drei *kirchfahrten* verrichten. Abele 5, 70 (a. 1672);] der todſchläger ſoll zur ſühne wallfahrten, opfer bringen, kreuze ſetzen, dämme machen. Rugian. 22. Eine alte formel bei Bignon p. 124 [MG Formulae p. 217] zeigt zwar ſchon canoniſche einwirkung, aber noch iſt keine wallfahrt, bloße auswanderung vorgeſchrieben: proprium filium ſive nepotem interfecit, et nos pro hac cauſa ſecundum con- |
738 ſuetudinem vel canonicam inſtitutionem dijudicavimus, ut *in lege peregrinorum* ipſe praefatus vir annis tot in peregrinatione permanere deberet. Im Aſegabuch p. 321 gehört folgende verfügung zu den ſendgerichtlichen: ſa hwa ſa ſinne feder ieftha ſine moder, ſine ſweſter ieftha ſinne brother ovirbulgena mode (unvorſätzlich) to dade ſleith, ſa ne mi him nen preſtere ſkriva (beichte hören), buta alſa longe ſare libbe ſkil hi *wondria* and *kriapa* and *feſtia* (wandern, kriechen, faſten). ieftha hi ſkil alle there ſkena wralde offtonda and gunga anna en claſter and wertha tha abbete underdenoch, and dwe alſare him hete, and nammermar ne mot hi anda godis huſe weſa mith ore kerſtene liodon, hine gunge eftha tha durum ſtonda. Wer in ein kloſter geht, wird auch aus der welt verbannt.

10. *frauen* unterlagen im alterthum aus dem grund keiner verbannung, weil ſie nicht in der gemeinſchaft der freien männer ſtanden, folglich auch nicht deren beraubt werden

konnten. Sie befanden ſich in der gewalt ihres ehmanns oder vaters und ihre verbrechen wurden entw. von dieſen gebüßt, oder auf andere weiſe, als durch landesverweiſung beſtraft. Den grundſatz erkennt namentlich das altengl. recht: femina *non dicitur utlagata*, propterea quod inſtar viri in legem non juratur. Spelman 562[a]; femina *utlagari non poteſt*, quia ipſa non eſt ſub lege, *wayvari* tamen bene poteſt et *pro derelicta haberi*, eſt enim wayvium quod nullus advocat, nec princeps eam advocabit nec tuebitur, cum fuerit rite *wayviata*. Bracton 4, 11. Hierher gehört, daß miſſethätige frauen, beſonders ehbrecheriſche *verkauft* oder *weggeſchenkt* wurden: ſo Iſeut nach dem altfranzöſ. Triſtan 1155-1227 und dem volksb. cap. 28 *an einen ausſätzigen* bettler. Eine ingenua meretrix einmal beſtraft und ihr verbrechen erneuernd, iteratim a comite civitatis 300 flagella ſuſcipiat et *donetur a nobis alicui pauperi*, ubi in gravi ſervitio permaneat et *nunquam in civitate ambulare* permittatur. [l. Viſig. III. 4, 17. Eine edle frau wird an den camelarius verheirathet. Victor utic. 594. 595.] Die ſich mit einem juden vergangen hat, ſoll man *mit rüden* (hunden) *usjagen*. Mainzer waltpodenr.; trüllerinnen (kuppelweiber) ſollte man *mit hunden aus der ſtadt hetzen*. Berth. 427; vgl. Ducange 6, 1317 ſ. v. trotari.

11. landesverwieſene durften, wenn ſie ſich bei feierlichem *einzug des fürſten* an deſſen *wagen* oder *pferd hielten*, ſicher zurückkehren (oben ſ. 265, [unten ſ. 888]). Den von Halt- |
aus 2017 angeführten beiſpielen können folgende hinzugefügt 739
werden: darum viel bürger und ander lewte, ſo aus der ſtat verfeſtet oder verweiſet waren u. einteils zehn, zwanzig, dreißig oder mehr jar aus der ſtat geweſen, ime (dem a. 1497 zu Nürnberg einziehenden herzog Bugſlaf von Pommern) u. den ſeinen *an den ſtegreif gehangen* u. *mit hinein gelaufen* ſein. Kantzows Pomerania 2, 263. 264; als nun ſ. f. gn. in den Gripswald geritten, ſeind die ſo der ſtatt etliche jar unſicher geweſen bei ſ. f. gn. dem *pferde an den ſchwanz* oder *zeuge* auf dem pferde, mein vatter aber auf anleitung ſ. f. gn. *an den ſteigbügel greifende in die ſtatt gangen*. Saſtrows leben 1, 191 (a. 1540).

*Schlußbemerkungen* zu cap. III.

a. ich bin davon ausgegangen, daß im alterthum die anwendung der ſtrafe *für den freien mann* ausnahme war; in der regel konnte er ſein verbrechen durch buße ſühnen, wenn eine ſtrafe geſetzt war, mit geld haut und leben löſen. Einzelne miſſethaten forderten jedoch ſtrafe und waren keiner abbüßung fähig, andere muſten geſtraft werden, weil die entrichtung der buße ausblieb. Hierin fand nach zeit, herkommen und verfaßung verſchiedenheit ſtatt*). Ermordung des königs oder landesfürſten, eines vornehmen geiſtlichen, landesverrath, landfriedensbruch, verſchwörung, feigheit in der ſchlacht, eltern und verwandtenmord, nächtlicher diebſtal pflegten in unvermeidliche ſtrafe zu fallen. Doch wurde ſelbſt die tödtung des königs nicht überall mit todesſtrafe belegt, indem auch für ihn ein wergeld angeſetzt war.

b. *unfreie* traf ſtrafe, theils weil ſie der buße unwürdiger erſchienen, theils ſie zu zahlen unvermögender waren; in vielen fällen war aber auch ihnen vergönnt, ſich durch buße zu befreien.

c. manche ſtrafen beruhten *bloß auf dem rechtsglauben* und auf der ſage; geſchichtlich zu erweiſen iſt nicht, daß ſie in
740 Deutſchland vollſtreckt wurden, wohin na- | mentlich die unter 3. 4. 5. 7. 8. 9. 13. 18 genannten todesſtrafen gehören. Ableugnen läßt ſich freilich die möglichkeit ihrer vollſtreckung im höheren, roheren alterthum nicht, und einzelne ſtrafen, deren wirklichkeit man ſonſt auch bezweifeln würde, ſind nach unbeſtreitbaren zeugniſſen vollzogen worden. Manche, wenn gleich zuweilen vollzogene, erſcheinen dennoch als bloße ausnahmen.

d. man muß unterſcheiden zwiſchen ſtrafe, die durch geſetz, recht oder volksſitte geheiligt war und todesarten oder mishandlungen, welche ſich grauſame herſcher gewaltſam er-

*) im viſigoth. und burgund. geſetzbuch, auf die das röm. recht mehr einfluß hatte, ſind die meiſten todesſtrafen. [Wippo p. 469: reverſus rex de Ribuariis ad Saxoniam venit, ibi *legem crudeliſſimam Saxonum* ſecundum voluntatem eorum conſtanti autoritate roboravit; dies geht wohl auf die vielen *todesſtrafen* (l. Sax. 3. 4. 5 [24-39]), auch auf die höhe der geldbußen?]

laubten. Aber die grenze iſt oft ſchwer zu treffen und ich habe es vorgezogen, in dieſer hinſicht zweifelhafte zeugniſſe der chroniſten dennoch anzuführen, weil ſie wenigſtens zur prüfung und erforſchung des unbekannten volksrechts geſammelt und gebraucht werden müßen.

e. abſtufungen der ſtrafe ſind wiederum nach ort und zeit zu beurtheilen; einem volk galt für ſchimpflicher, was dem andern erträglicher ſchien.

f. zwar keine talion (ſ. 647), aber doch eine unverkennbare *beziehung auf* die art des *verbrechens* findet bei einigen ſtrafen, zumal bei leiblichen ſtatt. An dem glied, das geſündigt hatte, wird auch ſtrafe genommen*), die meineidige hand abgehauen, die verrätheriſche zunge ausgerißen, das lügenhafte maul geſchlagen, dem mordbrenner feuertod zuerkannt, [der eſchenbrenner vors feuer geſetzt (ſ. 518), dem grenzfrevler das haupt abgepflügt (ſ. 547).]

g. es iſt ſchon ſ. 681 geſagt, daß, wie für knechte, für *frauen* eigenthümliche ſtrafen galten und andere auf ſie unanwendbar waren, z. b. landesverweiſung. So traf auch den *unmündigen* geringere ſtrafe, als den mündigen: *minor* et qui infra aetatem XII annorum fuerit, utlagari non poteſt, nec extra legem poni, quia ante talem aetatem non eſt ſub lege aliqua. Bracton 4, 11; doch fehlt es nicht an beiſpielen hingerichteter kinder (ſ. 688 die ſtelle aus der viſio Godeſcalki). Man vgl., wie die zwölf tafeln 7, 4 die beſtrafung des *pubes* und *impubes* unterſcheiden.

[g[1]. auch an *thieren* wurde ſtrafe vollzogen: im fall der vermiſchung mit thieren; wenn ſie ſchaden gethan hatten, oben ſ. 664. 665; thiere, die bei der nothnumft waren, wurden enthauptet. Sſp. 3, 1. Im mittelalter machte man oft noch thieren den proceſs; belege aus urkunden des 13. 14. jh. bei Carpentier ſ. v. homicidium, ferner Ducange ſ. v. carnale. Doyen rech. ſur les lois feodales p. 49-51. Berriat-Saint-Prix rech. ſur les procès

---

*) könig Rodrigo, als ihn die ſchlange zu verzehren anfängt, ſingt: come me ya por la parte, que todo lo merecia (ſilva p. 298); vgl. die viſio Wettini in Dippoldts Carl d. gr. p. 121.

et jugemens relatifs aux animaux und desſelben auffatz in der Thémis 1, 194 ff.; kaiſer Friedrich läßt einen falken enthaupten. cento nov. ant. 88; beſtrafung von hunden, ſchweinen, bienen im 17. jh. bei Abele gerichtsh. 1, 741 (caſ. 142); ſchweine im Main erſäuft. Kirchner Frankf. 1, 505.]

h. der verbrecher hatte in vielen fällen die wahl, ob er buße zahlen oder ſtrafe leiden wollte, jenes war dann faſt immer
741 das weit leichtere, der habichtsdieb wird | lieber acht ſol. geben (ſ. 690), ſo wie der zinspflichtige lieber fünf ſchill. erlegen (ſ. 384), als ſich der zu erwartenden gefahr bloß ſtellen. Merkwürdig iſt, daß dem verbrecher zuweilen auch überlaßen wurde, *zwiſchen mehrern ſtrafen zu wählen.* Dieſen zug finde ich hauptſächlich im altfrieſ. recht. In der ſage von könig Karl und Radbod heißt es: nu lidſe ik jo *trec kerren*, hor iemna liavera ſê, dat ma iemna deye, dan i alle ain werde, jof datma iemna een ſchip jove alſo feſt ende alſo ſterk, deer een ebba ende een floed mei wrſtaen, ende dat ſonder rema ende roer ende ſonder tow. Fw. 107; von den drei vorgelegten übeln (tod, leibeigenſchaft, ſteuerloſes ſchiff) wählten die Frieſen das letzte. Dem der ſich mit vieh vermiſcht hat, läßt der richter wahl zwiſchen drei ſtrafen (ſelbſtentmannung, lebendigbegräbnis oder feuertod), die nähere beſtimmung klingt aber ſo alterthümlich, daß ich ſie herſchreibe: dat hi dine ker habbe, hor hi ſine machta bi dae live of ſnide ende ſine ſonda betterie; ſoma een kolk delve, deer dat quik in moge, ende dat ma him alles nida bringe; jefta dine tredda ker, datma alle *dat heer* gadrie fanda *ſchettena ſtirten* ende *makia een band* ende binden aldeer mei ende baerne. Fw. 250. [Richthofen p. 409 § 17. Nach Sſp. 1, 39 kann wer wegen diebſtals und raubes ſein recht verloren hat und ſich nicht freiſchwören darf, gegen eine neue klage wegen dieſer verbrechen wählen zwiſchen drei gottesurtheilen: dat glogende iſern to dragene, oder in enen wallenden ketel to gripene bit to dem ellenbogen, oder deme kempen ſik to werene; ebenſo Swſp. 48. Harald gilli läßt zwei vornehmen gefangenen die wahl: annarr ſkyldi hânga, en ödrum ſteypa î forſinn Sarp, ok bad þâ ſialfa *kioſa*. fornm. ſög. 7, 181. In einer hardenbergſchen haus und hofordnung des ſtatthalters Hardenberg zu Braunſchweig um 1700 kommt vor: naſenſtüber, ſpaniſche

und italieniſche, *cum beneficio electionis*, ſo daß man die wahl hatte zwiſchen vier ſpaniſchen und ſechs italieniſchen.] Auch bei den dichtern:

er bôt ir driu dinc zen êren,
daʒ ſi under den hæte wal:
daʒ ſi in dem mere viele ze tal
umb ir keln ein ſwæren ſtein;
oder daʒ ir vleiſch u. bein
ze pulver wurde gar verbrant;
oder daʒ ſi Tîbaldes hant
ſolde hâhen an einen aſt. Wh. 109, 22;
[wie du ſolſt leiden ein dot,
rat prechen, henken, prennen,
unter den dreien ein . . . .
weiſt im galgen, rad und hürde,
ſprach: welchen dot wilt han?
Wolfdietr. Caſp. v. d. Rön 81. 82.

Die wahl zwiſchen ſchwert und kunkel, ſchwert und ſchere oben ſ. 168, zwiſchen ſchwert und giftſchale. Boccaccio decam. 5, 7.] Bekannt iſt aus der fabel von Marculphus, daß dieſer ſich einen baum auswählen durfte, woran er erhangen ſein wollte; [auch im paſſ. 193, 56: ſwâ du welleſt hangen, den boum ſoltu ſelber weln. Bei Lerſner Frankf. chron. p. 491. 492: approbatur, ut reus mortis quidem poena afficeretur, *de genere* autem *mortis* ſuae *ipſemet ſtatueret* intra aliquot dies; er wählt: id mortis genus, ut haec veſtimenta mea omnia, quibus jam indutus ſum, ſtipulis inſarciantur et ante me Francofurtum ſudi infixa in pontem ferantur, et in eo per praeconem clara voce populo indicetur, quare mortem ſim commeritus. ſi itaque in re usque adeo triſti continuerit populus nobis vicinus riſum et ſua dicteria, tunc prius veſtes meae, deinde confeſtim ego quoque in flumen conjiciar. ſin vero non lacrymis ſed cachinnis facinus meum dignum ſint judicaturi, tum rurſus libere dimittar et incolumis.

Die wahl unter den ſtrafen ſteht dem vollſtreckenden zu: droit ſur chaque femme concubine publique qui paſſe par deſſus la chauſſee, de prendre quatre deniers delle, ou la manche du bras dextre de ſa robbe, ou de faire par icelui ſergeant à ſa volonté à la dite concubine une fois, *au choix dudit ſergeant* (ſeigneurie de Souloire). Servin actions notables et plaidoyez 2, 167.]

---

## CAP. IV. ERLAUBTE MISSETHATEN.

Bisweilen bleibt ungebüßt und ungeſtraft, wodurch ſich einer am eigenthum oder leben eines andern vergreift.

1. *erlaubte wegnahme* fremder ſachen. Hierher gehört vorrecht ſchwangerer, ihr gelüſte zu befriedigen (ſ. 408); reiſender,
742 ihr pferd zu füttern (ſ. 400. 401); obſt, trau- | ben und nüße zu nehmen (ſ. 209. 401. 554); des ackermanns, holz für pflug und wagen zu hauen (ſ. 402. 517. 518). Hier noch unangeführte belege: nû ef madr fer at veg medr roſſi ſino oc ſtendr hey nær göto, þâ er hann þarf at hafa, þâ taki hann at ôſeckio (ungeſtraft), þat ſem ros hans þarf þar at eta. Gulaþ. 545; ſi quis feram ab alio vulneratam aut in taliola tentam aut a canibus circumdatam invenerit aut forſitan mortuam, aut ipſe occiderit et ſalvaverit et bono animo manifeſtaverit, liceat de ipſa fera tollere *dextrum armum cum ſeptem coſtis.* l. Roth. 317 [312]; item we koſte edder drank vunde in deme harte, de mag des to ſines lives nod bruken unde eten unde drinken *ſunder ſchaden unde broke.* wolde he ok leng (diutius) in deme harte bliven unde ome koſte edder drinke enbroke, de mach *ſo vele geldes in de ſtede leggen*, alſe dat werd is, dat he mit ſik nimpt. Harzer forſtding § 58; ef ſâ madr ſtelr mat, er eigi fær ſer vinno til fôſtrs, ok hialpar ſvâ lîfi ſîno *fyrir hûngrs ſakir*, þâ er ſâ ſtuldr fyrir engann man reffîngar verdr. Gulaþ. 531. Noth hat kein gebot. Eiſenh. p. 453. Für eine kindbetterin darf man wein und brot wegnehmen (ſ. 446).

2. *erlaubte tödtung.* Die lex Friſ. hat einen eignen titel de hominibus, qui ſine compoſitione occidi poſſunt, ebenſo die C. C. C. art. 150; es gehören dahin:

a. der *kempfe*, campio, der ſein leben ſelbſt auf unedle weiſe preis gibt; einige geſetze verordnen *ſcheincompoſition* (ſ. 677); [in l. Liutpr. 6, 17 [71] heißen die kempfen pravae perſonae.]

b. qui *in praelio* fuerit occiſus.

c. das *neugeborne kind* (ſ. 455 ff.); bei den Frieſen büßte auch die mutter nicht, wenn ſie im augenblick der geburt (unvorſichtig oder beſinnungslos) ihr kind tödtete, infans ab utero ſublatus et enecatus a matre; [vgl. Richthofen p. XII.]

d. der *abgelebte greis* (ſ. 486 ff.).

e. die *ehfrau* (ſ. 450); zumal im falle des ehbruchs. Hier geben die frieſ. geſetze dem beleidigten ehmann *unter drei* oder *vier ſtrafen* zu wählen (vgl. vorhin 741): aegh hi dine ker, hor hiſe *hangie*, ſoe hiſe *haudie*, ſo hiſe *drinſe*, ſo hiſe *barne*. Fw. 224; hor hiſe *fille*, ſo hiſe *haudie*, mitta ſwird deer ſe onder ging, da ſe dat aefte biging (oben ſ. 167), ſo hiſe to him nime. Fw. 254*). |

f. der *knecht* (ſ. 344). 743

g. der *einbrechende, ſtehlende dieb;* fur ſi *in foſſa*, qua domum alterius effodere conatur, fuerit *repertus*. l. Friſ. 5, 1; fur nocturno tempore captus in furto, *dum res furtivas ſecum portat,* ſi fuerit occiſus, nulla ex hoc homicidii querela naſcatur. l. Bajuv. 8, 5 [9, 5]; ſi quis domum . . . altius effoderit et ibi occiſus fuerit, ſine compoſitione in ſua damnatione permaneat. decr. Taſſil. (Georg. 328 [MGLL III p. 464]); ſi quis hominem ſuper rebus ſuis comprehenderit et eum ligare voluerit, et non praevaluerit ligare, ſed colpus ei exceſſerit et eum interfecerit, coram teſtibus *in quadrivio et clida* (auf einer weidenflechte) *eum levare* debet et ſic quadraginta ſeu quatuordecim noctes cuſtodire et tunc ante judicem in haraho conjuret, quod eum de vita forfactum interfeciſſet. l. rip. 77; auf den *kreuzweg* wurde auch der ſelbſtmörder geſchleppt (ſ. 727). Eine andere förm-

*) den übelthäter in die hand des verletzten zu willkürlicher beſtrafung hinzugeben iſt auch ſonſt den alten geſetzen nicht fremd, z. b. der vergifter wird der gewalt des geretteten vergifteten überlaßen, ut de eo quod facere voluerit ſui ſit incunctanter arbitrii. l. Viſig. VI. 2, 2; der mordanſchläger dem herzog: in ducis ſit poteſtate homo ille et vita illius. lex Bajuv. II. 1, 1 [2, 1]. Gewiſſermaßen iſt hierher auch der böſe ſchuldner in der hand des gläubigers zu rechnen (ſ. 616).

lichkeit iſt ſ. 588 nachgewieſen; das altn. recht beſtimmt die compoſition oder nichtcompoſition des erſchlagnen diebs nach dem *fallen* ſeiner *füße* (ſ. 628). [Nach dem w. zu Strone (a. 1510) darf man dem im eignen hauſe begriffenen diebe arme und beine entzwei ſchlagen oder ihn an den firſt des hauſes hängen.] *Scheinbuße* iſt zuweilen beſtimmt (ſ. 679). Über die tödtung des ertappten diebs nach altruſſ. recht. Ewers p. 166. 308.

[g[1]. ſi quis evaginato gladio, vel quolibet genere armorum munitus, *praeſumptivo modo in domum alienam intraverit*, cupiens dominum domus occidere, ſi ipſe fuerit occiſus, mors ejus nullatenus requiratur. l. Viſig. VI. 4, 2; item ſi quis eorum aliquem *vi in propria domo invaſerit*, ſub teſtimonio duorum borgenſium tribus vicibus invaſorem exire faciat; quodſi forte invaſor exire neglexerit, quicquid ei hoſpes domus (der hausherr) male fecerit, nemini ſatisfacere compelletur. Pupikofer nr. 7 p. 12 (a. 1260).]

h. der mit fackel in der hand betretene *mordbrenner*, qui domum alterius incendere volens *facem manu tenet*. l. Friſ. l. c. Das eigentliche *in flagranti*, oder wie es Br. 147 heißt: biſen mit *college crocha* and *rumegere hond*, mit kohlentopf u. rußiger hand.

i. der auf der that befundene *ehbrecher* und *nothzüchtiger;* vorausgeſetzt wird, daß die femina in der munt des todſchlagenden ſich befindet: ſi quis hominem ſuper uxorem ſeu ſuper filiam vel his ſimilibus comprehenderit. l. rip. 77, mit der beſtimmung wie beim dieb; parentibus in *domo repertos* adulteros *necare* conceditur. l. Viſig. III. 4, 6; l. Bajuv. 7, 1 [8, 1]. Burg. 68, 1; nu kan man annän taka *i ſiäng* mädh kunu ſinni ok ſlar han thär i häl allä badhin thöm, tha ſkal han thäm badhin
744 *ſaman fiätra**) dödh | ok qvik, allä badhin dödh ok ſva *til thingx föra* (wie bei den Ripuariern in quadrivium). bulſter ok blöia ſkulu thär vitne bära. Upl. ärfd. 6, 2; ob einer einen andern bei ſeinem elichen weibe nackend u. bloß *in einem bette* hete befunden u. in zornigerweiſe zufiele und den ſelbigen *tod ſchlüge*, der iſt *unſtreflich*. Frankenhauſer ſtat. von 1558 (Walch 1, 338). Auch bei den Griechen fand keine klage *φόνου*

*) wie Vulcan Venus und Mars. Od. 8, 296 ff.

ſtatt, wenn jemand den buhlen erſchlug, den er bei ſeiner frau, mutter, ſchweſter, tochter oder bei dem kebsweibe, mit welcher er freie kinder zeugte, ertappt hatte. Meier u. Schömann p. 308. [Auch die ehfrau darf die bei ihrem mann betroffene buhlerin ſtraflos tödten: taker cona aþra *i ſæng* mæþ bonda ſinom . . . oc *ſlar* hona þær *i hæl*, oc fælla hona tolff mæn, ligge *ogild*. Veſtm. lag p. 123.]

k. der *tempelräuber*, qui fanum effregit. l. Friſ. 5, 1; ein heidniſcher tempel, wie addit. 12 [11] lehrt.

l. der geächtete, vogelfreie *verbrecher* (ſ. 735); er heißt altn. dræpr und fällt ôheilagr.

m. der *in gerechter nothwehr* erſchlagene. [Bei der blutrache und nothwehr ſchreiben die leges Henrici I. (Canc. 4, 406 [Schmid[2] p. 480] dem thäter folgende förmlichkeit vor: ſi quis in vindictam vel in ſe defendendo occidat aliquem, nihil ſibi de mortui rebus aliquis uſurpet, non equum, non galeam vel gladium vel pecuniam prorſus aliquam. ſed ipſum corpus ſolito defunctorum more componat, caput ad oriens, pedes ad occidens verſum, ſuper clypeum, ſi habeat, et lanceam ſuam figat et arma circum mittat et equum adregniet et adeat proximam villam et cui prius obviaverit denuntiet. Vgl. die ſtelle aus dem Veſtg. rätl. oben ſ. 594; auch Wigal. 2318 bindet der ritter das pferd des erſchlagnen gegners an einen dorn.]

n. der von amtswegen getödtete *widerſetzliche frevler*. Ein beiſpiel liefert das dreieicher w., wer zwiſchen Lamprecht und Remigius (vor das die ſonne ufkomet und nach der zeit als die ſonne in golt gehet) in die wilde hube fährt, ſoll gepfändet werden, wolte der nicht leiden pfandunge, der da bräche, und ſich werete, erſchlüge den ein forſtmeiſter oder ſein knecht, der *wäre niemands nichts darumb ſchuldig*. Umgekehrt darf aber auch der zu hoch gepfändete den forſtmeiſter ungeſtraft erſchlagen.

3. *erlaubte mishandlung.* Wer befugt iſt, einen andern ungeſtraft zu tödten, muß es faſt in denſelben fällen ſein, ihm ein leibliches übel anzuthun, ohne daß irgend buße oder ſtrafe darauf folgte. Aber auch wo keine tödtung erlaubt wäre, iſt es zuweilen mishandlung. Zum beiſpiel dienen die ertappten felddiebe (ſ. 638). So iſt einem hauseigenthümer geſtattet, ſich

unbeſcheidner gäſte zu entledigen: wer auch in eines bidermans haus zu dem bier oder zu dem wein ſitzt und unbeſcheiden mit worten iſt u. ſich des nit ſchemt noch des auch nicht läßet, den mag wol ein beſcheiden biderman ſtrafen *mit einem unbeſchutten brande* u. in denn wider in das feur legen u. *bleibt es on wandel.* gl. zum Sſp. 2, 16, wie es ſcheint eine altherkömmliche züchtigung, vgl. Wh. 286, 3 ff.; [mit *glühenden feuerbränden* drein ſchlagen. Ansbacher bericht p. 40, un *tiſon* prent a deux mains. Méon 3, 366, vgl. 3, 189. Wenn ein böſes ſchnödes weib auf freier ſtraße einen bürger oder bürgerskinder mit ehrenrührigen worten anfährt, ſo darf er das weib dreimal vermahnen, ſolche worte beel zu halten, und wenn es auch das drittemal fruchtlos, ſeine fauſt nehmen, dem weibe *an den hals ſchlagen*, ſie *in die goße werfen*, *mit füßen vor den hintern ſtoßen* und davon gehen *ohne ſtrafe.* echteding zu Neuſtadt am Rübenberge, Spangenberg arch. 1, 179.] |

---

# SECHSTES BUCH.

## GERICHT.

Unter gericht denken wir uns heutzutage vorzugsweiſe ent- 745
ſcheidung der rechtsſtreite oder beſtrafung der verbrechen. Urſprünglich überwog aber die vorſtellung von volksverſammlung (concilium), in welcher alle öffentlichen angelegenheiten der mark, des gaus und der landſchaft zur ſprache kamen, alle feierlichkeiten des unſtreitigen rechts (was wir freiwillige gerichtsbarkeit nennen) vorgenommen, endlich auch zwiſtigkeiten beurtheilt und bußen erkannt wurden [1]). Heute bilden die richter, damals bildeten die zuſammenkommenden freien männer den kern des gerichts; es konnten ſogar ſtreitigkeiten ohne einmiſchung der richter auf dem gerichtsplatz bloß unter den parteien oder durch ſchiedsleute *) vertragen werden.

Ohne zweifel war feierliche vollbringung der rechtsgeſchäfte und ſchlichtung der rechtshändel im heidenthum mit *religionsgebräuchen* verbunden. Hierauf bezog ſich nicht allein der ſinn vieler ſymbole, die ſühnung mancher miſſethaten, ſondern auch noch deutlicher die beſchaffenheit der mit opfern und eiden zuſammenhängenden, unter prieſterlichem vorſitz gehaltenen alten gerichte. Gleich den opfern wurde das recht öffentlich unter

---

[1]) [vgl. die unterſcheidung bei Notker Bth. 55. 56: 1. ſtrîtet man umbe reht unde umbe unreht, ſô man in dinge tuot . . .; 2. ſtrîtet man umbe ambahtſezzi, alſo daȥ iſt wer ze chuninge tuge alde ze biſcofe . . .; 3. ſtrîtet man darumbe, waȥ nuzze ſî ze tuonne alde ze lâȥenne.]

*) altn. *iafnendr*, d. i. aequantes, componentes, arbitri, vgl. Niala cap. 66 und Sæm. 79a ſem iafnendr unno. [Vieles wurde *außergerichtlich* durch ſymbole abgethan, z. b. Isl. ſög. 2, 208 theilt ein dritter brüdern ihr land.]

freiem himmel dargebracht, im beiſein der freien männer und durch ſie gewieſen. Seit der bekehrung zum chriſtlichen glauben fiel nun aller unmittelbare bezug der gerichtshandlung auf den gottesdienſt weg oder muſte erſt von neuem geſtiftet werden; aber eine menge mittelbar heidniſcher rechtsgewohnheiten und die öffentliche rechtspflege blieb erhalten. Dem gericht wurde *heiligkeit* und ein beſonderer *friede* beigelegt; das epithet *frôno* galt vom gericht, richter und gerichtsboten ſo gut als von
746 gegenſtänden kirchlicher verehrung. Nach | wie vor verſammelte ſich an herkömmlicher ſtätte in marken, gauen und landſchaften das freie volk, um über geringere oder wichtigere angelegenheiten unter leitung ſeiner ſelbſtgewählten richter zu rathſchlagen und zu entſcheiden. Die meiſten wörter unſerer ſprache für gericht drücken daher *verſammlung* und *beſprechung der leute* aus, namentlich die neun erſten der folgenden aufzählung; den ſechs übrigen geht die örtliche bedeutung ab:

1. goth *maþl* (*ἀγορά*), agſ. *međel* (ſermo, concio), ein ahd. *madal* aus den zuſammenſetzungen madalperht, madalgêr mit ſicherheit zu folgern; goth. maþljan (loqui), fauramaþleis (magiſtratus), agſ. međelern (praetorium), međelſted (concilium).

2. das goth. *mêl* zeigt bei Ulf. nur die bedeutung tempus, ſignum, nicht die von actio, cauſa, ſermo, judicium, welche das entſprechende ahd. *mâl* oder *mahal**), agſ. *mæl*, altn. *mâl* gewährt. Ahd. gimahalen (loqui), agſ. gemælan, altn. mæla; [altſ. mahlian. Hel. 170, 8, gleichbedeutend mit thingôn. ibid.;] ahd. *mahal* (curia). gl. Jun. 237; zi mahale faran (ire ad judicium), ze dem mâle gên. muſ. 1, 67; [daʒ mahal kipannan. Muſp. 36;] *mâlôn* (in jus vocare). Daß dieſes mahal, mâl und mâlôn das *mallum* (zuweilen *mallus*) und *mallare* der altfränk. geſetze ſei, läßt ſich nicht verkennen, urkunden des mittelalters haben noch *malſtatt*, mahlſtatt, gerichts*malh* für locus judicii; merkwürdig aber iſt, wie ſich die vocalkürzung und conſonantverdoppelung gerade auch in ortsnamen erhalten hat, vgl. *thiotmalli*, theotmelli. Pertz 1, 164; *dietmelle* (ein dorf bei Caſſel). Gudenus 1, 597 (a. 1247), [jurisd. ſuper villam *dietmelle*

---

*) mahal für maal, wie pihil für piil, ſtehic für ſteic und l. Roth. 173 lidhilahip für lidhilaip.

que *oberſte gericht* vocatur.] Kopp nr. 54 (a. 1325), [*thiedmali*. Schrader 223 (a. 1074),] ſpäter entſtellt in Detmold, Dietmold. Das verſtärkende diot-, diet- zeigt an, daß ſich an dieſen orten vor alters große volksgerichte (diotmahal, thiodmâl) befanden; [vgl. l. ſal. 49 [46]: in mallo publico hoc eſt *ante theada*.] Das *hamallus* der l. ſal. 50 [47] habe ich gramm. 2, 752 verſucht zu deuten; man verwechſele damit nicht das ſpätere niederländiſche *heymaell*, heimaill (pro excol. 1, 380. 381. Pufend. 4, 341) d. h. hegemal, hegegericht. Haltaus 776.

3. ahd. *ſprâcha*, ſermo und judicium, vgl. N. Bth. 55, [de Heinr. 22: tunc ſtetit al thiu *ſprâkha* ſub firmo Heinrico] und das ſpätere after*ſprache*, morgen*ſprache*, bauer*ſprache*. Haltaus 18. 109. 1367, [lant*ſprâche*. Rother 5011. 5034. 5080.] Pilatus richtet im *ſprâhhûs*. O. IV. 23, 60, [in curia inſidentibus, ſizzentên in demo *ſprâhhûs*. N. Bth. 64;] *ſprâhman* qui in foro diſputat. |

4. agſ. *gemôt* (concilium, conventus), eigentlich occurſus 747
hominum, von gemôtan, occurrere, convenire; gemôtern (praetorium).

5. ahd. *huarap?* altſ. *huarab*, [wurđun êoſagon alle kumane an *huarf*. Hel. 136, 18, gengun an *huarf* ſamad rinkos an rûna. ibid. 154, 3,] conventus, wo die leute zuſammengehen, ihr geſchäft *werben*, wo der offne *weg* iſt? [unten ſ. 804,] oder da huerban auch redire, discedere, ſecedere bedeutet, ein abgelegner, zur gerichtshaltung gehegter ſtiller ort? vgl. das altn. *hvarf* disceſſus, latibulum, und das agſ. hvyrft orbis, circuitus, ambitus. Den Frieſen vorzüglich heißt die gerichtsſtätte *warf*, *werf*. Br. 31. 33 ff. an da lioda warve, in conventu populi; [Aſ. 22. ana ena wrpena *warve*, in ordinato plebis conventu;] binnen den *warf*. Sſp. 2, 12. Adamus brem. cap. 229 ſagt: commune populorum concilium a Sueonibus *warph*, a nobis thinc vocatur, vgl. Ihre 1, 936. 947 *); [bei Pertz 9, 377 *warh* ſtatt *warph*.]

6. *hring*, ring, circulus, orbis, der kreiß in dem ſich die

*) ähnlichkeit zwiſchen *mâl* und *hvarf* erſcheint auch darin, daß beide wiederholung und rückkehr in verbindung mit zahlen ausdrücken, dreimal, driwerbe; gleich andern wörtern mit dem begriffe gang, weg, reiſe, kehr.

menge verſammelt; [dringen zô deme *ringe*. Rother 726, an eime vil ſcônin ringe. ibid. 746; ſpranc in den rinc. Reinaert 109. 315.] So traten ſich verlobende in den *ring* (oben ſ. 433) und wurden gemähelt; das volk ſtand rund herum (der *umſtand*). Zu ding und *ring* gehen. Haltaus 1549;

[thara zi themo *ringe*
joh zi themo ſelben thinge
quam mihil woroltmenigi. O. III. 25, 5;]

dinglich und *ringlich*. Bodm. 660; til tingz och *ringz*. Veſtmannal. [Sjöborg nomenkl. p. 178]; einen *ring* ſchlagen. Neocorus 1, 362; [campus = *hringus*. Aimoin. 4, 86 (wo es für huniſch, campus für langobardiſch ausgegeben wird).]

7. *ding*, agſ. *þing*, altn. þîng, cauſa, concilium, conventus (vgl. oben ſ. 600), das was gedingt, gehandelt, ausgemacht wird; [*dinc* conventus. Diut. 1, 173ª; pî *dinge*, juxta placitum. ibid. 1, 507ᵇ;] in *dinge* (in judicio). N. Bth. 55; [thero thiodo *thing*. Hel. 127, 18; æſir â *þîngi*, âſynjor â mâli. Sæm. 93ª;] *dinc*hûs (wie ſprâchhûs, praetorium). T. 200, 1, *dinge*hûs. Maerl. 2, 236 [vgl. unten ſ. 806; *dinc*hoftor. Neidhart b. Haupt p. XXV; *dinc*ſtuol. Athis A 119;] frieſ. *thing*ſtapul (gerichtspfal). Aſ. 21, [*ding*ſtal. Teſkl. § 15; altſ. *thing*ſtad. Hel. 114, 19. 162, 33; altn. *þîng*völlr (campus judicii). Ol. helg. c. 119;] zu *ding* und ring gehen; [ze *dinge* ſitzen. Diemer 189, 1; zun *dingen* reiten, zun *dingen* taugen (von adlichen ſöhnen). Maders Friedb. 2, 22-24, zu turnieren?] vgl. die bei huarap angegebene ſtelle Adams von Bremen, *thing* war aber im Norden ſo ausgebreitet wie in Sachſen, ja es kann jede öffentliche zuſammenkunft [1]), z. b. der kaufleute auf dem markt bezeichnen, ſchwed. kiöpting, gleich dem lat. *forum* (franz. foire); [auch ahd. *thing* bei O. III. 24, 108 eine verſammlung mehrerer, in Lazarus haus.] In der goth. mundart hat ſich dieſer ausdruck noch nicht gefunden. Das compoſitum *tagadinc*, mhd. tagedinc, tegedinc, ſpäter taiding, täding bedeutet nicht ſowohl das gericht, als den proceſs (die vertheidigung), zuweilen wird es aber auch für ding, judicium

---

1) [doch war es nicht der allgemeinſte ausdruck, vgl. Laxd. p. 62: â *þîngum* eđr *öđrum lögfundum*.]

gebraucht; [*dagathingi*, die feftgefetzte zeit. Hel. 128, 2; dagathing (das jüngfte gericht). O. V. 19, 1; *tegedingen*, eines fache führen. MS. 1, 89ᵇ, getegedingen verhandeln, ausbedingen. Flore 7328. Vor düffen meierdink *dinkpalde* fek Marcus Manhovet. Strube de bonis meierd. p. 280 (a. 1530).] |

8. das *placitum* der fränk. gefetze (z. b. rip. 30. fal. 43 [40]. 748
50 [47] und überall in den capitularien) fcheint vollkommen was das deutfche ding, es ift nicht nur der gefaßte befchluß (id quod *placuit* populo) fondern auch die verfammlung des volks und der richter. Die lex Vifig. und Burgund. brauchen judicium (weder placitum noch mallum), in der l. Bajuv. 2, 15 [2, 14] findet fich *placitum*, ebenfo in der l. Alam. 36 für conventus (37, 4 [37, 2] quod *complacuit* cunctis Alamannis); [ire ad *placitum*. Caef. heift. 12, 14.] Aus placitum ift das franz. *plait*, plaid, provenz. *plaz*, plats, fpan. *pleito*, niederländ. *pleit* (fchon bei Melis Stoke 5, 552. 10, 692) und engl. *plea* entfprungen; [*plet* in einer weftph. urk. aus Paderborn a. 1529. Wigand arch. III. 3, 83;] aus placitare (l. Alam. 55, 1 [54, 1]) das franz. plaidier, fpan. pleitear nl. pleiten, engl. plead.

9. in Niederfachfen [und Weftphalen. weisth. 3, 91. 94] bezeichnet *tie* einen öffentlichen fammelplatz, die belege hat Haltaus 1811. 1812. [Wigand feme 114. 115,] vgl. brem. wb. 5, 66; vergleichbar fcheint das edd. *tâ:* â tâi ftanda. Sæm. 184ᵇ, â tâi fitja. 266ᵇ, fprutto â tâi. 269ᵃ. Ihre f. v. *tä*. [Unander f. v. *tå*, *tä*.] In der bedeutung mag es dem warf, werf zunächft kommen, eine hochd. form (zieh, zeh, zäh?) weiß ich nicht nachzuweifen; [*zieh* forum, fieh Schmeller 4, 244; verwandt mit *ziu*, *tiv* unten f. 818, = divum? vgl. Ziemann p. 688ᵃ.]

10. fchon das ahd. *girihti* *) bedeutete judicium, gerihte forderôn. N. Bth. 58; mhd. *gerihte*. MS. 1, 43ᵃ. 2, 119ᵃ. Nib. 658, 1; gerihte bieten. Parc. 347, 20; ger. nemen. Trift. 15339; ger. ûf legen. Trift. 15515; gerihtes pflegen. Trift. 6000; [einem daȥ gerihte bevelen. Rother 745; mîn klage ift

*) neutrum, verfchieden vom fem. girihtî (rectitudo). O., mhd. gerihte. Wigal., goth. garaihtei (juftitia).

ungerihtet mir, wie guot gerihte der künic hât. MS. 1, 60ª.] Im Sſp. drückt *gerichte* mehr jurisdictio (gerichtspflege) aus, z. b. 1, 59. 60 und *ding* judicium, doch ſtehet auch 1, 62 gerichte für judicium. Ein ahd. girihti, mhd. gerihte im heutigen ſinn von gerichtsverſammlung, gerichtsſtätte kenne ich nicht; [vgl. aber Lſ. 1, 200: hie ſol werden ein geriht; daȥ daȥ geriht für ſich gê; ibid. 207: daȥ geriht het vergangen ſich.] Das agſ. gericht bezeichnet jus, ratio, godes gerihta ſanctorum ſolemnitates, gerihta conſuetudines regis. Cnut. ed. Kold. Roſ. p. 27. 41 [Schmid² p. 258. 276], welche pluralform aber ein fem. geriht vorausſetzt.

11. goth. *ſtaua* (κρίμα), ſtaujan und ſtôjan (κρίνειν); man darf an keine verwandtſchaft mit ſtab (baculus, goth. ſtafs) denken, vielmehr (nach analogie von havi, ahd. houwi; taujan, ahd. zouwan) würde die ahd. form *ſtouwa* (judicium) erfordern und das verbum ſtouwôn (queri, cauſari), das ſubſt. ſtouwunga
749 (increpatio) läßt ſich aus | den gloſſen wirklich nachweiſen, ein mhd. ſtöuwen ſteht Wh. 221, 30. amgb. 11ᵇ. Martina 28ᵇ, [ſtouwen: frouwen. Diut. 1, 460,] das nhd. ſtauen (inhibere) ſcheint verwandt. Kein andrer dialect hat eine ſpur dieſes ausdrucks (ſtaujan wäre agſ. ſtavjan und altn. ſteya), oder gehört auch das agſ. *ſtôv* (locus) hierher?

12. goth. *dôms?* ich finde das verb. dômjan f. δικαιοῦν, doch mit dem beigeſetzten acc. raihtana, usvaurhtana, [ahd. tuomen. Graff 5, 337, dumen u. erzeugen. weisth. 2, 30;] ahd. *tuom*, agſ. *dôm*, altn. *dômr* (judicium), [fridu lêſtian, *dômos* âdêlian. Hel. 160, 11; î fulla *dôma* fara. Sæm. 195ᵇ.]

13. ahd. *ſuona*, *ſuana* (judicium, ſententia). Diut. 1, [170ª. 173ª.] 506ᵇ, eigentlich compoſitio, ſühne, verſöhnung, vgl. das goth. ſaun (oben ſ. 622) für *ſôn* (wie umgedreht tôjis, ſtôjan f. taujis, ſtaujan); [ſuanari judex. hymn. 6, 4. 24, 13, ſuanari arbiter. Diut. 1, 499ᵇ;] mhd. noch ſuontac (dies judicii). gramm. 2, 489.

14. ahd. *urteili* (ſententia, judicium), agſ. *ordâl*, mhd. *urteile*, [urteil kieſen. MS. 1, 89ᵇ.] gramm. 2, 788. 789. 790. Zuweilen ſteht auch das einfache *teil* für judicium und noch öfter *teilan* für judicare; [*erteilen*. MSH. 2, 314ª. troj. 2771;] vgl. frieſ. *dêl*. Fw. 18.

15. in einer ahd. gloſſe Diut. 1, 508[a] wird da judicium verdeutſcht: kip *anawaltida*, [ibid. 1, 498[b] ad judicium: zi *anawaltidu;* ibid. 1, 522[b]. 525[b] ditio anawaltida.] Anawalt, agſ. onveald iſt ſonſt poteſtas, dominatio, magiſtratus, woher anawalto, anwalt, der bevollmächtigte, procurator.

[16. altn. *ſtefna* (goth. ſtibna, ſtimme) mit ähnlicher bedeutungsentwicklung wie mâl und ahd. ſprâcha; *ſtefna* einum um helgabrygdi. Isl. ſög. 2, 209, ſieh unten ſ. 845; ingen ſaa haver jeg *ſtevne* ſat. danſke viſ. 1, 297, med ingen ſå hafver jag *ſtämma* ſatt. ſv. viſ. 1, 29 (ſtämma lagt. 1, 17); til tinge og til *herreſtevne*. danſke viſ. 4, 41.

17. in Friesland hieß die gerichtsſtätte *lôg;* eta *mêna lôge*, in der gemeinen volksverſammlung. Br. 2. 5. 7. 34. 138. 140: die bedeutung des worts ſcheint ſeceſſus, angulus, vgl. lôgum (angulis). Br. 167; agſ. *lôh* (ſedes), ahd. luag. O. II. 11, 46, luog. W. XXXIII, 12; mhd. luoc, bei Rudolf v. Montf.

18. ahd. *heimgart* forum. gl. monſ.; heim(gart)um plateis. fr. theot. 2, 10, vgl. Graff 4, 249. Schm. 2, 67.]

Das gegenwärtige buch beſteht aus acht capiteln 1. von den gerichtsleuten; 2. von dem gerichtsort; 3. von der gerichtszeit; 4. von beſondern gerichten; 5. vom gerichtsverfahren; 6. vom peinlichen gericht; 7. vom eid; 8. vom gottesurtheil.

## CAP. I. GERICHTSLEUTE.

Alle richtende gewalt wurde von der genoßenſchaft *freier männer* *) unter dem vorſitz eines erwählten oder erblichen oberen ausgeübt. Den märker richtete die mark, den gaube-

*) und ſol der ſcholtheiʒe ſin *fri* u. *woilgeborn*, der ubir einen frien man richten ſal u. ſollen och die da urtel wiſen ubir einen frien man vor deme ſcholtheiʒe ze Lorche *fri* u. *woilgeborne* ſin. Lorcher w. a. 1331. Der die gericht beſitzet, ſol ſein ein *rechter frei mit gülden ſporn.* w. in Meuſels geſchichtsforſcher 7, 86. [Wer vom abt freigelaßen iſt, ſoll fähig ſein ad dandas ſententias. Böhmer font. 3, 568.]

wohner (goth. gauja) der gau, den fremden nur das geſetz ſeiner landsleute. Nie konnte der unfreie am gericht eines freien theil nehmen, er aber wurde durch den freien gerichtet. Doch ſcheinen unfreie der milderen art, laten und hofhörige, über
750 ihre verhält- | niſſe ſelbſt entſchieden und ihre richter gewählt*) zu haben. [Sie beobachteten bei ihren gerichten dieſelben formen, man kannte keine andern; ſo die Delbrücker, die unfreie waren; in ihrem gogericht gab es neben dem hausgenoßenrichter einen hausgenoßenknecht; beide fragen abwechſelnd das urtheil von den hausgenoßen. Delbrücker landrecht.]

*Frauen* ſind bei allen deutſchen völkern vom gericht ausgeſchloßen. Gleichwohl ſtanden zur zeit des heidenthums die ausſprüche und weiſſagungen (conſilia et reſponſa) einzelner frauen in großem anſehen, Tacitus nennt Veleda und Aurinia, andere die altnordiſche ſage. [þordîs ſpâkona erſcheint vor gericht und handelt mit. Vatnsd. p. 188. 190; vgl. Arneſen 560.] Ja die Nornen (parcae. Saxo gramm. p. 272) urtheilen und richten ganz eigentlich über das ſchickſal der menſchen, die Edda ſagt von ihnen:

> þær *lög lögdo*, þær lîf *kuro*
> alda börnum *örlög* at *ſegja*. 4[a]

und: Nornir aldr um *ſkôpo*. 149[a]; Nornir valda. 164[a]; Norn *ſkôp*. 181[a]; Norna *dômr*. 187[b]; *vîſa* Nornir. 88[a]; Nornir *ſkôpo*. 217[a]; [for ſköpum Norna. 192[a];] illr er *dômr* Norna. Hervar. ſaga p. 220; es wird ihnen geſetz legen, thumen, kieſen, weiſen, ſchaffen, ſagen beigelegt, welches lauter beſtimmte ausdrücke ſind für das richteramt. Gleich dem richter ſitzt die Norn auf ihrem *ſtuhl***). Bemerkenswerth heißt auch in einer ahd. gloſſe (gramm. 2, 342) die parze gerade *ſchepfenta* und bei einem mhd. dichter MS. 2, 173[b] *ſchepfer*, wie es ſcheint.

Grundzug der deutſchen gerichtsverwaltung iſt nun ihre

---

*) item dieſelben *eigenen leut* mögent auch einen vogt wellen drei ſtund in einem fußſtapfen u. als dick abſetzen u. einen andern wellen, u. das als lang thun, biß daß ſie einen wellent, der ihnen füglich ſei. Oberreitnauer w.

**) â Norna ſtôli ſat ec niu daga. Sæm. 127[a].

trennung in zwei gefchäfte, das *richtende* und *urtheilende*, deren jedes befonderen leuten obliegt. Der richter leitet und vollftreckt, der urtheiler findet die entfcheidung, jener hat den *bann*, diefer hat den *tuom;* jener *fragt*, *ftellt an* (oben f. 6), diefer *weifet*, *findet*, *theilet*, *bringt ein* *). [Daß das recht nicht vom richter ausgeht, nur unter feinem vorfitz von der gemeinde gefunden wird, bezeugt recht klar folgende gewohnheit des Delbrücker lands: wenn beim jahrgericht der droft den vorfitz zu übernehmen hatte, fo giengen ihm die Delbrücker entgegen bis an den fchlingbaum vor der füdmühle und ftellten ihm die frage, ob er das recht *bringen* oder bei ihnen *finden* wolle? auf feine antwort, er wolle es bei ihnen finden, geleitete man ihn zur gerichtsftätte. Beffen gefch. von Paderborn 2, 145 ff.;

fwer noch ze rehte rihten fol,
der muoȥ gemeine liute *urteilde vrâgen.* MS. 2, 121[b];

auch der kaifer fpricht: ich wil die vürften *urteiles* über in *frâgen.* Karl 127[a].]

Hiernach werde ich erft von den richtern, dann von den urtheilern handeln.

A. *Richter.*

1. in ältefter zeit fcheinen die *priefter* bedeutenden einfluß auf das gericht gehabt zu haben, wie fchon oben f. 272-274 gezeigt wurde; fie ftanden dem *opfer* vor | und die große feier- 751
liche gerichtshaltung war mit *opfer* verbunden **). Zwar läßt Tacitus die rechtspflege vom princeps ausgehen; allein in einer andern ftelle fchreibt er dem priefter fogar im heer höhere ftrafgewalt zu, als felbft dem dux: ceterum neque animadvertere, neque vincire, nec verberare quidem, *nifi facerdotibus* permiffum, non quafi in poenam, nec ducis juffu, fed velut deo imperante,

---

*) [*praecipiente* comite, et fcabinis *judicantibus.* trad. fuld. 1, 100.] Schatten der alten gerichtsverfaßung übrig in unferm *pfänderfpiel;* der richter *fragt:* was foll der thun, dem das pfand gehört? Möfer Ofnabr. 1, 33. [Reynitzfch truchten p. 176; vgl. unten f. 761 not.]

**) omnis itaque concionis illius multitudo ex diverfis partibus coacta primo fuorum proavorum fervare contendit inftituta, *numinibus* videlicet fuis *vota folvens ac facrificia.* Hucbaldi vita Lebuini cap. 12.

quem adeſſe bellantibus credunt. Germ. cap. 7 und noch deutlicher: ut turbae placuit, conſidunt armati. *ſilentium* (gerichtsbann) *per ſacerdotes*, quibus tum et *coercendi jus* eſt, *imperatur*. cap. 11. [Auch beim zweigurtheil wirkte der prieſter. cap. 10. l. Friſ. 14, 1.] Ich glaube daher, daß in volksverſammlung (ungebotnen ding) und auf dem heerzug der oberprieſter (pontifex) die feier ordnete und eröffnete, wenn auch der könig oder herzog den vorſitz hatte. Daß der prieſter noch im ahd. *êwart* oder *êwarto* (legis cuſtos) heißt, will ich nicht anſchlagen, weil es in den ſtellen, wo die namen gebraucht werden, auf den jüdiſchen leviten bezogen werden kann. Aber nicht abzuweiſen iſt die benennung des altnord. gerichtsvorſtehers, des *godi* (er rædr fyrir *blôtum oc dômum*, oben ſ. 272), welcher dem goth. *gudja**) entſpricht; der ahd. name coteo hat ſich nicht erhalten, immer aber ſcheint es merkwürdig, daß alte gloſſen tribunus eben durch *cotinc* verdeutſchen. ker. 75. Diut. 1, 187. Auf Island**) fanden ſich godar ſeit der erſten einwanderung, im zehnten jh. waren ihrer neun in jedem der drei viertel, im nordviertel zwölf, überhaupt alſo 39 angeſetzt, ſpäter wurde die zahl noch vermehrt. Ihr amt war *erblich* auf männliche verwandten, unter mehrern gleichberechtigten entſchied loß, für einen unmündigen erben verwalteten einſtweilen die þîngmenn. Vatnsd. cap. 37. 38. Alle vornehmen geſchlechter ſtrebten nach der würde. Der heidniſche godi ſtand zugleich dem gericht, dem gottesdienſt und tempel vor (*hofgodi*). Er heiligte, ſchützte
752 und verkündigte die gerichte, *ernannte die* | *urtheiler* in ober und untergericht, verrichtete alle feierliche handlungen (z. b. bei freilaßungen), beſprach öffentliche ſachen, denen ein eigentlicher kläger fehlte, wachte über fremde, ſchätzte ihre eingebrachte waare und erhielt die ruhe und ordnung ſeines ganzen bezirks (heradt, godord). Der godi, in deſſen heradt das landþîng lag, hieß allsherjargodi und hatte einen gewiſſen rang vor allen übrigen.

---

*) vgl. l. Viſig. II. 1, 23: ſi judex vel *ſacerdos* reperti fuerint nequiter judicaſſe.

**) alles folgende aus *Arneſen* isl. rettergang ed. Erichſen. Copenh. 1762. 4. pag. 472-476.

2. *könige* und *fürſten* bekleideten nicht allein in den ungebotenen gerichten, ſondern auch häufig in den gebotenen die oberſte ſtelle. Von der feierlichkeit ihres aufzugs iſt im erſten buch ſ. 254-265 gehandelt. Die geſchichte der deutſchen könige liefert allenthalben beiſpiele und noch ſpät im mittelalter erſchien den landesherrn die perſönliche verwaltung des richteramts als eine heilige pflicht. So ſitzt der mainzer erzbiſchof im jahr 1299 dem landgericht ſelbſt vor. Bodm. 614. 615. [Auch die adlichen gutsherrn leiten noch im 16. jh. die gerichte im dorf; daher im Schweinichen oft erzählt wird: habe ich bauerhändel gehört, bauerhändel hören helfen, vgl. 2, 225. 234. 237. 240. 246. 247. 253 [1].] Da die landesherrn aber nicht überall und immer gegenwärtig ſein konnten, wurden für einzelne landſchaften und bezirke beſondere gerichtsvorſtände wahrſcheinlich immer aus der mitte des adels beſtellt, anfänglich vom volk *erwählt*, dann vom könig *ernannt*, oft auch zu *erblicher* würde erhoben. Eliguntur in iisdem conciliis et *principes*, qui jura per pagos vicosque reddunt. Tac. Germ. 12, vgl. Savigny 1, 223. 224*).

3. die meiſtverbreitete deutſche benennung des weltlichen höheren richteramts ſcheint aus dem fränkiſchen reich. Schon in dem ſal. und rip. geſetz finden wir *grafio*, *gravio*, *graphio*; [Fredeg. 41 *graffio*;] l. rip. 53 wird ihm der lat. ausdruck *comes*

---

[1]) [Schweinichen thut es als vormund der frau zum Strenz oder als freund des von Diebitſch. Die edelherrn luden alſo auch freunde mit dazu; vgl. 3, 271: meinem vetter bei bauerhändeln beigewohnt.]

*) gleich dem alten könig, herzogen und grafen war noch bis ins ſpäte mittelalter der richtende vogt und amtmann gehalten, die unterthanen ſeines gaus oder amts in krieg und anderer öffentlicher noth anzuführen: und wereȥ, daȥ ein dorf im Ringawe genotigt oder geſchediget wurde, ſo ſal der *amptman* daȥ underſteen zu weren, u. ſteen an der faltor porten u. vor ſi ſtriten u. fechten u. nit abelaßen, biȥ als lange daȥ er geſtochen oder geſlahen wirdet, *daȥ er uf ſinen knihen ſtet.* Bodm. p. 805. Und ſol der vogt riten ein tag u. ein nacht, wo den hof oder das dorf not angot *mit ſtarkeme halſe.* Artoltsheimer hofr. 370b. Dieſe kriegskundigen richter der alten zeit konnten keine rechtskundigen urtheiler ſein.

gleichgeſtellt [1]). Urkunden des 7. und 8. jh. haben bald gravio, bald comes; Gregor von Tours bedient ſich ſtets des lat. wortes.
753 (Savigny 1, 224-227.) Zu | den Alamannen, Baiern, Sachſen mag das deutſche wort für die würde erſt mit ihr durch die Franken gekommen ſein, den frühſten ſtrenghochdeutſchen ſprachdenkmälern iſt es noch ungeläufig. Ad *praeſides* et reges (*ἐπὶ ἡγεμόνας δὲ καὶ βασιλεῖς*. Matth. 10, 18) lautet T. 44, 12 zi *grâvon* inti zi cuningon und Pilatus der praeſes (*ἡγεμών*. Matth. 27, 2) heißt T. 192, 3 *grâvo*, [auch Hoffm. fundgr. 1, 174, 15;] O. IV. 20, 4 nennt ihn aber herizoho und auch die ſächſ. E. H. heritogo; ältere ahd. gloſſen verdeutſchen praeſul durch hêroſto. Diut. 1, 267ᵃ, erſt gl. emm. 403 gewährt *krâvo* odo ſcultheizo procurator, proviſor ſecularis honoris, gl. flor. 989ᵇ praeſes *grâvo*. Den langen vocal lehrt die mhd. ſprache, in welcher *grâve* als ein völlig gangbares wort erſcheint. Die nordiſche empfieng es erſt mit dem titel aus der deutſchen (isl. greifi [vgl. Sn. 171], ſchwed. grefve, dän. greve); älter iſt begreiflich das frieſ. *grêva*. Man hat graf aus grau (canus) abgeleitet und den begriff ſenior darin geſucht; grammatiſch unzuläßig, weil grâwo ein w, nicht v hat, daher auch ſpäter der graue und der graf von einander abſtehen, und weil dann das i im altfränk. grafio unerklärlich wäre. Ich will eine andere vermuthung wagen. Râvo hieß ahd. tignum, tectum (gramm. 1, 136; altn. ræfr tectum), vielleicht auch domus, aula; garâvjo, girâvjo, girâvo würde dann comes, ſocius bedeuten, was giſtallo und giſaljo, giſello (gramm. 2, 736). Die volle wortform läßt ſich wohl auch aus den älteſten urk. nachweiſen; für ſie ſtreitet das agſ. *gerêfa*, das in der bedeutung von ſocius, comes, praeſul, tribunus vollkommen dem fränk. *grafio* entſpricht, im engl. aber zu *reeve*, rif wird*), ſo daß die verkürzung ſherif in ſcire-gerêfa aufgelöſt werden muß. Der ſchwierigkeit, warum das agſ. wort nicht geræfa lautet (vgl. ræfter, tignum)? weiß ich nur durch die annahme zu begegnen, daß auch die Angelſachſen namen und würde von den Franken entlehnten und deshalb den

---

[1]) [wie regionarius comes, provincialis comes dem landgraf. Wenk 2 nr. 59 (a. 1139). nr. 64 (a. 1144).]

*) wie gefêra zu feer, was auch ſocius heißt, aber ſonſt von gerêfa verſchieden iſt; [ſieh auch Schm. 2, 104.]

vocal entſtellten. Man ſieht aus der lex 35 Edovardi confeſſ. (Canc. 4, 341ª [Schmid² p. 510]), daß *greve* dem echten agſ. recht fremd war. [Bei Kemble nr. 3. 4 (a. 605) ego *graphio* comes.] [1]) — Die abſtufungen des richterlichen grafenamts bezeichnen eine menge zuſammenſetzungen: lantgrâvo, marchgrâvo, phalinzgrâvo, gouwigrâvo, centgrâvo, dincgrâvo; agſ. ſci- | regerêfa 754
(vorhin ſ. 734), palantgerêfa, tûngerêfa. Das einfache wort lebt in der fürſtlichen würde und in dem namen der ſächſ. dorfobrigkeit *greve*, *grebe* fort, auch haben die markgenoßen ihren oberherrn zuweilen *holtgreve* benannt; *hergrêve* für richter im heer ſtehet gr. Ruod. C^b^, 16*); in judicio ſeculari Johannis *dincgravii* de Cappelen. Möſer oſn. geſch. 3, 252 (a. 1220); [*wichgreve*. cod. dipl. mind. p. 38. 39; *wigravius*. ibid. p. 10 (a. 1259).]

4. den Gothen könnte ein vorſteher des gerichts *faþs* geheißen haben, denn ſtaua (κριτής) ſcheint mehr der urtheiler. Die lex Viſig. und das edict. Theod. gebrauchen *judex* und auch *comes*, die näheren rangſtufen werden aber in erſterem geſetz II. 1, 26 folgendergeſtalt angegeben: dux, comes, vicarius, pacis aſſertor, *tyuphadus*, millenarius, quingentenarius, centenarius, decanus, defenſor, numerarius, womit noch II. 1, 15. 23 und IX. 2, 1. 6. 9 zu verbinden ſind, es waren kriegeriſche und zugleich richterliche würden; [comes, vicecomes, vicarius, *tiuphadus* . . . poteſtas major vel minor. Villanueva 10, 230 (a. 815); ſive comes atque prepoſitus, ſive garlingus atque *itiufadus*, ſive aliquis homo. mem. de la real acad. de la hiſt. 4, 58 (ſaec. 9); Seniofred *Tiufad.* Villanueva 10, 300 (a. 1035).] *Centenarius* oder centurio heißt bei Ulf. *hundafaþs* (ἑκατόνταρχος), *millenarius þûſundifaþs* (χιλίαρχος) oder nach dem fuero juzgo: el que ha mil cavalleros en garda. Das tyu-, oder wie im neunten buch ge-

---

[1]) [ich habe bei *graphio* auch an das lat. graphium und das gr. γραφεύς (ſchreiber) gedacht, womit das franz. *greffier* (gerichtsſchreiber) zuſammenhängt. Allein die würde des altfränk. graphio erſcheint doch von der des bloßen ſchreibers und notars in zu weitem abſtand, obſchon der ſpätere grebe noch unter dem greffier iſt. Vgl. aber auch das goth. *gagrêfts* edictum. Luc. 2, 1. 2. Cor. 8, 12.]

*) vgl. die gangbaren eigennamen holzgraf, markgraf, gaugraf, gogrebe, zingräf, zingrebe (ſ. zintgr.).

fchrieben fteht thyu-, vor *phadus* deute ich nicht, mit þûfundifaþs kann es nicht einerlei fein, auch folgt erft hinter ihm millenarius, wiewohl diefer IX. 2, 1 übergangen fcheint, wo eine ftrafe des decanus mit 5, des centenarius mit 10, des quingentenarius mit 15, des tyuphadus mit 20 fol. angefetzt ift [vgl. Gddf. p. 254]. Wenigftens gehören alle diefe, den tyuphadus mit eingerechnet, unter die geringern heerführer und richter (inferiores perfonas) im gegenfatz zum dux, comes et gardingus (majoris loci perfonis). IX. 2, 9. *Faþs* aber muß ungefähr mann, herr, anführer bedeuten, es trifft mit dem litth. pats, patis (wiefzpats, herfcher, gebieter) und dem griech. πόσις überein; vgl. brûþfaþs (fponfus), fynagôgafaþs (ἀρχισυναγωγός).

5. die langobardifchen gefetze nennen den richter *judex, actor publicus.* Liutpr. 5, 13 [42]; *actor regis, gaftaldius, fculdafius.* Roth. 377. 378 [374. 375]; [ut nullus dux, marchio, epifcopus, comes, vicecomes, *fculdafio, gaftaldius,* nullaque regni noftri praepotens aut parva perfona. mon. aquenf. 1, 8 (a. 978), vgl. 1, 22 (a. 1013). 1, 27 (a. 1039); comes, vicecomes, *caftallio,* faioni. Villanueva 10, 223 (a. 792 aut 796).] *Actor* war den Burgunden ein (unfreier) minifterialis und villicus. l. Burg. 50; *gaftaldius* ift geftor, minifter (gramm. 2, 527) und auch in bair.
755 urk. zu finden: Râtolt *caftaldius.* Meichelb. | nr. 715; mandamus omnibus noftris *gaftaldionibus.* MB. 7, 136 (a. 1263); [vgl. das nordfrief. *ftaller.* Heimreich 1, 325. 326.] Der *fculdafius* oder *fculdahis* ift eine geringere dem judex provinciae untergebene ortsobrigkeit, an gewalt etwa dem goth. centenarius vergleichbar. Liutpr. [4, 7. 8 [25. 26].] 5, 15 [44]. 6, 29 [83]; die gloffen erklären: rector loci*). Offenbar ift die verkürzte wortform identifch mit dem ahd. *fculdheizo* (exactor, vgl. oben f. 611), welches O. III. 3, 9. IV. 34, 29 für centurio gebraucht, während T. 47, 1 centenari, 210, 1 hunteri fteht; die gl. Jun. 222 haben *fculdheizo* quinquagenarius, gl. emm. 403 *fcultheizo* procurator, neben krâvo; unpaffend fcheint die übertragung einer rein richterlichen benennung auf hauptleute des heers. Es fällt aber auf, daß fie in den älteren gefetzen, außer den langobard., nicht

---

*) fo auch Paulus Diac. 6, 24: *rector loci,* quem *fculdhais* lingua propria dicunt.

weiter vorkommt, da ſie doch ſeit dem mittelalter bis auf heute durch den größten theil Deutſchlands verbreitet iſt; [nullus dux, comes vel vicecomes, nullus marchio vel quilibet *ſcholdatio* vel alia judiciaria perſona. ch. Ottonis III. a. 997. Binterim 1, 63. ch. Lotharii II. a. 1134. ibid. 1, 109; Attonem *ſculthazum.* Meichelb. nr. 857; Erkanfrid *ſculdhaizo.* ibid. nr. 867; *ſculdhaizo.* red. eccl. curienſ. 189. 175.] Lat. urkunden des 13. jh. geben *ſcultetus* (Haltaus 1657), hochd. des 14. 15. *ſchultheiße,* ſchultheiß, heutige verkürzungen ſind ſchultheß, ſchultes, ſchulles (Eſchborner w.), *ſchulze*, plattd. *ſchulte,* der Sſp. hat *ſcultheite* (lat. ſcultetus). Auch in den (jüngeren) frieſ. geſetzen begegnet *ſceltata.* Aſ. 237 (vgl. 252) und *ſcelta.* Fw. 22. 30. 31, holländ. *ſchoute*, ſchout (walloniſch *eſcoutete*), welches man nicht aus dem verbo ſchelden (dann würde es ſchelda lauten), nur aus der verkürzten compoſition ſculdheta erklären darf*). Im ſinne von dorfrichter fallen ſchultheiß und grebe ganz zuſammen [1]); ſchulte bezeichnet aber auch in Niederſachſen hin u. wieder einen bloßen meier (villicus), der gar nichts zu richten hat; [ſchon T. 108, 1. 2 ſculdheizo *villicus.*] In welchen deutſchen ländern der ausdruck unüblich iſt, verdient beſtimmt zu werden.

6. wir haben geſehen, daß bei den Gothen durch zahlverhältniſſe der rang verſchiedner richter ausgedrückt wurde, auch ſchienen die benennungen *millenarius, quingentenarius, centenarius, decanus* von der heersanführung hergenommen und auf das richteramt angewandt, ſie können römiſchen urſprungs ſein. [Victor utic. de perſecut. vandalica p. 591: erant tunc ſervi cujusdam Vandali, fuit hic Vandalus de illis quos *millenarios* vocant.] Findet ſich nun in ahd. ſprachdenkmälern für centurio *centenari.* T. 47, 1 oder *hunteri.* T. 210, 1 oder *zehanzohê- | riſto.* Diut. 1, 509ª oder *hunno.* gl. Jun. 199. flo- 756
rent. 982. N. 46, 10; für decanus *zehaninc* (gramm. 2, 350); ſo iſt daraus an ſich noch nichts in bezug auf unſere alte gerichtseinrichtung zu folgern, wiewohl es ohne einen zuſammen-

---

*) Eichhorns bemerkung (zeitſchrift 1, 231) iſt ungegründet, ein verbum ſcullen jubere gibt es nicht.

[1]) [über die geographiſche grenze zwiſchen den beiden benennungen im Heſſiſchen ſieh heſſ. zeitſchr. 4, 69.]

hang zwifchen beiderlei namen fonderbar bliebe, daß O. centurio durch das gerichtliche fcultheizo verdeutfcht hätte. Auch hat fich in der merkwürdigen form *hunno* [1]) der zahlbegriff längft verdunkelt und *hunnilîh* gloffiert tribunalis. monf. 379, [*hun* = dingâri. gl. fuld. 15;] aber hunno gemahnt an die *chunnas* der lex fal., und felbft in fpätern niederrheinifchen urk. bezeichnet es eine gerichtsperfon: illi, qui *hunnones* dicuntur . . tertio tantum anno . . . . placitare debeant (a. 1056). Lünig fpicil. eccl. p. 1. fortf. p. 272; nullius advocati vel *hunnonis* placitum (a. 1162). ibid. p. 280; da trat ich Gobel uf dem marc dar, wann ich zu der zit ein *honne* zu Are was (a. 1437). Gudenus 2, 1282; *huno* cum duobus probis viris, cum fuo *hunone* et duobus viris. Gudenus 2, 1004 (a. 1311)*); [*hungericht.* Mones anz. 1836 p. 42; *hunnaria* gerichtsbezirk. Günther 1, 381. 382 (a. 1164); *honfchaft*, das gemeine volk vor gericht. Vilicher w. Kindl. 59, 164; *honnfchaft* fränkifch, bauerfchaft weftphälifch. Jof. Müller grenze p. 76.] Ungleich häufiger als hunno wird der unter dem comes ftehende richter *centenarius* genannt, z. b. in der lex fal. 47, 1 [49, 1]. 49, 1 [46, 1]. 63, 1 [60, 1], im decr. Childeb. von 595 § 9. 11 und oft in den capitularien, in bairifchen urkunden z. b. Meichelb. nr. 89. 121 (Adalhoh comes, Cundhart *centenarius*). nr. 404 (Engilbertus *centinarius*) und fpäter *zentner, zentgrave.* Haltaus 2151. Wahrfcheinlich ift der judex provincialis dictus *chetenær.* Lang reg. 3, 406 (a. 1273) das felbe. Daß diefe benennung von der hundertzahl hergenommen ift, leidet keinen zweifel und erft fpätere verwechflung hat, wegen zufälliger ähnlichkeit von centena mit dem deutfchen zehnte, fie auf die zehnzahl bezogen (Haltaus 2150 termini decimarum, decimales). Nach letzterer ift der *decanus* benannt, der im capit. de villis § 10, in den langob. gefetzen Liutpr. 5,

---

[1]) [Mone 3, 257 zieht fie auf Hunnen!]

*) in einer cölner urk. von 1438: unfen fchultiffen, *honnen*, gefworen ind gemeinden. Gudenus 2, 1284; Neocorus erzählt 2, 45 daß (ungefähr um 1526) ein cölnifcher domherr: heft laten dorch finen *hunnen* uthropen; in der Jülicher polizeiordn. p. 56: unfere amtleute, vögt, fchultheißen, richter, fcheffen, boden, fronen, *honnen* u. andere unfere befehlshaber. Hier erfcheinen fie herabgefunken.

15 [44]. 6, 31 [85] als unterſter richter, ſpäter aber ſeltner als der centenar, und im mittelalter gar nicht mehr erſcheint. Der deutſche hunno oder centenari ſcheint aber ſo zu heißen, weil er dem *huntari* oder der *centena* (zent, dem huntdink. Ravengirsb. w.) als judex vor- | geſetzt iſt (oben ſ. 532. 533); er fällt 757
mit dem ſchultheiȥo der ſache nach zuſammen, obgleich dieſes allgemeinere wort zuweilen noch eine geringere ſtufe bezeichnet haben kann. Walafridus Strabo de exord. rer. eccleſ. cap. 31 (bei Eccard. ad leg. ſal. p. 234), indem er die weltlichen behörden mit geiſtlichen vergleicht, gibt folgende ordnung an: *comites, miſſi* comitum, *centenarii* (qui et centuriones et vicarii, qui per pagos ſtatuti ſunt), *decuriones* (et decani, qui ſub ipſis vicariis quaedam minora exercent), *collectarii, quaterniones* et *duumviri*. Hervorſtechend ſind nur die comites und centenarii (grafen u. ſchultheißen). [Die *zentgrefen* erſcheinen ſpäterhin oft als gemeindeſchöffen, die vor dem amtmann das recht finden, z. b. Bornheimer bergw.: von den *centgrefen* uȥgedragen und gedeilet.]

7. vom örtlichen begriff ausgehend ſind die agſ. richternamen *ſciregerêfa* (engl. ſherif, comes provinciae) und *tûngerêfa* (rector pagi vel pagelli), jenes dem ſaliſchen gravio, dieſes entſprechend dem *tunginus* (oben ſ. 534); das g in tunginus (denn tunzinus iſt irrthum der ſchreiber) ſcheint aus tunjinus zu erklären? Vermuthlich ſteht der tunginus in der mitte zwiſchen dem gravio und centenarius, wie der tûngerêfa zwiſchen dem ſciregerêfa und hundredes ealdor.

8. über dem agſ. ſciregerêfa hatte den rang der *ealdorman*, der auf lateiniſch bald dux bald comes heißt, der ſciregerêfa nur vicecomes (vgl. Phillips p. 81). Auch in Friesland erſcheint ein *aldirmon*. Aſ. 236. 258 (vgl. Wiarda p. 250), [*aldermanni*. Ehrentraut 1, 114. 115] und Kilian überſetzt *ouderman* durch tribunus plebis, dagegen in Niederſachſen *olderman* einen proviſor eccleſiae bedeutete. Haltaus 19. 20. Die Angelſachſen gebrauchten auch das bloße *ealdor* für ſenior, princeps, praeſul, prior und unterſchieden durch vorgeſetzte genitive: temples ealdor, hiredes ealdor (paterfam.), manna e. (tribunus), hundredes e. (centurio), þûſendes e. (chiliarchus). Dieſe benennung beſtätigt daher den zuſammenhang der prieſter-

lichen und richterlichen gewalt; man vgl. den burgund. *ſiniſtus* und die fränk. *ſeniores*, priores oben ſ. 267. 268. In den urkunden finde ich zuweilen zwiſchen *comes ſenior* und *junior* unterſchieden, z. b. in einer formula alſatica (Canc. 2, 402[b] [MG Formulae p. 435. 436]): haec conditio primum placita et facta eſt . . . coram *ſeniore comite* et ſubſcriptis proceribus ac plebejis, atque roborata eſt coram *comite juniore* et multitudine procerum ac populorum.

9. bei den Frieſen erſcheint eine beſondere obrigkeit, der *talemon.* Br. 3. 8-24 und Aſ. 250; er wurde auf ein halbes
758 jahr erwählt und ſtand zwiſchen volk und | rêdjeva. Der wortbedeutung nach ein ſprecher, redner, in welchem ſinn auch der niederl. dichter Maerlant *taleman* braucht. 1, 251. 3, 329. 330 [in den beiden letzten ſtellen = dollmetſcher], aber dem ſprecher u. wortführer der ſchöffen (B. 13) läßt er ſich kaum vergleichen. Altn. iſt *talsmadr* advocatus, patronus. Zala, agſ. talu, heißt außer ſermo auch cauſa, actio, accuſatio; man könnte alſo den talemon dem langob. actor publicus vergleichen; [obar*zala* für richterliche gewalt bei Möſer 8, 11 (a. 848).]

10. *vogt,* aus dem lat. advocatus, zwar ein vielſinniger aber auch in Deutſchland althergebrachter ausdruck für die höhere richterwürde, es bedeutet judex, defenſor, patronus. Haltaus 1975 ff. Schon bei N. 34, 1 iſt *phogat* defenſor und im Bth. 48 ſagt er: mâlôn fore demo *fogate;* [*vogt.* troj. 677; der blüenden heide *voget* ziehet mit gewalt ûf uns. MS. 1, 193[a];] poteſtativum et legitimum *advocatum.* Meichelb. nr. 369. *Landvogt* bezeichnet einen oberrichter. Die markgenoßen pflegen ihren vorſteher *faut,* oberſten vogt zu nennen und in den weisthümern wird die höchſte gerichtsbarkeit gewöhnlich dem oberſten *faut* und herrn zuerkannt, vgl. oben ſ. 44. 45. 312. 466. 562.

11. auch *ampaht*, *amtmann* (urſprünglich miniſter, daher auch bei Ulf. andbahts der dem richter untergebene *diener, ὑπηρέτης;* ebenſo ambaht. T. 27, 2) wird ſeit dem mittelalter häufig für den vom fürſt angeordneten gerichts*vorſtand* gebraucht; vgl. das ſchweiz. landamman und ſchon ahd. *ampahtman* tribunus. gl. Hrab.; [*waltambaht* (centurio). T. 212, 5 wie waldbote.]

12. noch viele andere namen bezeichnen den mit der ge-

richtshaltung beauftragten beamten: *miſſus regis*, [*keiſures bodo.* Hel. 158, 2. 159, 3,] *miſſus comitis; major* domus, meier, maire, [in franz. coutumes: majeur et echevins; ſpan. merino in den fueros (aus mayorino?) und merindad (amt), vgl. mem. de la real acad. de hiſt. 3, 273;] *heimbürge.* Haltaus 856 ff. [fundgr. 1 gloſſar ſ. v. Mone 5, 306. 307;] *waldbote; pfleger; droſt;* [frieſ. *grietman, grêtman* (judex) von grêta klagen. C. L. a Beyma de grietmannis. Franequerae 1780;] altn. *iarl*, agſ. eorl; altn. *herſir;* altn. *höfdingi*, ſchwed. höfdinge; altn. *ſyſlumadr* u. a. m.

13. den heutzutag allgemeinſten ausdruck *richter* verwendet die ältere ſprache ſeltner. T. 55, 1 hat *rihtari*, 55, 4 *rehtari* für regulus; mhd. lant*rehtære.* Walther 16, 15; [der ſtat *rihtære.* Gudr. 293, 1. 294, 1;] *richter* häufig im Sſp. z. b. 2, 22. 3, 25. 3, 30; frieſ. *riuchtere.* Br. 3; altn. *rêttari.* Es kann aber, wo nicht auf unterſcheidung der gerichtlichen functionen geſehen wird, ebenwohl den urtheiler bezeichnen; ſo überſetzen auch den *urtheilenden* judex das goth. *ſtaua* (κριτής), das agſ. *dêma*, ahd. *tuomo.* T. 27, 2, [agſ. *aldordêma.* Cädm. 70, 21. 149, 28,] ahd. *ſuanari* (praeſul). gl. Jun. 244 u. a. m.*) |

14. im mittelalter, bei vielherrigkeit der |gegenden und 759
zuſammenlauf der grenzen, zeigt ſich oft eine *concurrierende gerichtsbarkeit* und dann pflegten entw. die richter verſchiedner herrſchaften auf beſtimmte weiſe im vorſitz *abzuwechſeln* **), oder vorrechte ſtatt zu finden. Dem einen landesherrn gebührt das *vorgedinge*, der andere ſetzt bloß einen *ſchweigenden ſchultheiß*,

*) *Forſeti*, wörtlich praeſes, heißt in der Edda der göttliche richter, er *ſvæfir* allar ſakar. Sæm. 42[a]; allir er til hans koma med ſakar vandrædi, þâ fara allir ſâttir braut. Snorra edda p. 31; [*höfundr* ſchiedsrichter, auctor. fornald. 1, 58, auch als nom. pr.: *Höfundr* . . . var ſettr dômari yfir öll þau lönd, er honum lâu înând, hann dœmdi aldri rângan dôm, engi þordi ne þurfti hans dôm at riufa. ibid. 1, 411. 412; *Höfundr* var manna vitraſtr ok ſvâ rêttdœmr, at hann halladi aldri rêttum dômi, hvârt ſem î lut âttu innlendſkir eda ûtlendſkir, ok af hans nafni ſkyldi ſâ *höfundr* (auctor) heita î hverju rîki, er mâl manna dœmdi. ibid. 1, 523.]

**) in einer urk. kaiſer Heinrichs III. vom jahr 1056 confirmatum eſt itaque eorum ſacramento, quia advocati abbatiae illius, ubicunque in regno noſtro ſita ſit, non niſi *ter in anno*, et illi qui hunnones dicuntur *tertio tantum anno*, niſi recens furtum fuerit aut ex parte abbatis vocati fuerint, placitare in abbatia non debeant. Lünig ſpic. eccl. p. 1. contin. p. 272.

der den ſtab unter ſich hält, einen *horcher* oder *lauſcher* (auſcultator) ans gericht. Hier ſind beiſpiele aus weisthümern: dem herrn von Trier gehört das *vorgedinge.* Münſtermeinfelder w.; der ſtiftsamptman ſol deme *vordinger* von Brunshorn rumen. Beltheimer w.; die ſcheffen weiſten den erzb. von Trier einen *vurdinger* u. die von Waldecke heldere der diebe, duper u. miſſededİger lude. ebendaſ.; *vurdinger* u. *ſchwigender* ſcholtheiß. Niedermendiger w.; das an ſolchem merkergedinge allwegen *ſitzen* die heſſiſchen amtleut als die *obriſten* merker *oben an* u. beneben inen *zur linken hand* die naſſauiſchen, das der heſſiſch amtman als der oberſt die eröffnung des merkergedings auch alles mündlich vortragen, ſo von wegen der obrigkeit beſchicht, thuet u. die naſſauiſchen, ſo beneben ime ſitzen, ſolch verhalten nicht thun, ſondern *ſtille ſchweigen.* Bingenheimer w.; das holzgericht zu bekleiden gebühret dem gn. landesfürſten u. herrn, der holzgrefe zur rechten und die abtiſſin *zur linken hand.* Großenmunzeler w.; [zu Sulzbach ſaß der königſteiniſche ſchultheiß dem limburgiſchen *zur linken hand.* Sulzbacher ded. p. 38;] item die herſchaft von Henneberg ſoll haben ein *horcher*, der ſoll beeder herſchaft von Henneberg zu gut da ſitzen u. hören, ob die würzburgiſchen wider die herſchaft v. H. weren. Melrichſtadter w.; auch ſoll der probſt von Holzkirchen ein *ſchwigenden ſchultheiß* am gericht han zu Haidenfeld. Haidenf. w.; will des probſts ſchultheiß auch dabi ſin der mag das thun, doch alſo, das er ſelber *nit frage.* Uttinger w.; unſer gn. here von Trier u. ſin ſtift hat das *vurgedinge* mit ſieben heimburgen u. ſal ſin ſchultheis ſitzen u. dingen mit den ſieben heimburgen u. eins graven von Virnenburg walpode *ſwigen* . . . u. wanne
760 das geſchiet iſt, ſo ſal eins graven v. V. wal- | pode ſitzen u. dingen mit den vier u. zwenzig heimburgen u. eins erzbiſchofs von Tr. ſchulteis *ſwigen.* Pellenzer w.; anderwerbe, we dat gerichte ſetzen ſolle? hait man gewiſt, ſolle ein grave von Virnenburg gebeden VII ſcheffen, dri heimburgen, vaidt u. bode, darbi ſall ſetzen ein herre von Trier einen *ſwigen ſchultys.* abe etwas eme gebreche, ſal der ſchultys dem vaide rumen, ſal der vaidt eme manen, die dri heimburgen ſollent roegen wette u. bruchten, der ſcheffen ſal darober wiſen na rechte, die boißen ſall ſetzen ein grave von Virnenburg u. wat er hebt ſall er half geven u.

richten mime herrn v. Tr. u. wat er qwit gibt, hait er maicht ſonder indracht. Retterather w.; ingleichen hat der von Hanaw einen *lauſterer* in dieſem gericht ſitzen, wird nit mehr geſtattet. Oſtheimer w.; item iſt von alter herkommen, das die juncherrn ſollen einen *knecht**) *hinter dem gericht* ſtehen haben u. derſelbige iſt ein *horcher* genant u. ſo ein ſchulteß im gericht etwas imant zu liebe vorhalten u. nicht anſtellen wolte, möchte der knecht ſeinen junchern anſtellen laßen, das ſelbige ſal im auch ungewegert ſein u. ſal im der ſchulteß das ſelbige anſtellen. Salzſchlirfer w.; andere belege finden ſich bei Haltaus 957 und 1664. Zumal merkwürdig ſcheint mir folgende ſtelle des Örbacher w.: haint dieſelben ſcholtißen u. richtere daruf geſprochen u. vor recht gewiſt, der vorg. juncher von Richenſtein walppode, ſowanne der vurgeſchr. grave zu Wiede ſine veſte beſitze, wie vurgeſchr. iſt, ſcholtißen, richtere, dinklude u. landman beſcheide u. vorbode, ſo ſal der vurgeſchr. juncher v. R. ader ſin knecht ader ſin ſcholtis ouch komen bi des vurgeſchr. graven zu W. ſcholtißen u. richteren u. ſal riden mit eime *h . . . . ren***) *zaume* u. mit eime *hulzen gebiße* u. mit eime *henenſporen* u. ſall *unden an ſitzen*, beneden den andern ſcholtißen u. boden des vurg. graven zu W. u. ſall *ſwigen* unde was daſelbs vur den vurg. richtern u. ſcholtißen qwit gegeben wurde van rogen u. bruchten ſall derſelbe des j. v. R. knecht *ſwigen* u. dabi laßen. Der aufzug des ſchweigenden richters iſt die ſ. 255 ff. geſchilderte förm- | lichkeit, welche hier beibehalten ſcheint, dem 761
geringern beamten ſeine theilnahme am gericht zu erſchweren. [J. G. Gonne vom ſchweigenden ſchulzen und ſtummen ſchöpfen. erlang. gel. anz. 1749 nr. 52, auch in Siebenkees jur. mag. 1, 417-425 (meiſt nach den wertheim. weisth.).]

15. *Stab.* Schon weil könig, anführer und hirte den ſtab tragen, muß er das wahrzeichen richterlicher gewalt ſein; auch führen ihn andere höhere und niedere beamten, der marſchall und kämmerer, ſelbſt des richters eigner diener, der büttel, wie

---

*) *knecht* bedeutet hier keinen unfreien, ſondern einen miniſterialis (dienſtman); vgl. die folgende ſtelle des Örbacher w.

**) vier undeutliche ſtriche zwiſchen h und ren.

jeder bote, hat einen ſtab*). Dem biſchof als dem geiſtlichen hirten und richter wird ein krummſtab beigelegt; vermuthlich führten ſchon die heidniſchen prieſter ſtäbe. Der richterliche ſtab erſcheint *weiß*, d. h. mit *abgeſchälter rinde*. Haltaus 1711. Einer beſondern holzart finde ich nicht gedacht, auch keiner zierrathen, zuweilen ſcheint er oben eine krümme, zum aufhängen, gehabt zu haben. Schaft heißt er nie, weil er nicht geſchabt, ſondern von natürlichem holz iſt; er war auch kürzer als der ſpeer. [Beim reichskammergericht war der ſtab des richters von *rothem* holz mit *ſchwarzem angriff*; ein ſolcher war noch 1813 zu Wezlar vorhanden. Niclas Vogt rhein. geſch. 3, 363.]

Des ſtabs konnte ein richter nicht entrathen. Er gebot damit ſtille (durch klopfen) und hegte das gericht, ſo lange er ihn hielt, war es feierlich gehegt, ſobald er ihn niederlegte, geſchloßen. An den ſtab wurde ihm durch handanlegung gelobt, mit ihm ſtabte er den eid. Er heißt darum *ſtabhalter*. Haltaus 1717**). [Bechſtein 4, 196; *halter*. Keller Simplic. p. 1122.]

Außer den ſ. 134. 135 angeführten ſtellen erläutern dieſen gebrauch folgende: und wers auch ſache, das derſelb richter (des landgr. v. Heſſen) nit wolt ſein ein recht richter und wolt nit fragen eim als dem ander u. das laßen umb gunſt oder umb haß, ſo ſoll derjenig der bei ihm ſitzt von unſers gn. h. wegen von Mainz ſprechen alſo: *lang mir her den ſtab!* du wilt nit ſein ein rechter richter, ich wil fragen den armen als den reichen. er ſollt auch *dar greifen* u. ſolt im den *ſtab nehmen aus der hand*, und wan er ein ſolch frage gethan u. urtheil geſtellt, das in deucht, das er in wolt laßen ergehen, ſo ſolt er im *den ſtab wider geben*, her endarf in nicht zu erbe behalten. Breidenbacher w. [Item die rechte hat och ain her von Ow, wenn es an den großen fräfel gat, ſo mag er oder ſin amptlut och dem amman *den ſtab uß ſir hand nen* und mag

*) auch bei den *handwerksumfragen* wird von den geſellen ein ſtab gehalten. [Beim ſpiel wird ein *ſpielſtab* überreicht; wer ihn in der geſellſchaft hält, gibt das ſpiel an. pedant. irrthum 1673. p. 153.] Stäbe der griech. richter. Meier u. Schöm. p. 134 [Il. 18, 505-508].

**) daß aber das goth. ſtaua nicht hierher gehört, iſt ſ. 748 gezeigt.

da och um den fräfel richten. Ermatinger w. § 19.] Wann dann eines grafen von Wertheim amptman oder ſchultheiß die buß fahren will laßen u. ein maß weins davon gibt, ſo | er *den* 762 *ſtab in der hand hat,* ſo ſoll der obg. herrn von Amorbach ſchultheiß auch die buß fahren laßen. Bülfrigheimer w. Zum Blankenſteine hat der gerichtsſtab *oben eine krümme*, woran man ihn *hänget,* dann weilen das gericht den vormittag nicht zu ende gehet u. indeſſen das gericht zur mahlzeit ſchreitet, muß der *ſtock hangen bleiben,* zum zeichen daß das gericht noch nicht geſchloßen ſei. Eſtor anweiſung für beamten p. 723. 724. Darna wan des herren apts obgenanten freiheit u. herlichkeit gewiſt iſt, ſal der bode rufen dreimal, abe iemand vor gericht ze ſchaffen habe, daß er ſich vurzehe, eh der *ſcholtes* oder *meier den ſtaf niderlege.* Irſcher w. Der abt von Echternach ſitzt zu Dreiß auf einem ſtuhl mit einem küſſen, reicht dem ſchultheißen ein *weiß rüthlein* oder *ſtäblein* u. heißt ihn nieder ſitzen. dieſer ſetzt ſich neben ſeinen herrn u. heißt die ſchöffen auch ſitzen, jedoch liegt zwiſchen beiden noch ein küſſen mit weißen r. oder ſt. ledig (für einen mitberechtigten gerichtsherrn?). Dreißer w. Das zwei gericht ſind zu allen ungeboten dingen zu Obernaula, das eine uf den montag uf dem berge, ſo ſal m. h. von Ziegenhain *den ſtab haben*, das ander gericht uf den dinſtag in dem dorfe, mit namen in den ſmitten . . . . ſo ſal m. h. von Meinze uf den egenanten tag den *gerichtsſtab haben.* Obernauler w. Sie weiſen auch, wan ein prior zu Schönrein gericht haben wil, ſo ſall er den *ſtab dem ſchulteßen* von Hofſtetten *bringen.* Schönreiner w. Des herrn von Wertheim ſchultheiß ſoll *den ſtab in ſeiner hand haben.* Uttinger w. Nach ein paar ſtunden (wenn die märker getrunken u. gegeßen haben) *klopfet* der ſchultheiß *auf den tiſch*, daß alle zumahl ſtillſchweigen ſollen u. heget das märkerding. Winden u. Weinährer w. Ob es ſei am jar, am tag, an weil, an zeit, das ich mug *den ſtab in die hand nehmen* und m. gn. herrn von Salzburg ſein freis landtäding der fünf ſtäb im Pongew beſitzen? Salzb. landt. Der richter fragt: ob ein ungewitter, ein brunſt, ein rumor beſchähe, oder landsfeinde auskämen, ob ich möchte aufſtehen u. das zu ruhe helfen bringen, ob die bank unter mir nidergienge, ob ich blöd wurde, ob mir *der ſtab ent-*

*fiele*, wie das beſchah, ob ich möchte aufſtehen, wieder nider
ſitzen, den *gerichtsſtab wieder in die hand* nehmen? wird im
urteil bejaht. Salzb. landtäding. Daß ich zu Lanſperg an offe-
763 nen landrechten zu gericht geſeßen bin u. *den ſtab in* | *der
hand het.* MB. 8, 286 (a. 1455); *mit gewaltigem ſtab* an der
lantſchranne geſeßen bin. ibid. 20, 292 (a. 1439); an offner
lantſchranne ſaß und *den ſtab in der hant het* ze richten.
ibid. 20, 306. Häufig iſt in bair. urk. die formel *mit ſtab* und
*mit gerichtshand*, eingeantwurt vor dem rechten mit dem *ſtab*
u. mit *gerichtshant*, zu haus u. hof. MB. 1, 437 (a. 1340). 20,
234 (a. 1427). Haltaus 671. [Einem das gericht *mit ſtab be-
fehlen.* Wenk 3 nr. 300 (a. 1455).] Ich kann zwar aus den
bildern des deutſchen mittelalters keine ſtäbe mit oben daran
geſchnitzten händen nachweiſen, vermuthe aber doch zuſammen-
hang der bair. formel mit der *altfränkiſchen manus juſtitiae* (in
regum conſecratione), vgl. Montfaucon mon. diſc. prélim. p. XXXVI
und das *röm.* feldzeichen, den ſpeer oben mit einer hand. Creuzer
röm. antiq. p. 292.

16. *Stuhl.* Wie der könig auf dem thron (oben ſ. 224), *ſitzt* der richter *auf einem ſtuhl*[1], goth. ſtauaſtôls; ahd. tuomſtuol, dincſtuol, falanzſtuol, [hêrſtuol. N. Bth. 64] tuomſedal; altn. dômſtôlr; nhd. richterſtuhl; [daher heißt er *ſtuolſâʒo.* N. 121, 6.] Nach dem höheren oder niederen rang der richter war er mehr oder minder geſchmückt; eines ſeßels mit vergoldeten knöpfen gedenkt Joh. Müller Schweiz 3, 259. 4, 460. Oft war der ſtuhl von *ſtein gehauen,* dreibeinig wird er nie genannt, ſcheint alſo von der zu andern rechtsgeſchäften erforderten geſtalt (oben ſ. 81. 187-190) abweichend; [doch bei Günther 1, 466 (a. 1190): nec hoc praetereundum, quod cum dominus Gerlacus generali placito, quod appellatur voiddinc, praeſideat, abbas vel ipſius legatus quicunque ſervitium quod appellatur voiddiniſt *ſuper ſedem tripeciam* ponat.] Schultheiß und centgräf ſitzen auf *ſtühlen*, die übrigen ſchöffen nach der ordnung auf der ſchöffen*bank* [unten ſ. 791]. Altenhaſl. w. von 1570. Der

---

[1]) [daher das gericht *beſitzen;* got beſaʒ ein gerihte mit aller himeliſcher ſchar. erlöſung 353. wb. 2, 1626.]

richter *muß ſitzen*[1]. Ölrichs rig. r. p. 188. [Rupr. 182,] ſein *aufſtehen* hindert den fortgang der verhandlung. Bornheimerberg. w.; [ſwenne das gerichte zegat und der ſchultheiße *ufgeſtat*. Schreiber nr. 70 (a. 1303); beim ausſpruch der acht muß ſich der richter ſtellen, ſieh unten ſ. 881. Kam der ſisgauer landgraf nach Nuningen zu richten, ſo wurde der *ſtul* ſo geſtellt, daß ein fuß des ſitzenden richters in den bach, der die landſcheide war, der andere auf ſisgauer boden zu ſtehen kam. Arx Buchsg. 205, auch Ochs Baſel 5, 69 aus Bruckner merkw. p. 1730.]

17. *Beinverſchränkung.* Für ein zeichen der ruhe und beſchaulichkeit galt es im alterthum, die beine über einander zu ſchlagen (bein mit beine zu decken. Walth. 8, 5; ſtuddi hendi undir kinn enn lagdi fôt â knê ſer. Vatnsd. p. 174), ähnlich der ſitte des morgenlands[2]. Dem richter wird daher vorgeſchrieben nicht nur daß er ſitzen, ſondern auch wie er ſeine beine legen ſoll. Ottocar bei beſchreibung des fürſtenſtuhls (oben ſ. 254) ſagt von dem richter 184ª: der ſelb ſol *ain pain auf daȥ ander legen.* Noch beſtimmter das ſoeſter recht: es ſoll der richter auf ſeinem richterſtul *ſitzen als ein grisgrimmender löwe, den rechten fuß über den linken ſchlagen* und wann er aus der ſache nicht recht könne urtheilen, ſoll er dieſelbe ein, zwei, dreimal über- | legen. Soeſter ger. ordn. bei 764
Ludolf obſ. for. app. 2, 35; vgl. Emminghaus memor. ſuſat. p. 5 doc. 396.

18. *Tracht.* Allgemeine bekleidung des richters und der urtheiler bei gericht (dincwât, toga) ſcheint der *mantel über die ſchultern* (ſagum. Tac. Germ. 17): ſvar man dinget bi koninges banne, dar ne ſal noch ſcepenen noch richtere kappen hebben an noch hut noch hüdeken noch huven noch hantſchun. *mentele* ſolen ſie *uppen ſchulderen hebben*, *ſunder wapene* ſolen ſie

[1] [ſitja ſkal ſâ er ſegir. Sn. 3 bezieht ſich eher auf den antwortenden urtheiler, der fragende ſteht.]

[2] [die hände ums knie geſchlungen als zeichen der ruhe. O. Müller gött. anz. 1829 p. 535. 536. Eſtar mano en maxilla (penſativo, triſte). Sanchez tom. 4 indice; pueſta la mano en la maxilla. Sotomajor 417; ſatt med hand under hvitan kind. ſv. viſ. 2, 92.]

ſin. Sſp. 3, 69, vgl. ſchwäb. landr. 135 Schilt., 82 Senkenb. Der bildner ſcheint das zum theil miszuverſtehen, indem er bloß den ſchöffen mäntel gibt, dem richter ſo wie dem neben ihm ſitzenden ſchultheiß ihre kopfbedeckung läßt. Kopp bild. u. ſchr. 1, 122. 127, vgl. Weber tafel 7, 7. 24, 1. Der ſchultheiß trägt einen *ſpitzen hut*. Die femgerichtsordn. § 16 (Wigand p. 554) ſpricht ſogar beiden, dem frigreve u. den ſchöffen den mantel ab: der frigreve, ſine frien ſcheffen u. ſin fronenbade enſollen coegelen noch huet noch hanſchen *noch mantel* up noch ane hebben u. *ſunder wapen* ſollen ſie ſin. Daß aber die ſchöffen gemantelt erſcheinen müßen, erhellt auch aus dem ablegen der mäntel, ſobald ihnen der richter die frage thut: ſwen der richter vreget umme ein orteil vor deme geheiten dinge, *tut her ſinen mentil nicht* uʒ u. ſinen hut abe oder bitet nicht loube, der git zwene ſchillinge. Salfelder ſtat. (Walch 1, 43). In dem Hohenſteiner thiergarten lehnr. finde ich, daß dem jährlich erwählten ſchultheiß ein *epheukranz* aufgeſetzt wird. Die *niederlegung der waffen* iſt gewis erſt ſpäter erfordert worden, denn urſprünglich: *conſidunt armati.* Germ. 11; auch galt das an manchen orten noch ſpäter, z. b. bei dem hildburghäuſer centgericht erſcheinen alle ſchultheißen *mit ihren plötzen* (jagdmeſſern, wörtlich opfermeſſern?) oder hirſchfängern über die weſte gegurtet *bewafnet*. Genſler grabfeld 2, 385. Alle grundbeſitzer des landgerichts Wemdingen verſammelten ſich *bewafnet* im wald. Hazzi ſtat. aufſchl. 2, 424. [Dagegen nach Rugian. p. 269 ſoll niemand mit ſpieß und bogen vor gericht erſcheinen.]

19. *Nüchternheit.* [Neque comes placitum habeat niſi *jejunus.* capit. 3 a. 803 cap. 15 (Georg. 666. 1354 [MG Capitularia I p. 116. 429]).] So wanner ein frigreve richten wil u. ſal over menſchen bloet, ſo ſall hi *nuchtern* ſin, desgeliken ſo ſollen oich ſine frieſcheffen ſin, fronenbade u. clegere. Wigand p. 554. Der Sſp. 3, 69 fordert *faſten* bloß von den urtheilern: ordel ſollen ſie vinden *vaſtende* over iewelken man. Allgemeiner
765 ſagt Gulaþ. p. 15: | menn ſcolo *faſtandi* til þîngs gânga. Im Frigedank 18ª [Freid. 72, 3, vgl. Wilhelm zur ſtelle] fällt wenigſtens tadel auf fürſten, die nicht vor dem imbiß richten:

ſwâ ſich die fürſten flîzent,
daz ſie *fruo enbîzent*,
dâ wirt ſelten wol geriht.

[*Poſt meridiem* (nach der mahlzeit) apud eos in nullius collum nec hereditatem agetur. ch. a. 1181. Gildemeiſter 1, 193, vgl. 205.] Eine urk. von 1253 geſtattet aber dem richter ausdrücklich das frühſtück vor gericht: *des morgens ſo* der voit *inbizzen iſt*, ſo ſal er von erſt rihten uber alle die clage der ſchultheizen, tuot er des nicht, ſo twingent ſin mit dem erſten dienſte danach. Hanſelmann nr. 43. Das ſcheint auch des höheren alterthums ſitte: ſtatim e ſomno lavantur, *lauti cibum capiunt, tum ad negotia* nec minus ſaepe ad convivia procedunt armati. Tac. Germ. cap. 22, wozu die Edda ſtimmt. Sæm. 17[b]:

*þveginn* oc *mettr* rîdi madr þîngi at,

alſo lautus et cibatus, doch lieſt Reſen ſtatt mettr *kemdr* (pexus).

20. *Freiheit.* Es könnte noch mit der altprieſterlichen würde in verbindung geſetzt werden, daß die häuſer der richter an manchen orten, gleich kirchen und tempeln *freiſtätten* für verbrecher waren; näheres im ſiebenten capitel. Auch genoßen die häuſer und grundſtücke der richter *freiheit* von abgaben: ſo hat ein iglicher zintgreve die gnade u. friheid, daz er *acht hube landes* u. als vil *noßer* (armenta) er darzu bedarf, fri von allen beden u. dienſten des richs gebruchen ſal u. darzu hirten u. phrunde ledig ſin; waz er aber über das gude oder noßer hielte, daz gehorte nit in die friheid. Bornheimer landg. von 1405 (Orth händel 2, 455). Item ſo hant ſie mit recht geweiſet, was *ecker* u. *hueben* die ſchulleſen hant gehabt in felden u. in termeneien des obg. dorfs zu Eſchborn bis uf die zeit das ſie ſchulleſen worden ſeind, die ſollen frei ſein mit aller irer zugehörde, aber was ſie ecker oder huben dornach kauften, wann ſie ſchulleſen worden ſeind, dieſelbe ecker u. huben ſollen nicht frei ſein. Eſchborner w.

21. *Bote.* Der diener des richters, welcher deſſen bann *anſagte* und *kündigte,* hieß wahrſcheinlich den Gothen *ſagja*, in der l. Viſig. *ſajo* (ſajonis). II. 1, 17. 25. II. 2, 4. 10. V. 3, 2. VI. 1, 5. X. 2, 5; ebenſo bei Caſſiodor var. [1, 24.] 2, 13. 3, 20.

766 5, 5 etc. und daher rührt | noch das ſpan. *ſayon*, [noch im fuero viejo de Caſt. p. 92 *ſayon;* unter den Mauren cuſtodes quos *ſagiones* vocant. vita Joh. Gorzienſis. Mabill. acta bened. ſaec. 5. 408,] vgl. gramm. 2, 518 *). Den Frieſen hieß er *ked* (pl. keddar), *kethere* von ketha (agſ. cyđan, kündigen), wiewohl *ked*. Br. 17. 18 allgemeiner für gerichtsperſon überhaupt gebraucht wird, vgl. Wiarda zu Br. 13; [*koddir* Teſklaow p. 63. 72.] Spätere weisthümer haben *ſchreier* und *ausrufer;* [*ſchreibote*. Waßerſchleben 1, 232; gl. Jun. 192: *foraharo* praeco, von harên clamare. Graff 4, 981; *dinghare* advocatus. Haupt 5, 206.] Der ahd. name iſt *poto* und *putil,* beide von piotan (nuntiare, entbieten), agſ. *boda;* ſpäter gerichts*bote* und *büttel*, im mittelalter mit dem zuſatz *frônebote*. [Walth. 12, 6.] Haltaus 535-538, auch bloß *frone*. Haltaus 534, [*vrôno*. ch. a. 1170. Wigand feme 224; publicus praeco, quem *vronen* vocant. Möſer 2, 321 (a. 1185),] wie ihn die Frieſen *frâna* nennen. Gleichviel mit fronbote iſt *freibote, frîboto*. Haltaus 502; [*vrigie vrone*, freibote. Seibertz 482 (a. 1299); unten ſ. 883; *waldboto* qui poenas exigit. gl. Jun. 292; *mahalpoto*, eine urk. von 1170 bei Möſer 2, 303 ſchließt: Thietmarus *mâlbodo*, eine von 1184 hat *malbodo* villicus; *inchnehta* apparitores. Diut. 2, 323ᵇ. gramm. 2, 759.] Andere namen rühren von vollſtreckung der ſtrafe her, die l. Burg. 49, 4 hat *pueri*, qui mulctam per pagos *exigunt*, [vgl. *ſculdſuacho* exactor. gl. Jun. 203,] l. Burg. 76 hat *wittiſcalci*, *pueri* qui judicia exſequuntur, von wîti (poena, oben ſ. 681) und ſcalc, knecht, worunter man ſich keine knaben zu denken braucht, doch pflegten im alterthum jünglinge den botendienſt auszurichten. Entſprechend iſt das ahd. *wîȥinâri* (lictor). monſ. 326; reiphâri (der bindet, feßelt) vel *wîȥinâri* (tortor). emm. 412. Geradeſo wird das ahd. *ſcarjo* von ſcara (poena, oben ſ. 681) gebildet, mhd. *ſcerge*, ſcherge. Parc. 445, 3; in ſchergen drô für den richter gân. a. w. 2, 53; zwiſchen ſchepfen und *ſchern*. Weißenſeer ſtadtr. von 1265 (Walch 2, 8. 9), andere merkwürdige

---

*) auch ſüdfranzöſ. urk. des 9. jh. kennen ſolche *ſaiones*, *ſagones;* nachgewieſen von Savign. 1, 201. Maurer p. 74. Baluz 2, 1490 (a. 869). 2, 1497 (a. 876).

belege gibt Haltaus 1613 [1]); vielleicht ſtammt von ſcarjo, ſcerjo das franz. ſergent, ſerjant, ſpan. ſargento *). Gleich dieſem ſergent iſt *weibel*, *webel* (apparitor). Haltaus 2050 in die kriegsheere übergegangen; [bei N. Cap. 55 *weibel* unde ſcultheizo.] Auch *nôtſuohhâri* exactor. emm. 394 (nôtſuoh, exactio), *nôtmejor* exactor. monſ. 333 ſcheint einen gerichtsboten auszudrücken. Viele richter und botennamen vermengen ſich, da der richter ſelbſt ein bote, diener, beamte des königs und grafen iſt [2]). Beide dürfen daher *andbahts*, ampaht (oben ſ. 758) **), beide *richter*, beide *miſſus* (geſandter bote), beide *vogt* heißen. Nach zeit und ort kann dieſelbe benennung den höheren beamten oder den niederen bezeichnen. Wie jetzt grebe und ſchulz den unterſten dorfrichter ausdrücken, wurde *hunne*, das alte centurio, | zum namen des gerichtsdieners (ſ. 756). Späterhin unterſchied 767
man auch den boten in civilſachen von dem peinlichen gerichtsdiener (wîzinâri) und nach den abſtufungen der gerichte fanden unterſchiede der boten ſtatt. Beſondere boten ſind z. b. die der richter, wenn das urtheil geſcholten wird und die ſache vor den könig kommt, mitgibt. Sſp. 2, 12. [Preco abſente judice preſidet judicio. Seibertz 1, 623.] Der fronbote ſoll ein glaubhafter mann ſein, ſein zeugnis hat gewicht: item, ein *vrone* ſal ſo viel tügen als ſeven andere, d. i. als die gewöhnlich erforderten ſieben zeugen, ein volles zeugnis. Schwelmer veſtenr. Es ſollen ſein fürſtl. gn. da haben ein *landknecht*, der ſoll ſein warhaftig u. glaublich, wo man ihn hin ſchickt, daß glaube bei ihm funden werde u. ſoll nehmen von der meile weges, wo einer an das zentgericht geheiſchet würde, ein ſchilling, aber welcher in der

---

[1]) [*ſchergenhuoba.* MB. 2, 208; preconalis manſus, quod *ſcherinhoba* (fronhube) vocamus. ibid. $28^a$, 448 (a. 1014); vgl. den manſus praeconis bei Möſer 2, 342.]

*) wie ſoll, ſal für ſcal ſtehet.

[2]) [daher auch bei O. V. 19, 121:

wanta druhtîn iſt ſô guat,
ther thaȥ urdeili duat;
er duat iȥ ſelbo, ih ſagên thir ein,
*ander botono* nihein.]

**) in Heſſen heißt der judex, in Baiern der praeco *amtmann*. Maurer p. 136.

zent ſeßhaftig u. ihme ein *freibotenlaib* jährlich gibt, dem ſoll er die erſten heiſchung umſonſt thun. und wenn er ein freiboten laib fordert an den orten, da man ſie ihm gibt, wie von alter herkommen, bedünkt ihne, daß der laib zu klein ſeie, ſoll er mit zu der brotkäufin gehen u. ungefehrlich einen von der hengen nehmen u. ſo derſelbig dreier pfenning werth iſt, ſoll er ſich damit bezahlen laßen. Mellrichſtadter w. [Dem fronboten fällt ein theil des erbloſen guts heim. Sſp. 3, 56; denarii preconum. Seibertz 1, 622.] Eigenthümlich iſt die ſtrafe, welche der Sſp. 2, 16 für den pflichtſäumigen fronboten verordnet, er ſoll ſtatt der geldbuße (weil er zu arm iſt?) des *königs malter* aushalten, d. i. 32 ſchläge (wie malter auch in andern verhältniſſen die zahl 32 oder 64 ausdrückt): ſvenne die *vronebode* deme richtere geweddet, durch dat he ime an ſime rechte verſumt hebbe, ſo weddet he des *koninges malder* (lat. regis menſuram), dat ſin *tvene unde dritich ſlege mit ener gronen ekenen gart, die tvier dumelne lang ſi.* Im ſchwäb. landr. 167 Schilt. werden nur 30 ſchläge gerechnet: des *kuniges malter*, daʒ ſind dreiʒig ſleg mit einem aichin ſpizholz daʒ drier oder zwaier dumenellen lank iſt. — Übrigens erſcheint der gerichtsbote mit einem *ſtab* in der hand (wahrſcheinlich einem längeren, als des richters), wie alle *boten* ſtäbe tragen: wenn man die unthädigen ußführet zu gerichtene, ſo ſollen die *büttel* darbei gehen *mit ihren ſteben* bei den henkern u. ſchuren u. ſchirmen vor der menge des volks (a. 1387). Lünigs reichsarch. p. ſpec. cont. 3 p. 112. [*Weibelruote.* MSH. 3, 213ª. 224ᵇ; ſprenklecht, wie die ſtatboten *ſteb* tragen, halber grün und wiß. Keiſersb. bilg. 41ᵇ. Ein gerichtlicher exſecutor zu Cölln a. 1576 hat einen *langen gefärbten dorn* in händen, zur anzeigung der juſtiz. Schweinichen 1, 210.] Der bildner zum Sſp. gibt dem *ſtehenden* praeco eine *peitſche.* taf. 7, 6. 14, 1. 24, 1. |

768 B. *Urtheiler.*

1. die ausdrücke unſerer ſprache für das geſchäft der urtheiler ſind hauptſächlich folgende: *kieſen* [wir *kieſen* die ſchulde. Maria 189, 38], wovon das urtheil oder geſetz *kür, willkür* heißt (Haltaus 1117. 1118), bei den Frieſen *kere*, Brocmen *keren* hebbath (die Brocmänner haben gekoren, feſtgeſetzt). Br. 1, ſo

wird der könig, vogt und richter *gekoren.* — *Teilen,* vgl. *teilen* und kiefen (wählen) oben f. 480; *teilen* u. fchaffen oben f. 483; [fprechen und *teilen.* Werth. ded. nr. 127 (a. 1422);] frief. dêma and *dêla.* Af. 34, dôm *dêla.* Af. 35, [ahd. *êoteilari* judex;] häufiger *urteilen,* urtheil geben, diu *urteil gegeben* wart von den fürften gemeine. Lohengr. p. 57; *urteilfmit* (judex). Suchenw. 6ᵇ; *urteil flahen.* Frig. 366; *reht finden.* N. 97, 9; [*vonniffe* der fchöffen. Huydecoper 2, 477. Reinaert 1878. Maßm. denkm. 152ᵇ; lat. *invenire.* Pertz 2, 68, 43. 69, 1; vgl. unten f. 802 not.] — Goth. *dômjan,* ahd. *tuomjan,* frief. *dêma,* altn. *dœma,* um fakar dœma. — *Schaffen,* altn. *fkapa* (vorhin f. 750 von den Nornen); vgl. teilen und *fchaffen,* und hernach über fcabinus. — [Altn. *gera* (wie fchaffen, thun) entfcheiden. Laxd. 380; gera um mâl. Ol. Tr. 3, 23; häufig vom anfetzen der buße: fêbœtr gera. Ol. helg. c. 148, ûtlægr görr. ibid.; dazu fubft. *giörd:* þat er giörd mîn. Ol. Tr. 3, 23; giördum upplûka, judicium publicare. Laxd. 228; fættargerd, compofitionis determinatio. Ol. helg. c. 127. — Altn. *urfkurd* entfcheidung, auch fchiedsfpruch. fornald. fög. 1, 452. —] *Weifen,* altn. *vîfa* (f. 750), der herrfchaft recht und herrlichkeit *weifen.* — *Sagen, fprechen, quedan:* fie *quedent,* daȥ in dero marchu fî iegiwedar etc., diȥ *fagêta* Marcwart, Nantwin etc. Eccard fr. or. 1, 675; [*tômquiti* fententia. Diut. 1, 175ᵃ;] *fpruch, ausfpruch, urteilfpruch;* fragt ich vorernenter pfleger u. richter die *urtlfprecher.* Köfchinger ehhaftd.; vgl. hernach êo*fago* und juridicus, jus *dicere,* legem *dicere.* — *Legen* und *fetzen,* woher das goth. lageins (conftitutio), altn. *lög* (lex) und *örlög,* ahd. *urlac* (fatum, decretum). gramm. 2, 787, vgl. *lög leggja* oben f. 750, fakar leggja:

þâ kemr hinn rîki at *regindômi*
öflugr ofan, fâ er öllu rædr,
*femr* hann *dôma* ok *fakar leggr,*
verkaup *fetr* þau er vera fkulo. Sæm. 10ᵇ.

Ihrem inhalt nach betreffen die urtheile entw. die bloße weifung des rechts oder zugleich deffen anwendung auf die gegebne thatfache, und dann unterfcheiden fich in der urtheilfindung zwei functionen: *legem dicere* und *veritatem dicere.* Hiernach werden fich abftufungen und benennungen der urtheiler ergeben.

2. befugt zu ſtimme und urtheil war urſprünglich die *gemeinde und genoßenſchaft* freier leute in mark, gau und land. Alle freien leute heißen *dingpflichtige*, *dingmänner* [1]), altn. *þingmenn*, *malmanni* [2]), altn. mâlamenn. In den feſtgeſetzten (ungebotnen) verſammlungen wählte die menge ſich ihren könig, herrn und vogt oder beſtätigte die erblichen, wies ihnen alle
769 gerechtſame und | beſchloß über wichtige angelegenheiten, namentlich krieg, frieden u. neue geſetze. Aber auch zu den gebotnen gerichten, worin ſtreitige oder feierliche privathändel vorgenommen wurden, fand ſich gemeinde ein, hörte den aus ihrer mitte gewählten urtheilern zu und gab ihren beifall zu erkennen*). Es heißt in den urkunden: *omnis populus*, *cunctus populus*, die *menige* (der große haufen, menge), der *landmann*, die *männer*, der *gemeine landmann*, die *frommen leut*, die *biederleut*, *biedermänner*, *boni homines*, *veraces homines*, *plurimi homines circum aſtantes*, der *umſtand* (Haltaus 1921), *communitas*, *omnis turba*, altn. *alþýda*, *almûgi*, *almûgr*, [auch *lŷdr*, populus. Ol. helg. c. 81; dän. *dannemänd* til ting. danſke viſ. 3, 318.] Tunc *omnis plebs*, cum audierat concilium, tam principes quam mediocres *judicaverunt juſtiſſimum judicium*. Meichelb. nr. 703; his auditis ſanxerunt *populi*. Meichelb. nr. 368; ad extremum *cunctus populus* clamavit una voce *hoc legem fuiſſe*. ibid. nr. 472; poſt ſacramentum juramenti dijudicaverunt *populi* et ſcabini conſtituti. ibid. nr. 487 (a 825); [in publico placito, ſub praeſentia *populi*. Neug. nr. 148 (a. 803);] ceteri (teſtes) *ſine numero*, quorum nomina ſi ſtilo comprehendere voluiſſem, dies ut opinor prius quam defeciſſet vocabula. Meichelb. nr. 29; quem *omnis turba* acclamabat dignum eſſe morte. vita S. Amandi (Bouquet 3, 533); belege über *boni homines* und *plurimi* bei Savigny, 1, 166. 167. 180. 181, [entſprechend Ol. Tr. 2, 110: hinir *beztu menn*

---

[1]) [ahd. *dingman* orator, concionator. Graff 2, 745.]

[2]) [ahd. *mahalman*, altſ. *malman*. Möſer 1, 405 (a. 803); homines liberi, qui ſaxonice dicuntur *malman*. vita Meinw. 156; *malman* in der urk. Conrads II. von 1032, bei Schannat 1, 486 falſch malmam.]

*) ausnahme machen die Weſtgothen: audientia non tumultu aut clamore turbetur, ſed in parte poſitis qui cauſam non habent, illi ſoli judicium ingrediantur, quos conſtat intereſſe debere. l. Viſig. II. 2, 2.

dœmi um mâl okkur;] hi ſunt articuli, quos dictavit *communitas* et ſcabini in Wettera. Wetterer w.; ſcholtißen, richtere, *dinklude* u. *landmann*. Örbacher w.; die heimberger u. der *lantman* mit die wiſent. Galgenſcheider w.; *alle gepurn*, ſeldner u. all ander husheblich lüt zu Erringen mugen recht ſprechen. Erringer gewonh.; lieben freunde u. *ganzer umſtand*. Bingenheimer w.; [heget gerichte mit dinkplichtigen und *ummeſtande* des *kores* (von kieſen). Wigand arch. 4, 226; gemeinen *köre* und *ummeſtande* des gerichts. ibid. 227 (a. 1555);] da nun Beckerhenne ſolich urteil u. wiſunge ußſagete, da fragete Reinhard von Swalbach die *mennere gemeinliche*, obe ſi der wiſunge alſo bekentlich weren? da bekanten ſie alle gemeinlichen, das es alſo were. Nauheimer w.; nach weiſung der ſchöffen iſt der *gemeine lantmann* ſamentlich mit offentlich aufgerufner ſtimme befragt, ob die gemelte weiſung recht geſchehen ſei? iſt von ihrentwegen durch den genanten jüngling geantwort: ſie wißen nicht mehr oder beßer. | Heuſeilſer w.; *hubener* des gerichts, *dingpflichtig* 770
die gerichte zu hüten, zu beſitzen urtel und der hern herlichkeit u. recht zu wiſen. Geinsheimer hubger.; der abt ſol ſinen hof zu Steinheim beriden eins im jar . . . und ſol da *horen wiſen u. teilen* ſin recht. Niederſteinheimer w.; anno 1496 eine neue ordnung u. recht mit rath, zulaßung u. verwilligung zentgraven, ſchöffen u. dazu des *landvolks* und *gemeinen* des obg. landgerichts gemacht, alſo das nun furter die dietherrn ſollen erben ihres vaters u. mutter erbtheil (oben ſ. 472). Crombacher w. — In gau und markgerichten heißt die menge: *genoßen*, gaugenoßen (pagenſes), *markgenoßen* (markenoten), *kornoten*. Haltaus 1123, *choremanni*. Ducange ſ. v. *malnoten* (Piper p. 162); *nachbarn*, vicinantes, convicini (capit. Saxon. cap. 4. Baluz 1, 277 [MG Capitularia I p. 71]); die ganz *gemeine nachpaurſchaft*. MB. 2, 102 (a. 1466); altn. *bûar*. Niala cap. 74. 75.

3. die verſammelte menge bezeugte ihren beifall durch *lauten ruf*, *handſchlag* und *bewegung der waffen*: ſi displicuit ſententia fremitu aſpernantur, ſin placuit, *frameas concutiunt*. honoratiſſimum aſſenſus genus eſt *armis laudare*. Tac. Germ. 11; ubi *ſono armorum tripudiis*que (ita illis mos) approbata ſunt dicta. Tac. hiſt. 5, 17; *plaudentes palmis* (oben ſ. 235); *procla-*

*mantes* (ibid.); cum *clamore valido* (ſ. 236); talis a nobis lata fuit et ab omnibus aſtantibus *approbata* ſententia (a. 1230). Kettner antiq. quedl. p. 219; qua queſtione prehabita ſententiatum exſtitit omnium aſtantium *applaudente* caterva. Duellii exc. geneal. p. 4 (a. 1281), [wie altfranz. faire enquête en *turbe*, prouver en turbe; der beifällige ruf des volks hieß altn. *rômr* (ſeck gôdan rôm at mâli ſîno. Ol. helg. c. 35. 67, þâ var gôdr rômr gerr. Laxd. 106), der misfällige *kurr*. Ol. Tr. 1, 33; gerdi lŷdrinn þegar vâpnabrak ok gnŷ mikinn. Ol. helg. c. 81; þyſs mikill ok hâreyſti (â lögbergi). Ol. Tr. 2, 240.] Bezog ſich der beifall auf ein gewieſnes urtheil, ſo ſagte man: der umſtand *gibt ihm folge*, *folgt*. Haltaus 471. 472. Das rühren der waffen heißt in den altn. geſetzen *vâpnatak*, vopnatak, nach Biörn: apprehenſio armorum, ceremonia ſenatus conſulti ratificiendi. Hâkonarbôk manhelgi cap. 19. [Norges gamle love 1, 236. 237. 260. Grâgâs bd. 2 ſ. v.; at eiga *vâpnatak* at dômum. Arneſen p. 584. Bartholin. p. 78; lögtekit ok âtt *vâpnatak* at. fornm. 11, 213.] Vâpnatak erfolgte, wenn einem vor gericht ein grundſtück zugeſprochen und wenn ſcotation vorgenommen wurde. altes Gulad. odalsl. cap. 3 und 28; wer ein durch vâpnatak bekräftigtes urtheil verletzt, unterliegt höherer buße: nû ef madr rŷfr dôm þann er dœmdr er â lögþîngi oc *vâpnatak* er at âtt innan lögrêtto oc utan. Gulaþ. p. 22*). Der agſ. ausdruck iſt
771 *væpentace* | (engl. wapentake), welches ſogar örtlich für den gerichtsbezirk gebraucht wurde, deſſen einwohner die waffen zuſammentrugen und zuſammen huldigten, für centuria: et quod Angli vocant hundredum ſupradicti comitatus vocant *wapentachium* et non ſine cauſa, cum quis enim accipiebat praefecturam wapentachii, die ſtatuto in loco ubi conſueverant congregari, omnes majores natu contra eum conveniebant et deſcendente eo de equo ſuo omnes aſſurgebant ei, ipſe vero erecta lancea

*) zum zeichen ſeiner *misbilligung* hob das volk die waffen (ohne zuſammenſtoß) in die höhe: þvînæſt drifu menn þângat (vor gericht) ok *höfdo* þegar *vâpnin â lopti* ok lêtu ecki fridliga. Ol. Tr. 2, 124; [auch: œpto herôp oc *bördo vâpnom â ſkiöldo* ſîna (als zeichen des trotzes). Ol. helg. c. 118; þâ *ſkôko* Æſir *ſciöldo* ſîna ok œpto at Loka. Sæm. 59, vgl. *hriſti* krôkaſpiotit, zur drohung. Laxd. 150.]

ſua ab omnibus ſecundum morem foedus accipiebat, omnes enim quotquot veniſſent *cum lanceis* ſuis ipſius *haſtam tangebant* et ita ſe confirmabant per contactum armorum pace palam conceſſa. leges Edowardi conf. cap. 33 [27]. Dieſe erklärung mag richtig ſein, ausreichend iſt ſie ſchwerlich, da man annehmen kann, daß das agſ. væpentace nicht auf die feierliche einſetzung der neuen obrigkeit beſchränkt war, ſondern gleich dem altn. vâpnatak auch auf andere gerichtsförmlichkeiten angewendet wurde. Aus dem innern Deutſchland ſind mir keine beiſpiele bekannt, obgleich ſich das volk auch hier *bewafnet* verſammelte, wie ſ. 287 und 764 ausgeführt worden iſt. Verſchiedne ſächſ. weisthümer berichten, daß die männer auf dem holtding während der verleſung ihre *meſſer in die erde ſteckten*, bei dem namentlichen aufruf herauszogen und dazu eine formel ſagten, nach welcher die brüchten beſtimmt wurden: zu Hülſede ſchließen die männer einen kreiß und ſtechen ihre *meſſer* vor ſich in die erde, ſo lange bis die verleſung geſchehen, darauf werden die ſtrafen beſtimmt. Strube rechtl. bed. nr. 155. th. 1 p. 373; es war gewonheit in einigen altdeutſchen gerichten, daß der angeklagte ein *meſſer* in die erde ſtach u. nachdem er ſich ſchuldig oder unſchuldig erkante, die worte ausſprach: ich ſtecke mein meſſer up gnade, oder ich ſtecke mein meſſer up recht. Piper markenr. in Weſtfalen p. 212; alle märker ſtecken in einem auf der erde gemachten kreiß ihre *meſſer*, ziehen ſie bei der ableſung ihres namens heraus und ſprechen: ich ziehe mein meſſer auf recht oder aber: ich ziehe mein meſſer auf herrn gnade. wer letzteres gethan hat und brüchtfällig befunden wird, zahlt nur einfache, wer aber auf recht gezogen hat alsdann | doppelte buße. 772
Delbrücker landr. 1, 9. Da die alten Sachſen große meſſer ſtatt der ſchwerte trugen*), ſo ſcheint mir aus dieſem bis in die

*) erat autem illis diebus Saxonibus *magnorum cultellorum* uſus, quibus usque hodie Angli utuntur, morem gentis antiquae ſectantes . . . cultelli noſtra lingua *ſahs* dicuntur. Witech. corb. p. 3; habentes ad renes *cultellos magnos*. ibid. p. 5. [Sahſo bedeutet einen meſſerträger und ſchon Hengiſt bei Nennius ruft ſeinen kriegern zu: nimed eovre ſeaxas! Noch im anfang des gegenwärtigen jh. bei der beſitznahme Hildesheims durch Preußen ſollen, wie mir mündlich erzählt worden iſt, die bauern einen preußiſchen fiſcal, der ſich in ihr holtding eindrängte und neuer-

ſpäteſte zeit fortdauernden markgebrauch die *bewafnung* des alten volksgerichts erwieſen zu werden.

4. bei allen weiſungen des verſammelten volks haben *alter* und *herkommen* die größte bedeutung. Und wie es im rip. geſetz cap. 88 heißt: hoc autem conſenſu et conſilio ſeu *paterna traditione* et legis conſuetudine jubemus; ſo enthalten die meiſten ſpätern weisthümer eine ausdrückliche berufung auf das althergebrachte: über die vogteirechte der abtei S. Trou (S. Trudonis) in Lothringen werden die *majores natu* befragt, ut quidquid *a majoribus* ſuis didicerunt vel ipſi usque ad illud tempus tenuerunt, *fideliter proferrent* et nec timoris nec amoris gratia in quamlibet partem plus minusve dicendo inclinarent (a. 1065). Don Calmet 1, 452; fecimus convenire ſcabinos noſtros cum *ſenioribus hominibus* civitatis et curtis in Swartebroek, qui quidem cum communi concordia et unanimi aſſenſu et conſenſu cum juramento nec non tactis ſacroſanctis unanimiter *enarrarunt* et proteſtarunt, quod *ex relatu ſuorum progenitorum, ſeniorum et anteceſſorum ſemper audiverunt* et pro vero intellexerunt. Swartebroeker w.; märker und landmann ſeinen gnaden die weiſung zu thun erboten, doch nicht auf ihre eide, baten u. begerten ſie ſolcher eide zu erlaßen, wann als ſie bedeucht ihnen ſolche eide zu thun gefehrlich were, angeſehen und in vielen jahren eins waldboten herlichkeit, der mark recht u. rüge nicht geweiſt worden, u. der *alten, die das mehr geſehen u. gehöret* hätten, gar wenig in leben, der mehrer theil jung zugekommen leute weren. ſie wolten aber als *fromme leute* ſo viel und ihnen *von den alten kund getan* u. ihnen ſelber ungefehrlich wißentlich ſwere, weiſung thun. Oberurſeler w.; further iſt der ſcheffe geragt, wie weit ſie nachfolgen ſollen? da rief der ſcheff laut umb ſich alſo: horent zu, *lieben jungen geſellen* u. merket eben und weiſe (ich) alſo. Gugenheimer w.; auch bekennen wir
773 obengenante ge- | mein, das dieſe *weiſung unſer eltern* und *fahren von vielen jahren auf uns bracht* u. ſo gehalten haben u. verſehen uns nit beßers auf diesmahl. Obercleener w.;

---

ungen machen wollte, zur flucht genöthigt haben, indem ſie plötzlich ihre in den boden geſteckten meſſer auszogen und drohend erhoben. Auch bei Apollon. Rhod. 4, 696: μεγα φάσγανον ἐν χϑονὶ πήξας.]

ſcabinos villae Sueſterenſis moneri fecimus ſub juramento ad *dicendam veritatem* de jure noſtro ſpeciali ac communi, prout *ab anteceſſoribus* noſtris ad eos fuerat devolutum, qui ſcabini requiſiti et jurati dixerunt. Sueſterer w.; dieſes hant die *elteſten* geweiſt *die iezund leben* in den dreien marken für ein recht, als das *von altem an ſie kommen iſt* u. *von den elteſten hant hören weiſen* u. wollen das war machen, wie man ſie weiſet, wan man ſi des nit erlaßen wil. Erbacher w.; das *han die altherrn alſo herbracht* u. gewiſt zu recht, auch ſo wiſen wir zu recht. Crombacher w.; dat ien die vierzen ſcheffenen deilent uf den eit u. as id *von ieren aldern an ſie kummen iſt.* w. von Hamme; uns iſt wißend u. *von unſern voreltern uf uns bracht.* Meddersheimer w.; daruf hait der geſworen u. lantman erkant u. gewiſt von *hören ſagen* u. iren *gedechtlichen tagen.* Retterather w.; das haben *unſere vorfahren an uns bracht* u. wir bis an dieſen tag alſo geübet u. gehalten. Dreißer w.; und das haben die *alten auf uns bracht* u. das wiſen wir fürhin für ein recht. Windesheimer w.; es ſei *auf ſie erwachſen von ihren eltern.* Riedinſtr.; ie u. allwegen, u. lenger dann menſchen gedenken. Joßgrund nr. 64 (a. 1536); kund u. zeugnis dieſer *frommen* u. *alten leute.* Bingenheimer w.; erbere kuntſchaft ergan laßen durch *frum alt lüt*, den kunt u. wißend darum wäre. MB. 23, 383 (a. 1430)*). An der fortführung ſolcher weiſungen durch lange jahrhunderte iſt gar nicht zu zweifeln und die vergleichung des inhalts, ja ſelbſt der formeln ſpäter weisthümer mit den denkmälern des alterthums bewährt uns, daß die ſchlichte ſitte des landmanns eine menge echtdeutſcher rechtsſätze, die in der geſchriebenen geſetzgebung verſchwunden oder verblaßt ſind, freilich abgerißen und roh, aber zugleich friſch und lebendig, mündlich erhalten hat.

5. zu jeder weiſung, zu jedem urtheil gehörte *einſtimmigkeit* oder *ſtimmenmehrheit*, woraus folgt, daß mindeſtens *drei* urtheiler vorhanden ſein muſten, damit der | dritte den ausſchlag 774
geben könnte**). Eine ſtelle des Bibrauer w. ſagt: und iſt (das

---

*) auch bei den dichtern; daz reht iſt *alt* u. iſt *herkomen manigen tac.* Flore 6583; vgl. die vorrede zum Sſp.

**) vgl. Gryphiander de weichb. ſax. cap. 64 nr. 9.

merkerding) als fri, daʒ niemande dar geboden iſt, wers aber ſache das niemant me dar queme dan *dri merker*, der eine mochte die andern zwene *beſtedigen;* wer es aber das *die merker ſamenthaft* darquemen oder wie viel ir da quemen, die mochten *kieſen* of truwe u. of eide. worden ſie *eindrechtig*, das were wole u. gut, worden ſie aber nit eindrechtig, das ſie zweihenden worden, ſo ſolden *die minſten den meiſten folgen* u. ſolde vorgang han. [Sehr ähnlich in der Grâgâs 1, 107: oc er þâ vel, ef þeir verđa *ſamdôma*, 1, 1. 2, 274: þâ ſkal *afl râđa*, 1, 57: ſcolo þeir râđa er *ſleiri* ero ſaman.] Auf den ungebotnen großen volksgerichten erſchien immer eine menge von leuten, öffentliche angelegenheiten zogen die ganze gemeinde an; ſobald aber nur bloße privathändel geſchlichtet werden ſollten, konnte ſich ereignen, daß nicht die nöthige zahl von urtheilern zuſammen kam. Aus dieſem grund wurde es rathſam, daß die obrigkeit oder der richter eine *beſtimmte anzahl* zu dem geſchäft des urtheils *erwählte**) und *benannte***). Eine ſolche beſtimmung muſte aber auch für den umgekehrten fall, nämlich wo ſich das volk in großer zahl verſammelt hatte, einleuchtenden vortheil bringen, indem eine *auswahl kundiger männer* über privatſachen ſchneller und treffender entſcheiden konnte, als der ganze haufen. Es iſt nun vor allem zu unterſuchen, welche benennung dieſe beſonders beſtellten urtheiler führen.

---

*) jeden, der im gebotnen gericht zugegen war, konnte der richter um ein urtheil angehen; es mag ouch der richter niemand für gericht gebieten, er hab dan davor zu ſchaffen, wer aber vor dem rechten iſt, den mag der richter wol *haiʒen niderſitzen* u. *rechtſprechen.* Erringer gewonh. Ja, die urtheiler konnten ganz zufällig zuſammengebracht werden. Es iſt noch zu Schwytz um kleine ſachen ein *gaßenrath*, beſtehend aus *den erſten ſieben landmännern, welche durch die gaße kommen*, wo die parteien zu entſcheidung ihres haders an der gerichtsſtätte ſitzen. Joh. Müller Schweizerg. 1, 425. Ähnlich heißt es im Breidenbacher w. von den *kunnern* (prüfern des getränkes): man ſoll inen geben, uff das, ob *ein gut geſell gieng uff der ſtraßen*, ſie den möchten *in gerufen zu in u. ſeinen rat auch darzu nehmen.* [Einladen *aus der ſtraße her* zu gericht. Gaupp ſchleſ. landr. p. 44.]

*) judices *deputati.* lex Burg. (Georg. 339 [MG Legum ſectio I 2 p. 33]), vgl. Savigny 1, 209.

6. den älteſten Franken heißen ſie *rachinburgii, raginburgii**). Von ihnen wird geſagt, daß ſie das recht | weiſen, 775
*legem dicunt.* l. rip. 55. ſal. 60 [57], daß ſie urtheilen, *judicant.* ſal. 59, 1 [56, 1]. 60, 2 [57, 3], daß ſie der gravio zuſammenberuft, *congregat.* ſal. (emend.) 52, 2 [50, 3] (pactus 53, 3 *rogat*). Ihre zahl wird l. rip. 55, 2 auf *drei;* 55, 3 und ſal. emend. 52, 2 [50, 3] auf *ſieben* geſetzt, war alſo nach den umſtänden verſchieden In einer alten formel (Lindenbr. nr. 162. Bignon p. 119 [MG Formulae p. 214]) heißt es: praeſentibus *quam pluribus* viris venerabilibus rachimburgis, qui ibidem ad univerſorum cauſas audiendum vel recta judicia terminandum reſidebant vel adſtabant. Sie bildeten keinen eignen ſtand, ſondern wurden für einzelne ſachen von dem grafen, vielleicht auch von den parteien aus der mitte der freien erleſen, jenes wenn ſie mehr als rechtweiſer, dieſes wenn ſie mehr als zeugen auftraten. Sie unterſtützten und begleiteten aber auch den grafen in andern amtsverrichtungen (z. b. ad caſam fidejuſſoris veniunt, pretium de fortuna ejus tollunt. l. ſal. emend. 52, 2 [50, 3]) und wurden ebenwohl für handlungen freiwilliger gerichtsbarkeit zugezogen, welches nichts gegen ihre ähnlichkeit mit den ſchöffen beweiſt, da auch das amt der ſchöffen nicht auf den urtheilsſpruch in ſtreitigen ſachen beſchränkt iſt.

7. Carl der große verordnete bleibende, für alle fälle im gericht erſcheinende urtheiler, d. h. er verwandelte die wechſelnden rachinburgen in *ſtändige beamten.* Dieſe werden in den capitularien genannt *ſcabini, ſcabinei*[1]) und die alte benennung erliſcht allmälich mit der veränderten einrichtung, doch kommen noch in ſpäteren urk. rachimburge vor**), wie mir ſcheint, im ſinn von zeugen und eideshelfern. Der name *ſcabinus* findet

---

*) vom wortſinn dieſes namens iſt ſ. 293. 294 gehandelt; doch will ich hinzufügen, daß, wenn chverioburgus oben ſ. 645 richtig gedeutet iſt, auch in rachinburgus ein ahd. *raginporo* liegen kann, und dieſes wäre genau conſilium ferens, conſilii lator, folglich, dem ſinne nach, das frieſ. rêdjeva (nachher ſ. 781); [vgl. urtelträger. weisth. 3, 260.]

[1]) [im Mauermünſterer inſtr. ſcabiniones. Schöpflin Alſatia dipl. 1 p. 225.]

**) trad. fuld. 2, 40 (a. 783): coram teſtibus et regenburgis; Vaiſſette hiſt. de Languedoc 2 preuves p. 56 (a. 918): judices, ſcaphinos et regimburgos.

ſich nicht vor Carls regierung (Savigny 1, 197. 198), doch hat er ihn ſchwerlich erſonnen, ſondern ein vorhandnes wort auf die neue beſtimmung angewandt und ein ſehr treffendes, da ſcabinus augenſcheinlich von *ſcapan* abſtammt*), welchem ich ſ. 768 die
776 bedeutung or- | dinare, decernere nachgewieſen habe**). Zwar befremdet auf den erſten blick die ſchreibung ſcabinus für *ſcapinus*, der das ital. ſcabino, ſpan. eſclavin, franz. eſchevin entſpricht; allein die altfränk. mundart muß ſich zu einer verweichlichenden ausſprache des inlauts p geneigt haben, da wir auch ſtatt ripuarius ſehr häufig und in den älteſten hſſ. ribuarius, riboarius antreffen***). Ein placitum von 781 (Bouquet 5, 781) hat dagegen *eſcapinius* und entſcheidend iſt nicht nur das ſächſ. *ſcepeno* (judex). gl. Lipſ., [*ſcepene* legisperitus. gl. Troſs.,] *ſcepen* bei Mel. Stoke 2, 477-81, *ſcepene*, ſchepene im Sſp., ſpäter *ſchöppe*, [bei Wig. feme 224 (ch. a. 1170) *ſkipene*,] ſondern auch das hochd. *ſcheffen*, ſpäter *ſchöffe*, *ſchöpfe* und das ahd. êoſcefel (legislator) wie ſcheffeltuom (ſcabinatus); [*ſcefina* judices. gl. francof. 87; *ſcefino*. gl. trev. 41[a]; *êwaſcefina* ſcribae. fr. theot. 10, 15. 22. 11, 6.] Dieſe ſchöffen wurden nun vom comes oder miſſus mit zuziehung des volks gewählt: ut miſſi

---

*) Cujacius dachte aus hebr. ſchaufet, ſchofet, richter; andere haben ſcabinus a ſcamno hergeleitet.

**) zuſammenhang mit *ſchöpfen* (haurire ſententiam) will ich nicht verreden, da ſcaphan (creare) und ſcephjan (haurire) nahe liegen, letzteres aus erſterem abgeleitet iſt; ja Diut. 1, 506[b] findet ſich *ſcuafun* waȥar (hauſerunt aquam) f. ſcephitun oder ſcaphtun; [waȥȥer ſcuof. c. vind. 653, 165[b]; ſcuofun hauriebant. T. 45, 7. Die ratgeben *ſchepfen* buoȥe. Augsb. ſt. p. 70.]

***) z. b. in Sichards ausg. Baſel 1530, vgl. auch den index zu Pertz I ſ. v. ribuaria, ribuarii (ahd. riphuarii, riflant); ſtibulatio. Neug. 23 (a. 758); doch ſcheint nach langem vocal p zu bleiben, z. b. in reipus (oben ſ. 425). Dieſes fränk. b kann man anſehen als einen der lautverſchiebung entgangnen überreſt älterer ſprachbildung (gramm. 1, 584. 585), richtiger als frühes vorbild einer däniſchen eigenthümlichkeit (gramm. 1, 564), der Däne ſagt ebenfalls ſkabe für altn. ſkapa. Die Spanier haben häufig ein ſolches b (cabo, cabra, obra, cabello, ribera [lobo, loba]), die Franzoſen v (chef, chèvre, oeuvre, cheveu, rive, rivière, [louve, enſevelir]), die Italiener halten das p (capo, capra, opera, capello, ripa); [in Spanien ſaec. 9. 10 geſchriebne lat. urk. haben oft obto, deincebs u. dgl.]

noſtri, ubicunque malos ſcabineos inveniunt, ejiciant et *totius*
*populi conſenſu* in loco eorum bonos *eligant*. et cum electi
fuerint, jurare faciant ut ſcienter injuſte *judicare* non debeant.
capit. a. 829 (Georg. 901 [MG Capitularia II p. 15]); ut in
omni comitatu hi qui meliores et veraciores inveniri poſſunt
*eligantur* a miſſis noſtris ad *inquiſitiones faciendas* et *rei veri-*
*tatem dicendam* et ut adjutores comitum ſint ad juſtitias faciendas.
ibid.*); keiner ſoll *propter munera* aut *propter amicitiam***)
injuſte *judicare*. | ibid. 902 [MG Capitularia II p. 15]. Es ſollen 777
ihrer *ſieben* ſein, wie der alten rachinburgen: ut nullus ad pla-
citum banniatur . . . exceptis *ſcabineis ſeptem*, qui ad omnia
placita praeeſſe debent. cap. a. 803 (Georg. 667, vgl. 1354. 1559
[MG Capitularia I p. 116. 429. MGLL II 2, p. 85]) und dieſe
ſiebenzahl tritt auch in geſetzen und urkunden, bis ſpät ins
mittelalter hervor: nieman ſol *urtail* vor geriht *ſprechen*, wan
der darzu erwelt wirt u. im darnach erlaubt wirt, daȥ urlobe git
der kunig u. ſwelh herr von im geriht hat. man ſol ſie welen
mit wiſer lüte rat, die man da welt die ſulen auch wiſe lüte ſin,
ir ſulen zu dem minſten *ſiben* ſin über ain ieglich ſache, iſt ir
aber mer, daȥ iſt auch gut. ſchwäb. landr. 200 Schilt., 209
Senkenb.; Carl IV. verleiht den ganerben zu Cronenberg gericht
und *ſieben ſchöffen*. Cronenb. ded. p. 44 (a. 1367); andere be-
lege bei Maurer p. 71. 116. Zu einem vollen, feierlichen pla-
citum ſollten aber *zwölf* ſchöffen erſcheinen: vult domnus im-
perator, ut in tale placitum, quale ille nunc juſſerit, veniat
unusquisque comes et adducat ſecum *duodecim ſcabinos*, ſi tanti
fuerint, ſin autem, de melioribus hominibus illius comitatus
ſuppleat numerum duodenarium. cap. a. 819 (Georg. 845 [MG

---

*) in einer urk. vom j. 808 bei Goldaſt ſcript. rer. alam. 2, 58 nr. 99: ut autem haec finita ſunt, interrogavit ipſe comes illos *ſcabinios*, quid illi de hac cauſa *judicare* voluiſſent? et illi dixerunt, ſecundum iſtorum hominum teſtimonium et ſecundum veſtram inquiſitionem *judicamus* etc.

**) eid der landſchöffen: des landes beſte rathen und findung weiſen u. das nicht laßen um vater noch um mutter, um ſchweſter noch um bruder noch um keinerhand gifte oder gabe, noch um neid, noch um keine habe, noch um noth oder eines herren willen, noch um furcht vor dem tod. Bodm. p. 610.

Capitularia I p. 295]); [auch bei Greg. tur. 8, 40: at ille electis *duodecim* viris, ut hoc ſcelus pejeraret, advenit;] und auch die zwölfzahl haben viele ſpätere weisthümer, z. b.: wir deilen zu dem erſten, das der merker *ſcheffin zwolf* ſollen ſin of dis ſtule zu Bebra, der ſcheffen ſollen zwene ſin von Ofenbach u. uß iedem dorfe einre, ane uß Rymprucken, die *zwelf ſcheffen* ſollen der merker recht wiſen u. deilen, als ſie iʒ zu den heiligen hant geſworn. Bibrauer w.; eʒ iſt etwa gewonhait, daʒ man *zwelf man* nimpt, die dem rihter ſulen helfen rihten, die haiʒent *ſchepfen,* die ſulen wiſe lüte ſin u. ſuln vor geriht *urtail vinden* umb ain iegliche ſach u. nieman anders u. miſſehellent die zwelf unter ainander umb ain urtail, ſo ſol diu *minner mengin der merern volgen.* Schwäb. landr. 164 Schilt., 83 Senkenb., vgl. Maurer p. 71. 116. Unverkennbar ſtehen beide normalzahlen in bezug auf einander, indem unter zwölfen *ſieben die geringſte mehrheit gegen fünf* bilden, folglich die einſtimmung von wenigſtens ſieben erfordert wird. Seltner erſcheinen andere zahlen, nämlich zuweilen die verdoppelung von 7 und 12: *vierzehn ſchöffen* u. ein ſchultheiß. Krumbacher w.; [*vierzehn* centſchöpfen. Werth. ded. nr. 128 (a. 1422).] Aus den zwölfen wurden ſpäter auch *eilfe,* indem man den ſchultheiß für den zwölften rechnete. weichbild art. 10 und 16; [*eilf* männer. Matzendorfer dingrodel.] Beiſpiele von 5. 6. 8. 9. 10 ſchöffen hat Maurer a. a. o.; [*fünf* biderleut zum urtheil. Schmeller 1, 538; was unter den *fünfen* die meinſte menge recht dunket, des ſollen die mindern folgen. Wenk 2, 307 (a. 1327).] — Daß ſie
778 nur aus dem ſchoß der freien | gewählt*) wurden, bezeugt die

*) wer zum ſchöffen gewählt wird, und es weigert, muß *das dorf räumen*, gewählt wird nur ein *begüterter:* Heinze Snider von Lorch had dun fregen, er habe gut in eime andern gerichte ligen, da er nit für u. flammen habe, in demſelben gerichte *haben in die ſcheffen zu eime geſelln gekoren,* obe er daʒ ſchuldig ſi zu dune? ſent.: er muß iʒ dun, oder muß der gude enberen. Eltviller urteil bei Bodm. p. 639. Item ſo maende deir amptman vurg. die ſcheffene, in zo beſcheiden, of mime gn. heren van Colne ein of me ſcheffene avegienge of aflivich wurde, wie man dan den *ſcheffenſtoil weder erfullen* ſulde? do wiſten die ſcheffenen, dat unſes gn. h. v. C. amptman of vait alda, ſowelch zit des noit were, an den ſcholtißen unſes heren van Prume komen ſulde ind ſagen, unſem heren

benennung *ſchöffenbar frei* (ſcepenbar vri), [homo libere conditionis, quod in vulgari ſcepenbere dicitur. ch. a. 1233. Wigand arch. I. 1, 61;] ſie hatten, gleich den rachinburgen, außer der ſtreitigen gerichtsbarkeit auch die willkürliche auszuüben. Savigny 1, 218. Jeder ſchöffenbare oder dingpflichtige durfte das urtheil des ſchöffen ſchelten und ein anderes finden, hierin zeigte ſich fortwährend der einfluß aller freien auf die rechtſprechung. Der dingpflichtige iſt urtheiler im ſinn der alten rachinburgen; merkwürdig ſcheint, daß die lat. überſetzung des Sſp. ſchepen durch bannitus oder ſcabinus, *dingplichte* aber durch *veridicus* wiedergibt, z. b. 2, 22. [Die ſcheffen nennen ſich *brüder: ſtuhlbruder.* Hainer w.; *mitbruder.* Oberramſt. w.; ihr amt wird erblich: ſcheffeltum erbet nuwent vaterhalp. weisth. 1, 701.]

7. wie die Angelſachſen ihre urtheiler nannten, vermag ich nicht beſtimmt anzugeben; ſie können *dêman* oder *dômeras* geheißen haben, vielleicht auch *vitan? Vita* iſt oben ſ. 266. 267 erklärt worden procer, optimas, da es aber in andern ſtellen auch conſiliarius, ſapiens und teſtis bedeutet, ſo fragt es ſich, ob man dieſen ausdruck nicht auf die zu gericht verſammelten urtheiler beziehen darf. Mid geſägene unrimgeleáffulra *vitena* drückt gerade Bedas per traditionem innumerorum fidelium *teſtium* aus. Dann wäre *vitena gemôt* die alte volksverſammlung der freien, allmälich aber auch die der auserleſnen urtheiler, ſo daß die ſächſ. vitan ſich wenig von den fränk. rachinburgen unterſchieden hätten. Hierfür | ſpricht, daß dieſe auserleſnen 779
ausdrücklich *gecorene tô gevitneſſe* heißen: to ælcre byrig XXXIII ſîn gecorene tô gevitneſſe; tô ſmalum burgum and tô ælcum hundrode XII. buton ge mâ villan. and ælc mon mid heora gevitneſſe bycge and ſylle . . . and heora ælc, þonne hine mon

v. C. gebreche eins ſcheffene, ſo ſail der ſcholtiße unſes heren hoifslude verboden up ſinen hof zu Arwilre ind under den *lenen* (lehnsleuten) zu deme hove gehorende ſolen die ſcheffenen, die zo der zit ſint, einen anderen ſcheffenen keiſen of me, wie des noit is, in der afgainder ſtat; ind were ſache, dat ſi geinen envonden under den *lenen*, die darzo nutz weren, ſo ſolen ſie keiſen under den *ſplißlingen* of under den *zinsluden* of *heuftluden* des vurg. hoifs, alſo dat unſem gn. h. v. C. ſin *ſcheffenſtoil* vurg erfult weirde ind ſolen dat doin na iren beſten ſinnen. Arweiler w. Über hofsleute durften alſo auch hörige richten [ſieh oben ſ. 750].

æreſt tô vitneſſe gecyſđ, ſylle þone âđ, þat he næfre ne for feo, ne for lufe (wie vorhin ſ. 776 propter munera et amicitiam) ne for ege nânes þâra þinga þe he tô gevitneſſe väs . . . ne cyđe. l. Edg. § 12 [IV 3-6], vgl. Phillips p. 168. 169. 174. Für ſtädte ſollen ihrer 33, für kleine örter und centenen 12 ſein und ſie haben nicht nur ſtreitige jurisdiction, ſondern auch willkürliche, da man in ihrer gegenwart käufe und verkäufe abſchließt. Ähnlich ſcheinen die *wißenden* (ſcientes, ſcientifici) freiſchöffen des weſtphäl. femgerichts*), und die *witzigen* eines Cölner gerichts im mittelalter, welches den namen *witziggedinge* führte. Haltaus 2125. 26 und Eichhorn in der zeitſchr. 2, 182-185. Auch ſtatute und weisthümer erwähnen der wißigen oder witzigen urtheilsfinder: das geding mit ſeinen darauf folgenden *wißigen*, [und zwar drei jahrgeding: 1. des zweiten montags nach der könige tag, darnach zu vierzehen tag iſt ein *wißiges* fallen und alſo fortan zu vierzehn tag nach einfolgend; 2. montag nach dem ſontag miſericordias mit drei *wißigen* darauf; 3. den zweiten montag nach Johannis, auch mit ſeinen *wißigen* nacheinander.] Dreyßer w.; *wizzint*(h)*aftding*. Bodm. 654 (a. 1227). [Die judicii, qui vulgariter *witdinc* vocatur. Bondam 1, 544[b] (a. 1260); illis exceptis, quae vulgo *witzgedinge* dicuntur. ibid. 1, 243 (a. 1169); drei *wißigdinge*. weisth. 2, 635; drei vogtgedinge und *wißige* naicht. ibid. 2, 354; willkore mit der *witzigiſten* rate und der ganzen gemeinde gemacht und geſatzt. Böhme 3, 75 (a. 1405).]

8. in Friesland hatten die fränkiſchen ſchöffen zwar keinen eingang, vielmehr lag die findung des urtheils (der tuom) in eines einzigen hand, des aſega, wie hernach ausgeführt werden ſoll. Doch aber werden ihm und dem richter (ſcelta) nicht ſelten männer aus der gemeinde beigegeben, deren *zwölf* und *ſiebenzahl* deutlich an die rachinburgen und ſchöffen erinnert. Sie heißen bald die *tolef* (zwölfe), bald des koninges *orkenen* (ahd. urchundon, teſtes). Fw. 80. 81. 288. 311 und häufig die *ſieben* der zwölfe (dera tolva *ſaun*). Fw. 289. 310; *ſaun* dis

*) auch Wigand feme p. 311. 312 hält die benennung für eine allgemeine, vermengt aber die begriffe weiſe (ſapientes) und weiſer (demonſtratores) damit. Die wißenden wären agſ. vitende, keine vîſe.

koningis *orkenen.* Sie ſollen *forfulla* des aeſga dôm. 81; ſie begleiteten den aſega zu beſchauungen. 32. 305; hausſuchungen. 84; waren bei der execution. 288 und bei beſitzeinſetzungen. 67. 318. Überall wo es auf ihre zahl, einſtimmung oder ſtimmenmehrheit ankam, müßen ſie und nicht der aſega *entſchieden* haben. Andere geſetzbücher, namentlich Aſegabuch und lit. Brokm., gedenken ihrer nirgend unter jenen namen, doch erwähnen Br. 15. 16. 124. 137 *ſithar* (gefährten, genoßen). |

9. auch im Norden begegnet ein urtheilender lögmadr, 780
laghman, der dem frieſ. aſega gleichſteht und eigentlich recht zu weiſen hat. Wiederum aber werden zur unterſuchung und entſcheidung von thatſachen männer aus dem volk erwählt, deren zuſammenhang mit den frieſ. orkenen und fränk. ſchöffen einleuchtet. Es ſind ihrer ebenfalls *zwölf*, und *ſieben* machen entſcheidende majorität (*ſeptem* ſuffragiis reus vel vincit, vel vincitur. Stjernhöök p. 59). Sie heißen altn. *nefndir* (nominati) oder *nefndarmenn*, ſchwed. *nämbdamän*, dän. *nevnemänd*; ihr gericht heißt altn. *nefnd* (fem.), ſchwed. *nämbd*, nämpt, nämd, dän. *nävn;* altn. auch *tôlfmannadômr.* Saxo gramm. p. 447 ſchreibt ihre einrichtung dem Ragnar Lodbr. zu: praeterea ut omnis controverſiarum lis ſemotis actionum inſtrumentis, nec accuſantis impetitione nec rei defenſione admiſſa, *duodecim patrum**) *approbatorum* judicio mandaretur inſtituit. Aus der benennung *patres* erhellt, daß alte, erfahrne, angeſehne leute dazu genommen wurden; Biörn erklärt nefndarmenn: viri honoratiores, ſcabini. *Approbati* und *nominati* ſind ſie, wie die fränk. ſcabini *electi*, die agſ. vitan *gecorene*, die alamanniſchen ſacramentales *electi* und *nominati* (Rogge p. 171-173) und die *genanten* ſpäterer urk. des mittelalters (Maurer p. 109 not. 33. 34. [Schm. 2, 696. 697]). Auch den Ditmarſen waren *nemeden* bekannt, gerichte[1]) die aus 12 männern beſtanden (Dahlmann zu

*) p. 458 läßt Saxo einen könig verſprechen: nudatum pedes cum *duodecim patribus* discalceatis ſuppliciter tributa ſe penſurum. [Fornald. 1, 462 ernennt Heidrekr *zwölf* weiſe männer, um über alle ſchweren und großen ſachen zu urtheilen.]

[1]) [nicht eigentliche gerichte waren die *nemeden*, ſondern *reihen der eideshelfer* (vgl. unten ſ. 863).]

Neocor. 2, 546); [es gab *kluftnemede* und *ſibblods nemede.* Heinzelmann ſchl. holſt. prov. ber. 1793 p. 113-145; nordfrieſ. *hardes nömeden*, ſechs oder zwölf männer. Heimreich 1, 326.] In der isl. Grâgâs erſcheinen keine nefndir, wohl aber *fanna-darmenn* (Arneſen p. 190), ſchwed. ſannemän, dän. ſandmänd, d. i. veridici, offenbar mit jenen verwandt und auch gewöhnlich in *zwölfzahl* auftretend; [*tolv* ſandemänd. danſke viſ. 4, 41; *zwölf* tingmänd verurtheilen die jungfrau zum feuertod. ibid. 3, 340.] Bûar er *kvaddir* (nominati) höfdu verit. Niala cap. 56. [In Shetland *zwölf rancelmen* oder ranſelmen (aus dem nord. rannſaka zu erklären); ſie werden von den hausmännern erwählt und verſehen hauptſächlich polizeigeſchäfte: forſchen dem dieb-ſtal in allen häuſern nach, wachen über die ſitten, ſchlichten häuslichen unfrieden etc. Arndts nebenſt. p. 351-355 aus Hibbert deſcr. of the Shetland-Iſlands. Edinb. 1822.]

10. bisher haben wir geſehen, daß der tuom, die weiſung des rechts entweder von der ganzen gemeinde oder von erleſnen gemeindegliedern ausgieng. Im widerſpruch hiermit ſcheint zu ſtehen der *einzelne urtheiler*, dem wir bei verſchiednen völkern begegnen. Das bair. und alam. geſetz nennt nicht ſieben oder zwölf judices, die den fränk. ſcabinen zu vergleichen wären, ſondern einen einzigen *judex*, der verordnet iſt recht zu ſprechen
781 (conſtitutus, ut cauſas *judicet.* l. Alam. 41, 1, | conſtitutus *judicare.* l. Bajuv. II. 15, 2 [2, 14]). Wie der fränkiſche comes das gericht hält mit rachinburgen oder ſchöffen, erſcheint der bair. und alam. comes mit *einem* judex: comes ſecum habeat *judicem.* l. Bajuv. l. c.; Reginhardo comite et Orendilo *judice.* Meichelb. nr. 115. 116. 117; Ellanperht *judex*, Odalſcalh comes. ibid. nr. 503. 504. Ebenſo redet das frieſ. geſetz der Rüſtringer von *einem aſega*, das der Brokmänner von *einem rêdjeva*, womit man in der alten lex Friſ. die rubrik: haec judicia Saxmundus *dictavit*, Wlemarus *dicit* (auch in der l. Angl. et Wer.: haec judicia Wlemarus *dictavit*) vergleichen kann. *Aſega* bedeutet wörtlich legem dicens, juridicus und in altſächſ. ſprachdenk-mälern findet ſich *êoſago* judex, [*aſage* jurisperitus. gl. Troſs.,] in ahd. gloſſen *êaſagari* legislator. monſ. 382, *êſago* legislator. gl. vindob. (Hoffm. 60, 14) [Hattemer 1, $261^b$], ſo daß kaum an der früheren allgemeinen ausbreitung dieſer benennung zu

zweifeln ift. Häufig heißt es nun: mit fcelta banne ende mit *aefga doeme.* Fw. 22. 78. 82. 176; bi *aefga doeme* ende bi liuda landriucht. Fw. 142. 144, der afega bleibt deutlich von dem greva oder fcelta (wie der bair. judex von dem comes und centenarius) unterfchieden, letzterem der bann (das richteramt), ihm aber der *dôm*, das urtheil, zugefchrieben. Dem afega gehört *dôm dêla.* Fw. 124; fô fchêda dat di *aefga* bî fîne *wîsdôme,* ende dâ liode nei hiara riucht. Fw. 184. Das brokmännifche *rêdjeva* *) bedeutet rathgeber (mhd. râtgebe, ahd. râtkepo, [altf. râdgebo,] agf. rædgifa) confiliarius, wie das agf. vita confiliarius ausdrückt und im mittelalter die beifitzer oder fchöffen ftädtifcher gerichte rathgeben, rathmannen, rathsherrn heißen (Eichhorn in der zeitfchr. 2, 165), vielleicht mit rückficht auf das lat. conful. Der fache nach ift aber diefer *rêdjeva* was der *afega* und auch ihm wird *dôm* oder undôm beigelegt, er theilt und urtheilt, vgl. Br. 33 *dôm dêla;* auf ein jahr lang wird er erwählt. Br. 1; [es wird ihm beigelegt *rêda* (rathen). Br. 63. 70. 75. 98. 157. 158. 166. 186, *onlêda.* Br. 128. 208, *bilêda.* Br. 170, *biherda* (beherten). Br. 178, *wita.* Br. 148.] Im liudawarf urtheilen *vier* rêdjevan. Br. 122. 140. [Schout, fchepenen en *raaden* (confiliarii). Huyd. 2, 553.] Endlich hängt auch im Norden der urtheilfpruch häufig von dem *lögmadr* oder *lögfögumadr,* fchwed. *lagman* ab, deffen namen juris peritus, jureconfultus, juridicus ausdrückt, lögfaga ift recitatio legis, rechtweifung, lögfögumadr alfo wieder wörtlich der ahd. êfago.

11. jener alamannifche und bairifche judex hat Roggen verleitet, f. 77-84 zwifchen fränkifcher und alamannifch- | bai- 782
rifcher urtheilfindung einen zu fcharfen gegenfatz anzunehmen, der bei näherer betrachtung großentheils verfchwindet. Einmal ift kaum zu glauben, daß die entfcheidung in Alamannien und Baiern bloß *einem* judex überlaßen gewefen fein, nicht auch die freie gemeinde, die zum ungebotnen gericht unbeftreitbar zufammenkam, theil daran gehabt haben follte. Da fich eine folche theilnahme hier wie in andern ländern für das ganze mittelalter beweifen läßt (Maurer p. 102. 103) und in allen

*) einigemal fteht es auch Af. 234. 258; [vgl. die *ratgeben* im Augsb. ft. 44. 70; *ratgeb.* Katzmair 1; *râtliute,* ratlude. Baur nr. 652. 655.]

übrigen verhältnissen die bloßen freien vielmehr stets zurückgetreten, als hervorgezogen worden sind (Savigny 1, 199); muß den alten Baiern und Alamannen, was ihren nachkommen unverloren blieb, noch in vollerem maß beigelegt werden*). Und das bewähren auch die fries. orkenen neben dem asega, die nordischen nefndir neben dem lögsögumadr. Das gesetzbuch der Brokmänner und Rüstringer geschweigt jener orkenen, folglich darf aus dem schweigen der lex Baj. und Alam. nicht geschloßen werden, daß dem judex überall keine gemeindsurtheiler zur seite gestanden hätten. Zweitens war aber auch, aller wahrscheinlichkeit nach, der fränkischen gerichtsverfaßung und überhaupt der ältesten deutschen ein solcher judex gar nicht fremd. So fähig immer die angesehensten und erfahrensten leute der volksgemeinde sein mochten, im allgemeinen recht zu weisen und sachen zu entscheiden; muste es gleichwohl einer lebendigen rechtspflege angemeßen und natürlich sein, dafür zu sorgen, daß es nie an einem eigentlichen *gesetzkundigen* fehlte, der für schwierige fälle rath und auskunft ertheilen könnte. Ich betrachte es als ein herabsinken der rechtsbildung, wenn wir im mittelalter alle urtheile bloß von landleuten und schöffen gewiesen sehen, bis endlich der vorsitzende richter sich in einen gesetzkenner verwandelte und dann auch das urtheil an sich riß. Die fränkischen missi, comites und centenarii brauchten das gesetz gar
783 nicht zu kennen. Aber bei den | alten Franken erscheint noch eine würde, die sich augenscheinlich als das dem bairischen judex

*) urk. b. Meichelb. nr. 470, nach der zeugenaussage jussit praedictus missus legem inter eos decrevisse. inprimis Kisalhardus *publicus judex sanxit* juxta legem Bajowariorum *ad justitiam*, deinde Engilhart (viele namen), ad extremum vero cuncti, qui ibidem aderant, una voce sonabant. Orendil comes et *ceteri judices*. Meichelb. nr. 124, vgl. nr. 122. 123; *judices* qui judicaverunt. Goldast nr. 92; qui dijudicaverunt. ibid. nr. 95; [dijudicaverunt *populi* et *scabini* constituti. Meichelb. nr. 487; *scephen* und *schultheiȥe* in einer bair. urk. a. 1150. MB. 22, 60; an ofner schrannen mit gewaltigem stab saß, da komen die *12 geschwornen rechtsprecher*. MB. 2, 102 (a. 1466); di *zwelf* und der statrichter. Ruprecht p. 57; di *zwelf*. ibid. p. 33. 85. 86. 140.] So auch in urk. aus fränkischgothischer gegend *sechs, acht, zehn judices*. Baluz 2, 1490. 1497 (a. 876). 1511 (a. 884).

und frief. afega vergleichbare ankündigt. *Sachibaro* oder *ſagibaro* (ch wie in rachin f. ragin) wäre ein altn. fögumadr [1]), denn baro ift vir, und nur ein vorgefetztes êwa, êa mangelt zur völligen einftimmung mit den angeführten nordifchen, friefifchen und ahd. benennungen, welche fämmtlich den begriff von *ſage* und *ſagen* enthalten. Der fachibarone erwähnt, außer den unterfchriften von urk. des 7. jh. (Savigny 1, 220 not. 122. [chart. fith. p. 19 (a. 648). Miraeus op. dipl. p. 7 (a. 654)]), bloß die l. fal. 57 [54] [2]), es follen ihrer nicht mehr als drei auf dem malberg zugegen, ihr ausfpruch über die fache foll unabänderlich fein. So bedeutend ift ihr anfehen, daß fie mit *d* em wergeld eines gravio componiert werden, d. h. mit dreifachem, alfo mit 600 fol. wenn der fachibaro ingenuus, mit 300 wenn er puer regis (vgl. litus in hofte oben f. 272) war. Diefe zuläßigkeit des litus unterfcheidet fie beftimmt von den rachinburgen, die nothwendig freie find; es fcheint aber höchft natürlich, daß fich gebildete liti, die in hofte und trufte auszeichnung erwerben konnten, der gefetzkunde befließen, ungefähr wie unfreie im geiftlichen und gelehrten ftande über die bloßen ingenui emporftiegen. Vielleicht hängen diefe alten rechtsverftändigen noch zufammen mit der heidnifchen priefterfchaft. Die worte der l. fal. emend. 56, 3 [54, 3]: qui *ſe* fagibaronem *poſuit* verftehe ich von einer befondern widmung und beftimmung zu dem rechtsftudium. Urtheiler im finne der rachinburgen und fcabinen waren alfo die fachibarone nicht, eben fo wenig waren fie richter mit banngewalt; allein fie fanden fich an der gerichtsftätte ein und konnten, wahrfcheinlich von den rachinburgen, aufgefordert werden, einen fchwierigen fall zu entfcheiden*). Als unter den Carolingen an die ftelle der rachinburgen die fcabinen zu einem fefteren ftand erhoben waren, der ihnen nähere erlernung der gefetze zur pflicht machte, verlor fich name

---

1) [vgl. nnl. zegsmann.]

2) [in einer alten fangaller hf. *ſaxbaro.* Diut. 1, 331 (al. fagsbaro).]

*) nach dem pactus: fi de caufa illi aliquid fanum *dixerint;* nach der l. emend.: fi caufa aliqua *ante illos* fecundum legem fuerit definita. Maurer bemerkt richtig, daß hier ante illos bedeute *ab illis;* fo *ante* aliquo für *ab* aliquo. Pertz mon. 1, 168.

und geſchäft der ſachibarone von ſelbſt, wenn nicht die zuweilen noch in den capitularien neben dem comes und ſcabinus
784 genannten *judices* auf ſie bezogen werden | dürften *). Denn der nicht richtende, ſondern urtheilende bairiſche êſago heißt ebenfalls *judex* und erſcheint als geſetzkundiger, da das geſetzbuch unmittelbar neben ihm genannt wird: comes vero ſecum habeat judicem, qui ibi conſtitutus eſt judicare, et *librum legis*, ut ſemper rectum judicium judicet de omni cauſa. l. Bajuv. II. 15, 2 [2, 14]. Späterhin als der judex wirklicher richter wurde (ſtatt des comes und centenarius), gieng die rechtskunde des alten judex auf den *geſchwornen ſchreiber* über, der gerade ſo neben dem landrichter aufgeführt wird, wie der alte judex neben dem comes und auch in begleitung des geſetzbuchs [1]). Häufig beginnen bairiſche gerichtsurkunden mit folgender formel: daß ich an offenen landrechten zu gericht geſeßen bin und den ſtab in der hand het u. den geſchwornen ſchreiber *bei dem buch*, da kam für mich in recht. MB. 8, 286 (a. 1455) **). Der unterſchied zwiſchen den fränk. ſachibaronen, dem bair. judex und frieſ. aſega beſtand alſo wohl darin, daß der judex förmlich conſtituiert, der aſega förmlich erwählt war, das geſetz zu weiſen, die ſachibaronen nur für einzelne fälle dazu aufgefordert wurden. Rachinburgen, wenn ſie des rechts gewis waren, konnten ohne den ſachibaro entſcheiden, noch entbehrlicher wurde er den rechtsgelehrten ſcabinen; umgekehrt entſchied der êſago, wenn ihm die that ermittelt vorlag, ohne miturtheiler. Beide geſchäfte der urtheilenden gewalt erſcheinen zur zeit der rachinburgen

---

*) nec *judex* nec ſcabinus. Georg. 741 [MG Capitularia I p. 151]; comes, *judex*, ſcabinius. ibid. 743 [149]; comes, *judex* aut ſcabinus; *judices*, advocati, centenarii, praepoſiti, vicarii, ſcabini. ibid. 746 [149].

[1]) [Wigand hält den geſchwornen ſchreiber für einen bloßen protocollführer. Mit dem 15. jh. ſei es ſitte geworden, alle urtheile in ein buch zu tragen; ſieh die abbildung zum Herforder r.]

**) vgl. Maurer p. 22. 145, deſſen meinung von den ſagibaronen, gegen Savigny und Rogge, ich beitrete; nur darin nicht, daß er den namen von ſacha (cauſa) ableitet und aus der agſ. gerichtsverfaßung eine beſtätigung entlehnt; denn l. In. 6 findet ſich kein ſagibaro, ſondern geþungen vita, welches Spelman oder irgend ein älterer überſetzer durch den fränk. ausdruck zu treffen glaubte.

meiſtens, zur zeit der ſcabinen überall ungeſpalten; während in Baiern, Friesland, Scandinavien das legem dicere von dem veritatem dicere gewöhnlich getrennt war. Dieſe einrichtung, könnte man ſagen, iſt mehr den gebotnen gerichten und dem ſtreitverfahren angemeßen, die fränkiſche mehr von den ungebotnen volksverſammlungen ausgegangen. Dort wurde der juridicus ſtändig und die unſtändigen | veridici konnten der geſetzkunde 785
entrathen; in Franken verlor ſich der unſtändige ſachibaro, nachdem ſich die recht und that urtheilenden rachinburgen in ſtändige ſchöffen verwandelt hatten.

12. hieraus erkläre ich mir nun auch die ähnlichkeit und unähnlichkeit der ſchöffen mit den *geſchwornen.* Urſprünglich lag die kraft des urtheils und der entſcheidung in händen der *genoßen* und *nachbarn.* Da dieſe zugleich die wahrheit der thatumſtände wißen, bezeugen und beſchwören konnten, ſo leuchtet ein, daß in vielen fällen die *zeugen* urtheiler waren und daß die verrichtungen der urtheiler, zeugen und eideshelfer im alterthum vielfach untereinander fließen müßen. Darum heißen die urtheiler nicht nur zeugen, urchunden (orkenen), gecorene tô gevitneſſe (vitan), wißende; ſondern ihre zahl und beeidigung ſtimmt auch zu den grundſätzen des alten rechts, die das fünfte cap. erörtern wird. Daraus folgt aber ein unverkennbarer zuſammenhang zwiſchen den altdeutſchen urtheilern und dem heutigen *geſchwornengericht* in England und Frankreich, woran ſchon Savigny 1, 216 erinnert hat, welchen jedoch Rogge ſ. 242-246 und Maurer ſ. 106-110, wie ich glaube, ohne hinreichenden grund, leugnen [1]). Das geſchäft der ſchöffen war nicht auf weiſung des rechts beſchränkt, wie Rogge ſ. 97 und 245 annimmt, ſie hatten auch die thatſache zu prüfen (Sav. 1, 215. 219. Maurer p. 65. 107). Die jury hat es freilich bloß mit der that zu thun; ſie entſcheidet über wahrheit, nicht über recht (veritatem dicit, non legem), allein ſie ſtellt ſich auch in anderen beziehungen als ein bloßes überbleibſel aus der älteren

---

[1]) [es freut mich, daß ein ſo gründlicher forſcher, wie Phillips, nunmehr gleichfalls zuſammenhang der *geſchwornen* mit ſchöffen und eideshelfern annimmt (engl. rechtsg. 2, 287); früher hatte er die geſchwornen als etwas neu entſtandnes dargeſtellt (agſ. rechtsg. ſ. 209).]

umfaßenderen gerichtseinrichtung dar. Die nord. nefnd war z. b. viel allgemeiner und entſchied civilſtreitigkeiten ſowohl als peinliche, während die franzöſ. jury*) gänzlich auf letztere beſchränkt iſt. Hängt nun aber die nefnd ohne zweifel zuſammen mit der jury, wie dies Rogge ſelbſt annimmt, ſo kann noch weniger eine berührung der nefnd mit den ſchöffen beſtritten werden. Die alte nefnd urtheilte über recht wie über that (Stjernh. p. 53) und wenn gleich ſpäterhin ſie mehr auf thatſachen gerichtet
786 war, wurden doch fortwährend die nefndir für | eine reihe gerichtlicher handlungen, z. b. beſichtigungen, hausſuchungen, pfändungen verwendet, die den engl. geſchwornen fremd ſind, aber ganz ſo den frieſ. orkenen, den rachinburgen und ſcabinen zu verrichten oblagen. Auch in England urtheilten vitan und gecorene urſprünglich über das recht; als die geſetzkunde weniger volksmäßig wurde, gieng die rechtweiſung auf den richter über und blieb der gemeinde nur die erörterung der that, während umgekehrt im fränkiſchen reich ein gelehrter ſchöffenſtand entſprang**). Viele nebenumſtände beſtärken die identität der geſchwornen und der ſchöffen. Nicht ſelten heißen unſere ſchöffen geradezu *geſchworne*, z. b. im Franker herrengericht (viele beiſpiele gibt Maurer p. 107); ihre anzahl von 7. 12. 24 begegnet den zwölfen der jury und die einſtimmung der ſieben iſt entſcheidende mehrheit unter zwölfen, namentlich auch bei der nord. nefnd, ſo daß die in England erforderliche einhelligkeit der zwölf als unweſentliche abweichung erſcheint.

13. noch eine beſtätigung finde ich in dem *beiſeitegehn* der jury zur berathung, das auf gleiche weiſe die ſchöffen auszeichnet und durch die ganze deutſche gerichtsverfaßung zu herſchen ſcheint. Da der richter dem gericht ſtillſchweigen bannt, nur mit ſeiner erlaubnis geredet, nur auf ſeine geſtellte frage geantwortet werden darf, ſo war die entfernung der urtheiler von der gerichtsſtätte nothwendig, damit ſie ſich erforder-

*) nicht völlig die engliſche, über welche Spelman ſ. v. *jurata* nachzuſehen iſt.

**) Eichhorns treffende erklärung bei Savigny p. 216 not. 112. Die ähnlichkeit der jury mit dem röm. judex (pedaneus) gegenüber dem praetor hat Savigny bemerkt.

lichen falls, theils untereinander ſelbſt, theils mit der gemeinde beſprechen und über den zu ertheilenden ausſpruch vereinbaren könnten. Auch bewährten ſie hierdurch ihre ſelbſtändigkeit und unabhängigkeit von dem vorſitzenden richter. Ein abſeitsgehen der nord. nefnd kann ich nicht beweiſen, vermuthe es aber unbedenklich. In einer merkwürdigen ſtelle der Olaf Tryggv. ſaga 2, 124 cap. 176 heißt es geradezu, daß das verſammelte volk, einen ihm eröffneten antrag zu bereden (at tala med ſer þetta vandamâl), ſeitwärts vom gericht gegangen ſei: *gengu* þeir þrândr (d. i. þrândr ok bœndr) þâ *annan veg â völlinn.* Den belegen aus unſern urkunden und weisthümern will ich einige ſtellen der gedichte vorausgehen | laßen. Als Carl ſeine 787
pairs zum rathſchlag aufgefordert hat, heißt es (pf. Chuonr. 15[b]. fragm. bell. 8[a]):

thie Franken ſamenôten ſih thrâte
mit gemeineme râte
*giengen ſie ûf einen buhel grône,*
ther ſunne ſcein vile ſcône,
ſie rieten al umbe
iegelîh beſunder;

nach gepflognem rath kehren ſie zu dem kaiſer, d. h. dem richter, zurück und hinterbringen, was ſie gefunden haben:

alle thie thie rethe vernâmen,
ſie ſprâchen, iʒ wâre thaʒ allerbeſte.
*thô karten* thie nôtveſten
*wither zô thes kaiſers geſidele.*
thie vurſten bâten alle
then biſcof ſanctum Johannen
thaʒ er zô hofe wâre
ire *vorerethenâre;*

genau wie in den weisthümern die zu gericht wiederkehrenden ſchöffen einen redner oder ſprecher haben. Orlenz 9445 ff.:

an die der rât dô was geſat,
die *giengen* dô *an eine ſtat*
*diu darzuo was vil heimelich;*

einer unter ihnen (der wîſete an dem râte) thut den vorſchlag und findet das urtheil, das die übrigen billigen;

dô der ſelbe rât geſchach,
die *râtgeben* (raginboron, rêdjevan) man *kêren ſach*
*hin ze dem künige* ſâzehant . . . .
offenlich zuo der ſchar
wart dem fürſten für geleit
diu buoȥe, als ich hân geſeit;

[Rother 556 von den rathgebern des königs:

ſie *giengen zôſamene*
ſprâchen *vor die kameren;*

darauf 580 nach geſchehener berathung:

die herren *giengen* drâte
*vor den kuninc* mit deme râte;

troj. 17864: dô *giengens* und berieten ſich,
waȥ ſi dem herren lobelich
ze antwurt ſolten bieten.
nû daȥ ſi ſich berieten,
dô gertens allgemeine,
daȥ im Hector der reine
entſlieȥen ſolt ir aller muot;

ibid. 18101: ſi *giengen ûȥ* dô ſamenthaft
an ein geſpræche drâte
und wurden des ze râte,
daȥ Têlamôn der ſtæte
ir aller rede tæte.]

Keins der alten geſetze, ſo viel ich weiß, thut des bei ſeite tretens der rachinburgen, ſcabinen und zeugen erwähnung; in den fränk. urkunden werden ſich vielleicht ſpuren entdecken laßen. Eine bairiſche vom j. 849 bei Meichelb. nr. 661 gedenkt wenigſtens des berathens einer partei mit freunden und zeugen*)

---

*) eſora *ſalien a parte* infantes de Carrion;
*tornan con el conſejo* e fablaban. p. del Cid 3229. 3232;
[a conſoil les anmaine deſoz un arc volu. Guitecl. 1, 49.]

So *genk* de vurſcr. a. b. c. *uit* mit ſinen vorſpreken unde bereit ſik langs tits genoich unde *quam weder umb int gerichte*, als em mit rechte geborde. Wigands feme p. 234. [Der ausdruck *in die achte gehn.* Michelſen oberhof p. XV. Sſp. 1, 58 gl. (acht = beachtung, überlegung, meditatio.

und auch hierin meine ich | beſtätigung des zuſammenhangs 788
zwiſchen urtheilern und zeugen zu finden: jam dictus presbyter videns ſe coeptam rem non poſſe perficere, *tulit ſecum in locum ſecretum* Friduratum comitem ſeu (et) Rihhonem vel (et) alii (alios), cum quibus cauſam ſuam *conſiliare* voluit, vidensque ſe legibus et teſtibus vel (et) ſcriptis eſſe ſuperatum, tractavit cum ipſis et convertit pravum ſenſum atque confeſſus eſt priorem traditionem; *intravit ſimul cum ipſis in concilium* et cum *receſſiſſent* etc. Auch die meiſten geſetze des mittelalters ſchweigen von dem gebrauch, z. b. der Sſp., erwähnt wird er in dem liefländ. ritterrecht (Ölrichs p. 235): ſo ſpreke de richter denn tho dem ordelsmanne: her ordelsman *tredet af mit mines heren geſwaren*, *vindet* unde *bringet* hirup *inn ein ordel* tho rechte up itzige gehörde anklage unde antwert der parte. item ſo tredt de ordelsman af, eſchet unde nimt tho ſik de geſwaren des ſtiftes aldar thor ſtedde, ſo hefft de ordelsman noch beide beſitter up tho eſchen unde ſik darmede tho beraden unde *kumpt darna wedder inn* vor den richter unde bringet dat ordel inn na ſolker geſtalt. Aus den weisthümern habe ich folgende ſtellen geſammelt, die den hergang der alten gerichtshaltung verſchiedentlich beleuchten. Da ſtund ein ritter mit namen her Dieterich waltpode und *fragte* von der herren wegen die ſchöffen zu Limpurg, daß ſie auf den eid ſagten und offenbarten, wofür ſie die herren hielten, was ihre herſchaft u. ihre freiheit u. ihr recht wäre zu Limpurg? da *giengen die ſchöffen aus u. nahmen einen rath u. kamen wieder* und verſprechten ſich, *das wort ſprach* Johan Bope ſchöff zu Limpurg gar herrlichen u. ſtund feſtiglichen in der ſchöffen wort von anbegin des gerichts biß zuletzt außen u. ſprach alſo (und bei jeder folgenden einzelnen frage gehen die ſchöffen von neuem aus und beſprechen ſich). Limburger w. von 1370. Da *giengen* die ſchöpfen *aus* u. berieten ſich u. *kamen wieder in ihre ſtüle ſitzen* u. weiſten.

---

In dem notariatsinſtrument über die vorgänge bei Wullenwebers verurtheilung fragt Henni Otten van Detten, bevor er ſich mit den umſtehenden beſpricht, um ihr urtheil vorzutragen, den richter: herr richter, ick bydde dat ick idt *achten* moghe, worauf der richter erwidert: ick gunnes wol, *achtet* und vindet wath recht ſy. Waitz Wullenw. 3, 525. 526.]

J. J. Reinhard abh. 1, 44 (a. 1416). Alſo iſt die gemein *hinder ſich gangen* u. beſprochen u. haben uns ein antwort geben. Cronberger deduct. p. 47 (a. 1478). Nach der frage *ſtunden*
789 die | centſchöpfen *uf* u. *giengen aus von der ſtatt*, da ſie dar zu gericht ſaßen u. beredten ſich u. *kamen dan wieder u. ſetzten ſich nieder uf ir gehölz* u. weiſeten und ſprachen zum rechten. Dahl p. 79 (a. 1430). Des ſo ſind die ſcheffen *ußgangen*, ſich bereiten, *wider ein geſeßen* u. einen zettel dargelegt u. zu recht ußgeſprochen u. geweiſt. Kopp nr. 73 (a. 1462). Daruf ſind die ſcheffen *aufgeſtanden* u. *in ihr geſprech gangen* u. über kurz oder lang *widerkommen, nidergeſeßen* u. geweiſet. Hanauer doc. p. 99 (a. 1498). Do namen die gemeinen landlude einen beraide u. *giengen uß hinter ſich* und als ſis ſich wole beraden hatten, da *quamen ſi wedder ingegangen* vor das vorgeſchr. gericht u. hießen von irer aller wegen den gen. Hennchen Aelman ußſprechen, ſo was ſie ſich beſprochen hetten. Koch beitr. zu J. J. Reinhards ausführ. p. 27 (a. 1449). Darauf wer Joachim Wagener von Reichenbach mit den anweſenden underthanen *abgedreten*, underredt u. von irer aller wegen die *antwort* als ein verpflichter *landſetzer* u. beglaubſter unſtreflicher mann *gegeben*, daß ſie beide herrn zugleich erkennten, geſtunden keinem den vorzug vor dem andern. handlung zwiſchen Heſſen u. Naſſau über Hüttenberg a. 1561 (ziegenh. repert. Oberheſſen vol. 8). Hieß den landmann *ausgehen* u. weiſen alle herrlichkeit u. gerechtigkeit . . . da *gieng* der landmann mit laub *aus in ſein geſpräch* u. *kam wieder* u. weiſete. Mechtelnhauſer w. Haint ſich ſcholtißen u. richtere mit den lantmannen nach alder gewonheit u. heirkomen daruf beſprochen u. beraden u. *ſint weder vur gericht komen* u. haint, in alle der beſter maneren wege rechten u. formen ſi ſolden u. moichten, unbetwongen u. ungedrongen bi iren eiden u. geloifden . . . vur recht u. altherkomen gewiſt. Örbacher w. Alsdann da haben ſie auch die nachbarn u. ganze gemeinde der dreien dörfer erinnert u. vermanet der gethanen eide, redlichkeit treu u. ehre, ſo ſie ihren weibern u. kindern ſchuldig ſein u. ſollen *hinder ſich in red u. geſprech gehen*, ſich unterreden, erlernen und einer von dem andern erfahren, weſſerlei freiheit, herrlichkeit, gewonheit u. recht auf der gem. weide, das ried genant, ſie haben u. von ihren eltern auf ſie gebracht

und erwachſen und nach gehaltenem rede u. geſpreche ſolche
freiheit recht u. herrlichkeit der weide in der beſten form u.
weiſe mit recht weiſen u. ausſprechen. Rieder weidinſtr. Des
*ſtunden* wir genanten | lantſchepfen mit laub *uff* u. haten des 790
unſer geſprech u. *qwamen wider* u. brachten des kein urteil.
Waſunger landger. Da ſeind die ſcheffen alle gemeinlichen *in
ihre geſprech ußgangen* und ſeind *wieder inkhomen* u. haben
alle eintrechtiglich u. ungezweit zu recht ausgeſprochen u. ge-
wieſen mit gemeinem urtheil. Schwarzenfelſer w. Nach ſolicher
vorleſung iſt der ſcheff *ausgangen* u. ſich miteinander bedacht
und *wider auf ſein ſtul geſeßen* u. muntlich das weisthum aus-
geſagt. Gugenheimer w. Daruf ſint die ſcheffen *aufgeſtanden*
u. *in ihr geſprech gangen* u. über ein kurz weil *wider komen,
nider geſeßen* u. geweiſet. Vilbeler w. Haint die ſcheffen ſich
*auf eine ſeiten gezogen* u. ſich wol beraten. Irſcher w. Sie
haben auf ein jede frage iren *abtritt* u. *bedenken genommen.*
Bingenheimer w. *Gehen* die zwölf ſchöpfen *ins bedenken.*
Heldburger centgerichtsbrauch. Die ſchöffen, wenn ſie *abtritt
nehmen*, gehen an einen gewiſſen ort ohnfern dem gerichtsplatz,
der etwas tief u. die *ſchöpfenkaute* (bei Hallwachs p. 101
ſchöpfenkan) genant wird, an welchem vorzeiten *ſitze von raſen*
geſchlagen geweſen ſein ſollen u. alhier berathſchlagen ſie, was
an dem gerichte vorzubringen ſein möge. Crainfelder w. Alſo
hat der ſcheffe *bedacht genommen*, darnach *wider kommen* u.
durch ihren mitbruder Hanſen Schmiden zu Oberrambſtatt mit
ihrer aller *beiſein* u. *ja* folgendermaßen reden laßen. Oberrambſt.
w. von 1492. *Tretet uß* und nemet den lantman zu uch u.
wiſet dem walpoden ſine herlichkeit u. der mark rechte! Ober-
urſeler w. von 1401. Und ſo *ſeind gegangen aus geſetzter
bank* die geſchworne ſchulteſen u. ſchöffen u. haben ſich beredt
u. beſprochen miteinander, darnach ſeint ſie *wieder ſitzen
gegangen* in gericht u. hent geantwortet uf die vorfrage. Eſch-
borner w. Haben die fiſcher darauf *bedacht genommen* u. ſeint
alleſambt *abgetretten*, nach gehabtem bedacht u. rathe *widder
beigetreten* u. darauf einhellig u. einmuthig bei ihren eiden, ge-
lübden u. pflichten . . . geweiſt u. erkant. Trierer fiſcheramtsw.
Qui ſcultetus *trahens ſe ad partem* cum villanis et incolis . . .
et bene cum eisdem deliberatus nomine et ex parte omnium

eorundem ibidem aſtantium nemine contradicente reſpondit. Adendorfer w. Und *giengen* auch zu ſtunt der itzgemelt ſchult-his mit andern der menien (von der menge) *uf ein* (*ſite*) und *bedachten ſich.* Ottenheimer w. Da bat derſelbe Bieber Jacob
791 urlaub, ſich | mit berührter gemeinde zu unterreden, das ihm vergönnet, darauf er *mit der gemeinde abgetreten* u. ſolche *unterrede gethan* u. demnach mit ihnen *wieder herbeigegangen* u. geſaget. Blankenrader w. Der fragen hant ſie (die ſcheffen) ein *berateniſſe genomen* u. *ſint wider komen* . . . und gewiſeten. Winninger w. [So nun clag u. antwort gegen einander komt und man fragt nach clag u. antwort, ſo ſoll der ſchöpf das urteil zue ihme nehmen und laube bieten *aufzuſtehen* und ſoll *in ein geſprech* mit ſein geſellen *gehen;* könten ſie des urteils eins werden, ſo ſollen ſie es ausſprechen. Urſpringer w.] Dat ordel wart beſtadet an Johan Buck, de *ſik ummekerde* u. bereit ſik u. *quam weder in* u. wiſede vor recht. Kindl. m. beitr. 3, 649 (a. 1506). Dit ordel heb ik geſtelt an Cord Bademoder ein echt friſcheppe, die ſik mit dem ganzen umſtande u. dink-plichtigen des frigerichts *umgekart* heft und ſik darup bereden u. is wedderumme *int gerichte kommen* u. mit gemeiner volge vor recht gewiſt. ibid. 3, 626 (a. 1490). [Hirop ſo *bereit ſik* de holtrichter *mit den erfexen*, de dar tegenwordich weren u. *quemen weder int gerichte* u. leten ſeggen vermits eren gewunnen vorſprekers. Kindl. ſammlung 37, 54. Geſtadet an Lambert van Kovorden, de ſik darup *bereit mit den ummeſtand*, brachte in u. wiſede vor recht. ibid. 37, 56 (a. 1493). Dat ordel wart beſtadet an Krumpell, de ſik *ummekarde mit den buren*, *brachte wedder in* u. wiſede vor recht. ibid. 37, 72 (a. 1505).] Welk ordel wort beſtadet an Bernd Winkelmann, de darup verramet u. *ſik umbgekart*, mit den umſtenders des gerichts ſik beſproken u. vur recht gewiſet. Widenbrügger holting p. 147. Welk ordell is beſtadet an Franzen Moſelagen, de ſik *mit den umb-ſtande umme gekert*, beleret u. darup verramet u. vor recht ingebracht. ibid. p. 161 (a. 1551)*).

---

*) Philand v. Sittewalt ſoldatenleben (ed. Leiden 1646. p. 306. 307): edele herrn räthe, wir bitten umb urtheil. auf welche wort ſtunden die räthe auf u. *traten beiſeit* in ein abſonderliches an den ſchranken ver-

Die mitgetheilten auszüge lehren hinreichend, daß beides an gebotenem und ungebotnem gericht die ſchöffen zur findung des urtheils und der weiſung abtraten. Einigemal tritt der ſchultheiß mit ab, nämlich da, wo er nicht vorſitzender richter iſt, ſondern ſeine dorfleute in die gauverſammlung begleitet hat. Es kommt auch vor, daß in außergerichtlichen händeln andere, z. b. geſandten, an die eine entſcheidung geſtellt wird, zur berathung bei ſeite treten; in einem protoc. von 1539 (deduct. der ballei Heſſen, beil. nr. 126) heißt es: welchs (worüber) die geſandten ein *hinder ſich gang* genommen.

[In der gloſſe zum Sſp. 1, 58 die ſitte der bauern, zweimal wieder zu kommen und zu ſagen, ſie wüßten nicht, und beim dritten mal erſt einzubringen.]

14. *ſitzend ſoll man urtheil finden*[1]). Sſp. 2, 12. 3, 69. Der richter ſaß gewöhnlich auf einem ſtul (oben ſ. 763), die ſchöffen auf *bänken*, daher heißt es *bankes bidden.* | Sſp. 3, 69, 792
die *bank* beſetzen, ſpannen, ſchöffen*bank*. Oft aber hatten auch die ſchöffen *ſtüle* und dann der richter nur einen höheren oder größeren. Belege ſind eben unter 13 beigebracht worden; [Reinhart 1328: an *hôchgeſtüele* man geriet; bei Mone 7, 463: lantgericht *geſtüel*, das oberſte *geſtüel.*] Wenn es in einer alten formel heißt: praeſentibus quam pluribus rachimburgis, qui ibidem . . . *reſidebant* vel *adſtabant* (Bignon p. 119 [MG Formulae p. 214]); ſo darf man wohl die ſitzenden auf ſchon erwählte urtheiler, die ſtehenden auf unerwählte beziehen? Schilt ir ordel en ir genot, he ſal des bankes bidden, en ander to vindene, ſo ſal jene *upſtan*, de't ordel vant, unde deſe ſal ſik *ſetten* in ſine ſtat unde vinde dat ime recht dünke. Sſp. 3, 69; die aver to den benken nicht geboren (richtiger vielleicht gekoren) is, de ſal des ſtules bidden mit ordelen, en ander ordel to vindene, ſo ſal ime jene den *ſtul rumen*, diet irſte ordel vant. Sſp. 2, 12. [Wer vor gericht redet, *ſteht* von ſeinem ſitze *auf:*

ſchloßenes ort, umb ſich des urtheils wegen zu bereden . . . *kamen ſie wider* ein jeder an ſeine ſtelle u. Hans Thurnmeier, das wort im namen aller führend, ſprach. [Auch Renart 8485. 8867. Méon 4, 74.]

[1]) [daher noch heute *zu rechte ſitzen* = richten, *zu rechte ſtehen* = gerichtet werden.]

ufſtân und des hofs recht ſprechen. weisth. 1, 700; enn er þîngit var ſett, *ſtôd* Olafr *upp* ok kvaddi ſer hliods. Ol. Tr. 1, 270; er þingit var ſett, *ſtôd* Sigmundr *upp* ok ſkaut â erendi. ibid. 2, 124; þâ er menn gânga til lögbergs, þâ *ſtendr* Olafr *upp* ok hann kvedr ſer hliods. Laxd. 106; der geſandte *ſteht auf* und redet. Ol. helg. c. 80; der fragende *ſteht*, der antwortende *ſitzt*. Sn. 3.] Von tracht und kleidung der ſchöffen oben ſ. 764; *ſtäbe* kommen ihnen nicht zu, wohl aber vor alters waffen, im lande Delbrück beſtand der rath aus 20 frommen männern, deren jeder mit *rathſpieß* oder *lanze* verſehen zu gericht gieng. Delbr. landr. p. 9.

15. *ſäumige, ungerechte urtheiler* trifft ſchwere ſtrafe an landrecht und ehre*). In Friesland wurde ihnen das *haus abgebrochen* (oben ſ. 729), dieſe ſtrafe muß viel weiter verbreitet geweſen ſein, ſie herſchte auch im Elſaß: würde och der ſcheffeln deheinre ſumig und keme nit an das gerihte, ſo het der herre von Ohſenſtein, der das gerihte beſitzet, gewalt, deme ſcheffele ſin *hus abe ze brechende* unze an die vier pfoſten u. unze an die ufganden bant, die an die virſt gant, u. ze nemende alles das in dem huſe iſt**), ane den pflug u. das bette ze beröbende. und ſol man den ſcheffeln *under der ſwellen us dem huſe ziehen* (gleich einem unehrlichen verbrecher, oben ſ. 727) u. in *buchelingen* (mit dem bauch) *uf ein pfert legen* u. ze gerihte füren. Haſlacher w. Den vor gericht ausbleibenden märkern wurde der *backofen eingeſchlagen*, *der brunnen gefüllt* (oben ſ. 529).
793 Gelinder der Sſp. 2, 6: ſve to dinge nicht ne | kumt, den delt man weddehaft, of he dar plichtich is to komene. Lex ſal. 53, 4 [50, 4] redet vom ausbleibenden gravio, nicht von den urtheilenden.

16. *unwiſſenheit im recht* hingegen ſchadete denen, die eines urtheils *gefragt*, mit dem urtheil *beladen* waren, denen ein urtheil *befohlen* war (über dieſe ausdrücke vgl. Maurer p. 235),

---

*) Bodmanns abh. von der ſtrafe des ausbleibens in den deutſchen gerichten iſt mir nicht zur hand. In den rheing. alt. p. 674 bemerkt er, daß zögernde ſchöffen *gemahnt* werden konnten *inzuligen* u. in *eine herberge zu faren* (vgl. oben 620), bis daß ſie recht fanden.

**) was in ſeinem haus were under dem ſlifbalken, das ſoll eines forſtmeiſters ſein. Dreieicher w.

nichts; in den weisthümern begegnet nicht ſelten, daß die ſchöffen auf die an ſie gerichtete frage keine antwort einbringen können. Traute ſich nun ein einzelner ſchöffe oder trauten ſich alle ſchöffen nicht, in dem ihnen vorgelegten fall das recht zu finden; ſo durften ſie ſich auswärts *raths erholen*, worauf ich hernach cap. IV unter 7 [ſ. 834] zurückkommen werde.

## CAP. II. GERICHTSORT.

Das alte gericht wurde nie anders als *im freien* *) gehalten, unter ofnem himmel [1]), im wald, unter breitſchattenden bäumen, auf einer anhöhe, neben einer quelle; enge wohnungen hätten die verſammelte menge nicht gefaßt, und die anſicht des heidenthums verlangte zur gerichtshaltung *heilige örter*, an welchen opfer gebracht und gottesurtheile vorgenommen werden konnten. Jene opfer tilgte der chriſtenglaube, er ließ aber die alten gerichtsſtätten ungeſtört. Wir können daher noch bis in die ſpätere zeit eine vielheit von plätzen aufzählen, welche ſitte und herkommen für die haltung der gerichte beibehielt, doch entgeht uns meiſtens ihre bedeutſamkeit und es bleibt dunkel, warum hier auf dem berg, dort unter dem baum, hier auf der ſtraße, dort an dem waßer recht geſprochen wurde.

A. *gericht im wald. Lucos* ac *nemora* conſecrant. Tac. Germ. cap. 9 und von den Semnonen cap. 39: ſtato tempore in

*) zu Athen waren die meiſten gerichtshöfe *bedeckt*, mit ausnahme derjenigen, in welchen über mord gerichtet wurde und vermuthlich auch der *Heliäa* (ἡλιαία); vgl. Meier u. Schöm. p. 148. Vielleicht war auch bei unſern vorfahren die idee bekannt, daß richter und verbrecher nicht *unter einem dach* zuſammen ſein ſollten.

1) [noch im 18. jh. wurde in der Quedlinburger vorſtadt, die der neue weg heißet, im mai ein *frei offenes gericht* unter dem himmel gehalten. Der ſtadtvogt ſteht mit entblößtem haupt und degen *unter freiem himmel* in gegenwart der ſechs geſchworenen des neuen wegs. Leuckfeld antiq. premonſtr. p. 64. 65 (er vermuthet, es ſei das alte provinzialgericht ad altam arborem, ſieh unten B, der baum iſt aber ausgeſtorben).]

*ſilvam*, auguriis patrum et priſca formidine *ſacram* . . . coeunt.
Ein heiliger hain hieß ahd. *paro*, agſ. bearo, ein prieſter *para-*
794 *wari;* die benennung *ha-* | *ruh*, haruc ([haruc edo wih, nemus.
Diut. 1, 492ª.] gramm. 2, 297) hat ſich in dem *harahus* der l.
rip. erhalten, vgl. Rogge p. 175. Es gibt noch eine menge
anderer namen, einige gehen in den begriff von waldwieſe, wald-
aue über, z. b. das mhd. *lô* (ſlav. lug, aue), anger unde *lô*.
Walth. 76, 11; bluomen in dem *lôhe*. MS. 2, 109ᵇ und ich
habe ſ. 497. 498 gezeigt, daß auch die wieſe zur mark gehört
und mark wald bedeuten kann. Viele mit *lô* zuſammengeſetzte
waldnamen findet man bei Kindl. 2, 23 (a. 855). 2, 30 (a. 889).
In der vor 913 geſchriebnen vita Lebuini († 776), bei Surius
novemb. p. 282 [Pertz 2, 361. 362], heißt es von den Sachſen:
ſtatuto quoque tempore anni ſemel ex ſingulis pagis atque ex
iisdem ordinibus tripartitis (oben ſ. 227) ſingillatim viri duodecim
electi et in unum collecti in media Saxonia ſecus flumen
Wiſeram et locum *Marklo* [1]) nuncupatum exercebant *generale
concilium*. Placitum in eadem *ſylva*, ad tumulum qui dicitur
Walinehoug. cod. lauresh. nr. 6 (a. 795). [Lüneburger land-
tage wurden noch im 16. und zu anfang des 17. jh. im freien,
und zwar gewöhnlich im Schott Höfering gehalten, *in einem wald*
genannt der Schotten (aufgeſchoßnes holz) unweit dem bach
und dorf Höfering im amt Bodenteich auf der ſtraße von Celle
nach Uelzen. braunſchw. anz. 1745 nr. 65.] Im mittelalter
pflegte man durch den ausdruck *forſt* (foreſtum) die gegend in
der mark zu bezeichnen, wo ſich das gericht ſammelte: feci
*conventum* fieri in *foreſto* Vierbeche (wo vier bäche floßen)
ſub praeſentia Ruggeri comitis, ibique iterum juravit (Sigebodus)
cum XII ſuae conditionis hominibus, quod ipſe liber et ingenuus
liberam haberet poteſtatem tradendi ſupradictum praedium.
Wenk 2 nr. 37 (a. 1073); praeſidente Erf. comite in *foreſto*
Vierbechae ad hujus rei judicium. ibid. 2 nr. 41 (a. 1095);
in publico judicio *prope lucum* Schahe. Ried nr. 271 (a. 1179);
in *placito*, quod fuit in *ſilva*, que dicitur *vorſt* *), prope civitatem

---

[1]) [vgl. Ledeburs arch. 8, 178 ff. Pfeiffer in der Germania 1, 97.]

*) noch heut zu tage der *forſt*, jetzt eine faſt baumloſe große wieſe, immer aber der öffentliche heerplatz.

Caſle. Kopp nr. 55 (a. 1294); gericht *uf der breiten furſt*, die da mitten im gericht gelegen u. von alter auch daſelbs gehalten worden. Schwarzenfelſer w.; [umſteinter bezirk, der *forſt* genannt, das alte mallum publicum des Speiergaus, in urk. des 10. 11. jh. Luthramer forſt; noch heute beſteht da ein hubgericht unter einem ſchultheißen und neun ſchöffen. Widder Pfalz 2, 286.] Die meiſten mark und holzgedinge wurden im wald oder auf waldwieſen begangen.

B. *gericht unter bäumen.* Auf wieſen und auen, wahrſcheinlich auch in den wäldern bezeichneten beſtimmte bäume die gerichtsſtätte. Oft wird nur ein *einziger* genannt, unter deſſen ſchatten ſich richter und urtheiler niederließen; oft ſind es aber mehrere, und da hier wiederum die zahl *drei* und *ſieben* erſcheint [1], ſo beziehe | ich das auf die urtheiler, deren wenig- 795
ſtens drei ſein müßen, meiſt ſieben ſind. In dieſem fall wird der richter ſeinen ſitz in der mitte auf einem ſtein oder hügel gehabt, jeder urtheiler aber rings unter einem baum geſeßen haben. Die normalzahl der urtheiler findet alſo auch in der örtlichkeit der alten gerichte beſtätigung [2]. Die art der bäume iſt in den urkunden manchmal unangegeben: judicia ad *altam arborem* (a. 1230. 1251). Erath cod. dipl. quedl. 183. 186. 202. Grupen diſc. for. p. 861. orig. guelf. praef. tom. 4 p. 18. 19; [preſidentibus nobis judicio apud *altam arborem* . . .; actum apud *altam arborem*. Halberſtädter urk. a. 1250 b. Leuckfeld antiq. premonſtr. p. 50; quod ad *altam arborem* . . . juſtitiam exhibuiſtis. ibid. p. 59 (a. 1264); in placito provinciali apud Quedlinburg ad *altam arborem*. ibid. p. 60 (a. 1253); es wird ad *altam arborem* eine candela inextinguibilis geſtiftet. ibid. p. 62 (a. 1246); ad *altam arborem*, placitis ibidem generaliter indictis. urk. a. 1251 Paullini diſſert. hiſt. p. 118.] Zu Arnsberg im *bomhofe* wirt das übergericht aller freien ſtüle gehalten.

---

[1]) [gerichtsſtätte der grafen von Ziegenhain zu Wegebach unter *drei bäumen*. Rommel 1 anm. p. 151; bi den *ſeven bomen*. Detm. 1, 283.]

[2]) [daß die feſte baumzahl etwas bedeutet iſt klar; ſonſt würden ſie früher oder ſpäter weggehauen, gemehrt oder gemindert worden ſein. Lang.]

Kindl. 3, 722. Wigand 568; actum in campo qui dicitur *paumcartun*. Neugart nr. 61 (a. 775); ze Iberch *in dem bomgarten*. Neugart nr. 1025 (a. 1281); ein berühmter frieſiſcher landtag zu Upſtalles *bâm* bei Aurich, ſtal iſt locus, ûpſtal locus editus, clivus, worauf der baum ſtand. [Im fuero de los bijos dalgo de Vizc. heißt es häufig: *ſo el arbol* de Guernica (ein kleiner ort), do ſe ſuelen hazer las juntas generales del ſeñorio de Vizcaya; da werden die urtheile geſprochen, da muß der könig dem land ſchwören.]

1. häufig ſind es *eichen**). Conventum *ad caſnum* in Cotia condixerunt (caſnus iſt das franz. cheſne, chêne). Hincmari rem. ann. a. 877 bei Pertz 1, 504; cujus tenorem plebanus de Schweighuſen *ſub quercu* Vechenheim cunctis audientibus recitavit. Schöpfl. nr. 451 (a. 1227); [*bei der eiche* zu Wert. Arx Buchsgau 99; halsgericht zu Saalfeld *bei der großen eiche*. Schlegel de nummis ſalveld.; freiſtuhl *an der großen eich*. weisth. 3, 86. 87;] anno 1483 wurden die menner des gerichts zu Sonneborn (jetzt Somborn) von Conz Folhart von Odenhaim geheiſchen gein Weſtphalen an den frien ſtul *zu der breiten eiche*. acta hanovienſia. Marb. 1739. 1, 89; [dingſtat *zu der breiten eichen*. Gaupp femg. 81. Uſener 19. 50; ſtol *tor breden eek*. Wigand arch. 4, 170. weisth. 3, 88; halsgericht im dorfe Geſchwende *bei der hohen eiche*. Struve polit. hiſt. arch. 2, 117 (a. 1446);] judicium *ſub quercu*. Kindl. Volmeſtein nr. 73; [gericht *unter den ſchiereichen*, *zu den ſchiereichen* im Paderborniſchen. Wigand arch. III. 3, 67. 92. 4, 291; *ſchireek*. weisth. 3, 85; die gerichtsſtätte der vogtei Arneburg in der Altmark lag in einem *eichen*wald, der die krepe hieß. Riedel beſchr. der mark Brandenburg 2, 442. 550;] gericht in der mark Eiſetkuth bei Torgau *zwiſchen drei jungen eichen*. Klingner

*) heiligkeit der eichwälder uud eichen bei den celtiſchen Druiden. [In Lolland war eine alte eiche, die der gemeine mann als etwas ehrwürdiges anſah; gelübde unter ihr eingegangen hielt man für beſonders heilig. Baden antiq. not. p. 166. Quercus haiȥt ain aich und iſt als vil geſprochen als quernus, daȥ ſpricht ain *klagpaum*, wan als Iſidorus ſpricht, die alten haiden heten ir abgötter in den aichen, und wenn ſi in iren kumer klagten, ſo antwurtten in diu abgötter auȥ den paumen. Megenberg 343, 4. Zu dem *klagboum* im Helbl. 1, 798 vgl. Haupt 4, 255.]

3, 583 (a. 1729); landgericht *ad ſeptem quercus.* Schwarz de ſerie proceſſ. in cauſis ad jus ſverinenſe dirimendis p. 32; villa parochialis *ſeptem quercuum* (dorf Siebenbäumen bei Lübeck). regiſtr. decimar. ratzeburg. bei Weſtphalen mon. ined. tom. 2; holzgericht *bei den ſieben eichen* am Weſtenholz. Golterner w.; [ad arbores quae dicuntur *ſeven ciken* (in Thüringen). Leibn. 2, 121. Werſebe gauen p. 60. 61, wonach es ſieben grenzbäume waren; vgl. Wenk 2 nr. 25.] Folgende örter, wahrſcheinlich alte gerichtsplätze, finden ſich auf der weimarſchen karte von Deutſchland: *Dreieich.* ſect. 106; *Dreieichen.* 137. 150; *Sibenaich.* 121; *Siebeneich.* 131. 190; *Siebeneichen.* 17. 27. 84. 86. Kein Achteichen, Neuneichen und nur einmal *Fünfeichen.* ſect. 61; *Viereichen.* 72. Ein *Sibbeneiha* hat ſchon eine urk. bei Neugart nr. 762 (a. 972).

2. noch häufiger *linden.* Acta ſunt hec Gemünden *ſub* 796
*tilia.* Wenk 2 nr. 161 (a. 1261); *ſub tilia* in Altorf. Neugart nr. 966 (a. 1258); mallum Widekindi comitis in loco *linden* in pago Merſtemen. Grupen alterth. von Hannover p. 113 (a. 1098); in villa Momberg *apud tiliam.* Wenk 3 nr. 152 (a. 1265); in loco qui dicitur *unter lindum.* Lang reg. 3, 466 (a. 1275); provinciale judicium *ſub tilia* apud Bermaringen. Senkenb. ſel. 2, 264 (a. 1255); judicium *ſub tilia* in Winkelo. Bodm. p. 655 (a. 1211); jud. *ſub tilia.* Bodm. 546; in communi placito coram civibus in Altavilla ante eccleſiam *ſub tilia.* Bodm. 662; in judicio noſtro *ſub tilia.* quod vulgo vrieſtol appellatur. Kindl. 3, 289 (a. 1307); [*ſub tilia* in villa Lovene. Wigand arch. 2, 82 (a. 1298); *ſub tilia* juxta Iburg. Falke 753 (a. 1290);] *to der middelinden* . . . eine rechtlike ind rechte malſtede des frien bans. Kindl. 3, 636 (ſec. 15); dat gogericht vor dem huſe to Mervelde *under der linden.* Kindl. 1, 414 (a. 1531); gericht gen Lauenſtein *unter die linden.* Schultes Coburg 2 nr. 53 (a. 1412); und die male ſal man zu rechte ſitzen *undir* ſente Kilianis *linden.* ſtat. mulhuſ. b. Grashof p. 249; lehngericht to Boele im dorpe vor der wedeme (pfarrei) *under den linden.* Steinen weſtph. geſch. 1, 1330 (a. 1500); item des erſten donresdaghes in der merte *onder der linde* to Eſſinde (zu Eſſen). Kindl. 2, 357; gericht uf den hougk *under die linden* zu Alsfelt. Kuchenb. 3, 97; vor ſchultheiß, richter, dinklüten u. landmann

der graveſchaft Wiede *unter den linden* vor der kirche zu Urbach. J. J. Reinhard abh. 1, 48 (a. 1502); der abt zu Prume beſaß ſin gerichte zu ſent Gewere bi der kirchen *under der linden*, da man zu gericht daſelbs pleget zu ſitzen. S. Gewerer w.; in offner gaßen faſt in der mitten des dorfs *unter einer linden* u. unter freiem himmel. Obermudauer w.; zu Gugenheim uf dem berg *unter der linden*, do man pflegt zentgericht zu halten. Gugenheimer w.; in dem dorf gen. Bingenheim *unter der linden* des merkergedings bei dem kirchove gelegen. Bingenh. w.; holtgericht to Spelle *under der linden.* Speller wolde ordel; [*unter der linde* zu Großencarben. Carbener w.; ze einem offen gerichte ze Kilchzarten *under der linden* uf dem grinig. Kilchzartener rodel;] und ſo in vielen weisthümern, dem Örbacher, Allendorfer, Eſchborner und andern mehr. [*Unter der hohen linde* beim kloſter Oiſede im Oſnabrückſchen. Buder amoen. jur. publ. p. 182; zu Sulzbach *unter der hohen linden.* Moſers ded. p. 38. 99; Quedlinburger vogteigericht *unterm hohen baum* (linde). G. Chr. Voigt abhdl. über einz. geg. des rechts. Halle 1782. p. 215 ff.] Hans Sachs II. 4, 106ᵇ:

ſolch kunſt achten wir dorflewt nicht,
beſitzen doch vnſir gericht
*vnter dem himmel bei der linden;*
oft kurzer zeit ein vrteil finden
nach der waren gerechtigkeit,
damit ir vmbgeht lange zeit; |

797 und noch in einem andern gedicht (Häſleins auszug p. 295):

wir bſitzen das gricht *under linden*
doch etwan kurz ein urteil finden,
das ihr oft langſam kündt erraten.

[Der weſtphäliſche tie, thy (oben ſ. 748) iſt vor dem dorfe *unter hohen linden*, vgl. Lüntzel 41. 46. Wigand arch. 4, 287. 292.] Noch jetzt trifft man in den meiſten deutſchen dörfern, z. b. den heſſiſchen, eine linde auf einem hügel, wohin der grebe die bauern verſammelt, zuweilen iſt die anhöhe ummauert und ſtufen führen hinauf[1]). Dergleichen linden konnte ſich jeder als einen

[1]) [eine ummauerte malſtätte unter der linde zu Großoſtheim, ihre form abgezeichnet in Steiners Dieburg p. 277. 278.]

luſtort vor ſeinem hauſe anlegen, ohne daß dabei an ein gericht zu denken iſt:

dâ vor (der burc) ſtuont ein *linde breit*
ûf einem grüenen anger. Parc. 162, 8;
dâ *vermûret* u. *geleitet* was
durch den ſcate ein *linde.* Parc. 185, 28.

Geſtühl *unter der linde*, wo nur ein edelmann ſitzen darf. Morolf 985.

Mehrere linden auf einer gerichtsſtätte ſind mir in urk. nicht vorgekommen; die weim. karte ſect. 149 hat einen ort *Siebenlinden;* [*Sibenlinden.* MB. 29, 516 (a. 1205).]

3. ſeltner andere bäume. Gericht uff ofener reichsſtraße *bei der tanne.* Steyerer vita Alberti 2 p. 227 (a. 1324); zu Loſtorf *unter der tanne* ſaßen die richter. Glutzblotzheim p. 456; juxta vibices (?) *bi birkin.* MB. 7, 491 (a. 1189); unter dem *nußbaum* zu Rüdesheim. Bodm. p. 654; *ſub nucu* (für nußbaum). Kindl. Volmeſt. nr. 73; *beim flieder*, in loco prope Ludenghuſen, qui *ad ſambucum* vocatur, coram judicio liberorum, quod vulgo frieding dicitur. Kindl. 3, 730 (a. 1230); *vor dem hagedorn* unterm blauen himmel. Delbrücker landr. p. 9; im *hagedorn*gericht. Lauenſteiner vogtged. § 12. 28; [Elderinghauſen *unter dem hagendorn.* Uſener femg. 165;] der freienſtul zu Bodelſwinge *under dem berbome.* Datt de pac. publ. lib. 4 § 138 (a. 1443). Ich habe keine beiſpiele von gerichten unter apfelbäumen und was viel auffallender iſt, auch nicht unter buchen *) oder eſchen. Die *eſche* iſt gerade der heilige gerichtsbaum des Nordens.

4. er heißt gewöhnlich *Yggdraſils aſkr.* Sæm. 8ª. 44ª. ᵇ. 45ᵇ. 89. Snorr. 17-20. 45. 72. 73, nur ein einzigesmal *Yggdraſill aſkr.* Sæm. 3ᵇ, jener genitiv ſcheint zu neh- | men wie 798
in Fenris ûlfr für Fenrir. Yggr iſt Odin, draſill ein pferd; Odin hieng neun nächte am windigen baum. Sæm. 27ᵇ, Odins pferd bedeutet alſo den galgen, auf dem der hängende *reitet*

*) doch: up de högede an die ſtede geheiten die *iſernboken* (die eiſerne buche, vgl. oben ſ. 593), dar en frigreve ſitten ſal. Kindl. 3, 636 (a. 1490); [*unter der hohen buche* bei Rothenburg. Heidenreich ſchwarzb. hiſt. p. 415; *dinkbuoche.* weisth. 3, 123. 124.]

(oben ſ. 682). Der heiligkeit des baums ſchadet nicht, daß ein gott daran gehangen hat. Bei dieſer geheimnisvollen eſche nun hält Thor und halten alle götter gericht (dœma fara *at aſki* y.), in ſeiner nähe finden ſich die drei urtheilenden Nornen (oben ſ. 750), unter ſeinen drei wurzeln quellen *Hvergelmir*, Urdar (der einen norn) *brunnr* und Mimis *brunnr*, dieſe brunnen ſtehen in bezug auf opfer und weiſſagung. Unverkennbar beſchreibt Adam von Bremen einen ähnlichen gerichtsbaum, der bei dem heidniſchen tempel zu Upſala ſtand: prope illud templum eſt *arbor maxima*, late ramos extendens, aeſtate et hieme ſemper virens (ſtendr ey yfir grœnn Urdar brunni), *cujus illa generis ſit, nemo ſcit.* ibi etiam eſt *fons*, ubi ſacrificia paganorum ſolent exerceri et homo vivus immergi, qui dum immergitur, *ratum erit votum populi.* Lindenbrogii ſcript. ed. Fabric. p. 61. [Über die altſchwediſchen gerichtsplätze ſieh Sjöborgs ſamlingar 1, 62-67, dazu tafel 1 lit. D.]

C. *gericht auf auen und wieſen.*

Die alten *merz* und *mai*verſammlungen ſcheinen auf großen und freien auen, in der nähe eines flußes gehalten worden zu ſein, vgl. oben ſ. 244. 245 und Ducange 2, 121, es fehlt an genauer ſchilderung und man weiß nicht, ob für den könig ein erhöhter ſitz angeordnet war. *Campus* judicat. lex Angl. et Wer. 15 [56]. Das praeceptum pro Trutmanno comite vom j. 789 (Baluz 1, 249) verordnet: ut reſideat in curte *ad campos* in mallo publico.

[Ordine quisque ſuo prorſus reſiduntque *per herbam*,
auribus adtentis regia dicta rogant. Erm. nig. 1, 285.]

Coram libero comite Otberto *apud pratum* juxta Rethe in loco legitimo banni regalis, qui locus vulgo *malſtad* appellatur. Kindl. 2, 260 (a. 1244); ad forum vrienthinc in loco qui *pratum* dicitur. Kindl. 3, 177 (a. 1248); [ipſa die conſocii et ſcabiniones et miniſteriales in eodem *prato* (bruiel) placidare (placitare) debent, quibus abbas omnibus prandium dare debet. Mauermünſterer w.;] acta ſunt *ante viridarium* caſtri. Kindl. 3, 250 (a. 1296); [actum in *viridario* apud turrim in Brixina. Lang 4, 60 (a. 1278);] loco ſeu *planitie* noſtri judicii (prope Marburg, hodie auf dem *kampfrafen*). Kopp heff. ger. 1, 265 (a. 1284); item wo der fcholtheis in dem vorg. begriffe fitzet u. fcheffen bi im hat, eȥ fi *of dem felde* oder anderswo, da mag er gerichte halten. Bacharacher w.; zu Waldaffen anderfit der bach *in dem garten*, da man fpulget der herren von Lindawe gericht zu halden. Bodm. p. 691 (a. 1386); landgericht *auf der lützelnau*. Bodm. p. 477; merkerding auswendig Obernurfel genannt *auf der aue* dafelbft. Obernurfeler w.; | [landgericht zu Nördlingen auf der *kürwiefen*. Reynitzfch truhten anl. 2 (a. 1336); der hof wart in eine *wifen* gefprochen. Reinh. 1325.]

D. *in der nähe eines waßers.* 799

In loco *juxta fluvium* Pheterach. Meichelb. nr. 368; placitum publicum in loco nuncupato Rodhoheskirihha *fuper Lapara* *). Ried nr. 23 (a. 822); actum *fuper fluvium Moin* in loco nuncupante Franconofurd. Ried nr. 10 (a. 794); acta funt hec aput Velbach *in littore* laci turicini. Neug. nr. 1030 (a. 1282); in plenario *juxta littus aquae* in Genfungen. Kopp 1, 277 (a. 1256); *fuper vadum amnis* dicti Bürke prope Porflar, fede liberi comitatus. Kindl. 3, 283 (a. 1305); gericht *vor der müle* zu Stockenau an der zimmerner ftraße. Dieburger w. Auch an brunnen: *zu dem richtbrunnen* an dem landtag bi Stuhlingen. Wegelin 2, 221 (a. 1391), vgl. Schöpflin 2, 314 (a. 1405); daȥ unfer gn. hern gerichte wendit *on der bornful*, da haben unfer hern fchepphen gerichte gefeßin. Haltaus 178 (a. 1412); *beim born* zu Pfungftatt. Wenk 1, 82; hubegericht gehalten im vorhofe des klofters zwifchen dem fteinhaus und dem *ziehbronn*. Lorfcher wildbann; [die dreizehn Friefen fitzen *um den brunnen* und finden das recht. Richthofen p. 440.] Noch häufiger vor oder auf brücken: placitum *juxta pontem* fluminis, qui dr. Glatt. Ludewig fcript. bamb. 2, 405 (a. 1027); haec autem mutuatorum praediorum alternatio facta eft *fuper ripam* fluminis Werra, *fecus pontem* fuldenfis oppidi, quod Fach vocatum eft. Thuring. facr. 1, 97 (a. 1189); hanc autem donationem primo

*) hier könnte der fluß zur bezeichnung des orts hinzugefügt fein, ohne daß man auch die gerichtsftätte an dem fluß anzunehmen hätte.

*ſuper pontem* in Huſelenſtam factam ſecundo in generali placito apud Haſelbach a comprovincialibus habito renovarunt. Wenk 1 nr. 9 (a. 1211); *apud pontem* Hach. Kindl. 1, 187 (a. 1252); gauding in Grebenſtein *auf der brücke* unter freiem himmel. Kopp 1, 393, vgl. Kuchenbecker 2, 290. heſſ. denkw. 4, 252-268; gericht zu Huſen *vor der brücken*. Kopp nr. 73 (a. 1462); *brückengericht* zu Würzburg (a. 1456). Schultes Henneb. 2, 275, vgl. Haltaus 189; *uff der brucken* zu Steinheim. Senkenb. ſel. 1, 251; *uff der brucken* zue Hirſaw. Beſold monaſt. wurtenb. p. 612; ſein gericht mag er (der landrichter) ſetzen *vor der brucke*. Walch 3, 257; frieſtol *vor der luttiken brugge* bei Attendorn. Kindl. 3, 636; *up unſe brugge* vor unſer borch tho Bützow. Weſtphalen mon. ined. 4, 930 (a. 1508); [die gabe iſt geſchehen auf der *brukke* daz Babbenheim. Lang 4, 776 (a. 1282); bei der *brücke* zu Dringenberg. Wigand arch. III. 3, 69; gericht auf der *brücke* nach Lang auch zu Landshut in Baiern, zu Wildburgſtetten im Öttingiſchen, wo man weſtphäliſche heimliche gerichte hielt und die verurtheilten gleich hinunterwarf. Auch Gute frau 1809: ein geſpræche gleit, dâ man *über die brügge* reit. Setti dôminn â Öxarâr*brû* ok lêt verja vîgi brûarſpordana. Ol. Tr. 2, 207.] An mauer u. geländer der brücke
800 fanden ſich leicht ſitze für die ur- | theiler, man brauchte nur von zwei ſeiten zu ſperren, um völlig gehegt und ungeſtört zu ſitzen [1]). In Niederdeutſchland hatte ſich bis ins 18. jh. die alte ſitte verbreitet, feierliche feſte *auf der brücke* zu halten, mahlzeit und trinkgelag. Spiels archiv 3, 145. 146. 148. Doch erklärt den gebrauch die bloße bequemlichkeit der ſperrung ſchwerlich ausreichend, da man auch vor den brücken und am ufer gericht hegte [2]), oder an brunnen. Vielmehr ſcheint urſprünglich das heilige element *) zu gerichtshandlungen erforder-

---

1) [ſo wird Frauend. 173, 17 ff. auf einer *brücke* zu Treviſo tioſtiert, weil ſonſt kein platz für die menge iſt.]

2) [das ſal und *brückeng*ericht zu Würzburg hatte zwei dingſtätten oder ſaalen, *an beiden ſeiten der Mainbrücke*, in der einen ſaal wurde über ſchuld und ſchaden, haut und haar gerichtet, in der andern (der ſchwarzen ſaal) über hals und hand. Oberthür taſchenb. für geſch. 1796.]

*) heilawâc, heilprunno, altn. heilög vötn. Sæm. 149[a]. Das celtiſche alterthum kennt ſogar gerichte, die auf dem waßer gehalten wurden: le

lich geweſen und darauf die beibehaltne gewohnheit gegründet; man vergl. das waßerurtheil im 8. cap. und den *möglichen* zuſammenhang zwiſchen ſchöpfe (judex) und ſchöpfen (haurire) oben ſ. 776. [Gericht (ſchöppenſtul) mitten in der Havel. Heydemann Joach. conſt. 406. Das norwegiſche Gulaþing, das ſich über ganz Bergen erſtreckte, hatte den ſitz auf der kleinen *inſel* Guli; vgl. die zweikämpfe auf inſeln, die leichenabführung nach inſeln.]

E. *in tiefen und gruben.*

Gerichte *auf dem graben, ſuper foſſatum, circa foſſatum* führt Haltaus 746. 747 an, ein leipziger gericht *auf dem rothen graben* (loco olim concavo, ſito in trivio) 1559; ein anderes beiſpiel gibt Joh. Wolf in der geſch. des geſchl. von Hardenberg 2, 105. 106, auf der grenze zwiſchen Braunſchweig und Mainz, in einer vertiefung der feldflur von Nörten, die grube, grobe genannt, wurde das *grubengericht* gehalten, vgl. Senkenberg C. J. Germ. I app. nr. 12. Bemerkenswerther ſcheint, daß die mit dem umſtand beiſeitstretenden ſchöffen in eine *grube* giengen (vorhin ſ. 790) und daß auf Island neben dem lögberg einer *almannagiâ* (hiatus multitudinis) gedacht wird, wo ſich die leute vor oder nach der eigentlichen gerichtshaltung ſammelten. Niala cap. 76. 125. 139. 140. 146.

F. *auf berg und hügel.*

Die großen volksverſammlungen forderten freie ebenen, geringere gau und centgerichte, ſodann wohl alle gebotnen fanden auf anhöhen raum. Wenigſtens wird von jenen nur der ausdruck *mallum* (oben ſ. 746) oder placi- | tum gebraucht, nicht 801
*mallobergus* (ahd. mahalaperac?), welches hingegen da ſteht, wo von gerichten für wirkliche rechtsſtreite die rede iſt, alſo von

---

lac de Grandlieu avait haute, moyenne et baſſe juſtice. le tribunal ſiégait dans un bateau à 200 pas du rivage. lorsque le juge prononçait la ſentence, il devait *de ſon pied droit toucher l'eau du lac.* mémoires de l'acad. celtique 5, 143; [vgl. oben ſ. 763. Iſt auch *Diemel* aus Dietmelle, Diotmahal-*aha* zu deuten (oben ſ. 746)?]

kleineren (placitis minoribus)[1]. Sagibarones in *ſingulis* mallobergiis, id eſt plebs, quae *ad unum mallum* convenire ſolet, plus quam tres eſſe non debet. l. ſal. emend. 56, 4 [54, 4]; ſolem in *mallobergo* collocare. pactus 59, 1 [56, 1]. Den namen malberg führten und führen noch manche örter, von denen ſich nicht zeigen läßt, daß ſie der ſitz anſehnlicher gau und landgerichte waren. Die weimarer karte gewährt ein *malberg.* ſect. 150; *mahlberg.* 152; *molberg.* 25; *malbergen.* 25; *molbergen.* 35; eben ſo häufig iſt das allgemeinere *mahlſtedt* oder *dingſtedt;* ein nobilis vir de *malberhc* im reg. prumienſe b. Hontheim 1, 670; [*Mahlberg*, ſtadt in der Ortenau, bei Lahr; *Malbergen* in der Wulfter ded.; unweit Kilburg im Trieriſchen ein *Malberg;* bei dem dorf Lüchtringen unweit Höxter auch ein *malberg*, in alten urk. *mallenberg.* Wigand; *malbergs*kopf. weisth. 1, 602.] Oft heißt es bloß: auf dem berg. Ad miſſos dominicos in locum qui dicitur Lorahha in *monte* nuncupante Wartperc. Meichelb. nr. 129; verſus de Thimone comite (b. Meichelb. nr. 23):

perficeret ſiquidem placitum cenſorius ejus
in *ſummo montis vertice* tum dominus.

[Placitum in ipſa *montis radice* (bei Siegburg). Lacomblet 450 (a. 1174).] Gericht am *donnersberg**) bei Warburg in Weſtphalen (Wigands archiv I. 1, 55 ff.); placitum in eadem ſylva *ad tumulum* qui dicitur Walin*ehoug.* cod. lauresh. nr. 6 (a. 789), *houc* (neutr.) bedeutet collis; *zu den hugen* (l. hougen) an dem merkerdinge. Wenk 2, 327 (a. 1334); [*in monte* Ellinpogen.

---

[1]) [Schmeller 2, 562 denkt bei mallobergus nicht an berg, vielmehr an *berga* gitter, ſchranke, canzlei.]

*) *thuneres berg*, nicht unwahrſcheinlich von dem heidniſchen gott *Thunar*, ahd. Donar (altn. Thor), dem noch mehr berge geheiligt waren (vgl. den donnersberg in der Rheinpfalz hinter Mainz, [caſtrum donnersperc. Lang reg. 4, 20 (a. 1276)]), wie dem Wodan andere, z. b. *Wodensberg*, Gudensberg in Heſſen, ein anderes *Gotansberg* in Langs reg. 3, 471 (a. 1275), [*Gudinsberg* bei Cöln. Caeſ. heiſt. 8, 46; Henricus de *Wodenesberg.* Wedekind noten p. 367 (a. 1130); *Vôdnesbëorg.* Saxon chron. 27. 62, heute Wansborough, Wanborough in Wiltſhire. *Vodeneswege*, ein ort. Leutſch Gero p. 46.]

Lang reg. 2, 170 (a. 1228);] placitum *in monte* Mulenheim juxta Wetslariam. Gudenus 2, 207 (a. 1279); Cuno von Falkenſtein, der erzb. v. Trier und Johan h. z. Limpurg beſaßen das gericht *auf dem berg* mit ir ſelbſt leiben. Limburger w.; daȥ gerichte *of der* (? den) *tunnen**). Günther 3 nr. 524 (a. 1371); *perchtaiding* und etaiding. MB. 5, 56 (a. 1331); an gewohnlicher gerichtsſtede uf unſ. lieb. frauwen *berg*, an der mure, die umb den kirchof gehet. Kopp nr. 73 (a. 1462); landgericht auf dem *Leineberg* bei Göttingen. Grupen diſc. for. p. 839 (a. 1526. 1533); item, ouch ſin die von Kirchdorf ſchuldig ze mer ge- | ziten in dem jare, wenn ungepoten iſt, *uf den berg* ze gende 802
u. daȥ dar der ſtock in dem dorfe ſtet. Kirdorfer r.; ungeboten gericht *auf dem berge*. Obernauler w. In Obercatzenelnbogen (an der bergſtraße) wurde das centgericht zumal häufig auf bergen gehalten, das erfelder, gerauer, jugenheimer, pfungſtädter, oberramſtädter w. reden daher von *bergſchöffen*, von gebieten laßen *auf den berg*. Maurer p. 162 bemerkt, daß das wetterauiſche landgericht der grafſchaft bornheimer *berg*, das rheingauiſche bei Nehren *auf der überhöhe* darnach benannt worden ſind, vgl. Bodm. 597. 606. [Sitten en botdinc *to den bolen* (= ze den buohelen, ad colles). Detm. 1, 34 (a. 1139); *to den bolen*. chron. luneburg. b. Eccard 1377. Maßmann zeitbuch p. 410; ze den *buohelen*. Jaffé Conrad 31; lantgerichtgeſtül am *Ottenspühel*, uf *dem bühel*[1]). Mone 7, 463, vgl. *geubühel*. Wh. 312, 13; unſer landgericht, der eins iſt off dem *ſtaelbühel* züſchen Worms und Frankendail, das andere an der Hirſtege uff der Pryme, das dritte uff dem Schorpfe. urk. von 1323. Widder Pfalz 2, 354, vgl. ibid. 2, 167. 214. 215. 511. 1, 459; zum erſten die graveſchaft von Liningen unde dazu dri landgerichte, der ligt eines zwiſchen Worms und Spier, das heißet of dem *ſtahelbohel*. urk. von 1437. Widder rhein. beitr. 2. 1778 p. 401-430. Gudenus ſyllog. var. dipl.: dipl. ſchonaug. nr. 26. Freher orig. pal. lib. 1 cap. 10. Andreae Ladenburg.

---

*) auf freiem felde unweit Lonnig im Trieriſchen, wo noch einige hügel ſichtbar ſind, welche man die *tonnen* nennt; vgl. agſ. dûn (mons), engl. down.

[1]) [daher auch Dinkelspühel für *dingspühel;* vergleicht ſich τὸ Μηλίβοκον ὄρος, berg der *mahl*buche?]

illuſtr. § 20 p. 29. Dumbek pagi p. 215-217. abh. der bair. acad. 3, 126 nr. 10.] — Was in Franken malloberg hieß im Norden *lögberg* (geſetzberg, juris dicundi rupes), deſſen in der Niala häufige meldung gethan iſt, z. b. cap. 56. 140; doch ſcheint er mehr für größere landgerichte zu dienen, für kleinere aber die *þîngbrecka* (dinghügel, von brecka clivus), z. b. Eigla p. 727. 734; [er þîngit var ſett, ſtôd konûngr â *bergi* nökkuru ok hans menn umhverfis, voro þeir ok med vopnum, en bônda mûgrinn ſat firr meirr. Ol. Tr. 1, 280; conſueverat (Hotherus) in *editi montis vertice* conſulenti populo plebiſcita depromere. Saxo gr. p. 122.] Erinnert ſei auch an die celtiſchen und druidiſchen verſammlungen auf bergen, hügeln, felſen, zu opfer und gericht, ſo wie an die der romaniſchen dichter und ſänger auf dem *pui* oder *pueg* *).

G. *bei großen ſteinen.*

Belege aus urkunden vor der zeit des mittelalters ſind mir nicht zur hand, aber das hohe alterthum grade dieſer art von gerichten ſcheint unzweifelhaft; örtliche überreſte heidniſcher opfer und gerichtsſtätten in Niederdeutſchland, Scandinavien und in den celtiſchen ländern zeugen laut davon. Man vergleiche nur die altnordiſchen wahlſteine oben ſ. 236. 237. [Sjöborg nomencl. p. 178-182; auch im griech. areopag ſtehn kläger und angeklagter *auf ſteinen.* Pauſan. 1. 28, 4.] Was die nachfolgenden ſpäteren urkunden erwähnen, enthält gewis uralte ſitte [1]): item cum dominus comes extra noſtram civitatem apud loca determinata, videl. *lapidem* in Narve, ſub tilia apud Ber-

---

*) mittellat *podium*, pogium. Ducange 5, 593. 594; altital. *pòg*, poggio (woher appoggio, ſtütze); altfranz. *pui* (mons, collis; woher appui ſtütze, lehne), provenz. pueg, puei, puoi, pug. Baluz 2, 1552. Noch die ſpätern rhetoriker in Picardie und Flandern hatten ihre geſellſchaft auf ſolchen *puis.* Auch der ſängerſtreit auf dem wartburger *berg* gleicht einem gerichtlichen kampf, kieſer und ein hâher (Stempfel) ſind dabei beſtellt. Andere berührungen zwiſchen den alten dichtern und richtern ſeien hier nur angedeutet, von beiden gilt *finden* (trovatori, troverres, urtheilfinder) und *ſchaffen* (agſ. ſcôp, ahd. ſcuof, poeta; ſcapinus, ſchöffe); [*wizig*, oben ſ. 779, auch vom dichter: vates wizîgun, ſcôf. gl. Jun. 254.]

[1]) [doch iſt zu erwägen, daß *ſtein* oft fels, felswand bedeutet.]

maringen, apud locum qui dicitur *ruhimbuhel* (ruheſitz auf dem hügel) et *apud lapidem* | apud Ringingen celebravit *provincialia* 803
*judicia*. Senkenb. ſel. 2, 261 ff. (a. 1255); quod dominus Wulframus praedictus judicio advocatiae ſuae intra ſepes dictae villae (Werſtad), quae zingile nominantur, condicto praeſidebit, et quicquid ibi de cauſis civilibus ceterisque minoribus accuſatur, cum ſuis ſcabinis licite judicabit, ſuperiora vero judicia et judicium in campo *apud longum lapidem*, quod *landding* dicitur, dicto ringravio cum omnibus ſuis proventibus ratione cometiae ſuae competent. Bodm. p. 617 (a. 1274); daʒ Heinrich von Mengirskirchen ſchultheiße zu Ameneburg an gerichte ſaß *vor dem bilſteine* under Ameneburg u. di ſcheffen u. zente daſelbes an gerichte ſtunden. Wenk 2 nr. 404 (a. 1365). [Landau Heſſengau 417; *Regenſtein* am Harz. Pröhle unterh. p. 220; am *ſenkelſtein*. Mone 7, 464;] wan ein man uf den leib gefangen wird u. den tod verwirket u. im thurm ſo ſwach oder durch den ſcharprichter gelembt wurde, ſo das er nit ghen kont oder mocht, ſo ſol ein amptman zu Monſter in tun furen u. liefern zu Lonnich an *die drie ſteine* (den platz der hinrichtung u. des alten gerichts?). Lonniger w.; wer *den obirſten ſtein* inne hat, wie ſich das nach rechten gebürt, den erkent man für den obirſten ſchirmherrn. Hirzenacher w.; das hobsgeding auf dem ſchulzenhof zu Ör wurde unter freiem himmel gehalten, *auf einem großen flachen ſtein* nahm das gericht (richter und geſchworne) um einen tiſch herum platz, am ſtein war ein eiſernes halsband mit einer kette befeſtigt als zeichen des dem domcapitel bewilligten gebots und verbots. Rive p. 240; [vgl. den lapis ferro obtectus. Würdtw. dipl. mog. 2, 63.] Bodmann p. 617 bemerkt, daß am rheinſtrom die alten land und ſtadtdinge durchgehends bei gewiſſen ſteinen, die bald *longi lapides*, bald der *blaue ſtein* (zu Cöln)*), der *ſchwarze ſtein* (zu Worms) heißen, gehalten werden. [An den *blawen ſten*, dar men alle vordömede plecht antoſtöten. Neoc. 2, 61.] Bei Lützelnau ein *ſtein* (unten ſ. 807); [*ſtein* bei Maden. heſſ. zeitſchr. 3, 100; der *ſtein* zu Alzei, der *gehauen ſtein*. Alzeier w.] In der bremiſchen botdingshegung heißt es: in erſte geit van mines gn. h. wegen

*) vgl. Ernſt Weyden Cölns vorzeit. Cöln 1826. p. 207.

der greffe up des ſtichtes hof unde *up den bottingsſteen* ſtan unde mins gn h. amptlude ſtan bi eme allenthalven *beneden den ſteen* u. de gemeine, de des bottings plichtig ſin, ſtan for den greffen *nedden den ſteen* ummeher . . . . . . unde ji ſcholt *van dem ſtene* noch to rugge offt forwart treden, ſonder ji hebben m. g. h. botting upgegeven under des königes banne. Nähere forſchungen können ergeben, ob auch bei dieſen dingſteinen, wie bei den bäumen, die zahl drei, ſieben und zwölf vorwaltet.
804 *Zwölf* ſteine | kommen in Upland für die urtheiler vor, *dreizehn* in Südermanland (der dreizehnte für den vorſitzenden richter); vgl. Dreyer verm. abh. p. 773.

H. *vor dem thor auf der ſtraße.*

Im mittelalter waren *vor den burgthoren ſteinſtaffeln* angebracht, die dazu dienten um zu pferd zu ſteigen oder abzuſteigen, *perron* genannt in franzöſ. gedichten des 13. jh. Auf einen ſolchen *perron* pflegte ſich aber auch der gerichtsherr oder ſein beamter niederzulaßen, wenn er recht ſprach, vgl. Legrand fabliaux 1, 119. 3, 404. Joinville hielt auf des königs befehl oft dergleichen *plaids de la porte.* Einerlei hiermit ſcheint mir nun der *regis ſtaplus* (ſtapfolus). lex rip. 33, 1. 67, 5. 75, vor welchem ſchon damals gerichtet werden konnte, es heißt 33, 1: ad regis *ſtaplum*, vel ad eum locum ubi mallus eſt*); judicium in caſtro Landskrone *circa gradus.* Gudenus 2, 1182 (a. 1382). Das frieſ. aſegabuch p. 21 und 237 gedenkt des *thingſtapul*, doch nicht als richterlichen ſitzes, ſondern als des blocks oder ſteins, auf welchem ſträflingen die hand abgehauen wird, wie auch die vorhin genannten *drei* Lonniger *ſteine* vermuthlich hinrichtungsſteine waren. Im ebersheimer ſalbuch heißt es: und ſol dirre hof han zweine *ſtaffelſteine* u. einen ſtok. Das alterthum, ſcheint es, ließ auch leibliche ſtrafen im kreiße des gerichts vollziehen. *Staffelgericht* zu Weißenburg im Elſaß und *gradgericht* zu Weißenfels in Sachſen. Haltaus 747. 1726.

---

*) ſi quis ariſtatonem hoc eſt *ſtaplum* (leichenſtein?) ſuper mortuum miſſum capulaverit. l. ſal. emend. 57, 3 [55, 1 add. 2].

[Doe ghinc Nobel die coninc ſtaen
up êne hoghe *ſtage* (étage) *van ſtêne,*
daer hi up plach te ſtâne allêne,
als hi ſat in ſîn hof te dinghe,
die diere ſaten tênen ringhe. Reinaert 2748.]

Eine merkwürdige ſtelle der EH. bezeugt, daß der altſächſ. *huarab* (oben ſ. 747) an der öffentlichen ſtraße*) in felsſteinen angebracht war. Von dem ſchweren traume gequält ſendet des Pilatus ehfrau nach ihrem gemahl, der bote macht ſich auf den weg (warth an ſithie), bis daß er: ſittian fand

thena heritogon *an huarabe* innan,
*an them ſtênwege, thar thiu ſtrâta was*
*feliſon gifuogid.* | [Hel. 164, 26.

Nobles hält cour plenière in der *chariere* (am ſteinweg). Ren. 805
10423;] praedicti fratres de Bikkenbach ter in anno poſſunt in *ſtrata communi* judicio praeſidere. Gudenus 1, 853 (a. 1291); in oppido Clingenowe *ante caſtrum in ſtrata publica.* Neug. nr. 1003 (a. 1270); hofgericht *an der offenen frigen kuniges-ſtraßen.* Schöpflin nr. 1209 (a. 1386); an des reichs *landſtraße.* Cruſius 3, 907 (a. 1338); an der *gemeinen ſtraßen.* Grefenhauſer w.; [aufgeben *auf den ſtraßen* und in den ſteten. MB. 8, 215. 226; verzigen *auf des reiches ſtraße* mit einem eid auf meine brüſte. ibid. 7, 405;] ſo mach he (de erſhere) nemen einen ſtoel unde ſetten buten den hof u. buten den utentuen *up der ſtrate* unde holden dar ſin gerichte, des enkan emme nemant keren, wente de ſtraten ſint frig. Münſterer erfdage; darnach iſt geteilt worden, nach frage, wo die feinſtadt (femſtätte) ſolde ſin? ſal die fein doben *an der ſtraße* ſin, da die cruze ſten, da ſich farweg u. fußpfad ſcheidet. Hernbreitinger petersger.; gericht *vor dem rothen thor* (ad portam rubeam). Haltaus 1559; händel, die in eile muſten erörtert ſein, in einem mit ſchranken umbgebenen ort *unfern vom thor* vor aller männiglich entſcheiden. Phil. von Sittew. Leiden 1646. 4, 299.

---

*) das goth. *plapjô* (platea) findet ſich wieder in dem fränkiſchen *plebium* (f. plepium? vgl. ſ. 776) locus publicus, platea, vicus; letztere bedeutung hat es im capit. de villis § 24. 42; vgl. Bruns p. 17 und 368.

[Vormals an echtedingsdagen ſaß der vogt *auf der gaße* zwiſchen des rathhauſes pfeilern, gegen den markt und vor ihm auf einem vorgeſpannten baum befand ſich ein klein hölzern haus. aſſertio libert. brem. p. 751.]

Das mittelalter kennt auch viele gerichte *vor dem kirchthor*, *auf dem kirchhof*, entweder weil da der freiſte, ruhigſte öffentliche raum war, oder nachwirkung der alten heidniſchen gottesdienſt, opfer und gericht verbindenden anſicht waltete? Seit einführung des chriſtenthums wurden kirchen oft an die ſtätte der alten haine gebaut, auch wohl bäume ſtehen gelaßen, die dem volk werth waren oder neue an deren ſtelle gepflanzt. Gleich jenem baum vor dem tempel zu Upſala ſtanden gerichtslinden vor mancher chriſtlichen kirche. Beiſpiele vorhin ſ. 796; das oberampfracher maiengericht ward gehalten *unter dem kirchthor;* [placitum Xanctis *in porticu eccleſiae.* Binterim 1, 87 (a. 1120); gericht an der geweihten *kirchmauer.* Wigands Corvei 310 (a. 1156);] uf eime frihen platz *vor der kirchen* zu Berſtatt hant geſtanden die hubener u. lantman der funfzehen dorf. Bodm. p. 697 (a. 1489); actum publice *in cimiterio* wetslarienſi. Gudenus 2, 49 (a. 1226); [ſub arbore *prope cimiterium* ſita. Scheidt mantiſſa 215;] *ante portam* fratrum predicatorum. Neug. nr. 988 (a. 1265); noch andere beiſpiele gibt Dreyer verm. abh. 748-754. [Scheidt orig. guelf. tom. 4 praef. p. 16 not. l. Attilas, egreſſus habitatione, gravis vultu, omnium oculis quaquaverſus in ſe converſis, incedens cum Onegeſio, ſedit *pro aedibus.* hic eum multi quibus erant lites adierunt et ejus judicium exceperunt. Stritter 1, 512 aus Priſcus 63. Vor den kirchthüren waren zuweilen löwen in ſtein ausgehauen, daher die formel datum oder actum *inter duos leones.* Leboeuf ac. des inſcr. 23, 233.] Verhandlungen, welche die geiſtlichkeit mit betrafen, geſchahen auch wohl in den kirchen oder capellen ſelbſt: actum *in eccleſia* ſalvatoris. Neug. nr. 825 (a. 1083); actum Ratiſpone *in atrio* ejusdem in abſida eccleſiae ſancti Egidii. Ried nr. 282 (a. 1183); acta ſunt hec *in capella* waȥȥerkilchen. ibid. nr. 981 (a. 1261); [reſedere in judicio *in atrio* eccleſie ſancte Eufemie. Fumagalli nr. 96 (a. 865).] Carls und ſeiner nachfolger verbot war alſo nicht durchgedrungen, bezog ſich aber eigentlich
806 auch nur auf das große mallum, nicht auf placita minora: ubi

antiquitus confuetudo fuit de libertate facramenta adhramire vel jurare, ibi mallum habeatur et ibi facramenta jurentur; mallus tamen neque *in ecclefia*, neque *in atrio ejus* habeatur. minora vero placita comes five intra fuam poteftatem vel ubi impetrare potuerit habeat. cap. 1 a. 819 § 14 (Georg. 842 [MG Capitularia I p. 284]).

I. *unter dach und fach.*

Die Carolinger fuchten dem richter und feinen ftändigen fcabinen gegen wind und wetter beßern fchutz zu fchaffen, als ihn bäume und felsfteine gewährten: ut loca ubi placita effe debent bene reftaurata fiant, quo in hiberno et in aeftate ad placita obfervanda ufus effe poffit. cap. 1 a. 809 § 25 (Georg. 741 [MG Capitularia I p. 151]); ut in locis ubi mallus publicus haberi folet *tectum* tale conftituatur, quod in hiberno et in aeftate obfervandus effe poffit. cap. 2 a. 809 § 13 (Georg. 747 [MG Capitularia I p. 149]); volumus utique ut *domus* a comite in loco, ubi mallum tenere debet, conftruatur, ut propter calorem folis et pluviam publica utilitas non remaneat. cap. 1 a. 819 § 14 (Georg. 842 [MG Capitularia I p. 284]). Allein die von A bis G angeführten belege zeigen, daß noch lange zeit hingieng, ehe fich alle gerichte aus dem freien in die häufer verloren, und das volk feiner feft gewurzelten fitte entfagte. Allmälich wurde jedoch hin und wieder gericht in ftädten und burghöfen gehalten, wo fitze *unter bedeckten gängen, hallen* oder *lauben* (Dreyer verm. abh. 761. 762) angebracht waren; zur zeit des mittelalters hatten wenigftens die aufgeblühten, wohlhabenden ftädte ihre richthäufer oder dinghöfe, man findet fie unter der benennung *fpielhaus, fpelhus*, *theatrum* (Haltaus 1703. Dreyer verm. abh. 752. 768. 769); [*fpielhaus* zu Oftheim und Bruchkebel. Steiners Dieburg p. 278; *juxta theatrum* in Scherve. Wigand arch. III. 3, 99, vgl. 102 [1]); das Hernbreit. petersg. im *fchenkhaus;* domus quae *dincloibe* dicitur. Schöpflin nr. 421 (a. 1220); vgl. auch *thinghûs.* Hel. 156, 12. 18. 22, *þinghûs.* Ol. helg. c. 57.] Es kann fein, daß in den alten ftädten, wo römifche verfaßung noch in andern ftücken einfluß auf rechts-

[1]) [anderes fcheint *gymnafium.* Wigand arch. 2, 337.]

pflege äußerte, auch ſchon in früheren jahrhunderten rathhäuſer und curien fortbeſtanden. Auf dem land haftete dagegen die deutſche gerichtseinrichtung viel feſter und länger, und als endlich auch für die markgerichte in einigen gegenden ſpelhäuſer aufkamen, pflegte die ſitzung wenigſtens im ſommer *vor der thüre* zu ſein. Namentlich das ungebotne gericht ſammelte ſich lieber vor dem obdach, vor der ſcheuer, bloß bei regenwetter hinter die wände ziehend; [es wäre den unwetter, ſo mag ein amptman ziehen unter ein obdach. Dornſtetter w.;] ſo war ein rheingauer dinggericht im jahr 1688 im hof unter freiem
807 himmel *vor der mit maien begrünten ſcheuer* und der | büttel zündete ein feuer ohne rauch mit lauter kohlen (vgl. oben ſ. 258). Bodm. p. 856. Ein gericht zu Nordheim wurde ſommers vor dem mülenthor unter der linde, winters unter einem ſchopfen auf dem mülenhof begangen. Wolf Hardenberg 2, 106. [Diz geſchach ze Friburg *under der loubun* an offeme gerihte. Freib. urk. nr. 47 (a. 1291). Ein langob. placitum beginnt: dum in dei nomine civitate Mediolanium in curte ducatus *in laubia* in judicio reſediſemus. Fumagalli nr. 94 (a. 865); civitate Mediolani curte ducati (ducali) *infra laubia* ejusdem curtis. ibid. nr. 131 (a. 892); *in laubiam* majorem in judicio reſedit. Muratori antiq. 2, 933; vgl. Ducange ſ. v. lobiae [1]).]

K. *anordnung der gerichtsſitzung.*

Bisher iſt mehr von ort und ſtelle des alten gerichts gehandelt worden, als von ſeiner eigentlichen einrichtung und geſtalt. Es mangeln darüber alte und genaue beſtimmungen.

1. *Himmelsgegend.* Der *richter*, ſcheint es, ſaß in weſten und ſchaute *gegen oſten.* Dieſes ſchließe ich daraus, daß der eingang, der doch überall dem richter gegenüber anzunehmen iſt, *an der oſtſeite* des gerichts war. Eine legenda Bonifacii lib. 2 c. 8 (b. Menken 1, 846. [Tenzel ſuppl. ſec. hiſt. Goth. p. 345 ff., auch ausgehoben in Sachſe großh. ſächſ. privatr.

---

[1]) [*loube* urſprünglich, wie noch unſer laube, ein baumzelt; bedeckte laubiae. Affò ſtoria di Parma 2, 323 dipl. 22; in laubia ſubtus arbore pero. ibid. 1, 326 (a. 921); lauben in Mailand. Hüllmann ſtädtew. 3, 606; mailändiſch *lobbia*, toſcan. *loggia.*]

p. 25-27]) beweiſt es: tribunal cum conſenſu Thuringorum poſitum eſt ſuper ſarario villae Mittelhuſen, vulgariter auf das ried zu Mittelhuſen. in ſituatione agrorum villae Elpleben [1]) prope Geram ſunt duo manſi terrae arabilis, quorum poſſeſſor ſtruere debet temporibus debitis tribunale illud cum aſſeribus a retro et ambobus lateribus in altitudinem, quod judex cum aſſeſſoribus ſuis poſſint videri a capite usque ad ſcapulas; *introitus verſus orientem apertus*, clauſus tamen cum peſſulo et obice, ne indomiti equeſtri (ſic) aut inſoliti vim aut violentiam ſuam improviſe exercere valeant. cuſtodiri ejusmodi introitus debet per eum, cui judicialiter adjudicatum fuerit. abbas montis S. Petri Erfordiae adminiſtrare tenetur dorſalia et tapeta, cum (? in) quibus judex cum ſuis ſedere debet*). [In der alten gerichtsſtätte vor dem dorf Kaichen umgeben ſteinerne bänke den ſteinernen tiſch von drei ſeiten; die weſtliche ſeite iſt offen, dort ſtand der ſtul des richters, ſodaß er ſich dem *oſten* zuwendete. Thudichum Kaichen p. 9.] Hierzu ſtimmt nun, daß der richter ſowohl bei der hegung des gerichts als bei andern feierlichen handlungen ſein antlitz gen oſten auf die ſonne zu richten hat [oben ſ. 254]; ſobald die hegungsfragen beantwortet waren, wurde das gericht unter bloßem ſchwert und *wendung des angeſichts gegen die ſonne* eröffnet. Bodm. 614; bei benehmung des landrechts: der richter in Lützelnau auf dem ſteine ſtehend, in harniſch und handſchuhen, das bloße ſchwert in der rechten, *mit gen oſten gewandtem angeſicht*, | ſpricht mit hoher 808
ſtimme (oben ſ. 39)**). Geradeſo ſchaute der römiſche augur

---

[1]) [lies Elxleben. Caſſel namen 165.]

*) wie im attiſchen gericht *matten* (*ψιάθια*) *über die bänke* gebreitet wurden. Meier u. Schöm. p. 148. Altn. breida becki, ſtrâ becki (ſcamna ſternere). Sæm. 48ª. 73ª.

**) folgende urkunde beſtätigt, daß der richter mit dem rücken *gegen abend*, mit dem geſicht *gegen morgen* ſaß, denn die grafſchaft Mark und herrſchaft Bilſtein in Weſtphalen liegen jene weſtlich, dieſe öſtlich gegeneinander: up die högede an die ſtede geheiten die iſern boken, dar en frigreve ſitten ſal, gekert *den rugge* na dem lande van der Marke, geſtalt *dat angeſichte* na dem lande van Bilſten. Kindl. 3, 636 (a. 1490); [der gerichthegende voigt ſteht auf einem ſtein außerhalb des kirchhofs, *geſicht* gegen Heſſen, *rücken* gegen Fritzlar gekehrt. Rommel *nach morgen*, norden war ihm links, füden rechts, die limites richteten fich von weften *nach often*[1]). An die einweihung des fonnbelehnten (f. 278. 279) ift bereits bei der fonntheilung (f. 539. 540) erinnert worden.

Dem richter *zu beiden feiten* faßen die urtheiler; er etwas höher, fie tiefer; vielleicht auch er auf dem hügel, fie im halbkreiße um ihn her.

Unten, vor richter und urtheilern, ftand rechts der *kläger*, links der *beklagte* oder fchuldige; jener mithin *gegen füden*, diefer *gegen norden*. So lehrt das altnord. recht ausdrücklich: Geirr ok Gizurr ftôdu *funnan*, Gunnarr ok Niall ftôdu *norđan* at dôminum. Niala cap. 56; Gunnarr ftôđ *nordan*, Gizurr ftôd *funnan*. ibid. cap. 74; Flofi ftôd *funnan* ok lid hans . . . en *norđan* ftôdu þeir Asgrîmr. ibid. cap. 122; þeir gengu *funnan* at dômum, en Flofi ok allir auftfirdîngar med honum gengu *norđan* at dômum. ibid. cap. 143. Die nordwärts ftehenden find immer die beklagten, die füdwärts die kläger. Man kann den füdlichen platz als den zur rechten des richters für den ehrenvolleren nehmen, der dem kläger gebührt. *Mitternacht* und *norden* hatte aber insgemein den begriff des fchauerlichen, traurigen und böfen. Beim reinigungseid in peinlichen fachen wurde das geficht *gen norden* gewandt (bei andern eiden gen often, nach der fonne). Bodm. 642. 643. Dreyer verm. abh. 866. Der nachrichter kehrt dem armen fünder, der enthauptet werden foll, das geficht *gegen die nachtfeite*. Als Hâkon iarl vor den graufamen mächten niederkniet und fein fiebenjähriges kind opfert, *fchaut er nach norden* (horfir î norđr). Iomsvik. p. 40; in nâftrönd (dem todtenufer) fteht ein graufenhafter faal,

---

5, 397; vgl. auch die formel bei Wigand 4, 171: eifchen in dat often, in dat weften, in dat fuden, in dat norden. Auch Wodan aus feinem fenfter fchaut gegen often. Paul. Diac. 1, 8. Der gemeine mann denkt fich füd vornen, nord hinten. Schm. 2, 705.]

[1]) [bei den Griechen war die rechte feite des himmels die glückliche, bei den Römern die linke; der griechifche augur wandte fich nach mitternacht, daher die βόρεια auch δεξιά. Lobeck de micr. p. 5 ff., vgl. gött. anz. 1834 p. 110. Niebuhr 2, 384. O. Müller Etr. 2, 126 nimmt an, daß den Griechen wie den Etrufkern die linke feite (nach often) für glücklich, die rechte (nach weften) für unglücklich galt.]

deſſen thüren *gegen mitternacht* gerichtet ſind (norđr horfa dyr). Sæm. 7b. Snorr. 75. Norden hieß den Jüten *den ſorte* (der ſchwarze), den Frieſen thiu *grimme* | *herne* (furchtbare ecke). 809
Aſ. 5. Fw. 131; der galgen der *nordwärts gekehrte baum* (oben ſ. 683). pro excol. 2, 119 und aus dem *nordwinkel* kam ihnen alles böſe her. Wiarda zu Aſ. 48. Auch nach dem bair. geſetz ſoll der beilwurf gegen mittag, morgen und abend, *nicht* aber *gegen norden* geſchehen (oben ſ. 57), vielmehr da der *bloße ſchatten* *) die grenze machen. Darum geziemt dem beklagten, der zu buße oder ſtrafe verurtheilt wird, die mitternachtsſeite.

Nach den geſetzen von Wales ſoll der richter der ſonne den rücken zukehren, um nicht von ihrem ſchein gehindert zu werden, er ſitzt folglich in oſten und wendet das geſicht *gegen weſten*. Merkwürdig behalten aber die parteien ganz jene deutſche ſtellung, nämlich der kläger findet ſich dem richter links (*in ſüden*), der beklagte rechts (*in norden*). Wotton p. 123; eine zeichnung des gerichts bei Probert p. 164. [Rei in judicio ad latus ſiniſtrum apud Colchos, ad dextrum apud Graecos. Menage amoen. jur. cap. 34; bei den Indern ſitzt der richter mit dem antlitz gen oſten gewendet. Colebrooke transact. of the royal aſiatic ſoc. vol. 1. 2.]

2. *Geſtalt* (figura judicii [1]). Älteſte und üblichſte *rund* u. *ringförmig*, weil die umſtehende menge einen natürlichen kreiß ſchließt; daher heißt die verſammlung von ſelbſt der *ring* (oben ſ. 433), das gericht altn. dôm*hrîngr* und man verband die wörter *ring* und *ding* (oben ſ. 13), ringlich dinglich. Frühe kann ſich aber auch aus dem ovalen ring ein längliches viereck gebildet haben. Dieſer runde oder viereckige umfang des gerichts konnte nun ſchon durch die ſteine und bäume des orts, durch das brückengeländer oder die ſeiten der ſtraße angeordnet ſein; in der regel muſte aber eine beſondere hegung und ſicherung gegen den andrang der menge vorgenommen werden.

---

*) *noverca umbra*, ein ſchadender ſchatten. Plin.; bei Hyginus iſt noverca ein unebner, unmeßbarer ort.

[1]) [figura judicii pheodalis. Wigand arch. 2, 369 (a. 1209); in der Lombardei bedeutete figura judicii das *gerichtsbild*, das abzeichen des gerichts, wozu man thiere zu nehmen pflegte. Hüllmann ſtädtew. 3, 276-279. Pertz 9, 861.]

Die alterthümlichſte weiſe ſcheint die nordiſche; es wurden dünne *haſelſtäbe* im kreiß geſteckt und *ſchnüre* darum gezogen*). Dieſe einfache ſchutzwehr würde der ungeſtüm des heutigen volks bald zerbrechen, damals gab ihr der allgemeine glaube an die heiligkeit des bandes feſteren halt als ſchranken von balken
810 oder eiſen. | Ich habe ſ. 182. 183 dargethan, daß ein bloßer *faden* bannte und hegte, ſ. 203 daß das geding von einem faden umſchloßen wurde. Jene ſchnur um die haſelgerten hieß altn. *vêbönd*, d. i. heilige bänder, ſie wurden um die gerichtsſtätte und um den kreiß des zweikampfs gezogen; *vêbönd â þingſtad.* Gulaþ. p. 13; enn þar er dômrinn var ſettr var *völlr ſlêttr* oc ſettar niđr *heſliſtengor* î völlinn î hrîng ok lögd um ûtan *ſnæri* umhverfis, voro þat köllut *vêbönd* (pacis ſacroſanctae vincula); enn fyrir innan î krîngnum ſâto dômendr, 12 or Firdafylki oc 12 or Signafylki oc 12 or Hördafylki. þær þrennar tylptir manna ſcyldo þar dœma um mâl öll. Egilsſaga cap. 57 p. 340. 341. Ein ſo umſchnürter platz hieß *völlr haſladr* (campus corylo circumſcriptus). ibid. p. 274. 275 (gleichviel ſcheint *völlr vitadr.* Sæm. 33ᵃ) und *haſla völl* bedeutete den kampfplatz beſtimmen, herausfordern. Sæm. 147ᵃ. Hervar. p. 206. Ol. Tryggv. 1, 95. [199; bei Saxo gr. p. 135 *circulare campum.*] Frevler, die ein gericht ſtören und verjagen wollten, zerſchnitten die ſchnur und brachen die haſelſtangen: þâ fôr hann (im jahr 934) ok menn hans þar til er dômrinn var ok ſkâru î ſundr *vêböndin* en brutu niđr *ſteingr* ok hleyptu upp dôminum. þâ gerdiz ys mikill â þînginu. Egilsſ. p. 350 [1]).

Sollte nicht ein abgeſtecktes haſelfeld gemeint ſein, wenn es im ripuar. geſetz 67, 5 conjurare in eccleſia, ad ſtapulum regis, in *circulo* et in *haſla* hoc eſt *in ramo* heißt? andere hſſ. geben haſlo, halas**), aſla, die von Graff nachgeſehnen (Diut.

*) auch bei der griech. Heliäa ein *gezognes ſeil* zur hegung: *τὸ δὲ δικαστήριον περιεσχοινίζετο· τὸ δὲ περισχοίνισμα ἀπὸ πεντήκοντα ποδῶν ἐγίγνετο, καὶ οἱ ὑπηρέται ἐφειστήκεισαν, ὅπως μηδεὶς ἀνεπόπτευτος προσῄ.* Pollux 8, 123. 124 (Amſt. 1706. p. 947. [Bekker p. 351]).

[1]) [*haſelgerten* wurden auch ſonſt in ſignum interdicti in die erde geſteckt. Öſtg. p. 290ᵇ ſ. v. haſla.]

**) l. ſal. 44, 5 [41, 4] (oben ſ. 625) de *hallis* vel de *ramis* cooperire; vielleicht zu leſen *haſlis?*

1, 333) haſla. Roquefort 1, 738 hat haſeau, haſel, harſel: porte faite de *branches* entrelacées les unes dans les autres, en forme de claie, vgl. ſupplément 182[a]. Von *eingezäunten* richtplätzen, wobei doch an eingeſteckte, verflochtene pfäle und zweige zu denken iſt, reden noch ſpätere urkunden; extra *ſepta* judicialia, quae teutonice *richtepale* nuncupantur. Kindl. 3, 237 (a. 1283); judicium intra *ſepes* dictae villae, quae *zingile* nominantur, condictum. Bodm. p. 617 (a. 1274); vgl. umzingeln, einſchließen und munitiones quae *tingelen* vulgariter nuncupantur. Wenk 1 nr. 407 (a. 1281).

An die ſtelle der ſchnüre und zäune traten hierauf *ſchranken*
und ſchirmende *geländer* von holz. Nach | der ſ. 807 an- 811
geführten legende ſoll das gericht hinten und von beiden ſeiten mit *brettern* eingehegt werden, unten alſo beim eingang offen ſtehen. Wahrſcheinlich wurden an dieſen wänden inwendig die *ſitze**) der urtheiler angebracht, vielleicht daß oft auch die bloßen bänke die geſtalt des gerichts bildeten. *Scranna* bezeichnet ſchon in der frühſten ahd. ſprache**) ſcamnum, ſizzan in ſcrannôm. K. 30[b] ſedere in ſcamnis, ſcrannon der kaufleute nennt O. II. 11, 33; noch heutzutage heißt in Oberdeutſchland fleiſchſchranne, brotſchranne die bank der fleiſcher und becker auf dem markt. Ebenſo galt durch das ganze mittelalter dieſes *ſchranne* in Baiern, Schwaben und Franken für gerichtsbank, der plur. die *ſchrannen* (bänke) für den ort des gerichts; vgl. ſchwäb. landr. 90 (Schilt.) an die *ſchranne* kommen; 265 vor geriht ſtan in der *ſchranne* (Senkenb. lieſt 101 und 144 ſchrande); *ſchranne*. Lang reg. 3, 332 (a. 1269), [vgl. bair. jb. 334;] an *offner ſchrannen*. MB. 2, 102 (a. 1466). 2, 245 (a. 1438). 3, 574 (a. 1441). 4, 484 (a. 1387); vor offen rechten auf der *ſchrann*. 6, 425 (a. 1351); an *ofner landſchrannen*. 6, 451 (a. 1436).

---

*) zuweilen heißt es bloß: das *gehölz* (oben ſ. 789); huntdink auf dem felde zu Ytzelbach, daſelbs ſollent liegen *balken* u. *holzer*, da man uf ſpulget zu ſitzen. Ravengirsburger w.

**) auch ital. *ſcranna*, ſtuhl, bank, gerichtsbank (vgl. ciſcranna, ciſcranno); ſchwerlich aus ſcamnum (ital. ſcanno) entſtellt, ſondern deutſchen urſprungs, wiewohl auch die deutſche wurzel dunkel. Vgl. die folgende anmerkung über das franz. *écran*.

9, 239 (a. 1480); an der *ſchrannen* ſitzen. MB. 9, 262 (a. 1430); in die *ſchrannen* gehen. ibid. 9, 292 (1466); auswendig an den *ſchrannen* oder dem ring ſtehen, vor den *ſchrannen* ſtehen; [in die *ſchrannen* geſaȥ, umb die *ſchrannen* mûſen, dem diu *ſchranne* erſchelle. Helbl. 2, 673. 707. 733; *nôtſchranne.* todes gehügede 933; *râtſchranne.* Wolkenſtein 245.] Eine thüringiſche urk. von 1174 (Tenzel ſuppl. hiſt. goth. 2, 490): inter ſcephones et ſtrinnas (l. ſcrinnas, *ſcrannas*) promulgata; gerade wie das alte ſtatut von Bamberg: fordern zwiſchen *ſchrannen* u. ſchopfen (Maurer p. 168) und das Galmitshauſer w.: zwiſchen ſchopfen und *ſchrannen;* woraus erhellt, daß zwiſchen der ſchöffenbank und der untern ſchranke ein raum für die vorgeforderten parteien blieb. Auch in Sachſen und Niederdeutſchland war der ausdruck nicht unbekannt, vgl. *ſchrange**), fleiſchbank. brem. wb. 4,
812 691 und | eine urk. von 1144 bei Gudenus 1, 162: facta conventione, ad locum, qui ab incolis *ſcrannen* nuncupatur, juxta Roſtorp (bei Göttingen) . . . proceſſimus, ibi ſanctorum repreſentatis reliquiis coram judicibus juxta leges Saxonum traditio iſta nobis confirmata eſt.

Doch ziehen niederdeutſche urkunden und ſtatute die benennung *bank*, lat. *bancus* vor, namentlich der Sſp., vgl. oben ſ. 791 und Haltaus 91, *dingbank.* Haltaus 229, *gerichtsbank, ſchöppenbank;* [*banci* et ſcarritiones. Pertz 10, 477;] ad *bancos* ſcabinorum. Kindl. 3, 171 (a. 1233); geinwirdig imme gerichte zo Arwilre *binnen den benken.* Arweiler w.; [ſchon Hel. 160, 21 vom richtenden Herodes: thâr he an is *benki* ſat.] Gewöhnlich iſt von *vieren***) die rede: klagen binnen *ver benken*, bekent

*) Ottocar reimt 522ª ſchranne: lange; doch würde ſelbſt *ſchrange*, das auch Haltaus 1181 aus oeſtreich. und bair. urk. beibringt, nicht berechtigen ſchranne aus ſchranke zu erklären. Suchenwirt XXXIX, 158 *ſchrannen:* mannen. [*Schrage,* balke auf ſchrägen beinen. Schmeller 3, 509; *ſchragen* ſub tabulas. Seibertz 1, 624. Der *ſchrankboum.* Helbl. 15, 315.]

**) in einigen weisthümern vom gericht in den *vier ſchirmen*, z. b. dem Crumbacher u. Dreieicher, in den vier *ſchirnen.* Erbacher und Camberger w. Da nun das franz. *écran*, früher *eſcran*, ſchirm, ſchutzwehr bedeutet, verräth ſich auch hier wieder *ſcranna.* [Zwiſchen den *vier wend.* MB. 2, 56 (a. 1404). *Tafelen* der ſcepen. Huyd. op St. 2, 479. 480; der gerichtstiſch heißt auch *block, ſtapel.* Michelſen oberhof p. XVII.]

b. v. b. ſtat. bremenſ. p. 70. 73. 76. 79. 94; binnen die *vier benke.* Gaupp magdeb. r. p. 281; andere beiſpiele bei Haltaus 92; [vor die *vier benke* komen. Böhme 6, 113; in den *vier benken.* Arnsb. urk. 889; dri ding ſetzen und die *vier benke* verrücken. Auffeß 1, 264; mnl. *vierſchare.* Warnkönig 1, 281, ter *vierſcaren* daer de bailiu ſat. Maerl. 3, 78; die *vierſchaer* beſlaen. Potter 2, 3401.] Wenn ſich der rath auf die *vier*, ein quadrat bildenden, *bänke* geſetzt hat, werden die beiden öfnungen des vierecks mit zwei eiſernen ſtangen geſchloßen. aſſertio libert. brem. p. 751. Wo waren dieſe beiden öfnungen? zu den ſeiten? Es heißt nun: *die bank hegen*, *ſpannen*, *bekleiden*, z. b. die holtingsbank mit coirgenoten *bekledet* u. mit ordel u. rechte *geſpannen.* Piper p. 198; gericht *ſpannen* u. *kleiden.* Nunning monum. monaſt. p. 360; *geſpanner bank*, to rechter dagetit. Wigand feme 229. 231; ding und gerichte *hegen* und *ſpannen.* ibid. 552; alsbalde das gericht beſatzt u. *geſpannen*, der baide (?riegel, [bote, frohn, der ſtille bietet?]) aingeklopt, eine u. andermail, das niemants one erleufenis int gericht ſprechen enſall. Waſſenberger voigtdink; als wir ſaßen an *gehegter bank.* Waſunger w.; vor *gehegter dingsbank.* Walch 7, 29; [gemein urtheil *ufdecken*, *hegen* u. *furnehmen.* Hernbreit. w. (a. 1499).] Viele andere belege über *bekleiden.* Haltaus 126. 127, über *ſpannen.* 1699. 1700. Unausgemacht iſt aber, worin dieſe feierliche hegung, ſpannung und bekleidung beſtand. *Bekleiden* könnte ſowohl gehen auf ein behängen mit tüchern oder teppichen (vorhin ſ. 807) als auf ein beſetzen mit urtheilern (mit coirgenoten bekleden), vielleicht auch auf | eine 813
alte ſymboliſche inveſtitur? Wetterauiſche urk. haben ſtatt bekleiden *beſetzen*, das gericht, die bank beſetzen. Noch dunkler ſcheint *ſpannen;* es heißt tendere, cingere, fibulare, natürlich wäre daher die annahme, daß ein faden oder ſeil um die geſtellten bänke gezogen wurde. Indeſſen gibt Möſer oſnabr. geſch. 1, 17 folgende ganz andere deutung: das markgericht geht an, wann der holzgraf die *bank ſpannt*, d. i. mit der hand eine ſpanne auf den gemeinen tiſch, wobei man ſich ſetzt, gemeßen u. dabei hand u. mund verboten hat, von dieſem augenblick an tritt der gerichtsfriede zu dem markfrieden. So auch, dem er wahrſcheinlich folgt, Maſcov (notit. jur. brunſvic. p. 237)

nach einem weisthum: dein grevio foreſtalis cum erbexis ad ſcamnum foreſtale, die *holzungsbank*, accedebat, cumque id conſortes marcae circumſtitiſſent, prodibat grevio foreſtalis inferior, *dextraque ſcamno ſubnixus*, *tanquam ſi id panderet*, haec verba proferebat: *pando* hiſce nomine grevionis *ſcamnum* foreſtale, interdico manui et linguae uniuscujusque, ſub poena mulctae foreſtalis, et concedo unicuivis liberum acceſſum et diſceſſum [1]). Bei den ſchrannen iſt weder von bekleiden noch ſpannen die rede und in bairiſchen urkunden überhaupt von keiner feierlichen gerichtshegung. Maurer p. 219. 220.

[Die Isländer, wenn ſie zum ding reiſten, hatten dort ihre *hütten*, tabernacula, worin ſie die zeit über wohnten, wahrſcheinlich um den lögberg herum; eine ſolche hütte heißt *bûd*. Vatnsd. p. 192. Laxd. p. 106; sitja î bûd ſinni â þingi. Laxd. p. 146; til bûda gânga. Ol. helg. c. 134; enn er hann kom â þîngit ok bûd hans var tiöldot. ibid. c. 153; vgl. Erichſen zu Gunnl. ſaga p. 29. 30.]

## CAP. III. GERICHTSZEIT.

Die erſte frage des richters an die verſammelten ſchöffen war, ob es an der gebührlichen tagszeit ſei das gericht zu hegen? oder, wie es in einer urk. von 1440. MB. 2, 426 heißt: ob es an jar und tag, an weil und zeit ſei?

I. *Tageszeit.* Der römiſche grundſatz *ſol occaſus ſuprema tempeſtas eſto.* tab. 1, 10, [comitia *inter ſolis ortum et occaſum* habita. Cic. Cat. 3, 12] herſchte auch durch alle deutſchen gerichte, vor ſonnenaufgang wurde keines eröffnet, mit ſonnenuntergang jedes geſchloßen. *Tag* und *ſonne* waren ge-

[1]) [man vergleiche bei Reuter Hanne Nüte p. 229: der altgeſell zeichnet mit kreide den *geſellenkreis* und *überſpannt* ſeine öfnung mit daume und mittelfinger, zum zeichen daß ſeine hand als vorhand gelten ſoll]

heiligt*) und heiligten alle ge- | ſchäfte, darum heißt das gericht 814
*tagadinc* [1]), der beſtimmte termin *tagafart*, *tagafriſt;* gegen die ſonne wandte ſich der hegende richter, gegen die ſonne ſtabte er dem ſchwörenden den eid, alle felddienſte beſtimmte die ſonne (oben ſ. 319. 353), alle abgaben muſten bei ſonnenſchein entrichtet werden (ſ. 384. 385. 389), d. h. ſie wurden vor alters zugleich in den volksverſammlungen oder in einem beſonderen zinsgericht**) dargebracht. Es iſt ſo *hoch tages* und die *ſonne ſtehet ſo hoch*, daß ihr, wenn ihr von gott die gnade u. von unſ. gn. h. die macht und gewalt habt, ein öffentliches hägergerichte hägen, halten u. ſpannen möget. Stadoldendorfer hägegericht. Nademal dat ji dat gericht hebben heget *bi upgang der ſonnen*, ji mogen des wol geneten, bet dat ſe wedder *dal geit.* bremiſches botding; want ſik *de ſunne verhoget* u. de *dach verclairet* heft . . dat ik hir moge hegen ein apen vrig gerichte. Wigand feme p. 365; ein fri feldgericht openbar geheget bim *lichten ſonnenſchin.* Horhuſer formel, ebendaſ.; dages *bi ſchinender ſonnen.* Rugian. tit. 32; iſt auch gebräuchlich, daß bei der herren *ſonnenſchein*, das iſt, bei ihrem lichte, ein neuer ſchultheiße erwehlet u. die lehn gereichet werden. Zepernick abh.

---

*) ſammir daz *heilige lieht!* eine alte betheuerung. Gegenüber der nothwendigkeit des tages und lichts zu allen *menſchlichen* verrichtungen ſteht das *nächtliche treiben* der ſonnenſcheuen geiſter, elfen und zwerge, welche hankrat und tagesanbruch verjagt, der erſte ſonnenſtrahl verſteinert: uppi ertu dvergr um dagadr, nû ſkînn ſunna î ſali! Sæm. 51ᵇ. [Than was *ſunnon ſkîn*, diurlic *lioht dages*, ſagt der heiland Hel. 149, 24 zu den juden, die ihn bei nacht überfielen, endi nu lêdiad mi iuwa liudi tô an *thiuſtrie naht*, al ſo man thiobe dôt, than man thene fâhan wili.] — Tag und ſonne werden in vielen rechtsformeln gleichbedeutig geſetzt, z. b. fyri hina þridiu *ſôl.* Egilsſ. p. 723; komen van den have weder thuis bij eener *ſonne.* Twenter hofr.; von einer *ſonnen* zu der andern. Gudenus 4, 39 (a. 1405). heſſ. landesordn. 1, 6 (a. 1384), vgl. Haltaus 1695.

[1]) [doch werden einige gerichte *abends* gehalten; das Carber märkergeding alle jahr auf Johannis und Michaelis abend. Carber w. a. 1499 § 10. a. 1508 § 7.]

**) item dominus noſter habet unum *judicium cenſus*, ad quod omnes debent venire ad vocem praeconis et qui reliquerit cenſum ſuum *ad occaſum ſolis*, advocatus debet tollere pignus ſuum, et qui reliquerit ad craſtinum, habet jus ipſum punire. Wetterer w.

aus dem lehnr. 2, 97; et deſtre aux plaids generaux *ſi longtems que le ſoleil luit.* record de Nyel § 20; [daher auch *la nuit porte conſeil.*] Hauptſächlich galt es die morgenſonne, die ſteigende oder klimmende: gerichtes ſolen warden alle die dingplichtich ſint van des dat *die ſunne upgat wente to middage.* Sſp. 3, 61; nachdem *die ſonne ſteiget und nicht riſet* (negativ ausgedrückt: nicht ſinkt), als iſt es ſo fern am tage, daß ihr möget halten und hegen ein ding einem jeden menſchen zu ſeinem rechte. Lübecker echtding b. Dreyer verm. abh. p. 815,
815 vgl. brem. wb. 3, 501; bis zu *klimmender ſonne.* | Bodm. p. 618*). Länger als ſonnenuntergang (oder gegen abend) wurde keines gewartet, der zu gericht erſcheinen muſte: er die *ſonne undergeit* dat gedinge beſchließen. Kindl. hörigk. p. 647 (a. 1500); de richter is ſchuldig van ſeyers (ſeiger) IX up den morgen bet dat de *ſunne undergehet* up dat gerichte to warende. Rugian. tit. 18; wir bekennen ouch, daȥ vor uns von den vorg. mannen uf iren eit erteilt wart, ſit daȥ an der vorg. mitwochen *die ſunne ſich alſo ferre het geſenket*, daȥ eȥ kuntlichen were uber mittag ferre . . . daȥ man nit vurbas warten ſolte. Wenk 2 nr. 298 (a. 1325); Injurioſus (nom. propr.) ad placitum in conſpectu regis Childeberti advenit et per triduum usque *in occaſum ſolis* obſervavit. Greg. tur. 7, 23. Auch im Norden ſollte gerichtet werden bei ſonnenſchein (at uppverandi ſôlu) und ehe die ſterne am himmel ſtanden: þing halda firi miþian dagh, *ai lengr en ſol ſetr.* Gutal. 65; framgögn ſcolo borin î dôm þann, *adr ſtiarna komi â himin***). Grâgâs landabr. c. 43, vgl. Arneſen p. 333. Im Gulaþ. geſetz lautet die regel: *ſôl* ſcal *um ſumar* râda, enn *dagr um vetr* (im ſommer iſt ſonne, im winter tag geſetzliche zeit). 417. 436. 442. 443, welche ſtellen zwar von überfahrt oder beförderung armer leute und der gerichts-

---

*) *klimmende* (ſol oriens) und *ſinkende* (occidens). Aſpler hofr.; *klimmende* zonne ende *dalende.* Matthaei tr. de nobilitate p. 585, vgl. oben ſ. 36. 37; ſunna kiſaȥ. Diut. 1, 492a.

**) debet venire cum ſuis teſtibus valituris ad locum illum aſſignatum et debet ibi ſtare ſimul cum aliis probis hominibus *donec ſtella appareat.* urk. von 1247 aus Hueſca in Aragonien b. Ducange 6, 729; franz. à *heure deſtoiles;* [die ſol man alle iar uf S. Martins tag geben, phant oder gelt, *e man die ſtern an dem himel moge geſehen.* Mones anz. 5, 44.]

ladungen reden, d. h. auf diefe verrichtungen den viel allgemeineren grundfatz anwenden. [Öftg. p. 18 heißt der tag nach fonnenuntergang *urþinga* d. h. über dingzeit hinaus.]

*Sonnenzeit* galt nämlich für alle gerichtlichen handlungen, nicht nur

1. für die eigentliche hegung und haltung des gerichts, und

2. für das warten der parteien aufeinander (placitum cuftodire, adtendere, obfervare); fondern auch

3. für die gerichtliche ladung; von dem nord. umgefandten gerichtszeichen foll nachher gehandelt werden, daß der ladende bote nach fonnenuntergang nichts mehr ausrichten konnte, beweifen folgende ftellen: dit is riucht, dat di fria Frefa ne thoer dis grêva ner dis fchelta ban | tielda *efter fonna fedel.* Fw. 39; 816
man foll auch wißen, daß die weibel einem ieglichen mann wol mögen fürgebieten *bei der funnen*, fo aber die *funne ze reft kumt*, fo hat ir gebot kein kraft. Augsb. ftat. (Walch 4, 94. 95); der büttel foll einen befeßenen man vorgebitten *die weil es fchön tag ift* u. anders nicht, einen fremden u. fein pferd mögen fie aufhalten zu aller zeit. Walch 3, 254; item weifen wir auch, daß ein ieglicher der an unferm gericht richtlich mit recht wil handeln mit den einwohnern, er fei fremd oder einheimifch, mag einem ieglichen durch den fchultheißen am abend vorhin bei *fonnenfchein* mit einem heller gebieten uf die drei obberürte tag u. nicht uf andere gerichtstag. Dachsweiler w.; man foll der widerpartei einen tag zuvor vor dem gerichtstag fürgebieten laßen, daß fie noch *bei fonnenfchein* eine meilwegs gehen kann nach einem redner oder fürfprecher. Hofftetter w.

4. ja es wurde darauf gefehen, daß richter und urtheiler noch bei tag heimkehren konnten, wie beim heergebot, fo daß dingpflichtige und heerpflichtige hierin einander gleichen (oben f. 227): auch fol ein *faut* eime ieglichen burger oder graffchaftman und allen, die ime die hennen geben, ire *dag leiften*, fo fie fin bedurften, uf fin koft, als frue als er bi fonnenfchin wider heime moge komen. Seligenftatter fendr.; der *ritter* fol das gericht bereiten oder gehen, ob dem gerichte des noth wäre, auf feinen koften, u. fol da werben des gerichts ehre u. nutzen, als immer er möchte *bei einem tag oder nacht* wieder heimkommen, wäre es aber, das er bei einem tag u. einer nacht

nicht möchte heimkommen, darumb ſoll ihme das gericht ein gleiches (billigen koſtenerſatz) thun, das dan billich u. möglich wäre, ohne gefährde. Altenhaſl. w.

5. der gerichtliche zweikampf erforderte ſonne; nach ihr theilte man den ſtreitern das feld (oben ſ. 540) und *vor ſonnenuntergang* muſte der gegner beſiegt werden; vgl. Bignon zu Marc. p. 301. Als dio *ſonna ſigende* is ende diu ku da klewen dene deth, ſo ne thoer di fria Freſa efterdam dis days an ſtride with ſtaen, om dat hi êr grêt ne was. Fw. 39.

817 6. vollziehung der ſtrafe erfolgte *vor ſonnenuntergang**). | Es iſt übrig, einige hierher bezügliche ausdrücke des alten ſaliſchen rechts zu erläutern; *ſolem collocare* (culcare, colcare). l. ſal. 40 [37]. 43 [40]. 53 [50]. 76 [cap. 2 ad l. ſal. 8] und *ſolſatire*. l. ſal. 76 [cap. 2 ad l. ſal. 8]. form. Marc. 2, 37. Sirmond. 33. andegav. 12. 13. 14. 15 etc. Ducange 6, 586 ſcheinen mir gleichbedeutig, dieſem jenes nachgebildet. *Collocare* braucht die lat. ſprache nie von dem untergehen der ſonne, wohl aber die romaniſche, ital. *colcare*, provenz. *colcar* (lo ſolelh colcat), altfranz. *colcier*, neufranz. *coucher* (le ſoleil couché) und der germaniſmus iſt nicht zu verkennen, da collocare *ſetzen* heißt (goth. *ſatjan*, agſ. ſettan, altn. ſetja) und in allen unſern mundarten die untergehende ſonne die ſich ſetzende, zu ſitz und ruhe gehende

*) decollatio ejus in ipſo *ſolis occaſu* fiebat. Ditm. merſeb. lib. 2 p. 29 (Reinecc.); [item ofte ein deif ofte misdeder vor dem gogericht (Bueren bei Münſter) mit rechte verwunnen worde, den mag men leiden die ſtraten weder ut tuſchen Tuteluten huſe u. Beckehuſe, dat nu Menke de ſmid heft und vor den Sibbenhuſen hen beß an den galgen, und ofte die deif ofte misdeder *in dem dage u. drei fackelen in den auent* mit rechte nicht gewunnen enworde u. overnachtigh worde, ſo ſollen ſei den misdeder leveren in mins hern van Munſter hogeſte gerichte. Kindlinger 35, 22.] Hinrichtung an vielen orten *vormittags*, daher noch in unſern tagen arme ſünder durch bis zuletzt aufgeſchobne geſtändniſſe oder auf jede andere art zu bewirken ſuchen, daß die mittagsſtunde verſtreiche. Pfiſters räuberbande nachtrag p. 311. *Nächtliche* hinrichtungen, wie ſie in Griechenland galten, laufen wider alle deutſche ſitte. [Die todesſtrafe in Sparta, durch ſtrangulation im gefängnis oder hinabſtürzen in den Käadas, wurde ſtets *zur nachtzeit* vollzogen; auch in Athen galt von alten zeiten her das geſetz, niemanden bei tage hinzurichten. O. Müller Dorier 2, 225.]

genannt wird, vgl. ahd. ſunnûn ſedalgang (occaſus), agſ. ſetlgang (gramm. 2, 493), [altſ. ſcrêd ſunne te *ſedle,*] altn. *ſôlſetr*, agſ. *ſunſet;* ahd. ſunna kiſaȥ, altn. ſôlin ſetſt (ſol occidit). Hier haben wir alſo buchſtäblich das ſaliſche *ſolſadium;* keine vox hibrida, weil die Franken ſol (wie die Gothen ſauil, die Normannen ſôl) neben ſunna ſagen konnten. Von der zuſammenſetzung ſolſadium ſcheint nun das verbum *ſolſadire**), *ſolſatire* abgeleitet und es iſt unmöglich dabei an das lat. ſol und ſatis (als hieße es, die ſonne befriedigen) zu denken. In der alten rechtsſprache bedeutet ſolſatire: placitum usque ad occaſum ſolis obſervare, wie es Gregor von Tours umſchrieben hat, des ausbleibenden gegners bis zu ende des gerichts warten[1]; es gilt demnach vom *erſcheinenden* theil, ſei er kläger oder beklagter. So erklärt es auch Maurer p. 52, der nur von irriger etymologie ausgehend, ſolſatire und ſolem collocare unterſcheiden will. Daß aber auch letzterer ausdruck nicht den ſinn von diem praefigere (tag ſetzen) haben kann, ergibt die vergleichung der formeln, denen ſolem ſecundum legem collocare und ſecundum legem ſolſatire einerlei iſt**). |

II. *Wochenzeit.* Welche tage waren *faſti* und *nefaſti?* 818
es ſcheint, daß die gerichtlichen verſammlungen vorzugsweiſe *am dritten tag* der woche gehalten wurden, wie ſchon Gobelinus Perſona 2, 4 bemerkt hat: ding in antiquo vulgari ſonat judicium, prout patet in his vocabulis holtgeding, frigeding, et quia judicium *mortis* gentiles attribuerunt *Marti*, dies martis *dingestag* apud gentiles teutonicos dicebatur. et in ſignum iſtius judicium

---

*) die ſchreibung ſadire f. ſatire iſt wie oben ſ. 776 ſcabinus, riba f. ſcapinus, ripa; vgl. ſpan. ſed, rueda f. ſitis, rota.

[1] [noch im j. 1358 heißt es in einer urk.: und hat der vorg. (der kläger) gewartet din (des beklagten) vor uns in gerichte uf ſinem dritten tag, als uf ſinem ustag in der egen. ſache, *den tag und die tagzit us,* als recht iſt. Freib. urk. nr. 242.]

**) was heißt *in nubi* ſolſatire? l. ſal. 76 [cap. 2 ad l. ſal. 8]; de novo, denuo ſchon darum nicht, weil die ſtelle vom *erſten* ſolſatire redet; warten bis die ſonne *hinter den wolken* iſt? oder könnte ein ſymboliſches gebärdenſpiel *in der luft* (undar wolcnum, [agſ. under volcnum]) gemeint ſein, wie auch bei anderm anlaß ſtreiche in die luft geſchahen (vgl. oben ſ. 279)? [ſieh Pertz 4, 7. Merkel p. 41: *inubi* für ibi.]

quoddam occultum, concernens poenam morte puniendorum in certis caſibus in partibus Weſtphaliae, praecipue *die martis* celebratur, quod quidem judicium incolae friding appellant. Was nun die herleitung von *dienſtag* aus *dingstag*, dingestag angeht, ſo wäre letztere form erſt aus *älteren* ſprachdenkmälern zu beweiſen, welches ich aber nicht vermag, auch gibt es kein agſ. þingesdäg, kein altn. þîngsdagr, bloß die Niederländer haben in ſpäterer zeit die bedenkliche ſchreibung dingsdag angenommen; [auch bei Neocorus 2, 459. 462 *dingdag*, 467 *dingesdag.*] Beinahe möchte ich ſie für verwerflich, wenigſtens den namen dienſtag für unhochdeutſch und aus dem ſächſ. *tiesdag* entſtellt halten, was ſelbſt durch die form dieſtag, diſtig in einigen oberdeutſchen gegenden beſtätigt wird*). Allein wenn ſchon jene ableitung aufgegeben werden muß, reden andere gründe
819 für die ſache ſelbſt. In Norwegen geſchah die ladung | zu erſcheinen auf dienſtag: hann ſcal ſtefna hönum *tyrsdagin* næſta eptir pâſkaviko. Gulaþ. p. 296; oc ſtefndi honom til iardar *tyrsdaginn* n. e. p. ibid. 297; oc geri ek þer ſtefno til at lyda hefdar vitnom minom *tyrsdagin* n. e. p. ibid. 300. Viele alte

*) die echthochd. benennung iſt die unter dem volk in Schwaben erhaltene *ziestag*, *ziſtig*, ahd. *ziestac*. gl. blaſ. 76ᵃ, in noch älterer form wahrſcheinlich *ziuwestac*, ziustac, genau dem agſ. tivesdäg, engl. tuesday, frieſ. tysdag, altn. tŷsdagr, tyrsdagr, ſchwed. tisdag, dän. tirsdag entſprechend und wörtlich dies *martis* bedeutend, weil mars ahd. *ziu*, agſ. *tiv*, altn. *tŷr* heißt, goth. *tius* (= lat. deus), ſein tag alſo tivisdags heißen würde; [vgl. oben ſ. 748 *tie.*] Hin und wieder erſcheint auch in Oberdeutſchland für ziſtag *zinſtag*, wodurch die vermuthete verderbnis des dienſtag aus dieſtag beſtärkt wird. In Baiern und Oeſtreich wird der dienſtag ganz eigenthümlich *ertag*, *iertag*, *iärtä* genannt, ein dunkles wort, worauf ich mich hier nicht einlaße, vgl. Schm. 1, 96. 97. Beziehung auf das gericht ſcheint nun freilich auf den erſten blick weder der name dies martis, noch zieſtag zu gewähren, Mars und Ziu (ſo viel wir aus dem nord. Tŷr folgern können) ſtanden dem krieg und ſieg vor. Da indeſſen ſchon nach allgemeiner anſicht das gerichtliche verfahren ein ſtreit (dingſtrît, lis forenſis) und noch mehr nach deutſcher ein kampf und gottesurtheil iſt, ſo fügt ſich bei näherer betrachtung kaum ein anderer gott beßer zum oberſten richter. Ich begreife nicht, warum Maurer p. 29 (wohl nach Dreyer verm. abh. p. 820) den dienſtag auf Odin zieht, dem ja in allen deutſchen ſprachen der mittwoch heilig iſt (gonsdag, wonsdag, onsdag, wednesdag, dies mercurrii).

placita ſind vom dienſtag datiert: cumque reſiderent miſſi . . . in Narbona civitate *die martis* per multorum altercationes audiendas. Baluz app. nr. 16 (a. 783); notavi *diem martis*. Neug. nr. 18 (a. 754); desgl. Goldaſt nr. 1. 17. 22. 42. 76. Die ungebotnen gerichte fallen nach den weisthümern häufig auf dienſtage: lehengericht zu Niederolm auf *zinſtag*. Wenk 2 nr. 297 p. 297 (a. 1324); hoferecht zu Haſelach *zinſtag* in dem meigen, in dem ougeſte u. hornung; eigengericht zu Eiſenhauſen *dinſtag* 18. jan. 1485; gericht zu Rorbach 1481 *dinſtag* nach Jacobi; zu Rieneck *dienſtag* nach pfingſten 1559; *dinſtag* nach dem geſchwornen montag. Erlenbacher vertr. von 1409; *dinſtag* zu Windesheim; auch wiſen wir, das ein fri merkerding ſal ſin off dem *dinſtag* nach dem achtzehenden dage u. of den tag ſal man meiſter u. foit kieſen. Bibrauer w. Hierher gehört auch eine ſtelle des magdeburger rechts (Gaupp p. 272): der ſchultheiȥe hat die echteding ein nach deme zwelften tage, daȥ andere des *dinſtages* ſo die oſterwoche uȥget, daȥ dritte als die pfingſtwoche uȥget, nach dieſen dingen leget her ſin ding uȥ ummer ubir viercennacht. Bis auf neuere zeiten wurden die meklenburger untergerichte ordentlich alle *dienſtage* gehalten. Franke alt und neu Mekl. 1, 165 und zu Lübek todesurtheile den miſſethätern ſonntags bekannt gemacht, *dienſtags* vollzogen. Dreyer verm. abh. 821 [1]).

Ohne zweifel konnten aber auch auf jeden andern wochentag und vor alters den ſonntag nicht ausgenommen, gebotne gerichte anberaumt*), und am unbeſchränkteſten handlungen freiwilliger gerichtsbarkeit vorgenommen werden. Die notare merken bei gerichtlichen traditionen, donationen, permutationen eben ſo oft andere tage als den dienſtag an und es iſt darum auf die vorhin aus Neugart und Goldaſt gegebnen belege wenig gewicht zu legen: notavi diem *lunae*. Goldaſt | nr. 21. 55. 56. 820
67. 74. 75; diem *mercurii*. 2. 8. 20. 65. Neug. nr. 21. Ried nr. 20; diem *jovis*. Goldaſt nr. 5. 7. 18. 28. 70. 83. Neug.

---

[1]) [bei Abele unordn. 1, 7 fällt die hinrichtung auf freitag, das abkünden des lebens (todesurtheil) auf *erichtag*.]

*) das frieſiſche bodting beginnt den montag, dauert aber auch die fünf folgenden wochentage. Fw. 36.

nr. 20. 24; diem *veneris.* Goldaſt nr. 15. 26. 28. 46. 64; diem ſabbati. nr. 68; diem *dominicum.* nr. 44. 57. 63. 71. [Die hundertjährigen protocolle des delbrücker mai und herbſtgerichts vor dem hagedorn haben meiſt dies *lunae* und *martis;* einigemal kommen auch andere tage.] Weitere aufmerkſamkeit auf dieſen gegenſtand wird alſo hauptſächlich die data der urkunden über eigentliche proceſſe oder ungebotne gerichte zu beachten haben.

Die Alamannen begünſtigten ſtatt des dienſtags den *ſamſtag*, erlaubten aber auch andere tage, ipſum placitum (conventus in centena) fiat de *ſabbato* in *ſabbatum* aut *quali die* comes aut centenarius voluerit. l. Alam. 36, 2 [36, 1]. Das engl. husting ſollte *montäglich* gehalten werden: debet enim ſingulis ſeptimanis *die lunae* hustingis ſedere et teneri. l. Edoardi conf. 35 [32[a] § 12], vgl. Spelman ſ. v. Sehr viele weisthümer bezeichnen den *montag* für das ungebotne gericht und hier lag die verwechſlung nahe, indem auch da, wo dienſtag zur eigentlichen haltung feſtgeſetzt iſt, montag zu der verſammlung des volks beſtimmt wird; in einigen gegenden hieß der dienſtag *aftermontag* (zweiter montag). Der freibot ſol allen freien leuten verkündigen, darzukomen auf den *montag* nechſt nach dem pfingſttage nach mittag, und des gerichts da warten auf den *dinſtag* neheſt darnach in den pfingſtheilgen tagen; were es auch, das ein freimann uf den *montag* nicht komen mecht, der komen wolte, keme er uf den *dinſtag*, der hette nicht verbrochen. Rienecker w. Wenne och das ding werden ſol, ſo ſol der von Ohſenſtein der das gericht beſitzen ſol komen an dem *mendage* davor ze naht. Haſlacher w. Den *montag* fürs ungebotne ding ſetzen das Dreißer, Dachsweiler, Bacharacher, Salzſchlirfer, Wallhauſer w.; alle wertheimiſchen weisthümer drei *geſchworen montag*, vgl. das Büttelbrunner, Diefenthaler, Heidenfelder. So auch im Rheingau und an der Lahn. Bodm. 653 und Eberhard vom geſchwornen montag p. 4. Seltner ungebotnes gericht an andern wochentagen: *mittwochen* im Keucher u. S. Goarer w.; *donnerſtag* im Eilper w. und im Lauker von 1428 (dornſtag nach dem zwelften tag); *ſamſtag:* unſer ſamtzdagesgericht binnen den vier orten des marktes zu Cochme. Günther 3 nr. 552 (a. 1375), ſamſtags richteten auch die Weſter-

woldinger in Friesland. Von *freitag* weiß ich gar kein beiſpiel. Wahrſcheinlich war | auch ſchon frühe*) und im mittelalter 821
durchgängig der *ſonntag* oder ein hoher feſttag dies nefaſtus.

III. *Jahrszeit.* Gebotne gerichte *können* zu jeder zeit im jahr gehalten werden, hier fragt es ſich bloß nach den regelmäßigen gebotnen und nach den ungebotnen volksverſammlungen, land, gau und markgerichten.

1. das heidenthum berückſichtigte den mondwechſel; *neuer* und *voller mond***) wurde für günſtig, wachſender und ſchwindender für ungünſtig zur verſammlung angeſehen. Coeunt, niſi quid fortuitum et ſubitum inciderit, *certis diebus,* quum aut *inchoatur luna* aut *impletur,* nam agendis rebus hoc auſpicatiſſimum initium credunt. Tac. Germ. cap. 11. In der ſitte des landes Hadeln ſcheint davon etwas übrig geblieben: gericht und recht im weichbilde Otterndorf alle monat auf den *vollen mond.* Pufend. app. 1, 5. Da nun zwiſchen jedem vollmond und neulicht *vierzehn nächte* liegen, ſo erklärt ſich hieraus die baſis für alle gerichtsfriſten; ich habe ſ. 221 erläutert, warum in der ſechswöchentlichen eine dreimal vierzehnnächtige ſteckt. Sehr häufig ſcheinen die gebotnen gerichte alle *vierzehn tage* gehalten worden zu ſein, *over viertein nacht.* Sſp. 1, 2, vgl. Maurer p. 158. 159; [per kalendas aut poſt XV dies. l. Bajuv. II. 15, 1 [2, 14].]

2. daß die großen volksverſammlungen ſich auf *heidniſche opferfeſte* gründeten, iſt ſ. 245 und 745 vermuthet worden. Gewöhnlich iſt von dreien im jahr, ſeltner von zweien oder vieren, am ſeltenſten bloß von einem gericht die rede.

a. das *eine* ungebotne gericht vergleicht ſich dem merovingiſchen *campus martius* und dem carolingiſchen *majicampus*

---

*) ne *dominicis* diebus mercatum fiat neque placitum et ut his diebus nemo ad poenam vel ad mortem judicetur. capit. 1 a. 813 § 15 (Georg. 772 [MG Capitularia I p. 174], vgl. 581 § 18 [MG Capitularia I p. 69]. 1169 § 140 [MGLL IV p. 512]). Nach l. Viſig II. 1, 18 kein gericht an ſonn, feſt und erntetägen (feriae meſſivae).

**) *wädel.* Stald. 2, 426; agſ. môna *vađol.* Nach dem volksaberglauben ſoll man im *neumond* ſein geld zählen, im *vollmond* ein haus beziehen. Rockenphiloſophie 3, 38. 3, 55 [mythol. p. 404.]

(ſ. 245); jenes begegnet dem oſterfeſt der chriſten, dieſes dem himmelfahrtstag oder pfingſten. Play generalle *de maye*. record de Weiſmes; das *meiding* zu Langen in der dreieiche (a. 1417). privil. francof. 1, 265; [holting des andern dags nae *maidach*, als einem dairto geordneten ſtefflichen dagh. Reichsmarker w. § 7;] an dem tage uf unſers herrn *uffarte*. Dreieicher w.
822 (a. 1338); item uf den mitwochen in den *pfingeſt- | heiligen tagen* ſollen alle lehenherrn ungeboden gein Keuchen, do das oberſte gerichte iſt, komen. Keucher w.*); [*ein* gericht: in der andern woche nach *trinitatis*. Hämeler ger. prot. § 1.] Advocatus oſterhovenſis ex antiqua lege non debet habere niſi *unum* et legitimum generale placitum. MB. 5, 135 (a. 1175). Das frieſiſche nur alle vier jahre gehaltne bodting erfolgt aber erſt nach Johannis: efter *ſumeris nacht*, êr lettera ewen nacht (nach mittſommernacht, vor dem herbſt). Fw. 35.

b. *zwei* jährliche gerichte. Das eine fällt auf frühling, das andere auf herbſt (altn. vârþîng und hauſtþîng): ut ad mallum venire nemo tardet, primum circa *aeſtatem*, ſecundo circa *autumnum*. capit. a. 769 § 12 (Georg. 539 [MG Capitularia I p. 46]); *meigeding* und *herbeſtding*. Seligenſtätter ſendr.; tempore placitorum, quae vulgariter dicuntur *herpſtteding* u. *meienteding*. Herrgott 3, 715 (a. 1363); uf *meyengedinginen* und *herpſtgedinginen*. Tſchudi 2, 202 (a. 1433); [im *mai* und *weinmonat*. Matzendorfer dingrodel; *mai* und *herbſtgerichte*. Simlers eidg. p. 451;] in dem *meigen* und ze *ogeſten*. Haſelacher w. Die weisthümer bezeichnen auch den frühling durch *Waltburgis* (1. mai), den herbſt durch *Martinitag*: zwei gerichte zu S. Martin und S. Walburg. Hofſtetter w.; allwegen jedes jahr zwei merkergeding, das ein uf Walpurgis, das ander uf Michaelis. Bingenheimer w., gerade wie die maibeten und herbſtbeten auf Waltburg oder Martini erlegt werden (oben ſ. 358), walperkühe (vaccae inferendales, oben ſ. 362). Oberlin 1930, martinshüner, pfingſthüner (oben ſ. 374), maigaßenzins (ſ. 387), walpertsmännchen (ſ. 388). [Im Carber markgeding die zwei gerichte am *Johannis* und Michaelisabend.] Seltner

---

*) man vgl. die verſammlung der hexen in der erſten mainacht.

iſt die anſicht, wonach beide gerichte in den *winter* und *ſommer* verlegt werden: man weiſt jarlich zwei ungeboden dingtag zu halten, den erſten auf dinſtag negſt nach der heil. drei könig tag, der ander auf dinſtag nach S. Johannis des teufers tag im ſommer gelegen. Windesheimer w.; [montag nach Margaretha und montag nach cathedra Petri. Holthauſer hölting.]

c. *drei gerichte.* Der glaube an drei heilige tage (drei hochgezite) des jahrs hat in der alten welt tiefe wurzel, mundum gentiles *ter in anno* patere putabant, ſagt Feſtus. [O. Müller Etr. 2, 97.] Unſere vorfahren ſcheinen das jahr nur in *drei zeiten* getheilt zu haben: hiems et ver et aeſtas intellectum ac vocabula habent, auctumni perinde nomen ac bona ignorantur. Tac. Germ. 26, richtiger war vielleicht der herbſt | vorhanden 823
und das frühjahr mangelnd?*) Merkwürdig iſt die ſtelle der Yngl. ſaga cap. 8, Odin verordnete drei jährliche opfer: þâ ſkyldi blôta *î môti vetri* til ârs (pro annona), enn *at midium vetri* blôta til grôdrar (pro feracitate), it þridia *at ſumri*, þat var ſigrblôt (pro victoria). Das erſte opfer fiel in den herbſt (gegen den winter), das zweite in den winter, das dritte in den ſommer. [Ähnlich Ol. helg. cap. 115: þat er ſidr þeirra at hafa blôt î hauſt oc *fagna* þâ *vetri*, annat *at midjom vetri*, enn it þridja *at ſumri;* ibid. cap. 123: þriu blôt hvern vetr, eitt â *vetrnôttom*, annat *at midjom vetri,* þridja *at ſumri.*] Dieſe eintheilung des jahrs in drei abſchnitte wird auch durch die drei zwiſchenräume (anna î millom) beſtätigt, in welchen nach Gulaþ. p. 409. 410 die wege ausgebeßert werden ſollen, der erſte zeitraum geht von der ſchneeſchmelze bis zur pflugausfahrt (til þegar ſnior er af ok til þeſs er plôgr kemr ût), der zweite von beendigter feldausſtellung bis zur heumahd (er lokit er vârorko ok til heyſlâttar), der dritte von beendigter ernte bis zum ſchneefall (er andvirki er î gardi oc til þeſs er ſnior kemr â ſpöni). Der erſte zwiſchenraum folgt auf den *winter*, der zweite auf den *ſommer*, der dritte auf den *herbſt.* In den carolingiſchen

*) die namen ſommer und winter ſind allen deutſchen ſprachen gemein, wegen herbſt verweiſe ich auf gramm. 2, 368; frühling iſt kein altes wort, vgl. altn. vor, vâr (lat. ver), ahd. lengizo (gramm. 2, 510), [bei Neoc. lent und vorjahr.]

capitularien finden ſich drei allgemeine placita verordnet, die zeit wird als bekannt vorausgeſetzt: de placitis quidem, quae liberi homines obſervare debent, conſtitutio genitoris noſtri penitus ſervanda atque tenenda eſt, ut videlicet in anno *tria* ſolummodo *generalia placita* obſerventur. Georg. 1212 [MGLL IV p. 538]. 1384 [MG Capitularia I p. 444]. So auch bei den Angelſachſen: and häbbe man *þriva on geare* burhgemôt. l. Cnut. 18 [II. 18]; ſuanimotum (agſ. ſvângemôt) *ter in anno.* Houard 2, 392; und in vielen urk. des mittelalters: *tribus principalibus mallis*, qui vulgo *ungeboden ding* vocantur. cod. lauresh. nr. 131 (a. 1071); item advocatus habet ſedere *tria judicia* cum baculo, ut eſt juris, et homines qui pertinent ad iſtum judicium debent manifeſtare jura ſua et noſtra, et qui remanſerit extra judicium, habet advocatus ipſum punire. Wetterer w.; *tria plebiſcita*, quae dicuntur *ungeboten.* Kuchenb. 9, 154 (a. 1235); praedicti fratres de Bikkenbach *ter in anno* poſſunt in ſtrata communi judicio praeſidere in villa praedicta. Gudenus 1, 853 (a. 1291); item *tria* ſunt *judicia* per annum,
824 quae dicuntur judicia *non indicta.* | Deuzer rechte. Binnen den *dren dingen.* Sſp. 2, 4; *alle achtzehn wochen*, d. h. dreimal jährlich. Sſp. 1, 2. 3, 61; wir gebieten bi unſern gewalt allen den herrun, die lanttäding ſulen gebieten uf dem lande, daȥ ſi eȥ *driſtunt* haben *in dem jare.* ſchwäb. landr. 348 Schilt.; [driu *lantteidinc* in dem jâr. Helbl. 2, 757.] Belege aus neueren weisthümern: alle die jenne, die ein eigen rouk hebben in einer frien graveſchaft u. darinne wonnen . . . . . die ſin in dem rechten *izliches jairs* io tom minneſten *drie* ſchuldig zo folgen vor dat elike dink u. frigerichte. Kindl. 3, 626. 627 (a. 1490), vgl. 3, 720; do ward gevunden, ein iowelk man de ſek in deme wolde unde in deme vorſte ernerde, de is plichtich dat vorſting *in deme jare drie* to ſokende. Harzer forſtd. § 7; de *tribus judiciis annalibus.* Sueſterer w.; *drei dingliche tage.* Glenzer w.; auch mag m. h. von Wertheim oder ſin gewalt *dri geſchworen montag* haben in eim ieglichen jare zu Haidenfeld. Haidenfelder und Diefenthaler w. [Der ausdruck *dreiding*, judicium terna vice in anno exercendum. Böhme beitr. 6, 68. Haltaus ſ. v.; zu Modelsdorf *dreiding* gehalten und bauerhändel gehöret. Schweinichen 3, 159, vgl. 2, 263.]

Weisthümer, welche zeiten angeben, ſtimmen nicht völlig überein, verlegen auch die gerichte nach ungleichen zwiſchenräumen. Unter verſchiednen beſtimmungen ſcheinen jedoch überall *winter*, *ſommer* und *herbſt* gemeint. Häufig heißt es zu hornung, mai und herbſt: *ze drîn zîten* im jâre, ze *meien*, ze *herbeſte* u. ze *hornunge* dem voite driu dienſt geben. Öhringer w. (a. 1253); zinſtag in dem *meigen*, in dem *ougeſte* u. *hornung*. Haſelacher w.; greffending zu *mitten hornunge*, zu *mitten meihe* und dinſtags nach *Michaelis*. Arheiliger w.; dirre hof het *triu gedinge* alle jar, eins zu *mittelhornung* u. eins zu *mittelmeigen* u. (eins) zu *afterhalme* u. *howe* (d. h. wann geerntet und geheut iſt). Schilter cod. feud. Alam. 369[b]; *drei gerichte* zu *hornung*, zu *maien* u. *herbſt*. Obernbreiter w.; die keller ſagent all vier, daʒ miner frowen amman u. och ain vogt zem jar habint *drü gericht*, ains uf *mitten rebmanot* (februar, nicht ſept. Oberlin 1272), daʒ ander uf *mitten maigen*, daʒ dritt uf den *erſten herpſtmanot*. Äſchacher kellergericht. — Wird nach heiligen tagen gerechnet, ſo fällt das *wintergericht* meiſt in januar, zuweilen in febr., ſelten in anfang merz; das *ſommergericht* meiſt in mai, zuweilen in juni, ſelten in april oder juli; das *herbſtgericht* meiſt in ſept. oder october, ſelten in auguſt. Monate in denen ich nie ein ungebotnes gericht finde ſind nov., dec.[1]).
Beiſpiele der | üblichſten formeln: 1. montag nach dem *acht-* 825
*zeheſten* tag (18ten tag nach weihnacht), 2. montag nach bacharacher kirbe (dieſe kirchweih fiel vermuthlich zwiſchen oſtern und pfingſten), 3. montag nach *Bartholomeus* (24. aug.). Dachsweiler w.; item dri gerichtsdage ſollint alle jar ſin, da man der herrn recht erzele 1. des maindag nach S. *Mertins* dag, 2. des maindag nach dem *achtzehnden* dage, 3. des m. nach bacharacher kirweihe. Bacharacher w.; 1. montag nach dem *achtzehnten* tag, 2. montag nach *miſericordias* (20. apr.), 3. montag nach S. *Joh. bapt.* Wallhauſer w.; 1. den erſten montag nach dem *achtzehen dage*, 2. den zweiten montag nach *oſtern*, 3. den nechſten montag nach *Johannis*. Treburer w.; 1. montag nach *Michaelis*, 2. montag nach dem *achtzehenſten*, 3. montag nach

---

[1] [doch das Martinsgericht am 11. nov., vgl. Mones anz. 3, 144.]

*ostern.* Salzschlirfer w.; 1. mittw. nach dem *achzehenden*, 2. mittw. nach *quasimodog.* (13. apr.), 3. mittw. nach *Joh. bapt.* S. Goarer w.; nous echevins tenons, que ceux qui possedent des biens au keur, comme dit est keurgoet, sont obligés de venir trois fois par an aux plaids generaux, savoir 1. le troisieme jour apres *treize jours* (zwölf tage zwischen weihnachten u. drei königstag), 2. le troisieme jour apres la S. *Jean baptiste*, 3. le tr. j. apres la S. Remi (1. oct.). record de Nyel; 1. des zweiten montags nach der *könige tag*, 2. montag nach *misericordias*, 3. den zweiten montag nach *Johannis.* Dreißer w.; 1. an dem dinstage nach S. *Walpurge* tage, 2. an deme d. nach S. *Michels* tage, 3. an deme dinstage nach deme *zwelften.* Rorbacher w.; drei ehafte gericht 1. nach S. *Walburg*, 2. nach S. *Michaelis*, 3. nach dem heil. *oberstag* (6. jan.). Ebersperger vogteirecht; drei ungeboten ding auf dem fronhof zu Frankfurt 1. vierzehn tag nach *neujahr*, 2. vierzehn tag nach S. *Walpurg*, 3. tag nach *Aegidius* (1. sept.); 1. montag nach Walpurgis, 2. montag vor Johannis, 3. montag nach Martini. Northeimer grubengericht; 1. des nächsten tags nach S. *Reinolds* tag (12. jan.), 2. des nächsten tags nach *meitage*, 3. des n. t. n. S. *Lambert* (17. sept.). Herdiker hovesrecht; der hofesschulte sall izlich jahr dreiwerf richten 1. donnerstags nach S. *Margareten* (13. jul.), 2. d. n. S. *Michel*, 3. d. n. *cathedra Petri* (22. febr.). Eilper w.; godingsgericht zu Grebenstein 1. donnerstag nach *laetare* (8. merz), 2. d. n. Johannis, 3. d. n. *Michaelis.* Kopp 1, 393; drei ungeboten merkerding 1. auf S. *Pauli bekehrung* (25. jan.), 2. auf S. *Maximus*
826 (5. | apr.), 3. auf *Lucas* evang. (18. oct.). Banscheuer w. Das fries. goding in Westerwold wurde gehalten 1. samstag nach *drei könig*, 2. samstag vor dem *ersten mai*, 3. samstag nach *Michaelis.* [Ferner: in tribus placitis maji, autumni et februarii. urk. Heinr. II. a. 1015 (sieh oben s. 365 not.); tria placita 1. in nativitate domini, 2. in pascha, 3. in medio maji; (hernach:) hi sunt legitimi dies, quando placitum celebrabitur, proxima feria secunda post epiphaniam, secunda feria post albas et quinta feria post medium majum. Mauermünst. w.; dri voitding in dem jare, ein ding in sante *Agathen* tage, das andere in sante *Johannes* tage des lichten (?), das dritte in dem achten tage sente *Martines.* Brieger stadtr. a. 1327 b. Böhme 1, 21; paderbornisches land-

gericht zu den ſchiereichen: donnerſtag nach *Georgii*, donnerſtag nach *Galli* und donnerſtag nach *Antonii*. Wigand arch. III. 3, 93; drü gedinge, eins ze mitten hornung, das ander ze mitten meigen, das dritte an dem nechſten tag nach S. Remigentag, ſo man dem gotehus zinſet. Zartener dingrodel p. 113.]

d. *vier gerichte*. Die beiſpiele ſind ſeltner und erſt aus ſpäterer zeit: auch ſollen ſchultheiß u. ſchöpfen zu gericht ſitzen *vier ſtund* in einem ieglichen jahr, mit namen des erſten uf dem *dinſtag* nach dem geſchwornen montag, der da iſt nach der *oſterheiligen zeit*. des andern am nechſten dinſtag n. d. g. m. d. d. i. n. S. *Michelstag*. des dritten a. n. d. n. d. g. m. d. d. i. n. dem *oberſten tag*. und das vierte gericht an dem nechſten montag vor *faßnacht*. Erlenbacher vertr. von 1409 (wertheimer ded. nr. 50 p. 81); *vier pflichttage* zu Allendorf unter der linden, 1. den zweiten montag nach *pfingſten*, 2. nächſten montag nach *Martini*, 3. montags nach *trium regum*, 4. den zweiten montag nach *oſtern*. So ſind jährlich *vier gerichte* zu Hernbreitingen; *vier markgericht* zu Babenhauſen. Meichſner 1, 954; *vier* ungebotne *jahrgedinge* im gericht Lindaw. Bodm. p. 692; de greven mit den landſchworen ſcholen des jahres *veermahl* im lande recht holden. Pufendorf app. 4, 51.

IV. Einzelne gerichte wurden nicht einmal jährlich zuſammenberufen, ſondern in längeren zwiſchenräumen. Das Eiſenhauſer eigengericht in Heſſen *alle ſieben jahre*, ungefähr wie man die grenze nach dieſer friſt von neuem begieng: ſolchen kraiß ſollen die merker *alle ſiben jar einmal* in beiſein iedes orts etlicher jungen knaben in augenſchein von gloch zu gloch führen und weiſen. Crumbacher w. Auch das Foſſenhelder markgericht ſollte der graf von Katzenelnbogen *alle ſieben jahr*, auf welchen tag es ihm beliebte, verſammeln. Wenk 1 pag. 96; das frieſ. bodting wurde *vierjährlich* berufen: di greva, deer hir da ban lath, dat hi *des fiarda jeris* bodting halda moet, alſo fir ſo hi wil. Fw. 34. 35.

## CAP. IV. ARTEN DER GERICHTE.

1. nach der weiſe ihrer verſammlung ſind alle gerichte entw. *ungebotne* oder *gebotne* (placita non indicta vel indicta). *Ungeboten* kamen nämlich alle freien auf beſtimmte zeit, wie
827 wir geſehn haben, ein, zwei oder | dreimal jährlich zuſammen: *omnes liberi* conveniant conſtitutis diebus*), ubi judex ordinavit. l. Bajuv. II. 15, 1 [2, 14]; conventus ſecundum conſuetudinem antiquam fiat in omni centena . . . ſiquis autem liber ad ipſum placitum neglexerit venire . . . XII ſol. ſit culpabilis. l. Alam. 36; [ad haec placita per ſe, *ſine vocatione*, debent venire. Mauermünſterer w.] Das ungebotne gericht der Franken heißt mallum *legitimum*, *generale*, *principale*, placitum *plenum*, *plenarium*, *commune;* ſpäter *echteding*, *ehaftding*. Haltaus 1249 [1]); das der Angelſachſen *gemôt*, *landgemôt*, *burhgemôt*, das altn. *allþîng*, [*alsherjarþîng*.] Da ihre feier mit alten opferfeſten, deren zeit allgemein bekannt war, zuſammentraf und auch nach einführung des chriſtenthums die landesſitte jeder gegend gewiſſe tage dafür beſtimmt hatte, ſo bedurfte es keiner vorgängigen anſagung. Jeder ausbleibende dingpflichtige fiel in buße. Auffallend ſcheint, daß an manchen orten das ungebotne ding gerade *botding* genannt wird, unter den von Haltaus 179 angeführten belegen entſcheidet zumal der, worin es heißt: der graffe ſol das erſte *botding* . . . dienſtag nach oſtern ſitzen u. halten, darzu denn *unverboth* zu kommen verpflicht ſeind. Hinzugefügt werden kann aus Bodm. p. 655: et hec traditio facta eſt in villa Hattinheim coram ſculteto et ſcabinis in judicio, quod dr. *botding* (a. 1237); [*botdinc* to den bolen. Detm. 1, 34; to den bolen dat he dat *botding* dar ſete. chron. luneb. b. Eccard 1377; drei *botding*. Gaupp magdeb. r. p. 231; rugege-

*) ein ſolcher *dies conſtitutus* wird ahd. geheißen haben *itmâli* tac (dies ſolemnis, feſtus), womit man das agſ. *edmæl* (ſacra) und das frieſ. *etmal*. Wiarda wb. p. 117 vergleiche. Haltaus 251 hat *eddag;* it, ed bedeutet wiederkehr, wiederholung (gramm. 2, 758).

1) [im Ufhauſer w. von 1501 *dingwerk*, gen. dinkwerges (in dem von 1511 *thunkbert*), im Lauterbacher w. *denkwerk*, ſchwerlich ad memoriam, vielleicht *dingberg*, malberg? vgl. die *denkmänner* bei Haltaus, die auch wohl dingmänner wären, wenn nicht die ſcabini daneben genannt würden.]

richt das man *bodending* nante und viermal im jar zu halten
pflegte (zu Robern kellerei Lorbach). Widder Pfalz 2, 123;]
auch die Frieſen nannten es *bodting.* Fw. 34-39. Wiarda wb.
372. [Richthofen 390. 391; *botting.* Teſkl. p. 63.] Entweder,
muß man annehmen, bedeutet hier *bot* das ein für allemal an-
geſagte, oder es gieng auch den allgemeinen volksgerichten hin
und wieder eine *verkündigung* voraus, ohne welche ſie ausgeſetzt
und unbeſucht blieben, wie namentlich in Friesland: dat is
riucht, als hiſe halda wil, dat maſe *keda* ſchil. Fw. 35 und bei
dem weſtphäl. freigericht (Wigand feme p. 296 not. 8), vgl.
Maurer p. 155. Den weſentlichen begriff des *placitum generale*
macht alſo die verbindlichkeit *aller* freien des bezirks auf ge-
wohnten tag, ungeboten oder geboten, zu erſcheinen *); wogegen
das beſondere gericht (plac. par- | ticulare, ſpeciale) nur von 828
ſolchen, die etwas zu verhandeln hatten, beſucht zu werden
*brauchte,* obgleich ſich auch andre freie, wenn ſie wollten, dazu
einfinden *durften;* für die parteien war es ſtets ein gebotnes
und angeſagtes. Alle einzelnen gerichte, denen an allgemeiner
und regelmäßig wiederkehrender zuſammenkunft ihrer theilhaber
gelegen war, konnten aber *ungebotne* ſein und ohne grund,
dünkt mich, wird dies von Maurer p. 156. 157 in bezug auf
die hof, lehn und markgerichte geleugnet. Gewöhnlich wurden
ſie allerdings voraus verkündet, z. b. das Foſſenhelder märker-
ding vierzehn tage, das Kirburger acht tage zuvor; allein nicht
ſelten hielten ſie auch ihre beſtimmte zeit ein, z. b. das Keucher
lehngericht wurde ungeboten auf pfingſten, das Banſcheuer
merkerding dreimal, das Bingenheimer zweimal, das Babenhauſer
viermal im jahr begangen; vgl. J. J. Reinhard de jure foreſt.
ed. 2. p. 170. Die ſ. 774 ausgezogne ſtelle des Bibrauer w.
nennt das merkerding ſo frei, daß niemande dar geboten iſt.
Auch muſten, oft bei ſchwerer buße, *ſämmtliche* märker er-
ſcheinen. [Für *gebotnes* gericht: *gebannen* landtag, *verbannen*
landtag. Arx Buchsg. 100.]

*) wer in dem gericht ſitzt, waßer und weide ſucht u. eigen rauch hält, der ſol mit dem gericht lieb und leid liden tragen. Altenhaſl. w. von 1461.

2. ihrem umfang [1]) nach ſind zu unterſcheiden *landgerichte*, *gaugerichte* (altn. heradsþîng), *centgerichte*, *markgerichte*, *ſtadtgerichte*, *dorfgerichte*, *weichbildgerichte:* unſe gn. lieve herr van Cleve hebbe to Valbert drei gerichte, ein freiſtuhlgerichte, ein *wibbelgerichte* (Haltaus 2053) vor dem kerkhofe, ein *burggerichte* op dem kerkhofe. Valberter w. Die alten frieſiſchen abſtufungen waren: *mêne warf.* Aſ. 234, *mêne lôg.* Br. 2. 5. 7. 34. 138. 140 (placitum commune); *liuda warf* (conventus populi). Br. 140; *brêdera warf* (placitum latius). Br. 140; *ſmele warf* (placitum minus). [Das nord. *hûsþîng*, die hausgenoßen, das gefolge des fürſten umfaßend: hafdi hûsþîng vid höfdîngja. Ol. Tr. 1, 188; hirdſtefnor ok hûsþîng. Ol. helg. c. 178, vgl. 152. fornm. 11, 267.]

3. dem vorſitzenden richter nach *grafengerichte* (landgrafen, wichgrafen, burggrafen g.), *vogtsgerichte*, *ſchulzengerichte, probſtgerichte, pfleggerichte.*

4. nach dem ſtande der dingpflichtigen *eigengericht* (z. b. über die eigenleute zu Eiſenhauſen), *rittergericht*, *lehengericht*, *manngericht* (auch in lehensſachen, vgl. Meuſels geſchichtforſcher 5, 245. Günther 3 nr. 512, wo im jahr 1367 ein manurteil geſprochen wird) und *freigericht.*

*Freigerichte* waren urſprünglich beinahe alle und jedes
829 gau oder markgericht hätte ſo heißen können. Später- | hin aber, als ſich die landeshoheit der fürſten entwickelte, entſprang eine beſondere bedeutung. Einzelne bezirke, die ſich unabhängig erhielten und dem reich unmittelbar unterworfen blieben, führten den namen *freigerichte*, wie die unmittelbaren reichsſtädte *freie* ſtädte genannt wurden. Solche freigerichte finden ſich namentlich in Franken und in der Wetterau, z. b. das Altenhaſlauer freigericht, das freigericht der grafſchaft Rieneck, ihre richter, urtheiler und boten nannten ſich *freigrafen*, *freiſchöffen*, *freiboten*, im gegenſatz zu den gaugrafen, centgrafen, centſchöffen fürſtlicher gebiete; [*ſcabini liberi.* Wigand arch. 2, 82 (a. 1298).] Ihr ſitz hieß *freiſtuhl*, *freigrafſchaft.* Die *friheimgerichte* in den dörfern Heimbach, Wihſe u. Gladbach.

---

[1]) [dafür der ausdruck: *witreiche* und *gewaltſami* des gerichts. Dornſtetter w.]

Günther 3 nr. 290 (a. 1343); wir zentgrafe, ſchepfen u. lantfolk des gerichts zu Benshauſen gemeinlich bekennen, das wir ein recht *frihe gericht kunig Karls* geſeßen haben. Benshauſer w.; haben ſie getheilt u. geweiſt, das ein iglich *freibote* allen *freien leuten* ein *freigericht* verkündigen ſoll. Rienecker w., vgl. Haltaus 502. 505 [1]). Wiewohl ich nicht leugne, daß dergleichen namen und formeln hin und wieder in landesherrlichen gerichten, weil ſie vor alters ebenwohl placita liberorum hießen, begegnen können.

Kein deutſches land war der bewahrung und fortpflanzung des alten gerichtsverfahrens günſtiger als Weſtphalen; hier dauerten, durch örtliche und geſchichtliche verhältniſſe geſichert, eine bedeutende anzahl von freigerichten fort, die ſich unmittelbar von dem oberhaupt des reichs herleiteten, und unter dem namen der *femgerichte* oder der *weſtphäliſchen* gerichte bekannt ſind. Wigands unterſuchungen haben ausgemacht, daß, obſchon dieſe gerichte während des mittelalters und vorzüglich vom 14. bis zum 16. jh. in einen beſonderen *freiſchöffenbund* übergiengen, ihnen urſprünglich nichts anders, als das einfache und gewöhnliche verfahren der alten placita liberorum zu grunde liegt. Sie wurden gehegt auf *rother erde* *), d. h. *weſtphäliſcher*

---

[1]) [auch *gewaltgericht:* zu Obhauſen bei Querfurt ſoll nach der volksſage eine königstochter über die ſumpfwieſen an dem dorf vorüber gefahren und mit kutſche, pferden und dienern beinahe verſunken ſein, als ihr von der gemeinde mit großer mühe und anſtrengung ein rettender bretterdamm gemacht worden. Aus dankbarkeit habe ſie von ihrem vater dem könig gewiſſe freiheiten für das dorf erbeten, nämlich freiheit von zinſen und abgaben, ſowie ein eignes *waltgericht*; es wurde jährlich den 25. jan. gehalten. ſächſ. provinz. bl. 1797 p. 179.]

*) vgl. Haltaus 1558. Wigand feme p. 257. 266. 276 und archiv I. 2, 117; ſoll das beiwort allgemein poetiſch ſein (oben ſ. 35), ſo wäre wichtig, fälle zu ſammeln, wo es außerhalb Weſtphalen gebraucht wird. In einer urk. von 1348 bei Wenk 1 nr. 407 heißt es, die Limburger drängten die Dietzer hinter ſich bis *uf die roden erden.* Gehörte das dietzer gebiet damals zu Weſtphalen? vermuthlich ſtand es gleich Limburg unter trieriſchem, nicht unter cölniſchem ſprengel. Auch im Grabfeld erſcheint nach den trad. fuld. 2, 41 und 230 eine villa *rôtemulti* (rotherde?), [bei Eccard fr. or. 2, 868 *rootmulti,*] nach Genſsler (grabf. 2, 366) das heutige Römhild. [Gehört auch *Rothendietmold* hierher?]

830 oder *ſächſi- | ſcher*, wie andere gerichte auf *fränkiſcher erde* (terra ſalica). Meuſel geſchichtf. 5, 243 (a. 1258) oder auf *ſchwäbiſcher*, *bairiſcher* (oben ſ. 399). Sie führten ſich, gleich jenem benshauſer freigericht in Thüringen, zurück auf *könig Karl* (Wigand feme p. 265. 277. 278. 525. 562) dem die ſage des mittelalters (wie die däniſche dem könig Frode, vgl. oben ſ. 686) allgemein jede alte rechtseinrichtung beilegte*). So ſtellen auch die frieſiſchen geſetzbücher ihr recht und ihre freiheit als thes *kyning Kerles* jeft dar (Aſ. 12. 13. 85. 223. 332) und reden von *freiem gericht* und *freiem ſtuhl* ganz in dem ſinn der alten placita ohne die mindeſte beziehung auf die eigenthümlichkeit der ſpäteren femgerichte: thet is thio ſiugunde liodkeſt, thet alle Friſa an *fria ſtole* biſitte and hebbe *fria ſpreka* and *fri ondwarde*, thet urjef us thi kyning Kerl. Aſ. 15. Die *karolsfreien* in dem oſnabrückiſchen amt Fürſtenau (Möſer 1, 75) tragen wahrſcheinlich auch von jener rechtsüberlieferung den namen. Endlich zeigt ſich die ähnlichkeit der weſtphäl. freigerichte mit denen in andern deutſchen gegenden, daß ſie nicht bloß über peinliche, ſondern über die gewöhnlichſten civilſachen in gegenwart aller freien urtheilten und alsdann auch *ungeboten* verſammelt wurden: alle die jenne, die ein eigen rouk hebben in einer *frien graveſchaft* u. darinne wonnen, ſie ſin dan wetten of unwetten (wißende oder unwißende), fri of eigen to behorig, heren of junkeren lude, of ſie ſin dan wie ſe wellen u. ſin, die ſin in dem rechten izliches jairs io tom minneſten *drie* (dreimal) ſchuldig zo folgen vor dat *clike dink* u. *frigerichte.* Kindl. 3, 626 (a. 1490). Nur beſtand, ſeit jener ſchöffenbund gediehen war, neben dem *offenen* freigericht ein *heimliches*, welches ſtrafe (*feme*, oben ſ. 681) bloß unter wißenden erkannte und den ausſpruch *geheim hielt* (Wigand p. 414. 415. 428. 432), ein judicium ſecretum, *ſtill gericht* (Wigand p. 246 a. 1359. 301

*) Benecke zu Wigalois p. 494-499 über *Karles reht*, *lôt*, *buoch;* hinzugefügt werden kann Ulrichs Triſt. 2264, [mit *Karles lôte* gelten, widerwegen. Triſt. 275. Frib. Triſt. 1677,] die kaiſerchron. von *Karles pfahte* (pactum), oben ſ. [40. 41.] 340 und die oben ſ. 616 angegebne fabel von *Karles reht;* vgl. Rogge p. 221. [Böhmers reg. ad a. 1208 p. 39. vorrede zu Thomas oberh. VI. VII.]

a. 1416); wer vor | dem offenen nicht erſchienen war, konnte 831
vor das heimliche gefordert werden: treken ut den *apenen* gerichte in dat *frig hemelike* gerichte u. laten dem rechte ſinen gank. Kindl. 3, 651 (a. 1506), vgl. Wigand p. 432; was die freiſchoffen insgeheim zur ſtraf einbringen, davon ſoll keiner reden auf ſeinen ſcheffeneid, bei peen, daß ihme ſonſten die zunge aus dem nacken gerißen u. er ſieben fuß höher als ein ander übelthäter aufgehenkt werden ſolle. Kindl. 3, 713; vgl. oben ſ. 684. [— Auch in Öſtreich, als im beginn des 15. jh. böhmiſche und mähriſche räuberbanden das land verheerten, ſtellte herzog Albrecht oſtern 1402 das *geräune* an, ein geheimes ſtandrecht. Adel und angeſehne landleute wurden an einen geheimen ort berufen, jeder muſte ſchwören auf vorgelegte fragen die wahrheit zu ſagen und alle verbrecher, die ihm bekannt waren, zu entdecken, und verſprechen mit gewafneter hand gegen ſie auszuziehen. Der geräunemeiſter zerſtörte nun die raubburgen der reihe nach. Reil Donauländ. p. 113. 114 (über geräune vgl. Pez 1, 722. Haltaus 677.)]

5. nach dem ort, wo ſie gehalten werden, gibt es *feldgerichte*, *weidegerichte*, *holzgerichte*, *forſtgerichte*, *haingerichte* (haingerede, hageſpraken, hagelſprachen. Bodm. p. 625), *berggerichte*, *grubengerichte*, *brückengerichte*, *ſtaffelgerichte*, [*ganggericht* im Hanauiſchen.] Im Dieziſchen wurde ein *ſtuhllindengericht* (Arnoldi geſch. v. Naſſau 2, 39), im Ravensbergiſchen ein *bohnengericht* (Rive p. 251), zur zeit wann die blühenden bohnen im garten ſchatten gaben, gefeiert. Gehört hierher das weſtphäl. *klutengericht* (von klute, erdkloß, ſcholle. brem. wb. 2, 809)? een vri *kluhtengerichte*, darbi moeten erſchinen alle des haves erven u. alle die dinkplichtigen haveslüde. Weſthover w. Im Norden fand bei der hausſuchung (ranſak) ein thürgericht (*duradômr*) ſtatt, ein *engidômr* bei wieſen. Arneſen p. 340. [Grâgâs 2, 268 ff.] Der duradômr gleicht dem thürengericht der orlamünder ſtatuten: item geſchähe ein tat in eins burgers huſe oder wiche ein teter in eins burgers hus, ſo mag der richter nachfolgen *vor die thür*, daſelbiſt ſal her dan *benke ſetzen* u. ein gerichte beſtellen u. den teter uß des burgers huſe gewinnen mit gerichte u. rechte. Walch 2, 71. Im alten Guledingsbuch findet ſich beſtimmt, daß ein ſolches gericht dem

beklagten *vor die thüre* und *nicht hinter das haus* und in ſolcher weite von der thüre geſetzt werden ſoll, daß man ein fuder brennholz dazwiſchen durchfahren kann (kaufbalk. 4), daß man holz und waßer eintragen kann (odalsl. 2). [Der oberhof zu S. Maximin bei Trier hieß das gericht *zur rothen thüre;* eine ſolche befand ſich am eingang der gerichtsſtube. Trierer chron. 1823 p. 43. 44.]

6. auch von dem zweck, wozu ſie verſammelt waren, wurden einzelne gerichte benannt, z. b. das *zinsgericht* zur ent-
832 richtung der jährlichen abgaben*), das *rüge-* | *gericht* zur erledigung der feld und waldfrevel, das *läutergericht*, vor dem man ſachen läutert (Haltaus 1207)? judicium quod vulgariter *lauterdinch* vocatur. Lang reg. 3, 250 (a. 1265). [Negantes delicta (foreſtalia) a mahlmannis delata per teſtes convincuntur habito plerumque ſeparato judicio quod dicitur *ſchlichtelholtdink.* Lodtm. de jure holzgr. p. 230. 231. Das *geſcheid,* ein gericht zu Baſel, das über die ſcheidung der feldgüter wachte und über fried und frevel richtete; es gab ein großes und ein kleines, letzteres für rebleute. Ochs Baſel 5, 61. Die dorfgemeinden des Buſeckerthals bei Gießen haben bis auf die neuſte zeit das recht gehabt ſtrafen über feld und waldfrevel zu verfügen; dies hieß *einfahrt*, *öffert* oder effert. Weſtphal deutſches privatr. 1, 248. Zangen beitr. zum d. recht p. 278.] Eigne *waßergerichte* ordneten die anlage der mülen, ein ſolches beſtand namentlich in der Wetterau bis in die neuſte zeit, es hatte ſeinen ſitz zu Dorheim und führte aufſicht über alle mülen an der Wetter, Uſe und Nidda; ſein vorſteher hieß zuletzt der *waßerhauptmann*, früher unter kaiſer Friedrich III. *waßergrave;* richter und boten trugen rothe mäntel und binden, ein *waßerwieger* hatte eine ſilberne wage zum wiegen der eingeſchlagnen pfäle und nägel, die formel dabei iſt oben ſ. 79 angegeben. Das gericht wurde unter freiem himmel, nah am ufer des flußes, wo gerade etwas vorgenommen werden ſollte, gehegt und dem volke rother und weißer wein geſchenkt. Zum ſtoßen und ſchlagen des pfals

---

*) ein *fladengericht*, deſſen Steiner (Seeligenſtadt p. 147) gedenkt, hieß wahrſcheinlich ſo von den kuchen, welche die gemeinde auf den beſtimmten jahrstag für richter und ſchöffen darbrachte.

legten die richter ihre mäntel ab, behielten aber die binden an, einer nach dem andern that *drei ſchläge* auf den eingeſteckten nagel. Schüler ſangen lieder, unter die kinder wurde zum gedächtnis ein korb birnen, kirſchen, äpfel vertheilt oder einem jeden ein rother rieme gegeben; die müller hatten den richtern futter und mahl zu liefern. Auch in der graffchaft Öttingen fand ſich ein *waßergericht*, das aus ſieben ſchöffen und dem vorſitzenden *waßergrafen* gebildet wurde. Meuſels geſchichtf. 7, 27. An andern orten ſorgten die gewöhnlichen gerichte mit für die mülen, ich will hier die wichtigſten ſtellen der weisthümer darüber mittheilen. Gehört vor das centgericht, ob einer ſein *molen erhaben* hette. Umſtätter w.; ſtehet ein maß an der kirchen zu Pfungſtatt, *wie hoch* man die *müle* uf die bach ſetzen ſolle. Pfungſt. w.; zum letzten rüget der *obermüller* einen *grundſtein* auf der linken hand bei der waßerſchepfe unter der müle, daß das waßer nicht darf drüber ſpannen*). Ottendorfer w.; item wenn der amtmann die *müle beſehen* will, ſoll er den landknecht uf den markt ſchicken und von eines bauern wagen zween beſte ſtreng löſen u. zuſammen ſtricken, darnach noch einen knoten daran machen und ſo er die *müle beſehen* will ein ſchöpfen zween oder drei ohn- | gefehrliche zu ſich 833
nehmen, in die müle gehen, den landknecht heißen dem müller zu ſagen, die zargen (ſeptum lapidis molaris) vom ſtein zu heben. alsdann ſoll der landknecht den *beſten ſtrick* noch mit einem knoten um den ſtein binden, alſo daß *drei knoten* am ſeil werden, darnach ſoll der müller die zargen wieder über den ſtein ſetzen und die müle laßen angehen; *lauft die zarge mit dem ſtein umher*, ſo iſt der müller nit bußfällig, bleibt aber die zarge ſtehen und lauft der ſtein um, ſo iſt der müller bußfällig. Mellrichſtadter w.; item wan der meiger die *mulin* wil *beſehen* oder jemand anders arkwon hat, ſo ſoll der meiger zween ſchöffen oder zween gerichtsmann nehmen u. ſoll in dem nechſten hofe ungeferlichen ein *mittlen wagenzaum* nehmen u. den zaum zweifältig weigen, dann um den ſtein ſchlagen und *fellt*

---

*) der fachbaum muß mit dem eichpfal, der den höchſten ſtand des waßerſpiegels bezeichnet, wagrecht liegen. Mittermaier § 294.

*der zaum über das halbe zwiſchen die zarge*, ſo hat der müller 30 ſch. pf. verbrochen. Biſchweiler w.; forder angeſtalt, wie die mulſtein, mole und zargen geſchickt ſein ſollen? iſt geweiſt, die zarge ſoll wol bewart ſein u. kein abgang haben, ein *beſten ſtrank* mit *drien knoten* umb den ſtein u. die zarge nit rüren u. *der lauft ſoll mit umbgan* dreimal unverſert. Hernbreitinger petersger. [Eins iclichen mullers louft umme ſinen mullenſtein ſal nicht witer ſin, wan als ein *ſtrang* als ein dume dicke gezogin zwiſchen dem ſteine und loufte; waȝ eȝ witer iſt, daȝ iſt falſch nach lantrechte. Eiſenacher landr. 3, 85; ſieh auch Schmeller 3, 229.] — Ebenſo gab es in Niederdeutſchland *deichgerichte*, die mit *deichgreven* und *deichgeſchwornen* beſetzt waren; in Franken *zeidelgerichte*, wo ein forſtmeiſter und zwölf zeidler über biengartenſachen richteten (Schilters wb. 891. 892. Langs Baireuth 1, 51. 52), auch *triebelgerichte* (judicia mellicidarum, vgl. Mart. Hoffmann ann. bamberg. ad a. 1241) geheißen; in Frankfurt ein *pfeifergericht*, auf welchem die ſchöffen feierlich den abgeordneten fremder ſtädte zollfreiheit bewilligten und dafür althergebrachte geſchenke in empfang nahmen (J. H. H. Fries abh. vom pf. ger. Frankf. 1752). Weit allgemeiner waren die *ſendgerichte* (von ſend, ſind, ſynodus) für die archidiaconatsleiſtungen (Haltaus 1680): iewelk kerſtenman is *ſenet* plichtig to ſokene dries inme jare. Sſp. 1, 2. Im mittelalter ſcheint aber auch *ſenct**) bisweilen gerichtsverſammlung überhaupt zu bedeuten, [ein grôȝer *ſent* gelobet. Kchr. 6451,] wenigſtens läßt der pfaffe Chuonrat am ſchluße ſeines gedichts ([307, 15] zeile 8995. fragm. 4599) die *ſenetplihten* erteilen (dem könig |
834 das urtheil finden), und ſind auf dieſe weiſe die *ſendbaren* leute, *ſendbarfreien* (ſemperlüte, ſemperfreien), [*ſentmæȝigen* liute. Helbl. 8, 477] zu erklären? vgl. Haltaus 1679 und das vocab. in Senkenbergs corp. jur. germ. p. 82-85. [Über *chorgericht* vgl. Haltaus 207. 208. H. Sachs Göz 1, 217. 218.]

7. es fragt ſich nach der *ordnung* und dem *rang* mehrerer gerichte untereinander.

---

*) verſchieden iſt das ſend (von ſendan, mittere) in *ſendbote* (miſſus dominicus).

*α.* wir ſahen ſ. 793, wenn die urtheiler des rechts nicht weiſe waren, daß ſie ſich *raths erholen* durften bei ſolchen die größere rechtserfahrung hatten. In dieſem verhältnis ſcheinen bereits die *rachinburgi* zu den *ſachibaronen* zu ſtehen (Maurer p. 22). Im mittelalter wandten ſich die ſchöffen an ein benachbartes anderes gericht, *fuhren aus*, *fuhren zu hof*, [*erfuhren* ſich *rechts*. Niedermendiger w.;] das gericht *holet mal*, *feret uz*, feret zu hofe (Bodm. 667. 678. Sſp. 2, 12), *ſchiebt* (volvit, devolvit) an den oberſtuhl. Haltaus 1617; das hieß *fahrt, ausfahrt, überfahrt*, [*erfahrung*. Hernbreit. w.,] *zug*, *ſchub* (Bodm. 663. Maurer p. 234. 235, [*ſchup*. Hernbreit. w. (a. 1467)]), *heimſchub* (Haltaus 1653), *ausſplucht* (an andere orter ausſplucht holen. Banteler w. § 30). Die weiſung erfolgte unverweigert und unentgeltlich, man nannte ſie *des landes almoſen* (Bodm. 663). Beiſpiele dieſes zugs, dieſer rechtserholung geben Kopp heſſ. ger. 1, 342. Grupen diſc. for. p. 758-760; den älteſten beleg liefert wohl eine urk. Heinrichs II. von 1015 bei Ludewig ſcript. bamb. 1, 1118: ceterum ſi coloni in litibus cauſarum decidendis inter ſe diſſentiunt, *ad proximam curtimarchiam* eos pro ſententiis ferendis ſtatuimus habere recurſum. Wahrſcheinlich hatten die meiſten kleineren gerichte ihren beſtimmten *oberhof*, von dem ſie *hergiengen* oder *rührten*, wie die weisthümer ſagen; dorf und centgerichte wandten ſich an das gaugericht, wo ſie ſicher waren, rechtskundige männer anzutreffen. So hatte z. b. Orlamünde den zug nach Jena (Walch 1, 69), rheingauiſche gerichte den zug nach Eltville, Rüdesheim, Lorch (Bodm. 663-678), niederheſſiſche nach Caſſel; [Freiburg im Breisgau zieht nach Cöln. Freib. urk. 1 p. 82 (a. 1275), vgl. nr. 378-80 (a. 1403); die von Halle, die ir *volbort* nemen zu Magdeburg. Gottſchalk anal. cod. dreſd. p. 15; nachrichten vom frankfurter oberhof ſtellt Thomas in der Wetteravia 1, 270-273 zuſammen, vgl. Orth zur reform. 5, 135-147.] Ich will einige näher erläuternde ſtellen aus weisthümern herſetzen: item, ſo ſein auch etliche *untergericht* in dem landgericht Crombach (mit namen zu Geiſelbach, Königshoven, Kalda, Schneppenbach) und dieſe obgemelte untergericht, ußgeſcheiden das gericht zu Geiſelbach, die haben ihren *oberhof* u. ihre *urtheilholen* an dem obg. *landgericht* zu Crombach. Crombacher w.; könnten ſie (die

ſchöpfen) des urteils nicht eins werden, ſo ſollen ſie die hübener zue ſich nemen, werden ſie des urteils eins, ſo ſollen ſie es |
835 heraus ſprechen, werden ſie aber d. u. nicht eins, ſo mögen ſie das urteil *ſchieben bis zum nechſten gericht.* Urſpringer w.; item, da die ſchepfen das urtel nicht finden konten, ſo ſolten ſie gegen Fulda vor die *roite ruhr* *), odder da es daſelbſt auch nicht gefunden werden mocht, alsdan gein Ruckenſtuel, und da es daſelbſt auch nicht gefunden werden mocht, alsdann gein Fridebergk *vor die capellen gewieſen* u. *geworfen* werden. Bingenheimer w. (a. 1441). Bingenheim lag in der fuldiſchen mark, war alſo zuvorderſt an die entlegneren gerichte Fuld und Rockenſtuhl, und dann erſt an das nähere in Friedberg gewieſen. Ein ſolcher *dreimaliger* zug wird auch durch andere weisthümer beſtätigt: die ſcheffen haben ſich derfarn (erfahren, rechts erholt) an *drien ſtulen.* Hernbreitinger petersger. a. 1500; were auch, daʒ iemants rechts begert an dem gericht u. verkleite umb eigen, umb erbe oder umb wilcherlei daʒ were, dem ſolte der ſchultheiß richten *ungeſtoßen ungeſlagen.* en holfe daʒ nit (? könnten oder wollten die ſchöffen kein urtheil finden), begert iʒ der cleger, ſo ſolte der ſchultheiß mit ime geen gein Selgenſtatt zu mim herrn, der ſulte ein reidenden boten mit ime herusſchicken, der ſulte auch richten *ungeſtoßen ungeſlagen.* enholfe daʒ nit, ſo ſolte mins hern bote, ſchulz u. cleger hinuf gen in die ſtat zu eime voite, der ſolde herab riden u. *ſtoßen* u. *ſlagen* (? die ſchöffen mit gewalt anhalten recht zu weiſen) als lange biʒ dem cleger recht geſchiht. Niederſteinheimer w. [1]). Aber auch wenn der richter dem urtheil, eh die folge ergangen war, widerſprach, ſollten die ſchöffen an den oberhof recurrieren: iſt auch, das die ſchepfen teilen uf iren eid das ſie recht dünket, das mag der richter wol widerreden, ee des die volge gar erget von den ſchepfen allen. wanne das der richter widerſpricht, ſo ſullen die ſchepfen *das recht holen* zu Biſchofsheim, *danne das*

*) wenn das gericht geheget u. gehalten iſt mit ſeiner *ruhr.* Altenhaſl. w. (a. 1354).

[1]) [dies kein *zug* im eigentlichen ſinn, weil nicht rechtserholung der ſchöffen, ſondern beſchwerde des klägers vorliegt.]

*gericht hergeet* u. ſollen die ſchepfen darumb nit bußfellig werden. Schultes henneb. geſch. 2, 18. 19 (a. 1315).

Dieſe *rechtserholung* beim oberhof bildet keine eigentliche inſtanz, denn ſie tritt ein, ehe das gericht geurtheilt hat, wird *von den ſchöffen ſelbſt* eingezogen und durch ihren mund hernach ausgeſprochen. Auch ſcheint | in ihr nicht nothwendig 836
abhängigkeit des holenden gerichts von dem auskunft ertheilenden zu liegen; die ſchöffen konnten ſich an einen benachbarten dingſtuhl (deſſelben landes) wenden, der ihnen gleich ſtand und ſie bei andrer gelegenheit ebenfalls befragte. Mit der zeit aber und in der regel muß ein ſolches verhältnis des geringeren und höheren gerichts entſprungen ſein, wie ſchon die namen *untergericht* und *oberhof* (*fronhof*, ſala dominica, *übergericht*, oben ſ. 795) zeigen und daraus folgt, daß es *beſtimmte* oberhöfe gab, denen nicht ausgewichen werden ſollte [1]).

*β.* im dunkel liegt das entſtehen der *inſtanzen*, d. h. der berufung *von ſeiten der partei* an ein höheres gericht über ein von dem niederen *gefundenes* urtheil. Savigny 1, 222 nimmt an, daß in unſerer älteſten verfaßung gar keine gerichtsinſtanzen begründet ſeien und erſt in den fränk. capitularien, nicht in den älteren geſetzen, wird über *appellationen* verordnet. Eichh. rechtsg. 1 § 80. 164. 385. Rogge p. 88-93 behauptet zwar nicht inſtanzen, aber doch *berufung* auf ein höheres urtheil. Auf das anfechten und ſchelten eines gefundnen urtheils werde ich im folgenden cap. kommen; ein höheres gericht iſt dazu unerforderlich und auf derſelben bank konnte das geſcholtene urtheil anders gewieſen werden. Daß die ſache nochmals andern urtheilern vorgelegt werden durfte, lehrt ſchon lex Alam. 41, 3 [41, 2]: et ſi hoc *ab aliis judicibus* inquiſitum fuerit, quod ille juſte judicavit; ohne daß dieſe alii judices gerade höhere geweſen zu ſein brauchen; vgl. Eichh. § 80 (ſ. 240 der 3. ausg.). Am allerwenigſten iſt zu behaupten, daß etwa die ungebotnen gerichte den rang vor den gebotnen gehabt und ein von letzteren gefälltes urtheil hätten abändern dürfen.

---

[1]) [die idee der oberhöfe rührt, nach Wigand, von den alten kaiſerlichen landgerichten (z. b. in Dortmund) her; vgl. noch Hüllmann ſtädtew. 3, 89.]

Zuſammenhang zwiſchen den rechtserholungen der ſchöffen und den berufungen der parteien ſcheint mir jedoch unleugbar; ſo wie für jene bildeten ſich für dieſe *obere* und abhängige *niedere* gerichtsſtühle. Ich folgere es ſchon aus der auch bei appellationen üblichen benennung *zug* und *ziehen.* Haltaus 2068 *zug*, apoſtoli; eine widerworfene urteil an einen andern richter *ziehen, fürbaȥ ziehen.* ſchwäb. landr. Schilt. 97. 100. 164 (Senk. 108. 109. 164); [ich *ziuheȥ* für die Minne. Heinzelin ritter u. pf. 353, des *zuges* bin ich harte vrô. ibid. 362;] en ordel *tien, to rechte tien.* Sſp. 2, 12; der lat. überſetzer hat *appellare.* Synonym mit ziehen und zug iſt *ſchieben* (trudere) und *ſchub;* | [altn. *ſkiota* mâli fyrir konûng, ad regem appellare.
837 Biörn ſ. v. ſkŷt.] Das land oder gaugericht war nun, vor welches von dem urtheil des cent, mark oder dorfgerichts *gezogen* und *gerührt* (?) wurde. Strodtmann bemerkt, zu Oſnabrück heiße das höhere gogericht *padgericht, padkengericht* und erklärt es richtig aus padken (gehen, laufen; brem. wb. 3, 279 padjen), von dem neuen gang, der inſtanz. Unter den Frieſen geſchah, nach Wiarda (zu Aſ. 120, zum ſal. geſetz 193), appellation von dem dorfgericht (*ſmele warf*) an das gaugericht (*brêdera* warf) und die allgemeine volksverſammlung (*mêne warf, mêne lôg, liodawarf*); belege für dieſe behauptung ſind mir aber aus den rechtsbüchern nicht bekannt, vielmehr wird lit. Br. 33 bei der läuterung (dem ſkiria) eines undôm (geſcholtnen urtheils) nicht von einem höheren warf, ſondern von dem rêdjeva, ther him alranêſt is, geredet*). Wegen der drei nordiſchen inſtanzen *vârþing, fiordûngsrêttr* und *fimtardômr* verweiſe ich auf Arneſen p. 323. 601.

*γ.* verſchieden von den untergeordneten ſind die *nachgeordneten* gerichte, denen entw. ein anderer richter (wiewohl an demſelben ort) vorſitzt, nachdem der erſte richter ein *vorgedinge* gehalten hat (oben ſ. 759), oder die den ordentlichen gerichten zur entſcheidung unerledigter ſachen nachfolgen; [*beigericht.* Wigand arch. 4, 124.] Hierher gehören namentlich die *after-*

---

*) was bedeutet *thruchthingath?* Br. 122. 123. 124. 149. Sicher nicht *dritter* gerichtstag, ſondern thruch ſcheint *durch.*

*dinge* (judicia poſteriora)*), die meiſt unmittelbar hinter den ungebotnen gerichten, noch an demſelben tag oder am folgenden, zuweilen auch ſpäter abgehalten wurden; vielleicht beruhten ſie mit auf der dem deutſchen recht überhaupt geläufigen idee von *zugaben* (oben ſ. 220). Zwei belege von *afterding* gibt Haltaus 17; und gat miner frauen gericht, daʒ der amman beſitzt, allweg vor u. wenn daʒ end nimpt, ſo ſol des ſelben tags oder aber enmornent des vogts gericht och ſin. Äſchacher w. In Weſterwold folgten auf die ungebotnen gerichte drei wochen ſpäter
*achtergodinge.* | Hinter dem bodding konnte ein *fimelding* ein- 838
treten, drei tage lang auf dienſtag, mittwoche, donnerſtag, um die leute zu richten, die man auf dem bodding nicht zu ende richtete. Fw. 38. 40; den namen weiß ich nicht ſicher zu deuten, er könnte wohl mit *fême* zuſammenhängen. Wie verhält es ſich mit dem cölniſchen nebengericht, welches *flügelgericht* hieß? [weil es nach ort und zeit veränderlich war?] Weyden Cölns vorzeit p. 56.

8. Fremden wies das frühſte alterthum kein recht (ſ. 397), ſie konnten nur von ihres gleichen, von ihren landsleuten gerichtet werden. Als ſich aber der friedliche völkerverkehr ordnete, ſcheinen bald für reiſende kaufleute gerichte entſprungen zu ſein, die man *gaſtgerichte*, *nothgerichte***) nannte (ſ. 402). Im mittelalter richtete für fremde den jahrmarkt beſuchende in England the *court of pipoudres*, in Frankreich la *cour des piedpouldreux*, vgl. Spelman ſ. v. pedis pulveriſati curia, Ducange ſ. v. pede pulveroſi, d. h. fußbeſtaubte wanderer; [ſchottiſch *duſtifute.* Skenaeus reg. maj. Scot. 134. 140, vgl. die griech. *κονίποδες*. Plutarch probl. gr. initio. Paſſow ſ. v. *κονιόπους*.] Allein auch andere fremde genoßen des landrechts, wenn ſie zu

---

*) die benennung hat ſich in eigennamen fortgepflanzt, in Schwaben liegt ein *Ofterdingen*, in Oeſtreich ein *Efterdingen*, Efferdingen. Ich weiß nicht, welchem von beiden oder ob einem andern der dichter des 13. jh. Heinrich von Ofterdingen zufällt? ein ſpäterer Hainrich *zum afftirdinge* erſcheint in einer urk. von 1332. Würdtw. diplom. mog. 1, 481.

**) der name *nôtgeding*, nôtding (Haltaus 1424. 1426) gehet weiter und bezeichnet jedes in einem außerordentlichen, eiligen fall berufne gericht; aber O. IV. 13, 71 in nôtlîhhemo thinge bedeutet kein gericht, ſondern iſt adverbiale redensart.

widerrecht (reconvention) ſtehen wollten: wan ain *fremder* u. *außwendiger* man oder fraw iſt chumen u. hat rechts begert, hat derſelbig außwendig ains widerrechten daſelbſt wöllen ſein, ſo hat man im recht laßen gan. hat er aber das nit wöllen ſein, ſo muß er wieder weg u. hett er ritterſporn gefürt (ſei er gleich aus dem ritterſtande). alte dorfsehaften in Meuſels geſchichtforſcher 3, 239. 240. [Erſt *geſten*, dann frauen, dann dem gedigene (es ſteht gedigun) beim ſchaube richten. weisth. 1, 311.] Bloße rechtserkundigung theilten die gerichtshöfe auswärtigen wie einheimiſchen mit: wer des landes almuſen u. orteil geret, die ſol man eime ieglichen gebin, er ſi her, woher er wolle, als ferre man des wiſe iſt. Bodm. 663 (a. 1404).

9. *Schiedsgerichte* und friedliche *austräge* waren dem geiſt unſeres alten rechts angemeßen. Die anweſenden nachbarn ſchlichteten einen ſtreithandel auf der ſtelle, die nächſten freunde und geſippen wurden berufen ihn beizulegen; beides geſchah ohne vorſitzenden richter, obwohl zuweilen auf dem (ungehegten) gerichtsplatz, beides geſchah *in güte*, *nach der minne* mehr als
839 nach | ſtrengem recht. Denn ſchon componere hieß beilegen, vertragen, complanare, ebnen, altn. iafna, iafnſetja (vgl. oben ſ. 600. 612), daher *iafnendr* (arbitri), obmänner, ſchiedsleute, die *mit minne* (ſchiedlich friedlich) ausglichen (Meuſels geſchichtforſcher 3, 235); daher *minnerer* (Maurer p. 269); [*obman* und *ſcheider*. troj. 1853; *ſiebenter man*, obman, ſuperarbiter. ch. a. 1356. Meuſel l. c. 5, 232. 233; altn. *gerdarmenn*. Laxd. 308, auch: ſem þeir menn dœma, *er til eru teknir*. ibid.] *Austrag*, *austracht* wurden jedoch auch von öffentlicher, richterlicher entſcheidung gebraucht, nicht bloß von privatſchlichtung (Haltaus 86); *ußrichten* u. intſcheiden mit minne oder mit rechte, *die minne bit der wiſe*, daȥ recht als ſich daȥ heiſchet. Arnoldi beitr. p. 116 (a. 1374). Vort hain wir geſichirt, of ein zorn oflofe (aufliefe, entſpränge) van wordin of van werkin zuſchin unſin zwene, dat des *dir dirde maich* (der dritte verwandte) ſal hain zu ſcheiden of he mach. Günther 2, 242 (a. 1270). Hader im trinkgelag wurde gleich bei dem wein geſchlichtet (*gerichtet*, *geſchieden*): were es ſache, daß einer dem andern bauderling gäbe oder lügen ſtrafte u. daß ſolches *bei dem weine unter dem obdache* gericht würde, da wäre kein buße verfallen. Dieſen-

thaler w.; auch ſoll man rügen ſcheltwort, buderſtreich u. gewapnet hand, wer es auch ſach, daß ſolches *bei dem wein* gericht würde bei der ſelben nacht als es geſchehen, ſo dörft man das nit rügen. Lengfurter w. Manchen zünften war die befugnis ertheilt, diebe ſelbſt zu beſtrafen. Kopps bruchſt. 1, 188. In einigen hechingiſchen dörfern unweit Balingen wählte die gemeinde einen unbeſcholtnen alten mann, welcher *datte* (vater) hieß und alle uneinigkeit zwiſchen ehleuten erſticken und ſchlichten muſte, ſein verfahren beſchreibt J. E. Fabri geogr. mag. 1, 28. Siebenkees neues jur. mag. 1, 548. Beiſpiel eines nord. iafnadardômr findet ſich Niala cap. 66, frage und antwort wird unter den parteien gewechſelt, vor gericht aber ohne einmiſchung des richters, gute leute entſcheiden; [dabei wurde die beſtimmung der buße zuweilen ganz in die hände des beleidigten geſtellt, z. b. Laxd. 228: ſkyldi coma fyrir vîg Kiartans, *ſvâ ſem Olafi lîkadi,* fê oc mannſektir.]

---

## CAP. V. VERFAHREN.

### A. *Ladung.*

I. *der gemeinde und der urtheiler.* Zum ungebotnen ding brauchte nicht geladet zu werden, obgleich auch die allgemeine verſammlung bisweilen botding war. Gericht für berathſchlagung öffentlicher angelegenheiten oder für feierliche handlungen freiwilliger gerichtsbarkeit | *entbot der richter*, ein beiſpiel letzterer 840
art gibt l. ſal. 47 [44] und 49 [46] bei dem reipus und der erbeinſetzung, es heißt jedesmal: tunginus aut centenarius *mallum indicent.* *Gebotnes* ding wurde vor alters ohne zweifel durch *zeichen* und *ſymbol* angeſagt, die aber das volk nicht bloß zu gericht aufriefen, ſondern auch zur verfolgung flüchtiger miſſethäter und in kriegsnoth zu den waffen gegen den einbrechenden feind. Von dem nord. *herör**) und *bodkefli* habe ich ſ. 162. 165,

---

*) man ſagte *ſnua* þîngbodi *î herör,* vgl. Ol. Tr. cap. 162: bœndr ſnêru þîngbodi î herör ok ſtefndu ſaman þegn ok þræll; [Ol. helg.

von den frief. *feuern* f. 195 gehandelt; ein über mord zuſammenberufnes gericht hieß in Norwegen *örfarþing* (pfeilgericht), vgl. Gulaþ. p. 152. 156. 157. [Ol. Tr. 2, 104.] Umgeſandt wurde das zeichen, wie die ſonne geht, von oſten nach weſten (lâta fara ſem dagr deiliz). Arneſen p. 352. Iſt niemand daheim und das haus offen, ſeti niđr bod î andvegi oc ſtydi ſvâ, at eigi falli; iſt das haus zu, þâ ſcal *binda bod yfir midjar dyrr*, ſvâ at hvarr megi ſiâ, er inn gêngr. Gulaþ. p. 434. In einigen gegenden Deutſchlands ſagte noch bis in neuere zeit ein umgetragner *hammer* oder *klöppel* gericht an (oben ſ. 162). Zu Lindenthal in Sachſen läßt der richter den klöppel ins nächſte gut geben, der nachbar ſendet ihn in den andern hof und ſo ein jeder weiter, der ihn bringt darf nicht von der thüre weggehn, bevor es der nachbar hört. Klingner 1, 685 (a. 1724).

Aber ſchon frühe im mittelalter wurde auch das gebotne gericht *beläutet* und *beſchreit*. Die *glocke* rief alle freien zu ihrem recht, wie die kirchenglocke zum gottesdienſt, die ſturmglocke gegen feind, mörder und feuer (vgl. unten cap. VI); in den formeln iſt daher gerichtsbarkeit ausgedrückt durch *glockenſchlag* und *glockenklang* (oben ſ. 44. 45), dem gerichtsherrn wird glockenſchall und folge zugewieſen. Niederberger w.; item dicunt, quod nullus dominus poteſt vocare cives ſueſterenſes per *pulſationem campanae* ad aliquam neceſſitatem niſi dominus de Valkenberg. Sueſterer w.; quacunque etiam hora quis in banno (im bezirk) de Dela occiſus fuerit, mox *campanae compulſari* debent (dem mörder nachzuſetzen). jura opp. delenſis b. Schöpfl. nr. 1081 (a. 1358). [Wan mein herr der lantgrave ein knecht in diſe zent ſchickt und ein *glocken* hie ze Gugenheim leutet, ſo ſoll ſich das zentvolk von ſtund an verſammeln und mit demſelben knecht oder zentgraven fortziehen, als weit dieſe zent gehet. Gugenheimer w. (der ſchluß oben ſ. 297); zu gericht laden abend und morgen vorher mit *der großen glocke;* wer ſo lange ſäumt, als man vom holz herablaufen möchte, wird ſtraffällig. Gültinger dorföfn.;]

---

cap. 145: ſtefna *örvarbod* edr þing; cap. 37: *örbod;* cap. 151: *þingbod* uppſkorit; Ol. Tr. 2, 216: *þingbod* fer um landit; Ol. helg. cap. 206: fôr *herbod* um land alt.]

die *ſturmklocken* man dô zôch. Wh. 114, 8;
la *bancloche* ſone de randonnée. rom. d'Ogier; |

ſie war überhaupt ſymbol des *richterlichen banns*, auch wo es 841
nicht auf ladung ankam, z. b. bei einweiſung in beſitz: in poſſeſſionem redituum adjudicantes ſententialiter cum omni juris ſollempnitate, quae *bannen*, vel *campanarum compulſatione*, quae *eydein* (eineiden, eidigen) vulgariter dicitur. Bodm. 615 (a. 1300); per *campanae ſonitum* tribus vicibus factum ab omagiis, juramentis et fidelitatibus . . . . penitus excluſerunt et . . . . quitos pronunciarunt, der ſcultheiȥe u. die geſwornen wurden uȥ des vorg. Jacobs genant Ruwen eide *geeidet* in der abtiſſin eit, bit einre *glocken*, die drau ſtunt (dreimal) wart gelut nach gewonte und rehte. Bodm. 616 (a. 1329). Viele weisthümer erwähnen des beläuteten gerichts, einige laßen es den abend zuvor beſchreien, den morgen beläuten: an dem gehegeten gerichte, als das *mit der glocken belüdt* war u. die mennere gemeinlichen daran gekommen waren. Nauheimer w. Becheler w.; die *beſchreite* u. *beleute* dorfsmalh; merkerding verkündet des abents *mit geſchrei*, des morgens *mit der glocke.* Dieburger w.; ieglichs unſer ganerben dorfgericht zu Trapſtadt ſoll des neheſten tag bei ſonnenſchein zuvor durch gemeinen dorfknecht *beſchreit* u. des morgens frühe mit *drei zeichen* der *glocke beläut* werden. Trappſtädter dorfordn. von 1524 (Schultes beſchr. v. Henneb. 1, 764. 767); ad vocem praeconum . . . quod vulgariter dicitur *lantſchreie.* Gudenus 1, 544 (a. 1237); ließ er den landknecht u. *ſchreier* alle dorfſchaft, die in das landgericht gehören, *rufen, ob ſie da wären?* Mechtelnhauſer w.; und als der *ſchreier* zu iglichem dieſer nachgeſchriben dorfe und hofe *gerufen* hatte: *N. biſtu hute hie*, als man dir geboten hat? Oberurſeler w. von 1404. [Die nordiſchen könige ließen zu ihren hofgerichten *blaſen:* lâta blâſa til hûsþîngs. Ol. helg. c. 149. 161; lêt hann blâſa til fiölmennrar ſtefno. ibid. c. 107, vgl. 118. Ol. Tr. 2, 209 [1]).] — *Nichterſcheinung* zum gebotnen markgericht wurde

[1]) [wenn ein windiſcher ſupan (dorfſchulze) in Steiermark ſeine untergebnen zuſammenberufen will (zur zehntentrichtung, jagd, frohne), geht er auf einen hügel, wenn ſeine wohnung nicht ſchon in der höhe liegt, und *bläſt* auf einem großen *horne* gewiſſe töne herab; auf dieſes zeichen verſammelt ſich die gemeinde. Popowitſch unterſ. 2, LXXII.]

ſchwer geahndet (oben ſ. 529): item hant die merker geweiſt, wurde ein merkerding beſcheiden u. die inmerker u. außmerker verboden, welche da außbleibend, die *hand ſich der marke verwiſt* und enſoll er furter kein recht in der marke mehr haben. Camberger w.; und welchem merker ſolches zu wißen werde, er ſei jung oder alt, der ſich verendert habe oder zu ſeinem erbe kommen, er ſei edel oder unedel, der ſol uf ſolch markerg. kommen u. *nit ußbleiben.* Foſſenhelder w., vgl. Reinhard markr. p. 200. Bei landgerichten waren geldbußen geſetzt: wer daȥ geheite (gehegte) ding verſumete, der gibet dri ſchillinge. Sal-
842 feld. ſtat. (Walch 1, 42); welcher man zu ei- | nem gebotten landgericht ausbliebe, der verlore zween tornes, blieb er zum andernmale aus, ſo verlore er drei pfund heller, d. i. die höchſte buß, u. wäre er ungehorſam die buß zu bezalen u. bliebe zum drittenmal aus, ſo *verlöre er ein hand,* die ſol er von dem herrn des landgerichts löſen mit zehen pfunden. Mechtelnsh. w. (a. 1476)*); ob ein freimann hinder ſich ſäße und (zum ungebotnen gericht) nit khomen wolte mutwilliglichen, ſo mochte mein herr einen ſeiner amptman oder diener dar ſchicken, der alſo *dreï jar* hinder ſich mutwilliglichen geſeßen were, mit zwein knechten und *drein pferden,* mit *zweien winden* und *einem habich* (vgl. oben ſ. 255. 256) und mochte in gutlichen thun, ob ſie es gehaben mochten, und was darinne *obendig des ſchlifbalken* were (vgl. oben 792), das *mochte er nemen,* ob er wolte. Rienecker w. Dies gemahnt an ein altes verfahren gegen den ſäumigen richter im capit. a. 779 § 21: et ſi vaſſus noſter juſtitias non fecerit, tunc et comes et miſſus *ad ipſius caſam ſedeant et de ſuo vivant,* quousque juſtitiam fecerit.

---

*) nach dem Frankfurter fronhofsrecht wird der ſäumige dingpflichtige ſo lange mit gebundnen händen, vorgehängter ſpeiſe und weinflaſche, wovon er nichts genießen kann, gefangen gehalten, bis er ſich löſt: item, wann ein hofiſcher mann binnen jar u. tag von hofe were u. hofiſch gericht nicht ſuchte u. ungehorſam were, den ſollen die ſchultheißen mit iren geſellen geweltiglich holen und im fronhof *in den ſtok ſchlagen* und ſollen im ſeine *priſen* (vgl. das mhd. verbum brîſen) *ſeines rocks* oder kleids *vor ſeinen henden zuſammen binden* u. demſelben *ein leib brots und ein vleſegel vorhenken*, darin ſol er ſitzen ſo lange bis er ſich von den hern mit einem pfund pfenninge u. einem helbeling ablöſt.

II. *ladung des gegners. Mallare, admallare.* l. ſal. 54 [51]. 55 [52]. 59 [56]. rip. 32, 3; ahd. mahalôn, mâlôn (N. Bth. 48. 56. 59), pimahalôn, bemâlôn (N. Bth. 58. 60); [*laden* oder *fürtriben*. Freib. urk. nr. 232 (a. 1357); das *fürbot* (citatio). ibid. nr. 233 (a. 1357).]

1. in der älteſten zeit geſchah dieſe ladung, gleich der röm. in jus vocatio, *ohne einmiſchung des richters;* der kläger ſelbſt forderte ſeinen ſchuldner, in beiſein von zeugen, vor gericht. Den Franken hieß das *mannire*, ad mallum *mannire.* l. ſal. 1, 1. 48 [45]. rip. 32, 1; ad placitum *mannire.* Georg. 600 [MG Capitularia I p. 72] (agſ. manjan, ahd. manôn, nhd. mahnen, frieſ. monia. Fw. 310, [bannen und *mannen.* weisth. 2, 239]); auch ſteht dafür das ſynonyme lat. *monere,* admonere, commonere*). | l. ſal. 50 [47] oder *rogare.* l. ſal. 76 [cap. 2 ad 843
l. ſal. 8] oder *nuntiare* ut ad placitum veniat. l. ſal. emend. 49 [47]**). Manniert werden durfte aber

a. *vor gericht ſelbſt*, wenn die gemeinde ungeboten verſammelt war oder man zufällig ſeinen gegner bei gebotnem ding antraf. Alle anweſenden bezeugten dann die ladung. Dieſe mannition muß, ſo lange ſich zahlreicher umſtand bei den gerichten einfand, nicht unhäufig geweſen ſein: et ſi quis alium mallare vult de qualicunque cauſa, *in ipſo mallo publico* debet mallare ante judicem ſuum. l. Alam. 36, 3 [36, 2]. Ich folgere aus einem ſpäteren weisthum, daß der zuruf dem gegner *ins geſicht* geſchehen muſte: hant die ſcheffen gefregt einer der eime nit geboden habe vur gericht u. finde in ſuſt da, obe der auch ime ſchuldig ſi zu antworten? des iſt gewiſet ja! ſtunde er aber etlichermaße von dem gerichte u. hete *den rucken dar gewant* u. riefe ime der heimburge, *die wile er ſich nit umbſehe*, er mochte unverluſtig enweg gehen, *ſehe er aber umme*, ſo muſte er deme antworten. Item hant ſi gefreget: eine frauwe

---

*) ſpan. muñir, franz. ſemondre (d. i. ſubmonere, wie ſecourir ſubcurrere, ſuccurrere). [Engl. *to dun* jetzt bloß mannire, den ſchuldner mahnen, urſpr. clamare, *tönen?*]

**) etwas ähnliches ſcheint auch *tanganare,* ahd. zengan? vgl. oben ſ. 5 und Rogge 218. 219; [*tagoner.* Méon 4, 285; reſpondre et *tencier.* Ren. 19640. Schwerlich *tangere* aures, ohrzupfen.]

wolde eime irme geſellen [l. geſchollen] zuſprechen, do hette er den *rucken dem gerichte gewant*, da ſpreche ir furſpreche: horiſtu nit? diſe frauwe ſprichet dir zu umb IIIIC gulden. do *ſehe er ſich nit umb* u. gienge ſin ſtraße, waz er darumb virloren habe? des iſt gewiſet: nichts. Bodm. p. 672.

b. oder der kläger verfügte ſich von zeugen begleitet *zu der wohnung* [1]) des ſäumigen ſchuldners, forderte ihn nochmals ſeine verbindlichkeit zu erfüllen auf (rogare ut reddat) und beſtimmte dem weigernden ein placitum (placitum concedere. l. ſal. 43, 4 [40, 7]. rip. 30, 2; dare. l. rip. 33, 2; facere. l. ſal. 53 [50]; tribuere. l. ſal. emend. 42, 10 [40, 8]; ponere. Greg. tur. 7, 23): ille autem, qui alium mannit cum teſtibus *ad domum* illius ambulare debet et ſic eum mannire debet aut uxorem illius vel quemcunque de familia illius, ut ei faciat notum, quomodo ab illo mannitus eſt. l. ſal. 1, 3; ſi quis alteri de rebus ſuis aliquid praeſtiterit et ei reddere noluerit, ſic eum debet mallare. cum teſtibus *ad domum* illius, cui res praeſtavit, accedat, et ſic *conteſtetur* ei: quia res meas noluiſti reddere, |
844 quas tibi praeſtiti, in hoc eas tene nocte proxima quod lex ſalica continet, et ſic ei ſolem collocet. l. ſal. emend. 54 [52]. Nach einer andern ſtelle, ſcheint es, muſte jedoch die ladung vorher dem richter angezeigt werden: ſi vero adhuc ſupradictum debitum ſolvere noluerit, debet eum ſic admallare: rogo te, judex, ut hominem illum denominatum gaſachionem meum, qui mihi fidem fecit de debito tali denominato, ſecundum legem ſalicam mihi inde eum adſtringas. tunc judex dicere debet: ego gaſachium tuum illum in hoc mallo quod lex ſalica habet. tunc ille, cui fides facta eſt, . . . *feſtinanter ad domum* illius, qui ei fidem fecit, cum teſtibus accedat et roget eum ſolvere debitum ſuum. quod ſi noluerit, ſolem ei collocet. l. ſal. emend. 52, 2 [50, 2]; quod ſi . . . ſervus praeſens fuerit, *continuo* ipſe, qui repetit, domino ſervi ſolem collocet et ad ſeptem noctes placitum concedat. l. ſal. em. 42, 9 [40, 7]. Die barbariſche faßung dieſer formeln führt ſchwierigkeiten mit ſich, doch meine ich aus den worten feſtinanter und continuo ſchließen zu dürfen,

---

[1]) [es findet ſich auch, daß der auf friſcher that begriffene gleich *an ort und ſtelle* feierlich vor gericht geladen wird. Laxd. 350.]

daß der *erſten* ladung in der regel ungeſäumt noch denſelben tag vor ſonnenuntergang (nocte proxima, bis zu nacht?) folge geleiſtet werden muſte. Vom collocare ſolem nachher.

c. eines ſymbols wird bei dieſer mannitio nirgends gedacht. Die germaniſten ſtellen zwar als beſondere art der gerichtlichen vorladung eine *adhramitio* auf, die durch dargereichten aſt geſchehen ſein ſoll. Allein weder bedeutet adhramire (achramnire. Diut. 1, 330, vgl. das goth. hramjan, ushramjan, figere, crucifigere) einen aſt (ramus) reichen, wie ſchon ſ. 123 note gezeigt worden iſt, noch vorladen, ſondern beſtätigen, befeſtigen, beſtimmen. Man ſagte res ſuas inventas adhramire. l. ſal. 40, 1 [37, 1]; adhramire illum, apud quem agnoſcitur. l. ſal. 50 [47]; wadium adhramire, wadio adhramire. capit. 3 a. 813 § 15. 46 [l. Franc. Cham. 16. 48]; ſacramenta adhramire vel jurare. Georg. 842. 1377 [MG Capitularia I p. 284. 440]; ſacramenta adhramita. Georg. 1359 [MG Capitularia I p. 431]. In bairiſchen urk. kommen *aramiatores* vor (Meichelb. nr. 388. 468), d. h. firmatores, teſtes; [Diut. 1, 342^b adramire *ſtabôn*, vgl. vorhin ſacramenta adhramire mit eid ſtaben unten ſ. 902, *aramir* un ſairement. Ren. 639.]

2. Wurde die ladung von dem richter oder deſſen boten vorgenommen, ſo hieß ſie *bannitio;* dem könig, dem comes, dem miſſus und jedem richter ſtand *bannum* zu*). | Bannire in 845
hoſtem (heerbann) kennen bereits die alten geſetze (rip. 67, 2, vgl. Georg. 547. 721 [MG Capitularia I p. 158], wo die rubriken mannitio in hoſtem haben); *bannire* ad placitum (Georg. 667. 676. 745 [MG Capitularia I p. 116. 145. 148]) ſcheint erſt unter den Carolingern allmälich aufgekommen; [vgl. daȥ mahal *kipannit.* Muſp. 36.] Mannition wurde anfangs für alle rechtshändel beibehalten, wo es auf ſtand und geburtsverhältniſſe ankam: ſi quis de ſtatu ſuo, id eſt de libertate vel de hereditate compellandus eſt, juxta legis conſtitutionem *manniatur* (vgl. Rogge p. 190. 191); de ceteris vero cauſis unde quis rationem eſt redditurus, *non manniatur* ſed per comitem *banniatur.* cap. 1

*) vgl. oben ſ. 44. 45 twinc u. *ban,* gericht, gebot, verbot; ſ. 46 *mahn* u. *bahn.*

a. 819 § 12. Georg. 842 [MG. Capitularia I p. 284]*). Bannitio geſchah, ohne kläger und zeugen, bloß durch den *praeco*, entweder mündlich oder ſpäter auch ſchriftlich. Alte formeln ſind mir nicht bekannt, aber aus ſpäteren zu errathen: du komeſt alſtan alſo edder nicht, dat gerichte wert gelichewal ſinen geborliken vortganc gewinnen. Kindl. m. b. 3, 687 (a. 1548); gy komen ader nicht, dat gerichte gewint ſinen fortgank. ibid. 692; du komeſt eder nicht, dannoch geit dat recht ſinen gank. ibid. 693 (a. 1549). Sind die gerichtsboten gehindert die botſchaft gehörig zu verkünden: ſo mugent ſi den brief *an die porten*, da dan ſin wonunge iſt, *ſtecken u. henken* oder *under der porten inſtoizen* u. hant damit ir botſchaft recht u. redelichen verkundiget. Wenk nr. 298 pag. 302 (a. 1325). Femboten durften, während ſonſt alle ladungen bei tag geſchehen muſten (oben ſ. 815), ſie in der nacht verrichten, ſie *ſteckten* den brief mit einem königspfennig *in den thorriegel*, nahmen drei kerbe aus dem rennbaum zur urkunde mit ſich und riefen dem burgwächter zu, daß ſie ſeinem herrn einen brief gebracht und in den grendel geſteckt hätten. Wigand p. 510. [Man ſol ouch wiſen, wie ein burger ſol den andirn ze geriht laden und wie er ime uȥ wartin ſol; von erſte ſol man ime fürgebieten in den munt, zem andirn male zem huſe, zem dritten male abir zem huſe, da nah über vierzehin naht gebüt man ime für. Freib. urk. nr. 24 p. 84 (a. 1275); in den huſern, do hochzît inne iſt, do ſol man niemande vorgebiten, wenne dem wirte und den die mit im wonhaftig ſind. get der botel uf der ſtraßin und ſihet einen uf dem venſter ſitzen, dem mag her wol in gebiten (l. în gebieten). ſitzet auch der botel uf dem venſter und ſihet einen uf der gaßen gen, den mag her auch wol ingebiten. Gaupp ſchleſ. landr. p. 44. Über die vorladung des abweſenden, unbekannten miſſethäters enthält die genannte Freib. urk. nr. 24 p. 84 folgendes: iſt es aber ein blutiger ſlag, ſo machit man vier ſtraȥe dur die lüt und lat den ſchuldigen hin für gericht, ob er da nüt eniſt, und tuot daȥ

*) namentlich wurden die ſcabini zum urtheil *banniert* (Georg. 745 [MG Capitularia I p. 148]), die alten rachinburgen *manniert* (admoniti). Ein ſchöffe heißt ſpäterhin ein *bannitus* (oben ſ. 777. 778).

driſtunt und beitit ſin ze iclichem male alſe lange unze er von der verreſten porte mohti wol ze geriht ſin komin.]

3. im Norden hieß die ladung *ſtefna* (vgl. goth. ſtibna vox), *mâlſtefna*, ſie muſte bei hellem tag von ſonnenaufgang bis niedergang und mit feierlicher formel geſchehen, vgl. Arneſen p. 66-104. Niala cap. 22. 23. [Laxd. p. 142. 350. Vîgagl. p. 52. 54; *ſtefnuför*, der gang zur ladung. Niala cap. 50; vgl. oben ſ. 749.]

4. *gewaltſam* konnte in der regel kein freier vor gericht gebracht werden, am wenigſten nach der erſten ladung; bei den Saliern pflegten drei, bei den Ripua- | riern ſogar ſieben 846
ladungen auf einander zu folgen. Waren ſie alle vergeblich verſtrichen, ſo durfte der richter wegnahme fahrender habe (legitima ſtrudis) verfügen, nicht aber den ſchuldner gefangen nehmen. Und ſelbſt dieſer ſtrudis konnte ſich der ſchuldner, wie wir unten ſehen werden, widerſetzen. Eine ausnahme galt vermuthlich bei verbrechen, die ſchon das alterthum mit todesſtrafe belegte, und bei inſolventen ſchuldnern, die dem gläubiger gerichtlich überliefert werden muſten. Dieſe überlieferung *mit dem geren, bi dem hovetgat* (oben ſ. 159. 614) erinnert denn auch an das römiſche *rapere in jus, torto collo rapere* *). [Stellt ſich der geladene vor gericht nicht ein, ſo werden ihm friſten geſetzt (unten ſ. 868): poſtremo ſi haec omnia parvipendens obedire contempſerit, juſto ac legitimo judicio corpore ac *bonorum confiſcatione* atque cippo, quoadusque ſatisfaciat conſtringatur. Mauermünſterer w.]

5. den anberaumten tag wartete der kläger am ort des gerichts auf den geladenen *bis zu ſonnenuntergang*. Blieb er aus, ohne ſich entſchuldigen zu laßen, ſo erlangte der kläger darüber vom gericht und den anweſenden zeugen eine urkunde, dieſes hieß *ſolſatire* oder *ſolem collocare* (oben ſ. 817) und war bei den Franken weſentliche förmlichkeit, da erſt nach dreimaliger ſolſadia auf execution erkannt werden durfte. Mit jeder

---

*) rapere obtorto collo eſt *veſte ad collum prehenſa* gulam et fauces premere et angere iisque adſtrictis urgere et trahere. Turnebus adverſar. 26, 2; vgl. *collum torquere*, in carcerem trudere. Liv. 4, 53. [Malefactorem *in collo* ad mercatum portare. Georg. 620 [MG Capitularia I p. 298].]

ſolſadia, die nicht die letzte war, verband ſich nun unmittelbar die anberaumung der nächſten friſt und deshalb ſcheint zuweilen ſolem collocare ſo viel als tag anſetzen. Allein in mehreren ſtellen wird auch deutlich ſolem collocare von placitum concedere unterſchieden. Die l. ſal. 43 (oder emend. 42) [40] handelt von belangung eines herrn wegen des von ſeinem knecht begangnen verbrechens und nimmt zwei fälle an, nämlich *α*. iſt der ſervus praeſens, ſo geht das verfahren in vierzehn tagen zu ende, d. h. gleich am tage der erſten admonition wird ſolſadiert und dann ad ſeptem noctes placitum gegeben, nach deren verlauf wieder ſolſadiert und dieſelbe friſt erneuert, iſt ſie gleichfalls verſtrichen, ſo erfolgt die verurtheilung des beklagten; *β*. iſt der ſervus abſens, ſo ſind drei wochen erforderlich, d. h. es wird damit angefangen, dem herrn ſieben nächte zur herbeiſchaffung des knechts zu bewilligen, und erſt nach deren verſtrich ſolſadiert. Hier heißt es: quod ſi poſt tria placita ſervum noluerit ligatum
847 ad ſupplicia dare et *per* | *ſingula placita ſolem ei collocaverit*, tunc dominus etc., ſo daß offenbar die ſolſadia erſt am ſchluß des abgelaufnen termins eintrat. Ein ſolches placitum wurde genannt *cuſtoditum* et *ſolſaditum*. Nicht weniger entſcheidet für meine anſicht lex ſal. 60 [57], worin von der admonition der rachinburgen, ut legem dicant, die rede iſt, erſt nach ihrer dritten admonition ſoll ſolſadia und darauf verurtheilung ſtatt finden: et ſi legem dicere noluerint, tunc ab eo qui cauſam requirit, ſint iterum admoniti usque in *tertia vice;* dann folgt das tangano, et ſi tunc diſtulerint, *ſole culcato* (nach beurkundetem ſonnenuntergang) culp. judicentur. Solem collocare kann alſo nicht einerlei ſein mit admonere (= mannire), wohl aber ſcheint es gleichbedeutend mit einem andern techniſchen ausdruck, *jactire*, *adjectire*, d. i. niederlegen, franz. jeter. Der *jactivus, adjectivus*. l. ſal. 54, l. emend. 53, 1 [51, 1] war der contumax, der unterliegende (franz. jetif), nicht der eingeſtändige, vom deutſchen jehen, wie Rogge p. 20 meint. Die von Maurer p. 49. 50. 52 angeführten belege erweiſen die gänzliche identität von jectire und ſolſatire. [Sed veniens in eo placito illi de mane usque ad veſperam placitum ſuum legibus *cuſtodivit* et *ſolſadivit*. Canc. 3, 479ª [MG Formulae p. 23]; per triduum ſuum *cuſtodivit* placitum et jam dicto illo ſecundum legem *ad-*

*jectivit* et *ſolſativit*, qui nec ſonia nuntiavit nec ſuum placitum adimplevit. ibid. 3, 447ª [MG Formulae p. 155]; notitia *ſolſadii*, qualiter ille homo placitum ſuum adtendit. ibid. 3, 472ª [MG Formulae p. 9]. Parte altera apud judicium manente et quantum de jure debuit, usque dum jam ſol tenderet ad occubitum, expectante. Wigand feme 228 (a. 1305).][1].

6. die buße für den ausbleibenden geladenen betrug bei der mannitio 15 ſol. (l. ſal. 1. rip. 32, 1. Bajuv. II. 15, 1 [2, 14]. capitul. Georg. 671. 1356 [MG Capitularia I p. 118. 430]); außerdem wuchs bei den Saliern die gemahnte ſchuld um drei ſol.: tres ſolidos ſuper debitum addat . . . usque ad novem ſol. debitum aſcendat, id eſt ut per ſingulas admonitiones vel ſolem collocatum terni ſolidi accreſcant. l. ſal. 53, 2 [50, 2]; ſuper illos IX ſol. qui per tres admonitiones adcreverunt ſuper debitum. l. ſal. 55 [52]. Säumige rachinburgen verfielen in *drei* und ſtufenweiſe *funfzehn* ſol. l. ſal. 60 [57]. Bei einzelnen ſchweren verbrechen (z. b. mordbrand) ſcheint gleich nach der erſten mannition gegen den ausbleibenden die volle buße erkannt worden zu ſein. l. ſal. 19, 6 [16, 1 add. 1. Der vorgeladene, nicht erſcheinende heißt *widerhœre*. öfn. von Margareten.]

B. *Ehaften* (legitima impedimenta).

1. benennungen. Die fränkiſche war *ſunnis*. l. ſal. 1. rip. 32, ſo leſen alle guten hſſ. (Graff Diut. 1, 329. 332); *ſumis*, ſumnis iſt zu verwerfen und an keine verwandtſchaft mit unſerm ſäumen, verſäumen zu denken, wenn ſchon ſäumen, hindern und irren in den formeln identiſch ſind (Haltaus 1594. 1595). Für *ſunnis* entſcheidet theils die mittellat. und romaniſche form *ſonium*, exonium, eſſonium, *eſſoine*, eſſoigne (Roquef. 1, 533ᵇ. [Diez wb. 322]); | theils die altn. *ſyn* (fem. impedimentum, 848
negatio), *naudſyn* (legitimum imp.) und ſynja (negare, impedire); [goth. *ſunjôns* excuſatio, apologia. 2. Cor. 7, 11.] Ein ahd. ſunni oder ſunnî, notſunnî [od. ſunja, ſunna] iſt noch unauf-

---

[1] [*warte da ſines tages* (cuſtodivit diem). Arnsb. urk. 806; *dri waerven daghen*, alſo men doet ênen vrien man. Reinaert 1022. 1339. 1371.]

gefunden*); aber in dem frief. gefetz hat fich *nêdfchin.* Fw. 107. 149. 150, *nêdfkininge.* Af. 85 ganz in technifcher bedeutung erhalten, denn fchin ift nur verderbte ausfprache für fin, finne (= fünne) und die gewonheiten der flandrifchen ftadt Brügge haben ausdrücklich *nootfinne* (Vredus Fl. vet. p. 459); [let fik *vernotfynnen.* Kindl. 37, 89 (a. 1520), *vernotfinnigt.* ibid. 37, 113; echte not *fchenegen.* Gofl. ft. 73, 20. fächf. lehnr. Hom. p. 187.] Ein andrer altn. ausdruck *forfall* (neutr. impedimentum), fchwed. förfall, dän. forfald fcheint auch in Franken nicht unbekannt, da es in der decretio Childeb. von 595 (Georg. 475 [MG Capitularia I p. 16]) § 6 heißt: de *farfaliis* ita convenit, ut quicunque in mallo praefumpferit *farfalium minare,* fine dubio fuum widrigildum componat, quia omnio volumus ut *farfalius* reprimatur. et fi forfitan, ut adfolet, judex hoc confenferit et fortaffe adquiefcit iftum *farfalium cuftodire,* vitae periculum per omnia fuftineat. Etwas proceffualifches muß diefer farfalius fein, wie auch minare (franz. mener) und cuftodire zu erkennen geben; aber nach der fchweren ftrafe kann es kein gefetzliches impedimentum fein, fondern nur eine muthwillige, frevelhafte hemmung der gerichtshaltung. Seit dem mittelalter fagte man in Deutfchland allgemein *êhaft nôt* (Haltaus 257. Schmeller 1, 4; [diu *nôt* ift *êhaft.* Trift. 8205]) und die dabei ftehenden verba find: letzen, benemen, wenden, irren, wern, [fûmen:] iȥ ne beneme ime der tôt oder *êhaft nôt.* Rother 4925; ob ime nit ne benême urlouge. Alexand. 2595; eȥn lazte in *êhaftiu nôt.* Iw. 2933; eȥ en fî vil gar ein *êhafte nôt,* diu in des wende. MS. 1, 175ᵇ; dem is diu *êhaft nôt* niht enwerte. Karl 8ᵃ; michn irre danne der bitter tôt oder fô ungefüegiu *nôt,* die niemen muge erwenden. Wigal. 44; it ne neme ime *echtnot.* Sfp. 1, 70; [vgl. Nib. 2291, 4: mich enfûme der *tôt.*]

2. aufzählung der urfachen (caufae fonticae).

Die l. fal. 19, 6 [16, 1 add. 1] nennt nur dreie, *krankheit,*

---

*) ich kenne nur *funneboto* funnis. gl. trev. 43ᵃ. Hoffm. 13, 6, *funiboto* gerulus funnis, der die ehhaft meldet, qui fonia nuntiat in den alten formeln; [*funnipoto.* Graff 3, 82. 6, 241; *finnebôte, fcheinbote.* Homeyer 2, 189. 608.]

*herrendienſt* und *tod eines nahen verwandten:* ſi in mallum vocatus fuerit et is qui vocatus eſt non venit, ſi eum aut *infirmitas* aut *ambaſcia dominica* detinuerit, vel forte aliquem de proximis *mortuum intra domum* | *ſuum* habuerit, per iſtas ſunnis ſe poterit 849
homo excuſare. Hiermit ſtimmt eine äußerung Notkers, die nur ſtatt des herrendienſtes unvorausgeſehnen zufall ſetzt: mit caſu antſeidôt ſih, ter dir chît, taȥ in is lazti *anderes mannes tôd,* alde ſîn ſelbes *ſuht* alde etelih *ungewândiu geſkiht.* N. Bth. 59. In der formel Hartmanns Iw. 2933 eȥn lazte in êhaftiu nôt: *ſiechtuom, vancnüſſe* ode der *tôt* iſt gefängnis für jenen zufall genommen, unter tod aber der eines nahen angehörigen zu verſtehen. Vier ſake ſint, die echte not hetet: *vengniſſe* unde *ſüke, godes dienſt* buten lande (betefahrt) unde des *rikes dienſt.* Sſp. 2, 7. Gefangenſchaft und krankheit fallen in andern aufzählungen unter dem ausdruck *leibesnoth* zuſammen. Haltaus 258. 259. [Uth beſcheiden wenn dat *krankheit, notſake* efte *hertoch* verhindern, oder de *over ſee und ſant* ſin, de ſöllen entſchuldigt weſen. Serſſumer meierged. p. 227; *gevengnis, herrendienſt, betevart.* Böhme 6, 102; in echter nod d. i. in *ſtocken* of *blocken*, oder *hachten*, buten lands *pilgrimaſien* u. in *herren denſte.* weſtph. urk. ſaec. 16. Eſſonium ex *infirmitate, abſentia* (eſſe ultra mare, in ſervitio regis, in peregrinatione), *lege inoperationis.* Phillips engl. rg. 2, 106-117.] Auf naturereigniſſe nimmt eine gothiſche formel rückſicht: ſi tamen ammonitum aut *aegritudo* ad veniendum nulla ſuſpenderit aut *inundatio fluminum* non retinuerit, vel aditum non obſtruxerit, in quo montes transituri ſunt, *conſperſio ſuperflua nivium.* l. Viſig. II. 1, 18; quod ſi eventus *aegritudinis, commotio tempeſtatis, inundatio fluminis, conſperſio nivium,* vel ſi quid *inevitabile* noxiae rei obviaſſe veris patuerit indiciis. ibid. II. 1, 33; illi tantummodo hanc erunt ſententiam evaſuri, qui *ordinante principe* aliquid injunctum pro publ. utilitatibus ad peragendum acceperint, vel quos *patens aegritudo* aut quorundam impedimentum nullatenus properare permiſit. ibid. V. 7, 20, vgl. 19. So auch im bair. rechtb.: ehafte not daȥ iſt ungevarleiche *vanchnus* u. *ſiechtumb*, der weder ze kirchen noch ze ſtraȥ mag gen, landshern *potendienſt* u. *wildeu waȥȥer* u. der bei dem land nicht eniſt; ferner in einigen weisthümern: ſimiliter ſi *flumen vadoſum imbribus vel*

*glacie accreverit*, ut vocatus ad placitum nec pede nec equo transire poſſit, inculpatus exiſtat. Kindl. hörigk. p. 231 (a. 1109); item wer auch ſach, das einem das bauding verkünt wäre worden und das er *ſiech läge* u. bereicht u. verſorgt wäre zu dem tod, oder in *gefängnus* läge oder *veldgüß* wäre oder die die (?) *drei ſtund ritten bis an den ſattel* oder wie er nicht überkummen möchte, ſo wär er pueß u. frevel nicht ſchuldig. Heidenheimer bauding; eine andere formel habe ich oben ſ. 107 nr. 46 angeführt; [ob man einem mann das bettſtroh an vier enden *verbrennte*, *waßernoth*, *gefängnis*, *herrendienſt*. mülhauſer ſtat. bei Graſshof p. 248; *gevengniſſe*, *waßernot*, *ſiechtage*, *herrendienſt*. Böhme 2, 16.] Frieſiſche formeln: thiu forme nedſkininge is, thet him ſin bonnere *nen thing eketh* nebbe. thiu other, thet him ſin fiand *thene wi urſtode* mith wige and mith wepne (wegelagerung, oben ſ. 632). thiu thredde, thet him *wind and*
850 *wetir* withir | wrden were and hi *dika* ſkolde *withir thene ſalta ſe* and withir thet *wilde hef.* thiu fiarde, thet hi alſa *ſechteſiak* were, thet hi to tha thinge nawet kuma ne machte. Aſ. 85 (im vetus jus friſ. ſo ausgedrückt: prima eſt, quod ille bonnerus vel bedellus actionem *non indixit* in atrio neque in domo; ſecunda, quod *infirmus* fuerit; tertia, quod ipſi inimicus ſuus *viam* cum viris et cum armis *prohibuerit;* quarta, quod *tempeſtas venti* et *immeabilis aqua* iter abſtulerit). Fw. 150 fügt nach aufzählung der vier ehhaften noch hinzu: dêmt him ak di aeſga ter hand, dattet him nêd of nimen habbe, *nêdbrand*, *nêddâdel*, jefta datter *wima* (einernten) jefta datter ſin *jet ditſa* (das loch deichen) ſchulde. Das altoſtfrieſ. landr. zählt ſieben fälle: 1. *unterbliebne ladung*, 2. *krankheit*, 3. *wegſperre*, 4. *wind*, *wetter* u. *waßernoth*, 5. *brand*, 6. *tod der frau* oder naher verwandten, 7. *deicharbeit.* Das brüggerrecht (bei Vredus p. 459) § 80: 1. *dreſſnee* (triebſchnee), 2. *ſprinkvloet*, 3. *beddeſiek*, qualſiek en wegeſiek. — Merkwürdig iſt die einſtimmung der altn. geſetze: thätta äru forfall: ligger han i *ſoth* ällä *ſarum* ällär haver *dödhän vardnadh fori durum*, ällär är *kallader af kuningi*, ällär är *elder* höghre än hava thorf, ällär är a *fiäti fear* ſins. Upl. kunungx b. 12, 8. manh. 45, 1. iordab. 20, 2; lagha forfall: 1. än han *ſiuker* ligger, 2. än *dödhän firi dorum* haver, 3. än han är *a feate fea* ſins, 4. är *älder* höghre än hava thorf,

5. än han är apter *kununx budſkap* farin. Suderm. thingm. 4; forfall: 1. än han i *ſotta ſiang* ligger äller i *ſarum*, 2. än han kan vara i *rikiſins thiäniſt* äller i härraſyſlu, 3. än han *i fiäti fea* ſins är, 4. än han *dödhan varnadh firi durum* haver äller *eld* höghrä än hava thorf, 5. än han *utländis farin* är. ibid. thiufn. 9; theſſe äro lagha forfald for tings ſökning: förſta, om han *i ſottaſäng* ligger eller i *ſårom*. annat, om han efter *konungs utbudhi* är i rikeſins tieniſt farin. thridhi, om han i *fängilſom* häkter är. fierde, om han ei kan for *feghd* ſkuld ting ſökia. ſämpta, om han är *utan land* och laghſagu. ſiätta, om han *ei rådher ſinnom* eller ſkälom ſinom. ſiunda, om thet är jomfru eller ofvermaghi och *målsman* thera *ei i land* eller laghſagu är. åttonde, om han hafver *eld* höghre än hafva torf. Landsl. tingm. 14; der ſechſte und ſiebente grund ſind hier augenſcheinlich ſpäter zugefügt. Ehhaften in der Graugans b. Arneſen p. 306. | [Ol. helg. cap. 68: nema mer banni *hel* edr ſê ec 851
*haptr.*]

C. *Hegung des gerichts* [ſieh auch oben ſ. 812. 813]. Das gericht *hegen* *), *beſetzen*, die bank *ſpannen*, *bekleiden; hegemahl* (Haltaus 776. Klingner 2, 14. 3, 577), mallum rite conſtitutum, *inſtauratum;* ana ena *heida* thinge. Aſ. 22; [nâch *gehegetem* urteile. Mar. leg. 48, 25;] gericht verbotet, geſeßen u. gehegt; beſatzt, geheget und gehalten; ein volles und gehegtes gericht; hegten u. beſaßen ein ungeboten märkergeding.

1. von dem *geräth,* das zur feierlichen beſetzung des alten gerichts gehörte, wißen wir wenig. Es ſcheint, daß beim ſitze des richters ein *ſchild aufgehängt* wurde, vielleicht an einem in die erde geſteckten ſpeer [1]): tunginus aut centenarius mallum indicent et in ipſo mallo *ſcutum* habere debent. l. ſal. 47, 1

---

*) bemerkenswerth, daß in *bairiſchen* rechtsbüchern und urkunden keine ſpur von feierlicher hegung der gerichte gefunden wird. Maurer p. 220.

[1]) [eine *haſta fixa* oder *poſita* im römiſchen forum, beſonders im centumviralgericht; daher venditio *ſub haſta* (oben ſ. 153), urſprünglich ein kriegeriſcher brauch, der nachher beibehalten wurde. Haubold p. 693. 695.]

[44, 1]. 49, 1 [46, 1]; da dieſe ſtellen die einzigen des geſetzes ſind, worin der anſagung des gerichts erwähnung geſchieht und beidemal der ſchild als erforderlich genannt wird, ſo darf man ihn nicht bloß auf die verhandlungen beſchränken, von welchen gerade die rede iſt. Bei dem reipus könnte allerdings der ſchild zur geſetzlichen abwägung des gelds (tres ſolidi aeque penſantes) gedient haben (oben ſ. 425), aber bei der feierlichen erbernennung iſt kein gebrauch des ſchilds angedeutet. Nicht bloß das geld, auch der knochen muſte im *ſchild* erklingen (ſ. 77. 78); anderes beſtimmte der blinkende *ſchild* (ſ. 74) und nach dem gothländ. gerichtsbalken (ſ. 75) zu ſchließen, könnte leicht ein gerichtsſchild gemeint werden. In der feierlichen volksverſammlung auf dem runcaliſchen feld wurde ein ſchild an hohem ſpeer aufgehängt: hic (regnator)

ponere caſtra ſolet; *ligno ſuſpenditur alte*
*erecto clypeus*, tunc praeco regius omnes
convocat a dominis feudalia jura tenentes.

Gunther lib. 2 (Reuber p. 301) [1]. In den ſagen von kaiſer Friedrich heißt es, er werde zurückkehren und ſeinen *ſchild aufhängen* (gericht halten?), vgl. deutſche ſagen 1, 29. 2, 189; und wenn man auch dieſe ſchilderrichtung mehr auf den heerbann in kriegsnoth beziehen wollte, ſo laßen ſich im alterthum gebräuche der heerverſammlung und des volksgerichts kaum von
852 einander | trennen. Merkwürdig weiſen noch in dem becheler w. die ſchöffen: u. wer es ſach, daß das dorf Becheln veden oder feindſchaft hette, ſo ſoll der dickgemelt herr Friedrich Greifenclae (der gerichtsherr) ſeinen *ſchild henken* in das dorf vor ſeinem hofe u. ſoll da das dorf beſchirmen u. helfen behalten vor ſchaden; und in der ſ. 347. [881] angeführten formel ſchlägt, bei einer feierlichen gerichtshandlung, der centgraf dreimal an

[1] [geſchöpft hat Gunther aus Otto friſing. de geſt. Frid. 2, 12: ibi ligno in altum porrecto *ſcutum ſuſpenditur*, univerſorumque equitum agmen feuda habentium *ad excubias* proxima nocte principi *faciendas* per curiae praeconem expoſcitur. Hieraus erhellt, daß es auf eine *ſchildwacht* ankam, welche die vaſallen zu leiſten hatten; immer aber ſcheint die aufrichtung des herrnſchilds das feierliche ſymbol der gegenwart des fürſten im heer oder im gericht.]

die (mit dem fchild aufgerichtete?) *lanze*, feine gemeinde aufrufend. [Nach Landn. b. 4 c. 7 gefchah das þîng heyja mit einem in opferblut gerötheten heiligen *ring* (*baugr* tvîeyrîngr), den der gode am arm hat und auf den die eide gefchworen werden (unten f. 896).] Ich finde auch eines *fchwertpfals* erwähnt: de gogrefe mag komen felfderde, de lemenftege tufchen Rikelings u. den Lokhufer dale, an den gogerichtsftoel u. fin gericht fpannen u. kleiden u. fin perd binden an den *fchwerdpael* vor dem gerichtsftoel und *fo verre dat perd ummegaen mag* mit der haltern gebunden an den pael, fo ferr mag de warf (das volk) gaen u. ftaen vor gericht. Nunning mon. monaft. p. 360 [Kindl. 35, 22; des richters *pferd* bleibt drei tage lang gefattelt an einen *pfal* gebunden im gericht. Matzendorfer dingrodel.] Außer dem fchwert nennt Bodm. p. 614, aus welcher quelle weiß ich nicht, noch andere fachen zur fpannung der gerichtsbank: man legte *eifenhandfchuh, fchwert, ftrick, fcheere, fchlegel* und *beil* auf die bank, wo fie bis zur aufhebung des gerichts liegen blieben. Offenbar find die letztgenannten gegenftände wahrzeichen peinlicher gerichtsbarkeit*); man vergleiche das aufbinden des *fackes* und *feils* (oben f. 698). Die gewöhnlichen gerichte wurden aber feit dem mittelalter bloß durch *fpannung der bank* (f. 813) und mit dem *ftab* (f. 761) gehegt: bei den oberheffifchen dorfgerichten hält der fchultheiß in feiner rechten den hölzernen gerichtsftab, *fchlägt damit auf den tifch* (wie jener zentgraf an die lanze fchlägt), gebietet ftillfchweigen und *hält ihn in die höhe*, bis das gericht geheget ift. Dann legt er ihn vor fich und wiederholt den fchlag, fo oft die ftille unterbrochen wird; eben fo fchlägt er nach beendigung des gerichts auf den tifch und fpricht: die weil niemand mehr fürzubringen hat, wird das gericht hiermit *aufgefchlagen*. Eftor anw. f. beamten p. 1343. Am fchluße des gerichts pflegten, im gegenfatz

---

*) auch bei dem femgericht find *ftrick*, *fchloß* (?), *fchwert* fymbolifch. Wigand p. 265; den heimlichen fchöppengruß f. oben f. 140; das nothwort Reinir dor Feweri fcheint reinir dorfe weri? und ftrick ftein gras grein verftändlicher, wenn man grein für grên, grün nimmt, [lieber für grên aft (oben f. 683. 684). *Schwert* und *wied*. Wigand arch. 2, 134.]

zur bankſpannung, die *bänke geſtürzt* (umgekehrt und zuſammengeworfen) zu werden. |

853 2. erſtes geſchäft*) des richters iſt, *ſtille zu gebieten, gerichtsfrieden zu bannen:* ein ſtille gebôt er überal. Maria 74; fride gebannen. Dietr. ahnen 72ᵇ (formeln oben ſ. 53); [*luſt gebicten*, unluſt verbieten. Haltaus 1945. Haupt 9, 126; verbieten dingslete und unluſt. Sſp. 1, 59.] *Silentium* per ſacerdotes *imperatur*. Tac. Germ. 11; *fretho* to tha thinge and *fretho* fon tha thinge. Aſ. 234; allir menn ſcolo î *gridom* fara til Gulaþings. Gulaþ. p. 18; gerichte hege ik u. vorbede alle walt u. gewaltſam fürnehment. Rugian. tit. 19; *bann* und *frid* gebieten, daß niemand ausgehe, er gehe mit urlaub, niemand ingehe, er gehe mit urlaub, niemand des andern ſtatt beſitze ſonder urlaub, niemand des andern wort ſpreche ſonder urlaub, und verbieten überbracht hin u. her zum erſten, zum zweiten, zum drittenmal. Irſcher w.; her richter, ihr ſollet verbieten haſtig muth u. ſcheltwörter, ſonder acht, u. daß hier niemand werbe, er thue es dann mit vorſprachen, gebieten recht u. verbieten unrecht. Langenholtenſer hegegericht; deſſelben gleichen gebiete ich einem ieglichen, daß niemand dem andern in ſein wort rede, er thue es dann mit verlaub, daß niemand aus und ein gehe, e. th. e. d. m. v., fortan verbiete ich allen überbracht, daß niemand aus ſeiner zahl (reihe) gehe, mein ehrw. herr habe dann nach ſeinem gut gedingt. Dreißer w.; item, u. wann der probſt das volk zuſammenbringet, ſo ſal ſin ſchultheiße gebieten allermenlichen, wann er das gerichte wil beſitzen, bi gehorſamkeit u. bi der buße eines ſieſter (ſextarius) wins, daȥ ein iglicher

---

*) vorausgehn die fragen nach| der tagzeit und beſetzung der ſchöffenbank: ſoll der richter die ſchöpfen fragen, ob es an der tagzeit ſeie, das er ſeinem junkern ditz gericht hegen muge? antworten die ſchöpfen, es ſeie wol an der tagzeit. ferner ſoll der richter fragen, ob der ſtuel zu der hege genugſam beſetzt ſeie? ſo dann das mererteil der ſchöpfen vorhanden, ſollen die ſchöpfen antworten u. zu recht ſprechen, es ſei zu der hege genugſam beſetzt, ob es aber zum rechten die nothdurft fordert, ſoll es baß beſetzt werden. Bommersfelder gerichtsbuch a. 1565; darnach fragt der richter, ob der ſchöffenſtuhl ganz ſeie? iſt er nicht ganz, ſpricht der richter, ſo macht ihn ganz. iſt er ganz, ſpricht der ſchöff: ja er iſt ganz. Dreyßer w.; [auch Sſp. 1, 59: fragen of it ding tiet ſi.]

*friede halte* u. *ſwige* u. keine hinderſal mache in keine wis, alſo das keiner dem andern zukalle ungeheiſchet oder ane urloip. Ravengirsb. w.; ſo wil ich thun, als ihr wiſet, u. ſette mich ſelber in ſtat u. ſtol u. thue des gerichtes *bann* u. *friede* u. verbiede kifwort u. ſcheltwort u. alles was das gerichte krenken kan, daß er komme als recht u. ſcheide | als recht. Schöplenb. 854 hofr.; zum andern erkennen die ſchöffen, daß man den ring verbieten ſoll u. *ſchweigen* u. zuhören die gerechtigkeit. Biſchweiler w.; recht ſollet ihr gebieten u. unrecht verbieten, dazu haſtigen mut, ſcheltwort. Hägerſches w.; haßwort, neidwort, ſtreitwort, ſcheltwort verbieten. Geyener w.; vgl. überhaupt Haltaus 774. 775. Maurer p. 220.

3. *bis wie weit* der umſtand dem gehegten gericht *nahen* durfte, beſtimmte entw. ſeil und ſchranke oder beſondere verfügung, z. b. das umgehende pferd (vorhin ſ. 852). Fremde (ausmärker, ausmänner) muſten ſich in noch weiterer ferne halten: ok geſtadet me neenen utmanne bi dem gerichte to ſtehende, beſondern *ſeſtig föte* darvon to blieben. Ohlsburger probſteir. Dieſe 60 *ſchritt* hat auch das Oldendorfer hägegericht. Zu Blankenſtein in Oberheſſen bleiben die eigenhörigen *neun ſchritte* von der hütte ſtehen (oben ſ. 340). Überſchreitung der geſetzten ſchranke wurde hart gebüßt: wer da ouch trete in daʒ geſtuele vor deme geheiten dinge ane loube des richters, der gibet zwene ſchillinge. Salfelder ſtat. (Walch 1, 42); wer ins gericht freventlich tritt, greift, fällt, hat fuß, hand oder hals verbrochen. Kopp nr. 116.

D. *Streit* (dingſtrît, lis forenſis).

Die anſicht, daß der proceſs ein *kampf* ſei, läßt ſich leicht durchführen. Der kläger greift an, der beklagte wehrt ſich, die ladung iſt eine kriegsankündigung, die gemeinde ſchaut zu und urtheilt, wer unterlegen ſei [1]); zeugen und mitſchwörende helfen

---

[1]) [daher heißt es: *victi* et legitime *ſuperati.* Meichelb. 128; legitime convicti atque *ſuperati.* ibid. 244; welcher *unden ligt* des rechten. weisth. 1, 455. 470; einen *überwinden* nit drein eiden, mit zwein man. Rupr. p. 90. 85; *giwunnan* convictus. gl. francof. 84. Griech. *διώκειν* klagen, *φεύγειν* beklagt ſein. Plato Euth. p. 354 Bekk.]

auf beiden ſeiten, zuweilen löſt ſich das ganze verfahren in das gottesurtheil eines leiblichen zweikampfs auf.

1. *Klage,* actio, cauſa, *ſahha,* [goth. *ſakjô,* ahd. *ſechiâ.* Graff 6, 76,] *mahal, mahalezi.* gl. monſ. 366. 373. 378, *mâlizze* (intentio). N. Bth. 60; der kläger ſchreit, fordert, beſchuldigt, er heißt darum *clamans,* reclamans (klage, clamor, [clamor et plet. Ren. 9774]), *proclamans ſe* (de aliquo. Neugart nr. 705 a. 920), *pulſans* (in den capitularien u. langob. [burg.] geſetzen), *appellans* (in langob. formeln), *interpellans, provocans, increpans.* Urſprünglich bedeutete klagen [1]), ahd. *chlagôn,* lugere, lamentari; für denſelben begriff gab es noch viele andere wörter, z. b. ahd. *gruoȥan* und *harên* (clamare), goth. *vôpjan,* ahd. *wuofan* und beide zuſammengeſetzt *wuofharôn* (N. 93, 20), woher auch die peinlichen wuof und zeterſchreie (vgl. unten cap. VII) zu erklären ſind; | [die dinglichen chlagâ, d. d. *ruoftâ,* forenſes queri-
855 moniae. N. Bth. 121;] frieſ. *bâria* (manifeſtare, clamare). Br. 48. 134-138. 146. 152; [*grêta* gruoȥen. Richthofen 409. 410.] Das goth. *ſakan,* gaſakan iſt increpare, accuſare, ebenſo das ahd. *ſahhan* objurgare, cauſari, *ſahho* der ankläger; [*ſakewolde,* bei Neocorus von kläger und beklagtem; altn. *ſœkja* petere, perſequi;] agſ. *onſprecan* (anſprechen), *onſpreca* der kläger; [querela *anſprake.* Erhard 2, 266; der *urſage.* Kchr. 15470;] auch ſcheint das ahd. *ſtouwôn* queri, cauſari (oben ſ. 748), *ſtouwa* cauſa, actio, was im goth. ſtaua den begriff von judicium annimmt, gerade wie cauſa und mahal beides judicium und actio ausdrücken können. So dürfte *ſcultheiȥo* nicht bloß den richter (ſ. 755) bezeichnen, ſondern daneben den kläger (actor, exactor, creditor), der die *ſchuld* fordert (ſ. 611), wie er *ſculdegære* heißt. Beſchuldigung (crimen, criminatio) iſt ahd. *ziht, inziht,* folglich *zîhan* (nhd. zeihen) oder *inzihtôn* (bezichtigen, fälſchlich bezüchtigen) anklagen, dem Gothen war teihan noch einfacher nuntiare,

---

[1]) [*ze* einem klagen, *hinze* einem klagen (einen verklagen). Lſ. 1, 200. 201. 203. 204. 206. trad. S. Galli p. 585. 586 (a. 1341). 603 (a. 1358); hingegen: dem rihter (bei dem r.) klagen. Lſ. 1, 202; clegelich clagen. Morolf 830; beklagen vorfordern. Iw. 5626; die claghe ontbinden. Reinaert 1881; ſtant im hie ze klage! Greg. 1623; die klag geht über ihn. faſtn. 786, 31; *klagboum* oben ſ. 795 not.]

indicare, indicere und dicere iſt ja buchſtäblich teihan, zîhan; *δίκη* läßt ſich alſo ſehr nahe dem agſ. *tihtle* (fem., gen. tihtlan) und frieſ. *tiht* (Aſ. 22) oder *tihtega* (maſc. Br. 16. 33. 34. 76. 122) bringen, welches gleichfalls die techniſchen wörter für klage, anklage ſind. Umgekehrt hatte unſer heutiges *rügen* (publice indicare, denuntiare) früher mehr den begriff von accuſare, namentlich das goth. *vrôhjan*, ahd. *ruogan*. T. 198, 4, [*roakendi* accuſatio. Diut. 1, 174[a],] woher vrôhs (accuſatio), ahd. *ruogſtap* (crimen), [einen *ruagſtab* zellen, bringan. O. IV. 20, 19. 21, 26. T. 194, 1. *Biſtabôn* arguere. gl. francof. 84. 86; *widarſtab* controverſia. ibid. 87. Kläger *leidâre*. N. Bth. 205. Frieſ. *hâna* iſt actor und reus. Richthofen wb. 796, *hânethe*, *hênde* anklage. ibid. 797.] Lateiniſche klagformeln haben gewöhnlich die redensart *malo ordine* (oben ſ. 4. 33) tenes, oder: *injuſte* habes *porpriſum* (pourpris). Meichelb. nr. 124. 125. Im mittelalter finde ich *forderunge* (poſtulatio) oft für actio (klage). Haltaus 474. 475, wie uns noch jetzt forderung und anſpruch, anſprache ſynonym ſind; da nun ebenfalls *muoten* poſtulare bedeutete, Haltaus 1380, ſcheint auch *muot* im ſinne von gerichtlicher belangung gegolten zu haben: lât der künec daȥ ungerihtet, ſô habe ich zem keiſer *muot* (will ich beim kaiſer klagen). MS. 2, 49[b]; die geliebte antwortet: dir iſt minne beȥȥer danne reht, ich bin des *muotes* vrî (vor gericht kann ich deshalb nicht gefordert werden). [*Anlangen* belangen. Haltaus 33.] — Im altn. bezeichnet *aðili*, ſakar aðili einen kläger, den nämlich, der als nächſter verwandter zu klagen berechtigt iſt (von aðal, genus); [fara mâlom â hendr einom, in jus vocare aliquem. Laxd. 136.]

2. *Vertheidigung*, defenſio, excuſatio, negatio, ahd. *werî*, *antſegida*, *antſeida;* [ſich *intſagite* deme der uf in clagite. Athis A, 137; ſich *entreden*. Reinh. 1531.] Der gegner oder *gaſachio* (mit dem man ſache hat). l. ſal. 53 [50] heißt, paſſiv genommen, der *beklagte*, *geforderte*, *belangte*, *pulſatus*, [*conclamatus biclagoter*. Hattemer 1, 262[a],] der *inzihtîgo*. N. Bth. 57, der *bemâlôto;* activ genommen | der ſich wehrende (altn. *verjandi*), verthei- 856
digende (altn. *biargandi*), entſchuldigende, defendens, repulſans *).

*) der beklagte *enbriſtet*, *enbrichet* ſich dem kläger. Haltaus 318.

Er *leugnet* des klägers behauptung, [*bietet ſîn lougen.* Parc. 133, 11. troj. 17299] und *widerſpricht* ihr, [goth. *invidan* (abnegare),] ahd. *farſahhan* (negare), *verſaken.* Sſp.; [altn. *ſynja* (negare), ſetja ſyn fyri (omnino negare). Biörn[1]); ahd. *antrahha* excuſatio. Diut. 1, 158ᵃ, *antſacha* daſ. gl. francof. 88; *aʒ rahhu ſtantan,* ſich verantworten. Muſp. 40; *werwort.* Hartm. 1. büchl. 1119; *antwerde.* Bruns 129. 229. 231; in weſtph. urk. faſt immer: auf *ſchulde* (klage) u. *antworde.* Wigand; richter, laßt mich zu *antwort* kumen. faſtn. 241, 26.] In den alten formeln pflegt es zu heißen: *de torto* me appellaſti (oben ſ. 33), zuweilen auch: *malo ordine* quaeris. Neug. nr. 705 (a. 920). Er reinigt ſich von der beſchuldigung durch beweiſe, dieſe reinigung hieß agſ. und frieſ. *lâde* (ahd. leita? [*laida* excuſatio. Diut. 1, 158ᵃ, wo Graffs note unrichtig]), altn. *ſkîrſla;* [altfranz. *eſcondire* purgare. Ren. 9796. Triſtr. 3130. 3227. 3256.]

3. allgemeines verhältnis. Nach dem grundſatz, daß die freiheit ein beinahe unantaſtbares gut iſt, befand ſich der *beklagte in günſtigerer lage* als der kläger. Daher wurde die klage erſchwert, die vertheidigung erleichtert; â biđ *andſäc ſviđere þonne onſagu* (immer iſt das leugnen ſtärker als das behaupten) lautet die agſ. regel. l. Äthelr. 2, 9; [to deme teienden, ſo *ſprek du io lever des antwerders wort* wen des klegers, wente *deme manne is beter to helpene dat he untga,* wen men em des behelpen moge, dat he einen anderen *overga.* richtſt. cap. 4.] Daher hemmen nicht allein förmlichkeiten und friſten die ladung und ſelbſt das verfahren gegen den ausbleibenden, ſondern es wird auch auf alle art der beweis der unſchuld befördert, der beweis der ſchuld gehindert, vgl. Rogge p. 215. [Wird der nothzüchtiger nicht auf handhafter that beſchlagen, ſo iſt er näher, ſich durch eid zu reinigen, als die frau, ihn durch zeugnis zu überführen. Dreyer zu Rein. vos p. 36. 37[2]); merkwürdige

---

319; vgl. Ben. zu Iw. p. 346; [der iſt damit *enbroſten.* augsb. ſt. 82, vgl. 57. 83. 87; einem *brechen*, ihn überbieten im beweis. ibid. 52. 53. 62; ſich *entſlahen* mit ſinen zwein vingern. ibid. 74. Schm. 1, 266.]

[1]) [die göttin Syn er ſett *til varnar* â þîngum fyrir þau mâl, er madr vill ôſanna. Sn. p. 38.]

[2]) [anders ſpäter. Er wird verurtheilt, er bekenne oder leugne,

ſtellen über den misbrauch ſolcher reinigungseide. ibid. 39. 40.] Schon das iſt ein großer vortheil, daß der beklagte nur von ſeines gleichen, von ſeinen landsleuten und genoßen und in ſeiner heimath*) gerichtet werden kann. [Der beklagte hat den *nachſtrich*, das letzte wort. Abele gerichtsh. 1, 206, *nachſtreich*. Abele unordn. 1, 260. 288.]

E. *Beweis***).

In civilſachen pflegten zeugen und urkunden zu beweiſen, in peinlichen eid, eideshelfer und gottesurtheile [1]); durch dieſe reinigte ſich der beklagte, die beibringung jener laſtete meiſt auf dem kläger. [Außer zeugen und urkunden *bewies* auch nicht ſelten die *vorzeigung der thatſache* vor gericht, namentlich das ſignum de corio (ſ. 594), des leichnams und der hand (ſ. 880).]

1. *Zeuge* war jeder *freie****), der bei einem verhandelten geſchäft in der abſicht *zugezogen* wurde, daß er es nöthigenfalls durch ſeine ausſage beſtätigen könnte, oder auch jeder *markgenoße*, dem man, ohne beſondere | zuziehung, kundſchaft von 857
einem allgemein bekannten gegenſtand zutrauen muſte [2]). Faſt alle geſchäfte wurden ſymboliſch eingegangen und das ſymbol

---

wenn es die jungfrau auf ihre ſeele nimmt, es auf ihre ſeele begreift. Walch 3, 192.]

*) wo ſein topf ſiedet und ſeine gabel fällt (formel oben ſ. 33).

**) Rogge ſtört ſeine vortreffliche darſtellung (ſ. 93 bis 231) durch die paradoxie, vollkommene *beweisloſigkeit* ſei character des altgermaniſchen proceſſes (ſ. 93. 217). Die beweisarten, welche galten, ſind freilich ganz andrer art, als die heutigen. [Eichhorn 1, 443.]

[1]) [nach dem augsb. ſt.: *bringen* mit briefen oder geziugen. 94, mit hantfeſten. 89. 91, bringen ſelbeſibende, ſelbedritte. 75. 69 und: bringen mit ſînen zwein vingern. 113; en *bringeſtu* daȥ nit *zuo*. Morolf 735. 747. 759 ff.; für bringen auch *behaben*. augsb. ſt. 99. Rupr. p. 83 und *bewërn*. augsb. ſt. 75. Rupr. p. 83. 90. 49; *bewæren* u. *behaben*. Kchr. 333. 3359; *behuoben* und *irzügiton*. freib. urk. nr. 26 (a. 1276).]

***) [in der regel zeugen nur freie und nur männer, bei *ſvarf* auch knechte und frauen. Öſtg. p. 118. 119.] Zeugen über freie müßen wieder *freie*, ihre *genoßen* ſein. Sſp. 3, 19. ſchwäb. landr. 80 Senk., 274 Schilt.; vgl. Meuſels geſchichtforſcher 2, 163 (urk. a. 1278). [Böhmer font. 3, 568.]

[2]) [auch *thiere* konnten als zeugen dienen, oben ſ. 588.]

ſollte nicht bloß die beſonnenheit der handelnden ſelbſt wecken ſondern vorzüglich bewirken, daß die handlung recht ſinnlich ſtück für ſtück in die augen und ohren der zeugen fiele (Rogge 104); teſtes qui *audierunt* et *viderunt* (oben ſ. 555), ohrenzeugen, augenzeugen; *aures munitiales* dici videntur teſtimonia, quae rei muniendae inſerviunt. Carpentier 1, 393. Hierauf gründete ſich der alte gebrauch, den zeugen *beim ohr zu ziehen* (oben ſ. 144. 145), vgl. Rogge ſ. 114-117 *). Das wort *zeuge* ſelbſt leite ich von nichts anderm als von *ziehen* her, ſei nun der zugezogne, oder der ohrgezogne gemeint [Mones anz. 4, 151]; darum heißt es in ahd. (bairiſchen) gloſſen: zi urchundi *ziohan.* monſ. 337. 349. 359. 366, [bei N. Cap. 8 ze urchunde *zôh*] und im ſchwäb. landr. 23, 1 (Schilt.) ze geziugen *ziehen;* 23 (Senkenb.) geziuges an einen *ziehen* (getüges *tien.* Sſp. 3, 54); zuo *geziehen.* Iw. 2868 wird von Benecke p. 347 durch zu zeugen aufrufen erklärt. Zwar vermag ich weder ein goth. tiuha, ahd. ziugo oder ziuho für teſtis **), noch weniger ein ahd. giziuc, giziugunga für teſtimonium ***) nachzuweiſen; auch den übrigen mundarten gebricht dergleichen. Ulf. hat *veitvôds* für *μάρτυς*, veitvôdiþa für *μαρτύριον;* ſtatt der gramm. 2, 10. 578 gemuthmaßten compoſition möchte ich jetzt bloße ableitungsbuchſtaben annehmen, veitva (wie vilva) und dann in veitvôds erweitert, ſo daß daneben abkunft aus *vitan* (noviſſe, urſp. videre, ſehen) beſtünde, [vgl. *ἵστωρ* zeuge, wißender. Il. 18, 501.] Das agſ. *gevita* (teſtis, d. i. conſcius), gevitſcipe (teſtimonium), [altſ. *gewitſkepi*, mên*gewito*,] ahd. *giwizo* (teſtis, vgl. kawizzun conſcios.

*) eine andere feierlichkeit war das *vinum teſtimoniale* (oben ſ. 191), [*geziuchwîn.* arnsb. urk. 94.]

**) mhd. *geziuge* (teſtis). Nib. 2141, 4; nicht ſchlechter ſcheint die form *geziuc* (urk. von 1253 in Meuſels geſchichtforſch. 6, 262). Berth. 87, *ziuc.* amgb. 19c. Lſ. 1, 96; der plur. geziuge ſteht Parc. 27, 4; daz *geziuc* (teſtimonium). Iw. 72. 114, 219. bihtebuoch p. 67; [daz *geziuge* (teſtimonium). Triſt. 18268, unten ſ. 862 not.;] der *geziuc* (teſtimonium). Berth. 85; mit valſcher *geziugunge.* ibid. p. 52; *getüch.* Sſp. 3, 88; [mith *tiugun.* Emſ. 74. 82.]

***) verſchieden iſt das maſc. *giziuc* (apparatus, inſtrumentum). O. I. 1, 129. V. 23, 241. monſ. 349. 356; *geziug.* N. Bth. 79. 167. Ariſt. 156; mhd. geziuc. MS. 2, 207a.

emm. 408, [*gewiȥȥen.* Rupr. p. 79. 80]), kiwiȥida, giwiȥneſſi, giwiȥſcaf (teſtimonium), altn. *vitni* (teſtis)*), ſchwed. vittne, dän. vidne | liegen nahe, auch das ſlav. *vidok* (teſtis, von videti 858 ſehen); man vgl. goth. *vitôþ*, ahd. wiȥôd (teſtamentum, lex, [atteſtatione illa quae vulgo *wiȥȥot* nominatur. Ried Hohenburg p. 82 (a. 1210),]) giwiȥȥent (teſtantur). O. II. 10, 25. Ein dritter ahd. ausdruck und ſogar der geläufigſte iſt *urchundo* (teſtis). K. 55[a]. emm. 395, urkundo. O. II. 3, 6. IV. 14, 30. V. 17, 21. [hymn. 24, 13;] urcundun rehtlîchê (teſtes idoneos). capit. a. 819; urchundi (teſtimonium), lucki urchundi (falſum t.), daȥ niuwa urchunde (novum teſtamentum). N. 101, 18, [alte biſcofa des ze urchunde zôh. N. Cap. 8; urkunde inde gezug. Karlm. 542; proeven met goeden orconden. Reinaert 1882; *chundeo* teſtis. Diut. 1, 171[a];] kichundida (teſtatio). gl. Jun. 253; urchundituom (atteſtatio). emm. 389. [Für zeugen bei unſtreitigen geſchäften der ausdruck *denkmanni*. Haltaus 221.]

*Markgenoßen* konnten über alles zeugen, wovon ihnen gemeine kenntnis beiwohnte, namentlich wenn es auf echtes eigenthum oder auf markfrevel ankam (Rogge 99-102). Andere zeugen galten aber nur für das geſchäft, bei welchem ſie *zugezogen* worden waren (Rogge 102-110), für handlungen der freien willkür ſowohl als für proceſſualiſche**); nicht alſo für ereigniſſe, die ſie *zufällig* ſahen oder hörten, namentlich nicht für verbrechen (friedensbrüche). Zugezogne zeugen hatten verpflichtung zur ausſage und konnten *manniert* werden (Rogge 118), die ausſage geſchah *eidlich*, ausgenommen bei den Langobarden (Rogge 120-122).

Das abgelegte gültige zeugnis *entſchied* die ſache, ohne daß vom gericht noch ein urtheil gefunden zu werden brauchte

---

*) in *vottr* (teſtis), vâttr. Gulaþ. p. 255. [Isl. ſög. 2, 137. Eigla p. 732. Laxd. 136. 198. 210. 212. 262,] wenn es verwandt iſt, weiß ich den vocal nicht zu deuten; [es iſt das ahd. *waht* cuſtos, attentus, das *tt* wie in *mâttr* macht.]

**) zugezogne zeugen, die einem geſchäft nicht beipflichten wollten, brauchten ſich bloß aus dem gericht *zu entfernen:* Rachilt et Heripreht filius ejus eidem teſtificationi conſentire nolentes *de placito evaſerunt*. Goldaſt nr. 95; ein ritter *geht von gericht,* will ſein ingeſiegel nicht an den brief henken. Wenk 2, 297 (a. 1324).

(Rogge 123-127); der zeuge, indem er die *wahrheit ſagte* (veridicus, ahd. wârſecco. Hoffm. 13, 6, vgl. bewæren. Parc. 27, 5, [daȥ ſi die wârheit ſolden ſagen. Nib. 412, 4]), war folglich in der that *urtheilend* und hieraus leuchtet ein zuſammenhang zwiſchen urtheilern und zeugen hervor, der beſonders für die älteſte zeit, wo es noch keine ſtändigen ſchöffen gab, unverkennbar iſt. Factiſche wahrheit und rechtswahrheit waren in ſolchen fällen *eins*, die aufgerufnen mitmärker, die mannierten zugezognen zeugen waren alsdann die urtheilenden rachinburgen. Darum begegnen ſich auch die benennungen vita (oben ſ. 778) und orkene (ſ. 779) mit gevita und urkundo, darum herſcht bei den urtheilern wie bei den zeugen die *ſiebenzahl* [1]): tunc jura-
859 verunt iſti ſacramentum, | quod inde *veritatem dicere* deberent hoc eſt (*ſieben* namen), poſt ſacramentum dixerunt, quod ipſa(m) eccleſia(m) haberet injuſte perpriſem (porpriſam). Meichelb. nr. 125; die *ſieben* nächſten anſtößer (das *ſiebengezeug*) entſcheiden den ſtreit über einen acker. Bodm. p. 642; mit *ſiben überſait* und *übervarn* (überführt, überwieſen) nach landesreht. MB. 3, 212 (a. 1362). 21, 430 (a. 1374). 22, 349 (a. 1347); [uf einen bringen mit *ſiben* erbaren mannen. Uhland p. 306;] darum endlich wird der ausdruck *judicare* von zeugen gebraucht, z. b. Meichelb. nr. 125: teſtes qui praeſentes fuerunt et hanc cauſam *dijudicaverunt.*

In der regel wurden die zeugen vom kläger zum beweis ſeiner klage beigebracht, doch konnte auch der beklagte durch ſie das geſchäft bewahrheiten laßen, worauf er ſeine vertheidigung ſtützte [2]).

2. *Urkunden* ([hantfeſte, feſte,] inſtrumenta, chartae, [in

---

[1]) [im fuero viejo de Caſt. p. 84 die *fünfzahl:* probar con cinco teſtigos, los tres fijos dalgo, e los dos labradores; *tres* teſtes. l. ſal. 42, 2. [39, 1 add. 2]. 47, 1 [44, 1]. 50 [47].]

[2]) [in Bennos ſtreit mit den gemärkern (oben ſ. 501) kommt folgendes vor: ruſticos juſtitiam ſuam *juramento* defendere velle profeſſos communi hujus regionis conſuetudine devicit, dicens, ſe potius rem tanto tempore ſine contradictione poſſeſſam *juramento* advocati ſui retinere debere, quam illos praeſumptione perjurii violenter abſtrahere poſſeſſiones alienas. Der advocat umgeht darauf den berg mit ſachverſtändigen und ſchwört, daß er *ſunder* ſei und des kloſters eigen.]

langob. dipl. monimina]) verſtärkten den zeugenbeweis oder vertraten deſſen ſtelle (Rogge 132-136); ſie waren dauerhafter, weil die zugezognen zeugen allmälich verſtarben und in der mark eine gemeine kundſchaft untergehen konnte [1]).

3. *Eideshelfer*, *conjuratores*, *conſacramentales*, *coadjutores*, *mitſchwörende;* alte benennungen ſind *hamedii* und *gicidon* (gramm. 2, 752), [*geeiden.* Böhme 2, 11; langob. *aidones;* ſchwed. *êdvitar;* homines qui *eitſverin* vulgariter appelantur. Böhmer cod. francof. p. 211; teſtor *ſuerro.* gl. Jun. 253;] *eides helfer* iſt aus den quellen noch nicht nachgewieſen (Rogge p. 136), *hilf* mir mit einem *eide!* ſagt Berth. p. 87 und beiſpiele von *helfen*, *hülfe* in dieſem ſinn hat Haltaus 281; niederländ. urk. haben *volgers* (pro excol. 1, 389), vgl. Ducange ſ. v. *folgarii;* [*folgeeid.* Bodm. 637.]

a. einen friedensbruch konnte, von markfreveln abgeſehn, der kläger durch zeugen, die beim verbrechen zugegen geweſen waren, nicht beweiſen, vgl. die ſtelle des Agobardus, Rogge p. 96. Der beklagte hingegen durfte ſich von der wider ihn erhobnen beſchuldigung durch eid oder gottesurtheil *reinigen;* ihm ſtand vor gericht der erſte beweis zu, wie noch heute im duell der erſte hieb oder ſchuß dem geforderten [2]). Daher es in den geſetzen heißt: componat aut, ſi negaverit, *juret.*

b. dieſen eid leiſtete er im höheren alterthum, wo der glaube an die wahrhaftigkeit des freien mannes unerſchüttert ſtand, wahrſcheinlich *allein* *); zur zeit der | geſchriebnen geſetze 860

---

[1]) [die urkunde wird vor gericht *auf die erde geworfen:* qua quidem reſponſione per memoratos ſcabinos facta, ſaepefatus dominus Johannes nomine dominorum ſuorum quoddam interſignum, vulgariter ein *orkunde* nuncupatum, juxta conſuetudinem praedicti ſecularis judicii, praedictis ſcabinis *ad terram projecit* et eisdem ſcabinis de hoc ſatisfecit. Bodm. p. 60 (a. 1407).]

[2]) [ſo auch fornald. 2, 137: ſâ âtti fyrr at höggva ſem â var ſkorat, vgl. ibid. 2, 154. Der in deſſen vaterland der kampf gefochten wird, hat den erſten hieb. danſke viſ. 1, 107.]

*) ich folgere es einmal aus der begünſtigung bevorrechteter ſtände im gebrauche der eideshelfer bei einigen volksſtämmen (hernach unter c. d); dann aus einzelnen ſelbſt ſpäteren ſpuren. Namentlich reichte der *weſtphäliſche freiſchöffe* mit ſeinem bloßen eid, ohne helfer, aus: ſo

aber ſchon *in begleitung* einer beſtimmten anzahl verwandten und bekannten, die gar nichts von der that ſelbſt zu wißen brauchten, ſondern nur beſchwuren, daß ſie an die betheuerung ſeiner unſchuld glaubten. Sie verſtärkten den eid desjenigen, dem ſie bei ausgebrochner fehde zur ſeite geſtanden hätten und dem ſie das verſchuldete wergeld zu bezahlen helfen muſten *). Gefahr, daß ein wahrhaft ſchuldiger ſich mit ſeinem leugnen von aller buße befreien könne, wurde durch ſeine eigne furcht vor den folgen des meineids und durch die ſchwierigkeit, wenn verdacht auf ihm ruhte, eideshelfer zu finden, entfernt. Erſt als treu und glaube abnahmen, fieng dieſes recht des angeklagten an verderblich zu werden.

c. Rogge hat p. 156-163 ausgemittelt, wie die zahl der eideshelfer nach dem betrag der auf das verbrechen geſetzten buße**) ermeßen, wie alſo hauptſächlich die größe des wergelds

---

ſall die beclagede frieſcheffe hebben ein ſwert bi ſich u. ſetten dat vur ſich u. leggen dair twene ſiner rechten vinger up u. ſprechen alſus: here friegreve, der hovetſtucke u. der hovetſaken u. dait, die ir mir geſacht hebben u. der mich der cleger betiet, der bin ich unſchuldig, dat mir got ſo helpe u. alle ſine heiligen! u. ſal vort nemen einen crutzpenning u. werpen dem frigreven tot oirkunden u. keren ſich umb u. gain ſine ſtrate . . . alſus ſo mach ein friſcheffen ſine unſcholt doin *mit ſiner einen hant* u. *bedarf dair geiner hulpen to.* Wigand p. 555. 556, vgl. 378. 379. Noch allgemeiner redet das Schwelmer veſtenrecht: item dar twee weren, de ſik hedden an gerichte u. quemen to der unſchuld, ſo mag ein *vrieman* daraf gan *met ſiner vorder hand* u. *ein eigen ſelleſtwelefte.* So bietet auch Sîfrit *allein* die hand zum reinigungseide. Nib. 801. 802. 803. [In einer aleman. urk. von 1371 bei Sattler würt. gr. 2 nr. 141 heißt es: wer aber, daȥ man eȥ einen *edeln man* zige, der mag ſich ſin entſlahen mit ſinem eide vor ſinem houptman; zige man eȥ aber ieman anders *der nit edel were*, löckent er eȥ, mag eȥ danne der dem eȥ geſchehen iſt, erzugen mit zweien erbarn mannen vor ſinem houptmanne; ſo ſol der houptman eȥ ime ſchaffen widerkert unverzogenliche an geverde.]

*) nach Rogge ſ. 142. 145 ſind die conjuratoren kein beweismittel, nur eine geſetzliche antwort auf die klage, zur vermeidung von feindſchaften; allein ſo gut der eid des beklagten für ſeine unſchuld *beweiſt*, muß es auch die verſtärkung dieſes eids und zur hemmung der fehde gereichte alles gerichtliche verfahren, auf das ſich der kläger durch die angeſtellte klage, der beklagte durch ſeine antwort eingelaßen hatten.

**) urſprünglich eins damit aber ſchon ungenauer iſt eine ſpätere

berückſichtigt wurde. Bei den Ripuariern konnten zweiundſiebenzig eidhelfer auftreten; | [auch Ruprecht p. 62 zweiundſiebenzig ſchwörende.] Die genauſte berechnung galt unter den 861
Frieſen, welche nicht nur beim wergeld den *ſtand* des *getödteten*, ſondern auch bei der zahl der mitſchwörenden den *ſtand* des *beklagten* anſchlugen. Während alſo z. b. ein nobilis mit 80 ſchill. zu componieren war, gleichviel ob ihn ein nobilis, liber oder litus erſchlagen hatte, muſte der ſich reinſchwörende nobilis 11, der liber 17, der litus 35 conſacramentalen ſtellen; wurde hingegen auf das wergeld eines liten geklagt, ſo brauchte der nobilis 3, der liber 5, der litus 11 eideshelfer beizubringen. Welche begünſtigung und erſchwerung, ſich, nachdem man edel oder hörig war, ſelbvierte oder ſelbſechsunddreißigſte zu reinigen!

d. ein anderer einfluß der ſtandesverhältniſſe erſcheint bei den Saliern. Sie geſtatteten *bloß dem adel*, eideshelfer zu gebrauchen, dem freien ausnahmsweiſe dann, wenn es der kläger zufrieden war. Wollte er nicht, ſo muſte ſich der freie gleich dem gottesurtheil unterziehen. Dieſe bemerkung Montesquieus iſt von Rogge p. 147-151 ſehr wahrſcheinlich gemacht und gegen Eichhorns zweifel noch näher vertheidigt worden in der abh. de pec. leg. rip. cum ſal. nexu p. 24-26.

e. wie die frieſ. eideshülfe nach dem ſtand erſchwert, die ſaliſche dem ſtand der freien beinah entzogen war, ſo beſchränkten ſie Langobarden, Alamannen und Baiern auf andere weiſe, welche gleichwohl an jene zuſtimmung des klägers bei den Saliern erinnert. Sie erforderten für jeden fall ſacramentales *nominati* und *electi*, jene beſtimmte der kläger, dieſe der beklagte; [expurgatio cum teſtibus *nominatis*, quod vulgariter mit den *genannten* dicitur. Lang reg. 4, 22 (a. 1276); cum XII *electis* ſe inculpabilem reddat. Fantuzzi 6, 273 (a. 840);] nähere auseinanderſetzung bei Rogge p. 169-173.

---

beſtimmung bloß nach der natur des verbrechens: wird ein man beſchuldiget umb ein bezicht, das ſoll er verrechten mit ſein eigner hand und ein deube ſelbdritte u. ein raub ſelbſibende u. ein mord ſelbdrizehende. Schultes Coburg 2 nr. 53 (a. 1412); [quantae ſint librae, tanti ſint et juratores. Fantuzzi 6, 273 (a. 840), vgl. 6, 280 (a. 1177).]

f. nur *freie männer* taugten zur eideshülfe, wie nur ſie des wergelds fähig waren. Da die Frieſen auch dem litus wergeld gaben, ließen ſie ihn gleichfalls zum mitſchwur; bei den Burgundern waren *frauen und kinder*, bei den Langobarden ſpäterhin *weiber und knechte* zuläßig. Rogge p. 168.

g. eideshelfer galten bis in das ſpäte mittelalter. Noch aus dem jahr 1548 führt Haltaus 1869 ein beiſpiel an. Im w. von Wetter (a. 1239): quicunque in terminis opidi occiderit civem aut extraneum, ſeptima manu *jurabit de innocentia* ſua, quod ſi non fecerit, ex tunc vadiabit ſculteto XXX libr. den., quod ſi non fecerit, exterminabitur. [Ein beiſpiel Kolocz. 253. 254, vgl. cod. pal. 361, 71 c; ein urtheil von 1470. MB. 34[b], 102-105; eine frau ſchwört und ſieben andere *ſchwören mit ihr*, daß ſie glauben, die frau *habe rein, nicht mein geſchworen*. Joh. Wolf Hardenberg 2, 100 (a. 1547).] Berthold eifert in
862 einer predigt gegen | die ſitte (p. 87): ſô ſprechent eteliche, gevater, oder ſwi er danne wil, *hilf mir mit einem eide*, und wiʒʒe, eʒ iſt ſicherlichen wâr; wes ich ſwer, des maht dû ouch wol ſwern, ich næme dehein guot, daʒ ich ſwüere ihtes, eʒ wære danne wâr. Und ſwereſt dû dar über, ſô biſt du ſlehtes meineide. wanne man gît dir den eit alſô, daʒ dû ſeheſt oder hœreſt*); dû ſolt wiʒʒen u. nit wænen. iſt, daʒ halt jener reht hât, des geziuc dû dâ biſt u. dem dû dâ *hilfeſt ſwern*, ſô biſt du doch meineide.

h. für meineidig galten eideshelfer keineswegs, wenn ſie die unſchuld eines ſchuldigen beſchworen hatten (Rogge p. 169), unterſchieden ſich alſo von eigentlichen augen und ohrenzeugen, deren falſcher ſchwur immer meineid war. Bei den zeugen, könnte man ſagen, iſt die wahrheit einer beſtimmten ausſage (das verdict) das weſentliche, die förmlichkeit des eids tritt bloß hinzu; bei den conjuratoren iſt der eid die hauptſache, er hat nur einen allgemeinen inhalt. Gleichwohl ſcheinen eideshelfer und zeugen nicht ſelten zuſammenzufließen, wie es Rogge von den ripuariſchen ſ. 178 ſelbſt einräumt, und es iſt ganz natürlich, daß der ſprachgebrauch ſowohl die mitſchwörenden zeugen

---

*) ſtellt dir die eidformel auf geſehn u. gehört haben; vermuthlich zu leſen: ſæheſt oder hœrteſt.

nennt (Rogge p. 137), als die zeugen helfer *). Auch die zeugen heißen *nominati* (Goldaſt nr. 22) und *electi* (gecorene to gevitſcipe), beſonders in ihrer richterlichen eigenſchaft (oben ſ. 779); von den zeugen ſcheint, wenigſtens ſpäterhin, die *ſiebenzahl* ebenwohl auf die conſacramentales übergegangen, vgl. Sſp. 3, 32. Haltaus ſ. v. *beſiebnung* und Dreyer zu Rein. vos p. 127-145. Der beweisführende ſtellt 21 mann zur ſchranne und nimmt daraus 6, daȥ ſein hant *ſelbſibent* ſtunt. MB. 6, 451 (a. 1436). Die geſchwornen gerichte, dünkt es mich, kann man weder aus rachinburgen noch aus eideshelfern allein, man muß ſie vielmehr aus beiden zuſammen herleiten (ſ. 785).

i. vielleicht erklärt ſich ebendaher, warum auch *in civilfällen* eideshelfer vorkommen (Rogge p. 151. 189 und die oben ſ. 794 angeführte urk. von 1073), noch mehr, warum ſie der *kläger* zur bekräftigung der klage vor- | führte (Rogge p. 186- 863
189). Tum vero inauditum ſcelus de regina Uta divulgatum eſt, ut corpus ſuum inlecebroſo ac iniquo manciparet conjugio. quod ipſum Radisbona urbe menſe junio juxta primorum praeſentium judicium 72 *jurantibus* diffinitum comprobatur. ann. fuld. ad a. 899. Pertz 1, 414. [Sſp. 1, 6. Gaupp miſc. 105-112.] Den kläger begleiteten anverwandte und freunde vor gericht. Dreyer zu Reineke p. 50-54. Im rugian. landrecht tit. 19 wird als alter gebrauch getadelt, daß der kläger mit zwei eidhelfern den beklagten des mords, deſſen er ihn zieh, ſchuldig ſchwören durfte. Nach dem augsb. ſtadtr. *überſiebenet* der kläger den peinlich angeklagten. Walch 4, 157. Ein gedicht des 14. jh. (Lſ. 1, 96) ſagt:

ſechs geziug heſtu erkorn,
die hânt *geholfen* u. *geſworn,*
der ſibent wil dir *helfen* niht,
des rât ich, daȥ dû ân gericht
lâȥeſt *dîn klage* belîben.

Wer in Ditmarſen gegen den mörder klagen wollte, muſte 30 *nemeden* (altn. nefndir), jede aus zwölf mannen beſtehend, überhaupt alſo 360 eidhelfer ſtellen. Dahlm. zu Neoc. 2, 546; [ſieh oben ſ. 780.]

---

*) helfe u. geziuge (teſtimonium) bringen. Triſt. 18268.

k. von der feierlichkeit der eidesleiſtung mitſchwörender, inſofern ſie die allgemeine, für jeden eid gültige iſt, wird cap. VII gehandelt; zuweilen ſcheinen aber bei der mordreinigung beſondere förmlichkeiten vorgeſchrieben: item ſoe wie in den heimaill (hegemal, gehegtes gericht) beroepen is ende hem ontſchuldigen will, die ſall koemen ant gerichte in eenen hemde, in een nederklet, bloitshoveds, bairvoets ende biens, ſunder iſer ende ſunder ſtail. ende ſine *volgers* ſunder goirdel, ſunder mes, bloithoveds (pro excol. 1, 389), vgl. oben ſ. 734, [unten ſ. 903.]

l. auch in *Wales* galten eideshelfer u. zwar in großen zahlen, die ſich gleichfalls nach dem wergeld richteten; ſo ſchwuren 100, 200, 300, nachdem die buße 180, 360 oder 540 betrug. Probert p. 204; zuweilen ſchwuren ſogar 600. ibid. p. 208. 261. [In *Spanien:* facer ſalvo con *once* fijos dalgo e èl *doceno*. fuero viejo de Caſt. p. 25, vgl. 23.]

4. vom beweis durch gottesurtheil cap. VIII.

F. *Urtheil.*

1. das urtheil war die antwort der ſchöffen auf die ihnen vom richter geſtellte frage. In friedensbruchſachen fanden ſie, 864 welche geſetzliche compoſition der eingeſtän- | dige beklagte zu zahlen oder mit wie viel eideshelfern, mit welchem gottesurtheil der leugnende ſich zu reinigen habe. In civilſachen legten ſie dem kläger beweis auf: möhte er daȥ *bereden*, des ſolte er genieȥen, möht er aber des niht getuon, daȥ ſolde ihm ſchaden. Hanſelm. nr. 68 (a. 1298). Dem beweisführenden wird der gegenſtand der klage *zuerkannt*, dem beweisfälligen (tugborſtig ſteht bei Walch 6, 84) *aberkannt*. Eine niederd. urk. von 1430 in Grupen diſc. for. p. 564 hat *tobinden* und *afbinden* für adjudicare, abjudicare. [Für losſprechen, freiſprechen: lâȥan *in heila hant*. O. IV. 24, 11, *ledic* erteilen. Lſ. 1, 206, ſcelden *quite* en *vrî*. Maerl. 1, 271. 3, 332, *frîge gezalt*. Diemer 87, 19. Für verurtheilt werden (auch unten ſ. 881): ab actione *cecidiſſe* et in jure ſuo *defeciſſe*. Wigand feme 228 (a. 1305); *vellig* und *vorwunden*. Böhme 6, 95; *überſaiter* man. MB. 9, 238 (a. 1405); altn. *ſakbitinn*. Ol. helg. c. 115. Laxd. p. 266;

namentlich im Gutalag heißt der losgeſprochene *ſcîr* rein, gereinigt, der verurtheilte *fûl* faul, befleckt.]

2. vor ausſpruch des urtheils durften die urtheilenden erläuterung dunkeler puncte begehren, eingebracht: *es ſei düſter*, daher die noten kein urteil finden können. heredes praeſentes offerieren ſich, es *licht zu machen.* Hoheneggelſer meierding. [Gericke p. 185.] Unter *läutern* wird jedoch auch die anfechtung eines gefundenen urtheils vor andern ſchöffen unter demſelben richter gemeint; vgl. das frieſ. *ſkîria.* Br. 33. 123.

3. wuſten die urtheiler das recht nicht (das gericht iſt des urteils *nit uzrihtic.* Bodm. p. 678), ſo *fahren ſie aus* zu hofe (oben ſ. 834).

4. *abſtimmende* urtheiler pflegten wohl mit einer formel zu ſchließen: ſwerz bezzer weiz des ſelben jeher (oben ſ. 54) oder: kunne anders ieman iht geſagen, der ſpreche ſunder mînen zorn. troj. 2804;

[ſi male quid dixi, reprobet grex iſtius antri,
ſi quid et utilius, carum ferat iſte ſenatus. ecbaſis 536.]

Hierin lag aufforderung zur folge oder zur ſchelte. Gewöhnlich galt ſtimmenmehrheit.

5. *folge* iſt, wenn dem urtheilenden die übrigen ſchöffen oder auch die umſtehenden freien männer beipflichteten, vgl. oben ſ. 770 die collaudatio und das waffenrühren; mæltu allir, at hönum mæltiz vel. Nial. c. 64; var þat mælt, at hann *taladi vel.* ibid. cap. 56. 142. Ein *unerfolgtes* urtheil iſt kein urtheil (es kommt nicht über den dritten mann). Bodm. 669; ſententia per approbationem et *collaudationem communem,* quae *volga* dicitur, ab omnibus et ſingulis ſtabilita. Treyßer w. (a. 1340); teilten das recht u. hatten des die volge. Bodm. p. 676; da gab frag *volg* u. das recht. MB. 4, 498. 499 (a. 1425); ouch hôrte ich ie die liute des *mit volge* jehen. Walth. 31, 1; diu urteil vor dem rîche wart geſprochen endelîche u. *gevolget* von den hœſten. Wh. 185, 11; dâ *volge* u. urteil wart getân. Parc. 97, 16, [vgl. 94, 4. 96, 6; Gahmuret niht langer ſweic der *volge.* ibid. 7, 16; ſîn lop die *volge* hât. MSH. 3, 39$^{a}$; wîſer rât vil *volge* hât. MS. 1, 88$^{a}$;] âne *volge.* Friged. 700 [Freid. 60, 24]; urteil wirt *âne volge* niemer vrome. cod. pal. 349 | fol. 19$^{b}$ 865
[MSH. 3, 468$^{t}$]; mit *volge* u. mit vrâge ledic geſagt. Lohengr.

225; [ſô man die rehte of in mit ganzer *volge* bringet. amgb. 1ᵇ; diu meiſte *volge*. MS. 1, 84ᵃ. 88ᵃ; mit gemeiner *volge*. Barl. 243, 4, vgl. 261, 6. 12;] des *volge* ich, ſprach Iſengrîn. Reinh. 1756; [des *volge* ich, ſprach Liddamus. Parc. 421, 13; ir herren wolt irs volgen? Reinh. 1434, vgl. 1632; des *volgete* der hof mit gemeinem munde. Flore 6660; *volgt* irs? weisth. 1, 810. — Do wart ertailt mit recht *geſamnoter* urtail. trad. S. Galli p. 585. 586 (a. 1341); mit *gemeinem vollem* urteile. Werth. ded. nr. 127 (a. 1422); de *vulbort* geit darover. goſl. 86, 35; vgl. bei N. Cap. 83 nâh tien worten ward is *folchete* alleȥ taȥ herote (ahd. *folqueti* laudator, fautor. Graff 4, 648).]

6. ein gefundnes urtheil anfechten hieß: es *ſchelten* (blaſphemare, blâmer) oder *ſtrafen*. Im alterthum konnte dies *durch ein gottesurtheil* geſchehen, die entſcheidung über das erbrecht der enkel zu Otto des I. zeit (oben ſ. 471. 472) ſcheint auf ſolche weiſe hervorgegangen zu ſein, vgl. Rogge p. 91. Auch erkennt der Sſp. 2, 12 noch dem urtheilſcheltenden Sachſen, im gegenſatz zum Schwaben, den zweikampf zu: ſchilt en Saſſe en ordel unde tiüt hes an ſine vorderen hant u. an die meren menie, he mut darumme *vechten ſelveſevede* ſiner genoten wider andere ſevene. ſvar die mere menie ſegevichtet, die behalt dat ordel*). Die gewöhnliche wirkung des ſcheltens, wenigſtens ſpäterhin, war jedoch, daß der ſtreit vor andere urtheiler gebracht wurde, entw. unter vorſitz desſelben richters oder bei einem höheren gericht. *Schilt* man en *ordel*, des ſal man tien an den hogeſten richtere unde toleſt vor den koning. Sſp. 2, 12; *ſtande* ſal man ordel *ſcelden*. ibid.; dat ordel wart *geſchulden* u. tor erkentniſſe der herrn *geſchaven* (geſchoben). Witzenmülenr. p. 20; [der daȥ urteil *beſchalt*. Levercus 27. 32.] Von dem fall, wo nicht die ganze bank, nur der findende ſchöffe geſcholten wird, geben die magdeb. ſchöppenurtheile folgende

*) Rogge p. 90. 91 ſieht dieſen zweikampf auch im hintergrund einiger fränk. geſetzſtellen. Warum ſollte aber die comprobatio und convictio nicht durch ein von *andern* rachinburgen gefundnes urtheil, *dem folge gegeben wurde*, geſchehen ſein? würde die buße von 15 ſchill. für jeden der ſieben rachinb. paſſen auf einen, der im gottesurtheil unterliegt?

formel: das urthel, das mir funden ist, das *schilt ich* und ist unrecht u. will ein rechteres finden u. bitte die bank ein rechteres urtheil zu finden und bitte den schöppen aufzustehen, des urtheil *ich schelte;* [teilet ein scheppe einem ein unrecht und der welde das *strofen*, der sal den scheppen nemen mit der rechten hant und heißen offten von der bank und sal ein *beßers teilen.* Böhme 2, 14.] Auch wer nicht partei war, ein bloß umstehender schöffenbarer mann, durfte das urtheil schelten, das ihm nicht recht gewiesen schien; ein solcher muste sich aber unverzüglich selbst auf die bank setzen und ein *beßeres weisen* oder buße erlegen: *schilt* ir ordel en ir genot, he sal *des bankes bidden* en ander to vindene, so sal jene upstan, det ordel vant, unde dese sal sik setten in sine stat u. vinde dat ime recht dünke. Ssp. 3, 69; wart gefunden, we en ordel im gerichte *schulde* unde neen *beter funde,* des enmochte he ane broke nicht gedan | hebben. Harzer forstding § 68; *straft* einer des raths 866
gegebnen bescheid u. urtheil u. *erfindet* es *nicht beßer*, der muß einem ieglichen im rath 5 schill. besonders geben u. so lange im gehorsam bleiben, wie es die uralte gewonheit ist *). Teicheler stat. (Walch 5, 171). Jedes urtheilschelten muste gleich *zur stelle, unverwandtes fußes* (Walch 7, 310), *im fußstapfen* (stante pede. Odenwäld. landr. 69. [Duellii misc. 2, 253]) geschehen, ehe ihm folge gegeben war; denn sonst wurde es rechtskräftig (Bodm. p. 664. 669. 675). Auch waz vor dem dorfgreven u. den nachgeboren gewiset wirt, wolde sich iemand des *beruofen* gein Keuchen an das oberste gerichte, der mag iz tun unverzogenlich, unberaden u. *standes fußes*, *e er hinder sich* trede. Orths rechtsh. 3, 699, vgl. anm. zur frankf. reform. 4, 828. 832. — Sol daz *geteilte* gelten, sone wil ichs nicht *beschelten.* Parc. 215, 13.

---

*) diese uralte gewohnheit kann man beziehen auf die 15 schill. buße an jeden der sieben rachinburge (l. sal. 60 [57]) oder auf die clamatores, qui nec judicium scabiniorum adquiescere nec blasphemare (weder folgen noch schelten) volunt, ut *in custodia recludantur* (im gehorsam bleiben), donec unum e duobus faciant. Georg. 697 [MG Capitularia I p. 123]. 1233 [MGLL IV p. 550]. 1346 [MG Capitularia I p. 426].

G. *Vollſtreckung.*

Ein rechtsgültiges urtheil, welchem folge gegeben war, wurde in der regel ſchnell vollzogen, namentlich die gegen den miſſethäter erkannte ſtrafe. Betraf der ſtreit liegende habe, ſo wies das gericht den beklagten aus dem beſitz, den kläger in den beſitz, beides geſchah mit förmlichkeit. War in fahrende habe verurtheilt, ſo erfolgte gerichtliche *wegnahme*, *pfändung*, manum ſuper fortunam ponere. l. ſal. 48 [45]; manum mittere in fortunam, de fortuna tollere. l. ſal. 53 [50]; richter und rachinburgen begaben ſich zur wohnung des ſchuldners u. pfändeten; [ze hûſe und ze hofe gân. Pupikofer p. 52.] Den Ripuariern hieß dieſe wegnahme *ſtrudis legitima*, von ſtrudan (rapere, tollere, oben ſ. 635). l. rip. 32. 51, gerade wie den Frieſen *râf* (raub, ſpolium). Fw. 290. Wider den ſieben mal geladenen und ausgebliebenen ſchuldner durfte zwar ſtrudis verfügt und ausgeübt werden; allein ſo ſtark war die achtung vor ſeiner freiheit, daß er, wenn er wollte, dem verfahren widerſprechen und ſich auf ein gottesurtheil berufen durfte. Dies geſchah ſymboliſch damit, daß er *ſein ſchwert zog* und *vor den*
867 *thürpfoſten legte:* quod ſi | ipſam ſtrudem contradicere voluerit et *ad januam* ſuam *cum ſpata tracta* acceſſerit et eam *in porta* ſive *in poſte* poſuerit*), tunc judex fidejuſſores ei exigat, ut ſe ante regem repraeſentet et ibidem cum armis ſuis contra contrarium ſuum ſe ſtudeat defenſare. l. rip. 32, 4. Im mittelalter vollſtreckte der gerichtsbote die *pfändung*: und wan der *frone* kumpt u. *penden* ſal vur die wetten ader von ander ſchult, die zu Feltkirchen richtliche erwonnen iſt u. kumpt vor des mans durre u. *ſteit die durre zu*, ſo ſal der frone bi einen vaidt gain u. heiſchen ime *die durre ufdoin.* Irlicher w. Der vogt kann die nichtbezahlte rente laßen heiſchen von hauſe zu hauſe und mag dann *pfandlich gebaren* (Haltaus 1473. 74): und wer iß, daʒ der alſo ſchuldig were, nit inheimiſch were u. daʒ des ſaudes *bode* in dem huſe fünde ein kint oder geſinde, daʒ nit mundig oder verſtendig were, daʒ zu ſagen, ſo ſal der oder die alſo

*) etwas ähnliches, meine ich geleſen zu haben, gilt in der magyariſchen rechtsverfaßung.

ſchuldig ſin darumbe nit verluſtig ſin; findet er aber eins das mundig oder verſtendig ſi, dem ſal er das ſagen u. hat domidde genug getan. Crotzenb. w. Von der *bekreuzigung* oben ſ. 172. 173. Bemerkenswerth iſt, daß man bei gewaltſamer öffnung eines hauſes nicht ſchloß und thüre erbrach, ſondern ein *fach der wand einſtieß*: ſo dêlt die aeſga, dat die ſchelta gungha ſchil to da fordele, aldêr dat hûs bilitſen is, alle riucht is, dat hi *dine wagh inbrecka* ſchil, ende nên fletten in da hûſe. Fw. 289. 290; vgl. das *wand niederlegen* oben ſ. 259 und ſ. 727. 728. 729 bei andern anläßen; die heiligkeit der thüre und ſchwelle ſollte geſchont bleiben. Einem außerhalb ſeines grunds und bodens betretnen verurtheilten ſchuldner durfte der pfänder, was er von habe mit ſich führte, nehmen, nur das pferd nicht auf dem er ritt [1]: ſo mag ihn der kläger u. unterſaße auf der gaßen außwendig der brücken pfänden, ausgeſcheiden das *pferd,* da er mit ſeinem eignen leibe auf ſitzet. Kopp nr. 108 (a. 1466); hieß das zu Kärnthen: den *beklagten auf den ſattel weiſen?* Haltaus 1591 ſcheint die von ihm ſelbſt angeführte geſetzſtelle miszuverſtehen, wenn er von einer weiſung des *klägers* in den ſattel redet. [Bei Schweinichen 1, 214: iſt der gebrauch da (bei der gerichtlichen pfändung), daß man die pferde *an die ſtaubſaule bindet* und ſchätzt ſie alſo; ibid. 1, 274: daß ſie die zeremonie mit der ſchatzung nicht halten wollten, daß die pferde ſollten *an die ſtaupſäule gebunden* werden.] Die überlieferung des ſchuldners *bei dem geren,* zu *haft* und *halfter* iſt oben ſ. 614 abgehandelt. |

H. *Friſten.* 868

Ahd. *friſt* (dilatio), *dincfriſt* (induciae). [gl. Jun. 258,] auch *friſtmâli.* [Diut. 3, 69. gl. Doc. 212ª;] agſ. *firſt, firſtmearc;* [*dagafriſt.* O. I. 10, 18, *dag friſt.* Homeyer ſ. v.;] mhd. *ûfſlac* (Haltaus 65), [das recht *aufſchlahen.* MB. 3, 579 (a. 1464). Uhland p. 306;] außer *ûf ſlahen* ſagte man auch *ûf ſchürzen* [2],

---

[1]) [auch dem Biſcayer dürfen waffen und pferd nicht exequiert werden. fuero de los hijos dalgo tit. 16, 3.]

[2]) [den dinglichen tag halten und den habe niemant macht *ufzuſchurzen.* Bodm. 698 (a. 1489).]

*ûf fchieben*, nhd. *auffchub;* [frift und *ûffcub.* Mar. 173, 10; daȥ recht *verziehen.* Suchenw. 42, 108.] Da friften nicht bloß bei der ladung eintreten, fondern auch bei der berufung (dem fchub) und der vollziehung des urtheils; fo ftehen hier einige allgemeinere bemerkungen. Grundlage der älteften friften war die mondzeit. Die falifche frift war gewöhnlich von *fieben nächten* (oben f. 214. 821), die ripuarifche von *vierzehn* (f. 217), fo daß die verdreifachung entw. 21 oder 42 betrug. Doch kommen auch *zehnnächtige* friften vor (f. 217), die fich dann auf 20 und 30 weiter ftrecken. l. fal. 48 [45]*). [Habeat inducias, fi Langobardus eft, XII noctes, ceteri vero fecundum fuam legem. form. b. Georg. 1192 [MGLL IV p. 528].] Abwefenden bewilligt lex rip. 33 *vierzig* nächte (foris ducatum) und *achtzig* (extra regnum); fo auch capit. 3 a. 813 (Georg. 785 [l. Franc. Cham. 44]) und l. Vifig. II. 1, 18 ad XI diem, und ad XXI$^{m}$ diem. Von der *vierzigtägigen* frift oben f. 219. [*Dwernacht* vierzehn tage. Rugian. p. 19. *Drei wochen.* Rudl. 2, 43. 61; *vier wochen* und *einen tag.* Türl. Wh. 39$^{a}$.] Die falifche frift betrug vierzehn, dreifach aber *fünf und vierzig* tage, mit drei zugaben nämlich (f. 220) und bei fchwerer peinlicher anklage fogar dreimal fechs wochen, d. i. zufammen 135 *tage;* fvene man beklaget um ungerichte, deme fal man degedingen dries, immer over virtennacht; klaget man ungerichte over enen vrien fcepenbaren man, deme fal man degedingen dries, immer over fes weken under koninges banne unde to echter dingftat. Sfp. 1, 67. XIV dage to XIV dagen, fo lange VI weken umbquemen, vorder VI weke to VI weken, fo lange XVIII weken umbquemen. Speller ordele. [Echten rechten dagelegen, als einen dagh u. vertein daghe, e. d. u. v. d., e. d. u. v. d., dat fint dre daghe unde fefs weken, to vullen daghen. rechtsfpr. von 1438 (Wigand); fechs wochen und drei tage heißen könig Carls tagfrift. J. Voigt freiftüle p. 20. 99. 121. *Achtedaghe*, dultdaghe. Dittmer Saffenr. 42, *achte* ift ein jahr und fechs wochen.] Von jeher fcheinen in Sachfen die gerichtlichen

---

*) fregen eins urteils, wie dicke fi is minren und meirren mogen zu allen iren dagen? fo wifet der fcheffin u. der lantman: *uber dri und under drißgen* mogen fi m. u. m. z. a. i. d. Bacheracher blutrecht.

friſten länger als in andern gegenden geweſen, eine merkwürdige äußerung darüber enthalten ſchon die ann. fuld. ad a. 852 (Pertz 1, 368): profectus eſt (Hludowicus rex) in Saxoniam, ob eorum vel maxime cauſas judicandas, qui a pravis et ſubdolis judicibus neglecti et *multimodis*, ut dicunt, legis ſuae *dilationibus* decepti graves atque diuturnas patiebantur injurias*). |

[*Stufenmäßiges verkürzen* der friſt: ſi quis temere defuerit, per duas ſeptimanas aderit; quod ſi denuo abſuerit, ſeptem dierum inducias habebit; ſi tertia vice non venerit, per triduum vocandus erit; quodſi nec tunc preſto fuerit, per noctem expectabitur. Mauermünſterer w.; über vierzehin naht gebüt man ime für .... verſitzet er abir daz, ſo gebüt man ime über ſibin naht für u. danah übir drie tage u. danah übir querde naht. Freib. urk. nr. 24 p. 84. 85; ebenſo ad dies 14, ad 7, ad 3, in craſtino. Pupikofer nr. 7 p. 12 (a. 1260).]

I. *Schluß der gerichtsſitzung.* 869

Im alterthum endigten ſich die volksverſammlungen durch feſt und *trinkgelag*: tum ad negotia nec minus ſaepe ad *convivia* procedunt armati, diem noctemque continuare *potando*, nulli probrum ... ſed et de reconciliandis invicem inimicis et jungendis affinitatibus et adſciſcendis principibus, de pace denique ac bello plerumque in *conviviis* conſultant, tanquam nullo magis tempore aut ad ſimplices cogitationes pateat animus aut ad magnas incaleſcat. Tac. Germ. 22. Dieſe ſitte hat ſich bis in ſpäte zeiten auf den ungebotnen landgerichten und markgedingen im ſchwang erhalten.

1. der *gerichtsherr* und ſeine leute wurden beköſtiget, vgl.

*) es muß ein altſächſ. ſprichwort gegeben haben: aus verſäumnis einer nacht erwächſt die eines jahrs. Dietmar von Merſeb. lib. 4 (Reinecc. p. 45), als er die wahlverſammlung der Sachſen nach Otto III. tod (a. 1002) und ihre ſtörung erzählt, fügt hinzu: ſic interrupta electio et ſit vera *antiquorum relatio* (altherkomen wort), quod *unius noctis intermiſſio* fiat *unius anni dilatio* et illa usque in finem vitae hujus prolongatio. [Herbort 2104 das ſprichwort: *nachtfriſt jârfriſt*, vgl. Frommann p. 244; Ren. 15930 heißt es: ſols *un jor* de reſpit *cent jors* vaut; Aimon X 5b: ich hab allweg hören ſagen, *eins tages friſt* ſei großer gehülf.]

oben ſ. 255. 256. Bei dem hübnergericht uf des hofmanns hof ſal ein ſchultheiß einen tiſch bereit haben mit einem *weißen tuch*, daruf ein laib brots u. ein keſe gelegt ſein ſol. Kleinwelzh. w.; zum vogtsding ſollen da ſein: *wißer brottücher* gnug, *wißer drinkfeßer* gnug, *wißer ſpiſe* (blanc manger) gnug, *wißer liecht* gnug, *wißer lilaken* gnug, *füer ane rauch mit dürrem holze*. Birgeler w.; dem holtrichter gewiſet den overſten ſtoel, ein *wit tafellaeken*, einen *witten wegge* ind einen *witten becher* to voren. Homer markprot.; wenn ein herr von Greifenſee kommt das jahrgericht zu halten, ſoll ihm der meier bis an den Tettenbach entgegengehen u. ihm bringen einen *becher mit rothem weine* und vor ſein pferd einen viertel haber, darnach ſoll er in an das gericht laden. Murer w. Über das *weiße geräth* oben ſ. 381. [Will der lehnmann dem ſchultheiß zu dem bannwein keine faßung ſtellen, ſo möchte er den wein mit einer hand in einen ſautrog (ſewtriug) ſchütten und mit der andern hand an die wand taſten und ein pfand nehmen. Selterſer w.]

2. den *ſchöffen* wird trank und ſpeiſe gereicht*): nach dem eßen ſo gebent her Sifrit u. Neben ſehs penninge u. her Heinrich Byz ſechſe u. ieclich hube einen heller (. . . . .) einen
870 helling den *ſcheffen zu verdrinken* zu | eime urkunde einre recht gemeinſchefte. Wenk 1 nr. 202 (a. 1335); ſi ſint duae tabernae in villa praedicta propinantes vina, habere debent (*ſcabini*) *melius* vinum, ſi vero propinantur tria vina in tribus tabernis, habebunt *medium vinum* (vgl. oben ſ. 34); ſi unum propinatur ſolummodo in una taberna, datur hoc idem. Krotzenburger w.; die herren von Himmerode ſollen den *ſchöffen* geben einen eimer *weißen guten einſchmeckigen weins*, als den die herrn ſelbſt über tiſch trinken u. mögen den wein beßern u. nicht ärgern, allzeit zu den *dreien hochgedingen*, wenn der ſchultheiß das *ſchöffeneßen* gibt, dem ſchultheiß ſollen ſie geben einen großen vierding kraut, halb pfeffer u. halb geymer (?ingwer) u. ein weck.

---

*) ich finde auch, daß ſie wein mitbrachten: folgt mehr ein weisthumb, es hat (il y a) ein dorf gelegen vor dem walde, geheißen das Röttgen, davon pflagen alle vogtdinklichen tage zwen ſcheffen zu kommen *mit einer fleſchen weins* u. brachten an all dasjenige, was ihnen bewuſt, was brüchtig geweſen. Montjoir w.

Pommerner w.; auch ſoll unſere ehrw. frau von Marienthal dem *gericht* alle jahr ein imbß geben auf den nechſten dienſtag nach dem achtzehenden tag, mit namen *drei redliche gericht* u. ſollen alle trinkfäß und ſchüßeln *neu* ſein den tag und da man aus ißet u. trinkt u. ſoll ein *ieglicher ſchöffen auf einem küſſen ſitzen* u. mit ime bringen einen knaben u. (ſoll man) denen thun, als den ſchöffen, auf denſelben tag ſoll niemands in der ſtuben ſein, dann das gericht u. ein ambtman. Bretzenheimer w. § 27; item *nach gehalten gericht* mogen die urthelſprecher in ein wirtshaus gehen u. ein *zimlich zerung* thun, die ſoll der heilige (ſtiftspatron) ausrichten. Oberampfracher w.; item weiſt man, wer in dieſer wallhauſer gemarken begut iſt, der ſolle ein *trinkpfenning* geben, ſollen die heimberger uffheben, ohn der ſcheffen gibt kein, davon wird dem ſchultheißen ein *maß weins*, den heimbergen auch ein maß und den gerichten *drei maß*, das übrig *vertrinkt der dingsmann.* Wallhauſer w.; von demſelben recht ſal unſer herr der apt eime ieglichen burger ein fiertel *cinskuchen* u. deme amptman *zwene kuchen*, deme fogte u. ſchultheißen mit den *ſcheffen* ein *kuchen* geben und *in alle gaßen faren*, da man durch geriden mag u. welchem burger der kuchen nit en wurde, der wer des bunden ſindes (ſynodi) entlediget. Seligenſtadter ſendr.; [und umb ſolchen gehalten hof und ehaft rechttag iſt mein gn. fraw nach vermög der ſallpucher darin angezaigt, ainem jeden pfleger, ee und man das recht anhebt, zue thun ſchuldig *zehen gelb hulzen ſchißl* und einen *leczelten;* desgl. einem jeden richter auch *zwo gelb hulzen ſchißl* und ainen *leczelten.* Köſchinger ehaftd. Sieh die ſtelle aus dem Crotzenburger w. oben ſ. 381.] Wahrſcheinlich kam ſchon in den alten merz u. maifeldern ein theil der dem könig dargebrachten geſchenke wieder in ſpeiſe und trank unter das volk zurück, vgl. die oſterſtuopha oben ſ. 298. Im verfolg der zeit wurden alle ſolche abgaben läſtiger; was die placita an ſpeiſe und futter koſteten, hat Grupen diſcept. for. p. 691 abgehandelt. |

3. eingezogne *gerichtsbußen*, genommene *pfänder* pflegte 871
man alsbald fröhlich zu *vertrinken*, wobei dem vorſitzenden richter der *antrunk* gebührte. Ich kann wieder nur belege aus weisthümern geben, bezweifle aber nicht den gar viel älteren

brauch [1]): und abe die nachbarn raths würden, die buße zu *zertrinken*, ſo ſoll der ausbleibender und ungehorſamer die buße gegen die nachbarn der dreien flecken verthaidigen. Riedinſtr.; zween herrn, einer als hoch und nieder als der ander und beiden gebührt der antrunk. Banſcheuer w.; uf alle merkergedinge ſoll der grave von Catzenelnbogen ein ſtück weins verſchaffen u. die geſchworne furſter mugen alles das ruchtbar iſt (rugen) u. wer geruget (iſt) den ſollen des graven amptleut pfenden u. *darmit den wein bezalen.* weren der rugen nicht ſo vil, das der wein kunde darvon bezalt werden, ſo ſollen die *gemeine merker* jenſeit und diſſeit *den wein bezalen* umb einen beſcheiden pfennig u. der grave ſoll *andrinken* und darnach die gemeine merker. do auch das gedrenge ſo groß were, das man nicht konnte zum zapfen kommen, ſoll man *den einen boden ausſchlagen* u. *das faß auf den andern ſtellen* und ſchüßeln darin thun, das iederman drinken kunde. Foſſenhelder w.; die ſtrafe ſoll durch die märker in Burgſchwalbach *vertrunken* werden, des ſoll der obgem. herr oder aber wer von ſ. gn. wegen daſelbſt iſt, den *antrunk* thun u. haben. Gärteshecken w.; und hant auch furtme gewiſet, waʒ von den vorg. bußin gefellet, daʒ man daʒ *verzeren* ſolle *under der linde* mit den hern u. merkern ſemetlich. Lauker w.; vgl. Bretzenheimer w. § 16. 17 und Sulzbacher (oben ſ. 515). Man ſagte auch: *vom vogtſtab zeren*, d. i. von den gerügten bußen. Obernbreiter w. In Norddeutſchland, wo ſtatt des weins *bier* getrunken wurde, pflegte man die bußen gleich in dem getränk anzuſchlagen: den buren *ene tunne bers* (oben ſ. 516); ſtrafe einer *tunne beers.* Nortrupper markged.; *zwei tonnen brühahn* ſtrafe. Hildesheimer meierd.; [eine *tonne eingebrauen biers* als verſäumnisſtrafe. Neoc. 2, 456; eine *tonne rotes biers.* ibid. 2, 457;] vgl. oben ſ. 314. [Bei Arx Buchsg. 111 werden bußen in *wein* angeſchlagen. Vgl. die urtheile der ſchöpfen im faſtnachtſpiel: das ir ieder ainn *aimer weins* zalen ſol. faſtn. 610, 19; wenn ſie baid ir faiſt ſeu ſtechen, ſo ſchüIns *vier hammen* zum wein tragen. 610, 23; ſo ſchol ir ieder ein *ſeuen praten* geben. 611,

---

[1]) [er geht auf die heidniſchen opfer zurück. Man ſagt noch: vertrunken altem herkommen nach.]

28; das ſie zum wein bringen *zwai krös.* 612, 11.] Schlägt ſich jemand, ſoll er *das faß*, ſo weit es ausgetrunken, wieder *füllen*; kann einer oder der andere zum *willigbier* nicht kommen, deſſen frau in wochen liegt oder krank iſt, dem ſollen *drei kannen bier* heimgeſchickt werden. Klingner 1, 584. Oppe rekkendey forſchrieun ſchalre alle beta troag dy feyntin mey hiare *wyven* in *fammin* formoalke wirde mey *hoarna* inde mey *drechta.* Teſklaow to Achelim § 24. |

---

## CAP. VI. PEINLICHES GERICHT.

Hier ſollen nur einzelne für unſer rechtsalterthum wichtige 872
gegenſtände behandelt werden.

I. *Gerichtsbarkeit.* *Freiſa* war ahd., frâſa agſ. periculum, pernicies, diſcrimen capitis (Tacit. Germ. cap. 12), [zu goth. *fraiſan* tentare,] und bezeichnete wohl ſchon vor dem mittelalter das gericht über leben und tod, ſpäter [beſonders in Franken] die *fraiſch*, die *hohe fraiſch*, *fraiſliche oberkeit.* Haltaus 485, vgl. Schmeller 1, 617. 618. [Die peinliche gerichtsbarkeit wurde für jeden einzelnen fall dadurch ergriffen, daß das gericht ſymboliſch die *fraiſch holen*, *fraiſchen* ließ, nämlich das *leibzeichen* (hand, finger oder ſonſt etwas vom leichnam, unten ſ. 880) und dann ein *fraiſchpfand*, *fraiſchzeichen* von dem haus oder kleid des thäters, der dadurch, ohne ſogleich gefangen genommen zu werden, dem gericht verfiel; vgl. Haltaus 485. 486. In Cramers nebenſt. 56, 107-122 iſt ein *verzeichnis der fraiſchfälle* des bambergiſchen amts Herzogenaurach [1]) aus der erſten hälfte des 16. jh. gedruckt; *fraiſchpfänder* ſind p. 110. 121 des thäters hemd; p. 111 ein ſtumpfenten hoſen u. ein hut; p. 112 ein ſchuh; p. 113 ein altes wammeß; zange und brotmeſſer; ein ſpan aus ſeiner hausthür. (oben ſ. 174).] Im gegenſatz zur civilgerichtsbarkeit hieß die peinliche auch die *höhere* und *obere*, oder die *ganze*: beſchützen

---

[1]) [durch druckfehler ſteht überall *anrach.*]

mit dem *halben ſchwert* oder mit dem *ganzen* (helen). Piper 248, jenes drückte bürgerliche, dieſes peinliche rechtspflege aus. Das ganze ſchwert war im mittelalter dem könig oder dem oberſten landes und gerichtsherrn vorbehalten, de konink *liffake* allene heft in ſtraf. Reineke de vos. [Jus *erigendi patibulum.* Carpentier ſ. v. furca 1; das *elende recht.* Hoffm. zeitſchr. 1, 251. 252.] Die grenze zwiſchen peinlicher und bürgerlicher gerichtsbarkeit läßt ſich aber nicht gleichförmig abſtecken; geringere verbrechen und frevel blieben oft dem bürgerlichen richter vorbehalten. Bairiſche urkunden zählen gewöhnlich nur drei verbrechen zur criminaljurisdiction: diebſtal, raub und mord; zuweilen auch fließende wunden. Drei ſach, die ze tod ziechent, das iſt *tuft, notnunft* u. *todſchleg.* MB. 1, 297 (a. 1330); *teuf, notnunft* u. *todſchläg.* ibid. 1, 431 (a. 1330); richten umb alle ſach, dan umb *totſlach, notnüfte, diefe, ſwär fliezent wunden.* ibid. 2, 140 (a. 1300); an allain umb di ſache, di hinz dem tod gent, das iſt *deuft, todſleg* u. *notnunft*, di behalten wir unſern richtern zu rihten. ibid. 5, 43 (a. 1318); ausgenommen *todſchlag, notnüft, düfe* u. *ſwär fließent wunden.* ibid. 2, 149 (a. 1405); ausg. umb drei ſach *totſchlag, teuf* u. *notnunft.* ibid. 2, 513 (a. 1462); es enſei danne umb die ſache, die zu dem tode gehorent, oder umb *fliezent wunden* die *mit ſcharpem orte* geſchehent. ibid. 8, 326 (a. 1314); eine frühere beſtimmung rechnet jedoch fünferlei ſachen auf: quinque ſolummodo cauſae ad ejus examen ſpectant, id eſt *vehtat*[1]), *notnunft, nahtprant, heimſuochunge* et *furta.* ibid. 12, 346 (a. 1172). [Drei fälle auch bei Böhme 6, 94: über alle ſachen zu richten haben: âne dri, das iſt *notzoge, heimſuchunge* und *wegelage.*] Aus weisthümern theile ich folgende formeln mit über die grenze der halsgerichtsbarkeit: la chatz (la chaſſe, oben ſ. 46) ſur tous *ardeurs* (mordbrenner), *robeurs, moſdreurs* (mörder), larons. rec. de Malmedy; wiſten u. deilten den erzbiſchof zu Triere einen
873 richter von *halſe* u. von *heufede.* Belthei- | mer w.; richter über *hals* u. *heubt* u. bekennen inen ires wildfangs. Erbacher w.; fiſchfang, wildfang und *blutige wunden.* J. J. Reinhard

[1]) [*vêhtât* (cauſa homicidii). freiſing. urk. Lang bair. jb. 337, vgl. Schm. 1, 517.]

p. 197; [die *blutronne* ſtehet den junkern zu ſtrafen zu. Wahlinger w.;] richten über *hals* und *bauch.* Weißenſteiner u. Glenzer w.; ſoll richten über *hals* u. über *haupt* u. ſei auch der wildfang, der ſchwand und das wiltpfand*) der egenant grafen. Foſſenhelder w.; [hochgericht und wiltpenne ſind der herſchaft von Röttelen. cod. Zaringob. ſuppl. nr. 12 (a. 1444);] der vogt hat macht zu pinden u. zu entpinden, *dieb* u. *diebinnen* zu richten über *hals* u. *halsbein.* Meddersh. w.; [gebot u. verbot, über *hals*, *heupt* u. *halsbein*, über *dieb* u. *diebin*, *bruch* u. *frevel*, jederman zu ſeiner gerechtigkeit. Dachsweiler w.; obriſter herr über *hals* u. *haubt*, über *dieb* u. über *diebin.* Bretzenh. w.; oberherrn über *hals* u. *halsbein* u. alle *miſſethätige* menſchen, gebot u. verbot. Wallhauſer w.; item ſo hat m. h. von Meinz ze ſetzen ein *creuz* und ein *ſwen* (?) daran uf den hob zu Obernaula; item dagegen ſal m. h. von Ziegenhain uf dem hobe haben ſten einen *diebſtock* und ein *halsiſen* dran, uf das man eins iegelichen herlichkeit und rechte deſto baß moge erkennen. Obernauler w.;] u. ſoll och der vogt nienarumb rihten dan umb *fließend wunden* u. umb ain *haimſuche* u. umb ain *zihint diepſtal* (der zu tode zieht). Äſchacher kellerg.; *mordgeſchrei, diebſtal, bindbare wunden, falſch gewicht, maß* u. *meß.* Reichartsh. w.; weiſent wir unſerm gn. h. alle *gewaltſachen*, alle *dörengeſtöß*, die in frevel geſchehen, die zu boißen nach zimlickeit. Engersgauer w.; vor das centgericht gehört *mordgeſchrei, diebſtal*, fließende wunden u. böſlich *verruckung ſtein* u. *mark.* Werth. ded. 1, 309. 311; *waffengeſchrei, dürrengeſtöß, offene wunden, frevele wort, meſſer* in frevel ausziehen. Franker herrenger.; *waafengeſchrei* oder *thurengeſtoß* oder *meſſerzoigh* oder *ehrenabſchneiden.* Glenzer w.; was ſich begebe von *heilergeſchrei, ſcheltwort, uberbracht, gewalt, raub, diebſtal.* Bodm. 698 (a. 1489); wenn nachbarn mit einander händel haben u. einander ſchlagen, hat der herr von Greifenſee (der vogt) nicht darüber zu richten, es wäre denn ſache, daß ein *todſchlag* geſchähe oder daß er ſonſt um das recht angerufen würde. Murer w. § 24. —

*) wildbann; jagdregal und peinl. gerichtsbarkeit erſcheinen oft miteinander verbunden, daher auch das ſprichwort: wohin der dieb mit dem ſtrange, dahin gehört der hirſch mit dem fange.

[Colliſion der bürgerlichen und peinlichen jurisdiction zeigt ſich Werth. ded. 2, 217. 218 (a. 1589): der vogtsrichter will einen ſchäfer, der gefrefelt hat, gefangen nehmen und bürgerlich in den thurn ſtecken, der ſchäfer aber ruft mit mordgeſchrei die cent an, dadurch wird dem vogtsjunker *die hand geſchloßen* und die ſache *erwächſt dem centherrn an.*] Befugnis benachbarter gerichte über todſchlag zu richten regelte ſich nach dem *fall des leichnams* (oben ſ. 627. 628); auch, ſlugen ſich zwene uf dem Goltſtein, daß einer von Sweinheim ſähe, rugete der daz zu Sweinheim, ſo müſten ſie darumb zu Sweinheim verbußen. Sweinheimer w. Forum delicti drückt die deutſche parömie aus: wo ſich der eſel wälzt, muß er die haare laßen. Item wer die grafſchaft zu Peitigo innhat, der hat zu richten *umb den hals* biß in den Wülenpach. wär aber ob ein *ſchedlich man* fürköme, ſo mag im ein herr wol nacheiln unz in die Rot. dergreift in
874 ein herr *mit einem fueß in dem pach, ee daß* | *er mit dem anderen hinauß kompt,* den mag ein herr oder wer im nacheilt wol vachen u. mag in fueren gen Peitigo in das gericht. Peitingauer ehehaft § 10.

[*Bewahrung gefangner miſſethäter.* Und wirt ein diep gevangen do, den ſol der weibel behalten in dem ſtocke die erſte nacht, und lit er lenger do, ſo ſol er drige huber nemen, die ſin hutent, an der dritten naht die huber alle ſament, an der vierden die banlute alle ſament, unz an die ſtunt, das er an das gericht wirt geantwurtet und ſol der vogt abe ime rihten und ſol der appet geben *zwei hölzer* und der vogt eines und der buttel ein *ſeil.* Artoltsheimer hoverecht 370[b]. An einigen orten gab es ſogenannte *galgenhuben*, deren beſitzer verbunden war, den eingefangnen verbrecher eine zeitlang zu verköſtigen. gogericht zu Bueren.]

Das niedere gericht muß den gefangnen verbrecher dem höheren peinlichen gericht *zuliefern*, die incompetente behörde der competenten. Hierzu waren *an der grenze* verſchiedner gerichtsbezirke gewiſſe plätze beſtimmt und die überlieferung geſchah in abgemeßner form, namentlich muſte der beamte des gerichts, dem die übergabe angeſagt war, zur feſtgeſetzten zeit gegenwärtig ſein, denn ſonſt wurde der miſſethäter *bloß ſymboliſch* feſtgebunden, ſo daß er leicht entrinnen mochte. Ge-

wöhnlich dienten dazu die *grenzſteine*, ſo z. b. wurden aus dem heſſiſchen zentort Bärſtadt die miſſethäter des mainziſchen gerichts am grenzſtein abgeliefert. Bodm. p. 69, vgl. Wehner 223ª (ed. Schilter) über ihre abgabe von Veldenz nach Berncaſſel. Item, wann ein *ſchädlich mann* begriffen würde vormittag, ſoll man ihn nachmittag rein (hinein in die ſtadt) antworten. und ſo man einen nächtlicher weil auf die cent vor das oberthor bringt, ſoll man dem thürmann zuſchreien und anſagen, daß man ein ſch. m. habe u. bringe, das ſoll er drinnen anſagen, daß man ſie nein laße. alsdann ſoll man ſie mit dem ſch. m. für die pforte weiſen u. nein laßen, und wenn ſie kommen für den thurm, iſt iemand da der den ſch. m. von ihnen annimmt, iſt er angenommen. *wo niemand da iſt*, ſollen ſie den ſch. m. *an die dritte ſproßel der leiter binden* und davon gehen, damit haben ſie das ihre gethan u. ſich vor ſchaden verwahret, begehren ſie nauß, ſoll man ſie alsbald wieder nauß laßen. Melrichſtadter w. Zu Dernbach *an der brücken* da ſollen des landesherrn ſchultheißen den *misthätigen man* hinbringen u. den wiediſchen ſchultheißen lieferen. und quemen ſie mit dem misthätigen man dafür und funden den wiediſchen ſchultheißen noch knecht nit da, ſo mochten ſie den man *über die brücke leiten* u. *ihme das ſeil uffſchlagen* u. *ihn laßen laufen* u. ſich des fürter nit me kruiden (kümmern). Selterſer w. Und erkennen auch, ſo ein *misthätig menſch* zu Simeren oder in dem ban (gerichtsbezirk) begriffen u. erfunden wurde, das ſoll eines grund u. lehenherrn ſcholtheiß zu Simeren angreifen und das folgends eines voigtherrn ſcholtheißen *überliebercn* u. ihme den *armen menſchen* uff Dhaun liebern und bringen helfen. Sim- | merner 875
w. Und in welchem dorfe zu deme vurg. gerichte der *miſſedediger lude* einer gevangen wurde, als dicke das geſchege, den ſal man von rechten furen gen Waldecke *an die piſterne* (ſchenke? [nach Lang backhaus, pfiſterei]), da ſullent komen die von der Hinderburg von Waldecke u. ſullent in nemen u. in da halden bis an das neeſte gerichte. Beltheimer w. Das gotteshaus zu Chiemſee hat den dieb gebunden und gefangen dem vogt bis *ans geſtad* zu liefern: und ſol der richter von Kling mit ſeinen ambtleuten *reiten in den ſee hinz an dem ſatel* u. den *dieb* da *raichen*, wär aber daß er oder ſein gewaltig

ambtleut *nit kämen*, ſo ſol dan unſer richter den dieb *gepunden an ein ledigs ſchif ſetzen und ſol in an alle ruder rinnen laßen* (vgl. oben ſ. 701), käm er dan davon, des ſullen wir und unſer gotshaus unentgolten ſein. MB. 2, 507 (a. 1462). Eine merkwürdige ſtelle des Roter hofmarkrechts, wonach der *ſched-liche menſch* mit einem *ſeiden* oder *zwirnen faden angebunden* ſtehen gelaßen wird, iſt oben ſ. 182. 183 mitgetheilt. Begrift man ainen *ſchedlichen man* in dem dorf zu Erringen, den ſol der rihter haimen u. behüten, ob man über in verpurget u. ſol in *antwurten* dem lantvogt *für den etter*, *als in die gürtel begrift*, u. waȥ er guotes hat, daȥ iſt dem rihter vervallen nach genaden. MB. 23, 227 (a. 1378). Geſchäh aber das ein *dieb* begriffen oder beruft wurde in der hofmark zu Seldruk, ſo ſol in unſer gotshaus rihter heraus in das lantgericht *antwurten uber den Labenpach, als in gürtel umfangen hat.* MB. 2, 509 (a. 1462). Si *fur extraneus* in villa captus fuerit, ſcerioni comitis tradetur extra villam, *ſicut cingulotenus veſtitus eſt.* MB. 12, 347 (a. 1172). *Reus* tantum cum his, *quae cingulum capit*, eis (den vögten) debet aſſignari. MB. 3, 135 (a. 1240). *Reus* tamen cum eo, *quod cingulo comprehendit*, judicio ſeculari puniendus tradatur. ibid. 3, 156 (a. 1258). Sol der richter den ſelben man nemen allein als er mit *der gürtel iſt begriffen.* ibid. 3, 180 (a. 1295); ſich des *armen manns* underwinden anders nicht dan *als in die gürtel begriffen hat* u. nit verrer greifen. ibid. 24, 65 (a. 1314); da ſchol der richter den *ſched-lichen man* nemen wan als er *mit der gürtel umbvangen iſt.* ibid. 3, 203 (a. 1317); den ſol man antwurten, *als in die gurtel begriffen hat.* ibid. 1, 297 (1330). 1, 432 (a. 1330); wer auf den leib gefangen wirt, den ſol der richter nehmen, als er *mit gürtl umbfangen* iſt, damit den erben das gut beleiben ſol. |
876 ibid. 2, 434 (a. 1440); den *ſchedlichen man* dem ſchergen antwurten, als er mit *gurtel umfangen iſt.* jus munic. vienn. bei Rauch 3, 247; [ſtreichender thäter, wie er mit *gürtel umbfangen iſt.* Kärnthn. landger. ordn. b. Haltaus 1756, vgl. Schm. 2, 71. 72.] Noch andere belege hat Haltaus 758. 759. 760.

Alle dieſe beſtimmungen ſind zu ungunſten des freiſlichen richters; er ſoll pünctlich den überantworteten verbrecher empfangen oder gefahr laufen ihn ganz ſeinem gericht entzogen zu ſehen; er ſoll ihn nackt und entkleidet, wie ihn der gürtel umfängt (oben ſ. 157), übernehmen, d. h. nichts aus dem erlös ſeiner habe gewärtigen. Fiel dieſe dem ausliefernden richter (in den angeführten bair. urk. meiſt dem geiſtlichen beamten) anheim? oder ſollte ſie den erben des verurtheilten gerettet werden? erſteres vermuthet Haltaus, letzteres ſcheint aber auch aus einigen ſtellen, namentl. der urk. von 1440 hervorzugehn*).

II. *Klaggeſchrei.* Mit lautem ruf wurde dem fliehenden übelthäter nachgeſetzt und mit geſchrei wurde über ihn vor gericht geklagt; [ſach ich ſelber in ſelber und *beſtrickte ihn mit dem gerufte.* formel bei Böhme 6, 123.] Vom geſchrei bei der notnunft iſt ſchon ſ. 633. 634 gehandelt und daß klagen überhaupt rufen oder ſchreien bedeute ſ. 854 angemerkt worden, das frieſ. *baria* gemahnt an den *baritus, barritus* bei Tac. Germ. 3.

Die alte ſprache war weit reicher an interjectionen als die heutige. Subſtantive wurden durch einen vorgeſetzten oder angehängten ausruf verſtärkt: *diebio! mordio!* wie *feindio! feurio! hilfio!* [*wafnachjo*, *mordenjo.* bamb. ordn. 233,] mhd. *wâfenô!* Parc. 675, 18 (ſo lies). Geo. 4372; *ô wâfen!* Triſt. 10097; *wâfen!* MS. 1, 23ᵃ; [*wâfen iemer wê!* Diut. 2, 260,] vgl. *wâfen* ruofen, ſchrîen. Wigal. 9825. 11557. [Ulr. Triſt. 1806. Wolfdietr. Hagen 143. gramm. 3, 297.] In den weisthümern wird *waffengeſchrei* gleichbedeutend mit mordgeſchrei, zetergeſchrei, heilalgeſchrei gebraucht (vorhin ſ. 873); obwohl erinnernd an wuofen (goth. vôpjan, clamare), läßt es ſich von nichts anderm herleiten als dem ſubſt. wâfan (goth. vêpn), es war der clamor ad arma (aux armes! all arme! woher allarm und lärm, lärmgeſchrei), im alterthum ergriff jeder berufene freie augenblicks die waffen. Daher in lat. urk. | *invocatio armorum, clamor* 877
*armiſonus* (Haltaus 2016), in deutſchen *wafenruf*, *wafenſchrei*; [*wâfenheiȥ.* Parc. 407, 13. 20, *wappen theiß.* Zinkgreff apophth.

---

*) häufig wurde ſonſt die fahrende habe des mit todesſtrafe belegten verbrechers unter das gericht vertheilt: hat der ros, harniſch oder gut, das iſt des vogtes (richters, gerichtsherrn); was darnach *oberhalb gürtels* iſt, das iſt des weibels, und ſchwert u. meſſer u. was *unterhalb gürtels iſt*, das iſt des henkers. Augsb. ſtat. b. Walch 4, 97, vgl. 102.

3, 316;] auch frieſ. *wêpinrôft.* Aſ. 223. Den ausruf *heil*, *heilâ*, *ô heil!*, der zumal in rheiniſcher, wetterauiſcher, heſſiſcher gegend vorkommt, könnte man erklären entw. aus heil omen, fortuna, das gleich dem agſ. hæl zuweilen infortunium (weh!) bedeutet, oder aus heil (omnis, integer), im ſinn des niederdeutſchen hel u. al (ganz u. gar)! weh, alles verloren! *)

ſi ſchruen *io heil alle!*
*wâfen* ummer *ach â io!* Diut. 1, 410;

âne *heilalle* geſchreie. dipl. a. 1303 bei Senkenb. C. J. G. I. 2, 4; *heilalgeſchrei.* caſſeler ſtat. von 1384 p. 6; *heil* über den mörder ſchreien. witzenhäuſer ſtadtbr. b. Kopp nr. 116; blutrunſt u. *heilawe* (heil â wê?) geſchrei. Kirdorfer w.; ſo weit die gemarken keren u. wenden zu aller gewaltſamkeit, überbracht, *heil* u. *heilgeſchrei*, klag, ſtrafbarkeit, frevel u. bußen. Bretzenh. w. § 2; *heilergeſchrei.* Umſtatter centw., vgl. Bodm. 698. Eine weitere benennung iſt *zetergeſchrei*, *zetterſchrei.* Haltaus 2154. Oberlin 2102;

*zeter* ſî über ſi geſchrît! Frib. Triſt. 3480;
*zeter* über daȥ leben mîn! ibid. 4964;
*zether!* wie ſie eilten dan. Ottoc. 727ᵇ;
[mit ſeufzender kelen ſprach:
o zötter mort, mort uber mort! H. Sachs 1, 255ᵇ;

unter der linde dreimal *zeter ſchreien.* Hoffm. monatsſchr. 1829. 1, 251 (a. 1591).] Die erklärung aus zitter (tremor) gefällt mir nicht; es gibt ein agſ. adj. teder (fragilis, debilis), das verwandt ſein könnte. In Niederdeutſchland ſchrie man *to iodute! t'iodute!* Haltaus 1035. 1036. brem. wb. 2, 700-702. [Liſch jb. 6, 190. 191. Hoffm. monatsſchr. 1829. 1, 90. gramm. 3, 303;] den belegen kann zugefügt werden: *iodut* über den miſſethäter ſchreien. Spiels archiv 4, 37; ſchrei (clamavit), wie bei den Pomern die gewonheit iſt, wen man die bürger zu hülfe rufet *iodute! iodute!* Kantzow 2, 282; [*wapen tho yodute* helpet my! *yodute*, owe owach! plattd. buch de böſe frouwen (ſaec. 16);] und bis nach Schweden war im mittelalter dieſer ausdruck bekannt: *jadut! jadut* öpa. Ihre 961. 962. Sein urſprung iſt

---

*) das franz. helas! ſcheint nicht verwandt und eher aus ach arme, ach laȥȥe! (oben ſ. 309) deutbar. Vgl. ahd. wêlagà! altengl. weylawey!

dunkel, an ſchlechten deutungen gebricht es nicht, aber ſelbſt die ſcheinbarſte von diet (volk)[1]) iſt mangelhaft, da nach der ſächſ. mundart iothiode, iothude geſchrieben ſein ſollte, wie ſich nie findet. In der frieſ. formel: mith *ſkrichta* (clamore) and mith *tianutrôfte.* Aſ. 281 vermuthe ich ſchreib oder | leſefehler 878
für *tiadutrôfte;* [doch ſieh bei Richthofen wb. 1083[b]: ende roept *tie uta*, *tie uta*; vgl. Schade zeitſchr. f. rechtsgeſch. 1, 249.] Ins hochdeutſche überſetzt würde die ſächſ. und frieſ. interjection ze iotuȥe, zietuȥ lauten; wie wenn tiodut dem hochd. zeter näher läge, als man denkt und beide bloß verſchiedne ableitung hätten (-ut, -er)? Der normänniſche ſchrei hieß *haro! clameur de haro*, [*harou*, *harou*, à l'ours! Ren. 10333, *harou*, aide bone gent! Méon 3, 225,] der altfranzöſ. *hu*, *hus* (Roquef. 1, 763. [Houard 2, 126. 127]), vgl. Ducange ſ. v. *huiſium*: multitudinis clamor inconditus, quo latronem aut capitalis criminis reum ſeu in ipſo crimine deprehenſum ſeu fugientem et latitantem pagani omnes tenentur proſequi.

III. *Mordklage* [2]). Der dem blutrache oblag erſchien bewafnet, mit bloßem ſchwert, vor dem richter und den erſchlagnen leichnam mit ſich führend. Beide puncte ſind näher zu erörtern.

1. die klage war auf entrichtung der mordbuße, oder, wenn ſich der thäter weigerte, auf kampf und fehde gegen ihn geſtellt; die verwandten des getödteten, d. h. alle zu wergeld berechtigten, traten ſtreitgerüſtet auf. *Dreimaliges wehgeſchrei* erhebend *zogen* ſie *dreimal die ſchwerter* aus; das hieß den mörder *verſchrein.* Hierdurch wird der *waffenruf* noch näher erläutert. Die witzenhauſer formel lautet: *heil* über N., der meinen lieben bruder uf des reiches ſtraßen vom leben zum tode bracht hat, der mir vil lieber was, dan dreißig pfund pfündiſcher pfund und viel lieber! Kopp nr. 116. Eine andere

---

[1]) [wie auch *leute* in interjection vorkommt. Schm. 2, 523.]

[2]) [ſtilleſtehn des athems als ſichtbare vorausſetzung für peinliches vorgehn fordert das Limburger w.: auch ſol man keinen burger zu Limpurg antaſten oder angreifen mit dem gericht, der jemand geſchlagen oder geſtochen hätte, *weil* (ſolange) *der den athem in ſeinem leib hat,* der da geſchlagen were.]

umſtändliche ſchilderung des hergangs findet ſich Rugian. tit. 19. Wan men will enen man vorveſten eder vredelos maken, ſo kome de klegher in dat ghērichte mit eme *toghenen ſwerde* unde *ſcrie drie* dat *gherochte.* Herforder ſtadtr. 24. Hir clegers ſtaen en willen claegen van eenen doeden man met eene blikende ſchin, woe ſie ant heimaill koemen ſullen, dat ſie dairan koemen als recht is? ſoe ſal men wiſen, *met getoegenen ſuerde* en met *wopen geruchte.* ſoe ſullen die claegers oir *ſuerde trecken* en ropen *wopen jo! wopen jo!* dri werf. In Friesland wurde auch *wraek, wraek, wraek!* (rache, rache, rache!) gerufen, vgl. die anm. zu Fw. 271 und Siccama zur lex Friſon. 2, 2, der aber den ruf nicht vor gericht, ſondern über dem grab des todten geſchehen läßt: heredes et propinqui, inimicitias homicidae ſuſcipiebant, et primo ultionis et inimicitiae teſtandae cauſa, cum defunctus ſepeliretur, ad ipſum ſepulchrum, praeſentibus qui funus deduxerant, unus ex propinquis *evaginato gladio ter tumulum*
879 *ſc- | riebat*, cum ſuperindicto: wraek, wraek, wraek, id eſt ultio, ultio, ultio! [Zu Oppenheim nach einer aufzeichnung von c. 1425: wem ein mort beſchicht und den *beſchrien* ſol oder will, der ſol nemen die *waid*, darinne der todt bliben iſt, und die *hencken uf einen ſchaft* und dan damit uf einen gerichtstag . . . komen, . . . . da ſollent der ſchultheis und die ſcheffen ſitzen und den *ſchrei* verhören. ſo ſoll dann der jhener, dem der mort geſcheen iſt, des dotten waid, als vor dann unterſcheiden iſt, *uf einer ſtangen han* und ſoll alſo *ſchrien:* ich ſchrien hie uber den N. N. (wie dan ſin namen iſt), der mir minen vatter (minen brueder, oder wie ime der tot gewant was) ermordet hat, einmal, andermal, driſtund. Und darnach ſol er aber baß dretten und den *ſchrei* aber alſo thun, und zum dritten male aber alſo. und ſoll zu der ſelben zeit ſinen rumer und ſinen wernher neben im han, die mit im gheen. und ſolcher ſchrei ſoll geſcheen zu drin tagen und ſechs wochen uß, das iſt ie uber vierzehen tag und ein tag. Mones anz. 5, 306.] Bei weitem die alterthümlichſte formel liefert aber das bacharacher blutrecht; die kläger, wenn ſie vor gericht den mord *beſchreien, ziehen das ſchwert* aus, nach dem *erſten ſchrei* wird der todte fürbaȝ getragen, nach dem *dritten ſchrei* thuen ſie die ſchwerter wieder ein. Es heißt: ſie ſullent den morder nennen bit namen

u. ſchrien uber den, der uns unſen frünt u. maig ermordet hat. Ferner: wanne der eine dag u. verzehin nacht (die dem geladenen mörder geſetzte friſt) kumment, ſo ſullent die cleger kummen *mit ſchilde* u. *mit kolben* an gerichte, als der ſcheffen u. lantman wiſent, daʒ ein *Franke* den anderen eins ſchaichis (raubes) u. eins mordes gichtig (eingeſtändig) ſol machen. Der fürſprecher des klägers ſagt unter andern folgendes: alda wart er (der mörder) ime fuorfluhtig, do was er ime nachvolginde uf des ſchaiches fuiße mit *wofingeſchrei*, mit *glockenklange*, *durch den düſteren walt*, als lange *bis in die ſchwarze nacht benam.* er enkunde in nie erfolgen in keinen landen, da er ſich reichtis an ime kunde bekummen. ſehe er nu denſelben man in unſes herren gerichte, er wulde in anſprechen umb den ſchaich und umb den mort. jehe er is ime, er neme is mit urkunde na des lands rechte, leukent er is ime, *er wulde is in beherten mit ſime libe uf ſinen lip, in ſime einfaren rocke, mit ſime roiden ſchilde, mit ſime eichinkolben, mit ſime wißem vilze, mit ſime ufgebunden huote*, mit alle deme daʒ man zu kampe begeret, daß ein *Franke* den anderen ſal durch reicht eins ſchaichs u. eins mordes gichtig machen. Heiſcht er nach der rede urlaub vom richter, ſo geſchieht auch das mit den worten: daʒ er ſitzen muge u. *ſinen ſchilt bi ſich ſtellen.* Ein deutliches bild alter fränkiſcher rechtsſitte. Bei der namentlichen vorladung des mörders muſte ſich der ſchultheiß *auf die bank ſtellen*, ebenſo wenn er ihm, auf dreimalige ladung und nichterſcheinung, ſein landrecht aburtheilte: inkummet er uf den leſten dag nit, ſo hait er *ſin recht u. ſine ere verloren* u. enmag ſich nummermer verantwerten.

2. *blickender ſchein.* Zu jeder verurtheilung eines verbrechers forderte man eins von dreien, entw. gichtigen mund (eingeſtändnis) oder handhafte that (betretung über miſſethat[1])) oder blickenden ſchein (vorzeigung des corpus | delicti am ge- 880
richt). Haltaus 172. 1607. Bei ermordungen wurde daher der *leichnam* nicht eher begraben, bis er vor gericht gebracht und über ihm geklagt war; [oder der *ausgegrabne* leichnam

[1]) [dafür auch: up blickender dât. Lacomblet 1, 104, vgl. in flagranti oben ſ. 743; up der ſchinbaren daet. Reineke p. 180.]

wurde vor gericht geführt. Cramer nebenſt. 56, 119 [1]).] In ſpäterer zeit nahm man dem todten bloß eine *hand* ab, endlich bediente ſich der kläger des ſymbols einer *wächſernen hand.* Beweiſung mit der *todten hand* über dem *moltigen mund*, über *der moltigen zunge*, über dem *melbigen mund.* Haltaus 1338. Meuſels geſchichtforſcher 5, 244. [Erzbiſchof Heinrich von Cöln erſcheint auf dem frankfurter reichstag mit dem leichnam ſeines ermordeten vorfahren Engelbrecht und ſchreit um rache. ann. Godefridi mon. ad a. 1225.] In der witzenhäuſer formel wird gefragt: *wie nahe* daß man ſol bringen den *todten* dem gerichte? man ſoll ihn *neun ſchritte* (oben ſ. 216) nah br. d. g.; wer die ſchritte ſchreiten ſoll? ein *mittelmäßig man* (oben ſ. 102), dem ſol es das gerichte gebieten, und wenn der mann ſchreitet *drei ſchritte*, ſo ſol er ein zeichen legen, und ſo bei jeden drei ſchritten. An dieſe drei zeichen wird nun der leichnam unter jedesmaligem beſchreien gelegt. Im rheingauer landr. § 56 (Bodm. p. 627) heißt es: eȥ iſt lantrecht, daȥ man den *todten nit ſal begraben*, eȥ enwere dan voir der todſlag geſtraift oder geſünet*). (iſt das landrecht verſchlagen, ſo ſoll man die eingeweide ausnehmen und begraben, den leichnam aber in einem verſiegelten faß aufheben.) wer eȥ aber, daȥ daȥ lantrecht nit verſlagen enwere u. die ſache nit mochte geſunet oder abegetan werden *bi ſonnenſchin*, ſo ſal man daȥ berechten als lantrecht u. herkomen iſt u. ſal der amtman oder ſin gewerte bote *dem doden man ſin rechte hant abgewinnen* mit rechte u. ſundnus der ſcheffen; fort ſo ſal *der neſte nailmage ime die rechte hant abſlahen* u. mag man darna denſelben doden man begraben u. mit der *doden hant* clagen, glich als der ganze licham dar geinwortig wer. Hier noch andere belege: des doden fründe bringen den doden *lichnam* mit vor dat gerichte. denn biddet de cleger, de richter

---

[1]) [ein ausgraben des leichnams vor zeugen, ohne daß er vor gericht geführt wird. Niala c. 55. 64: grafa upp lîkamina hinna daudu ok nefna vâtta at benjum ok ûhelga þâ alla hina daudu, effodere cadavera et vocatis ad vulnera teſtibus omnes mortuos jure caeſos proclamare.]

*) Iſenharts gebalſamten leichnam führten ſeine freunde mit ſich im heer, bis ſie ihn gerächt haben würden; auf ihren fahnen und ſchilden war der erſtochene abgebildet. Parc. 30, 26. 42, 28. 51, 12.

möge em vorloven, dat he vam doden lichnam en *liflik warteken* hale, da he ſine klage up möge riſen. ſo vergunt em der richter, he ſchole *de rechte hand halen.* wil he ok den doden lichnam nicht beſchedigen edder ſchampfieren laten, ſo verlövet em der richter ene *waſſene hant*, mit erkenteniſſe, ſe ſchole genoch don, glik eft id de fleiſchene | hand were. wenn de 881
hand dar is, de lecht he up ein *blot ſwert* u. ſchriet over den deder u. ſine hülper. . . . . . und lecht de hand int gerichte. bei der ſühne muß der thäter *die hand zu der kule* (gruft) *tragen.* Rugian. tit. 19. 22. Darna quemen des doden vrund *mit der hand* unde beiden gericht over de beclageden unde wolden dat ſe ſek utheyn (reinigen) ſcholden *over de doden hand* ein iowelk ſulfſevede. Goſlar. rechtsſchr. b. Bruns p. 243. Darna ſchullen ſe *de hant to grave bringen.* urk. a. 1501 in Wigands archiv I. 4, 111, vgl. ſtat. iſenac. a. 1283 (Paulini ann. iſen. p. 59). ſtat. mulhuſ. (Grashof orig. mulh. p. 232). pro excol. 1, 384. 390. 417. 418. [Leibzeichen iſt *der rechten hand vorderfinger.* Herzogenauracher verz. bei Cramer nebenſt. 56, 112. 120.] Im Reineke de vos 1, 4 tragen häne die *ermordete henne* auf einer bahre vor gericht, *wach und we* rufend; 2, 1 bringt ein *vogel federn* von ſeinem getödteten weibe als wahrzeichen vor gericht; [vgl. Rupr. p. 83.] Eine merkwürdige ſtelle bei Feſtus ſ. v. membrum lehrt auch übereinſtimmung altrömiſcher ſitte: *membrum abſcindi* mortuo dicebatur, cum *digitus* ejus decidebatur, *ad quod ſervatum* juſta fierent reliquo corpore combuſto.

IV. *Verurtheilung.* Einem verbrecher ſchwere ſtrafe zuerkennen hieß ihn verzählen, ahd. *firzellan*, altſ. fartellan (Haltaus 1916); ahd. *firtuoman*, altſ. fardômjan; [goth. *afdômjan*, verurtheilen u. verfluchen; altſ. *âdêlien te dôde.* Hel. 154, 16;] ahd. *firwâȥan*, mhd. verwâȥen, [mnl. verwaten. Reinaert 2724;] ahd. *firtuon*, altſ. farduan [1]); ahd. *firſcaltan* (ze tôde verſcalten. N. Bth. 28, [unferſcalten. N. pſ. 36, 33]); [mit urteile verſchieȥen. Servat. 1204;] goth. *gavargjan* (oben ſ. 733); [agſ. *vergean* maledicere.] Der verurtheilte hieß *firzalt*, *firtuomit*, *firwâȥan*, *firtân*, [altſ. *âfêhid.* Hel. 43, 13, ahd. *bewiſen.* N. pſ. 108, 7 (condemnatus). Bth. 62 (miſer), *biraſet* damnatus eſt.

[1]) [iſt *verſchuof.* paſſ. 188, 30 verdammte oder richtete hin?]

Schm. 3, 124,] auch wohl firgrifan (altſ. fargripan). Letzteres vielleicht, weil das urtheil mit *mund* und *hand*, mit *zunge* und *fingern* gefällt wurde [oben ſ. 141. 732]. Die ſchöffen *hoben* dabei *ihre finger auf*, verzellen mit fingern u. mit zungen, verzellen uf ſinen hals. Freiburger ſtadtr. cap. 5; uf dem gerichte *mit der freier hant verzalt* werden. Beltheimer w.; auch als dicke als man *virzelens* not hat, ſo ſal der greve mit ime brengen die *frie hant* (freie männer zur urtheilsfindung? oder den ſcharfrichter?) uf ſine koſt. Münſtermeienf. w. Ebenſo muſte auch die aufhebung der bannſtrafe (der verfeſtung) unter der nämlichen form geſchehen: ſo ſal ime die richtere u. dat lant ut laten *mit vingere* u. *mit tungen*, als man ine in die veſtinge dede. Sſp. 2, 4. [Ein *aufſtehen* der urtheiler beim verkünden der acht:

og op da ſtod den kongens lehnsmand. . . .
og op da ſtode de ſandemänd tolv,
de ſvore mig freden fra. danſke viſ. 4, 41.]

Verurtheilungs*formeln* ſind oben ſ. 40. 41 mitgetheilt; [nach ſolchem klopft der zenner (centenarius) abermal an die lanze dreimal, rufet wie zuvor: hör hör hör du ſchuldiger menſch, der du hier zugegen ſteheſt, ich gib dich zu löſen uf ſilber und uf gold oder uf ſichere bürge. hierauf ſchweigt der zenner ein wenig ſtill, ſpricht hernach: ach will dich niemand erlöſen, ſo erlös dich gott der allmächtige! klopfet abermalen dreimale an die lanze und ſpricht das urteil aus. Wehner ed. Schilt. 222[b] (vgl. oben ſ. 347).] Ein verurtheilter mann verlor das recht, einen andern freien zu belangen: wir Adolf von gottes genaden
882 römiſch künig allewege ein merer kunden an | dieſem brieve, daȥ unſer lieber furſte Boemunt der erzebiſchof von Triere kom fur uns, do wir ze gerichte ſaßen unde gerte ze ervarnde an einem gemeinen urteile, ſwa ein *verzalt man* were, der vor gerihte wolt clagen, ob man dem rihten ſol oder nicht? da wart vor uns erteilet mit geſamenter urteile, *daȥ man keinem verzalten man rihten ſol.* were aber jeman, der gerihte vordere *uber den verzalten man*, ſo ſol man dem clager gerihtes helfen uber den verzalten man alſe reht iſt. Günther 2 nr. 375 (a. 1297). [Altn. hieß der verurtheilte *ſekr* (ahd. ſahhi?), vard ſekr â þingi. Laxd. 180. 226; ſekr â alþingi. Finnb. 334; gera ſekjan ſkôgarmann. Ol. Tr. 2, 172. Laxd. 250; ſekr för-

baugsmadr. Ol. Tr. 2, 207 (vgl. oben f. 733. 737); die verurtheilung *fekt.* Ol. Tr. 2, 207, *mannfektir.* Laxd. 228.] — Über einem zum tod verurtheilten wurde der *ftab zerbrochen* (oben f. 135), vgl. Haltaus 1714; [*das ftäbel ift fchon gebrochen.* Abele unordn. 1, 19. Beim urtheil wird ein *waßerzuber umgeftoßen.* weisth. 1, 819; die fchöffen *fpeien aus.* Wigand feme 434.

*Begnadigung.* Des *fronboten recht* ift der zehnte mann den man verurtheilen foll um unthat, daß er ihn *löfen* mag. fchlef. landr. b. Böhme 5, 56. Sfp. 3, 56. Swfp. 107. Clofener p. 79. Haupt 4, 579. Eine *jungfrau,* die den miffethäter *heirathen* will, kann ihn dadurch vom galgen *löfen* [1]). Abele unordn. 1, 310. 311. cout. anglaifes 2, 158. Carpentier f. v. matrimonium. Eifenhart 440; daer nae foe mach denn dieff verantworden eene mundeloes *maechdekin,* dat is die vaeder noch de moeder enheuet, die mach denn dieff nemen toe enen echten mann, dat is tot enen voermunder . . . . . foe is die deef vry daer mede ende quith. Richthofen p. 410 not. 4. Der burfch befreit durch heirath die kindsmörderin. Strobel franz. volksl. 1, 108. Bei den alten an etlichen orten, wie noch itz und irgendwo in der Schweiz ift bräuchlich gewefen, wann des landvogts frau oder fonft eine andere *ehfrau, fo fieben föhne nacheinander gehabt,* den ftrick abfchneidet, alsdann wird der verdammte erlöfet. Speidel nr. 57 und daraus Schottel deutfche fprache p. 618. — Die einwohner von Coventry waren in eine fchwere ftrafe verfallen. Die gemahlin herzogs Geoffrey von Mercia unterwarf fich einer bedingung unter welcher die leute begnadigt werden follten, *nackend von einem ende der ftadt bis ans andere zu reiten.* Sie ließ den einwohnern bei lebensftrafe verbieten, am fenfter zu erfcheinen, hüllte fich in ihre langen haare und vollbrachte den ritt. Ein neugieriger becker wurde mit dem tod beftraft. Zur gedächtnis der begebenheit wird einen beftimmten tag im jahr die bildfeule der herzogin reich gefchmückt vom volk durch die ftraßen getragen und ein bild des beckers

---

[1]) [darauf gründet fich der fchwank von dem dieb, den eine alte jungfer zum ehmann nehmen will, er fieht fie an, und erfucht den henker, ihn lieber zu enthaupten. Burc. Waldis 308a-309a. zeitvertreiber p. 205. Gellert 1, 200.]

an das nämliche fenſter, wodurch er geſchaut hatte, geſtellt. Lichtenbergs ſchr. 4, 534-37, etwas anders erzählt bei Abele gerichtsh. 2 nr. 140. In einem öſtreich. volkslied:

ach herrn, ach liebſte herren mein,
gebt mir zu erlöſen mein liebſtes brüderlein;
ich will euch geben viel ſilber und gold,
wie mirs mein vater hinterlaßen thut.
kein ſilber und kein gold das nehmen wir nicht,
außer *ihr laufts neunmal nacket um den ring*,
ja neunmal nacket um den ring,
ſo könnt ihr erlöſen eurer mutter ihr kind.

Bei Meinert volksl. p. 41. 42, vgl. 435, erlöſt die ſchweſter den bruder, indem ſie *dreimal nackct um das galgenhaus lauft*, vgl. Hoffm. ſchleſ. lied. p. 16. Bei Hammer roſenöl 2, 200 wird die buße auferlegt, *ſich nackt auszuziehen und dreimal die runde des innern burghofes zu machen.*]

V. *Hinrichtung.* Strafen zu vollſtrecken ſcheint urſprünglich nicht das amt beſtimmter leute; wie die *gemeinde* ſelbſt das urtheil fand, muſte ſie auch an deſſen vollziehung hand legen oder ſie etwa dem kläger und ſeinem anhang überlaßen. Noch im jahre 1524 brachten die dietmarſiſchen bauern den zum tode verurtheilten Heinrich von Zutphen ſelbſt um, de wile *dat land nenen ſcharprichter heft*, ſagt Neocorus 2, 26; [*jeder ſchöffe* muß einen enthaupten. Guben p. 8.] Von hinrichtungen durch den *kläger* gibt es mehrere beiſpiele [Kloſe Breslau p. 59-62], dahin gehört der fall von Winido in der viſio Godeſchalki p. 599 (oben ſ. 688), von dem wolf und bären im Reineke vos, vgl. Dreyer p. 181; zu Buttſtädt in Thüringen enthauptete im jahr 1470 der älteſte agnat des ermordeten den mörder. Joh. Seb. Muller ann. ſaxon. ad a. 1470; in Friesland hieng der beſtolne den dieb auf (Wiarda zu lit. Br. p. 113); über Schweden ſ. Calonius p. 86; [ſi rapta (vidua) in confeſſione ſua dixerit, quia ſit ſine ejus voluntate, tunc ſtatim eidem rapienti citato *ipſamet caput tenetur amputare* et redire ad dotem ſuam. böhm. gerichtsordn. um 1300. Heidelb. jb. 1829 p. 155; ſieh auch oben ſ. 691 nr. 6.] Todesſtrafen insgemein waren je früher je ſeltner; einzelne ſetzen ſogar die theilnahme des ganzen *volks-*

*haufens* voraus, namentlich die ſteinigung, das pfalwerfen, das ſpießrecht (ſ. 689. 691. 694); ſo wie beim erſchießen noch heute der miſſethäter durch die hand ſeiner genoßen, nicht des henkers fällt.

Gleichwohl iſt nicht zu bezweifeln, daß auch ſchon im alterthum meiſtentheils der gerichtsbote die hinrichtung beſorgte. Dahin führen ſelbſt die namen *ſcarjo*, *wîȥinari*, *wîȥiſcalh* (oben ſ. 766), die mit ſcara, harmſcara, wîȥi zuſammenhängen. Scherge und fronbote waren angeſehne leute, welche des richters bann verkündigten, vgl. Haltaus 1613; daß noch im mittelalter *ſchergen* den übelthäter aufhiengen lehrt eine ſtelle im Parc. 445, 2; [nach Sſp. 3, 55 § 2 vollzieht der *fronbote* die ſtrafe an den ſchöffenbaren.] Vielleicht unterſchied man allmälich den | ſchergen für blut und halsgericht vom gewöhn- 883
lichen fronboten in civilſachen. Ich finde auch die benennung *wîȥegære*. Barl. 121, 21. 125, 33, [*wîȥenære*. Krone 2116;] *ſchürphære*. Martina 58ª (von ſchürfen, cudere, ignem excudere. Iw. 3905. N. 28, 11, der den holzhaufen zum verbrennen anſteckt?); [*fiurſcurigi* furcifer. Diut. 2, 320ᵇ henker oder ſchelm? *ſcurgo*. Graff 6, 542; *ſchuntære*. todes gehügede 894;] *hâher* (ſuſpenſor). MS. 2, 1ᵇ. 2ᵇ. Haltaus 780. *Stempfel* mit ſinem ſwerte breit. MS. 2, 2ᵇ mag des eiſenacher henkers eigenname ſein, auch Joh. Rote ſagt: ſtemphele, alſo hieȥ zu deme male der *femer;* ſtampf (pila) iſt kein peinliches geräth [1]). Jüngere namen ſind *henker* [Dioclet. 1591], diebhenker, *nachrichter*, *ſcharfrichter*, *ſtocker* (ſtockknecht, der in den ſtock ſetzt; im münſtermeienf. w. heißt es: und ſal der grefe einen *ſtucker* mit ime brengen uf ſine koſt, uf daȥ man dem lande von dem miſſetetigen menſchen richte [2]); [bei Kindlinger hörigk. 576. 578 wird der *ſtocker* zum verrichten geholt und bekommt zwei handſchuhe]); [*ſtrefere*. thür. ſächſ. verein VII. 3, 97 (a. 1453),] *meiſter*, meiſter Peter (Joh. Müller Schweiz 5, 198. 322), meiſter Hemmerlin, *angſtmann;* [öſter. *freimann*. Abele unordn. 5, 212. Schm. 1, 608. 609. Lebers zeughaus p. 470; andere namen Rezatkr. 2, 22. Der gehilfe des henkers hieß zu Nürnberg *löw*.

---

1) [doch ſieh Maßmann denkm. 109 *ſtampf* u. ſlegel.]

2) [nach Lang bair. jb. 330 darf der vogt *keinen ſchergen* haben.]

Jäger jur. mag. 1, 329 (a. 1483), *lewe.* eichſt. hexenproc. p. 23. 53. 110, vgl. Schm. 2, 528 (zu goth. lêvjan tradere).]

Weil aber zu ſchergen und gerichtsdienern *unfreie* leute genommen werden konnten, alſo die hinrichtung in *knechtiſche* hände zu fallen pflegte (vgl. Calonius p. 85, [auch Ol. helg. c. 126 at *þrælar* fœri med vegandann ok dræpi hann]), weil es natürlichem gefühl widerſtrebte, daß ſich ein menſch dazu hergab und gleichſam ſein geſchäft daraus machte, andere ums leben zu bringen; ſo trennte ſich mit der zeit das amt des henkers von dem des gerichtsboten und jenes ſank in nicht ungerechte verachtung. Jede ſtrafe, die der henker vollzog, verunehrte, jede berührung von ſeiner hand beſchimpfte; der hurenſon der henker heißt es in den augsb. ſtat. (Walch 4, 101); man mied ſeinen umgang, bei der austheilung des abendmals muſte er zu allerletzt nehmen. Nur *in nothfällen*, wenn der ſcharfrichter mangelte, oder nicht allein fertig werden konnte, trat die *verbindlichkeit der gemeinde* hervor, hilfe zu leiſten und ſie muſte alsdann förmlich von ihrem richter aufgefordert werden. Als ein pferdedieb gehangen werden ſollte und Baſel *den henker nicht leihen wollte*, haben alle Prateler hand anlegen müßen, denſelben inner dem etter *an einem nußbaum* aufzuknüpfen. ausſage eines 100 jähr. mannes von Pratelen a. 1458 (Joh. Müller 4, 460). Item wir weiſen, wann von nöthen iſt, galgen, leiter u. räder aufzurichten, ſo ſoll der *nachrichter* am erſten, nach ihme der *waſenmeiſter* angreifen, darnach der centgraf im namen unſers gn. h. mit anlegung der hände denen *centmännern* befehlen,
884 daß ſie mit angreifen u. ſolch ge- | richt ufrichten helfen müßen. Arheilger w.*). Aus ieglichem haus zu Polch einen *mans-*

---

*) mehrere weisthümer beſtimmen genau die art und weiſe, wie jedes dorf des gerichts zu den peinlichen koſten beitragen ſoll. Und wan der greve van Wiede einen misdedigen menſchen wil doin richten uf even felt, ſo ſulen die napern von Irlich eine *ſeille* ader *ratt* dazu geben. Irlicher w. Item han ſie zu rechte gewiſet, das der galge ſten ſulle uf einer ſtat zu Keuchen gelegen, genant der *galgengroedt;* item han ſie mit dem urteil gewiſet, das man das *holze zum galgen* hauwen ſol in der zweier probiſte welden, Ilwenſtad und Nuonburg, die daſelbs im gerichte gelegen ſin; item han ſie mit dem orteil gewiſet, das die von Ilwenſtad ſollen laßen den *galgen hauwen*, bereiden u. füren an ſin ſtat, da he

*menſchen* ſchicken uf | den tag der ambtman den misthäter 885
richten wil u. wan man in gericht hait, ſo mag mallich ſeinen weg gain. Polcher w. Zuweilen wird es als altes vorrecht der

---

ſteen ſol u. davon han die vorg. von Ilwenſtad die freiheid, das ſie jerlichs keine greffenhafern nicht geben; item ſo han ſie mit d. o. gewiſet, das die von Helbergen ſollen *den galgen ufheben* u. davon ſo hand ſie ſolich friheid, das ſie keine greffenhafern geben; i. h. ſ. m. d. o. gewiſet, das die von Carben ſollen des *gerichts knecht halden*, davon ſin ſie auch des greffenhafern fri; i. h. ſ. m. d. o. gewiſet, das des gerichts knecht ſol *den henker beſtellen*, ſo ſol der oberſte greffe mit macht des landes den geleiden dar u. wider heime u. *hette der knecht des henkers nicht, ſo ſöl er das ſelbs tun* u. das gemeine gerichte ſol dem henker lonen. Keucher w. a. 1439. Lorſch iſt ſchuldig, das *hochgericht*, *rad*, *prechen* u. ander zugehör *verfertigen* zu laßen; Fehlheim muß den *ſchöpfenſtul* machen u. ſaubern laßen, auch das *hochgericht*, wann ſolches gemacht iſt, zu Lorſch zu *holen* u. auf den platz zu liefern. die koſten der aufrichtung tragen ſämtliche centverwandten außer Lorſch und Fehlheim. bei und in deſſen aufrichtung *erſcheinen alle heimbürger aus jedem ort mit ſpießen*. Lorſcher u. Kleinhauſer müßen die *löcher in die erde machen* laßen, das gericht in grund zu ſtellen, die ſechs dorfſchaften nach erhöhtem gericht *die erde beiziehen u. feſt machen* laßen. Starkenburger jurisdictionalbuch b. Dahl p. 104. Item weiſt der bergſchöpf zu recht, daß die von Jugenheim den *ſtock* ſollen *halten*, die von Scheim ein *holz zu dem ſchöpfenſtul* geben, die von Beerbach, Alſpach u. Bickenbach auch ein holz, die von Malchen ſollen die *leitern* machen, die aus dem Hänlein *das rad ſtützeln*, die von Staffel den *galgen machen und ufrichten*. Jugenheimer w. Zu Berncaſſel muß der hochgerichtsamtmann den *ſchnappgalgen* aus dem burgwald *machen* laßen. die von Berncaſſel u. Monzelfeld müßen denſelben *aufrichten*. den wied am galgen machen die von Monzelfeld, ziehen den galgen herunter u. feſtigen ihn mit der wied. die von Emmel bringen die *eichene wied* u. den *hagedornen knebel* zum ſtrangulieren, liefern ſolche an den *ſteil*, dahin der arme menſch im *warf* geſtellet u. peinlich angeklaget wird, auch *lohnen* die von Emmel *dem ſcharfrichter*. der bot aus der grafſchaft Veldenz bringt *kamm*, *ſcheer* u. *beſen* und ſteckt ſolche an den *ſteil* im *warf* bei die eichen wied. die von Lunkumb müßen den *warf* u. das *geſtüle am hochgericht* machen, darin ſollen ſtehen die von Berncaſſel und Monzelfeld. die von Gonzerad müßen *ſeßel* u. *kiſſen*, darauf der zenner von Licht im *warf* ſitzet, darbringen u. ſtellen, auch den *misthätigen menſchen*, ſo einer *vom hochgericht abfällt*, von ſtund an *begraben* u. *wer der letzte dazu kommt ſoll ihn in die kaule werfen*. Wehner ſ. v. hochgericht. Man vgl. auch Bretzenheimer w. § 50-53. [Hernbreitinger w. (a. 1460. 1499).]

gemeinde dargeſtellt, ſich durch ſelbſtexecution der förmlichkeit des landgerichts überheben zu dürfen: das dorf Wieſenbrunn in Franken, amts Caſtel, hat aus alter gewonheit das recht, daß deſſen inwohner einen dieb dem landgericht nicht einliefern dürfen, ſondern ihn *an einen baum* aufhängen u. *alle inwohner* müßen dabei *an den ſtrick greifen.* Abele gerichtshändel 2 nr. 105. Bekennet er dann, ſo führet man ihn aus zu dem gericht auf den berg genant Exenbuwel, alsda ſoll ein ſteil ſtehen mit einem arm, dann ſoll die *gemeinde* dem miſſethätigen den ſchlopf in den hals thun, unter einem mantel (capite operto) u. *das ſeil gengt u. gemeinlich zuſammen über ziehen* u. das ſeil um den pal winden, der unterm ſeile (ſteile?) ſtehen ſol u. alſo den miſſethätigen würgen laßen. wannehr aber die gemeind nicht ſelbſt handthätig gern wird, müßen ſie zu Echternach erwerben, daß auf ihre koſten der *ſcharfrichter* ihnen ihrentwegen richte. Dreißer w. Und is dit antiquitus geweſt u. in Jütland u. Ripen under 90 jahre, *dat men keen fronrichter gehatt,* den gebundenen deef up eenen flecke, de uppe des wagen ledder gelegt geweſt is, de deef uprichtig ſtaende geſtellet is und *de bunde* (coloni), ſo ehme gegrepen, ehm dem deef *dat ſtrick umme den hals leggen*, und ein ieder *hardesman dat ſtrick anrören* möten, und is faſt an dat holt gemakket u. hebben io jede u. alle erdenſödekens und ſteene genamen, up de peerde, ſo vorn wagen ſtunden und den galgen geföret hadden, geworpen, dat de peerde mit den wagen weggegahn u. de deef alſo behangen bleven is. Blaſius Eckenberger zum flensburger r. (Weſtphalen mon. ined. 4, 1937).

An einigen orten (z. b. in Reutlingen) wurde dem *unterſten ſchöffen*, an andern (z. b. in fränkiſchen gegenden) dem *jüngſten ehmanne* die hinrichtung aufgetragen: de de jüngſte ſi in der
886 boelſchaft to echte. ſtat. ſon- | derburg. art. 32, vgl. Dreyer zu Rein. vos p. 179; [bei Abele gerichtsh. 2, 256 richtet der *jüngſte rathsherr* hin.] Eigenthümlich war der gebrauch, mehrere verurtheilte *an einander ſelbſt* die ſtrafe vollſtrecken zu laßen, ein altes beiſpiel gewähren ſchon die capitularien: conſpirationis adjutores nares *ſibi invicem* praecidant, capillos *ſibi viciſſim* detondeant. Georg. 698 [MG Capitularia I p. 124]. Bei zahlreichen hinrichtungen wurden einige übelthäter unter der be-

dingung begnadigt, daß ſie die übrigen vom leben zum tode brächten. [Abele unordn. 1, 97. Vornehme hinzurichtende geben dem ſcharfrichter, wenn ſie das haupt auf den block legen, jedesmal durch bewegung mit den händen ein zeichen, wann er den ſtreich verrichten ſoll; auch kaufen ſie ihm mit einer hohen ſumme ihre kleider ab. So in England im 17. jh.] Daß hinrichtungen *vor ſonnenuntergang* geſchehen muſten, iſt ſ. 816 geſagt, Renaut ſera pendus *ainz le ſoleil reſcons.* rom. de Renaut 106[c]. 110[b]. [Ferabras 1979-82.

*Überſchnelle execution* in dem Clagenfurter gebrauch, den dieb erſt zu henken und dann zu unterſuchen: ſi quis in furti ſuſpicionem inciderit, mox captus laqueo ſuſpenſus vitam finit. ſumpto ſupplicio, poſt triduum de ſuſpicione judicant. ſi reus fuerit, pendere cadaver infame ſinunt, donec ſua ſponte decidat. ſin minus, depoſitum in cemeterio condunt, et juſtum funus e publico faciunt. Melander joc. 1, 274, vgl. Abele gerichtsh. 2, 219.

*Henkersmahl.* Die letzte mahlzeit des armen ſünders vor der hinrichtung pflegt reichlicher beſtellt zu werden. Die ſtadt Schwarzach in Franken hat ein centgericht, welches ſie im freien felde halten und im gebrauche haben, den armen ſünder den tag vor der hinrichtung mit einem *grünen ſpinatbrei* und *gebackenen fiſchlein* zu ſpeiſen, ſollte auch der winter noch ſo hart gefroren ſein. M. A. Paſtorius Franconia rediviva 1702. p. 429.

*Ort der hinrichtung; panôno ſtat.* Diut 1, 514[b]; *hamalſtat,* von hamalôn mutilare. T. 202, 2. a. w. 3, 217; *gibilla,* calvariae locus. Diut. 2, 287[a]; ſchweiz. *hauptgrube, köpflerplatz.* Stalder 2, 26. Wohl häufig eine offene *anhöhe,* an der heerſtraße, wegſcheide: ind ſal den misdedigen man nemen ind in voeren up den *berg* de genant is wolfgroive ind ſal van deme (? leven) da doin richten. Keßlinger w.;

ſur un haut *mont* en un rocher
fet li rois les forches drecier. Ren. 11095.

Auf dem meeresſand. l. Friſ. addit. tit. 12 [11] (oben ſ. 708). Im Norden eine *inſel, hôlmr:* ſâ hôlmr var hafdr til þeſs, at drepa þar þiofa ok îllmenni. Ol. Tr. 1, 218. — Bei aufrichtung eines hochgerichts zu Neuſtatt 1752 ritt der ſtadtrichter dreimal darum und that drei ſchläge an das thürel: beim erſten ſchlag ſprach er: du biſt frei; beim zweiten: redlich; beim dritten: tüchtig! öſtr. archiv 1831. urk. bl. nr. 3 p. 12.]

VI. *Freiſtätten.*

Der verurtheilte oder unverurtheilte, angeklagte oder unangeklagte verbrecher konnte ſich vor der verfolgung des gerichts oder der fehde ſeines gegners friſten durch die flucht an einen geheiligten ort. Er war augenblicklich und eine beſtimmte zeitlang gerettet, keiner durfte es wagen ihn zu verletzen und gewaltſam wegzuführen. Ein ſolches *ἄσυλον* hieß nun *freiſtatt*, *freiheit*, *freiung*, *immunitas*, *friedſtatt*, [*vrideſtat.* MS. 2, 220ª,] agſ. *friđhûs*, *friđſtov*, altn. *griđaſtadr;* [(daȥ aſilum) freidên ze gniſte. N. Bth. 163;] dunkel iſt mir noch eine ahd. benennung *lotſtat.* gl. ker. 21. Diut. 1, 144 (lôtſtat? aber lôt bedeutet plumbum, und an lôt für alôt, vgl. oben ſ. 493. 494, läßt ſich kaum denken; [wohl *ainlôt* ſtat]).

1. zufluchtsort waren gewis ſchon im heidenthum die heiligen haine, altäre und tempel der götter*); nach der bekehrung waren es *kirchen* und *klöſter*. [Ad *baſilicam* S. Martini . . . *confugium* faciunt (Brunichild u. Meroveus). Greg. tur. 5, 2; Meinwerk baut eine *capelle* zum *aſyl* für verbrecher: capellam . . . in commemoratione b. Alexis tali jure miſericordiae dotavit et inſignivit, ut quicumque forenſi lege convictus et ſententiae damnationis addictus capellam contigiſſet, addictae poenae obnoxius non eſſet. acta ſanct. jun. tom. 1, 537ª. Lex Sax. 3, 5 [28] beſtimmt: capitis damnatus . . . . ſi *in eccleſiam confugerit*, *reddatur.*] Die fränk. capitularien verordnen: ut omnes *emunitates* per univerſas eccleſias conſervatae ſint. Georg. 521 [MG Capitularia I p. 33]; ut homicidae vel ceteri rei, qui legibus mori debent, ſi *ad eccleſiam confugerint* non excuſentur, *neque eis* ibidem *victus detur.* Georg. 543. 1450 [MG Capitu-

---

*) das daſein heidniſcher tempel mindeſtens in Sachſen bezeugt der eingang des capit. de partibus Sax.: ut eccleſiae Chriſti, quae modo conſtruuntur in Saxonia, non minorem habeant honorem, ſed majorem et excellentiorem, quam *fana* habuiſſent *idolorum.* Für Friesland vgl. addit. ſapient. tit. 12 [11].

laria I p. 48. II 2 p. 55]; ſi quis *ad eccleſiam confugium fecerit, intra ipſius atria eccleſiae pacem habeat*, nec ſit ei neceſſe eccleſiam ingredi, et nullus eum inde per vim abſtrahere praeſumat, ſed liceat ei confiteri quod fecit et inde per manus bonorum hominum ad diſcuſſionem in publicum producatur. Georg. 659. 1320. 1427 [MG Capitularia I p. 113. 411. II 2 p. 50]; ſi quis *confugium fecerit in eccle-* | *ſiam*, nullus eum 887
de eccleſia per violentiam expellere praeſumat, ſed *pacem habeat usque dum ad placitum praeſentetur* et propter honorem dei ſanctorumque ipſius eccl. reverentiam concedatur ei vita et omnia membra, emendet autem cauſam in quantum potuerit et ei fuerit judicatum. Georg. 579 [MG Capitularia I p. 68]; reum *confugientem ad eccleſiam* nemo abſtrahere audeat neque inde donare ad poenam vel ad mortem, ut honor dei et ſanctorum ejus conſervetur. ſed rectores eccleſiarum pacem et vitam ac membra eis obtinere ſtudeant, tamen legitime componant, quod inique fecerunt. Georg. 1444 [MG Capitularia II 2 p. 54]; ſi quis vim a perſecutoribus paſſus fuerit ſuſcipiatur, et requiem inveniat, ad quamcunque *eccleſiam* venerit. Georg. 1520 [MG Capitularia II 2 p. 76]; ut eos timoris neceſſitas non conſtringat *circa altaria* manere et loca veneratione digna polluere, *depoſitis armis* qui fugerint. quod ſi non depoſuerint, ſciant ſe armatorum viribus extrahendos. et quicunque eos de porticibus et de *atriis* et de *hortulis*, de *balneis* vel de *adjacentiis eccleſiarum* abſtrahere praeſumpſerit, *capite puniatur*. Georg. 1652 [MG Capitularia II 2 p. 113]. Alſo nicht bloß die kirchen, ſchon ihre vorhöfe und gärten retteten den verfolgten, aber ſeine waffen ſollte er niederlegen und keine nahrung empfangen, ſo daß ſein aufenthalt in den heiligen mauern nicht von langer dauer ſein konnte. Auch die ſpäteren bei Haltaus 498. 499 angezognen beiſpiele ſetzen keine friſt nach tagen, wohl aber thun dies die augsb. ſtat.: daȥ *cloſter* ze S. Ulrich hat daȥ reht, waȥ ein man tuot, der da geflohen kumt, *als er uf die gred kumt*, ſo ſol er fride haben u. hat daȥ cloſter in gewalt ze behalten *dri tage*. Walch 4, 33 [augsb. ſt. bei Freyberg 27. 28]*).

*) kaiſer Albert beſtätigte 1299 dem erzbiſch. v. Cöln das recht, jedem im herzogthum Weſtphalen zum tod verurtheilten auf *ſechs wochen*

Hier noch andere belege ohne zeitbeſtimmung: ſwenne iemen den anderen ze tode ſlug oder in wundete, das man deme numme
888 nachvolgete denne unze *an des ſpittals tor*, | ob er entran in den ſpital. Schöpflin nr. 759 (a. 1288); ob das wer, daß einer ſchuldig wurd von eins todſchlags wegen, wenn der in unſer *cloſter* komt, der ſol frid darinnen haben, als unſer freiung herkommen iſt. MB. 10, 372. Jefther en mon *flucht inna tha kerka* and tha fiwnt hine theron gelath, althet hi thenna birened werdeth, thet lidze gersfelle. wirgathma hine theron, ſa jeldema hine *mith fiftehalve jelde*. nel hi thenna naut of unga, ſa tha fiund fon gungath bi helgena monna and bi redjevena worde, ſa reſze hi alſa ſtor, alſa thi ther tha kerka bifeth. lit. Br. 217. Homo faidoſus *pacem habeat in eccleſia*, in domo ſua, ad eccleſiam eundo, de eccleſia redeundo, ad placitum eundo, de placito redeundo; qui hanc pacem effregerit et hominem occiderit, novies XXX ſol. componat. l. Friſ. addit. ſap. 1, 1. Die Angelſachſen bewilligten dem flüchtling größere oder kleinere friſt, je nachdem er in die kirche und zu vornehmern, oder zum abt und zu geringern entronnen war: gif hvylc þeof odđe reáfere geſôhte þone *cyning* odđe hvylce *cyrican* and þone *biſcop*, þät he häbbe *nigon nihta firſt*. and gif he *caldorman*, *abbud* odđe *þegen* ſêce, häbbe *þreora nihta firſt*. l. Äthelſt. 2, 4. 5 [VI 4 § 1]; gif hvâ þära *mynſterhâma* for hvilcre ſcylde geſêce, þe ne cyninges feorme tô belimpe odđe oderne frio ne hŷred, þe ârvyrđe ſî, âge he *þreora nihta firſt*, him tô gebeorganne, butan he þingjan ville. eác ve ſettađ *æghvilcre cyrican*, þe biſceop gehâlgode, þis friđ, gif hi gefâhman geyrne odđe geärne, þat hine *ſeofon nihtum* nân man ût ne teo. l. In. 5 [l. Älfr. cap. 2].

---

*das leben zu friſten.* Kindl. 3, 261. Ein cölniſcher, des mords eingeſtändiger, miniſterial wurde in die gewalt des erzbiſchofs gegeben, muſte ſtets im gefolge bleiben, durfte aber nicht vor ſeinen augen erſcheinen: poſtquam occiſor in poteſtatem domini judicatus eſt, ſequetur dominum ſuum omni tempore, quocunque dominus ierit cum tribus equituris et duobus ſervis, ita quod nullo tempore ſe conſpectui domini ſui ſponte oſtendat, niſi forte inſcienter vel in via, ubi dominus ex inopinato per viam, quam venit, ſubito revertitur. victualia et pabulum ſibi et duobus ſervis ſuis curia ei providebit. Cölner dienſtmannenrecht. Kindl. 2, 73.

2. einer freiſtätte in den *wohnungen der könige* und *fürſten* erwähnen die ebenangeführten agſ. geſetze, nicht die fränkiſchen capitularien. Schutz und rettung muß aber ihre nähe und gegenwart auch in andern deutſchen ländern gewährt haben, überall ſicherte ſie freies geleit. Verwieſene durften ſich ungeſtraft in die heimath begeben, wenn ſie *das kleid oder pferd* des einziehenden königs faßten (oben ſ. 265. 739). Dieterich führt Chrimhilde und Etzeln *unter ſeinem arm* ſicher aus dem kreiß der feinde. Nib. 1932. Im Rienecker w. heißt es: auch haben ſie getheilt und theilen, ob derſelben freien leut einer oder mehr oder ein edelmann flüchtig wurde *unter eins hern von Rieneck rechten arm*, derſelbe hat auch *frid u. gelcit* gleicherweis als in dem freihof ohn geverde. | — [Aſyl ſind gewiſſermaßen die *ſtädte* des mittelalters, welche den fliehenden knecht aufnehmen, oben ſ. 337. Unweit Eger liegt der marktflecken Hohenberg, mit einem ſchloß auf ſteiler anhöhe. Sein *freiheitsrecht* wird durch vier *gleitsſeulen* angedeutet, die eine ziemliche weite vom markte ſtehen. Nähert ſich ihnen ein todſchläger ſo, daß er *ſeinen hut über dieſe ſeulen hineinwerfen kann*, ſo iſt er von der verfolgung des bluträchers frei. Die unvorſätzlichen todſchlag begehen und ſich hierher flüchten, finden (im marktflecken) ſicherheit, ſie dürfen frei aus und eingehen, doch nicht über die gerichtsſeulen. Haltaus 631 (aus Oetter de aſylis).]

3. es gab aber beinahe allerwärts in Deutſchland noch 889
beſtimmte örter, auf deren grund und boden der flüchtige verbrecher ſicher war, ohne daß ſie gerade von kirche oder könig abhiengen [1]); gewöhnlich *einzelne höfe*, *freihöfe*, *fronhöfe*, zuweilen gewiſſe *häuſer*, *äcker* und *gärten* [2]). Dergleichen ſtätten, muß man wohl annehmen, klebte im volksglauben die eigenſchaft eines aſyls ſeit unvordenklichen jahren an; ſie rührte vielleicht noch aus dem heidenthum her und war ungeſtört beibehalten, oft auch von königen und fürſten beſtätigt worden. Diſe *mülen* und ouch der *garte* hant daȥ reht, ſwer drin *ent-*

---

1) [vgl. im pinzgauer diebſpiel den *freiort*, wohin der ſchörg nicht darf.]

2) [bewohner der orte, wo freihöfe waren, hießen *todſchläger*. Frommann 3, 484.]

*rinnet*, den ſol nieman druȥ nemen âne gerihte. Hanſelman nr. 43 (a. 1253); eſt etiam dictis civibus (hersfeldenſibus) conceſſum, quod ſi aliquis ipſorum vel etiam alter homo aliquem hominem occiderit aut in eo gravem fecerit laeſionem et idem percuſſor ſeu laeſor ad aliquam *aream*, quae *vronehobiſtat* nuncupatur, *confugerit* et ſe receperit in eadem, quod nullus officialis noſter vel ipſi cives noſtri hujusmodi laeſorem vel percuſſorem inde extrahere non debeant aut etiam amovere et ejus res mobiles vel immobiles diſtrahi non debeant. Wenk 3 nr. 176 (a. 1285); dirre *hof* (in Gruſenheim) iſt alſo gelegen u. gefriet von kungen u. von keiſern, waȥ ein man het geton uße-wendig des hofes, kumet er in den hof, er ſol fride han u. ſol ime nieman nachvolgen in ubeles wiſe in den hof. wer aber ſo frevel wurde u. ime nochvolgete in den hof, der hette verbrochen eime keiſer vierzig pfund goldes in ſine kamer u. mime herren dem appete ſine ſmacheit u. ſinen ſchaden abe ze rihtende an ſine gnade. Schilter cod. feud. Alem. 369[d]; auch theilten ſie der hubner freiheit, wo einer den andern erſchlagen hette, flöhe er uf der *huben* eine oder uf der *ecker* einen, der in die *hub* gehöret, *den ſol niemand angreifen* weder an ſeinem leib noch an ſeinem gut, es werde dan mit den rechten gewonnen. Dreieicher wildbann; zwei gericht ſind zu allen ungeboten dingen zu Obernaula, das eine uf den montag uf dem berge, ſo ſal m. h. von Ziegenhain den ſtab haben, das ander gericht uf den dinſtag in dem dorfe, mit namen *in den ſmitten uf der friheit*, die von alters wegen von beden hern alſo gefrit ſind, es hete einer hals und heubt verwirkt, queme er darin, er *ſolde fride han*, ſo ſal m. h. von Meinze uf den egen. tag den gerichtsſtab haben. Obernauler w.; ſo weiſen die ſcheffen dem junkern
890 obg. den hof vor einen | *freienhof* u. wehre es ſach, ob einer einen dotſchlag hette gethon und kem er in den vorgen. hof, ſo ſol er *als frei ſein*, *als ob er in einer kirchen wehr oder uf einem kirchof*. Becheler w.; [wer ouch, das dehein man des vogtes ungnade verſchuldet hette mit unzüchten, flühe der ze ſant Märien *in den ettern*, ſo ſol ime der vogt nüt nachfolgen weder ze roſſe noch ze fuße denne unz an den ettern, want das gotzhus von alter alſo gefriget iſt, das man da nieman vahen noch ſlahen ſol. dasſelbe recht hat ouch das gotzhus in ſinem

hof ze Zarten u. in andern ſinen *höfen die ſelguot ſint.* dingr. von Zarten (a. 1397) p. 115; es ſol ouch menglich wißen, das der *ſchutzhoff fry iſt* und die *fryheit* hat, were das ieman dhein unzucht tete, und derſelbe der die unzucht getan hette, in den hof entrinne oder louffet, der ſol guten friden darinne haben. louffet aber ime iemande in den hofe frevenlichen nach, der vervelt dem herren libe u. guot. ſluge ouch einer den andern ze tode, entrinnet der darin, der den ſchaden getan het, der ſol ouch darinne friden han, louffet aber ime ieman darüber in den hof nach, der iſt ouch libe u. guot vervallen, als vorgeſchriben ſtat. Kilchzarter dingrodel; es ſol ouch ze wißende ſin umb die *zwo hoffſtetten*, die do ligent ze Kilchzarten in dem dorfe. man ſol ouch wißen umb die *drü hüſer* die gelegen ſint ze Kilchzarten in dem gerichte, das eine des Suters huſe, das ander Hug Scherers huſe, das dritte des Gloterers huſe. wäre, das ieman in der hüſere deheines entwiche oder entrünne, dem ſol des herren vogt nachvolgen bis an die ſwellen, und ſol in in dem huſe nit vahen, er ſol aber dem huswirt ruffen und ſol den in dem huſe verbieten an der herren ſtat. ſprichet aber der huswirt: nemet in u. füret in, wa ir wellent, ſo mügent ſi in wol nemen u. in berechten, als er denne geworben hette. wolte aber er in nüt herausgeben, ſo ſol er in in dem huſe berechten, das dem gericht noch nieman von im kein ſchade beſchehe. wer ouch in denſelben hüſern geſeßen iſt, den ſol man in den hüſern nüt pfenden, wenne aber er erſt für das tachtrouff uskomet, ſo mag man in wol angriffen als ander lüte, die in dem gericht geſeßen ſint. ibid.; eilf *lehenhöfe* als freiſtätten im Matzendorfer dingr.;] letzlich erkennen die geſchworn dieſen *hof* (zu Godesberg) alſo frei, da einer in unglück geriete u. einen todſchlag begehen würde u. *uf dieſen hof kommen könte*, daß er alsdann *ſechs wochen u. drei tag* freiheit daruf haben ſolle; könte derſelbe nach umbgang ſolcher zeit *uf die freie ſtraße* kommen *drei fueß weit* u. wiederumb ungeſpannen (ungefeßelt) den hof erreichen, ſollen *ſechs wochen u. drei tag* aufs neue angehen. Kindl. hörigk. p. 710. 711 (a. 1577); wir weiſen auch unſers *hern hof* zu Helfant ſo *frei*, *als ein kirch*, alſo da einer das leben verwirkt u. *darinnen kommen könnte*, ſoll er *ſechs wochen und drei tage* ſicherheit darinnen haben u. käme er *fünf ſchritt* davor u. wiederumb darinnen, hätte er abermal ſo lang darin friſt, und könnten ihme die hofleute mit glimpf davon helfen, haben ſie es macht von wegen des herren u. ſo einer den andern im hof verwund, wird unſerm herrn deſſen fauſt zuerkant, ſich darum mit dem hern zu vergleichen. Helfanter w.; wir weiſen auch den hof genant S. *Mattheis hof* zu Nennig *ganz frei* u. hätte einer einen todſchlag gethan oder den leib vermacht (verwirkt), ſoll er *ſechs wochen u. drei tage* frei ſein und wann ſie, die ſechs w. u. dr. t., um ſein, ſoll der arme ſünder *einen ſtein* gegen der pforten des vorg. hofs über *werfen* u. ſo er dahin kommen möchte (wohin der ſtein gefallen iſt) und *über den ſtein drei fuß*, und kann wieder zurück kommen an den hof, ſo ſoll er abermals im hof ſo lang wie vorgemeldt freiheit haben, u. kann oder möchte der hofmann ihme hinweg helfen bei tag oder bei nacht, das ſoll er wegen unſers ehrw. herrn macht haben. Nenniger w. Hierher gehört vorzüglich das beiſpiel von Liechtenſteig, mit *hammerwurf* und *ſechswöchiger* friſt, welches oben ſ. 55. 56 nr. 6 nachzuleſen iſt. Die 40 tage eines w. von Stablo ſind die alten ripuariſchen 40 nächte: item la *franchiſe* de Stavelotz eſt telle, que ſe ung homme avoit meffaict, reſerveirs, ardeurs et mordreurs, que la dite franchiſe le doit *ſuſtenir* XL jours, et ſe droit le delivre, delivreis ſoit et ſe droit ne le delivre, on le doit mettre hors des portes del franchiſe et ſil peult eſchapper, ſe eſcappe. rec. de Stavelot. | [— Im haus und kinderm. 1, 164 ſteht ein häuschen im wald mit der inſchrift: *hier wohnt jeder frei.*]

891 4. freiſtätte auf *gerichtsplätzen* und in *wohnungen der richter*: item ſie haben auch getheilt u. geweiſt, alle die weil die freileut zu Lohr ſind u. des gerichts da warten ſollen, nachdem als ihn verbott iſt worden, were es dann, das unter in ein auflauf geſchehe, ob einer den andern uberlaſte oder wie das cheme, das einer oder mehr flüchtig werden, ſo ſoll der freiſchöff (?) *uffen ſtehen*, ob es demſelben noth geſchehe, das er darin gefliehen mochte u. er dan darin queme, ſo ſoll er *frid* u. *geleid* darinne haben u. ein iglich herr zu Rieneck *das jhar* getreulichen vor inen theidingen, ob er das zu richtung bringen mocht u. ſoll das thun allen meniglichen, mag ers dan nit gerichten, ſo ſoll er denſelben geleiden *ein meil* von der ſtatt ohn

ſchaden, ob ers begerte, ohngeverde. auch haben ſie getheilt, ob es wer das ein edelmann in die freiheit alſo quem, der hat dieſelben recht u. ſoll ein h. z. R. *einen monat* teglich umb in theidingen. Rienecker w. Item der *ſchöffen heuſer* u. *höfe* ſollen auch frei ſein, als das herkommen iſt u. ſchlegt einer den andern zu tode, ſo ſpricht man den freunden das blut u. den herren das gut u. man ſoll die ſache zum hinterſten jargerichtstage verteidigen mit beider herren wißen u. willen uf das lengſt u. darnach nit mehr. und der todſchleger *iſt ſicher in eines jeden ſchöffen hus oder hove, vier wochen u. zween tage* (zweimal 14 nacht) u. kompt er *vier ſchritt über die ſtraß* u. wieder in das *ſchöffenhus*, ſo hat er aber vier wochen u. zween tage freiheit. Biſchheimer w. Aſyle dieſer gattung ſcheinen ſich beſonders in den ſogenannten *freigerichten* (oben ſ. 829), die von keiner fürſtlichen gewalt abhängig waren, zu finden. [Der raſenplatz auf dem acker, wo einer hingerichtet war, iſt freiſtätte. Ettner unw. doctor p. 122. Nordfrieſ. *freiberge*, dahin die übelthäter weiland ſein geflogen und auf denſelben ſicherung ihres lebens haben geſuchet. Heimreich 1, 121, auch in Dietmarſen, vgl. Neocorus 1, 560 und die karte dazu.]

5. in einigen gegenden wurde der hausfriede ſo heilig geachtet, daß ſogar *in ſeinem eignen haus* oder dem *des nachbars* der miſſethäter nicht verfolgt werden durfte. Qui hominem propter faidam *in propria domo* occiderit, capite puniatur. l. Saxon. 3, 4 [27]; ſwer den andern jaget mit gewafneter hant in *eines mannes hus*, *wes daȝ iſt*, ſtehet er nach im *in daȝ biſtal* oder in die *tür* oder in daȝ *driſcufel* oder in daȝ übertür, der hat den wirt geheimſuochet, loufet er aber hin *über daȝ driſcufel*, ſo hat er den wirt vil ſere geheimſuochet. augsb. ſtat. art. 184, [bei Freyberg p. 72; wer dem andern mit frevel in ſein *haus* nachlaufet oder ſein *tropfſtal*, der iſt dem gericht verfallen 72 pfenn. MB. 2, 433 (a. 1440);] ein mörder ſoll in *ſeinem* und ſeines *nachbars hauſe vier wochen* friſt haben. Kopp nr. 11 (a. 1264). nr. 3 (a. 1482). | [Darauf anſpielend ſtellt ſich Eulenſpiegel in ſeines pferdes haut: daß ich nicht anders konnte als mich zwiſchen vier pfäle begeben, darin ich nach dem alten herkommen ſicher zu ſein glaubte, *jeder hat frid zwiſchen vier pfälen.* Eulenſp. ed. 1519 cap. 25.]

892 6. *ſcandinaviſche* aſyle. In der einleitung zu Oegisdrecka heißt es: þar var *griđaſtadr* mikill; mag nun der wohnung des Oegir allgemein oder nur während des angeſtellten gaſtmals dieſe eigenſchaft zuſtehen; [Sn. p. 36: ſvâ mikils virdu godin ve ſîn ok *griđaſtadi,* at ei vildu þau ſörga þâ med blôdi ûlfsins; fornald. 2, 63: î Baldrshaga var *griđaſtadr* ok hof mikit.] Dem fiörbaugsmadr (oben ſ. 736) wurden *drei freiſtätten* zugeſichert, nicht über eine tagreiſe voneinander; auch auf den *wegen* dazwiſchen war er frei, ſo wie *pfeilſchußweit* (nach Grâgâs 240 faden weit) von der freiſtätte und ihren wegen, er durfte aber nicht öfter als einmal monats reiſen. Begegnete er unterwegs andern leuten, ſo muſte er ausweichen, *ſo weit man mit einem ſpeer reichen konnte.* Dieſe beſtimmungen durch *pfeilſchuß* und *ſpeerweite* treffen ſichtlich mit dem *hammerwurf* und *ſteinwurf* der vorhergehenden weisthümer zuſammen und laßen über das hohe alterthum der letzteren keinen zweifel. Der flüchtling, der ſich aus dem freihof auf die ſtraße hammerwurfweit begeben darf, iſt ganz jener fiörbaugsmadr. [Über die heiligkeit des *hausfriedens* beſtimmt die Jarnſida 24 (Norges gamle love 1, 267): ſva er ok mælt, at aller menn ſkulo *fridheilager* vera *heima at heimile ſino.* enn ef bondi eda bonda ſon verdr veginn heima at heimile ſino, . . . þa ſcal þann mann bœta aptr med fe veganda *tvennom giöldom.* Von dem ruſſiſchen königshof heißt es: î Hôlmgardi var ſvâ mikil *fridhelgi,* at drepa ſkyldi hvern, er mann ôdœmdan vâ. Ol. Tr. 1, 80.]

7. vorhin wurde bemerkt, daß könige und fürſten ſchutz gewährten, wenn ſie *unter ihren arm* nahmen, arm und hand bezeichnen protectio. Rettend war aber auch in der ſage die nähe von *königinnen, fürſtinnen,* die *unter ihren mantel* nahmen, ja von *frauen* insgemein, vgl. oben ſ. 160; flüh ein *wolf* (gleichſam ein flüchtiger verbrecher, oben ſ. 733) zuo *frouwen,* ſagt Reinmar v. Zweter MS. 2, 152ᵇ, man ſolt in durch ir liebe lâȥen leben; [gein *wîbes ſcherme* vliehen. Parc. 415, 2.] Die einwohner der gegend von Bareges in Bigorre haben unter andern alterthümlichen gebräuchen den bewahrt, daß jeder verbrecher, *der zu einem weibe flüchtet,* begnadigt werden muß. Fiſchers bergreiſen 1, 60.

---

## CAP. VII. EID.

Durch alle deutſche mundarten, goth. *aiþs*, ahd. eid, altſ. êth, agſ. âđ, altn. eiđr, engl. oath, ſcheinbarer einfachheit halben ein dunkles wort, dem etwa nur, inſofern es den begriff von band (wie *ὅρκιον*) enthielte, die verwandtſchaftswörter goth. aiþei, ahd. eidî (mater) und ahd. eidum, agſ. âđom (gener) zur ſeite ſtehen. Abliegend iſt das ahd. eit, agſ. âd (ignis, rogus). Das entſprechende verbum lautet goth. *ſvaran* (ſvôr), ahd. ſuerjan,
altn. ſverja, nhd. ſchwören und aiþ ſvaran iſt *ὅρ- | κον ὀμόσαι*, 893
[êdos ſuerien. Hel. 45, 18, êthun biſuerien. ibid. 155, 5; bî eide ſwern. MS. 1, 6ª;] beide wörter verbindet das ahd. compoſitum *eidſuart* [Diut. 1, 253] und nhd. eidſchwur, d. h. ein geſchworner, geleiſteter eid, [*ſuartſuerida* jusjurandum. Diut. 1, 228ª.] Außerdem findet ſich ein ahd. *eidbuſt*[1]) und buſt könnte aus biudan geleitet werden, wie qviſt, hlaſt aus qviþan, hladan, [den eit *bieten*. Nib. 802, 2; das verbum *gieitta* (für gieidita) adjuravit. monſ. 360, *eiden* ſub fide jur. adſtringere. Walther 95, 10; feſtar ok *ſœri*. Sæm. 39ᵇ.] Bemerkenswerth drückt in den ſchwed. geſetzen *lag* (lex, jus) oft auch ſo viel als eid aus, es heißt fylla lag, ganga, feſta lag (juramentum praeſtare), biuda lag (j. offerre), [auch dän. *logh*,] wie ſich das lat. jus und jurare berührt. Wie wenn aiþs verkürzung wäre von aivaþs, aivþs und entſprungen aus aiva, ahd. êwa (f. eiwa) lex? [Vgl. auch im Sſp. 3, 71. 1, 48. 2, 12 *recht* für das juramentum, ſacramentum der lat. überſetzung.]

*Eid* iſt die feierliche betheuerung der wahrheit einer vergangenen, der echtheit einer gegenwärtigen, der ſicherheit einer künftigen handlung. Das feierliche beruht aber weſentlich darin, das ein dem ſchwörenden heiliger gegenſtand angerufen und zum zeugen [der wahrheit und rächer der unwahrheit] genommen wird. Wahrheits und ſicherheitseide gibt es noch heute wie ſonſt; echtheitseide ſind jetzt außer gebrauch, waren aber in unſerm alten recht häufig, nämlich bei dem inſtitut der conſacramentalen. Eideshelfer ſchwuren nicht, daß eine that wahr ſei, ſondern daß der, dem ſie halfen, einen echten eid ablege.

---

[1]) [vielmehr eid*burt*. Graff 3, 163.]

Jeder eid muß in lauter formel[1]) *geſprochen* und kann nicht durch ein bloßes ſymbol, ohne worte, abgelegt werden, daher ſich ſvaran (ſvôr) mit ſvaran? (ſvaraida?), altn. ſvara (ſvaradi), agſ. andſvarjan (andſvarode) d. h. reſpondere berührt, vgl. altn. ſvar (reſponſum), ſvardagi (jusjurandum), agſ. andſvar, engl. anſwer; [der beklagte *antwortet* durch den reinigungseid.] Den eid ablegen, abſtatten hieß, außer ſvaran, in der alten ſprache auch *ſaljan*, ſellan, agſ. âđ ſyllan, altn. eiđ ſelja (Sæm. $207^{a}$. $216^{a}$. [$228^{a}$]) und eiđ *vinna*[2]) (Snorra edda p. 64. Sæm. $93^{b}$. $138^{b}$); *leiſten* hingegen wurde von dem halten und erfüllen des geſchwornen ſicherheitseides gebraucht: oba Karl then eid, then er ſinemo bruodher Hludwige geſuor, *geleiſtit;* [den eit *læſen* (halten). Iw. 8047. 8070, wie nhd. ſein wort *löſen*; den eit *enbinden*. Helbl. 2, 1206. 1418. Altn. ſteht dem vinna entgegen das *halda*. Sæm. $176^{b}$, das *efna*. ibid. $179^{a}$; eiđom *þyrma*. ibid.] Bei dem beweis durch reinigungseid finde ich im mittelalter den ausdruck *entführen:* enpfüeren mit hôhen eiden. Nib. 801, 3; he untvort it ime mit ſinem ede. Sſp. 1, 7; vgl. Haltaus 323. [Man ſchwört *ſuìthon* êthun. Hel. 155, 5, mit *ſtarken* eiden. Laber 715, bî dem *hôhſten* eide. MS. 1, $171^{b}$, mit (bî) *tiuren* eiden; ihren *theuren* ſchwur. irrg. d. l. 285, ſchwur *hoch* und *theuer*. ibid. 284; mit *grauſamen* eidſchwüren. Felſenburg 3, 438.] Ein bloßes *gelübde* unterſcheidet ſich vom eid dadurch, daß es nicht auf vergangne, nur auf künftige dinge geht und ohne anrufung gottes geſchieht, ahd. *kiheiʒ*, *antheiʒ* (votum), agſ. gehât, altn. heit; eidliches gelübde (agſ. âđgehât) iſt ein ſicherheitseid; [eine *ſicherheit* hôhe ſtaben. Ben. 426, vgl. 431; auf ſicherheitseide geht die redensart: *ſich mit eiden binden*. Freib. urk. nr. 16 (a. 1265). nr. 58 (a. 1300);] altn. ſagte man *heit ſtrengja*, feierlich geloben, und wir werden ſehen, daß auch die förmlichkeit ſolcher gelübde der des eides begegnet. |

894 A. *Eidſchwörende.* Den eid überhaupt ablegen konnten

---

[1]) [jurantes *conceptis ritu patrio verbis* (von Alamannen). Amm. Marcell. 17, 1.]

[2]) [vgl. den eit *gewinnen*. Freib. urk. nr. 58 (a. 1300) p. 154. Die eide wâren ſchiere *ergangen* (geleiſtet). Wh. 327, 28.]

alle *mündigen* (Haltaus p. 274) und nur durch misbrauch ſcheinen unmündige kinder zum hilfseid zugelaßen worden zu ſein. Im capit. a. 789 § 62 (Georg. 565 [MG Capitularia I p. 58]) verordnet Carl: et ut *parvuli*, *qui ſine rationabili aetate ſunt*, non cogantur jurare, ſicut Guntbodingi faciunt. Daß ſich dies auf conſacramentales bezieht, lehrt l. Burg. 8, 1: ingenuus cum uxore et *filiis* et propinquis ſibi duodecimo juret. Nach der Edda (Sn. p. 64) nimmt Frigg einer kleinen pflanze, weil ſie ihr *noch zu jung* ſcheint, keinen eid ab: vex vidar teinûngr einn, ſâ er miſtilteinn kalladr, ſâ þôtti mer ûngr at krefja eiđsins. Ebenſo heißt es von Guttormr: hann er *ûngr* ok fâz viti ok er for utan alla eiđa. Sæm. 206. [Ecki er þat lög, at krefja *ſvâ ûnga* menn til eiđa. Ol. Tr. 3, 185.] Beſtimmte eide durften nur von freien, *nicht von knechten* und nur von männern, *nicht von frauen* geſchworen werden, wohin namentlich die hilfseide zu rechnen ſind. Der ausnahmen iſt ſ. 861 gedacht. [*Knaben* ſollen der ſtadt ſchwören, *maidlein* geloben. Duellii miſc. 2, 253.] In der *großen anzahl* zuſammen ſchwörender ſah das alterthum keine entweihung des eides, ſondern eine bekräftigung ſeiner heiligkeit, wie des gebetes, wenn viele zuſammen beteten. Bei den hilfseiden ſtieg jene zahl oft in die hunderte (ſ. 863); auch bei wahlen, friedensſchlüßen und huldigungen ſchwur die *gemeinde* und das *ganze volk*. Als die Aſen um Balder ſorgten, nahmen ſie eide von *allen weſen*, belebten und unbelebten, daß ihm keines ſchaden wollte (Sn. 64), ſo wie ſie ihn hernach durch alle weſen aus der unterwelt zurückweinen ließen (Sn. 67. 68).

B. *Anrufung der götter.* Die heiden ſchwuren ſowohl bei*) einem gott, als bei mehrern zugleich. Ich weiß nicht, ob man Sæm. 194ᵇ die zweimalige nennung des *Tŷr* (nefna tviſvar Tŷ) von einem eid verſtehen kann, vgl. oben ſ. 118 *nefna* god

*) ſchon Ulfilas ſagt ſvaran *bi* himina, bi airþai und ſo auch die meiſten ahd. denkmäler ſueran *pî* (Graff praep. p. 108); einige ſetzen *in* (Graff p. 56), andere *durch* (Graff p. 205, wie lat. *per*); altn. *at* (Sæm. 138ᵇ. 165ᵃ). Doch läßt ſich das ſchwören *bei* (dem angerufnen gott) und *auf* (die angerührte ſache) nicht überall unterſcheiden. [Auch: ſwuor *bî* tiuren *eiden*. amgb. 28ᶜ. Orendel 1845.]

î vitni; [Sæm. $240^b$: ſvâ hialpi þer hollar vættir *Frigg* ok *Freyja!*] Die gewöhnliche formel (oben ſ. 50) nannte den *Freyr*, *Niörðr* und den *allmächtigen gott*, unter welchem letztern man ſich *Odin* oder *Thor* zu denken hat, vgl. Bartholinus ant. dan. p. 375. 376; in der hiſtoria S. Cuthberti ſchwört ein Däne: juro
895 *per deos* | *meos potentes Thor et Othan;* in der chriſtlichen zeit war es verwünſchungsformel: farþu til Odins! Odinn eigi þic! Bartholin l. c. und Geijer Sv. häfd. 1, 267. Aus der ſächſ. abrenuntiationsformel läßt ſich vielleicht folgern, daß in Sachſen bei *Thunar*, *Wôden* und dem *Saxnôt**) eide gethan wurden, in Hochdeutſchland bei *Donar* und *Wuotan;* den chriſten blieb der fluch bei Donners wetter! wie man wohl die verderbte formel donnerwetter**)! auslegen muß. Slaven ſchwuren bei *Perun*, Litthauer bei *Perkunas*, gleichfalls dem gott des donners. Die chriſtlichen eide wurden bei *Gott*, gewöhnlich aber auch *bei ſeinen heiligen* abgeſtattet (oben ſ. 50. 51. 52); [nû ſtrengi ek heit, ok þvî ſkŷt ek *til guds.* Ol. Tr. 1, 3; ſwuor bî *allen gotes bilden.* GA. 1, 214;] die ausdrücke: *ſo mir gott helfe!* (verkürzt *ſammir got!* [Ben. 438. troj. 4873] oder bloß *ſammir, ſemmir!*[1]) auch *ſelmir*, *ſlemmir!* = ſô helfê mir! gl. Doc. $234^a$, vgl. Lachm. ausw. 292. 293) ſind ganz die heidniſchen: *hialpi mer ſvâ* Freyr! nämlich gott wurde angefleht, dem rechtſchwörenden zu helfen, dem meineidigen nicht zu helfen; [bid ek *ſvâ hialpa mer* î þvîſa lioſi oc audro, ſem etc. Niala cap. 145 p. 241; ſerb. tako mi boga! ita mihi ſit dei (gen., ſc. auxilium);] mit den worten: *in kotes minna!* (pour lamour de dieu) hebt der berühmte ſchwur von 842 an. Es konnte aber im heidenthum

---

*) d. i. der nord. Freyr, vgl. Gött. gel. anz. 1828 p. 549. 550.

**) eine umſtändliche unterſuchung der verwünſchungen, flüche und betheuerungen unſerer ſprache würde manches licht auf die geſchichte des eides werfen, kann aber hier nicht angeſtellt werden.

[1]) [ſam mir got und mîn ſelbes lîp! Triſt. 8520; ſamir leben u. lîp! fragm. $24^a$; ſamir daȥ heilige grap! ibid. $24^b$; ſô mir daȥ heilige lieht! Rother 1057 (oben ſ. 813 not.); ſam mir mîn bart, unten ſ. 899; ſô mir got ergaȥ! gramm. 2, 831; ſam mir daȥ öhſel u. daȥ joch! elfenmärchen CXVIII; dän. ſaamänd ved! danſke viſ. 3, 323. In altfranz. gedichten: jure dame dieu, par la vertu du ciel! jura dex et ſes anges. Ren. 15602.]

nach den veranlaßungen bei jedem einzelnen der geringern götter, ſo wie im chriſtlichen mittelalter bei jedem einzelnen heiligen geſchworen werden. Die ſpätere gewohnheit, eide *im angeſicht der ſonne* abzulegen (*gein der ſunnen*, juramentum verſus orientem. Bodm. p. 642; mit ufgerachten leiblichen fingern *gein der ſonnen* ſchwören. urk. von 1392. Arnoldi Naſſau 1, 227) könnte ſich noch auf göttliche verehrung der *ſonne* beziehen, doch war die ſonne für jegliche gerichtshandlung heilig (oben ſ. 815) und überſchaut alles, was die menſchen thun. In der Edda (Sæm. 248ᵃ) werden angeführt eide: at ſôl inni ſuđrhöllo, bei der ſüdlichen *ſonne* [1]).

C. *Anrührung.* Der ſchwörende muſte, indem er die eidesformel herſagte, einen gegenſtand berühren [2]), der ſich auf die angerufnen götter und heiligen oder auf die dem meineid folgende ſtrafe bezog.

1. in Scandinavien faßte er einen im tempel bewahrten,
vom godi dargebotnen, mit opferblut gerötheten *ring*, der dem
gott *Ullr* geweiht war; daher ſchwören at | *hrîngi Ullar.* 896
Sæm. 248ᵃ. Lâ þar â *hrîngr* einn môtlaus tvieyrîngr oc ſkyldi
þar at ſverja eiđa alla. Eyrbygg. p. 10. Sâ madr, er hofseiđ
ſkyldi vinna, tôk *ſilfrbaug* î hönd ſer, þann er rodinn var î
nauts blôdi, þeſs er til blôta væri haft, oc ſkyldi eigi minna
ſtanda enn III aura: ek vinn hofseiđ *at baugi* oc ſegi ec þat
æſi! Vigagl. ſ. cap. 25 p. 150. *Baugr* tvieyrîngr eđr meiri
ſkyldi liggja î hverjo höfudhofi â ſtalli, þann baug ſkyldi hverr
godi hafa â hendi ſer til lögþînga þeirra allra, er hann ſkyldi
ſiâlfr heyja, oc rioda hann þar î rodnu nautsblôdi, þeſs er hann
blôtadi ſiâlfr. hverr madr, er þar þyrfti lögſkil af hendi at leyſa,
ſkyldi ađr eiđ vinna at þeim baugi. Landn. ſ. p. 138 [b. 4

---

1) [Salinde p. 169: als ſie einsmals eine kräftige verſicherung ihres bündniſſes haben wolte, ſo nahm er ſie bei der hand, führete ſie zum fenſter, *ſperrete alle 4 flügel auf* und betheurete ſeine beſtändigkeit mit folgenden ſchwüren: es kommen jetzo . . . alle böſe geiſter aus der höllen, zerreißen und zerfleiſchen meinen leib in lüften, ſo ferne u. ſ. w.]

2) [daher die ſlav. benennung, böhm. přiſaha, krain. priſéga, ruſſ. priſjaga, attactio, von přiſahati angreifen, poln. przyſiega von przyſiegać; litth. priſėkju ich ſchwöre, rühre an.]

cap. 7. Islend. ſög. 1, 199, ähnlich fornm. ſög. 3, 105. 106] (die formel oben ſ. 50); [*baugeid* Odinn hygg ec at unnit hafi. Sæm. 24ª.]

2. chriſten ſchwuren auf das *kreuz* oder gewöhnlicher auf das *heilthum* (Haltaus 856), die *keſſe* (capſa. Parc. 268, 28), d. h. den ſchrein, worin gebeine der heiligen bewahrt lagen: jurare *ſuper pignora ſancta*. Reinardus 5806; *reliquias* afferre. ibid. 5828; [manus poſitas *per ſanctas reliquias* jurare. burg. urk. a. 926 b. Füßli ſchw. muſ. 1784. 1, 261;] mit gebloteden hoveden u. gebogten kneen u. opgerichten fleiſchlichen fingeren to god u. *over de heiligen* ſweren. Valberter w.; die vinger wurden *ûf geleit* (auf die keſſe). Iw. 7923; manus *ſuper capſam* ponere. l. Alam. 6, 7 [6, 4]; [doloſe ac fallaciter *ſuper vacuas capſas* jurare. Aimoin. 4, 45. Bouquet 2, 451 [1].] In altengl. gedichten: ſwear *by book and bell*, bei buch und ſchelle, dem heil. meſſebuch und der glocke, die am heilthum läutet. Berinus 285, [agſ. *tô bôcan and bellum*. Schmid p. 125 [²234]. *Die heiligen* werden dem fronboten bei deſſen beſtellung in den ſchoß gethan. Sſp. 3, 56, 1, dem gegner auf das haupt gelegt. richtſt. 32. 35; *auf den heiligen* etwas behalten, ausziehen, ſich zu etwas ziehen. Sſp. 1, 20, 6. 9. 2, 4, 1. 2, 36, 4. Jurare ſuper *candelam*, teſtimonium in *cereo*, bei geweihten *kerzen*. Dreyer zu Rein. vos 47. Der rittereid wurde dem herkommen gemäß auf die *hölzerne hand* abgelegt, worin ein loch gebohrt, und worin ein auf papier geſchriebnes evangelium Johannis aufbewahrt wurde. Mader Friedberg 3, 359 (a. 1660).]

3. im höchſten alterthum ſchwuren die freien männer *auf ihr ſchwert* und in einigen gegenden dauerte der gebrauch noch unter den chriſten lange fort. Belege oben ſ. 165. 166 und Ducange 3, 1616. 1617. [Wolfdietr. Hagen 440; nu hab mir, herre, daʒ *ſwert*, ich wil dir ſwern einen eit. Wigam. 780.] Die Langobarden legten geringere eide *ad arma ſacrata*, wichtigere *ad evangelia ſancta* ab. l. Roth. 364 [359]; umgekehrt

---

[1] [die dichter laßen auch die heiden auf die bilder ihrer götter ſchwören. Rol. 86. En. 11423-55. Herbort 954. 15989 (dazu Frommann p. 229. 230). Vgl. auch Plautus Rud. V. 2, 46. 49: *tangere aram* et jurare. Die Litthauer ſchwören *auf dem blut*. Suchenwirt 9, 140.]

die Alamannen wichtigere ad arma ſacrata, vgl. Rogge p. 175. Pax *in armis* jurata. Einhardi ann. ad a. 811. Pertz 1, 198.

[Dixerat et dextra, permotus mente, levata
jurat *per gladium,* per candidulum quoque collum.

Hrothſuith de prim. coen. Ganderh. 348 b. Pertz 6, 312.] Auch in der Edda eiđa vinna *at mækis egg* (bei des ſchwertes ſchneide). Sæm. 138ᵇ, vgl. Bartholin p. 78. 79. Entw. weil das ſchwert einem gott (Freyr? Týr?) geheiligt war oder damit anzuzeigen, es ſolle den meineidigen treffen. Lucian im Toxaris bemerkt, daß die Scythen den eid bei wind und ſchwert ablegten, der wind ſei des lebens, das ſchwert die urſache des todes; [vgl. den iriſchen eid bei *ſonne* und *wind.* Conan 111. Bei *waffen* und *roſſen* ſchwören. Talvj 1, 128. 129.]

4. *bei erde und gras*, oben ſ. 117. 118; bei *bäumen* und gewächſen; in einem engl. lied Percy 3 p. 47 [minſtrelſy 2, 403]:

Glaſgerion ſwore a full great othe
by *oake* and *aſhe* and *thorne;* |

wahrſcheinlich muſte der baum dabei angerührt, wie erde und 897
gras mit der hand aufgehoben werden. Kein eid, doch eine betheuerung, die hier anzuführen iſt, ſtehet pf. Chuonr. 114ᵇ. fragm. bell. 48ᵃ:

ne ſcol nu mir aller thiner erthe
niwet mer werthen
newan alſo *ih uffe gehaben mah.*

5. bei heiligen *waßern*, *brunnen*, *flüßen*, aus deren flut vielleicht der ſchwörende benetzt und beſprengt wurde:

at eno lioſa leiptrar *vatni*
ok at ûrſvölom *unnar* ſteini. Sæm. 165ᵃ;

[*ὄμνυμι γάρ σοι φύλλα πάντα καὶ κρήνας.* Babrius 95, 83; die Daken ſchwören bei *Donauwaßer.* Ukert Skythien 608.]

6. bei heiligen *bergen*, *felſen*, *ſteinen*, wie bei dem eben angeführten unnar *ſteinn* (ſtein der flut) und at Sigtŷs *bergi* (bei Sigtŷrs berge). Sæm. 248ᵃ; eiđa vinna at enom *hvîta helga ſteini.* Sæm. 237ᵇ. Chriſten berührten den *altar.* Ducange 3, 1608. 1609, [elevatis manibus ſuper *altarium* jurare. Greg. tur. 5, 33,] zuweilen den *grabſtein* eines heiligen. Ducange 3,

1619*), [vgl. *ſtein und bein* ſchwören.] Vermuthlich leiſteten unſere heidniſchen vorfahren auch eide bei dem *ſteinhammer* oder *keil* des donnergotts (vgl. hammerwurf oben ſ. 64). [Was heißt *ûz einem ſteine* ſwern? MS. 2, 116ᵇ.] Die Römer ſchwuren bei einem *kieſelſtein*, wozu ſich aber doppelte deutung findet: *lapidem ſilicem* tenebant juraturi *per Jovem* haec verba dicentes, ſi ſciens fallo tum me Diespiter ſalva urbe arceque bonis ejiciat, *uti ego hunc lapidem!* Feſtus ſ. v. lapidem. [Gellius N. A. 1, 21.] Qui prior defexit publico conſilio dolo malo, tu illo die, *Jupiter*, populum eum ſic ferito, uti ego hunc porcum hic hodie feriam, tantoque magis ferito, quanto magis potes pollesque! haec ubi dixit, porcum *ſaxo ſilice* percutit. Livius lib. 1, 24.

7. ſchwörende *frauen* legten die hand auf ihre *bruſt:* tunc (der morgangeba wegen) liceat illi mulieri *jurare per pectus ſuum.* l. Alam. 56, 2 [54, 3]; ſpätere geſetze beſtimmen das näher, aber unter einander abweichend, in Baiern u. Schwaben wurde zugleich der vornen über die ſchulter hängende *haarzopf* mit angerührt: [man ſoll der frau um die morgengabe richten wilet ſi *uf ir zeſwen bruſte* und *uf ir zeſwem zophe* ſwern ob ſi den hat. ſchwäb. landr. 21;] eine frau ſoll ihr morgengab behaben auf ihre *bloße zeſwe bruſt* und auf ihr *zeſwen zopfe.* Augsb. ſtat. 287 (Walch 4, 288); auf irn *zwain pruſten* und auf irn
898 *zwain zopfen.* | Wiener landr. (Denis mſ. theol. vol. 2, 1819), vgl. Ludewig reliq. mſſ. 4, 14; ſchwören mit hand u. mit mund, mit *zopf* und mit *bruſt.* Rotweiler hofg. ordn. 11, 10; di ſoll ir *gerechte hant* auf ir *pruſt* legen. bair. landr.; mit meinem aide auf meinen *bruſten.* MB. 7, 405 (a. 1326); [die *rechten bruſt* in die *linke hant* u. iren *zopf*, und mit der *rechten* ſchwören. weisth. 1, 14.] Hingegen heißt es Rugian. 28: ene fruw de lecht de rechte hand *up ere lüchter bruſt* u. ſweret. In einigen gegenden ſcheinen auch männer leichtere eide oder

*) Herodot 4, 172: *ὁρκίοισι δὲ καὶ μαντικῇ χρέωνται (οἱ Νασαμῶνες) τοιῇδε· ὀμνύουσι μὲν τοὺς παρὰ σφίσι ἄνδρας δικαιοτάτους καὶ ἀρίστους λεγομένους γενέσθαι τούτους, τῶν τύμβων ἁπτόμενοι.* [Im fluß Inachus war ein *ſtein*, der erſchwarzte, wenn ihn einer in die hand nahm, der ein falſch zeugnis ablegen wollte. Creuzer ſymb. 2, 575.]

bloße gelübde mit auf die bruſt gelegter hand gethan zu haben, namentlich *vornehmere* und fürſtliche: mit handgebenden treuen, hand in hand gelobet u. darnach ein gelehrten eid mit ufgerekter hand *uf ſein rechte bruſt*, wie ſich dann ſolches fürſtlichem ſtaate geziemet. dipl. a. 1470 (Wetteravia illuſtr. p. 25). In einer urk. biſchof Florens zu Münſter: dat wi hebbet . . . uppe de hilghen evangelia gheſworen u. unſe hant *up unſe borſt gheleghet*, als ein biſcop pleght to ſwerene. a. 1372 (Kindl. 1, 38), vgl. Haltaus 275*). [Die weiber und die *geiſtlichen* bei lehensverleihungen legen die hand auf die bruſt. Garg. 115[b].] Man betheuert noch jetzt die hand auf das herz gelegt.

8. der bairiſchen berührung des zopfs gleicht der frieſiſche männereid *auf die locken* und Siccama zur l. Friſ. p. 65 bemerkt ſogar: qui mos jurandi cum apud majores noſtros eſſet frequentiſſimus et ſanctiſſimus haberetur, proverbio locum dedit vicinis et finitimis populis, tum demum Friſio credendum, *ſi manu capillos adprehendiſſet*, atque ita ſacratiſſimo juramento fidem adſtrinxiſſet. Allein die von ihm und andern angezogne geſetzſtelle verurſacht mir bedenken: dit is di riuchta boedel êd, dêr di jena ſwara ſchil, der kamer en kaien warade, ſo aegh hi op to nimen mit ſiner winſter hand *ſine winſtera hara* ende dêr op to lidſen twên fingeren mit ſina fora hand. Fw. 94. Alle überſetzen hier hara durch capillos, wofür die grammatik *hêr* fordert. Wie wenn *gara*, d. i. gâra (fimbriam veſtis) zu leſen wäre? gerade ſo ſtehet Fw. 338 faen on ſinre gâra (in fimbria) ende ſwara, und das ſtimmt mehr zu dem in veſtimento jurare der l. Friſ. 12, 2.

9. ſchwüre *bei dem bart* und mit *anfaßung des barts* kommen nicht in den geſetzen vor, aber oft in den lie- | dern, 899
zumal den altfranzöſiſchen von könig Carl: *par la moie barbe*, qui neſt mie meſlée! par ceſte moie barbe, qui me pent au menton! p. c. m. b. dont noir ſont li flocon! par ma barbe florie! p. c. m. b. de blanc entremellée! Carl, wenn er zürnte und ſchwur, griff an ſeinen bart, pf. Chuonr. 119[a]:

---

*) bei Meichelb. nr. 470 heißt es: Liutpald *comes* teſtificavit per *ſacramentum dominicum*, deinde juravit Meginhart u. viele andere namen der freien, die zu den heiligen ſchwören.

Karl zurnete harte
*mit ufgevangenme barte**);

*ſam mir mîn bart!* Reinh. fuhs 1555; *ſem mir mîn bart!* MS. 2, 227ᵇ. Bekanntlich herſcht der gebrauch noch jetzt im morgenland. Eine abart dieſes ſchwurs war der *beim barte des vaters*, by my fader kin! C. T. 9389. 16297 (von Tyrwhitt falſch durch kindred erklärt), wie by my fathers ſoul![1]) [Teſtor utrumque *caput*. Erm. Nig. 1, 171; ſchwört bei den *häuptern* aller ſeiner *kinder* (in einem öſtreich. proceſs).] Man ſchwur auch bei andern gliedern, beſonders den *augen*: par les iauz de ma teſte! [il jura la *langue* et les *dents*. Méon nouv. rec. 1, 215;] bî *allen* ſînen *liden* ſwern. Ernſt 4151; *ſam mir mîn lîp!* Reinh. fuhs 1220. 1780; [*ſam mir mîn hâr!* Eracl. 4072; heiden (Sarazenen) ſchwören, den *nagel* des fingers an die *zähne* ſtoßend. théatre franç. p. 167. Ogier 1603. Guitecl. 11588. bruchſt. von Wh. bei Roth denkm. p. 93ᵃ, klopde uf ſînen *zant*. Karlmeinet 33, 14.]

10. bei dem *gewand* und *rockſchoß* legten die Frieſen geringere eide, bei dem heilthum wichtigere ab: ſi ſervus rem magnam quamlibet furaſſe dicatur vel noxam grandem perpetraſſe, dominus ejus in *reliquiis ſanctorum* pro hac re jurare debet; ſi vero de minoribus furtis et noxis a ſervo perpetratis fuerit interpellatus, *in veſtimento* vel pecunia jurare poterit. l. Friſ. 12; [producat hominem et juret tenens eum *per oram ſagi ſui*. ibid. 14, 5.] Wie vorhin gezeigt wurde, das ſwara on ſînre *gâra;* vgl. oben ſ. 159.

11. ſchwüre und gelübde mit *angerührtem ſtab* des richters (oben ſ. 135). [Hie *rüret an* (das *ſteblin*)! H. Sachs 1, 114ᵇ.] Bei den Griechen berührten könige und richter ihren *ſtab*, wenn ſie feierlich ſchwuren, vgl. die ſchöne formel Il. 1, 233-39. Und wie die krieger ihr ſchwert, ſo faßten andere leute ihr eigenthümliches geräth an, fuhrleute ein *rad*, reiter den *ſteigbügel*, ſchiffer den *rand des ſchiffs:* ſo is di ſcipman nyer (näher) mit eene ede wr ſînes ſcippes boerd to riuchtane.

---

*) ſ. das titelkupfer.

[1]) [vgl. Prop. III. 12, 15: *oſſa* tibi juro *per matris* et *oſſa parentis.*]

Wiarda frieſ. wb. p. 105, vgl. Dreyer miſcell. 111. Im Norden krieger ihren *ſchild*, reiter des pferdes *bug:* at ſkips borđi ok at ſkialdar rönd, at mars bœgi ok at mækis egg. Sæm. 138ᵇ. [Im Cid die formel: juras ſobre un *cerrojo de hierro* y una *balleſta de palo.* Vgl. auch Simpl. 2, 428: daß du ſelbſt, wann du mich reden hören, einem lauferboten *ſeinen ſpieß entzwei geſchworen* hätteſt (den ſtärkſten eid abgelegt hätteſt).]

12. zuweilen berührte der ſchwörende nicht ſeinen eignen leib und ſeine glieder, ſondern *die des gegentheils*, | ſowohl 900
desjenigen, den er anklagte, als dem er etwas eidlich verſprach. Ducange 3, 1618: jurare manu poſita ſuper caput ejus, cum quo lis eſt. [Tägerwyler öffn.: mit einer hand des klägers hand halten, mit der andern ſchwören.] Auch eideshelfer ſcheinen den arm oder die ſchulter deſſen angefaßt zu haben, für welchen ſie ſchwuren, vgl. Kopps bild. p. 93. Wenn man einen für einen ſchädlichen mann oder weib hält, ſoll jener der ihn berechten will, zwei finger *in ſeinen ſchopf* legen oder der frau in die *ſcheitel* und einen eid ſchwören, daß er wahr wiße, daß deme alſo ſei, hernach ſollen ſechs biderleut ihre hand auf des erſten *armb* legen u. ſchwören, daß der eid rein ſei. urk. Ludwigs von Brandenburg u. Baiern a. 1349; [wenne her of en (den dieb) ſwert, zo zal her legen im die linke hand of daȥ howbt u. czwene vinger of daȥ crewce. Leobſch. w. Böhme 2, 17; ſe ſworen up Iſegrimes *hovede.* Reineke 2171, op Iſegrims *crune.* Reinh. fuchs p. 280; ein eid auf den *kopf* der ratte. Ren. 24118.] So ſchwur der knecht ſeinem herrn, der ſohn ſeinem vater, die hand *unter* deſſen *hüfte* legend. Geneſis 24, 2-9. 47, 29. [Gulaþ. p. 484 verordnet: engi ſkal vinna eiđ *fyrir brioſt hins dauđa;* vgl. jurare ſuper ſepulcro *mortuae manus.* l. In. 53.] Hierher gehört auch die *berührung des viehes* bei der anfahung (oben ſ. 589-91), vgl. vorhin das eiđ vinna at *mars bœgi.* Schon das concil. IV. aurelianenſe can. 16 erklärte einen ſolchen eid für heidniſch: ſi quis chriſtianus, ut eſt gentilium conſuetudo, *ad caput* cujuscunque *ferae vel pecudis,* inſuper numinibus paganorum fortaſſe *juraverit.* Vielleicht aber iſt dieſe ſtelle noch paſſender auf die folgende förmlichkeit zu beziehen.

13. alterthümlich erſcheint die gewohnheit, feierliche ge-

lübde und eide bei *gaſtmälern* mit berührung des opferthiers oder des vornehmſten gerichts zu thun.

*α.* im Norden galt ein *eber* für die edelſte ſpeiſe, ſelbſt die einherjar in Valhöll nähren ſich von dem fleiſche des Sæhrîmnir (Sæm. 42[b]. Sn. 42); noch jetzt pflegt das ſchwediſche landvolk am erſten julabend einen aus mehl verfertigten eber (*julegalt*) aufzutragen. Die heiden nannten ihn *ſônargöltr* (aper piacularis), weil er den göttern zum ſühnopfer gebracht wurde. Gelübde (*heitſtrengîngar*), die auf ihn geſchahen, waren unverbrüchlich: um qveldit (jola aptan) oro heitſtrengîngar, var fram leiddr (wurde vorgeführt, alſo eh man ihn ſchlachtete) *ſônargöltr*, *lögdo menn þar â hendr ſînar* ok *ſtrengdo* menn þâ *heit*, at bragarfulli (beim feierlichen becher, von bragr, mos, geſtus, nicht von Bragi, dem gott). Sæm. 146[a]; Heidrekr kôngr lêt ala *gölt* einn, hann var ſvâ mikill ſem öldûngr, enn ſvâ fagr at hvert
901 hâr þôtti af gulli vera*). þat var ſidvenja, | at taka einn *gölt* ok ſkyldi ala hann ok gefa Freyju til ârbôtar, î upphafi mânadar þeſs er februarius heitir, þâ ſkyldi blôt hafa til farſældar. Heidrekr kôngr blôtadi Frey þann gölt . . . kölludu þeir hann ſvâ helgann, at yfir hans burſt ſkyldi dœma öll ſtôr mâl ok ſkyldi þeim gelti blôta at ſônarblôti. jola aptan ſkyldi leida *ſônargölt* inn î höll, *leggja menn þâ hendr yfir burſt hans* ok *ſtrengja heit.* kôngr lagdi hönd ſîna *â höfud* geltinum; ok adra *â burſt.* Hervararſaga cap. 14 p. 124; [vgl. auch Ynglîngaſaga cap. 40. Jarl Magusſaga p. 546. Auch bei Meichelbeck nr. 159 (aus Carl des gr. zeit): et ad Scernio dixit Kyppo: ſi non donas mihi unum *pachonem*, nihil eſt firmum inter nos, nec de pace nec de traditione quam feci. juſſit itaque Atto epiſcopus donare ei illum *pachonem* et *uterque manus poſuit ſuper ipſum* et pacificati ſunt eo modo.]

*β.* mit dieſem nordiſchen eber verbinde ich den *pfau*, der zur ritterzeit in Frankreich für das feierlichſte gericht gehalten wurde [Fierabr. 152[a]] und bei welchem ganz auf dieſelbe weiſe gelübde erfolgten. Die deutſchen gedichte des mittelalters gedenken dieſer ſitte nirgends**); ſie ſcheint aber ſo uralt, daß ſie wohl fränki-

*) vgl. Beov. 85 ſvîn ealgylden, eofer îrenheard.

**) bloß des pfauenbratens. Wh. 134, 9; vielleicht wird im deutſchen Lanzilot das gelübde, wie im franzöſiſchen roman erzählt.

ſchen urſprungs ſein könnte, in welcher beziehung es beſonders wichtig wäre, jene ſtelle des concils von Orleans (ſ. 900) auf ſie zu deuten. Der könig ſelbſt oder der geehrteſte ritter zerlegte den aufgetragnen pfau, erhob ſich und that, *die hand auf den vogel gelegt*, irgend ein kühnes gelübde, dann reichte er die ſchüßel weiter und jeder, der ſie empfieng, leiſtete ein ähnliches; das hieß le *voeu du paon;* vgl. S. Palaye de l'anc. chev. 1, 184. 187. 244. 246. 3, 394 und Legrand vie privée des françois 1, 365-367. Auch im prolog zur fortſ. der C. T. heißt es z. 452: I make a *vowe to the pecock.*

γ. in England kommen gelübde bei *ſchwänen* vor: allati ſunt in pompatica gloria *duo cygni* vel *olores* ante regem, phalerati retibus aureis vel fiſtulis deauratis, deſiderabile ſpectaculum intuentibus. quibus viſis rex (Eduard I. a. 1306) *votum vovit deo coeli et cygnis*, ſe proficiſci in Scotiam, mortem Johannis Comyn et fidem laeſam Scotorum vivus ſive mortuus vindicaturus. Matthaeus weſtmonaſt. p. 454. Und aus einer hſ. zieht Tyrwhitt ſ. v. ale and bred folgende zeile an: that ye had *vowit to the ſwan.* Eines *reigergelübdes* (veus *du hairon*) unter Eduard III. a. 1338 gedenkt S. Palaye nach einem alten gedicht umſtändlich; | [le voeu du héron abgedr. in Buchons Froiſſart t. 1. Jurer ſur le *faiſan.* Michelet 5, 367 (a. 1454). In einem volkslied ſoll eine jungfrau einem *raben* ſchwören; ſie nimmt den *rabenfuß*, legt ihre weiße hand darauf und ſchwört. danſke viſ. 1, 197.

Per *canem* ſeu *lupum* aliasque nefandiſſimas et ethnicas res ſacramenta et pacem agere. Wiener jahrb. 2 anzeigebl. p. 6. Socrates chad, ten eid weſen tiureren, den man ſuuore bi demo lebenden *hunde*, danne bi demo tôten jove. N. Bth. 16. Schwur bei *eber*, *ſtier*, *wolf* und *widder.* Xenoph. anab. Koch p. 51, beim *eberopfer.* Pauſan. IV. 15, 4. Vgl. das ſchwören auf der ſau und bärenhaut, unten ſ. 904.]

D. *Ablage des eids.* Bisher iſt bloß von der eidesformel 902
und den gegenſtänden der anrührung gehandelt worden; es fragt ſich nun nach der art und weiſe der eigentlichen ablegung des eids. Ein gelübde wurde ganz einſeitig von dem gelobenden, gewöhnlich aber in gegenwart von zeugen, geleiſtet; zum eid

gehörten zwei theile, einer der ihn abnimmt, der andere der ihn ſchwört.

1. *nehmen* des eids; altn. *taka.* Sn. 64. Sæm. 93$^b$; [eit *nemen.* Lſ. 1, 306, [nhd. *abnehmen;*] *percipere.* l. Burg. 8, 2. Der nehmende iſt entw. der betheiligte ſelbſt oder an ſeiner ſtatt der richter oder ein vom richter dazu angeordneter, [bei den Frieſen der aſega, nicht der ſcelta;] er ſagt dem ſchwörenden die formel vor, welche dieſer nachzuſprechen hat, er *lehrt, gibt* die worte: [gelobt u. geſworn han *gelert eide* zuo den heiligen mit ufgehabten henden. Freib. urk. nr. 183 (a. 1344);] *gap den eit.* Iw. 7908. 7924, [den ait *geb.* Rupr. p. 160, *gib* mir den eid, wan ich ſtê hier mit ûf gehabter hende. Laber 715,] vgl. Berth. oben ſ. 862 und Triſt. 15702 eit *geſtellt.* Techniſcher ausdruck hierfür iſt: *den eid ſtaben*, [agſ. *âđ ſtafian,*] wobei man ſich urſprünglich wohl einen richter zu denken hat, der feierlich mit ſeinem ſtab gebährdend die formel herſagt. Aber ſchon frühe bedeutet *eidſtab* (N. 111, 5, [altſ. *êđſtaf.* Hel. 45, 9,] agſ. *âđſtäf*, altn. *eiđſtafr.* Gulaþ. 14. 61. 200) ganz abſtract nichts als formula, argumentum juramenti und die redensart ſtaben, den eit- ſtaben behielt man noch lange bei, ohne daß dazu immer ein ſtab gebraucht wurde, bloß für dictare oder praelegere formulam jurisjurandi. Iſt ieman der mir *ſtabe?* Walth. 104, 22; ſwer mir ze rehte ſolde *ſtaben* des *einen eit.* Ben. 145; ir rücke wart dechein *eit geſtabt.* Parc. 151, 27 (der folgende vers beweiſt, wenn jemand daran zweifelte, daß ſtaben von ſtab, baculus, abgeleitet werden muß); ſus *ſtabt* er ſelbe *ſînen eit.* Parc. 269, 3 (im nothfall konnte ſich alſo der ſchwörende die formel ſelbſt geben); für diſe rede ich dicke ſwuor manegen *ungeſtabten eit.* Parc. 498, 2 (niemand war da, der mir meinen eid feierlich abgenommen hätte); [ſô ſwuor ich für die wârheit manegen *ungeſtabten eit.* Hartmann 2. büchl. 539;] deſn wirt iu dehein *eit geſtabt.* Wigal. 9023 (darüber wird euch nicht förmlich geſchworen); der mir des *den eit ſtabt*, ſô wil ich in volbringen. Lſ. 3, 12; [vor iu *ſtap* ich diſen *eit.* Helbl. 2, 43;] wie gern ich des nun ſchwüre, ſo wer *den eid* mir nieman hie *ſtabende.* Titurel [3942]. In einer urk. von 1373 heißt der abnehmer des eids der *ſteber.* Bodm. p. 644; *den eid ſtabeln.* Altenſtatter w.; [*ſtavedes edes.* Scheidt

mantiſſa p. 302 (a. 1322); mit upgherichteden vingern u. mid *geſtaveden eiden.* Wigand arch. 4, 197 (a. 1377);] mit uprichteten vingeren, *ſtavedes edes;* mit upg. lifliken vingeren *ſtavedes edes.* Kindl. 3, 506 (a. 1387). 3, 522 (a. 1393), wo fehlerhaft ſtanedes f. ſtauedes geleſen iſt; liflichen mit opgerichten | vingheren u. *geſtaveden eiden.* Häberl. anal. 353 (a. 1385). 357 903
(a. 1386); mit opgerichteden vinghern *geſtavedes edes.* Wigand feme 566 (a. 1486). Andere belege bei Haltaus 1718. Frieſiſch: di aeſga ſchil him dine *êd ſtovia.* Fw. 94; altn. ſverja eptir hans eiđſtaf. Gulaþ. 200.

2. *ſchwören des eids.* Es geſchah mit mund und hand:

*α. mit mund.* Die formel muſte laut und vernehmlich nachgeſprochen werden, [*ſprich wâr nâch!* Laber 716,] der ſchwörende durfte nicht zittern, wanken, ſtottern (*ſtrampeln.* Bodm. 637. 660, [*ſtrandeln, ſtrupeln.* Haltaus 1753. 1754]); eit nemen bî frône reht, lût mit ſchalle. Lſ. 1, 206.

*β. mit hand* [1]), d. h. *der rechten,* wurde der heilige gegenſtand *angerührt.* [Vgl. weisth. 4, 246: hett er keinen fründe, der 5 ſch. nimmet in die lincke hand und *ſchweret mit der rechten hand.*] Darum lautet auch eine formel: ſam mir *mîn zeſwiu hant!* fragm. bell. 1940. Darum ſchwört *die hand* und wird meineidig. Nib. 562. 563 (oben ſ. 140); Sîfrit zem eide *bôt die hant.* Nib. 803, 1; [daher auch ausdrücke wie jurare *manu* duodecima; mit *eideshand* beſchuldigen, anſpreken, frien. Rugian. 63. 38; de *eideshand* löſen. ibid. 63. *Alle* mîne *vinger* wellent ſwern. MS. 2, 3ª.] Gewöhnlich legten aber männer nur die *zwei vorderfinger* ihrer rechten hand auf (oben ſ. 141); ſich bereden, ſich entſlahen mit *ſînen zwein fingern.* Walch 4, 124. 182. 198; [in der volksſprache dafür: einen *ſchwalbenſchwanz* machen, vgl. ſwalwen zagel. Walth. 29, 14. gött. anz. 1827 p. 2032, bairiſch *gabeln.* Schm. 2, 9.] Da es häufig bloß heißt: mit *aufgerichteten, aufgereckten, aufgehabenen* fingern, ſollte man folgern, daß ſie nicht immer *aufgelegt* wurden, ſondern nur *empor gehalten?* wie heut zu tage, nachdem der gebrauch der reliquien aufgehört hat, bei uns geſchworen wird. Ver-

---

[1]) [vgl. auch: *mit ſînen gebærden* er ſwuor. Lanz. 6636; mit einem *körperlichen* eide. irrg. d. l. 291.]

muthlich ſtand aber die keſſe in der höhe und ein *bieten* oder *aufrichten* der finger muſte dem auflegen und berühren vorausgehen. [Die auswandernden Salzburger ſteckten beim eidſchwur die *benetzten finger* in *ſalz*. Hormayrs taſchenb. 1836 p. 56. In einer merkwürdigen urk. bei Michelet 5, 397 (a. 1350) verliert der ſchwörende kläger den ſtreit, wenn er beim ſchwur *manum ſolito plus elevet aut in palma pollicem firmiter non teneat.*]

*γ* im mittelalter pflegte der ſchwörende *waffen*, helm oder hut vorher *nieder zu legen* und zu *knien:* de tüge legt af ſine were u. lecht ſinen hoed, kagel eder bonit int gericht u. hevet up den rechtern arm mit utgeſtrekeden twen fingern. Rugian. 28. [Im fuero viejo de Caſt. p. 84 die vorſchrift: e deveſe ſalvar a la puerta de la ygreſia, ſi fuer cavallero, la eſpada en cinta, e las eſpuelas calçadas; ſi fuer eſcudero, la eſpada al cuello, e la eſpuela derecha calçada. Das ſchwören *barhaupt* und *im hemd* auch bei dem ſchleſiſchen raſenſchwur oben ſ. 120; der ſeinen teich aufgibt, muß feierlich auf ſeinen ſpaten ſchwören: voirt niemant enſal ſinen dik up moigen geven of laten driven, hi enkomme up den dik in eenen *bloiten rocke*, *bloits hovedes*, *barvoets*, met eenen ſtroſele gegordet, hebbende enen ſpaide in de hant, en ſweren dat ten hilligen, dat hie binnen allen den lande, daer die dik gelegen is, ghein guet enheeft noch enholt, hie engevet met den dik up. Gelderner teichrecht a. 1370; item, als ein man ſinen dik mit rechte opgeven will, die ſal koemen voer den dikgreve en voer die heemraden opten dik *in een hempt*, *in een neddercleet*, gegordet mit eine line ende eine ſpaede voer hem ſteckende in den dik, die eine kruke heeft, ende leggen ſine hand daerop ende ſweeren ten hilligen dat hi anders gien gued enheft. Dikrecht van Salland 21. Pufend. 4, 415; in Oberyſſel muſte er *in hemd* und *niederkleid*, gegürdet mit einem linement, den ſpaten in den teich ſtecken und darauf ſchwören, daß er kein anderes gut habe, als man an ihm greifen und ſehen könne. aantekeningen p. 43. Eine allgemeinere vorſchrift in der willkühr der ſtadt Leobſchütz (Böhme 2, 25): helt einer ſinen mantel an ader di kogel ader den hut of dem howbt vor gerichte, der vorbußet czweinzig heller.]

3. *ort der eidesablage* war die ſtelle, wo das anzurührende heilthum ſich befand, wenn es unbeweglich war. Wurde hin-

gegen bei einer beweglichen ſache oder einer, die der ſchwörende und ſein widerſacher an ſich trug, geſchworen; ſo geſchah der eid *in dem ring*, *vor gericht* (z. b. Nib. 802, 4), zu chriſtlicher zeit meiſt vor dem altar in *kirchen* und *capellen*, vgl. Rogge 174. 175; der ripuariſche *harahus* (oben ſ. 794) braucht nicht gerade chriſtl. kirche zu ſein. Auch ſcheint man wohl den reliquienkaſten vor gericht getragen zu haben, in einem bilde des herforder rechtsbuches ſteht er neben dem ſchwert auf der gerichtstafel. Wigands archiv 2, 7. | Im Norden wurde der eid vor der 904 kirchthüre *auf der ſchwelle* und, wenn kein meſſebuch da war, mit berührung des *thürpfoſtens* geſchworen: eiđ ſcal vinna *fyrir kyrkiodyrum*, leggia bôk â *þreſcold* oc taka bôk af þreſcoldi upp. l. eccl. gulenſes Haconis; *fyrir altaris gôlfi* ſcolo menn ſveria. ef eigi mâ bôk fâ, þâ ſcal hann hafa *dyroſtaf î hendi.* ef madr er eigi kyrkiogengr, þâ ſveri hann *fyrir kyrkiodyrom.* leges froſtenſes; vgl. Ducange 3, 1608 jurare *ad portam eccleſiae.* In Friesland ſchwor die witwe, wenn ſie vom begräbnis des mannes kam, auf der *hausthürſchwelle*, daß ſie kein gut unterſchlagen habe: bitigathmâ hire dernfias, ſâ ſueref êne fiaêth *oppa thâ dreppelle.* Br. 109; vgl. Ducange 3, 1608 jurare *in armilla januae.*

[Der ſchwörende jude ſoll ſtehen auf einer *ſau haut,* die junge gehabt hat binnen 14 nächten, die haut ſoll man aufſchneiden bei dem rücken und ſie breiten auf die zitzen, da ſoll der jude auf ſtehen *barfuß* und nichts anhaben dann ein niderkleid und ein härin tuch um ſich, alſo iſt ſein recht. Ziegler de jur. jud. cap. 5 § 5, vgl. Mich. Beheim 49, 4.

Der ſchwörende Oſtiake ſteigt auf eine *bärenhaut*, eine hacke neben ſich, ein ſtück brot in der hand und ſpricht verwünſchend: daß mich der bär freße, daß mir die hacke das haupt ſpalte, daß ich am brot erſticke, wenn ich nicht wahr rede. Wiener lit. zeit. 1816 ſp. 1257. Meiners 2, 285. Malte-Brun ann. 3, 376. Klemm 3, 66. Reinhart fuchs p. 445. LVI; ähnlicher eid bei den Scythen. Meiners 2, 286. Bei den Tunguſen iſt geringſter eid, wenn der beſchuldigte gegen die *ſonne* mit einem *meſſer* fechtend treten und ſagen muß: bin ich ſchuldig, ſo laße die ſonne die krankheit, wie dieſes meſſer in meinen eingeweiden wüthen! Beim ſchwerern eid ſteigt er auf einen *hohen berg* und ruft laut: bin ich ſchuldig, ſo will ich ſterben oder kinder und vieh verlieren oder immer ein unglücklicher jäger ſein! Der ſchwerſte eid, wenn beim feuer ein hund geſchlachtet wird, von deſſen blut der beklagte trinken und dabei ſagen muß: ſo gewis ich dieſes blut trinke, rede ich wahrheit; lüge ich, ſo will ich umkommen, verbrennen, verdorren wie dieſer hund! Klemm 3, 68.]

E. *Meineid.* Man kann dieſe zuſammenſetzung aus dem alten ſubſt. *mein* (nequitia, ſcelus, improbitas), agſ. mân, wie aus dem adj. *meini* (doloſus, perverſus), agſ. mæne herleiten. Die formel: reine u. *unmeine*, clæne and unmæne iſt ſ. 29. 30 angeführt. Drīʒec eide ſwern, die lieʒ er alle *meine.* Dietr. ahn. 74[b]; wære daʒ ein eit, ich hieʒe in *mein.* MS. 2, 13[a]; [des ſwôren ſie ime eide, die lieʒen ſie *ummeine.* Rother 823; der mir dicke *meine* ſwert. Hartmann lieder 14, 13; *meinſuëro.* N. 80, 16, *meinſwüerîc.* Reinh. fuchs p. 346 v. 1495; vgl. auch *meintregar* (kummer über den gebrochnen eid). Sæm. 177[a]. Die eide *reine* lâʒen. Orendel 2525. 2535.] Ein nicht gehaltner oder falſcher eid hieß auch wohl *giluppi*, d. h. ein vergifteter, ir *gelüppeter* eit. Triſt. 15752. Noch gewöhnlicher iſt der ausdruck: den eid *brechan, forbrechan* (*verſchrôten.* MS. 2, 164[a]), altn. *riufa*, woher eidbruch und eidbrüchig, altn. eiđrof (perjurium), eiđrofi (perjurus). [Den eit *liegen* (fallere). En. 4461; ne me ſvôr fela âđa *on unriht.* Beov. 204.] Treubruch und meineid war unſern vorfahren ſo unleidlich, daß auf dem ort, wo er vorgefallen war, der name haftete: actum in loco, qui dicitur *menethigen bome.* Jung hiſt. benth. nr. 37 (a. 1268); apud arborem perjuram, dictam *menedigen bom.* ibid. nr. 44 (a. 1293). Auf ähnliche weiſe hieß Geneluns verrath an Carl der *pinrât* (fragm. bell. 1465) nach dem tannenbaum, worunter er geſchehen war*). [Vgl. Wigal. p. 82:

*) die vervielfältigung des eids durch zeugen und mitſchwörende muſte im mittelalter ſein anſehen ſchwächen; Suochenwirt klagt XXXIX, 158: nu vint man in den ſchrannen falſch gezeugen laider vil, *hil du mir, als ich dir hil.* [Wenn die bauern ſchwören müßen und die finger der rechten hand in die höhe halten, ſo legen ſie die linke hand an den hinterſchenkel und ſtrecken den zeigefinger gegen den boden aus; das nennen ſie eine *ableitung*, und mit einer ſolchen ableitung glauben ſie, könnten ſie drauf los ſchwören, es ſchadete nichts.]

ſwer deheinen *eit zebrach,*
ſwâ man den iemer mê geſach,
der was ungenæme,
den liuten widerzæme,
als der tôtſieche man,
der von der werlde wirt getân.]

Mistraute der theil, gegen welchen geſchworen werden ſollte, der rechtſchaffenheit des eidbietenden, ſo konnte er, nach ripuar. und burgund. geſetz, die eidesablage hindern und die weitere entſcheidung auf einen zwei- | kampf kommen laßen; er 905
vertrat (verſchlug) jenem die *kirchthür* oder *zog* ihm *die hand vom altar* herab: quod ſi ille, qui cauſam ſequitur, *manum* cancellarii *de altari traxerit* aut *ante oſtium baſilicae* manum poſuerit, tunc ambo conſtringantur, ut ſe ſuper 14 noctes aut 40 ante regem repraeſentare ſtudeant pugnaturi. l. rip. 59, 4; quod ſi ei ſacramentum de manu is, cui jurandum eſt, tollere voluerit, *antequam eccleſiam ingrediatur*, illi qui ſacramentum audire juſſi ſunt, conteſtentur, ſe nolle ſacramenta percipere, et non permittatur is, qui juraturus erat, poſt hanc vocem ſacr. praeſtare, ſed ſint . . . dei judicio committendi. l. Burg. 8, 2; vgl. Rogge p. 182. So durfte im mittelalter ein ſchwören wollender durch den *abgehalten* werden, der ſelbſt einen ſtärkeren eid ablegen kann; zu Sſp. 3, 32 ſtellt der bildner anſchaulich vor, wie der angeſprochene die *hand* des anſprechenden herrn *niederzieht*, und ſich erbietet ſelbſiebente zu ſchwören. Kopps bild. 1, 96. Der zum heerſchild geborne zeuge leidet nicht, daß der geringere ſchwöre. ebendaſ. 1, 64. 65. [Vgl. gloſſe zum Sſp. 2, 11: dit is weder de doren, die ſecgen, men ſculle eme de *vinger* von den heiligen *tin.*] Endlich ſtand es dem richter zu, den eid zu hintertreiben, wenn verdacht des meineids entſprungen war: weiß der richter, daß einer meineid ſchwören will, ſo *begriff* er ſelbſt oder durch ſeine diener dem ſchwören wollenden *die hand über dem kopfe.* Rugian. 53. Conrad Winter von Hattenheim had gefreget, er ſulde eime eine unſchuld dun und hette ſinen *ſtebir* beſtalt und ime eßen u. trinken darumb gegeben u. alſe ime der *ſtebir* die *hand ufgelacht*, u. ime *vurſprach*, ſo *zochte der ſtebir ime die hant uf* u. ſahen das fil lude; dargein fragete ſin widerſach, ſint der zid

er nit getan hette, alſe er ſich virmeßen hette u. die hand von den hilgen getan hette, obe er in icht irfolgt u. irgangen hette? des wart gewiſet, ja. Eltviller ſchöpfenb. b. Bodm. p. 644 (a. 1373).

Strafe des eidbruchs und falſchen zeugniſſes war *abhauen* der meineidigen hand (oben ſ. 707) oder noch eine härtere. De older ſeden, man möchte en (den meineidigen) *baven alle deve hengen.* Rugian. 53. Sagen erzählen, daß dem falſchſchwörenden die finger erſchwarzten, daß das heilthum ſeine aufgelegte hand ergriffen und feſtgehalten habe. Eine ſolche bocca della verità ſoll zu Rom geweſen ſein, in deren öfnung der eidleiſtende *die hand legen* muſte; ſchwur er falſch, ſo ſchloß ſich der mund des ſteins und *biß ſie ab;* [der ſtein hieß mnl. *die ſtên des tûchs*, beſchrieben bei Potter 2, 3207 ff. Schimpf u. ernſt c. 181; vgl. die ſage von Mercurius und Julianus. kaiſerchr. Diem. p. 329. 330; in der Virgilsſage iſt es eine *ſchlange*, een metalen ſerpent. Bergh volksrom. p. 89.] Im
906 rom. du renard | wird dem fuchs zugemuthet, auf eines heiligen *zähne* zu ſchwören, ein ſich todt ſtellender hund will die aufgelegte pfote Reinharts *erfaßen*, der aber den betrug merkt. Wen erinnert das nicht an die eddiſche fabel von Tŷr, der dem wolf ſeine rechte zum pfand *in den mund* ſtecken muß (Sn. p. 35)? als ſich Fenrir betrogen ſieht, *beißt* er *die hand ab.* Iſt es zufällig, daß die ſprache die ausdrücke *beißen* u. *ſtechen* vom eid gebraucht? *ſtæche* ieglich eit *als ein dorn*, ſô enwurde niht als vil geſworn. Friged. 1569 [Freid. 122, 21]; þik ſkyli allir eiđar *bîta.* Sæm. 165[a].

F. *Arten.* In der geſchichte des eids bleiben dunkelheiten, manche alte benennungen verſtehen wir kaum. Dahin rechne ich das *naſtahit* der l. Alam. 56 [54] ([in einer hſ. *nahiſthait.* Diut. 1, 334,] vgl. oben ſ. 1. [Oberlin ſ. v.]); zwar *ahit* ſcheint mir ſo viel als *ait*, wie lahip, ſtehic (oben ſ. 746) laip, ſteic, doch in dem vorausgehenden *naſt* weiß ich gar keine beziehung auf das jurare per pectus oder auf die morgengabe der ſchwörenden witwe zu entdecken. Schwerlich iſt es verkürzung aus nâhiſt (proxime), nâhiſto (proximus), eher im ſpiel ſein könnte ein alamanniſches wort, das dem goth. naus (de-

functus), altn. nâr entſpräche. Gleich räthſelhaft iſt der ausdruck *thothareid* (jusjurandum). gl. ker. 167, wofür eine andere hſ. *todarait* gewährt. Diut. 1, 253; auch hier läßt ſich eid, ait nicht verkennen, was ſoll man aber mit thothar, todar anfangen? ein agſ. dyderjan bedeutet illudere, ſimulare; dem zuſammenhang der gloſſe nach wird jedoch kein ſchein und trugeid, ſondern ein ſühneid, bundeseid verſtanden. Tôdait wäre erklärlich, ein ſubſt. tôdar für tôd (wie mordar für mord?) kenne ich nicht, zuſammenhang mit dem frieſ. *dêdêth* vermuthe ich in jedem fall, und dann könnte ſogar das alam. naſtait einen ähnlichen ſinn geben. Leichter deuten läßt ſich das *wedredus* oder *wedredum* der l. ſal. 76 [cap. 2 ad l. ſal. 8]; offenbar wedrêd, ahd. widareid, ein wider-eid, den kläger und beklagter *gegeneinander* leiſten, ſo daß der letztere immer die doppelte zahl von mitſchwörenden ſtellt: ſchwört jener ſelbſechſte, ſo thut es dieſer ſelbzwölfte und nach beſchaffenheit der compoſition jener ſelbneunte, dieſer ſelbachtzehnte oder jener ſelbzwölfte, dieſer mit vier und zwanzigen. Obwohl wedrêdus gerade gebildet iſt, wie wedregild (oben ſ. 653), kann man ihn doch nicht mit Rogge p. 162 überall auf das wergeld beziehen; in den beiden erſten fällen des geſetzes, | wo der kläger ſelbſechſte und ſelbneunte 907
ſchwört, ſteigt die compoſition noch nicht zum betrag des leudis. *Ahteid.* l. Bajuv. de popul. leg. 6 [5] ſcheint mit ahta (cura? bannum?) zuſammengeſetzt, wird von dem, der nach der entſcheidung durch zweikampf neuen ſtreit erhebt, geſchworen u. zwar in eccleſia cum tribus nominatis ſacramentalibus. Der neueren benennung *reinigungseid*, *purgatorium*, begegnet noch keine ähnliche in den alten ſprachdenkmälern; man ſagte dafür: mit eide *enpfüeren* (oben ſ. 893), wie agſ. lâdjan, frieſ. lêdia; ſeine *unſchuld thun* (ſ. 856); [auch *ledigung;* das nieman den andern hoer ſoll oder mag beklagen, dan bis uf drei eide oder an dri *ledegunge* und die dri ledegunge den ellenden eid zu dune. ch. a. 1362. Trierer chron. 1824 p. 249, vgl. Hontheim prodr. 2, 1105[a].] *Schîneid* (ſcheineid). Haltaus 1610. Meuſels geſchichtf. 3, 251 iſt den worten deutlicher, als dem ſinne nach. *Urfehde* (urpheda) bezeichnet eigentlich das aufhören, ausſein der feindſchaft (Haltaus 2000. 2001), die ſühne, dann aber auch, weil ſie beſchworen zu werden pflegte, den *ſühneid* (jusj. pacis)

ſelbſt, endlich, weil nach niedergelegter fehde der miſſethäter häufig das land räumen muſte, ein juramentum de vitando territorio et ultione non meditanda. Einen *urfehden* in letzterer bedeutung heißt einen verbannen. Von ſühneiden geben die älteren geſchichtſchreiber und die urkunden des mittelalters beiſpiele, vgl. Greg. tur. am ſchluß des ſiebenten buchs und die epiſtola ſecuritatis bei Bignon form. 7 [MG Formulae p. 230]; [*ſôna aidſuart*, pacis juramentum. Diut. 1, 253.]

Das frieſ. *dêdêth*. Aſ. 88. 90 [vgl. 98. Fw. 127] (im jus vet. friſ. *dedjuramentum*) darf man nicht mit Wiarda herleiten aus thiad (gens), ſondern nur aus dêd (mors, ahd. tôt, wie nêd ahd. nôt), und es ſcheint dem vorhin beſprochnen ahd. *tôdareit* zu begegnen [1]. Geſchworen wird der dêdêth immer nach todesfällen und, wie es ſcheint, mit eideshelfern. *Withêth*. Aſ. 90 (*withjuramentum*. ibid. 14. 92) mag ein auf die heiligen geſchworner eid ſein, der für wichtigere fälle gilt, während in geringern nur der rockſchoß berührt wurde (vorhin ſ. 899); on tha *withum* ſueria. Aſ. 14. 22. 90. 91 iſt offenbar jurare in reliquiis, vielleicht von withe lorum, redimiculum, womit die gebeine zuſ. gebunden waren? [mith tuâm *withum*. Br. 46; doch vgl. in der Eſſener beichte p. 8: ſuôr an *wîethon*, p. 4: ſînon hêlagon *wîhethon*.] *Fiaêth*, *fiajuramentum*. Aſ. 95. 180. Br. 102. 109 halte ich für einen, der auf geld (eine münze mit kreuzzeichen) abgelegt wird, in *pecunia* jurare. l. Friſ. 12, 2. *Bocdelêd*. Fw. 94 wurde auf dem kleidſaum geſchworen, aber der name ſcheint vom gegenſtand hergenommen, den der eid betraf, bodêl iſt das hd. buteil. Haltaus 203. *Fredêd*, friedeid, ſühneid. Fw. 266. [*Vulleed*, mit zwölf eideshelfern, bei Neocorus.] |

908 Bei den Angelſachſen findet ſich ein *forâð* (praejuramentum), der andern beweismitteln, namentlich den gottesurtheilen, vorausgieng; [vgl. *voreid*. Heimburger ſt. Senkenb. viſ. 273.] Schworen conſacramentales, die der beklagte geſtellt hatte, ſo hieß ihr eid *rîmâð* (juramentum numeri), auch ungecoren âð; hatte ſie der kläger ernannt und der beklagte darunter gewählt,

---

[1] [Raſk friſ. ſprogl. p. 3 überſetzt es mit *dåded;* vgl. auch das agſ. *dæd*bôt oben ſ. 653.]

*cyreâđ*; vgl. Phillips p. 182. 183. *Lâde* (ahd. leita) bezeichnet überhaupt defenſio, purgatio (oben ſ. 856), folglich auch den reinigungseid, *verelâde*, wenn ſie gegen die forderung eines mordgelds (vere) gerichtet war, dieſen ausdruck kennt auch das frieſ. recht. Fw. 338.

Aus dem altn. recht will ich der kürze halben hier nur einige namen anführen: *gangsed* (jur. principale). Upl. tingm. 12; *gödzlued* (j. plenius, impinguatorium), vgl. Stjernhöök p. 109. 110; *taksed* (j. fidejuſſorium); *ſätised* (reconciliatorium). Oſtg. kyrk. 3; *tolftared* (der ſelbzwölfte geleiſtet wird). Des isländ. *lŷrittareiđr* iſt oben ſ. 543 gedacht; [ſverja *bôkareiđ*. fornm. 11, 432; *baugeiđr* oben ſ. 896;] *trygdamâl* oder *griđamâl* ſühneid.

Nach Ducange 3, 1623 wäre juramentum *fractum* ein verbis conceptis abgelegter, im gegenſatz zu j. *planum* [1]); jener ſoll der engliſchen, dieſer der franzöſiſchen rechtsgewohnheit entſprechen. [Über das juramentum *cum vara* et *ſine vara* ſieh Haltaus 436.]

---

## CAP. VIII. GOTTESURTHEIL.

War eine that dunkel, ein recht zweifelhaft, ſo konnten prüfungen angeſtellt werden, durch deren untrügenden ausgang die aufgerufne gottheit ſelbſt, als höchſter richter, das wahre u. rechte verkündete [2]). Sie ruhten auf dem feſteſten glauben, daß jedesmal der ſchuldloſe ſiegen, der ſchuldige unterliegen werde. Eine ſolche entſcheidung war *gottes gericht*, *gottes urtheil*, *dei judicium*. l. Bajuv. de pop. leg. 7 [6]. l. Roth. 198. capitul. bei Georg. 660. 1162. 1392 [MG Capitularia I p. 113. LL IV p. 507 Capitularia I p. 448]; *divinum judicium* in einer urk. von 1195 b. Würdtw. ſubſ. dipl. 4 nr. 10; ſie hieß auch bloß *judicium*,

---

[1]) [in der l. Sax. 2, 4 [17] ein ſacramentum *plenum;* vgl. Gaupp miſc. 108.]

[2]) [davon iſt der kamph geſetzet, daȥ eȥ *niemen weiȥ wan got eine.* Schwabenſp. 340, vgl. 359. 360.]

*examen*, ahd. *urteili*[1] (l. Bajuv. de pop. leg. 9 [10] der lat. plur. *urteila*, wie man für urtella leſen muß, Diut. 1, 340), agſ.
909 *ordâl**); gewöhnlich mit zu- | fügung der einzelnen art, z. b. judicium aquae frigidae, judicium crucis.

Gottesurtheile erforſchten das geſchehene oder auch das gegenwärtig rechtmäßige, orakel und auſpicien das künftige, doch konnten ſie ſich manchmal derſelben mittel bedienen, wovon beim kampfurtheil [und zweigurtheil] ein beiſpiel vorkommen wird.

Heidniſchen urſprungs und aus dem höchſten alterthum ſcheinen alle gottesurtheile; ſie hatten ſo tiefe wurzel im glauben des volks geſchlagen, daß ſie das chriſtenthum**) und die ſpätere

---

[1] [vgl. Rother 3081: ich ſetze in *urteil* den lîf.]

*) zufällig iſt dieſe form, nach der lat. überſetzung ordalium (die vor dem 17. jh. ſchwerlich gefunden wird), techniſch gebraucht worden; *ordal* in eines hochdeutſchen mund klingt wie wenn er ath für eid ſagen wollte.

**) Agobard, erzbiſchof von Lion († 840), ſchrieb zwei bücher gegen die gottesurtheile; eines: liber ad Ludovicum pium adverſus legem Gundobadi et impia certamina, quae per eam geruntur; das zweite: contra damnabilem opinionem putantium divini judicii veritatem *igne* vel *aquis* vel *conflictu armorum* patefieri (beide gedr. in der bibl. max. patr. tom. XIV). In letzterm ſagt er u. a.: apparet non poſſe *caedibus, ferro* vel *aqua* occultas et latentes res inveniri. nam ſi poſſent, ubi eſſent occulta dei judicia? deberet ergo inter catholicos et haereticos tali examine veritas indagari, ſicut quidam ſuperbus et ſtultus haereticus Gundobadus Burgundionum rex tentabat expetere a beato Avito . . . . quod ſi talibus adinventionibus valerent latentes culpae inveniri, nec ſapientia nec ſapientes neque judices neque magiſtri eſſent neceſſarii. Wie wenig ſich der biſchof in die natur des deutſchen rechts finden konnte, hat ſchon Rogge p. 96 aus einer andern ſtelle des erſtgedachten buchs gezeigt, Agobards zu viel beweiſende gründe wider die gottesgerichte ſind aber chriſtlicher und vernünftiger, als der unſinn, welchen etwas ſpäter Hincmar von Rheims († 882) in ſeiner ſchrift de divortio Lotharii zu ihren gunſten vorbringt. Über jenen vorgang zwiſchen Gundobadus und Avitus ſehe man die collatio Aviti Viennenſis coram rege Gundebaldo adverſus Arianos (d'Achery ſpicil. 3, 304-306). Auch die verſus de Thimone comite (bei Meichelb. nr. 23, aus dem 8ten jh.) enthalten eine merkwürdige äußerung gegen die gottesurtheile:

Diſceptamen erat varium certante tumultu,
alter habet male quod vindicat alter idem.

geſetzgebung ihm nur allmälich entreißen konnte, anfangs aber und lange zeiten hindurch dulden und ſogar durch kirchliche gebräuche hei- | ligen muſte*). Ihr alter beſtätigen auch ähn- 910
liche prüfungen, die wir bei andern heiden und ſelbſt bei wilden völkern antreffen.

In der regel trug nur der, dem beweisführung oblag, gefahr und laſt des gottesgerichts. Nicht ſelten ſcheint kläger oder beklagter die *wahl zwiſchen verſchiednen arten* der probe gehabt zu haben**), was der wahl unter mehrern ſtrafen (oben ſ. 741) gleicht; auch galt *ſtellvertretung*, der beweisführer konnte einen andern an ſeiner ſtatt das gericht beſtehen laßen.

Einige gottesurtheile, namentlich der zweikampf, erforderten immer die zuziehung *beider theile*, aber das gefecht entſprach dem kriegeriſchen geiſte des volks und es war möglich, daß der unſchuldige unverſehrt aus dem kampf hervorgieng. Die waßer und feuerurtheile laſteten hingegen meiſt***) nur auf dem, der *beweiſen*, gewöhnlich auf dem angeklagten, der ſich *reinigen* ſollte.

Von allen ſind ſie die ſchauerlichſten. Ein mittel wird dem beweiſenden geboten, das ihn jeder menſchlichen erfahrung

---

cum ferro ferrum, cum ſcutis ſcuta repugnant,
cum plumbo plumbum, cumque ſudes ſudibus.
*ignis*, *aqua* occultos rimantur fruſtra reatus,
quod ratio prorſus fictile vera probat;
nam ſi obſtruſa queunt retegi prodentibus *undis*,
proditur a dubiis actibus eſſe *focus*.
haud opus eſt ratio, ſapientia nulla neceſſe eſt,
totus in ambiguum ſermo loquax teritur.

*) die legende läßt den chriſtlichen glauben durch gottesurtheile vertheidigen u. beweiſen. Einzelnen klöſtern wurde im mittelalter das recht verliehen waßer u. feuerproben halten zu laßen, ein beiſpiel MB. 5, 238 (a. 1171).

**) beiſpiele kommen hernach vor, ein ſpätes vom jahr 1436 in Grupens obſ. rer. et antiq. germ. p. 65.

***) nicht beſtändig; es kommt vor, daß *beide* die hand ins feuer oder das ſiedende waßer ſtecken. Der idee nach kein unſinn, aber räthſelhaft muſte der practiſche erfolg ſcheinen, wenn beide ſie verbrannt hervorzogen, wie natürlich war, oder beide unverſehrt, wie auch erzählt wird.

nach unausbleiblich verderben muß; nur ein wunder kann ihn retten. Daß dieſes wunder in vielen fällen eingetreten ſei, erzählte die volksſage des alterthums und die chroniſten haben uns faſt nur beiſpiele glücklich ausgefallner prüfungen bewahrt. Ihren traditionen hiſtoriſchen werth beizumeßen wäre uncritiſch, allerwärts trug und künſtlich angewandte mittel, wenn ſie auch zuweilen ſtatt fanden, unterzuſchieben, wäre unzureichend; eben ſo wenig läßt ſich die wirklichkeit einzelner unglücklicher ausgänge bezweifeln. Nur hat man allen grund anzunehmen, daß ſie mindeſtens unter freien männern *ſehr ſelten* geweſen ſind.
911 Bei häufiger | wiederholung hätte ein ſtets unheilvoller erfolg nothwendig den glauben an ihre rechtmäßigkeit vertilgen müßen*), welcher eben durch die phantaſie genährt und fortgepflanzt wurde; wer ſich ſchuldig fühlte, bekannte lieber, als daß er eine gefahr beſtanden hätte, aus welcher ihn der ſtimme ſeines gewißens nach keine höhere macht gerettet haben würde. Sodann finden wir ſchon in den meiſten älteſten geſetzen die anwendbarkeit dieſer gattung von gottesurtheilen auf *unfreie* eingeſchränkt, grade wie gewiſſe harte ſtrafen nie an freien vollzogen wurden. Freie reinigten ſich durch eid und eideshelfer, unfreie denen ein ſolcher beweis verſagt oder erſchwert war (oben ſ. 861), giengen zum gottesgericht. Unfreie ſind unbeſtreitbar, noch in ſpäterer zeit, unſchuldige opfer dieſer rechtsſitte geworden, da aber freie männer überhaupt leicht an die ſchuld und verworfenheit der knechte glaubten, konnte der ausgang der prüfung nicht ſobald argwohn erregen**). Das gleiche gilt von männern, die keine eideshelfer, von *frauen*, die keine kämpfer für ſich finden konnten und erklärt, wie viele hexen, die faſt alle aus der ärmſten und niedrigſten volksclaſſe waren,

---

*) man müſte den Germanen eine wahrhaft viehiſche dummheit zutrauen, wenn ſie dieſe proben, die nur auf eine weiſe ausfallen konnten, oft mit angeſehen und doch nicht den glauben an ihre wahrhaftigkeit verloren hätten. Rogge p. 198.

**) bei unfreien, für die ihr herr nicht ſchwören wollte, diente der ſtets verurtheilende ausſpruch der gottesgerichte nur zur befeſtigung ihres anſehens; denn gegen ſolche leute war jedesmal auch der allerſtärkſte verdacht vorhanden. Rogge p. 201.

zur waßerprobe verurtheilt wurden. Ohnehin beugte den an harte behandlung und ſchimpf gewöhnten knecht der üble erfolg nicht all zu tief nieder; ſeine verbrannte hand war bald wieder geheilt und ſein herr hatte die buße für das erwieſene verbrechen zu zahlen. Todesgefahr entſprang nur dann, wenn auf dem verbrechen, das durch die prüfung erwieſen wurde, todesſtrafe ſtand. In der älteſten heidniſchen zeit müßen gleichwohl auch freie und ſelbſt edele männer dieſen gottesurtheilen unterworfen geweſen ſein, darauf weiſt die ſage hin, die in ihnen nichts knechtiſches findet und noch das ſaliſche geſetz entbindet nur edele, nicht freie, von ihnen (oben ſ. 861).

[Gottesurtheile wurden auch bloß, ohne rechtsſtreit, zur *bekräftigung* gebraucht; ſo konnten reliquien übergeben werden: ſub teſtatione juramenti et *judicio ferventis aquae* et *calidi ferri.* Pertz 6, 450 (um 830).]

Nunmehr ſind die einzelnen arten darzuſtellen. |

I. *Feuerurtheil*, judicium ignis. 912

1. die einfachſte weiſe erſcheint bei den Ripuariern. Der zum urtheil gelaßene muſte ſeine *bloße hand*, vermuthlich eine beſtimmte zeit lang *ins feuer halten* [1]; war ſie beim herausziehen unverſehrt, ſo galt er für unſchuldig, ſonſt für ſchuldig. Der herr hatte ſeinen des diebſtals geziehenen *knecht* zum feuer vorzuführen (ad ignem repraeſentare), quod ſi *ſervus in ignem manum miſerit*, et laeſam tulerit, dominus ejus ſicut lex continet, de furto ſervi culpabilis judicetur. l. rip. 30, 1. Demſelben gericht ſollten ſich auch *freie fremde*, die keine eideshelfer finden konnten, unterziehen: quod ſi in provincia ripuaria (Francus ſalicus, Burgundio, Alamannus) juratores invenire non potuerit, *ad ignem* ſeu ad ſortem ſe excuſare ſtudeat. ibid. 31, 5.

---

[1]) [vgl. die redensart: j'en *mettrais la main au feu*, manière de ſ'exprimer quand on propoſe quelque choſe dont on eſt très aſſuré. proverbiana 4; en *mettre ſon doigt au feu.* Lafontaine contes 2, 94; je n'en voudrois *mettre mon doigt au feu.* Rabelais Pantagr. 2, 15; für M<sup></sup>e de Monaco wollte ich meine *hand* nicht *ins feuer legen.* anecd. der Eliſabeth von Orleans p. 105; da wollte ich meine *hand* nicht vor *ins feuer legen.* ibid. p. 391.]

[Vgl. kaiserchronik 5027. 5039:

er sprach, daz er von rehte solte
*mit fiur sih ê gereinen.* . . .
unz ich mich *mit dem fiure gereinet* haben.]

2. oder der beweisende gieng *im bloßen hemde durch einen entflammten holzstoß*, nach einigen sagen sogar im *wachshemde*, was den Friesen hieß: en *hêt wexes hreil* (hreil, ahd. hregil, ags. hragel, vestis) te dregane. Wiarda zu As. p. 127. Auf diese art soll Richardis, Carl des dicken gemahlin, nach den chroniken des mittelalters ihre unschuld bewährt haben: das bewerte sü domitte, das sü ein *gewihset hemede* ane det u. domit *in ein für gieng* u. bleip unversert von dem füre. Königshofen p. 105. Anders die kaiserchronik cod. pal. 361, 94[c]:

sie slouf in ein hemede
daz darzuo gemachet was . . .
*in allen vier enden*
ze vuozen u. ze henden
*daz hemede sie intzunten;*
in einer lützelen stunden
*daz hemede gar von ir bran,*
*daz wahs an daz pflaster ran,*
der vrowen arges nine was,
sie sprâchen deo gracias.

Der ältere Hermann. contr. ad a. 887 läßt es aber durch ein judicium aquinum und der noch ältere Regino durch ein judicium vomerum ignitorum geschehen. [Bei Adam. brem. 2, 33 heißt es von bischof Poppo, nachdem er das glühende eisen getragen hat (unten s. 918): *tunicam* indutus *ceratam*, cum staret in medio populi circo, in nomine Domini praecepit eam *incendi*. ipse vero, oculis ac manibus in coelum tensis, liquentes flammas tam patienter sustinuit, ut, *veste* prorsus *combusta* et in favillam redacta, hilari et jocundo vultu nec fumum incendii se sensisse testatus sit. Darnach fornm. sög. 11, 420: ok âdr allan grun tœki af heidnum mönnum, lêt biskup *vexa kyrtil* sinn ok fôr î, lêt sîdan *slâ î eldi*, ok stôd hann heill þâ er kyrtillinn var brunninn.] Ein anderes beispiel ist Peter Bartholomeus, der im j. 1099 für die echtheit der heil. lanze mit ihr *im hemd durch das feuer* gieng, aber nach einigen tödlich verbrannt wurde, vgl. Wilkens kreuzzüge 1, 261-263. | [Dô gienc er in die *gluot.* paſſ. Köpke 473, 94. Joh. Pfefferkorn in ſeiner Cöln 1514 herausg. Sturmglocke fordert den Joh. Reuchlin heraus und erbietet ſich bis *mitten in das feuer* zu erweiſen, daß einzelne in Reuchlins augenſpiegel enthaltne ſätze falſch ſeien; vgl. Weisling Hutten delarvat. p. 49. Heb ik unrecht, *tom fuir* will ik *inlopen.* Soeſter Daniel 63 [1]).]

3. gewöhnlich wurde ein *glühendes eiſen**) mit bloßen 913
händen getragen oder mit bloßen füßen betreten. Viele ſtellen nennen das, ohne nähere beſtimmung, *judicium ferri candentis.* Annal. Hincmari remenſ. ad a. 876 (Pertz 1, 501): Hludowicus Hludowici regis filius decem homines aqua calida et decem *ferro calido* et decem aqua frigida ad judicium miſit, coram eis qui cum illo erant, petentibus omnibus, ut deus in illo judicio declararet, ſi per jus et drictum ille habere deberet portionem de regno, quam pater ſuus illi dimiſit ex ea parte, quam cum fratre ſuo Carolo per conſenſum illius et per ſacramentum accepit. qui omnes illaeſi reperti ſunt; vgl. Aimoinus 5, 34. Ein biſchof zu Münſter u. abt zu Werden lagen (in der zweiten hälfte des 10. jh.) in ſtreit, tandem convenientibus in Werroe placuit hac conditione rem terminare, ut ex utriusque parte *candenti ferro* per duos homines veritas discerneretur et cujus hominem ſecuritas abſolveret, id quod defenderat, ſine ulla

---

[1]) [aber ich wollt an das ende der welt *durch feuer und waßer laufen* für ſie.
Voſs Luiſe 3, 484; für einen *durchs feuer gehen.* Uli der knecht 287. 323. — Die nordiſchen berſerker durchſchritten barfuß das feuer: îþrôttir, ſem berſerkir voro vanir at fremja, at *vada loganda eld* med berum fôtum. Ol. Tr. 1, 265, vgl. Sn. 152; und ſie verſchlangen glühende kohlen: ſubitis furoris viribus inſtincti . . . *torridas fauce prunas abſumere,* exſtructa quaevis *incendia penetrare.* Saxo gr. p. 326; Harthbenus repentino furiarum afflatu correptus . . . *igneos ventri carbones mandare* non deſtitit, raptas ore prunas in viſcerum ima transfudit, crepitantia *flammarum pericula percurrit.* ibid. p. 328.]

*) dieſem urtheil läßt ſich nicht deshalb das höchſte alterthum abſtreiten, weil die Germanen keinen überfluß an eiſen hatten (ne ferrum quidem *ſupereſt.* Tac. c. 6). So viel der geheiligte rechtsbrauch erforderte, konnte immer vorräthig ſein; auch hätten geräthe aus anderm metall geglüht werden können.

deinceps reclamatione poſſideret; quem vero contigerit cremari, nil ſibimet de injuſte retentis uſurparet. quod dum coram amborum advocatis factum fuiſſet, uterque ſecuritatem adeptus eſt. Kindl. 3 pag. 3. Niſi ille, qui homicidium facit, probabiles teſtes habeat aut *per ferrum candens* hoc probare valeat. Wenk 3 nr. 4 (a. 1024). Si miniſterialis, juramento, ſi *lito*, *judicio ferri igniti* ſe purgabit. vita Meinwerci cap. 83 (Leibn. 1, 563, [vgl. urk. des Meinwercus vom j. 1036 bei Falke p. 461]); ein beiſpiel vom jahr 1138 wien. jahrb. vol. 40 p. 107; [Embrico wirceb. epiſcopus Cunradum de Wittigehuſen et cognationem ſuam ſtatum libertatis ſibi arrogantem, ſed *ignito ferro* et per juramentum tertia manu advocati comitis Goteboldi de Hennenberg repulſum adjudicat officio cuſtodiae. Lang 1, 135 (a. 1131);] *igniti ferri examinatio.* Gudenus 1, 144 (a. 1143); queſitum eſt, quo jure debet (villicus) probare? et ſententiatum eſt divino judicio, tertio queſitum eſt, quo divino judicio? et data eſt ſententia, quod ſi juri ſuo voluerit inniti, *ferro candenti* jus ſuum debet probare. Würdtwein ſubſ. dipl. 10 nr. 4 (a. 1195); [eine *igniti ferri examinatio*, mit glücklichem ausgang, zu Halberſtadt. Wigand 5, 47 (urk. a. 1214);] et quod homines *ſervilis conditionis* non in *ferro candenti*, ſicut alias conſuetum eſt, ſed manu duodecima ſuam expurgationem praeſtabunt. Schaten ann. paderb. 2, 6 (a. 1229); [*ignito ferro* ſe expurgavit. MB. 12, 42; *ignito ferro* firmatum. ibid. 3, 243; examen *ferri candentis* gegen ketzer, darunter auch ein nobilis. Caeſ. heiſt. 3, 16. 17, vgl. ibid. 10, 35. 36 und beſonders 1, 40: die des diebſtals beſchuldigte ſagt: examine *ferri candentis*, quis reus ſit, quis innocens, facile comprobabitur. quod cum omnibus placuiſſet, manus furis aduſta eſt, puellae vero manus illaeſa apparuit. Ein beiſpiel aus der Normandie: *ſcintillans ferrum* nuda manu portavit. Order. Vital. p. 584 (Phillips engl. rechtsg. 2, 29). Bewæren mit dem *heizen îſen.* Laber 714. Herſent zum beweis ihrer unſchuld bietet an: jen feroie un juiſe, ou de froide eve ou de *fer chaut.* Ren. 9794. Das glühende eiſen bei den Ditmarſen. Neoc. 2, 546, das eiſengericht in dem braunſchweiger vemgericht. Gericke p. 127. 128.] Genauere beſchreibungen ergeben zwei ganz verſchiedne arten. |

914 *α. neun pflugſcharen* wurden *geglüht* und in beſtimmtem

zwifchenraum von einander gelegt, über die der fich reinigende *barfuß gehen* mufte. Si mulier maritum veneficio dicatur occidiffe, proximus mulieris campio eam innocentem efficiat, aut fi campionem non habuerit, ipfa *ad novem vomeres ignitos* examinanda mittatur. lex Angl. et Wer. 14. Et fi negaverit (is qui de libertate fuerit interpellatus) fe illum occidiffe, *ad novem vomeres ignitos* judicio dei examinandus accedat. capit. a. 803 cap. 5. Georg. 660 [MG Capitularia I p. 113] (wiederholt in fpäteren cap. Georg. 1162. 1392 [MG LL IV p. 507 Capitularia I p. 448]). Idque (Richardis) fe approbare dei omnipotentis judicio, fi marito placeret, aut fingulari certamine aut *ignitorum vomerum* examine fiducialiter adfirmat. Regino ad a. 887 (Pertz 1, 597). In conventu gentis publico Lachftide de proditione patriae proclamati et pulfati . . . in *vomeribus ignitis* expurgare fe funt compulfi. vifio Godefchalki (a. 1188) bei Häberlin anal. p. 585. 586. Femina illa pro fe ipfa quatuor, pro epifcopo quinque, fcilicet novem continuos paffus *fuper ignitos vomeres* faciat nudatis pedibus; fi titubaverit, fi fingulos vomeres pleno pede non prefferit, fi quantulumque laefa fuerit, fententia proferatur in moechum et fornicariam. ann. winton. eccl. bei Ducange f. v. vomeres. Sikure hine anda withon mith twilif monnom, ieftha hi *gunge tha niugun fkero.* Af. 100, vgl. 160; vel ille fervus *calcet candentia ferra.* ibid. 92; oppe da *XII fcheeren.* Fw. 227, vgl. 228; mit *negen fiurum* fekria. willk. v. Humfterland b. Wiarda zu Af. p. 157. Den bekehrten Slaven wurden ftatt ihrer heidnifchen eide chriftliche feuerurtheile auferlegt: et inhibiti funt Slavi de cetero jurare in arboribus, fontibus et lapidibus, fed offerebant criminibus pulfatos facerdoti *ferro* vel *vomeribus* examinandos. Helmold 1, 83 (Leibn. p. 608).

[Non ego fi jubeor *ferrum portare,* recufo,
ire vel *ardenti vomere* nuda pedes.

probra mul. 91. Mone anz. 5, 202.] Berühmt ift die fage von Kunigunde, der gemahlin Heinrichs des zweiten: haec dicens ftupentibus et flentibus univerfis qui aderant, *vomeres candentes nudo veftigio calcavit* et fine aduftionis moleftia tranfiit. auctor vitae Henrici ap. Canifium 6, 387 [Pertz 6, 820b]; fed ipfa purgans fe de hoc publice *fex vomeres ignitos* nudis pedibus illaefa pertranfiit. magn. chronic. belg. p. 387; coram principi-

bus et multis aliis 12 *candentes vomeres* nudo veſt. calcavit et domino protegente penitus illaeſa permanſit. compil. chronol. bei Piſtor. 1, 1091, vgl. Lohengr. p. 189; [im paſſional Köpke 388, 58 ff. ſind es *vumfzen glüende pfluogîſen.*] Nicht minder fabelhaft iſt in der engl. geſchichte the trial of the queene Emma,
915 der mutter Eduard des be- | kenners (a. 1041), von der es in Joh. Bromtons chronicon (bei Twyſden 1, 942) heißt: ſi pro ſe ipſa quatuor paſſus et pro epiſcopo quinque continuos *ſuper novem ignitos vomeres* nudis pedibus et plenis veſtigiis illaeſa tranſiverit, ab impetitione iſta evadat totaliter abſoluta. Im ſchoniſchen geſetz 5, 38 ſcheint *a ſkra ganga* vom treten des heißen eiſens gemeint, vgl. Verelius ſ. v. ſkra. Wenigſtens ſagt Andr. Sunon. 5, 15 ganz beſtimmt: ſi nullus eorum convictus fuerit, decimum eodem ordine accuſatum hoc modo ad calcandum *vomeres ardentes* compellat, ut juret etc. Ein beiſpiel aus der norwegiſchen geſchichte hat Saxo gramm. lib. 12 p. 652: qui (Haraldus) cum ſe Magno Hiberniae populatore procreatum aſtrueret, affirmationi ſuae fidem divini examinis argumento praeſtare juſſus, ſuper *candentes laminas nudatis plantis,* nam id ab eo experimentum poſcebatur, inceſſit. his denique nulla ex parte corruptioribus, complures Norvagienſium liquido incolumitatis miraculo ad aſſertionis ſuae credulitatem perduxit. Dieſe laminae ſind nicht gerade pflugſcharen, ſondern eiſerne ſtangen und riegel, was Arneſen p. 183 *ſlâr* nennt, at *troda ſlâr* (calcare laminas). Dagegen redet die heimskringla bei demſelben vorfall in der Sigurd Jorſala f. ſaga cap. 30 (ed. Peringſk. 2, 269) ausdrücklich von neun pflugeiſen: oc var ſû ſkîrſla gör, er mêſt hefir verit gör î Noregi, at *nio plôgiarn glôandi* voro niđrlögd oc gek hann þar eptir berom fôtom oc leiddo hann biſcopar tveir. oc þrem dögum ſîđar var ſkîrſlan reynd, voro þâ fœtr hans ôbrunnir; [nach fornm. 7, 164 waren es *ſieben* pflugeiſen.] Und das betreten der pflugſchar, die man für ein heiliges geräth hielt, ſcheint überhaupt hierbei beſonders alterthümlich. Nach der ſcythiſchen ſage bei Herodot 4, 5 fiel goldnes geſchmeide, *pflug,* joch, axt, ſchild (oder ſchaale) vom himmel herab und noch *glühendes,* die beiden erſten brüder verbrannten ſich daran, als es der dritte faßte, war es erloſchen; vgl. oben ſ. 186. 380.

*β.* die geglühte eiſenmaſſe von beſtimmter ſchwere muſte eine ſtrecke weit *mit bloßen händen getragen* werden, altn. *iarnburdr* (geſtatio ferri). Hiervon könnte man vielleicht alle die beiſpiele verſtehen, welche das ferrum und keine vomeres erwähnen. Andere ſtellen reden aber deutlich von *hand* und *tragen**). Namentlich Sſp. 1, 39: | die ir recht mit rove oder 916
mit dübe verloren hebbet, of man ſe düve oder roves anderwerve ſculdeget, ſe ne mogen mit irme ede nicht unſculdich werden. ſe hebbet drier kore, dat *glogende iſern to dragene*, oder in enen wallenden ketel to gripene bit to dem ellenbogen oder deme kempen ſik to werene. So auch in Ölrichs rigiſchem recht p. 88. 102-104. 115. 116 dat *iſern dregen*, in den braunſchweig. geſ. b. Leibn. 3, 439 dat *hete iſern draghen*; [bei Rupr. p. 186 daʒ *haiʒ eiſen* tragen; beſchrieben bei Graſshof orig. mulh. p. 237: man ſoll dem beſchuldigten ein eiſen glühen und es ihm vorlegen auf zwei ſteine, er ſoll es drei ſchritt weit tragen und es dann in ein hölzernes faß werfen.] Noch im j. 1445 war es nach Bodm. p. 642 im Rheingau üblich, das *glühende eiſen mit bloßen henden zu tragen.* [Bei Neoc. 2, 465 (a. 1479): dat *glöiende handiſern to dregende* op der heide; ibid. 466 ein bezeugter wirklicher fall, die hand wird geve, reine und unſtraflich funden. Ein altes bild bei Mone 8, 606.] Ein dichter des 13. jh. ſagt: des wolde ich ûf genâde gerne ein *glüendeʒ îſen tragen.* Ben. p. 54; [*trag* er *gluot* (portet ferrum ignitum). Lſ. 1, 429;

ſwie harte ſich der muoet,
der *daʒ îſen gluoet*
unde eʒ danne hin treit,
einem *an die hant leit,*
iſt er (der angeklagte) rehte dar komen,
daʒ han wir dicke wol vernomen,
daʒ *viur in nine brennet* . . . .
ſô iſt ir iegelîchem (den anklägern) gare
ein *îſen alſô heiʒ,*

---

*) in einer urk. von 908 in Zapf monum. wird die hand an das heiße eiſen *geſtoßen*: jactaverunt ad ferrum calidum; vgl. Joh. Müller Schweiz 1 236.

daʒ ir neheiner weiʒ,
reht *an die hant,*
daʒ brennet als ein brant;
hei wie eʒ dem *gluot,*
der in unſchuldigen muot. Karajan 8,19-9,5;]
nû *nemet daʒ îſen uf die hant,*
u. als ir uns habet vor benant,
als helf iu got ze dirre nôt. Triſt. 15731.

Wie aber Iſot durch falſchgeſtellte eidesformel das gottesurtheil hintergieng, wird in einem andern gedichte (cod. vindob. theol. 428 p. 26ᶜ [Haupt 8, 89-95]) bei der prüfung ſelbſt offenbarer trug geübt und es iſt merkwürdig, daß ſchon im mittelalter dieſe anſichten verbreitet waren [1]). Ein eiferſüchtiges weib verlangt von ihrem ehmann, er ſolle ihr ein *gerichte thun* und das heiße eiſen tragen:

daʒ îſen wart ze hant gegluot;
*zwêne ſteine wâren dâ bereit,*
*dâ wart daʒ îſen ûf geleit,*
daʒ eʒ nâch ſînem rehte lac.
ſi ſprach: *heb ûf u. trac*
daʒ ich dîn triuwe ervar!
der man neicte ſich dar;
dô het er ein *gefüegen ſpân*
vor in den ermel getân,
*den lie er vallen in die hant,*
daʒ ſîn daʒ wîp niht bevant.
darûf nam er daʒ îſen,
er ſprach: nû ſol got wîſen,
daʒ dir mîn lîp noch mîn gedanc
noch nie getet deheinen wanc

---

[1]) [auch Hak. Hak. c. 44, wie die königsmutter das eiſen tragen ſoll (unten ſ. 919), bietet einer an: vil ek fâ til eina *liſt*, þâ er ekki ſkal til ſkada; ek hefi þat eitt *gras*, ef ek *rîd þvî â hönd* konûngsmôdur, at *ekki ſkal ſaka*, ok hûn ſkal *ôruggliga bera mega þetta iarn* ok ſkîr verda. Der trug wird aber zurückgewieſen. Vgl. die feuerprobe bei der erwerbung des Huſumerberges durch das ſtift Northeim a. 1208 bei Leuckfeld antiq. north. p. 240. Grotens geſch. d. ſtadt Northeim p. 21. 22.]

und dir ie was mit triuwen mit.
*er truog eȥ mê denne ſehs ſchrit,*
als ſchiere daȥ was getân,
dô *barg er aber ſînen ſpân*
u. lie ſi die hant ſehen.
ſi ſprach: ich wil dir iemer jehen, |
daȥ dû dich wol behalten hâſt 917
u. alles valſches âne ſtâſt,
*diu hant iſt ſchœne als ein golt.*

Nun heſteht aber auch ſeinerſeits der mann darauf, daß ſie ihm das eiſen trage. Der frauen böſes gewißen erwacht u. eh ſie ſich dem urtheil unterwirft, hebt ſie an, ſtückweiſe zu bekennen, damit er ihr ihre ſchuld vorher erlaße (vor an lâȥe), im wahn, das gericht könne ihr dann nicht weiter ſchaden; doch die beichte währt ihm zu lang und er zwingt ſie das eiſen zu faßen:

*daȥ îſen nam ſi ûf die hant*
*u. wart alſô ſêre verbrant,*
daȥ ſi ſchrei mit grôȥer ungehabe:
ô wê, mir iſt diu hant abe!
*ein wahs het er gebreitet*
*u. ein tuoch darzuo bereitet*
*u. wolde ſi verbinden* *)
des bat ſi in erwinden;
ſi ſprach, waȥ hilfet daȥ bant?
mir iſt diu hant ſô gar verbrant,
daȥ ſi mir nû mac nimmermê
ze nutze werden alſam ê.

[Derſelbe gegenſtand in dem ſchauſpiel das heiß eiſen bei Hans Sachs II. 4, 21-23. Dafur trag ich das *eiſen heiß*. Kellers erz. 94, 17. Zu Wittenberg ſoll ein unſchuldig angeklagter das eiſen unverſehrt getragen, der wahre thäter ſich aber ein jahr lang nachher noch daran verbrannt haben. volksſage bei Heimreich 1, 304.]

Die Angelſachſen unterſchieden einfache und dreifache lâde

---

*) bezieht ſich darauf, daß die hand nach dem tragen verbunden, verſiegelt und einige tage ſpäter förmlich beſchaut wurde.

(reinigung). Phillips p. 186; trat letztere ein, ſo wurde auch das feuerurtheil durch ein *dreipfündiges eiſen* erſchwert, während es bei erſterer nur *ein pfund* wog. Ines geſetze cap. 77 [app. XIII]: ve cvædon be þam morđſlihtum, þat man dypte (ſinnlos, ich denke clypte) þone âđ be þryfealdum and miclade þat ordâlîſen, þat (hit) tô gevæge þrŷ pund. and eode ſe man ſilf to þe man tuge (und gieng der mann ſelbſt hinzu, der einen andern anſchuldigte) and häbbe ſe teond cyre, ſvâ väterordâl, ſvâ *îſenordâl*, ſvâ hvæđer him leofra ſŷ. Der kläger hatte hier zwiſchen dem judicium aquae oder ferri zu wählen.

Des frieſ. eiſentragens gedenkt Aſ. 92: jef ſin hera hini wili et tha withon urtia, ſa hach thi einemon (der eigenmann) en *het iſern to dregande;* Fw. 229 *handirſen.* Des altn. *iarn-*
918 *burđr.* Ol. helga ſ. cap. 145, Grâgâs | nur beiläufig (feſtaþætti cap. 36 *bere hann iarn*), nach Arneſen p. 183 muſte das glühende eiſen *neun ſchritte weit* getragen oder auch in einen *zwölf ſchritte fernen trog geworfen* werden, dergeſtalt daß, wenn der werfende fehlte, das eiſen von neuem geglüht und der wurf wiederholt wurde, *trogsiarn.* Im ſchoniſchen geſetz heißt es *ſkutsiarn*, von ſkut, jaculum. Ein berühmtes beiſpiel aus der däniſchen geſchichte iſt die ſage von Haralds bekehrung durch Poppo. Haraldus autem rex. . . interrogat (Poppanem vom nom. Poppa) ſi hanc fidem per ſemet ipſum declarare velit? ille incunctanter velle reſpondit, rex vero cuſtodire clericum usque in craſtinum jubet. mane facto *ingentis ponderis ferrum portare* juſſit; confeſſor Chriſti indubitanter ferrum rapit tam diuque portat, quo rex ipſe decernit, *manum incolumem* cunctis oſtendit. Witech. corb. lib. 3 (Meibom 1, 660. [Pertz 5, 463]). Rex Danorum Araldus condixit clerico, ut fidem propoſitam a ſe probaret teſtimonio veritatis. quod annitente clerico, *ingentis ponderis ferrum valde ignitum manibus illius ferendum* imponitur. quod cum clericus usque ad placitum omnium *tuliſſet* absque ulla laeſione, rex penitus abjecta idolatria, ſe ſuosque ad colendum verum ſolum deum convertit. Sigeb. gembl. ad a. 966. Interrogatus autem (Poppo) a rege, ſi *ignito* voluiſſet dicta *ferro* comprobare, paratum ſe ad hoc eſſe hilari reſpondit animo, craſtinaque die *ferrum ingentis ponderis* benedictum ad locum a rege determinatum *portavit*, *manum*que *ſecuram* imperterritus

elevavit. Ditm. merſeb. (Leibn. 1, 333). Quem etiam (Popponem) ajunt pro aſſertione chriſtianitatis, cum barbari ſuo more ſignum quaererent, nil moratum, ſed ſtatim *ignitum ferrum manu tuliſſe* et illaeſam apparuiſſe. Adam. brem. hiſt. eccl. 2, 26. Qui (Poppo) *ferrum candens et ignitum, in modum chirothecae formatum*, coram populo ſine laeſione *portavit*. Albertus ſtad. ad a. 974. Snorri in der Ol. Tr. ſ. cap. 27: enn þâ bodadi Poppo biſkop heilaga trû fyrir Haraldi konûngi, oc hann *bar iarn glôanda î hendi* ſer oc ſyndi Haraldi hönd ſîna ôbrunna; anders die größere Ol. Tr. cap. 70 (ed. hafn. 1, 129): Poppo biſkup lêt þâ leggja *logandi iarnſlâ î hægri hönd* ſer ok *bar* 9 *fet*, ſvâ at allir ſâ; [die Iomsvîkîngaſaga (fornm. 11, 38): nû ſkal taka *iarn glôanda* . . . en ſîdan mon ek *gânga yfir glôanda iarn* î trauſte heilagrar þrennîngar *9 fet*, alſo wie oben unter *a*, vgl. auch ſ. 912;] Saxo gramm. endlich (lib. 10 p. 499) verlegt die begebenheit unter könig Sveno [vgl. Müller ſagabibl. 3, 106] und erzählt ſo: percontatus (Poppo), an monitis ſuis obſecuturi eſſent, ſi ad *flagrantis ferri tactum* manum ejus laeſione vacuam conſpexiſſent? | univerſis haud dubie parendum reſpondentibus, 919
*candentem ferri laminam, chirothecae formam* habentem expediri juſſit, eique *brachium cubitotenus inſeruit* ac protinus per omnes interrite *circumlatam* ante principis pedes excuſſit, dextramque nulla ex parte corruptam in eodem incolumitatis colorisque habitu conſpiciendam monſtravit . . . quo evenit, ut Dani, abrogata duellorum conſuetudine, pleraque cauſarum judicia eo experimenti genere conſtatura decernerent. Letzteres iſt ganz unwahrſcheinlich, da ſowohl das kämpfurtheil noch ſpäter im Norden galt, als das feuerurtheil ſchon früher gegolten hatte; denn nicht Poppo ſchlug es vor, wie Saxo will, ſondern die heiden hatten es ihm vorgeſchlagen, was zumal aus Dietmar hervorgeht; [vgl. Müller über Saxos letzte bücher 29-40.] Die abweichungen der zeugniſſe ſelbſt verkündigen die natur der ſage. [In der Sverris ſaga c. 59 (um 1184) trägt Eirîkr das *glühende eiſen* ſer til fadernis, zum beweis daß er der ſohn könig Sigurds ſei. Inga kôngsmôdir faſtadi *til iarns*, ſem ſidr er til, enn þâ er iarnit ſkyldi bera, var þvî â braut ſkotit leyniliga. Hak. Hak. c. 14 (a. 1217), ſpäter trägt ſie es unverſehrt. ibid. c. 41. 43. 44. 45.] In Schweden wurde der *iarn-*

*byrd* abgefchafft durch Magnus Ladulås und Birger, vgl. vorr. zu Upl. und Helfingl. ärfd. 16. Aber Oftg. edz. 17 hat noch väria fik med *iarni* oc gudz domi. In einem dän. volkslied heißt es: *gloendes ftaal* vil jeg paa mine *händer bäre.* D. V. 1, 299. Ein beifpiel aus dem fchonifchen gefetz oben f. 463.

II. *Waßerurtheil,* judicium aquae. Zwei arten.

1. *mit heißem waßer,* jud. aquae calidae vel ferventis, auch *aheni vel caldarii,* bei den Friefen *ketelfang.* Waßer wurde in einem keßel*) zum fieden gebracht und ein *ring* oder *ftein* hinein geworfen, der mit bloßem arm unverletzt herausgeholt werden mufte, wenn der beweifende recht hatte. *Ad aeneum* mallare, manum fuam ab aeneo redimere. l. fal. 56 [53]; *ad aeneum ambulare.* l. fal. 59, 1 [56]; fi de leude eum rogatum habuerit, debet qui eum rogavit cum XII wedredo jurare et ipfas XIV noctes *aeneum calefacere***), et fi ad ipfum placitum venire defpexerit aut *manum fuam in aeneum mittere* noluerit etc. l. fal. 76, 1 [cap. 2 ad l. fal. 8]. Si homo ingenuus in furto inculpatus, *ad aeneum provocatus*, manum incenderit, quantum inculpatur furtum componat. pactus Childeb. et Chloth.
920 a. 593 § 4 (Georg. 472 [MG Capitularia I p. 5]). | Si fervus proprius hoc admiferit, *judicio aquae ferventis* examinetur, utrum hoc fponte an fe defendendo feciffet, et fi *manus* ejus *exufta* fuerit, interficiatur. capit. b. Georg. 836. 1370. 1461. 1230 [MG Capitularia I p. 281. 438. LL II 2 p. 58. IV p. 548]. Si quis fervum alienum fine voluntate domini fui . . . . *manum in caldaria mittere* fecerit. l. Liutpr. 5, 21 [50]. Diefe keßelprobe war auch bei den Gothen gebräuchlich: quodfi per *examen aquae ferventis* (al. ex. *caldariae*) innoxius apparuerit. l. Vifig. VI. 1, 3. Non fe expurget juramento, fed aut duello, aut *bullienti aqua* aut ferventi ferro. l. famil. wormat. b. Schannat hift. worm. nr. 51 (a. 1024). In enen *wallenden ketel to gripene.*

*) vgl. den altn. *hvergelmir* oben f. 798; von hverr (cacabus) und gâlm (ftridor, fervor)?

**) Rogge verfteht dies p. 199 fo, als habe der kläger vierzehn tage u. nächte lang das feuer unter dem keßel unterhalten müßen. Es ift wohl zu lefen *ad* ipfas und der termin gemeint.

Sſp. 1, 39; in einem *ſedendigen ketel gripen.* Oelrichs rig. recht p. 88; in ainen *wallenden keßel ze greifen unz an den ellenbogen* u. einen *ſtein auf dem boden aufheben*, der *als groß* ſei *als ein eihe.* ſchwäb. landr. 37, vgl. 186. 360. 374 Schilt.; und ſol darauß *nemen einen ſtein, als groß als ein hennenei.* ſchwäb. landr. Senkenb. 246, Goldaſt 242; [in einen *wellenden cheßel greifen.* Rupr. p. 186. Daȥ man mit *heißem waßer* und heißeiſen ſchuldig leut erfund. Mich. Beham in Mones anz. 4, 450. Vgl. auch ſächſ. lehnrecht art. 40 § 2.]

Das älteſte, den hergang gut erläuternde beiſpiel berichtet Gregor v. Tours miracul. lib. 1 cap. 81. Ein arianiſcher und catholiſcher prieſter ſtritten über ihren glauben, endlich rief der letztere: quid longis ſermocinationum intentionibus fatigamur? factis rei veritas adprobetur, *ſuccendatur igni aeneus* et *in ferventi aqua annulus cujusdam projiciatur.* qui vero eum ex ferventi unda ſuſtulerit, ille juſtitiam conſequi comprobatur, quo facto pars diverſa ad cognitionem hujus juſtitiae convertatur. Der arianer iſts zufrieden, et *inito* usque mane *placito* disceſſerunt. Über nacht fängt dem catholiſchen an zu bangen, diluculo ſurgens brachium infundit oleo, unguento conſpergit. circa horam tertiam *in foro* conveniunt, concurrit populus ad ſpectaculum, *accenditur ignis*, *aeneus ſuperponitur*, *fervet valde*, *annulus in unda ferventi projicitur.* Invitat primum diaconus haereticum, ut ipſe eum a calore *auferat.* ſed ſtatim recuſavit dicens, qui hanc ſententiam protuliſti, debes *auferre.* Zitternd entblößt der diaconus ſeinen arm; als ihn der gegner geſalbt erblickt, ſchreit er, du haſt künſte gebraucht, deine probe gilt nichts. Indem kommt von ohngefähr ein anderer catholiſcher geiſtlicher aus Ravenna, Iacinctus, hinzu, fragt nach der urſache des ſtreits, nec moratus, extracto a veſtimentis brachio, *in aeneum dexteram mergit. annulus* enim, qui | ejectus fuerat, *erat valde* 921
*levis ac parvulus*, nec minus ferebatur ab unda, quam vento poſſit ferri vel palea. quem diu multumque quaeſitum, *infra unius horae ſpatium reperit.* accendebatur interea vehementer focus ille ſub dolio, quo validius fervens non facile adſequi poſſit annulus a manu quaerentis, extractumque tandem *nihil ſenſit* diaconus *in carne ſua*, ſed potius proteſtatur, in imo quidem frigidum eſſe aeneum, in ſummitate vero calorem teporis

modici continentem. Quod cernens haereticus, valde confuſus, *injecit* audax *manum in aeneo*, dicens: praeſtabit mihi haec fides mea. Injecta manu, protinus *usque ad ipſa oſſium internodia omnis caro liquefacta defluxit*, et ſic altercatio finem fecit. Die begebenheit*) fällt ins ſechſte jh. nach Oberitalien wahrſcheinlich noch unter gothiſcher, vielleicht ſchon unter langobardiſcher herrſchaft; die angeführte ſtelle der l. Viſig. lehrt, daß der keßelfang gothiſche rechtsſitte war. Ein fränkiſches beiſpiel vom j. 876 iſt oben ſ. 913 vorgebracht; auch Thietberg könig Lothars gemahlin reinigte ſich im j. 859 durch ein judicium *aquae ferventis*, das aber ein diener für ſie beſtand: vicarius ipſius feminae ad jud. a. f. exiit et poſtquam incoctus fuerat ipſe repertus, eadem femina maritali toro eſt reſtituta. Hincmar de divort. Loth.; [nuntius judicio *aquae* ferrique igniti examinatus, ſecurus approbatur. vita Meinwerci p. 140;] noch andere belege bei Ducange 1, 608-611. Auch im rom. du renart heißt es: jen feroie un *juiſe de chaude yaue* et de fer chaud, [vgl. Ren. 9794 oben ſ. 913; Guill. d'Orange 5, 1247: *juice* ou *à eve* ou en fu.] In der burgundiſchen ſage von Gangolfus [8. jh.] kommt die wendung vor, daß der heilige die angeſchuldigte ehfrau nicht einmal in warmes, ſondern in *kaltes quellwaßer* ihre hand ſtecken heißt, die ſie doch verbrannt heraus zieht:

ſed ſuadebo *manum dextram* te tingere tantum
    praeſentis *lympha* fonticuli *gelida*,
et ſi non ſubito damni quid contigit, ergo
    ultra judicio non opus eſt alio! |
922 Quae tunc plus juſto confidens corde ſuperbo,
    confortante ſuam daemone duritiem,

---

*) ihr *ſagenhafter* grund erhellt daraus, daß derſelbe Gregor in einer andern ähnlichen legende, die ohne örtlichkeit erzählt wird, den ſtreit des rechtgläubigen und des ketzers durch eine art von *feuerurtheil*, wobei aber auch ein *ring* vorkommt, ſchlichten läßt: eſt digito meo *annulus aureus*, ſagt der catholiſche, ego eum *in ignem jacio*, *tu candentem collige!* projectumque inter prunas annulum ita igniri permiſit, ut eis ſimilis cerneretur. Der ketzer weigert ſich ihn zu holen, der catholik ablatum ab igne annulum diutiſſime palma ſuſtinuit et nihil eſt nocitus. de gloria confeſſ. cap. 14.

fundo *nudatam committit* denique *palmam*,
nil ſperans damni poſſe ſibi fieri,
inter frigoreas *ardens* ſed comperit undas,
quid poſſet noſtri dextera celſa dei . . . . .
nec mora cum palmam retulit, quod forte negavit,
portavit crudum *criminis indicium*.

carmen Roſwithae de Gangolfo (opp. ed. Schurzfl. p. 114. 115), [vgl. Vinc. bellov. ſpec. lib. 23 cap. 159.]

Das agſ. *väterordâl* wird im anhang zu Ines geſetzen genauer beſchrieben: þat nân man ne cume innon þære cyricean, ſiđđan man þat fŷr in birđ, þe man þat ordâl mid hætan ſceal, buton ſe mäſſepreoſt and ſe þe þar tô gân ſceal. and beo þær gemeten nigon fêt of þam ſtacan tô þære mearce be þäs mannes fôtum þe þar tô gâđ. and gif hit þonne väter ſŷ, hæte man hit, ođ hit hleove to vylme, and ſŷ þat *alfät* (gefäß) îſen ođđe æren, leáden ođđe læmen. and gif hit ânfeald tihtle ſŷ, *dufe ſeo hand äfter þam ſtâne ođ þa vriſte*, and gif hit þryfeald ſŷ, *ođ þone elbogan*. Das weitere bei Phillips p. 191. 192. Ähnliches verordnet l. Aethelſt. cap. 23, die auch von einem *ſtân*, nicht von einem ring redet.

Nach l. Friſ. 3, 8 ſoll der auf diebſtal klagende mit dem beſchuldigten ſchwören, wenn aber beide geſchworen haben, der meineidige durch *keßelfang*, dem ſich *beide* unterziehen müßen, ausgemittelt werden (uterque ad *examinationem ferventis aquae* accedat), vgl. Rogge p. 200. 201; [der des todſchlags beſchuldigte: ſe poſt ſacramentum judicio dei examinandum, *ferventi aqua* innocentem oſtendat. l. Friſ. 14, 3;] ungâ *tô tâ ſzetele*. lit. Br. 105. 146. Aſ. 236, vgl. Wiarda zu Aſ. 248 und die umſtändliche beſchreibung Fw. 48-53.

Des altn. *ketilfâng* oder *ketiltak* erwähnt Grâgâs feſtaþætti cap. 55 (*tekr* hon *î ketil*), an einer ſchnur wurde ein *ſtein* in den ſiedenden keßel *gehängt* u. muſte herausgelangt werden (Arneſen p. 182); das gottesurtheil ſcheint bloß für frauen zu gelten, in Schweden und Dänemark keine ſpur davon. In der Edda aber ein bedeutſames beiſpiel, zwar gerade in einem lied, das vielleicht nicht aus der eigenthümlichen ſage des Nordens entſprungen iſt. Herkja, eine *unfreie*, hatte Godrunen, Atlis gemahlin, unerlaubten umgangs mit þiodrekr geziehen: Godrun

bietet ſich zu feierlichen reinigungseiden und zum gottesurtheil. Sie fordert Atli auf, Saxi den fürſten der Südmänner, der ſich
923 auf heiligung des wal- | lenden keßels verſtehe (wahrſcheinlich ein *prieſter* war), zu beſenden,

hann kann *helga hver vellanda.*

Das lied ſetzt voraus, daß dies geſchehen iſt und ſchildert nun die feierlichkeit des hergangs ſelbſt:

ſiö hundrođ manna î ſal gêngo
ađr kvæn konûngs *î ketil tœki.*
*brâ hon til botz biörtom lôfa,*
ok hon upp um *tôk iarknaſteina:*
ſê nû, ſeggir, ſŷkn em ec orđin,
*heilagliga hvê ſia hverr velli.*
Hlô þâ Atla hugr î brioſti,
er hann *heilar* ſâ *hendr* Gođrûnar.
nû ſkal Herkja *til hvers gânga,*
ſû er Gođrûno grandi vænti.
Sâat madr armlict hverr er þat ſâat,
hvê þar â Herkjo *hendr ſviđnodo;*
leiddo þâ mey î mŷri fûla.

Alles dies Sæm. 237. 238. Merkwürdig daß, nachdem die unſchuld der beklagten dargethan iſt, gleichſam zur gegenprobe auch noch die anklägerin ihre hände in den keßel thun muß und ſie verbrannt herauszieht, worauf ſie zur ſtrafe lebendig in einen ſumpf verſenkt wird (oben ſ. 695). Der *iarknaſteinn* (oder iarkn ſteinn?) iſt der agſ. eorcnanſtân (gramm. 2, 629. 630), vermuthlich ein milchweißer opal, was den mhd. dichtern der *weiſe* heißt, lapis *orphanus* ſ. pupillus [1]), der *eirunde* ſtein des ſchwäb. landr., wie ihn Völundr mythiſch aus kinderaugen fertigt (vgl. pupilla, pupa, *κόρη*), ein heilig geachteter und daher heiligem gebrauch dienender ſtein.

2. *mit kaltem waßer*, jud. aquae frigidae. Der angeſchuldigte, ein ſeil um den leib gebunden, wurde ins waßer geworfen; *ſchwamm er oben, ſo war er ſchuldig, ging er unter, unſchuldig*, und dann zog man ihn ſchnell heraus. Hierbei

---

1) [oben ſ. 242; vgl. franz. *ſolitaire*, einzeln gefaßter edelſtein.]

ſcheint ein altheidniſcher volksglaube zu walten, daß das heilige element, die reine flut, keinen miſſethäter in ſich aufnehme. [Daȥ mer iſt ſô reine, daȥ eȥ keine bôsheit mac gelîden. Wiener merfart 392, vgl. Wackernagel negat. p. 20 (fundgr. 1, 284). In einer kirchlichen formel heißt es ausdrücklich: waßer ich beſchwöre dich . . . nimm dieſen menſchen in keine weiſe auf, wenn er irgend deſſen, was ihm zur laſt gelegt wird, ſchuldig iſt. Wigands Corvei 2, 142.] Keins der alten geſetze ſchreibt dieſe prüfung vor, aber ſie muß im gerichtsgebrauch gegolten haben, da ſie Ludwig der fromme (vielleicht durch Agobards ſchrift angeregt) im jahr 829 verbot: ut *examen aquae frigidae*, quod hactenus faciebant, a miſſis noſtris omnibus interdicatur ne ulterius fiat. Georg. 904 [MG Capitularia II p. 16] und wiederholt von Lothar. | Georg. 1229 [MG LL IV p. 548]. 924
Gleichwohl kommen noch nachher beiſpiele vor. Des von 876 iſt vorhin (ſ. 913) gedacht. Hraban von Mainz ſoll de judicio aquae frigidae geſchrieben haben. Hincmari rem. epiſt. 39 (opp. 2, 676). Hincmar ſelbſt (de divort. Loth. opp. 1, 607) beſchreibt es folgendergeſtalt: *colligatur fune* qui examinandus *in aquam demittitur* . . . qui ob duas cauſas conligari videtur, ſcilicet ne aut aliquam poſſit fraudem in judicio facere, aut ſi aqua illum *velut innoxium receperit*, ne in aqua periclitetur, ut ad tempus valeat retrahi; und anderswo: *innoxii ſubmerguntur aqua, culpabiles ſupernatant.* Adſciſcunt ſibi presbyteros qui feminas nudatas *aquis immergi* perſpiciant. Eckehardus jun. de caſib. S. Galli cap. 14. Plebejus et minoris teſtimonii ruſticus *aquae frigidae* ſe expurget judicio. conventus alſaticus a. 1051 § 66 (bei Goldaſt). Die ſtatuta ſynodalia concil. colonienſis de pace publica a. 1083 verordnen: ſi liber vel nobilis homicidium fecerit . . . quod ſi ſe purgare voluerit, cum duodecim, qui aeque nobiles et aeque liberi fuerint, juret. ſi *ſervus* occiderit hominem . . . ſi ſe innocentem probare voluerit, *judicio aquae frigidae* ſe expurget, ita tamen ut ipſe et nullus alius pro eo in aquam mittatur. Möſer Oſnabr. 2, 258. Nach der ſage reinigten ſich aber auch fürſten auf dieſe weiſe; von graf Welpho erzählt Conradus urſperg. ad a. 1126 (ed. argent. 1609 p. 210): auguſtenſem quoque epiſcopatum et friſingenſem in praelio, quod habebat cum Brunone auguſt. epiſcopo, attrivit et plurimum

comminuit, pro qua re tamen in fine ſatis fecit et villas plurimas eisdem epiſcopatibus tribuit, in tantum, quod *judicio aquae frigidae* innocentiam ſuam probavit. [Decima illa de bono illo quod dicitur ſeleguth utriusque partis querimonia impetebatur. quae res eo usque proceſſit, ut mediante domino Anshelmo maurimonaſterii abbate in unum convenerimus, *judicium aquae frigidae* condixerimus. Schöpflin nr. 282 (a. 1147); habitoque omnium conſenſu *frigidae aquae judicio*, favente juſticia, Sigebergenſis eccleſia quod ſuum erat optinuit. Lacomblet nr. 374 (a. 1152).] In den rechtsbüchern des mittelalters heißt dieſe probe *waßerurteil*, *waterordel*. Sſp. 3, 21. ſchwäb. landr. 278 Schilt., in der lat. überſetzung des Sſp. *ſententia undae*, bei Guibert lib. 3 c. 14 de vita ſua *jud. laticis* (Ducange ſ. v. latex), beim vetus auctor de benef. cap. 1 § 99 *aquaticum dei judicium*. Merkwürdig hat ſie ſich aber auch in den rheiniſchen markweisthümern fortgepflanzt: auch wer verlümont wird umb luiſen u. drühen (wald und jagdfrevel) u. hat nun lumonde, will ſich der verantworten, dem ſoll man ſin rechttage ſetzen, will er unſchuldig werden, ſo ſoll man ime *ſein hend binden zu hauf* u. ſol ime ein *heinen* (hagenen) *knebel zwiſchen ſinen beinen u. armen durch ſtoßen* u. ſoll ine *werfen*
925 *in ein meieſche boden* (bütte) *von drien* | *fuder waßers; fellet er zu grunde* ſo iſt er *ſchuldig*, *ſchwebt er empor* ſo iſt er *unſchuldig*, das ſoll man driwerb thun. Dreieicher w. (a. 1338). Wär es auch, das ein hübner rüget uf die warheit u. das man wolte leuken, ſo ſoll man dem der gerüget iſt, *ſine dumen binden zu einander* u. ſoll ihm *einen knebel durch die pein ſtoßen* u. ſoll ihm *in eine meiſſe büden voll waßer werfen; ſchwimmt er* darüber off dem waßer, ſo iſt er *unſchuldig*, *fellt* er aber *unter* ſo iſt er *ſchuldig*. Lorſcher w. (a. 1423). Daß hier ſtatt der freien flut ein großes dreifudriges *gefäß* (das fuder 24 ohm, die ohm 24 maß gerechnet) gebraucht iſt, mag altherkömmlich ſein*), auch das binden des hineingeworfnen wird anſchaulich gemacht und Hincmars deutungen erſcheinen unrichtig, offenbar ſollte dem eingetauchten ſeine natürliche kraft,

*) vgl. bilder zum Sſp. taf. 17, 4.

das ſinken oder auffchweben zu befördern, genommen werden. Doch den erfolg der prüfung verkehren die märker geradezu und das beweiſt genugſam, daß ihnen die ausübung des gebrauchs längſt unbekannt war.

Gegen *zauberinnen* und *hexen* wurde das waßerurtheil während des 16. und 17. jh. wirklich und häufig angewandt*); es muß auch in den vorausgehenden jhh. ununterbrochen geſchehen ſein, da ſich die neue einführung der ſitte, wenn ſie einmal untergegangen geweſen wäre, kaum annehmen läßt. Nur vervielfältigten ſich ſpäter die hexenverfolgungen. Ein beiſpiel von 1617 gibt Neocorus 2, 431, [vgl. 2, 330;] eins von 1590 Troſs Weſtphalia 1824 p. 200, andere Fr. Majer geſch. der ordalien p. 100-106**); [das hexenbad in Schwäbiſchhalle a. 1644. Idunna 1813 nr. 19.] Auch galt bei dem *hexenbad* der unverletzte grundſatz, daß emporſchweben ſchuld, ſinken ſchuldloſigkeit anzeige [1]. | [Ein merkwürdiges beiſpiel des waßerurtheils bei einem der zauberei beſchuldigten enthält ein holſteiniſches amtsprotocoll vom jahr 1706 (allg. jur. zeitung 1830 p. 234): der verdächtigte fordert ſeinen beleidiger auf, mit ihm auf den Itzſtedter ſee zu kommen, wo jeder den andern binden und halten wolle. Als der injuriant ſich weigert, räth man dem beſchimpften, allein *zu waßer zu gehen;* vater und frau legen die hände an ihn und bringen ihn aufs waßer, an einer ſtelle, wo es nicht allzu tief war. Später geben zwei zeugen vor dem amte an: man könne nicht ſagen, daß inquiſit *gefloßen oder ge-*

---

*) in Frankreich verbot es das parlement de Paris durch ein arrêt de la Tournelle vom 1. decemb. 1601. cette epreuve n'etait en uſage que pour le petit peuple et ſe faiſait en jettant l'accuſé dans *une grande cuve,* pleine d'eau, après lui avoir lié *la main droite au pied gauche et la main gauche au pied droit.* ſ'il ſ'enfonçait il etait innocent, ſ'il ſurnageait, il etait coupable.

**) verſchieden iſt die an ſchuldigerkannten zauberinnen vollzogne *ſtrafe des ertränkens;* wenn aber Nithardus lib. 1 ad a. 835 von der oben ſ. 696 gedachten Gerberga ſagt: Gerbergam more maleficorum in Ararim mergi praecepit, ſo kann das auch auf eine der verurtheilung *vorausgehende* waßerprobe bezogen werden.

1) [Rud. Goclenius de natura ſagarum in purgatione per frigidam aquam innatantium. Marb. 1584. Strieder 4, 434.]

*ſchwommen* habe. So entrinnt in dem liede Firmenich 1, 364 der zauberer dem halsgericht, weil er bei der waßerprobe niederſank. Und im Renart t. 2 p. 53 heißt es:

ſavez c'on diſt au cous malves (dem hanrei),
ſ'il vient à pont qui ſoit deffez:
paſſez outre, ſe vos chaez,
ſoiez ſeur, *vos floterez.*]

926 Frieſiſche, agſ. und altn. denkmäler geſchweigen des waßerurtheils, vgl. Arneſen p. 183; hierbei iſt nicht zu überſehen, daß gleichwohl die oben ſ. 798 angezogne ſtelle Adams von Bremen über die upſaliſche opfer*quelle* das eintauchen und *unterſinken* eines menſchen als ein *gutes* zeichen angibt. Das waßer hat ſich das opfer gefallen laßen u. bewilligt den wunſch des volks, einen verbrecher hätte es ausgeworfen.

Ich halte dafür, daß die *waßertauche* des alterthums (oben ſ. 631) in einigem zuſammenhang mit dem waßerurtheil ſtehe; ſie war eine thätliche beſchimpfung geringgeſchätzter, verdächtiger gegner.

III. *Kreuzurtheil.* Hierzu gehörten, wie zu dem zweikampf, nothwendig *beide theile;* ſie muſten mit *auferhobnen händen unbeweglich* an einem kreuze *ſtehen*, welcher von ihnen der erſte zu boden ſank, die hände rührte oder niederfallen ließ, hatte verloren und der andere ſiegte [1]). Während ſie ſtanden wurde gebetet und eine meſſe geleſen. Si qua mulier reclamavērit, quod vir ſuus nunquam cum ea manſiſſet, *exeant* inde *ad crucem.* capit. a. 752. Georg. 509 [MG Capitularia I p. 41]. Quod ſi accuſator contendere voluerit de ipſo perjurio, *ſtent ad crucem.* capit. a. 779. Georg. 544 [MG Capitularia I p. 49]. Si cauſa vel intentio ſive controverſia talis inter partes propter terminos aut confinia regnorum orta fuerit, quae hominum teſtimonio declarari vel definiri non poſſit, tunc volumus ut ad declarationem rei dubiae *judicio crucis* dei voluntas et rerum veritas inquiratur, nec unquam pro tali cauſa cujuslibet generis pugna vel campus ad examinationem judicetur. cap. 1 a. 806.

---

[1]) [vgl. Exodus 17, 11. 12, wie Moſes während der ſchlacht die hände ausſtreckt und ſinken läßt.]

Georg. 719 [MG Capitularia I p. 129]. Si aliquis Saxo hominem comprehenderit absque furto aut absque ſua propria aliqua re, dicens quod illi habeat damnum factum, et hoc contendere voluerit *in judicio* aut in campo aut *ad crucem*, licentiam habeat. Georg. 1395 [MG Capitularia I p. 449]. Lothar I. verbot dieſe prüfung: ſancitum eſt, ut nullus deinceps quamlibet *examinationem crucis* facere praeſumat, ne Chriſti paſſio cujuslibet temeritate contemtui habeatur. Georg. 1244 [MG LL IV p. 556]. Zwiſchen den bürgern von Verona und ihrem biſchof entſchied ein kreuzurtheil, jede partei hatte ihren ſtellvertreter, ille qui de parte publica datus fuerat, *in terram* velut exanimis *corruit*. Baluz zu den cap. 2, 1154; ferner zwiſchen dem biſchof von Paris und abte v. S. Denis im j. 775. Mabillon de re diplom. p. 498. Als in einem teiche des kloſters Biſchofsheim | ein neugebornes 927
kind gefunden und eine nonne des verbrechens verdächtig war, ließ man, um die ſchuldige auszumitteln, *alle* nonnen die *probe des kreuzes* beſtehen. Rudolphus fuldenſis in vita S. Liobae cap. 15. [Stälin 1, 361.] Der frieſiſchen rechtsſage nach erfolgte dieſelbe prüfung, als ſich könig Karl und Ratbot um Friesland ſtritten: huckera hiarem, deer orem *an ſtilleſtalle wrſtoed*, dat hit wonnen hed. da brochtma da heren to gara. da *ſtodenſe en etmel alomme.* Karl ließ ſeinen handſchuh fallen und Radbot hob ihn auf, damit hatte er verloren. Fw. 104. 105. [Richthofen p. 439.]

Aus einer merkwürdigen ſtelle des bair. geſetzes muthmaße ich, daß auch dieſes gottesurtheil urſprünglich *heidniſch* war und unter *handaufhebung* und wahrſcheinlich anrufung heidniſcher götter begangen wurde. Der ſiebente [ſechſte] art. de popul. legibus (Georg. 329 [MG LL III p. 465]) hob es nicht auf, ſondern erſetzte nur die abgöttiſchen formeln durch chriſtliche: de eo, quod Bajoarii *ſtapfſaken* dicunt, in verbis, quibus *ex vetuſta conſuetudine paganorum idololatriam* reperimus, ut deinceps non aliter niſi ſic dicat, qui quaerit debitum: haec mihi injuſte abſtuliſti, quae reddere debes. reus contra dicat: non hoc abſtuli, nec componere debeo. iterata voce requiſito debito dicat: *extendamus dexteras noſtras ad juſtum judicium dei!* et tunc *manus dexteras uterque ad coelum extendat.* Ein erheben der rechten zum eidſchwur kann hier unmöglich gemeint ſein, auch nicht zum zweikampf, wovon art. 6 [5] gehandelt hat. Vorauszuſetzen iſt, daß gläubiger und ſchuldner keine anderen beweismittel hatten. *Stapfſaken* (Diut. 2, 340 ſtapſaken) erklärt ſich wohl aus ſakên (dicere) und ſtapf, imperativ von ſtapfan (ire, gradi), womit die aufforderung zum gottesgericht begonnen haben mag, vielleicht auch aus ſtap (baculus).

IV. *Kampfurtheil*, jud. pugnae ſ. duelli. Unter allen das berühmteſte, häufigſte und edelſte, bis heute fortdauernd in dem zweikampf, der zwar weder von den gerichten verordnet wird, noch rechtliche folgen hat, nach dem volksglauben aber in gewiſſen fällen die ſtets beſte und letzte entſcheidung gewährt. Nachdem die übrigen gottesurtheile allmälich nur auf geringe, hilfloſe und unfreie angewendet wurden, blieb der kampf überall unter edeln und freien im gebrauch [1]). Hier gab ſich der unſchuldige nicht blind in die gewalt eines wunderbaren |
928 elements, er vertraute ſeiner eignen kraft und gewohnten fertigkeit in den waffen; die fehde vieler gegeneinander wurde auf die eigentlichen hauptfeinde zurückgeführt und das blut der gefährten geſpart. Dem krieg der völker wie dem kampfe zweier ſtand die gottheit als oberſter richter vor [2]), deum adeſſe bellantibus credunt. Tac. Germ. 7. Wie nahe lag es den heiden, durch den kampf die unſicherheit des vergangnen und künftigen zu erſpähen; eſt et alia obſervatio auſpiciorum, qua gravium bellorum eventus explorant. ejus gentis, cum qua bellum eſt, captivum, quoquo modo interceptum, *cum electo popularium* ſuorum, patriis quemque armis, *committunt.* victoria hujus vel illius pro *praejudicio* accipitur. Tac. cap. 10. *Vorentſcheidung*, die günſtigen ausgang des kriegs als eigentliche entſcheidung hoffen ließ. Ein *judicium dei*, quod ſubire non diſtulimus, wird in den annal. mettenſ. ad a. 743 (Pertz 1, 328) die völkerſchlacht genannt [3]). Daß ſchlagfertig gegeneinander

---

[1]) [Vell. Paterc. 2, 118 ſagt von den Germanen, bei denen Varus recht ſprach: agentes gratias, quod . . . *ſolita armis discerni* jure terminarentur.]

[2]) [beim altn. zweikampf wurde ein *blôtnaut*, opferrind vom ſieger *geopfert*. Egilsſ. p. 506.]

[3]) [vgl. den altn. ausdruck brîmis *dômar*, urtheile, ausſprüche des ſchwertes = kampf. Sæm. 163b.]

ſtehende heere aus ihrer mitte einzelne kämpfer erlaſen, die für das ganze fochten, thut die geſchichte dar. Von Vandalen und Alamannen berichtet Greg. tur. 2, 2: nec multo poſt ſcandalum inter utrumque oritur populum, quoniam propinqui ſibi erant, cumque ad bellum armati procederent ac jamjamque in conflictu parati eſſent, ait Alamannorum rex: quousque bellum ſuper cunctum populum commovetur? ne pereant quaeſo populi utriusque phalangae, ſed *procedant duo de noſtris* cum armis bellicis et ipſi inter ſe confligant. tunc ille, *cujus puer vicerit*, regionem ſine certamine obtinebit. ad haec cunctus conſenſit populus, ne univerſa multitudo in ore gladii rueret. confligentibus vero pueris pars Vandalorum victa ſuccubuit, *interfectoque puero* placitum egrediendi Tranſimundus ſpopondit. Unter den Franken muſten die fürſten ſelbſt, wenn ſie den hader nicht ſchlichten konnten, den kampf beſtehen: *ἰδόντες δὲ ἀλλήλους ἑκατέρωθεν ἡ πληθὺς, αὐτίκα τὸ χαλεπαῖνον ἀποβαλόντες ἐς ὁμοφροσύνην μεταχωροῦσι, καὶ τοὺς ἡγεμόνας κελεύουσι δίκῃ μᾶλλον τὰ ἀμφίβολα διευκρινήσασθαι· εἰ δὲ μὴ, μόνους ἐκείνους ἀγωνίζεσθαι.* Agathias 1, 2 (ed. bonn. 3, 18). [Landericus cum exercitu Aurelianis circumdans vocabat Bertoaldum, ut exiret ad praelium. Bertoaldus de muro reſpondens: nos duo *ſingulare certamen*, ſi me exſpectare deliberas, reliqua multitudine procul ſuſpenſa, jungamus ad praelium. *a Domino judicemur.* . . . . induamur uterque, ego et tu, veſtibus vermiclis (al. vermiolis), *praecedamus caeteros* ubi congreſſus erit certaminis, ibique et mea et tua apparebit utilitas, promittentes ante deum ab invicem promiſſionis hujus veritatem ſubſiſtere. Fredegar. c. 25 (a. 604). Habebant tamen (Aſſipiti) apud ſe virum fortiſſimum, de cujus fidebant viribus poſſe ſe procul dubio obtinere quod vellent. hunc *ſolum pro omnibus* pugnaturum objiciunt. mandant Langobardis, *unum quem vellent* ſuorum mitterent, qui cum eo ad *ſingulare certamen* exiret, ea videlicet conditione, ut, ſi ſuus bellator victoriam caperet, Langobardi itinere quo venerant abirent; ſin vero ſuperaretur ab altero, tum ſe Langobardis transitum per fines proprios non vetituros. Paul. diac. 1, 12, ein ähnlicher fall 1, 15.] Von den Sachſen und Slaven erzählt es Wippo (Piſtor. 3, 479): dicebant pagani, a Saxonibus pacem primitus confundi, id *per duellum,* ſi caeſar praeciperet, *probari.*

econtra Saxones ad refellendos paganos ſimiliter *ſingulare cer-*
929 *tamen*, quamvis injuſte contenderent, imperatori ſpon- | debant. Imperator hanc rem *duello dijudicari* inter eos permiſit; ſtatim *duo pugiles* congreſſi ſunt, *uterque a ſuis electus* . . . poſtremo chriſtianus a pagano vulneratus cecidit. [Lamb. ſchafnab. ad a. 1056: imperator perrexit ad villam Civois (Ivoy, Epuſum, Ipſch) in confinio ſitam regni Francorum et Teutonicorum, colloquium ibi habiturus cum rege Francorum, a quo contumelioſe atque hoſtiliter objurgatus, quod multa ſaepe ſibi mentitus fuiſſet et quod partem maximam regni Francorum dolo a patribus ejus occupatam reddere tam diu diſtuliſſet. cum imperator paratum ſe diceret, *ſingulariter cum eo conſerta manu,* objecta refellere, ille proxima nocte fuga lapſus in ſuos ſe fines recepit. Saxo gramm. p. 57: nolebant priſcae fortitudinis duces univerſorum diſcrimine exſequi, quod *paucorum ſorte* peragi potuiſſet; ibid. p. 133-135 der zweikampf eines Dänen und Slaven fürs ganze land, p. 281. 282 der des Hama und Starcather für Sachſen und Dänen. — Statt des krieges gibt die entſcheidung ein *buhurt* funfziger gegen funfzig. Arx Buchsg. (a. 1376).]

Dieſes gottesurtheil hieß *judicium pugnae*, *pugna duorum* (l. Alam. 56. 84 [54. 81]. Bajuv. 16, 2. 17, 2 [17, 3. app. 4]), *zweikampf*, *duellum*, *judicium campi* (campus judicat. l. Angl. et Wer. 16 [56], [in campum exeat. ibid. 1, 3 [2], in campum procedat. l. Friſ. 14, 5], *ſingulare certamen, monomachia,* ahd. *einwîc,* [*einwîgi.* O. IV. 12, 62, einwîgi ſpectaculum. Hattemer 1, $304^b$. $305^a$; daʒ *einwîch.* Alexander 4478. 4492,] im bair. geſetz *chamfwîc* und *wêhadinc*, welches wêha kaum für wîha ſteht, vielmehr dem altn. vê zu vergleichen iſt[1]). Die altn. benennung *hôlmgângr* rührt daher, daß der kampf auf einer *inſel* zu geſchehen pflegte[2]). *Sub uno ſcuto* per pugnam dirimere.

---

[1]) [auch agſ. *corneſt* ſerium, duellum. Lye ſ. v. orneſt, ahd. *ernuſt*, vgl. gramm. 2, 369; der *erneſtkreiʒ* (circulus duelli). Triſt. 6754; vgl. troj. 5041: ſîn herze wart gelüpfet ûf grimmeclîchen *erneſt.*]

[2]) [wie auch Triſt. 6804:

ſus was den kemphen beiden
ein *kamphſtat* beſcheiden
ein kleiniu *inſel* in dem mer.]

l. Roth. 164. 165. 166. Gottes gericht, dei judicium, wird der zweikamf ausdrücklich genannt l. Roth. 198 und Bajuv. 17, 2 [app. 4] [1]); Rogges unterſcheidung zwiſchen gottesurtheil und ordal (p. 206) ſcheint mir grundlos und beruht auf der falſchen erklärung von ordal durch höchſten ausſpruch. Erwähnten die agſ. geſetze den zweikampf (ânvîg), ſo würden ſie ihn auch ordâl nennen; ſie geſchweigen ſeiner, gleich dem ſaliſchen, ſächſ. und weſtgoth. geſetz.

Die fälle, worin zweikampf vorkam, zählt Rogge p. 206 auf; beiſpiele ſind l. Bajuv. 11, 5. 16, 2 [12, 8. 17, 3]. Alam. 84 [81]. [Schwabenſp. 340. 351. 352.] Si quis contenderit ſuper agris, vineis, pecunia, ut devitentur perjuria, *duo eligantur ad pugnam*, et *duello litem decidant.* Schannat hiſt. wormat. nr. 51. [De qualibet vero controverſia *ferro decerni* ſanxit, ſpecioſius viribus quam verbis confligendum exiſtimans. quod ſi alter dimicantium relato pede praenotati orbis gyrum excederet, perinde ac victus cauſae detrimentum reciperet. leg. Frothonis b. Saxo gramm. p. 230; vgl. ibid. p. 241: (Frotho) juxta legis a ſe latae formulam pronuntiavit . . . . *litem ferro decidendam* edixit; id quippe ſolum dirimendae controverſiae remedium videbatur.] Nulla melior viſa eſt ſententia, quam ut per *judiciarium campum* ſuper hoc fieret examinatio; ſic deinde ſtatuto die et collata utrinque magna populorum affluentia, nobis et ipſis praeſentibus advocatis, *duo ex utraque parte homines* ad hoc *praeelecti*, ut fieri ſolet, *aggreſſi ſunt ſingulariter* et noſter homo propitiante deo victor factus eſt. Ritz 1, 56 (a. 1095). [Item ſi aliquid tale actum fuerit, quod dignum ſit *duello,* ſcultetus judex erit usque conveniant in locum qui dicitur werf. ultra ſcultetus et advocatus pariter *pugnam* vel locum qui dicitur werf cuſtodient tamdiu, quousque alter eorum *ſuccubuerit.* omnia verba juris quae ſunt proferenda a ſolo ſculteto et nullo alio infra *pugnam* proponentur. Deuzer rechte; weilen aber ſie des geleukent haben, ſo wolten ire *gewappenten kempfer* ſie des mit irn liben an ire libe ubervurt haben, als des obg. frihen gerichts zu Bensheuſen recht u. gewonheit iſt. Benshauſer cent-

---

[1]) [vgl. auch ſtellen wie En. 8563-5. 11509. Wigal. 2920. paſſ. 308, 51.]

gerichts urth.; auch haben unſers obgeſchr. herrn von Henneberg *gewappente kempfer* uf diſen heutigen tag irre widerſachen *gewart und geſucht kempflich* in kreißen, als des ſelben frihen kunig Karls gericht zu Bensheuſen recht u. gewonheit iſt. ibid.; mer ſprechent die hofjünger, das ſie das recht habent, wer das in iemant in das hofrecht ſprechen wölte, mögent ſie den zwei bidermann haben der jungen, die es *mit der hand mugent beheben* (fauſtkampf), das es ſol alſo beſtan. Murer w. § 30; vort, wurde ieman *kemplich angeſprochen* . . . den ſal der greve halden unvirderflich ſes wochen unde dri tage und ime einen meiſter gewinnen, der en *kempen* lere . . . und ſal en der grefe antworten in den warf und ſal den warf ſchirmen. Münſtermeinfelder w.] Auch rechtsfragen wurden dadurch erledigt, vgl. oben ſ. 471. [Bei Erm. Nig. 3, 543-614 beſtätigt ein kampf zwiſchen den zwei Gothen Bero und Sanilo (Francorum ex more vetuſto, aber nach gothiſchem brauch zu pferd abgehalten) die anklage gegen Bero, er wird flüchtig und: ſe canit eſſe reum. — Der unterliegende ankläger leidet die dem andern zugedachte ſtrafe:

nu was eʒ ze den zîten ſite,
daʒ der ſchuldegære lite
den ſelben tôt, den der man
ſolte lîden, den er *an*
*mit kampfe* vor gerihte *ſprach,*
ob eʒ alſô geſchach,
daʒ er *mit kampfe unſchuldec* wart. Iw. 5429.]

Auf ſchilderung der gebräuche des zweikampfs bei den verſchiednen deutſchen völkern gehe ich, ihrer umſtändlichkeit wegen, hier nicht ein. Nur das noch ſei bemerkt, daß der dienſtmann häufig den kampf für ſeinen herrn beſtand. Gemeinheiten, ſtiftungen und frauen wählten ſich immer ihren kämpfer und lohnten dem ſieger. In jener urkunde von 1095 empfängt der Giſlebertus *campio*, qui poſuit quaſi in mortem animam ſuam pro noſtra fidelitate, ländereien. [Licet unicuique pro ſe *campionem* mercede conducere. l. Friſ. 14, 7. Simundus ex Sigtun oppido *forenſis athleta*, emptionumque ac venditionum contractibus aſſuetus. Saxo gramm. p. 384.] Ein frühes beiſpiel des kampfs für eine angeklagte frau hat Paulus diac. 4, 49: |

haec (Gundiberga regina) cum de crimine adulterii apud virum 930
accuſata fuiſſet, *proprius* ejus *ſervus*, Carellus nomine, a rege expetiit, ut cum eo, qui reginae crimen ingeſſerat, pro caſtitate ſuae dominae, *monomachia* dimicaret. qui dum cum criminatore illo *ſingulare certamen* iniiſſet, eum cuncto populo aſtante ſuperavit, regina vero poſt hoc factum ad dignitatem priſtinam rediit; [bei Fredegar. c. 51: jube illum hominem, qui hujuscemodi verba tibi nuntiavit, armari, et procedat alius de parte reginae Gundebergae, quique armatus ad *ſingulare certamen*, ut *judicio dei*, his duobus confligentibus, cognoſcatur utrum hujus culpae reputationis Gundeberga ſit innoxia an fortaſſe culpabilis.] Fand die frau keinen kämpfer, ſo blieb ihr nichts übrig als ſich einem feuer oder waßerurtheil ſelbſt zu unterziehen. Die eigenthümliche form eines *weiberkampfs* ſcheint erſt ſpätere anordnung des mittelalters, vgl. Majers ordalien p. 270-274; [beſchrieben bei Rupr. 91. 92. Augsb. ſt. 55; a. 1288 beſchach ein kampf zu Bern . . . und *kämpften ein frow* und ein mann mit einandern, und gewann die frow den kampf. Juſtinger p. 38. MS. 2, 49ᵇ ſagt der dichter von ſich und der geliebten:

ſô vürhte ich, wir müezen beide
*kempfen*, ſwie wir vür gerihte komen,
wan ſi lougent bî dem eide.

Ein zweikampf mit ſtecken zwiſchen mann und frau. Mone anz. 5, 80. Sogar ein förmlicher zweikampf mit einem *hunde* kommt in der dichtung vor. GA. 1, 178-180.]

V. *Bahrgericht* fand beim todſchlag ſtatt, wenn der thäter unentdeckt, aber verdacht gegen einen oder mehrere vorhanden war; man ließ ſie *an die bahre* treten und den leichnam berühren, im glauben, bei annäherung des *ſchuldigen* werde er zu *bluten* beginnen. Unterblieb das bluten, ſo hatte ſich der beargwöhnte durch ſein vortreten gereinigt. Dieſer prüfung gedenkt zwar keins der früheren geſetze noch der des mittelalters [1]), ſie galt aber noch ſpäter in vielen gerichten und

[1]) [doch Ruprecht v. Freiſing (a. 1332) p. 187. 188 das *totengericht:* man ſoll den toten ausgraben, ſeine wunden mit wein und waßer waſchen und ſie dann trocknen laßen; der beſchuldigte ſoll drei mal auf ſeinen

ſcheint auf ſehr altem volksglauben zu beruhen. Erſte erwähnung thun ihrer unſere gedichte des 13. jh. Nib. 984. 985. 986 [1]):

ſi buten vaſte ir lougen. Kriemhilt begunde jehen:
ſwelher ſî unſchuldec, der lâȥe daȥ beſehen,
der *ſol zuo der bâre* vor den liuten *gân*,
dâ mac man die wârheit harte ſchiere bî verſtân.
Daȥ iſt ein michel wunder, dicke eȥ noch geſchihet,
*ſwâ mân den mortmeilen bî dem tôten ſihet*,
ſô *bluotent im die wunden;* ſam ouch dâ geſchach,
dâ von man die ſchulde dâ ze Hagenen geſach.
Die *wunden fluȥen ſêre*, alſam ſi tâten ê;

und Iwein 1355-1364 [auch bei Chreſtien de Troies. hiſt. lit. 15, 238. Mabinogion 1, 148]:

nû iſt uns ein dinc geſeit
vil dicke für die wârheit,
ſwer den andern habe erſlagen,
und wurder zuo ime getragen,
ſwie langer dâ vor wære wunt,
er *begunde bluoten anderſtunt.*
Nû ſeht, alſô begunden
im bluoten ſîne wunden,
dô man in in daȥ palas truoc:
wan er was bî im der in ſluoc. |

[Walewein 8832-44 *blutet* der erſchlagene ritter, da er in die nähe Waleweins getragen wird; vgl. Jonckbloets anm. 2, 317.]
931 In einem altfranzöſ. fabliau *bluten die wunden* ſogar, als eine herde ſchafe vorbei geht, unter welcher der widder war, der den getödteten geſtoßen hatte. Legrand 3, 407. 408. Anshelms

knien um die bare gehen, ſoll den toten küſſen und dieſe worte ſprechen: ich ziuch an got u. an dich, daȥ ich an deinem tot unſchuldich pin. Als er daȥ drei ſtunt tuot, habent ſich die wunten nicht verchert, ſo iſt er ledich von den freunten u. von dem gericht; habent aver ſich die wunten verchert, daȥ ſi trorich (triefend) ſint; ſo iſt er des tots ſchuldich den freunten u. dem gericht. Vgl. ibid. p. 186 § 94.]

[1]) [nach Lachmann anm. zu 981-987 iſt der zug vielleicht erſt aus dem Iwein in die Nib. ſage gekommen.]

Bernerchronik zum jahr 1503 erzählt (3, 254): doch ſo war uf ihn (Hans Spieß) der argwohn ſo groß, daß er gfangen zu Williſau faſt hart geſtreckt doch ab keiner marter nüt verjach, und aber von größe wegen des argwohns da ward mit recht erkannt, daß man das wib, ſo da 20 tag zu Ettiswil im kilchhof war gelegen, ſöllte usgraben, *uf ein baar legen* u. ihne beſchoren u. nackend darüber führen u. da *ſin rechte hand uf ſi legen* u. einen gelehrten eid bi gott u. allen heiligen ſchweren, daß er an diſem tod kein ſchuld hette. und alſo da dis elend, gruſam anſehen war zugericht, daß er ſie mocht ſehen, je nächer er hinzu gieng, je meh ſie wie worgend *einen ſchum ußwarf* u. da er gar hinzukam u. ſollt ſchweren, da entfärbt ſie ſich u. *fieng an ze bluten, daßs durch die baar nider rann*, da fiel er nider uf ſine kniee, bekannt öffentlich ſin mord u. begehrt gnad; vgl. Joh. Müller 5, 198. [In der ſage bei Rochholz 2, 124 muß der mörder ſeine *drei ſchwörfinger in die wunde* des leichnams *legen*, da ſpringt ihm aus der leiche ein *blutſtrahl* ins geſicht.] Einen fall aus Steier vom j. 1580 hat Abele gerichtshändel 1 caſ. 139 aus Preuenhuebers annalen. Criminalacten von 1584 und 1592 bezeugen den gebrauch des bahrrechts in bairiſchen gerichten (bair. anzeiger. München 1828. nr. 1), [vgl. dazu Schm. 1, 500; das bahrgericht in Nürnberg a. 1576. 1599. Jäger jur. mag. 1, 328 329; daz man mach den manſlachter kund mit *anrürn des erſlagen*. Mich. Beham in Mones anz. 4, 450.] Beiſpiele aus andern gegenden Deutſchlands gibt Schottel in ſeiner abhandlung von unterſchiedl. ger. p. 84-101. [Harsdörfer im ſchauplatz (1656) p. 443 ſagt: wie es nun bei ſolchen *baarrecht* hergehet, iſt vielleicht wenigen bekant, weil dergleichen fälle ſich ſelten begeben, und die juriſten hierüber viel ſtreitens haben. Über das bahrrecht in der volksüberlieferung Siebenbürgens ſieh Friedr. Müller hexengl. p. 63. ſiebenb. ſagen p. 48 (in der einen erzählung blutet nicht der leichnam, ſondern die zauberin, die im verdacht der tödtung ſteht) [1]). Als don Ceſar zum leichnam Manuels tritt, ruft der chor:

[1]) [in der erzählung 1001 viertelſtunde 1, 99 *ſchwitzt* der leichnam *blut* in der nähe des mörders. — Im volksliede wächſt aus dem grab der ermordeten braut eine lilie, ſie färbt ſich roth und fängt an zu *bluten*, als der ſchuldige ſie anſchaut. weim. jb. 1, 81. 82.]

*brechet auf*, *ihr wunden*, fließet, fließet!
in ſchwarzen güßen ſtrömt hervor, ihr bäche des bluts.
Schiller 511[b]. 512[a].]

In Niederſachſen nannte man *ſcheingehen*, wenn der angeſchuldigte nackend vor gericht zu dem *ſchein*, d. i. der vom leichnam abgenommnen hand (oben ſ. 879. 880) treten und dreimal ſeine finger darauf legen muſte; *blutete ſie*, ſo galt er für überwieſen, geſchah kein zeichen, ſo wurde er ſeines halſes heilig erkannt, vgl. hannöv. anz. 1752 nr. 83; [ſo heft olde Jaſper mit ſinen kindern *im ſchin gaen* moten, averſt kein teiken van ſich gegeven. Dittmer Saſſenr. p. 160 (a. 1581); bei Heimreich 1, 303 wird *tom ſchîne gân* (und ſik darmedde frîen edder ſchuldig maken) von den gottesurtheilen überhaupt gebraucht; ſieh noch Hadeler urk. a. 1475. Spangenb. arch. 1828. 2, 182. Pufendorf obſ. 2, 21.]

Auch Schottland und England kannte dieſes bahrrecht, worüber W. Scott im minſtrelſy vol. 2 p. 52-55 der zweiten und p. 419-422 der vierten ausgabe merkwürdige zeugniſſe anführt; [andere in Hones yearbook 1183; bei Pitcairn criminal trials 3, 182 ff., vgl. Heffter im arch. des crim. rechts 1835 p. 464 ff. Der leiche Heinrichs II. floß blut aus mund und naſe, als ſein ſohn Richard dazu trat. Raumer Hohenſt. 2, 464 (a. 1189).] Shakeſpeares king Richard III. act 1 ſc. 2:

o gentlemen, ſee, ſee! dead Henrys wounds
open their congeald mouths and bleed afreſh!

[Va. *Zweigurtheil.* Den hergang beſchreibt genau l. Friſ. 14, 1: ſi homo quislibet in ſeditione aut turba populi fuerit interfectus, nec homicida poterit inveniri propter multitudinem eorum qui aderant, licet ei qui compoſitionem ipſius quaerere vult, de homicidio usque ad ſeptem homines interpellare et unicuique eorum crimen homicidii objicere, et debet unusquisque eorum ſua duodecima manu objecti criminis ſe purificare ſacramento. Tunc ducendi ſunt ad baſilicam et *ſortes ſuper altare mittendi*, vel ſi juxta eccleſiam fieri non potuerit, ſuper reliquias ſanctorum. Quae *ſortes* tales eſſe debent: duo tali de virga praeciſi, quos *tenos* vocant, quorum unus *ſigno crucis dignoſcatur* (innotatur), alius *purus* dimittitur, et *lana munda obvoluti* ſuper altare ſeu reliquias mittuntur; et presbyter ſi adfuerit, vel ſi presbyter deeſt puer quilibet innocens, *unum de ipſis ſortibus de altari tollere* debet, et interim deus exorandus, ſi illi ſeptem, qui de homicidio commiſſo juraverunt, verum juraſſent, evidenti ſigno oſtendat. Si illum qui cruce ſignatus eſt ſuſtulerit, innocentes erunt qui juraverunt; ſi vero alterum ſuſtulit, tunc unusquisque illorum ſeptem *faciat ſuam ſortem*, id eſt *tenum de virga*, et *ſignet ſigno ſuo*, ut eum tam ille quam caeteri qui circumſtant cognoſcere poſſint; et *obvolvant lana munda* et altari ſeu reliquiis imponantur, et presbyter ſi adfuerit, ſi vero non ut ſuperius puer innocens, *unumquemque eorum ſingillatim de altari tollat*, et ei qui ſuam ſortem eſſe cognoverit rogat. Cujus ſortem extremam eſſe contigerit, ille homicidii compoſitionem perſolvere cogatur, caeteris quorum ſortes prius levatae ſunt abſolutis. Es ſtimmt offenbar mit dem auſpicium durch loß bei Tac. Germ. 10, mit dem loßen bei Beda 5, 11 und noch andern gebräuchen, die in Wilhelms abh. von den runen p. 296-307 erläutert ſind. Der zweig hieß ahd. *zein*, agſ. *tân*, altfr. *tên*.]

VI. *Geweihter biʃsen*, judicium offae. Ein ſchnitt *brot* oder *käſe* würde dem verdächtigen in den mund ge- | ſteckt; konnte 932
er ihn leicht und ohne ſchaden eßen, ſo galt er für unſchuldig, für ſchuldig aber, wenn er ihm in dem halſe blieb und wieder herausgenommen werden muſte [1]). Agſ. *corſnæd* (von cor, kur, probe). Phillips p. 190. 191; frieſiſch *corbita*. Fw. 164. In der chriſtlichen zeit bediente man ſich auch der *hoſtie* hierzu; vgl. Majer p. 67-81. [Sappiate che chi avuto avrà il porco, *non potrà mandar giù* la galla, anzi gli parrà più amara che veleno, e ſputeralla. Bocc. decamerone 8, 6.]

*Anmerkungen.*

1. es gab ſolcher prüfungen mehr, einige herſchen ganz volksmäßig nur hier und da. Von dem dorf Mandeure bei Mümpelgard wird in den geogr. ephem. vol. 46. 1815. p. 375. 376 folgendes erzählt: war ein haus oder felddiebſtal geſchehen

---

1) [vgl. den eid der Oſtiaken oben ſ. 904.]

und der dieb unbekannt, ſo wurden alle einwohner ſonntags nach der veſper auf den gerichtsplatz entboten. Einer der meier trug die urſache der berufung vor, und forderte den dieb auf, das geſtolne zurückzugeben und ſechs monate lang an der verſammlung rechtlicher leute kein theil zu nehmen. Gab nach dieſer ermahnung und ächtung der ſchuldige ſich nicht an, ſo ſchritt man zur *entſcheidung des ſtocks.* Beide meier hielten einen ſtock an beiden enden in die höhe, ſo hoch, daß ein mann darunter ſtehen konnte, jeder einwohner muſte *unter dem ſtock hergehen* und bezeugte damit ſeine unſchuld. Man hat kein beiſpiel, daß es der ſchuldige gewagt hätte, der nun auf dieſe weiſe allein zurück blieb und ans licht kam. Hätte ers verſucht und wäre hernach doch ſchuldig befunden worden, ſo würde fortan kein menſch mit ihm geredet oder ihm geantwortet, jedermann ihn wie ein reißendes thier gemieden haben. Dieſe und ähnliche proben ſind zugleich auf das böſe gewißen des ſchuldigen berechnet, das ihn bei einer ganz einfachen, natürlichen handlung, die der ſchuldloſe ohne alles arg verrichtet, in unruhe und verwirrung bringt. Nach dem öſterreichiſchen [und in ganz Süddeutſchland, auch in Pommern geltenden] volksglauben iſt eine reine jungfrau daran zu erkennen, daß ſie eine *kerze mit einem hauch aus* und *mit dem*
933 *zweiten wieder an blaſen kann**). Das wuſte man | auch in

---

*) es iſt indiſcher volksglaube, daß eine reine jungfrau vermöge waßer in eine *kugel zu ballen* oder in einem *ſieb zu tragen.* [*Καταδύονται δὲ ἐς θάλασσαν γένους τοῦ δῆλεος αἱ καθαρῶς ἔτι παρθένοι.* Pauſan. 10. 19, 2.] Nach des Euſtathius Iſmene lib. 7 gab es eine quelle, deren waßer *klar blieb*, wenn eine jungfrau hineintrat, wenn eine entehrte, ſich *trübte.* [Ebenſo die prüfung der jungfrauſchaft durch den brunnen. Flore 34[b]:

ein brunne ſpringet drunder,
der iſt ſô wunderlîcher tugent . . .
ze allen zîten iſt ſîn runs
lûter als ein criſtalle,
darüber müezens alle . .
ſchrîten her und aber hin.
iſt keiniu danne under in,
diu man hât gewunnen,
ſô *wirt der runs* dem brunnen

Spanien: matar un candil con un ſoplo y encenderlo con otro; und es erinnert an die weſtphäliſche beſtimmung (oben ſ. 370. 411) des alters einer tochter nach dem ausblaſen der ampel. [Man ſagt von einem *brunnen* in unſerm Deutſchland, daß wann jemandt eine henne hinein ſteckt, die er mit gutem titul bekommen kan, ſo ſollen ihr *die federn* ſtracks *gebrühet werden* und abgehen; hat er ſie aber geſtolen, ſo bleibt ſie wie ſie zuvor geweſen. Opitz 2, 291. In einer ſage *ſtößt* der graf, um die treue ſeiner ehfrau zu erproben, *das ſchwert in den boden:* käme es *mit erde bedeckt* heraus, ſo wäre die frau ſchuldlos, da aber *eine quelle herausfließt*, wird ihre falſchheit erkannt. Alſatia 1855 p. 209.]

2. überhaupt greift die den gottesurtheilen zu grund liegende idee, daß eine höhere, göttliche lenkung das ſchädliche unſchädlich, das gleichgültige gefährlich machen und aus beiden ein zeichen erwecken könne, in andere rechtsbeſtimmungen des alterthums ein, die nicht gerade prüfungen ſind. So hängen auch die im dritten cap. der einleitung verhandelten maße ab von dem unpoſitiven und zufälligen, das bald dieſen, bald jenen erfolg haben kann und darum den menſchen räthſelhaft und heilig erſcheint. Die beiden wettläufer (ſ. 85) trauen halb auf ihre kraft halb auf die waltung gottes, gleich den im kampf oder kreuzurtheil fechtenden und handausſtreckenden [1].

3. ſolche prüfungen ſind der kindlichen rohheit des alterthums ſo nahe gelegt, daß es verwundern würde, ihnen nicht auch bei andern völkern und ſelbſt bei den wilden zu begegnen. Vorzügliches augenmerk verdienen hier die urſtammverwandten,

---

ſâ ze ſtunt rehte *rôt* . . .
ſwelhiu aber maget iſt,
von der wirt niemen gewar,
daʒ er werde miſſevar
niuwan *lûter als ein glas.*]

[1] [im zeitvertreiber p. 397 ſoll eine von drei ſchweſtern durchs loß dem werber zugetheilt werden; der vater ſtellte ein *becken voller waßer* vor ihnen in die ſtube und befahl den töchtern, daß jedwede ihre *hände* ſolte *hinein tauchen* und geſchwind wieder herauß ziehen; welcher ihre hände nun *am erſten* von ſich ſelbſt *trucknen* würden, die ſolte dieſen jüngling haben.]

deren rechtsgebräuche ſchon ſo manche vergleichung mit den deutſchen dargeboten haben. Die Slaven kannten feuer und waßerprobe. Jene war die des *glühenden eiſens*, ruſſiſch pravda ſheljezo (Ewers 317. 338), ſerbiſch mazija (Vuk wb. p. 392, [ein türkiſches wort]); in geringern ſachen gab man das *waßerurtheil* (Ewers a. a. o.), na vodou. Beiſpiele des jud. calidi ferri aus ſlaviſchem land, noch von den jahren 1229. 1248. Wiener jb. XL, 108. [Die altböhmiſchen und mähriſchen geſetze erwähnen öfter das *heiße eiſen* und das *ſiedende waßer*, vgl. den commentator Andreas von Dube.] Auch der *zweikampf* galt bei den gerichten (beitr. zur kenntn. Ruſslands 1, 350)*). [Eine polniſche urk. Boleslavs V. von 1252 ſagt aus: habet inſuper idem comes poteſtatem judicandi ad omnes ſententias juxta formam curiae noſtrae, videlicet ad *aquam* et *ferrum candens*, ad *duellum baculorum* et *gladiorum*. Hube in den berl. jb. 1830 p. 392 [1].] Unter den Griechen waren zwei arten des feuerurtheils üblich, das durchgehn durch die flamme und das geglühte eiſen (*μύδρος*); Sophocl. Antig. 264:

ἦμεν δ' ἕτοιμοι καὶ μύδρους αἴρειν χεροῖν,
καὶ πῦρ διέρπειν, καὶ θεοὺς ὁρκωμοτεῖν,
τὸ μήτε δρᾶσαι, μήτε τῳ ξυνειδέναι
τὸ πρᾶγμα βουλεύσαντι, μήτ' εἰργασμένῳ.

Aus der ſpäten byzantiniſchen zeit führt Georgius Acropolita
934 cap. 50 das beiſpiel des Comnen Michael an: ἐπεὶ | δὲ οὐκ ἔλεγχος παρὰ μαρτύρων ἔν σοι, δεῖ σε τῷ μύδρῳ τὴν ἀλήθειαν παραστήσασθαι. In Sicilien feierte man ein eigenthümliches *waßerurtheil*, des diebſtals angeklagte muſten ſich durch eid reinigen, der auf eine tafel geſchriebne eid wurde in einen *heiligen ſee geworfen* (lacus Palicorum); *ſank die tafel*, ſo offenbarte das ſchuld, *ſchwamm* ſie, unſchuld des diebs und in jenem fall wurde er in dem ſee erſäuft. Heyne zur Aeneis 9, 585. Stephanus byzantius ſ. v. παλίκη [Meineke p. 497] ſagt davon:

---

*) judicium *ferri candentis* et *aquae ferventis* in Hungaria. Kovachich notit. comitatuum p. 19. Belii notitia tom. 3; vgl. ungar. mag. erſter band. [Die *hexentauche* in Ungarn. Cſaplovics gemälde von Ungarn. Peſth 1829. 2, 197. 272.]

[1]) [die Ruſſen beim beginn eines kriegs zünden zwei gleiche korngarben an und ſehn welche eher verbrennt. Deutſchfranzos p. 392.]

*ἐστὶ δὲ καὶ ὅρκος ἅγιος αὐτόθι. ὅσα γὰρ ὀμνύει τις εἰς πινάκιον γράψας βάλλει αὐτὸ εἰς τὸ ὕδωρ· ἐὰν μὲν οὖν εὐορκῇ, ἐπιπολάζει, ἐὰν δὲ μὴ εὐορκῇ, τὸ μὲν πινάκιον ἀφανίζεται, αὐτὸς δὲ πίμπραται.* Vgl. Diod. ſic. 11, 87. [Macrob. Saturn. 5, 19. Gruber 3, 328.] Ähnliches meldet von einer quelle bei Epheſus Achilles Tatius de amor. Clitoph. lib. 8 cap. 12 (Mitſcherl. p. 350): *ὅταν τις αἰτίαν ἔχῃ Ἀφροδισίων, εἰς τὴν πηγὴν εἰςβᾶσα ἀπολούεται. ἡ δὲ ἐστὶν ὀλίγη καὶ μέχρι κνήμης μέσης. ἡ δὲ κρίσις· ἐγγράψας τὸν ὅρκον γραμματείῳ μηρίνθῳ δεδεμένον περιεθήκατο τῇ δέρῃ· κἂν μὲν ἀψευδῇ τὸν ὅρκον, μένει κατὰ χώραν ἡ πηγή. ἂν δὲ ψεύδηται, τὸ ὕδωρ ὀργίζεται καὶ ἀναβαίνει μέχρι τῆς δέρης καὶ τὸ γραμματεῖον ἐκάλυψε.* [Durch den trunk aus einer quelle in Sardinien verliert der meineidige dieb das geſicht. Merigarto p. 16. 24.] Die entſcheidung des völkerkriegs durch den *zweikampf* weniger ſtreiter war den alten gleichfalls bekannt, aus Herodot 1, 82 gehört hierher der kampf zwiſchen dreihundert erleſenen Spartanern und Argivern, die ſo lange fochten, bis zuletzt nur einer von jenen und zwei von dieſen übrig blieben; aus Livius 1, 25 der kampf der Horatier und Curiatier. Von Umbriens einwohnern, die galliſchen urſprungs geweſen ſein ſollen, hat Nicolaus Damaſc. p. 3849 folgendes: *Ὀμβρικοὶ ὅταν πρὸς ἀλλήλους ἔχωσιν ἀμφιςβήτησιν, καθοπλισθέντες, ὡς ἐν πολέμῳ, μάχονται. καὶ δοκοῦσι δικαιότερα λέγειν, οἱ τοὺς ἐναντίους ἀποσφάξαντες.* Endlich gab es auch *prüfungen durch* beſondere *ſpeiſen.* Dioſcorides 5, 161 nennt den adlerſtein (*ἀετίτης*) diebentdeckend (*κλεπτέλεγχος*), wenn er in eßwaaren verbacken und dem verdächtigen gereicht wird. Acron zu Horat. epiſt. 1, 10 (Geſner p. 521): cum in ſervis ſuſpicio furti habetur, ducunt ad ſacerdotem, qui cruſtum panis carmine infectum dat ſingulis. quod cum ederint, manifeſtum furti reum aſſerit.

Einiger celtiſchen prüfungsarten erwähnen griech. und röm. ſchriftſteller. Strabo 4, 4 (Siebenkees 2, 63) er- | zählt 935
dem Artemidor folgende ſage nach: an der galliſchen meeresküſte, wo ſich die Loire ausmündet, liege der hafen der zwei raben, daſelbſt ſehe man zwei dieſer thiere, auf dem rechten flügel weißgefiedert. Wer nun in ſtreit mit andern gerathe,

gehe zu der ſtelle hin, lege ein brett auf einen hügel und jede partei ein ſtück kuchen auf das brett; *eins der ſtücke verzehren die raben*, das *andere zerſtreuen ſie*, deſſen kuchen aber zerſtreut worden, der habe den ſtreit gewonnen. Von einer *waßerprobe für neugeborne kinder* bei den Galliern redet ein gedicht in der griech. anthologie (Brunck 3, 150. Jacobs 4, 117. edit. ad fid. cod. palat. 2, 42. 43). Claudian II. Rufin. 112 und Julian II. or. p. 81 und in epiſt. ad Maxim. 16 p. 383; man vgl. Cluver Germ. antiq. ed. 1631. p. 150. 151 und Jacobs animadv. in anthol. vol. 3 p. 1 pag. 285. [Ukert Gallien p. 156.] Da der *Rhein* als fluß der prüfung genannt wird, könnten dieſe Celten auch Germanen ſein*). [Eine *waßerprobe* beim ſchwur. Okearney 155.] In Irland kannte man die *feuerprobe:* war die flamme des Carnfeuers erloſchen, ſo muſte ein angeſehner mann, die eingeweide des opferthiers in der hand, *barfüßig dreimal über die glühenden kohlen gehen,* um jene dem druiden zu bringen, der gegenüber am altare ſtand; unverletzte füße waren ein zeichen des heils. Mone heidenthum 2, 485. Eigentlich iſt dies ein auſpicium, deſſen zuſammenhang mit dem ordal aber ſchon aus Tacitus ſtelle vom kampfurtheil (ſ. 928) einleuchtet. [Über das feuerordal der Celten ſieh noch Armſtrong ſ. v. gabhadh bheil. Ein anderes gottesurtheil beſtand darin, daß der beſchuldigte den lac-na-fechin, *drehſtein*, eine große ſteinplatte, unter gebeten und verwünſchungen *drehen* muſte; blieb er heil, ſo war ſeine unſchuld bewieſen. ir. märchen 2, 42, vgl. 44.]

Nirgend ſind die gottesurtheile feſter gegründet und mehr ausgebildet als in Indien, die geſetze und ein fortdauernder gerichtsgebrauch haben ſie geheiligt. Ich verweiſe auf Haſtings abhandlung darüber in den aſiatic reſearches vol. 1 [1]). Es werden darin neunerlei prüfungen angegeben 1. durch die wage, 2. feuer, 3. waßer, 4. gift, 5. waßer, worin ein idol gewaſchen

*) in einem deutſchen volksliede findet ſich folgende prüfung des noch ungebornen kinds erwähnt: die ſchwangere ſteht am ufer des Rheins, ein mülſtein wird gerollt, fällt er rechts, ſo trägt ſie einen knaben, links, ein mädchen, geht er aber zu grund, ſo iſt ſie eine hure.

[1]) [Dubois in den transactions of the literary ſociety of Madras 1. 1827. p. 108-118.]

worden, 6. reis, 7. ſiedendes öl, 8. glühendes eiſen, 9. ſilbernes und eiſernes bild. Bei der *feuerprobe* nr. 2 wird barfuß in feuer getreten, bei der *eiſenprobe* nr. 8 das geglühte eiſen und zwar durch *neun kreiße* hindurch dergeſtalt getragen, daß es |
im letzten kreiß noch heiß genug ſein muß, um das dort 936
ſtehende gras zu verbrennen. Die neun kreiße ſtimmen auffallend zu den neun pflugſcharen der deutſchen ſitte, ein berühmtes beiſpiel der feuerprüfung iſt Sita im Râmâjana. Nr. 7 gleicht ganz der heißen waßerprobe, nur daß die hand in *ſiedendes öl* greifen und aus dem keßel einen ring holen muß. Merkwürdig und eigenthümlich ſcheinen die gebräuche der *kalten waßerprobe* nr. 3, wobei der ſich reinigende eine (durch pfeilſchießen u. pfeilholen genau beſtimmte) zeit lang unter der flut halten muß. Die prüfung durch *reis* nr. 6 iſt unſer judicium offae. Die anwendung aber aller dieſer gottesurtheile richtet ſich nach dem ſtande der angeſchuldigten (einige gelten für brahmanen, einige für frauen, andere für männer) und nach dem höheren oder geringeren belauf der ſtreitſache. Deutliche ſpuren beider richtungen zeigt auch die deutſche rechtsſitte. Außerdem gelten einzelne indiſche prüfungen nur für gewiſſe monate und tage und dürfen an andern nicht vorgenommen werden. Aus ihrer heutigen fortdauer und wirklichen gültigkeit könnte man, ſcheint es, ſchlüße machen gegen das, was oben ſ. 910. 911 über die ſeltenheit der deutſchen gottesurtheile aufgeſtellt wurde. Gleichwohl läßt ſich die abergläubiſche befangenheit der Inder, wie ſie auch in andern rechtsgewohnheiten, z. b. dem verbrennen der wittwen hervortritt, dem zuſtande gar nicht an die ſeite ſetzen, in welchem wir uns ſchon unſere vorfahren zur zeit der alten geſetze zu denken haben. In den von Haſtings mitgetheilten beiſpielen verbrennt ein angeklagter die hand im ſiedenden öl und wird verurtheilt; ein anderer geht unbeſchädigt aus der eiſenprobe hervor, zugleich wird aber von den blättern erzählt, die er ſich bei dem tragen in die hand legen darf, deren ununterſuchte kraft wider die wirkung des feuers alſo in anſchlag zu bringen iſt [1]). [Die feuerprobe in Perſien. Görres Firduſi 2, 6. 7.]

---

[1]) [vgl. die ſtelle aus der Hak. Hak. ſaga oben ſ. 916 not.]

Mehrere in Indien gebräuchliche prüfungen ſind es auch in Pegu. W[am] Hunters hiſtor. account of the Pegu p. 34. In Thibet wird der keßelfang folgendergeſtalt vollführt: man wirft einen *weißen* und einen *ſchwarzen ſtein* in das ſiedende waßer, beide parteien tauchen ihren arm zugleich in den keßel und der gewinnt, welcher den weißen ſtein herauszieht. [Über gottesurtheile bei den Mongolen ſieh Klemm 3, 189, in Africa. 3, 339. In einem mongoliſchen märchen muß die königstochter einen reinigungseid über *gerſtenkörnern* leiſten; da die gerſtenkörner unbeweglich bleiben, werden ihre worte als wahr erkannt. bull. de l'ac. de St Pétersbourg 1858 p. 71. Die Kalmuken *glühen* bei ihrer feuerprobe ein *beil* oder *eiſen*, das der angeklagte auf den fingerſpitzen einige faden weit tragen muß. Pallas reiſe durch das ruſſ. reich 1, 332.] Bei den nomadiſchen Arabern wird ein großer *eiſenlöffel* geglüht und der cadi,
937 nachdem er zwei oder dreimal darüber geblaſen | hat, ſtellt ihn dem angeſchuldigten zu, der ihn an beiden enden belecken muß. *Verbrennt er ſich die zunge*, ſo wird er ſtraffällig erkannt, ſonſt aber freigeſprochen. Seetzen hat mehrere derwiſche das feuer ohne ſchaden lecken ſehen. Die Hebräer gaben einem des ehbruchs verdächtigen weib ein bitteres *waßer zu trinken*, wovon ihr, wenn ſie ſchuldig war, der bauch ſchwoll und die hüfte ſchwand; war ſie aber rein, ſo ſchadete ihr der trank nichts. b. Moſes IV. 5, 27; vgl. Wernhers Maria p. 147-154. Nach Oldendorp (miſſion evang. brüder auf den caraib. inſeln theil 1) herſcht dieſelbe ſitte auch unter einigen wilden völkern von Weſtafrika. Die Japaner kennen die *feuerprobe* und den *unſchuldstrank*. Kämpfer buch 3 cap. 5.

# QUELLENREGISTER.

Die conſuetudines, coutumes, edicta, epiſtolae, gloſſae, leges, records, weisthümer ſuche man unter dem jeweiligen eigennamen.

Unter mehreren werken eines autors hebt der doppelpunct dasjenige hervor, das mit dem bloßen verfaſſernamen angeführt wird.

## A.


w. des kloſters A. (a. 1416) bei Reinhard ausführ. 1, 42. — Naſſau.

Aantekeningen: oudſte land- en dykregt van Humſterland met aantekeningen door J. de Rhoer in pro excol. III. 2.

Abele: künſtliche unordnung. 5 th. Nürnberg 1670-74.

— metamorphoſis telæ judiciariæ das iſt ſeltzame gerichtshändel. 2 th. Nürnberg 1658. 61.

Aberglaube in myth.[1] anhang p. LXVII ff.

Abhandlungen der bayeriſchen academie der wiſſenſchaften hiſt. cl. München 1833 ff.

— der Berliner academie der wiſſenſchaften. 1803 ff.

Abſchw.: die deutſchen abſchwörungs-, glaubens-, beicht- und betformeln hg. v. Maßmann. Quedlinburg 1839.

Ac. des inſcr.: mémoires de l'académie des inſcriptions et belles lettres. Paris 1815 ff.

d'Achery veterum aliquot ſcriptorum ſpicilegium. 13 b. Paris 1655-77; nova ed. per de la Barre. 3 b. Paris 1723.

Achilles Tatius de amoribus Clitophontis ed. Mitſcherlich. Zweibrücken 1792.

Ackersdyk: fragment van een nederduitſch rijmwerk medegedeeld d. A. (nieuwe werken v. d. maatſch. d. nederld. letterkunde I. 1, 201 ff.) Leiden 1824.

Acron ſieh Horatius.

Acta academiae theodoro-palatinae phyſ. et hiſt. 11 b. Mannheim 1766-94.

— Benedict. ſieh Mabillon.

Acta hanovienfia wegen heffen-caffel- und heffen-darmftädtifcher fucceffion gegen Churmainz. 3 th. Marburg 1739.
— literaria Bohemiae et Moraviae ed. A. Voigt. (b. 1.) Prag 1774.
— Sanctorum Bollandiftarum. Brüffel 1643 ff.
— ultrajectina bei Matthaeus de jure gladii.
Adamus bremenfis hiftoria ecclefiaftica (et de fitu Daniae) bei Lindenbrog fcriptores.
Adelmannsfelder dorfordnung (a. 1680) bei Mader 9, 345 ff. — Schwaben.
Ademarus cabanenfis chronicon bei Labbe nova bibliotheca mff. librorum. Paris 1657. 2, 151 ff.
Adendorfer w. (a. 1403) bei Günther 4 nr. 15. weisth. 2, 650 ff. — Rhein.
Adlzreitter annalium gentis boicae libri 72. München 1662.
Ado viennenfis chronicon ed. M. Flacius. Bafel 1568.
Aegidius hg. v. Jacob Grimm bei Wigand arch. I. 2.
Aelianus varia hiftoria et fragmenta ed. Kuehn. 2 b. Leipzig 1780.
Aeneas Sylvius in libros Antonii Panormitae poetae de dictis et factis Alphonfi regis memorabilibus commentarius. Helmftädt 1700.
Aefchylus tragoediae ed. Wellauer. 2 b. Leipzig 1823.
Affò ftoria della città di Parma. 4 b. Parma 1792.
— ftoria della città e ducato di Guaftalla. 4 b. Guaftalla 1785-87.
Agathias de imperio et rebus geftis Juftiniani ed. Vulcanius. Leiden 1594; ed. Niebuhr. Bonn 1828.
Agobardus in der bibliotheca maxima veterum patrum b. 14. Leiden 1677.
Agricola fprichwörter. Frankfurt 1570.
Agrimenfores: auctores finium regundorum cum notis et gloffis agrimenforiis Rigaltii. Paris 1614.
Ahlwardt die gedichte Offians aus dem gaelifchen. Leipzig 1811.
Aimoinus monachus hiftoriae Francorum libri 5. Paris 1567.
Aimon in Fierabras p. I ff.
Aimon (deutfch): ein fchön luftig gefchicht wie keifer Carle der große vier gebrüder herzog Aymont von Dordons füne bekrieget. Simmern 1535.
leges Aiftulphi bei Georgifch c. 1123 ff. [MG LL IV p. 478 ff.]
lex Alamannorum bei Georgifch c. 195 ff. [MG legum fectio 1. Legum nationum germanicarum tomi 5 pars 1. Hannover 1888.]
Albertinus, Aeg., Lucifers königreich und feelengejäidt oder narrenhatz. München 1616.
Albertus ftadenfis chronicon ed. Reineccius. Helmftädt 1587.
Alberus, Erafmus, neunundvierzig fabeln. Frankfurt 1550.
— novum dictionarii genus. Frankfurt 1540.
Albrecht die gewere als grundlage des älteren deutfchen fachenrechts. Königsberg 1828.
Aldenhover w. (a. 1365. 1448); vgl. weisth. 4, 796. — Jülich.
Alef gemma juris palatini f. tractatus exegeticus über den f. g. zent-vertrag d. a. 1562. Heidelberg 1740.

Alemannifches landrecht bei Schilter thefaurus b. 2.
Alex.: Lamprecht Alexander bei Maßmann denkmäler p. 16 ff.
Alexandro, poema de, bei Sanchez b. 3.
w. zu Alflen (a. 1507). weisth. 2, 407 ff. — Trier.
leges Älfredi bei Wilkins p. 28 ff. Canciani 4, 243 ff.; [Schmid[2] p. 58 ff.]
Alkener w. (a. 1578) bei Günther 5 nr. 186. weisth. 2, 462. — Trier.
Allendorfer u. Hafelbacher w. (a. 1559). weisth. 1, 609 f. — Naffau.
Allgemeine juriftifche zeitung hg. v. Elvers. Göttingen 1828 ff.
Almqvift fvenfk fpråklära. 3. a. Stockholm 1840.
Alphart bei Hhb. 1, 281 ff.
Alfatia jahrbuch für elfäffifche gefchichte. Mühlhaufen 1851 ff.
Alsfelder hougk gericht (a. 1426) bei Kuchenbecker 3, 96 ff. — Heffen.
Altdeutfche blätter von Haupt u. Hoffmann. 2 b. Leipzig 1835-40.
— gefpräche von Wh. Grimm in den abh. der Berl. acad. 1850 p. 415 ff.; nachtrag 1851 p. 235 ff.
Altdeutfches mufeum fieh mufeum.
Altenhaflauer w. (a. 1354. 1461. 1570) bei Dalwigk 1, 26 ff. weisth. 3, 410 ff. — Heffen.
Altenmünfterer w. über Budenheim (a. 1485) bei Bodm. p. 56. — Rheingau.
Altenmünfterer vogtrecht (16. jh.). MB. 10, 369 ff. [weisth. 6, 183 f.] — Schwaben.
Altenftatter w. (a. 1485) bei Schazmann nr. 2. weisth. 3, 453 ff. — Mainz.
Altfw.: meifter Altfwert hg. v. Holland u. Keller. Stuttgart 1850.
Alvîsmâl in Sæm. p. 48 ff.
Alzeier w. (14. jh.) bei Widder 3, 3. weisth. 1, 798 ff. — Pfalz.
Alzenauer w. (vor 1500) bei Steiner Alzenau p. 249. — Mainz.
Am.: got Amur bei Myller b. 1.
S. Ambrofii epifcopi opera. Paris 1686.
Amgb.: ein alt meiftergefangbuch bei Myller b. 2.
cout. d'Amiens im coutumier général 4, 167 ff.
Amîs, der phaffe, bei Ben. p. 495 ff.
Ammianus Marcellinus ed. Gronovius. Leiden 1693; ed. Ernefti. Leipzig 1773.
An(s) bogfveigis faga bei Biörner nr. 13.
Ancher, Kofod: en danfk lov-hiftorie. 2 b. Kopenhagen 1769. 76.
— farrago legum antiquarum Daniae municipalium. Kopenhagen 1776.
— famlede juridifke fkrifter udg. af Schlegel og Nyerup. 3 th. Kopenhagen 1807-11.
Andreae, Jo. Henr., Lupodunum palatinum hodie Ladenburgum illuftratum. Heidelberg 1772.
Andreas und Elene hg. v. Jacob Grimm. Caffel 1840.
Andreas von Dubá wýklad na právo zemfké (darlegung des landrechts) im archiv čefký hg. v. Palacký 2, 487 ff. Prag 1842.
Andr. Sun.: leges provinciales terrae Scaniae lat. redd. per Andream Sunonis f. (ed. Arn. Hvitfeld). Kopenhagen 1590.

coutumes anglaiſes ſieh Houard.
lex Angliorum et Werinorum hoc eſt Thuringorum bei Georgiſch c. 445 ff. [MG LL V p. 103 ff.]
coutumes d'Anjou im coutumier général 4, 529 ff.
Annalen der braunſchweig-lüneburgiſchen churlande. Hannover 1784-94.
Annales bertiniani bei Pertz 1, 423 ff.
— Godefridi monachi bei Freher rerum germanicarum ſcriptores. 3. a. Straßburg 1717. 1, 335 ff.
— laureshamenſes bei Pertz 1, 22 ff.
— Tigernachi bei O'Connor 2, 1 ff.
Annaliſta Saxo bei Eccard corpus 1, 133 ff.; bei Pertz 8, 542 ff.
Anno: mære von ſente Annen hg. v. Bezzenberger. Quedlinburg 1848.
Ansbacher bericht = Rezatkreis h. 1. 1830.
Anshelm Berner chronik hg. v. Stierlin u. Wyß. 3 b. Bern 1825-27.
Anthologia graeca ed. Brunck. 3 b. Straßburg 1772-76; ed. Jacobs. 13 b. Leipzig 1794-1814; ad fidem codicis olim palatini nunc pariſini ed. Jacobs. 3 b. Leipzig 1813-17.
Antiqvariſke annaler. 4 b. Kopenhagen 1812-27.
Antoninus Liberalis transformationum congeries ed. Teucher. Leipzig 1791.
Anzeiger für kunde der deutſchen vorzeit. n. f. organ des germaniſchen muſeums. Nürnberg 1854 ff.
Apollonius Rhodius Argonautica ed. Chr. Dan. Beck. Leipzig 1797.
Apollonius von Tyrlant nach der Gothaer hſ.
Appenzell. urk.: Zellweger urkunden zur geſchichte des appenzelliſchen volkes. 7 b. Trogen 1831-38.
Apulejus opera. 2 b. Zweibrücken 1788.
Archiv des criminalrechts, neues. n. f. hg. v. Abegg u. a. Halle (Breſlau) 1834-57.
— für alte geographie, geſchichte u. alterthümer inſonderheit der germ. völkerſtämme hg. v. Kruſe. Breſlau (Leipzig) 1821-23.
— für die civiliſtiſche praxis. Heidelberg 1818 ff.
— für kunde öſterreichiſcher geſchichtsquellen hg. von der Wiener academie der wiſſenſchaften. 1848 ff.
Aretin älteſte ſage über die geburt und jugend Karls des großen. München 1803.
Arfvidsſon, Nils, Oiſians ſånger förſvenſkade. 2 b. Stockholm 1842. 46.
Arheilger w. (a. 1423. 1424). weisth. 1, 487 f. — Catzenelnbogen.
— centw. (18. jh.) bei Hallwachs p. 138 ff. Böhm. p. 403 ff.
Ariſtides opera omnia ex rec. Dindorfii. 3 b. Leipzig 1829.
Ariſtophanes comoediae ed. Dindorfius. 2 b. Leipzig 1825.
Ariſtoteles categoriae et topica ed. Bekker. Berlin 1843.
— politica ed. Schneider. 2 b. Frankfurt 1809.
— rhetorica edd. Reiz et Garve. Leipzig 1772.
Armſtrong a gaelic dictionary in two parts. London 1825.
Arndt, E. M., nebenſtunden. Leipzig 1826.

Arnefen hiftorifk indledning til den islandfke rættergang. Kopenhagen 1762.

Arngrimus Jonae crymogaea. Hamburg 1630.

Arnkiel, Trogillus, ausführliche eröffnung was es mit der cimbrifchen und mitternächtifchen völker ihrem götzendienft vor eine bewandtnis gehabt. 4 th. Hamburg 1703.

Arnoldi, J., beyträge zu den deutfchen gloffarien. Marburg 1798.

— gefchichte der oranien-naffauifchen länder. 3 b. Hadamar 1799-1816. regifter 1819.

— mifcellaneen aus der diplomatik u. gefchichte. Marburg 1798.

Arnoldus lubecenfis chronica Slavorum bei Leibnitz fcriptores 2, 623 ff.

Arnsb. urk.: urkundenbuch des klofters Arnsburg in der Wetterau bearb. v. Baur. 3 b. Darmftadt 1849-51.

Arnulfus mediolanenfis bei Muratori fcriptores 4, 1 ff.

Arrêt de la Tournelle vom 1. dec. 1601.

Artolzheimer hofrecht bei Schilter cod. jur. feud. p. 370. weisth. 1, 698 f. — Elfaß.

confuetudines arvern. (cout. d'Auvergne) im coutumier général 4, 1160 ff.

Arweiler w. (a. 1395) bei Günther 3 nr. 639. weisth. 2, 643 ff. — Cöln.

Arx gefchichte der landgraffchaft Buchsgau. S. Gallen 1819.

— gefchichten des kantons S. Gallen. 3 b. S. Gallen 1810-13.

Af.: Afega buch hg. v. Wiarda. Berlin u. Stettin 1805.

Äfchacher kellervogtei bei Heider p. 955 f. — Schwaben.

Afchbach gefchichte der Weftgothen. Frankfurt 1827.

Afiatic refearches. London (Serampore, Calcutta) 1799 ff.

Afpeler hofsrecht (a. 1499) bei v. Steinen 1, 1774. — Weftphalen.

Afpr.: der roman von Afpremont hg. v. Bekker in den abh. der Berl. acad. 1849.

Affertio libertatis bremenfis. Bremen 1646.

Affifes de Jerufalem publ. p. Thaumas de la Thaumaffière. Bourges 1690.

leges Äthelbirti bei Wilkins p. 1 ff. Canciani 4, 225 ff. [Schmid$^2$ p. 2 ff.]

leges Äthelftani bei Wilkins p. 54 ff. Canciani 4, 259 ff. [Schmid$^2$ p. 126 ff.]

Athenaeus Deipnofophiftae ed. Schweighäufer. 14 b. Straßburg 1801-7.

Athis und Prophilias von Wh. Grimm in den abh. der Berl. acad. 1846.

Aubri li Borgonnon in Fierabras p. LXVI ff.

Audoenus vita S. Eligii bei d'Achery fpicil. 5, 156 ff.

Auerbacher w. (a. 1422). weisth. 1, 477. — Catzenelnbogen.

Auffeß anzeiger für kunde des deutfchen mittelalters (b. 1). München 1832; fieh auch Mone.

Augsburger ftadtrecht, ftadtbuch bei Walch 4, 1 ff.; bei Freyberg fammlung teutfcher rechts-alterthümer b. 1. h. 1. Mainz 1828.

Aurelius Victor hiftoria romana ed. Arntzenius. Amfterdam 1733.

das Ausland ein tagblatt für kunde des geiftigen und fittlichen lebens der völker. Stuttgart 1828 ff.

Aufonius opera ed. Tollius. Amfterdam 1671.

cout. d'Auxerre im coutumier général 3, 569 ff.

Avemann befchreibung des gefchlechts der reichs- u. burggrafen von Kirchberg in Thüringen. Frankfurt 1747.

Aventin: Johannis Aventini des beyerifchen gefchichtsfchreibers chronica. Frankfurt 1580.

Avondft.: van Wyn hiftorifche en letterkundige avondftonden. th. 1. Amfterdam 1800.

A. w.: altdeutfche wälder hg. v. den brüdern Grimm. 3 b. Caffel 1813. Frankfurt 1815. 16.

Ayrer opus theatricum. Nürnberg 1618.

## B.

Babenhaufer markw. (a. 1355. 15. jh.); zeugenausfage (17. jh.) bei Meichfner 2, 726 f. 932 ff. 670 ff. 855 ff. 943 ff. weisth. 4, 547 ff. — Hanau.

Babou les payens innocents. nouvelles. Paris 1858.

Babrius fabulae aefopeae ed. Lachmannus. Berlin 1845.

Bacharacher blutrecht (14. jh.) bei Kindlinger m. b. 2 nr. 49 p. 290 ff. weisth. 2, 211 ff. — Pfalz.

— w. (14. jh.) bei Günther 4 nr. 1. weisth. 2, 219 ff.

Baden, G. L., antiquarifke, hiftorifke . . . notitfer og anekdoter. Kopenhagen 1818.

Baierfche alterthümer u. merkwürdigkeiten. München 1769.

Baierfcher literarifcher u. merkantilifcher anzeiger. München 1828.

Bairifche landtsordnung. Ingolftadt 1553.

lex Bajuvariorum bei Georgifch c. 249 ff. [MG LL III p. 183 ff.]

Baldericus chronicon cameracenfe et atrebatenfe ed. Colvenerius. Douai 1615.

Baltifche ftudien hg. v. d. gef. f. pommerfche gefchichte u. alterthumskunde. Stettin 1832 ff.

Baluz: capitularia regum Francorum. 2 b. Paris 1677.

— epiftolarum Innocentii III. libri undecim. 2 b. Paris 1682.

— mifcellanea. 7 b. Paris 1678-1715.

Bamberger calender im Bamb. verein 7, 89 ff.

— halsgerichtsordnung. Bamberg 1507.

— verein: bericht über das beftehen u. wirken des hiftorifchen vereins zu Bamberg. Bamberg 1834 ff.

Banduri antiquitates conftantinopolitanae. Venedig 1729.

Banfcheuer w. (a. 1523) bei Reinhard d. j. f. p. 223 ff. weisth. 1, 589. — Catzenelnbogen.

Banteler vogtding (a. 1587. 1588) bei Strube 5 bed. 119 p. 236 ff. — Calenberg.

Barl.: Rudolf von Ems Barlaam u. Joſaphat hg. v. Köpke. Königsberg 1818; v. Pfeiffer. Leipzig 1843.

Barleta ſermones. 2 b. Venedig 1577.

Barth, Gottfr., ausführlicher bericht von der gerade u. heergeräthe. Leipzig 1721.

Barthold George von Frundsberg. Hamburg 1833.

Bartholinus antiquitates danicae. Kopenhagen 1690.

Baumersroder eltiſtrechte (a. 1689) bei Klingner 1, 513 f. — Oberſachſen.

Baur ſieh Arnsb. urk.

Bauſchheimer w. (a. 1487) bei Bodm. p. 676. Kindlinger hörigk. nr. 185. — Rheingau.

Bautil det är alle Svea och Götha rikens runſtenar utg. af Göranſſon. Stockholm 1750.

Beatus Rhenanus rerum germanicarum libri 3. Baſel 1531.

Beaumanoir la coutume de Beauvoiſis publ. p. Thaumas de la Thaumaſſière. Bourges u. Paris 1690.

Bebelius facetiae in Nicodemi Friſchlini balingenſis facetiae ſelectiores . . . acc. Henrici Bebelii facetiarum libri tres. Amſterdam. 1651.

Becheler w. (a. 1482); vgl. Arnoldi miſc. p. 101. weisth. 1, 595 ff. — Naſſau.

Bechſtein, L., der ſagenſchatz u. die ſagenweiſe des Thüringerlandes. 4 th. Hildburghauſen 1835-38.

Beckmann, Jo. Chrph., hiſtorie des fürſtenthums Anhalt. 7 th. Wittenberg 1710.

Beckmann, Joh., litteratur der älteren reiſebeſchreibungen. 8 th. Göttingen 1807. 8.

Beda hiſtoria eccleſiaſtica gentis Anglorum (lat. und in Alfreds überſ.) ed. Joh. Smith. Cambridge 1722.

Beheim, Mich., buch von den Wienern hg. v. Karajan. Wien 1843.

Beihinger polizeiordnung (a. 1590) bei Mader 10, 546. — Schwaben.

Beiträge zur kenntnis Ruſslands hg. v. Ewers u. Engelhardt. (b. 1.) Dorpat 1818.

Bel, Matth., notitia Hungariae novae. 3 b. Wien 1735-37.

Belgiſch muſeum voor de nederduitſche taal- en letterkunde uitg. d. Willems. Gent 1837 ff.

Bellersheimer w. (a. 1552) bei Cramer 3, 152 ff. — Heſſen.

Beltheimer w. (a. 1377) bei Günther 3, 566. weisth. 2, 204 ff. — Trier.

Ben.: beyträge zur kenntnis der altdeutſchen ſprache u. litteratur von G. Fr. Benecke. Göttingen 1810. 1832.

Bendorfer w. (a. 1549). journal v. u. f. D. 1787. 2, 18 ff. — Naſſau.

Benecke wörterbuch zu Hartmannes Iwein. Göttingen 1833.

Benfey griechiſches wurzellexicon. 2 b. Berlin 1839-42.

Benker heidenrecht bei v. Steinen 1, 1809 ff. weisth. 3, 40 ff. — Weſtphalen.

Benshauſer holzordnung (a. 1569); B. w. (a. 1405) bei Schultes beſchr. v. Henneb. 2, 201 f. weisth. 3, 595 ff. — Henneberg.

Beovulf: de Danorum rebus geſtis . . . poëma danicum dialecto anglo-ſaxonica ed. Thorkelin. Kopenhagen 1815.
Beov. Kemble: the angloſaxon poems of Beowulf etc. ed. by K. London 1833.
Béranger, P. J., chanſons. Brüſſel 1826.
Berger w. (a. 1382). beſchr. v. Hanau p. 69 f. — Hanau.
van den Bergh de nederlandſche volksromans. Amſterdam 1837.
Bergmann, Benj. v., über den urſprung der lettiſchen ſprache im mag. hg. v. d. lettiſch-literär. geſ. b. 6. Mitau 1838.
Bergreien hg. v. Schade. Weimar 1854.
Berkhover hofesrecht (a. 1566) bei v. Steinen 1, 1767 ff. Rive p. 467 ff. — Weſtphalen.
Berliner jb. ſieh jahrbücher f. wiſſenſch. critik.
Berner handveſte in der helvet. bibl. 4, 1 ff.
Bernhard, Joh. Adam, antiquitates Wetteraviae oder alterthümer der Wetterau. 2 th. Frankfurt 1745.
Berriat-Saint-Prix rapport et recherches ſur les procès. . . relatifs aux animaux in den mémoires des antiquaires 8, 403 ff.
Berroyer et de Laurière bibliothèque des coutumes. Paris 1699.
cout. de Berry im coutumier général 3, 935 ff.
Berſtädter w. (a. 1489) bei Bodm. p. 51. 605. 607. 697. weisth. 1, 549 ff. — Rheingau.
Berte aus grans piés publ. p. P. Paris. Paris 1832.
Berthold des Franziſkaners deutſche predigten hg. v. Kling. Berlin 1824.
Bertholdus conſtantienſis chronicon bei Uſſermann prodromus b. 1.
Bertuch neue bibliothek der wichtigſten reiſebeſchreibungen. Wien 1815 ff.
Beryn bei John Urry the works of G. Chaucer. London 1721. p. 600 ff.
Beſchr. v. Hanau: beſchreibung der hanau-müntzenbergiſchen landen. o. o. 1720.
Beſchwörungsformeln, agſ. u. altd., in myth.[2] p. 1173 ff.,[1] anhang p. CXXVI ff.
Beſold: theſaurus practicus ed. Dietherr. Nürnberg 1679.
— documenta rediviva monaſteriorum praecipuorum in ducatu wirtembergico ſitorum. Tübingen 1630.
Beſſen geſchichte des bisthums Paderborn. 2 b. Paderborn 1820.
Bettmarer vogtding bei Nolten de jure p. 178 ff. — Braunſchweig.
Beyer, Andr., de cenſu promobili. Jena 1715.
Beyer, G., delineatio juris criminalis ſecundum conſtitutionem Carolinam. Leipzig 1714.
a Beyma, C. L., de grietmannis. Franeker 1780.
Biärköa rätt (ed. Joh. Hadorph). Stockholm 1687.
Bibrauer w. (a. 1385). weisth. 1, 512 ff. — Wetterau.
Bieger w.; vgl. Reinhard d. j. f. p. 162 f. — Iſenburg.
Bignon Marculfi monachi formularum libri duo denuo rec. a Theodorico fratre. Paris 1665.

Bihtebuoch hg. v. Oberlin. Straßburg 1784.
Bilwärderrecht mit anmerkungen von Lappenberg. Schleswig 1828.
Bing, Jan., de delicto furti jure norwegico vetufto. Kopenhagen 1755.
Bingenheimer w. (a. 1434. 1441). — Heffen.
— w. (a. 1554) bei Stiffer p. 21.
Binterim und Mooren rheinifch-weftphälifcher diplomatifcher codex. 2 b. Mainz 1830.
Biörn: lexicon islandico-latino-danicum Biörnonis Haldorfonii. 2 b. Kopenhagen 1814.
Biörn Marcusfon fieh unter M.
Biörner nordifka kämpadater. nr. 1-15. Stockholm 1737.
Birgeler w. (a. 1419) bei Bodm. p. 775. Kindlinger hörigk. nr. 159. weisth. 1, 516 ff. — Rheingau.
Birken, Sigmund von, fpiegel der ehren des . . . erzhaufes Öfterreich. Nürnberg 1668.
Birkenft. fieh Stricker.
Birnbaum: die rechtliche natur der zehnten. Bonn 1831.
— deduction der rechte des herzogs Karl Frz. Wilh. Ferdinand von Looz-Corswarem auf das ftandesherrl. fürftenthum Rheina-Wolbeck. Aachen u. Leipzig 1830.
Birresborner w. weisth. 1, 524 ff. — Eifel.
Bifchweiler w. (a. 1499). journal v. u. f. D. 1790 p. 298 ff. — Pfalz.
Bit.: Biterolf u. Dietlieb bei HP. b. 1.
Blackftone commentaries on the law of England. 4 b. Oxford 1783.
Blankenberger w. (a. 1457) bei Kindlinger hörigk. nr. 173. weisth. 3, 17 ff. — Berg.
Blankenrader w. (a. 1556) bei Reuß 17, 131 ff. — Trier.
gl. Blaf.: gloffae fanblafianae bei Gerbert iter app. p. 4 ff.
Blicker bei Pfeiffer zur deutfchen litteraturgefchichte. Stuttgart 1855. p. 6 ff.
Blommaert: Theophilus gedicht der 14. eeuw uitg. d. Ph. Blommaert. Gent 1858.
der blôȥe keifer bei Herant von Wildon p. 19 ff.
Blüting fieh lowbuch.
Bocholter ftatuten bei Wigand arch. 2, 339 ff. 3, 1 ff.
Bochumer landrecht bei Weddigen neues mag. 2, 205 ff.
Bodenftedt die poetifche Ukraine. Stuttgart u. Tübingen 1845.
Bodm.: Bodmann rheingauifche alterthümer. 2 b. Mainz 1819.
— hiftorifch-juriftifche abhandlung vom befthaupte. Mainz 1794.
Boeler lehnbank (a. 1500) bei v. Steinen 1, 1330 ff. — Weftphalen.
Boethius in topica Ciceronis commentarii.
— confolationis philofophiae libri 5. Leiden 1671.
— — anglofaxonice redditi ab Alfredo ed. Rawlinfon. Oxford 1698.
Boethius hiftoria Scotorum. Paris 1574.
Böhme, J. E., diplomatifche beyträge zur unterfuchung der fchlefifchen rechte u. gefchichte. 6 th. oder 2 b. Berlin 1770-75.

Böhm.: G. L. Böhmer electa juris civilis b. 2. Göttingen 1777 (p. 312-430: de centena ſublimi mit appendix documentorum).
— de juribus et obligationibus conjugis ſuperſtitis. Göttingen 1748.
Böhmer, J. Fr., codex diplomaticus moenofrancofurtanus. Frankfurt 1836.
— fontes rerum germanicarum. 3 b. Stuttgart 1843-53.
— regeſta chronologico-diplomatica Karolorum. Frankfurt 1833.
— regeſta imperii. die regeſten des kaiſerreichs von 1198-1254 neu bearbeitet. Stuttgart u. Tübingen 1849.
— additamentum primum ad regeſta imperii inde ab a. 1314 usque ad a. 1347. erſtes ergänzungsheft zu den regeſten kaiſer Ludwigs des Baiern. Frankfurt 1841.
Bon.: der edel ſtein von Bonerius hg. v. Benecke. Berlin 1816; v. Pfeiffer. Leipzig 1844.
Bondam charterboek der hertogen van Gelderland en graaven van Zutphen. th. 1-4. Utrecht 1783-1809.
S. Bonifacii epiſtolae ed. Würdtwein. Mainz 1789.
Bopp die ſündfluth nebſt drei anderen epiſoden des mahâbhârata. Berlin 1829.
— gloſſarium ſanſcritum. Berlin 1830.
— vergleichende grammatik. 6 th. Berlin 1833-52.
conſuetud. borbon. ſieh cout. de Bourbonnais.
coſtumas de Bordeu bei frères de la Mothe coutumes du reſſort du parlement de Guienne. Bordeaux 1768.
record van Borne. weisth. 3, 857 ff. — Geldern.
Bornheimerberg w. (a. 1303). beſchr. v. Hanau p. 71 ff. Gudenus 5, 1001. weisth. 3, 481 ff. — Hanau.
— landgericht (1400. 1435) bei Orth rechtsh. 2, 432 ff.
Botho chronicon Brunsvicenſium picturatum bei Leibnitz 3, 277 ff.
Bötticher helleniſche tempel im Philologus b. 17. Göttingen 1861 (nach dem ſ. a.).
cout. de Boulenois im coutumier général 1, 25 ff.
Bouquet recueil des hiſtoriens des Gaules et de la France. 21 b. Paris 1738-1855.
cout. de Bourbonnais im coutumier général 3, 1231 ff.
Bouteiller ſomme rural ou le grand couſtumier général. Paris 1611.
Br.: willküren der Brokmänner hg. v. Wiarda. Berlin 1820.
br. wb.: verſuch eines bremiſch-niederſächſiſchen wörterbuchs. 6 b. Bremen 1767-71.
Brackeler gerechtigkeit (a. 1299) bei v. Steinen 1, 1819 ff. — Weſtphalen.
Bracton de legibus et conſuetudinibus Angliae libri 5. London 1640.
Brand, Seb., das narrenſchiff hg. v. Strobel. Quedlinburg 1839.
Brandkroſſa þâttr ed. B. Thorlacius. Kopenhagen 1816.
Braunſchweigiſche anzeigen. Braunſchweig 1744 ff.
Breidenbacher rügegericht bei Eſtor analecta 3, 89. — Heſſen.
— w. (15. jh.). weisth. 3, 352 ff.

Brem. ftat. fieh unter Ölrichs.
Bremer wöchentliche nachrichten 1828.
Brentano Libuffa. Peft 1815.
Bretzenhaufer w.
Bretzenheimer w. (a. 1578) bei J. A. Kopp p. 70 ff.; auszug bei Hofmann p. 63 ff. — Pfalz.
Bring, Sven, monumenta fcanenfia. Lund 1744-50.
Briffonius: de formulis et follemnibus populi romani verbis. Mainz 1649.
— de regio Perfarum principatu. Paris 1590.
Brito armoricus Philippidos bei Duchefne 5, 93 ff.
Brompton chronicon bei Twyfden 1, 721 ff.
Brower fidera illuftrium et fanctorum virorum. Mainz 1616.
Bruce: Barbour the Bruce ed. by Pinkerton. 3 b. London 1790.
Bruckner verfuch einer befchreibung hiftorifcher u. natürlicher merkwürdigkeiten der landfchaft Bafel. Bafel 1763-71.
Brunetti codice diplomatico tofcano. 2 b. Florenz 1806-33.
Brunos buch vom fächfifchen kriege überf. v. Wattenbach. Berlin 1853.
Bruns beyträge zu den deutfchen rechten des mittelalters aus den handfchriften u. alten drucken der acad. bibliothek in Helmftädt. Helmftädt 1799.
— breviarium Caroli in feinen beyträgen p. 55 ff.
— romantifche u. andere gedichte in altplattdeutfcher fprache. Berlin u. Stettin 1798.
Brufch monafteriorum Germaniae praecipuorum centuria I. Ingolftadt 1551.
Brufchwickersheimer dingshof bei Senckenberg c. j. g. I. 2 nr. 14. weisth. 1, 711 ff. — Elfaß.
Bücherthaler ordnung des landfcheids und landfiedelrechts (a. 1451).
— landgerichtsurtheil (um 1509).
Buchon collection des chroniques nationales françaifes. 47 b. Paris 1824-29.
Buchonia eine zeitfchr. f. vaterländifche gefchichte hg. v. J. Schneider. 4 b. Fulda 1826-29.
Buder amoenitates juris publici. Jena 1743.
Büdinger w. (a. 1338) bei Reinhard d. j. f. p. 251 ff. Stiffer p. 12. weisth. 3, 426 ff. — Ifenburg.
Bülfrigheimer w. (a. 1406). Wertheimer ded. nr. 40. weisth. 3, 560 f. — Franken.
Bullarium cafinenfe hg. v. Margarini. 2 b. Venedig 1613 ff.
Bulletin de l'académie impériale des fciences de St. Pétersbourg claffe hift.-philol. 1844 ff.
Bulletins de l'académie royale des fciences et belle-lettres de Bruxelles. 1832 ff.
Burcard Waldis Efopus. Frankfurt 1557.
Burchardus epifc. wormatienfis leges et ftatuta familiae S. Petri bei Schannat hiftoria cod. prob. nr. 51. weisth. 1, 804 ff.

Burchardus decretorum libri 20 . . . feu loci communes. Cöln 1560.
— interrogationes in decret. lib. 1.
Burckhardt, John Lewis, notes on the Bedouins and Wahabys. London 1830.
— reife nach Nubien. Weimar 1820.
— travels in Arabia. London 1829.
lex Burgundionum bei Georgifch c. 333 ff. [MG legum fectio 1. legum nat. germ. tomi 2 pars 1. Hannover 1892.]
Buri ausführliche erläuterung des in Deutfchland üblichen lehnrechts. 4. a. hg. v. Runde. 2 th. Gießen 1788. 89.
Burman, Fale, om province lagarnes ållder in den kgl. vitterhets acad. handlingar th. 6 p. 186 ff. Stockholm 1800.
Büfching ergänzungsbogen zu Streits fchlefifchen provinzialblättern. Breflau 1827-29.
Büthener recht fieh unter Ölrichs.
Butkens trophées tant facrées que profanes du duché de Brabant. 2 b. Haag 1724.
Büttelbrunner w. (a. 1443). Wertheimer ded. nr. 43. weisth. 3, 561 f. — Franken.
Buttenhaufer dorfordnung (1601-1788) bei Mader 11, 489. — Schwaben.

## C.

C. 1 X de paroch. et alien. prohib. im C. J. Can.
C. 53 cum in vet. X de elect. 1, 6 im C. J. Can.
Cädmon: (doppelte zahl) Caedmonis monachi paraphrafis ed. Fr. Junius. Amfterdam 1655; (verszahl) Cädmons metrical paraphrafe ed. by Thorpe. London 1832.
Caefar, Julius, bellum gallicum.
Caefarius heifterbacenfis nach büchern u. capiteln: dialogus miraculorum. Antwerpen 1605; ed. Strange. 2 b. Cöln 1851.
— (prumienfis) mit fpaltenzahl = regiftrum prumienfe.
Callimachus hymni, epigrammata et fragmenta ed. Ernefti. 2 b. Leiden 1761.
dom Calmet hiftoire ecclefiaftique et civile de la Lorraine. 3 b. Nancy 1728.
Calonius de prifco in patria Svio-Gothia fervorum jure ed. Schildener. Stralfund 1819.
Camberger, Würgefer u. Erlenbacher märkerding (a. 1421) bei Reinhard d. j. f. p. 195 ff. weisth. 1, 575 ff. — Naffau.
Canciani barbarorum leges antiquae. 5 b. Venedig 1781-92.
Canifius thefaurus monumentorum ecclefiafticorum et hiftoricorum feu lectiones antiquae. 2. ed. cur. J. Bafnage. 4 b. Antwerpen 1725.
Capeller dingrotul bei Schilter cod. jur. feud. p. 372. — Elfaß.
Capitulare de villis bei Bruns beyträge p. 1 ff; Capitularien im übrigen fieh Georgifch [MG].

Carber w. [weisth. 5, 301 ff. 303 ff.] — Wetterau.
Carmen dotis linguae romanae antiquiffimum monumentum ed. Ch. D. Beck. Leipzig 1782.
Carpentier gloffarium novum ad fcriptores medii aevi. 4 b. Paris 1766.
gl. Caff.: gloffae caffelanae bei Eccard fr. or. 1, 853 ff.
Caffel über thüringfche ortsnamen. Erfurt 1856.
Caffeler ftatut von 1384 bei Kleinfchmidt th. 1 nr. 1 p. 4.
Caffiodorus opera ed. Garetius. 2 b. Venedig 1729.
Catlin die Indianer Nordamerikas deutfch hg. v. Berghaus. Brüffel u. Leipzig 1848.
Cato de re ruftica in den fcriptores rei rufticae 1, 1 ff. Leipzig 1773.
CCC: kayfer Karl des fünften und des heiligen römifchen reichs peinliche halsgerichtsordnung. Göttingen 1777.
Celler hubengerichts w. bei Kuchenbecker 3, 98 f. weisth. 3, 342. — Heffen.
Cento novelle antiche ill. da G. Ferrario. Mailand 1804.
Centralblatt, literarifches, hg. v. Zarncke. Leipzig 1850 ff.
cout. de Chalons im coutumier général 2, 475 ff.
Charlemagne an anglonorman poem ed. by Fr. Michel. London 1836.
Chart. fithienfe: cartulaire de l'abbaye de S. Bertin publ. p. Guérard. Paris 1840.
coutumes de Chartres im coutumier général 3, 703 ff.
Chiemfeer gotteshausrecht (a. 1462). MB. 2, 507. weisth. 3, 671 ff. — Baiern.
Chifflet lumina falica in Chifletii opera politico-hiftorica. Antwerpen 1650. p. 215 ff.
Choppin de legibus Andium municipalibus. Paris 1581.
Chriftenfen alphabetifches verzeichnis einer anzahl von räubern. Ham burg 1814.
Chriftian V. dän. gef.: regis Chriftiani quinti leges danicae. Kopenhagen 1710.
Chronicon colmarienfe bei Urftifius Germaniae hiftorici illuftres th. 2. Frankfurt 1670.
— luneburgicum bei Eccard corpus 1, 1315 ff.
— novalicienfe bei Muratori fcriptores II. 2.
— petershufanum bei Uffermann prodromus 1, 261 ff.
— Saxon. ap. Ecc. fieh chron. luneburgicum.
— S. Sophiae beneventanae bei Ughelli 8, 621 ff.
Chuonrât, pfaffe Ch.: das Rolandslied nach der Heidelberger hf.
C. J. Can. (corpus juris canonici) cum notis Petri et Francifci fratrum Pithoeorum. 2 b. Paris 1687.
Cicero opera. 13 b. Zweibrücken 1780-87.
Cid, poema del, bei Sanchez b. 1.
CJS.: corpus juris Sueo-Gotorum antiqui. famling af Sweriges gamla lagar utg. af Collin och Schlyter. Stockholm 1827 ff.

Civ. mag.: Oeſterley magazin für das civil- u. criminalrecht des königreichs Weſtphalen. 5 b. Göttingen 1810-13.
Claudianus opera ed. Koenig. Göttingen 1808.
Clemens Alexandrinus ſtromateis ed. Sylburg. Heidelberg 1592.
Clever ſtadtrecht bei Kamptz 3, 24 ff.
— waſſerrecht (1441).
Cloſener ſtraßburgiſche chronik hg. v. Schott u. Strobl. Stuttgart 1842.
Cluver Germania antiqua. 2. a. Leiden 1631.
leges Cnuti (l. eccl. Canuti) bei Wilkins p. 126 ff. Canciani 4, 300 ff. [Schmid$^2$ p. 250 ff.]; ſieh auch unter Kolderup-Roſenvinge.
Coburger urbarium bei Schultes cob. landesgeſchichte p. 35 ff. — Thüringen.
Codex diplomaticus hiſtoriae zaringobadenſis ed. Schöpflin. 3 b. Carlsruhe 1764-66.
— exonienſis ed. by Thorpe. London 1842.
— juvavienſis = Juvavia.
— laureshamenſis diplomaticus. 3 b. Mannheim 1768.
— Mor.: codex diplomaticus et epiſtolaris Moraviae ed. Boczek. Olmütz 1836 ff.
Codd. pal. 89. 132. 349 (das bei MSH. 3, 468$^a$ ff. gedruckte ſtück). 355 (nach Jac. Grimms auszügen mſ. germ. berol. 953. 4$^0$). 361 (kaiſerchronik nach der abſchr. mſ. germ. berol. 937. 4$^0$).
Codex ſangall. 184 (gloſſen), ſieh gl. Sgall.
— Theodoſianus cum perpetuis commentariis Jac. Gothofredi. 6 b. Leipzig 1736-45.
Codd. vindobon. 119 (vgl. Haupt 6, 488 ff.). 428 (vgl. Reinhart fuchs p. CLXXX). 653 (Wiener Geneſis).
Codex zaringob. ſieh cod. diplomaticus hiſt. zaringob.
Colerus hausbuch œconomia ruralis et domeſtica. 1614.
Cölner dienſtrecht bei Kindlinger m. b. 2, 68 ff. (lat. u. deutſch). weisth. 2, 749 ff.
— heberolle des 12. jh. bei Kindlinger m. b. 2, 150 ff.
Commentationes ſocietatis regiae ſcientiarum gottingenſis. 1778 ff.; comm. recentiores. 1811 ff.
Conan: the feſtivities at the houſe of Conan of Ceann-ſleibhe ed. by O'Kearney. Dublin 1855.
Concilium aurelianenſe IV. bei Manſi 9, 111 ff.; ratisbonenſe a. 1104 ibid. 20, 1185 f.; toletanum VII. VIII. XIII. ibid. 10, 763 ff. 1206 ff. 11, 1059 ff.
Conradi, Fr. C., parerga in quibus antiquitates et hiſtoria juris romani illuſtrantur. 4 th. Helmſtädt 1734-40.
Conradus urſpergenſis chronicon. Straßburg 1609.
Conybeare illuſtrations of angloſaxon poetry. London 1826.
Conzer w. (a. 1545) bei Ritz 1, 94 f. weisth. 2, 789. — Trier.
Corippus de laudibus Juſtini ex rec. Foggini. Rom 1777.
Corius hiſtoria Mediolani.

Corpus hiſt. byz.: byzantinae hiſtoriae ſcriptores. Paris 1645 ff.
Corveier feldgericht bei Letzner Carol. m. c. 16. — Weſtphalen.
Coutumier général: nouveau c. g. par Ch. Bourdot de Richebourg. 4 b. Paris 1724.
Covarruvias teſoro de la lengua caſtellana. Madrid 1611.
Crainfelder pfingſtgericht bei Kuchenbecker 3, 206 ff. Hallwachs p. 100 ff. — Heſſen.
Cramer: wetzlariſche nebenſtunden. Ulm 1755 ff.
— obſervationes juris univerſi. 6 b. Wetzlar u. Ulm 1758-72.
gl. Crameri: ahd. gloſſen mitgetheilt von Cramer, vgl. Graff 1, XXXIX.
Crane bei Berthold von Holle hg. v. Bartſch. Nürnberg 1858. p. 19 ff.
Creſcentia im Kol. p. 241 ff.
Creuzer abriß der römiſchen antiquitäten. Darmſtadt 1824.
— ſymbolik u. mythologie der alten völker. 6 b. Leipzig 1820-23.
Crombacher w. (a. 1496). weisth. 3, 406 ff. — Hanau.
Cronberger deduction ſieh verfaſſung der burg Cronenberg.
Crumbacher w. (15. jh.) bei Senckenberg c. j. g. I. 2 nr. 10. — Catzenelnbogen.
Cruſius: Martini Cruſii ſchwäbiſche chronik aus dem latein. überſetzt von J. J. Moſer. 2 b. Frankfurt 1733.
Cſaplovics gemälde von Ungarn. 2 th. Peſt 1829.
C. T.: Chaucer the Canterbury tales ed. by Tyrwhitt. 2 b. Oxford 1798.
Cujacius u. Gonzalez Tellez zum C. J. Can.
Culm. r. ſieh Kulmiſch r.
Cunningham traditional tales of the engliſh and ſcottiſh peaſantry. 2 b. London 1822.
Cuper, Gisb., epiſt. in celeberrimorum virorum epiſtolae . . . ad M. Zachariam Goezium. Wittenberg 1716.
Curſor mundi (altengliſch) nach der Göttinger hſ.
Curtius Rufus de rebus geſtis Alexandri M.

## D.

Dachsweiler w. (a. 1507. 1569) bei Meichſner 2, 201 ff. weisth. 4, 734 ff. — Pfalz.
Dahl hiſtoriſch-topographiſch-ſtatiſtiſche beſchreibung des fürſtenthums Lorſch. Darmſtadt 1812.
Dahlmann geſchichte von Dännemark. 3 b. Hamburg 1840-43.
Dähnert pommerſche bibliothek. 5 b. Greifswald 1752-56.
Dalalag: Dahle laghen (ed. Joh. Hadorph). Stockholm 1676.
Dalin Svearikes hiſtoria. 3 th. Stockholm 1747-62.
Dalwigk eranien zum deutſchen recht fortgeſetzt von Falck. 3 hefte. Heidelberg 1825-28.
Danſke viſ.: udvalgte danſke viſer fra middelalderen udg. af Abrahamſon, Nyerup og Rahbek. 5 b. Kopenhagen 1812-14.
Dante la divina commedia.

Datt volumen rerum germanicarum novum five de pace imperii publica. Ulm 1698.
Daufenauer hubengericht (1716) bei Hofmann p. 156 ff. weisth. 1, 602 f. — Naffau.
David, Luc., preußifche chronik hg. v. Hennig. 8 b. Königsberg 1812-17.
Decamerone di Giov. Boccaccio (nach tagen u. novellen).
Decreta Taffilonis bei Georgifch c. 325 ff. [MGLL III p. 459 ff.]
Decretalia im C. J. Can.
Deduction der ballei Heffen: hiftorifch-diplomatifcher unterricht u. gründliche deduction von des . . . teutfchen ritterordens u. . . . der balley Heffen hergebrachten immedietät. o. o. 1751.
— vom Jofsgrund: beurkundete darftellung der kurheffifchen . . . anfprüche auf . . . den Jofsgrund. Hanau 1803.
— von Wulften: F. W. Taube beilagen zur vertheidigung derer hoheitsrechte . . auf der . . . burg zu Wulften. Wien 1767.
Dehmer w. (a. 1688) bei Piper nr. 8 p. 253 ff. — Weftphalen.
Delbrücker gericht bei Beffen 2, 146.
— landrecht bei Kamptz jahrbücher für die preuß. gefetzgebung 29, 68 ff. Berlin 1827. weisth. 3, 101. — Weftphalen.
Delius bruchftücke aus der gefchichte des amtes Elbingerode. 2 th. Wernigerode 1813.
— unterfuchungen über die gefchichte der Harzburg. Halberftadt 1826.
Delling beyträge zu einem baierifchen idiotikon. München 1820.
Demofthenes Midiana ed. Buttmann. Berlin 1823.
Denecken die Rolandsfäule in Bremen. 2. a. Bremen 1828.
Denis codices mff. theologici bibliothecae palat. vindob. latini. 2 b. Wien 1793. 1802.
Detm.: chronik des Francifcaner lefemeifters Detmar hg. v. Grautoff. 2 th. Hamburg 1829. 30.
Deutfche fagen hg. v. den brüdern Grimm. 2 b. Berlin 1816. 18.
Deutfcher fchlemmer: de düdefche fchlömer . . . dörch Johannem Striccerium. Lübek 1584; der deutfche fchlemmer . . . dorch J. St. Magdeburg 1588.
Deutfchfranzos, die avantures von. Drefden 1745.
Deuzer rechte (13.-14. jh.) bei Kindlinger famml. p. 133 ff. weisth. 3, 1 ff. — Weftphalen.
Dialogi Gregorii magni in den opera ed. Bened. 1, 120 ff. Paris 1705.
Diarium vazftenenfe ed. Benzelius. Upfala 1721.
Dieburger w. (a. 1429) bei Retter 4, 381 ff. weisth. 4, 533 ff. — Catzenelnbogen.
Diefenthaler w. (a. 1449). Wertheimer ded. nr. 4. weisth. 3, 564 ff. — Franken.
Diemer: deutfche gedichte des 11. u. 12. jh. Wien 1849.
— kleine beiträge zur älteren deutfchen fprache u. literatur. Wien 1851 ff.
Dierener markenrecht (a. 1524) bei Bondam 1, 544. — Utrecht.

Dietherr fieh Befold.
Dietmar fieh Ditmar.
Dietrichs ahnen u. flucht bei HP. b. 2.
Dietrichs drachenkampf nach der Heidelberger hf.; bei Hhb. b. 2 (Dietrich u. feine gefellen).
Dietzer gerechtigkeit (a. 1424). weisth. 1, 577 ff. — Naffau.
Diez etymologifches wörterbuch der romanifchen fprachen. Bonn 1853.
— grammatik der romanifchen fprachen. 3 b. Bonn 1836-43.
— leben u. werke der troubadours. Zwickau 1829.
Dig.: Juftinians digeften.
Dilich: heffifche chronica anfenglich befchrieben durch Wilhelm Dilich. Caffel 1608.
Dio Caffius hiftoria romana. Hanau 1606; ed. Reimarus. 2 b. Hamburg 1750-52.
Diocl.: Dyocletianus leben hg. v. Keller. Quedlinburg 1841.
Diodorus ficulus ed. Weffelingius. 2 b. Amfterdam 1746.
Dionyfius halicarnaffenfis opera ed. Reifkius. 6 b. Leipzig 1774-77.
Dioscorides ex nova interpr. Saraceni. Frankfurt 1598.
Dippoldt leben kaifer Carls des großen. Tübingen 1810.
Dithmarfifches landrecht von 1567. Glückftadt 1667.
Ditmarus merfeburgenfis chronicon ed. Reineccius. Frankfurt 1580; bei Leibnitz fcriptores 1, 323 ff.; ed. Wagner. Nürnberg 1807.
Dittmer das Saffen- und Holftenrecht. Lübeck 1843.
Diutifka denkmäler deutfcher fprache u. literatur hg. v. Graff. 3 b. Stuttgart u. Tübingen 1826-29.
Döbel eröfnete jägerpractica oder der wolgeübte u. erfahrne jäger. 4 th. Leipzig 1746.
Dobrowfky inftitutiones linguae flavicae dialecti veteris. Wien 1822.
gl. Doc.: gloffen bei Docen 1, 197 ff.
Docen mifcellaneen zur gefchichte der teutfchen literatur. 2 b. München 1807.
Dœmifaga in der Edda Islandorum ed. Refenius. Kopenhagen 1665.
Donaleitis das jahr in vier gefängen aus dem litthauifchen übertr. v. Rhefa. Königsberg 1818.
XV dörfer, w. der (a. 1489), bei Bodm. p. 697 ff. — Rheingau.
Dornftetter w. weisth. 1, 380 ff. 387 ff. — Schwarzwald.
Dorothea Sibylla, denkwürdigkeiten aus dem leben der herzogin, hg. v. Koch. Brieg 1830.
Dorow denkmäler alter fprache u. kunft. 2 b. Bonn (Berlin) 1823-27.
Dorftener hofesrecht (a. 1545) bei Rive p. 449 ff. weisth. 3, 163 ff. — Weftphalen.
Dortmunder gef., ftadtr. fieh ftat. tremonenfia.
Dofitheus liber III cont. Adriani imp. fententias et epiftolas Goldafto auctore. Frankfurt 1601.
Doyen recherches et obfervations fur les lois feodales. Paris 1780.

Drei erznarren fieh Weife.
Dreieicher w. (wildbann) (a. 1338) bei Stiffer p. 4 ibiq. cit. weisth. 1, 498 ff. [6, 395 ff.] — Ifenburg.
Dreißer w. (a. 1588) bei Ludolf 3 app. p. 265. weisth. 2, 335 ff. — Trier.
Dreyer mifcellaneen oder kleine fchriften über einige gegenftände des teutfchen rechts. Lübeck 1784.
— fammlung vermifchter abhandlungen. 3 th. Roftock u. Wismar 1754-63.
— zur erläuterung der teutfchen rechte, rechtsalterthümer u. gefchichten angewandte nebenftunden. Bützow u. Wismar 1768.
— zu Rein. vos in feinen nebenftunden p. 1 ff.
Dreyhaupt ausführliche befchreibung des Saalkreifes. 2 th. Halle 1755.
Dronke traditiones et antiquitates fuldenfes. Fulda 1844.
Ducange: gloffarium ad fcriptores mediae et infimae latinitatis. ed. nov. 6 b. Paris 1733-36.
— differtations ou reflexions fur l'hiftoire de S. Louys du fire de Joinville. Paris 1785.
Duchefne hiftoriae Francorum fcriptores. 5 b. Paris 1636-49.
Dudo de moribus et actis primorum Normanniae ducum bei Duchefne hiftoriae Normannorum fcriptores. Paris 1619. p. 49 ff.
Duellius excerpta genealogico-hiftorica. Leipzig 1725.
— mifcellanea. 2 b. Augsburg 1723. 24.
Dumas, Alex. (fils), un père prodigue. Berlin 1860.
Dumbar analecta feu vetera aliquot fcripta inedita. 3 b. Deventer 1719-22.
Dumbeck geographia pagorum vetuftae Germaniae cisrhenanorum. Berlin 1818.
Dürr de curiis dominicalibus im anhang bei Schilter cod. jur. feud.
D. V. fieh danfke vif.
Dybeck, Richard, Runa en fkrift för fäderneslandets fornvänner. 4 h. Stockholm 1842. 43.

## E.

Eberhard vom gefchwornen montag oder rügegerichten an der Lahn. Marburg 1768.
Ebersheimer falbuch (a. 1320) bei Schilter cod. jur. feud. p. 365. weisth. 1, 667 ff. — Elfaß.
Ebersperger vogteirecht (a. 1500). MB. 25, 568 ff. — Baiern.
Ecbafis in den lat. ged. p. 243 ff.
Eccard: corpus hiftoricum medii aevi. 2 b. Leipzig 1723.
— fr. or.: commentarii de rebus Franciae orientalis. 2 b. Würzburg 1729.
— leges Francorum falica et Ripuariorum. Frankfurt 1720.
Eckbolzheimer hofrecht bei Schilter cod. jur. feud. p. 375. weisth. 1, 720 ff. — Elfaß.

Ecke nach HP. b. 2; nach Hhb. 2, 19 ff.; ed. Hagen: in der helden buch hg. v. von der Hagen. Berlin 1811.
Eckehardus junior de cafibus S. Galli bei Goldaft fcriptores b. 1.
Eckenberger fieh Falck.
Eckftorm ftamb. von Honftein. Jena 1592.
Edda fieh Sæm. und Sn.
— ed. havn.: Edda Sæmundar hinns fróda fumtibus legati magnæani. 3 b. Kopenhagen 1787-1828.
leges Edgari bei Wilkins p. 76 ff. Canciani 4, 272 ff. [Schmid² p. 182 ff.]
leges Edovardi (confefforis) bei Wilkins p. 197 ff. Canciani 4, 333 ff. [Schmid² p. 491 ff.]
Egils faga fumptibus legati arnamagnæani. Kopenhagen 1809.
Eginhard: vita Karoli magni ed. Bredow. Helmftädt 1806.
EH., evangelienharmonie fieh Hel.
Ehrentraut friefifches archiv. 2 b. Oldenburg 1849-54.
Eichelberger markordnung bei Krebs tractatus de ligno et lapide. Augsburg 1700. p. 265 f. weisth. 1, 565. — Naffau.
Eichener w. (a. 1340) bei Bodm. p. 57. weisth. 1, 808 (lat.). — Rheingau.
Eichhorn: K. F. Eichhorn deutfche ftaats- u. rechtsgefchichte. Göttingen 2. a. 1818. 3. a. 1821. 4. a. 1834.
— einleitung in das deutfche privatrecht. 2. a. Göttingen 1825.
Eichhorn, A., epifcopatus curienfis. Sanblafien 1797.
Eichftetter hexenprocefs: abdruck actenmäßiger hexenproceffe, welche in den jahren 1590. 1620. 28. 30. 37 gerichtlich verhandelt worden. Eichftätt 1811.
Eigla fieh Egils faga.
Eilhart von Oberge Triftan nach der Drefdener hf.
Eilper hofsrecht bei v. Steinen 1, 1264 ff. weisth. 3, 39 ff. — Weftphalen.
Eifenacher rechtsbuch bei Ortloff fammlung deutfcher rechtsquellen 1, 625 ff. Jena 1836.
Eifenhart grundfätze der deutfchen rechte in fprüchwörtern. 2. a. Helmftädt 1792.
Eifenhaufer eigengericht (a. 1485). weisth. 3, 345 ff.; E. eigengericht bei Kuchenbecker 3, 92 ff. weisth. 3, 347 ff. [5, 727 ff.;] E. eigenbuch bei Waldfchmid de hominibus propriis Haffiae. Marburg 1716. p. 34 ff. — Heffen.
Elfenmärchen, irifche, überfetzt von den brüdern Grimm. Leipzig 1825.
Elifabeth von Orleans: anekdoten vom franzöfifchen hofe . . . aus briefen der madame d'Orléans Charlotte Elifabeth. Straßburg 1789.
Elmenhorfter hovesrecht (a. 1547) bei v. Steinen 1, 1728 ff. — Weftphalen.
d'Elv.: fchriften der hiftorifch-ftatiftifchen fection der mährifch-fchlefifchen gefellfchaft zur beförderung des ackerbaues hg. v. d'Elvert 9. Brünn 1856.
gl. Elwang.: gloffae elwangenfes bei Maßmann denkmäler p. 90 ff.

gl. Emm.: gloffae emmeramenfes bei Bern. Pez thefaurus 1, 401 ff.
Emmerich frankenbergifche gewonheiten bei Schmincke 2, 726 ff.
Emmericher w. — Weftphalen.
Emmerichenhainer w. (a. 1556). weisth. 1, 648. — Naffau.
Emminghaus memorabilia fufatenfia. Jena 1749.
Emmius rerum frificarum hiftoriae libri 10. Franeker 1596.
Emf.: het emfiger landregt van 1312 uitg. d. Hettema. Leeuwarden 1830.
Emfer w. (a. 1469). — Catzenelnbogen.
En.: Heinrich von Veldeke Eneide bei Myller b. 1.
Endorfer grund- und lagerbücher von 1688 und 1708.
Engel gefchichte des ungrifchen reichs. 2 b. Halle 1797. 98.
Engelhard von Konrad von Würzburg hg. v. Haupt. Leipzig 1844.
Engerer hausgenoffenrecht gen. Ramei bei Piper bedemuthsrecht p. 38 ff. — Weftphalen.
Engersgauer bergpflegenfreiheit (a. 1538) bei Günther 5 nr. 113. [weisth. 5, 590.] — Trier.
Engwiler öffnung. weisth. 1, 284. — Schweiz.
Ensdorfer gerichtsordnung. MB. 24, 281 ff. — Baiern.
Er.: Hartmann von Aue Erec hg. v. Haupt. Leipzig 1839.
Eraclius nach der Münchner hf.; hg. v. Maßmann. Quedlinburg 1842.
Erath codex diplomaticus quedlinburgenfis. Frankfurt 1764.
Erbacher landrecht v. 1520 bei Beck u. Lauteren das landrecht oder die eigenthümlichen rechte u. fitten der graffchaft Erbach u. der herrfchaft Breuberg im Odenwalde. Darmftadt 1824.
Erfelder w. (a. 1516); E. centw. (18. jh.) bei Böhm. p. 410 ff. Hallwachs p. 122 ff. — Catzenelnbogen.
Erhard regefta hiftoriae Weftfaliae acc. codex diplomaticus. 2 b. Münfter 1847-51.
Erichs gef. fieh Seel.
lex Erici om urbotamal (urtext) in Schon. p. 60 ff.
Erlangifche gelehrte anmerkungen. Erlangen 1746 ff.
Erlenbacher, Camberger u. Würgeffer w. (a. 1421) bei Reinhard d. j. f. p. 195 ff. weisth. 1, 575 ff. — Naffau.
Erlenbacher w. (a. 1409). Wertheimer ded. nr. 50. — Franken.
Erlöfung mit einer auswahl geiftlicher dichtungen hg. v. Bartfch. Quedlinburg 1858.
Ermatinger w. weisth. 1, 238 ff. — Schweiz.
Ermoldus Nigellus bei Mencken 1, 865 ff.; bei Pertz 2, 464 ff.
Ernft: herzog Ernft bei HB.
Erringer gewohnheitsrecht (a. 1378). MB. 23, 226 ff. weisth. 3, 643 ff. — Baiern.
Efchborner w. (a. 1447). verf. der burg Cronenberg p. 111 ff. — Wetterau.
Effai fur la chaffe.
Effener beichte bei Lacomblet archiv 1, 4 ff.
— ftiftshofrecht bei v. Steinen 1, 1752 ff. Rive p. 511 ff. — Weftphalen.

Eftor analecta fuldenfia. Gießen 1727.
— anweifung für die beamten. Marburg 1762.
— auserlefene kleine fchriften. 2. a. (b. 1.) Gießen 1744.
— bürgerliche rechtsgelehrfamkeit der Teutfchen beforgt durch J. A. Hofmann. 3 th. Marburg 1757. 58. Frankfurt 1767.
les établiffements de S. Louis publ. p. l'abbé de Saint-Martin. Paris 1786.
holting to Ettelen bei Wigand arch. 4, 157 ff. weisth. 3, 81 ff. — Weftphalen.
Ettner der entlaufene chymicus. Frankfurt u. Leipzig 1697.
— fieh hebamme, ungew. apotheker, unw. doctor.
Eugippius vita S. Severini in Marci Velferi opera hiftorica. Nürnberg 1682. p. 629 ff.
Eulenfpiegel: Murners Ulenfpiegel hg. v. Lappenberg. Leipzig 1854; ed. 1519: ein kurtzweilig lefen von Dyl Ulenfpiegel. Straßburg 1519.
Eumenius panegyricus Conftantio dictus in den panegyrici veteres 1, 237 ff. Utrecht 1790.
Eunapius hiftoria edd. Bekker et Niebuhr. Bonn 1829.
Euftathius de Ifmeniae et Ifmenes amoribus ed. Teucher. Leipzig 1792.
Ewers das ältefte recht der Ruffen in feiner gefchichtlichen entwicklung. Dorpat u. Hamburg 1826.
Excerpta de legationibus im corpus hift. byz. b. 1 u. bei Höfchel.
Exodus (mhd.) in den fundgruben 2, 85 ff.
Eyrbyggja faga ed. Thorkelin. Kopenhagen 1787.

## F.

Faber, Felix, evagatorium in terrae fanctae, Arabiae et Aegypti, peregrinationem ed. Haffler. 3 b. Stuttgart 1843-49.
Faber, J., hiftorifch-juriftifche abhandlung von freigütern u. freizinfen in Erfurt. 1793.
Fabri geographifches magazin. Deffau u. Leipzig 1783-85; neues g. m. Halle 1785-87.
Fagrfkinna kortfattet norfk konge-faga udg. af Munch och Unger. Chriftiania 1847.
Falck jüt. gef.: das jütfche low aus dem dänifchen überf. v. Eckenberger mit anmerkungen von Falck. Altona 1819.
— (u. Carftens) ftaatsbürgerliches magazin. 10 b. Schleswig 1821 ff.
— handbuch des fchleswig-holfteinifchen privatrechts. 5 b. Altona 1825-48.
Falke codex traditionum corbeienfium. Leipzig u. Wolfenbüttel 1752.
Falkenftein codex diplomaticus antiquitatum nortgavienfium. Frankfurt u. Leipzig 1733.
— vollftändige alte, mittle u. neue hiftorie von Erfurt. 2 th. Erfurt 1739. 40.
Fantuzzi monumenti ravennati. 6 b. Venedig 1801-4.
Faftnachtfpiele aus dem 15. jh. Stuttgart 1853.

Feldheimer dorföffnung bei Füeßlin im hamb. mag. 12, 164. 173. — Schweiz.
Felſenburg: (Joh. Gottfr. Schnabel) wunderliche fata einiger ſeefahrer . . . auf der inſel Felſenburg . . . 4 th. Nordhauſen 1744-46.
Ferabras ſieh Fierabras.
Fergût ridderroman uitg. d. Viſſcher. Utrecht 1838.
Fernow, Erik, beſkrifning öfver Wärmeland. Gothenburg 1773.
Feſtus de verborum ſignificatione. Amſterdam 1700.
Feuerbach die lex ſalica u. ihre verſchiedenen recenſionen. Erlangen 1831.
Fichard frankfurtiſches archiv für ältere deutſche litteratur u. geſchichte. 3 th. Frankfurt 1811-15.
— Wetteravia zeitſchr. f. deutſche geſchichte u. rechtsalterthümer. (b. 1.) Frankfurt 1828.
Fierabras, der roman von, hg. v. Bekker. Berlin 1829.
Fierrabras (deutſch) im buch der liebe hg. durch Büſching u. von der Hagen 1, 143 ff. Berlin 1809.
Finauer bibliothek zum gebrauche der baieriſchen ſtaats-, kirchen- u. gelehrtengeſchichte. 3 b. München 1772-75.
Finnboga ſaga ſieh Vatnsdœla ſaga.
Finnesburg in angloſaxon poems ed. by Thorpe. Oxford 1855.
Firmenich Germaniens völkerſtimmen. b. 1 u. 2. Berlin 1843. 46.
Fiſchart bienenkorb ausg. von 1586.
— flohhatz ein druck o. j.
— b. Vilmar: V. zur literatur Johann Fiſcharts. o. o. u. j. 4°.
Fiſchbacher w. (a. 1559). geöffnete archive heft 4. weisth. 1, 775. — Pfalz.
Fiſcher, Chr. Aug., bergreiſen. 2 th. Leipzig 1803-5.
Fiſcher, Fr. Chr. Jon., verſuch einer geſchichte der deutſchen erbfolge nebſt einem doppelten urkundenbuch. 2 th. Mannheim 1778.
Fivelgoer landrecht in pro excol. III. 2 anh. p. 52 ff.
Fleta bei Houard traités b. 3.
Flodoardus hiſtoriae eccleſiae remenſis ed. Colvenerius. Douai 1617.
Flögel geſchichte des groteſkekomiſchen. Liegnitz u. Leipzig 1788.
gl. Flor.: gloſſae florentinae bei Eccard fr. or. 2, 981 ff.
Flore und Blanſcheflur bei Myller b. 2; hg. v. Sommer. Quedlinburg 1846.
Flore plattd.: bei Bruns gedichte p. 225 ff.
gl. Florian.: gloſſae florianenſes in den Wiener jahrb. anzeigebl. zu b. 37 u. 41.
Florus epitome rerum romanarum. 2 b. Amſterdam 1702.
Forcellini totius latinitatis lexicon. 4 b. Schneeberg 1831-35.
Formulae alſaticae, andegavenſes bei Mabillon analecta 4, 323 ff. 232 ff. [MG Formulae p. 329 ff. 1 ff.]
— Lindenbrogianae, Sirmondicae bei Lindenbrog codex legum. [MG Formulae p. 265 ff. 128 ff.]

Formulae veteres bei Bignon p. 113 ff. 167 ff. 216 ff. [MG Formulae p. 107 ff. 128 ff. 227 ff.]
Fornaldar ſögur Nordrlanda (utg. af Rafn). 3 b. Kopenhagen 1829. 30.
Fornmanna ſögur. 12 b. Kopenhagen 1825-37.
Forſtbuch von 1763.
Förſtemann altdeutſches namenbuch. b. 1. Nordhauſen 1856.
Foſſenhelder w. (a. 1444) bei Reinhard d. j. f. p. 264 ff; ältere von 1383. 1410. weisth. 1, 579 f. — Catzenelnbogen.
Fôſtbrœdra ſaga. Kopenhagen 1822.
Fragm.: fragmente u. kleinere gedichte bei Myller b. 3.
Fr. bell.: fragmentum de bello Caroli magni (Rolandslied) bei Schilter theſaurus b. 2.
Fr. hiſt. gr.: fragmenta hiſtoricorum graecorum. 4 b. Paris 1841-51.
Fr. theot.: fragmenta theotiſca verſionis antiquiſſimae evangelii S. Matthaei . . . edd. Endlicher et Hoffmannus. Wien 1834.
Franck, D., alt- u. neues Mecklenburg. 18 b. Güſtrow u. Leipzig 1753-57.
gl. Francof.: gloſſae francofurtanae bei Maßmann denkmäler p. 83 ff.
Frank, Seb., weltbuch. Tübingen 1534.
Franker herrengerichtsw. (a. 1512) bei Günther 5, 65. — Trier.
Frankfurter fronhofsding (a. 1485) bei Senckenberg c. j. g. I. 2 nr. 8. J. B. Müller beſchreibung des kaiſerlichen wahlſtifts Bartholomä. Frankfurt 1764. cap. 9 § 7 p. 57. [weisth. 6, 750 ff.] — Wetterau.
Franz. Simpl.: des frantzöſiſchen kriegs- Simpliciſſimi hochverwunderlicher lebenslauff. 3 th. Freiburg 1683.
Frauenbuch bei Lichtenſtein hg. v. Lachmann p. 594 ff.
Frauendienſt ſieh Lichtenſtein.
Frauenlob hg. v. Ettmüller. Quedlinburg 1843.
Freckenhorſter heberolle bei Dorow I. 2.
Fredegarius chronicon bei Bouquet 2, 391 ff. 5, 1 ff.
Fredericus II. imp. reliqua librorum de arte venandi ed. J. G. Schneider. 2 b. Leipzig 1788. 89.
Freher origines palatinae. 2 b. Heidelberg 1612.
Freiberger ſtadtrecht bei Schott ſammlung 3, 143 ff.
Freib. urk.: Schreiber urkundenbuch der ſtadt Freiburg i. Br. 2 b. Freiburg 1828. 29.
Freiburger chronica hg. v. Schilter hinter Königshofen.
— ſtadtrecht im cod. dipl. hiſt. zaringob. 1, 50 ff.
Freid. (doppelte zahl oder pag.): Vridankes beſcheidenheit v. Wh. Grimm. Göttingen 1834; vgl. Friged.
Freyberg ſammlung hiſtoriſcher ſchriften u. urkunden. 5 th. Stuttgart u. Tübingen 1827-34 (die Paſſauer urk. in th. 1).
Freytag, G., bilder aus der deutſchen vergangenheit. 4 b. Leipzig 1859.
Friberg (Triſt.): Heinrich von Freiberg Triſtan in Triſt. hg. v. von der Hagen b. 2.
Friedewalder w. (a. 1436). weisth. 3, 331 f. — Heſſen.

Fries abhandlung vom sogenannten pfeifergericht. Frankfurt 1752.
Friesch charterboek sieh Schwartzenberg.
Friged. (vers- oder spaltenzahl): Freidank bei Myller b. 2.
Frisch teutsch-lateinisches wörterbuch. 2 b. Berlin 1741.
lex Frisionum bei Georgisch c. 409 ff. [MGLL III p. 631 ff.]
Froissart bei Buchon b. 10 ff.
Frommann die deutschen mundarten. 6 b. Nürnberg 1853 ff. Nördlingen 1858 f.
Frostuþîngslög übers. bei Paus II. 1.
Früchter w. auf dem Hairich (a. 1657) bei Ludolf p. 288. — Trier.
Frühlingsalmanach hg. v. Lenau. Stuttgart 1835 ff.
el fuero de los hijos dalgo del señorio de Vizcaya. Bilbao 1640.
el fuero viejo de Castiella. Madrid 1771.
Führer meierrechtliches verfahren in der graffschaft Lippe. Lemgo 1804.
Fumagalli: codice diplomatico Sant' Ambrosiano. Mailand 1805.
— delle antichita longobardico-milanesi. 4 b. Mailand 1792-93.
Funccius annales gorlicenses (in 1, 185) nach Haltaus sp. 1712.
Fundgruben für geschichte deutscher sprache u. litteratur hg. v. H. A. Hoffmann. 2 th. Breslau 1830. 37.
Funk leges XII tabularum restitutae et illustratae. Rinteln 1744.
Fürth die ministerialen. Cöln 1836.
Fust von Stromberg ein schauspiel von Maier mit anmerkungen. Mannheim 1782.
Füßli schweizerisches museum. jahrg. 1-8. Zürich 1783-90.
Fw.: oude friesche wetten. Campen u. Leeuwarden 1782.

## G.

GA.: gesammtabenteuer hg. v. von der Hagen. 3 b. Stuttgart u. Tübingen 1850.
Gabhra sieh O'Kearney.
Gaidon publ. p. Guessard et S. Luce. Paris 1862.
Gajus institutionum libri 4 ed. Goeschen. Berlin 1820.
Galbertus vita Caroli comitis Flandriae in den acta Sanctorum Bollandistarum Mart. b. 1.
Galgenscheider w. (a. 1460) bei Günther 4 nr. 281. weisth. 2, 453 ff. — Trier.
Galien restoré: histoire des nobles prouesses et vaillances de G. r. Troyes o. j. 4°.
Gallicanische liturgie sieh unter Mabillon.
Galmitshauser w. (a. 1404) bei Meusel 7, 167 ff. weisth. 3, 593 ff. — Henneberg.
Gamelyn, tale of, bei Urry (sieh unter Beryn) p. 36 ff.
Gans scholien zum Gajus. Berlin 1820.
Garg.: Fischart Gargantua ausg. von 1594.
Garin le Loherain hsl.; publ. p. P. Paris. 2 b. Paris 1833. 35; stücke bei Mone untersuchungen p. 192 ff.

Gärteshecken w. (a. 1540) bei Reinhard d. j. f. p. 205 ff. weisth. 1, 588. — Naffau.
Gärtner fieh Siccama.
de Gaujal effais hiftoriques fur le Rovergue. 2 b. Limoges 1825.
Gaupp das alte gefetz der Thüringer. Breflau 1834.
— das alte magdeburgifche u. hallifche recht. Breflau 1826.
— das fchlefifche landrecht. Leipzig 1828.
— mifcellen des deutfchen rechts. Breflau 1830.
— von fehmgerichten mit befonderer rückficht auf Schlefien. Breflau 1857.
Gautier de Coinfi bei Méon nouveau recueil 2, 1 ff.
Gautreksfaga ed. Verelius. Upfala 1664.
Gddf.: Jacob Grimm gefchichte der deutfchen fprache. Leipzig 1848.
Geffcken der bildercatechifmus des 15. jh. (mit beilagen). Leipzig 1855.
Geiener w. (a. 1643) bei Lodtmann de jure p. 106 ff. — Weftphalen.
Geijer: gefchichte Schwedens. 3 b. Hamburg 1832-36.
— Svea rikes häfder. (th. 1.) Upfala 1825.
Geinsheimer hubgericht (a. 1470) bei Buri p. 979 ff. — Ifenburg.
— w. (a. 1455). deduction über G. 1737. p. 190 ff. Buri p. 979. weisth. 1, 490 ff. [5, 239 ff.]
Geißel der kaiferdom zu Speier. 3 b. Mainz 1826-28.
Geißpolzheimer dingrodel bei Dürr. weisth. 1, 705 ff. — Elfaß.
Gellersheimer w.
Gellert fämmtliche fchriften. 10 b. Leipzig 1839.
Gellius noctes atticae.
Gemeiner chronik der ftadt u. des hochftifts Regensburg. 4 th. Regensburg 1816-24.
Gen. Diemer: genefis u. exodus nach der Milftäter hf. hg. v. Diemer. b. 1. Wien 1862.
Gengenbach, Pamphilus, hg. v. Goedeke. Hannover 1856.
Genfsler gefchichte des fränkifchen gaues Grabfeld. 2 b. Schleufingen 1802. 3.
Geo.: der heilige Georg bei HP.
Geöffnete archive für die gefchichte des königreichs Baiern. Bamberg (München) 1821 ff.
Geoffroi de Mayence.
Geographifche ephemeriden hg. v. Bertuch. Weimar 1798 ff.
Georg(ifch): corpus juris germanici antiqui . . . confilio Jo. Gottl. Heineccii . . . adornavit Petrus Georgifch. Halle 1738.
Georgius Acropolita im corpus hift. byz. Paris 1651.
Georgslied in den fundgruben 1, 10 ff.
Gerauer w. (a. 1424). weisth. 1, 393. — Catzenelnbogen.
Gerard de Viane in Fierabras p. XII ff.; publ. p. Tarbé. Reims 1850.
Gerbert hiftoria filvae nigrae. b. 3 codex diplomaticus. Sanblafien 1783.
— iter alemannicum . . . fequuntur gloffaria theotifca. Sanblafien 1765.
Gercken fragmenta marchica od. fammlung ungedruckter urkunden u. nachrichten. 6 th. Wolfenbüttel 1755-63.

Gericke Schottelius illuftratus. Leipzig u. Wolfenbüttel 1718.
Germania (von der Hagens) fieh neues jahrbuch.
— vierteljahrsfchrift für deutfche alterthumskunde hg. v. Pfeiffer. Stuttgart 1856-58. Wien 1859 ff.
Gernsheimer w. über Frenkfeld. weisth. 1, 483. — Catzenelnbogen.
Gervelin bei Myller b. 2.
Gefchichtsfreund mittheilungen des hiftorifchen vereins der fünf orte. Einfiedeln 1843 ff.
Gefta Caroli ed. Ciampi. Florenz 1823.
— Dagoberti bei Bouquet 2, 578 ff.
— regum Francorum bei Bouquet 2, 539 ff.
— Romanorum (lat.): o. o. (1489) fol.
— — (deutfch): Augsburg 1489; hg. v. Keller. Quedlinburg 1841.
Gefterding urkunden der ftadt Greifswalde. 3 b. 1827-29.
Gibbon hiftory of the decline and fall of the roman empire. 6 b. London 1776-88.
Giefebrecht Gregorius von Tours zehn bücher fränkifcher gefchichte. 2 b. Berlin 1851.
Gildemeifter beiträge zur kenntnis des vaterländifchen rechts. 2 b. Bremen 1806. 9.
Glagolita Clozianus ed. Kopitar. Wien 1836.
Gläner holzgericht (a. 1574) bei Stiffer p. 39. — Weftphalen.
Gleeßer w. bei Günther 4 p. 639 note. — Trier.
Glenzer dingtags interrogatoria (a. 1572) bei Günther 5 nr. 175. — Trier.
Glück die bei C. J. Caefar vorkommenden keltifchen namen. München 1857.
Glutzblotzheim gefchichte der eidgenoffen (b. V. 2 zu Joh. v. Müller). Zürich 1816.
S. Goarer w. (a. 1385) bei Günther 3, 599, auch hfl. [weisth. 5, 736 f.;] S. G. w. (a. 1640) bei Hofmann p. 147 ff. — Catzenelnbogen.
Göbel de ftatu nobilitatis Germaniae. Helmftädt 1719.
Gobelinus Perfona cofmodromium bei Meibom 1, 53 ff.
Goclenius, Rud., de natura fagarum in purgatione per frigidam aquam innatantium. Marburg 1584.
Godet couftumes de Châlons avec commentaires. Châlons 1615.
Goldaft: alamannicarum rerum fcriptores. 2 b. Frankfurt 1606.
— paraeneticorum veterum pars 1. Lindau 1604.
— reichsfatzungen. 2 b. Frankfurt 1712-14.
Göller de fitu et origine Syracufarum. Leipzig 1818.
Golterner w. (a. 1618. 1647) bei Strube 1 bed. 155 p. 365 ff. 371 ff. — Hannover.
Gomara, Francifco Lopez de, hiftoria general de las Indias. Antwerpen 1554.
Görres das heldenbuch von Iran aus dem Schah Nameh des Firdufi. 2 b. Berlin 1820.

Gosl. (ft.): die goslarifchen ftatuten hg. v. Göfchen. Berlin 1840.
Goslarer berggefetze bei Leibnitz fcriptores 3, 535 ff.
— gefetze, ftadtrecht, leg. Goslar. bei Leibnitz fcriptores 3, 484 ff.
Gotfried von Monmouth in rerum britannicarum fcriptores. Heidelberg 1587. p. 1 ff.
Göthe werke vollftändige ausgabe letzter hand. 40 b. Stuttgart u. Tübingen 1827-30. 16⁰.
Göttingifche gelehrte anzeigen. Göttingen 1753 ff.
Gottfchalk analecta codicis drefdenfis. Drefden 1828.
Götz von Berlichingen lebensbefchreibung hg. v. Steigerwald. Nürnberg 1731.
Goulianof effai fur les hieroglyphes d'Horapollon. Paris 1827.
Gr.: Jacob Grimm deutfche grammatik. 4 b. Göttingen 1822 ff., b. 1 in 2., b. 2-4 in 1. ausg. Die citate in 1, 438. 2, 205 gehn auf $1^3$, das in 1, 423 auf einen nachtrag zu 2.
Gr. Ruod.: graf Rudolf v. Wh. Grimm. Göttingen 1828. 2. a. 1844.
Graevius thefaurus antiquitatum et hiftoriarum Italiae. 30 b. Leiden 1704-23.
Graff: althochdeutfcher fprachfchatz. 6 b. Berlin 1834-42.
— die althochdeutfchen präpofitionen. Königsberg 1824.
— Diut. fieh Diutifka.
Grâgâs: codex juris Islandorum antiquiffimus ed. J. F. Schlegel. 2 th. Kopenhagen 1829. 30.
— (cod. reg.) udg. efter det kongelige bibliotheks haandfkrift af Vilh. Finfen. 2 th. Kopenhagen 1852.
Gramaye antiquitates Antverpiae. Brüffel 1610.
Grafshof commentatio de originibus atque antiquitatibus Muhlhufae Thuringorum. Leipzig u. Görlitz 1749.
Grebenhaufer w. (a. 1413). weisth. 1, 496 f. — Catzenelnbogen.
Grebenfteiner falbuch (a. 1571) bei Kopp nr. 86. — Heffen.
Greggehofer hofrecht (a. 1387). MB. 23, 262 ff. — Schwaben.
Greg.: Hartmann von Aue Gregorius hg. v. Lachmann. Berlin 1838.
Greg. tur.: Gregorius turonenfis hiftoria ecclefiaftica Francorum.
Gregorius turonenfis opera ed. Ruinart. Paris 1699.
Greilsperger hofmarkehehaft (a. 1561) bei Seifried gerichtsbarkeit in Baiern. Peft 1791. 1, 230 ff. — Baiern.
Grenzhaufer w. (15. jh.) bei Senckenberg c. j. g. I. 2 nr. 9. weisth. 3, 745 ff. — Ifenburg.
Grettis faga bei B. Marcusfon 4⁰.
Grieshaber deutfche predigten des 13. jh. 2 b. Stuttgart 1844. 46.
Grimm, Wh., über deutfche runen. Göttingen 1821.
— über Freidank in den abh. der Berl. acad. 1850.
Grîmnismâl in Sæm. p. 39 ff.
Groenewegen tractatus de legibus abrogatis in Hollandia. ed. 3. Amfterdam 1669.

de Groot inleyding tot de hollandfche rechtsgeleertheit beveftigt met placaaten . . . door Simon van Groenewegen. Dordrecht 1644.

Großen- u. Kleinengiefer freidingsartikel bei Nolten de jure p. 173 ff. — ? Braunfchweig.

Großenmunzeler holzgericht (a. 1605) bei Pufendorf obferv. 1 nr. 233. — Schaumburg.

Grotens gefchichte der ftadt Northeim hg. v. Redderfen. Einbeck 1807.

Grottafǫ̈ngr in Sn. p. 147 ff.; bei Thorl. fpec. 5.

Gruber wörterbuch der altklaffifchen mythologie u. religion. 3 b. Weimar 1810-14.

Gruner, Jo. Fr., opufcula. Coburg 1760.

— berichtigung der topographie des fachfen-coburg-meiningifchen antheils an Coburg. 3 ft. Coburg 1781. 82.

Grupen antiq. = obfervationes.

— de uxore theodifca. Göttingen 1748.

— difceptationes forenfes. Leipzig 1737.

— obfervationes rerum et antiquitatum germanicarum et romanarum. Halle 1763.

— origines et antiquitates hannoveranae. Göttingen 1740.

— teutfche alterthümer zur erläuterung des fächfifchen u. fchwäbifchen land- u. lehenrechts. Hannover 1746.

Grußenheimer hoverecht bei Schilter cod. jur. feud. p. 369. weisth. 1, 673 f. — Elfaß.

Gruter proverbia belgica in feinem florilegium ethico-politicum I. 2, 91 ff. Frankfurt 1610.

Gryphiander de weichbildis faxonicis commentarius hiftorico-juridicus. Straßburg 1666.

Guben: jahrbücher des zittauifchen ftadtfchreibers Johannes von Guben hg. v. E. Fr. Haupt. Görlitz 1837.

Gudenus: codex diplomaticus anecdotorum res moguntinas illuftrantium. 5 b. Göttingen 1743. Frankfurt u. Leipzig 1747-58.

— fylloge variorum diplomatariorum. Frankfurt 1728.

Gugenheimer w. (a. 1487) bei Schneider p. 591 f.; vgl. Jugenheim. — Catzenelnbogen.

Gudrun bei HP. b. 1; oft nach ftrophen angeführt.

Guillaume au courtnez (= G. d'Orange) hfl.

Guillaume d'Orange publ. p. Jonckbloet. 2 b. Haag 1854.

Guitecl.: la chanfon des Saxons par Jean Bodel publ. p. Fr. Michel. Paris 1839.

Gulaþîngslög: regis Magni legum reformatoris leges gula-thingenfes. Kopenhagen 1817.

—, ältere, überf. bei Paus I. 1.

Gülich hiftorifch-juriftifche abh. über die meierdinge des nördlichen Deutfchlands. Gießen 1802.

Gülicher waldw. bei Ritz 1, 150. weisth. 2, 772 ff. — Jülich.

Gültinger öffnung.
Gümmerwalder holzgeding (a. 1674) bei Strube 5 bed. 12 p. 255. weisth. 3, 286 ff. — Calenberg.
Gundlingiana. 45 ftück. Halle 1715-32.
Gunnlaugs faga ex manufcriptis legati magnæani. Kopenhagen 1775.
Gunther Ligurinus bei Reuber p. 275 ff.; ed. Dümge. Heidelberg 1812.
Günther codex diplomaticus rheno-mofellanus. 5 th. Coblenz 1822-26.
Günthersthaler rechte. weisth. 1, 329 ff. — Schwarzwald.
Gutalagh hg. v. Schildener. Greifswald 1818.
Gute frau bei Haupt 2, 385 ff.
Gyraldus topographia Hiberniae bei Camden anglica normannica. Frankfurt 1603. p. 692 ff.

## H.

Häberlin analecta medii aevi. Nürnberg u. Leipzig 1764.
Habichtswalder bergwerk bei Caffel (a. 1614), acten vom.
Habsburgifches urbarbuch hg. v. Pfeiffer. Stuttgart 1850.
Hadeler landrecht bei Pufendorf obferv. 1, 3 ff.
Hadloub gedichte hg. v. Ettmüller. Zürich 1840.
Hagek böhmifche chronik verdeutfcht durch Sandel. Nürnberg 1697.
Hagener veftenrecht (a. 1513) bei v. Steinen 1, 1271 ff. weisth. 3, 34 ff. — Weftphalen.
Hagengericht (a. 1616) bei Führer p. 321. — Weftphalen.
Hägerfch gerichtsbegriff (a. 1711) bei Nolten de fing. p. 148 ff. — Braunfchweig.
Hahn: gedichte des 12. und 13. jh. hg. v. H. Quedlinburg 1840.
Hahn, S. F., collectio monumentorum veterum et recentium ineditorum. 2 b. Braunfchweig 1724-26.
Haidenfelder w. (a. 1420). Wertheimer ded. nr. 43. weisth. 3, 562 ff. — Franken.
Hainer güterverzeichnis in der heff. zeitfchr. 3, 40 ff.
Hak. Hak.: Hakonar faga Hakonarfonar in der Heimskringla b. 5.
Hakonar gôda faga in der Heimskringla b. 1.
Hakonarmâl in der Hakonar gôda faga c. 33.
Halem jetzt geltendes oldenburgifches particularrecht. 3 b. Oldenburg 1804-6.
Halfdanar faga Brönufôftra bei Biörner nr. 7.
Hall. lit. ztg.: allgemeine literaturzeitung. Halle 1804 ff.
Hallman, C. I., fkrifter (utg. af Stjernftolpe). Stockholm 1820.
Hallwachs commentatio de centena illimitata five territoriali. Frankfurt 1746.
Haltaus gloffarium germanicum medii aevi. Leipzig 1758.
Hamburgifches magazin. Hamburg 1748 ff.
Hamconius Frifia feu de viris rebusque Frifiae illuftribus libri duo. Münfter 1609.
gebrauch im amte Hamm bei v. Steinen 1, 1805. — Weftphalen.

w. im Hamme (a. 1339) bei Günther 3 nr. 254. weisth. 2, 83 ff. — Trier.
Hammer rofenöl oder fagen u. kunden des morgenlandes. 2 b. Stuttgart u. Tübingen 1813.
Hanauer deduction vom Jofsgrund fieh unter deduction.
— — gegen Bernsdorf: juftitia caufae hanoicae oder wahrhafte . . vorftellung, was es umb die von herrn affeffor von Bernsdorff extrahierte . . . mandata . . vor eine befchaffenheit habe. Hanau 1703.
— documenta in der befchr. v. Hanau (2. ftück).
Hanauifches magazin vom jahr 1778 ff. Hanau 1779 ff.
Handftreich: G. Fr. Wagner der h. bis auf fpitz u. knopf. Heilbronn 1827.
Hannöverfche anzeigen. Hannover 1750 ff.
Hannöverfches magazin. Hannover 1763 ff.
Hanfeatifches magazin hg. v. J. Schmidt. Bremen 1799 ff.
Hanfelmann diplomatifcher beweis, daß dem haufe Hohenlohe die landeshoheit nicht in dem fog. großen interregno zu theil geworden, fondern fchon lange vorher zugeftanden. Nürnberg 1751.
Hanfiz Germania facra. b. 1. 2. Augsburg 1727. b. 3. Wien 1755.
Happel gröfte denkwürdigkeiten der welt oder fo genannte relationes curiofae. 5 b. Hamburg 1683-91.
Haralds faga hârfagra in der Heimskringla b. 1.
der vier Harden recht (a. 1559) bei Dreyer verm. abh. p. 1109 ff. — Nordfriesland.
Hardenbergfche haus und hofordnung des ftatthalters Hardenberg zu Braunfchweig um 1700.
Harenberg hiftoria ecclefiae gandershcimenfis. Hannover 1734.
Harsdörffer der große fchauplatz jämmerlicher mordgefchichte. Hamburg 1656.
Hartheimer w. (a. 1424). Wertheimer ded. nr. 38. weisth. 3, 558 ff. — Franken.
Hartknoch alt- und neues Preußen. Frankfurt u. Leipzig 1684.
Hartmann von Aue die lieder u. büchlein hg. v. Haupt. Leipzig 1842.
Harzer forftding (a. 1420-1490) bei Leibnitz 3 nr. 21. Frz. Joh. Frdr. Meyer bergwerksverfaffung des Harzes im mittelalter. Eifenach 1817. p. 154 ff. weisth. 3, 260 ff. — Braunfchweig.
Hafeder meierding bei Pufendorf introd. p. 783 ff. — Hildesheim.
Hafelacher hubrecht (a. 1336) bei Schilter cod. jur. feud. p. 371. Schöpflin nr. 966. weisth. 1, 699 ff. — Elfaß.
Hattemer denkmahle des mittelalters. 3 b. S. Gallen 1844-49.
Hattinger landfefte. weisth. 3, 45 ff. — Weftphalen.
Hätzl.: liederbuch der Clara Hätzlerin hg. v. Haltaus. Quedlinburg 1840.
Haubold oratio de haftae in jure romano ufu fymbolico in feinen opufcula academica ed. Wenck 1, 685 ff. Leipzig 1825.
Haupt: zeitfchrift für deutfches alterthum hg. v. M. Haupt. Leipzig 1841 ff.

Haus- u. kindermärchen gefammelt durch die brüder Grimm. 2. a. 3 b. Berlin 1819-22.
Hausberger dinghofsrecht fieh Niederhausberger dinghofsrecht.
Hazzi ftatiftifche auffchlüffe über das herzogthum Baiern. 4 b. Nürnberg 1801-8.
HB.: deutfche gedichte des mittelalters hg. v. von der Hagen u. Büfching. (b. 1.) Berlin 1808.
Hebamme: des getreuen Eckarths unvorfichtige hebamme. Leipzig 1715.
Hebel allemannifche gedichte. 5. a. Aarau 1820.
Heda, Wilh., hiftoria epifcoporum ultrajectenfium ed. Buchelius. Utrecht 1642.
Heddesheimer w. bei Bodm. p. 385. Dahl urk. p. 59 f. — Rheingau.
Heidelbergifche jahrbücher der litteratur. Heidelberg 1808 ff.
Heidenfelder w. weisth. 3, 562 ff. — Franken.
Heidenheimer bauding (a. 1400. 1482). felecta norimb. 1, 346 ff. weisth. 3, 613 ff. — Franken.
Heidenreich hiftoria des haufes Schwarzburg. Erfurt 1743.
Heider gründliche ausführung der reichsftadt Lindau die . . . cedierte reichspfandfchaft betreffend. Nürnberg 1643.
Heimreich nordfrefifche chronik hg. v. Falck. 2 th. Tondern 1819.
Heimskringla edr Noregs konunga fögor af Snorra Sturlufyni. 6 b. Kopenhagen 1777-1826; ed. Peringfkiöld: Heims Kringla. b. 1. Stockholm 1697. b. 2. o. o. u. j.
Heineccius antiquitates germanicae jurisprudentiam patriam illuftrantes. 3 b. Kopenhagen u. Leipzig 1772. 73.
— elementa juris germanici. 3. a. 2 b. Halle 1746.
a. Heinr.: Hartmann von Aue der arme Heinrich hg. v. den gebrüdern Grimm. Berlin 1815.
Heinrich von Herford fieh Henricus de H.
de Heinrico bei Köpke p. 97 f.
Heinzelin von Konftanz hg. v. Pfeiffer. Leipzig 1852.
Hel.: Heliand poema faxonicum ed. Schmeller. München 1830.
Helbingftadter w. (a. 1410). Wertheimer ded. nr. 45. weisth. 3, 566 ff. — Franken.
Helbl.: Seifried Helbling bei Haupt 4, 1 ff.
Heldburger centgerichtsbrauch (a. 1590) bei Röder p. 45 ff. — Thüringen.
Helfanter w. (a. 1600) bei Ludolf 3, 278. weisth. 2, 267. — Trier.
Helleviur bei Myller b. 2.
Helmbr.: meier Helmbrecht bei Haupt 4, 318 ff.
Helmoldus presbyter chronica Slavorum bei Leibnitz fcriptores 2, 537 ff.
Helf.: Hälfinge laghen. Stockholm 1609.
Helfingborger ftadtrecht bei Kofod Ancher lovhiftorie 2, 222 ff.
Helvetifche bibliothek oder beyträge zur gefchichte des Schweizerlandes. 6 th. Zürich 1735-41.
Helvetifcher almanach für das jahr 1801. Zürich.

Helvicus jüdifche hiftorien. 2 th. Gießen 1611. 12.
Henelius Silefiographia renovata. 2 b. Breflau 1704.
Henneberger landesordnung von 1539. Meiningen 1720.
Hennink de han hg. v. Nic. Meyer. Bremen 1814.
leges Henrici I. bei Wilkins p. 299 ff. Canciani 4, 362 ff. [Schmid² p. 432 ff.]
Henricus de Hervordia bei Bruns beiträge zur erklärung alter hff. Braunfchweig 1802. ft. 1 u. 3; hg. v. Potthaft. Göttingen 1859.
Herant von Wildon vier poetifche erzählungen hg. v. Jof. Bergmann. Wien 1841.
Herbelot bibliotheque orientale ou dictionnaire univerfel. nouv. éd. 6 b. Paris 1781-83.
Herbort von Fritzlar trojanifcher krieg: fpaltenzahl nach der Heidelberger hf., verszahl nach der ausg. v. Frommann. Quedlinburg 1837.
Herder fämmtliche werke. 45 b. Tübingen 1805-20.
Herdiker burfprake (nach 1581), hovesrechte (16. jh.) bei v. Steinen 4, 101 ff. 107 ff. — Weftphalen.
Herforder ftadtrecht, ftatuten bei Wigand archiv 2, 8 ff.
Hermannus contractus chronicon bei Uffermann prodromus b. 1.
Hermes oder kritifches jahrbuch der litteratur. Leipzig 1819 ff.
Hernbreitinger petersgericht (a. 1460-1506). weisth. 3, 585 ff. — Henneberg.
Herodianus hiftoriae ed. Irmifch. 5 b. Leipzig 1789-1805.
Herodotus halicarnaffeus ed. Schaefer. 3 b. Leipzig 1800-3.
Herrad von Landsperg hortus deliciarum hg. v. Engelhardt. Stuttgart u. Tübingen 1818.
Herrgott genealogia diplomatica auguftae gentis habsburgicae. 3 b. Wien 1737.
Hersfelder intelligenzblatt 1802.
Hervarar faga ed. Verelius. Upfala 1672; edd. St. Björnfen u. Suhm. Kopenhagen 1785; in den fornaldar fögur 1, 409 ff.
Herzmære: Konrad von Würzburg die mähre von der minne hg. v. Roth. Frankfurt 1846.
v. d. hefelîn in GA. b. 2.
Hefiodus.
Heffifche denkwürdigkeiten hg. v. Jufti u. Hartmann. 4 b. Marburg 1799-1805.
— landesordnungen fieh Kleinfchmidt.
— zeitfchr.: zeitfchrift des vereins für heffifche gefchichte u. landeskunde. Kaffel 1837 ff.
Heffifches lied von Hirmen in myth.² p. 329.
Hefychius Alexandrinus lexicon ed. Alberti. 2 b. Leiden 1746-66.
Heuchelheimer vogteigericht bei Hallwachs p. 84 ff. [weisth. 6, 481 f.] — Heffen.
Heumann opufcula quibus varia juris germanici itemque hiftorica et philologica argumenta explicantur. Nürnberg 1747.

w. zum Heufeils (a. 1491) bei Hallwachs p. 109 f. — Wetterau.
Heydemann die elemente der Joachimifchen conftitution vom jahre 1527. Berlin 1841.
Heyne zur Aeneis fieh Virgilius.
Hhb.: heldenbuch hg. v. von der Hagen. 2 b. Leipzig 1855.
Hiärn, Thomas, efth-, liv- u. kurländifche gefchichte. Mitau 1794.
Hieronymus opera. 9 b. Bafel 1553.
Hild.: Hildebrandslied in den a. w. 2, 97 ff.
Hildburghaufer centgerichtsordnung bei Röder p. 66 ff. — Thüringen.
Hildebertus cenomanenfis epiftolae in der bibliotheca veterum patrum 3, 174 ff. Paris 1624.
w. zu Hilden und Haine. weisth. 3, 8 ff. — Weftphalen.
Hildesheimer meierding bei Nolten de fing. p. 121 ff. — Hildesheim.
Himerius eclogae et declamationes ed. Wernsdorf. Göttingen 1790.
Hincmarus remenfis opera ed. Sirmond. 2 b. Paris 1645.
rechte zu Hirfchhorn bei Dahl p. 143 ff. weisth. 1, 443 ff. — Pfalz.
Hirzel, Bernh., Sakuntala ein indifches drama. Zürich 1833.
Hirzenacher w. (a. 1451) bei Günther 4 nr. 236. weisth. 4, 737 f. — Trier.
Hiftoire littéraire de la France. Paris 1733 ff.
Hiftoria S. Cuthberti in den acta Sanctorum Bollandiftarum Mart. 3, 97 ff.
— ramefienfis bei Gale hiftoriae britannicae fcriptores. Oxford 1691. p. 385 ff.
Hiftoriae Auguftae fcriptores bei Sylburg hift. rom. fcriptores b. 2. Frankfurt 1588.
leges Hlotharii et Eadrici bei Wilkins p. 7 ff. Canciani 4, 230 ff. [Schmid² p. 10 ff.]
Hocker heilsbronnifcher antiquitätenfchatz. Nürnberg 1731.
Hocfemius, Joh., Hugo de Cabilone bei Chapeaville qui gefta pontificum leodienfium fcripferunt auctores 2, 322 ff. Lüttich 1631.
Höfer, A., zeitfchrift für die wiffenfchaft der fprache. 4 b. Berlin 1846-54.
Höfer, M., etymologifches wörterbuch der . . . in Öfterreich üblichen mundart. 3 b. Linz 1815.
Hoffmann, Fr. W., gefchichte der ftadt Magdeburg. 3 b. Magdeburg 1845-50.
Hoffmann, Gottfr. Aug., ftatuta localia d. i. befchreibung der gerade u. des heergeräthes. Frankfurt u. Leipzig 1733.
Hoffmann (Heinr. Aug.): althochdeutfche gloffen gefammelt u. hg. v. H. Breflau 1826.
— die deutfchen gefellfchaftslieder des 16. u. 17. jh. Leipzig 1844.
— fundgr. fieh fundgruben.
— monatsfchrift von u. für Schlefien. 2 b. Breflau 1829.
— u. E. Richter fchlefifche volkslieder mit melodien. Leipzig 1842.
— verzeichnis der altdeutfchen hff. der hofbibliothek zu Wien. Leipzig 1841.

Hoffmann (Heinr. Aug.) zeitfchr. = H. monatsfchrift.
Hoffmann, J. W., obfervationum juris germanici libri 2. Frankfurt 1732.
Hoffmann, Mart., annales bambergenfis epifcopatus bei Ludewig fcriptores 1, 1 ff.
Hofgeismar a. 1568: ftadtprotokoll im ftadtarchiv zu Hofgeifmar. hfl.
Hofmann, Joh. Andr., de fcabinorum demonftrationibus aliorumque placitis. Marburg 1792.
Hofftetter gerichtsw. (a. 1552) bei Schneider p. 570 ff. weisth. 3, 549 ff. — Franken.
— kellergericht. felecta norimb. 3, 143 ff. weisth. 3, 542 ff.
Hoheneggelfer meierding (a. 1722) bei Nolten de fing. p. 119. 120. 126. 136. weisth. 3, 247 f. — Hildesheim.
Hohenfteiner thiergarten lehnrecht hfl.; [vgl. feftfchrift zur 3. hauptverfammlung des Harzvereins. Wernigerode 1870. p. 78 ff.]
Hohenweifeler w. (a. 1481). — Heffen.
Holberg: den danfke fkue-plads deelt udi 7 tomer. Kopenhagen o. j.
Holthufer hölting. — Niederfachfen.
Holtzmann: indifche fagen. 3 b. Karlsruhe 1845-47.
— bruchftücke aus Walmiki's Ramajana. Karlsruhe 1841.
Holzfelder w. (a. 1473). acta acad. palat. 7, 509 ff. weisth. 2, 233 ff. 834. — Pfalz.
Holzkircher w. (a. 1406). Wertheimer ded. nr. 144. — Franken.
Holzkirchhaufer w. (a. 1449). ibid. nr. 47. weisth. 3, 570 ff. — Franken.
Homberger ftadtbuch.
Homer markenprotocoll (a. 1490) bei Niefert 2, 143 f. weisth. 3, 161. — Weftphalen.
Homeyer f. v.: gloffar zum Sfp.
— 2: des Sachfenfpiegels zweiter theil erfter band. das fächfifche lehnrecht u. der richtfteig lehnrechts hg. v. H. Berlin 1842.
— juris pomeranici capita quaedam. Berlin 1821.
— fieh auch Kolderup-Rofenvinge grundriß.
Homil.: the homilies of the anglo-faxon church ed. by Thorpe. (b. 1.) London 1844.
Hone the every-day book and table book. 2 b. London 1841.
— the year book of daily recreation and information. London 1841.
Hontheim: hiftoria trevirenfis diplomatica. 3 b. Augsburg 1750.
— prodromus hiftoriae trevirenfis. 2 b. Augsburg 1757.
Horapollo hieroglyphica ed. Leemans. Amfterdam 1835.
Horatius eclogae una cum fcholiis perpetuis ed. J. M. Geßnerus. Leipzig 1752.
Hords faga (Hardar f. Grîmkelsfonar) bei B. Marcusfon 8°.
Hormayr gefchichte der gefürfteten graffchaft Tyrol. Tübingen 1806.
— herzog Luitpold. gedächtnisrede. München 1831.

Hormayr tafchenbuch für die vaterländifche gefchichte. Wien 1811 ff. (Stuttgart 1820 ff.)
Horn: king Horn bei Ritfon ancient engleifh metrical romancëes 2, 91 ff. London 1802.
Horn et Rimenhild publ. p. Fr. Michel. Paris 1845.
Horn, J. Gl., leben u. heldengefchichte Friedrichs des ftreitbaren. Leipzig 1733.
Horfeler nothholting (a. 1580) bei Niefert 2, 145 ff. — Weftphalen.
Höfchel excerpta de legationibus. Augsburg 1603.
Hottenbacher w. weisth. 2, 130 ff. 4, 717. — Trier.
Hottinger gefchichte der eidgenoffen. 2 b. (b. 6. 7 zu Joh. v. Müller). Zürich 1825. 27.
Houard: anciennes loix des François confervées dans les coutumes angloifes. nouv. éd. 2 b. Rouen 1779.
— traités fur les coutumes anglo-normandes. 4 b. Rouen 1776.
Hoveden, Rogerus de, bei Savile rerum anglicarum fcriptores. Frankfurt 1601. p. 401 ff.
Höxterer ftatuten von 1403 u. 1514 in der deductio jurium et gravaminum urbis Huxariae. 1672; fieh auch ftatuta huxarienfia.
HP.: der helden buch hg. v. von der Hagen u. Primiffer. 2 th. Berlin 1820. 25.
(gl.) Hrab.: gloffarium Hrabani Mauri bei Eccard fr. or. 2, 950 ff.
Hucbaldus vita Lebuini bei Surius 12. nov.
Hugdietrich hfl.; einfache verszahl nach Hugdieterichs brautfahrt hg. v. Öchfle. Öhringen u. Stuttgart 1834.
Hugo lehrbuch der gefchichte des römifchen rechts. 7. a. Berlin 1820.
Hüllmann ftädtewefen des mittelalters. 4 b. Bonn 1826-29.
Hund a Sulzemos metropolis falisburgenfis. 3 b. Regensburg 1719.
Hundszageler w. (a. 1407). — Catzenelnbogen.
Hunfingoer landrecht von 1252 in pro excol. b. 2 anh.
Hunter, Wm., hiftorical account of the Pegu. London 1789.
Hupel topographifche nachrichten von Lief- u. Ehftland. 3 b. Riga 1774-82.
Hürnen Sîfrit bei HP. b. 2.
Huyd. op St.: Huydecopers aanmerkingen zu Stoke.
Hyginus de limitibus in den agrimenfores.
Hymn.: hymnorum veteris ecclefiae XXVI interpretatio theodifca ed. Jacobus Grimm. Göttingen 1830.

## I.

Jacobs delectus epigrammatum graecorum. Gotha 1826.
— fieh auch anthologia.
Jaffé gefchichte des deutfchen reichs unter Conrad III. Hannover 1845.
Jager archief voor nederlandfche taalkunde. Amfterdam 1847 ff.
Jäger, Carl, Ulm im mittelalter. Stuttgart 1831.

Jäger, Frz Ant., briefe über die hohe Rhön Frankens. 3 th. Arnftadt u. Rudolftadt 1803.
Jäger, T. L. U., juriftifches magazin für die deutfchen reichsftädte. 6 b. Ulm 1790-97.
Jahrbücher für wiffenfchaftliche kritik. Stuttgart (Berlin) 1827 ff.
Jarl Magus faga nach der abfchrift mf. germ. berol. 906. 4°.
Ickftadter w. (a. 1483). weisth. 1, 558 f. — Heffen.
Iduna en fkrift for den nordifka fornålderns älfkare. Stockholm 1813 ff.
Idunna und Hermode eine alterthumszeitung v. Gräter. Breflau 1812 ff.
Jegger holzungsartikel (a. 1721) bei Lodtmann de jure p. 117 ff.; vgl. Geiener, Jegerner mark. — Weftphalen.
Jerofchin, Nicolaus von, Deutfchordenschronik: fpaltenzahl nach der Stuttgarter hf.; fonft nach der ausgabe v. Pfeiffer. Stuttgart 1854.
Ihre: gloffarium fuio-gothicum. 2 b. Upfala 1769.
— fwenfkt dialect lexicon. Upfala 1766.
Il.: Homer Ilias.
Ilzftatter w. (a. 1256). MB. 28b, 510. 29b, 224. [weisth. 6, 112 ff.]. — Baiern.
leges Inae bei Wilkins p. 14 ff. Canciani 4, 234 ff. [Schmid² p. 20 ff.]
Ingelheimer w. bei Bodm. p. 384. — Rheingau.
Ingulphus hiftoriae bei Savile rerum anglicarum fcriptores. Frankfurt 1601. p. 850 ff.
Innocentius III. epiftolae fieh unter Baluz.
Inftit.: Juftinians inftitutionen.
Inftrumentum pacis weftphalicae in den reichsabfchieden th. 3 p. 574 ff.
Joh. (agf.) bei Thorpe the anglofaxon verfion of the holy gofpels. London 1842.
Johannis a Leydis chronicon Hollandiae comitum bei Sweertius rerum belgicarum annales (b. 1). Frankfurt 1620.
Johannis fcriptores rerum moguntiacarum. 3 b. Frankfurt 1722-27.
Jomsvîkînga faga. Kopenhagen 1824; in den fornmanna fögur 11, 1 ff.
Jonas vita S. Columbani bei Mabillon acta faec. 2.
Jornandes bei Fr. Lindenbrog diverfarum gentium hiftoriae antiquae fcriptores tres. Hamburg 1611.
Joffer w. (a. 1451). ded. vom Jofsgrund nr. 24. — Hanau.
Journal von u. für Deutfchland hg. v. Göckingk, fortg. v. Bibra. jahrg. 1-9. Ellrich u. a. 1784-92.
— von u. für Franken. Nürnberg 1791 ff.
(Jouy) l'hermite de la chauffée d'Antin ou obfervations fur les moeurs et les ufages parifiens. 5 b. Paris 1816.
Ir. märchen: fagen u. mährchen von K. v. K. 2 th. Stuttgart u. Tübingen 1847. 49.
Irlicher w. (a. 1378) bei Günther 4 nr. 438. weisth. 3, 744 f. — Trier.
Irrg. d. l.: der im irrgarten der liebe herumtaumelnde cavalier. Warnungsftadt 1763.

## K.

K., Ker.: Keros regula S. Benedicti bei Schilter thefaurus b. 1.
Kadlubek chronica Polonorum ed. Kovnacius. Warfchau 1824.
Kaindl die teutfche fprache aus ihren wurzen. 4 b. Sulzbach 1815-24.
Kaiferchronik nach der Heidelberger hf.; verszählung nach Maßmanns ausg. 3 b. Quedlinburg 1849-54.
— Diemer: die K. nach der Vorauer hf. hg. v. Diemer. Wien 1849.
Kalevala hg. v. Lönnrot. 2 b. Helfingfors 1835.
Kalewipoeg eine eftnifche fage verdeutfcht v. Reinthal. 4 h. Dorpat 1857-59.
Kaltenholzhäufer w. (a. 1423) bei Reinhard d. j. f. p. 203 ff. weisth. 1, 587 f. — Diez.
Kaltenfondheimer w. (a. 1447) bei Schultes befchr. von Henneberg II. 1, 138. weisth. 3, 578 ff. — Henneberg.
Kämpfer gefchichte u. befchreibung von Japan hg. v. Dohm. 2 b. Lemgo 1777. 79.
v. Kamptz die provincial- u. ftatutarifchen rechte in der preußifchen monarchie. 3 b. Berlin 1826-28.
Kanne erfte urkunden der gefchichte oder allgemeine mythologie. Baireuth 1808.
Kantzow Pomerania hg. v. Kofegarten. 2 b. Greifswald 1816.
Karajan deutfche fprachdenkmale des zwölften jahrhunderts. Wien 1846.
Karel: roman van Karel den grooten hg. v. Jonckbloet. Leiden 1844.
Karl: Strickers Karl bei Schilter thefaurus b. 2.
Karlmeinet hg. v. Keller. Stuttgart 1858.
Karrer getreue u. vollftändige befchreibung u. gefchichte der altftadt Kempten. Kempten 1828.
Kater freier bei Herant von Wildon p. 33 ff.
Katzmair: Jörg Katzmairs denkfchrift über die unruhen zu München in den jahren 1397-1403 hg. v. Schmeller im oberbayerifchen archiv 8, 6 ff.
Kaufler chron.: reimchronik von Flandern bei Kaufler denkmäler b. 1.
— denkmäler altniederländifcher fprache u. litteratur. b. 1 u. 2. Tübingen u. Leipzig 1840. 44.
Kchr. fieh Kaiferchronik.
Kedinger landrecht bei Pufendorf obferv. 1, 141 ff.
Keilfchrift (zählung nach columnen u. zeilen): Benfey die perfifchen keilinfchriften. Leipzig 1847.
Keifersberg, Geiler von, chriftenlich bilgerfchaft. Bafel 1512.
— narrenfchiff. Straßburg 1520; navicula five fpeculum fatuorum. Straßburg 1511.
— f. d. m.: das buch der fünden des munds. Straßburg 1518.
— wie ein kaufman fein fol in den bröfamlin. Straßburg 1517. bl. 79 ff.
Keller, Adalb., erzählungen aus altdeutfchen hff. Stuttgart 1855.

Keller, Adalb., Romvart beiträge zur kunde mittelalterlicher dichtung aus ital. bibliotheken. Mannheim 1844.
Kemble codex diplomaticus aevi ſaxonici. 6 b. London 1839-48.
— the Saxons in England. 2 b. London 1849.
(gl.) Ker.: gloſſarium Keronis mit der ſeitenzählung des cod. ſangallenſis 911.
Keßlinger w. (a. 1395) bei Günther 3 nr. 646. weisth. 2, 637 ff. — Cöln.
Kettner antiquitates quedlinburgenſes. Leipzig 1712.
Keucher (Kaicher) w. (a. 1439), landgericht (15. jh.) bei Orth rechtsh. 3, 709 ff. 687 ff. weisth. 3, 459 ff. 457 ff. — Wetterau.
Keuren van Delfland: keuren ende ordonnantien van' t hooge Heemraetſchap van Delff-landt. Delff 1656.
Keyſerrecht nach der hſ. von 1372 hg. v. Endemann. Caſſel 1846.
Kialneſinga ſaga in den Islendinga ſögur. Kopenhagen 1847. 2, 395 ff.
Kilchzartener dingrodel (a. 1395). weisth. 1, 331 ff. — Schwarzwald.
Kilian etymologicum teutonicae linguae. 2 b. Utrecht 1777.
Kinderm. ſieh haus- u. kindermärchen.
Kindlinger geſchichte der deutſchen hörigkeit. Berlin 1818.
— geſchichte der familie u. herrſchaft von Volmeſtein. 2 b. Oſnabrück o. j.
— (m. b.): münſterſche beiträge. 3 b. Münſter 1787.
— ſammlung merkwürdiger ſchriften u. urkunden. Leipzig 1806.
— (mit hoher bandzahl): K.'s hſl. nachlaß.
King Leir bei Thorpe analecta angloſaxonica. London 1834.
Kirburger w. (a. 1661) bei Reinhard d. j. f. p. 211 f. weisth. 1, 638 ff. — Naſſau.
Kirchhofer wahrheit u. dichtung. ſammlung ſchweizeriſcher ſprüchwörter. Zürich 1824.
Kirchner geſchichte der ſtadt Frankfurt a. M. 2 th. Frankfurt 1807. 10.
Kirdorfer gericht bei Kuchenbecker 3, 94 ff. — Heſſen.
Kirtorfer w. (a. 1339). — Wetterau.
Kl.: diu klage in Nib.
Klage Hagen: in der Nibelungen noth hg. v. von der Hagen. Breſlau 1820.
Kleinheidbacher w. (a. 1454) bei Schneider p. 303. — Franken.
Kleinſchmidt ſammlung fürſtlicher (heſſen-caſſel.) ordnungen u. ausſchreiben. 8 b. Caſſel 1767 ff.
Kleinwelzheimer w. (a. 1533) bei Steiner Seligenſtadt p. 365. — Wetterau.
Klemm allgemeine culturgeſchichte der menſchheit. 10 b. Leipzig 1843 ff.
Klenze cognaten u. affinen in der zeitſchr. b. 6.
Kleuker Zend-Aveſta. 3 b. Riga 1776-83.
Klingner ſammlungen zum dorf- u. baurenrechte. 4 th. Leipzig 1749-50.
Klöntrupp alphabetiſches handbuch der beſondern rechte . . . des hochſtifts Oſnabrück. 3 b. Oſnabrück 1798-1800.

Klofe darftellung der inneren verhältniffe der ftadt Breflau 1458-1526 bei Stenzel fcriptores 3, 59 ff.
Klotzfch das fchrotamt aus richtigen quellen des alterthums. Drefden 1766.
Knichen de fublimi et regio territorii jure fynoptica tractatio. 2. a. Frankfurt 1603.
Knytlînga faga in den fornmanna fögur 11, 177 ff.
(Koch, J. Ch.,) beitrag zu J. J. Reinhards juriftifch-hiftorifchen ausführungen. Gießen 1772.
Koch, Matth., reife in Tirol. Carlsruhe 1847.
Koch-Sternfeld beiträge zur teutfchen länder-, völker-, fitten- u. ftaatenkunde. 3 b. Paffau (München) 1825-33.
Kok vaderlandfch wordenbook. Amfterdam 1785-96.
Kol.: Koloczaer codex altdeutfcher gedichte hg. v. Mailath u. Köffinger. Peft 1817.
Kolderup-Rofenvinge: famling af gamle danfke love. 5 b. Kopenhagen 1821-46.
— grundriß der dänifchen rechtsgefchichte mit anm. v. Homeyer. Berlin 1825.
— legum regis Canuti M. verfio antiqua latina cum textu anglofaxonico. Kopenhagen 1824.
Kölnifche zeitung 1861.
Königinhofer handfchrift fammlung altböhmifcher lyrifch-epifcher gefänge hg. v. W. Hanka. Prag 1829.
Königshofen elfaffifche u. ftraßburgifche chronicke hg. v. Schilter. Straßburg 1698.
Konft- en letterbode, nieuwe algemeene. Haarlem 1801-1853.
Köpke jahrbücher des deutfchen reichs unter Otto I. Berlin 1838.
Kopp, C. Ph., (mit nr.) ausführliche nachricht von der verfaffung der gerichte in den heffen-caffelifchen landen. 2 th. Caffel 1769-71.
Kopp, J. A., de jure pignorandi conventionali apud veteres Germanos. Frankfurt 1735.
Kopp, U. Fr., bilder u. fchriften der vorzeit. 2 b. Mannheim 1819. 21.
— bruchftücke zur erläuterung der deutfchen gefchichte u. rechte. 2 b. Marburg 1800. 1.
— palaeographia critica. Mannheim 1814.
Kormâks faga fumptibus legati magnæani. Kopenhagen 1832.
Körte die fprichwörter der Deutfchen. Leipzig 1837.
Köfchinger ehaftding (a. 1537). MB. 18, 692 ff. weisth. 3, 631 ff. — Baiern.
Kofegarten legenden. 2 b. Berlin 1810.
Kovachich notitia comitatuum.
— folennia inauguralia in regno Hungariae. Peft 1790.
Kraut grundriß zu vorlefungen über das deutfche privatrecht. Göttingen 1830.
Kremer: genealogifche gefchichte des alten ardennifchen gefchlechts (mit cod. dipl.). Frankfurt u. Leipzig 1785.

Kremer academifche beiträge zur gülch- u. bergifchen gefchichte. 3 b. Mannheim 1769-81.
Krefs rechtsbegründete vollftändige erläuterung des archidiaconalwefens. Helmftädt 1725.
Kreyfig beiträge zur hiftorie der chur- u. fürftlichen fächfifchen lande. 6 b. Altenburg 1754-64.
Krone: Heinrich von dem Türlin diu Crône hg. v. Scholl. Stuttgart 1852.
Krotzenburger w. (a. 1365. 1415) bei Kindlinger hörigk. nr. 118. 158. weisth. 3, 503 ff. 507 ff. — Wetterau.
Kuchenbecker analecta haffiaca. coll. 1-12. Marburg 1728-42.
Kuhn: zeitfchrift für vergleichende fprachforfchung. Berlin 1852 ff.
— fagen, gebräuche u. märchen aus Weftfalen. 2 th. Leipzig 1859.
Kulda der aberglauben . . . in der mährifchen Walachei bei d'Elv.
Kulenkamp gefchichte der ftadt Treyffa. Marburg 1806.
Kulmifch r.: das alte kulmifche recht hg. v. C. K. Leman. Berlin 1838.
w. über Künigefundra im hanauifchen mag. 1778. — Rheingau.
Kurz Öfterreich unter den königen Ottokar u. Albert I. 2 b. Linz 1816.
KV. (kämpevifer) mit doppelter zahl = danfke vifer.
Kv. mit feitenzahl: et hundrede udvalde danfke vifer . . . forögede med det andet hundrede vifer om danfke konger . . . Kopenhagen 1787.
Kyburger öfnung. weisth. 1, 18 ff. — Schweiz.

## L.

Laber: Hadamar von Laber jagd hg. v. Schmeller. Stuttgart 1850.
Laborde itinéraire defcriptif de l'Efpagne. 3. a. 6 b. Paris 1827. 28.
Lachmann anmerkungen zu den Nibelungen u. zur klage. Berlin 1836.
— auswahl aus den hochdeutfchen dichtern des 13. jh. Berlin 1820.
Lacomblet archiv für die gefchichte des Niederrheins. b. 1. 2. Düffeldorf 1832. 57.
— urkundenbuch für die gefchichte des Niederrheins. 4 b. Düffeldorf 1840-58.
Lactantius opera. 2 b. Zweibrücken 1786.
Lafontaine contes et nouvelles en vers. Paris 1800.
Lai del freifne in poéfies de Marie de France publ. p. Roquefort 1, 138 ff. Paris 1820.
Laiendoctrinal hg. v. Scheller. Braunfchweig 1825.
Laienfpiegel fieh Tengler.
Lambertus (fchafnaburgenfis) annales bei Piftorius fcriptores b. 1; (ab a. 1039) ed. Kraufe. Halle 1797.
Lami ecclefiae florentinae monumenta. 4 b. Florenz 1759 ff.
Lampr. fieh Alex.
Lancelot, roman van, uitg. d. Jonckbloet. 2 b. Haag 1846.
Landau befchreibung des kurfürftenthums Heffen. Kaffel 1842.
— befchreibung des Heffengaues. Kaffel 1857.

Landauer w. (a. 1295) bei Schattenmann die Oberheimgeraida. Straßburg 1753. p. 34. weisth. 1, 766 ff. — Pfalz.
Landbuch der landfchaft Davos. Chur 1831.
— des churfürftenthums u. der mark Brandenburg hg. v. Herzberg. Berlin u. Leipzig 1781.
Landnâmabôk, -faga: Skâlholt 1688; Kopenhagen 1774; in den Islend. fögur 1, 24 ff.
Landsberger w. (a. 1430) bei Dahl urk p. 77. weisth. 1, 469 ff. — Pfalz.
Landslag: Swerikes rijkes landzlagh. Stockholm 1608.
Lang baierifche jahrbücher von 1179-1294. Ansbach 1816.
— Baierns gauen. Nürnberg 1830.
— gefchichte herzog Ludwig des bärtigen von Baiern. Nürnberg 1821.
— neuere gefchichte des fürftenthums Baireuth. 3 th. Göttingen 1798. Nürnberg 1811.
— regefta five rerum boicarum autographa. 13 b. München 1822-54.
Langebek fcriptores rerum danicarum. Kopenhagen 1772 ff.
Langenholtenfer hegegericht (a. 1651) bei Pufendorf introd. p. 786. — Hildesheim.
lex Langobardorum bei Georgifch c. 913 ff. [MGLL IV].
Lanzelet von Ulrich von Zatzikhoven hg. v. Hahn. Frankfurt 1845.
cout. de Laon im coutumier général 2, 455 ff.
Lappenberg gefchichte von England. 2 b. Hamburg 1834.
— hamburgifches urkundenbuch. b. 1. Hamburg 1842.
Laficz de diis Samogitarum caeterorumque Sarmatarum. Bafel 1615.
Lat. ged.: lateinifche gedichte des 10. u. 11. jh. hg. v. Jac. Grimm u. Schmeller. Göttingen 1838.
Lauenfteiner vogtgeding bei Grupen origines p. 246 ff. weisth. 3, 271 ff. — Hannover.
Laueftatter w. (a. 1446) bei Bodm. p. 267. — Rheingau.
Laukener w. (a. 1395. 1428). weisth. 3, 500 ff. — Naffau.
Laukhard leben u. thaten des rheingrafen Carl Magnus. o. o. 1798.
Lauterbacher w. (vor 1589). weisth. 3, 368 ff. — Heffen.
Lauze, W., leben u. thaten Philippi Magnanimi in der heff. zeitfchr. fuppl. zu b. 2 u. 3.
Laxdœla faga fumptibus legati magnæani. Kopenhagen 1826.
Leber Wiens kaiferliches zeughaus. Leipzig 1846.
Ledderhofe kleine fchriften. 5 th. Marburg 1787-95.
Ledebur allgemeines archiv für die gefchichtskunde des preußifchen ftaats. Berlin 1830 ff.
Legenda aurea Jacobi de voragine. o. o. u. j. (1509).
Legendes of the lakes or fayings and doings at Killearney by Crofton Croker. 2 b. London 1829.
Legrand: fabliaux ou contes du 12. et du 13. fiècle. 4 b. Paris 1779-81.
— hiftoire de la vie privée des Francois. 3 b. Paris 1815.
Lehmann, Chr., chronica der freyen reichsftadt Speyer. Frankfurt 1698.

Löw über die markgenoſſenſchaften. Heidelberg 1829.
Lowbuch, das jütiſche, in hollſteiniſcher ſprache . . . benebſt des herrn Blütings gloſſa. 3 th. Flensburg 1717.
Löwenſteiner vogtgericht bei Kopp nr. 93. — Heſſen.
Lſ.: liederſaal hg. v. Laßberg. 3 b. 1820-25.
Lübiſches recht: Dav. Mevius commentarii in jus lubecenſe. ed. 4. Frankfurt u. Leipzig 1700.
Lucianus opera. 10 b. Zweibrücken 1789-91; ed. Schmieder. 2 b. Halle 1800. 1.
Lucilius ſieh Perſius.
Luden geſchichte des teutſchen volkes. 12 b. Gotha 1825-37.
Ludewig de jure clientelari Germanorum. Halle 1717.
— reliquiae manuſcriptorum omnis aevi. 12 b. Frankfurt u. Leipzig 1720-41.
— ſcriptores rerum epiſcopatus bambergenſis. 2 b. Frankfurt u. Leipzig 1718.
Ludolf variae obſervationes forenſes. b. 3 appendix. Wetzlar 1734.
h. Ludwig: das leben des heiligen L. überſ. v. Frdr. Ködiz von Salfeld hg. v. H. Rückert. Leipzig 1851.
Ludwigslied in den fundgruben 1, 6 ff.
Lunder ſtadtrecht bei Kofod Ancher lovhiſtorie 2, 222 ff.
Lüneburger ſtatuten bei Pufendorf obſerv. 4, 624 ff.
Lünig corpus juris feudalis germanici. 3 b. Frankfurt u. Leipzig 1727.
— deutſches reichsarchiv. 24 b. Leipzig 1713-22.
— ſpicilegium eccleſiaſticum des deutſchen reichsarchivs. 4 b. 3 contin. Leipzig 1716.
Lüntzel die bäuerlichen laſten im fürſtenthum Hildesheim. Hildesheim 1830.
Lupi codex diplomaticus civitatis et eccleſiae bergomatis. 2 b. Bergamo 1784-99.
Luſsheimer w. weisth. 1, 450 ff. — Pfalz.
Lutfullah autobiography of a mohamedan gentleman. London 1857.
Luther briefe hg. v. de Wette. 5 b. Berlin 1825-28.
— colloquia oder tiſchreden. Frankfurt am Mayn 1571.
— ſprichwörter aus ſeinen ſchriften geſammelt von Heuſeler. Leipzig 1824.
Luttinger hofrecht. weisth. 4, 787. — Cleve.
Lydus de magiſtratibus reipublicae romanae ed. Fuß. Paris 1811.
Lye dictionarium ſaxonico- et gothico-latinum. 2 b. London 1772.

## M.

Mabillon acta ſanctorum ordinis S. Benedicti. 9 b. Venedig 1733-40.
— annales ordinis S. Benedicti. 6 b. Paris 1703-39.
— de liturgia gallicana libri 3. Paris 1685.
— de re diplomatica. Paris 1681; ſupplementum. Paris 1704.

Mabillon mufeum italicum feu collectio veterum fcriptorum ex bibliothecis italicis eruta. 2 b. Paris 1687-89.
— vetera analecta feu collectio veterum aliquot operum et opufculorum omnis generis. nov. ed. Paris 1723.
Mabinogion ed. by lady Charl. Gueft. 2 b. London 1838-40.
Macchiavelli.
Macieiowfki: flavifche rechtsgefchichte überf. v. Buß. 4 th. Stuttgart u. Leipzig 1835-39.
— disquifitio de origine ftipulationis. Warfchau 1827.
Macrobius opera. 2 b. Zweibrücken 1788.
Mader: reichsritterfchaftliches magazin. 13 th. Erlangen 1781-90.
— fichere nachrichten von der burg Friedberg. 3 th. Lauterbach 1766-74.
Maerlant: fpiegel hiftoriael uitg. d. Clignett en Steenwinkel. 4 b. Leiden 1784-1849.
— fieh auch avondft.
Maffei iftoria diplomatica. Mantua 1727.
Magdeburger holzordnung (a. 1662) bei Stiffer p. 208.
— weichb. fieh fächfifches weichbild.
Magnum chronicon belgicum bei Piftorius fcriptores 3, 1 ff.
Magnufen, Finn, den ældre Edda. 4 b. Kopenhagen 1821-23.
— eddalæren. 4 th. Kopenhagen 1824-26.
Mai und Beaflor hg. v. Pfeiffer. Leipzig 1848.
Majer, Friedr.: gefchichte der ordalien. Jena 1795.
— allgemeines mythologifches lexicon. abth. 1 b. 1. 2. Weimar 1803. 4.
— mythologifches tafchenbuch. 2 b. Weimar 1811. 13.
Mailath magyarifche fagen u. märchen. 2. a. 2 b. Stuttgart u. Tübingen 1837.
Mainzer erblandhofämter w. bei Bodm. p. 801. weisth. 1, 530 ff. — Rheingau.
— waltpodenrechte bei Gudenus 2, 495 ff. weisth. 1, 532 f.
Makaris in carminum epicorum germanicorum nederlandicorum faec. 13. et 14. fragmenta ed. Deycks. Münfter 1858.
Malbergifche gloffe in der lex fal., fieh auch unter Leo.
Malleolus, Felix, dialogus de nobilitate et rufticitate bei Burgermefter bibliotheca ordinis equeftris b. 2. Ulm 1720.
record de Malmedy.
Malte-Brun annales des voyages, de la géographie et de l'hiftoire. Paris 1807 ff.
Mannert: geographifch-hiftorifch-ftatiftifches zeitungslexicon von W. Jäger neu bearb. v. M. 3 b. Nürnberg 1805-11.
Manfi facrorum conciliorum nova et ampliffima collectio. 31 b. Florenz u. Venedig 1759-98.
Manfo Sparta. 3 b. Leipzig 1805.
Mar.: Wernher Maria (einfache zahl) hg. v. Ötter. Nürnberg u. Altdorf 1802; (doppelte zahl) in den fundgruben 2, 147 ff.

Mar. leg.: Marienlegenden hg. v. Pfeiffer. Stuttgart 1846.
Marbach befchreibung von Schöneck. 2 th. Schneeberg 1731. 32.
Marburgifche beyträge zur gelehrfamkeit. 5 ftück. Marburg 1749. 50.
Marcellus burdigalenfis ed. Janus Cornarius. Bafel 1536.
Marculf fieh Bignon. [MG Formulae p. 32 ff.]
Marcusfon, Biörn, agiætar fornmanna fögur. Hôlar 1756. 8⁰.
— nockrer margfrooder fögu þætter Islendinga. Hôlar 1756. 4⁰.
Mære von der grasmaget nach der abfchr. mf. germ. berol. 909. 4⁰; vgl. Hätzl. p. 279 ff.
Margar. van Limburg: een fchoone hiftorie van M. v. L. Amfterdam 1798; fieh auch Limborch.
öfnung von Margareten.
Marianus Scotus chronica (cum Dodechini continuatione) bei Piftorius fcriptores 1, 448 ff.
Marienfelder hausgenoffenrecht.
Markhaidenfelder w. fieh Heidenfelder w.
Marköbeler w. (a. 1680). — Hanau.
Martène thefaurus anecdotorum novus feu collectio monumentorum. 5 b. Paris 1717.
— et Durand veterum fcriptorum et monumentorum ampliffima collectio. 9 b. Paris 1724-33.
Martialis epigrammata. 2 b. Zweibrücken 1784.
Martina von Hugo von Langenftein nach der Bafler hf.
Martinus Gallus chronicon ed. Bandtke. Warfchau 1824.
Martius von dem rechtszuftande unter den ureinwohnern Brafiliens. München 1832.
Mafcov, Gf., notitia juris et judiciorum brunsvico-luneburgicorum. Göttingen 1738.
Mafcov, Joh. Jac., gefchichte der Teutfchen. 2 b. Leipzig 1726.
Maßmann: denkmäler deutfcher fprache u. literatur. München 1827.
— das zeitbuch des Eike von Repgowe. Stuttgart 1857.
— deutfche gedichte des 12. jh. Quedlinburg 1837.
Matthaeus Paris hiftoria ed. Wats. Paris 1644.
Matthaeus weftmonafterienfis flores hiftoriarum. Frankfurt 1601.
Matthaeus, Ant., de jure gladii tractatus et de toparchis qui exercent id in dioecefi ultrajectina. Leiden 1689.
— de nobilitate libri quatuor. Franeker 1698.
Matzendorfer dingrodel.
Mauer (Mure) bei Zürich, rechte der hofjünger zu, erneuert a. 1543; vgl. Füeßlin im hamb. mag. 1753. 12, 154 ff. weisth. 1, 43 ff. — Schweiz.
Mauermünfterer w. bei Schöpflin 1, 227 f. — Elfaß.
Maurer gefchichte des altgermanifchen gerichtsverfahrens. Heidelberg 1824.
Mazocchi commentarii in regii herculanenfis mufei aeneas tabulas heracleenfes. 2 b. Neapel 1754. 55.

MB.: monumenta boica. München 1763 ff.
couft. de Meaux im coutumier général 3, 381 ff.
Mechtelnhaufer w. (a. 1479) bei Wettermann p. 52. Hallwachs p. 110 f. weisth. 1, 545 ff. — Wetterau.
Meckesheimer centw. (a. 1561) bei Alef app. p. 9. — Pfalz.
Meddersheimer w. (a. 1514) bei Senckenberg c. j. g. I. 2 nr. 15. weisth. 4, 722 ff. — Pfalz.
Megenberg, Konrad von, das buch der natur hg. v. Pfeiffer. Stuttgart 1861.
Megifer annales Carinthiae. Leipzig 1612.
Meibom rerum germanicarum tomi 3. Helmftädt 1688.
Meichelbeck hiftoria frifingenfis. 2 b. Augsburg 1724. 29.
Meichfner decifiones camerales. 2. a. 2 b. Mainz 1663.
Meier u. Schömann der attifche procefs. Halle 1824.
Meiners allgemeine kritifche gefchichte der religionen. 2 b. Hannover 1806. 7.
Meinert alte teutfche volkslieder in der mundart des Kuhländchens. Wien u. Hamburg 1817.
Meifter Alexander bei Myller b. 2.
Meifter, Geo. Jak. Friedr., principia juris criminalis. Leipzig 1789.
Meißer holzding (a. 1516) bei Piper nr. 6 p. 244 ff. — Weftphalen.
Melander jocorum atque feriorum libri duo. Schmalkalden 1611.
Melrichftadter w. (a. 1523) bei J. P. Reinhard beyträge 3, 154 ff. weisth. 3, 890 ff. — Franken.
Membrifer w. (a. 1585) bei Steiner Alzenau p. 251. — Wetterau.
Mémoires de l'académie celtique. Paris 1807 ff.
— et differtations publ. p. la fociété royale des antiquaires de France. Paris 1817 ff.
Memorias de la real academia de la hiftoria. Madrid 1796 ff.
Ménagier de Paris (a. 1486).
Menagius, Aegidius, juris civilis amoenitates. Paris 1664.
Menchinger vogtsrecht (a. 1441) bei Tröltfch 1, 222 ff. — Schwaben.
Mencken fcriptores rerum germanicarum praecipue faxonicarum. 3 b. Leipzig 1728-30.
Mendoza, Diego Hurtado de, guerra de Granada. Valencia 1776.
Menochius, Jac., confilia. 13 b. Frankfurt 1604-9.
Mensfelder w. (a. 1516) bei Reinhard ausführ. 1, 56. — Wetterau.
Méon: fabliaux et contes publ. p. Barbazan nouv. éd. par Méon. 4 b. Paris 1808.
— nouveau recueil de fabliaux et contes inédits. Paris 1823.
lex Merciorum bei Wilkins p. 64. 72. Canciani 4, 265. 269. [Schmid² p. 398.]
Merigarto hg. v. H. Hoffmann. Prag 1834.
Merkel lex falica mit einer vorrede von Jacob Grimm. Berlin 1850.
Merfeburger güterregifter bei Förftemann neue mittheilungen aus dem gebiet hift. antiquar. forfchung 2, 364 ff.
cout. de Metz (de l'évêché de M.) im coutumier général 2, 414 ff.

Meurer jagd- u. forftrecht. Frankfurt 1576.
Meufel der gefchichtforfcher. 7 b. Halle 1775-79.
[MG Capitularia: monumenta Germaniae hiftorica. legum fectio II: capitularia regum Francorum ed. A. Boretius et V. Kraufe. 2 b. Hannover 1881-93.
MG Concilia: monumenta Germaniae hiftorica. legum fectio III: concilia b. 1: concilia aevi merovingici rec. Maaßen. Hannover 1893.
MG Formulae: monumenta Germaniae hiftorica: formulae merovingici et karolini aevi ed. Zeumer. Hannover 1886.
MG Leges: monumenta Germaniae hiftorica: legum b. 1-5. Hannover 1835-83.]
Mhd. wb.: Benecke-Müller mittelhochdeutfches wörterbuch. b. 1. Leipzig 1854.
Michalo de moribus Tartarorum, Lituanorum et Mofchorum fragmenta. Bafel 1615.
Michel hiftoire des races maudites de la France et de l'Efpagne. 2 b. Paris 1847.
Michelet l'hiftoire de France. Paris 1833 ff.
Michelfen der ehemalige oberhof zu Lübeck und feine rechtsfprüche. Altona 1839.
— über altnordifches armenrecht bei Dalwigk 2, 117 ff. 3, 68 ff.
Micrälius altes Pommern. Stettin 1639.
Mieris groot charterboek der graaven van Holland. 4 th. Leiden 1754-56.
Miklofich radices linguae flovenicae. Leipzig 1845.
Mille et une nuits trad. p. Galland. 9 b. Paris 1806.
Mindener codex diplomaticus in den weftphälifchen provinzialblättern I. 1.
Minden-Ravensberger eigenthumsordnung bei Weddigen mag. h. 14.
Minftrelfy of the fcottifh border (ed. by W. Scott). 4. a. 3 b. Edinburg 1810.
Miraeus codex donationum piarum. Brüffel 1624.
— diplomatum belgicorum libri 2. Brüffel 1627.
— diplomatum belgicorum nova collectio in den opera dipl. b. 3. 4.
— not. Belg. in den opera dipl. b. 1.
— opera diplomatica et hiftorica. 2. a. 4 b. Brüffel 1723-35.
Mifc. fieh Docen.
Mittermaier grundfätze des gemeinen deutfchen privatrechts. Heidelberg 3. a. 1827. 4. a. 1830.
Modeftinus in den Dig.
Molbech danfk dialect-lexikon. Kopenhagen 1841.
— hiftorifk tidsfkrift. Kopenhagen 1840 ff.
— nordifk tidsfkrift for hiftorie, literatur og konft. Kopenhagen 1827 ff.
Mone: anzeiger für kunde der teutfchen vorzeit (des deutfchen mittelalters) hg. v. (Auffeß u.) Mone. München 1832. Nürnberg 1833. 34. Karlsruhe 1835 ff.
— (agf. gl.) in feinen quellen u. forfchungen p. 310 ff.

Mone badifches archiv. 2 b. Carlsruhe 1826. 27.
— gefchichte des heidenthums im nördlichen Europa. 2 b. Leipzig u. Darmftadt 1822. 23.
— quellen u. forfchungen zur gefchichte der teutfchen literatur u. fprache. (b. 1.) Aachen u. Leipzig 1830.
— unterfuchungen zur gefchichte der teutfchen heldenfage. Quedlinburg 1836.
Monjoier fcheffenw. (a. 1600). weisth. 4, 788 f. — Jülich.
Monrer w. (a. 1260) bei Bodm. p. 775. weisth. 3, 620 f. — Thüringen.
(gl.) Monf.: gloffae monfeenfes bei Bern. Pez thefaurus 1, 319 ff.
Monftrelet chroniques bei Buchon b. 26 ff.
Montevilla: Johannis de M. curieufe reiß-befchreibung . . . ehemals gedruckt zu Cölln, jetzt von neuem aufgelegt. o. j.
Montfaucon les monuments de la monarchie françaife. 5 b. Paris 1729-33.
cout. de Montroeul im coutumier général 1, 138 ff.
Monumenta aquenfia ed. Moriondus. 2 b. Turin 1789. 90.
— zollcrana hg. v. Stillfried u. Märcker. b. 1-7. Berlin 1852-61.
Monuments de la monarchie fr. fieh Montfaucon.
Monzinger gerichtsbuch bei Senckenberg c. j. g. I. 2 nr. 13. — Mainz.
Morena hiftoria rerum laudenfium bei Leibnitz fcriptores 1, 806 ff.
Mörfelder w. (18. jh.) bei Hallwachs p. 126 ff. Böhm. p. 416 ff. weisth. 1, 488 ff. — Catzenelnbogen.
Mörler markordnung (a. 1539) bei Schazmann nr. 3. — Heffen.
Morolf: die zwei gedichte von Salomon u. Morolf bei HB.
Morolt: das erfte der unter Morolf genannten gedichte.
Mofer, Fr. C. v., deduction zur vertheidigung der reichsfreyheit der gemeinden Sulzbach u. Soden gegen Churmainz u. Frankfurt a. M. 1753.
— teutfches hofrecht. 2 th. Frankfurt 1754.
Möfer: ofnabrückifche gefchichte. 2 th. mit urkunden. 3. a. Berlin u. Stettin 1819.
— patriotifche phantafien. 4 th. 2. a. Berlin 1778-86.
— fämmtliche werke neu geordnet durch Abeken. 10 b. Berlin 1842. 43.
— vermifchte fchriften hg. v. Nicolai. th. 1. Berlin u. Stettin 1797.
MS.: fammlung von minnefingern (hg. v. Bodmer u. Breitinger). 2 b. Zürich 1758. 59.
MSH.: minnefinger hg. v. von der Hagen. 4 b. Leipzig 1838.
Mf. bibl. reg. (parif.) 7188 nach einer abfchrift Jacob Grimms.
Mügleins chronik von Ungarn bei Kovachich fammlung kleiner ftücke zur ungrifchen gefchichte 1, 1 ff. Ofen 1805.
Mühlbacher dorfeinigung (a. 1577). — Heffen.
Mülhaufer ftat. fieh Grafshof.
Müllenhoff fagen, märchen u. lieder der herzogthümer Schleswig, Holftein u. Lauenburg. Kiel 1845.

Müller, Friedr.: fiebenbürgifche fagen. Kronftadt 1857.
— beitrag zur gefchichte des hexenglaubens u. des hexenproceffes in Siebenbürgen. Braunfchweig 1854.
Müller, Hieron., über den verkauf öffentlicher erbe. Hamburg 1747.
Müller, Johannes v., gefchichten fchweizerifcher eidgenoffenfchaft. b. I-V. 1. Leipzig 1806.
Müller, Joh. Joach., des heil. römifchen reichs teutfcher nation reichstags theatrum. Jena 1713.
Müller, Joh. Seb., annalen des haufes Sachfen von 1400-1700. Leipzig 1701.
Müller, Jof., beytrag zur beftimmung der gränzen zwifchen den Franken u. Sachfen der vorzeit. Duisburg u. Effen 1804.
Müller, Otfr., die Dorier. 2 b. Breflau 1824.
— die Etrufker. 2 b. Breflau 1829.
— gefchichte der griechifchen literatur. 2 b. Breflau 1841.
— Orchomenos u. die Minyer. Breflau 1820.
— prolegomena zu einer wiffenfchaftlichen mythologie. Göttingen 1825.
— rec. von Niebuhr röm. gefch. in der hall. lit. ztg. 1829 p. 353 ff.
Müller, Peter Erafmus: fagabibliothek. 3 b. Kopenhagen 1817-20.
— (om Saxos kilderne) kritifk underfögelfe af Danmarks og Norges fagnhiftorie. Kopenhagen 1823.
— kritifk underfögelfe af Saxos hiftories fyv fidfte böger. Kopenhagen 1830.
Müller, Sam., chronik von Sangerhaufen. Leipzig 1731.
Müller, Wilh.: neugriechifche volkslieder gef. u. hg. v. Fauriel, überf. v. W. M. 2 b. Leipzig 1825.
Münchweiler Pirmans w. bei Cramer obferv. 2, 281 ff. — Pfalz.
Münfter, Seb., cofmographey. Bafel 1559.
Münfterer (Gregorienthaler) vogteirecht (a. 1339) bei Schöpflin nr. 980. weisth. 4, 183 ff. — Elfaß.
Münftermeinfelder w. (a. 1372) bei Günther 3 nr. 542. weisth. 2, 456 ff. — Trier.
Muratori: rerum italicarum fcriptores. 25 b. Mailand 1723-51.
— antiquitates italicae medii aevi. 6 b. Mailand 1738-42.
— trattato dell' antiquità eftenfi ed italiane. 2 b. Modena 1717-40.
Murawiew reife durch Turkomanien nach Chiwa überf. v. Strahl. 2 th. Berlin 1824.
Mufaeus volksmärchen hg. v. Jacobs. 5 b. Gotha 1826.
Mufeum für altdeutfche litteratur u. kunft hg. v. von der Hagen, Docen u. Büfching. 2 b. Berlin 1809. 11.
Mufkatpl.: lieder Mufkatbluts hg. v. Groote. Cöln 1852.
Mufpilli hg. v. Schmeller. München 1832.
Myller fammlung deutfcher gedichte aus dem 12., 13. u. 14. jh. 3 b. Berlin 1784. 85.
Myft.: deutfche myftiker hg. v. Pfeiffer. 2 b. Leipzig 1845. 57.

Myftère de Fiacre bei Jubinal myftères inédits du 15. fiècle 1, 304 ff. Paris 1837.
Myth.: Jacob Grimm deutfche mythologie. 2. a. 2 b. Göttingen 1844 (in 2, 447 1. a. 1835).

## N.

N.: Notker pfalmen bei Schilter thefaurus b. 1.
N. Arift.: Notker Ariftoteles mit der feitenzählung des cod. fangallenfis 818.
N. Bth.: Notker Boethius mit der feitenzählung des cod. fangallenfis 825.
N. Cap.: Notker Marcianus Capella mit der feitenzählung des cod. fangallenfis 872.
w. von N. (a. 1602) bei Reinhard ausführ. 1, 39. — Pfalz.
Nachricht von Suriname u. feinen einwohnern (von Chrph Quandt). Görlitz o. j. (1809).
Nauheimer w. (a. 1436). befchr. v. Hanau p. 140 f. — Hanau.
Nefflen der vetter aus Schwaben. Schwabenbräuch u. Schwabenftreich. Stuttgart 1837.
Neidhart von Reuenthal hg. v. Haupt. Leipzig 1858.
Neilfon, Wm., an introduction to the irifh language. Dublin 1808.
Nenniger w. (1600) bei Ludolf 3, 280. weisth. 2, 253 ff. — Trier.
Neoc.: Johann Adolfi gen. Neocorus chronik des landes Dithmarfchen hg. v. Dahlmann. 2 b. Kiel 1827.
Neftor ruffifche annalen . . . erklärt u. überf. v. A. L. Schlözer. 5 b. Göttingen 1802-9.
Neues jahrbuch der berlinifchen gef. für deutfche fprache u. alterthumskunde hg. v. von der Hagen. Leipzig 1836 ff. (= von der Hagens Germania).
Neugart: codex diplomaticus Alemanniae et Burgundiae transjuranae 2 b. Sanblafien 1791. 95.
— epifcopatus conftantienfis. b. 1. Sanblafien 1803.
Neumünfterer kirchfpielsbrauch bei Dreyer verm. abh. p. 1053 ff. — Holftein.
Niala, Nials faga: fagan af Niáli þorgeirsfyni. Kopenhagen 1772; lat. überf.: hiftoria Niali. Kopenhagen 1809.
Nib.: der Nibelunge not mit der klage hg. v. Lachmann. Berlin 1826.
Nib. Holtzm.: das Nibelungenlied hg. v. Holtzmann. Stuttgart 1857.
Nicephorus Calliftus hiftoria ecclefiaftica. 2 b. Paris 1630.
Nicolaus Damafcenus de moribus gentium bei Gronovius thefaurus antiquitatum graecarum 6, 3843 ff. Leiden 1697.
Niebuhr: römifche gefchichte. 3 b. Berlin 1811-32. 2. a. 1827-42. 3. a. 1855.
Niebuhr, Carften, reifebefchreibung nach Arabien u. andern umliegenden ländern. 2 b. Kopenhagen 1778.

Nidder w. (a. 1442). befchr. v. Hanau nr. 198 p. 136. weisth. 1, 527 ff. — Hanau.
Niederauler w. (a. 1466) bei Wenck 2, 489. weisth. 3, 340. — Heffen.
Niederberger w. (a. 1395) bei Günther 3 nr. 645. — Trier.
Niederhausberger dinghofsrecht bei Schilter cod. jur. feud. p. 373. weisth. 1, 716 ff. — Elfaß.
Niedermendiger w. (a. 1586) bei Günther 5 nr. 197. — Trier.
Niedermufchitzer rügen (17. jh.) bei Klingner 3, 622 ff. — Meifen.
Niederfächf. verein: zeitfchrift des hiftorifchen vereins für Niederfachfen. Hannover 1850 ff.
Niederfteinheimer w. (a. 1430-1433) bei Steiner Seligenft. p. 339 ff. weisth. 1, 510 ff. — Wetterau.
Niedertiefenbacher w. (a. 1656) bei Hofmann p. 79 f. — Naffau.
Niefert beiträge zu einem münfterifchen urkundenbuche. Münfter 1823.
— das recht des hofes zu Loen. Coesfeld 1818.
— (mit bandzahl): münfterifche urkundenfammlung. 7 b. Coesfeld 1826-37.
Nithardus hiftoriae bei Schilter fcriptores p. 83 ff.
Nitfch, P. F. A., neues mythologifches wörterbuch. Leipzig 1793.
Nolten de jure et confuetudine circa villicos. Braunfchweig 1738.
— (praef. Joh. Wilh. Göbel) de fingularibus praediis rufticorum quae funt in terris brunsvico-luneburgicis. Helmftädt 1727.
Nonius Marcellus (ed. Jof. Mercier). Sedan 1614. (Das citat Varro in nubentes fteht p. 531.)
Noppius Aachner chronik. Cöln 1643.
Nordenftadter w. (a. 1426). weisth. 1, 566 ff. — Heffen.
Norbertus vita Bennonis epifc. ofnabrugenfis bei Eccard corpus 2, 2161 ff.
Nördlinger ftatut bei Senckenberg vifiones app. 2.
den nordfiellandfke landalmues character (v. Junge). Kopenhagen 1798.
Norges gamle love udg. af Keyfer og Munch. b. 1-3. Chriftiania 1846-49.
Normann de legitimatione. Kopenhagen 1823.
cout. de la Normandie ed. Pefnelle. Rouen 1759.
Nornagefts þâttr in den fornaldar fögur 1, 313 ff.
Norfke folkeeventyr famlede ved Asbjörnfen og J. Moe. Chriftiania 1843.
Northeimer grubengericht. — Harz.
Nortrupper markgeding (a. 1577) bei Lodtmann de jure p. 173 ff. weisth. 3, 208 ff. — Weftphalen.
Notgerus vita Hadelini in acta Sanctorum Bollandiftarum Febr. 1, 372 ff.
Notitia dignitatum imperii romani ed. Labbe. Paris 1651.
Notizenblatt beilage zum archiv für kunde öfterreichifcher gefchichtsquellen. Wien 1851 ff.
Nouv. Renart: Renart le nouvel in Ren. b. 4.
Nunning monumentorum monafterienfium decuria prima. Wefel 1747.
Nürnberger reform.: der ftadt N. erneuerte reformation. Nürnberg 1564.

Nürnberger walds zeidlerrecht (a. 1331. 1350), waldrecht (a. 1373) bei Stiffer p. 55. 97. p. 88. weisth. 3, 609 ff. 611 ff. — Franken.

record de Nyel (a. 1569. 1661) bei Fred. Guill. Hoffmann recherches fur les comtés de Looz, Horne et Nyel. nouv. ed. (Wezlar) 1797. urk. p. LXIX ff. — Niederlande.

Nyerup fieh danfke vifer.

— bidrag: bidrag til den danfke digtekunfts hiftorie af N. og Rahbek. 2 th. Kopenhagen 1800. 1.

## O.

O.: Otfrids evangelienbuch bei Schilter thefaurus b. 1.

Oberampfacher maiengerichts w. (15. jh.). felecta norimb. 3, 147 ff. weisth. 3, 615 f. — Franken.

Oberauler w. (a. 1419). weisth. 3, 332 ff. — Heffen.

— w. (a. 1467) bei Kopp nr. 73. weisth. 3, 334 ff.

Oberbayerifches archiv für vaterländifche gefchichte. München 1839 ff.

Obercleener w. (a. 1480. 1551. 1568) bei Reinhard d. j. f. p. 232 ff. weisth. 3, 498 ff. — Heffen.

Oberheffifches intelligenzblatt 1844.

Oberl.: Scherzii gloffarium germanicum medii aevi ed. Oberlinus. 2 b. Straßburg 1781. 84.

Obermudauer w. (a. 1549) bei Retter 2, 193 ff. — Heffen.

Obernbreiter w. (a. 1444. 1496). felecta norimb. 3, 82 ff. — Franken.

Oberrambftadter w. (a. 1492); O. w. (18. jh.) bei Hallwachs p. 117 ff. Böhm. p. 407 ff. weisth. 1, 484 ff. — Catzenelnbogen.

Oberreitnauer jura S. Pelagii (a. 1431) bei Heider p. 489 f. — Schwaben.

Oberthür tafchenbuch für die gefchichte Frankenlands. Würzburg 1795 ff.

Oberurfeler w. (a. 1484) einzeln gedr. Gießen 1616. 1653; dann bei Lerfner p. 465. Schazmann p. 7. Stiffer p. 40. weisth. 3, 488 ff. — Wetterau.

Ochs gefchichte der ftadt u. landfchaft Bafel. 8 b. Bafel 1786-1822.

O'Connor rerum hibernicarum fcriptores or chronicles of Eri. 4 b. London 1814 26.

Od.: Homer Odyffee.

Odenwälder landrecht fieh Erbacher landrecht.

Odofred: vorlefung über den codex Juftiniani. Trient 1514.

Oefele rerum boicarum fcriptores. 2 b. Augsburg 1763.

d'Ogier, roman, hfl. u. nach der ausg.: la chevalerie Ogier de Danemarche. 2 b. Paris 1842.

O'Kearney the battle of Gabhra. Dublin 1853.

Ol. helg.: Olafs faga helga in der Heimskringla b. 2.

— ed. Chrift.: Olafs faga hins helga udg. af Keyfer og Unger. Chriftiania 1849.

Ol. Tr.: Olafs faga Tryggvafonar in den fornmanna fögur b. 1-3; Reenhjelms ausg.: faga om k. Oloff Tryggwafzon. Upfala 1691.

Ol. Tr. faga von Snorri: in der Heimskringla b. 1.
Olaus Magnus de gentium feptentrionalium variis conditionibus. Antwerpen 1558.
Oldekopp obfervationes criminales practicae. Bremen 1654.
— wahrhafte befchreibung eines . . proceffes . . . wider Margarethe Schmidts eines . . kindermohrts halber . . . anno 1661 u. 1662 geführt. Wolfenbüttel 1664.
Oldendorfer hägegericht. — Niederfachfen.
Oldendorp gefchichte der miffion der evangelifchen brüder auf den caraibifchen infeln hg. v. Boffart. 2 th. Leipzig 1777.
Olearius, Adam, außführliche befchreibung der kundbaren reyfe nach Mufcow u. Perfien. 3. a. Schleswig 1663.
Olenfchlager neue erläuterung der goldenen bulle. Frankfurt u. Leipzig 1766.
Olger danfke: kong O. d.'s krönike. Kopenhagen o. j.
Ölrichs das graufame Büthener recht im lande Lauenburg u. Bütow nebft einer abhandlung von beftrafung der bienendiebe. Berlin 1792.
— dat rigifche recht u. de gemenen ftichtifchen rechte ym fticht von Ryga geheten dat ridderrecht. Bremen 1773.
— vollftändige fammlung alter und neuer gefetzbücher der freien ftadt Bremen. Bremen 1771.
Olsburger alte rechte (a. 1527) bei Nolten de fing. p. 146 ff.; O. probfteirechte (a. 1561. 1600) ibid. p. 142 ff. und bei Nolten de jure p. 85 ff. weisth. 3, 248 ff. — Braunfchweig.
Olympiodorus im corpus fcriptorum hiftoriae byzantinae b. 14. Bonn 1829.
Onzenhurfter hofgeding.
Opitz opera poetica das ift geiftliche u. weltliche poemata. 3 th. Amfterdam 1645. 46.
leg. opftalb.: leges upftalbomicae bei Siccama hg. von Gaertner.
Orange fieh Guillaume.
Örbacher w. (a. 1480). weisth. 1, 626 ff. — Wied.
Ord. reg. franc.: ordonnances des rois de France de la troifième race. 21 b. Paris 1723-1847.
Orendel nach der abfchrift mf. germ. berol. 867. fol.; hg. v. Ettmüller. Zürich 1858.
Orig. guelf. fieh Scheidt.
Öringauer vogtrechte (a. 1253) bei Hanfelmann nr. 43. weisth. 3, 607 ff. — Franken.
cout. d'Orléans im coutumier général 3, 735 ff.
Orlenz: Rudolf von Ems Wilhelm von Orlenz nach der Cafſeler hf.
Ortenberger w. (a. 1372) bei Bodm. p. 142. [weisth. 5, 246 f. 247 f.] — Wetterau.
Orth rechtshändel fammt zweifel- u. entfcheidungsgründen. 17 th. Frankfurt 1763-78.

Orth nöthig u. nützlich erachtete anmerkungen über die fog. erneuerte reformation. 5 b. Frankfurt 1731-57.
Ortloff das rechtsbuch nach diftinctionen. Jena 1836.
Ortnit bei Hhb. 1, 1 ff.
Örvarodds faga. Upfala 1697.
Ofnabrücker holzgericht (a. 1582) bei Stiffer p. 36. — Weftphalen.
— holzordnung (a. 1671) bei Lodtmann de jure p. 89 ff.
— eigenthumsordnung von 1722 bei (Lodtmann) ofnabrückifches eigenthumsrecht. Ofnabrück 1777.
Oftbeverner markrecht (a. 1339) bei Kindlinger m. b. 3 nr. 142 p. 377 ff. weisth. 3, 176 ff. — Weftphalen.
Oftercappeler w. bei Wigand arch. 3, 226. weisth. 3, 204 ff. — Weftphalen.
Ofterwalder holting (a. 1557) bei Niefert 2, 142 f. weisth. 3, 176. — Weftphalen.
Oftfriefifches landrecht fieh Wicht.
Oftg. (Öftg.): Oftgöta laghen (ed. Buraeus). Stockholm 1607; feitenzahl nach CJS. b. 2.
Oftheimer w. (16. jh.) bei Steiner Oftheim. Afchaffenburg 1821. p. 301 ff. [weisth. 6, 401 ff.] — Wetterau.
Öftreich. aberglaube in myth[1]. anhang p. XLVI ff.
— archiv f. gefchichte, erdbefchreibung, ftaatenkunde, kunft u. litteratur red. v. Ridler. jahrg. 1-3. Wien 1831-33.
Otmar volksfagen. Bremen 1800.
Otnit hg. v. Mone. Berlin 1821.
Ottendorfer rügen (a. 1605. 1616) bei Klingner 3, 617 ff. — Oberfachfen.
Ottenheimer w. (a. 1452) bei Reinhard gefchichte von Geroldseck. Frankfurt 1766. nr. 76. weisth. 1, 408. — Pfalz.
Öttinger wochenblatt 1786. 87.
Otto frifingenfis chronicon u. de geftis Friderici ed. Pithoeus. Bafel 1569; bei Urftifius Germaniae hiftorici illuftres 1, 9 ff. 403 ff. Frankfurt 1670.
Otto mit dem barte von Cuonrat von Würzeburc hg. v. Hahn. Quedlinburg 1838.
Ottocar reimchronik bei Hier. Pez fcriptores b. 3.
Ovidius opera omnia ed. Mitfcherlich. 2 b. Göttingen 1819.

## P.

Pallas reife durch verfchiedene provinzen des ruffifchen reichs. 3 b. S. Petersburg 1771-76.
Pantfchatantra mit einl. u. anm. v. Benfey. 2 b. Leipzig 1859.
Panzer beitrag zur deutfchen mythologie. (b. 1.) München 1848.
Papias elementarium. Venedig 1496.
Parc.: Parcival in Wolfram von Efchenbach hg. v. Lachmann. Berlin 1833.

Pardeffus diplomata, chartae, epiftolae. 2 b. Paris 1843. 49.
Pafchafius = Pafquier.
Pafquier, Eft., les recherches de la France. Paris 1665.
— lettres avec celles de Nic. Pafquier. 3 b. Paris 1619.
Paff.: das alte paffional hg. v. Hahn. Frankfurt 1845; paff. Köpke: das paffional hg. v. Köpke. Quedlinburg 1852.
Paffauer urkunden fieh Freyberg.
Paffow handwörterbuch der griechifchen fprache. 2 b. Leipzig 1831.
Paftorius, M. A., Franconia rediviva. Nürnberg 1702.
Paternofter: Heinrich von Krolewiz vaterunfer hg. v. Lifch. Quedlinburg 1839.
Paullinus annales ifenacenfes in: rerum et antiquitatum germanicarum fyntagma. Frankfurt 1698.
— differtatio hiftorica variorum monafteriorum originum. Gießen 1694.
Paulus diaconus hiftoria gentis Langobardorum bei Muratori fcriptores I. 1, 405 ff.
Paulus receptae fententiae.
Paus famling af gamle norfke love. 2 th. Kopenhagen 1751. 52.
Paufanias de fitu Graeciae libri 10 ed. Bekker. 2 b. Berlin 1826. 27.
il Pecorone di fer Giov. Fiorentino. 2 b. Mailand 1804.
der pedantifche irrthum des überwitzigen doch fehr betrogenen fchulfuchfes. Rapperswiel 1673.
freien rechte im amt Peina bei Nolten de jure p. 149 ff. — Hildesheim.
Peitingauer ehehaft (a. 1435) bei Lori 2, 136 ff. weisth. 3, 646 ff. — Baiern.
Pellenzer w. (a. 1417) bei Günther 4 nr. 73. weisth. 2, 487 ff. — Trier.
Pentamerone des Giamb. Bafile (nach tagen u. märchen).
Pérard recueil de plufieurs pièces curieufes fervant à l'hiftoire de Bourgogne. Paris 1664.
Percy reliques of ancient englifh poetry. 3 b. Frankfurt 1803.
Perfius et Juvenalis fatyrae . . . acc. C. Lucilii fragmenta. Zweibrücken 1785.
Pertz: monumenta Germaniae hiftorica. Hannover 1826 ff.
— die gefchichte der merovingifchen hausmeier. Hannover 1819.
— leges fieh MG Leges.
Petri, Franc., Suevia ecclefiaftica. Augsburg 1699.
Petronius fatyricon ed. Burmannus. 2. a. 2 b. Amfterdam 1743.
Pez, Bern., thefaurus anecdotorum noviffimus. 6 b. Augsburg 1721-29.
— cod. dipl. im thefaurus b. 6.
Pez, Hieron., bibliotheca afcetica. 9 b. Regensburg 1723-36.
— fcriptores rerum auftriacarum. 3 b. Leipzig 1721. 25. Regensburg 1745.
Pf. Ch. fieh Chuonrât.
Pfefferkorn, Joh., Sturmglocke (Sturm Johanfen Pf. uber u. wider die drulofen juden). Cöln 1514.

Pfifter, J. Ch., pragmatifche gefchichte von Schwaben. 4 th. Heilbronn 1803-17.
Pfifter, L., actenmäßige gefchichte der räuberbanden an den beiden ufern des Mains. Heidelberg 1811. nachtrag 1812.
Pfungftädter w. (a. 1495); Pf. w. (18. jh.) bei Hallwachs p. 115 ff. Böhm. p. 405 ff. weisth. 1, 483 f. — Catzenelnbogen.
Phillips verfuch einer gefchichte des angelfächfifchen rechts. Göttingen 1825.
— englifche reichs- u. rechtsgefchichte. 2 b. Göttingen 1828.
Pilatus bei Maßmann deutfche gedichte p. 145 ff.
Pilkumer hovesrechte (a. 1571) bei v. Steinen 4, 654 ff. — Weftphalen.
Pillerfeer hofmark (a. 1460). MB. 2, 102. — Baiern.
Pindarus carmina ed. Boeckh. 2. a. Leipzig 1825.
Piper: hiftorifch-juriftifche befchreibung des marckenrechts in Weftfalen. Halle 1763.
— gedanken vom bedemuthsrechte in Weftfalen. Halle 1761.
Piftorius (Joh.): rerum germanicarum fcriptores. 3 b. Regensburg 1726-31.
Piftorius, J. E., commentatio juridica de proceffu criminali. Tübingen 1764.
Piftorius, W. F., amoenitates hiftorico-juridicae. 8 th. Frankfurt u. Leipzig 1731-53.
Pitcairn criminal trials in Scotland. 4 b. Edinburg 1830-33.
Pithou, P., adverfariorum fubfecivorum libri 2. Paris 1565.
— confuetud. trecenfes: commentaire fur les coutumes de Troyes. 1628.
Placentini fumma codicis. Mainz 1536.
Plato dialogi ed. Bekker. 10 b. Berlin 1816-23.
Plautus comoediae.
Pleitzenhaufer w. (a. 1575. 1581) bei Schilter gloff. p. 69. journal v. u. f. D. 1790 p. 302. weisth. 2, 188 f. — Elfaß.
Plinius hiftoria naturalis ed. Harduinus. 2. a. 2 b. Paris 1723.
Plutarchus quae exftant omnia. 2 b. Paris 1624.
Polcher w. (15. jh.) bei Günther 4 nr. 252. weisth. 2, 316 f, — Trier.
Polidor. 1728.
Polier mythologie des Indous. 2 b. Rudolftadt u. Paris 1809.
Pollux onomafticum. 2 b. Amfterdam 1706; ed. Bekker. Berlin 1846.
Polyptychus monafterii foffatenfis bei Baluz mifc. 2, 1387 ff.
Pommerner w. (a. 1606) bei Ludolf p. 292. weisth. 2, 446 ff. — Trier.
Pomponius Mela de fitu orbis ed Gronovius. Leiden 1722.
Pontoppidanus theatrum Daniae veteris et modernae. Bremen 1730.
Popifh cruelty displayd by facts. London 1745.
Popowitfch (wb.): verfuch einer vereinigung der mundarten von Teutfchland. Wien 1780.
— unterfuchungen vom meere. Frankfurt u. Leipzig 1750.
Poffart die ruffifchen Oftfeeprovinzen. th. 2 Efthland. Stuttgart 1846.
Potgießer de conditione et ftatu fervorum apud Germanos. Cöln 1707.

Pott etymologifche forfchungen. 2 th. Lemgo 1833. 36.
Potter, Dirc, der minnen loep. 4 bücher. Leiden 1845. 46.
Praetorius weltbefchreibung. 2 th. Magdeburg 1665.
Preunhueber annales ftirenfes. Nürnberg 1740.
Privilegia defs heyligen reichs ftatt Franckfurt am Mayn. Frankfurt 1614.
Pro excol.: verhandelingen door een genootfchap te Groningen pro excolendo jure patrio. 5 th. Groningen 1773-1828.
Probert the ancient laws of Cambria transl. from the welfh. London 1823.
Probra mulierum bei Mone anzeiger 5, 199 ff.
Proces verbal des anciennes coutumes de Bourbonnais bei Berroyer.
Procopius opera ed. Höfchel. Augsburg 1607; im corpus fcriptorum hiftoriae byzantinae b. 16-18. Bonn 1833-38.
Procofius chronicon flavo-farmaticum. Warfchau 1825.
Pröhle, Heinr., unterharzifche fagen. Afchersleben 1856.
Pröhle, Heinr. Andr., kirchliche fitten ein bild aus dem leben evangelifcher gemeinen. Berlin 1858.
Propertius carmina ed. Lachmann. Leipzig 1816.
Proverbiana ou recueil des proverbes les plus ufités et les plus faillans. Lille l'an qui refufe mufe.
Pf. (agf.): libri pfalmorum ed. Thorpe. Oxford 1835.
Pufendorf, Ef., introductio in proceffum civilem electoratus brunsvicoluneburgici. Frankfurt u. Leipzig 1733.
Pufendorf, Fr. Ef., obfervationes juris univerfi . . . adjecta eft appendix variorum ftatutorum et jurium. 4 b. Hannover 1744.
Pupikofer gefchichte des Thurgaus. 2 b. Bifchofszell u. Zürich 1828. 30.

## Q.

Quatre fils Aimon nach dem mf. parif. reg. 7183; fieh auch Aimon.
Quellen des Shakefpeare hg. v. Echtermeyer, Henfchel u. Simrock. 3 b. Berlin 1831.
Quellen, quellen u. forfchungen: quellen u. erörterungen zur bayerifchen u. deutfchen gefchichte. München 1856 ff.
Quinctilianus opera. 4 b. Zweibrücken 1784.
Quix gefchichte der fchlöffer Schonau u. Uersfeld. Aachen 1837.

## R.

Rab.: Rabenfchlacht bei HP. b. 2.
Rabelais Pantagruel in feinen oeuvres 1, 202 ff. Genf 1782.
Radevicus hinter Otto frif. de geftis Friderici.
Rafn nordifke kæmpe-hiftorier. 3 b. Kopenhagen 1821-26.
Ragnar Lodbroks faga bei Biörner nr. 12.
Rafk frifik fproglære. Kopenhagen 1825.
Raftädter gemeindsordnung u. hoferecht (a. 1378) bei Mone bad. arch. 1, 259 ff. weisth. 1, 438 ff. — Schwaben.

Reinhard, J. J., d. j. f.: de jure foreftali Germanorum nec non de jure ... märkerrecht dicto. Frankfurt 1738.
— juriftifche u. hiftorifche kleine ausführungen. 2 th. Gießen 1745. 49.
Reinhard, Joh. Paul, beyträge zu der hiftorie Frankenlandes. 3 th. Baireuth 1760-62.
Reinhart fuchs von Jacob Grimm. Berlin 1834.
Reinhold, Chr. Ludw., architectura forenfis. Münfter 1785.
Reinolt von der Lippe bei Myller b. 2.
Reinwald hennebergifches idiotikon. 2 th. Berlin u. Stettin 1793. 1801.
Remigius, Nicol., dæmonolatria d. i. von unholden u. zaubergeiftern. Frankfurt 1598.
Ren.: le roman du renart publ. p. Méon. 4 b. Paris 1826.
Renaus de Montauban hg. v. Michelant. Stuttgart 1862.
Renaut, rom. de, (= Renaus de M.) nach der Parifer hf. 7183 (?).
Renner: Hugo von Trimberg der Renner nach der Frankfurter hf.; dem druck Frankfurt a. M. 1549; verszahl nach der ausg. Bamberg 1833.
Renouard de Sainte-Croix voyage aux Indes orientales. 3 b. Paris 1810.
Refenius infcriptiones hafnienfes latinae, danicae et germanicae. Kopenhagen 1668.
— (zu Sæm.) fieh dœmifaga.
Retter heffifche nachrichten. 4 fammlungen. Frankfurt 1738-70.
Retterather w. (a. 1468) bei Günther 4 nr. 313. — Trier.
Reuber veterum fcriptorum tomus unus. Frankfurt 1584.
Reuß teutfche ftaats-kanzley. 56 b. Ulm 1783-1803.
Reuter Hanne Nüte. Wismar 1860.
Reutter kriegsordnung zu waffer und landt. Cöln 1594.
Révai, Miklós, elegyes verfei. Pozfonbann 1787.
Reynitzfch über truhten u. truhtenfteine, barden u. bardenlieder (mit anlagen). Gotha 1802.
Rezatkreis, jahrsbericht des hiftorifchen vereins im. Nürnberg 1830 ff.
cout. de Rheims im coutumier général 2, 493 ff.
Rheingauer landw. (a. 1324) bei Bodm. p. 277. 285. 384. 454. 510. 805. weisth. 1, 534 ff. — Rheingau.
Rheinifche beiträge zur gelehrfamkeit. Mannheim 1777 ff.
Rheinifches mufeum für jurisprudenz. Bonn 1827 ff. Göttingen 1833 ff.
Rhode über religiöfe bildung, mythologie u. philofophie der Hindus. 2 b. Leipzig 1827.
Rhyzelius de fepultura veterum Sueogothorum. Upfala 1704.
Richard ausführliche abhandlung von den bauergütern in Weftphalen. th. 1. Göttingen 1818.
Richey idioticon hamburgenfe. Hamburg 1755.
recordium baroniae de Richolt ad Mofam (a. 1469) bei Cramer 9, 60 f. weisth. 3, 864 f.
Richthofen: friefifche rechtsquellen. Berlin 1840.
— altfriefifches wörterbuch. Göttingen 1840.

Richtfteig landrechts bei Senckenberg c j. g. 1, 125 ff.
Ried codex chronologico-diplomaticus epifcopatus ratisbonenfis. 2 b. Regensburg 1816.
— genealogifch-diplomatifche gefchichte der grafen von Hohenburg. Regensburg 1812.
Riedel die mark Brandenburg im j. 1250 oder hiftorifche befchreibung der brandenburgifchen lande. 2 b. Berlin 1831. 32.
Riedw. zu Vilbel, Maffenheim, Haarheim (a. 1509). weisth. 3, 473 ff. — Wetterau.
Rienecker w. (a. 1559). weisth. 3, 518 ff. — Franken.
Rietberger landrecht (a. 1697) bei Kamptz jb. der preuß. gefetzgebung b. 29. Berlin 1827. weisth. 3, 103 ff. — Weftphalen.
Rigaer recht fieh Ölrichs.
Rîgsmâl in Sæm. p. 100 ff.
Ring: Heinrich Wittenweiler der ring hg. v. Bechftein. Stuttgart 1851.
lex ripuaria bei Georgifch c. 145 ff. [MGLL V p. 185 ff]
Ritter codex Theodofianus. 6 b. Leipzig 1736-45.
Ritterburgen der Schweiz fieh Schweizerburgen.
Ritterpreis, gedicht vom, hfl.; vgl. Jac. Grimm über das echo [kl. fchr. 7, 509].
Ritualgefetze der juden betr. erbfchaften, vormundfchaftsfachen, teftamente u. ehefachen . . . entw. v. M. Mendelsfohn . . . Berlin 1778.
Ritz urkunden u. abhandlungen zur gefchichte des Niederrheins. (b. I. 1.) Aachen 1824.
Rive über das bauerngüterwefen in den graffchaften Mark etc. Cöln 1824.
Rochholz Schweizerfagen aus dem Aargau. 2 b. Aarau 1856.
Rockenphilof.: die geftriegelte rocken-philofophia (v. Joh. Geo. Schmidt). Chemnitz 1705.
Röder von erbgerichten u. lehnsvogtheyen. Hildburghaufen 1782.
Rodheimer w. (a. 1454) bei Schazmann nr. 1. [weisth. 5, 248 ff.] — Wetterau.
Rodulfus chronicon S. Trudonis bei d'Achery fpicilegium 7, 344 ff.
Rogge: das gerichtswefen der Germanen. Halle 1820.
— de peculiari legis ripuariae cum falica nexu obfervationes. Königsberg 1823.
Rol.: Ruolandes liet v. Wh. Grimm. Göttingen 1838.
lex romana curienfis bei Canciani 4, 461 ff. [MGLL V p. 291 ff.]
Rom. comique: Scarron le romant comique. Paris 1651.
Rommel gefchichte von Heffen. 10 b. Marburg u. Caffel 1820-58.
Rommersheimer w. (a. 1298). weisth. 2, 515 ff. — Trier.
Roquefort: gloffaire de la langue romane. Paris 1808; fupplément. 1820.
— preisfchr.: de l'état de la poéfie françaife. Paris 1815.
Rorbacher w. (14 jh.) bei Kopp nr. 74. weisth. 3, 432 ff. — Heffen.
Rofe bei Kaufler denkmäler b. 2.

Rofenblüt nach alten einzeldrucken oder hff.
Rofengarte v. Wh. Grimm. Göttingen 1836.
Rofwitha opera ed. Schurzfleifch. Wittenberg 1707.
Roter hofmarkfreiheit (a. 1400). MB. 2, 99. weisth. 3, 669 ff. — Baiern.
Roth, Carl, denkmähler der deütfchen fprache. München 1840.
— Rennewart Uolrichs von Türheim. Regensburg 1856.
Roth, Frdr., über den bürgerlichen zuftand Galliens um die zeit der fränkifchen eroberung. Nürnberg 1827.
Roth u. Schazmann beiträge zur gefchichte der Wetterau. Frankfurt 1801.
leges Rothari bei Georgifch c. 945 ff. [MGLL IV p. 289 ff.]
Rother: könig Rother bei HB.
Rotvelfk lexikon (af R. P. Dons). Viborg 1824.
Rotweiler hofgerichts ordnung. [weisth. 6, 324 ff.] — Schwaben.
Rotzenhainer w. (a. 1537). weisth. 1, 636 ff. — Naffau.
Rou, roman de, hfl.; publ. p. Pluquet. 2 b. Rouen 1827.
Rückert die makamen des Hariri. (th. 1.) Stuttgart 1826.
Rudlieb in den lat. ged. p. 127 ff., nachtrag bei Haupt 1, 401 ff.
Rudloff pragmatifches handbuch der mecklenburgifchen gefchichte. 3 th. in 4 b. Schwerin 1780-1822.
Rudolf von Ems weltchronik hg. v. Schütze. 2 b. Hamburg 1779-81; b. Vilmar: die zwei recenfionen der wchr. Rs. v. E. Marburg 1839.
Rudolphus fuldenfis vita S. Liobae in den acta Sanctorum Bollandiftarum Sept. 7, 760 ff.
Ruef Adam u. Heva hg. v. Kottinger. Quedlinburg 1848.
Rugian.: Normanns wendifch-rügianifcher landbrauch. Stralfund 1777.
Ruhrrecht (a. 1452) bei v. Steinen 1, 1701 ff. weisth. 3, 44. — Weftphalen.
Rühs handbuch der gefchichte des mittelalters. Berlin 1816.
Rumohr italienifche forfchungen. 3 b. Berlin u. Stettin 1827.
Ruprecht von Freyfing baierifches rechtbuch hg. v. Weftenrieder. München 1802.
Rymer foedera, conventiones, literae inter reges Angliae et alios quosvis imperatores . . . 20 b. London 1704-17.

## S.

Saarensninger rechte (a. 1348) bei Kremer cod. dipl. p. 468. — Pfalz.
Sachs, Hans: (dreifache zahl) gedichte. 5 b. Nürnberg 1558-79; (doppelte zahl) eine auswahl von J. A. Göz. 4 b. Nürnberg 1824-30; (einfache zahl) fehr herrliche gedichte hg. v. Häfslein. Nürnberg 1781.
Sachfe handbuch des großherzogl. fächfifchen privatrechts. Weimar 1824.
Sachfenchr. fieh Saffenchron.
Sächfifche provinzialblätter hg. v. gr. von Beuft. Leipzig 1797 ff.
Sächfifches lehnrecht hg. v. Ludovici. Halle 1721; v. Homeyer. 2 b. Berlin 1842. 44.

Sächfifches recefsbuch von 1494.
— weichbild nebft nöthigen auszügen aus der gloffe hg. v. Ludovici. Halle 1721; fieh auch Thüngen.
lex falica bei Georgifch c. 1 ff. [hg. v. Behrend. 2. a. Weimar 1897.]
Salinde, die galante u. liebenswürdige, oder academifcher liebesroman von Meliffo. Frankfurt u. Leipzig 1744.
Salluftius Jugurtha.
Salmuth refponfa juris pro matrimonio principis cum virgine nobili. Jena 1660.
Salzburger landtäding im Pongeu (a. 1534) bei Walch 2, 149 ff. — Baiern.
Salzfchlirfer w. (a. 1506). weisth. 3, 374 ff. — Fulda.
Sæm.: Edda Sæmundar hinns fróda edd. Rafk-Afzelius. Stockholm 1818.
Sanchez coleccion de poefias caftellanas. 4 b. Madrid 1779-90.
Sandweller goding (16. jh.) bei Reinhold 2, 138 ff., beffer bei Kindlinger m. b. 2, 7 ff. weisth. 3, 132 ff. — Weftphalen.
Sarachonis regiftrum = Corveier regifter bei Falke.
Sartori neuefte reife durch Öfterreich. 3 b. Leipzig 1812.
Sartorius urkundliche gefchichte des urfprungs der deutfchen Hanfe. 2 b. Hamburg 1830.
Saffenchron.: de kronika fan Saffen in rimen hg. v. Scheller. Braunfchweig 1826.
Saftrow, Barthol., herkommen, geburt u. lauf feines ganzen lebens hg. v. Mohnike. 3 b. Greifswald 1823. 24.
Sattler gefchichte des herzogthums Würtemberg unter der regierung der graven. 5 th. Ulm 1764-68.
— gefchichte des herzogthums Würtemberg unter der regierung der herzoge. 13 th. Ulm 1769-83.
Saueracker verfuch einer gefchichte des hofmarks Fürth. 4 b. Nürnberg u. Leipzig 1786-89.
Savigny: gefchichte des römifchen rechts im mittelalter. 6 b. Heidelberg 1815-31.
— das recht des befitzes. Gießen 1. a. 1803. 6. a. 1836.
— über die lis vindiciarum in der zeitfchrift 3, 421 ff.
— über die römifche fteuerverfaffung in der zeitfchrift 6, 347 ff.
— vom beruf unferer zeit für gefetzgebung und rechtswiffenfchaft. 2. a. Heidelberg 1828.
— zeitfchrift fieh unter Z.
Saxo grammaticus hiftoria danica edd. P. E. Müller et Velfchow. Kopenhagen 1839 (pars pofterior 1858).
Saxon chronicle ed. by Ingram. London 1823.
lex Saxonum bei Georgifch c. 453 ff. [MGLL V p. 1 ff.]
Schade fatiren u. pafquille aus der reformationszeit. 3 b. Hannover 1856. 58.
Schaffarik flawifche alterthümer. 2 b. Leipzig 1843. 44.

Schlözer ftaatsanzeigen. Göttingen 1782-95.
Schm., Schmeller: bayerifches wörterbuch. 4 b. Stuttgart u. Tübingen 1827-37.
— die mundarten Bayerns grammatifch dargeftellt. München 1821.
— München unter der vierherzogregierung 1397-1403. München 1833.
Schmellers gl. a. (gloffaria alphabetica), vgl. Schm. wb. vorbem.
Schmid (Reinh.): die gefetze der Angelfachfen in der urfprache mit überfetzung u. erläuterungen. th. 1. Leipzig 1832. 2. aufl. 1858.
Schmid, Joh. Chr., fchwäbifches wörterbuch. Stuttgart 1831.
Schmidt, J. J., gefchichte der Oftmongolen. Petersburg 1829.
Schmidt, Phil. Ant., thefaurus juris ecclefiaftici. 7 b. Heidelberg u. a. 1772-79.
g. fchmiede: Konrad von Würzburg die goldene fchmiede in a. w. 2, 193 ff.
Schmincke monimenta haffiaca. 4 th. Caffel 1747-65.
Schmitz fitten u. fagen des Eifler volkes. 2 b. Trier 1856. 58.
Schneider, Dan., hiftorie u. ftammtafel des hochgräflichen haufes Erbach. Frankfurt 1736.
Schneidt thefaurus juris franconici. 2 abfchn. (24 u. 15 hefte). Würzburg 1787-91.
Schola curiofitatis five antidotum melancholiae joco-ferium von Germano Warheit veritatis ftudiofo. o. o. u. j.
Schon.: then gambla Skåne lagh (utg. af Joh. Hadorph). Stockholm 1676.
Schönauer w. (a. 1491. 1522) bei Cramer 9, 93. — Jülich.
Schönreiner w. (a. 1477) bei Buri p. 772 ff. weisth. 3, 544 ff. — Ifenburg.
Schönwerth aus der Oberpfalz fitten u. fagen. 3 b. Augsburg 1857-59.
Schöpflin: Alfatia diplomatica. 2 b. Mannheim 1772-75.
— Alfatia illuftrata. 2 b. Kolmar 1751-61.
— fieh auch cod. dipl. hift. zaringob.
Schöplenburger hovesrecht bei v. Steinen 1, 1399 ff. weisth. 3, 37 ff. — Weftphalen.
Schoppius de allodiis. Halle 1673.
Schott: fammlungen zu den deutfchen land- u. ftadtrechten. 3 b. Leipzig 1772-75.
— juriftifches wochenblatt. jahrg. 1-4. Leipzig 1772-75.
Schottel ausführliche arbeit von der teutfchen haubtfprache. Braunfchweig 1663.
— de fingularibus quibusdam et antiquis in Germania juribus. kurzer tractat von unterfchiedlichen rechten in Teutfchland. Frankfurt 1671.
Schöttgen u. Kreyfig diplomataria et fcriptores hiftoriae Germaniae medii aevi. 3 b. Altenburg 1753-60.
— — diplomatifche nachlefe der hiftorie von Oberfachfen. 12 th. Drefden u. Leipzig 1730-33.
Schrader die ältern dynaftenftämme zwifchen Leine, Wefer u. Diemel. Göttingen 1832.

Schrank baierſche reiſe. München 1786.
Schreiber: ſieh Freib. urk.
— der bundſchuh zu Lehen im Breisgau. Freiburg 1824.
Schröer, K. Jul., beitrag zu einem wörterbuche der deutſchen mundarten des ungriſchen berglandes. Wien 1858.
Schueren, Gher. v. d., Teuthoniſta of Duytſchlender uitg. d. Boonzajer. Leiden 1804.
Schukking über die tradition durch ſtoklegging in Drenthe. Groningen 1764.
Schultes, J. A. v., coburgiſche landesgeſchichte des mittelalters. Coburg 1815.
— diplomatiſche geſchichte des gräflichen hauſes Henneberg. 2 b. Leipzig 1788-91.
— hiſtoriſche ſchriften u. ſammlungen ungedruckter urkunden. 2 th. Hildburghauſen 1798-1800.
— hiſtoriſch-ſtatiſtiſche beſchreibung der gefürſteten grafſchaft Henneberg. 2 b. Hildburghauſen 1794-1815.
Schütze holſteiniſches idiotikon. 4 th. Hamburg 1800-2. Altona 1806.
Schwabenehe im rhein. muſeum 3, 281 ff.
Schwabenſpiegel bei Schilter theſaurus b. 2; hg. v. Laßberg. Tübingen 1840; v. Wackernagel. Zürich u. Frauenfeld 1840.
Schwäbiſches landrecht bei Senckenberg c. j. g. b. 2 und in den ausg. des Schwabenſpiegels.
— lehnrecht bei Schilter cod. jur. feud. und bei Laßberg Schwabenſpiegel.
Schwandtner ſcriptores rerum hungaricarum. 3 b. Wien 1746-48.
Schwanritter in den a. w. 3, 49 ff.
Schwartz, A. G., de ſerie proceſſus provocationum forenſium in cauſis ad jus ſuevienſe dirimendis. Greifswald 1742.
— geſchichte der pommeriſch-rügenſchen ſtädte. Greifswald 1755.
— verſuch einer pommeriſch-rügenſchen lehenshiſtorie. Greifswald 1740.
Schwartzenberg groot placaat- en charterboek van Vriesland. 4 b. Leeuwarden 1768-73.
Schwarz, Chr. Gl., de antiquo ritu elevandi reges inaugurandos ſuper clypeum. Altdorf 1730.
Schwarzenfelſer w. (a. 1453). weisth. 3, 517 f. — Heſſen.
Schweinichen: lieben, luſt u. leben der Deutſchen des 16. jh. in den begebenheiten des ſchleſiſchen ritters Hans von Schweinichen hg. v. Büſching. 3 b. Breſlau 1820-23.
Schweizerburgen: die Schweiz in ihren ritterburgen u. bergſchlöſſern mit einl. v. Hottinger hg. v. Guſtav Schwab. b. 1. Chur 1828.
Schwelmer hofsrecht, veſtenrecht bei v. Steinen 3, 1350 f. 1353 ff. weisth. 3, 31 ff. 27 ff. — Weſtphalen.
Schwerttänzerlied bei Winkelmann heſſ. chron. p. 374.
Scott ſieh minſtrelſy und Triſtrem.
Scriptores rer. br. ſieh Leibnitz.

Seel.: Waldemars ſeeländiſches geſetz bei Kofod Ancher lovhiſtorie 1, 527 ff.

—, Erichs: kong Eriks ſjellandſke lov bei Kolderup-Roſenvinge ſamling b. 2.

Seibertz urkundenbuch zur landes- u. rechtsgeſchichte des herzogthums Weſtfalen. 3 b. Arnsberg 1839-54.

Seitenhauſer urbar.

Selecta norimbergenſia. 6 th. Ansbach 1768-79.

Seligenſtädter w., ſendrecht u. willkür (a. 1390-1435) bei Steiner Seligenſt. p. 343 ff. weisth. 1, 503 ff. — Wetterau.

Selterſer w. (a. 1455) bei Hofmann p. 183 ff. — Sain.

Senckenberg corpus juris germanici publici ac privati (e bibliotheca Senckenbergiana emiſſum . . curante Koenig a Koenigsthal). 2 b. Frankfurt 1760. 66.

— meditationum de univerſo jure et hiſtoria volumen. Gießen 1740.

— ſelecta juris et hiſtoriarum. 6 b. Frankfurt 1734-42.

— viſiones diverſae de collectionibus legum germanicarum. Leipzig 1765.

Seneca, Lucius Annaeus, opera ed. Ruhkopf. 5 b. Leipzig 1797-1811.

cout. de la ville de Senliz (a. 1375).

Sennfelder dorfordnung (a. 1559) bei Mader 6, 200 ff. — Franken.

cout. de Sens im coutumier général 3, 483 ff.

Serenus Samonicus de medicina praecepta ſaluberrima ed. Ackermann. Leipzig 1786.

Serſumer meierding. weisth. 3, 240 ff. — Niederſachſen.

Serv.: Servatius bei Haupt 5, 75 ff.

Servin actions notables et plaidoyez accompagnés de quelques autres pièces curieuſes. Paris 1603.

Servius commentarii in Virgilium ed. Lion. 2 b. Göttingen 1826.

Serz teutſche idiotiſmen. Nürnberg 1797.

Sethe urkundliche entwicklung der natur der leibgewinnsgüter. Düſſeldorf 1810.

Seul das maifeld u. die kirche zu Lonnig. Coblenz 1840.

Seulberger u. Erlebacher w. (a. 1493) bei Ludolf ſymphoremata 2, 406 ff. Frankfurt 1734. Stiſſer p. 115. weisth. 3, 490 ff. — Wetterau.

gl. Sgall.: gloſſen in dem cod. ſangallenſis 184; vgl. Graff 1, LXIII.

Shakeſpeare dramatic works in 1 vol.

Siccama: lex Friſionum ed. et notis illuſtr. a S., rec. curatius Gaertner. Leipzig 1730.

Sickingen: Münch Franz von Sickingens thaten. 3 b. Stuttgart 1827-28. Aachen 1829.

Sickter freiengericht (a. 1551) bei Nolten de jure p. 167 ff. weisth. 3, 245 ff. — Braunſchweig.

Sidonius Apollinaris opera ed. Savaro. Paris 1609.

Siebenkees beiträge zum teutſchen recht. 6 th. Nürnberg u. Altorf 1786-91.

— juriſtiſches magazin. Jena 1782. 83; neues j. m. Ansbach 1784.

Siewert, Frdr. Gotth., das pfennigzins- und ftrohwifchrecht. Halle 1802.
Sigebertus gemblacenfis chronographia bei Piftorius fcriptores 1, 689 ff.
Sigolzheimer hoverecht bei Schilter cod. jur. feud. p. 369. weisth. 1, 664 ff. — Elfaß.
Silius Italicus Punica ed. Ruperti. 2 b. Göttingen 1795. 98.
Silva de romances viejos publicada por Jacobo Grimm. Wien 1815.
Simler, Jofias, von dem regiment loblicher eidgenofchaft zwei bücher. Zürich 1645.
Simmerner w. (a. 1517) bei Senckenberg c. j. g. I. 2 nr. 16. weisth. 2, 147 f. — Pfalz.
Simmerner (unter Daun) w. (a. 1542) bei Günther 5 nr. 126. weisth. 2, 146 f. — Trier.
Simpl.: des . . . wieder erftandenen Simpliciffimi . . . lebenswandel . . . in dreyen theilen. Nürnberg 1713; Keller Simpl.: der abenteuerliche Simpliciffimus hg. v. K. Stuttgart 1854.
Simpl. Courage in Simpl. th. 2 p. 109 ff.
Simrock deutfche volksbücher heft 22 Melufina. Frankfurt (1847).
Sjöborg förfök till en nomenklatur för nordifka fornlemninger. Stockholm 1815.
— famlingar för nordens fornälfkare. 3 b. Stockholm 1822-30.
Sismondi hiftoire des Français depuis l'origine jufqu'en 1789. 31 b. Paris 1821-44.
Sittewalt, Philander von, gefichte b. 4 (darin: foldatenleben). Leiden 1646.
Skâldfkaparmâl in Sn. p. 93 ff.
Skånelag fieh Schon.
Skenaeus regia majeftas bei Houard traités 2, 36 ff.
gl. Sletft.: gloffae fletftadenfes bei Haupt 5, 328 ff.
Sliebener willköre bei Kreyfig beitr. 3, 306 f. — Oberfachfen.
Sn.: Snorra-Edda utg. af Rafk. Stockholm 1818.
Södermanna lagen fieh Sudherm.
Soefter Daniel hg. v. Schmitz. Soeft 1848.
— fehde bei Emminghaus p. 583 ff.
Sögler markw. (a. 1590) bei Piper nr. 4 p. 202 ff. — Weftphalen.
Solothurner wochenblatt 1829.
Solzbacher w. bei Lerfner 2, 613. — Wetterau.
Somborner w. (a. 1455) bei Steiner Alzenau p. 246. — Wetterau.
Sommersberg filefiacarum rerum fcriptores. 3 b. Leipzig 1729-32.
Sonnenfels grundfätze der polizei-, handlungs- u. finanzwiffenfchaft. 3 th. 4. a. Wien 1786.
Sophocles tragoediae cum praefatione Dindorfii. Leipzig 1825.
Sörla fterka faga bei Biörner nr. 8.
Sotomayor: novelas exemplares y amorofas de doña Maria de Zayas y Sotomayor. Barcelona 1634.
S. Palaye mémoire fur l'ancienne chevalerie. 3 b. Paris 1759.

Spangenberg, E., beiträge zu den teutfchen rechten des mittelalters. Halle 1822.
— beiträge zur kunde der teutfchen rechtsalterthümer u. rechtsquellen. Hannover 1824.
— juris romani tabulae negotiorum follemnium. Leipzig 1822.
— neues vaterländifches archiv. 10 b. Lüneburg 1822-32.
Spangenberg, M. Cyriacus, adelfpiegel. 2 b. Schmalkalden 1591. 94.
Specht ifnifches denkmal, welches in fich faffet eine gewiffe nachricht von der löblichen reichsftadt Ifny. Lindau 1750.
Spechtesharter w. bei Bodm. p. 479. — Wetterau.
the Spectator (by Jof. Addifon). 8 b. 3. ed. London 1723.
Speidel, J. J., fpeculum juridico- politico- philologico-hiftoricarum obfervationum. Nürnberg 1657.
Speierer ftadtrecht (a. 1328) bei Lehmann chronica p. 284 ff.
Speller wolde ordele (a. 1465) bei Piper nr. 1. weisth. 3, 180 ff. — Weftphalen.
Spelman gloffarium archaeologicum. London 1687.
Spiegel Avefta die heiligen fchriften der Parfen. 3 b. Leipzig 1852-63.
Spiel vaterländifches archiv oder beiträge zur kenntnis des königreichs Hannover. 5 b. Hannover 1819 ff.
Spieß archivalifche nebenarbeiten u. nachrichten. 2 th. Halle 1783-85.
— aufklärungen in der gefchichte u. diplomatik. Baireuth 1791.
Spilcker beiträge zur älteren deutfchen gefchichte. 2 b. Arolfen 1827-33.
Sfp.: der Sachfenfpiegel oder das fächfifche landrecht hg. v. Homeyer. Berlin 1827.
—, hochd.: Eykens von Repgon Sachfen-fpiegel oder das fächfifche landrecht hg. v. Gärtner. Leipzig 1732.
Stadoldendorfer hägergericht (a. 1715) bei Nolten de fing. p. 154 ff. de jure p. 106 ff. — Braunfchweig.
Stadslagh: Swerikes rijkes ftadz lagh. Stockholm 1617.
Stadt Straßburg gegenerklärung mit . . . widerlegung der beiden erklärungsfchriften, fo der . . . . hertzog zu Lothringen . . . . wider fie in truck außgehn laffen. Straßburg 1592.
Stalder: verfuch eines fchweizerifchen idiotikon. 2 b. Aarau 1812.
— über das Entlibuch. 2 th. Zürich 1797. 98.
Stälin, Chrph Frdr. v., wirtembergifche gefchichte. 3 b. Stuttgart u. Tübingen 1841-56.
Stangefol annales circuli weftphalici. 2 b. Cöln 1640. 56.
Staphorft hamburgifche kirchengefchichte. 5 b. Hamburg 1723-29.
Staps ein recrüte ein luftfpiel in einem aufzug. Frankfurt 1749.
Statius opera. Zweibrücken 1785.
Statuta Bergomi ed. Vailetti et de Alexandris. Bergamo 1727.
— colon. (a. 1437): jus municipale colonienfe. ed. 2. Cöln 1762.
— huxarienfia (13. jh. u. 1355) bei Wigand arch. III. 3, 14; fieh auch Höxterer ftatuten.

Statuta luneburgica (Lüneburger reformation) bei Pufendorf obferv. 4, 624 ff.
— mulh. fieh Grafshof.
— fonderburgica bei v. Brockdorf u. Eggers corpus ftatutorum flesvicenfium 4, 197 ff.
— ftadenfia bei Pufendorf obferv. 1, 163. 2, 152.
— tremonenfia bei Wigand Corvey 1, 205. 265; fieh auch jus tremon.
— verdenfia bei Pufendorf obferv. 1, 77 ff.
Statuten des Deutfchen ordens hg. v. Hennig. Königsberg 1806.
record de Stavelot (15. jh.). — Stablo.
Steiermärkifche zeitfchrift. Graz 1834 ff.
v. Steinen weftphälifche gefchichte. 5 th. Lemgo 1755-1801.
Steiner gefchichte der ftadt Dieburg. Darmftadt 1829.
— gefchichte u. topographie des freigerichts Alzenau. Afchaffenburg 1820.
— gefchichte von Seligenftadt. Afchaffenburg 1820.
— landgraf Georg I. Darmftadt 1828.
Steinmetzenordnung bei Heideloff die bauhütte des mittelalters in Deutfchland. Nürnberg 1844. p. 47 ff.
Stenzel fcriptores rerum filefiacarum. 5 b. Breflau 1835-51.
— urkunden zur gefchichte des bisthums Breflau im mittelalter. Breflau 1845.
Stephanus byzantius. 4 b. Leipzig 1825; ex rec. Meinekii. Berlin 1850.
Steyerer commentarii pro hiftoria Alberti II. ducis Auftriae. Leipzig 1725.
Stjernhöök de jure Sveonum et Gothorum vetufto. Stockholm 1672.
Stiffer forft- u. jagdhiftorie der Deutfchen. Leipzig 1754.
Stöber elfäffifches volksbüchlein . . . fprüche u. märchen. Straßburg 1842.
Stoke, Melis, rijmkronijk door B. Huydecoper. 3 b. Leiden 1772.
m. Stolle: meifter Stolle bei Myller b. 2.
Strabo res geographicae. 2 b. Amfterdam 1707; edd. Siebenkees et Tzfchucke. 7 b. Leipzig 1796-1818.
Straparola, die nächte des, aus dem italienifchen überf. 2 th. Wien 1791.
Stricker birkenft. (cod. Birkenftock): mf. germ. berol. 875. 4°.
— kleinere gedichte hg. v. Hahn. Quedlinburg 1839.
Strieder heffifche gelehrtengefchichte. b. 1 ff. Marburg 1819.
Stritter memoriae populorum olim ad Danubium . . . incolentium. 4 b. Petersburg 1772-79.
Strobel, A. W., beiträge zur deutfchen litteratur. Paris u. Straßburg 1827.
— franzöfifche volksdichter. 2 th. Baden 1846. 48.
Strodtmann idioticon ofnabrugenfe. Leipzig u. Altona 1756.
w. zu Strone. weisth. 3, 803 ff. — Eifel.
Strube rechtliche bedenken. 5 b. Hannover 1761-77.
— de bonis meierdingicis hinter der commentatio de jure villicorum. 3. a. Hannover 1768.
Struve neueröffnetes hiftorifches u. politifches archiv. h. 1-5. Jena 1718-28.

Stuck, Joh. Guil., antiquitatum convivialium libri 3. ed. 2. Zürich 1597.
Sturlûnga ſaga. 4 b. Kopenhagen 1817-20.
Stuttgarter ſtadtordnung (a. 1492) bei Sattler graven 5, 36 ff.
Stüve geſchichte des hochſtifts Oſnabrück. Oſnabrück 1853.
Suchenwirts werke hg. v. Primiſſer. Wien 1827.
Sudendorf beiträge zur geſchichte des landes Oſnabrück. Oſnabrück 1840.
Sudherm. (Söderm.): Suthermanna laghen utg. af Cl. °Akerman. Stockholm 1666; ſeitenzahl nach CJS. b. 4.
w. van Sueſteren (a. 1260) lat. bei Bondam 1, 543. weisth. 3, 861 ff. — Geldern.
Suetonius opera ed. Fr. Aug. Wolfius. 4 b. Leipzig 1802.
Suhm: hiſtorie af Danmark. 14 b. Kopenhagen 1782-1828.
— hiſtoriſche darſtellung der nordiſchen fabelzeit übertr. v. Gräter. 2 th. Leipzig 1803. 4.
Suidas lexicon ed. Kuſterus. Cambridge 1705.
Sulingswalder w. (a. 1522). — Heſſen.
Sulpicius Severus opera ed. Hornius. Amſterdam 1665.
Sulzbacher w. (a. 1408). weisth. 1, 572 ff.; dinghof zu Sulzbach (a. 1507). weisth. 4, 70 ff. — Naſſau.
— deduction ſieh Moſer.
Sumerlaten mittelhochdeutſche gloſſen hg. v. H. Hoffmann. Wien 1834.
Sünteler mark. — Weſtphalen.
Surius de probatis ſanctorum hiſtoriis. 12 b. Cöln 1618 ff.
Sutner berichtigung der unruhen bei dem regierungsantritt der herzöge . . . Ernſt u. Wilhelm von Bayern. München 1797.
Sv. fornſ.: ſvenſka fornſånger utg. af Arwidsſon. 3 b. Stockholm 1834-42.
Sv. viſ.: ſvenſka folkviſor från forntiden utg. af Geijer och Afzelius. 3 b. Stockholm 1814-16.
Svarfdœla ſaga in den Islend. ſögur 2, 113 ff.
Sveriges landslag ſieh landslag.
Sverris ſaga in den fornmanna ſögur b. 8.
Swartebroeker w. (a. 1244) lat. bei Bondam 1, 451. — Geldern.
Sweinheimer (Schwanheim bei Frankfurt) w. (a. 1421); Sw. vogtsrecht (a. 1438. 1442). weisth. 1, 521 ff. — Wetterau.
v. Sydow darſtellung des erbrechts nach den grundſätzen des Sachſenſpiegels. Berlin 1828.
Syneſius epiſc. Cyrenes opera interpr. D. Petavio. Paris 1612.
Szczygielſki Tinecia ſeu hiſtoria monaſterii tinecenſis. Krakau 1668.
Szirmay, Anton., Hungaria in parabolis. ed. 2. Budapeſt 1807.
— notitia topographica comitatus zemplenienſis. Budapeſt 1803.

## T.

T.: Tatians evangelienharmonie bei Schilter theſaurus b. 2.
XII tabulae ſieh Funk.

Tägerwyler öffnung (a. 1447) bei Pupikofer 1 nr. 85. weisth. 4, 421 ff. — Schweiz.
Tacitus opera ed. Brotier. 5 b. Mannheim 1780. 81.
Talvj volkslieder der Serben. 2 b. Halle 1825. 26.
Tegner Frithiofs ſaga. Stockholm 1825.
Temme die volksſagen der Altmark. Berlin 1839.
Tengler laienſpiegel. Augsburg 1511.
Tenzel ſupplementa zu Caſp. Sagittarius hiſtoria gothana. Jena 1701-7.
Tertullianus opera. Paris 1566.
— de reſurrectione carnis. Paris 1580.
Teſkl.: Achlumer teſklaow bei Scheltema III. 2, 57 ff.
Tettau u. Temme volksſagen Oſtpreußens. Berlin 1837.
Teufels netz hg. v. Barack. Stuttgart 1863.
Teuthoniſta ſieh Schueren.
Teweſchen hochtydt. o. o. 1661.
Th. franc.: théatre français au moyen âge publ. p. Fr. Michel. Paris 1839.
Thémis ou bibliothèque du jurisconſulte. Paris 1819 ff.
edictum Theoderici bei Georgiſch c. 2199 ff. [MGLL V p. 145 ff.]
Theodericus vita S. Eliſabethae bei Caniſius 4, 116 ff.
Theophilus bei Bruns gedichte p. 289 ff.
Theſaurus juris franconici ſieh Schneidt.
Thiele, A. F., die jüdiſchen gauner in Deutſchland. b. 1. Berlin 1841.
Thiele, J. M., Danmarks folkeſagn. 4 b. Kopenhagen 1818-23.
Thomas der oberhof zu Frankfurt am Main . . . bevorwortet v. Jacob Grimm. Frankfurt 1841.
Thomas Walſingham ypodigma Neuſtriae vel Normanniae bei Camden anglica normannica. Frankfurt 1603. p. 413 ff.
Thoms, Wm. J., anecdotes and traditions. London 1839.
Thorkelin diplomatarium arnamagnæanum. 2 b. Kopenhagen u. Leipzig 1786.
Thorl.: Sk. Thorlacius antiquitatum borealium obſervationes miſcellaneae. 7 ſpecimina. Kopenhagen 1778-1801.
— noget om Thor og hans hammer im ſkandinaviſk muſeum. Kopenhagen 1802. heft 4 u. 5.
Thorlacius, Birger, populäre aufſätze das griechiſche, römiſche u. nordiſche alterthum betreffend überſ. v. Sander. Kopenhagen 1812.
þorſteins ſaga Víkíngsſonar hſl., die capitelzahl ſtimmt zu fornaldar ſögur 2, 381 ff.
þrymsqviða in Sæm. p. 70 ff.
Thucydides de bello peloponneſiaco ed. Bekker. 3 b. Berlin 1821.
Thudichum geſchichte des freien gerichts Kaichen in der Wetterau. Gießen 1857.
Thüngen das ſächſiſche weichbildrecht nach dem codex palatinus nr. 461. Heidelberg 1837.

thür. fächf. verein: neue mittheilungen . . . im namen des . . thüringifch-fächfifchen vereins für erforfchung des vaterländifchen alterthums hg. v. Förftemann. Halle u. Nordhaufen 1834 ff.
Thuringia facra. Frankfurt 1737.
Thürlinder öffnung (a. 1458) bei Pupikofer nr. 97. weisth. 1, 257 ff. — Schweiz.
Thwrocz chronica Hungarorum bei Schwandtner 1, 39 ff.
Tirol. famml.: fammler für gefchichte u. ftatiftik von Tirol. 5 b. Innsbruck 1807 ff.
ä. Tit.: Wolfram von Efchenbach Titurel fieh Parc.
Titurel (jüngrer) nach dem druck Straßburg 1477; der ausg. v. Hahn. Quedlinburg 1842.
Tobler, Titus, appenzellifcher fprachfchatz. Zürich 1837.
Todes gehügede bei Maßmann deutfche gedichte p. 343 ff.
Torfaeus hiftoria rerum norvegicarum. 4 b. Kopenhagen 1711.
Torgauer ftat.: ftadtrecht von Torgau 1677.
Torquatus annales magdeburgicae (um 1600) hfl.
Toxaris fieh Lucian.
Traditiones fuldenfes bei Piftorius fcriptores 3, 487 ff.; fieh auch Schannat, Dronke.
— patavinae sieh Freyberg.
— S. Galli: traditiones monafterii S. Galli. o. o. u. j.
— wizenb.: Zeuß traditiones poffeffionesque wizenburgenfes. Speier 1842.
Tragica eller gamle danfke hiftorifke elfkovs vifer. Kopenhagen 1657.
Transactions of the literary fociety of Madras. b. 1. London 1827.
— of the royal afiatic fociety of Great-Britain and Ireland. London 1827 ff.
— of the royal irifh academy. Dublin 1787 ff.
— of the fociety of the antiquaries of Scotland. Edinburg 1792 ff.
Treburer w. (a. 1425). weisth. 1, 495 ff. — Catzenelnbogen.
gl. Trev.: gloffae trevirenfes bei Hoffmann gloffen p. 1 ff.
Treyßer w. (a. 1340) lat. bei Bodm. p. 676; vgl. Dreiß. — Rheingau.
Trierer chronik hg. von Schröll. 10 b. Trier 1816-25.
— fifcheramtsw. (a. 1538) bei Hontheim hiftoria 2, 671. weisth. 2, 281 f. — Trier.
Trift.: Gottfrieds von Straßburg werke hg. v. von der Hagen. Breflau 1823. b. 1 Triftan u. Ifolde; Trift. Müll.: die ausgabe bei Myller b. 2.
Triftan, altfranz.: (verszahl) in Trift. 2, 243 ff.; (doppelte zahl) Tr. publ. p. Fr. Michel. 2 b. London 1835.
Triftan volksbuch: im buch der liebe hg. durch Büfching u. von der Hagen 1, 1 ff. Berlin 1809.
Triftrem: Sir Tr. a metrical romance ed. by W. Scott. Edinburg 1804.
Troj.: Konrad von Würzburg trojanifcher krieg bei Myller b. 3.
Tröltfch anmerkungen u. abhandlungen in verfchiedenen theilen der rechtsgelehrtheit. 2 b, Nördlingen 1775. 77.

gl. Troſſ.: nd. gloſſen des 11. jh. mitgetheilt von Ludw. Troſs.
Troſs ſammlung merkwürdiger urkunden für die geſchichte des femgerichts. Hamm 1826.
— Weſtphalia archiv für die weſtphäliſche geſchichte. h. 1-3. Hamm 1824-26.
Tſchachtlan Berner chronik hg. v. Stierlin u. Wyß. Berlin 1820.
Tſchudi chronicon helveticum hg. v. Iſelin. 2 th. Baſel 1734-36.
Tuet: matinées ſénonoiſes ou proverbes françois (par l'abbé J. Ch. Franç. Tuet). Paris 1789.
Tundalus bei Hahn p. 41 ff.
Türl. Wh. ſieh Wh. 1.
Turnebus adverſariorum tomi 3. Baſel 1580. 81.
Turpinus de vita Caroli magni ed. Ciampi. Florenz 1822.
rebenweisthum zu Twann (a. 1426). weisth. 1, 182 f. — Schweiz.
Twenther hofrecht (a. 1546. 1662. 1667) gedr. Zwolle 1668; bei Lodtmann de jure nr. 27. — Overyſſel.
Twyſden hiſtoriae anglicanae ſcriptores decem. 2 b. London 1652.
Tyrwhitt ſieh C. T.
Tzetzes σχόλια εἰς Λυκόφρονα ed. Ch. Gf. Müller. 3 b. Leipzig 1811.

## U.

Ufhauſer w. (a. 1501. 1511). weisth. 3, 383 ff. 386 ff. — Heſſen.
Ughelli Italia ſacra. 9 b. Rom 1644-62.
Uhland: alte hoch- und niederdeutſche volkslieder. Stuttgart u. Tübingen. 1844. 45.
— herzog Ernſt von Schwaben. Heidelberg 1818.
Ukert geographie der Griechen u. Römer II. 2 Gallien. Weimar 1832; III. 2 Skythien. 1846.
Ulfilas gothiſche bibelüberſetzung nach den ausg. v. Zahn. Weißenfels 1805; v. Caſtiglione. Mailand 1819. 29. 34. 35. 39.
Uli der knecht von Jer. Gotthelf. Berlin 1850.
Ulr. Triſt.: Ulrich von Türheim Triſtan in Triſt. 1, 271 ff.
Ulrich ſieh auch Lichtenſtein.
Ulrich, Ph. Fr., de jure mortuario in Haſſia ejusque ſpecie nomine hainrecht inſignita. Marburg 1769.
Umſtatter centw. (a. 1455) bei Hallwachs p. 105 f. weisth. 5, 237 ff. — Pfalz.
Unander allmogemålet i ſödre delen af Veſterbottens län. Upſala 1857.
Ungariſches magazin. Preſsburg 1781 ff.
Ungew. apotheker: Ettner der ungewiſſenhafte a. Frankfurt u. Leipzig 1700.
Unibos in den lat. ged. p. 354 ff.
Unw. doctor: Ettner des getreuen Eckarths unwürdiger doctor. Augsburg u. Leipzig 1697.
Uolrich: Albertus S. Ulrichs leben hg. v. Schmeller. München 1844.

## V.

1001 Viertelftunde: die taufend u. eine viertel-ftunde beftehend in artigen u. lefenswürdigen tartarifchen gefchichten. 2 th. Leipzig 1738.
Vîgaglûms faga e manufcriptis legati magnæani. Kopenhagen 1786.
leges Vihtrædi bei Wilkins p. 10 ff. Canciani 4, 252 ff. [Schmid² p. 45 ff.]
Vilbeler w. (a. 1498). befchr. v. Hanau p. 99 f. [weisth. 5, 325 ff.] — Hanau.
Vilkinafaga eller hiftorien om konung Thiderich af Bern ed. Peringfkjöld. Stockholm 1715.
Villanueva viage literario á las iglefias de Efpaña. 22 b. Madrid u. Valencia 1803-52.
Vilmarer w. (a. 1442) bei Arnoldi mifc. p. 65. weisth. 3, 503. [5, 288 ff.] — Naffau.
Vincentius bellovacenfis fpeculum hiftoriale. Douai 1624.
Virgilius opera ed. Heyne. ed. 2. 4 b. Leipzig 1787-89.
Virnheimer w. (a. 1563) bei Dahl urk. p. 52. weisth. 1, 463. [5, 527 ff.] — Pfalz.
leges Vifigothorum bei Georgifch c. 1845 ff.
Vita Bennonis fieh Norbertus.
— Engelberti colonienfis ed. Gelenius. Cöln 1633.
— b. Goaris auctore Wandelberto prumienfi bei Mabillon acta faec. 2. p. 281 ff.
— S. Idae bei Leibnitz fcriptores 1, 171 ff.
— Lutgeri bei Brower fidera.
— Meinwerci bei Leibnitz fcriptores 1, 517 ff.; Pertz 13, 106 ff.
— Romani abbatis jurenfis in den acta Sanctorum Bollandiftarum Febr. 3, 740 ff.
cout. de Vitry im coutumier général 3, 310 ff.
Vocabularien aus dem 15. jh., vgl. wb. b. 1 vorrede p. 20.
Vocabularium S. Galli mit der feitenzahl des cod. fangallenfis 913.
Voeu du paon nach der hf. Laßbergs.
Vogt, Joh., monumenta inedita rerum germanicarum praecipue bremenfium. 2 b. Bremen 1740-52.
Vogt, Niclas, rheinifche gefchichten u. fagen. 4 b. Frankfurt 1817-36.
Voigt, G. Chr., abhandl. über einzelne gegenftände des rechts. Halle 1782.
Voigt, J., gefchichte Preußens. 9 b. Königsberg 1841-43.
— die weftphälifchen fehmgerichte in beziehung auf Preußen. Königsberg 1836.
Volkerfer meierding (a. 1588) bei Nolten de fing. p. 130 f. weisth. 3, 252 ff. — Hildesheim.
Völklinger w. (a. 1422). weisth. 2, 9 ff. — Trier.
Volksmärchen aus der Bretagne bearb. v. Bode. Leipzig 1847.
Völfûnga faga bei Biörner nr. 11; in den fornaldar fögur 1, 113 ff.
Völufpâ in Sæm. p. 1 ff.
Vopifcus in den hiftoriae Auguftae fcriptores.
Vorholzer holting. weisth. 3, 258 ff. — Niederfachfen.

## W.

Walth.: Walther von der Vogelweide hg. v. Lachmann. Berlin 1827.
Waltharius hg. v. Fifcher de prima expeditione Attilae. 2 th. Leipzig 1780. 92; in den lat. ged. p. 1 ff.
Walther von Rheinau Marienleben hg. v. Keller. Tübingen 1849-55.
elenchus Waltpodiorum bei Gudenus 2, 495. weisth. 1, 532 ff. — Rheingau.
Warnkönig flandrifche ftaats- und rechtsgefchichte. 3 b. Tübingen 1835-42.
Warnung bei Haupt 1, 438 ff.
Waffenberger voigtdink. — Jülich.
Waffergerichtsw. (a. 1611) bei Cramer 23, 76 ff.; vgl. Hallwachs p. 83. weisth. 3, 463 ff. — Wetterau.
Wafferfchleben fammlung deutfcher rechtsquellen. b. 1. Gießen 1860.
Wafunger landgericht (a. 1466) bei Schultes befchr. v. Henneberg 2, 290 f. — Henneberg.
Wb.: deutfches wörterbuch von Jacob u. Wilhelm Grimm. b. 1-3. Leipzig 1854-62.
Weber, Albr., Mâlavikâ u. Agnimitra ein drama des Kâlidâfa. Berlin 1856.
Weber bilder des Sfp.: Batt, Babo, Mone, Eitenbenz u. Weber deutfche denkmäler 1. lief. (mit erläuterungen von Weber). Heidelberg 1820.
Weber, Imm., de inveftituris et fervitiis feudorum ludicris. Gießen 1745.
Weddigen weftphälifches magazin. Deffau u. a. 1784 ff.; neues w. m. Lemgo 1789 ff.
Wedekind noten zu einigen gefchichtsfchreibern des deutfchen mittelalters. 3 b. Hamburg 1821-37.
Wegelin de dominio maris fuevici vulgo lacus bodamici. Jena 1742.
— thefaurus rerum fuevicarum. 4 b. Lindau 1756-60.
Wehner practicarum juris obfervationum felectarum liber fingularis. Frankfurt 1615; editio noviffima cum additionibus Schilteri. Straßburg 1701.
Wehrer w. (16. jh.) bei Günther 5 nr. 208. — Trier.
Wehrheimer w. — Wetterau.
Wehrmeifterei waldw. (14. jh.) bei Ritz 1, 130 ff.; anderes (a. 1342) ibid. p. 145 ff. weisth. 2, 791 ff. — Jülich.
Weichbild fieh fächfifches weichbild.
Weimarifche karte: topographifch-militairifche charte von Teutfchland in 204 blättern. Weimar 1807-13.
Weimarifches jahrbuch für deutfche fprache, litteratur u. kunft. Hannover 1854 ff.
Weinhold beiträge zu einem fchlefifchen wörterbuch. Wien 1855.
Weinkens Eginhartus illuftratus. Frankfurt 1714.
Weife, Chriftian, comödienprobe. Leipzig 1696.
— die drey ärgften erznarren in der gantzen welt. Leipzig 1704.
Weifke zur Germania: Tacitus Germania überf. u. erläutert v. Bülau, Weifke u. Leutfch. Leipzig 1828.

Weiflinger Huttenus delarvatus. Conftanz u. Augsburg 1730.
record de Weifmes (15. jh.) bei Ritz p. 178 ff. weisth. 2, 825 ff. — Malmedy.
Weisth.: weisthümer gefammelt von Jacob Grimm. b. 1-4. Göttingen 1840-63. [b. 5-7. 1866-78.]
Weißenauer fares recht (a. 1492) bei Gudenus 5, 1084. — Rheingau.
Weißenfteiner w. (a. 1539) bei Günther 5 nr. 114. — Trier.
Welcker, Friedr. Gottl., von ftändifcher verfaffung u. über Deutfchlands zukunft. Karlsruhe 1831.
Wenck heffifche landesgefchichte mit einem urkundenbuch. 3 th. Darmftadt u. a. 1783-1803.
Wend. lieder: volkslieder der Wenden in der Laufitz hg. v. L. Haupt u. Schmaler. 2 b. Grimma 1843.
Wendelin leges falicae illuftratae. Antwerpen 1649.
Wendthager w. (a. 1731) bei Spangenberg beiträge zu den teutfchen rechten p. 199 ff. — Schaumburg.
Wengener gerichtsordnung (a. 1499). MB. 23, 664 ff. — Schwaben.
Werdener heberegifter bei Lacomblet archiv 2, 209 ff.
Werler w. (a. 1394); W. w. (a 1331) bei Wenck 1, 129. — Catzenelnbogen.
Werner u. Seperader hoferecht bei Trofs Weftphalia 1825. 1, 66b. weisth. 3, 161 ff. — Weftphalen.
Wernher fieh Mar.
Wernh. v. N.: Wernher vom Niederrhein hg. v. Wh. Grimm. Göttingen 1839.
Werfebe befchreibung der gaue zwifchen Elbe, Saale u. Unftrut, Wefer u. Werra. Hannover 1829.
Wertheimer deduction: wohlgegründeter gegenbericht . . . auff den vor der zeit durch die bifchoffliche würtzburgifche rähte wieder die herren grauen zu Löwenftein u. Wertheimb auß gefprengten vermeinten bericht. Wertheim 1618. 19.
— w. (a. 1479). — Naffau.
Weffel fchilderung des katholifchen gottesdienftes in Stralfund hg. v. Zober. Stralfund 1837.
Weftenrieder gloffarium germanico-latinum. München 1816.
Wefterwalder w. (a. 1495). weisth. 1, 648 f. — Naffau.
Wefterwalder holtingsbuch (a. 1521 ff.) bei Niefert 2, 137 ff. weisth. 3, 123 ff. — Weftphalen.
Wefterwoldinge landrecht in pro excol. 4, 2.
Wefthover klutengericht bei v. Steinen 1, 1719 ff.; W. hofsrecht (a. 1322) ibid. 1, 1561 ff. weisth. 3, 43 f. — Weftphalen.
Weftphal, E. Ch., das teutfche u. reichsftändifche privatrecht. 2 th. Halle 1783. 84.
Weftphalen monumenta inedita rerum germanicarum praecipue cimbricarum et megapolenfium. 4 b. Leipzig 1730-45.
Weftphälifche provinzialblätter hg. v. der weftphäl. gef. für vaterländifche cultur. Minden 1828 ff.

Wildberger w. (a. 1384) bei Bodm. p. 142. — Rheingau.
Wilde hiftoria pragmatica Sueciae. Stockholm 1731.
Wildfchonauer urbarium (a. 1440). MB. 2, 164 ff. — Baiern.
Wilhelmus gemeticenfis hiftoria Normannorum bei Duchefne (fieh unter Dudo) p. 215 ff.
Wilhelmus malmesberienfis de rebus geftis regum Anglorum bei Savile rerum anglicarum fcriptores. Frankfurt 1601. p. 5 ff.
Wilken gefchichte der kreuzzüge. 7 b. Leipzig 1807-32.
— handbuch der deutfchen hiftorie. Heidelberg 1810.
Wilkens, Alb., generalgefchichte der alten reichsedeln u. dynaften von u. zu Steinfurt. Münfter 1826.
Wilkins leges anglo-faxonicae. London 1721.
Williker w.
Willmut luftfpiel des Spaten. Jena 1680.
Wilfon the Meghaduta. London 1814.
Wimbeker hagengericht (a. 1611) bei Führer p. 319 ff. — Weftphalen.
Windberger pfalmen: deutfche interlinearverfionen der pfalmen hg. v. Graff. Quedlinburg 1839.
Winden u. Weinährer w. (a. 1658) in: vertheidigte freyheit u. gerechtfame des gerichts u. gemeinden W. u. W. gegen des clofters Arnftein . . . eingriffe. o. o. 1766. p. 26 ff. weisth. 1, 604 ff. — Trier.
Windesheimer w. (a. 1550) bei Günther 5 nr. 141. weisth. 2, 166 f. — Pfalz.
Winkelmann heff. chron.: befchreibung der fürftenthümer Heffen u. Hersfeld. Bremen 1697.
Winninger w. (a. 1424) bei Günther 4 nr. 116. weisth. 2, 501 f. — Sponheim.
Winsbeke bei Ben. 455 ff.; hg. v. Haupt. Leipzig 1845.
Winzenburger latengericht (18. jh.) bei Nolten de jure p. 135 ff. — Hildesheim.
Wippo vita Conradi II. bei Piftorius fcriptores 3, 459 ff.
Wisberger landw. bei Bodm. p. 58. — Naffau.
— w. bei Kremer origines naffoicae. Wiesbaden 1779. prob. 321 ff.
Wifmenius encomium Wermelandiae. 1637.
Witechindus corbeienfis annales ed. Reineccius. Frankfurt 1577; bei Meibom 1, 629 ff.; Pertz 5, 416 ff.
Witzenhaufer falbuch u. peinliches gericht bei Kopp nr. 83. 116. — Heffen.
Witzenmülenrecht zu Winfen (a. 1570) bei Mafcov notitia app. p. 1 ff. weisth. 3, 231 ff. — Lüneburg.
Wolf, Joh., lectionum memorabilium et reconditarum centenarii 16. 2 b. Leiningen 1600.
Wolf, Joh., gefchichte des gefchlechts von Hardenberg. 2 b. Göttingen 1823.
Wolf, Joh. Wh., zeitfchrift für deutfche mythologie u. fittenkunde. Göttingen 1853 ff.

Wolfdietrich cod. drefd., Cafp. v. d. Rön: bei HP. b. 1.
— cod. francof.: der W. in der hf. der Frankfurter ftadtbibliothek.
— Hagen: bei Hhb. 1, 71 ff.
Wolff, O. L. B., fammlung hiftorifcher volkslieder der Deutfchen. Stuttgart u. Tübingen 1830.
Wolfhager falbuch (a. 1555) bei Kopp nr. 85. — Heffen.
Wolkenftein, Oswald von, gedichte hg. v. Weber. Innsbruck 1847.
öffnung zu Woltingen.
Wormfer lex familiae fieh Burchardus.
Wotton leges wallicae cum verfione latina, notis et gloffario. London 1730.
Wrazhofer dinghofsrecht bei Schilter cod. jur. feud. p. 374. weisth. 1, 718 ff. — Elfaß.
Wulfter fchnadgericht fieh deduction von Wulften.
Wunderhorn, des knaben. 3 b. Heidelberg 1808.
Würdtwein dioecefis moguntina in archidiaconatus diftincta. 2 b. Mannheim 1709-72.
— diplomataria maguntina. Mainz 1788.
Wurfter landrecht bei Pufendorf obferv. 1, 61 ff.
Würtenb. landr. v. 1555: new landtrecht des fürftenthumbs Würtemberg. o. o. u. j.
Würzburger grenzw. (a. 779) bei Eccard fr. or. 1, 674. — Franken.
van Wyn huiszittend leven. 2 th. Amfterdam 1807. 12.

## X.

Xenophon fcripta. 4 b. Leipzig 1801-4.
— anabafis ed. G. A. Koch. Leipzig 1849.

## Y.

Ynglînga faga in der Heimskringla b. 1.

## Z.

Zach monatliche correfpondenz zur beförderung der erd- und himmelskunde. Gotha 1800-11.
Zangen beiträge zum deutfchen recht. 2 th. Marburg 1788. Gießen 1792.
Zapf monumenta anecdota hiftoriam Germaniae illuftrantia. Augsburg 1785.
Zedler großes vollftändiges univerfallexicon. Halle u. Leipzig 1732 ff.
Zeiller 606 epifteln oder fendfchreiben. Ulm (Marburg) 1656.
Zeitfchrift: zf. für gefchichtliche rechtswiffenfchaft hg. v. Savigny, Eichhorn u. Göfchen. Berlin 1815 ff.
— der deutfchen morgenländifchen gefellfchaft. Leipzig 1847 ff.
— für archivkunde, diplomatik u. gefchichte. 2 b. Hamburg 1833-38.
— für rechtsgefchichte hg. v. Rudorff. Weimar 1861 ff.

Zeitvertreiber, kurzweiliger, . . . . zufammen getragen und zum zweitenmahl vermehrter herauß gegeben durch C. A. M. von W. o. o. 1668.
Zeller w. bei Holzkirchen (a. 1420). Wertheimer ded. nr. 48. weisth. 3, 572 ff. — Franken.
Zepernick fammlung zerftreuter auffätze aus dem lehnrechte. 4 th. Halle 1781-83.
Zeugenausfage von 1555 in der deduction vom Jofsgrund.
Zeuß grammatica celtica. 2 b. Leipzig 1853.
Ziegenhainer repertorium für Niederheffen u. Oberheffen.
Ziegler, Cafp., de juramentis Judaeorum. Wittenberg 1684.
Ziegler, H. F., ditmarfifches idioticon bei Richey p. 405 ff.
Ziemann mittelhochdeutfches wörterbuch. Quedlinburg 1838.
dinghof zu Zimmerbach. weisth. 4, 200 ff. — Elfaß.
Zimmern gefchichte des römifchen privatrechts. b. 3 der römifche civilprocefs. Heidelberg 1829.
Zinkgreff teutfche apophthegmata. 2 th. Straßburg 1626. 31.
Zober eine alte Stralfunder chronik aus der unlängft aufgefundenen pergamenthf. hg. Stralfund 1842.
Zofimus hiftoria nova ed. Reitemeyer. Leipzig 1784.
gl. Zwetl.: gloffae zwetlenfes bei Gerbert iter app. p. 109 ff.
Zwingenberger w. (a. 1422); Z. w. bei Hallwachs p. 132 ff. Böhm. p. 423 ff. weisth. 1, 477 ff. — Catzenelnbogen.

# SACHREGISTER.

## A.

## C.

## F.

## G.

## I. J.

## K.

## M.

## O.



## P.

## Q.



## R.

## S.

## U.

## W.

## X.



## Y.



## Z.

Druck von G. Kreysing in Leipzig.

Printed in Dunstable, United Kingdom

91232859R10409